Rhein-Main Frankfurt

Aschaffenburg · Darmstadt · Mainz · Offenbach · Wiesbaden

Stadtatlas

Übersichtskarte und Blattschnitt Großraum Rhein-Main · Frankfurt

die genaue Ausdehnung des CityPilot® entnehmen sie bitte der Seite 6

Blattschnitt Ausflugskarten 1 : 200 000 siehe Umschlagklappe vorn

CityPilot® 1 : 100 000 Seite 7-29

Großraumkarten 1 : 20 000

Die GPS-genauen ADAC StadtAtlanten:

Kurzinformation für eilige Nutzer:

- GPS-Handempfänger auf “WGS 84” und “UTM” einstellen.
- Zur GPS-Navigation dient das rote Gitter (Maschenweite 2000 m, Feineinteilung 100 m).
- Die Angaben im Straßenregister beziehen sich auf das blaue Suchgitter.

GPS steht für “Global Positioning System”. Gemeint ist damit die exakte Positionsbestimmung mithilfe von Satellitensignalen und einem Empfangsgerät, dem GPS-Handempfänger.
Mit der UTM-Kartenprojektion (”Universale-Transversale-Mercator-Projektion”) ist es möglich, die Erdoberfläche zwischen 84° nördlicher und 80° südlicher Breite, in 60 Zonen unterteilt, abzubilden. Deutschland liegt größtenteils in den Feldern 32U und 33U innerhalb der beiden Zonen 32 und 33. (siehe Abb. unten)

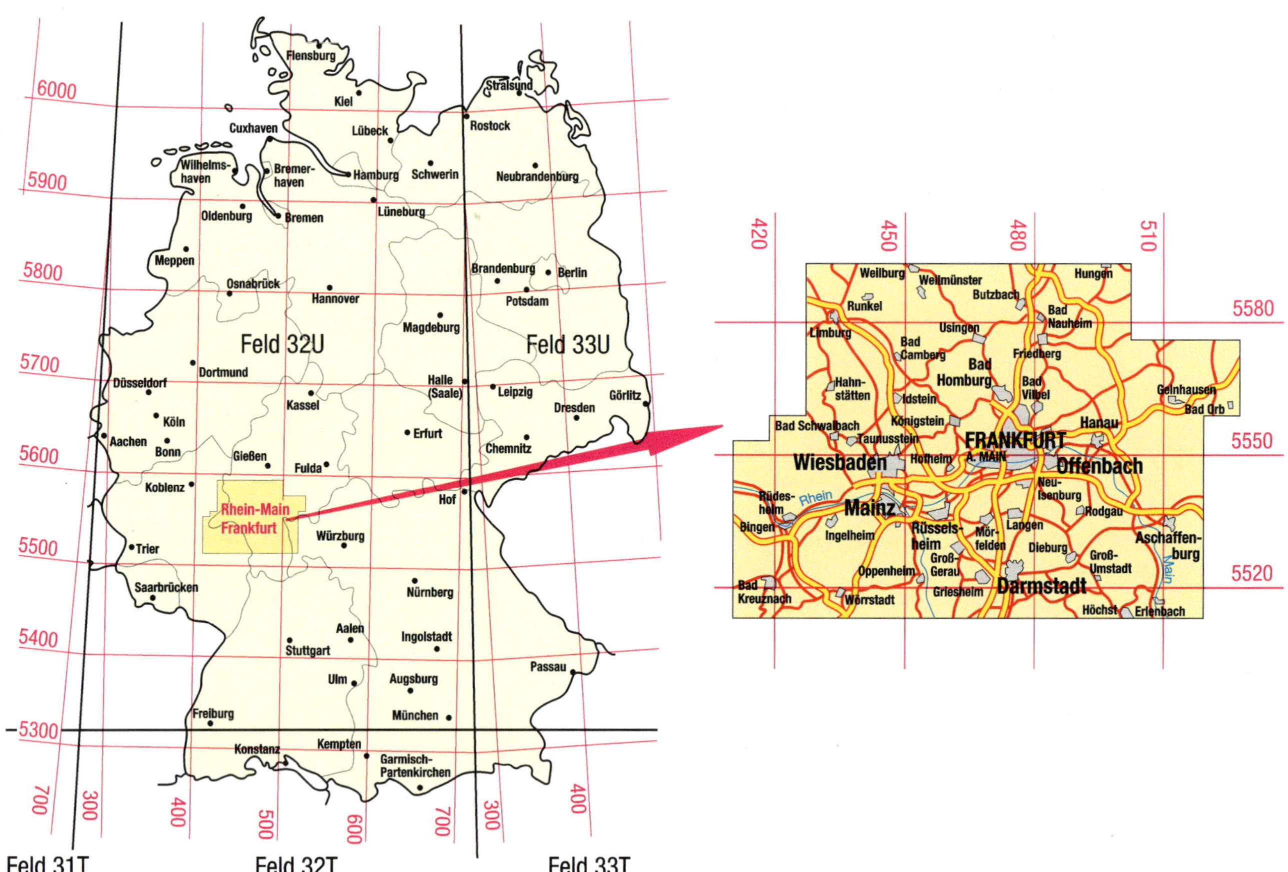

Zur Feinorientierung dient das UTM-Gitter, ein Koordinatensystem, das für einen bestimmten Punkt den Abstand zum Äquator bzw. zum Bezugsmeridian (9° bzw. 15° östl. Länge) in Metern angibt. Dieses UTM-Gitter finden Sie, zusätzlich zum gewohnten blauen Suchnetz des Straßenregisters, in diesen Atlas rot eingedruckt. Bezugssystem ist, gemäß international üblichen Standards bei der GPS-gestützten Navigation, das Rotationsellipsoid “WGS 84” (die Erde ist aufgrund ihrer Rotation um die eigene Achse keine Kugel, sondern leicht abgeplattet). Handelsübliche GPS-Handempfänger ermitteln bei der Positionsbestimmung die UTM-Koordinaten mit einer Genauigkeit von unter 20 Metern.
Diese Koordinaten lassen sich im ADAC StadtAtlas problemlos lokalisieren.

Sie finden in den Großraumkarten im Maßstab 1 : 20 000, neben dem blauen Suchnetz des Straßenregisters, ein rot angelegtes UTM-Gitter mit einer Maschenweite von 2000 Metern.
Die “East”- bzw. Rechtswerte (E), sowie die “North”- bzw. Hochwerte (N) - im Abstand von 2000 Metern - können Sie am Koordinatenschnittpunkt des UTM-Gitters ablesen. Im Beispiel sind diese Zahlenwerte rot markiert. Die Feinorientierung erfolgt mittels der im 100-Meter-Abstand angelegten Skalierung auf den grauen Gitterlinien. Ihr Standort befindet sich im Schnittpunkt von Rechts- und Hochwert.
Exemplarisch durchgeführt haben wir das im nebenstehenden Kartenausschnitt für einen Ortspunkt mit den Koordinaten ⌖ E: 444415 m / N: 5584410 m.

Die Umweltzonen – Was Sie als Autofahrer wissen sollten

Eine Umweltzone – warum überhaupt?
Um die Belastungen durch Feinstaub und andere gesundheitsschädliche Luftschadstoffe in den Ballungszentren zu reduzieren, werden seit Januar 2008 bundesweit Umweltzonen eingerichtet. In diesen neu geschaffenen Umweltzonen dürfen Fahrzeuge, die besonders viel Feinstaub emittieren, künftig nicht mehr fahren.

Wie erkenne ich eine Umweltzone?
Neue Verkehrszeichen der Straßenverkehrsordnung informieren über den Beginn und das Ende einer Umweltzone. Auf einem Zusatzschild werden alle Plaketten farbig abgebildet, mit denen Fahrzeuge in der Umweltzone freie Fahrt haben.

Beginn der Umweltzone

Ende der Umweltzone

Freistellung vom Verkehrsverbot

Wer darf in der Umweltzone fahren?
Nur Fahrzeuge, die eine der angezeigten Plaketten besitzen. Lediglich Oldtimer-Fahrzeuge (gemäß § 2 Nr. 22 FZV) und Fahrzeuge mit befristeten Ausnahmegenehmigungen sind von der Kennzeichnungspflicht ausgenommen; mit diesen Fahrzeugen dürfen die Umweltzonen auch ohne Plakette befahren werden. Für alle anderen Fahrzeuge besteht also grundsätzlich ein Fahrverbot – keine Plakette heißt also, das Auto abstellen und die Innenstadt mit den öffentlichen Verkehrsmitteln, mit dem Fahrrad oder zu Fuß erreichen.

Zu welcher Schadstoffgruppe gehört mein Fahrzeug?
Zwei Ziffern entscheiden darüber, ob Sie die Umweltzone befahren dürfen oder nicht. Die Plakettenzuordnung für die in Deutschland zugelassenen Fahrzeuge ergibt sich aus der Emissionsschlüsselnummer; die Nummer ist in den Fahrzeugpapieren eingetragen oder ggf. in der Zertifizierung der Partikelfilternachrüstung angegeben.
In Fahrzeugpapieren, die vor dem 1. Oktober 2005 ausgestellt wurden, finden Sie die Emissionsschlüsselnummer im Fahrzeugschein im Feld „Schlüsselnummern zu 1" an der 5. und 6. Stelle des 6-stelligen Codes.
In Fahrzeugpapieren, die nach dem 1. Oktober 2005 ausgestellt wurden, ist die Emissionsschlüsselnummer im Feld 14.1 der Zulassungsbescheinigung Teil I zu finden. Es sind die letzten beiden Zahlen der Ziffernreihe.
Sehen Sie hierzu auch die Schlüsselnummernübersicht für die Fahrzeugklasse M1/Personenwagen.

Wo bekommt man eine Plakette und wo ist sie gültig?
Ausgabestellen für die Plaketten sind die Zulassungsbehörden und die für die Durchführung der Abgasuntersuchung anerkannten Stellen wie z.B. Kfz-Werkstätten, der TÜV oder die DEKRA. Touristen oder Halter von Fahrzeugen, die im Ausland zugelassen sind, können bei den obengenannten Stellen ebenfalls eine Plakette erhalten.
Die Plaketten gelten bundesweit in jeder Umweltzone. Die Internetseite des Umweltbundesamtes (UBA) gibt einen Überblick zu allen bestehenden und geplanten Umweltzonen in Deutschland.
→ https://www.umweltbundesamt.de/themen/luft/luftschadstoffe/feinstaub/umweltzonen-in-deutschland

… übrigens
Bei Verstößen gegen das Fahrverbot werden 100 Euro Bußgeld fällig. Dies gilt auch für parkende Fahrzeuge.

Basis für die Gebietsdarstellungen der Umweltzonen sind die Informationen der Städte und des Umweltbundesamtes:
→ http://gis.uba.de/website/umweltzonen/index.html

Schadstoffgruppen

Fahrzeugklasse M 1/Für die Personenbeförderung ausgelegte und gebaute Kraftfahrzeuge mit höchstens acht Sitzplätzen außer dem Fahrersitz.

	1	2	3	4
Plakette	keine Plakette	2	3	4
Diesel-Motor Diesel, Biodiesel	**Euro 1** oder schlechter	**Euro 2** oder **Euro 1** mit Partikelfilter	**Euro 3** oder **Euro 2** mit Partikelfilter	**Euro 4** oder **Euro 3** mit Partikelfilter
mit Filter		**Stufe PM 01**[1.] 19, 20, 23, 24 **Stufe PM 0**[1.] 14, 16, 18, 21, 22, 34, 40, 77	**Stufe PM 0**[1.] 28, 29 **Stufe PM 1**[1.] 14, 16, 18, 21, 22, 25 bis 27, 34, 35, 40, 41, 71, 77	**Stufe PM 1**[1.] 27[3.], 49 bis 52 **Stufe PM 2**[1.] 30, 31, 36, 37, 42, 44 bis 48, 67 bis 70 **Stufe PM 3**[1.] 32, 33, 38, 39, 43, 53 bis 66 **Stufe PM 4**[1.] 44 bis 70
ohne Filter		25 bis 29, 35, 41, 71	30, 31, 36, 37, 42, 44 bis 52, 72	32, 33, 38, 39, 43, 53 bis 70, 73 bis 75 **Stufe PM 5**[1.]
Otto-Motor Benzin, Gas, Ethanol	**ohne** geregelten Katalysator	wird nicht zugeteilt	wird nicht zugeteilt	**Euro 1** mit geregeltem Katalysator oder besser
				01, 02, 14, 16, 18 bis 70, 71 bis 75, 77[2.]

1. Die Bezeichnungen „PM 0" bis „PM 5" entsprechen den Partikelminderungsstufen (Partikelfilter).
2. Im Falle von Gasfahrzeugen nach Richtlinie 2005/55/EG (vormals 88/77/EWG)
3. Pkw mit Schlüsselnummer „27" bzw. „0427" und der Klartextangabe „96/69/EG I" mit einer zulässigen Gesamtmasse (zGM) von mehr als 2500 kg ist nach Anhang 2 Abs. 1 Nr. 4 n) der Kennzeichnungsverordnung eine grüne Plakette zuzuteilen. Dies aber nur dann, wenn nachgewiesen wird, dass der Pkw die Anforderungen der Stufe PM 1 der Anlage XXVI StVZO einhält.

Quelle: Bundesgesetzblatt 2007 Teil I Nr. 61 vom 7.12.2007

CityPilot®

Der CityPilot® ist eine Stadtdurchfahrtskarte im Maßstab 1 : 100 000 (grüner Kartenteil Seite 7-37) mit der Sie ohne aufwändiges Blättern schnell und problemlos auf den Durchgangsstraßen in Ihr Zielgebiet gelangen.

Wenn Sie nicht wissen wo Ihr Zielgebiet liegt, suchen Sie im Straßenverzeichnis nach der entsprechenden Gemeinde, bzw. Straße. Die dort angegebene Seitenzahl zeigt im CityPilot® Ihr Zielgebiet. Kennen Sie dagegen die ungefähre Lage Ihres Zielgebietes schon, dann können Sie sofort im CityPilot® -ohne lästiges Blättern- den Durchgangsstraßen bis in das Zielgebiet folgen.

Im Zielgebiet angekommen, schlagen Sie für detaillierte kartographische Informationen die dort angegebene Seite auf. Die gelb unterlegten Seitenzahlen führen Sie zu den Großraumkarten im Maßstab 1 : 20 000 (Seite 50-385), orange-farbig unterlegte Seitenzahlen zu den Cityplänen im Maßstab 1 : 10 000 (Seite 40-48).

Übersichtskarte

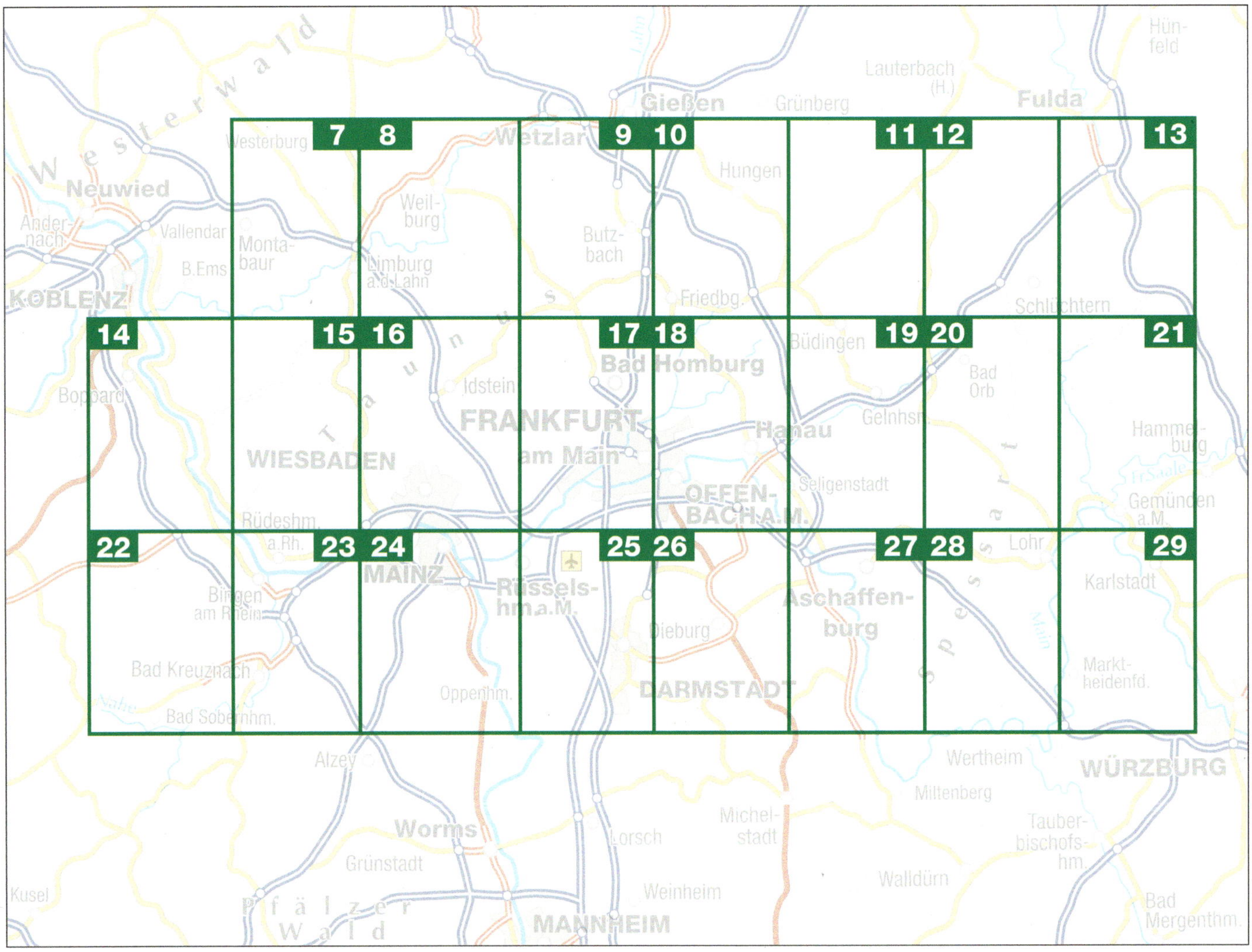

Zeichenerklärung für den CityPilot®

0 2 4 6 km

Maßstab 1 : 100 000

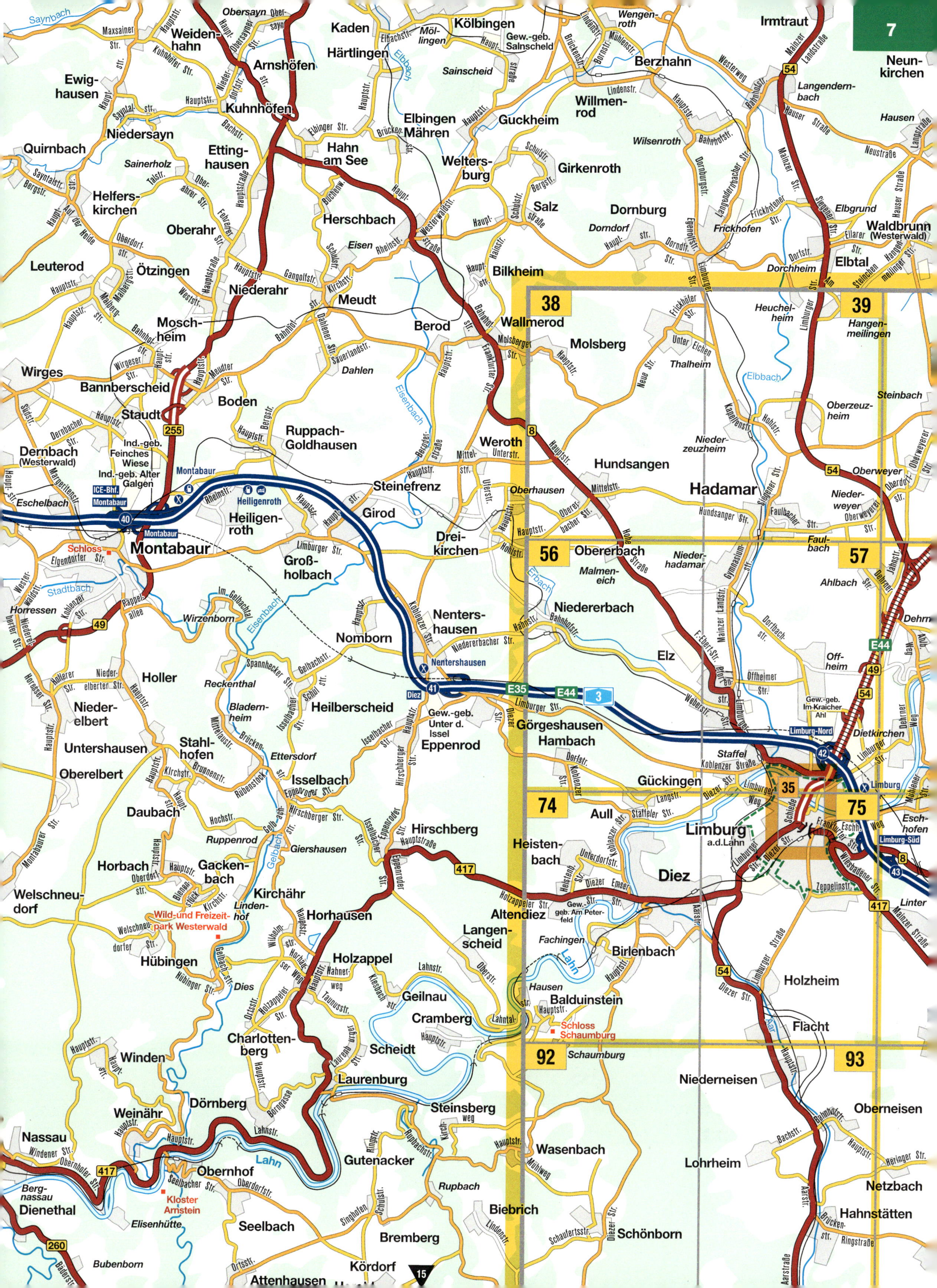
Montabaur
Limburg a.d.Lahn
Diez
Hadamar
Nentershausen
Limburg-Nord
Limburg-Süd
Heiligenroth
Wirges
Dernbach (Westerwald)
Elz
Holzheim
Flacht
Nassau
Obernhof
Laurenburg
Balduinstein
Schloss Schaumburg
Kloster Arnstein
Wild- und Freizeitpark Westerwald
Lahn
38
39
56
57
74
75
92
93
15

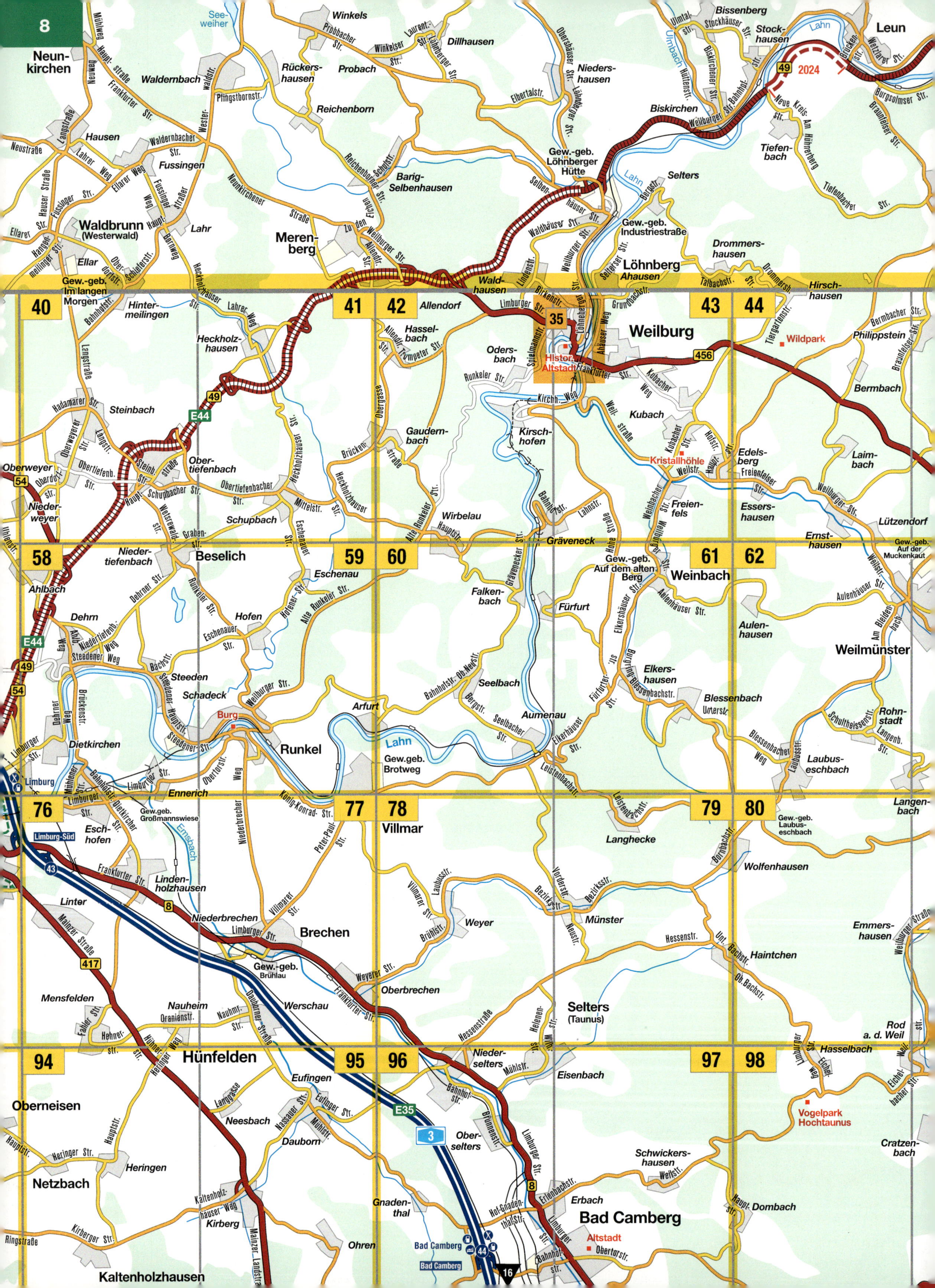
Neunkirchen
Waldernbach
Winkels
Rückershausen
Probach
Dillhausen
Bissenberg
Stockhausen
Leun
Niedershausen
Reichenborn
Hausen
Fussingen
Biskirchen
Tiefenbach
Gew.-geb. Löhnberger Hütte
Selters
Barig-Selbenhausen
Waldbrunn (Westerwald)
Lahr
Merenberg
Ellar
Gew.-geb. Industriestraße
Drommershausen
Löhnberg
Ahausen
Gew.-geb. Im langen Morgen
Waldhausen
Hirschhausen
Hintermeilingen
Allendorf
Hasselbach
Weilburg
Wildpark
Philippstein
Heckholzhausen
Odersbach
Histor. Altstadt
Bermbach
Steinbach
Kubach
Gaudernbach
Kirschhofen
Kristallhöhle
Edelsberg
Laimbach
Obertiefenbach
Oberweyer
Niederweyer
Schupbach
Wirbelau
Freienfels
Essershausen
Lützendorf
Ernsthausen
Gräveneck
Gew.-geb. Auf der Muckenkaut
Niedertiefenbach
Beselich
Gew.-geb. Auf dem alten Berg
Weinbach
Ahlbach
Eschenau
Falkenbach
Fürfurt
Dehrn
Hofen
Aulenhausen
Weilmünster
Steeden
Schadeck
Seelbach
Elkershausen
Blessenbach
Burg
Arfurt
Aumenau
Rohnstadt
Dietkirchen
Runkel
Lahn
Gew.geb. Brotweg
Laubuseschbach
Limburg
Ennerich
Langenbach
Limburg-Süd
Gew.geb. Großmannswiese
Eschhofen
Villmar
Gew.-geb. Laubuseschbach
Langhecke
Lindenholzhausen
Wolfenhausen
Linter
Niederbrechen
Weyer
Münster
Emmershausen
Brechen
Haintchen
Gew.-geb. Brühlau
Mensfelden
Werschau
Oberbrechen
Nauheim
Selters (Taunus)
Rod a. d. Weil
Hünfelden
Niederselters
Hasselbach
Eisenbach
Eufingen
Oberneisen
Vogelpark Hochtaunus
Neesbach
Oberselters
Dauborn
Cratzenbach
Schwickershausen
Heringen
Netzbach
Erbach
Gnadenthal
Dombach
Kirberg
Bad Camberg
Altstadt
Ohren
Kaltenholzhausen
2024
40
41
42
43
44
58
59
60
61
62
76
77
78
79
80
94
95
96
97
98

Oberbiel
Solms
Burgsolms
Albshausen
Steindorf
Wetzlar
Gewerbepark Spillburg
Gew.-park Westend
Nauborn
Oberndorf
Laufdorf
Braunfels
Tiergarten
Schwalbach
Schöffengrund
Reiskirchen
Volpertshausen
Weidenhausen
Rechtenbach
Hüttenberg
Hochelheim
Dutenhofen
Allendorf
Münchholzhausen
Lützellinden
Klein-Linden
Großen-Linden
Linden
Leihgestern
Hörnsheim
Dornholzhausen
Langgöns
Bonbaden
Philippstein
Neukirchen
Niederwetz
Oberwetz
Vollnkirchen
Altenkirchen
Niederquembach
Oberquembach
Kraftsolms
Möttau
Waldsolms
Cleeberg
Oberkleen
Niederkleen
Kirch-Göns
Pohl-Göns
Ebersgöns
Ind.-geb. Magna Park Rhein Main
Kröffelbach
Griedelbach
Brandoberndorf
Butzbach
Altstadt
Dietenhausen
Espa
Oes
Weiperfelden
Hausen
Nieder-Weisel
Audenschmiede
Hasselborn
Bodenrod
Hoch-Weisel
Münster
Ostheim
Mönstadt
Winden
Gräven-wiesbach
Maibach
Fauerbach v. d. Höhe
Ober-Mörlen
Heinzenberg
Naunstadt
Michelbach
Wiesental
Laubach
Gewerbegeb. Auf der Struth
Hundstadt
Ziegenberg
Am Maiberg
Langenhain-
Gemünden
Wernborn
Wilhelmsdorf
Eschbach
Wetterau
Niederlauken
Kransberg
Friedrichsthal
Oberlauken
Gew.geb. Raupenfeld
Weilrod
Usingen
Achtzehn Morgenweg
Pfaffenwiesbach
Neuweilnau
Altweilnau
Merzhausen
Gew.-geb. Wehrheim Nord
Westerfeld
Arnsbach
Hausen-
Riedelbach
Hunoldstal
Gew.-geb. Am Burgweg
Treisberg
Rod a. Berg
Wehrheim
Gew.-geb. Wehrheim
Ober-Rosbach
Finstern-
45
46
47
48
49
50
63
64
65
66
67
68
81
82
83
84
85
86
99
100
101
102
103
104
17
E44
E41
E451
456
275
485

Pohlheim
Linden
Lich
Laubach
Langgöns
Hungen
Butzbach
Rockenberg
Münzenberg
Wölfersheim
Echzell
Bad Nauheim
Friedberg (Hessen)
Florstadt
Niddatal
Rosbach vor d.Höhe
Reichelsheim (Wetterau)
Ober-Mörlen
Fernwald
Steinbach
Albach
Hausen
Watzenborn
Garbenteich
Grüningen
Dorf-Güll
Kloster Arnsburg
Langsdorf
Birklar
Muschenheim
Bettenhausen
Eberstadt
Gambach
Gambacher Kreuz
Ober-Hörgern
Trais
Bellersheim
Inheiden
Trais-Horloff
Utphe
Berstadt
Obbornhofen
Wohnbach
Griedel
Oppershofen
Steinfurth
Nieder-Mörlen
Wisselsheim
Rödgen
Schwalheim
Dorheim
Melbach
Beienheim
Weckesheim
Gettenau
Heuchelheim
Bingenheim
Leidhecken
Bauernheim
Dorn-Assenheim
Ossenheim
Fauerbach
Ockstadt
Ober-Rosbach
Ober-Wöllstadt
Bruchenbrücken
Assenheim
Wickstadt
Nieder-Florstadt
Ober-Florstadt
Staden
Stammheim
Nieder-Mockstadt
Ober-Mockstadt
Blofeld
Dauernheim
Geiß-Nidda
Bisses
Grund-Schwalheim
Unter-Widdersheim
Ober-Widdersheim
Steinheim
Borsdorf
Rodheim
Langd
Villingen
Ruppertsburg
Nonnenroth
Röthges
Ober-Bessingen
Nieder-Bessingen
Münster
Wetterfeld
Ettingshausen
Heegheim
Rodenbach
Ostheim
Nieder-Weisel
Holzheim
Leihgestern
Steinberg
Peters-weiher
Großen-Linden
Röm. Kastell
Kuranlagen
Altstadt
Burg
Wetterau
Museumseisenbahn
Wetter
Horloff
Nidda
Gewerbegebiet In den Langen Morgen
Gew.geb. West
Gew.geb. Süd
Gew.-park Seestr.-Ost
Gew.geb. An d. Riedbgr. Chaussen
Gew.-geb. Siemensstr.
Gew.geb. Am Sandberg
Gew.-geb. Nord
Gew.-geb. Ruhberg
Münzenberg
Wölfersheim
Butzbach
Bad Nauheim
Ober-Mörlen
Florstadt
Fernwald
E41
E451
45
5
457
455
489
275
3
18
49 50 51 52 53 54
67 68 69 70 71 72
85 86 87 88 89 90
103 104 105 106 107 108

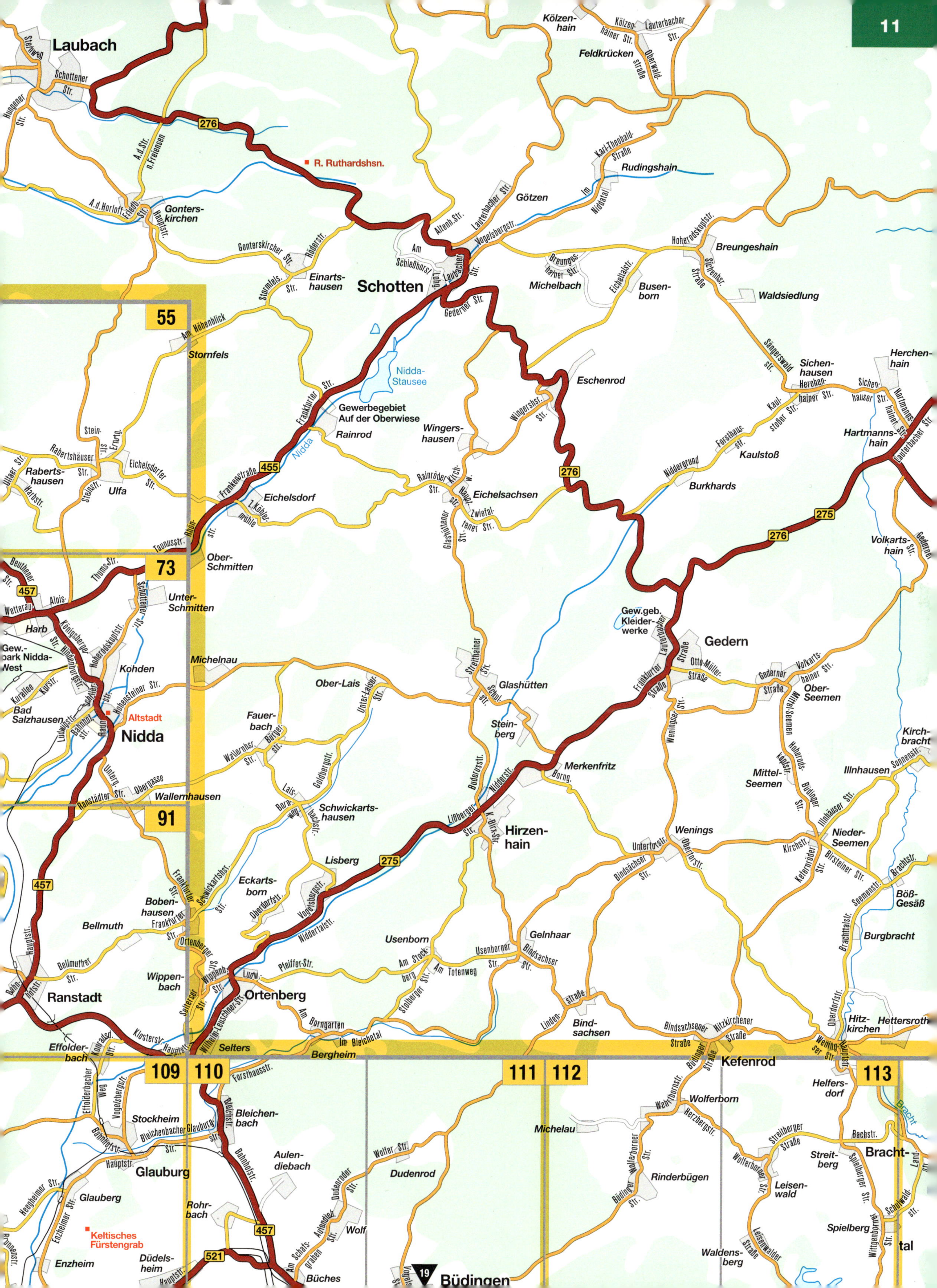
Laubach
Schotten
Gonterskirchen
R. Ruthardshsn.
Kölzenhain
Feldkrücken
Rudingshain
Götzen
Breungeshain
Michelbach
Busenborn
Waldsiedlung
Einartshausen
Stornfels
Nidda-Stausee
Gewerbegebiet Auf der Oberwiese
Rainrod
Wingershausen
Eschenrod
Sichenhausen
Herchenhain
Hartmannshain
Kaulstoß
Burkhards
Rabertshausen
Ulfa
Eichelsdorf
Eichelsachsen
Ober-Schmitten
Unter-Schmitten
Volkartshain
Harb
Gew.-park Nidda-West
Kohden
Bad Salzhausen
Altstadt
Nidda
Michelnau
Ober-Lais
Fauerbach
Glashütten
Gew.geb. Kleiderwerke
Gedern
Ober-Seemen
Steinberg
Merkenfritz
Kirchbracht
Illnhausen
Mittel-Seemen
Wallernhausen
Schwickartshausen
Hirzenhain
Wenings
Nieder-Seemen
Lisberg
Eckartsborn
Bobenhausen
Bellmuth
Böß-Gesäß
Burgbracht
Gelnhaar
Usenborn
Wippenbach
Ranstadt
Ortenberg
Bindsachsen
Hitzkirchen
Hettersroth
Effolderbach
Selters
Bergheim
Kefenrod
Stockheim
Bleichenbach
Glauburg
Glauberg
Aulendiebach
Dudenrod
Michelau
Wolferborn
Rinderbügen
Helfersdorf
Bracht-
Streitberg
Leisenwald
Rohrbach
Wolf
Keltisches Fürstengrab
Enzheim
Düdelsheim
Büches
Waldensberg
Spielberg
tal
Büdingen
Nidda
Bracht
276
455
275
457
521
55
73
91
109
110
111
112
113
19

Herbstein
Lanzenhain
Altenschlirf
Schlechtenwegen
Steinfurt
Heisters
Nösberts-Weidmoos
Ilbeshausen-Hochwaldhausen
Vaitshain
Grebenhain
Oberwald
Bannerod
Zahmen
Wünschen-Moos
Metzlos-Gehaag
Hosenfeld
Poppenrod
Jossa
Pfaffenrod
Brandlos
Blankenau
Kleinlüder
Hainzell
Schletzenhausen
Giesel
Herchenhain
Crainfeld
Metzlos
Nieder-Moos
Bermutsheim
Hartmannshain
Völzberg
Volkartshain
Ober-Moos
Gunzenau
Reichlos
Hauswurz
Kauppen
Weidenau
Buchenrod
Rommerz
Reinhards
Lichenroth
Freiensteinau
Salz
Flieden
Federwisch
Dönges-mühle
Magdlos
Hintersteinau
Stork
Holzmühl
Wüstwillenroth
Kirchbracht
Mauswinkel
Illnhausen
Preußisch Radmühl
Hessisch Radmühl
Fleschenbach
Neustall
Uerzell
Wallroth
Distelrasen
Keutzelbuch
Leimenhöfer Str.
Schlüchtern-Nord
Klosterhöfe
Fischborn
Oberreichenbach
Rebsdorf
Böß-Gooäß
Rabenstein
Kressenbach
Breitenbach
Ulmbach
Burgbracht
Unterreichenbach
Elm
Birstein
Schloss
Obersotzbach
Hettersroth
Sarrod
Schlüchtern
ehem. Benediktinerkloster
Herolz
Niederzell
Ahlersbach
Untersotzbach
114
115
Kerbersdorf
Schlüchtern-Süd
Streitberg
Bracht-
Neuenschmidten
Spielberg
Schlierbach
tal
Hellstein
Udenhain
Katholisch-Willenroth
Eckardroth
Wahlert
Romsthal
Marborn
Steinau a. d. Str.
Kinzig
Hohenzell
Bellings
Kinzig-Stausee
Bad Soden
Bad Soden-Salmünster
Altfen
Kemmete
Steinebach
Salz
Bracht
275
276
66
47
48
49
20

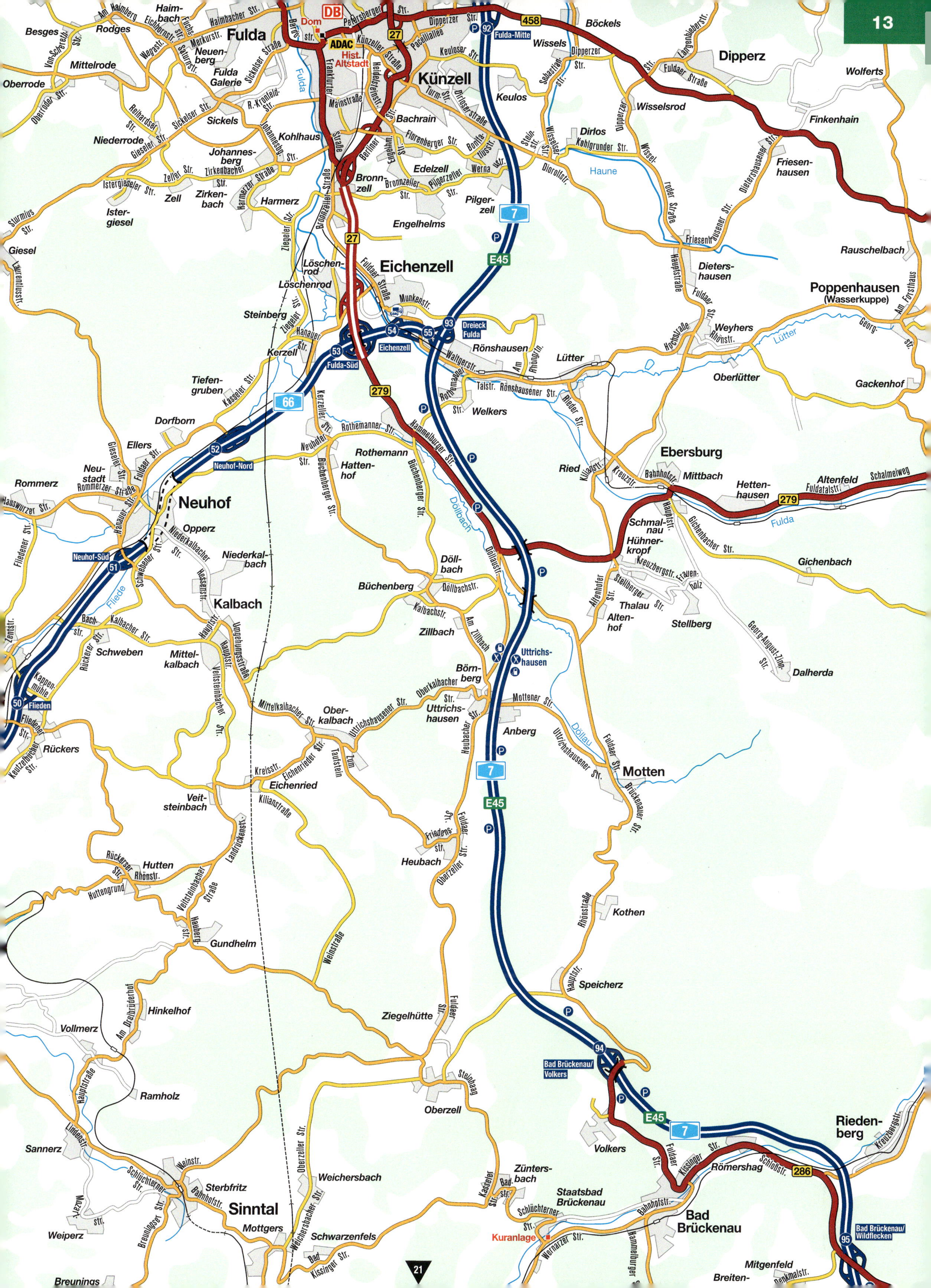
Fulda
DB
Dom
ADAC
Hist. Altstadt
Künzell
Haimbach
Besges
Rodges
Mittelrode
Oberrode
Neuenberg
Fulda Galerie
Sickels
Niederrode
Kohlhaus
Johannesberg
Zell
Zirkenbach
Harmerz
Istergiesel
Giesel
Bachrain
Edelzell
Bronnzell
Werna
Pilgerzell
Engelhelms
Keulos
Wissels
Böckels
Dipperz
Wolferts
Wisselsrod
Dirlos
Finkenhain
Friesenhausen
Haune
Rauschelbach
Dietershausen
Poppenhausen
(Wasserkuppe)
Weyhers
Gackenhof
Oberlütter
Lütter
Rönshausen
Eichenzell
Löschenrod
Steinberg
Kerzell
Tiefengruben
Dreieck Fulda
Fulda-Süd
Eichenzell
Fulda-Mitte
Dorfborn
Ellers
Welkers
Rothemann
Hattenhof
Neustadt
Rommerz
Neuhof
Neuhof-Nord
Opperz
Niederkalbach
Neuhof-Süd
Kalbach
Ebersburg
Mittbach
Ried
Hettenhausen
Altenfeld
Schmalnau
Hühnerkropf
Thalau
Altenhof
Stellberg
Gichenbach
Dalherda
Döllbach
Büchenberg
Zillbach
Uttrichshausen
Börnberg
Schweben
Mittelkalbach
Kappenmühle
Flieden
Oberkalbach
Anberg
Motten
Rückers
Eichenried
Veitsteinbach
Heubach
Hutten
Kothen
Gundhelm
Speicherz
Hinkelhof
Vollmerz
Ziegelhütte
Ramholz
Bad Brückenau/Volkers
Oberzell
Riedenberg
Volkers
Sannerz
Weichersbach
Züntersbach
Sterbfritz
Sinntal
Staatsbad Brückenau
Mottgers
Weiperz
Schwarzenfels
Kuranlage
Bad Brückenau
Bad Brückenau/Wildflecken
Mitgenfeld
Breunings
Römershag
Fliede
Döllbach
Döllau
Lütter
7
E45
66
27
279
458
286
92
93
53
54
55
52
51
50
94
95
21

61
E31
Mosel
Waldesch
Waldescher Str.
Rhens
Gew.-geb. Rhens-Süd I
Brey
Braubach
Becheln
Schweighausen
Oberwies
Hünenfeld
Siebenborn
Marksburg
Niederspay
Hinterwald
Dörstheck
Dornholzhausen
Kehlbach
Dessighofen
Dachsenhausen
Asperler Bach
Koblenz/Waldesch
Jakobsberg
Spay
Oberspay
Mühlbach
Schiebigeich
Pfaffenheck
Mühltal
Filsen
Osterspai
Oberbachheim
Niederbachheim
Geising
Boppard
Udenhausen
Winterwerb
Ehr
Gemmerich
Kamp-Bornhofen
Eisenberg
Kloster Bornhofer
Ohlenfeld
Brodenbach
Dahlheim
Hainau
Eschbach
Kasdorf
Buchenau
Herschwiesen
Buchholz
Windhausen
Aufdem Heidchen
Hübingen
Ehrbach
Bad Salzig
Lykershausen
Himmighofen
Weyer
Ney
Kratzenburg
Fleckertshöhe
Weiler
Prath
Kestert
Oberkestert
Dieler
Ehr
Mermicherhof
Hirzenach
Nochern
Feuerbach
Liesenfelder Bach
Rheinbay
Wellmich
Burg Maus
Lierschied
Ehrerheide
Emmelshausen
Loreleystadt St. Goarshausen
Niedergondershausen
Halsenbach
Hirtenau
Holzfeld
Fellen
Auel
Liesenfeld
Werlau
Ruine Rheinfels
Patersberg
Reichenberg
Gondershausen
Karbach
Reitzenhain
Emmelshausen
Dörth
Burg Katz
Heide
Gründelbach
St. Goar
Lamscheid
Hungenroth
Biebernheim
Loreley
Schwall
Sauerbrunnen
Thörlingen
Leiningen
Utzenhain
Fürstbach
Bickenbach
Niedert
Urbar
Bornich
188
Baybach
Norath
Pfalzfeld
Badenhard
Schnellbach
Frankweiler
Mühlpfad
Niederburg
Dörscheid
Birkheim
Pfalzfeld
Nenzhäuserhof
Hausbay
Damscheid
Oberwesel
Lingerhahn
Schloss Schönburg
Braunshorn
Engehöll
Burg Gutenfels
Weiler-Boppard
Dudenroth
Dellhofen
Kaub
Maisborn
Ballerbach
Ebschied
Langscheid
Laudert
Wiebelsheim
Henschhausen
214
Bubach
Bopparderbach
Simmerbach
Perscheid
Riegenroth
Die Pfalz
Bacharach
Burg Stahleck
Laubach
Kisselbach
Lorchhausen
Steeg
Nauheim
Horn
Neurath
Steinbach
Medenscheid
Volkerbach
Budenbach
Winzberg
Klosterkumbd
Liebshausen
Manubach
Oberdiebach
Rheindiebach
Hochwildpark
Rhein

Bubenborn
Attenhausen
Kördorf
Klingelbach
Herold
Ergeshausen
Singhofen
Roth
Katzenelnbogen
Lollschied
Berg
Hunzel
Niedertiefenbach
Mittelfischbach
Oberfischbach
Marienfels
Pohl
Obertiefenbach
Miehlen
Bettendorf
Rettert
Holzhausen an der Haide
Endlichhofen
Buch
Ruppertshofen
Oelsberg
Nastätten
Martenroth
Grebenroth
Kloster Gronau
Egenroth
Bogel
Ebertshausen
Burgschwalbach
Schiesheim
Mudershausen
Allendorf
Berghausen
Rückershausen
Hausen über Aar
Aarbergen
Daisbach
Dörsdorf
Eisighofen
Kettenbach
Berndroth
Reckenroth
Michelbach
Laufenselden
Holzhausen über Aar
Hohenstein
Breithardt
Burg Hohenstein
Huppert
Niedermeilingen
Obermeilingen
Langschied
Gew.geb. Die Heide
Münchenroth
Algenroth
Niederwallmenach
Lautert
Diethardt
Zorn
Heidenrod
Mappershain
Kemel
Oberwallmenach
Wisper
Lindschied
Adolfseck
Heimbach
Born
Weidenbach
Rettershain
Nauroth
Bad Schwalbach
Hilgenroth
Springen
Watzelhain
Lipporn
Strüth
Welterod
Ramschied
Hettenhain
Weisel
Wollmerschied
Dickschied
Langenseifen
Espenschied
Wambach
Ransel
Geroldstein
Niedergladbach
Fischbach
Bärstadt
Ruine Lauksburg
Sauerthal
Schlangenbad
Sauerburg
Kammerburg
Obergladbach
Hausen v. d. Höhe
Ranselberg
Am Bobensitt
Gew.-geb. Wispertal
Presberg
Lorch am Rhein
Siedlung Am Rebhang
Kloster Eberbach
Kiedrich
Stephanshausen
Mühlbach
Dörnbach
Hasenbach
Aar
Aubach
Tiefenbach
Sulzbach
260
274
54
275
2024
7
23
116
117
140
141
164
165
166
167
189
190
191
192
193
215
216
217
218
219

Kaltenholzhausen
Bad Camberg
Würges
Beuerbach
Bechtheim
Kettern-schwalbach
Hünstetten
Wallraben-stein
Wals-dorf
Steinfisch-bach
Waldems
Reichen-bach
Reinborn
Niederems
Wüstems
Aar-bergen
Ketten-bach
Daisbach
Panrod
Wallbach
Limbach
Wörsdorf
Esch
Bermbach
Strinz-Trinitatis
Hennethal
Görsroth
Nieder-auroff
Kessel-bach
Ober-auroff
Schloss
Idstein
Heftrich
Niederrod
Kröftel
Ober-rod
Holzhausen über Aar
Hohenstein
Nieder-libbach
Ober-libbach
Strinz-Margarethä
Breithardt
Ehrenbach
Dasbach
Schloßborn
Steckenrot
Hambach
Eschen-hahn
Lenzhahn
Nieder-seelbach
Ober-seelbach
Orlen
Neuhof
Engenhahn
Ehlhalten
Gew.-geb. Lochmühle
Niedern-hausen
Ober-josbach
Wings-bach
Watzhahn
Born
Siedlung Platte
Königs-hofen
E35
Nieder-josbach
Vocken-hausen
Hahn
Wehen
Bleiden-stadt
Platte
Wiesbaden/Niedernhausen
Naurod
Bremthal
Hettenhain
Aar
Taunus-stein
Seitzenhahn
Siedlung Erbsenacker
Auringen
Wild-sachsen
Wambach
Taunus Wunderland
Rambach
Heßloch
Fasanerie
Sonnen-berg
Meden-bach
Schlangen-bad
Nerobergbahn
Russ. Orthod. Kirche
Heide-stock
Siedl. Aukamm
Siedlung Wolfs-feld
Kloppenheim
Medenbach
Siedl. Klarenthal
Siedlung Kohlheck
Weilburger Bach
Georgenborn
Kurhaus
ADAC
Bierstadt
Brecken-heim
WIESBADEN
Igstadt
Rhein-Main-Halle
Dotz-heim
Hainerberg
Wallau
Norden-stadt
Rauenthal
Frauenstein
Siedlung Freuden-berg
Erben-heim
Wäschbach
Martins-thal
Schiersteiner Kreuz
Flugplatz
Kiedrich
Sulzbach
Eltville
Walluf
Nieder-walluf
Schier-stein
Biebrich
Schloss Biebrich
Mainz
Rhein
U.S. Army Garnison Wiesbaden
Delken-heim
Wickerbach
118
119
120
121
122
142
143
144
145
146
168
169
170
171
172
194
195
196
197
198
220
221
222
223
224

Neu-Anspach
Wehrheim
Treisberg
Hunoldstal
Rod a. Berg
Anspach
Brombach
Finsternthal
Mauloff
Obernhain
Saalburgsiedlung
Köppern
Dorfweil
Schmitten
Freilichtmuseum Hessenpark
Römerkastell
Saalburg
Friedrichsdorf
Rodheim v.d.Höhe
Burgholzhausen v.d.H.
Seelenberg
Wüstems
Arnoldshain
Oberreifenberg
Hegewiese
Dornholzhausen
Seulberg
Niederreifenberg
Kirdorf
Bad Homburg vor der Höhe
Oberems
Glashütten
Feldberg 879
Oberstedten
Altstadt, Landgrafenschloss
Gonzenheim
Ober-Erlenbach
Ober-Eschbach
Nieder-Eschbach
Kronberg im Taunus
Falkenstein
Schönberg
Oberhöchstadt
Oberursel (Taunus)
Bommersheim
Burgruine Königstein
Opelzoo
Fachwerkburg
Bonames
Kalbach
Harheim
Schneidhain
Königstein im Taunus
Ruppertshain
Mammolshain
Niederhöchstadt
Stierstadt
Weißkirchen
Riedberg
Steinbach (Taunus)
Eppenhain
Altenhain
Neuenhain
Wohnstadt Limes
Niederursel
Nordweststadt
Heddernheim
Berkersheim
Eschersheim
Vockenhausen
Fischbach
Bad Soden a. Taunus
Eschborn
Taunusblick
Praunheim
Preungesheim
Eckenheim
Ginnheim
Dornbusch
Burgruine
Eppstein
Hornau
Kelkheim (Taunus)
Schwalbach a. Taunus
Nordwestkreuz Frankfurt a. M.
Nidda-park
Hausen
Fernmeldeturm
Bornheim
Heidesdlg.
Sulzbach (Taunus)
Niederhofheim
Liederbach a. Taunus
Rödelheim
Bockenheim
Westend
Altstadt
Münster
Main-Taunus-Zentrum
Lorsbach
Langenhain
Oberliederbach
Palmengarten
Paulsk.
Römer
Dom
Zeilsheim
Sossenheim
Unterliederbach
Höchst
Messegel. Festhalle
Rebstock
Sachsenhsn.
Hofheim am Taunus
Jahrhunderthalle
Pfaffenwiese
Nied
Griesheim
Industriepark Höchst
Kriftel
Sindlingen
Schwanheim
Galopprennbahn
Siedlg. Lerchesberg
Marxheim
Goldstein
Niederrad
Commerzbank-Arena
Diedenbergen
Hattersheim a. Main
Okriftel
Kelsterbach
Neu-Isenburg
Edersheim
Weilbach
Massenheim
Flughafen Frankfurt am Main
Zeppelinheim
Wiesbadener Kreuz
Frankfurter Kreuz
DB
ADAC

Rosbach vor d.Höhe
Niddatal
Altenstadt
Wöllstadt
Nieder-Wöllstadt
Ilbenstadt
Erbstadt
Oberau
Höchst
Eichen
Limeshain
Burgholzhausen v.d.H.
Rodheim v.d.Höhe
Burg-Gräfenrode
Okarben
Kaichen
Petterweil
Heldenbergen
Nidderau
Ostheim
Karben
Groß-Karben
Klein-Karben
Rendel
Ober-Erlenbach
Kloppenheim
Büdesheim
Schöneck
Marköbel
Hirzbach
Nieder-Erlenbach
Dortelweil
Gronau
Kilianstädten
Roßdorf
Niederdorfelden
Oberdorfelden
Neuberg
Bruchköbel
Bad Vilbel
Harheim
Mittelbuchen
Berkersheim
Maintal
Hochstadt
Wachenbuchen
FRANKFURT a. Main
Bergen-Enkheim
Bischofsheim
Dörnigheim
Wilhelmsbad
Hanau
Kesselstadt
Offenbach a. Main
Mühlheim a. Main
Steinheim
Klein-Auheim
Großauheim
Groß-krotzenburg
Obertshausen
Hainburg
Neu-Isenburg
Heusenstamm
Weiskirchen
Seligenstadt
Sachsenhausen
Oberrad
Bürgel
Rumpenheim
Dietesheim
Lämmerspiel
Bieber
Hausen
Rembrücken
Klein-Krotzenburg
Froschhausen

Bad Soden-
Salmünster
Bad Soden
Wittgenborn
137
138
139
Thermal-Sole-
Bewegungszentrum
Seidenroth
Weilers
Hesseldorf
Wächtersbach
Schloss
Neudorf
Aufenau
Kinzig
66
Gewerbegebiet
Pflanzenländer
Hausen
Salmünster
Alsberg
Seidenroth
Marjoß
Jossa
Mernes
Museumseisenbahn
161
162
163
Neuwirtheim
Bad Orb/
Wächtersbach
Bad Orb
Altstadt
31
Wirtheim
Kassel
Wegscheide
Burgjoß
Oberndorf
Biebergemünd
276
187
Lanzingen
Breitenborn
Biebergemünd
Gassen
Röhrig
Roßbach
Bieber
Villbach
Lettgen-
brunn
Jossgrund
Pfaffenhausen
Wohnrod
Flörsbach
213
Lohrhaupten
Flörsbachtal
Wiesen
Mosborn
Kempfen-
brunn
Edel-
bach
Groß-
kahl
Groß-
laudenb.
Klein-
kahl
Klein-
laudenbach
Rengersbrunn
Ruppertshütten
239
Vormwald
Heinrichs-
thal
Eisen-
hammer
Herberts-
hain
Schwartel
Hofraith
Frammers-
bach
Habichs-
thal
Jakobsthal
Eichenberg
Partenstein
Lohr
Aubach
Lohrbach
Sindersbach
12
28

13
Sinntal
Bad Kissinger Str.
Breunings
Wernarz
Frankfurter Str.
Eckarts
Hammelburger Str.
Mitgenfeld
Kirch-str.
Denkmalstr.
Breiten-bach
Sternbauck Str.
Oberleichters-bach
Einraffshof
Brückenauer Str.
Kissinger Str.
Schondra
Hauptstr.
Rupboden
Sinn
Brückenauer Str.
Altengronauer Str.
Zeitlofs
Junkerstr.
Neuengronau
Zeughausstr.
Kirchw.
Modlos
Unterleichtersbach
Roßbacher Str.
Neuengronauer Str.
Frankfurter Str.
Altengronau
Am Schloß-park
Detterer Str.
Weißen-bach
Dorfstraße
Schönderling
Spessartsh.
Würzburger Str.
Jossa
Rhönstr.
Roßbach
Detterbach
Marktstr.
Detter
Münchau
Heiligenkreuzer Str.
Schondra
Sinn
Obersinn
Hauptstraße
Heck-mühle
Neuwirts-haus
Heiligkreuz
Detterer Straße
Heiligkreuzstr.
Forststr.
Neudorf
Fuldaerstraße
Neudorfer Str.
Mittelsinn
Büchelberg-str.
Hetzlos
Rhönstraße
Völkersleier
Altdorfer Str.
Schwärzelbach
Aura i.Sinngrund
Staatsstraße
Völkersleier Str.
Schondra
Sinn
Haupt-straße
Wartmanns-roth
Aura
Hauptstraße
Fellen
Burgsinn
Mittelsinner Straße
Neues Schloss
Wasserburg
Fellener Str.
Rienecker Straße
Rengersbr. Bach
Dittlofs-roda
Diebacher Str.
Waizenbach
Windheimer Str.
Windheim
Gräfendorfer Straße
Diebacher Str.
Diebach
Zur Neumühle
Diebacher Str.
Fränkische Saale
Burgsinner Str.
Am Forsths.
Gräfendorf
Hauptstr.
Morlesau
Morlesauer Str.
Untereschen-bach
Am Bahnhof
Michelau a. d. Saale
Ochsenthal
Schonder-feld
Neutzenbrunn
Weickers-grüben
Weickersgrüben
27
Obereschenbach
Burg
Burgsinner Str.
Rieneck
Hauptstraße
Brunnenstr.
Wolfs-münster
Aschenroth
Schaippach
Rienecker Str.
Sinn
Kloster Schönau
Hammelburger Str.
Kaspar-Volpert-Str.
Seifrieds-burg
Weyersfeld
Langen-prozelten
An der Mainleite
Schönauer Str.
Kissinger Str.
Höllrich
Sindersbach
Pump-speicher
Am Sindersbach
Mühltor-str.
Ruine Scherenburg
Mainbrücke
Lohrer Str.
Mainbrückenstr.
Hof-stetten
Bahnhofstr.
Gemünden a. Main
Heßdorf
26
Bergstr.
Höllricher Str.
Wernfelder Str.
Karsbach
Haupt-str.
Pumpspeicher
Massenbuch
29

Niederkumbd
Bergen-hausen
Rayer-schied
Benz-weiler
Mörsch-bach
Erbach
Külz (Hunsrück)
Pleizen-hausen
Wahlbach
Rhein-böllen
Kleinweidel-bach
Dichtelbach
Kümbdchen
Altweidelbach
Keidelheim
Simmern (Hunsrück)
Mutterschied
Schnor-bach
Ellern (Hunsrück)
Ind.-park Soonwald
Rhein-böllerhütte
Ohlweiler
Argenthal
Holzbach
Riesweiler
Stromberger Hütte
Seibersbach
Wimmers-bacherhof
Bismarck-turm
Dörrebach
Jägersruh
Tiefenbach
Sargenroth
Layenkaul
Mengerschied
Gräfenbacher Hütte
Oberhub
Spabrücken
Dalberg
Kreers-häuschen
Münch-wald
Wallhausen
Winterbach
Spall
Gebroth
Argen-schwang
Sommer-loch
Ippenschied
Allenfeld
Braunweiler
Schwarzerden
Winter-burg
Waldfriede
Rehbach
Weiters-born
Seesbach
Daubach
Sponheim
Bockenau
Langen-thal
Auen
Burg-sponheim
Horbach
Simmertal
Martin-stein
Weiler b. Monzingen
Monzingen
Nußbaum
Steinhardt
Wald-böckel-heim
Hochstädten
2024
Hochstetten-Dhaun
Merxheim
Oberstreit
Boos
Bad Sobernheim
Oberhausen a. d. Nahe
Meckenbach
Meddersheim
Staudern-heim
Klosterruine Disibodenberg
Duch-roth
Kirschroth
Rheinl.-Pfälzisches Freilichtmus.
Odernheim
Nahe
41
50
E42
61
E31
45
14
Rheinböllen
240
Ober-heimbach
Daxweiler
266
Warmsroth
Hunsrück
Stromberg
46
Schweppen-hausen
Ecken-roth
292
Schöneberg
Hergenfeld
St. Katharinen
Gutenberg
Roxheim
318
Mandel
Weins-heim
Hüffelsheim
344
Schloßböckel-heim
Niederhausen
Besucherbergwerk
Feilbingert
Burgruine
Bingert
Ebernburg
Neupfälzer Str.

Nieder-heimbach
Burg Sonneck
Trechtings-hausen
Burg Reichenstein
Burg Rheinstein
Aulhausen
Assmanns-hausen
Rüdesheim am Rhein
Niederwald-Denkmal
Mäuseturm
Eibingen
Windeck
Marienthal
Geisen-heim
Grund
Schloßheide
Johannis-berg
Schloss Vollrads
Hallgarten
Hattenheim
Oestrich
Oestrich-Winkel
Winkel
Mittelheim
Erbach
Heidenfahrt
Rhein
Ingelheim-Ost
Ingelheim-West
Nord
Ind.-geb. Schaafau
Mitte
Kaiserpfalz
Sporken-heim
Ingelheim am Rhein
West
Süd
Bingerbrück
Burg Klopp
Bingen am Rhein
Kempten
Gew.-geb. Bingen Ost
Gauls-heim
Bingen-Ost
Wald-algesheim
Weiler b. Bingen
Büdes-heim
Roth
Genheim
Münster-Sarmsheim
Rümmels-heim
Waldlau-bersheim
Dieters-heim
Bingen Mitte
Dorsheim
Gau-Algesheim
Ockenheim
Appenheim
Groß-winternheim
Schwabenheim an der Selz
Dromersheim
Dreieck Nahetal
Waldlaubershm.
Windes-heim
Lauben-heim
Spons-heim
Grols-heim
Aspisheim
Buben-heim
Nieder Hilbers-heim
Engel-stadt
Langenlons-heim
Waldhilbers-heim
Heddesheim
Guldenbach
Guldental
Gensingen
Horrweiler
Ober-Hilbersheim
Jugenheim in Rheinhessen
Bad Kreuznach
Bretzen-heim
Winzen-heim
Ippes-heim
Welgesheim
Zotzenheim
Wolfsheim
Parten-heim
Harges-heim
Roxheim
Biebels-heim
Planig
Pfaffen-Schwabenhm.
St. Johann
Venders-heim
Sprendlingen
Veste Kauzen-burg
Brücken-häuser
ADAC
Rüdesheim
Bosen-heim
Pleiters-heim
Baden-heim
Gau-Bickelheim
Gau-Weinheim
Sulzheim
Gew.-geb. Süd
Wallert-heim
Wörrstadt
Traisen
Hacken-heim
Volx-heim
Wöllstein
Appelbach
Gew.-geb. Ost
Rommers-heim
Schims-heim
Bad Münster am Stein-Ebernburg
Burg
Burgruine Rheingrafenstein
Norheim
Gumbsheim
Armsheim
Ensheim
Frei-Laubersheim
Neu-Bamberg
Siefers-heim
Eckelsheim
Flonheim
Bornheim
Burgruine
Alten-bamberg
Wonsheim
Uffhofen
Bermers-heim v. d. H.
Fürfeld
Stein-Bockenheim
Born-heim
Lons-heim
Kreuz Alzey
Feil
Hoch-stätten
Nahe
Alsenz
Seiz
241 242 243 244 245 246
267 268 269 270 271 272
293 294 295 296 297 298
319 320 321 322 323 324
345 346 347 348 349 350

Mainz
Budenheim
Mombach
Heidesheim am Rhein
Wackernheim
Finthen
Gonsenheim
Mainz-Kastel
Mainz-Kostheim
Hochheim a. Main
Ginsheim-Gustavsburg
Bischofsheim
Weisenau
Drais
Lerchenberg
Marienborn
Hechtsheim
Laubenheim
Bodenheim
Klein-Winternheim
Ober-Olm
Essenheim
Schwabenheim an der Selz
Groß-winternheim
Stadecken-Elsheim
Nieder-Olm
Ebersheim
Gau-Bischofsheim
Harxheim
Nackenheim
Lörzweiler
Zornheim
Mommenheim
Nierstein
Jugenheim in Rheinhessen
Nieder-Saulheim
Saulheim
Sörgenloch
Uden-heim
Hahnheim
Selzen
Schornsheim
Köngernheim
Wörrstadt
Sulzheim
Undenheim
Friesenheim
Dexheim
Oppenheim
Dienheim
Gabsheim
Dalheim
Spiesheim
Weinolsheim
Uelversheim
Ludwigshöhe
Ensheim
Bechtolsheim
Dolgesheim
Eimsheim
Guntersblum
Biebelnheim
Gau-Odernheim
Hillesheim
Wintersheim
Dorn-Dürkheim
Gimbsheim
Albig
Bermersheim v. d. H.
Rhein
Main
Selz
A 60
A 63
A 643
A 671
B 9
B 40
B 420

251
252
253
254
255
277
278
279
280
281
303
304
305
306
307
329
330
331
332
333
355
356
357
358
359
Bad Weilbach
Wicker
Flörsheim a. Main
Rüsselsheim a. Main
Keramag/ Falkenberg
Mönchhof
Raunheim
Mönchhof-Dreieck
Airportring
Gew.-geb. Stadttor
Gew.-geb. AIRPORTGARDEN
Haßloch
Alt-Haßloch
Rüsselsheim-Ost
Rüsselsheimer Dreieck
Rüsselsheim-Mitte
Rüsselsheim-Königst.
Gew.-park Blauer See
Königstädten
Nauheim
Trebur
Cargo-City-Süd
Zeppelinheim
Walldorf
Mörfelden-Walldorf
Gew.-geb. Mörfelden Ost
Langen/ Mörfelden
Langen (Hessen)
Dreieich
Gew.-geb. Neurott
Egelsbach
Erzhausen
Gew.-geb. Am Ohlenberg
Siedlung Bayerseich
Mörfelden
Gew.-geb. Süd
Hegbach
Apfelbach
Gräfenhausen
Groß-Gerau-Nord
Heimstätten-siedlung
Im Hessel-rad
Worfelden
Oberdorf
Groß-Gerau
Gew.-geb. Nextparx
Mühlbach
Klein-Gerau
Schneppen-hausen
Braunshardt
Gew.-geb. Am Rotböll
Wixhausen
Arheilgen
Eisenbahnmus.
Kranichstein
Sülz
Landgraben
Auf Esch
Dornberg
Gew.-geb. Helvetia Parc
Büttelborn
Wallerstädten
Berkach
Weiterstadt
Gew.-u. Ind.-geb. Weiterstadt-West
Riedbahn-Süd
Fritz-Wernath-Siedlung
Lachengraben
Geinsheim
Dornheim
Waldkolonie
Dreieck Darmstadt
Mathildenhöhe
Schloss
DB
ADAC
Dr. Darmstadt/ Griesheim
DARMSTADT
Darmstadt-West
Darmstädter Kreuz
Merck-Stadion am Böllenfalltor
Leeheim
Riedstadt
Wolfskehlen
Griesheim
St.-Stephan-Siedlung
Heimstätten Siedlung
Lincoln-Siedlung
Traisa
Trautheim
Erfelden
Altrhein
Goddelau
Scheidgraben
Küchtergraben
Gew.-geb. Süd-West
Philippshospital
Nieder-Ramstadt
Eberstadt
Escholl-brücken
Crumstadt
Eich
Pfungstadt
Darmstadt-Eberstadt
In der Mordach
Nieder-Beerbach
Ruine Frankenstein
Malchen
Seeheim-Jugenheim
Stockstadt am Rhein
Biebesheim am Rhein
Industriegebiet -Nord
Gew.-geb. Ost
Hahn
Modau
Allmend-feld
Seeheim-Jugenheim
Rhein
Wechselsee
E35
E42
E451

256
257
258
259
260
282
283
284
285
286
308
309
310
311
312
334
335
336
337
338
360
361
362
363
364
Buch-schlag
Dreieich
Dreieichen-hain
Dietzen-bach
Götzen-hain
Hexen-berg
Messen-hausen
Offenthal
Steinberg
Wald-acker
Siedlung Rollwald
Hain-hausen
Duden-hofen
Nieder-Roden
Jügesheim
Rodgau
Seligenstadt
Langen
Egelsbach
Egels-bach
Urberach
Ober-Roden
Rödermark
Industrie- und Gewerbepark
Eppertshausen
Babenhausen
Sickenhofen
Gewerbegeb. Im Riemen
Hergers-hausen
Harperts-hausen
Siedlung Bayerseich
Nördl. des Ziegelhüttenweges
Gew.-geb. West
Gew.-geb. Auf der Beune
Messel
Bhf. Messel
Fossilienfundstätte Weltnaturerbe der UNESCO
Breite-feld
Münster (Hessen)
Altheim
Langstadt
Schlierbach
Kleestadt
Klein-Umstadt
Eisenbahnmuseum
Kranichstein
Jagdschloss Kranichstein
Dieburg
DARMSTADT
Groß-Zimmern
Richen
Gundern-hausen
Gew.-geb. Roßdorf West
Klein-Zimmern
Semd
Raibach
Merck-Stadion am Böllenfalltor
Roßdorf
Stetteritz
Groß-Umstadt
Ober-Ramstadt
Zeilhard
Georgen-hausen
Habitzheim
Spachbrücken
Traisa
Trautheim
Reinheim
Lengfeld
Heubach
Nieder-Ramstadt
Otzberg
Zipfen
Ueberau
Mühltal
-Hahn
Gew.-geb. Am Schau-bacher Berg
Nieder-Klingen
Hering
Wiebels-bach
In der Mordach
Nieder-Modau
Wembach-
Gew.-geb. Reinheimer Weg Rechts
Ober-Nauses
Waschen-bach
Rohrbach
Groß-Bieberau
Ober-Klingen
Nieder-Beerbach
Ober-Modau
Franken-hausen
Rodau
Hassenroth
Pfirsch-bach
Höller-bach
Annelsbach
Asbach
Ind.-geb. Beineäcker
Neutsch
Ernst-hofen
Renaissanceschloss Lichtenberg
Niedern-hausen
Wersau
Brensbach
Hummet-roth
Freilichtmuseum
Gersprenz
Semme
Richer Bach
Sülz
Luderbach
Lache

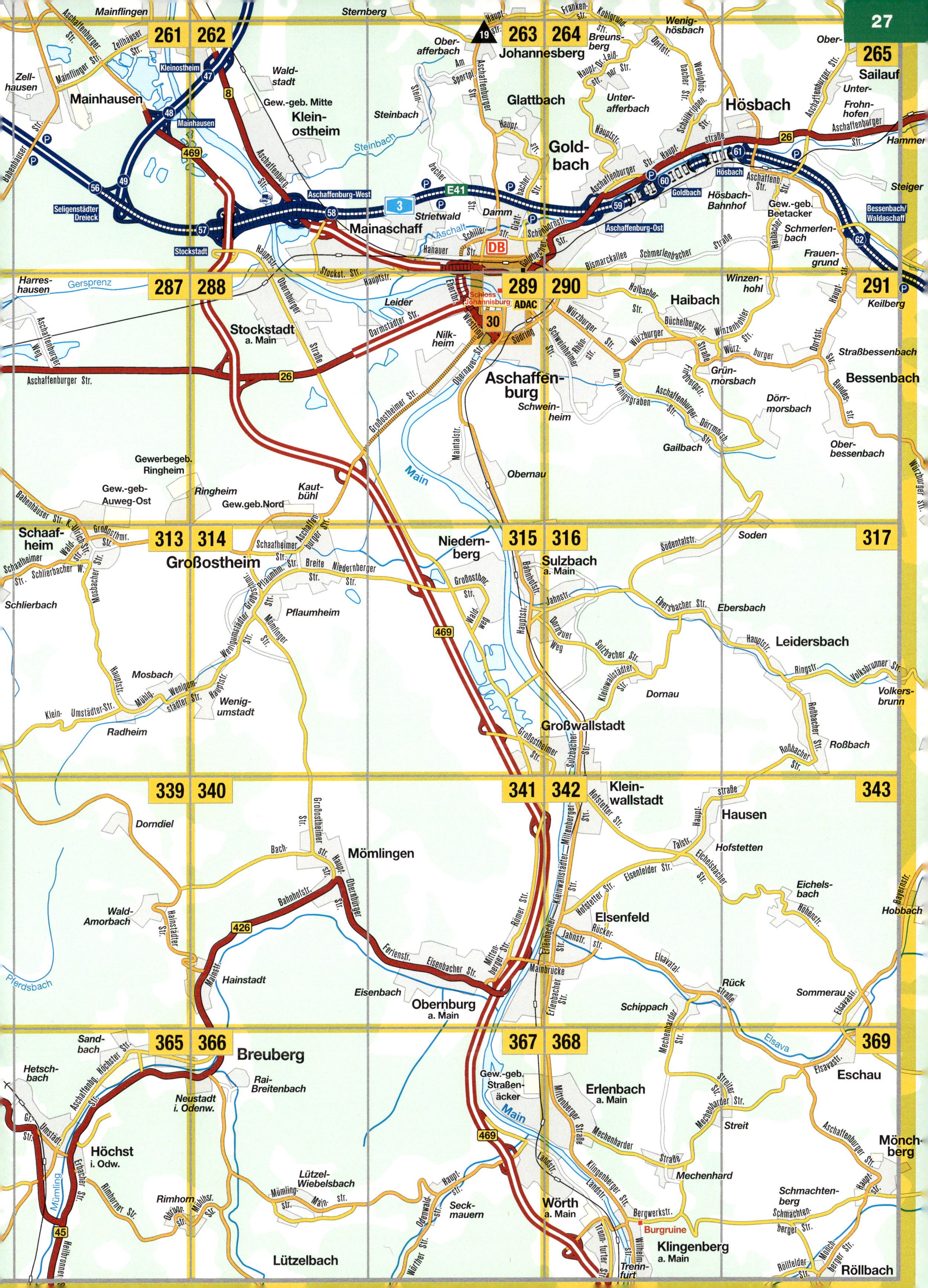

261
262
263
264
265
287
288
289
290
291
313
314
315
316
317
339
340
341
342
343
365
366
367
368
369
Mainflingen
Sternberg
Zellhausen
Mainhausen
Kleinostheim
Waldstadt
Gew.-geb. Mitte
Kleinostheim
Seligenstädter Dreieck
Mainhausen
Stockstadt
Aschaffenburg-West
Mainaschaff
Strietwald
Steinbach
Oberafferbach
Johannesberg
Glattbach
Goldbach
Damm
Hanauer Str.
Breunsberg
Unterafferbach
Wenighösbach
Hösbach
Goldbach
Hösbach-Bahnhof
Aschaffenburg-Ost
Gew.-geb. Beetacker
Schmerlenbach
Frauengrund
Ober-
Sailauf
Unterfrohnhofen
Hammer
Steiger
Bessenbach/Waldaschaff
Harreshausen
Gersprenz
Stockstadt a. Main
Leider
Nilkheim
Schloss Johannisburg
ADAC
Aschaffenburg
Schweinheim
Winzenhohl
Haibach
Grünmorsbach
Dörrmorsbach
Gailbach
Keilberg
Straßbessenbach
Bessenbach
Oberbessenbach
Gewerbegeb. Ringheim
Gew.-geb. Auweg-Ost
Ringheim
Gew.geb.Nord
Kautbühl
Main
Obernau
Schaafheim
Großostheim
Niedernberg
Sulzbach a. Main
Soden
Schlierbach
Pflaumheim
Ebersbach
Leidersbach
Mosbach
Wenigumstadt
Radheim
Dornau
Volkersbrunn
Großwallstadt
Roßbach
Dorndiel
Mömlingen
Kleinwallstadt
Hausen
Hofstetten
Eichelsbach
Hobbach
Wald-Amorbach
Hainstadt
Elsenfeld
Pferdsbach
Eisenbach
Obernburg a. Main
Mainbrücke
Schippach
Rück
Sommerau
Elsava
Sandbach
Hetschbach
Breuberg
Rai-Breitenbach
Neustadt i. Odenw.
Gew.-geb. Straßenäcker
Erlenbach a. Main
Eschau
Streit
Mönchberg
Höchst i. Odw.
Mümling
Lützel-Wiebelsbach
Rimhorn
Seckmauern
Wörth a. Main
Mechenhard
Schmachtenberg
Burgruine
Klingenberg a. Main
Trennfurt
Lützelbach
Röllbach

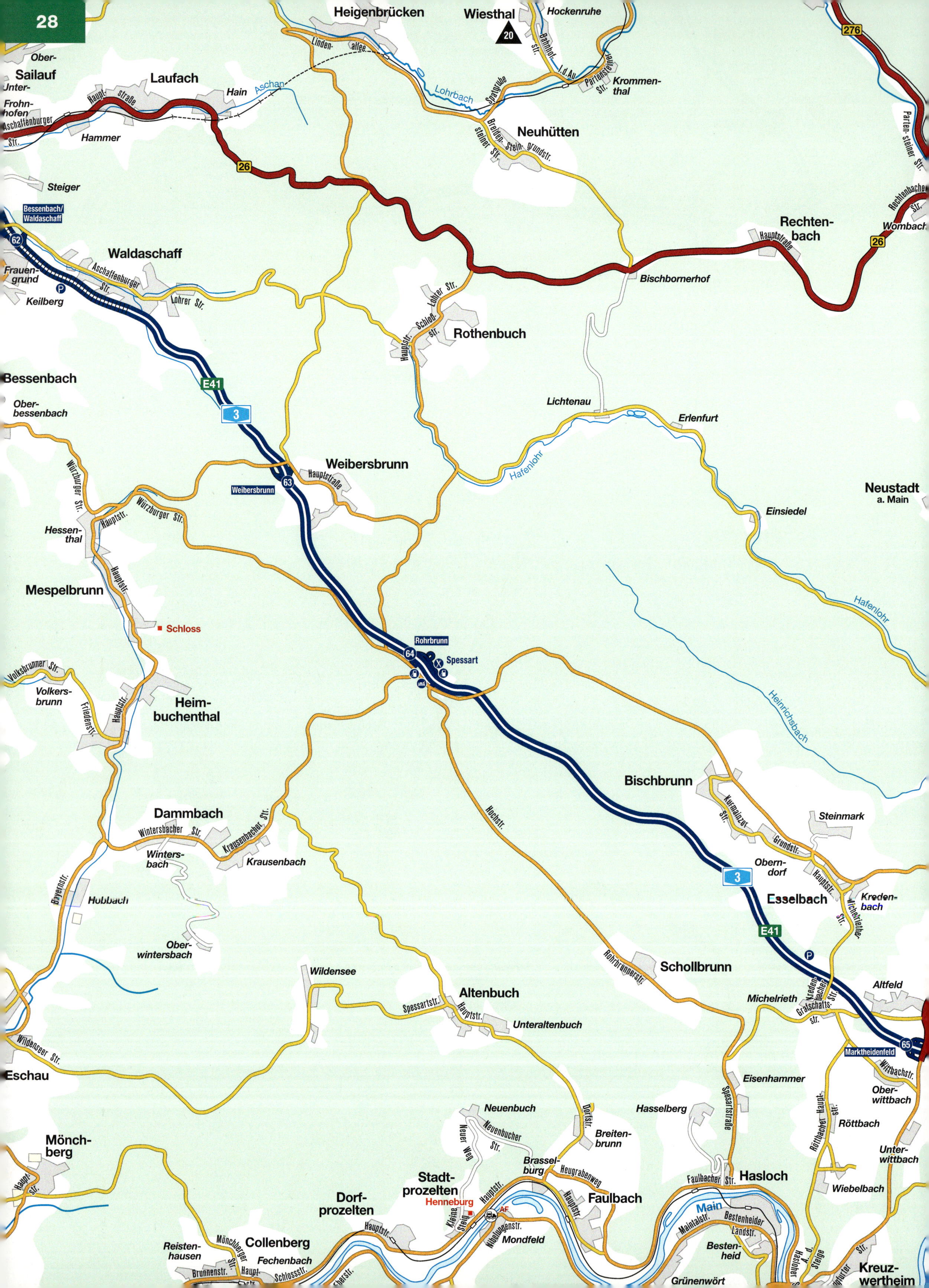

Heigenbrücken
Wiesthal
20
Hockenruhe
276
Ober-
Sailauf
Unter-
Laufach
Frohn-
hofen
Hain
Aschan
Linden-
allee
Lohrbach
Bahnhof-
Str.
I. d. Au
Partensteiner Str.
Krommen-
thal
Spatgrube
Haupt-
straße
Aschaffenburger
Str.
Hammer
Neuhütten
Breiten-
steiner Str.
Stein-
grundstr.
Parten-
steiner Str.
26
Steiger
Bessenbach/
Waldaschaff
62
Rechtenbacher
Str.
Wombach
Rechten-
bach
Hauptstraße
Waldaschaff
Aschaffenburger
Str.
Frauen-
grund
Keilberg
Lohrer Str.
Bischbornerhof
Lohrer Str.
Schloß-
str.
Hauptstr.
Rothenbuch
Bessenbach
E41
Ober-
bessenbach
3
Lichtenau
Erlenfurt
Weibersbrunn
Hauptstraße
Weibersbrunn
63
Hafenlohr
Würzburger
Str.
Würzburger Str.
Hauptstr.
Neustadt
a. Main
Hessen-
thal
Einsiedel
Hauptstr.
Mespelbrunn
Schloss
Hafenlohr
Rohrbrunn
64
Spessart
Volksbrunner Str.
Volkers-
brunn
Friedenstr.
Hauptstr.
Heim-
buchenthal
Heinrichsbach
Bischbrunn
Hochstr.
Kurmainzer
Str.
Steinmark
Dammbach
Wintersbacher
Str.
Krausenbacher Str.
Grundstr.
Winters-
bach
Krausenbach
Obern-
dorf
Hauptstr.
3
Esselbach
Kreden-
bach
Wichelrichter
Str.
Bayernstr.
Hobbach
E41
Ober-
wintersbach
Rohrbrunnerstr.
Schollbrunn
Altfeld
Wildensee
Altenbuch
Michelrieth
Kreden-
bacher
Str.
Grafschafts-
str.
Spessartstr.
Hauptstr.
Unteraltenbuch
65
Marktheidenfeld
Wildenseer Str.
Wittbachstr.
Eschau
Eisenhammer
Spessartstraße
Ober-
wittbach
Neuenbuch
Dorfstr.
Hasselberg
Neuer
Weg
Neuenbucher
Str.
Breiten-
brunn
Röttbacher Haupt-
str.
Röttbach
Mönch-
berg
Haupt-
str.
Unter-
wittbach
Brassel-
burg
Heugrabenweg
Hasloch
Faulbacher Str.
Stadt-
prozelten
Wiebelbach
Dorf-
prozelten
Henneburg
Hauptstr.
Kleine
Steig
Hauptstr.
Faulbach
Main
Bestenheider
Landstr.
Maintalstr.
Hauptstr.
Nibelungenstr.
Mondfeld
Besten-
heid
Reisten-
hausen
Mönchberger
Str.
Collenberg
Fechenbach
Brunnenstr.
Haupt-
Schlossstr.
Grünenwört
Hasloch
A. d.
Steige
Str.
Kreuz-
wertheim

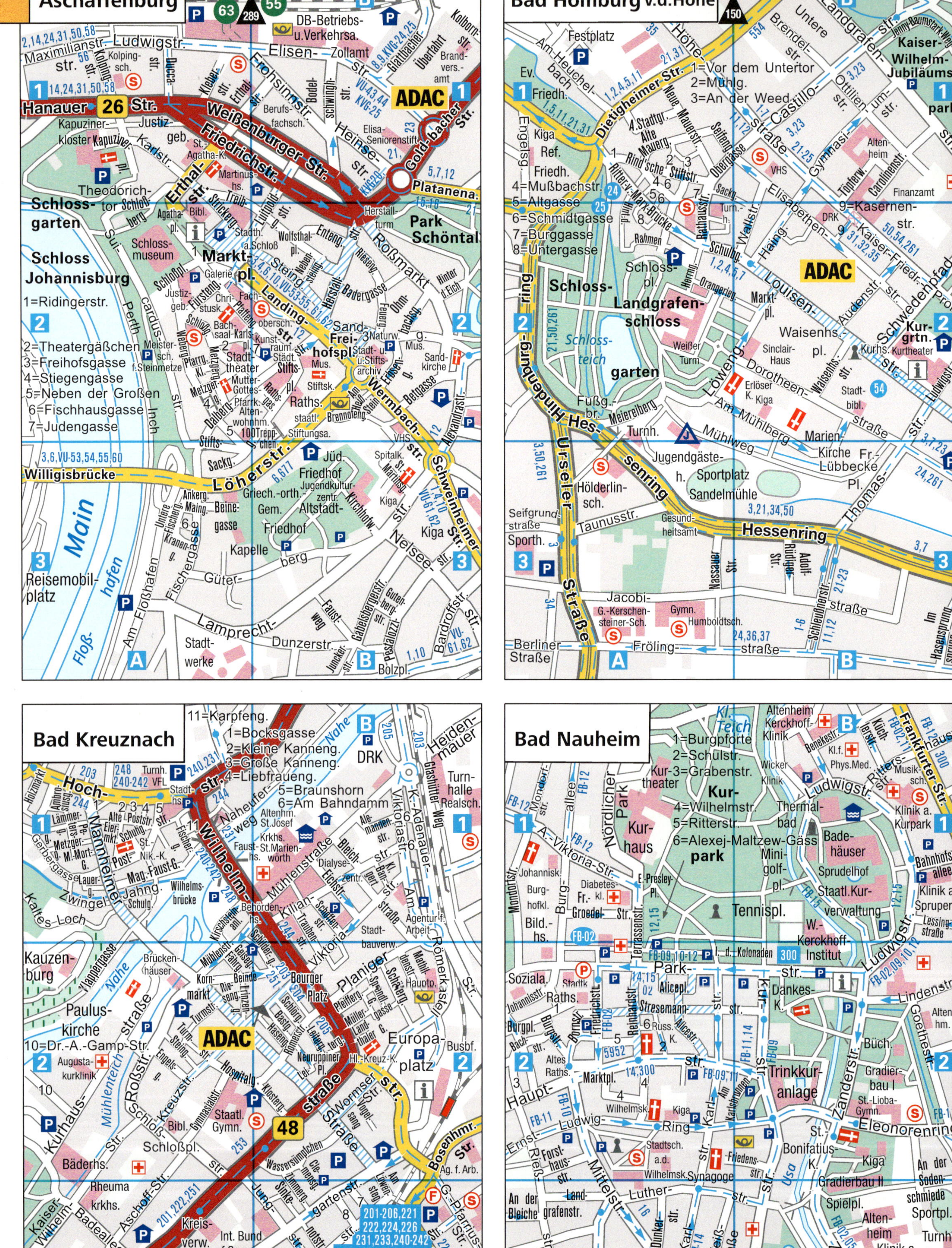
Aschaffenburg
1=Ridingerstr.
2=Theatergäßchen
3=Freihofsgasse
4=Stiegengasse
5=Neben der Großen
6=Fischhausgasse
7=Judengasse
Hanauer Str.
Weißenburger Str.
Friedrichstr.
Schloss-garten
Schloss Johannisburg
Markt-pl.
Park Schöntal
Roßmarkt
Löherstr.
Willigisbrücke
Main
Reisemobil-platz
Floßhafen
Lamprecht-
Dunzerstr.
ADAC
Bad Homburg v.d.Höhe
1=Vor dem Untertor
2=Mühlg.
3=An der Weed
4=Mußbachstr.
5=Altgasse
6=Schmidtgasse
7=Burggasse
8=Untergasse
Dietigheimer Str.
Landgrafen-schloss
Schloss-garten
Hindenburgring
Ursel-er Straße
Hessenring
Louisen-
Kaiser-Wilhelm-Jubiläums-park
Kurhaus
Sportplatz
Jugendgäste-h.
Berliner Straße
Fröling-straße
ADAC
Bad Kreuznach
1=Bocksgasse
2=Kleine Kanneng.
3=Große Kanneng.
4=Liebfrauenng.
5=Braunshorn
6=Am Bahndamm
7=Volxheimer G.
8=Laubersheimer G.
9=Hans-Schumm-Str.
10=Dr.-A.-Gamp-Str.
11=Karpfeng.
Wilhelmstr.
Mannheimer Str.
Nahe
Pauluskirche
Kauzenburg
Salinenstr.
Bosenheimer Str.
Europa-platz
Mühlenteich
ADAC
Bad Nauheim
1=Burgpforte
2=Schulstr.
3=Grabenstr.
4=Wilhelmstr.
5=Ritterstr.
6=Alexej-Maltzew-Gäss
Kurhaus
Kurpark
Sprudelhof
Trinkkuranlage
Ludwigstr.
Frankfurter Str.
Neuer Kurpark
Zanderstr.
Schwalheimer Str.
Eleonorenring

Bad Orb

1=Zenkhof
2=Enggasse

3=Am Wendelinus-brunnen
4=Gemündener Weg
5=Gelnhäuser Weg

Bingen am Rhein

5=Am Pfarrgarten
6=Carl-Puricelli-Pl.
7=Am Annaberg
8=Burggässchen

1=Salznebenstr.
2=Birkengäßchen
3=Unt. St. Nikolausg.
4=Ob. St. Nikolausg.

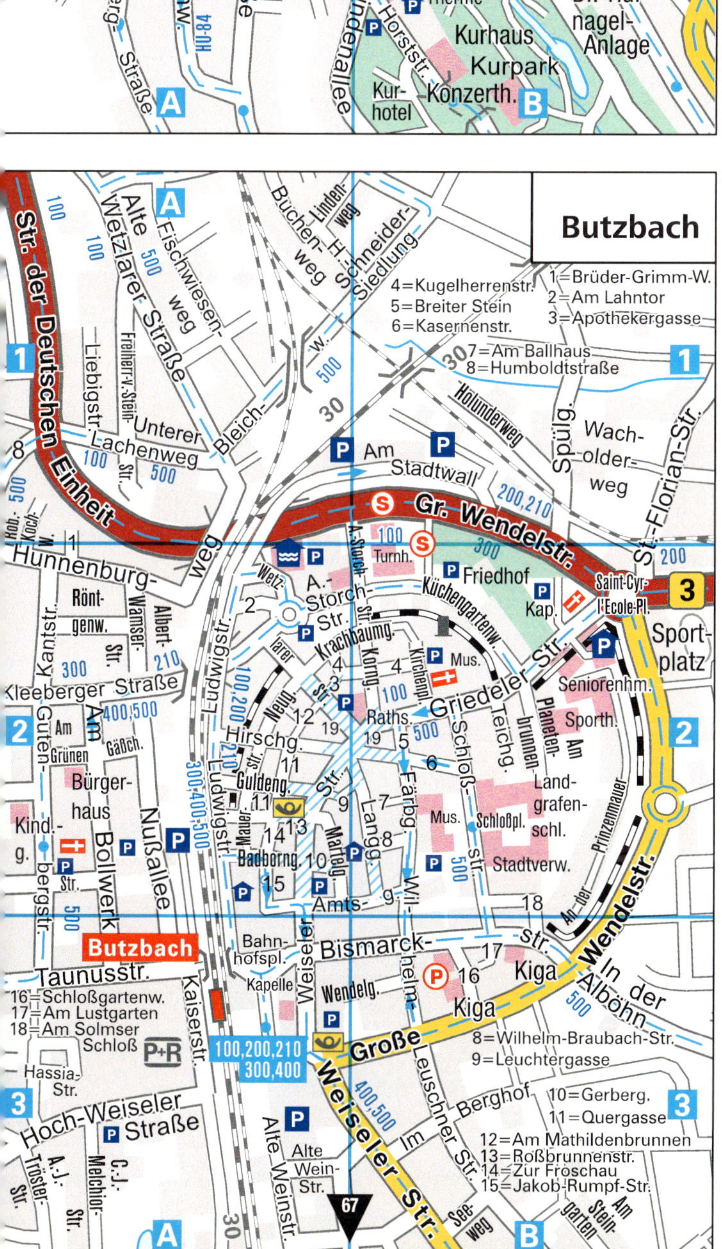

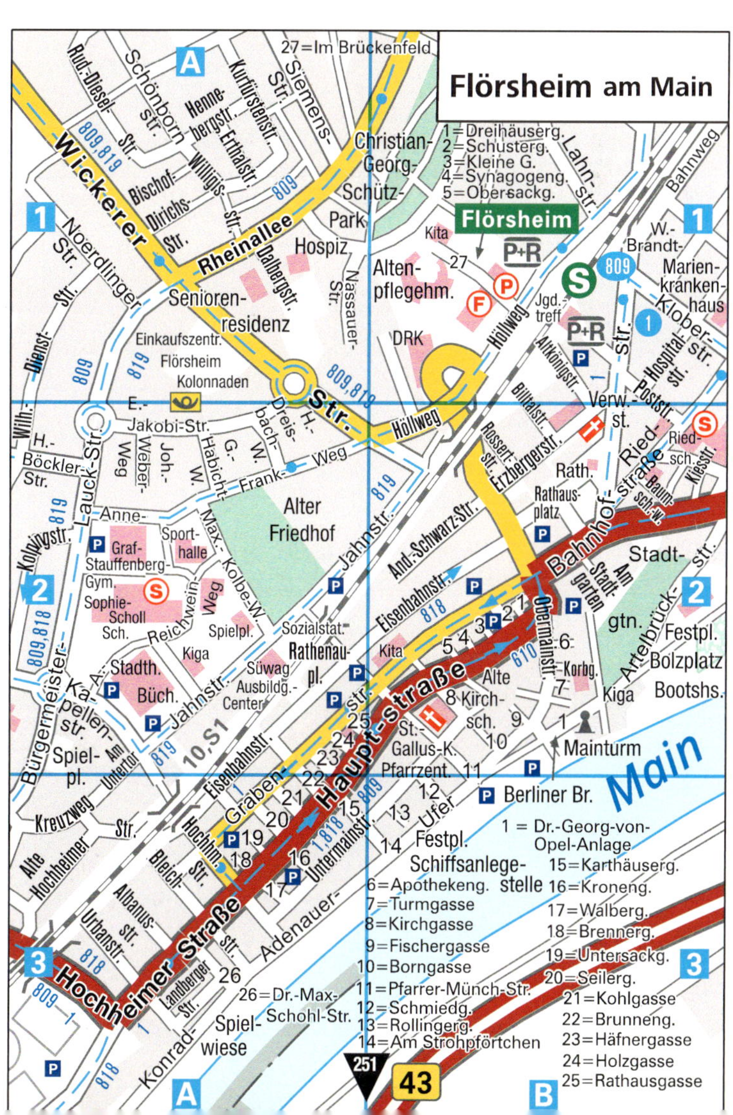

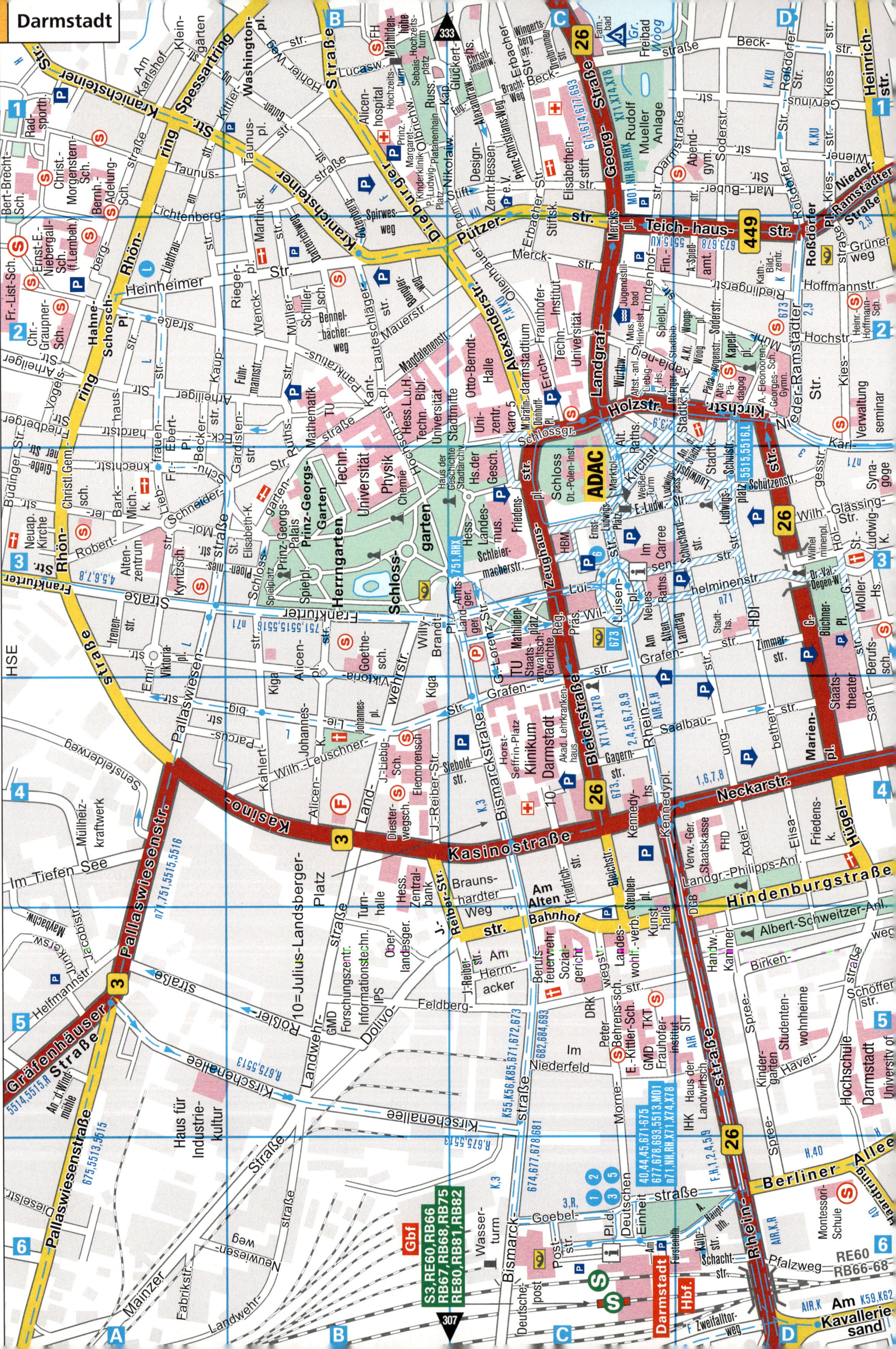

Kranichsteiner Str.
Spessartring
Washington-pl.
Taunus-pl.
Lichtenberg-str.
Heinheimer Str.
Rhönring
Schorsch-Pl.
Dieburger Str.
Pützer-str.
Alexanderstr.
Landgraf-Georg-Straße
Teichhaus-str.
Rudolf Mueller Anlage
Prinz-Georgs-Garten
Herrngarten
Schlossgarten
Technische Universität
Schloss
ADAC
Holzstr.
Kirchstr.
Frankfurter Straße
Zeughausstr.
Bleichstraße
Rheinstr.
Luisenpl.
Neckarstr.
Kasinostraße
Pallaswiesenstr.
Gräfenhäuser Straße
Julius-Landsberger-Platz
Hindenburgstraße
Alb.-Schweitzer-Anl.
Klinikum Darmstadt
Staatstheater
Marienpl.
Hügelstr.
Kirschenallee
Haus für Industriekultur
Wasserturm
Darmstadt Hbf.
Berliner Allee
Hochschule Darmstadt
Kavalleriesand
Mainzer Straße
Heinrichstr.
Nieder-Ramstädter Str.
Im Tiefen See
Müllheizkraftwerk
Feldbergstr.
Dolivostr.
Bismarckstraße
Steubenpl.
Kennedypl.
HSE

Main
Sandweg
Seilerstr.
Konr.-Adenauer-Str.
Kurt-Schumacher-Str.
Alte Brücke
Flößerbr.
Obermainbr.
Untermainbr.
Eiserner Steg
Sachsenhäuser Ufer
Schaumainkai (Museumsufer)
Walter-Kolb-Straße
Gerbermühlstr.
Dreieichstr.
Deutschherrnufer
Hanauer Landstr.
Ostendstr.
Sonnemannstr.
Konstablerwache
Hauptwache
Römer
Mainkai
Zeil
Bleichstr.
Eschenhmr. Tor
Bockenheimer Anlage
Hochstraße
Alte Oper
Taunusanlage
Gallusanl.
Neue Mainzer Str.
Mainzer Landstr.
Bockenheimer Landstraße
Reuterweg
Westend
Wilhelm-Leuschner-Str.
Baseler Str.
Düsseldorfer Str.
Karlstr.
Hbf
ADAC
Zoo
Lokalbf.
Schweizer Pl.
Frankfurt am Main

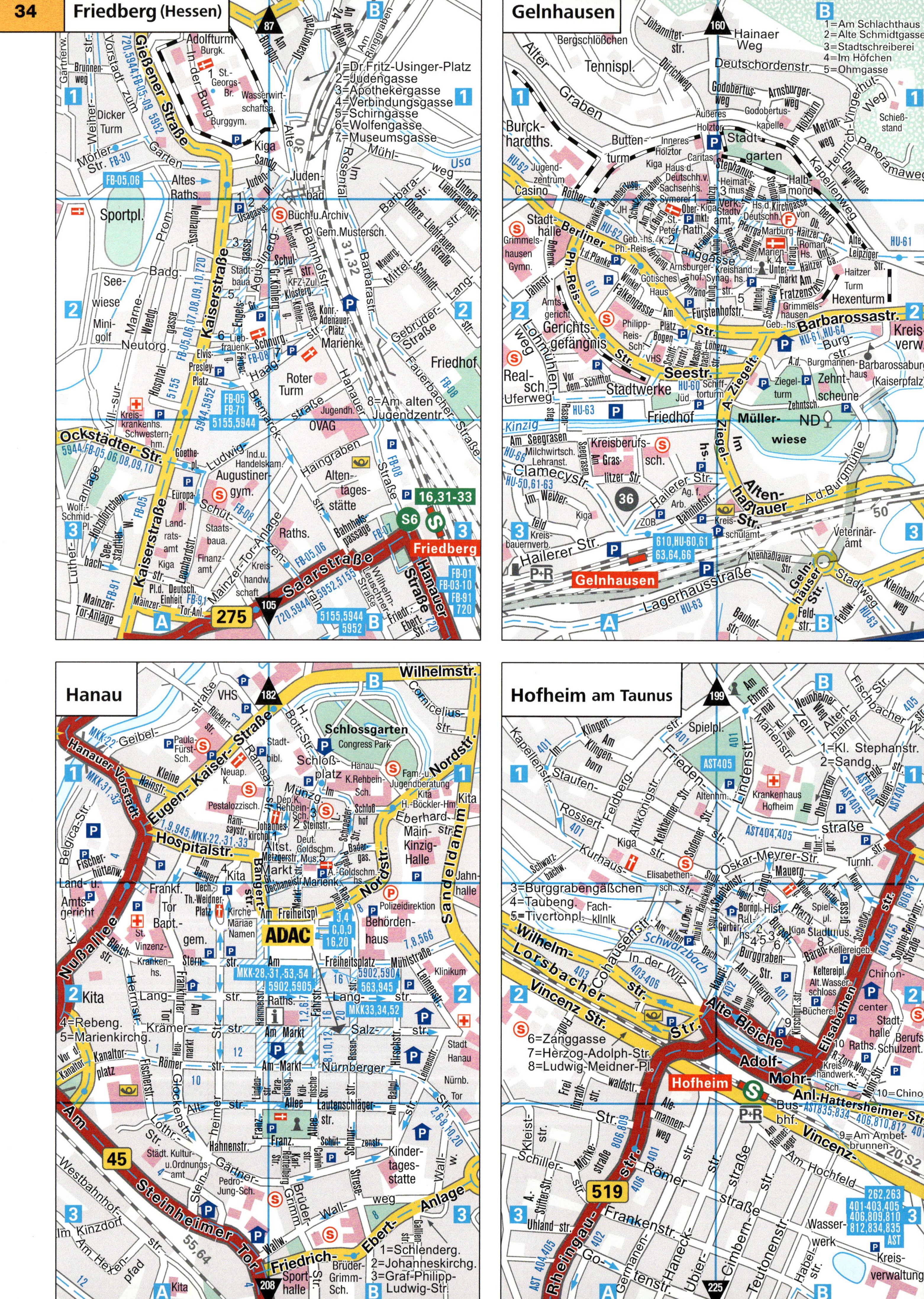
Friedberg (Hessen)
1=Dr.Fritz-Usinger-Platz
2=Judengasse
3=Apothekergasse
4=Verbindungsgasse
5=Schirngasse
6=Wolfengasse
7=Museumsgasse
8=Am alten Jugendzentr.
Gelnhausen
1=Am Schlachthaus
2=Alte Schmidtgasse
3=Stadtschreiberei
4=Im Höfchen
5=Ohmgasse
Hanau
1=Schlenderg.
2=Johanneskirchg.
3=Graf-Philipp-Ludwig-Str.
4=Rebeng.
5=Marienkirchg.
Hofheim am Taunus
1=Kl. Stephanstr.
2=Sandg.
3=Burggrabengäßchen
4=Taubeng.
5=Tivertonpl.
6=Zanggasse
7=Herzog-Adolph-Str.
8=Ludwig-Meidner-Pl.
9=Am Ambet-brunnen
10=Chinon

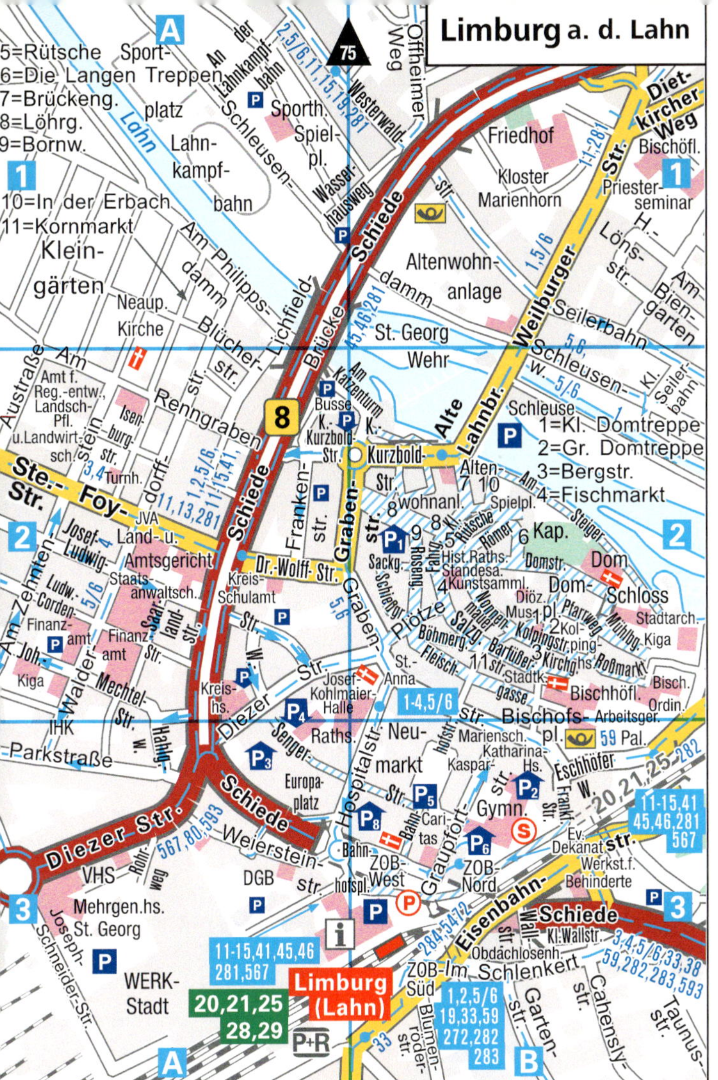

Limburg a. d. Lahn
5=Rütsche
6=Die Langen Treppen
7=Brückeng.
8=Löhrg.
9=Bornw.
10=In der Erbach
11=Kornmarkt
1=Kl. Domtreppe
2=Gr. Domtreppe
3=Bergstr.
4=Fischmarkt
Friedhof
Kloster Marienhorn
Altenwohnanlage
St. Georg
Wehr
Schleuse
Dom
Schloss
Amtsgericht
Neumarkt
Bischofsplatz
Europaplatz
Schiede
Diezer Str.
Weilburger Str.
Limburg (Lahn)
WERK-Stadt
Mehrgen.hs. St. Georg
Parkstraße
Lahn
8
75

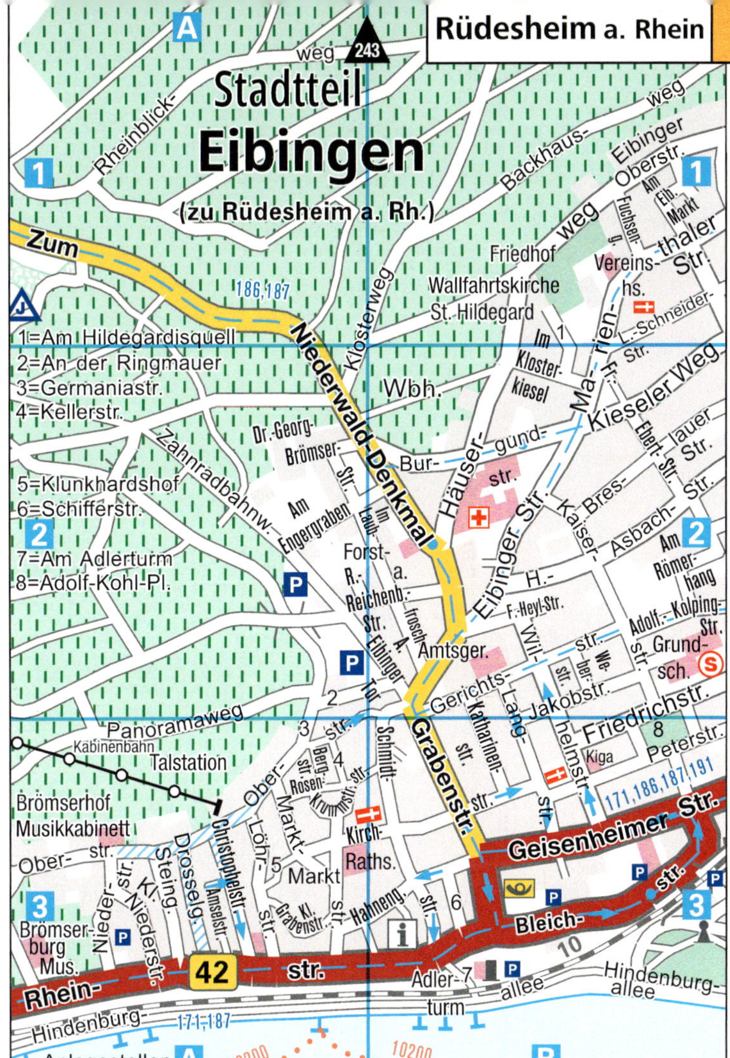

Rüdesheim a. Rhein
Stadtteil Eibingen
(zu Rüdesheim a. Rh.)
1=Am Hildegardisquell
2=An der Ringmauer
3=Germaniastr.
4=Kellerstr.
5=Klunkhardshof
6=Schifferstr.
7=Am Adlerturm
8=Adolf-Kohl-Pl.
Niederwald-Denkmal
Wallfahrtskirche St. Hildegard
Friedhof
Panoramaweg
Kabinenbahn
Talstation
Brömserhof Musikkabinett
Brömserburg Mus.
Markt
Raths.
Adlerturm
Geisenheimer Str.
Rheinstr.
Hindenburgallee
Anlegestellen
42
243

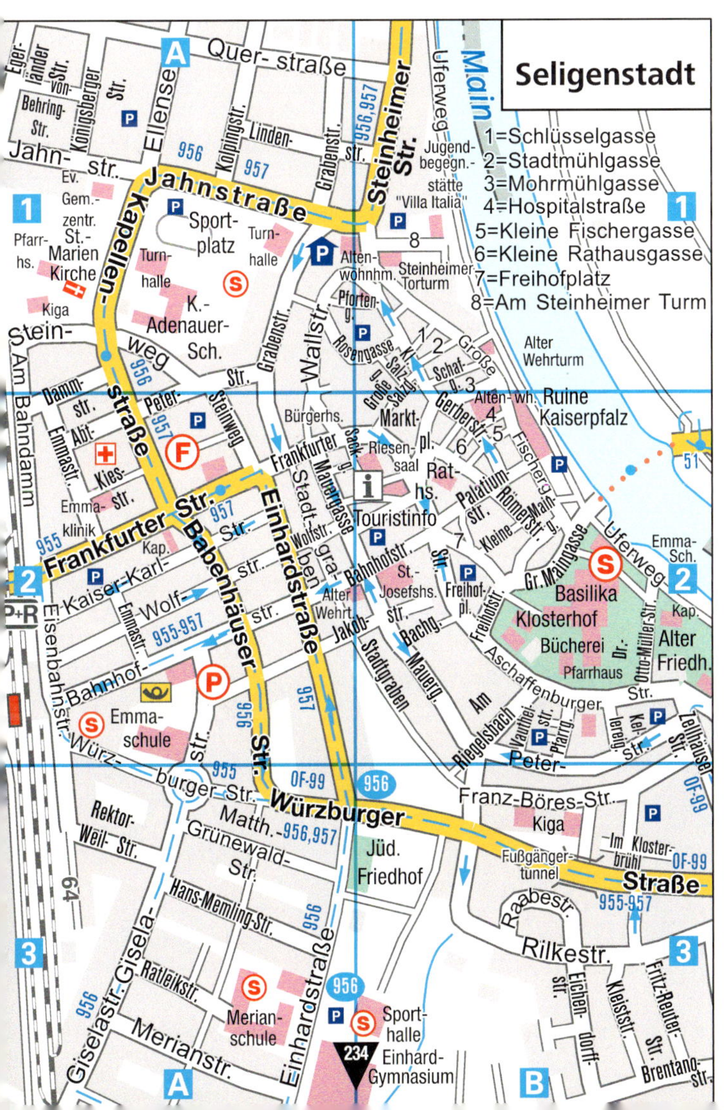

Seligenstadt
1=Schlüsselgasse
2=Stadtmühlgasse
3=Mohrmühlgasse
4=Hospitalstraße
5=Kleine Fischergasse
6=Kleine Rathausgasse
7=Freihofplatz
8=Am Steinheimer Turm
Main
Jahnstraße
Steinheimer Str.
Sportplatz
K.-Adenauer-Sch.
Marien Kirche
Ruine Kaiserpfalz
Basilika
Klosterhof
Markt
Touristinfo
Frankfurter Str.
Einhardstraße
Würzburger Straße
Jüd. Friedhof
Emma-schule
Merian-schule
Einhard-Gymnasium
234

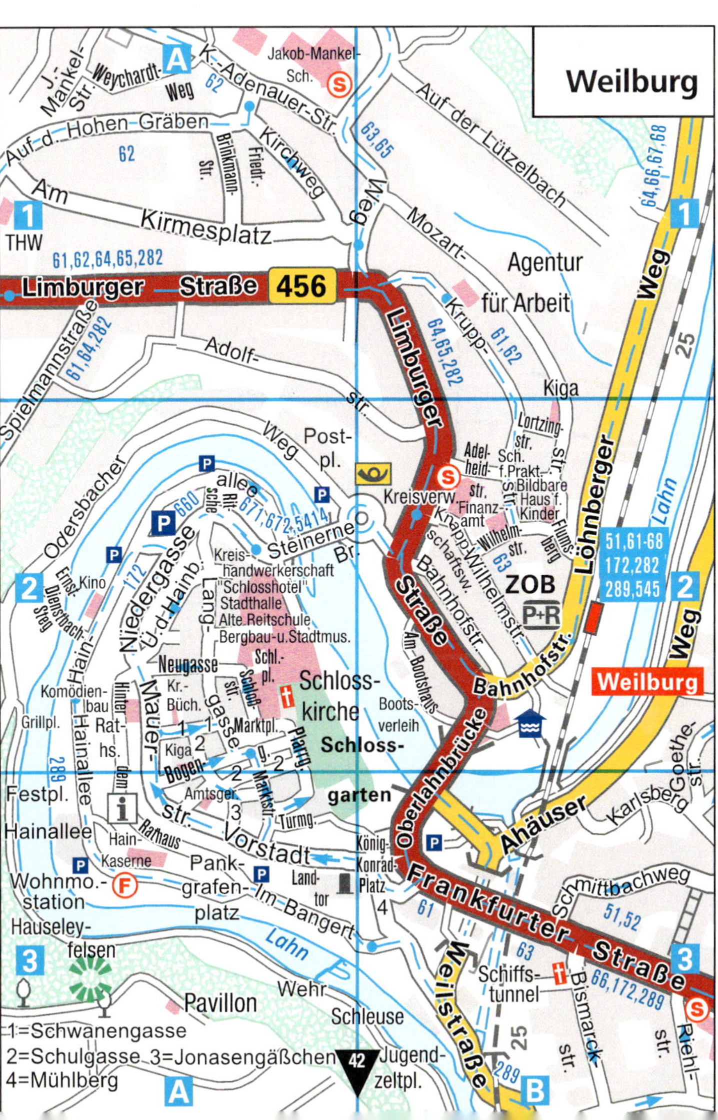

Weilburg
Limburger Straße
456
Kirmesplatz
Agentur für Arbeit
Post-pl.
ZOB
Weilburg
Schlosskirche
Schlossgarten
Kreishandwerkerschaft "Schlosshotel" Stadthalle Alte Reitschule Bergbau-u.Stadtmus.
Marktpl.
Vorstadt
Frankfurter Straße
Weilstraße
Lahn
Pavillon
Hainallee
Schiffstunnel
Oberlahnbrücke
1=Schwanengasse
2=Schulgasse 3=Jonasengäßchen
4=Mühlberg
42

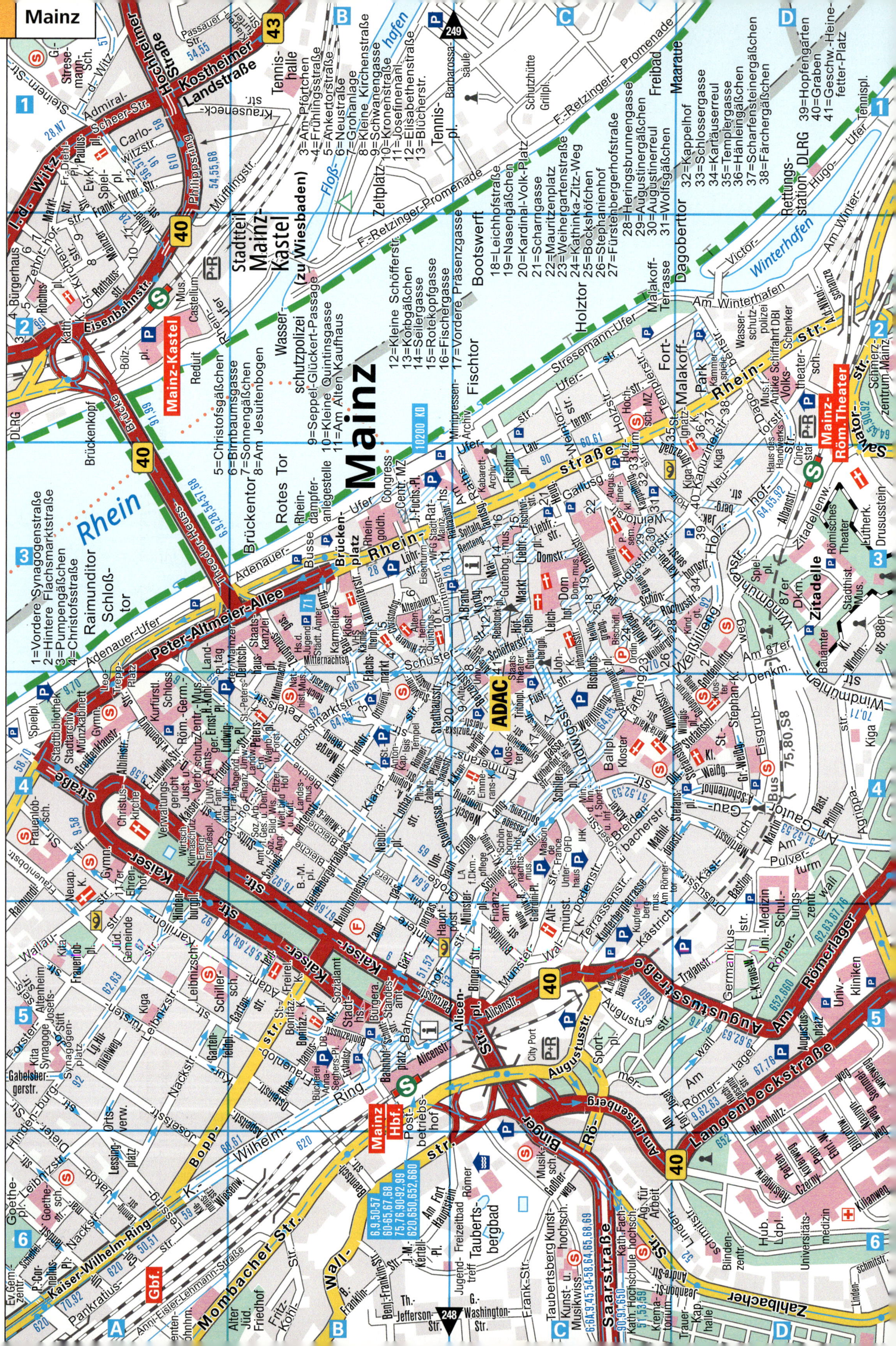

Mainz

1=Vordere Synagogenstraße
2=Hintere Flachsmarktstraße
3=Pumpengäßchen
4=Christofsstraße

5=Christofsgäßchen
6=Birnbaumsgasse
7=Sonnengäßchen
8=Am Jesuitenbogen

9=Seppel-Glückert-Passage
10=Kleine Quintinsgasse
11=Am Alten Kaufhaus

12=Kleine Schöfferstr.
13=Korbgäßchen
14=Seilergasse
15=Rotekopfgasse
16=Fischergasse
17=Vordere Präsenzgasse

18=Leichhofstraße
19=Nasengäßchen
20=Kardinal-Volk-Platz
21=Scharngasse
22=Mauritzenplatz
23=Weihergartenstraße
24=Kathinka-Zitz-Weg
25=Bockshöfchen
26=Stephanienhof
27=Fürstenbergerhofstraße

28=Heringsbrunnengasse
29=Augustinergäßchen
30=Augustinerreul
31=Wolfsgäßchen

32=Kappelhof
33=Schlossergasse
34=Kartäuserreul
35=Templergasse
36=Hänleingäßchen
37=Scharfensteinergäßchen
38=Färchergäßchen

39=Hopfengarten
40=Graben
41=Geschw.-Heine-fetter-Platz

3=Am Pförtchen
4=Frühlingsstraße
5=Ankertorstraße
6=Neustraße
7=Grohanlage
8=Kleine Kirchenstraße
9=Schwanengasse
10=Kronenstraße
11=Josefinenanl.
12=Elisabethenstraße
13=Blücherstr.

Stadtteil Mainz-Kastel (zu Wiesbaden)

Rhein

Mainz Hbf.

Mainz-Kastel

Mainz-Röm.Theater

Zitadelle

Raimunditor

Brückentor

Rotes Tor

Fischtor

Holztor

Dagobertor

ADAC

Peter-Altmeier-Allee

Kaiserstraße

Rheinstraße

Saarstraße

Langenbeckstraße

Augustusstraße

248
249

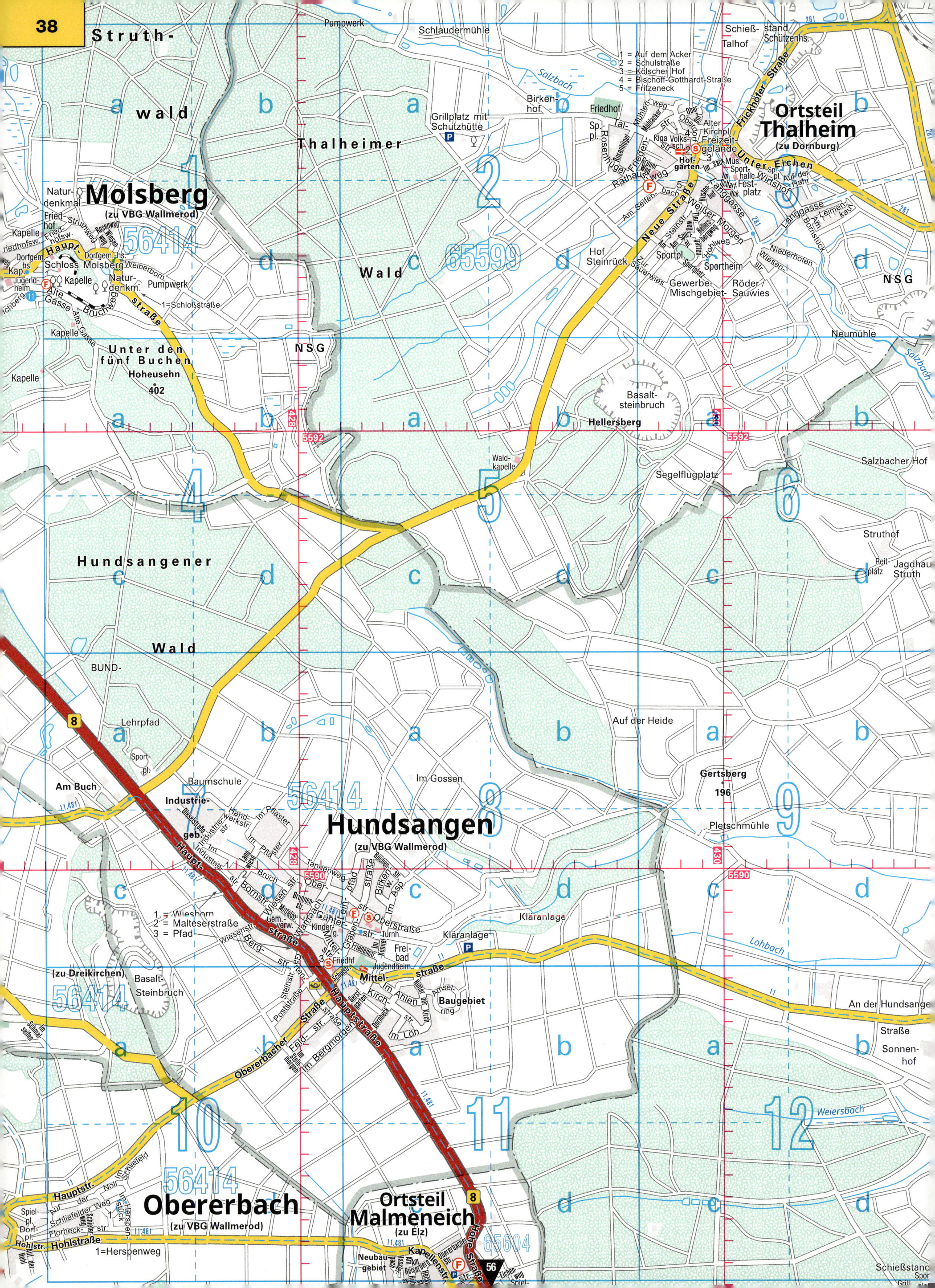
Molsberg
(zu VBG Wallmerod)
Ortsteil Thalheim
(zu Dornburg)
Hundsangen
(zu VBG Wallmerod)
Obererbach
(zu VBG Wallmerod)
Ortsteil Malmeneich
(zu Elz)
Struth-
wald
Thalheimer
Wald
Hundsangener
Wald
56414
65599
65604
1 = Auf dem Acker
2 = Schulstraße
3 = Kölscher Hof
4 = Bischoff-Gotthardt-Straße
5 = Fritzeneck
1 = Wiesborn
2 = Malteserstraße
3 = Pfad
1=Herspenweg
1=Schloßstraße
Schlaudermühle
Pumpwerk
Grillplatz mit Schutzhütte
Neue Straße
Unter Eichen
Basalt-steinbruch
Hellersberg
Segelflugplatz
Salzbacher Hof
Struthof
Jagdhaus Struth
Auf der Heide
Gertsberg
196
Pletschmühle
Im Gossen
Kläranlage
Lohbach
Weiersbach
An der Hundsange
Sonnenhof
Unter den fünf Buchen
Hoheusehn
402
NSG
Kapelle
Lehrpfad
Am Buch
Baumschule
Industrie-geb.
Hauptstraße
Obererbacher Straße
(zu Dreikirchen)
Basalt-Steinbruch
Baugebiet
Neubau-gebiet
Hohlstraße
Kapellenstr.
Hohe Straße
Schießstand
56

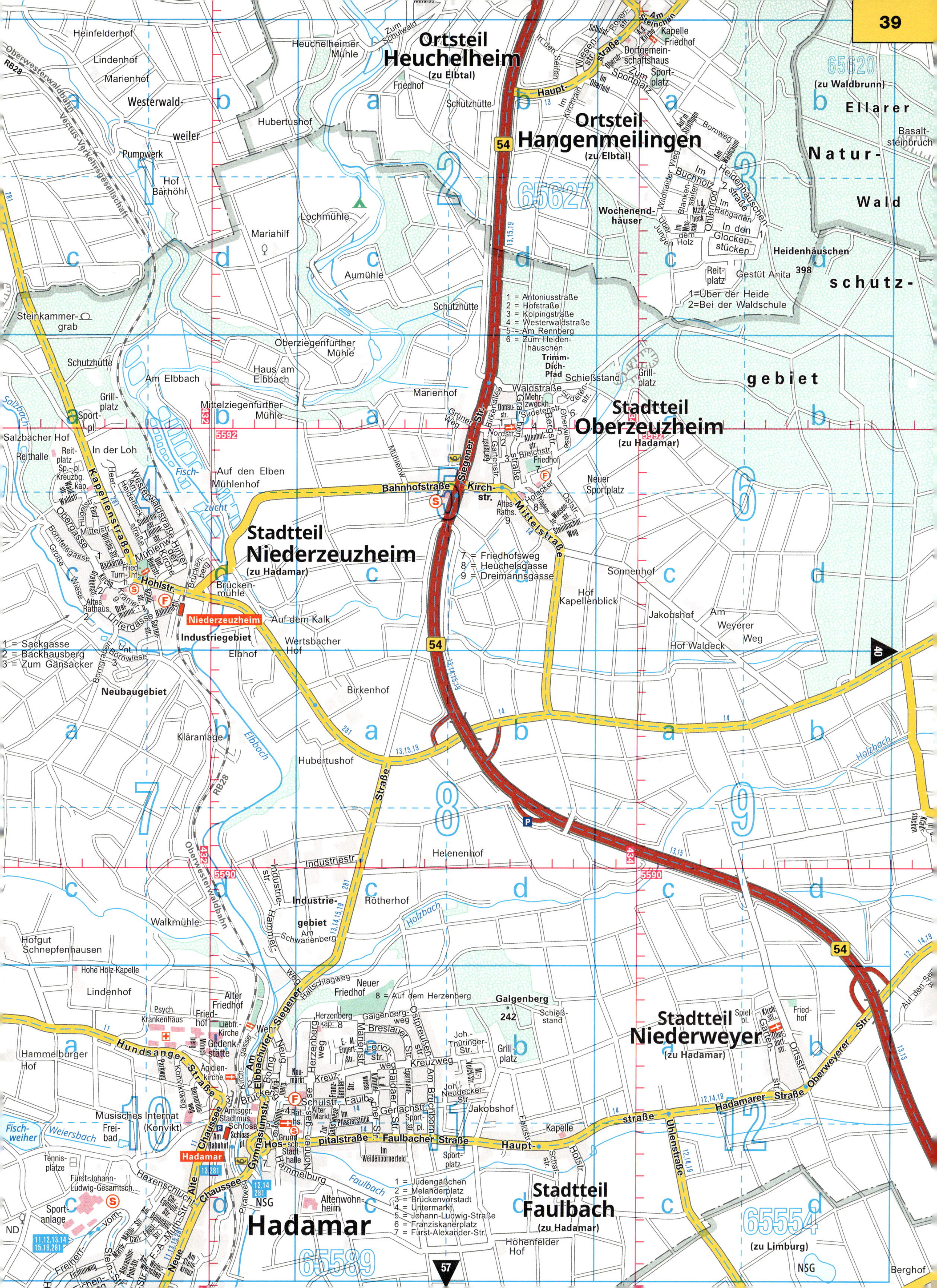
Ortsteil Heuchelheim
(zu Elbtal)
Ortsteil Hangenmeilingen
(zu Elbtal)
65627
65620
(zu Waldbrunn)
Ellarer Natur-Wald schutz-gebiet
Basalt-steinbruch
Heinfelderhof
Lindenhof
Marienhof
Westerwald-weiler
Pumpwerk
Hof Bärhöhl
Oberwesterwaldbahn
Vectus-Verkehrsgesellschaft
RB28
Heuchelheimer Mühle
Zum Schulwald
Friedhof
Schutzhütte
Hubertushof
Lochmühle
Mariahilf
Aumühle
Kapelle
Friedhof
Dorfgemein-schaftshaus
Sport-platz
Hauptstraße
Wochenend-häuser
Heidenhäuschen
398
Gestüt Anita
Reit-platz
1=Über der Heide
2=Bei der Waldschule
Steinkammer-grab
Schutzhütte
Oberziegenfurther Mühle
Haus am Elbbach
Am Elbbach
Mittelziegenfurther Mühle
Marienhof
1 = Antoniusstraße
2 = Hofstraße
3 = Kolpingstraße
4 = Westerwaldstraße
5 = Am Rennberg
6 = Zum Heiden-häuschen
Trimm-Dich-Pfad
Schießstand
Grill-platz
Stadtteil Oberzeuzheim
(zu Hadamar)
Neuer Sportplatz
Waldstraße
Friedhof
Altes Raths.
Bahnhofstraße
Kirchstr.
Mittelstraße
Siegener Str.
Salzbach
Salzbacher Hof
Reithalle
Grill-platz
Sport-pl.
In der Loh
Kapellenstraße
Auf den Elben
Mühlenhof
Fischzucht
Stadtteil Niederzeuzheim
(zu Hadamar)
7 = Friedhofsweg
8 = Heuchelsgasse
9 = Dreimannsgasse
Sonnenhof
Hof Kapellenblick
Jakobshof
Am Weyerer Weg
Hof Waldeck
Hohlstr.
Brücken-mühle
Niederzeuzheim
Industriegebiet
Auf dem Kalk
Wertsbacher Hof
Elbhof
1 = Sackgasse
2 = Backhausberg
3 = Zum Gänsacker
Neubaugebiet
Birkenhof
Kläranlage
Elbbach
Hubertushof
Holzbach
Helenenhof
Industriestr.
Rötherhof
Industrie-gebiet
Am Schwanenberg
Walkmühle
Hofgut Schnepfenhausen
Hohe Holz-Kapelle
Lindenhof
Neuer Friedhof
8 = Auf dem Herzenberg
Galgenberg
242
Schieß-stand
Grill-platz
Alter Friedhof
Psych. Krankenhaus
Stadtteil Niederweyerer
(zu Hadamar)
Hammelburger Hof
Hundsanger Straße
Musisches Internat (Konvikt)
Frei-bad
Fischweiher
Weiersbach
Hadamar
Tennis-plätze
Fürst-Johann-Ludwig-Gesamtsch.
Sport-anlage
Hexenschlucht
Alte Chaussee
Amtsger.
Schloss
Faulbacher Straße
Hauptstraße
Jakobshof
Kapelle
Hadamarer Straße
Oberweyerer Str.
Uhlenstraße
1 = Judengäßchen
2 = Melanderplatz
3 = Brückenvorstadt
4 = Untermarkt
5 = Johann-Ludwig-Straße
6 = Franziskanerplatz
7 = Fürst-Alexander-Str.
Stadtteil Faulbach
(zu Hadamar)
Höhenfelder Hof
65589
65554
(zu Limburg)
NSG
Berghof
Faulbach
Altenwohn-heim
Hadamar
54
281
432
434
5592
5590
40
57

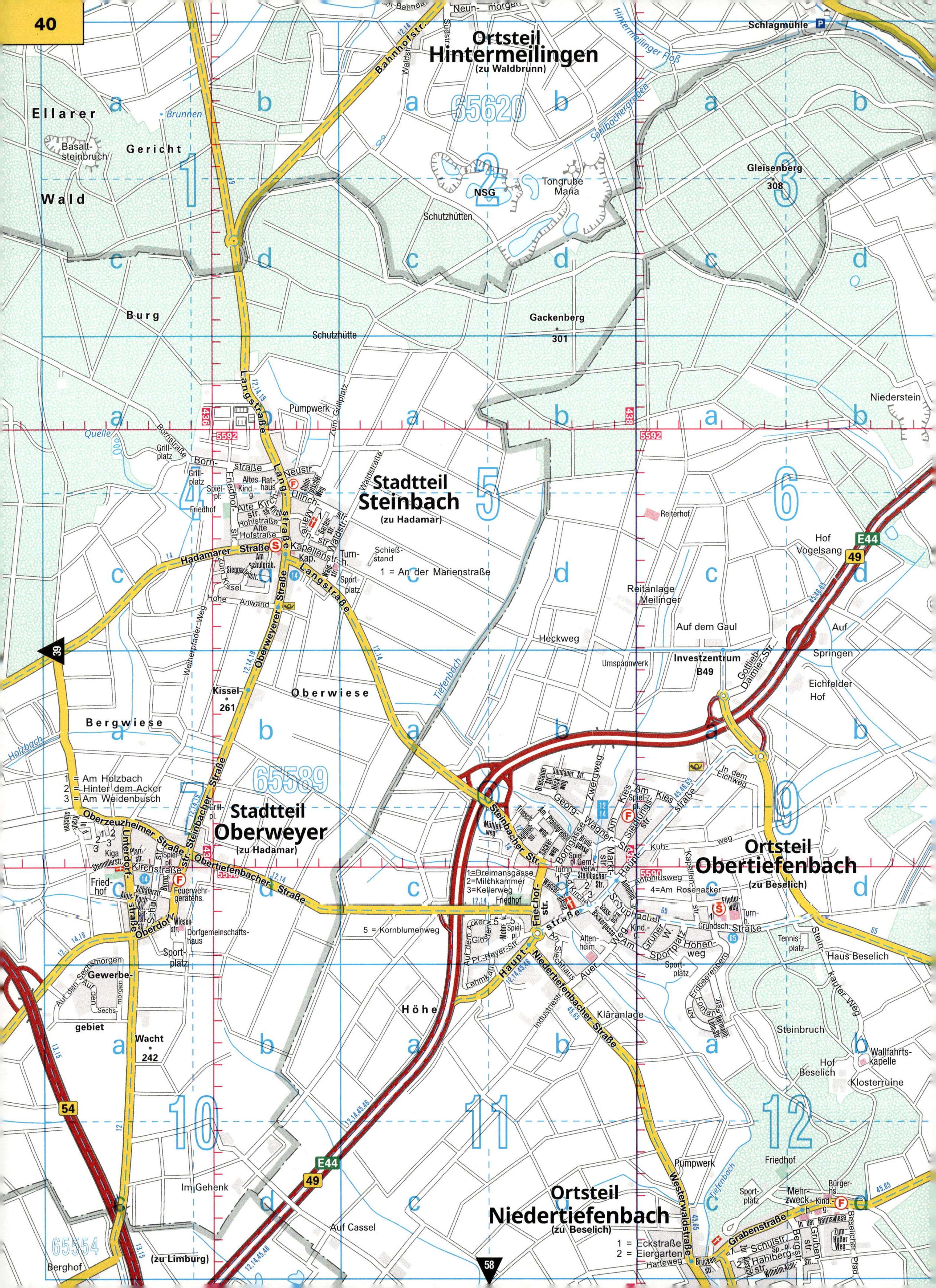
Ortsteil
Hintermeilingen
(zu Waldbrunn)
65620
Schlagmühle
Ellarer
Gericht
Wald
Basalt-steinbruch
Brunnen
Tongrube Maria
NSG
Schutzhütten
Gleisenberg
308
Burg
Gackenberg
301
Schutzhütte
Niederstein
Pumpwerk
Stadtteil
Steinbach
(zu Hadamar)
1 = An der Marienstraße
Reiterhof
Hof Vogelsang
Reitanlage Meilinger
Auf dem Gaul
Heckweg
Umspannwerk
Investzentrum B49
Springen
Eichfelder Hof
Oberwiese
Kissel
261
Bergwiese
1 = Am Holzbach
2 = Hinter dem Acker
3 = Am Weidenbusch
65589
Stadtteil
Oberweyer
(zu Hadamar)
Ortsteil
Obertiefenbach
(zu Beselich)
1=Dreimansgasse
2=Milchkammer
3=Kellerweg
4=Am Rosenacker
5 = Kornblumenweg
Haus Beselich
Gewerbe-
gebiet
Wacht
242
Höhe
Kläranlage
Steinbruch
Hof Beselich
Wallfahrts-kapelle
Klosterruine
Im Gehenk
Auf Cassel
Pumpwerk
Friedhof
Ortsteil
Niedertiefenbach
(zu Beselich)
1 = Eckstraße
2 = Eiergarten
65554
Berghof
(zu Limburg)
E44
49
54
39
58

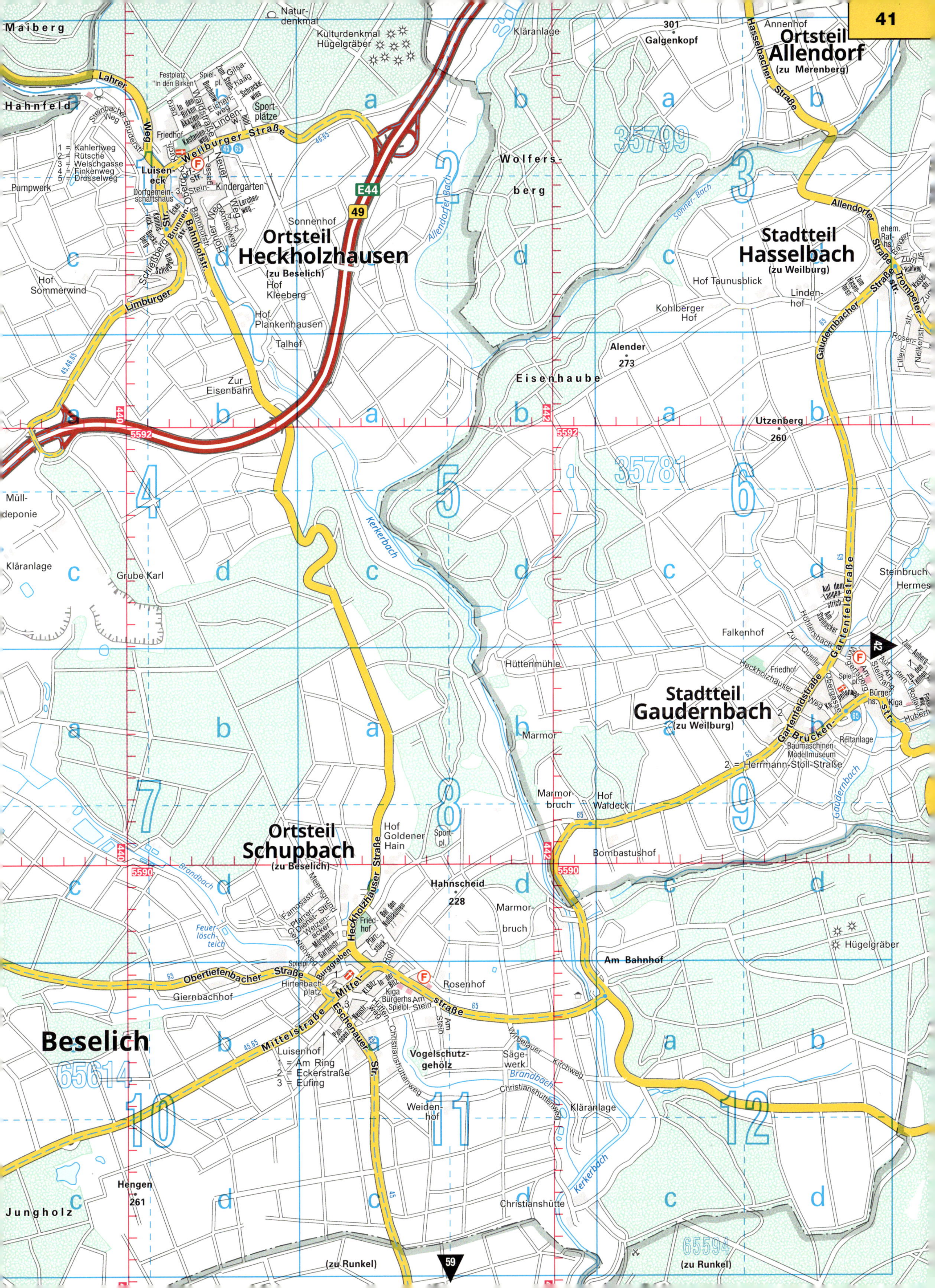
Ortsteil Heckholzhausen
(zu Beselich)
Ortsteil Allendorf
(zu Merenberg)
Stadtteil Hasselbach
(zu Weilburg)
Stadtteil Gaudernbach
(zu Weilburg)
Ortsteil Schupbach
(zu Beselich)
Beselich
65614
35799
35781
65594
Maiberg
Hahnfeld
Pumpwerk
Hof Sommerwind
Mülldeponie
Kläranlage
Grube Karl
Jungholz
Hengen
261
Natur-denkmal
Kulturdenkmal Hügelgräber
Kläranlage
Wolfersberg
301
Galgenkopf
Annenhof
Sonnenhof
Hof Kleeberg
Hof Plankenhausen
Talhof
Zur Eisenbahn
Alender
273
Eisenhaube
Hof Taunusblick
Kohlberger Hof
Lindenhof
Utzenberg
260
Kerkerbach
Allendorfer Bach
Sonner-Bach
Falkenhof
Hüttenmühle
Marmor
Marmorbruch
Hof Waldeck
Bombastushof
Steinbruch Hermes
Reitanlage
Baumaschinen-Modellmuseum
2 = Herrmann-Stoll-Straße
Gaudernbach
Hof Goldener Hain
Hahnscheid
228
Marmorbruch
Am Bahnhof
Hügelgräber
Rosenhof
Giernbachhof
Vogelschutzgehölz
Sägewerk
Brandbach
Kläranlage
Weidenhof
Christianshütte
Feuerlöschteich
Luisenhof
1 = Am Ring
2 = Eckerstraße
3 = Eufing
1 = Kahlertweg
2 = Rütsche
3 = Welschgasse
4 = Finkenweg
5 = Drosselweg
Lahrer Weg
Weilburger Straße
Limburger Straße
Obertiefenbacher Straße
Mittelstraße
Eschenauer Str.
Heckholzhäuser Straße
Gartenfeldstraße
Gaudernbacher Straße
Allendorfer Straße
Hasselbacher Straße
Brücken-Str.
E44
49
5592
5590
440
442
(zu Runkel)
(zu Runkel)
59
42

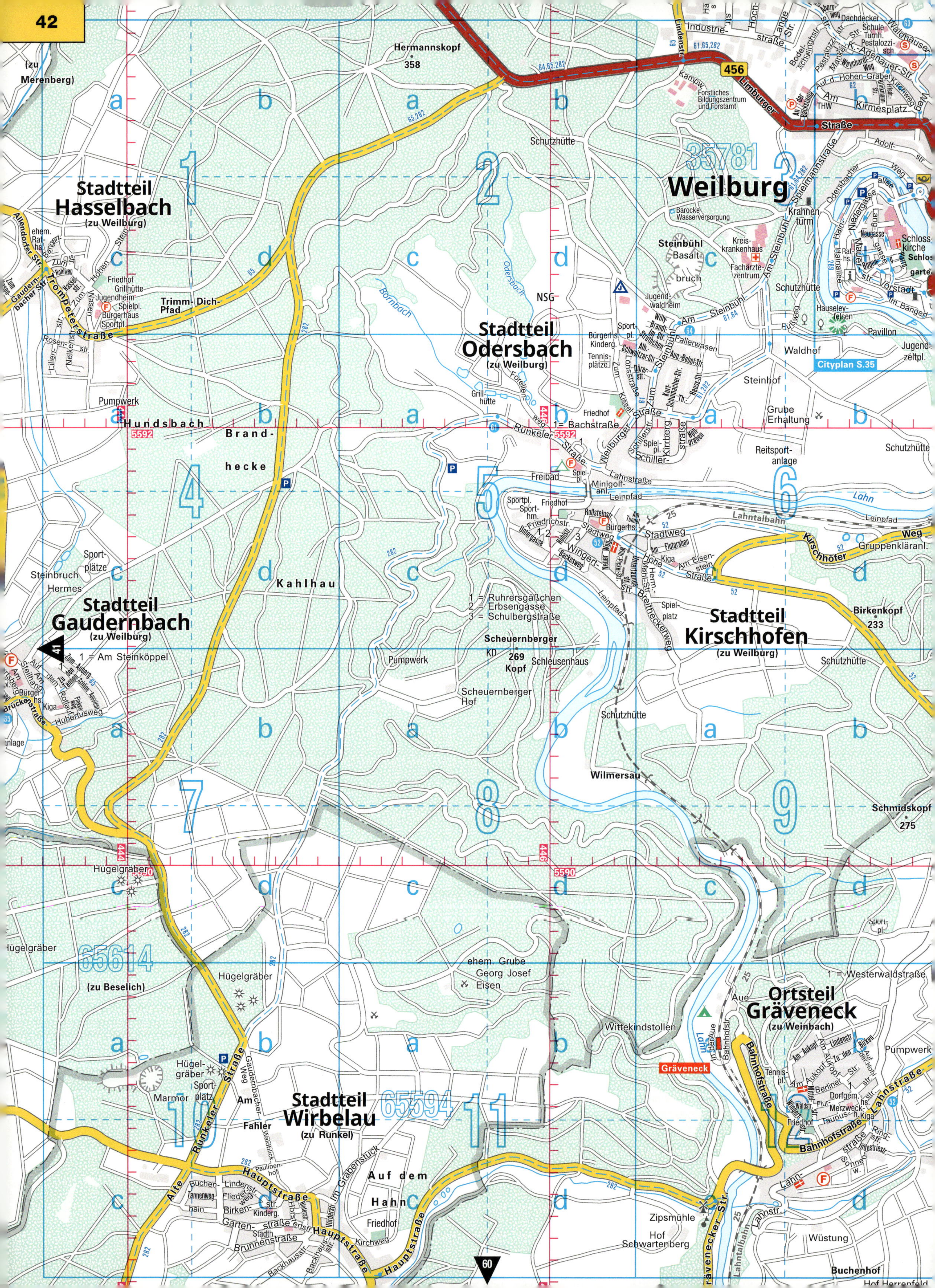
Hermannskopf
358
(zu Merenberg)
Stadtteil Hasselbach
(zu Weilburg)
Trompeterstraße
Trimm-Dich-Pfad
Friedhof
Grillhütte
Jugendheim
Spielpl.
Bürgerhaus
Sportpl.
Pumpwerk
Hundsbach
Brandhecke
Stadtteil Odersbach
(zu Weilburg)
Odersbach
Bornbach
NSG
Schutzhütte
35781
Weilburg
Barocke Wasserversorgung
Steinbühl
Basaltbruch
Kreiskrankenhaus
Fachärztezentrum
Jugendwaldheim
Am Steinbühl
Forstliches Bildungszentrum und Forstamt
Limburger Straße
456
Industriestraße
Kirmesplatz
Krahnenturm
Schloss
Kirche
Schlossgarten
Vorstadt
Am Bangert
Hauseley-Felsen
Pavillon
Jugendzeltpl.
Waldhof
Steinhof
Grube Erhaltung
Cityplan S.35
Reitsportanlage
Schutzhütte
Runkeler Straße
Bachstraße
Freibad
Minigolfanl.
Leinpfad
Lahn
Lahnstraße
Lahntalbahn
Stadtweg
Kirschhöfer Weg
Gruppenkläranl.
Sportplätze
Steinbruch Hermes
Stadtteil Gaudernbach
(zu Weilburg)
1 = Am Steinköppel
Kahlhau
1 = Ruhrersgäßchen
2 = Erbsengasse
3 = Schulbergstraße
Scheuernberger Kopf
KD 269
Schleusenhaus
Scheuernberger Hof
Pumpwerk
Stadtteil Kirschhofen
(zu Weilburg)
Birkenkopf
233
Schutzhütte
Wilmersau
Schmidskopf
275
Hügelgräber
65614
(zu Beselich)
ehem. Grube Georg Josef Eisen
Wittekindstollen
Gräveneck
Ortsteil Gräveneck
(zu Weinbach)
1 = Westerwaldstraße
Bahnhofstraße
Lahnstraße
Pumpwerk
Hügelgräber
Marmor
Sportplatz
Runkeler Straße
Alte Runkeler Straße
Am Fahler
Stadtteil Wirbelau
(zu Runkel)
65594
Hauptstraße
Auf dem Hahn
Friedhof
Kirchweg
Brunnenstraße
Zipsmühle
Hof Schwartenberg
Grävenecker Str.
Wüstung
Buchenhof
Hof Herrenfeld
41
60

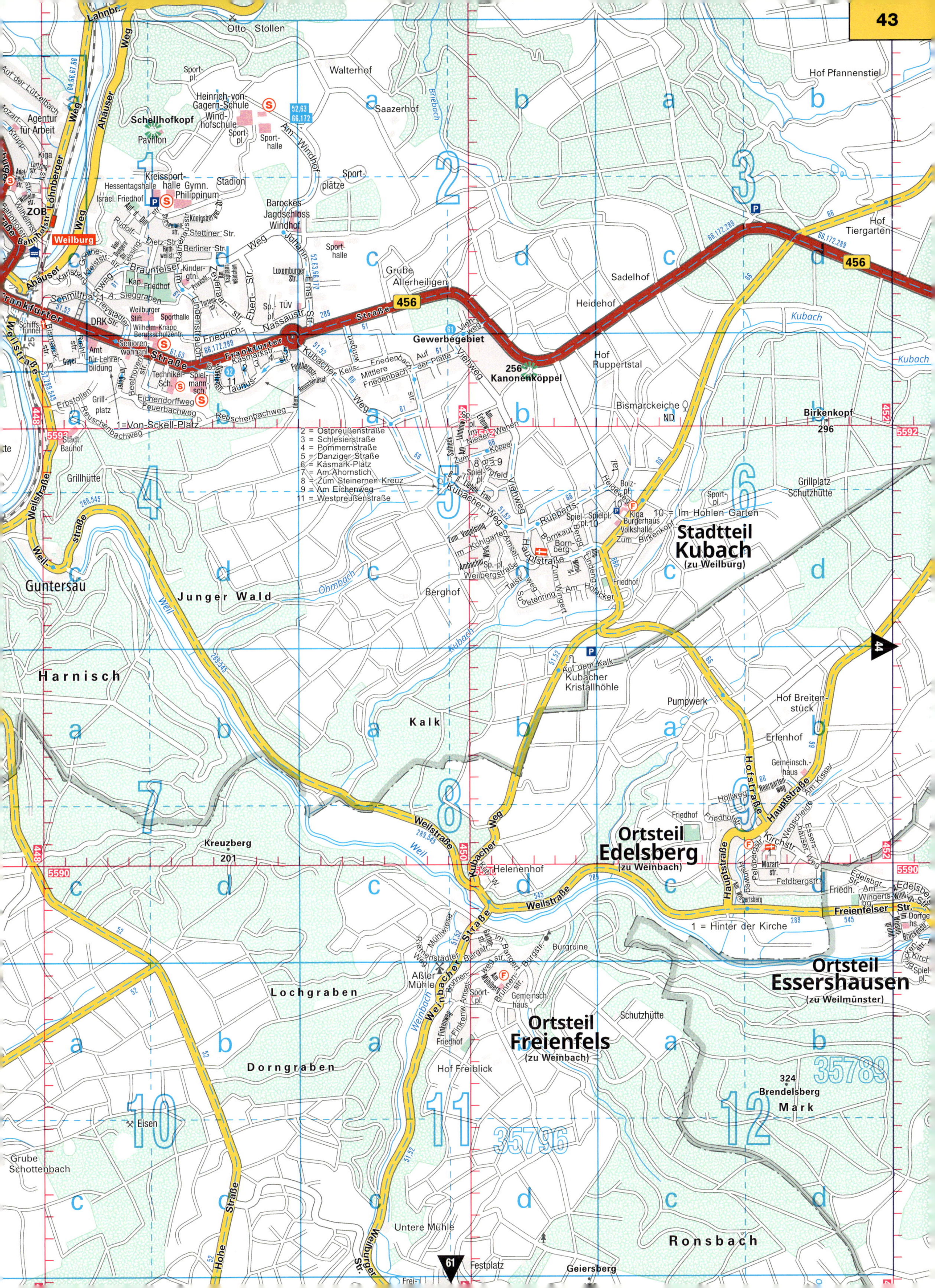

Otto Stollen
Walterhof
Saazerhof
Hof Pfannenstiel
Schellhofkopf
Pavillon
Heinrich-von-Gagern-Schule
Windhofschule
Agentur für Arbeit
Kiga
Kreissporthalle Gymn. Philippinum
Hessentagshalle
Israel. Friedhof
Stadion
Barockes Jagdschloss Windhof
Sportplätze
ZOB
Weilburg
Bahnhofstr.
Lahnbr.
Ahäuser Weg
Löhnberger Weg
Am Windhof
Stettiner Str.
Berliner Str.
Königsberger Str.
Dietz-Str.
Braunfelser
Friedhof
Schmittbachweg
Sieggraben
Frankfurter Straße
Weilstraße
Kubacher Weg
Friedrich-Ebert-Str.
Nassaustr.
Ernst-Str.
Johann-
Luxemburger Str.
TÜV
Sporthalle
Grube Allerheiligen
Gewerbegebiet
Kanonenköppel
256
Sadelhof
Heidehof
Hof Ruppertstal
Hof Tiergarten
Kubach
456
Amt für Lehrerbildung
Technikel-Sch.
Seniorenwohnanl.
Wilhelm-Knapp Berufsschulzentr.
DRK
Weilburger Stift
Eichendorffweg
Feuerbachweg
Erbstollen
Grillplatz
Reuschenbachweg
1 = Von-Sckell-Platz
2 = Ostpreußenstraße
3 = Schlesierstraße
4 = Pommernstraße
5 = Danziger Straße
6 = Käsmark-Platz
7 = Am Ahornstich
8 = Zum Steinernen Kreuz
9 = Am Eichenweg
11 = Westpreußenstraße
Käsmarkstr.
Taunus
Mittlere Friedenbach
Auf der Platte
Vienweg
Bismarckeiche ND
Birkenkopf 296
5592
Stadt. Bauhof
Grillhütte
Grillplatz Schutzhütte
Stadtteil Kubach (zu Weilburg)
10 = Im Hohlen Garten
Kiga
Burgerhaus
Volkshalle
Zum Birkenkopf
Hauptstraße
Ruppertsberg
Bornkaut
Zum Wingert
Am Horacker
Friedhof
Weilburgerstraße
Zum Vogelsang
Im Kohlgarten
Talstr.
Bergstr.
Berghof
Guntersau
Junger Wald
Ohmbach
Harnisch
Kalk
Auf dem Kalk
Kubacher Kristallhöhle
Pumpwerk
Hof Breitenstück
Erlenhof
Gemeinsch.-haus
Heergartenweg
Am Kisser
Höllweg
Horststraße
Kreuzberg 201
Weilstraße
Kubacher Weg
Helenenhof
Ortsteil Edelsberg (zu Weinbach)
Kirchstr.
Essershäuser Weg
Mozartstr.
Feldbergstr.
Friedh.
Freienfelser Str.
1 = Hinter der Kirche
5590
Ortsteil Essershausen (zu Weilmünster)
Burgruine
Mühlwiese
Aßler Mühle
Weinbacher Straße
Gemeinsch.-haus
Ortsteil Freienfels (zu Weinbach)
Schutzhütte
Lochgraben
Dorngraben
Hof Freiblick
Friedhof
35789
324 Brendelsberg
Mark
Eisen
35796
Grube Schottenbach
Hohe Straße
Weilburger Str.
Untere Mühle
Festplatz
61
Geiersberg
Ronsbach
4

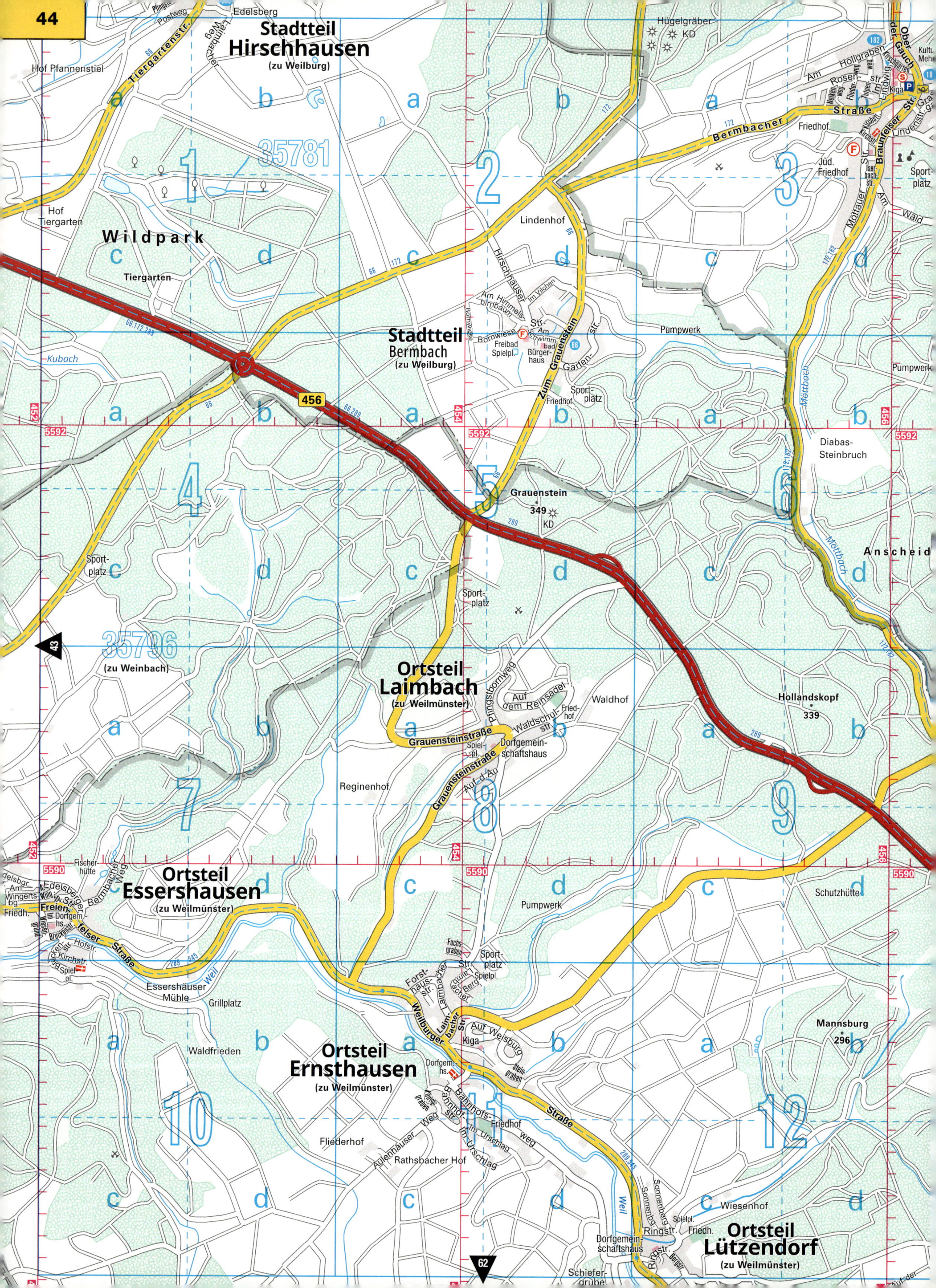
Stadtteil
Hirschhausen
(zu Weilburg)
Wildpark
Tiergarten
Hof Pfannenstiel
Hof Tiergarten
Edelsberg
Tiergartenstr.
35781
Hügelgräber KD
Lindenhof
Bermbacher Straße
Friedhof
Jüd. Friedhof
Stadtteil
Bermbach
(zu Weilburg)
Freibad
Spielpl.
Bürgerhaus
Zum Grauenstein
Sportplatz
Pumpwerk
Kubach
456
Diabas-Steinbruch
Grauenstein
349
KD
Mottbach
Anscheid
Sportplatz
35796
(zu Weinbach)
Ortsteil
Laimbach
(zu Weilmünster)
Grauensteinstraße
Dorfgemeinschaftshaus
Waldhof
Hollandskopf
339
Reginenhof
Fischerhütte
Ortsteil
Essershausen
(zu Weilmünster)
Pumpwerk
Schutzhütte
Essershauser Mühle
Grillplatz
Weil
Waldfrieden
Ortsteil
Ernsthausen
(zu Weilmünster)
Weilburger Str.
Kiga
Auf Weisburg
Mannsburg
296
Bahnhofstr.
Friedhof
Fliederhof
Rathsbacher Hof
Im Urschlag
Wiesenhof
Ortsteil
Lützendorf
(zu Weilmünster)
Dorfgemeinschaftshaus
Ringstr.
Schiefergrube
43
62

Stadtteil Philippstein
(zu Braunfels)
Schimmlingsberg
260
Märchensee
Schutzhütte
Freilicht-bühne
Fuchsheck
Wochenendhäuser Fuchsheck
Schutzhütte
Stadtteil Neukirchen
(zu Braunfels)
Thomasmühle
Neukirchener Straße
Solmsbach
Friedhof
Sportplatz
Pfeffermühle
Kanzel
326
Brunnen
35619
Weibersgrundbach
Reiterhof
Friedhof
Sportpl.
Sportplatz
Grillplatz
KD Hügelgrab
Diabas-Steinbruch
Lange Straße
Stadtteil Altenkirchen
(zu Braunfels)
Taunusstraße
Wiesenstraße
Sangerweg
1 = Schmiedgasse
2 = Alte Gasse
3 = Seitenstraße
4 = Auffahrt
5 = Brunnenstraße
Hirschburger Hof
Forsthaus Möttau
NSG
Katzenkopf
Scheidt
Mottauer Weiher
Hirschberg
333
Schutzhütte
Baugebiet
"Vor dem Hirschberg"
(in Planung)
1 = In der Eck
Friedhof
Hessenstraße
Ortsteil Möttau
(zu Weilmünster)
35789
Heidehof
Einhaus
Dorfgemeinschaftshaus
Backhausweg
Möttbachtal
Isselbach
Bühlenberg
363
NSG
35647
(zu Waldsolms)
Kirbach
456
63
46

Schöffengrund
35641
Ortsteil Schwalbach
(zu Schöffengrund)
Ortsteil Niederwetz
(zu Schöffengrund)
35619
(zu Braunfels)
Stadtteil Neukirchen
Strutfeld
Ortsteil Niederquembach
(zu Schöffengrund)
Thomasmühle
Bernstadt
Ortsteil Oberquembach
(zu Schöffengrund)
Ortsteil Kraftsolms
(zu Waldsolms)
Ortsteil Kröffelbach
(zu Waldsolms)
Waldsolms
35647
4 = Ludwigseck
5 = Karlseck
6 = Wilhelmseck
7 = Lärchenweg
8 = Krautgärten
9 = Am Eselsweg
1 = Im Biegen
2 = Elerigsgasse
3 = Petersberg
4 = Schießberg
5 = Inselstraße
6 = Am Klingelborn
7 = Am Kirschbaum
1 = Industriestraße
2 = Hofstatt
3 = In der Pitz
1 = Am Hang
2 = Pfingstweide
3 = Kröffelbacher Berg
1 = Untere Au
2 = Obere Au
3 = Ziegelpfad
4 = Rathausweg
5 = Kreuzweg
6 = Zum Backhaus
1 = Kirchstraße
Rotwiesenberg
323
Hof Sallenberger/ Hölss
Martinshof
Talhof
Berghof
Hof Szislo
Hinrichshof
Hessenhof
Lindenhof
Eberthof
Weinberghof
Friedhof
Hardthof
Waldfriedhof
Wasserbuche
Koptisches Kloster St. Antonius
Möttauer Straße
Solmser Straße
Gießener Straße
Usinger Str.
Oberquembacher Straße
Steuterweg
Hauptstraße
Bonbadener Str.
Wetzlarer Straße
Taunusstraße
Quembachallee
Falltorstr.
Kirbach
Solmsbach
Quembach
Mühlbach
Brunnen
Quelle
Eulsbach
Wetzbach
45
64

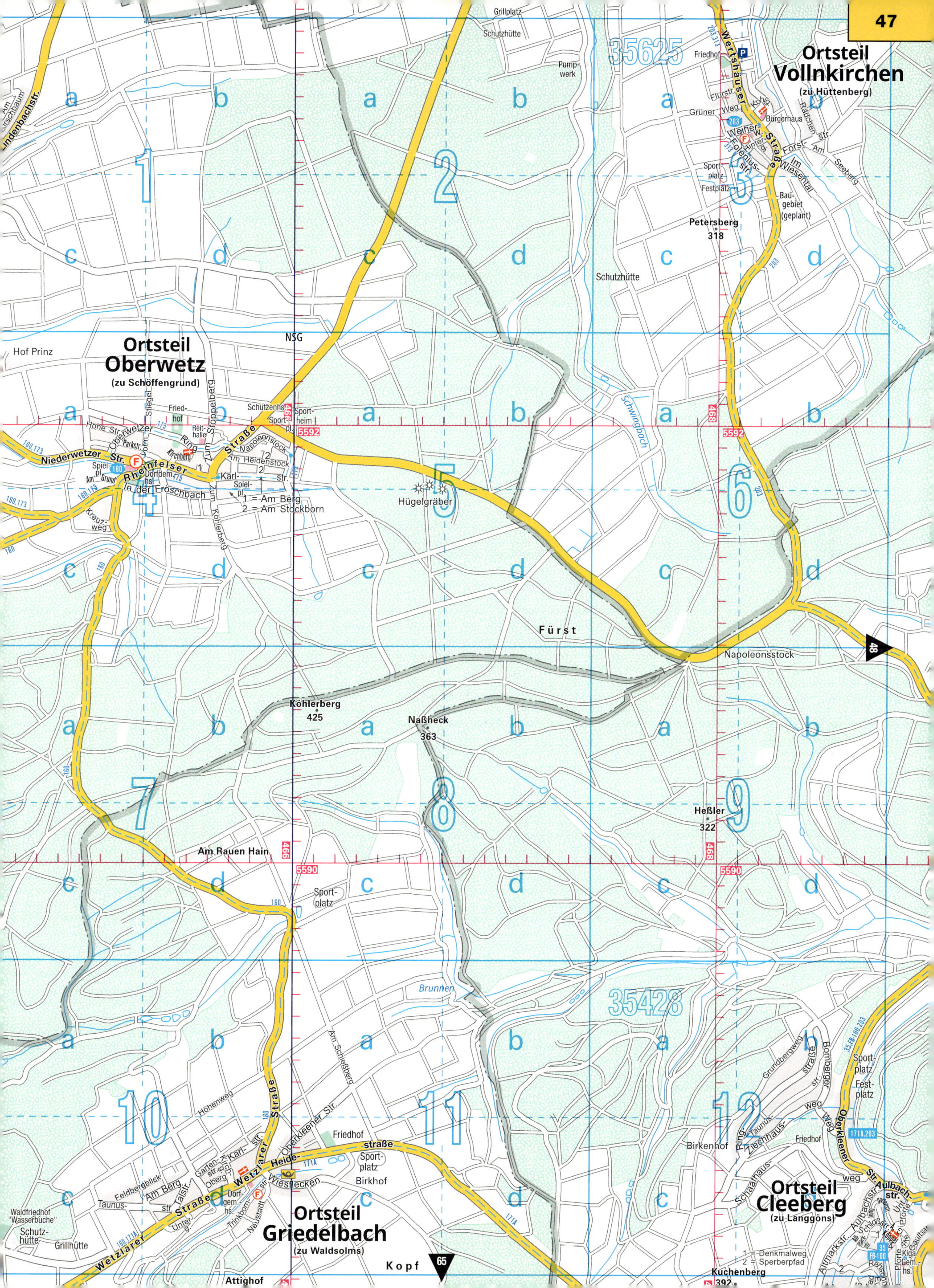
Ortsteil
Vollnkirchen
(zu Hüttenberg)
Ortsteil
Oberwetz
(zu Schöffengrund)
Ortsteil
Griedelbach
(zu Waldsolms)
Ortsteil
Cleeberg
(zu Langgöns)
35625
35428
Hof Prinz
NSG
Hügelgräber
Napoleonsstock
Fürst
Köhlerberg
425
Naßheck
363
Heßler
322
Petersberg
318
Am Rauen Hain
Schutzhütte
Schwingbach
Brunnen
Birkenhof
Birkhof
Kopf
Attighof
Kuchenberg
392
Grillhütte
Waldfriedhof "Wasserbüche"
1 = Am Berg
2 = Am Stockborn
1 = Denkmalweg
2 = Sperberpfad
48
65

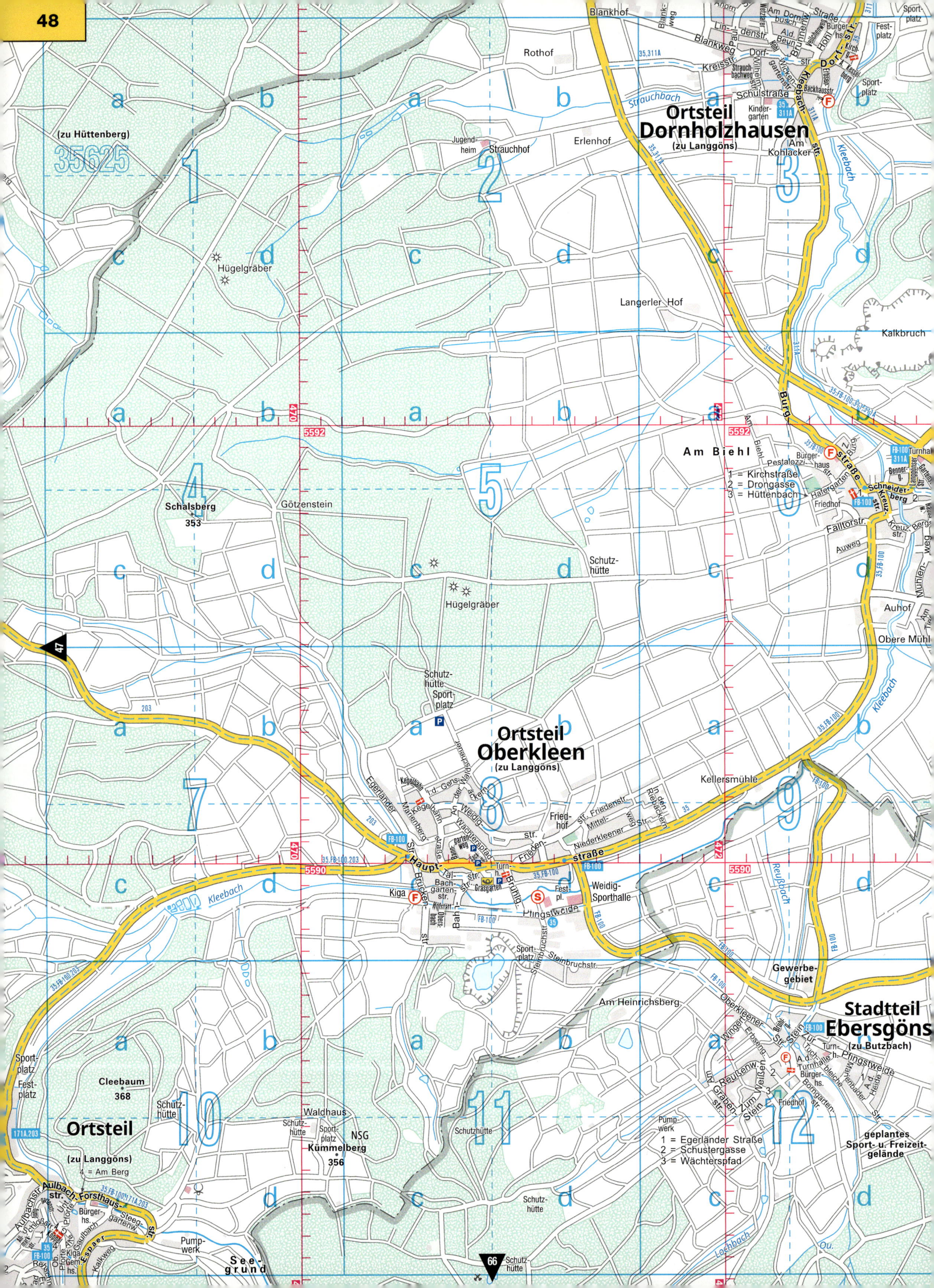

Blankhof
Rothof
(zu Hüttenberg)
35625
Hügelgräber
Jugendheim
Strauchhof
Erlenhof
Strauchbach
Ortsteil
Dornholzhausen
(zu Langgöns)
Am Kohlacker
Kleebach
Langerler Hof
Kalkbruch
Am Biehl
1 = Kirchstraße
2 = Drongasse
3 = Hüttenbach
Friedhof
Schalsberg
353
Götzenstein
Schutzhütte
Hügelgräber
Auhof
Obere Mühl
Schutzhütte
Sportplatz
Ortsteil
Oberkleen
(zu Langgöns)
Kellersmühle
Kleebach
Hauptstraße
Niederkleener Straße
Weidig-Sporthalle
Pfingstweide
Steinbruchstr.
Gewerbegebiet
Kiga
Reußbach
Am Heinrichsberg
Stadtteil
Ebersgöns
(zu Butzbach)
Sportplatz
Festplatz
Cleebaum
368
Schutzhütte
Waldhaus
Schutzhütte
Sportplatz
NSG
Kümmelberg
356
Schutzhütte
Pumpwerk
1 = Egerländer Straße
2 = Schustergasse
3 = Wächterspfad
geplantes
Sport- u. Freizeitgelände
Ortsteil
(zu Langgöns)
4 = Am Berg
Forsthausstr.
Pumpwerk
Seegrund
Schutzhütte
Schutzhütte
Lochbach
47
66
5592
5590
470
472

Langgöns
35428
Anschlussstelle Langgöns
Wehrholz
KD Hügelgrab
KD Hügelgräber
Motorsport-gelände
Jungemark
Beim Fauerbacher Born
Ebersgönser Loch
Magna Park
Rhein-Main
Am Magna Park
Hüttenberg 255
Auf dem Hüttenberg
Kirchgönser Weg
Ortsteil Niederkleen
(zu Langgöns)
Stadtteil Kirch-Göns
(zu Butzbach)
Kirch-Göns
Schneid-wald
Römerturm
Höll
Dicker Wald
Stadtteil Pohl-Göns
(zu Butzbach)
In der Aue
35516
(zu Münzenberg)
Griedeler Markwald
Schutzhütte
Heide
Am Emmersberg
Bauwald
Butzbach
35510
Affen
Galgen
Am roten Berg
Industrie-gebiet
Windhof
Main-Weser-Bahn
Limes
Gönsbach
1 = Reinhard-Hanack-Straße
1 = Gebrüder-Zeuner-Straße
5 = Am Fliederbusch
6 = Lilienweg
7 = Dahlienweg
8 = Am Lindenbaum
50
67

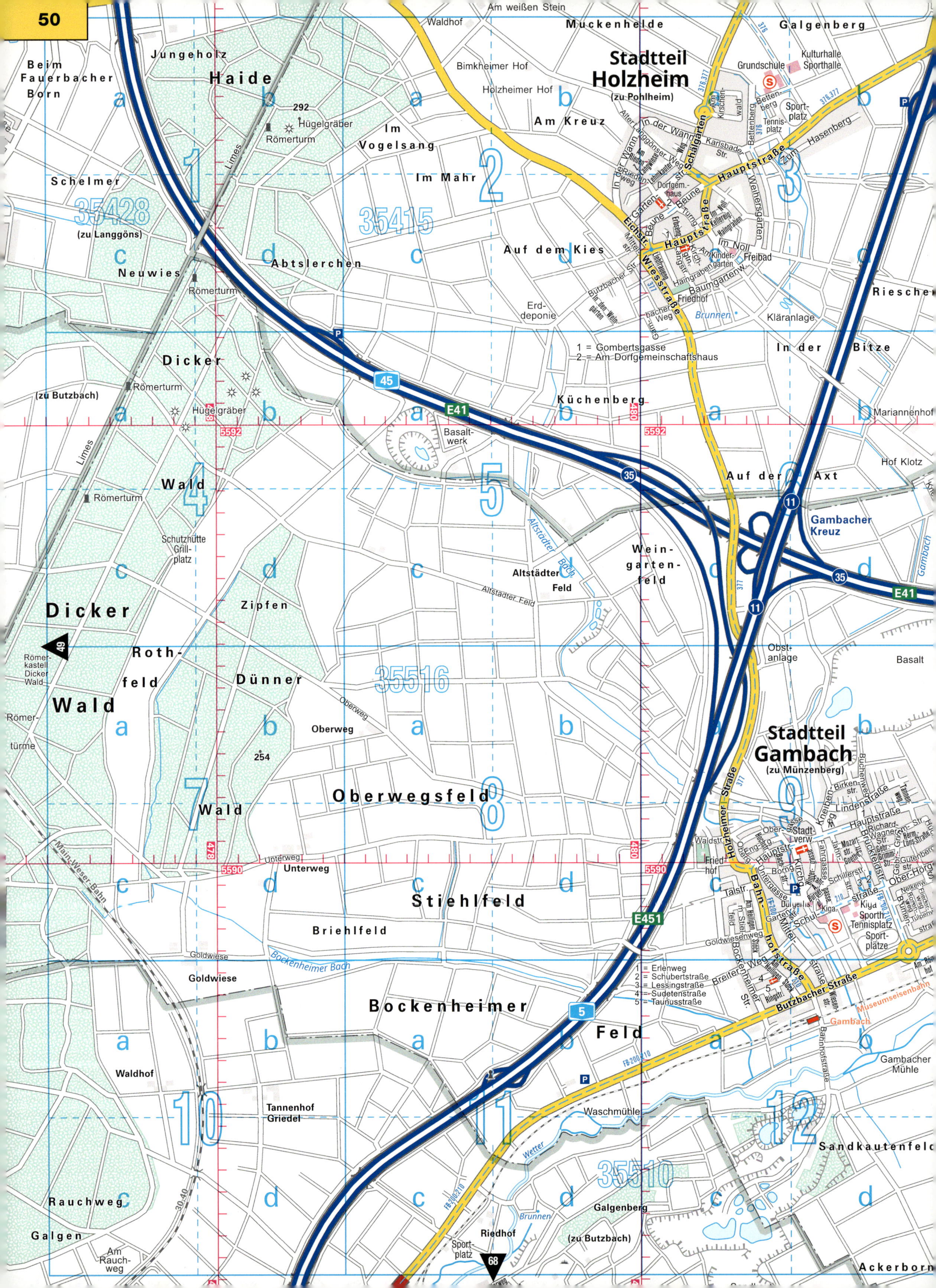
Stadtteil Holzheim
(zu Pohlheim)
Stadtteil Gambach
(zu Münzenberg)
Am weißen Stein
Waldhof
Muckenhelde
Galgenberg
Kulturhalle Sporthalle
Grundschule
Beim Fauerbacher Born
Jungeholz
Haide
Bimkheimer Hof
Holzheimer Hof
Am Kreuz
Hügelgräber
Römerturm
Im Vogelsang
Schelmer
Im Mahr
35428
(zu Langgöns)
35415
Neuwies
Abtslerchen
Auf dem Kies
Riescher
Erd-deponie
Kläranlage
Freibad
Friedhof
Brunnen
1 = Gombertsgasse
2 = Am Dorfgemeinschaftshaus
In der Bitze
Dicker
(zu Butzbach)
Küchenberg
Mariannenhof
Basaltwerk
Auf der Axt
Hof Klotz
Wald
Gambacher Kreuz
Schutzhütte Grillplatz
Altstädter Bach
Altstädter Feld
Weingartenfeld
Zipfen
Dicker
Roth-feld
Römerkastell Dicker Wald
Dünner
35516
Obstanlage
Basalt
Wald
Römertürme
Oberweg
254
Oberwegsfeld
Unterweg
Stiehlfeld
Briehlfeld
Goldwiese
Bockenheimer Bach
Main-Weser-Bahn
1 = Erlenweg
2 = Schubertstraße
3 = Lessingstraße
4 = Sudetenstraße
5 = Taunusstraße
Bockenheimer Feld
Butzbacher Straße
Museumseisenbahn
Gambach
Gambacher Mühle
Waldhof
Tannenhof Griedel
Waschmühle
Wetter
35510
Sandkautenfeld
Rauchweg
Galgen
Am Rauchweg
Riedhof
Sportplatz
Galgenberg
(zu Butzbach)
Ackerborn
Holzheimer Straße
Bahnhofstraße
Hauptstraße
Lindenstraße
E41
E451
45
35
11
5
49
68

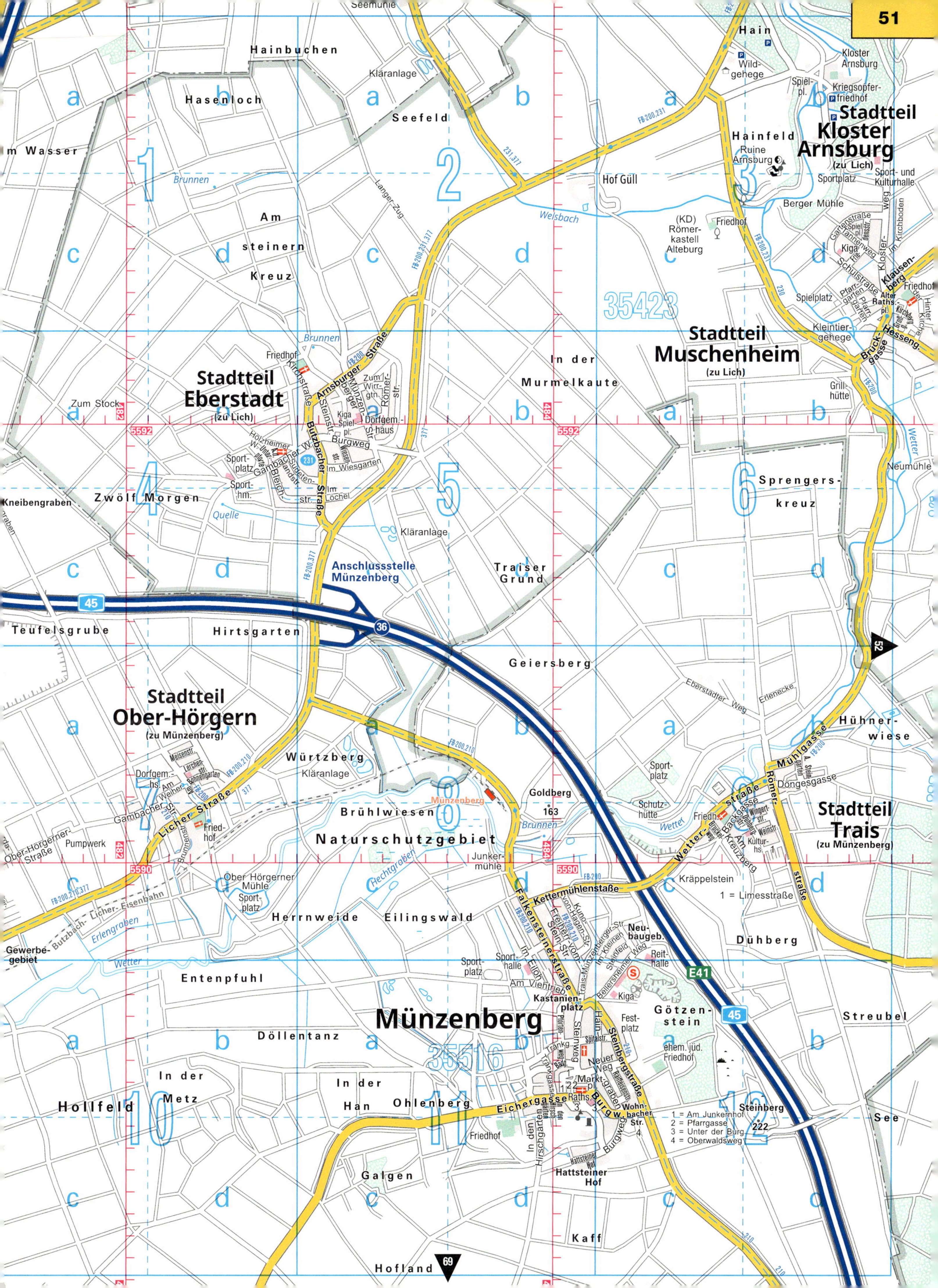

Stadtteil Kloster Arnsburg (zu Lich)
Stadtteil Eberstadt (zu Lich)
Stadtteil Muschenheim (zu Lich)
Stadtteil Ober-Hörgern (zu Münzenberg)
Stadtteil Trais (zu Münzenberg)
Münzenberg
Anschlussstelle Münzenberg
Naturschutzgebiet
35423
35516
Hainbuchen
Hasenloch
Seefeld
Hain
Hainfeld
Hof Güll
Am steinern Kreuz
In der Murmelkaute
Zwölf Morgen
Sprengers-kreuz
Traiser Grund
Teufelsgrube
Hirtsgarten
Geiersberg
Würtzberg
Brühlwiesen
Goldberg
Hühner-wiese
Herrnweide
Eilingswald
Entenpfuhl
Döllentanz
Götzen-stein
Streubel
In der Metz
Hollfeld
In der Han
Ohlenberg
Galgen
Hofland
Kaff
Steinberg
See
Dühberg
Kräppelstein
1 = Am Junkernhof
2 = Pfarrgasse
3 = Unter der Burg
4 = Oberwaldsweg
1 = Limesstraße

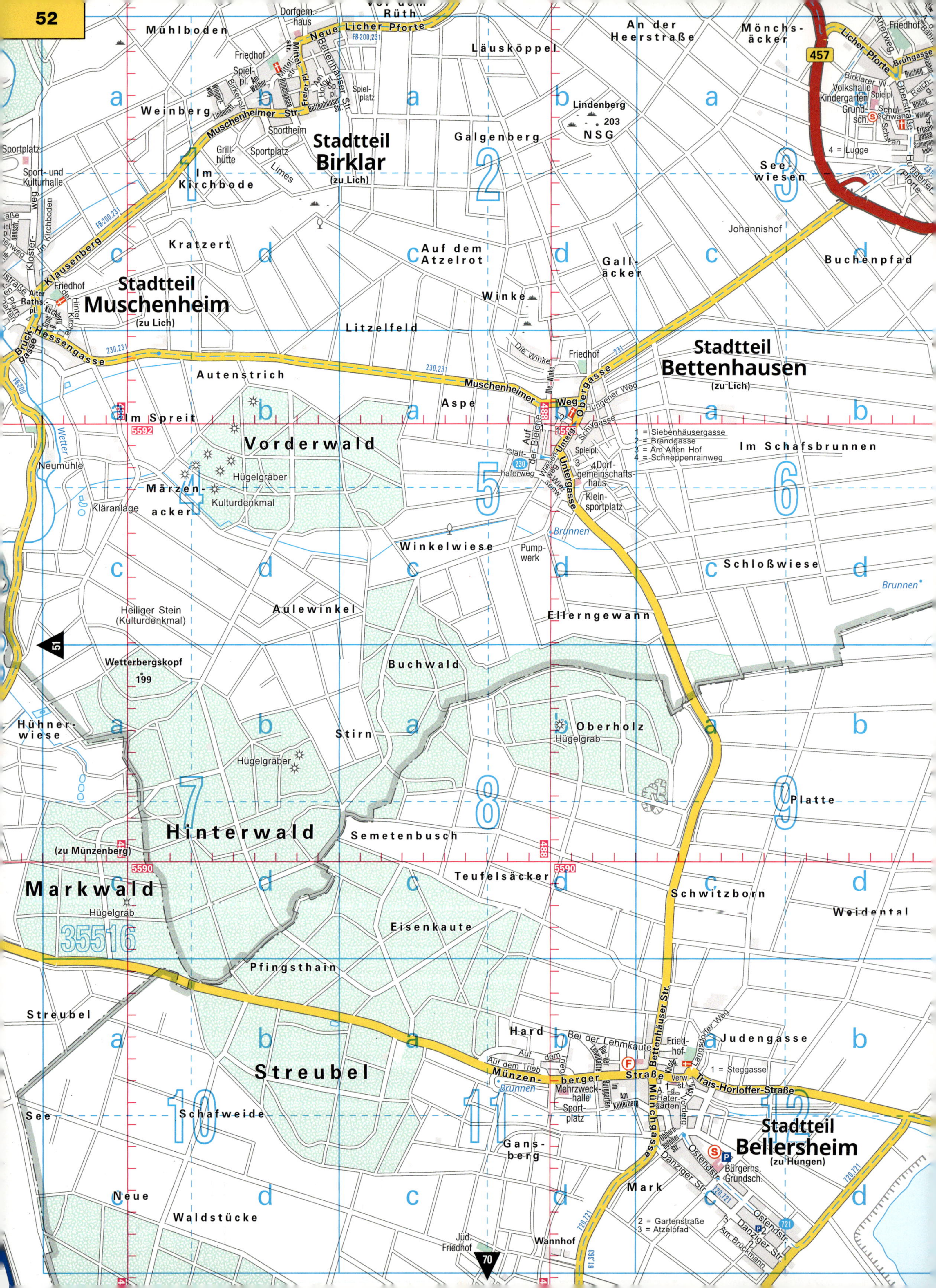
Mühlboden
Dorfgem.-haus
Rüth
Neue Licher Pforte
Läusköppel
An der Heerstraße
Mönchsäcker
457
Licher Pforte
Friedhof
Weinberg
Muschenheimer Str.
Sportheim
Grillhütte
Sportplatz
Stadtteil Birklar
(zu Lich)
Galgenberg
Lindenberg
203
NSG
Seewiesen
Johannishof
Birklarer W.
Volkshalle
Kindergarten
Spielpl.
Grundsch.
Schulschwan
4 = Lugge
Brühgasse
Sportplatz
Sport- und Kulturhalle
Im Kirchbode
Kratzert
Auf dem Atzelrot
Gallläcker
Buchenpfad
Klausenberg
Stadtteil Muschenheim
(zu Lich)
Winke
Litzelfeld
Stadtteil Bettenhausen
(zu Lich)
Hessengasse
Autenstrich
Muschenheimer Weg
Obergasse
Aspe
Im Spreit
5592
Vorderwald
Hügelgräber
Märzenacker
Kulturdenkmal
Neumühle
Kläranlage
Wetter
1 = Siebenhäusergasse
2 = Brandgasse
3 = Am Alten Hof
4 = Schneppenrainweg
Im Schafsbrunnen
Untergasse
Dorfgemeinschaftshaus
Kleinsportplatz
Brunnen
Winkelwiese
Pumpwerk
Schloßwiese
Aulewinkel
Heiliger Stein (Kulturdenkmal)
Ellerngewann
51
Wetterbergskopf
199
Buchwald
Hühnerwiese
Stirn
Oberholz
Hügelgrab
Hügelgräber
Platte
Hinterwald
Semetenbusch
(zu Münzenberg)
5590
Teufelsäcker
Markwald
Hügelgrab
35516
Eisenkaute
Schwitzborn
Weidental
Pfingsthain
Streubel
Hard
Bei der Lehmkaute
Judengasse
1 = Steggasse
Streubel
Auf dem Trieb
Münzenberger Straße
Bettenhäuser Str.
Trais-Horloffer-Straße
Mehrzweckhalle
Sportplatz
Am Hatergarten
See
Schafweide
Gansberg
Münchgasse
Stadtteil Bellersheim
(zu Hungen)
Bürgerhs.
Grundsch.
Ostendstr.
Danziger Str.
Mark
Neue
Waldstücke
2 = Gartenstraße
3 = Atzelpfad
Jüd. Friedhof
Wannhof
70

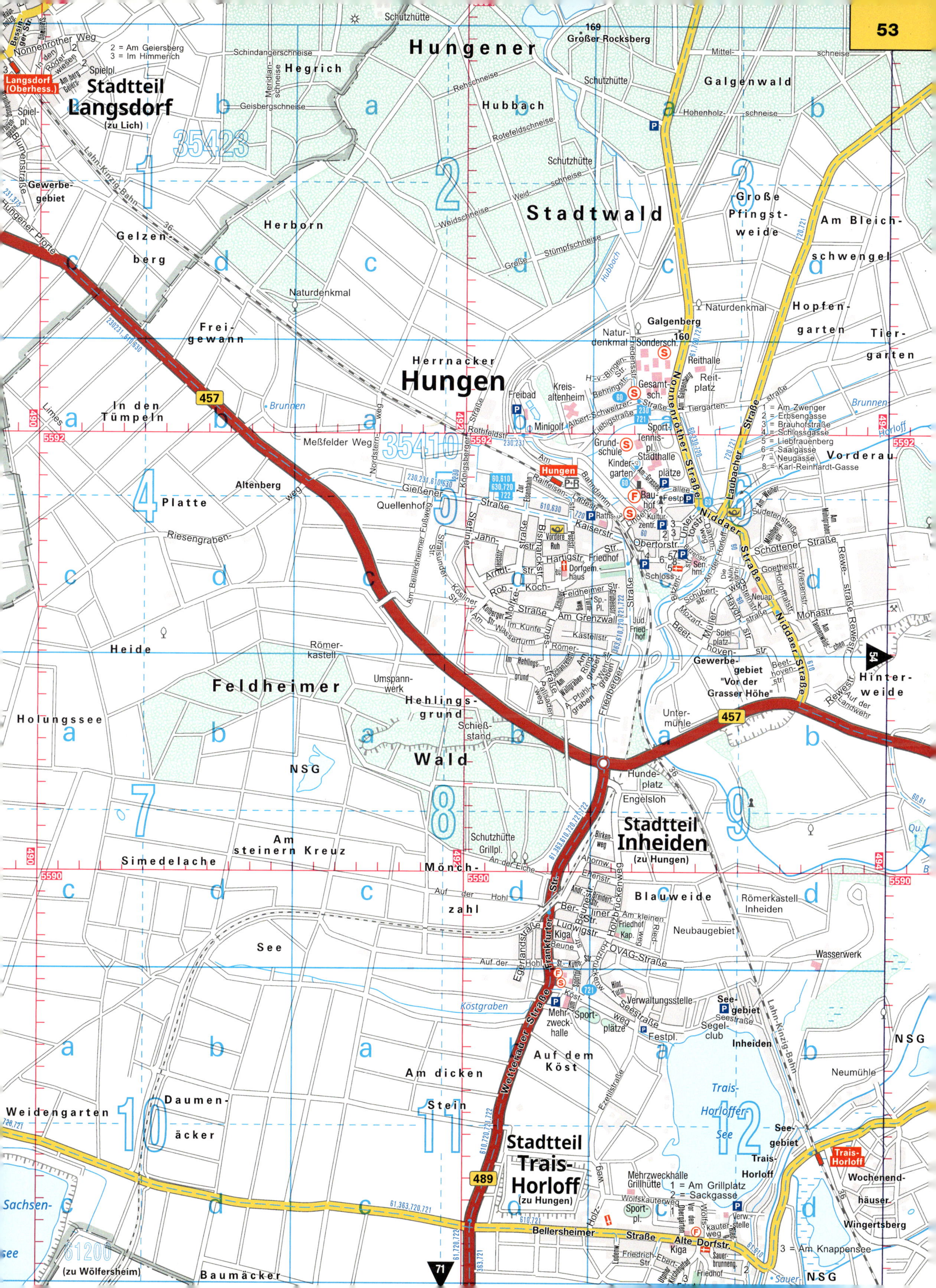
Hungener
Hegrich
Hubbach
Galgenwald
Stadtteil Langsdorf
(zu Lich)
35423
Stadtwald
Herborn
Große Pfingstweide
Am Bleichschwengel
Gelzenberg
Hopfengarten
Tiergarten
Freigewann
Herrnacker
Hungen
Galgenberg
In den Tümpeln
35410
Platte
Altenberg
Quellenhof
Vorderau
Heide
Feldheimer
Hehlingsgrund
Holungssee
Wald
NSG
Hinterweide
Stadtteil Inheiden
(zu Hungen)
Am steinern Kreuz
Simedelache
Mönchzahl
Blauweide
Römerkastell Inheiden
Neubaugebiet
See
Wasserwerk
Auf dem Köst
Am dicken Stein
Weidengarten
Daumenäcker
Trais-Horloffer-See
Stadtteil Trais-Horloff
(zu Hungen)
Sachsen-
61200
(zu Wölfersheim)
Baumäcker
Bellersheimer Straße
Wetterauer Straße
Nidda Straße
Laubacher Straße
Nonnenröther Straße
457
489
54
71

Villinger Wald
Staatsforst
Stadtteil Langd (zu Hungen)
Stadtteil Rodheim (zu Hungen)
Stadtteil Steinheim (zu Hungen)
Heiloh
Eichküppel
Bien-garten
Herrn-garten
Diethersberg 246
Zellmühle
Wallenberg 169
NSG
Gäns-wand
Am Bleich-
schwengel
garten
Tier-
Fohlweide und Hemmerich
Schutzhütte
Mühlberg 185
Dornbach
Platten-wald
Dornkopf
Brunnen
Horloff
Vorderau
Engelshäuser Schanze
Schottener Straße
Auf der Schanze
Schälesberg 194
Wochenend-häuser
Biebergraben
Stilleberg 189
Sport-platz
Friedhof
Schalkaute
Hinterweide
Auf der Landwehr
Am Köpfel
Köppel 181
Taunusstraße
Lindenstraße
Zur Ziegelhütte
Kiga
Dorfgem.-haus
1=Schulecke
2=Pfarrecke
3=Zum Dorffrieden
Ciriaxwiese
In den Stöcken
Hof Graß
Limes-informations-zentrum
Qu.
Katzenberg 187
Schutzhütte Grillhütte
Quelle
Plattenberg 213
Am Himmelings-weg
Merluh
Auf dem Weißenstück
Beim Mönchborn
Beim Goldrain
Ev. Freizeit-zentrum
Steinkaute
35410
In der
Palmesau
Im Mairied
NSG
Neumühle
Grohberg 167
Galgen-stück
1 = Eckstraße
2 = Wedsteg
Biedrich
Langder Weg
Hof Ringelshausen
Seeacker
Reiterhof
An der Landwehr
187
Lerchenberg
Rodheimer Bach
Wochenend-häuser
Wingertsberg
Neubaugebiet Rodheim
Steinheimer Str.
Oberndorfer Straße
Gartenberg
Beim Stockborn
Am Mühlweg
Obergärten
Sport-platz
Friedhof
Hessenstr.
Natur-denkmal
Forsthaus
457
72
53
5592
5590
494
496
498
60
60.61
610

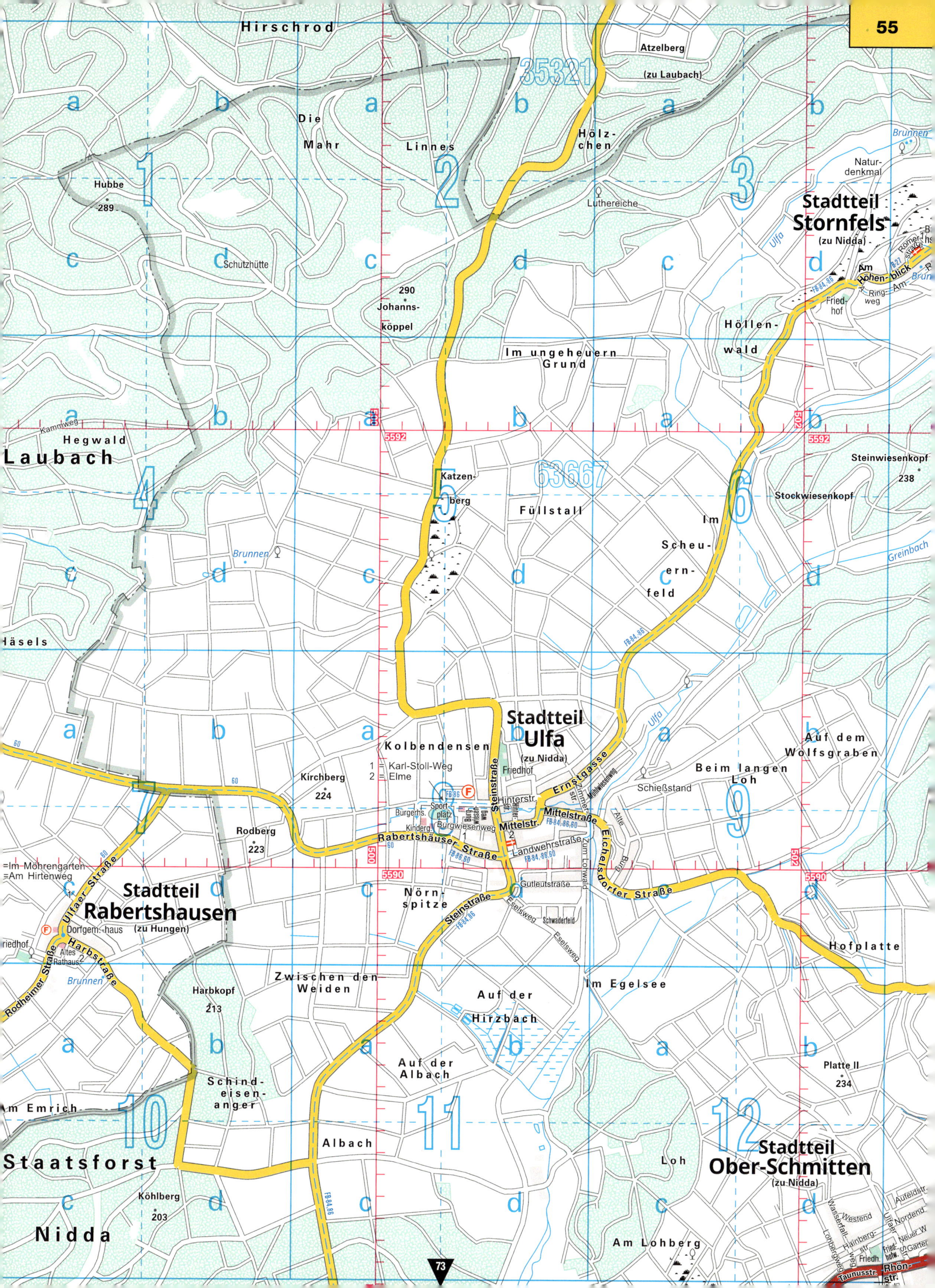
Hirschrod
Atzelberg
(zu Laubach)
35321
Die
Mahr
Linnes
Hölz-
chen
Hubbe
289
Lutherereiche
Brunnen
Natur-
denkmal
Stadtteil
Stornfels
(zu Nidda)
Ulfa
Schutzhütte
290
Johanns-
köppel
Höllen-
wald
Im ungeheuern
Grund
Kammweg
Hegwald
Laubach
5592
Katzen-
berg
63667
Füllstall
Steinwiesenkopf
238
Stockwiesenkopf
Im
Scheu-
ern-
feld
Greinbach
Brunnen
Häsels
Stadtteil
Ulfa
(zu Nidda)
Kolbendensen
1 = Karl-Stoll-Weg
2 = Elme
Friedhof
Kirchberg
224
Auf dem
Wolfsgraben
Beim langen
Loh
Schießstand
Ernstgasse
Steinstraße
Hinterstr.
Sport-
platz
Burgwiesenweg
Mittelstr.
Mittelstraße
Rabertshäuser Straße
Landwehrstraße
Rodberg
223
Eichelsdorfer Straße
=Im Möhrengarten
=Am Hirtenweg
Stadtteil
Rabertshausen
(zu Hungen)
Ulfaer Straße
5590
Nörn-
spitze
Gutleutstraße
Eselsweg
Schwaderfeld
Dorfgem.-haus
Altes
Rathaus
Harbstraße
Rodheimer Straße
Brunnen
Hofplatte
Zwischen den
Weiden
Harbkopf
213
Auf der
Hirzbach
Im Egelsee
Schind-
eisen-
anger
Auf der
Albach
Platte II
234
Am Emrich
Staatsforst
Albach
Loh
Stadtteil
Ober-Schmitten
(zu Nidda)
Köhlberg
203
Nidda
Am Lohberg
73

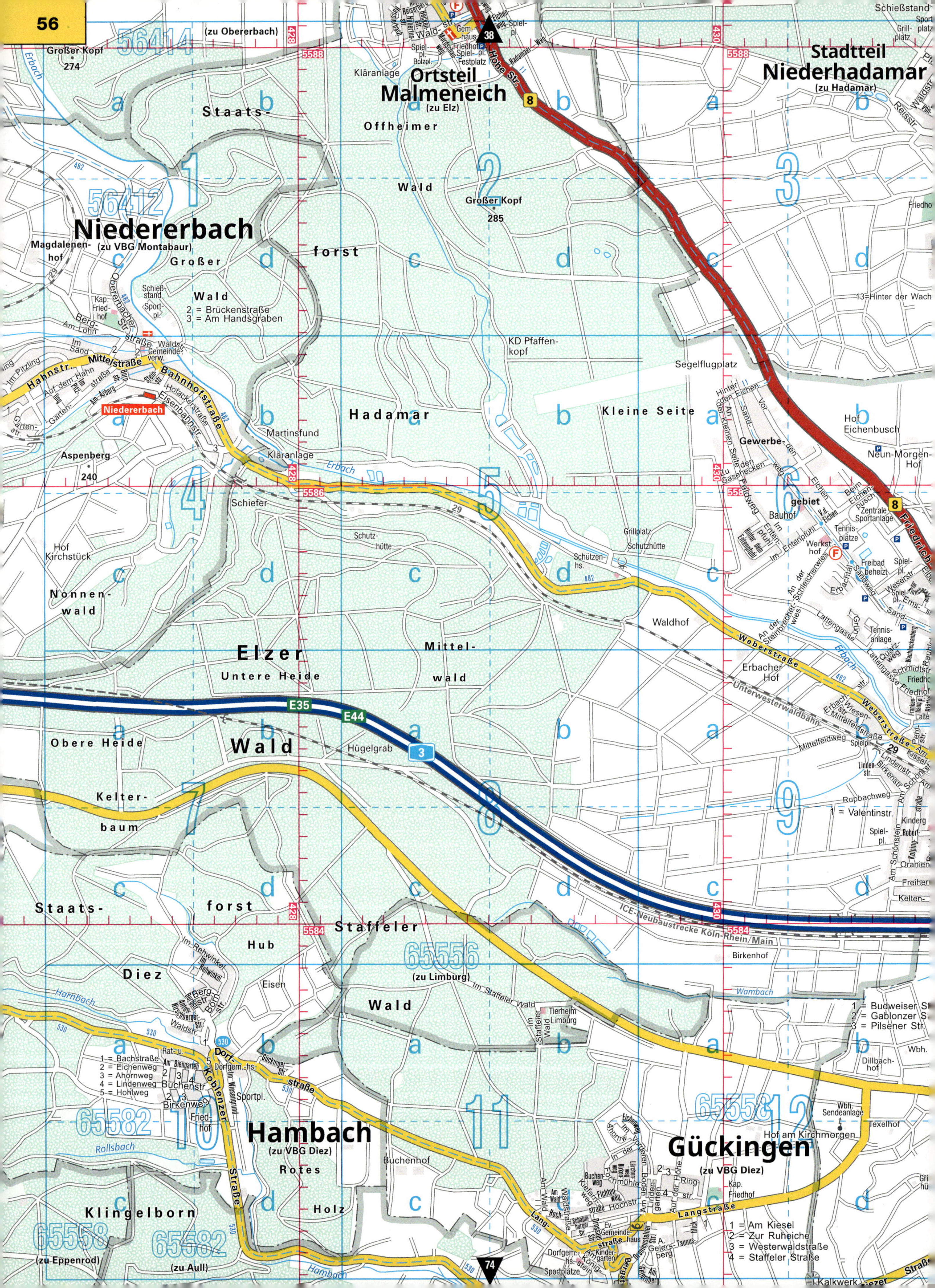

56414
(zu Obererbach)
Großer Kopf
274
Erbach
Staats-
Kläranlage
Ortsteil
Malmeneich
(zu Elz)
Offheimer
Wald
Großer Kopf
285
Hohe Str.
Stadtteil
Niederhadamar
(zu Hadamar)
Reissstr.
Friedhof
56412
Niedererbach
(zu VBG Montabaur)
Magdalenen-
hof
Großer
Wald
forst
2 = Brückenstraße
3 = Am Handsgraben
13=Hinter der Wach
Schieß-
stand
Sport-
pl.
Kap.
Fried-
hof
Berg-
Am Lohn
Im Sand
Mittelstraße
Hahnstr.
Bahnhofstraße
Waldstr.
Gemeinde-
verw.
Niedererbach
Hofackerstraße
Eisenbahnstr.
KD Pfaffen-
kopf
Segelflugplatz
Kleine Seite
Hadamar
Martinsfund
Kläranlage
Erbach
Aspenberg
240
Gärten-
str.
Gewerbe-
gebiet
Hof
Eichenbusch
Neun-Morgen-
Hof
Bauhof
Tennis-
plätze
Zentrale
Sportanlage
Werkst.
hof
Friedrichstr.
Schiefer
Schutz-
hütte
Grillplatz
Schutzhütte
Schützen-
hs.
Hof
Kirchstück
Nonnen-
wald
Freibad
beheizt
Spiel-
pl.
Waldhof
Weberstraße
Lattengasse
Tennis-
anlage
Elzer
Untere Heide
Mittel-
wald
Erbacher
Hof
Unterwesterwaldbahn
E35
E44
3
Obere Heide
Wald
Hügelgrab
Mittelfeldweg
Lindenstr.
Kelter-
baum
Rupbachweg
1 = Valentinstr.
Kinderg.
Spiel-
pl.
Oranien-
Freiherr-
Kelten-
Staats-
forst
Staffeler
ICE-Neubaustrecke Köln-Rhein/Main
Birkenhof
Hub
Diez
Eisen
65556
(zu Limburg)
Im Staffeler Wald
Tierheim
Wald Limburg
Wambach
Harnbach
1 = Budweiser Str.
2 = Gablonzer Str.
3 = Pilsener Str.
Wbh.
Dillbach-
hof
1 = Bachstraße
2 = Eichenweg
3 = Ahornweg
4 = Lindenweg
5 = Hohlweg
Dorfgem.-hs.
Dorfstraße
Koblenzer
Straße
Sportpl.
Buchenstr.
Birkenweg
Fried-
hof
65582
Hambach
(zu VBG Diez)
Rotes
Holz
Rollsbach
Buchenhof
65558
Wbh.
Sendeanlage
Texelhof
Hof am Kirchmorgen
Gückingen
(zu VBG Diez)
Kap.
Friedhof
Langstraße
1 = Am Kiesel
2 = Zur Ruheiche
3 = Westerwaldstraße
4 = Staffeler Straße
Klingelborn
65558
(zu Eppenrod)
65582
(zu Aull)
Hambach
Gemeinde-
haus
Kinder-
garten
Sportplätze
Kalkwerk
74
38

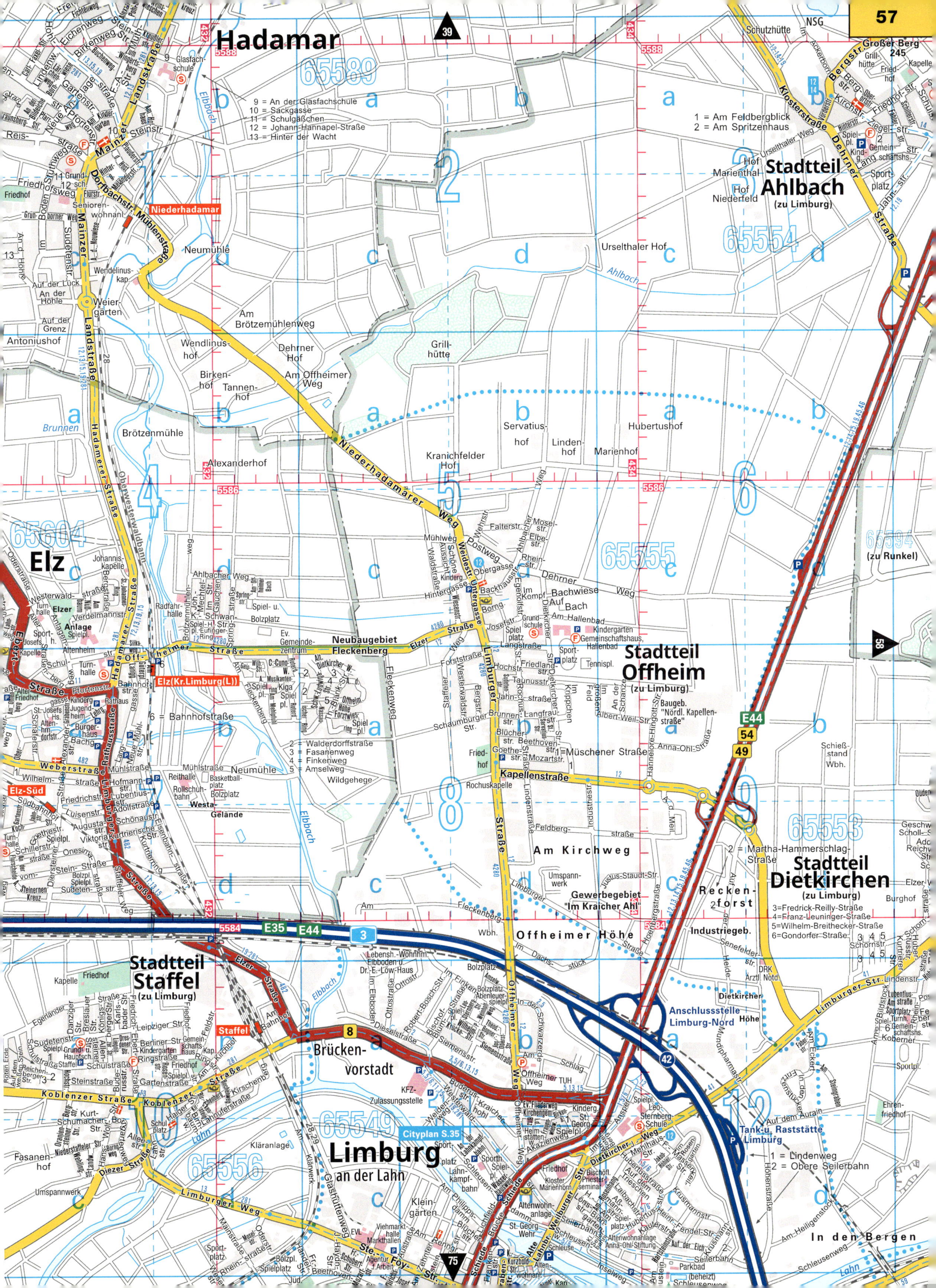
Hadamar
65589
9 = An der Glasfachschule
10 = Sackgasse
11 = Schulgäßchen
12 = Johann-Hannapel-Straße
13 = Hinter der Wacht
Niederhadamar
Neumühle
Am Brötzemühlenweg
Wendlinushof
Dehrner Hof
Am Offheimer Weg
Birkenhof
Tannenhof
Grillhütte
Brötzenmühle
Alexanderhof
Niederhadamarer Weg
Kranichfelder Hof
Servatiushof
Lindenhof
Marienhof
Hubertushof
Urselthaler Hof
Ahlbach
1 = Am Feldbergblick
2 = Am Spritzenhaus
Stadtteil Ahlbach
(zu Limburg)
Hof Marienthal
Hof Niederfeld
65554
Schutzhütte
Großer Berg 245
Klosterstraße
Dehrner Straße
Antoniushof
Weiergärten
Hadamarer Straße
Mainzer Landstraße
Oberwesterwaldbahn
65604
Elz
Elz (Kr.Limburg(L))
Elz-Süd
6 = Bahnhofstraße
2 = Walderdorffstraße
3 = Fasanenweg
4 = Finkenweg
5 = Amselweg
Neubaugebiet Fleckenberg
Elzer Straße
Dehrner Weg
65555
Stadtteil Offheim
(zu Limburg)
Baugeb. "Nördl. Kapellenstraße"
Müschener Straße
Kapellenstraße
Limburger Straße
Am Kirchweg
Gewerbegebiet "Im Kraicher Ahl"
Offheimer Höhe
65594
(zu Runkel)
65553
Stadtteil Dietkirchen
(zu Limburg)
2 = Martha-Hammerschlag-Straße
3=Fredrick-Reilly-Straße
4=Franz-Leuninger-Straße
5=Wilhelm-Breithecker-Straße
6=Gondorfer-Straße
Reckenforst
Industriegeb.
E35 E44
3
Stadtteil Staffel
(zu Limburg)
Staffel
Brückenvorstadt
Koblenzer Straße
Anschlussstelle Limburg-Nord
Tank- u. Raststätte Limburg
1 = Lindenweg
2 = Obere Seilerbahn
65549
Cityplan S.35
Limburg an der Lahn
65556
Lahn
Fasanenhof
Umspannwerk
Limburger Weg
Kläranlage
In den Bergen
39
58
75
E44 54 49
42
8
5584
5586
5588

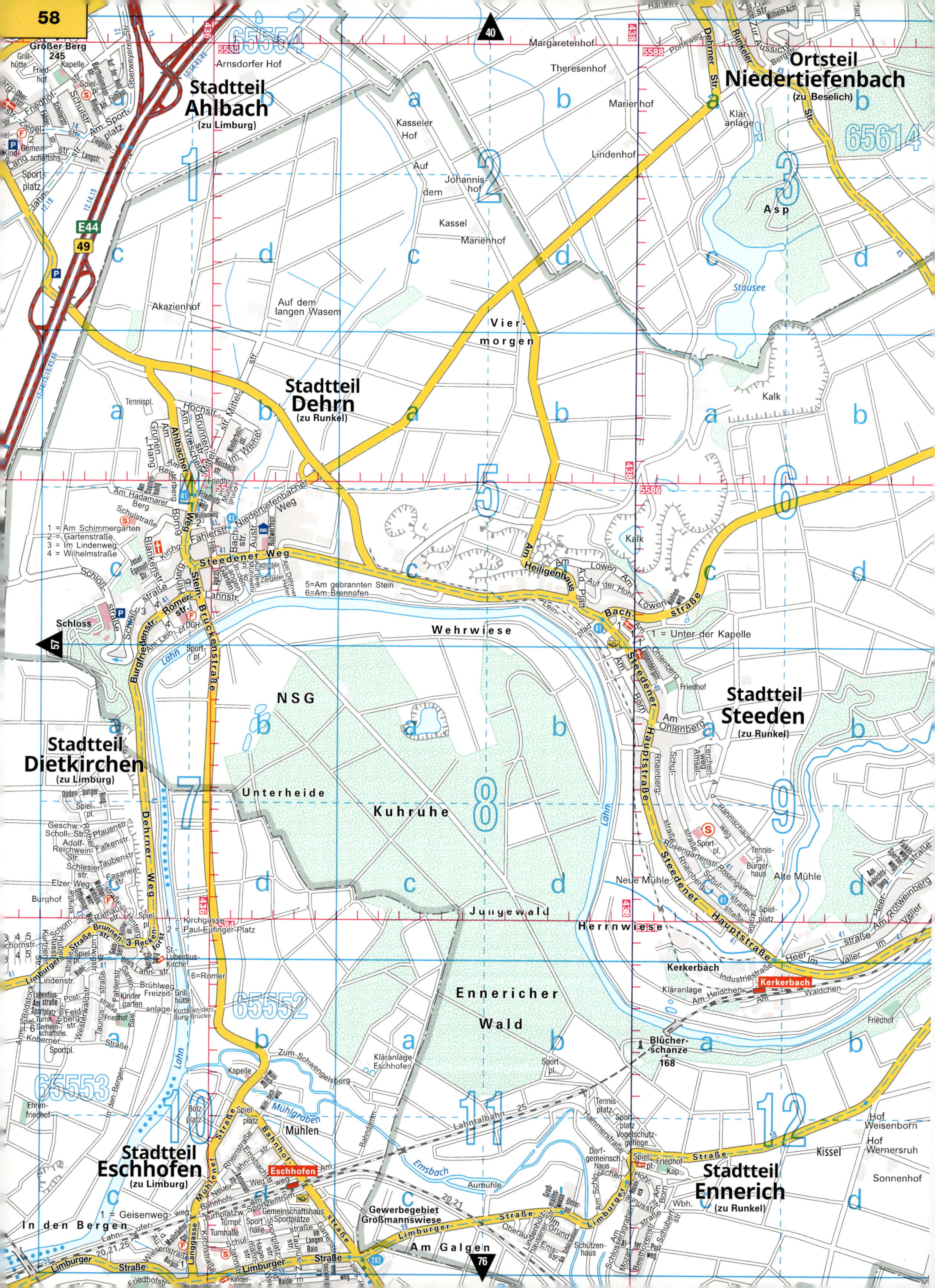
Stadtteil
Ahlbach
(zu Limburg)
Ortsteil
Niedertiefenbach
(zu Beselich)
Stadtteil
Dehrn
(zu Runkel)
Stadtteil
Steeden
(zu Runkel)
Stadtteil
Dietkirchen
(zu Limburg)
Stadtteil
Eschhofen
(zu Limburg)
Stadtteil
Ennerich
(zu Runkel)
Großer Berg
245
Arnsdorfer Hof
Margaretenhof
Theresenhof
Marienhof
Lindenhof
Kasseler Hof
Johannishof
Kassel
Akazienhof
Auf dem langen Wasem
Viermorgen
Stausee
Asp
Kalk
1 = Am Schimmergarten
2 = Gartenstraße
3 = Im Lindenweg
4 = Wilhelmstraße
5=Am gebrannten Stein
6=Am Brennofen
Schloss
Steedener Weg
Wehrwiese
1 = Unter der Kapelle
NSG
Unterheide
Kuhruhe
Jungewald
Herrnwiese
Neue Mühle
Alte Mühle
Ennericher Wald
Kerkerbach
Blücherschanze
168
1 = Kirchgasse
2 = Paul-Eufinger-Platz
Zum Schwengelsberg
Kläranlage Eschhofen
Lahntalbahn
Mühlgraben
Mühlen
Emsbach
Aumühle
Gewerbegebiet Großmannswiese
Am Galgen
In den Bergen
1 = Geisenweg
Hof Weisenborn
Hof Wernersruh
Kissel
Sonnenhof
Limburger Straße
65554
65614
65552
65553
E44
49
40
57
76

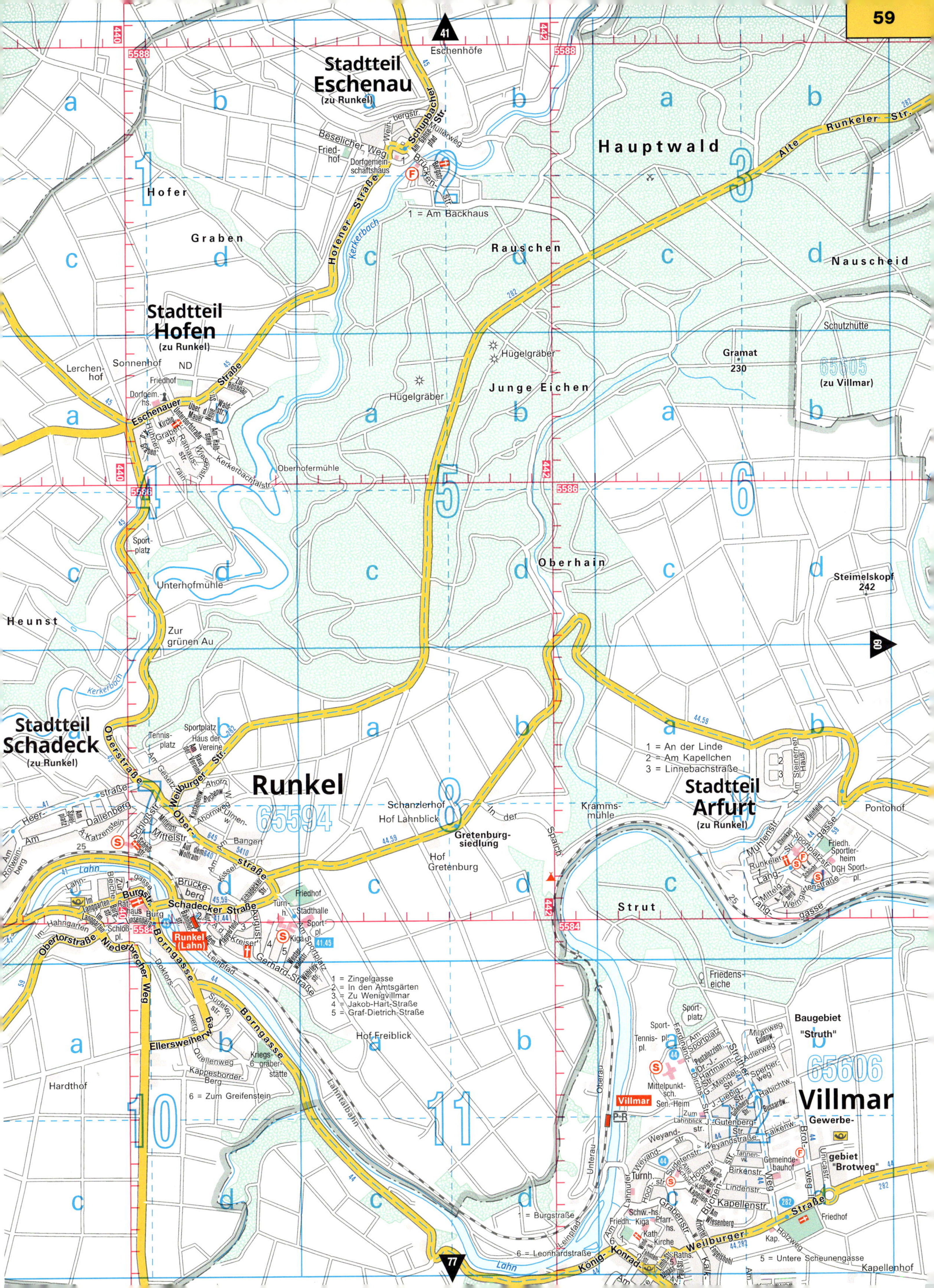

41
Eschenhöfe
Stadtteil
Eschenau
(zu Runkel)
Schupbacher Str.
Beselicher Weg
Friedhof
Dorfgemeinschaftshaus
1 = Am Backhaus
Kerkerbach
Hofener Straße
Hofer
Graben
Hauptwald
Alte Runkeler Str.
Rauschen
Nauscheid
Schutzhütte
Gramat
230
65605
(zu Villmar)
Stadtteil
Hofen
(zu Runkel)
Lerchenhof
Sonnenhof
ND
Friedhof
Eschenauer Str.
Hügelgräber
Junge Eichen
Oberhofermühle
Kerkerbachtalstr.
Sportplatz
Unterhofmühle
Oberhain
Steimelskopf
242
Heunst
Zur grünen Au
60
Stadtteil
Schadeck
(zu Runkel)
Oberstraße
Weilburger Str.
Tennisplatz
Sportplatz
Haus der Vereine
Runkel
65594
Schanzlerhof
Hof Lahnblick
Gretenburgsiedlung
Hof Gretenburg
In der Spalch
Krammsmühle
1 = An der Linde
2 = Am Kapellchen
3 = Linnebachstraße
Stadtteil
Arfurt
(zu Runkel)
Pontohof
Dallenberg
Mittelstr.
Lahn
Burgstr.
Burg
Runkel (Lahn)
Schadecker Straße
Friedhof
Stadthalle
Kiga
Strut
Obertorstraße
Niederbrecher Weg
Borngasse
Leinpfad
Gerhard-Straße
1 = Zingelgasse
2 = In den Amtsgärten
3 = Zu Wenigvillmar
4 = Jakob-Hart-Straße
5 = Graf-Dietrich-Straße
Friedenseiche
Sportplatz
Baugebiet
"Struth"
65606
Villmar
Hof Freiblick
Ellersweiherweg
Kriegsgräberstätte
Hardthof
6 = Zum Greifenstein
Lahntalbahn
Villmar
P+R
Gewerbegebiet
"Brotweg"
Weyandstraße
Kapellenstr.
Weilburger Straße
Friedhof
1 = Burgstraße
6 = Leonhardstraße
5 = Untere Scheunengasse
Kapellenhof
König-Konrad-
77
Lahn

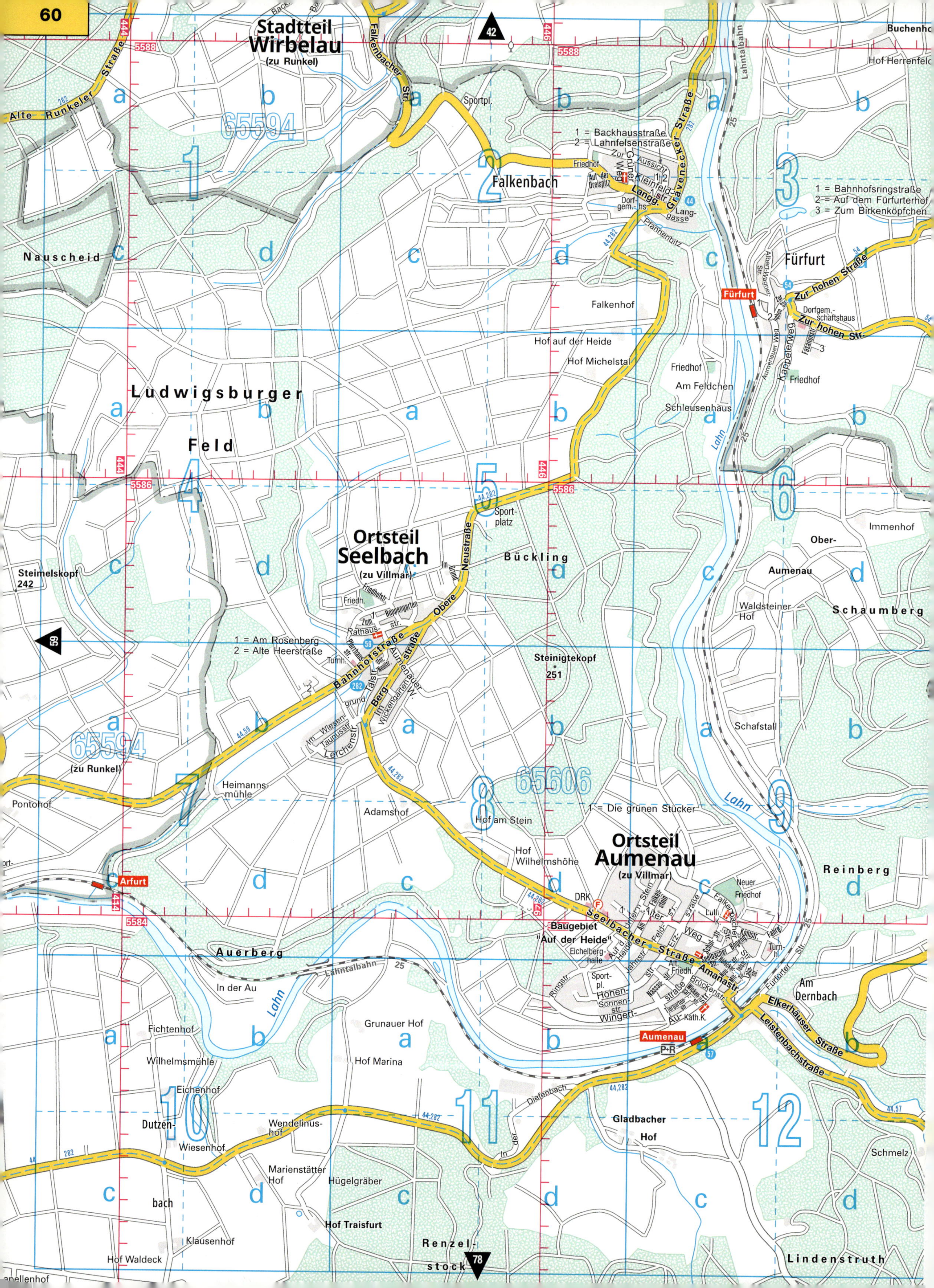

Stadtteil Wirbelau (zu Runkel)
Falkenbach
Fürfurt
Nauscheid
Ludwigsburger Feld
Ortsteil Seelbach (zu Villmar)
Bückling
Steimelskopf 242
Steinigtekopf 251
Ober-Aumenau
Schaumberg
Immenhof
Ortsteil Aumenau (zu Villmar)
Reinberg
Auerberg
Heimannsmühle
Adamshof
Hof am Stein
Hof Wilhelmshöhe
Pontohof
Arfurt
Fichtenhof
Wilhelmsmühle
Eichenhof
Dutzenbach
Wiesenhof
Wendelinushof
Marienstätter Hof
Hügelgräber
Hof Traisfurt
Grunauer Hof
Hof Marina
Gladbacher Hof
Renzelstock
Klausenhof
Hof Waldeck
Lindenstruth
Schmelz
Am Dernbach
Falkenhof
Hof auf der Heide
Hof Michelstal
Am Feldchen
Schleusenhaus
Schafstall
Waldsteiner Hof
Buchenhof
Hof Herrenfeld
Lahn
Lahntalbahn
65594
65606
1 = Backhausstraße
2 = Lahnfelsenstraße
1 = Bahnhofsringstraße
2 = Auf dem Fürfurterhof
3 = Zum Birkenköpfchen
1 = Am Rosenberg
2 = Alte Heerstraße
1 = Die grünen Stücker
Alte Runkeler Straße
Falkenbacher Str.
Gravenecker Straße
Zur hohen Straße
Bahnhofstraße
Obere Neustraße
Seelbacher Straße
Amanastr.
Elkerhäuser Straße
Leistenbachstraße
Baugebiet "Auf der Heide"

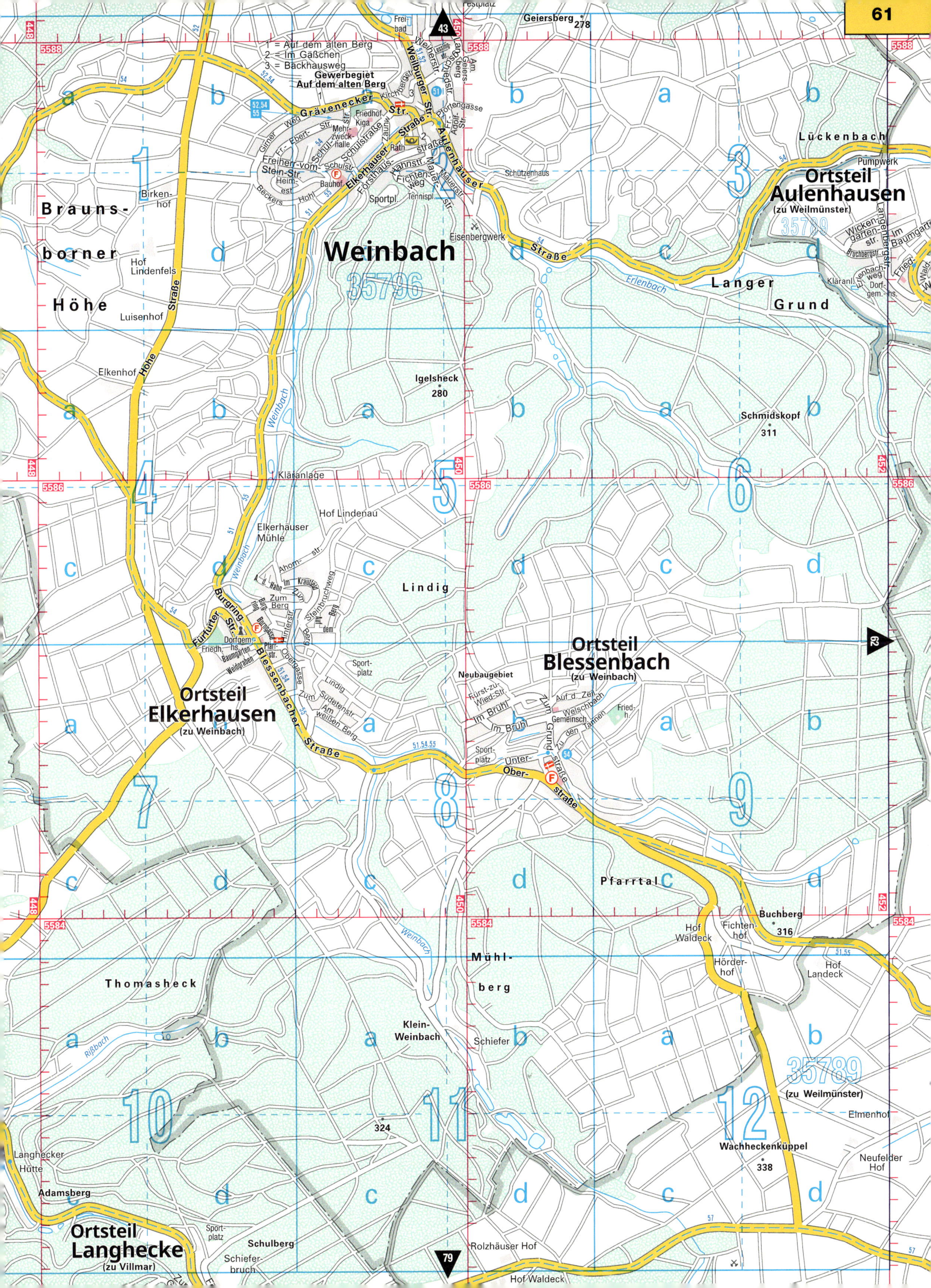

1 = Auf dem alten Berg
2 = Im Gäßchen
3 = Backhausweg
Gewerbegiet Auf dem alten Berg
Weinbach
35796
Braunsborner Höhe
Birkenhof
Hof Lindenfels
Luisenhof
Elkenhof
Höhe Straße
Grävenecker Str.
Weilburger Str.
Elkerhäuser Straße
Aulenhäuser Straße
Eisenbergwerk
Schützenhaus
Sportpl.
Tennispl.
Lückenbach
Pumpwerk
Ortsteil Aulenhausen
(zu Weilmünster)
35789
Langer Grund
Erlenbach
Kläranl.
Geiersberg 278
Igelsheck 280
Schmidskopf 311
Kläranlage
Hof Lindenau
Elkerhäuser Mühle
Lindig
Ortsteil Blessenbach
(zu Weinbach)
Neubaugebiet
Ortsteil Elkerhausen
(zu Weinbach)
Burgring
Fürfurter Str.
Blessenbacher Straße
Sportplatz
Ober-straße
Pfarrtal
Buchberg 316
Hof Waldeck
Fichtenhof
Hörderhof
Hof Landeck
Thomasheck
Mühlberg
Klein-Weinbach
Schiefer
Rißbach
324
35789
(zu Weilmünster)
Elmenhof
Wachheckenküppel 338
Neufelder Hof
Langhecker Hütte
Adamsberg
Ortsteil Langhecke
(zu Villmar)
Sportplatz
Schulberg
Schieferbruch
Rolzhäuser Hof
Hof Waldeck
43
62
79

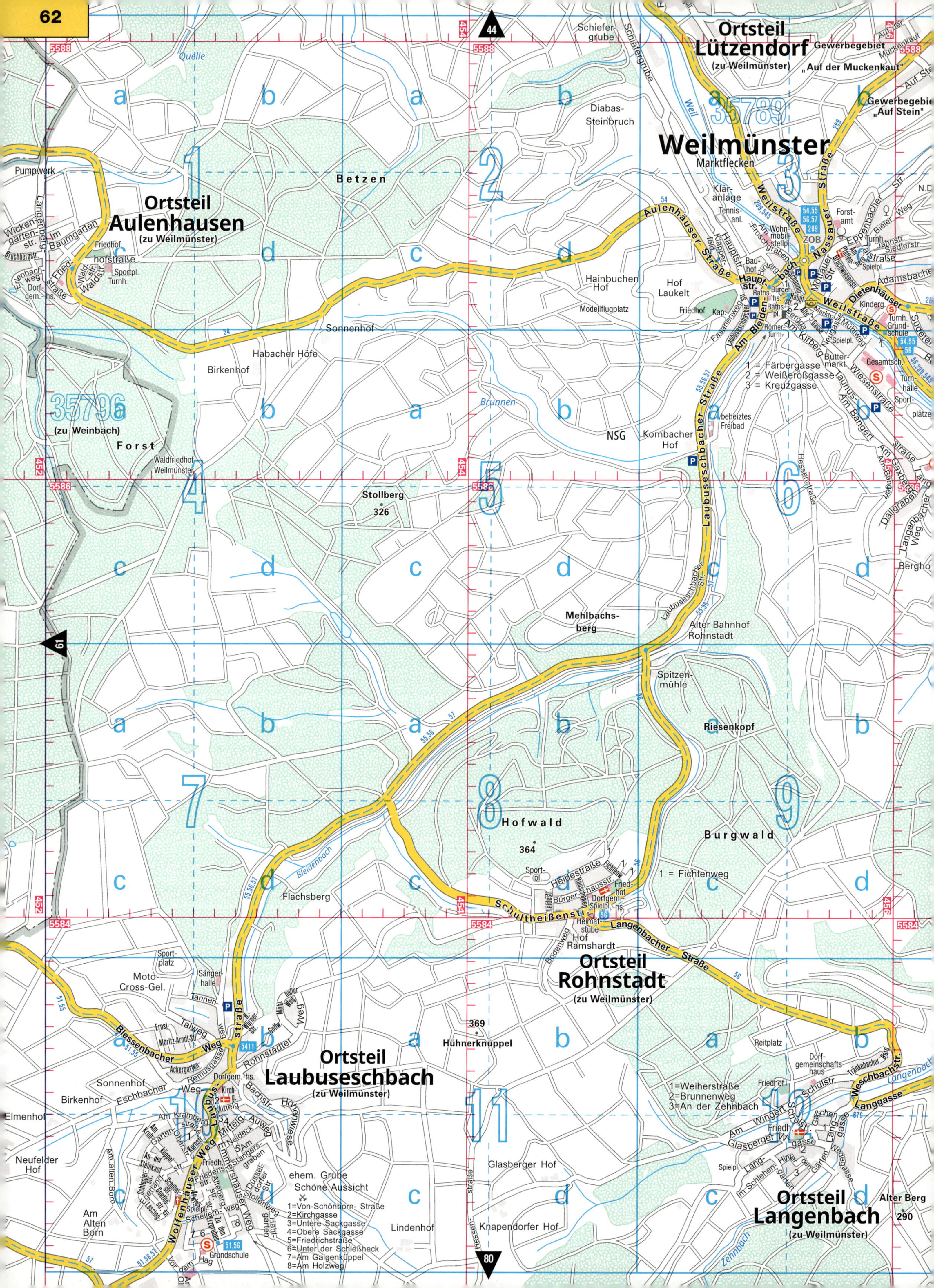
44
Schiefergrube
Ortsteil Lützendorf (zu Weilmünster)
Gewerbegebiet „Auf der Muckenkaut"
Gewerbegebiet „Auf Stein"
Diabas-Steinbruch
35789
Weilmünster
Marktflecken
Betzen
Ortsteil Aulenhausen (zu Weilmünster)
Pumpwerk
Quelle
Aulenhäuser Straße
Weilstraße
Nassauer Straße
Hainbuchen Hof
Hof Laukelt
Modellflugplatz
Sonnenhof
Habacher Höfe
Birkenhof
1 = Färbergasse
2 = Weißeroßgasse
3 = Kreuzgasse
35796
(zu Weinbach)
Forst
Waldfriedhof Weilmünster
Brunnen
NSG
Kombacher Hof
beheiztes Freibad
Stollberg
326
Laubuseschbacher Straße
Mehlbachsberg
Alter Bahnhof Rohnstadt
Spitzenmühle
Riesenkopf
Hofwald
364
Burgwald
1 = Fichtenweg
Flachsberg
Schultheißenstr.
Langenbacher Straße
Ortsteil Rohnstadt (zu Weilmünster)
Hof Ramshardt
Moto-Cross-Gel.
Biessenbacher Weg
Sonnenhof
Birkenhof
Elmenhof
Neufelder Hof
Am Alten Born
369
Hühnerknüppel
Ortsteil Laubuseschbach (zu Weilmünster)
ehem. Grube Schöne Aussicht
1=Von-Schönborn-Straße
2=Kirchgasse
3=Untere Sackgasse
4=Obere Sackgasse
5=Friedrichstraße
6=Unter der Schießheck
7=Am Galgenküppel
8=Am Holzweg
Glasberger Hof
Lindenhof
Knapendorfer Hof
80
1=Weiherstraße
2=Brunnenweg
3=An der Zehnbach
Reitplatz
Ortsteil Langenbach (zu Weilmünster)
Alter Berg
290
Grundschule
Wolfenhäuser Weg
61

Neues Feld
Kreißen
Bielerkopf
280
Grill-platz
Friedenseiche
35647
(zu Waldsolms)
Brunnen
346
Wolfsloch
Adamsbacher Hof
Schützenhaus
Heiligenwald
Dietenhäuser Berg
347
NSG
4 = Finkenweg
5 = Taubenweg
6 = Rotkehlchenweg
7 = Nachtigallenweg
Isselbach
1 = Am Dreschplatz
2 = Vor den Gräben
Sport-platz
Forsthaus Dietenhausen
Kinder-garten
Klinikum
Kastanienhof
Iserbachstraße
3 = Am Hortengarten
Tannenhof
Blumen-hof
Weilmünster
Blumen-mühle
Soldaten Friedhof
Gutshof
Friedhof
Ortsteil
Dietenhausen
(zu Weilmünster)
Weilstraße
Lichtertal
Iserbachtal
341
Industrie-park
Lichterstein
Bielstein
Weil
Hombacher Hof
Hügelgräber
Budenrusstraße
Dietenhäuser Weg
Ortsteil
Audenschmiede
(zu Weilmünster)
Haus am Weiher
Rosen-hof
284
Kaiserslei
Langenbacher Mühle
Brühlberg
Buchenhardt
310
Kaiserslei
61279
(zu Grävenwiesbach)
Schießberg
376
Spießberg
383
Krebstock
Pump-werk
Johannisflecken
Kläranlage Oberes Weiltal
456
45
64
81

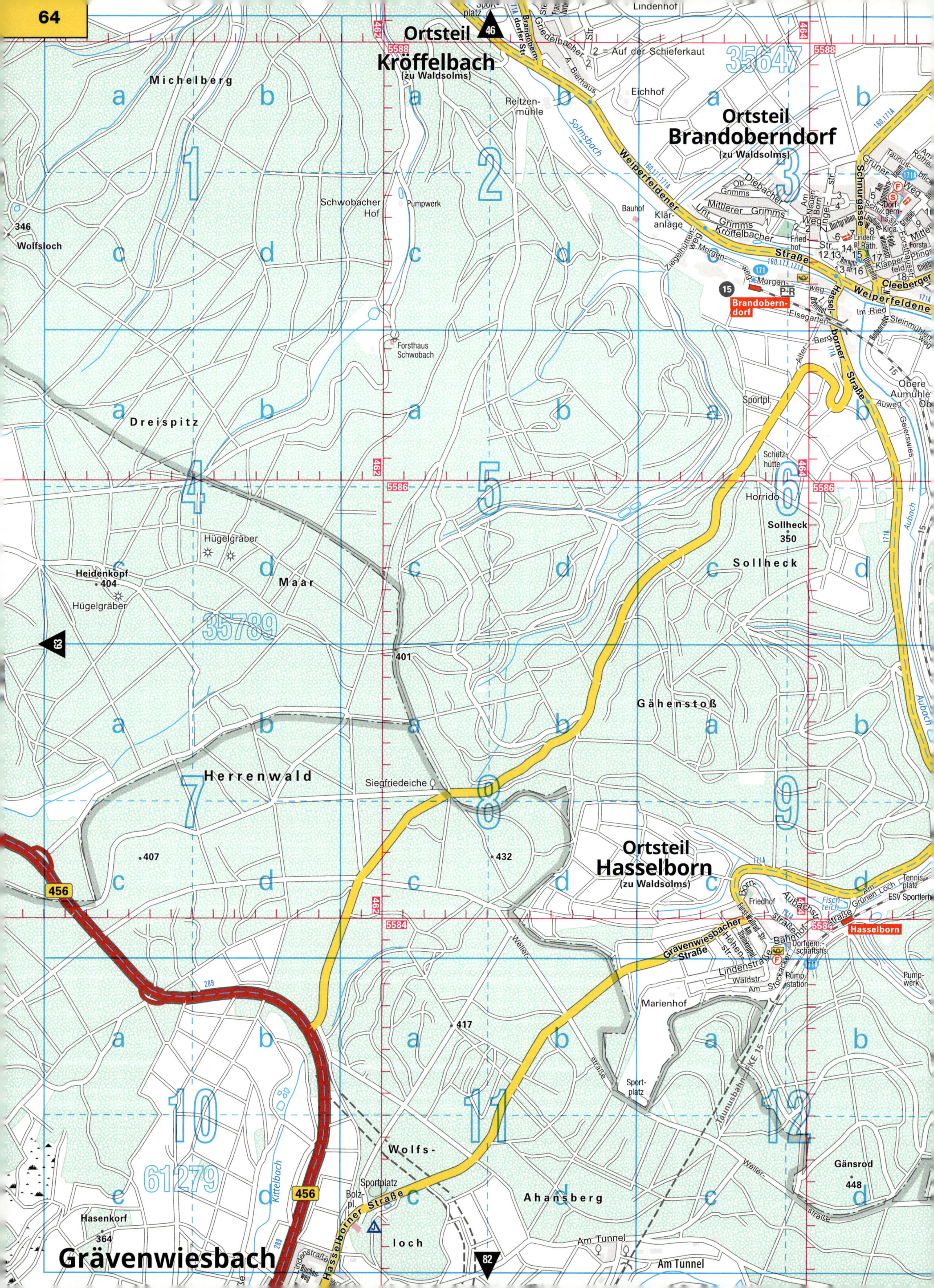

Ortsteil Kröffelbach
(zu Waldsolms)
Ortsteil Brandoberndorf
(zu Waldsolms)
35647
Michelberg
Wolfsloch
346
Schwobacher Hof
Pumpwerk
Reitzenmühle
Eichhof
Lindenhof
2 = Auf der Schieferkaut
Solmsbach
Weiperfeldener Straße
Bauhof
Kläranlage
Brandoberndorf
Forsthaus Schwobach
Dreispitz
Hügelgräber
Heidenkopf
404
Maar
35789
Sportpl.
Schutzhütte
Horrido
Sollheck
350
Obere Aumühle
Aubach
401
Gähenstoß
Herrenwald
Siegfriedeiche
407
432
Ortsteil Hasselborn
(zu Waldsolms)
Friedhof
Fischteich
Hasselborn
Grävenwiesbacher Straße
Marienhof
Pumpwerk
Sportplatz
417
Taunusbahn
Gänsrod
448
Wolfsloch
Ahansberg
Am Tunnel
Hasenkorf
364
Grävenwiesbach
61279
Kittelbach
Hasselborner Straße
Sportplatz
456
46
63
82

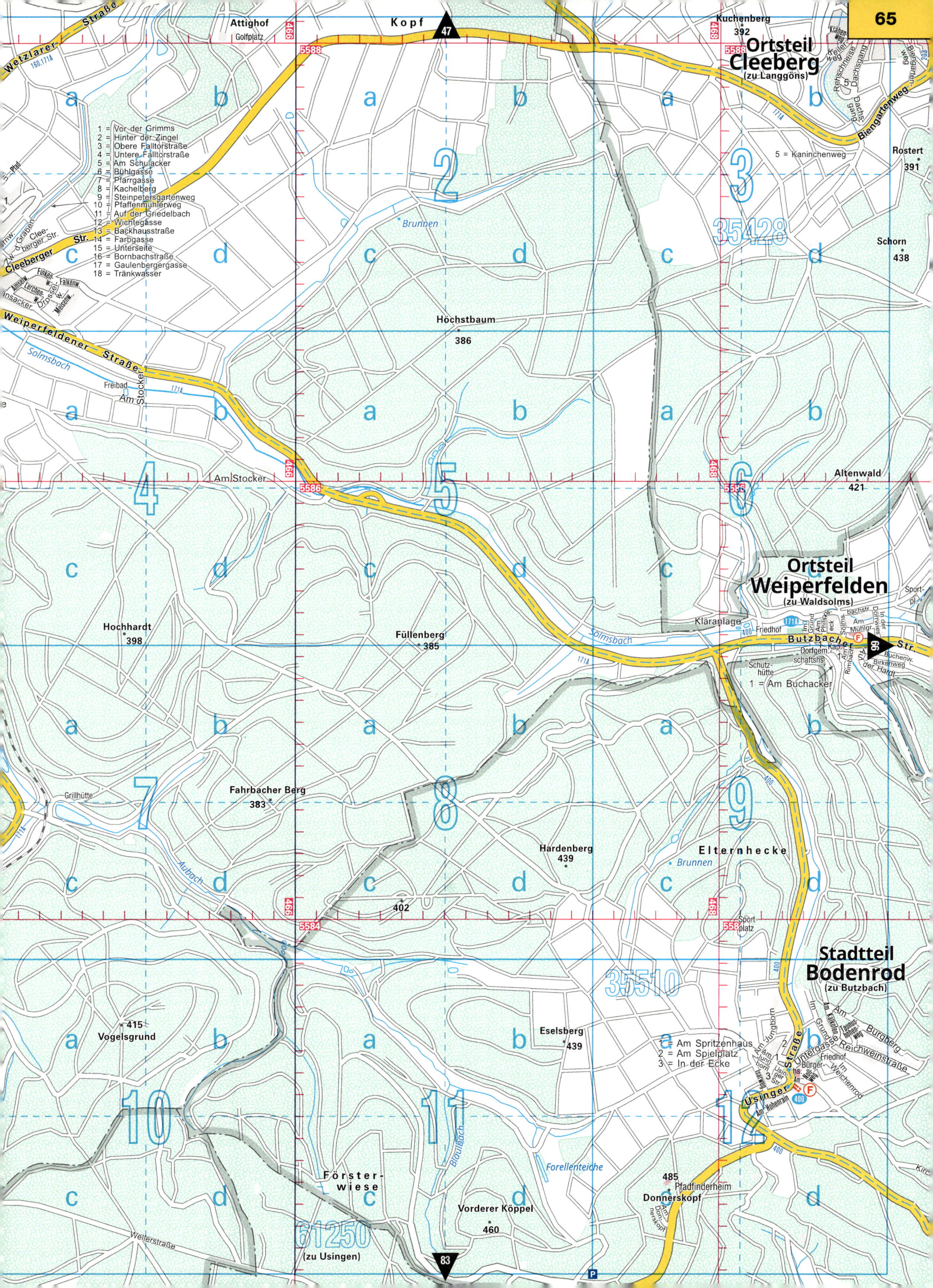
Wetzlarer Straße
Attighof
Golfplatz
Kopf
47
Kuchenberg
392
Ortsteil Cleeberg
(zu Langgöns)
Biengartenweg
Dachsgang
5 = Kaninchenweg
Rostert
391
1 = Vor der Grimms
2 = Hinter der Zingel
3 = Obere Falltorstraße
4 = Untere Falltorstraße
5 = Am Schulacker
6 = Bühlgasse
7 = Pfarrgasse
8 = Kachelberg
9 = Steinpetersgartenweg
10 = Pfaffenmühlenweg
11 = Auf der Griedelbach
12 = Wichtegasse
13 = Backhausstraße
14 = Farbgasse
15 = Unterseite
16 = Bornbachstraße
17 = Gaulenbergergasse
18 = Tränkwasser
Cleeberger Str.
Brunnen
35428
Schorn
438
Höchstbaum
386
Weiperfeldener Straße
Solmsbach
Freibad
Am Stocker
Altenwald
421
Ortsteil Weiperfelden
(zu Waldsolms)
Kläranlage
Friedhof
Butzbacher Str.
Hochhardt
398
Füllenberg
385
1 = Am Buchacker
Grillhütte
Fahrbacher Berg
383
Aubach
Hardenberg
439
Elternhecke
Brunnen
402
Sportplatz
Stadtteil Bodenrod
(zu Butzbach)
35510
415
Vogelsgrund
Eselsberg
439
1 = Am Spritzenhaus
2 = Am Spielplatz
3 = In der Ecke
Usinger Straße
Reichweinstraße
Burgberg
Untergasse
Friedhof
Förster-wiese
Blaubach
Forellenteiche
485
Pfadfinderheim
Donnerskopf
Vorderer Köppel
460
Wellerstraße
61250
(zu Usingen)
83

Ortsteil Cleeberg
(zu Langgöns)
Roster 391
Rostert 391
Schorn 438
Hof Jagdhaus
Streit-
wald
Bodenhard
Triebachsheck
Strutwald
Kleebach
Pump-werk
Bestattungs-wald
Dillenberg
Forsthaus Butzbach
Am Zechenhaus
Sport-platz
Klär-anlage
Schlinke 422
Altenwald 421
35428
1=Schmallhartstraße
2=Köhlerweg
3=Vor der Höhe
4=Haselweg
5=Am Baumstück
Gaulskopf 474
Oes-wäldchen
Oes
Ortsteil Weiperfelden
(zu Waldsolms)
35647
Ortsteil Espa
(zu Langgöns)
6=Falkenweg
7=Am Dornstrauch
8=Strauchweg
Wochen-endhaus-gebiet
Langscheid
Solmsbach
Im Birkenfeld
Wochenendgebiet "Im Birkenfeld"
Pilgramseiche
Hospitalstrauch
Hinterster 491 Kopf
Bommröder Schloss
Isselbr.
Schutzhütte
Hausbergturm
Ringwälle
485 Hausberg
Kirchbaumberg
Hainbuchen-492 kopf
Stadtteil Bodenrod
(zu Butzbach)
Gickel 505
Ringwall
424 Brühlerberg
Forellen-teiche
Röderfeld
Hesselberg
Am Nassen Fleck
Lamshart
Lochmühle
Lochmühlenstraße
Kirchenweg
Nollkopf
Kreisjugendheim Hubertus
48
65
84

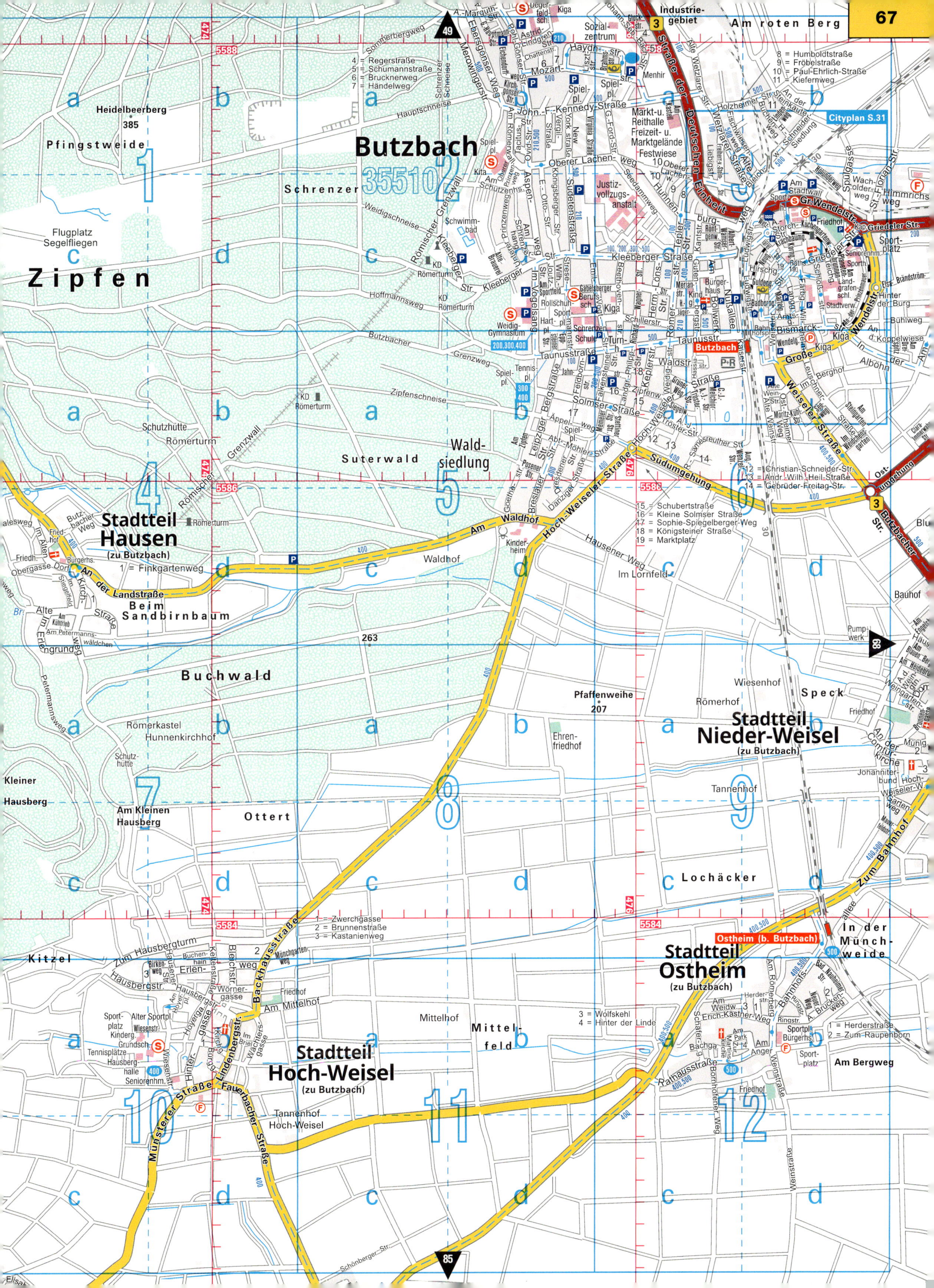
Butzbach
35510
Zipfen
Pfingstweide
Heidelbeerberg
385
Flugplatz
Segelfliegen
Schrenzer
Suterwald
Wald-
siedlung
Stadtteil
Hausen
(zu Butzbach)
1 = Finkgartenweg
Beim
Sandbirnbaum
Buchwald
263
Römerkastel
Hunnenkirchhof
Kleiner
Hausberg
Am Kleinen
Hausberg
Ottert
Kitzel
Stadtteil
Hoch-Weisel
(zu Butzbach)
1 = Zwerchgasse
2 = Brunnenstraße
3 = Kastanienweg
Tannenhof
Hoch-Weisel
Mittelhof
Mittel-
feld
Pfaffenweihe
207
Ehren-
friedhof
Wiesenhof
Römerhof
Speck
Stadtteil
Nieder-Weisel
(zu Butzbach)
Tannenhof
Lochäcker
Stadtteil
Ostheim
(zu Butzbach)
Ostheim (b. Butzbach)
3 = Wolfskehl
4 = Hinter der Linde
1 = Herderstraße
2 = Zum Raupenborn
Am Bergweg
In der
Münch-
weide
Im Lornfeld
Waldhof
Südumgehung
15 = Schubertstraße
16 = Kleine Solmser Straße
17 = Sophie-Spiegelberger-Weg
18 = Königsteiner Straße
19 = Marktplatz
12 = Christian-Schneider-Str.
13 = Andr.-Wilh.-Heil-Straße
14 = Gebrüder-Freitag-Str.
4 = Regerstraße
5 = Schumannstraße
6 = Brucknerweg
7 = Händelweg
8 = Humboldtstraße
9 = Fröbelstraße
10 = Paul-Ehrlich-Straße
11 = Kiefernweg
Industrie-
gebiet
Am roten Berg
Cityplan S.31
Straße der Deutschen Einheit
Kleeberger Straße
Taunusstraße
Solmser Straße
Hoch-Weiseler Straße
Weiseler Straße
Große Wendelstr.
Bismarck-
Justiz-
vollzugs-
anstalt
Markt- u.
Reithalle
Freizeit- u.
Marktgelände
Festwiese
Backhausstraße
Fauerbacher Straße
Münsterer Straße
Lindenbergstr.
Zum Bahnhof
Rathausstraße
Bauhof
Pumpwerk
49
68
85

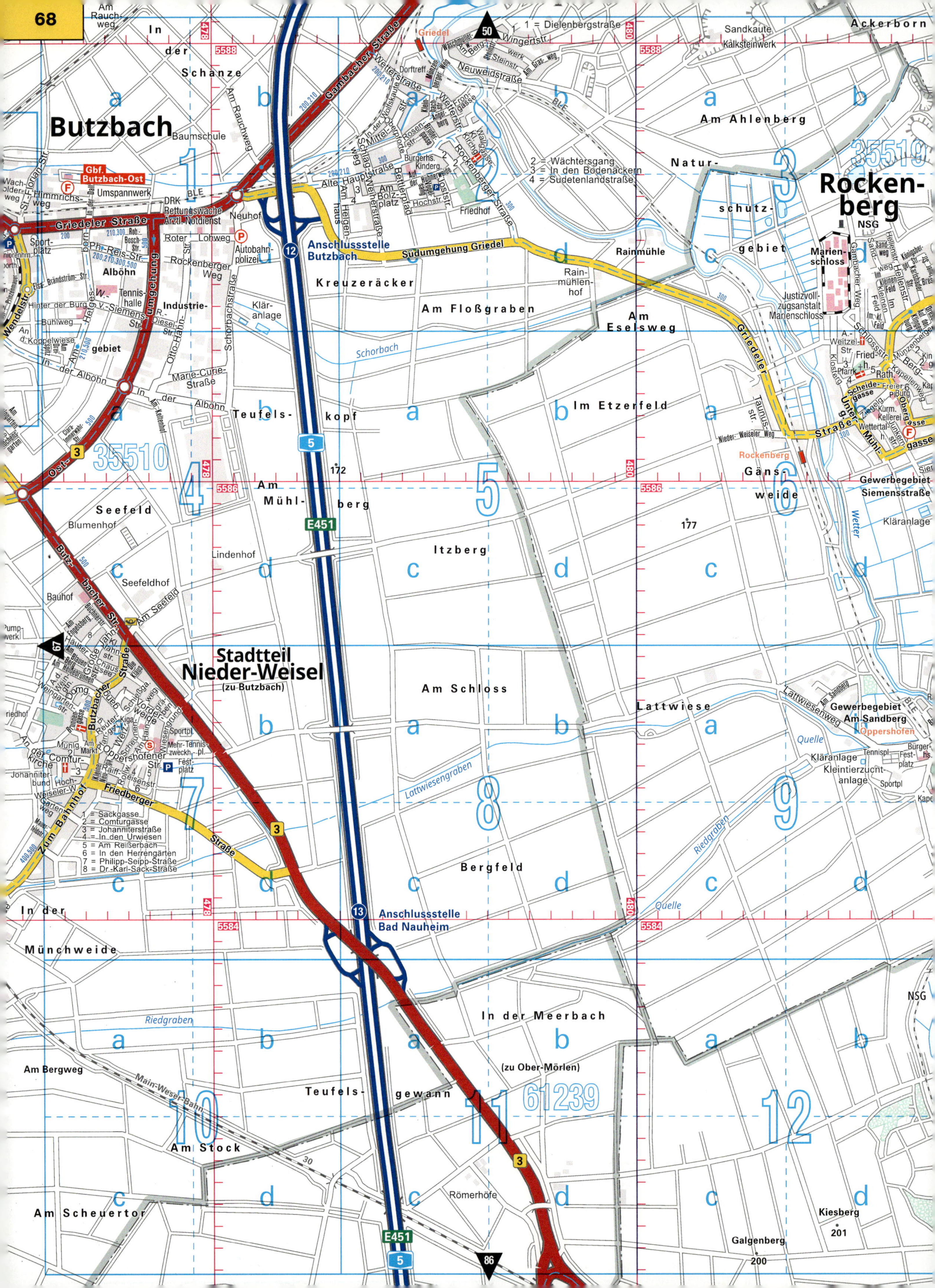
Butzbach
Rockenberg
Stadtteil Nieder-Weisel
(zu Butzbach)
(zu Ober-Mörlen)
Anschlussstelle Butzbach
Anschlussstelle Bad Nauheim
Südumgehung Griedel
Griedeler Straße
Gambacher Straße
Butzbacher Str.
Friedberger Straße
Griedel
Rockenberg
Oppershofen
1 = Dielenbergstraße
2 = Wächtersgang
3 = In den Bodenäckern
4 = Sudetenlandstraße
1 = Sackgasse
2 = Comturgasse
3 = Johanniterstraße
4 = In den Urwiesen
5 = Am Reißerbach
6 = In den Herrengärten
7 = Philipp-Seipp-Straße
8 = Dr.-Karl-Sack-Straße
Kreuzeräcker
Am Floßgraben
Teufelskopf
Am Mühlberg
Itzberg
Am Schloss
Bergfeld
In der Meerbach
Teufelsgewann
Am Stock
Am Scheuertor
Am Bergweg
In der Münchweide
Seefeld
Im Etzerfeld
Lattwiese
Gänsweide
Am Eselsweg
Am Ahlenberg
Naturschutzgebiet
Rainmühle
Justizvollzugsanstalt Marienschloss
Gewerbegebiet Siemensstraße
Gewerbegebiet Am Sandberg
Industriegebiet
Albhöhn
Schorbach
Lattwiesengraben
Riedgraben
Main-Weser-Bahn
Römerhöfe
Kiesberg
Galgenberg
35510
35519
61239
E451

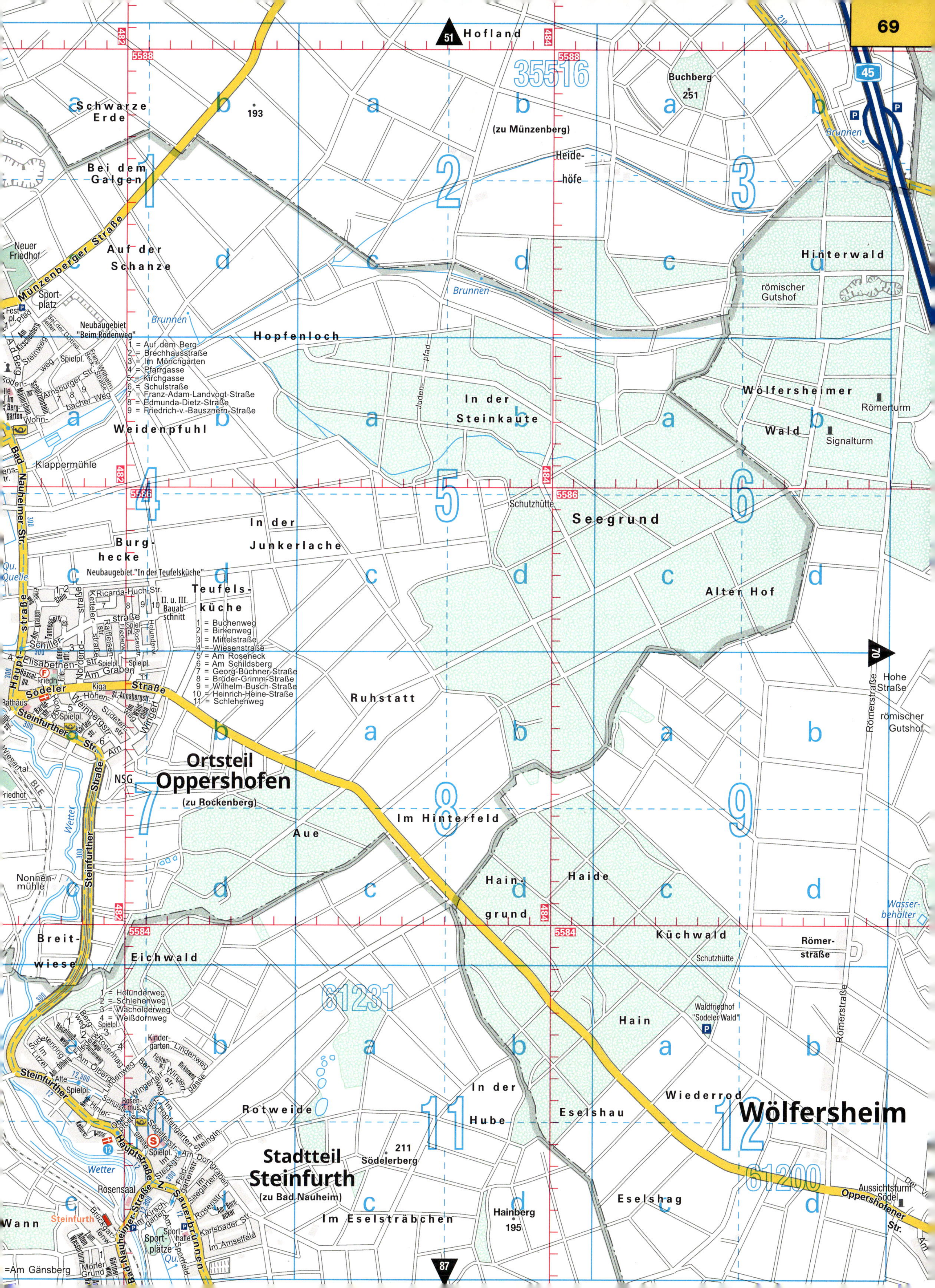
Hofland
51
Schwarze Erde
193
(zu Münzenberg)
Buchberg
251
Bei dem Galgen
Heide-höfe
Münzenberger Straße
Auf der Schanze
Neuer Friedhof
Brunnen
Hinterwald
römischer Gutshof
Sport-platz
Neubaugebiet "Beim Rödenweg"
Hopfenloch
1 = Auf dem Berg
2 = Brechhausstraße
3 = Im Mönchgarten
4 = Pfarrgasse
5 = Kirchgasse
6 = Schulstraße
7 = Franz-Adam-Landvogt-Straße
8 = Edmunda-Dietz-Straße
9 = Friedrich-v.-Bausznern-Straße
In der Steinkaute
Wölfersheimer Wald
Römerturm
Signalturm
Weidenpfuhl
Klappermühle
Bad Nauheimer Str.
Schutzhütte
Seegrund
In der Junkerlache
Burg-hecke
Neubaugebiet "In der Teufelsküche"
Teufels-küche
Alter Hof
II. u. III. Bauab-schnitt
1 = Buchenweg
2 = Birkenweg
3 = Mittelstraße
4 = Wiesenstraße
5 = Am Roseneck
6 = Am Schildsberg
7 = Georg-Büchner-Straße
8 = Brüder-Grimm-Straße
9 = Wilhelm-Busch-Straße
10 = Heinrich-Heine-Straße
11 = Schlehenweg
Hohe Straße
70
Ruhstatt
Söderer Straße
Römerstraße
römischer Gutshof
Ortsteil Oppershofen
(zu Rockenberg)
NSG
Im Hinterfeld
Aue
Wetter
Steinfurther Straße
Nonnen-mühle
Hain-grund
Haide
Wasser-behälter
Breit-wiese
Eichwald
Küchwald
Römer-straße
Schutzhütte
61231
1 = Holunderweg
2 = Schlehenweg
3 = Wacholderweg
4 = Weißdornweg
Waldfriedhof "Södeler Wald"
Hain
Rotweide
In der Hube
Eselshau
Wiederrod
Wölfersheim
Stadtteil Steinfurth
(zu Bad Nauheim)
211
Södelerberg
Hainberg
195
Eselshag
61200
Aussichtsturm Södel
Oppershofener Str.
Im Eselsträbchen
Wann
Steinfurth
Rosensaal
Sport-plätze
Karlsbader Str.
Im Amselfeld
=Am Gänsberg
87
35516
45
Hauptstraße

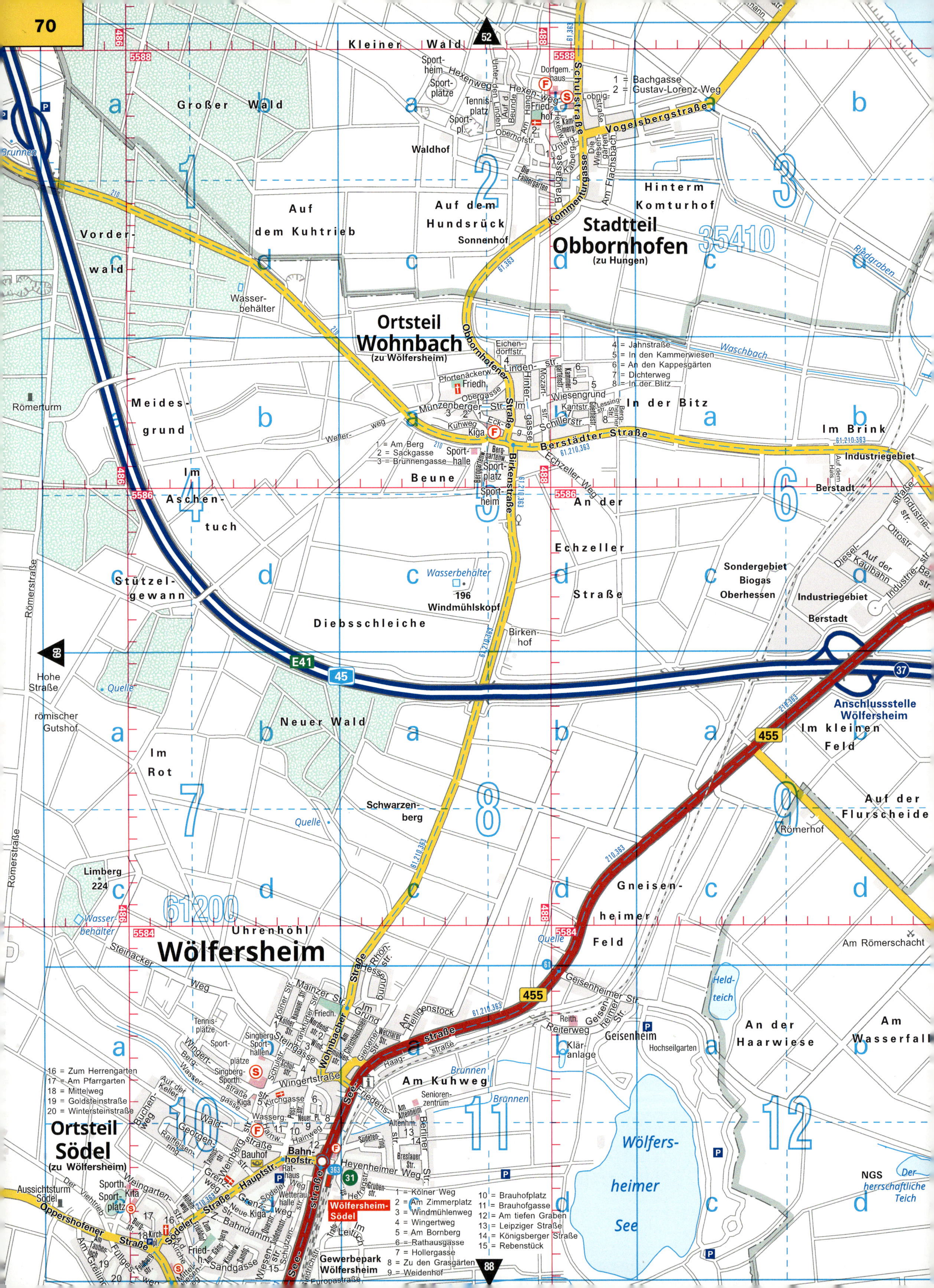

52
Kleiner Wald
Großer Wald
Sport-heim
Hexenweg
Sport-plätze
Tennis-platz
Sport-pl.
Dorfgem.-haus
Hexen-weg
Schulstraße
1 = Bachgasse
2 = Gustav-Lorenz-Weg
Vogelsbergstraße
Lobnig-straße
Unter den Linden
Oberhofstr.
Waldhof
Brauhgasse
Kommenturgasse
Am Flachsbach
Hinterm Komturhof
Vorder-wald
Auf dem Kuhtrieb
Auf dem Hundsrück
Sonnenhof
Stadtteil Obbornhofen
(zu Hungen)
35410
Riedgraben
Wasser-behälter
Ortsteil Wohnbach
(zu Wölfersheim)
Obbornhofener Straße
Eichen-dorffstr.
Linden-str.
4 = Jahnstraße
5 = In den Kammerwiesen
6 = An den Kappesgärten
7 = Dichterweg
8 = In der Blitz
Waschbach
Römerturm
Meides-grund
Pfortenäckerw.
Friedh.
Obergasse
Münzenberger Str.
Wiesengrund
Kantstr.
Schillerstr.
In der Bitz
Im Brink
Weller-weg
Kuhweg
Kiga
Eck-weg
1 = Am Berg
2 = Sackgasse
3 = Brunnengasse
Sport-halle
Sport-platz
Sport-heim
Berstädter Straße
Echzeller Weg
Industriegebiet
Berstadt
Beune
Birkenstraße
Im Aschen-tuch
An der Echzeller Straße
Industrie-str.
Ottostr.
Diesel-str.
Auf der Kaulbahn
Sondergebiet Biogas Oberhessen
Industriegebiet Berstadt
Römerstraße
Stützel-gewann
Wasserbehälter
196
Windmühlskopf
Diebsschleiche
Birken-hof
69
Hohe Straße
E41
45
37
Quelle
Anschlussstelle Wölfersheim
römischer Gutshof
Neuer Wald
Im Rot
455
Im kleinen Feld
Schwarzen-berg
Auf der Flurscheide
Römerhof
Limberg
224
Gneisen-heimer Feld
Wasser-behälter
61200
Uhrenhöhl
Wölfersheim
Am Römerschacht
Steinäcker Weg
Mainzer Str.
Friedh.
Wohnbacher Straße
Am Heiligenstock
Geisenheimer Str.
Reith.
Reiterweg
Klär-anlage
Geisenheim
Hochseilgarten
Held-teich
An der Haarwiese
Am Wasserfall
Tennis-plätze
Sport-platze
Singberg-Sport-hallen
Singberg-Sporth.
Wingertstraße
Am Kuhweg
Senioren-zentrum
Brunnen
16 = Zum Herrengarten
17 = Am Pfarrgarten
18 = Mittelweg
19 = Goldsteinstraße
20 = Wintersteinstraße
Kirchgasse
Kiga
Wasserg.
Ortsteil Södel
(zu Wölfersheim)
Bahn-hofstr.
Hauptstr.
Heyenheimer Weg
Berliner Str.
Breslauer Str.
Wölfers-heimer See
Aussichtsturm Södel
Sporth.
Sport-platz
Kita
Oppershofener Straße
Södeler Straße
Bahndamm
Sandgasse
Wölfersheim-Södel
1 = Kölner Weg
2 = Am Zimmerplatz
3 = Windmühlenweg
4 = Wingertweg
5 = Am Bornberg
6 = Rathausgasse
7 = Hollergasse
8 = Zu den Grasgärten
9 = Weidenhof
10 = Brauhofplatz
11 = Brauhofgasse
12 = Am tiefen Graben
13 = Leipziger Straße
14 = Königsberger Straße
15 = Rebenstück
Gewerbepark Wölfersheim
Europastraße
88
NGS
Der herrschaftliche Teich

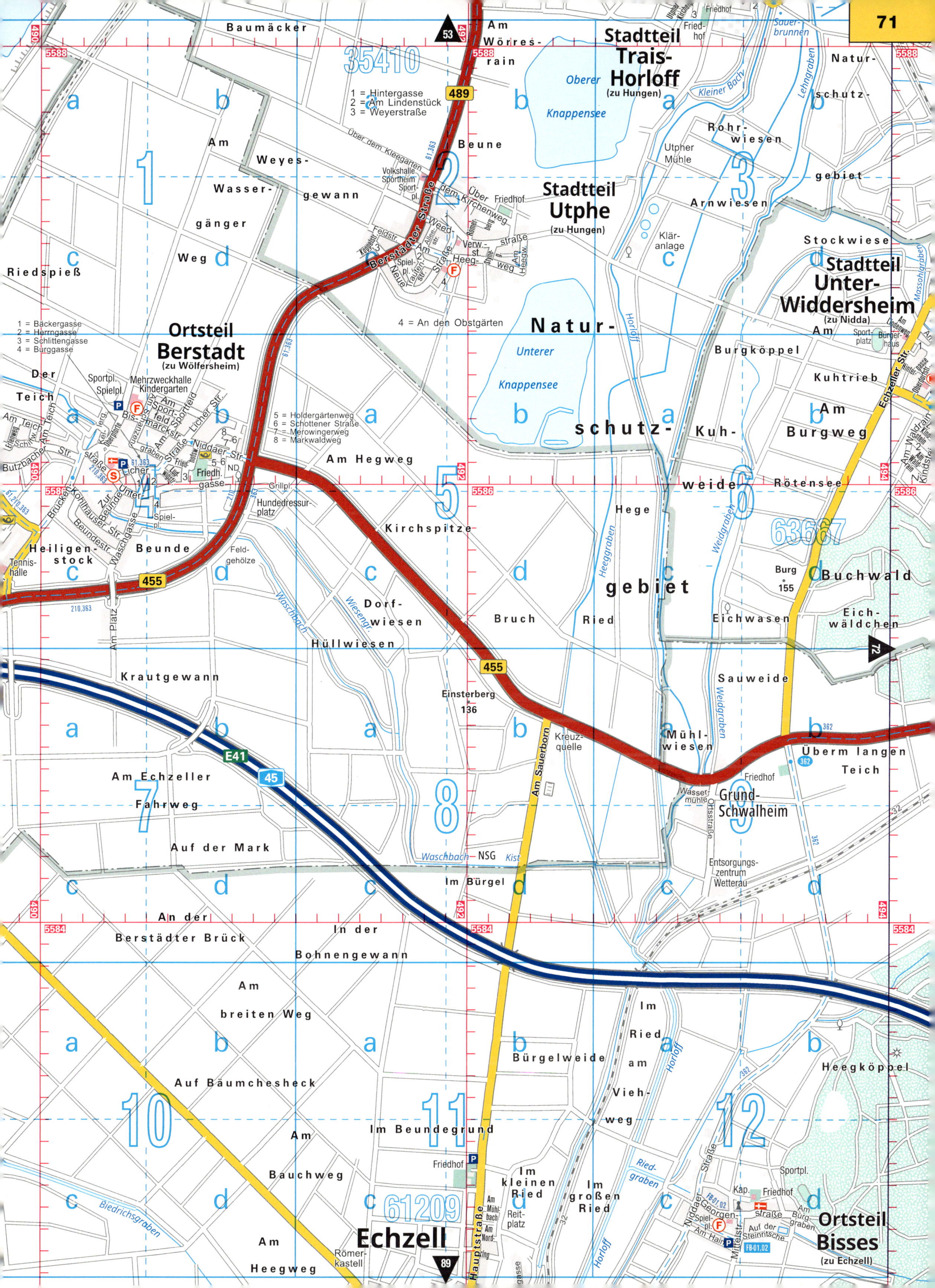
Stadtteil
Trais-Horloff
(zu Hungen)
Stadtteil
Utphe
(zu Hungen)
Ortsteil
Berstadt
(zu Wölfersheim)
Stadtteil
Unter-Widdersheim
(zu Nidda)
Grund-Schwalheim
Echzell
Ortsteil
Bisses
(zu Echzell)
Oberer Knappensee
Unterer Knappensee
Natur-schutz-gebiet
1 = Hintergasse
2 = Am Lindenstück
3 = Weyerstraße
4 = An den Obstgärten
1 = Bäckergasse
2 = Herrngasse
3 = Schlittengasse
4 = Burggasse
5 = Holdergärtenweg
6 = Schottener Straße
7 = Merowingerweg
8 = Markwaldweg
Baumäcker
Am Wörres-rain
Beune
Am Weyes-gewann
Wasser-gänger
Weg
Riedspieß
Der Teich
Heiligen-stock
Beunde
Kirchspitze
Am Hegweg
Dorf-wiesen
Hüllwiesen
Bruch
Ried
Hege
Kuh-weide
Burgköppel
Kuhtrieb
Am Burgweg
Rötensee
Buchwald
Eich-wäldchen
Eichwasen
Sauweide
Mühl-wiesen
Überm langen Teich
Rohr-wiesen
Arnwiesen
Stockwiese
Natur-schutz-gebiet
Krautgewann
Am Echzeller Fahrweg
Auf der Mark
Einsterberg
136
Burg
155
Kreuz-quelle
Im Bürgel
An der Berstädter Brück
In der Bohnengewann
Am breiten Weg
Auf Bäumchesheck
Am Bauchweg
Am Heegweg
Im Beundegrund
Bürgelweide
Im Ried am Vieh-weg
Im kleinen Ried
Im großen Ried
Heegköppel
Entsorgungs-zentrum Wetterau
Kläranlage
Utpher Mühle
Friedhof
Sportpl.
Mehrzweckhalle
Kindergarten
Grillpl.
Hundedressur-platz
Feld-gehölze
Tennis-halle
Wasser-mühle
Römer-kastell
Reit-platz
35410
61209
63667
489
455
E41
45
53
72
89

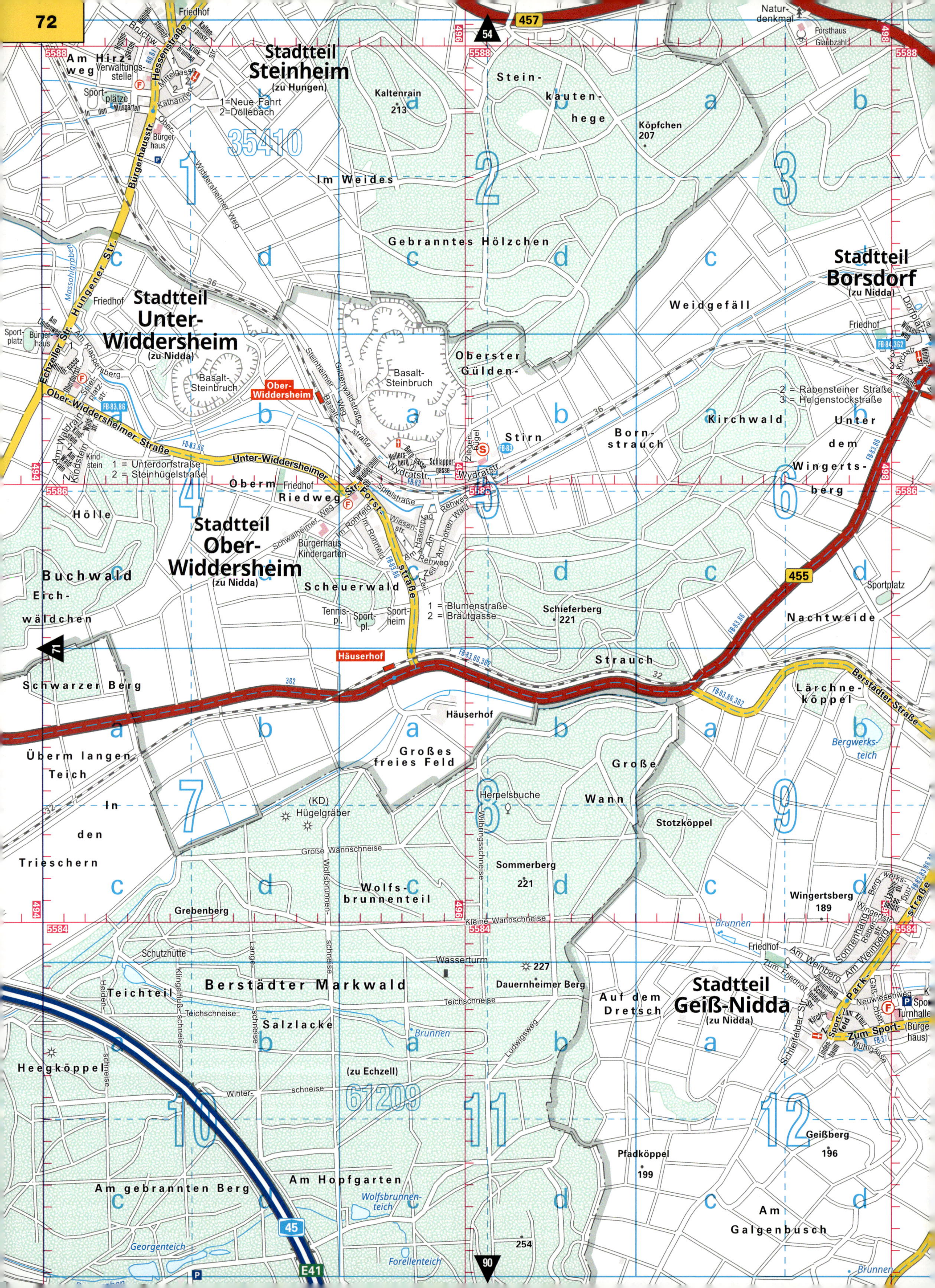
Stadtteil Steinheim (zu Hungen)
1=Neue Fahrt
2=Döllebach
35410
Am Hirzweg
Verwaltungsstelle
Sportplätze
Bürgerhaus
Kaltenrain 213
Steinkautenhege
Köpfchen 207
Im Weides
Gebranntes Hölzchen
Stadtteil Borsdorf (zu Nidda)
Weidgefäll
Stadtteil Unter-Widdersheim (zu Nidda)
Basalt-Steinbruch
Ober-Widdersheim
Oberster Gülden-
Stirn
Bornstrauch
Kirchwald
2 = Rabensteiner Straße
3 = Heigenstockstraße
Unter dem Wingertsberg
Ober-Widdersheimer Straße
Unter-Widdersheimer Straße
1 = Unterdorfstraße
2 = Steinhügelstraße
Oberm Riedweg
Hölle
Stadtteil Ober-Widdersheim (zu Nidda)
Bürgerhaus Kindergarten
Buchwald
Eichwäldchen
Scheuerwald
1 = Blumenstraße
2 = Bräutgasse
Schieferberg 221
Sportplatz
Nachtweide
Häuserhof
Strauch
Lärchneköppel
Berstädter Straße
Schwarzer Berg
Überm langen Teich
In den Trieschern
Großes freies Feld
Große Wann
Bergwerksteich
Herpelsbuche
(KD) Hügelgräber
Stotzköppel
Sommerberg 221
Wolfsbrunnenteil
Grebenberg
Wingertsberg 189
Schutzhütte
Wasserturm
227
Dauernheimer Berg
Teichteil
Berstädter Markwald
Auf dem Dretsch
Stadtteil Geiß-Nidda (zu Nidda)
Salzlacke
Heegköppel
(zu Echzell)
61209
Pfadköppel 199
Geißberg 196
Am gebrannten Berg
Am Hopfgarten
Wolfsbrunnenteich
Am Galgenbusch
Georgenteich
Forellenteich
254
455
457
45
E41

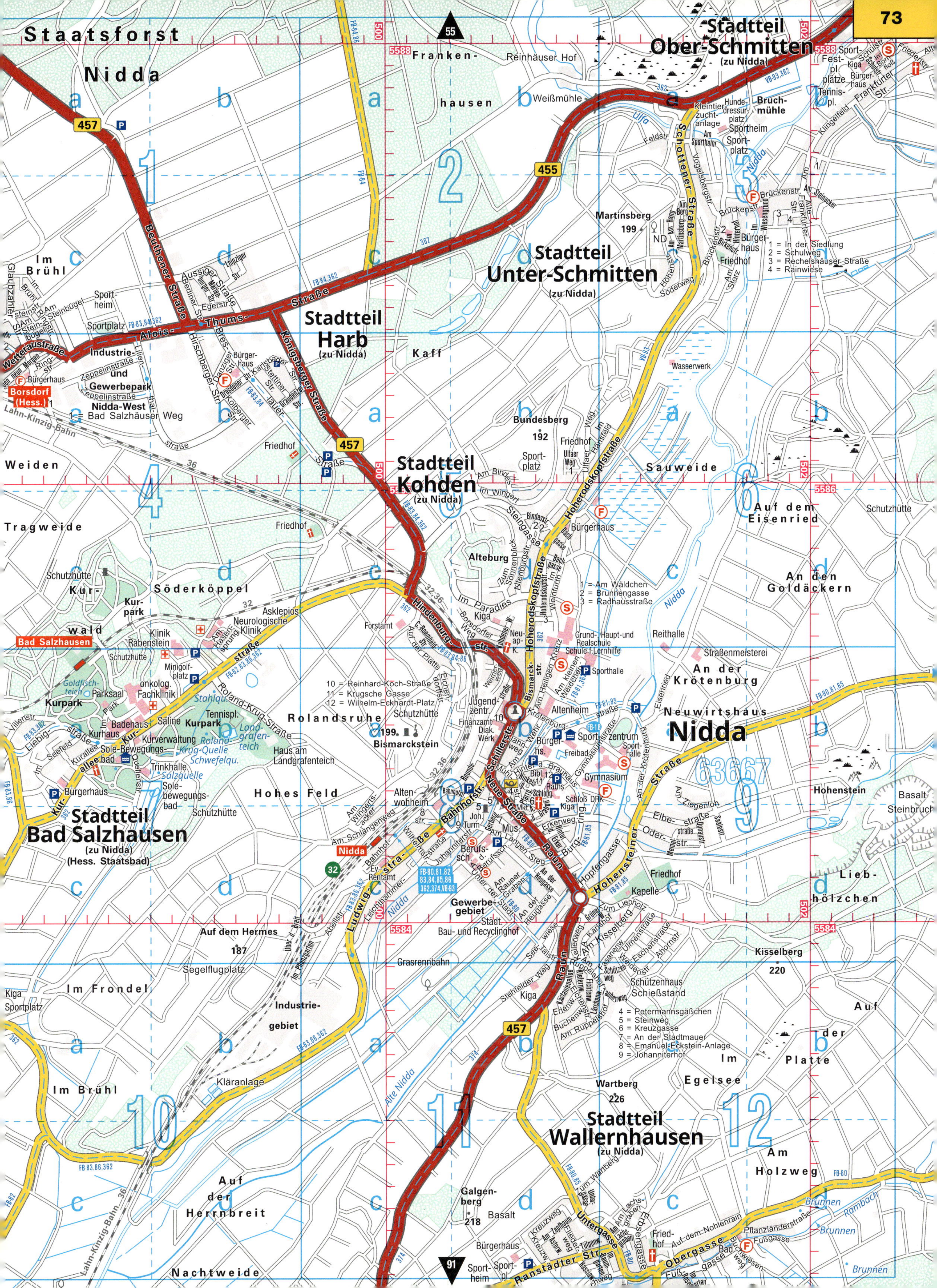
Staatsforst Nidda
Stadtteil Ober-Schmitten (zu Nidda)
Frankenhausen
Reinhäuser Hof
Weißmühle
Bruchmühle
Stadtteil Unter-Schmitten (zu Nidda)
Martinsberg 199
Stadtteil Harb (zu Nidda)
Kaff
Industrie- und Gewerbepark Nidda-West
Bad Salzhäuser Weg
Borsdorf (Hess.)
Lahn-Kinzig-Bahn
Weiden
Tragweide
Söderköppel
Kurpark
Kurwald
Bad Salzhausen
Stadtteil Kohden (zu Nidda)
Bundesberg 192
Sauweide
Auf dem Eisenried
An den Goldäckern
Alteburg
Rolandsruhe
Bismarckstein 199
Hohes Feld
Nidda
63667
Neuwirtshaus
An der Krötenburg
Hohenstein
Basalt Steinbruch
Lieb-hölzchen
Stadtteil Bad Salzhausen (zu Nidda) (Hess. Staatsbad)
Auf dem Hermes 187
Im Frondel
Industriegebiet
Kisselberg 220
Auf der Platte
Im Egelsee
Wartberg 226
Stadtteil Wallernhausen (zu Nidda)
Am Holzweg
Im Brühl
Kläranlage
Auf der Herrnbreit
Nachtweide
Galgenberg 218
Alte Nidda
1 = In der Siedlung
2 = Schulweg
3 = Rechelshäuser Straße
4 = Rainwiese
1 = Am Wäldchen
2 = Brunnengasse
3 = Radhausstraße
10 = Reinhard-Koch-Straße
11 = Krugsche Gasse
12 = Wilhelm-Eckhardt-Platz
4 = Petermannsgäßchen
5 = Steinweg
6 = Kreuzgasse
7 = An der Stadtmauer
8 = Emanuel-Eckstein-Anlage
9 = Johanniterhof

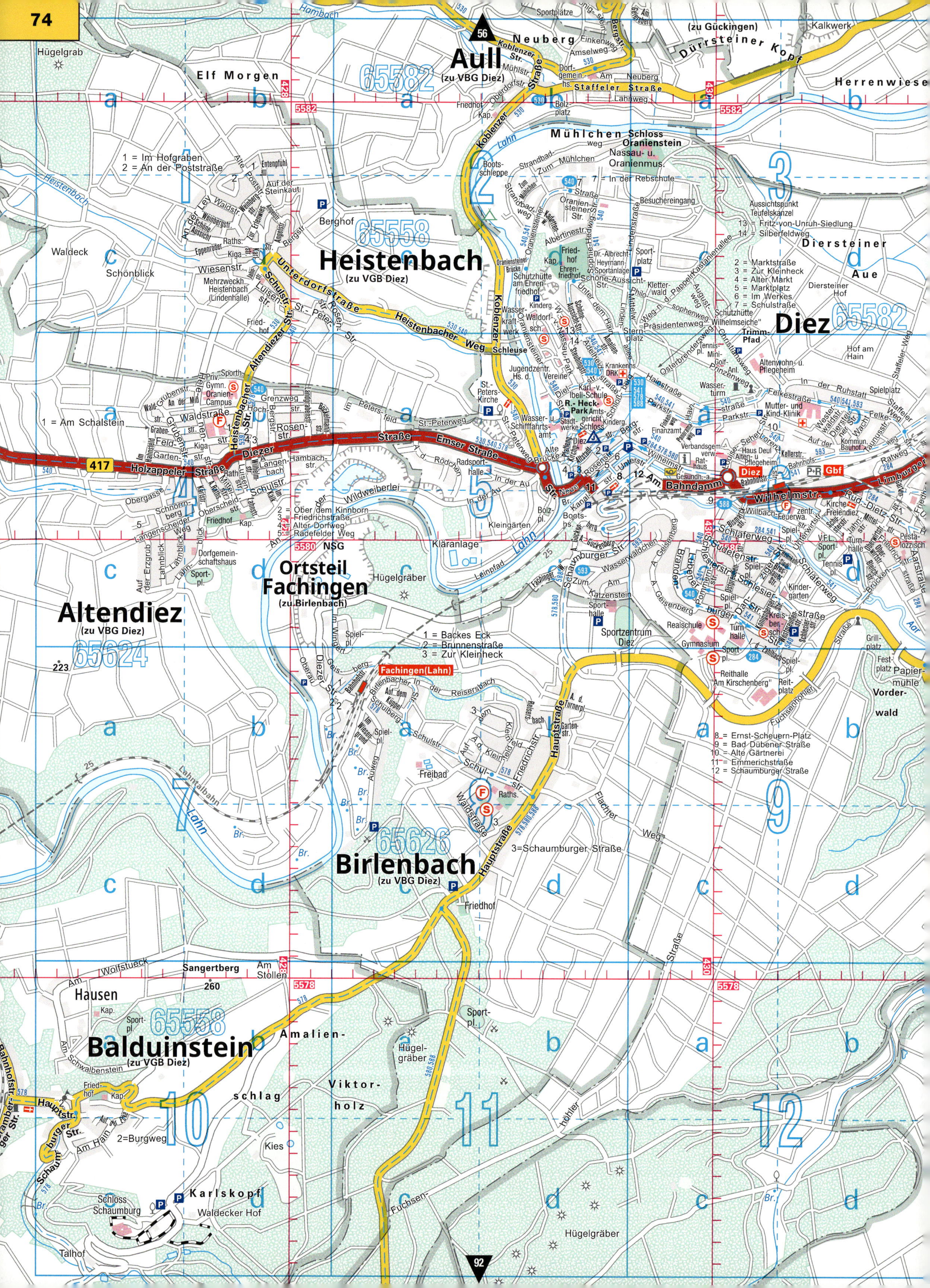
Aull
(zu VBG Diez)
Heistenbach
(zu VGB Diez)
Diez
Altendiez
(zu VBG Diez)
Ortsteil
Fachingen
(zu Birlenbach)
Birlenbach
(zu VBG Diez)
Balduinstein
(zu VGB Diez)
Elf Morgen
Neuberg
Mühlchen
Schloss Oranienstein
Diersteiner Kopf
Herrenwiese
Diersteiner Aue
Vorderwald
Amalien-schlag
Viktor-holz
Karlskopf
Schloss Schaumburg
Waldecker Hof
Hausen
Talhof
Sangertberg
Waldeck
Schönblick
1 = Im Hofgraben
2 = An der Poststraße
1 = Am Schalstein
2 = Ober dem Kinnborn
3 = Friedrichstraße
4 = Alter Dorfweg
5 = Radefelder Weg
1 = Backes Eck
2 = Brunnenstraße
3 = Zur Kleinheck
2 = Marktstraße
3 = Zur Kleinheck
4 = Alter Markt
5 = Marktplatz
6 = Im Werkes
7 = Schulstraße
8 = Ernst-Scheuern-Platz
9 = Bad Dübener Straße
10 = Alte Gärtnerei
11 = Emmerichstraße
12 = Schaumburger Straße
13 = Fritz-von-Unruh-Siedlung
14 = Silberfeldweg
7 = In der Rebschule
3=Schaumburger Straße
2=Burgweg
Holzappeler Straße
Diezer Straße
Emser Straße
Koblenzer Straße
Heistenbacher Weg
Unterdorfstraße
Staffeler Straße
Wilhelmstraße
Am Bahndamm
Hauptstraße
Lahn
Fachingen(Lahn)
Diez Bahnhof
Sportzentrum Diez
Reithalle Am Kirschenberg
Hügelgräber
Kläranlage
Freibad
Friedhof
NSG
65582
65558
65624
65626
417
56
92

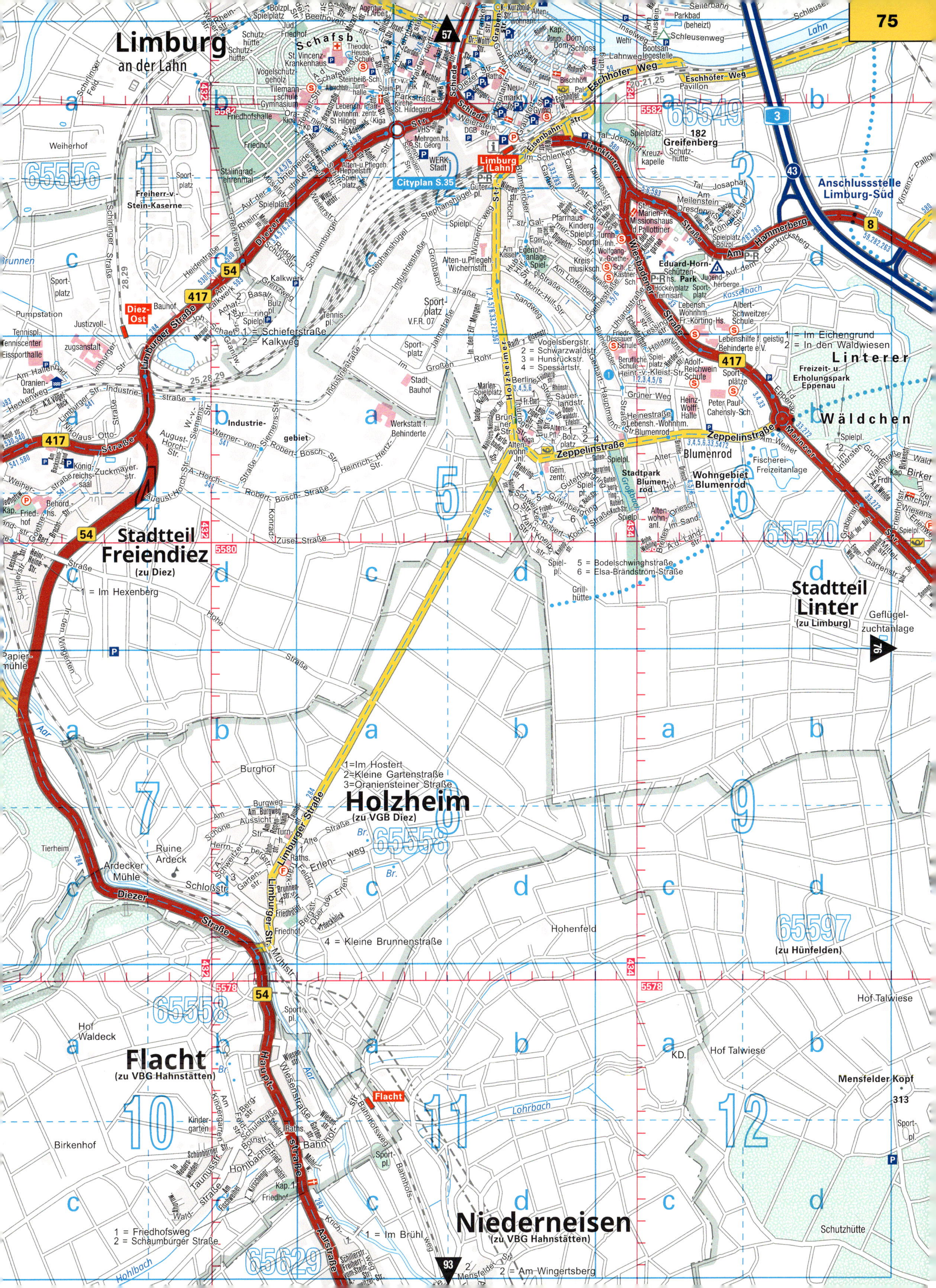
Limburg
an der Lahn
Schafsb.
Lahn
Schleusenweg
Eschhöfer Weg
Greifenberg
182
65549
65556
Anschlussstelle
Limburg-Süd
Limburg
(Lahn)
Cityplan S.35
Freiherr-v.-
Stein-Kaserne
Diez-
Ost
Am Hammerberg
Eduard-Horn-
Schützen-
Park
Kasselbach
Linterer
Wäldchen
1 = Im Eichengrund
2 = In den Waldwiesen
Freizeit- u.
Erholungspark
Eppenau
Zeppelinstraße
Blumenrod
Wohngebiet
Blumenrod
Stadtpark
Blumen-
rod
Fischerei-
Freizeitanlage
Mainzer
Industrie-
gebiet
1 = Schieferstraße
2 = Kalkweg
1 = Vogelsbergstr.
2 = Schwarzwaldstr.
3 = Hunsrückstr.
4 = Spessartstr.
5 = Bodelschwinghstraße
6 = Elsa-Brändström-Straße
Stadtteil
Freiendiez
(zu Diez)
1 = Im Hexenberg
Stadtteil
Linter
(zu Limburg)
Geflügel-
zuchtanlage
65550
Holzheim
(zu VGB Diez)
65558
1=Im Hostert
2=Kleine Gartenstraße
3=Oranienstenier Straße
4 = Kleine Brunnenstraße
Limburger Straße
Burghof
Ruine
Ardeck
Ardecker
Mühle
Diezer Straße
Hohenfeld
65597
(zu Hünfelden)
Hof Talwiese
Mensfelder Kopf
313
Flacht
(zu VBG Hahnstätten)
Hof
Waldeck
Birkenhof
1 = Friedhofsweg
2 = Schaumburger Straße
Lohrbach
Niederneisen
(zu VBG Hahnstätten)
1 = Im Brühl
2 = Am Wingertsberg
65629
Schutzhütte
Aar
Hohlbach
Tierheim
Papier-
mühle
Weiherhof
Pumpstation

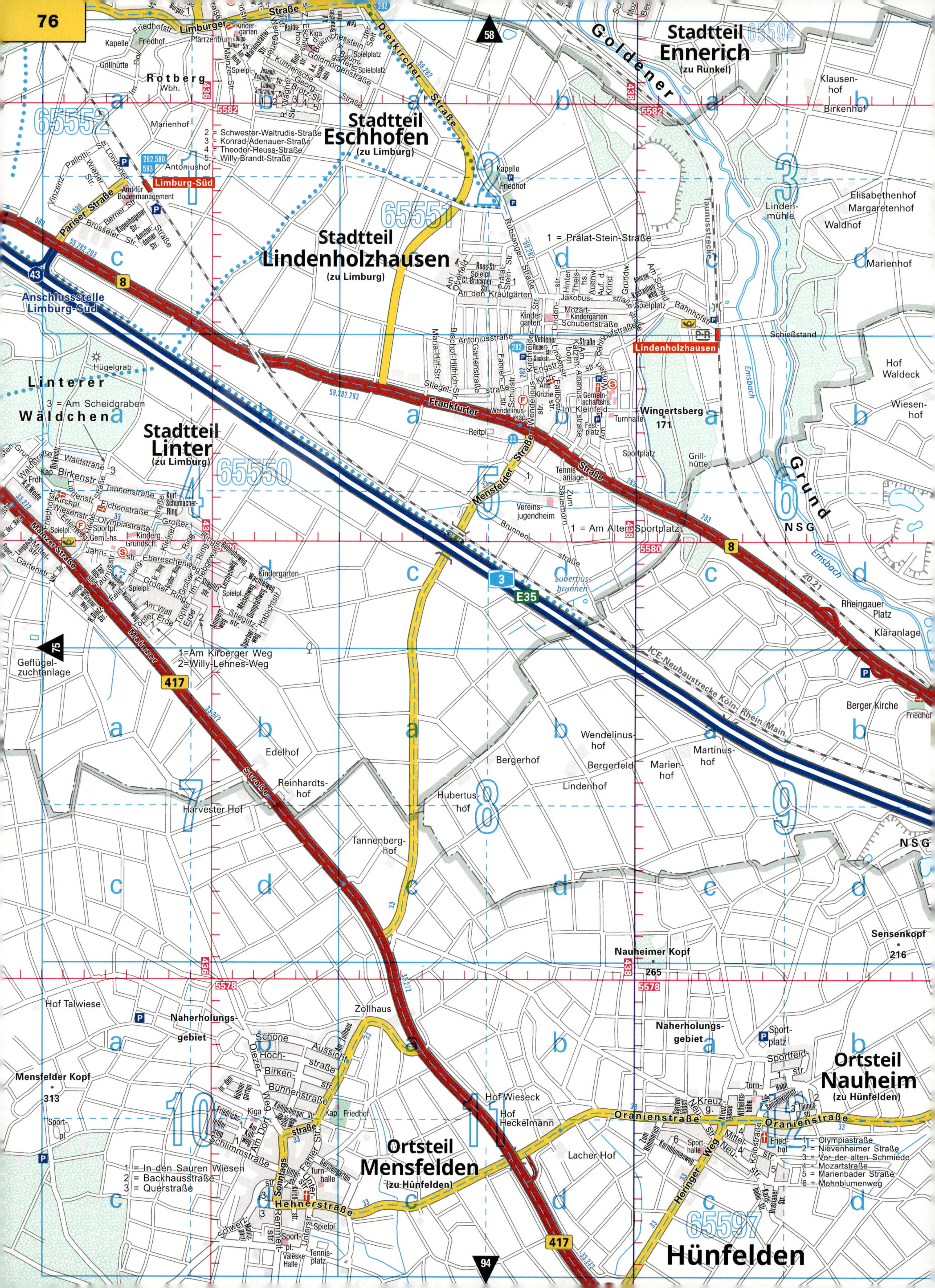
Stadtteil Eschhofen
(zu Limburg)
Stadtteil Ennerich
(zu Runkel)
Stadtteil Lindenholzhausen
(zu Limburg)
Stadtteil Linter
(zu Limburg)
Ortsteil Mensfelden
(zu Hünfelden)
Ortsteil Nauheim
(zu Hünfelden)
Hünfelden
Rotberg
Linterer Wäldchen
Anschlussstelle Limburg-Süd
Limburg-Süd
Lindenholzhausen
Goldener Grund
ICE-Neubaustrecke Köln-Rhein/Main
2 = Schwester-Waltrudis-Straße
3 = Konrad-Adenauer-Straße
4 = Theodor-Heuss-Straße
5 = Willy-Brandt-Straße
1 = Prälat-Stein-Straße
3 = Am Scheidgraben
1 = Am Alten Sportplatz
1=Am Kirberger Weg
2=Willy-Lehnes-Weg
1 = In den Sauren Wiesen
2 = Backhausstraße
3 = Querstraße
1 = Olympiastraße
2 = Nievenheimer Straße
3 = Vor der alten Schmiede
4 = Mozartstraße
5 = Marienbader Straße
6 = Mohnblumenweg
Nauheimer Kopf
265
Mensfelder Kopf
313
Sensenkopf
216
Wingertsberg
171
Frankfurter Straße
Mainzer Straße
Mensfelder Straße
Oranienstraße
Hehnerstraße
Heringer Weg
Dietkircher Straße
Limburger Straße
Pariser Straße
65552
65551
65550
65594
65597
Naherholungsgebiet
Hof Talwiese
Zollhaus
Hof Wieseck
Hof Heckelmann
Lacher Hof
Edelhof
Reinhardtshof
Harvester Hof
Tannenberghof
Hubertushof
Bergerhof
Lindenhof
Bergerfeld
Wendelinushof
Marienhof
Martinushof
Berger Kirche
Rheingauer Platz
Kläranlage
Hof Waldeck
Wiesenhof
Schießstand
Lindenmühle
Elisabethenhof
Margaretenhof
Waldhof
Klausenhof
Birkenhof
Antoniushof
Geflügelzuchtanlage
Hügelgrab
Lubertiusbrunnen
Vereinsjugendheim
NSG
58
75
94

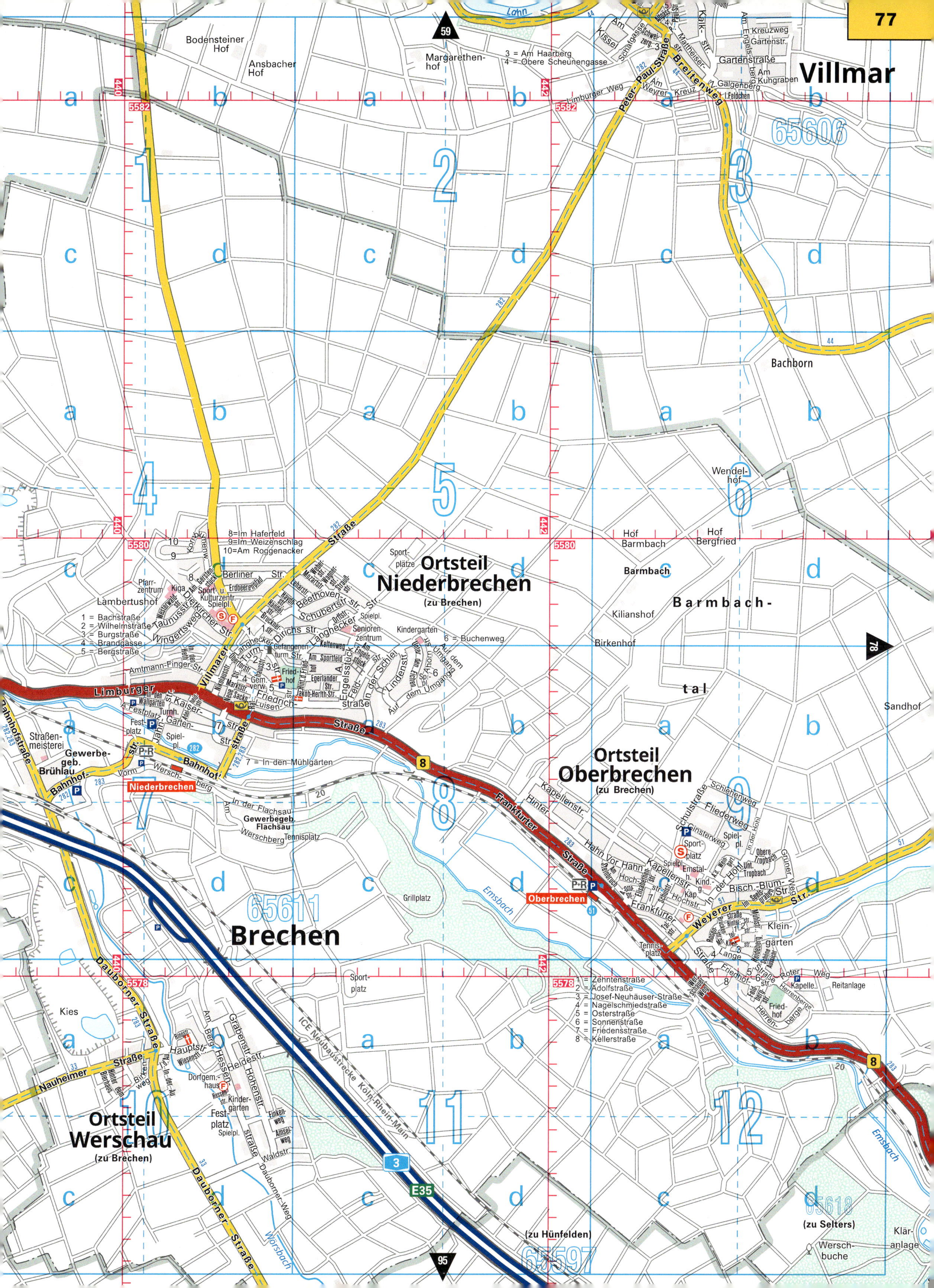

Villmar
65606
Bodensteiner Hof
Ansbacher Hof
Margarethenhof
3 = Am Haarberg
4 = Obere Scheunengasse
Lahn
Peter-Paul-Straße
Breitenweg
Limburger Weg
Gartenstraße
Kreuzweg
Bachborn
Wendelhof
Hof Barmbach
Hof Bergfried
Barmbach
Barmbachtal
Kilianshof
Birkenhof
Sandhof
Ortsteil Niederbrechen
(zu Brechen)
8=Im Haferfeld
9=Im Weizenschlag
10=Am Roggenacker
Lambertushof
1 = Bachstraße
2 = Wilhelmstraße
3 = Burgstraße
4 = Brandgasse
5 = Bergstraße
6 = Buchenweg
7 = In den Mühlgärten
Limburger Straße
Bahnhofstraße
Niederbrechen
Gewerbegeb. Brühlau
Straßenmeisterei
Gewerbegeb. Flachsau
Ortsteil Oberbrechen
(zu Brechen)
Frankfurter Straße
Oberbrechen
Emsbach
Grillplatz
Brechen
65611
1 = Zehntenstraße
2 = Adolfstraße
3 = Josef-Neuhäuser-Straße
4 = Nagelschmiedstraße
5 = Osterstraße
6 = Sonnenstraße
7 = Friedensstraße
8 = Kellerstraße
Reitanlage
Kies
Nauheimer Straße
Dauborner Straße
Ortsteil Werschau
(zu Brechen)
ICE Neubaustrecke Köln-Rhein-Main
Wörsbach
(zu Hünfelden)
65597
65618
(zu Selters)
Werschbuche
Kläranlage
59
78
95

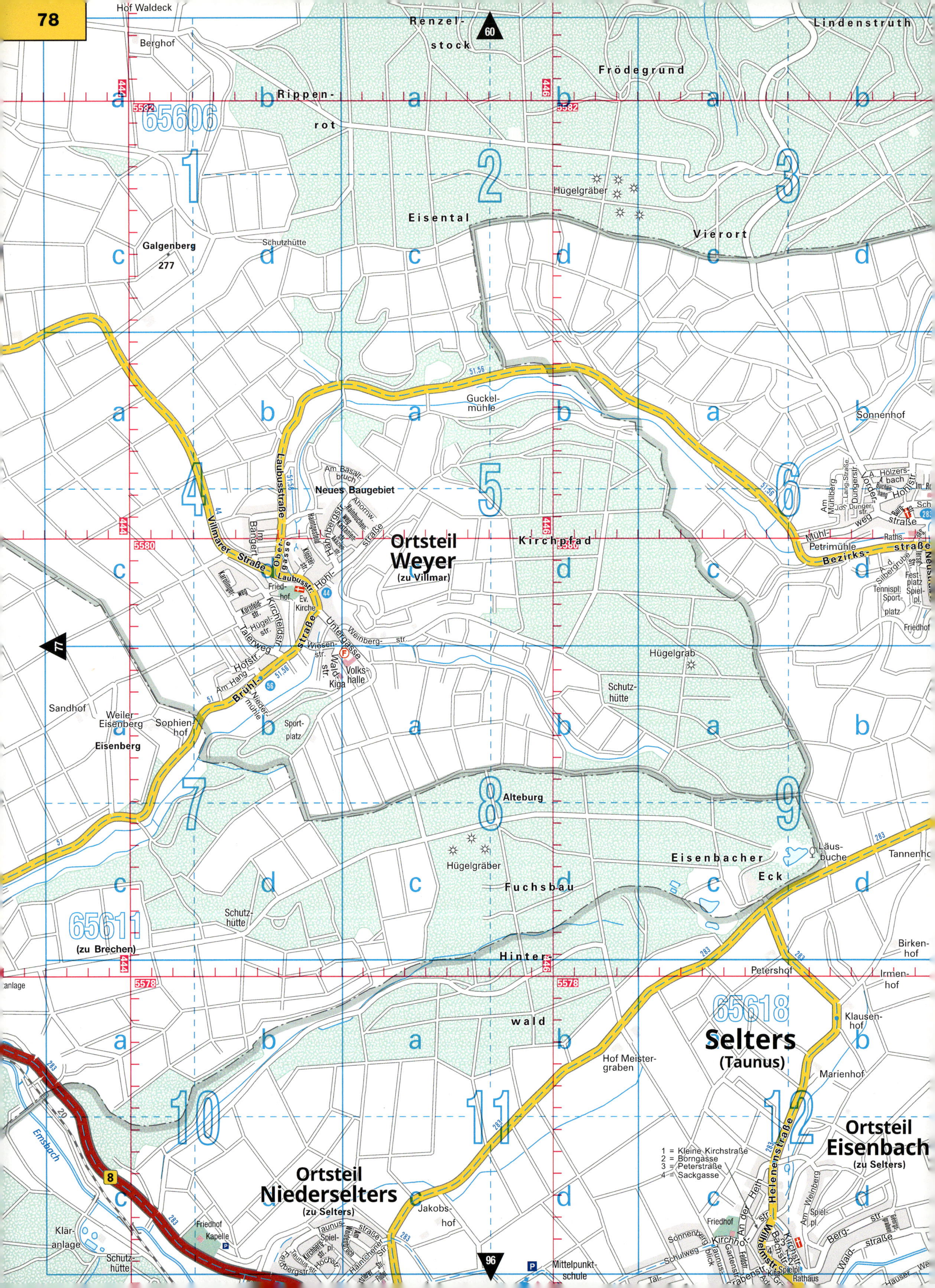
Hof Waldeck
Berghof
Renzel-
stock
60
Lindenstruth
Frödegrund
Rippen-
rot
65606
Eisental
Hügelgräber
Vierort
Galgenberg
277
Schutzhütte
Guckel-
mühle
Sonnenhof
Am Basalt-
bruch
Neues Baugebiet
Laubusstraße
Villmarer Straße
Ortsteil
Weyer
(zu Villmar)
Kirchpfad
Petrimühle
Bezirks-
straße
Tennispl.
Sportplatz
Friedhof
Ev. Kirche
Weinberg-
str.
Volks-
halle
Kiga
Brühl
Hügelgrab
Schutz-
hütte
Sandhof
Weiler
Eisenberg
Eisenberg
Sophien-
hof
Sport-
platz
Alteburg
Hügelgräber
Fuchsbau
Eisenbacher
Eck
Läus-
buche
Tannenhof
Schutz-
hütte
65611
(zu Brechen)
Hinter-
wald
Petershof
Birken-
hof
Irmen-
hof
65618
Selters
(Taunus)
Klausen-
hof
Marienhof
Hof Meister-
graben
Ortsteil
Eisenbach
(zu Selters)
1 = Kleine Kirchstraße
2 = Borngasse
3 = Peterstraße
4 = Sackgasse
Helenenstraße
Ortsteil
Niederselters
(zu Selters)
Jakobs-
hof
Emsbach
Klär-
anlage
Friedhof
Kapelle
Schutz-
hütte
96
Mittelpunkt-
schule
Friedhof
Rathaus
Wilhelmstr.
Berg-
straße
Wald-
straße
Hauser Weg
77
1
2
3
4
5
6
7
8
9
10
11
12

Ortsteil Langhecke (zu Villmar)
Ortsteil Wolfenhausen (zu Weilmünster)
Ortsteil Münster (zu Selters)
Ortsteil Haintchen (zu Selters)
35789
Rolzhäuser Hof
Hof Waldeck
Schieferbruch
Grubenberg
Zechenhaus
Ölpfuhl
Luisenhof
Heinzmann
Ellenhof
Sonnenhof
Rote Küppel
378
Kohlwald
Friedhof
1 = Am Roten Küppel
Wehrholz
Hell
330
Wolfenhauserbach
Muschhammer Mühle
Links der Häuserbach
Herrnwieserberg
327
Hohe Röder
Wochenendhäuser
Am Lindenberg
Rotlepp
Eulenloch
Wingertsberg
Freizeitgelände
Wachhecke
367
Mariannenhof
2 = Im Bodengarten
1 = Unter der Kirche
Hessenstraße
Hof Brunhilde
Herrnwäldchen
Eisenbach
Strut
Hügelgräber
Hubertushof
Mühlschlag
Hofköpfe
Altes Jagdhaus
Koberg
461
Schießstand
Obere Bachstraße
Untere Bachstraße
Hof Wiesengrund
Herrnwald
Suterkopf
462
Schutzhütte
(zu Weilrod)
61
80
97

Gewerbegebiet Laubus-eschbach
Heiden-eiche
Alteberg
360
Hof Dernbach
Hasenberg
358
Gemeiner Berg
Luisenhof
Hof Heinzmann
Eisen
Schellern
Dickehau
Winkelberg
Waldhaus
Ellenhof
Sonnenhof
(zu Weilmünster)
35789
Hartmannsholz
384
Kirchküppel
Scheid
408
Jagdhaus am Rosenberg
Wochenendhäuser
Lerchenweg
(zu Selters)
65618
Ortsteil
Emmershausen
(zu Weilrod)
Fischteiche
Sportplatz
Freibad
Krausfichte
Emmershäuser Mühle
1=Im Hahgarten
417
Laubus
Gönsbach
Geiernest
379
Emmershäuser Hütte
Beckersberg
Gansberg
Obere Bachstraße
Tennis-pl.
Grillplatz
Hof Talblick
455
Tannenkopf
362
Gilling
Ortsteil
Rod
an der Weil
(zu Weilrod)
Gelenn
Sportplatz
Kapelle
Rosenrainhof
Ortsteil
Hasselbach
(zu Weilrod)
Limburger Straße
Bornwiesenhof
Kaisereiche
1=An der Welsbach
2=Schmiedhof
Weilstraße
Sporthalle
Rathaus Verkehrsamt
Weil
62
79
98

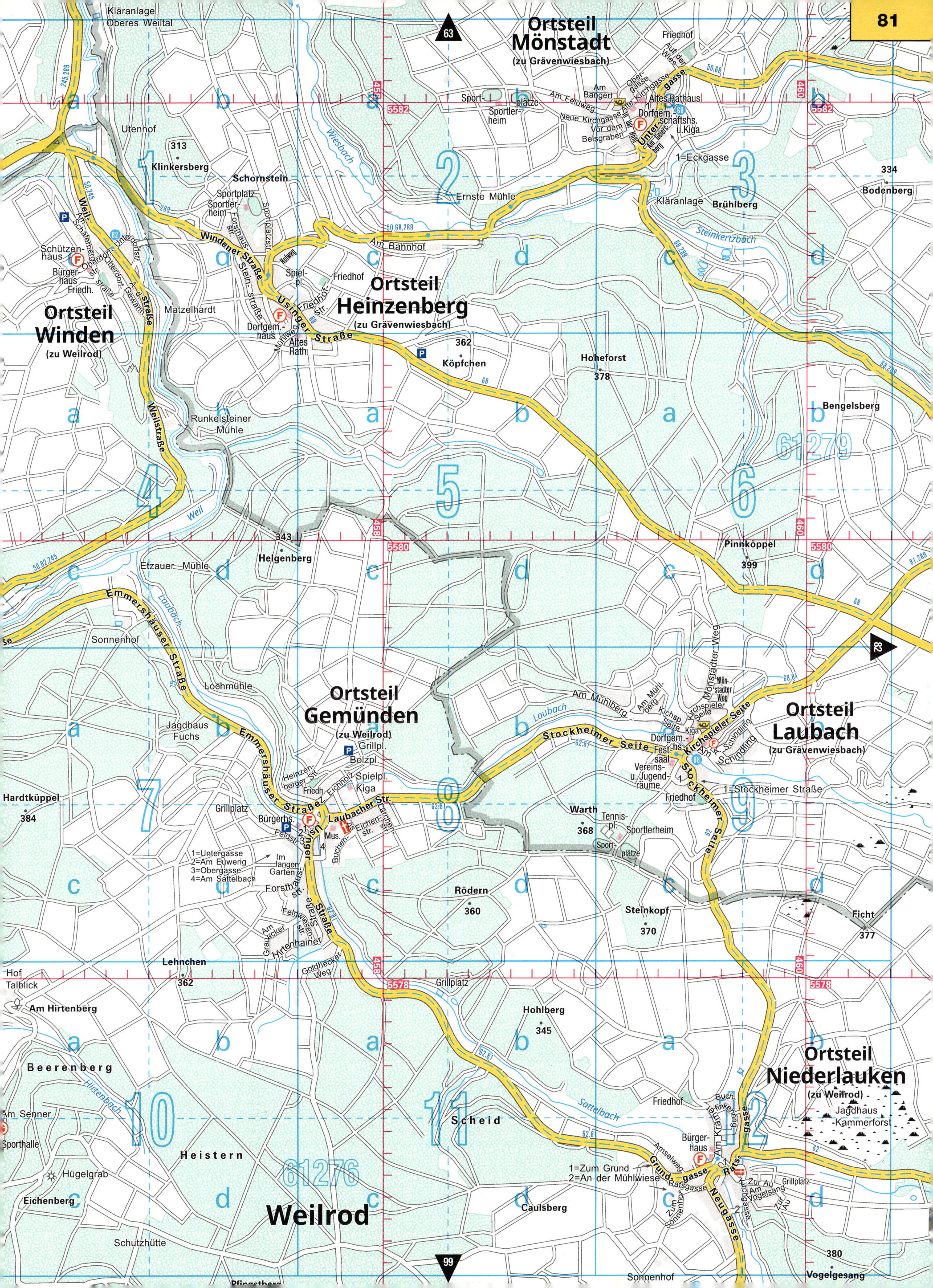

Ortsteil Mönstadt
(zu Grävenwiesbach)
Ortsteil Heinzenberg
(zu Grävenwiesbach)
Ortsteil Winden
(zu Weilrod)
Ortsteil Gemünden
(zu Weilrod)
Ortsteil Laubach
(zu Grävenwiesbach)
Ortsteil Niederlauken
(zu Weilrod)
Weilrod
61279
61276
Kläranlage Oberes Weiltal
Utenhof
Klinkersberg
Schornstein
Sportplatz
Windener Straße
Usinger Straße
Ernste Mühle
Am Bahnhof
Kläranlage
Brühlberg
Bodenberg
Steinkertzbach
Wiesbach
Friedhof
Köpfchen
Hoheforst
Bengelsberg
Matzelhardt
Weilstraße
Runkelsteiner Mühle
Helgenberg
Etzauer Mühle
Pinnköppel
Emmershäuser Straße
Sonnenhof
Lochmühle
Jagdhaus Fuchs
Hardtküppel
Grillplatz
Laubacher Str.
Am Mühlberg
Stockheimer Seite
Kirchspieler Seite
1=Stockheimer Straße
1=Eckgasse
1=Untergasse
2=Am Euwerig
3=Obergasse
4=Am Sattelbach
Warth
Sportlerheim
Rödern
Steinkopf
Ficht
Lehnchen
Hof Talblick
Am Hirtenberg
Beerenberg
Hirtenbach
Am Senner
Sporthalle
Hügelgrab
Eichenberg
Heistern
Schutzhütte
Scheid
Hohlberg
Sattelbach
Friedhof
1=Zum Grund
2=An der Mühlwiese
Grundgasse
Ratsgasse
Neugasse
Caulsberg
Sonnenhof
Jagdhaus Kammerforst
Vogelgesang

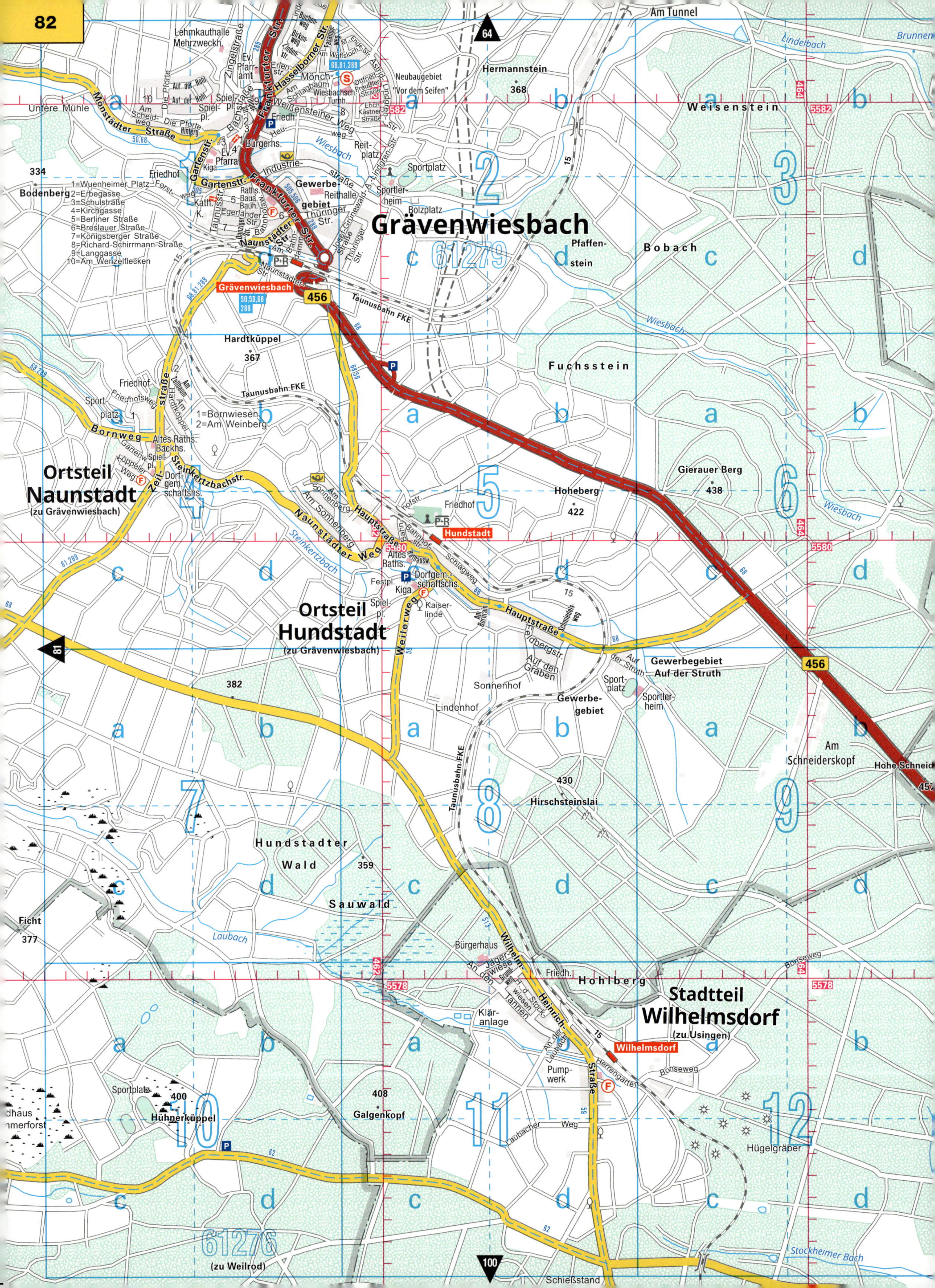

Grävenwiesbach
61279
Ortsteil Naunstadt
(zu Grävenwiesbach)
Ortsteil Hundstadt
(zu Grävenwiesbach)
Stadtteil Wilhelmsdorf
(zu Usingen)
61276
(zu Weilrod)
1=Wuenheimer Platz
2=Erbegasse
3=Schulstraße
4=Kirchgasse
5=Berliner Straße
6=Breslauer Straße
7=Königsberger Straße
8=Richard-Schirrmann-Straße
9=Langgasse
10=Am Wenzelflecken
1=Bornwiesen
2=Am Weinberg
Am Tunnel
Lehmkauthalle
Mehrzweckh.
Neubaugebiet "Vor dem Seifen"
Hermannstein
368
Weisenstein
Untere Mühle
Monstädter Straße
Frankfurter Str.
Hasselborner Str.
Gartenstr.
Naunstädter Str.
Industriestraße
Gewerbegebiet
Thüringer Str.
Sportplatz
Sportlerheim
Bolzplatz
Bodenberg
334
Pfaffenstein
Bobach
Wiesbach
Taunusbahn FKE
Hardtküppel
367
Fuchsstein
Bornweg
Altes Raths.
Backhs.
Steinkertzbachstr.
Naunstädter Weg
Hauptstraße
Hundstadt
Friedhof
Hoheberg
422
Gierauer Berg
438
Lindelbach
Weilerweg
Kaiserlinde
Dorfgem.-schaftshs.
Schlagweg
Ferdbergstr.
Auf den Gräben
Sonnenhof
Lindenhof
Gewerbegebiet Auf der Struth
Gewerbegebiet
Am Schneiderskopf
Hohe Schneid
382
430
Hirschsteinslai
Hundstadter Wald
359
Sauwald
Ficht
377
Laubach
Bürgerhaus
Wilhelm-Heinrich-Straße
Friedh.
Hohlberg
Wilhelmsdorf
Kläranlage
Pumpwerk
Bonseweg
Laubacher Weg
Sportplatz
400
Hühnerküppel
408
Galgenkopf
Hügelgräber
Stockheimer Bach
Schießstand
456
64
81
100

Tierberg
Markborn
Markbach
Buchen-
hardt
Eichen-
hardt
Markwald
Diemark
Rotlauf
Mühlkopf
383
Schmidtsheck
491
35510
Hof Waldfrieden
Michelbach
Hasenberg
Stadtteil
Michelbach
(zu Usingen)
Wald-
straße
Hubertus-
straße
Hundstadter Straße
Bürger-
haus
Kläranlage
Friedhof
Esperheck
1=Am Throneracker
Birkenhof
Kaiser-
Friedrich-
Felsen
Buchwald
Brandoberndorfer Weg
Wochenend-
häuser
Pfaffenkopf
397
Eichkopf
395
Mini-
golf
Hunde-
dressurpl.
Wüstenberg
416
Eschbacher
Klippen
Michelbacher Straße
Forellenhof
Neubaugebiet
"In der Laach"
Stadtteil
Eschbach
(zu Usingen)
Planckstraße
Aussiedlerhof
Wernborner Straße
Ziegelhütte
Gärtnerei
Talhof
Schieß-
stand
Bonsenweg
Am Müllergarten
Bachstr.
Aussiedlerhof
1=Alte Bornstraße
2=Zur Schlink
3=Friedrichstraße
4=Lessingstraße
5=Im Kleinen Seifen
336
Heidigkopf
Oberhoheberg
456
Usinger Straße
Tennis-
pl.
Sport-
plätze
Wilhelms-
höhe
301
Frühstückseiche
Unterstrütchen
Hoheberg
414
Alter Usinger Weg
Brunnen-
weiher
Bremthaler
Quarzitwerk
Aussiedlerhof
Weißenstein
Eschbach
Hattstein-
weiher
Freibad
Spielpl.
Usingen
61250
Hochtaunus-
Kliniken
Karlshof
Wasser-
werk
Hohebergerfeld
Eschborner Straße
Weilburger Str.
Bauhof
Wochenend-
häuser
Tennis-
halle
Tennis-
plätze
Hattsteiner Hof
275
101
65
84

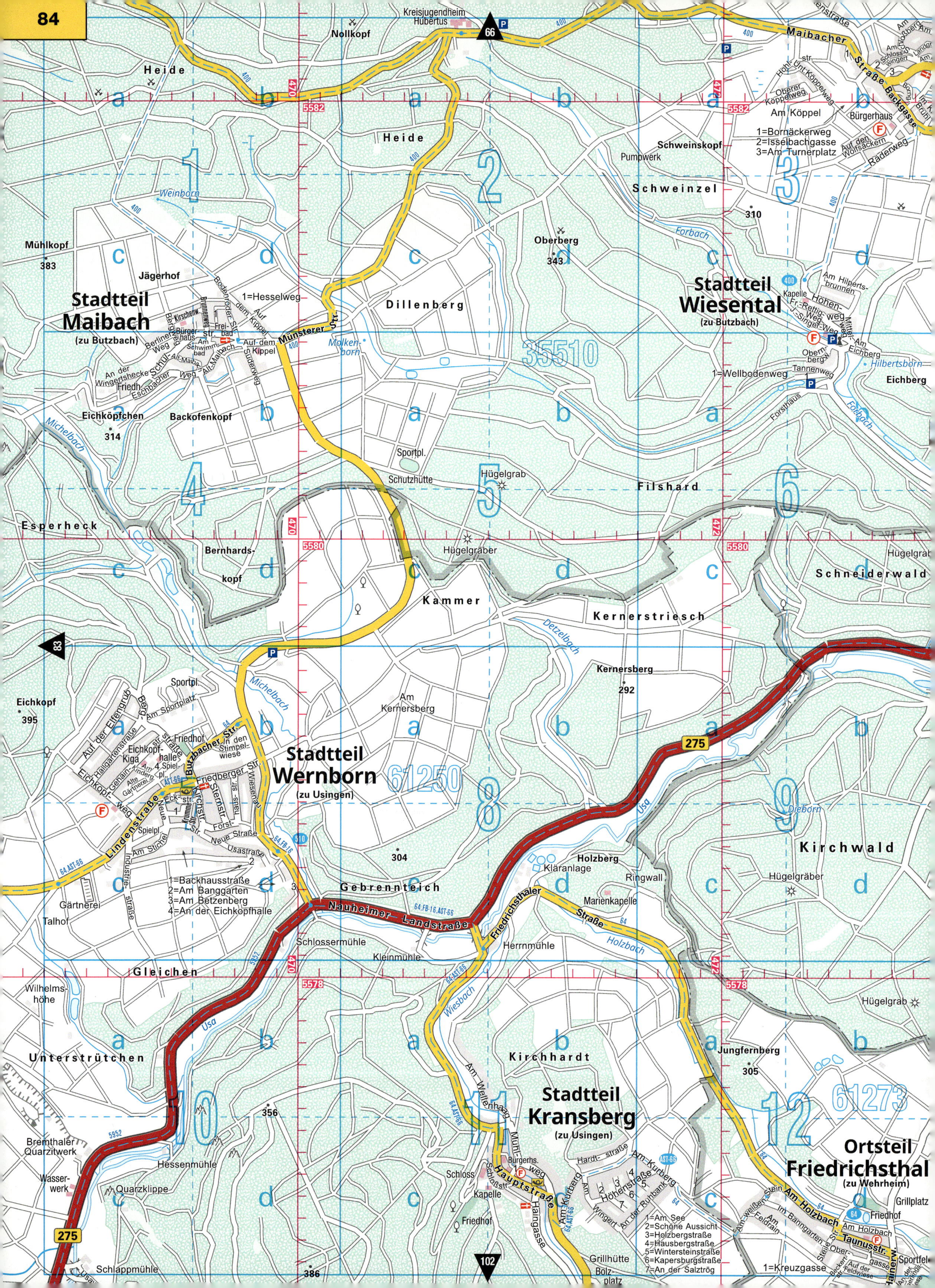

Stadtteil Maibach
(zu Butzbach)
Stadtteil Wiesental
(zu Butzbach)
Stadtteil Wernborn
(zu Usingen)
Stadtteil Kransberg
(zu Usingen)
Ortsteil Friedrichsthal
(zu Wehrheim)
Heide
Nollkopf
Kreisjugendheim Hubertus
Mühlkopf
383
Jägerhof
1=Hesselweg
Dillenberg
Oberberg
343
Schweinskopf
Schweinzel
Pumpwerk
Am Köppel
Bürgerhaus
1=Bornäckerweg
2=Isselbachgasse
3=Am Turnerplatz
310
Forbach
Münsterer Str.
Molkenborn
35510
1=Wellbodenweg
Hilbertsborn
Eichberg
Eichköpfchen
314
Backofenkopf
Michelbach
Sportpl.
Schutzhütte
Hügelgrab
Filshard
Esperheck
Bernhardskopf
Hügelgräber
Kammer
Kernerstriesch
Schneiderwald
Detzelbach
Kernersberg
292
Eichkopf
395
Am Kernersberg
61250
Burgbacher Str.
Lindenstraße
304
Gebrennteich
Nauheimer Landstraße
Friedrichsthaler Straße
Holzberg
Kläranlage
Ringwall
Marienkapelle
Kirchwald
Hügelgräber
Usa
Dieborn
Holzbach
Gärtnerei
Talhof
1=Backhausstraße
2=Am Banggarten
3=Am Betzenberg
4=An der Eichkopfhalle
Schlossermühle
Kleinmühle
Herrnmühle
Gleichen
Wilhelmshöhe
Unterstrütchen
Wiesbach
Kirchhardt
Jungfernberg
305
Hügelgrab
61273
356
Bremthaler Quarzitwerk
Wasserwerk
Hessenmühle
Quarzklippe
Schlappmühle
386
Hauptstraße
Schloss
Kapelle
Friedhof
Grillhütte
Bolzplatz
1=Am See
2=Schöne Aussicht
3=Holzbergstraße
4=Hausbergstraße
5=Wintersteinstraße
6=Kapersburgstraße
7=An der Salztrög
Am Holzbach
Taunusstr.
Grillplatz
Friedhof
1=Kreuzgasse
275
66
83
102

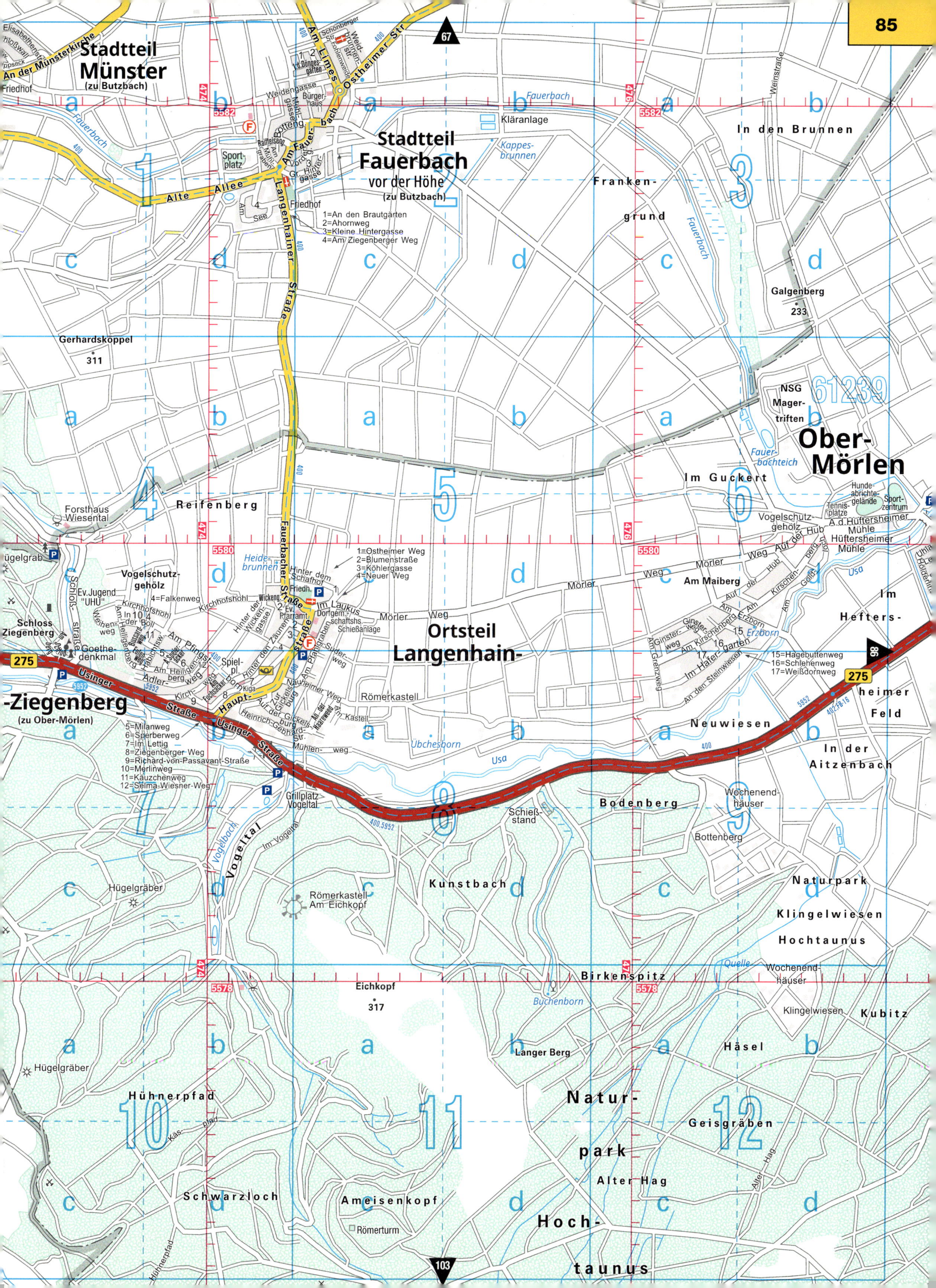

67
Stadtteil Münster
(zu Butzbach)
An der Münsterkirche
Friedhof
Fauerbach
Sport-platz
Alte Allee
Am See
Friedhof
Weidengasse
Bürger-haus
Ostheimer Str.
Am Limes
Am Fauer-bach
Stadtteil Fauerbach
vor der Höhe
(zu Butzbach)
1=An den Brautgärten
2=Ahornweg
3=Kleine Hintergasse
4=Am Ziegenberger Weg
Kläranlage
Kappes-brunnen
Franken-grund
In den Brunnen
Galgenberg
233
Gerhardsköppel
311
Langenhainer Straße
Fauerbacher Straße
Reifenberg
Forsthaus Wiesental
NSG Mager-triften
61239
Ober-Mörlen
Fauer-bachteich
Im Guckert
Hunde-abrichte-gelände
Tennis-plätze
Sport-zentrum
Vogelschutz-gehölz
A.d.Hüftersheimer Mühle
Hüftersheimer Mühle
Auf der Hub
Mörler Weg
Am Maiberg
Usa
Im Hefters-heimer Feld
1=Ostheimer Weg
2=Blumenstraße
3=Köhlergasse
4=Neuer Weg
Heide-brunnen
Hinter dem Schafhof
Im Laukus
Dorfgem.-schaftshs.
Schießanlage
Ortsteil Langenhain-
Vogelschutz-gehölz
Ev.Jugend "UHU"
4=Falkenweg
Kirchhofsohl
Schloss Ziegenberg
Goethe-denkmal
Schloßstraße
Am Pringsberg
Adlerweg
Spiel-pl.
Kiga
Hauptstraße
Römerkastell
Kastell
Heinrich-Gebhard-Str.
Mühlenweg
Erzborn
Ginsterweg
Am Kirschenberg
Im Hafergarten
An den Steinwiesen
Am Grenzweg
15=Hagebuttenweg
16=Schlehenweg
17=Weißdornweg
275
98
-Ziegenberg
(zu Ober-Mörlen)
5=Milanweg
6=Sperberweg
7=Im Lettig
8=Ziegenberger Weg
9=Richard-von-Passavant-Straße
10=Merlinweg
11=Kauzchenweg
12=Selma-Wiesner-Weg
Usinger Straße
Übchesborn
Neuwiesen
In der Aitzenbach
Grillplatz Vogeltal
Vogeltal
Im Vogeltal
Vogelbach
Schieß-stand
Bodenberg
Wochenend-häuser
Bottenberg
Hügelgräber
Römerkastell Am Eichkopf
Kunstbach
Naturpark Klingelwiesen Hochtaunus
Eichkopf
317
Birkenspitz
Buchenborn
Quelle
Wochenend-häuser
Klingelwiesen
Kubitz
Hügelgräber
Langer Berg
Häsel
Hühnerpfad
Naturpark Hochtaunus
Geisgräben
Alter Hag
Schwarzloch
Ameisenkopf
Römerturm
103

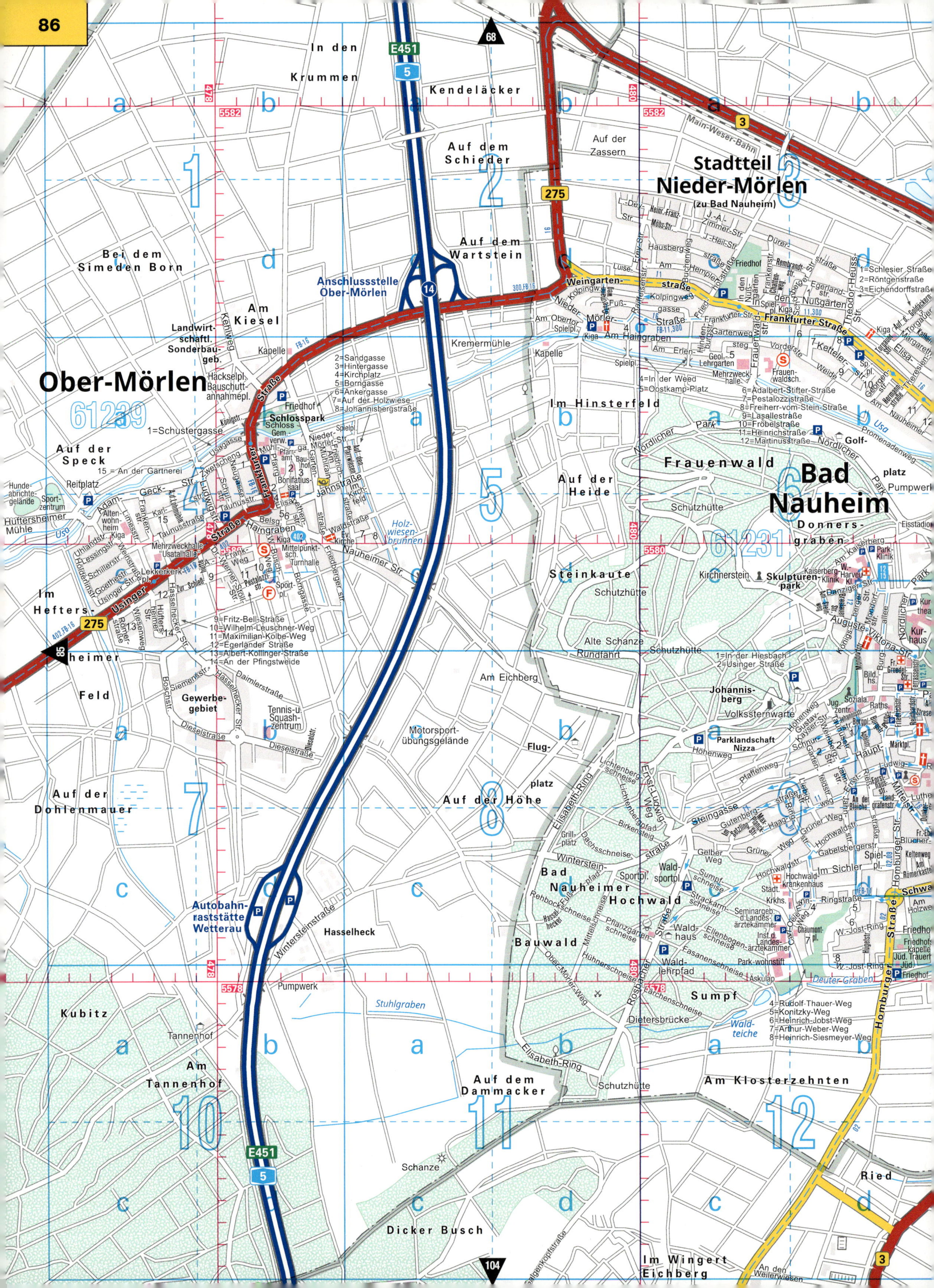

Ober-Mörlen
61239
Stadtteil Nieder-Mörlen
(zu Bad Nauheim)
Bad Nauheim
61231
In den Krummen
Kendeläcker
Auf dem Schieder
Auf der Zassern
Bei dem Simeden Born
Auf dem Wartstein
Anschlussstelle Ober-Mörlen
Am Kiesel
Landwirtschaftl. Sonderbaugeb.
Kremermühle
Im Hinsterfeld
Auf der Speck
Frauenwald
Auf der Heide
Donnersgraben
Steinkaute
Skulpturenpark
Im Heftersheimer Feld
Alte Schanze
Rundfahrt
Johannisberg
Volkssternwarte
Parklandschaft Nizza
Gewerbegebiet
Am Eichberg
Motorsportübungsgelände
Flugplatz
Auf der Höhe
Auf der Dohlenmauer
Bad Nauheimer Hochwald
Bauwald
Autobahnraststätte Wetterau
Hasselheck
Pumpwerk
Stuhlgraben
Kubitz
Tannenhof
Am Tannenhof
Sumpf
Dietersbrücke
Waldteiche
Auf dem Dammacker
Am Klosterzehnten
Schanze
Dicker Busch
Im Wingert
Eichberg
Ried
E451
5
275
3
14
68
85
104
1=Schusterstraße
2=Sandgasse
3=Hintergasse
4=Kirchplatz
5=Borngasse
6=Ankergasse
7=Auf der Holzwiese
8=Johannisbergstraße
9=Fritz-Bell-Straße
10=Wilhelm-Leuschner-Weg
11=Maximilian-Kolbe-Weg
12=Egerländer Straße
13=Albert-Kollinger-Straße
14=An der Pfingstweide
15 = An der Gärtnerei
1=Schlesier Straße
2=Röntgenstraße
3=Eichendorffstraße
4=In der Weed
5=Oostkamp-Platz
6=Adalbert-Stifter-Straße
7=Pestalozzistraße
8=Freiherr-vom-Stein-Straße
9=Lasallestraße
10=Fröbelstraße
11=Heinrichstraße
12=Martinusstraße
1=In der Hiesbach
2=Usinger Straße
4=Rudolf-Thauer-Weg
5=Konitzky-Weg
6=Heinrich-Jobst-Weg
7=Arthur-Weber-Weg
8=Heinrich-Siesmeyer-Weg
Frankfurter Straße
Weingartenstraße
Usinger Straße
Nauheimer Str.
Main-Weser-Bahn
Usa
Elisabeth-Ring
Ernst-Ludwig-Weg
Homburger Straße
Steingasse
Wintersteinstraße
Schlosspark
Friedhof
Kapelle
Schutzhütte
Holzwiesenbrunnen
Reitplatz
Sportzentrum
Hüftersheimer Mühle
Daimlerstraße
Dieselstraße
Tennis-u. Squashzentrum
Golfplatz
Pumpwerk
Eisstadion
Kurhaus
Ringstraße
Deuter Graben

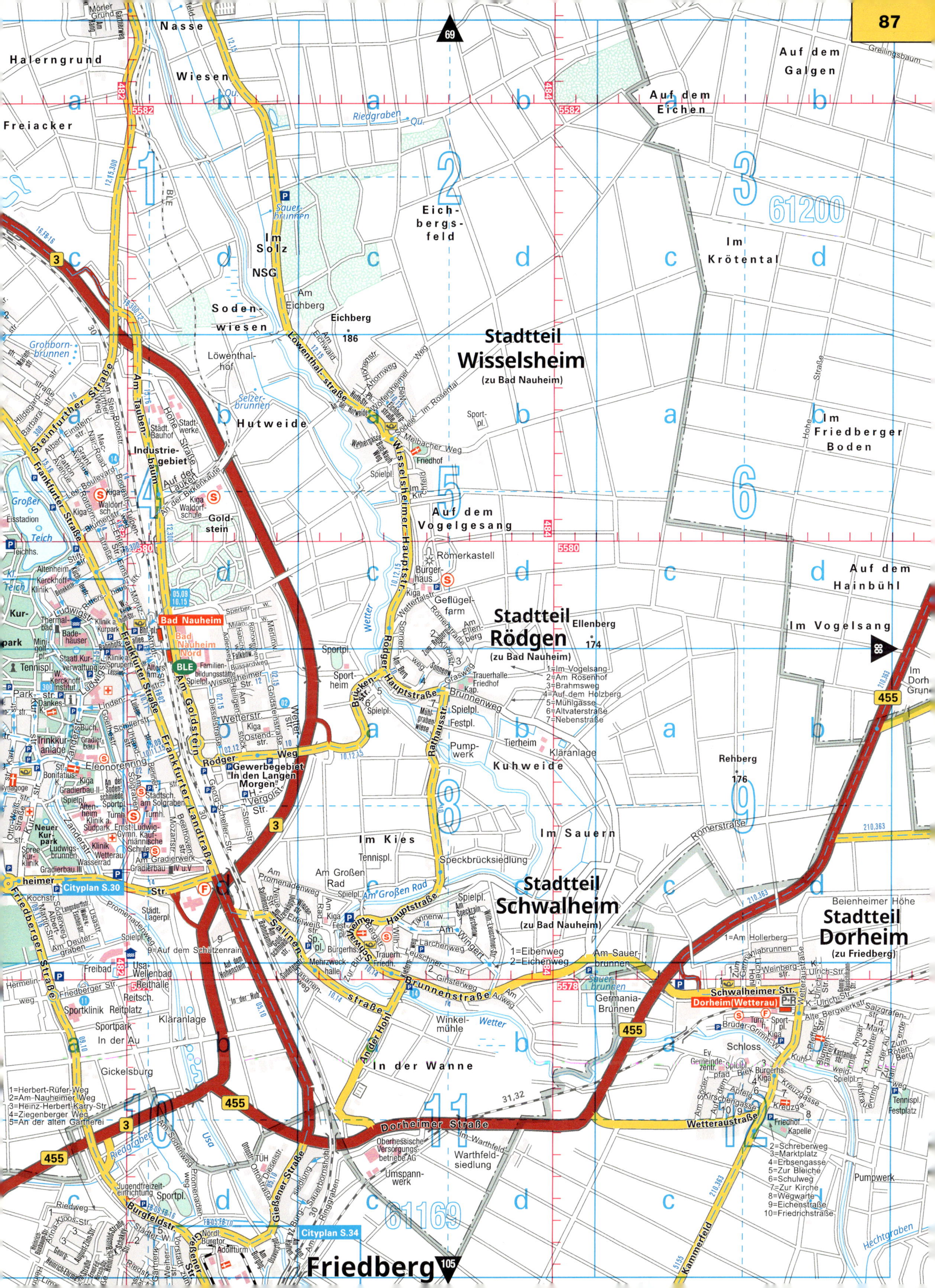
87
69
Nasse
Halerngrund
Wiesen
Freiacker
Riedgraben
Auf dem Galgen
Greilingsbaum
Auf dem Eichen
Sauerbrunnen
Eichbergsfeld
61200
Im Solz
NSG
Im Krötental
Am Eichberg
Eichberg
186
Sodenwiesen
Grohborn-brunnen
Löwenthalhof
Löwenthal-straße
Stadtteil Wisselsheim
(zu Bad Nauheim)
Selzerbrunnen
Hutweide
Im Friedberger Boden
Steinfurther Straße
Industrie-gebiet
Am Taubenbaum
Frankfurter Straße
Großer Teich
Eisstadion
Goldstein
Auf dem Vogelgesang
Wisselsheimer Hauptstr.
Römerkastell
Auf dem Hainbühl
Bad Nauheim
Bad Nauheim Nord
BLE
Stadtteil Rödgen
(zu Bad Nauheim)
Ellenberg
174
Im Vogelsang
88
Kur-park
Wetter
1=Im Vogelsang
2=Am Rosenhof
3=Brahmsweg
4=Auf dem Holzberg
5=Mühlgasse
6=Altvaterstraße
7=Nebenstraße
Rödger Hauptstraße
Brunnenweg
Trinkkuranlage
Eleonorenring
Rödger Weg
Gewerbegebiet "In den Langen Morgen"
Tierheim
Kläranlage
Kuhweide
Rehberg
176
455
Frankfurter Landstraße
Im Kies
Im Sauern
Römerstraße
Neuer Kurpark
Cityplan S.30
Am Großen Rad
Stadtteil Schwalheim
(zu Bad Nauheim)
Stadtteil Dorheim
(zu Friedberg)
Beienheimer Höhe
Friedberger Straße
9=Auf dem Schützenrain
1=Eibenweg
2=Eichenweg
Am Sauerbrunnen
1=Am Hollerberg
Schwalheimer Str.
Dorheim(Wetterau)
Germania-Brünnen
Brunnenstraße
Sportklinik
Reitplatz
Kläranlage
Sportpark In der Au
Winkelmühle
Schloss
Gickelsburg
In der Wanne
1=Herbert-Rüfer-Weg
2=Am-Nauheimer Weg
3=Heinz-Herbert-Karry-Str.
4=Ziegenberger Weg
5=An der alten Gärtnerei
Dorheimer Straße
Wetteraustraße
Oberhessische Versorgungsbetriebe AG
Warthfeldsiedlung
2=Schreberweg
3=Marktplatz
4=Erbsengasse
5=Zur Bleiche
6=Schulweg
7=Zur Kirche
8=Wegwarte
9=Eichenstraße
10=Friedrichstraße
Pumpwerk
Umspannwerk
61169
Burgfeldstr.
Gießener Straße
Cityplan S.34
Friedberg
105
Kammerfeld
Hechtgraben

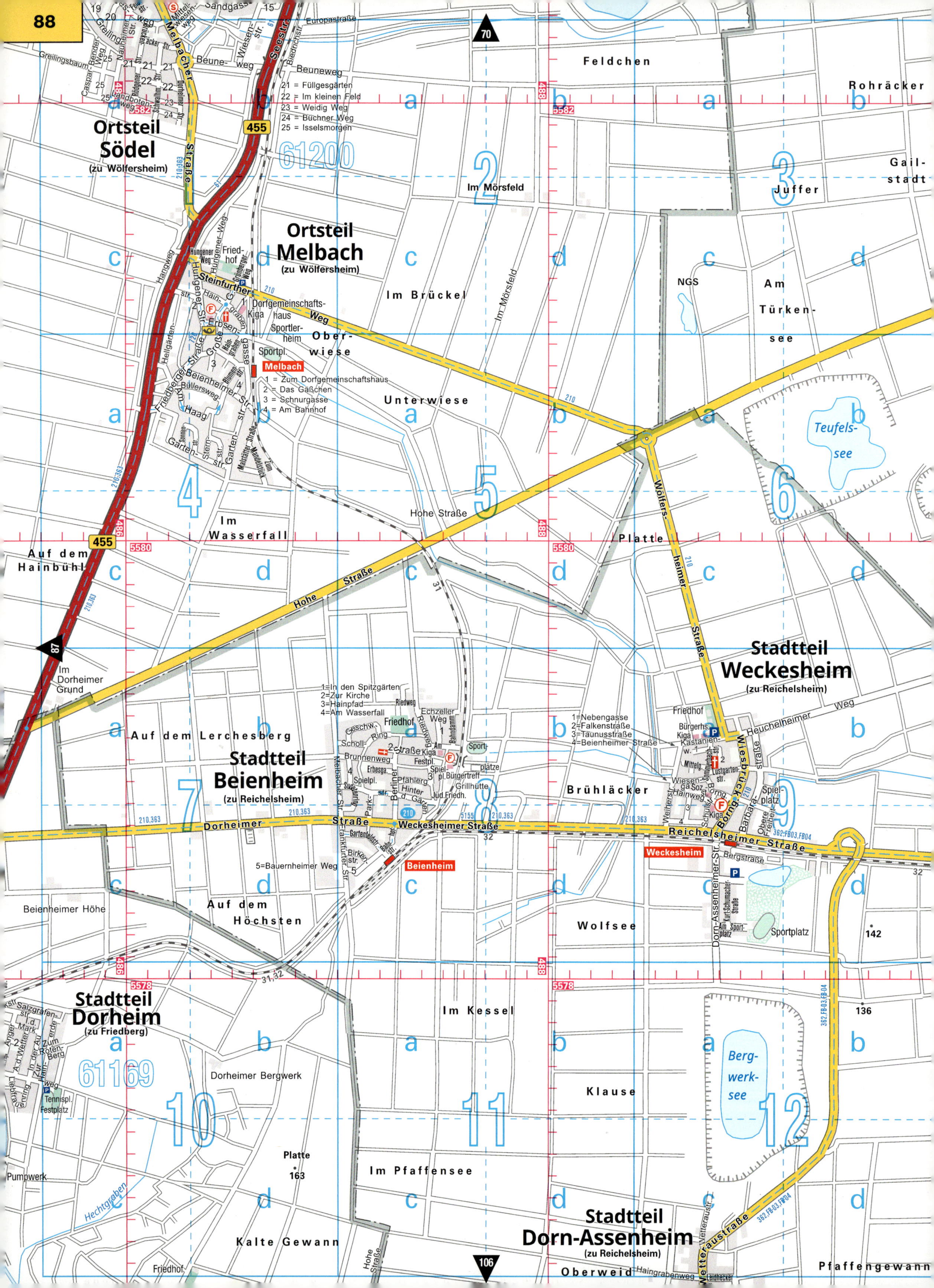
Ortsteil
Södel
(zu Wölfersheim)
Ortsteil
Melbach
(zu Wölfersheim)
Stadtteil
Weckesheim
(zu Reichelsheim)
Stadtteil
Beienheim
(zu Reichelsheim)
Stadtteil
Dorheim
(zu Friedberg)
Stadtteil
Dorn-Assenheim
(zu Reichelsheim)
21 = Füllgesgärten
22 = Im kleinen Feld
23 = Weidig Weg
24 = Büchner Weg
25 = Isselsmorgen
1 = Zum Dorfgemeinschaftshaus
2 = Das Gäßchen
3 = Schnurgasse
4 = Am Bahnhof
1=In den Spitzgärten
2=Zur Kirche
3=Hainpfad
4=Am Wasserfall
5=Bauernheimer Weg
1=Nebengasse
2=Falkenstraße
3=Taunusstraße
4=Beienheimer Straße
61200
61169
Feldchen
Rohräcker
Gail-
stadt
Juffer
Im Mörsfeld
Im Brückel
Am
Türken-
see
NGS
Ober-
wiese
Unterwiese
Teufels-
see
Hohe Straße
Platte
Im
Wasserfall
Auf dem
Hainbühl
Im
Dorheimer
Grund
Auf dem Lerchesberg
Brühläcker
Beienheimer Höhe
Auf dem
Höchsten
Wolfsee
Im Kessel
Dorheimer Bergwerk
Klause
Berg-
werk-
see
Platte
163
Im Pfaffensee
Kalte Gewann
Oberweid
Pfaffengewann
Pumpwerk
Hechtgraben
Friedhof
Melbach
Beienheim
Weckesheim
Dorheimer Straße
Weckesheimer Straße
Reichelsheimer Straße
Wölfersheimer Straße
Steinfurther Weg
Wetteraustraße
Hohe Straße
Melbacher Straße
Seestraße
Europastraße
Beuneweg
Sportplatz
142
136
455
210
70
87
106

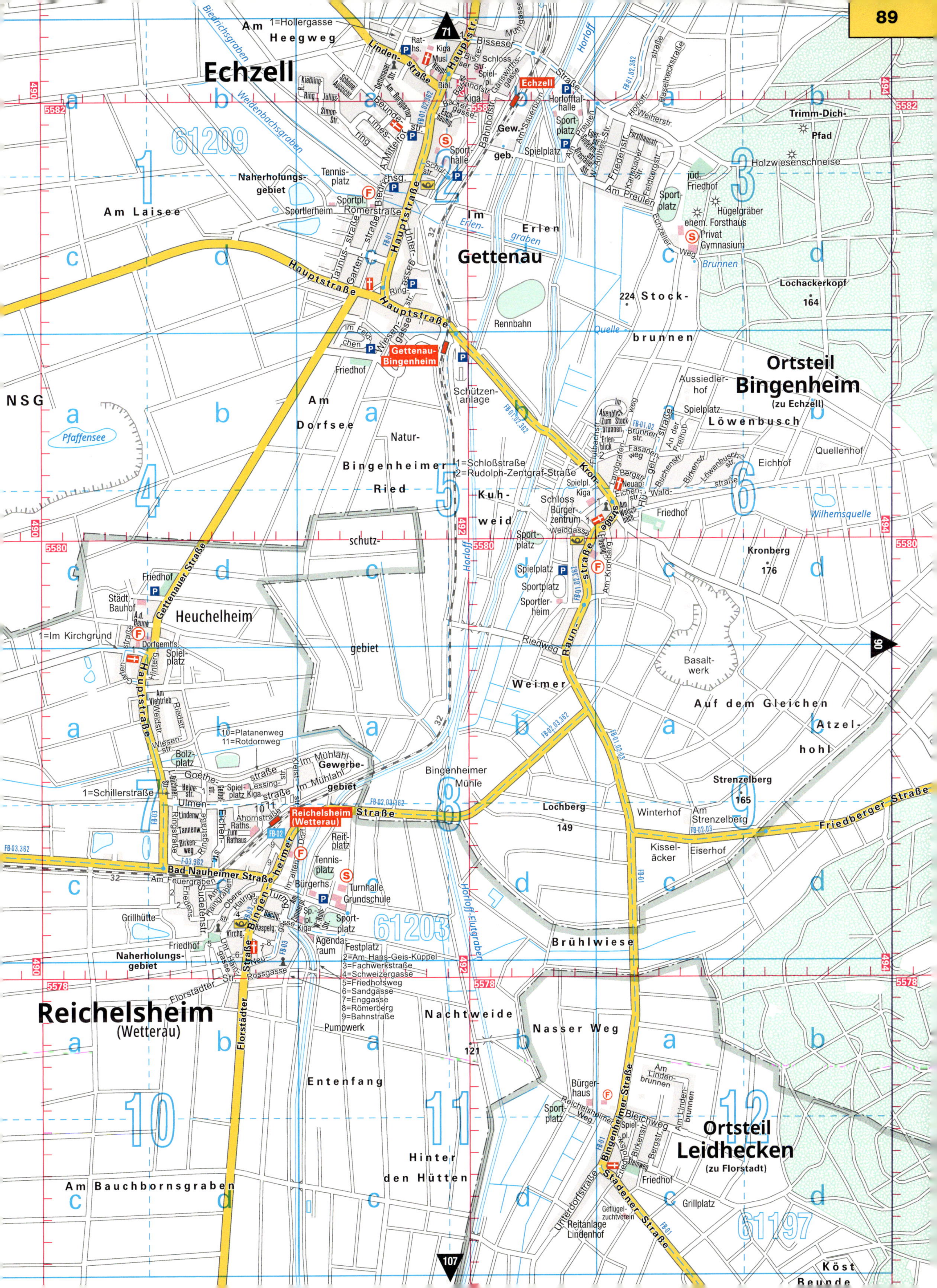

Echzell
Gettenau
Ortsteil Bingenheim (zu Echzell)
Heuchelheim
Reichelsheim (Wetterau)
Ortsteil Leidhecken (zu Florstadt)
Am Heegweg
1=Hollergasse
Am Laisee
Naherholungsgebiet
Sportlerheim
Tennisplatz
Hauptstraße
Lindenstraße
Echzell
Gettenau-Bingenheim
Reichelsheim (Wetterau)
Bingenheimer Ried
Naturschutzgebiet
Am Dorfsee
Kuhweid
Pfaffensee
NSG
Stockbrunnen
Rennbahn
Schützenanlage
Erlengraben
Lochackerkopf 164
Holzwiesenschneise
Trimm-Dich-Pfad
jüd. Friedhof
Hügelgräber
ehem. Forsthaus
Privat Gymnasium
Löwenbusch
Aussiedlerhof
Quellenhof
Eichhof
Wilhemsquelle
Kronberg 176
Basaltwerk
Auf dem Gleichen
Atzelhohl
Strenzelberg 165
Am Strenzelberg
Friedberger Straße
Eiserhof
Kisselacker
Winterhof
Lochberg 149
Weimer
Riedweg
Raunstraße
Kronstraße
Bingenheimer Mühle
1=Schloßstraße
2=Rudolph-Zentgraf-Straße
Schloss
Bürgerzentrum
Gettenauer Straße
1=Im Kirchgrund
10=Platanenweg
11=Rotdornweg
Gewerbegebiet
1=Schillerstraße
Bad Nauheimer Straße
Grillhütte
Naherholungsgebiet
Florstädter Straße
Festplatz
2=Am-Hans-Geis-Küppel
3=Fachwerkstraße
4=Schweizergasse
5=Friedhofsweg
6=Sandgasse
7=Enggasse
8=Römerberg
9=Bahnstraße
Pumpwerk
Nachtweide 121
Nasser Weg
Brühlwiese
Horloff-Flutgraben
Entenfang
Hinter den Hütten
Am Bauchbornsgraben
Bingenheimer Straße
Stadener Straße
Bürgerhaus
Sportplatz
Friedhof
Grillplatz
Reitanlage Lindenhof
Geflügelzuchtverein
Köst Beunde
61209
61203
61197
71
90
107

Burggraben
Steinbruch
An der Steinwehr-wiese
Der neue Wald
Kranigsberg 202
Schleifeld
Hügelgräber
Schülerberg 197
Kingenfluß
Lauf Wiese
Absbusch
Jagdhütte
Schwalbengraben
Grauenberg 228
Platt
Faulenberg 224
Hof Dauernheim
Altenbeunde
Alfenburg 199
Eichelberg 225
Rotlauf
Ortsteil Dauernheim
(zu Ranstadt)
Naturdenkmal
Stadtteil Blofeld
(zu Reichelsheim)
1=Fasanenweg
2=Schützenweg
3=Gäßchen
4=Lindenstraße
Dorfgemhs.
Spielpl.
Grillhütte
Friedhof
Friedberger Straße
Niddaer Straße
Niddaer Landstraße
Nidda
Auf der Nöß
Laisbach
1=Wildwechsel
2=Lerchenweg
3=Eichenweg
4=Heinrichspforte
5=Am Berg
6=Dreimannsgasse
7=Braugasse
Turnhalle
Sportplatz
Kiga
Pfaffen-loch
An der alten Laiß
Kläranlage
214
Golschlu 170
Beim Golschlu
Hohe Hellen-born
Am Heiden-stock
Frühmesse
Hospital-acker
Der Wild-frauen
Gestühl
Nachtweide
Natur-denkmal
Natur-schutz-gebiet
Wernershof
Sauweide
Hügelgräber
Au
Berg 198
Am Kist
Schönhof
Ortsteil Ober-Mockstadt
(zu Ranstadt)
1=Rathausstraße
2=Ziegelhüttenweg
Friedhof
Pumpstation
(zu Florstadt)
Mittelweide
(zu Florstadt)
Gansweide
Rohr-äcker
Friedberger Str.
Leustädter Str.
Bürgerhaus
61209
61203
61197

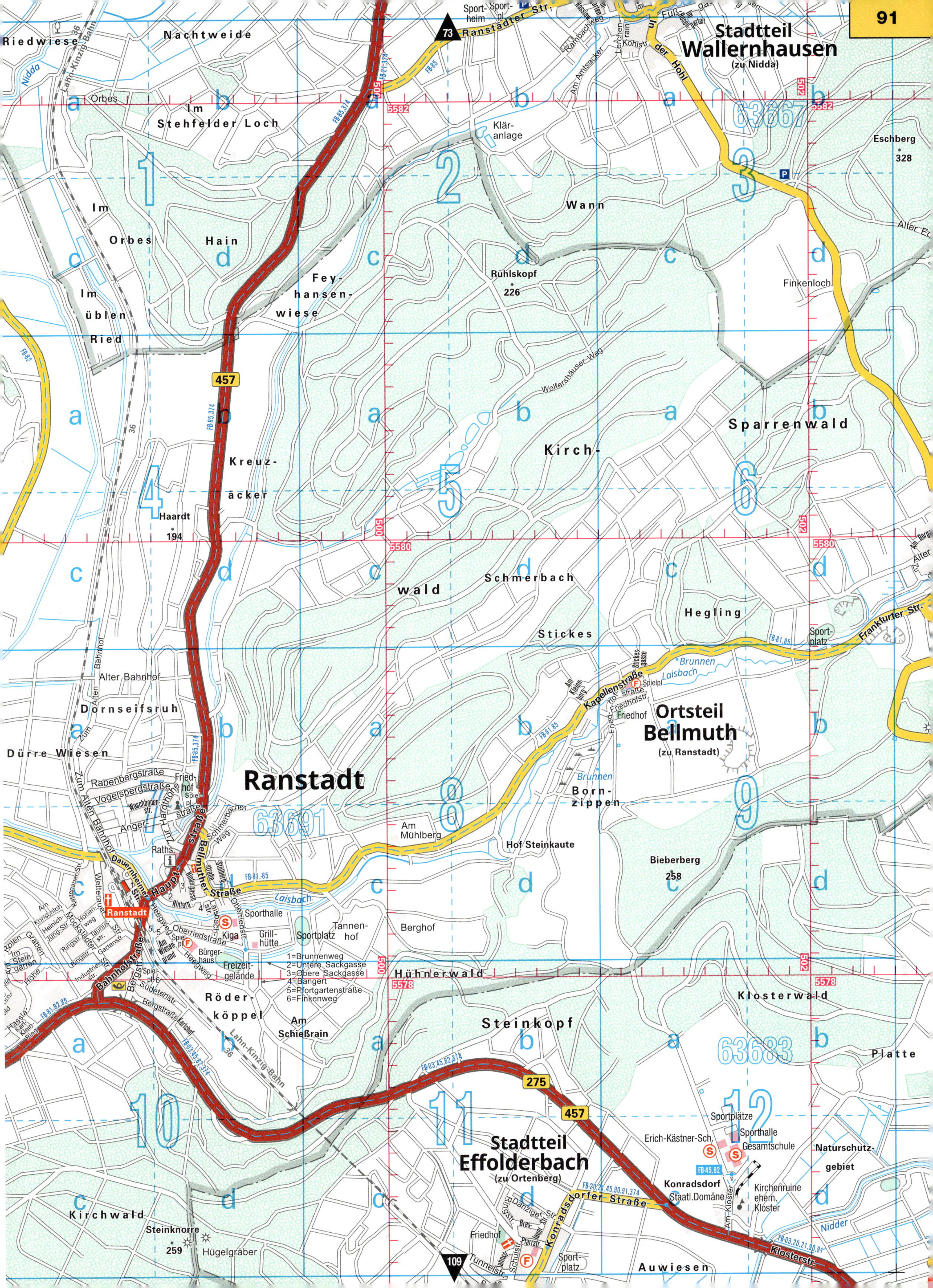
Stadtteil Wallernhausen
(zu Nidda)
63667
Riedwiese
Nachtweide
Nidda
Lahn-Kinzig-Bahn
Orbes
Im Stehfelder Loch
Ranstädter Str.
Sport-heim
Rambachweg
Am Amtsacker
Kohlstr.
In der Hohl
Kläranlage
Eschberg
328
Im Orbes
Hain
Wann
Alter Eg
Fey-hansen-wiese
Rühlskopf
226
Finkenloch
Im üblen Ried
Wolfersbäuser Weg
Sparrenwald
Kirch-
Kreuz-äcker
Haardt
194
wald
Schmerbach
Hegling
Stickes
Frankfurter Str.
Sport-platz
Alter Bahnhof
Dornseifsruh
Kapellenstraße
Brunnen
Laisbach
Friedhof
Ortsteil Bellmuth
(zu Ranstadt)
Dürre Wiesen
Ranstadt
63691
Rabenbergstraße
Vogelsbergstraße
Anger
Raths.
Am Mühlberg
Born-zippen
Hof Steinkaute
Bieberberg
258
Dauernheimer Str.
Haupt-straße
Bellmuther Straße
Ranstadt
Sporthalle
Kiga
Grillhütte
Sportplatz
Tannenhof
Berghof
Bahnhofstraße
Bergstraße
Sudetenstr.
Freizeitgelände
1=Brunnenweg
2=Untere Sackgasse
3=Obere Sackgasse
4=Bangert
5=Pfortgartenstraße
6=Finkenweg
Hühnerwald
Klosterwald
Röder-köppel
Am Schießrain
Steinkopf
63683
Platte
Stadtteil Effolderbach
(zu Ortenberg)
Sportplätze
Sporthalle
Gesamtschule
Erich-Kästner-Sch.
Naturschutzgebiet
Konradsdorf
Staatl.Domäne
Kirchenruine ehem. Kloster
Konradsdorfer Straße
Nidder
Kirchwald
Steinknorre
259
Hügelgräber
Friedhof
Tunnelstr.
Sport-platz
Auwiesen
Klosterstr.
457
275
73
109
5582
5580
5578
500
502

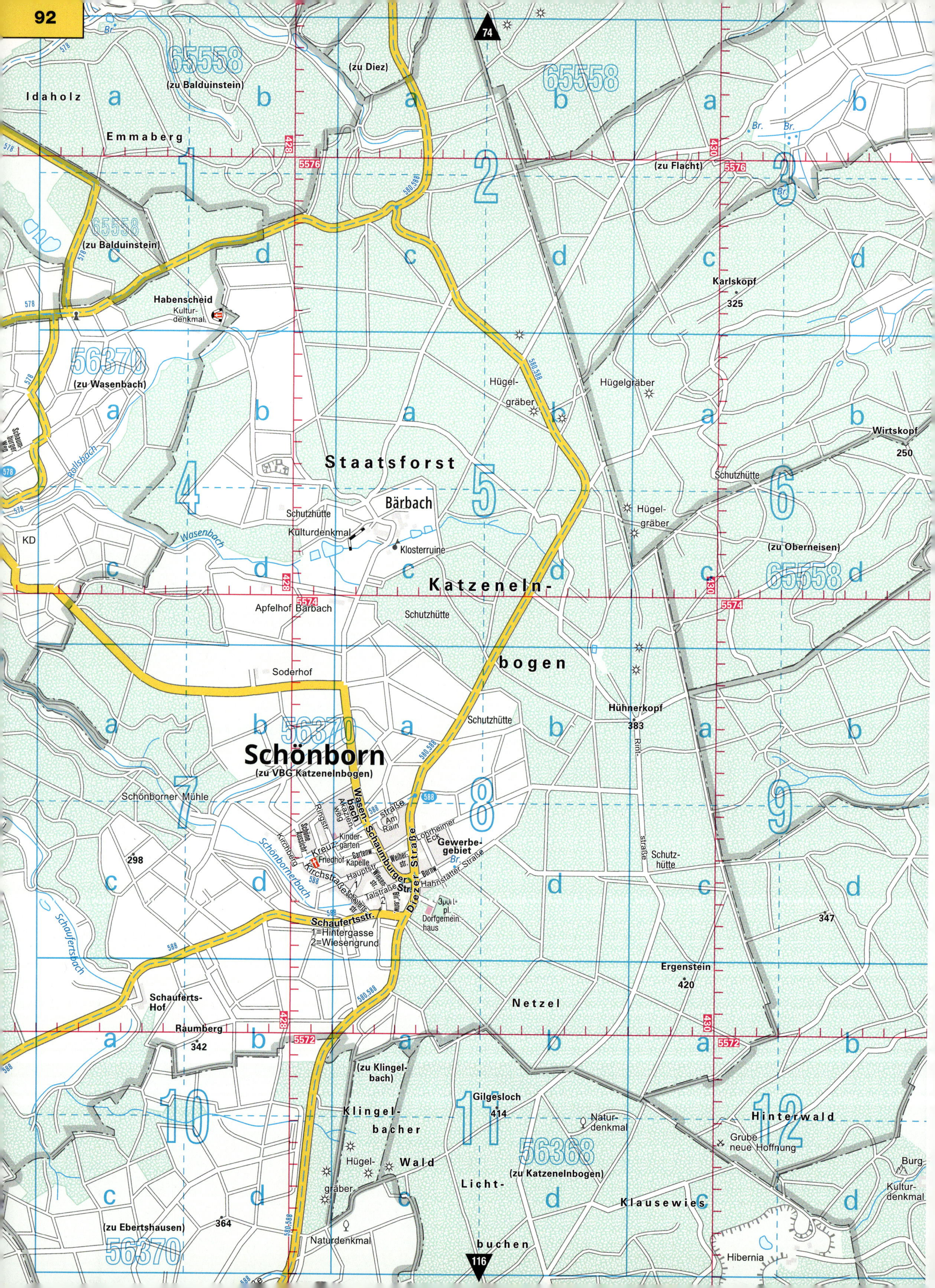

74
Idaholz
Emmaberg
(zu Diez)
65558
(zu Balduinstein)
(zu Flacht)
5576
428
430
(zu Balduinstein)
Habenscheid
Kulturdenkmal
Karlskopf
325
56370
(zu Wasenbach)
Hügelgräber
Hügelgräber
Wirtskopf
250
Staatsforst
Bärbach
Schutzhütte
Kulturdenkmal
Klosterruine
Schutzhütte
Hügelgräber
(zu Oberneisen)
65558
KD
Wasenbach
Rollsbach
Katzenelnbogen
Apfelhof Bärbach
5574
Schutzhütte
Soderhof
Hühnerkopf
383
Schutzhütte
Schönborn
(zu VBG Katzenelnbogen)
56370
Schönborner Mühle
298
Gewerbegebiet
Schutzhütte
347
Schönbornerbach
Schaufertsbach
Schaufertsstr.
1=Hintergasse
2=Wiesengrund
Dorfgemeinschaftshaus
Ergenstein
420
Schauferts-Hof
Raumberg
342
Netzel
5572
(zu Klingelbach)
Gilgesloch
414
Naturdenkmal
Klingelbacher Wald
Hügelgräber
56368
(zu Katzenelnbogen)
Hinterwald
Grube neue Hoffnung
Burg
Kulturdenkmal
Lichtbuchen
Klausewies
364
(zu Ebertshausen)
56370
Naturdenkmal
Hibernia
116

Niederneisen
(zu VBG Hahnstätten)
Oberneisen
(zu VBG Hahnstätten)
Lohrheim
(zu VBG Hahnstätten)
Netzbach
(zu VBG Hahnstätten)
Hahnstätten
Burgschwalbach
(zu VBG Hahnstätten)
Aarstraße
Bahnhofstraße
Bachstraße
Hahnstätter Str.
Schulstr.
Ringstraße
Kirchgasse
Herbachmühle
Hermannshof
Basalt
Kalkwerk
Wirtmühle
Halde
Kaolinwerk
Schutzhütte
Kaolingrube
Pfeiffermühle
Hof Seiters
Karlshof
Pitzberg
199
Silberfeldhof
Welschmichelkopf
238
Hohlenfels
Dicke Eiche
Gerstesheck
Altgeheeg
Zollhaus
Kapelle
Vorort
Schloßheck
1 = Am steinernen Haus
2 = Im Buchgarten
3 = Am Zehnthaus
1 = Im Bangert
3 = Mühlgasse
2 = Am Wingertsberg
3 = In der Basshell
1=Mühlgasse
2=Welschbachstraße
1 = Im Wiesengrund
Hohlbach
Haselbach
Gansbach
Merschelbach
Hohlenfelsbach
Mühlgraben
Aar
Brunnen
Schießstand
Sportplatz
Grube Rotenberg
Umspannwerk
Oberneisen
Hahnstätten
Zollhaus
65558
65597
65629
65623
54
274
567
75
94
117

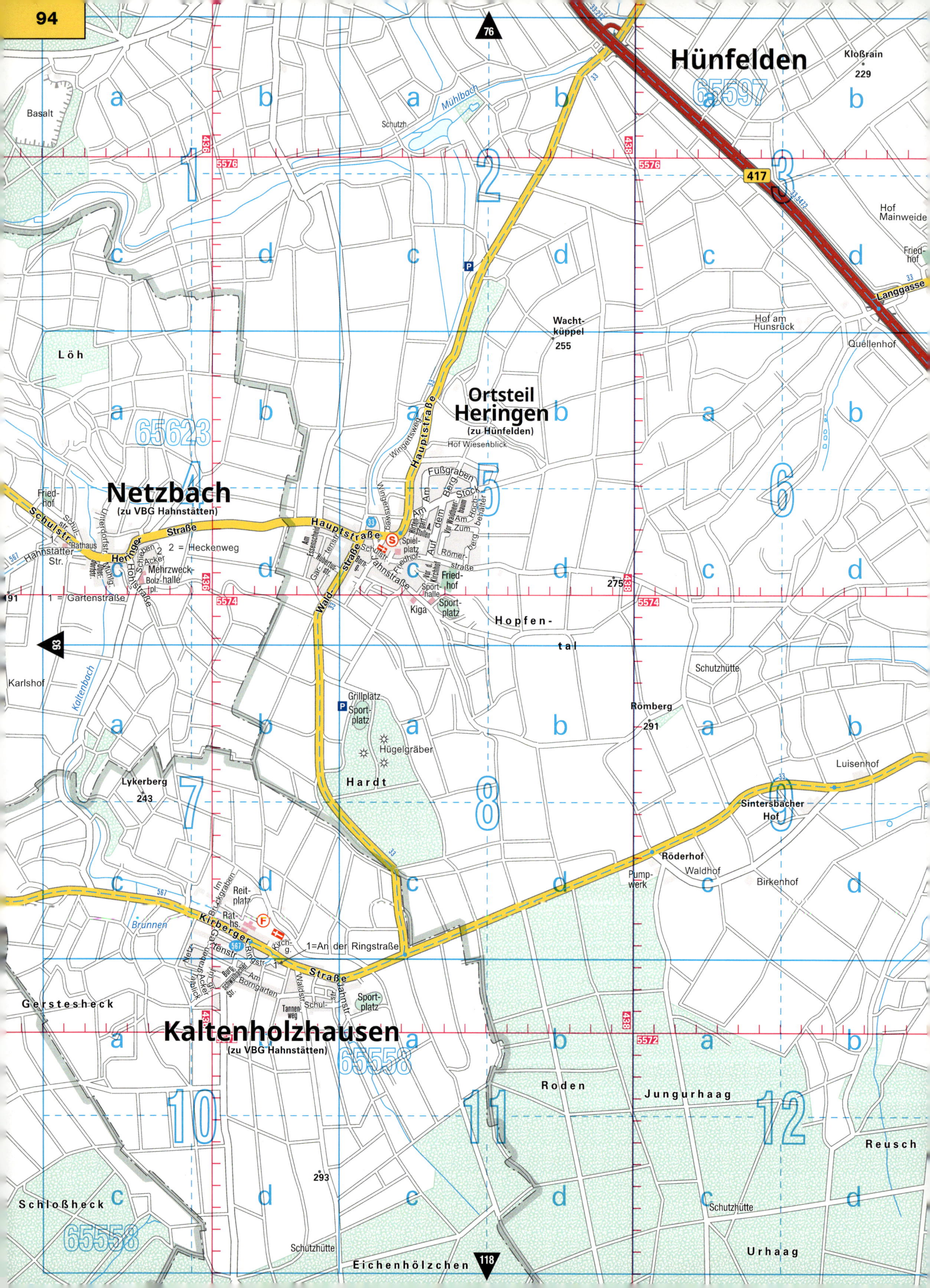

76
Hünfelden
65597
Kloßrain
229
Basalt
Mühlbach
Schutzh.
5576
417
Hof Mainweide
Fried-hof
Langgasse
Wacht-küppel
255
Hof am Hunsrück
Quellenhof
Löh
Ortsteil Heringen
(zu Hünfelden)
Hof Wiesenblick
65623
Netzbach
(zu VBG Hahnstätten)
Fried-hof
Schulstr.
Rathaus
Hahnstätter Str.
Heringer Straße
Hauptstraße
2 = Heckenweg
Mehrzweck-halle
Bolz-pl.
1 = Gartenstraße
5574
Wald-straße
Jahnstraße
Fußgraben
Wingertsweg
Spiel-platz
Römer-straße
Fried-hof
Sport-halle
Kiga
Sport-platz
275
Hopfen-tal
93
Karlshof
Kaltenbach
Schutzhütte
Römberg
291
Grillplatz
Sport-platz
Hügelgräber
Hardt
Luisenhof
Lykerberg
243
Sintersbacher Hof
Röderhof
Waldhof
Pump-werk
Birkenhof
Reit-platz
Rat-hs.
Brunnen
Kirberger Straße
567
1=An der Ringstraße
Sport-platz
Gerstesheck
Kaltenholzhausen
(zu VBG Hahnstätten)
65558
5572
Roden
Jungurhaag
Reusch
293
Schloßheck
Schutzhütte
Urhaag
Eichenhölzchen
118

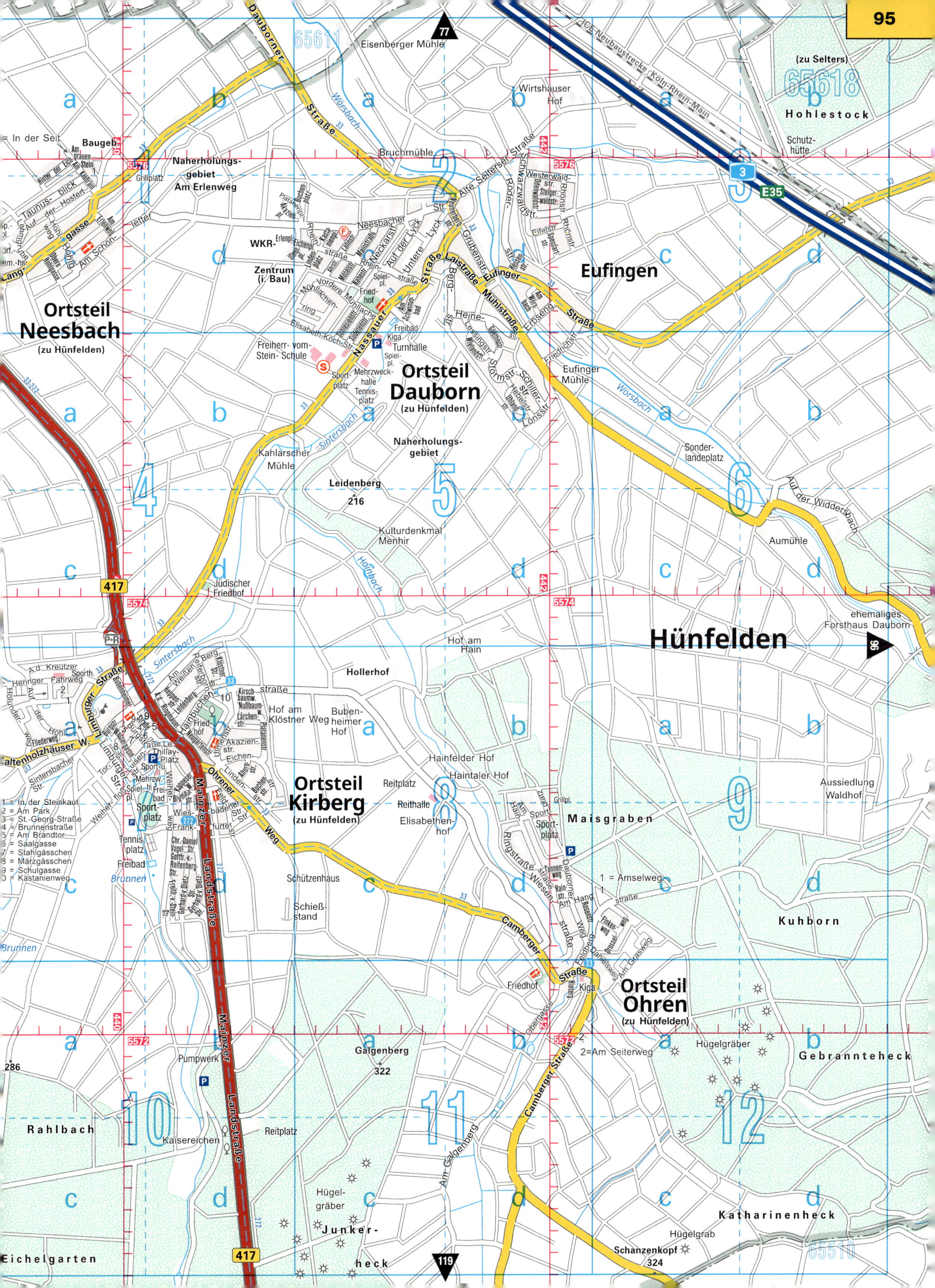

Ortsteil Neesbach (zu Hünfelden)
Ortsteil Dauborn (zu Hünfelden)
Eufingen
Hünfelden
Ortsteil Kirberg (zu Hünfelden)
Ortsteil Ohren (zu Hünfelden)
Maisgraben
Hohlestock
(zu Selters)
Eisenberger Mühle
Wirtshäuser Hof
Bruchmühle
Naherholungsgebiet Am Erlenweg
Eufinger Mühle
Sonderlandeplatz
Kahlarscher Mühle
Naherholungsgebiet
Leidenberg 216
Kulturdenkmal Menhir
Jüdischer Friedhof
Aumühle
ehemaliges Forsthaus Dauborn
Hof am Hain
Hollerhof
Hof am Klöstner Weg
Bubenheimer Hof
Hainfelder Hof
Haintaler Hof
Aussiedlung Waldhof
Reitplatz
Reithalle
Elisabethenhof
Schützenhaus
Schießstand
Kuhborn
Galgenberg 322
Gebrannteheck
Hügelgräber
Rahlbach
Kaisereichen
Pumpwerk
Junkerheck
Katharinenheck
Hügelgrab
Schanzenkopf 324
Eichelgarten
Mainzer Landstraße
Camberger Straße
Limburger Straße
Nassauer Straße
Dauborner Straße
Eufinger Straße
ICE-Neubaustrecke Köln-Rhein-Main
1 = In der Steinkaut
2 = Am Park
3 = St.-Georg-Straße
4 = Brunnenstraße
5 = Am Brandtor
6 = Saalgasse
7 = Stahlgässchen
8 = Märzgässchen
9 = Schulgasse
10 = Kastanienweg
1 = Amselweg
2 = Am Seiterweg
65611
65618
65510
77
96
119

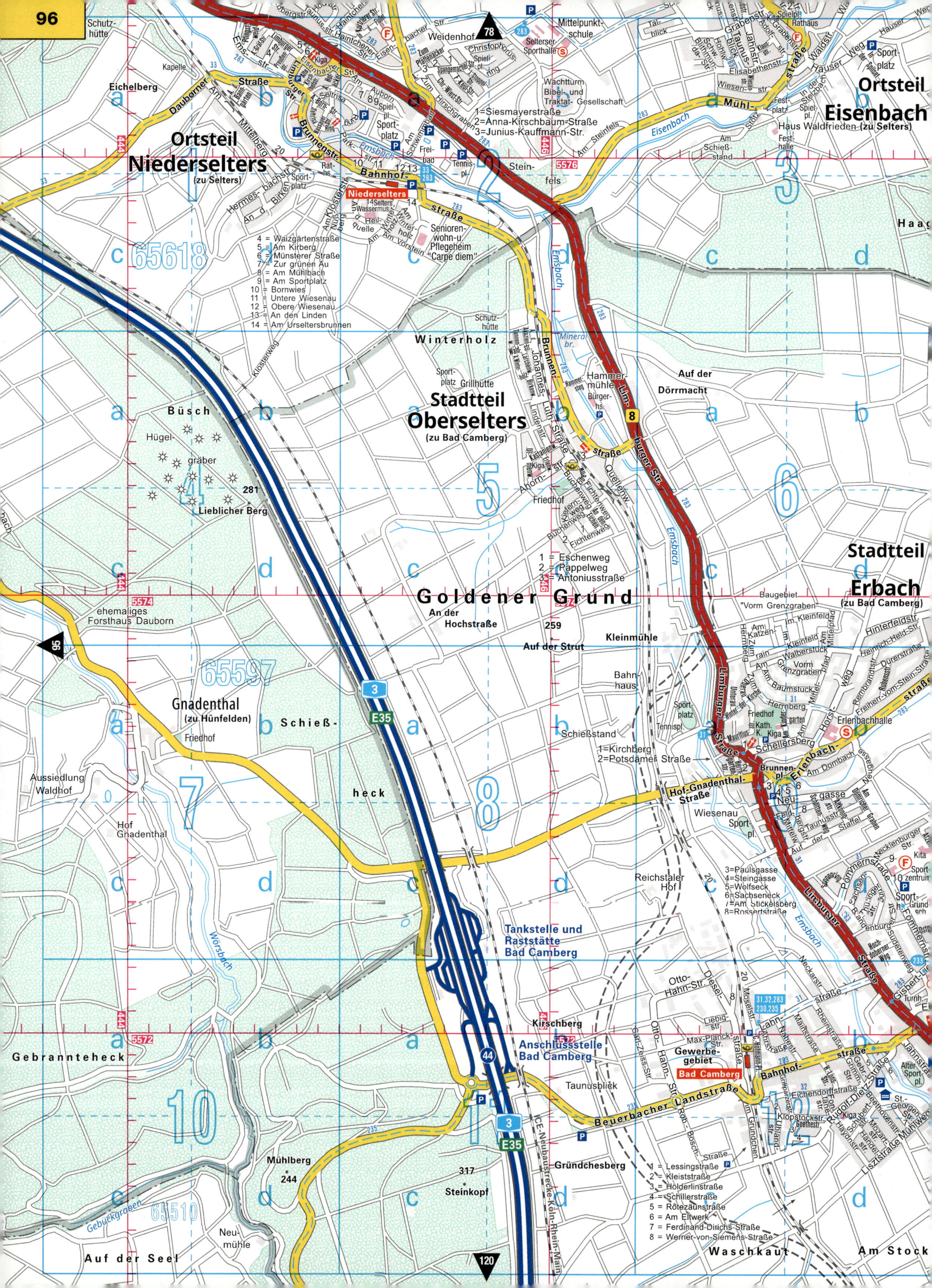
Ortsteil
Niederselters
(zu Selters)
Ortsteil
Eisenbach
(zu Selters)
Stadtteil
Oberselters
(zu Bad Camberg)
Stadtteil
Erbach
(zu Bad Camberg)
Goldener Grund
Gnadenthal
(zu Hünfelden)
Winterholz
Büsch
Hügelgräber
Lieblicher Berg
Schießheck
Gebrannteheck
Auf der Seel
Waschkaut
Am Stock
Tankstelle und Raststätte Bad Camberg
Anschlussstelle Bad Camberg
Gewerbegebiet
Bad Camberg
Niederselters
65618
65597
65510
1=Siesmayerstraße
2=Anna-Kirschbaum-Straße
3=Junius-Kauffmann-Str.
4 = Waizgartenstraße
5 = Am Kirberg
6 = Münsterer Straße
7 = Zur grünen Au
8 = Am Mühlbach
9 = Am Sportplatz
10 = Bornwies
11 = Untere Wiesenau
12 = Obere Wiesenau
13 = An den Linden
14 = Am Urseltersbrunnen
1 = Eschenweg
2 = Pappelweg
3 = Antoniusstraße
1=Kirchberg
2=Potsdamer Straße
3=Paulsgasse
4=Steingasse
5=Wolfseck
6=Sachseneck
7=Am Stickelsberg
8=Rossertstraße
1 = Lessingstraße
2 = Kleiststraße
3 = Hölderlinstraße
4 = Schillerstraße
5 = Rotezaunstraße
6 = Am Eltwerk
7 = Ferdinand-Dirichs-Straße
8 = Werner-von-Siemens-Straße
Limburger Straße
Hof-Gnadenthal-Straße
Beuerbacher Landstraße
Bahnhofstraße
Brunnenstraße
Mühlstraße
Eisenbach
Emsbach
Wörsbach
Auf der Dörrmacht
Kleinmühle
Auf der Strut
Reichstaler Hof
Aussiedlung Waldhof
Hof Gnadenthal
ehemaliges Forsthaus Dauborn
Mühlberg
244
Steinkopf
317
Gründchesberg
Kirschberg
Taunusblick
Neumühle
Eichelberg
Weidenhof
Mittelpunktschule
Haus Waldfrieden (zu Selters)
Senioren-wohn-u. Pflegeheim "Carpe diem"
Schießstand
Erlenbachhalle
Baugebiet "Vorm Grenzgraben"
An der Hochstraße
259
281
ICE-Neubaustrecke Köln-Rhein/Main
78
95
120

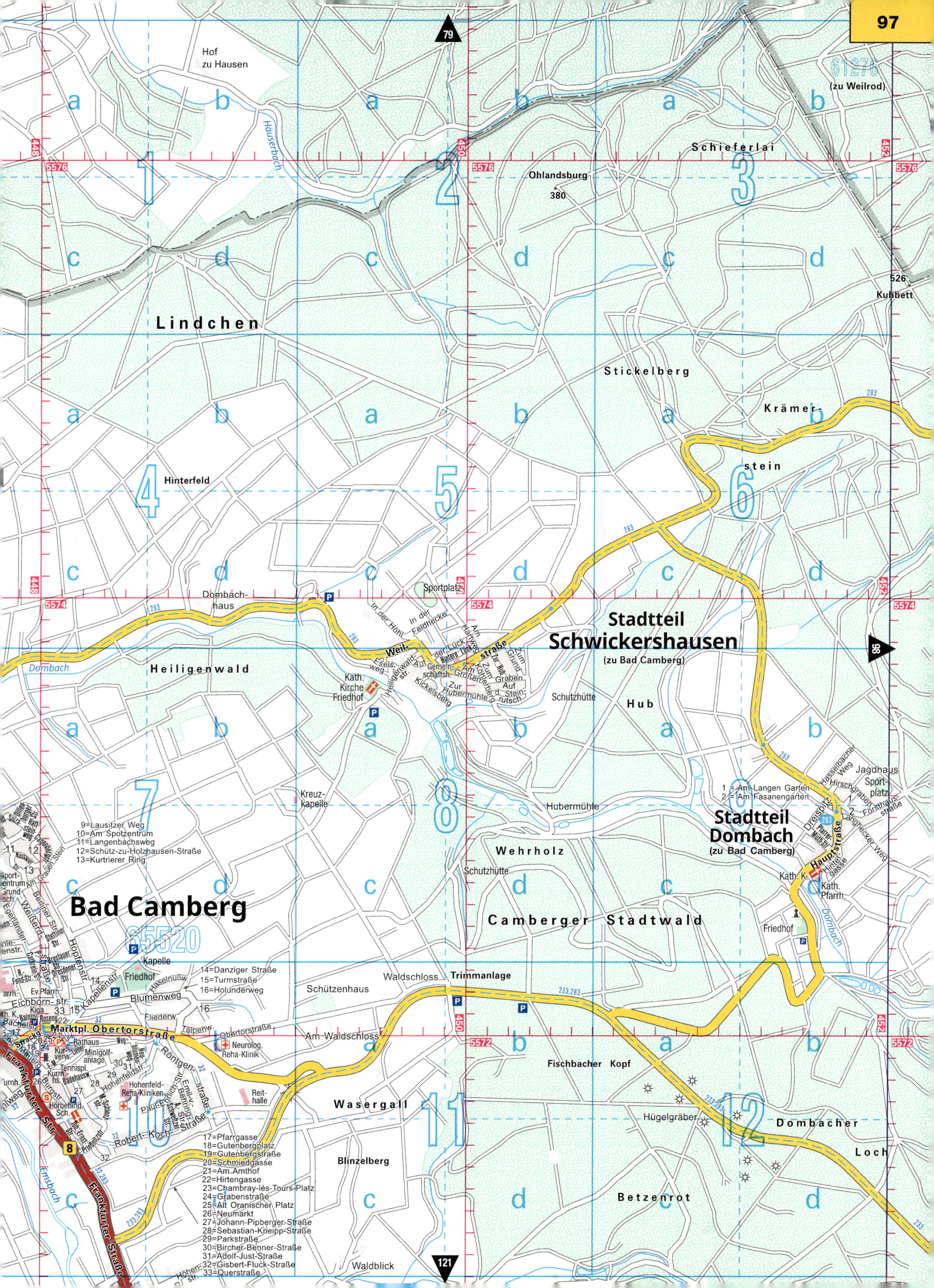
Hof
zu Hausen
Häuserbach
61276
(zu Weilrod)
Schieferlai
Ohlandsburg
380
526
Kuhbett
Lindchen
Stickelberg
Krämer-
stein
Hinterfeld
Dombach-
haus
Sportplatz
In der Hohl
In der Feldhecke
Weil-
straße
Stadtteil
Schwickershausen
(zu Bad Camberg)
Heiligenwald
Dombach
Kath.
Kirche
Friedhof
Eselsweg
Heiligenwald-str.
Gemeinschaftsh.
Zur Hubermühle
Kickelsberg
Schutzhütte
Hub
Kreuz-
kapelle
Hubermühle
1 = Am Langen Garten
2 = Am Fasanengarten
Jagdhaus
Sport-
platz
Stadtteil
Dombach
(zu Bad Camberg)
Hauptstraße
Hirschgraben
Forsthausstraße
Langhecker Weg
Hasselbacher Weg
Kath. K.
Kath.
Pfarrh.
Friedhof
9=Lausitzer Weg
10=Am Spotzentrum
11=Langenbachsweg
12=Schütz-zu-Holzhausen-Straße
13=Kurtrierer Ring
Wehrholz
Schutzhütte
Bad Camberg
65520
Camberger Stadtwald
Kapelle
Friedhof
14=Danziger Straße
15=Turmstraße
16=Holunderweg
Waldschloss
Trimmanlage
Schützenhaus
Haselnußw.
Blumenweg
Eichborn-str.
Fliederw.
Tulpenw.
Marktpl.
Obertorstraße
Am Waldschloss
Rathaus
Minigolf-
anlage
Neurolog.
Reha-Klinik
Fischbacher Kopf
Tennispl.
Hohenfeld-
Reha-Kliniken
Röntgen-
straße
Reit-
halle
Wasergall
Hügelgräber
Dombacher
Loch
Frankfurter Str.
Robert-Koch-Straße
Paul-Ehrlich-Str.
17=Pfarrgasse
18=Gutenbergplatz
19=Gutenbergstraße
20=Schmiedgasse
21=Am Amthof
22=Hirtengasse
23=Chambray-lés-Tours-Platz
24=Grabenstraße
25=Alt Oranischer Platz
26=Neumarkt
27=Johann-Pipberger-Straße
28=Sebastian-Kneipp-Straße
29=Parkstraße
30=Bircher-Benner-Straße
31=Adolf-Just-Straße
32=Gisbert-Fluck-Straße
33=Querstraße
Blinzelberg
Betzenrot
Emsbach
Frankfurter Straße
Waldblick
79
98
121
1
2
3
4
5
6
7
8
9
10
11
12

Ortsteil Hasselbach
(zu Weilrod)
Ortsteil Rod
an der Weil
(zu Weilrod)
Hubertushof
Pumpwerk
1=Mittelstraße
2=Hinterstraße
Lerchenhof
Schinnkopf
428
Margarethenhof
Kapelle
Vogelpark
Rumpenmühle
Pfaffenkopf
Hof Tannenblick
4=Am Würzgarten
5=Auf der Struth
6=Im Grund
Wehrholz
Eichelbacher Straße
Langenbach
Eichelbach
Milsenberg
422
Berghof
Fuchshohl
Kuhbett
526
Kuhbett
Fuchshöhle
Mäus-
heck
1=Am Schälberg
Friedhof
Bürgerhs.
Eichelbacher Hof
Am Birkenstrauch
Weibersberg
460
Renn-
Suder
wolf
Schutzhütte
Stückelberg
510
Katzenloch
Hütten-
schlag
Schieferlai
65520
Salzlackerkopf
Am Heidenstock
495
Eichert
Jagdhaus
Sportplatz
Stadtteil Dombach
(zu Bad Camberg)
Schüler-
kopf
Jungen-
wald
Flugzeughalle
NSG
Segelfluggelände
Johannesbierweg
Sportplatz
1=Talaue
Sommerberg
461
Jeremias-
heck
Dombach
NSG
NSG
Triescherhaag
Grundsch. Haupt- und Realschule
Sporthalle
Sportplatz
Dombacher
Loch
Heppeborn
Kreuzer-
stein
In den Simmern
Marktplatz
65529
275
Breiteberg
562
80
97
122

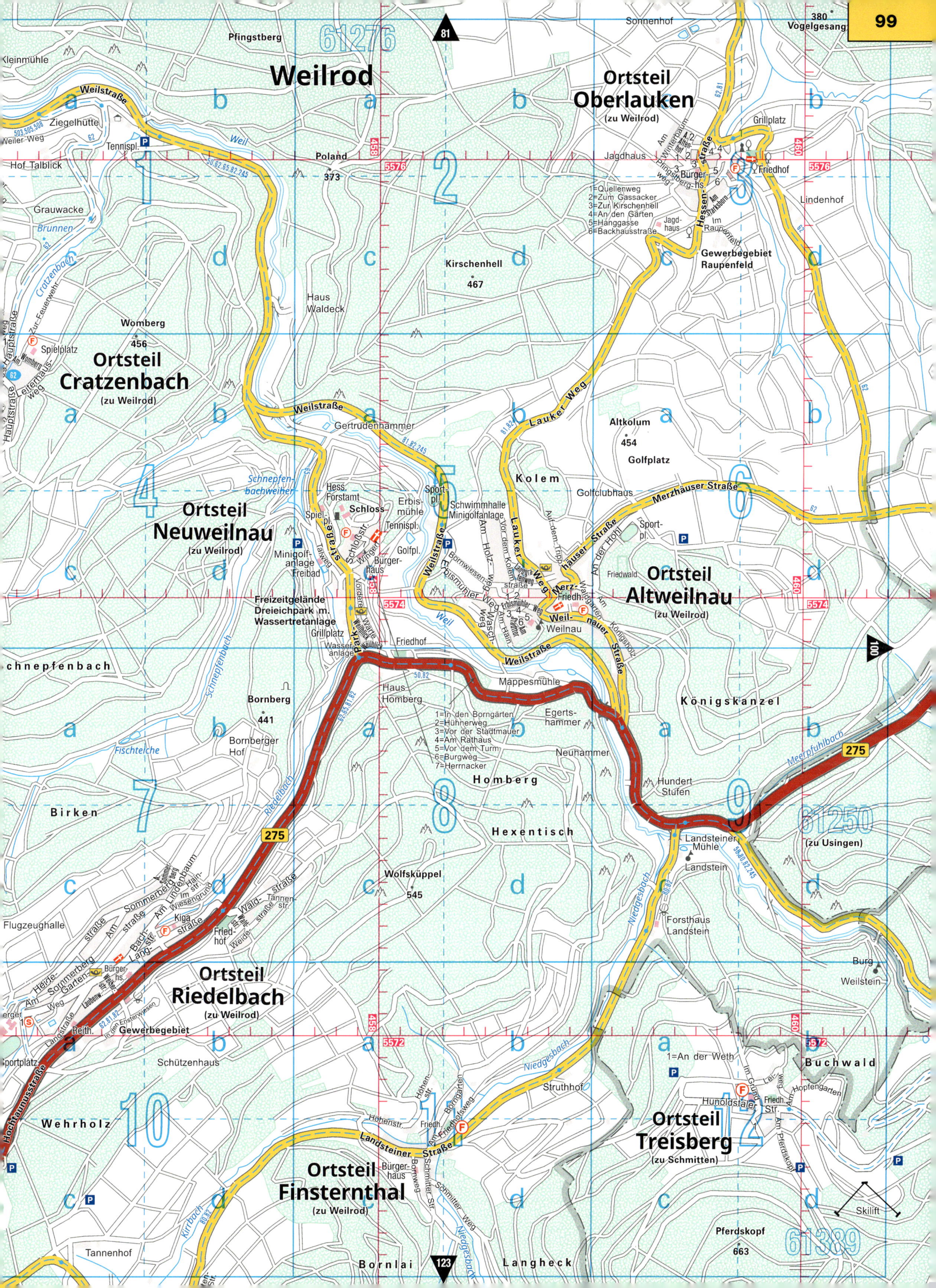
Weilrod
Ortsteil Oberlauken (zu Weilrod)
Ortsteil Cratzenbach (zu Weilrod)
Ortsteil Neuweilnau (zu Weilrod)
Ortsteil Altweilnau (zu Weilrod)
Ortsteil Riedelbach (zu Weilrod)
Ortsteil Finsternthal (zu Weilrod)
Ortsteil Treisberg (zu Schmitten)
61276
61250 (zu Usingen)
61389
Pfingstberg
Kleinmühle
Ziegelhütte
Tennispl.
Hof Talblick
Grauwacke
Brunnen
Poland
373
Sonnenhof
380
Vogelgesang
Grillplatz
Jagdhaus
Friedhof
Lindenhof
1=Quellenweg
2=Zum Gassacker
3=Zur Kirschenhell
4=An den Gärten
5=Hanggasse
6=Backhausstraße
Gewerbegebiet Raupenfeld
Kirschenhell
467
Haus Waldeck
Womberg
456
Spielplatz
Weilstraße
Gertrudenhammer
Lauker Weg
Altkolum
454
Golfplatz
Kolem
Golfclubhaus
Merzhäuser Straße
Hess. Forstamt
Schloss
Erbismühle
Schwimmhalle Minigolfanlage
Tennispl.
Golfpl.
Bürgerhaus
Minigolfanlage Freibad
Freizeitgelände Dreieichpark m. Wassertretanlage
Grillplatz
Friedhof
Weil
Weilnau
Königskanzel
Schnepfenbach
Bornberg
441
Bornberger Hof
Fischteiche
Haus Homberg
1=In den Borngärten
2=Hühnerweg
3=Vor der Stadtmauer
4=Am Rathaus
5=Vor dem Turm
6=Burgweg
7=Herrnacker
Mappesmühle
Egertshammer
Neuhammer
Hundert Stufen
Homberg
Hexentisch
Birken
Meerpfuhlbach
275
Landsteiner Mühle
Landstein
Wolfsküppel
545
Flugzeughalle
Forsthaus Landstein
Niedgesbach
Burg Weilstein
Gewerbegebiet
Schützenhaus
Sportplatz
Hochtaunusstraße
1=An der Weth
Buchwald
Struthhof
Hunoldstaler Str.
Wehrholz
Landsteiner Straße
Bürgerhaus
Skilift
Pferdskopf
663
Tannenhof
Bornlai
Langheck
81
100
123

82
Schießstand
Lauker Hof
Wolfsgarten
Taunusbahn FKE
61276
(zu Weilrod)
Erdfunkstelle
Blockhaus Blümlein
404
Neuborn
Hügelgrab
Sattelbach
Hügelgräber
275
Grünwiesen-weiher
Röderbach
Forstbach
Jagdhaus
440
Renzenberg
Stadtteil
Merzhausen
(zu Usingen)
Weil-straße
Backhaus
Friedhof
Kiga
Rauschpenn-halle
430
Kesselberg
Meerpfuhl
Am Rödersbach
Am Geiersberg
Wolfsgasse
Im Rödchen
Arnsbach
Hauptstraße
Stockberg
Jagdhaus
Trimm-Dich-Pfad
99
423
Steinchen
Sport-platz
1=Am Waschbrunnen
2=Muffgasse
3=Rauschpennstraße
4=Am Steinchen
5=Schmiedgasse
6=Hinterweg
Steinhof
Sportpl.
Mühlwald
Hauserbach
Lehrnberg
468
Grundsch.
Am Hasenberg
Bolz-platz
504
Hirschberg
Schießanlage
Bürgerhaus
Ortsteil
Hunoldstal
(zu Schmitten)
485
Nesselberg
1=Am Bienengarten
2=Am Nesselberg
Jagdhaus
Ruppel
Ortsteil
Rod am Berg
(zu Neu-Anspach)
Dorfgemein-schaftshaus
1=Hinter dem Hainzaun
2=Am Hainfeld
Burg
Weilstein
Untermühle
Obermühle
Anspacher Str.
Friedhof
Gewerbe-gebiet
Trimm-Dich-Pfad
Baseball Anlage
Trauer-halle
Friedhof "Mitte"
Buchwald
61389
Merzhausener Straße
Usinger Straße
Conradsberg
499
Rod am Berger Str.
40=Pestalozziweg
41=Störkelstraße
42=Hessenring
43=Nassauer Ring
44=Freiherr-vom-Stein-Straße
Erfurter
Skilift
Dürreheck
Weilroder Straße
Schutzhütte Berghof
Treisberger Weg
Lutherelche
Ortsteil
Brombach
(zu Schmitten)
124
Hardt

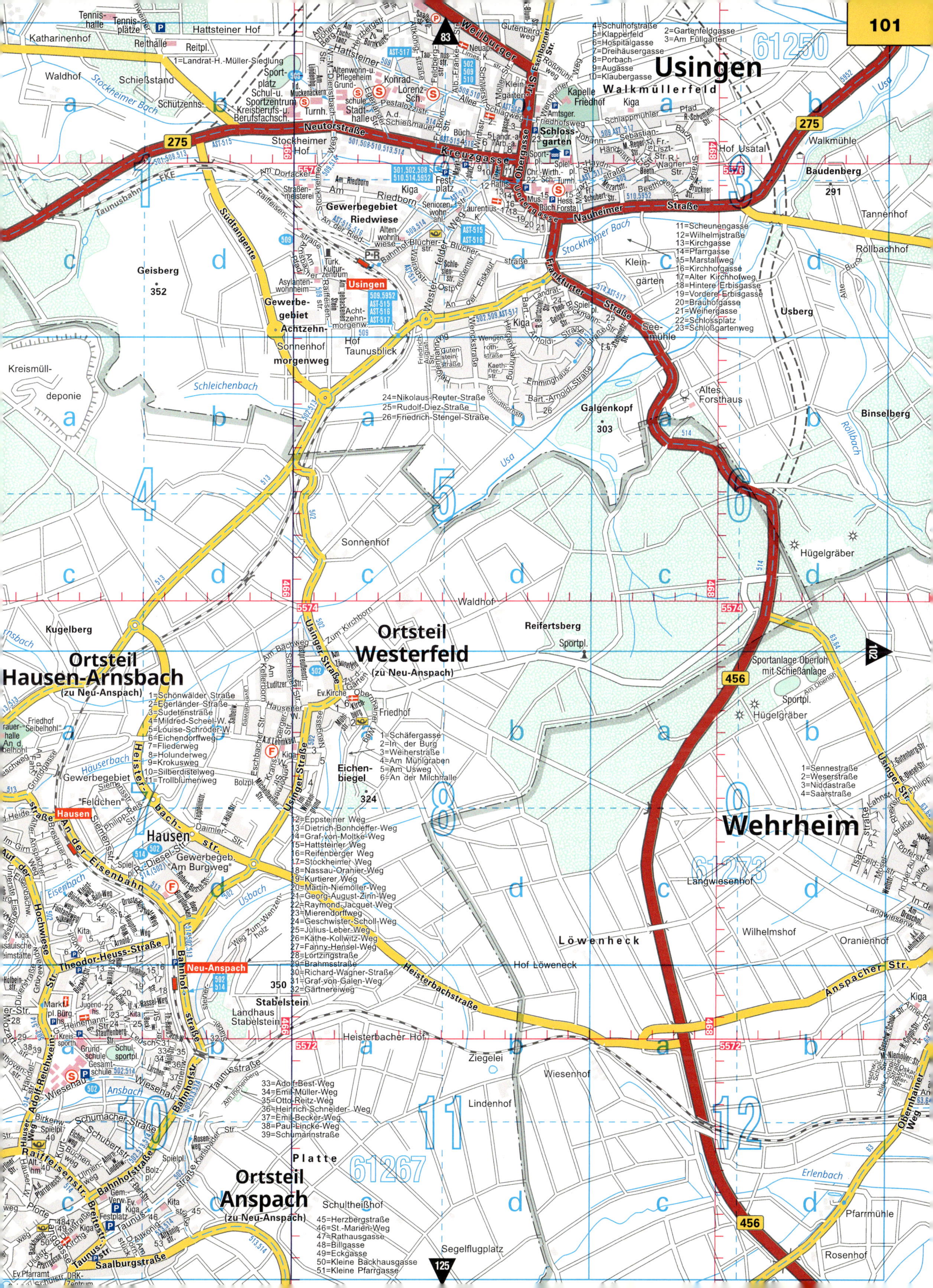

Usingen
61250
Walkmüllerfeld
Ortsteil Westerfeld
(zu Neu-Anspach)
Ortsteil Hausen-Arnsbach
(zu Neu-Anspach)
Hausen
Wehrheim
61273
Ortsteil Anspach
(zu Neu-Anspach)
61267
Katharinenhof
Hattsteiner Hof
Waldhof
Schießstand
Stockheimer Bach
Neutorstraße
Kreuzgasse
Weilburger Str.
Stockheimer Hof
Gewerbegebiet Riedwiese
Südtangente
Geisberg
352
Gewerbegebiet Achtzehnmorgen
Sonnenhof
Hof Taunusblick
Kreismülldeponie
Schleichenbach
Usingen
Nauheimer Straße
Frankfurter Straße
Stockheimer Bach
Schloss-garten
Baudenberg
291
Tannenhof
Röllbachhof
Usbeg
Seemühle
Altes Forsthaus
Galgenkopf
303
Binselberg
Usa
Sonnenhof
Hügelgräber
Waldhof
Reifertsberg
Kugelberg
Usinger Straße
Friedhof
Eichenbiegel
324
Sportanlage Oberloh mit Schießanlage
Hügelgräber
Langwiesenhof
Löwenheck
Hof Löweneck
Wilhelmshof
Oranienhof
Heisterbachstraße
Anspacher Str.
Gewerbegebiet "Feldchen"
Gewerbegeb. "Am Burgweg"
Neu-Anspach
350
Stabelstein
Landhaus Stabelstein
Heisterbacher Hof
Ziegelei
Wiesenhof
Lindenhof
Platte
Schultheißhof
Segelflugplatz
Erlenbach
Pfarrmühle
Rosenhof
Saalburgstraße
Theodor-Heuss-Straße
Bahnhofstraße
83
102
125
275
456
1=Landrat-H.-Müller-Siedlung
2=Gartenfeldgasse
3=Am Füllgarten
4=Schulhofstraße
5=Klapperfeld
6=Hospitalgasse
7=Dreihäusergasse
8=Porbach
9=Augasse
10=Klaubergasse
11=Scheunengasse
12=Wilhelmjstraße
13=Kirchgasse
14=Pfarrgasse
15=Marstallweg
16=Kirchhofgasse
17=Alter Kirchhofweg
18=Hintere Erbisgasse
19=Vordere Erbisgasse
20=Brauhofgasse
21=Weihergasse
22=Schlossplatz
23=Schloßgartenweg
24=Nikolaus-Reuter-Straße
25=Rudolf-Diez-Straße
26=Friedrich-Stengel-Straße
1=Schönwälder Straße
2=Egerländer Straße
3=Sudetenstraße
4=Mildred-Scheel-W.
5=Louise-Schröder-W.
6=Eichendorffweg
7=Fliederweg
8=Holunderweg
9=Krokusweg
10=Silberdistelweg
11=Trollblumenweg
1=Schäfergasse
2=In der Burg
3=Weiherstraße
4=Am Mühlgraben
5=Am Usweg
6=An der Milchhalle
1=Sennestraße
2=Weserstraße
3=Niddastraße
4=Saarstraße
12=Eppsteiner Weg
13=Dietrich-Bonhoeffer-Weg
14=Graf-von-Moltke-Weg
15=Hattsteiner Weg
16=Reifenberger Weg
17=Stockheimer Weg
18=Nassau-Oranier-Weg
19=Kurtierer Weg
20=Martin-Niemöller-Weg
21=Georg-August-Zinn-Weg
22=Raymond-Jacquet-Weg
23=Mierendorffweg
24=Geschwister-Scholl-Weg
25=Julius-Leber-Weg
26=Käthe-Kollwitz-Weg
27=Fanny-Hensel-Weg
28=Lortzingstraße
29=Brahmsstraße
30=Richard-Wagner-Straße
31=Graf-von-Galen-Weg
32=Gärtnereiweg
33=Adolf-Best-Weg
34=Emil-Müller-Weg
35=Otto-Reitz-Weg
36=Heinrich-Schneider-Weg
37=Emil-Becker-Weg
38=Paul-Lincke-Weg
39=Schumannstraße
45=Herzbergstraße
46=St.-Marien-Weg
47=Rathausgasse
48=Billgasse
49=Eckgasse
50=Kleine Backhausgasse
51=Kleine Pfarrgasse

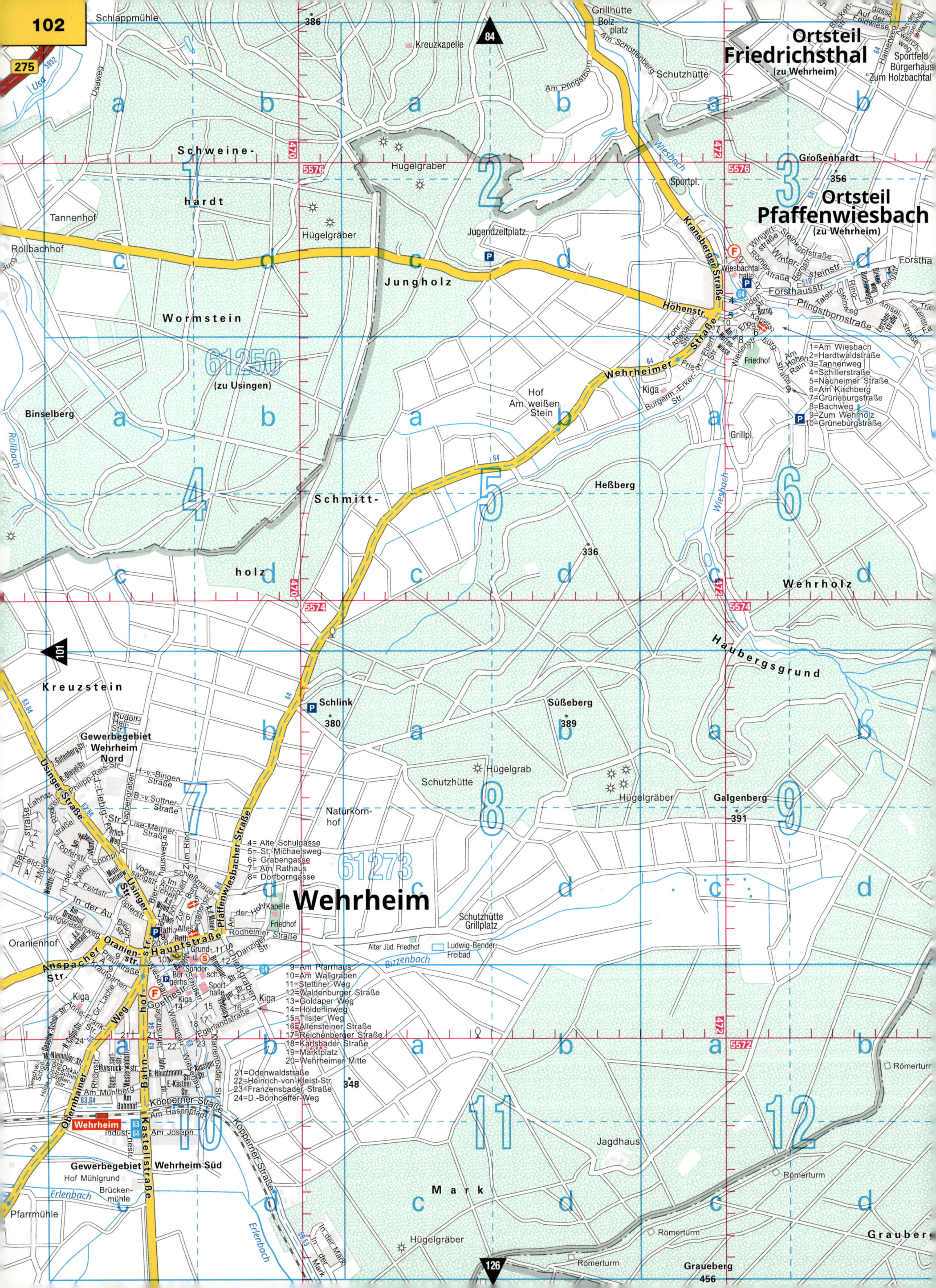

Schlappmühle
275
Usa
Usaweg
Kreuzkapelle
84
Grillhütte
Bolzplatz
Am Schottenberg
Schutzhütte
Am Pfingstborn
Ortsteil
Friedrichsthal
(zu Wehrheim)
Sportfeld
Bürgerhaus
"Zum Holzbachtal"
Schweine-
hardt
Hügelgräber
Wiesbach
Sportpl.
Großenhardt
356
Ortsteil
Pfaffenwiesbach
(zu Wehrheim)
Tannenhof
Röllbachhof
Jugendzeltplatz
Kransberger Straße
Wiesbachtalhalle
Forsthausstr.
Steinstr.
Pfingstbornstraße
Jungholz
Wormstein
Höhenstr.
Wehrheimer Straße
61250
(zu Usingen)
Hof
Am weißen
Stein
Kiga
Friedhof
1=Am Wiesbach
2=Hardtwaldstraße
3=Tannenweg
4=Schillerstraße
5=Nauheimer Straße
6=Am Kirchberg
7=Grüneburgstraße
8=Bachweg
9=Zum Wehrholz
10=Grüneburgstraße
Binselberg
Röllbach
Grillpl.
Schmitt-
holz
Heßberg
336
Wehrholz
101
Haubergsgrund
Kreuzstein
Gewerbegebiet
Wehrheim
Nord
Schlink
380
Süßeberg
389
Hügelgrab
Schutzhütte
Hügelgräber
Galgenberg
391
Naturkornhof
Usinger Straße
Pfaffenwiesbacher Straße
4= Alte Schulgasse
5= St.-Michaelsweg
6= Grabengasse
7= Am Rathaus
8= Dorfborngasse
61273
Wehrheim
Schutzhütte
Grillplatz
Friedhof
Rodheimer Straße
Hauptstraße
Oranienhof
Anspacher Str.
Alter Jüd. Friedhof
Ludwig-Bender-Freibad
Bizzenbach
9=Am Pfarrhaus
10=Am Wallgraben
11=Stettiner Weg
12=Waldenburger Straße
13=Goldaper Weg
14=Hölderlinweg
15=Tilsiter Weg
16=Allensteiner Straße
17=Reichenberger Straße
18=Karlsbader Straße
19=Marktplatz
20=Wehrheimer Mitte
21=Odenwaldstraße
22=Heinrich-von-Kleist-Str.
23=Franzensbader Straße
24=D.-Bonhoeffer-Weg
348
Römerturm
Wehrheim
Obernhainer Weg
Am Mühlberg
Köpperner Straße
Am Joseph
Gewerbegebiet Wehrheim Süd
Hof Mühlgrund
Brückenmühle
Erlenbach
Kastellstraße
Pfarrmühle
Jagdhaus
Mark
Hügelgräber
Römerturm
Graueberg
456
Grauber
126

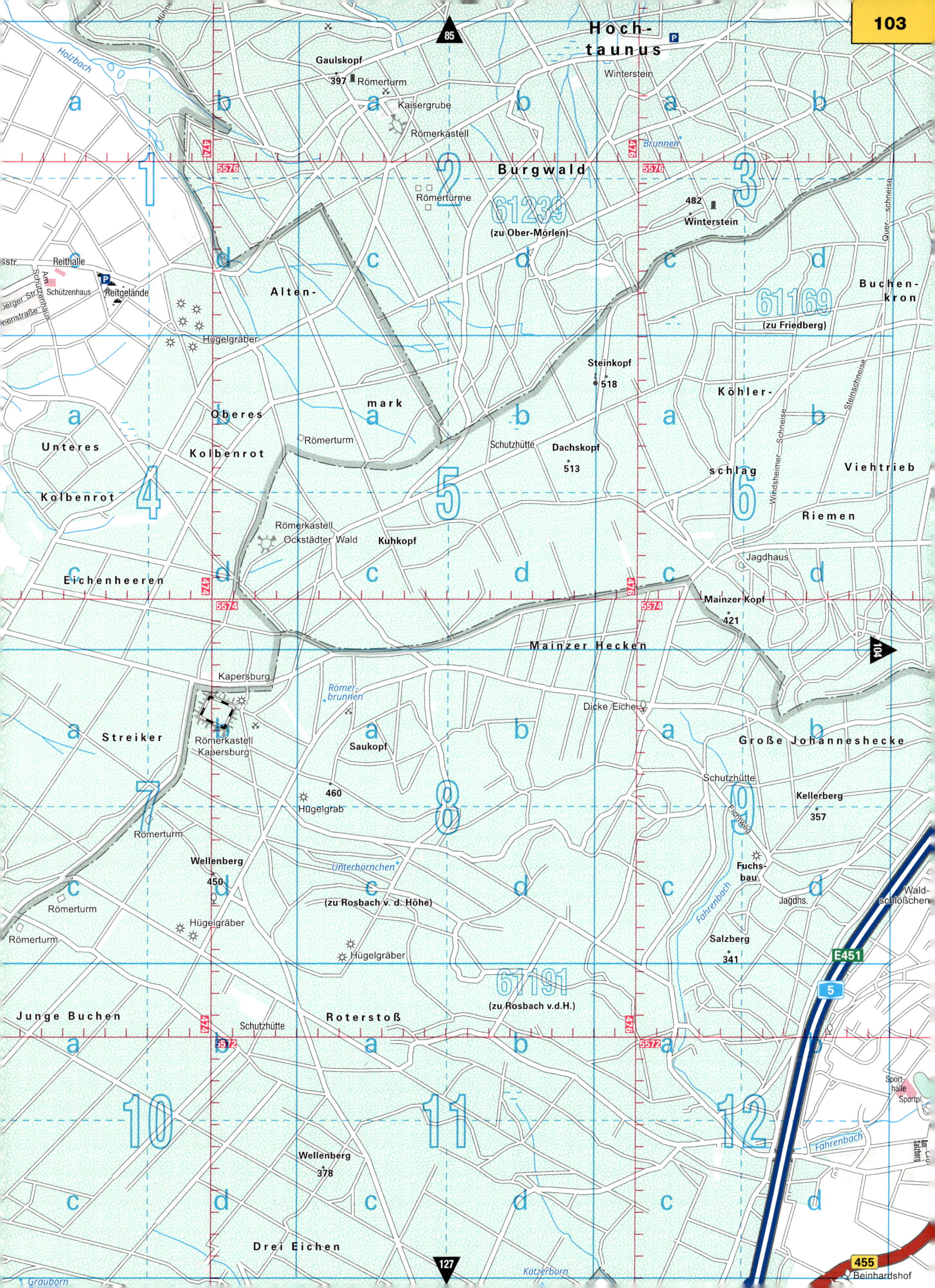

Hoch-
taunus
85
Gaulskopf
397
Römerturm
Kaisergrube
Römerkastell
Winterstein
Holzbach
Brunnen
Burgwald
Römertürme
61239
(zu Ober-Mörlen)
482
Winterstein
Reithalle
Schützenhaus
Reitgelände
Alten-
mark
Hügelgräber
61169
(zu Friedberg)
Buchen-
kron
Steinkopf
518
Köhler-
schlag
Oberes
Kolbenrot
Unteres
Kolbenrot
Römerturm
Schutzhütte
Dachskopf
513
Viehtrieb
Riemen
Römerkastell
Ockstädter Wald
Kuhkopf
Jagdhaus
Eichenheeren
Mainzer Kopf
421
Mainzer Hecken
104
Kapersburg
Römerbrunnen
Dicke Eiche
Streiker
Römerkastell
Kapersburg
Saukopf
Große Johanneshecke
Schutzhütte
Kellerberg
357
460
Hügelgrab
Römerturm
Wellenberg
450
Unterbörnchen
(zu Rosbach v. d. Höhe)
Fuchsbau
Jagdhs.
Waldschlößchen
Römerturm
Hügelgräber
Römerturm
Hügelgräber
Salzberg
341
E451
5
61191
(zu Rosbach v.d.H.)
Junge Buchen
Schutzhütte
Roterstoß
Fahrenbach
Sporthalle
Wellenberg
378
Drei Eichen
127
Grauborn
Katzerborn
455
Beinhardshof

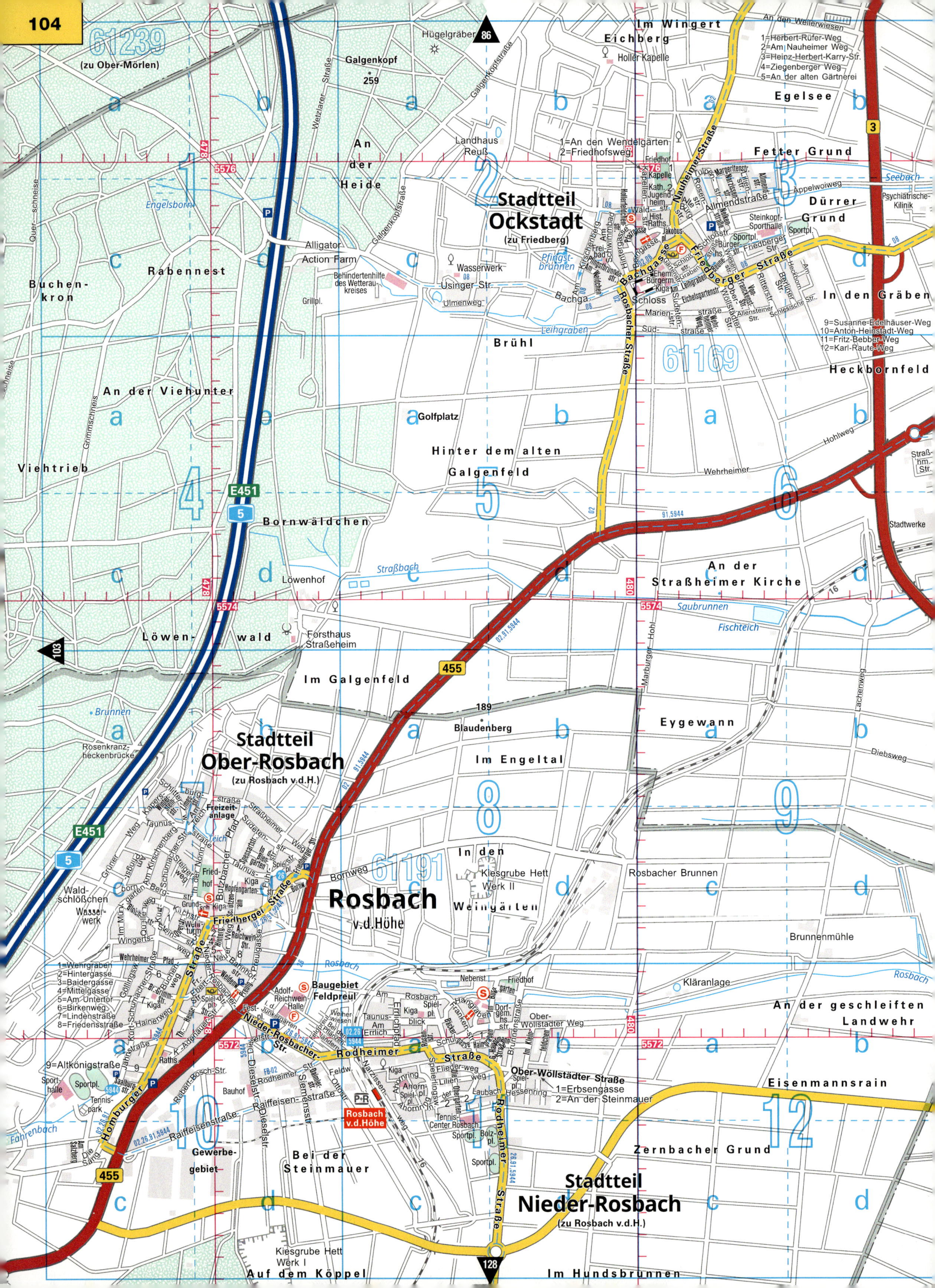
61239
(zu Ober-Mörlen)
Galgenkopf
259
Hügelgräber
86
Im Wingert
Eichberg
Holler Kapelle
An den Wellerwiesen
1=Herbert-Rüfer-Weg
2=Am Nauheimer Weg
3=Heinz-Herbert-Karry-Str.
4=Ziegenberger Weg
5=An der alten Gärtnerei
Egelsee
Landhaus Reuß
1=An den Wendelgärten
2=Friedhofsweg
Fetter Grund
Seebach
Appelwoiweg
Psychiatrische Klinik
Dürrer Grund
An der Heide
Engelsborn
Stadtteil Ockstadt
(zu Friedberg)
Nauheimer Straße
Allmendstraße
Friedberger Straße
Alligator Action Farm
Rabennest
Buchenkron
Behindertenhilfe des Wetteraukreises
Grillpl.
Wasserwerk
Usinger Str.
Ulmenweg
Pfingstbrünnen
Bachgasse
Schloss
Leihgraben
Rosbacher Straße
In den Gräben
9=Susanne-Edelhäuser-Weg
10=Anton-Heinstadt-Weg
11=Fritz-Bebber-Weg
12=Karl-Raute-Weg
Brühl
61169
Heckbornfeld
An der Viehunter
Golfplatz
Hohlweg
Hinter dem alten Galgenfeld
Wehrheimer
Viehtrieb
E451
5
Bornwäldchen
Stadtwerke
Straßbach
Löwenhof
An der Straßheimer Kirche
Saubrunnen
Fischteich
Löwen- wald
Forsthaus Straßeheim
103
455
Im Galgenfeld
189
Blaudenberg
Eygewann
Marburger Hohl
Brunnen
Rosenkranzheckenbrücke
Stadtteil Ober-Rosbach
(zu Rosbach v.d.H.)
Im Engeltal
Diebsweg
Lachenweg
Freizeitanlage
61191
In den Weingärten
Kiesgrube Hett Werk II
Rosbacher Brunnen
Bornweg
Wald-schlößchen
Wasserwerk
Rosbach
v.d.Höhe
Friedberger Straße
Brunnenmühle
1=Wehrgraben
2=Hintergasse
3=Baidergasse
4=Mittelgasse
5=Am Untertor
6=Birkenweg
7=Lindenstraße
8=Friedensstraße
Baugebiet Feldpreul
Adolf-Reichwein-Halle
Kläranlage
Rosbach
An der geschleiften Landwehr
Nieder-Rosbacher-Str.
Rodheimer Straße
Ober-Wöllstädter Weg
9=Altkönigstraße
Homburger Straße
Ober-Wöllstädter Straße
1=Erbsengasse
2=An der Steinmauer
Eisenmannsrain
Robert-Bosch-Str.
Raiffeisenstraße
Siemensstr.
Dieselstr.
Rosbach v.d.Höhe
Tennis-Center Rosbach
Rodheimer Straße
Gewerbegebiet
Fahrenbach
Bei der Steinmauer
Zernbacher Grund
Stadtteil Nieder-Rosbach
(zu Rosbach v.d.H.)
Kiesgrube Hett Werk I
Auf dem Köppel
128
Im Hundsbrunnen

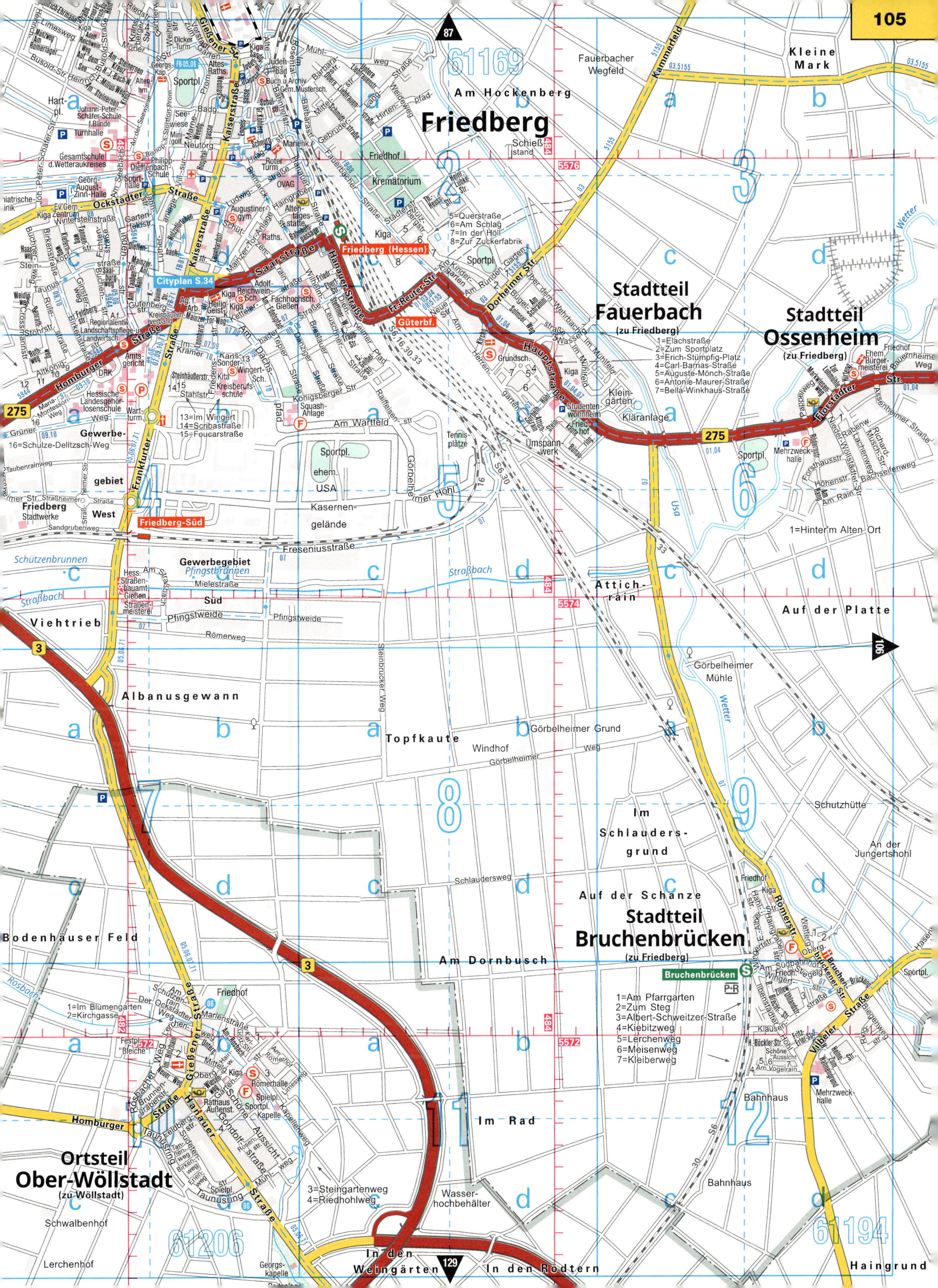
Friedberg
Stadtteil Fauerbach
(zu Friedberg)
Stadtteil Ossenheim
(zu Friedberg)
Stadtteil Bruchenbrücken
(zu Friedberg)
Ortsteil Ober-Wöllstadt
(zu Wöllstadt)
61169
61206
61194
Am Hockenberg
Fauerbacher Wegfeld
Kleine Mark
Kammerfeld
Friedberg (Hessen)
Güterbf.
Friedberg-Süd
Bruchenbrücken
Cityplan S.34
Kaiserstraße
Saarstraße
Hanauer Straße
Homburger Straße
Ockstädter Straße
Frankfurter Straße
Fr.-Reuter-Str.
Dorheimer Str.
Hauptstraße
Florstädter Str.
Gießener Str.
Friedhof
Krematorium
Sportpl.
Kasernengelände
Gewerbegebiet West
Gewerbegebiet Süd
Kläranlage
Umspannwerk
Görbelheimer Mühle
Görbelheimer Grund
Windhof
Topfkaute
Albanusgewann
Viehtrieb
Attichrain
Auf der Platte
Im Schlaudersgrund
Auf der Schanze
Am Dornbusch
Im Rad
Bodenhäuser Feld
Schwalbenhof
Lerchenhof
Wasserhochbehälter
In den Weingärten
In den Rödtern
Haingrund
Bahnhaus
Schutzhütte
An der Jungertshohl
Usa
Wetter
Straßbach
Rosbach
Schützenbrunnen
Pfingstbrunnen
Pfingstweide
Römerweg
Freseniusstraße
Am Wartfeld
Görbelheimer Hohl
Steinbrücker Weg
Schlaudersweg
Görbelheimer Weg
Sandgrubenweg
1=Elachstraße
2=Zum Sportplatz
3=Erich-Stümpfig-Platz
4=Carl-Barnas-Straße
5=Auguste-Mönch-Straße
6=Antonie-Maurer-Straße
7=Bella-Winkhaus-Straße
5=Querstraße
6=Am Schlag
7=In der Höll
8=Zur Zuckerfabrik
13=Im Wingert
14=Scribastraße
15=Foucarstraße
16=Schulze-Delitzsch-Weg
1=Hinter'm Alten Ort
1=Am Pfarrgarten
2=Zum Steg
3=Albert-Schweitzer-Straße
4=Kiebitzweg
5=Lerchenweg
6=Meisenweg
7=Kleiberweg
1=Im Blumengarten
2=Kirchgasse
3=Steingartenweg
4=Riedhohlweg
87
106
129
275
3

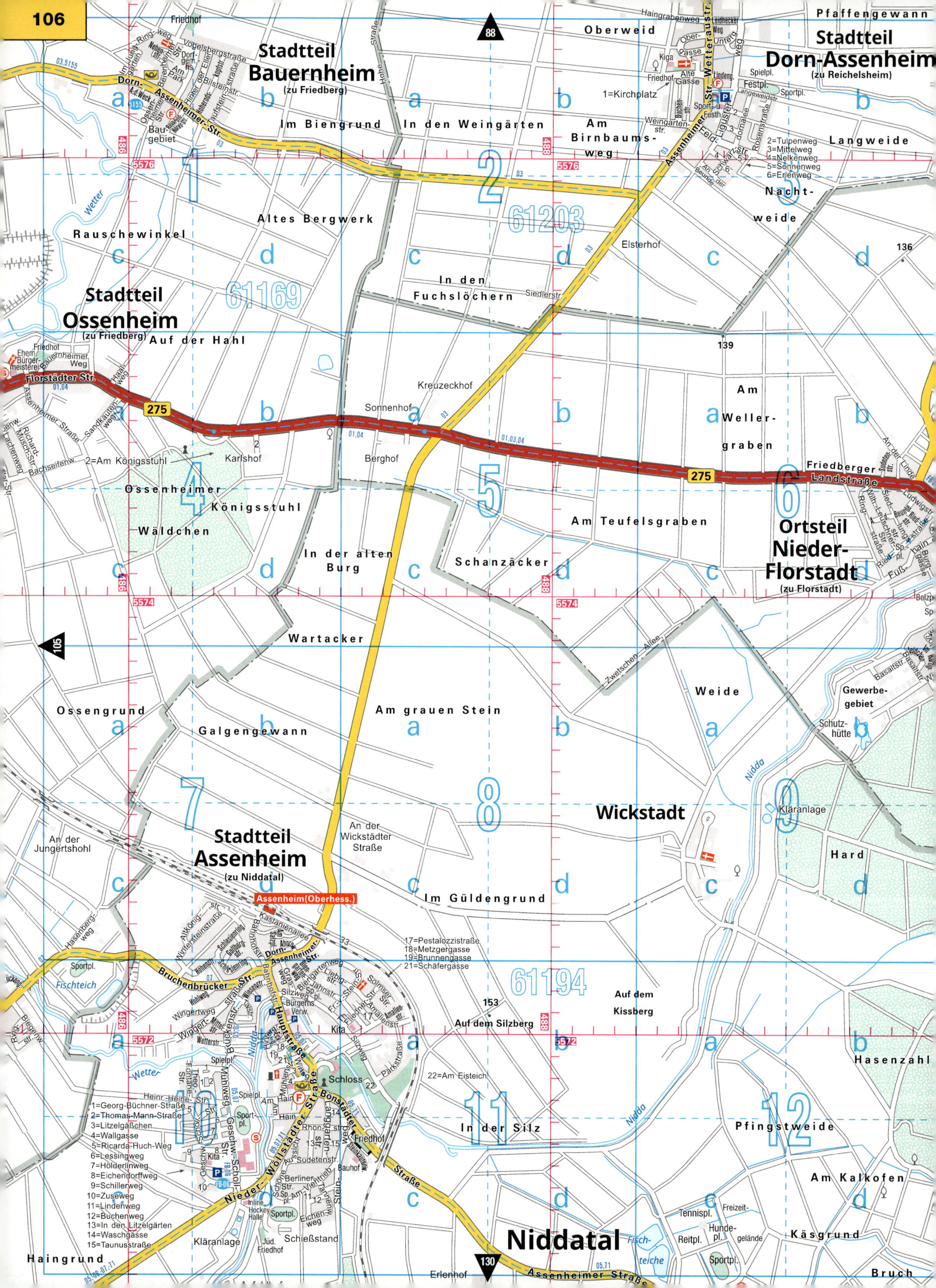

Stadtteil Bauernheim
(zu Friedberg)
Stadtteil Dorn-Assenheim
(zu Reichelsheim)
Stadtteil Ossenheim
(zu Friedberg)
Ortsteil Nieder-Florstadt
(zu Florstadt)
Stadtteil Assenheim
(zu Niddatal)
Wickstadt
Niddatal
Friedhof
Oberweid
Pfaffengewann
Langweide
Nachtweide
Am Birnbaumsweg
Im Biengrund
In den Weingärten
Altes Bergwerk
Rauschewinkel
Elsterhof
In den Fuchslöchern
Auf der Hahl
Kreuzeckhof
Sonnenhof
Berghof
Karlshof
2=Am Königsstuhl
Ossenheimer Wäldchen
Königsstuhl
Am Wellergraben
Friedberger Landstraße
Am Teufelsgraben
In der alten Burg
Schanzäcker
Wartacker
Zwetschen-Allee
Weide
Gewerbegebiet
Schutzhütte
Ossengrund
Galgengewann
Am grauen Stein
An der Jungertshohl
An der Wickstädter Straße
Kläranlage
Hard
Im Güldengrund
Assenheim(Oberhess.)
Florstädter Str.
Assenheimer Str.
Bruchenbrücker Str.
Hauptstraße
Nieder-Wöllstädter Straße
Bönstädter Straße
Assenheimer Straße
Schloss
Fischteich
Wetter
Nidda
Auf dem Kissberg
Auf dem Silzberg
Hasenzahl
In der Silz
22=Am Eisteich
Pfingstweide
Am Kalkofen
Käsgrund
Haingrund
Bruch
Erlenhof
Schießstand
Jüd. Friedhof
Fischteiche
Tennispl.
Reitpl.
Hundepl.
Freizeitgelände
Sportpl.
1=Kirchplatz
2=Tulpenweg
3=Mittelweg
4=Nelkenweg
5=Sonnenweg
6=Erlenweg
17=Pestalozzistraße
18=Metzgergasse
19=Brunnengasse
21=Schäfergasse
1=Georg-Büchner-Straße
2=Thomas-Mann-Straße
3=Litzelgäßchen
4=Wallgasse
5=Ricarda-Huch-Weg
6=Lessingweg
7=Hölderlinweg
8=Eichendorffweg
9=Schillerweg
10=Zuseweg
11=Lindenweg
12=Buchenweg
13=In den Litzelgärten
14=Waschgasse
15=Taunusstraße
275
61203
61169
61194
88
105
130

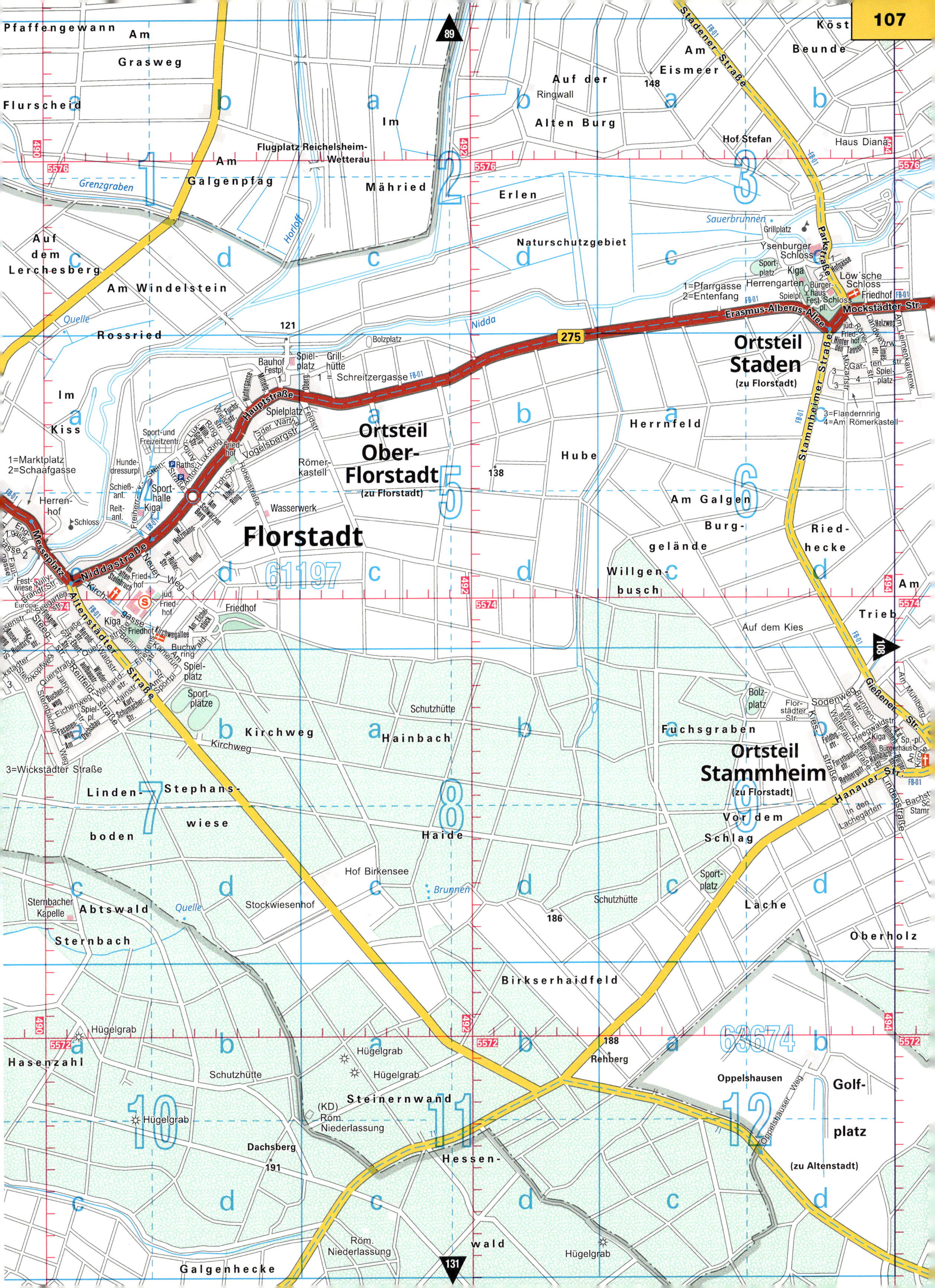
Florstadt
61197
Ortsteil Ober-Florstadt
(zu Florstadt)
Ortsteil Staden
(zu Florstadt)
Ortsteil Stammheim
(zu Florstadt)
Flugplatz Reichelsheim-Wetterau
Naturschutzgebiet
Nidda
Horloff
Grenzgraben
Erasmus-Alberus-Allee
Hauptstraße
Niddastraße
Altenstädter Straße
Stadener Straße
Parkstraße
Stammheimer Straße
Mockstädter Str.
Gießener Str.
Hanauer Str.
Ysenburger Schloss
Löw'sche Schloss
Sauerbrunnen
Wasserwerk
Römerkastell
Hof Birkensee
Stockwiesenhof
Hof Stefan
Haus Diana
Oppelshausen
Golfplatz
(zu Altenstadt)
63674
Pfaffengewann
Am Grasweg
Flurscheid
Am Galgenpfag
Im Mähried
Auf dem Lerchesberg
Am Windelstein
Rossried
Im Kiss
Auf der Ringwall
Alten Burg
Am Eismeer
Köst
Beunde
Erlen
Herrnfeld
Hube
Am Galgen
Burggelände
Willgenbusch
Riedhecke
Am Trieb
Auf dem Kies
Fuchsgraben
Kirchweg
Hainbach
Linden-boden
Stephanswiese
Haide
Vor dem Schlag
Lache
Oberholz
Abtswald
Sternbach
Sternbacher Kapelle
Birkserhaidfeld
Hasenzahl
Steinernwand
Hessenwald
Galgenhecke
Dachsberg
Rehberg
Hügelgrab
Schutzhütte
Röm. Niederlassung
1=Marktplatz
2=Schaafgasse
1=Pfarrgasse
2=Entenfang
3=Flandernring
4=Am Römerkastell
3=Wickstädter Straße
1 = Schreitzergasse
275
89
108
131
5576
5574
5572
490
492
494
121
138
148
186
188
191

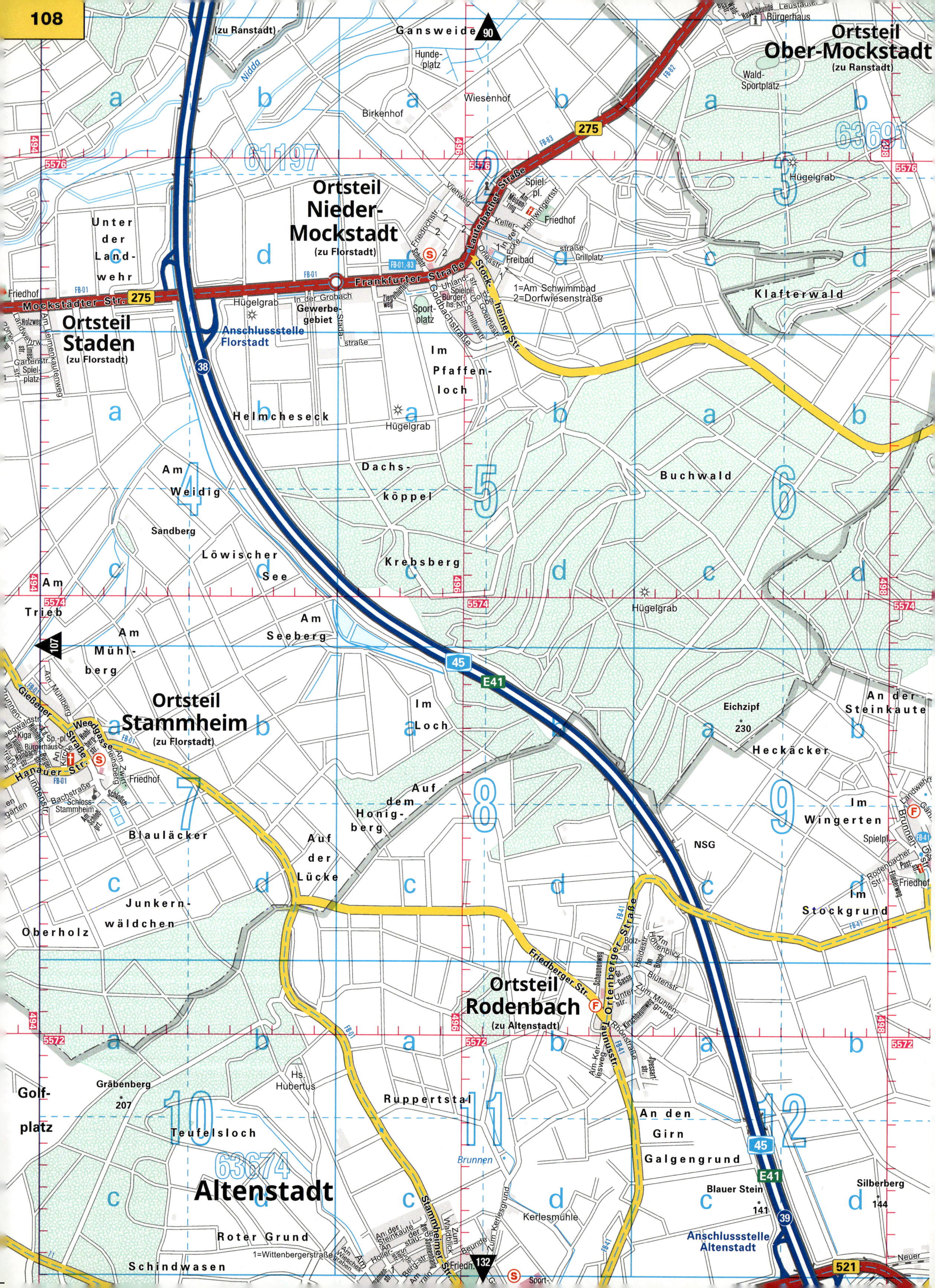

Ortsteil Ober-Mockstadt (zu Ranstadt)
Ortsteil Nieder-Mockstadt (zu Florstadt)
Ortsteil Staden (zu Florstadt)
Ortsteil Stammheim (zu Florstadt)
Ortsteil Rodenbach (zu Altenstadt)
Altenstadt
61197
63691
63674
Gansweide
Hundeplatz
Birkenhof
Wiesenhof
Wald-Sportplatz
Hügelgrab
Unter der Landwehr
Frankfurter Straße
Mockstädter Str.
Lauterbacher Straße
Stockheimer Str.
Friedhof
Freibad
Grillplatz
1=Am Schwimmbad
2=Dorfwiesenstraße
Klafterwald
Anschlussstelle Florstadt
Gewerbegebiet
Sportplatz
Im Pfaffenloch
Helmcheseck
Dachsköppel
Buchwald
Am Weidig
Sandberg
Löwischer See
Krebsberg
Am Trieb
Am Seeberg
Am Mühlberg
Im Loch
Eichzipf
230
An der Steinkaute
Heckäcker
Auf dem Honigberg
Blauläcker
Auf der Lücke
Im Wingerten
NSG
Junkernwäldchen
Oberholz
Im Stockgrund
Friedberger Str.
Ortenberger Straße
Golfplatz
Gräbenberg
207
Hs. Hubertus
Ruppertstal
An den Girn
Galgengrund
Teufelsloch
Brunnen
Blauer Stein
141
Silberberg
144
Kerlesmühle
Roter Grund
Schindwasen
1=Wittenbergerstraße
Anschlussstelle Altenstadt
Stammheimer Str.
275
38
45
E41
39
521
90
107
132

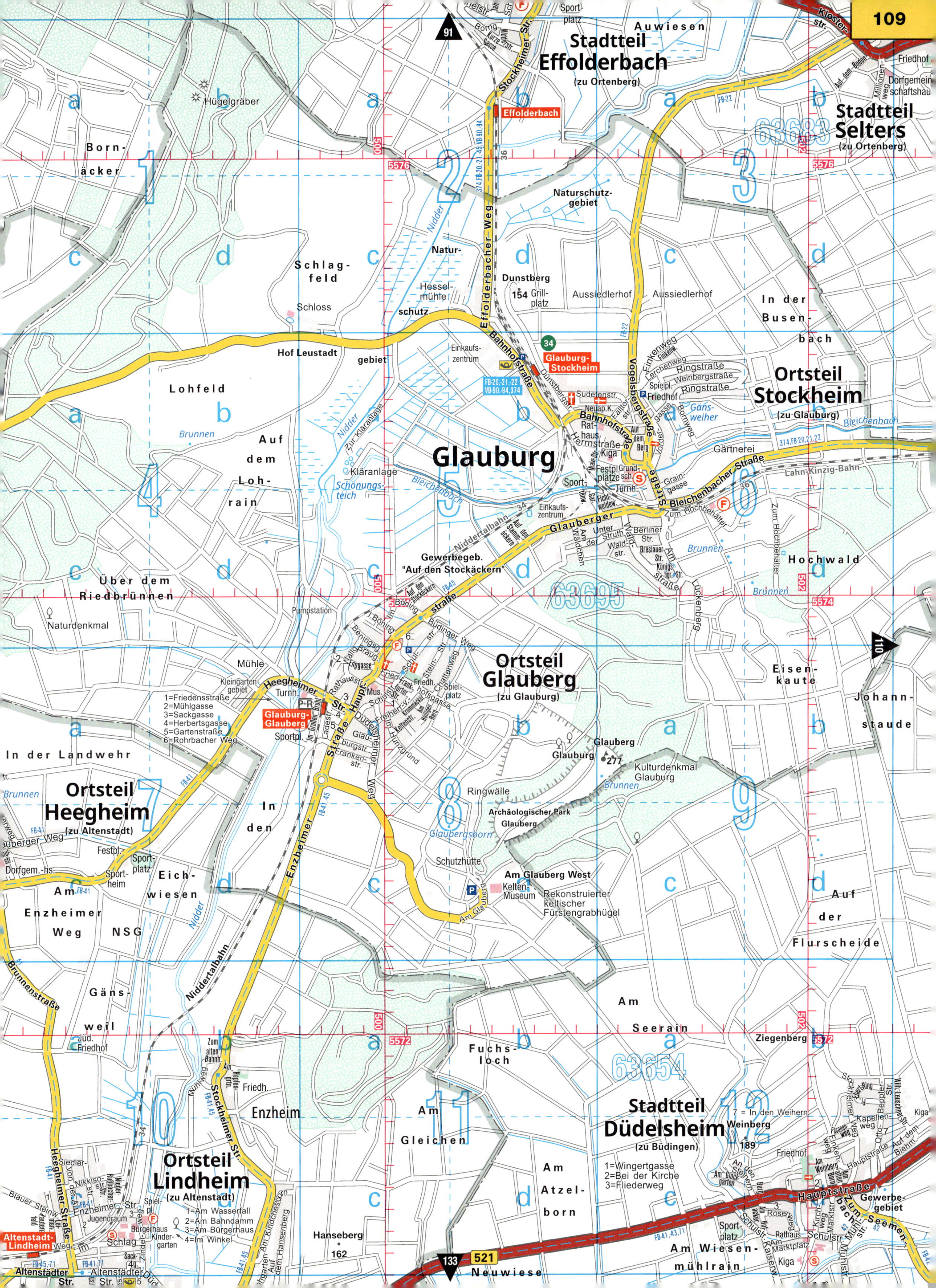

Stadtteil
Effolderbach
(zu Ortenberg)
Stadtteil
Selters
(zu Ortenberg)
Auwiesen
Effolderbach
Born-
äcker
Hügelgräber
Naturschutz-
gebiet
Schlag-
feld
Natur-
schutz
gebiet
Hessel-
mühle
Dunstberg
154
Grill-
platz
Aussiedlerhof
Aussiedlerhof
In der
Busen-
bach
Schloss
Hof Leustadt
Einkaufs-
zentrum
Glauburg-
Stockheim
Ortsteil
Stockheim
(zu Glauburg)
Lohfeld
Brunnen
Auf
dem
Loh-
rain
Kläranlage
Schönungs-
teich
Glauburg
Bahnhofstraße
Vogelsbergstraße
Ringstraße
Weinbergstraße
Friedhof
Gänsweiher
Bleichenbach
Bleichenbacher Straße
Lahn-Kinzig-Bahn
Gärtnerei
Niddertalbahn
Glauberger Straße
Gewerbegeb.
"Auf den Stockäckern"
Hochwald
Über dem
Riedbrünnen
Naturdenkmal
Pumpstation
Mühle
Ortsteil
Glauberg
(zu Glauburg)
Eisen-
kaute
Johann-
staude
1=Friedensstraße
2=Mühlgasse
3=Sackgasse
4=Herbertsgasse
5=Gartenstraße
6=Rohrbacher Weg
Heegheimer Str.
Glauburg-
Glauberg
Sportpl.
In der Landwehr
Glauberg
277
Glauburg
Kulturdenkmal
Glauburg
Ortsteil
Heegheim
(zu Altenstadt)
Ringwälle
Archäologischer Park
Glauberg
Glaubergsborn
In
den
Eich-
wiesen
Schutzhütte
Am Glauberg West
Kelten-
Museum
Rekonstruierter
keltischer
Fürstengrabhügel
Auf
der
Flurscheide
Am
Enzheimer
Weg
NSG
Enzheimer Straße
Nidder
Brunnenstraße
Gäns-
weil
Jüd.
Friedhof
Am
Seerain
Ziegenberg
Fuchs-
loch
Enzheim
Am
Gleichen
Stadtteil
Düdelsheim
(zu Büdingen)
7 = In den Weihern
Weinberg
189
1=Wingertgasse
2=Bei der Kirche
3=Fliederweg
Am
Atzel-
born
Ortsteil
Lindheim
(zu Altenstadt)
1=Am Wasserfall
2=Am Bahndamm
3=Am Bürgerhaus
4=Im Winkel
Stockheimer Str.
Heegheimer Straße
Altenstadt-
Lindheim
Hanseberg
162
Hauptstraße
Gewerbe-
gebiet
Am Wiesen-
mühlrain
Neuwiese
Altenstädter Str.
63683
63695
63654

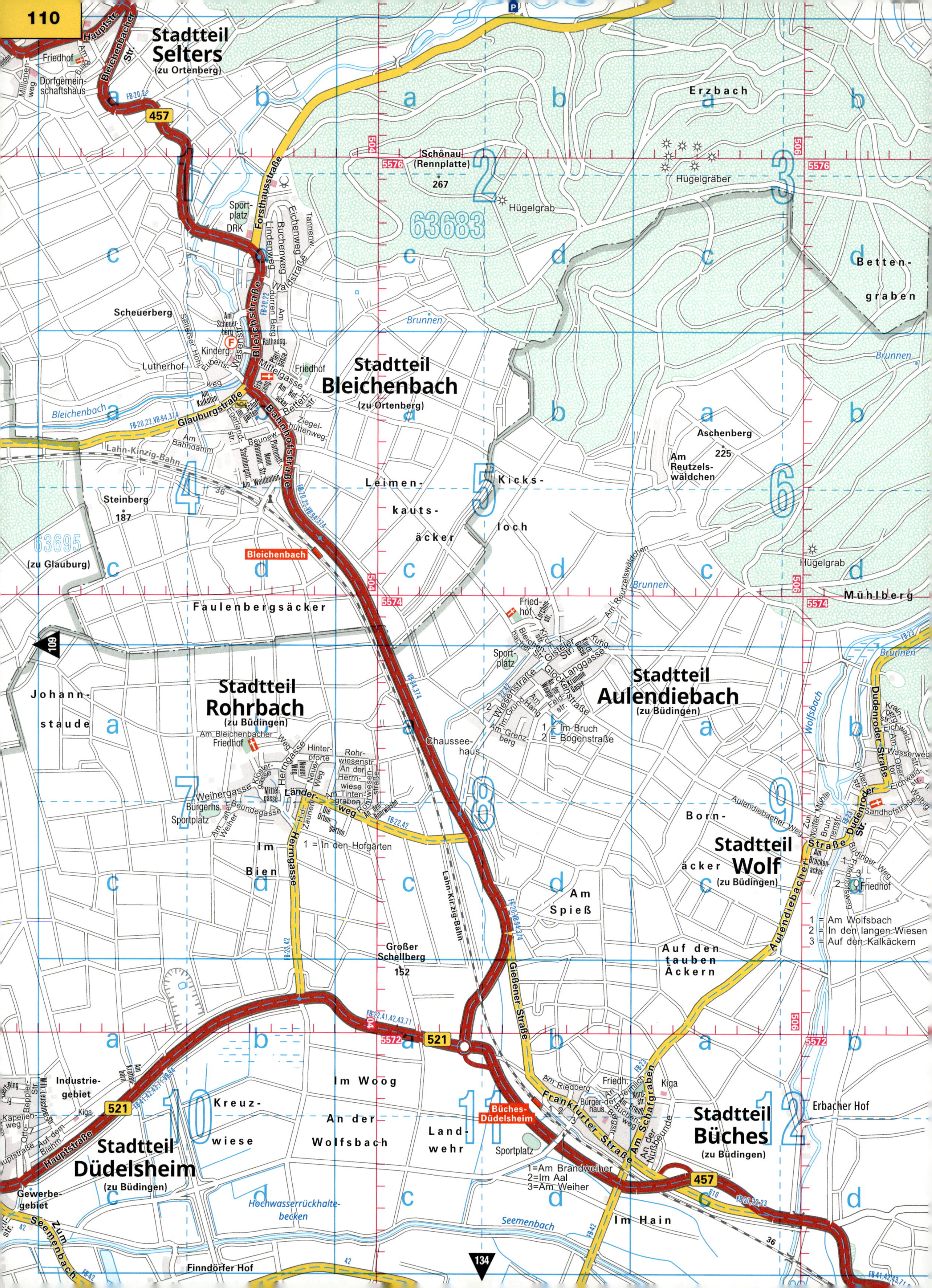

Stadtteil Selters
(zu Ortenberg)
Friedhof
Dorfgemeinschaftshaus
Erzbach
Schönau (Rennplatte)
267
Hügelgrab
Hügelgräber
63683
Betten-graben
Scheuerberg
Lutherhof
Stadtteil Bleichenbach
(zu Ortenberg)
Bleichenbach
Glauburgstraße
Bahnhofstraße
Lahn-Kinzig-Bahn
Aschenberg
225
Am Reutzelswäldchen
Leimen-kauts-äcker
Kicks-loch
Steinberg
187
63695
(zu Glauburg)
Hügelgrab
Mühlberg
Faulenbergsäcker
Stadtteil Rohrbach
(zu Büdingen)
Stadtteil Aulendiebach
(zu Büdingen)
Johann-staude
Chaussee-haus
1 = Im Bruch
2 = Bogenstraße
Born-äcker
Stadtteil Wolf
(zu Büdingen)
1 = In den Hofgärten
Im Bien
Am Spieß
1 = Am Wolfsbach
2 = In den langen Wiesen
3 = Auf den Kalkäckern
Großer Schellberg
152
Auf den tauben Äckern
Gießener Straße
Industrie-gebiet
Im Woog
Kreuz-wiese
An der Wolfsbach
Land-wehr
Büches-Düdelsheim
Sportplatz
Stadtteil Büches
(zu Büdingen)
Erbacher Hof
Stadtteil Düdelsheim
(zu Büdingen)
Frankfurter Straße
1=Am Brandweiher
2=Im Aal
3=Am Weiher
Gewerbe-gebiet
Hochwasserrückhalte-becken
Seemenbach
Im Hain
Finndörfer Hof

109
134

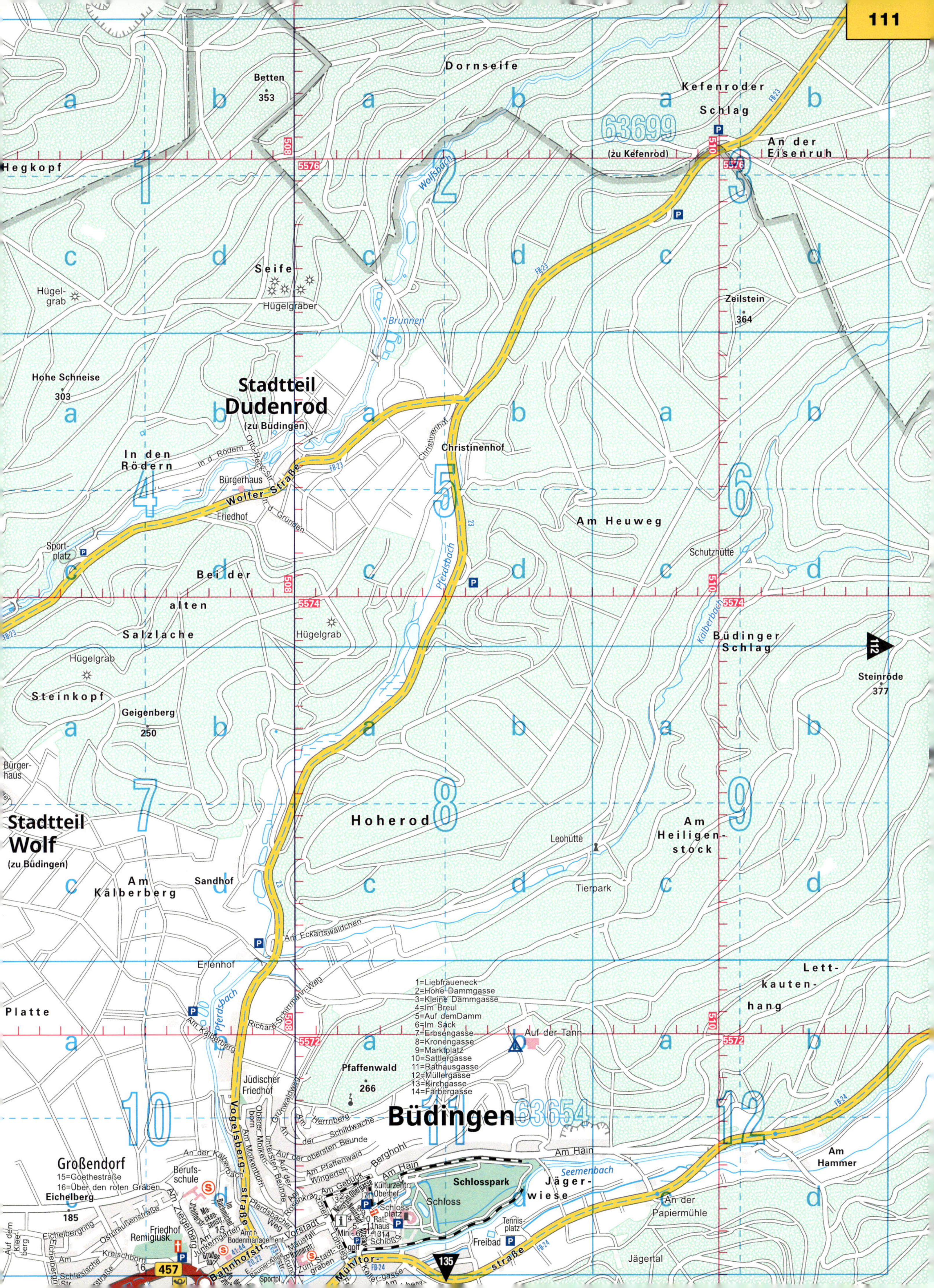

Dornseife
Betten
353
Kefenroder
Schlag
63699
(zu Kefenrod)
An der
Eisenruh
Hegkopf
Wolfsbach
Seife
Hügelgrab
Hügelgräber
Brunnen
Zeilstein
364
Hohe Schneise
303
Stadtteil
Dudenrod
(zu Büdingen)
In den
Rödern
Christinenhof
Bürgerhaus
Wolfer Straße
Friedhof
Am Heuweg
Sport-
platz
Schutzhütte
Bei der
alten
Salzlache
Pferdsbach
Kälberbach
Büdinger
Schlag
Steinröde
377
Steinkopf
Geigenberg
250
Bürger-
haus
Stadtteil
Wolf
(zu Büdingen)
Hoherod
Am
Heiligen-
stock
Leohütte
Am
Kälberberg
Sandhof
Tierpark
Am Eckartswäldchen
Erlenhof
Richard-Schirrmann-Weg
Lett-
kauten-
hang
Platte
1=Liebfraueneck
2=Hohe-Dammgasse
3=Kleine Dammgasse
4=Im Breul
5=Auf dem Damm
6=Im Sack
7=Erbsengasse
8=Kronengasse
9=Marktplatz
10=Sattlergasse
11=Rathausgasse
12=Müllergasse
13=Kirchgasse
14=Färbergasse
Auf der Tann
Pfaffenwald
266
Jüdischer
Friedhof
Büdingen
63654
Am Hain
Am
Hammer
Großendorf
15=Goethestraße
16=Über den roten Graben
Eichelberg
185
Seemenbach
Schlosspark
Schloss
Jäger-
wiese
An der
Papiermühle
Vogelsberg-
straße
Bahnhofstr.
Mühltor-
straße
Friedhof
Remigiusk.
Tennis-
platz
Freibad
Jägertal
457
135
112

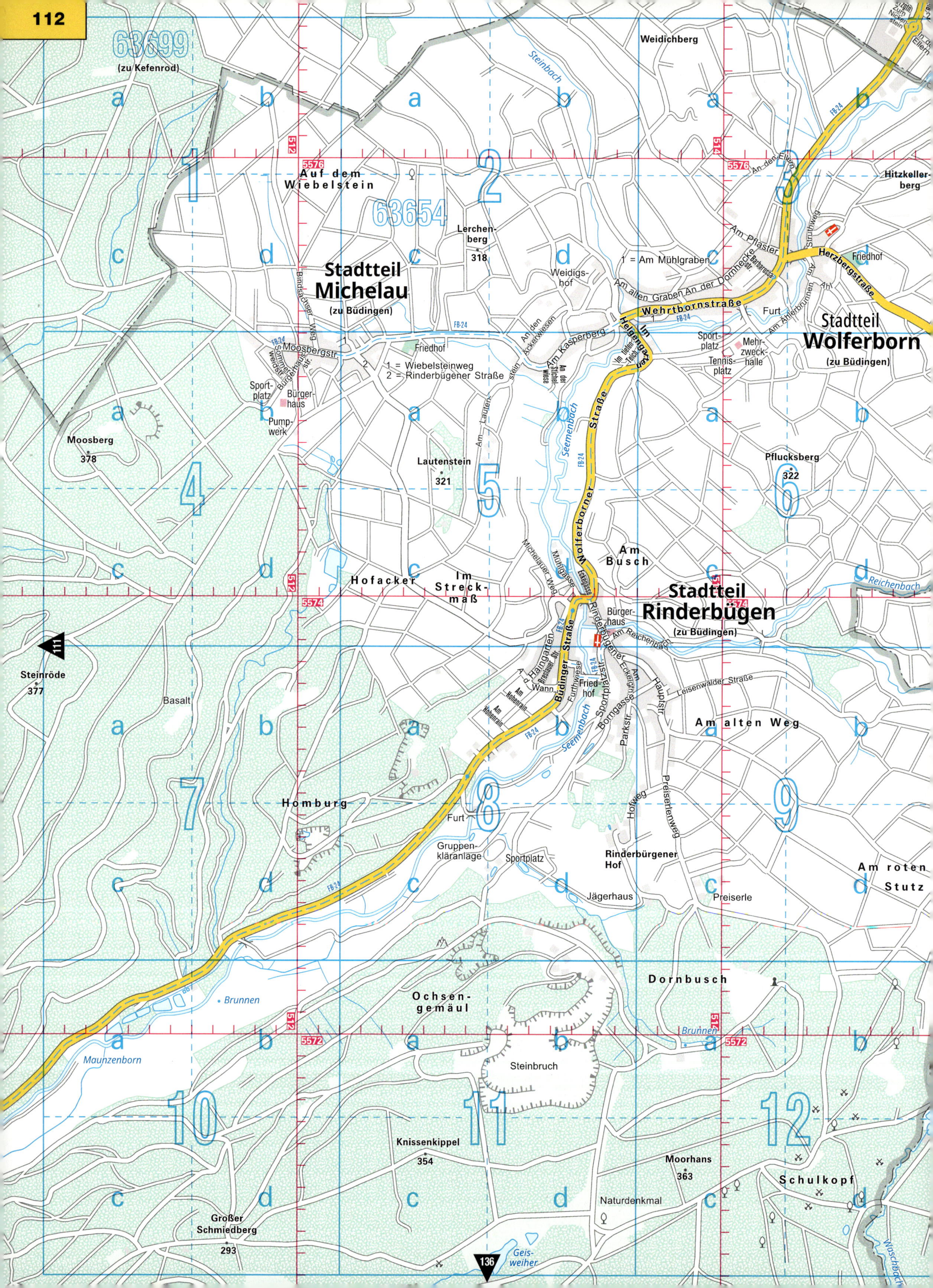
63699
(zu Kefenrod)
Weidichberg
Steinbach
Auf dem Wiebelstein
63654
Lerchenberg
318
Hitzkellerberg
Stadtteil Michelau
(zu Büdingen)
Weidigshof
1 = Am Mühlgraben
Wehrtbornstraße
Herzbergstraße
Friedhof
Stadtteil Wolferborn
(zu Büdingen)
Moosbergstr.
Friedhof
1 = Wiebelsteinweg
2 = Rinderbügener Straße
Sportplatz
Bürgerhaus
Pumpwerk
Moosberg
378
Seemenbach
Lautenstein
321
Pflucksberg
322
Wolferborner Straße
Am Busch
Hofacker
Im Streckmaß
Stadtteil Rinderbügen
(zu Büdingen)
Reichenbach
Steinröde
377
Basalt
Büdinger Straße
Bürgerhaus
Friedhof
Leisenwalder Straße
Am alten Weg
Homburg
Furt
Gruppenkläranlage
Sportplatz
Rinderbürgener Hof
Jägerhaus
Preiserle
Am roten Stutz
Brunnen
Dornbusch
Ochsengemäul
Maunzenborn
Steinbruch
Knissenkippel
354
Moorhans
363
Schulkopf
Naturdenkmal
Großer Schmiedberg
293
Geisweiher
136

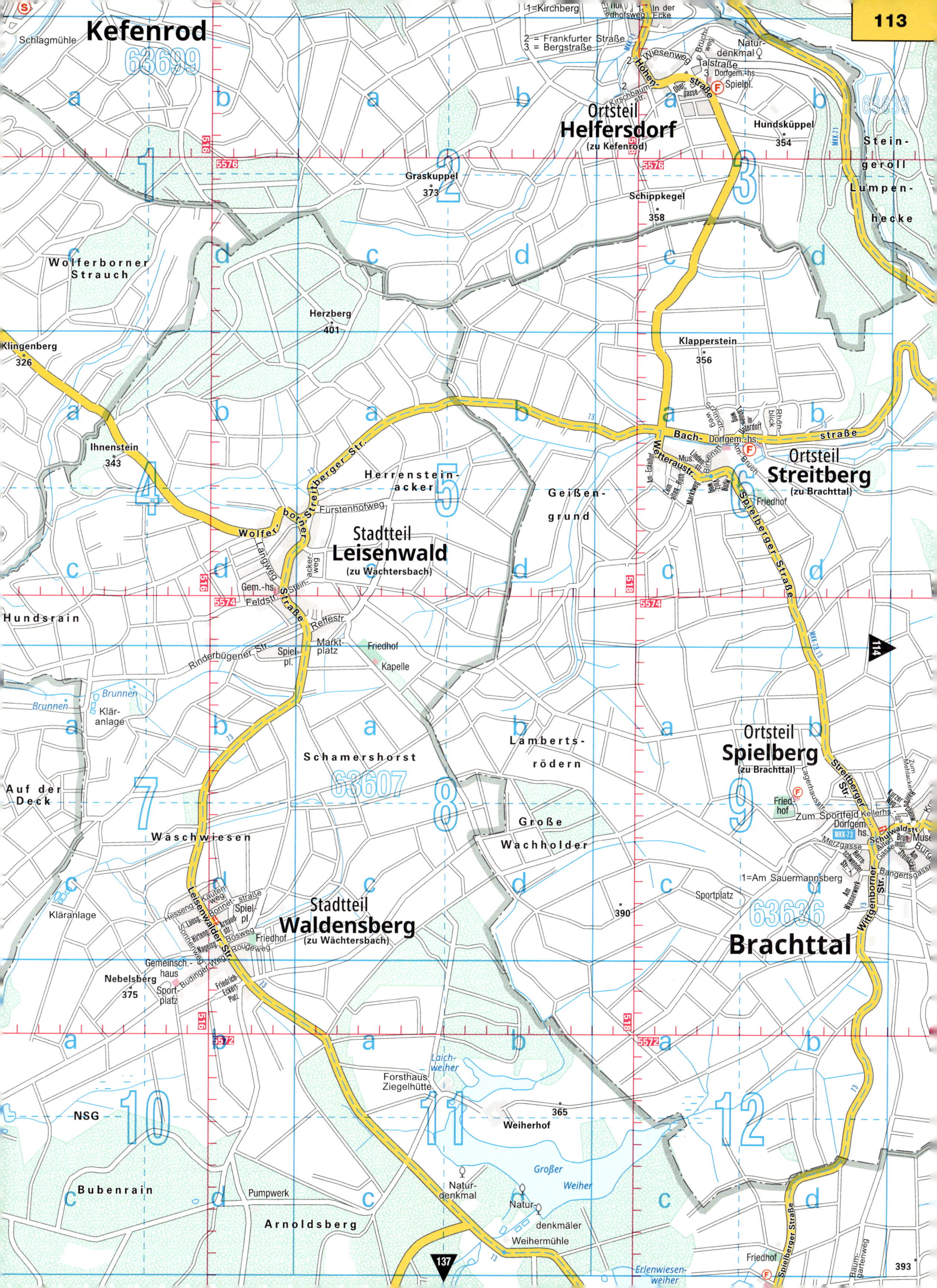
Kefenrod
63699
Schlagmühle
1=Kirchberg
2 = Frankfurter Straße
3 = Bergstraße
Ortsteil
Helfersdorf
(zu Kefenrod)
Wiesenweg
Talstraße
Höhenstraße
Dorfgem.-hs.
Spielpl.
Kirschbaumstr.
Natur-
denkmal
Hundsküppel
354
Stein-
geröll
Lumpen-
hecke
Graskuppel
373
Schippkegel
358
Wolferborner
Strauch
Herzberg
401
Klingenberg
326
Klapperstein
356
Ihnenstein
343
Bachstraße
Dorfgem.-hs.
Wetteraustr.
Ortsteil
Streitberg
(zu Brachttal)
Friedhof
Spielberger Straße
Herrenstein-
acker
Geißen-
grund
Streitberger Str.
Fürstenhofweg
Wolferborner Straße
Stadtteil
Leisenwald
(zu Wächtersbach)
Langweg
Gem.-hs.
Feldstr.
Reffestr.
Hundsrain
Rinderbügener Str.
Spielpl.
Marktplatz
Friedhof
Kapelle
Brunnen
Kläranlage
114
Schamershorst
63607
Lamberts-
rödern
Ortsteil
Spielberg
(zu Brachttal)
Streitberger Str.
Friedhof
Zum Sportfeld
Dorfgem.-hs.
Schulwaldstr.
Merzgasse
Bangertsgasse
Auf der
Deck
Wäschwiesen
Große
Wachholder
1=Am Sauermannsberg
Sportplatz
390
63636
Brachttal
Wittgenborner Str.
Leisenwalder Str.
Kläranlage
Stadtteil
Waldensberg
(zu Wächtersbach)
Bonnet-straße
Spielpl.
Bösweg
Rougeweg
Friedhof
Gemeinsch.-
haus
Büdinger Weg
Nebelsberg
375
Sportplatz
Friedrich-Ecker-Platz
Laich-
weiher
Forsthaus
Ziegelhütte
365
Weiherhof
NSG
Großer
Weiher
Natur-
denkmal
Natur-
denkmäler
Weihermühle
Bubenrain
Pumpwerk
Arnoldsberg
137
Erlenwiesen-
weiher
Friedhof
Spielberger Straße
Baumgartenweg
393

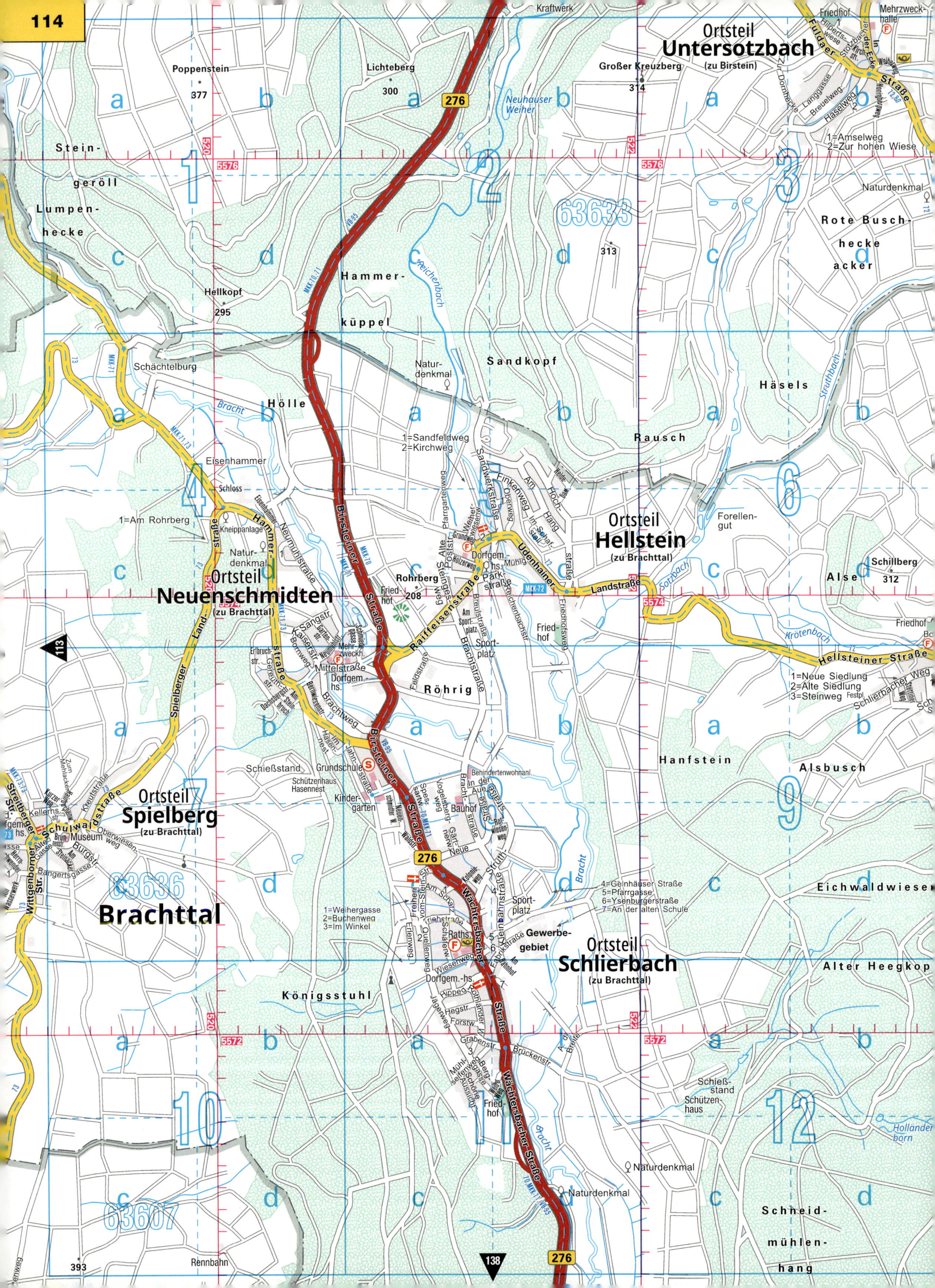

Ortsteil
Untersotzbach
(zu Birstein)
Ortsteil
Hellstein
(zu Brachttal)
Ortsteil
Neuenschmidten
(zu Brachttal)
Ortsteil
Spielberg
(zu Brachttal)
Brachttal
Ortsteil
Schlierbach
(zu Brachttal)
Poppenstein
377
Lichteberg
300
Kraftwerk
Großer Kreuzberg
314
Neuhauser Weiher
Stein-geröll
Lumpen-hecke
Hellkopf
295
Hammer-küppel
Reichenbach
63633
313
Rote Busch-hecke acker
Naturdenkmal
1=Amselweg
2=Zur hohen Wiese
Schächtelburg
Bracht
Hölle
Natur-denkmal
Sandkopf
Häsels
Strutbach
1=Sandfeldweg
2=Kirchweg
Rausch
Eisenhammer
Schloss
1=Am Rohrberg
Kneippanlage
Birsteiner Straße
Forellen-gut
Udenhainer Landstraße
Schillberg
312
Alse
Rohrberg
208
Raiffeisenstraße
Fried-hof
Sport-platz
Röhrig
Friedhof
Krotenbach
Hellsteiner Straße
1=Neue Siedlung
2=Alte Siedlung
3=Steinweg
Schlierbacher Weg
Mittelstraße
Dorfgem.-hs.
Brachtweg
Schießstand
Grundschule
Schützenhaus Hasennest
Kinder-garten
Hanfstein
Alsbusch
Museum
Schulwaldstraße
Spielberger Landstraße
Wittgenborner Str.
Burgstr.
63636
Bauhof
Behindertenwohnanl.
Bracht
4=Gelnhäuser Straße
5=Pfarrgasse
6=Ysenburgerstraße
7=An der alten Schule
Eichwaldwiese
1=Weihergasse
2=Buchenweg
3=Im Winkel
Sport-platz
Gewerbe-gebiet
Raths.
Wächtersbacher Straße
Dorfgem.-hs.
Alter Heegkop
Königsstuhl
Brückenstr.
Schieß-stand
Schützen-haus
Fried-hof
Holländer born
Naturdenkmal
Naturdenkmal
63607
Schneid-mühlen-hang
393
Rennbahn
276
113
138
5576
5574
5572
520
522

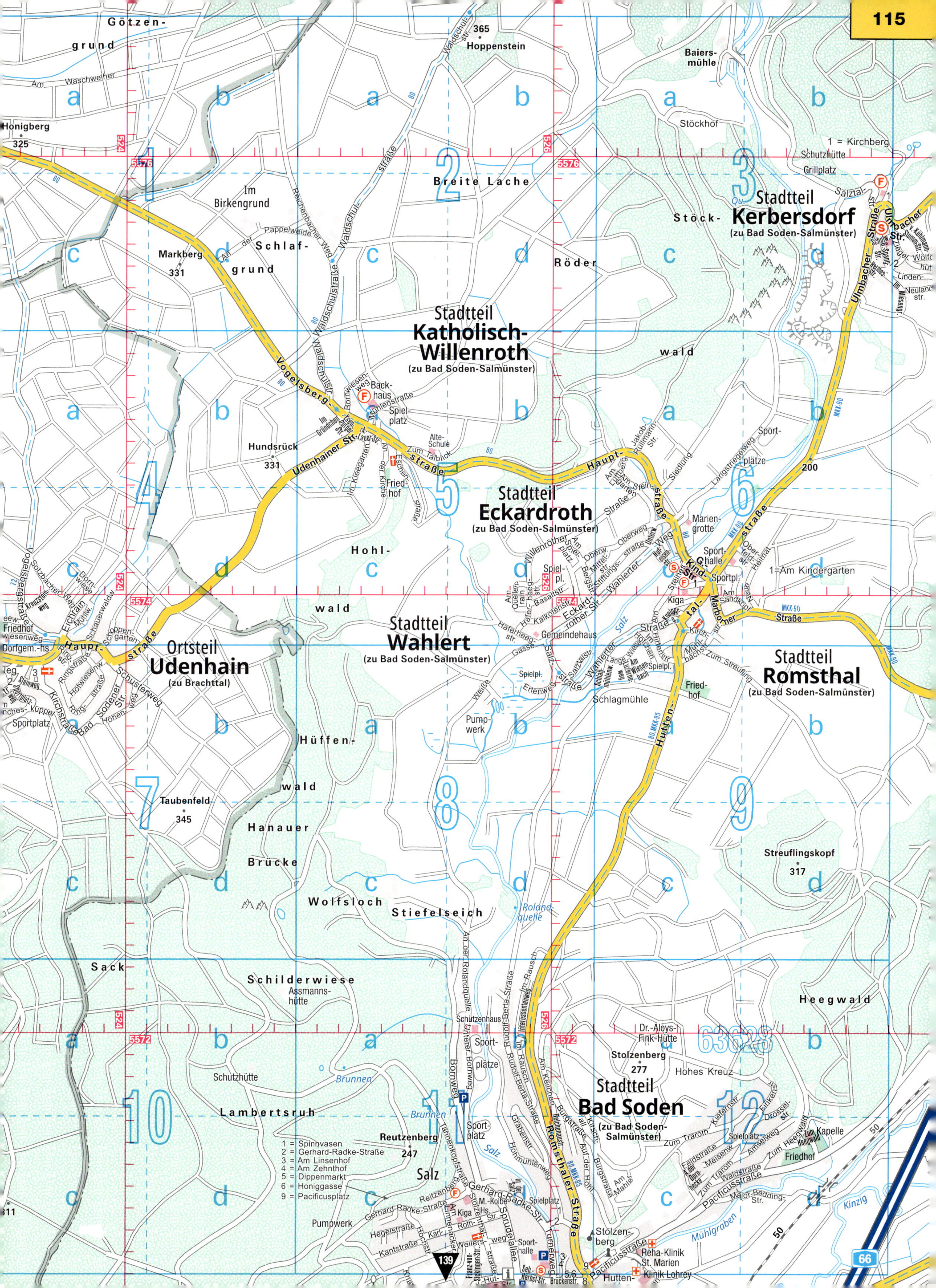

Stadtteil Kerbersdorf (zu Bad Soden-Salmünster)
Stadtteil Katholisch-Willenroth (zu Bad Soden-Salmünster)
Stadtteil Eckardroth (zu Bad Soden-Salmünster)
Ortsteil Udenhain (zu Brachttal)
Stadtteil Wahlert (zu Bad Soden-Salmünster)
Stadtteil Romsthal (zu Bad Soden-Salmünster)
Stadtteil Bad Soden (zu Bad Soden-Salmünster)
Götzen-grund
Honigberg 325
Hoppenstein 365
Baiersmühle
Stöckhof
Breite Lache
Im Birkengrund
Markberg 331
Schlafgrund
Röder
Stöck-wald
Hundsrück 331
Hohl-wald
Hüffen-wald
Taubenfeld 345
Hanauer Brücke
Wolfsloch
Stiefelseich
Streuflingskopf 317
Sack
Schilderwiese
Heegwald
Stolzenberg 277
Hohes Kreuz
Lambertsruh
Reutzenberg 247
Salz
1 = Kirchberg
1=Am Kindergarten
1 = Spinnvasen
2 = Gerhard-Radke-Straße
3 = Am Linsenhof
4 = Am Zehnthof
5 = Dippenmarkt
6 = Honiggasse
9 = Pacificusplatz
63628

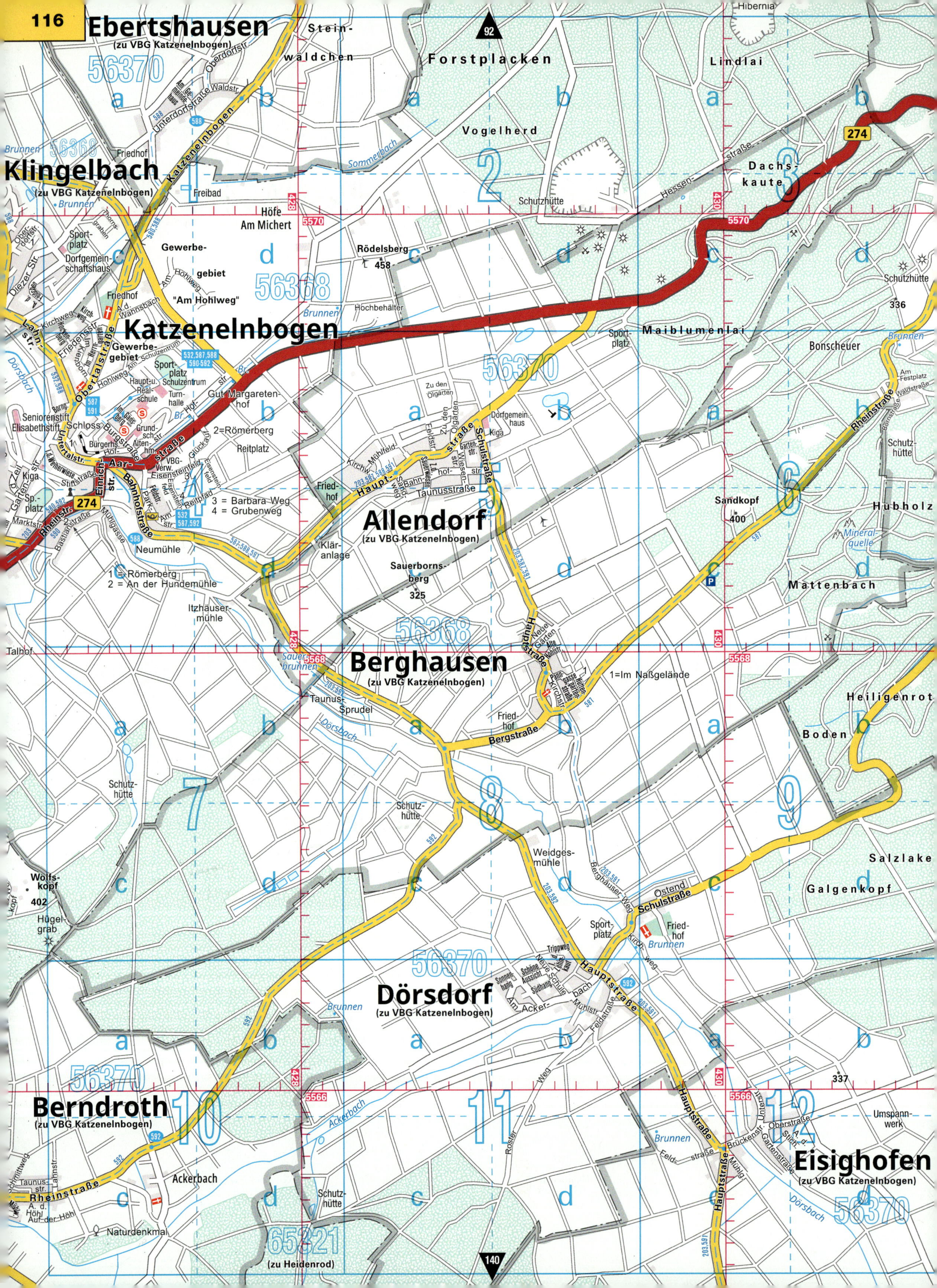
Ebertshausen
(zu VBG Katzenelnbogen)
Stein-
wäldchen
Forstplacken
Lindlai
Vogelherd
Klingelbach
(zu VBG Katzenelnbogen)
Dachs-
kaute
Schutzhütte
Höfe
Am Michert
Rödelsberg
458
Gewerbe-
gebiet
"Am Hohlweg"
Katzenelnbogen
Maiblumenlai
Bonscheuer
Gut Margareten-
hof
2=Römerberg
Reitplatz
3 = Barbara-Weg
4 = Grubenweg
Allendorf
(zu VBG Katzenelnbogen)
Sauerborns-
berg
325
Sandkopf
400
Hubholz
Mattenbach
Neumühle
1 = Römerberg
2 = An der Hundemühle
Itzhauser-
mühle
Berghausen
(zu VBG Katzenelnbogen)
1=Im Naßgelände
Heiligenrot
Boden
Taunus-
Sprudel
Salzlake
Galgenkopf
Wolfs-
kopf
402
Hügel-
grab
Weidges-
mühle
Dörsdorf
(zu VBG Katzenelnbogen)
Berndroth
(zu VBG Katzenelnbogen)
Ackerbach
Naturdenkmal
Eisighofen
(zu VBG Katzenelnbogen)
Umspann-
werk
337
65321
(zu Heidenrod)
56370
56368
274
5570
5568
5566
92
140

Burgschwalbach
(zu VBG Hahnstätten)
Schiesheim
(zu VBG Hahnstätten)
Mudershausen
(zu VBG Hahnstätten)
Ortsteil
Rückershausen
(zu Aarbergen)
Ortsteil
Hausen über Aar
(zu Aarbergen)
Aarbergen
Ortsteil
Kettenbach
(zu Aarbergen)
65558
65623
65326
Ziegelhütte
Barbara-Stollen
1=Berghäuser Str.
Schliembach
In der Schliem
Mudershäuser Str.
274
93
54
141
118
432
567
5568
5566
Johannis-
brunnen
Alte Römerquelle
1=Grabenstraße
2=Kirchweg
3=Am Kindergarten
4=In den Nebstwiesen
Kinder-
garten
Fried-
hof
Bahnhof-
straße
Bachstraße
Panroder
Straße
Burg
Dorfgemein.-
haus
Tennis-
platz
Sport-
platz
Ober-
mühle
Natur-
denkmal
Palmbach
Sport-
platz
Dorfgemein-
schafts-
haus
Rat-
haus
Berghäuser Straße
Sauer-
bornswald
250
Schiesheimer
Mühle
Kläranlage
Sport-
platz
Bürgerhaus
Fried-
hof
Kindergarten
Grube Bonscheuer
Hubholz
Rathenaustraße
Limburger Straße
Mineral
Sauer-
brunnen
Borngasse
Hintergasse
Klostereck
Wehrholz
332
213
Kippel
Ohren
Heiligenrot
Steimel
ehem.
Forsthaus
292
Platte
Moto-Cross
Gelände
Modell-
flugplatz
Kaolin-
grube
STB-
Control
Henriettenhof
Turnhalle
Am
Steinkopf
Aar
Aarstraße
Im Mühlholz
Salzlake
Grillplatz
Nasse
Bannholz
Schaltenbach
299
1=Verbindungsstr.
Grundschule
Raths.
Grillplatz
Sport-
platz
Kindergarten
Untig
Mühl
Bahnhof
Einkaufs-
märkte
2=Passavant-Geiger-
Straße
Scheidertal
Scheidertalstraße
Fraurot
Deponieweg
Freie
Schule
Untertaunus
Aubach
Natur-
denkmal
Schnepfenkopf
Nachversorgungs-
zentrum
Aartal
Tennis-
platz
Michelbacher
Hütte
Hütte
Pump-
werk
Naunhäuser
Hof
Schleifenberg
Rahnstätterhof
306
Mühlberg
320
1 2 3 4 5 6 7 8 9 10 11 12
a b c d

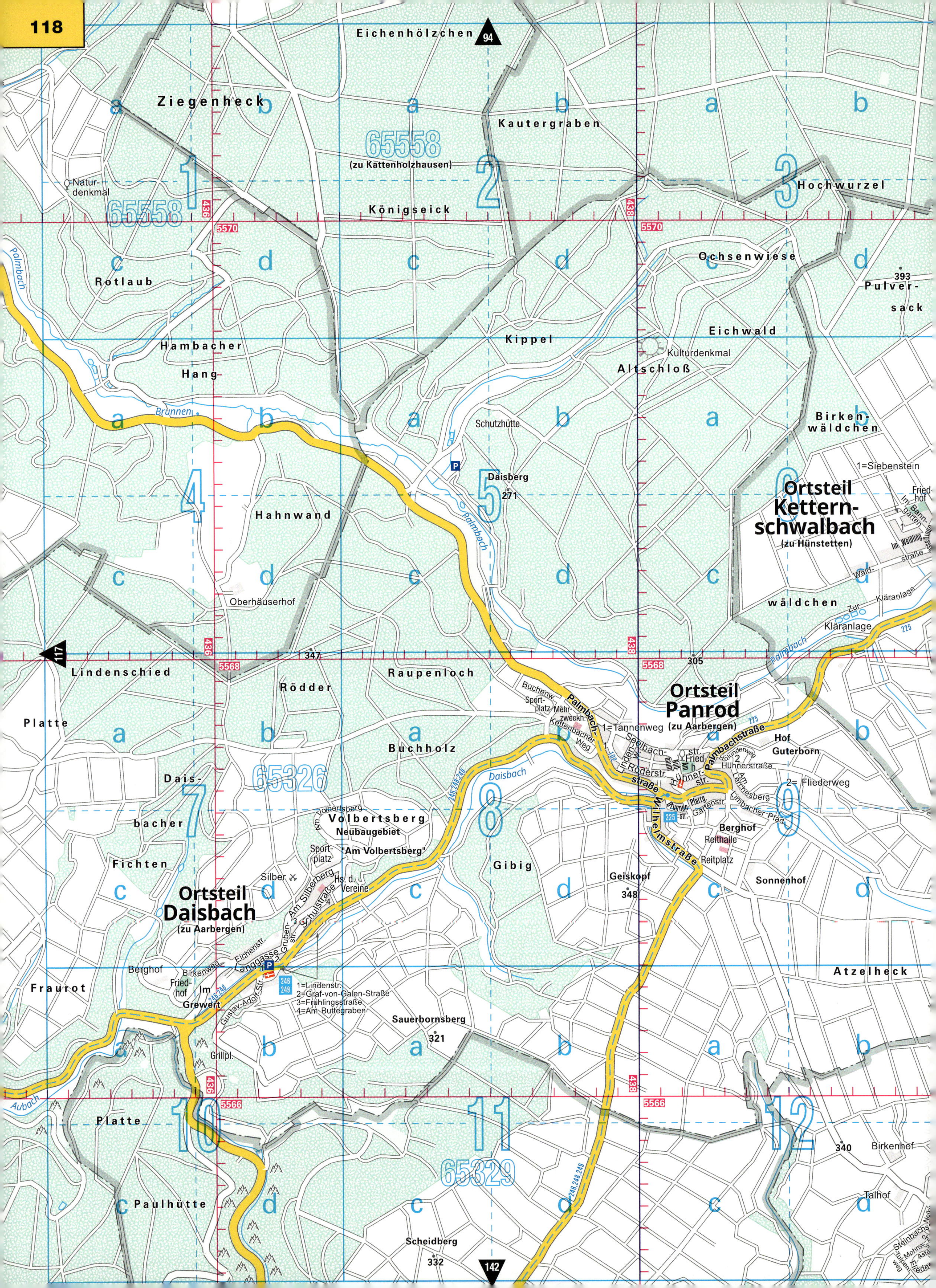

Eichenhölzchen
94
Ziegenheck
Kautergraben
65558
(zu Kattenholzhausen)
Natur-denkmal
Hochwurzel
Königseick
5570
Ochsenwiese
Pulver-sack
393
Rotlaub
Eichwald
Hambacher
Hang
Kippel
Kulturdenkmal
Altschloß
Brunnen
Schutzhütte
Birken-wäldchen
Daisberg
271
1=Siebenstein
Ortsteil
Kettern-schwalbach
(zu Hünstetten)
Hahnwand
Palmbach
Oberhäuserhof
wäldchen
Kläranlage
Zur Kläranlage
117
Lindenschied
347
5568
Raupenloch
Rödder
305
Ortsteil
Panrod
(zu Aarbergen)
Platte
Buchholz
1=Tannenweg
Hof
Guterborn
Palmbachstraße
Hühnerstraße
2= Fliederweg
Dais-bacher
65326
Daisbach
Wilhelmstraße
Volbertsberg
Neubaugebiet
"Am Volbertsberg"
Berghof
Reithalle
Reitplatz
Fichten
Gibig
Geiskopf
348
Sonnenhof
Sportplatz
Ortsteil
Daisbach
(zu Aarbergen)
Atzelheck
Fraurot
Berghof
Friedhof
Im Grewert
1=Lindenstr.
2=Graf-von-Galen-Straße
3=Frühlingsstraße
4=Am Buttegraben
Sauerbornsberg
321
Grillpl.
Aubach
5566
Platte
65329
340
Birkenhof
Talhof
Paulhütte
Scheidberg
332
142

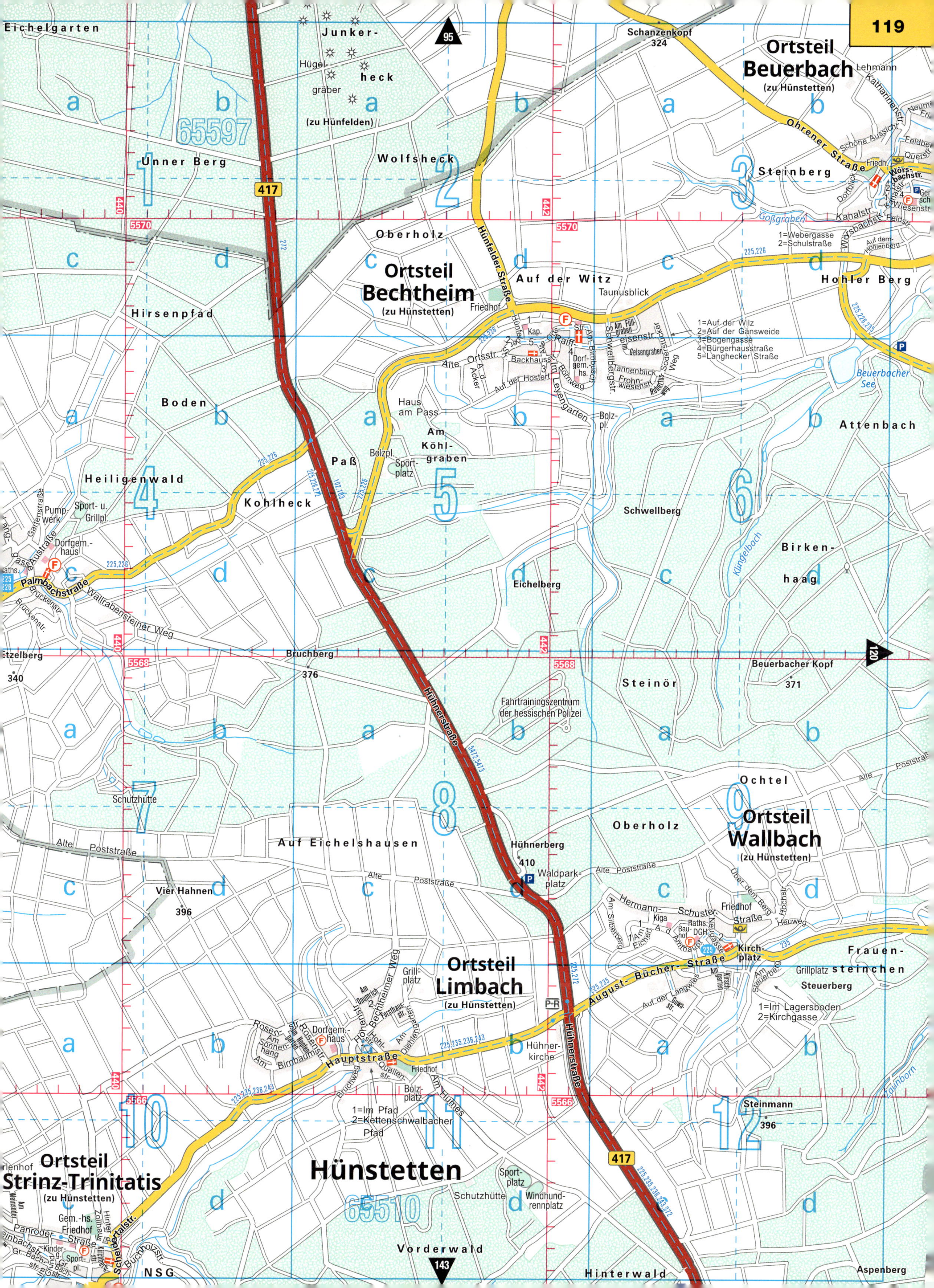
Eichelgarten
Junker-heck
Hügelgräber
(zu Hünfelden)
65597
Unner Berg
Wolfsheck
Schanzenkopf
324
Ortsteil
Beuerbach
(zu Hünstetten)
Ohrener Straße
Steinberg
Goßgraben
1=Webergasse
2=Schulstraße
Oberholz
Ortsteil
Bechtheim
(zu Hünstetten)
Hünfelder Straße
Auf der Witz
Taunusblick
Hohler Berg
Hirsenpfad
1=Auf der Wilz
2=Auf der Gänsweide
3=Bogengasse
4=Bürgerhausstraße
5=Langhecker Straße
Beuerbacher See
Boden
Haus am Pass
Am Köhlgraben
Attenbach
Paß
Sportplatz
Heiligenwald
Kohlheck
Schwellberg
Birkenhaag
Palmbachstraße
Wallrabensteiner Weg
Eichelberg
Bruchberg
376
Beuerbacher Kopf
371
340
Steinör
Fahrtrainingszentrum der hessischen Polizei
Hühnerstraße
Schutzhütte
Ochtel
Oberholz
Ortsteil
Wallbach
(zu Hünstetten)
Alte Poststraße
Auf Eichelshausen
Hühnerberg
410
Waldparkplatz
Vier Hahnen
396
Frauensteinchen
Steuerberg
1=Im Lagersboden
2=Kirchgasse
Ortsteil
Limbach
(zu Hünstetten)
August-Bücher-Straße
Hauptstraße
Hühnerkirche
1=Im Pfad
2=Kettenschwalbacher Pfad
Steinmann
396
Ortsteil
Strinz-Trinitatis
(zu Hünstetten)
Hünstetten
65510
Schutzhütte
Windhundrennplatz
Vorderwald
Hinterwald
Aspenberg
NSG
95
120
143
417

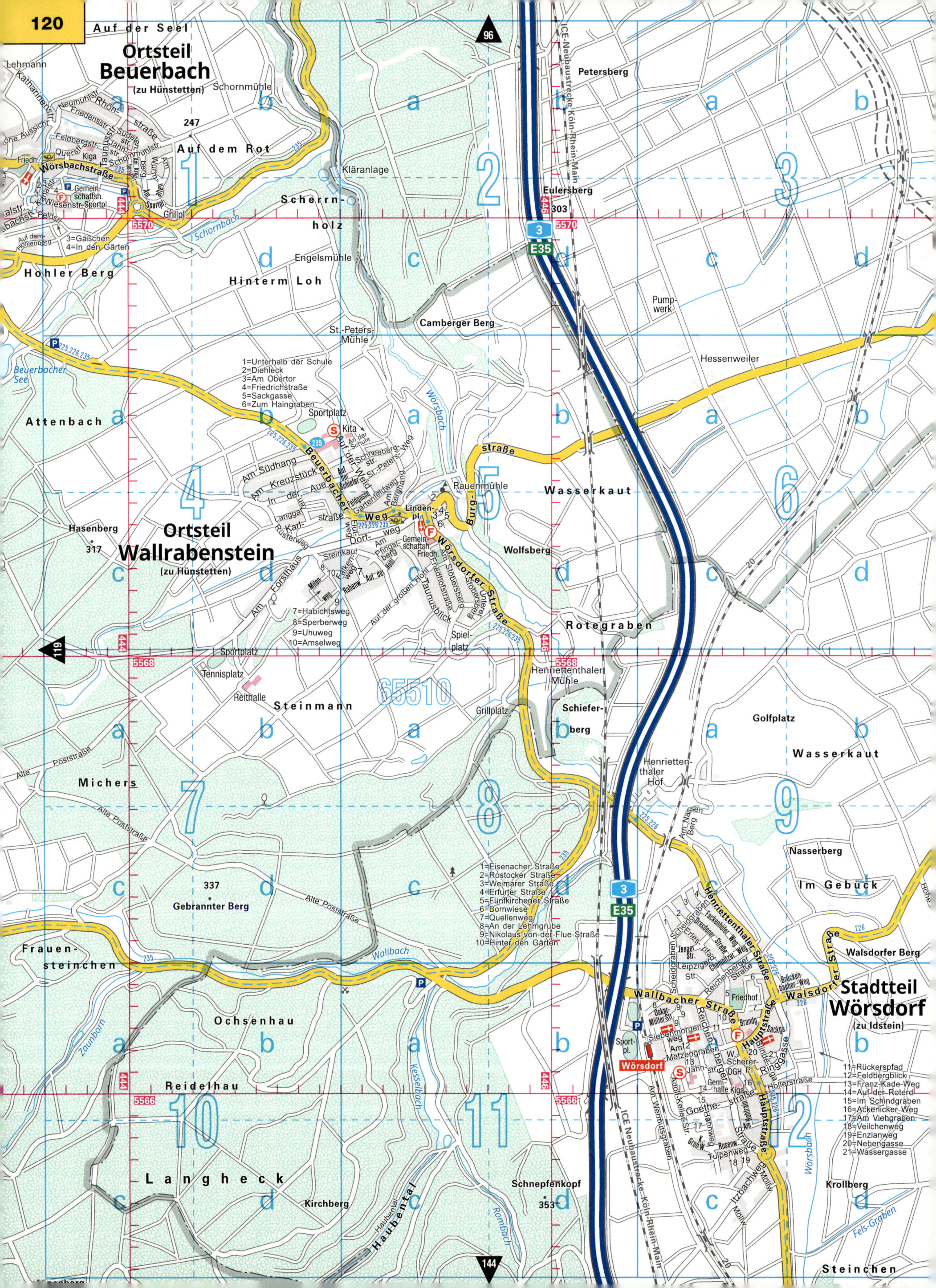
Ortsteil
Beuerbach
(zu Hünstetten)
Auf der Seel
Schornmühle
Auf dem Rot
Wörsbachstraße
Kläranlage
Scherrn-
holz
Petersberg
Eulersberg
303
Hohler Berg
Hinterm Loh
Engelsmühle
Camberger Berg
St.-Peters-
Mühle
Pump-
werk
Hessenweiler
Beuerbacher
See
1=Unterhalb der Schule
2=Diehleck
3=Am Obertor
4=Friedrichstraße
5=Sackgasse
6=Zum Haingraben
Attenbach
Sportplatz
Rauenmühle
Wasserkaut
Hasenberg
317
Ortsteil
Wallrabenstein
(zu Hünstetten)
Wolfsberg
7=Habichtsweg
8=Sperberweg
9=Uhuweg
10=Amselweg
Rotegraben
Tennisplatz
Reithalle
Steinmann
65510
Grillplatz
Henriettenthaler
Mühle
Schiefer-
berg
Golfplatz
Wasserkaut
Michers
Henrietten-
thaler
Hof
337
Gebrannter Berg
1=Eisenacher Straße
2=Rostocker Straße
3=Weimarer Straße
4=Erfurter Straße
5=Fünfkirchener Straße
6=Bornwiese
7=Quellenweg
8=An der Lehmgrube
9=Nikolaus-von-der-Flue-Straße
10=Hinter den Gärten
Nasserberg
Im Gebück
Frauen-
steinchen
Wallbach
Walsdorfer Berg
Stadtteil
Wörsdorf
(zu Idstein)
Ochsenhau
Wörsdorf
11=Rückerspfad
12=Feldbergblick
13=Franz-Kade-Weg
14=Auf der Roterd
15=Im Schindgraben
16=Ackerlicker Weg
17=Am Viehgraben
18=Veilchenweg
19=Enzianweg
20=Nebengasse
21=Wassergasse
Reidelhau
Langheck
Kirchberg
Haubental
Schnepfenkopf
353
Krollberg
Steinchen
ICE-Neubaustrecke Köln-Rhein-Main

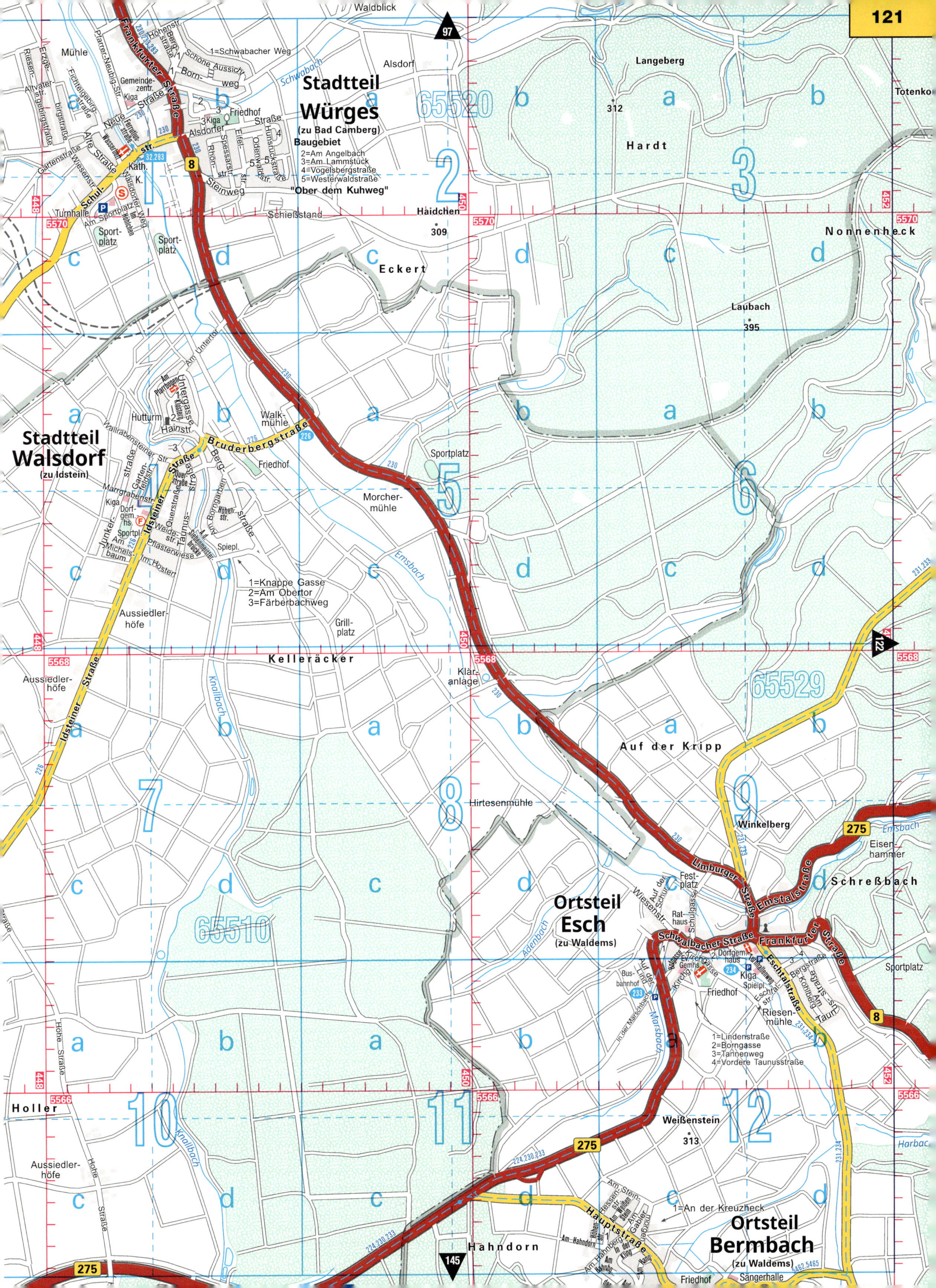
Stadtteil
Würges
(zu Bad Camberg)
Baugebiet
2=Am Angelbach
3=Am Lammstück
4=Vogelsbergstraße
5=Westerwaldstraße
"Ober dem Kuhweg"
1=Schwabacher Weg
Stadtteil
Walsdorf
(zu Idstein)
1=Knappe Gasse
2=Am Obertor
3=Färberbachweg
Ortsteil
Esch
(zu Waldems)
1=Lindenstraße
2=Borngasse
3=Tannenweg
4=Vordere Taunusstraße
Ortsteil
Bermbach
(zu Waldems)
1=An der Kreuzheck
Frankfurter Straße
Limburger Straße
Emstalstraße
Schwalbacher Straße
Bruderbergstraße
Idsteiner Straße
Langeberg
Hardt
Nonnenheck
Laubach
395
Eckert
Kelleräcker
Auf der Kripp
Winkelberg
Schreßbach
Weißenstein
313
Hahndorn
Holler
Haidchen
309
312
65520
65529
65510
Emsbach
Knallbach
Marsbach
Hirtesenmühle
Morchermühle
Walkmühle
Kläranlage
Eisenhammer
Aussiedlerhöfe
Sportplatz
Friedhof
Grillplatz
Waldblick
Alsdorf
Totenkopf
97
145
122
275
8

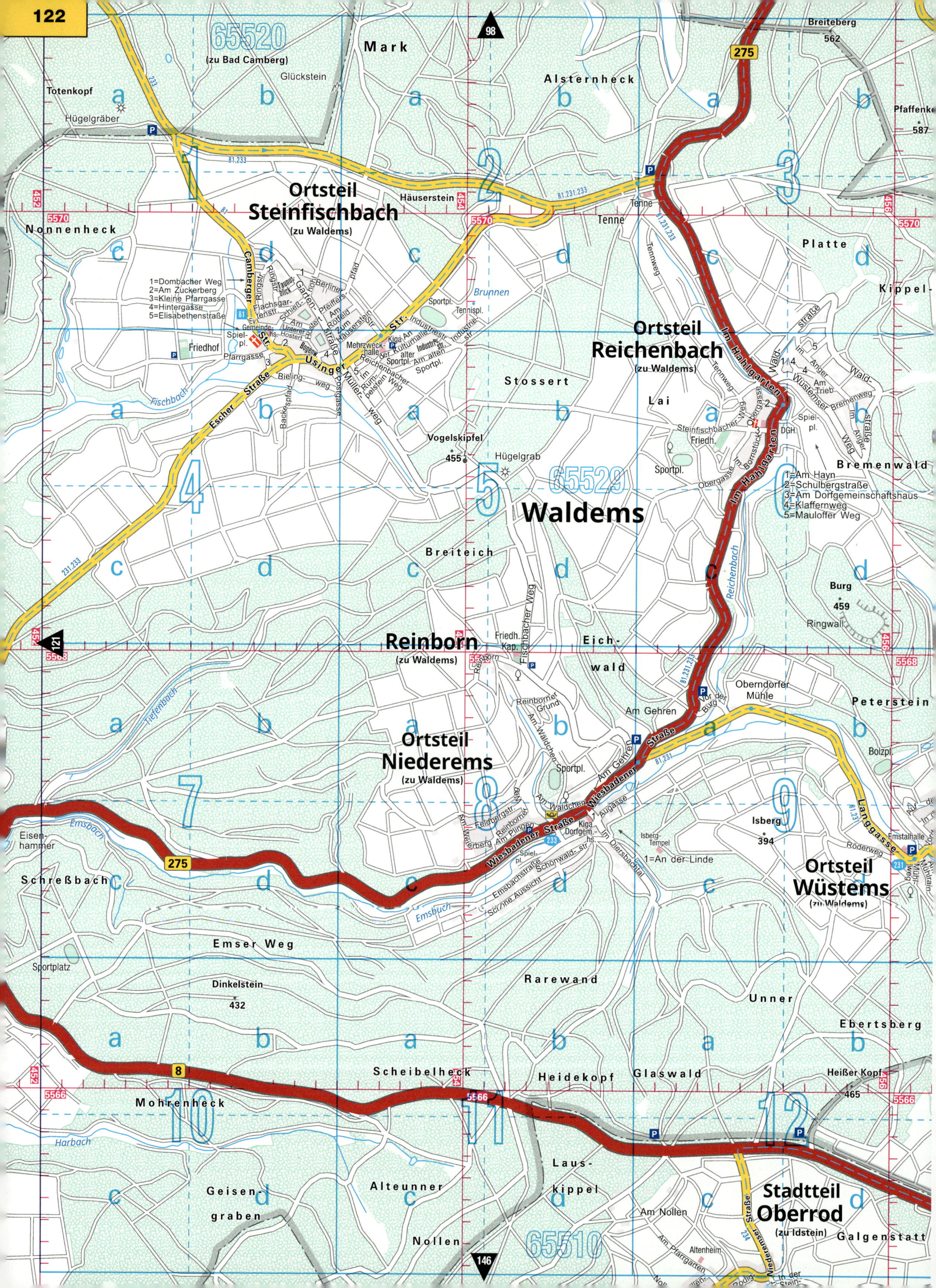
Ortsteil Steinfischbach
(zu Waldems)
Ortsteil Reichenbach
(zu Waldems)
Waldems
Reinborn
(zu Waldems)
Ortsteil Niederems
(zu Waldems)
Ortsteil Wüstems
(zu Waldems)
Stadtteil Oberrod
(zu Idstein)
65520
(zu Bad Camberg)
65529
65510
Mark
Alsternheck
Totenkopf
Hügelgräber
Glückstein
Häuserstein
Tenne
Nonnenheck
Platte
Kippel-
Breiteberg
562
Pfaffenk
587
1=Dombacher Weg
2=Am Zuckerberg
3=Kleine Pfargasse
4=Hintergasse
5=Elisabethenstraße
Friedhof
Pfarrgasse
Escher Straße
Usinger Str.
Camberger Str.
Brunnen
Sportpl.
Tennispl.
Fischbach
Stossert
Lai
Vogelskipfel
455
Hügelgrab
Breiteich
Bremenwald
1=Am Hayn
2=Schulbergstraße
3=Am Dorfgemeinschaftshaus
4=Klaffernweg
5=Mauloffer Weg
Im Hahlgarten
Reichenbach
Burg
459
Ringwall
Eich-
wald
Fischbacher Weg
Oberndorfer Mühle
Am Gehren
Peterstein
Tiefenbach
Eisen-
hammer
Schreßbach
Emsbach
Wiesbadener Straße
1=An der Linde
Isberg
394
Langgasse
Emser Weg
Sportplatz
Dinkelstein
432
Rarewand
Unner
Ebertsberg
Scheibelheck
Heidekopf
Glaswald
Heißer Kopf
465
Mohrenheck
Harbach
Geisen-
graben
Alteunner
Laus-
kippel
Nollen
Am Nollen
Altenheim
Galgenstatt
275
8
233
234
98
121
146

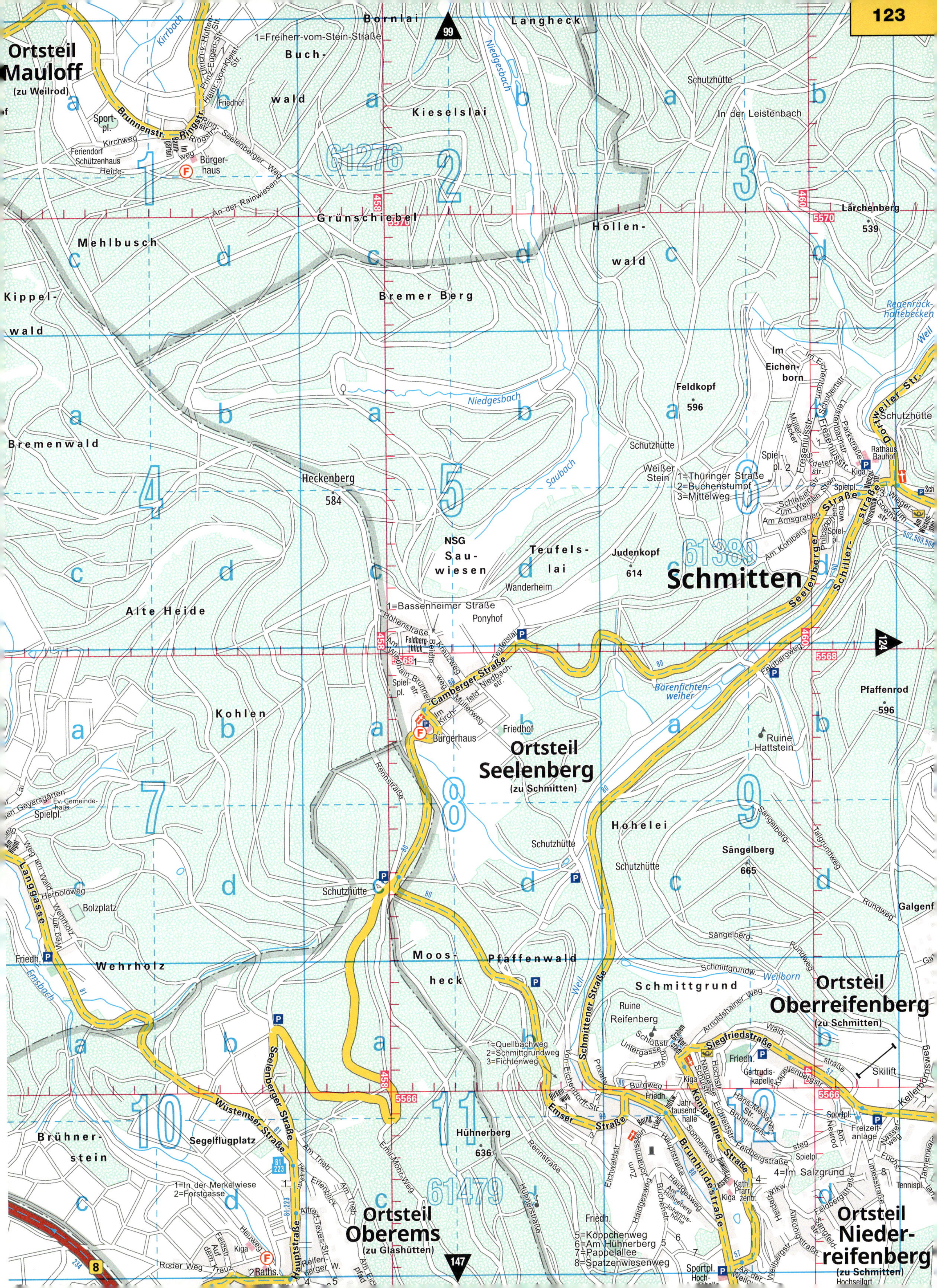
Ortsteil Mauloff
(zu Weilrod)
Bornlai
Langheck
Buch-
wald
Kieselslai
Schutzhütte
In der Leistenbach
61276
Grünschiebel
Mehlbusch
Höllen-
wald
Lärchenberg
539
Kippel-
wald
Bremer Berg
Im Eichen-
born
Feldkopf
596
Bremenwald
Niedgesbach
Heckenberg
584
NSG
Sau-
wiesen
Teufels-
lai
Judenkopf
614
61389
Schmitten
Wanderheim
Alte Heide
1=Bassenheimer Straße
Ponyhof
Camberger Straße
Pfaffenrod
596
Kohlen
Bürgerhaus
Friedhof
Ortsteil
Seelenberg
(zu Schmitten)
Barenfichten-
weiher
Ruine
Hattstein
Hohelei
Sängelberg
665
Schutzhütte
Moos-
heck
Pfaffenwald
Schmittgrund
Ortsteil
Oberreifenberg
(zu Schmitten)
Wehrholz
Ruine
Reifenberg
Siegfriedstraße
Skilift
Brühner-
stein
Segelflugplatz
Wüstemser Straße
Seelenberger Straße
Hühnerberg
636
1=Quellbachweg
2=Schmittgrundweg
3=Fichtenweg
Brunhildestraße
Königsteiner Straße
1=In der Merkelwiese
2=Forstgasse
61479
Ortsteil
Oberems
(zu Glashütten)
5=Köppchenweg
6=Am Hühnerberg
7=Pappelallee
8=Spatzenwiesenweg
4=Im Salzgrund
Ortsteil
Nieder-
reifenberg
(zu Schmitten)
Galgenfeld
1=Thüringer Straße
2=Buchenstumpf
3=Mittelweg
1=Freiherr-vom-Stein-Straße
Regenrückhaltebecken
99
124
147

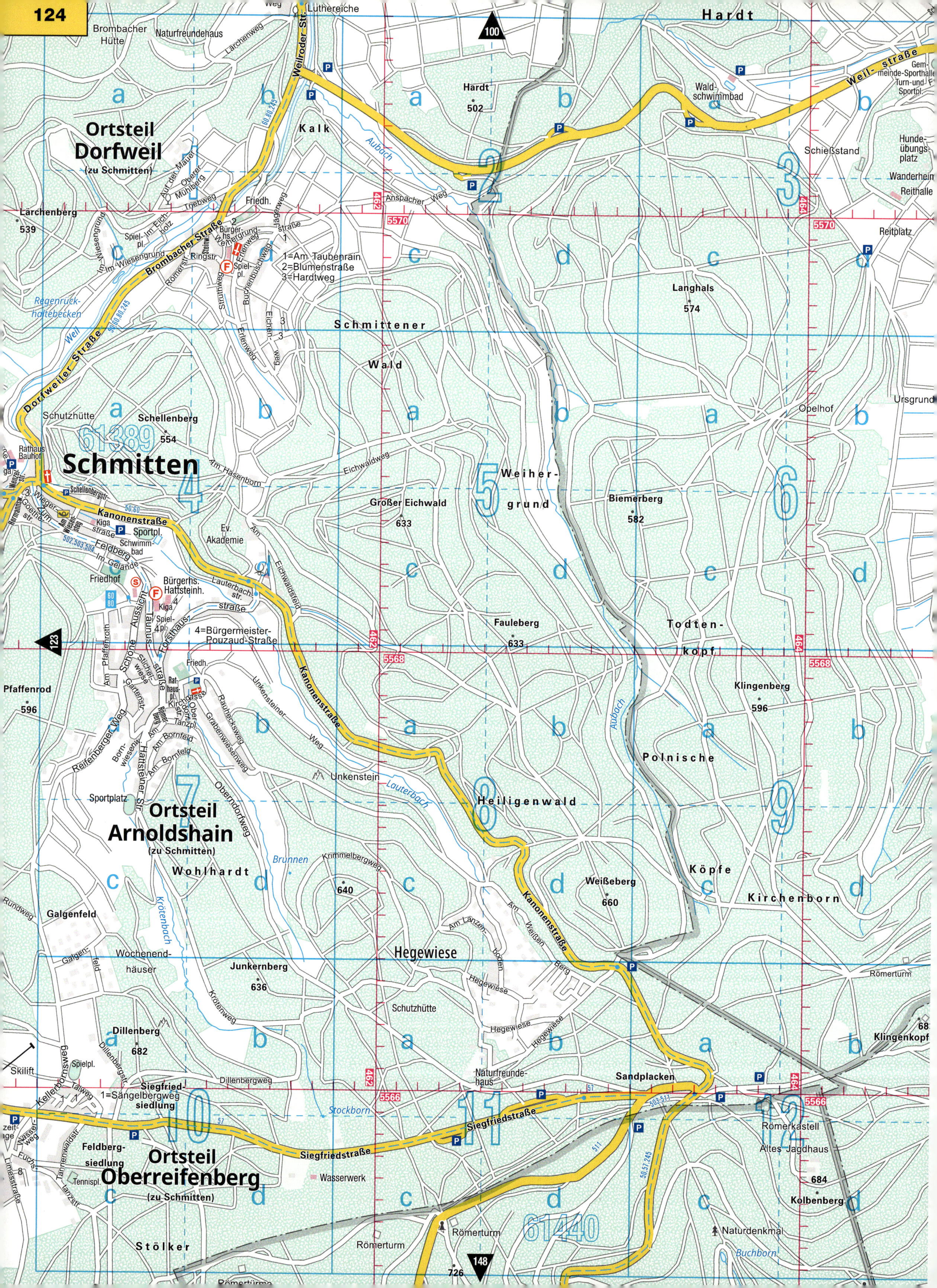
Brombacher Hütte
Naturfreundehaus
Luthereiche
Weilroder Str.
Hardt
100
Hardt
502
Kalk
Aubach
Wald-schwimmbad
Weil-straße
Gem-meinde-Sporthalle Turn- und Sportpl.
Schießstand
Hunde-übungs-platz
Wanderheim
Reithalle
Ortsteil
Dorfweil
(zu Schmitten)
Larchenberg
539
Friedh.
Anspacher Weg
Brombacher Straße
Ringstr.
1=Am Taubenrain
2=Blumenstraße
3=Hardtweg
Reitplatz
Langhals
574
Regenrück-haltebecken
Dorfweiler Straße
Schmittener
Wald
Schutzhütte
Schellenberg
554
61389
Schmitten
Am Hasenborn
Eichwaldweg
Weiher-
grund
Opelhof
Ursgrund
Biemerberg
582
Großer Eichwald
633
Kanonenstraße
Kiga
Sportpl.
Schwimm-bad
Feldberg
Friedhof
Ev. Akademie
Bürgerhs. Hattsteinh.
Lauterbach-str.
4=Bürgermeister-Pouzaud-Straße
Fauleberg
633
Todten-
kopf
123
Pfaffenrod
596
Klingenberg
596
Aubach
Polnische
Unkenstein
Lauterbach
Heiligenwald
Sportplatz
Ortsteil
Arnoldshain
(zu Schmitten)
Wohlhardt
Brunnen
Krimmelbergweg
640
Köpfe
Kirchenborn
Weißeberg
660
Galgenfeld
Krötenbach
Wochenend-häuser
Junkernberg
636
Hegewiese
Römerturm
Schutzhütte
Klingenkopf
Dillenberg
682
Skilift
Siegfried-siedlung
1=Sängelbergweg
Dillenbergweg
Naturfreunde-haus
Sandplacken
Stockborn
Siegfriedstraße
Römerkastell
Altes Jagdhaus
Feldberg-siedlung
Ortsteil
Oberreifenberg
(zu Schmitten)
Wasserwerk
684
Kolbenberg
61440
Römerturm
Naturdenkmal
Buchborn
Stölker
Römerturm
726
148

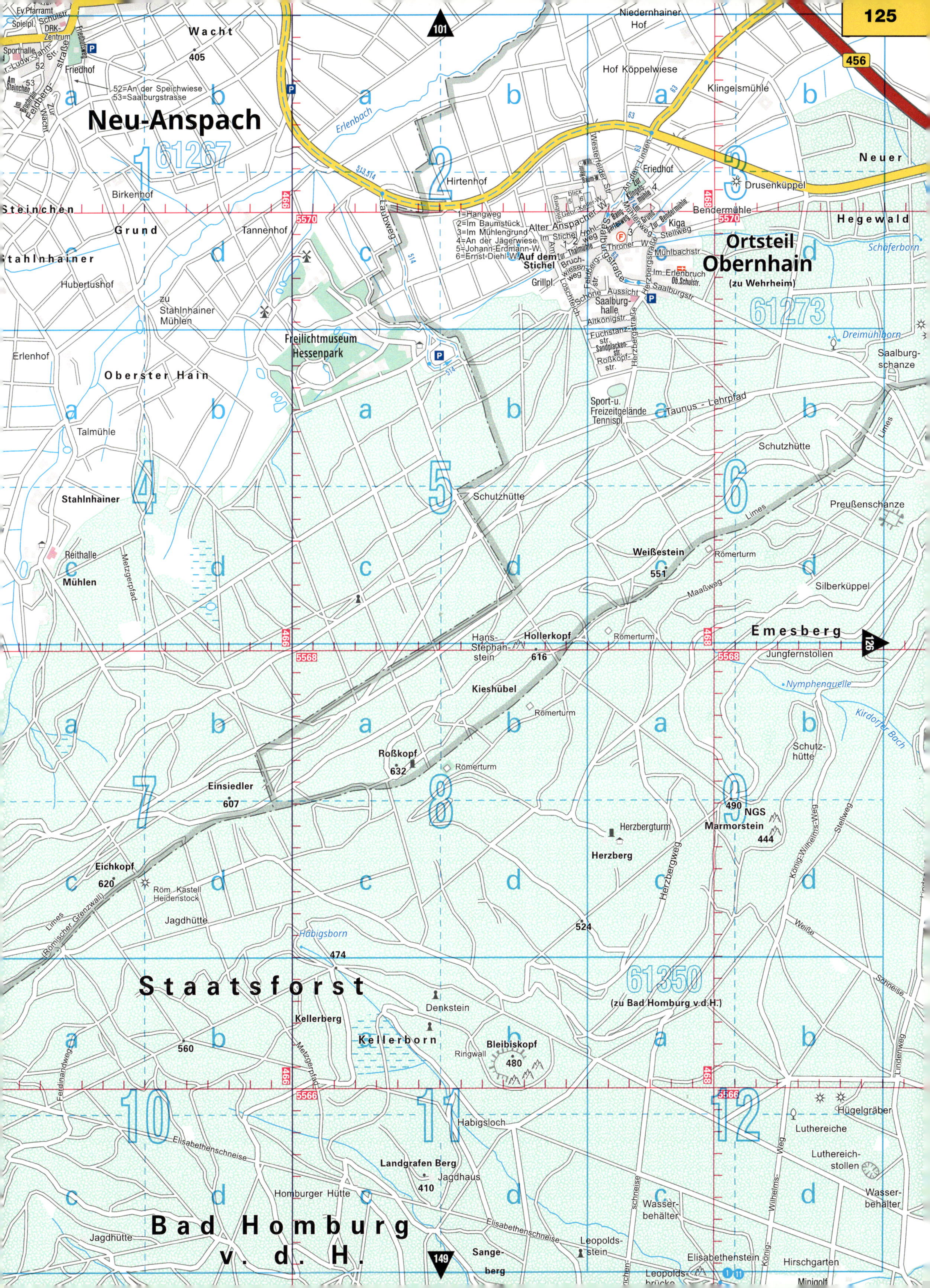
Neu-Anspach
61267
Wacht
405
Friedhof
52=An der Speichwiese
53=Saalburgstrasse
Birkenhof
Steinchen
Grund
Tannenhof
Stahlnhainer
Hubertushof
zu Stahlnhainer Mühlen
Erlenhof
Oberster Hain
Talmühle
Stahlnhainer
Reithalle
Mühlen
Metzgerpfad
Erlenbach
Hirtenhof
Freilichtmuseum Hessenpark
Laubweg
Niedernhainer Hof
Hof Köppelwiese
Klingelsmühle
Neuer
Friedhof
Drusenküppel
Bendermühle
Hegewald
Schäferborn
Ortsteil Obernhain
(zu Wehrheim)
61273
1=Hangweg
2=Im Baumstück
3=Im Mühlengrund
4=An der Jägerwiese
5=Johann-Erdmann-W.
6=Ernst-Diehl-W.
Alter Anspacher W.
Auf dem Stichel
Grillpl.
Saalburghalle
Kiga
Saalburgstr.
Dreimühlborn
Saalburgschanze
Sport-u. Freizeitgelände Tennispl.
Taunus - Lehrpfad
Schutzhütte
Schutzhütte
Preußenschanze
Limes
Weißestein
551
Römerturm
Maaßweg
Silberküppel
Hans-Stephanstein
Hollerkopf
616
Römerturm
Emesberg
Jungfernstollen
Nymphenquelle
Kirdorfer Bach
Kieshübel
Römerturm
Roßkopf
632
Römerturm
Schutzhütte
Einsiedler
607
490
NGS
Marmorstein
444
Herzbergturm
Herzberg
Herzbergweg
Eichkopf
620
Röm. Kastell Heidenstock
Jagdhütte
Limes
(Römischer Grenzwall)
Häbigsborn
474
524
Staatsforst
61350
(zu Bad Homburg v.d.H.)
Kellerberg
Denkstein
Kellerborn
Bleibiskopf
480
Ringwall
560
Ferdinandweg
Habigsloch
Hügelgräber
Luthereiche
Luthereichstollen
Elisabethenschneise
Landgrafen Berg
410
Jagdhaus
Homburger Hütte
Wasserbehälter
Wasserbehälter
Bad Homburg v. d. H.
Jagdhütte
Leopoldsstein
Sangeberg
Elisabethenstein
Hirschgarten
101
126
149
456
5570
5568
5566

61273
(zu Wehrheim)
Saalburgsiedlung
Fuchslöcher
Köpperner Tal
Neuer
Hegewald
Alter
Hegewald
Saalburg/Lochmühle
Freizeitpark Lochmühle
Ehem. Kloster Thron
Quarzit
Schutzhütte
Graueberg 456
Bauerneiche
Hügelgräber
Saalburgschanze
Saalburg Römerkastell
Freilichtmuseum
Preußenschanze
Friedrichsdorfer Stadtwald
Fröhlichermannskopf
Weiße Mauer
Gaulskopf
Batzenbaum
Hesselberg 461
Gickelsburg 471
Rehköpfe 385
Steinnickelskopf
Gebrannter Kopf
Pelagiusplatz
Am Zollstock
Saalburgstollen
Heidehof
Balzerhöhlchen
Braumannsstollen
Braumannswiesen
Hegewäldchen
Lutherlinde
Reiterhof
Sportzentrum Nordwest
Golfplatz
Karlsbrücke
61350
Stadtteil Kirdorf
(zu Bad Homburg v.d.H.)
Stadtteil Dornholzhausen
(zu Bad Homburg v.d.H.)
Gestüt Erlenhof
Forellenteichmühle
Gewerbegeb. Alte Sattelfabrik
Hardtwaldsiedlung
Revierförsterei
Reitplatz
1=Oberhainer Weg
2=Hattersheimer Weg
3=Ketteler Straße
4=Querstraße
5=Am Amburger Berg
6=Raiffeisenstraße
7=Weinmühlstraße
8=Alte Sattelfabrik
9=Am Schwesternhaus
1=Silberweg
2=Marienstraße
3=Landgraf-Friedrich-Platz
4=Waldenserstraße
5=Hugenottenstraße
6=Holzesheimer Feld
Friedberger Straße
Saalburgchaussee

61191
(zu Rosbach v. d. H.)
Alter Schlag
Töngesrode
Anschlussstelle
Friedberg
Hügelgrab
Hügelgräber
Beinhardshof
Rodheimer
Forsthaus
Hunde-
sportpl.
Schieß-
stand
Im Neuen Feld
Sportplatz
Wald-
krankenhaus
Stadtteil
Köppern
(zu Friedrichsdorf)
Köppern
Bornberg
300
Trimm-
Dich-
Pfad
Waldhof
Alten-u.
Pflegeheim
Hügelgräber
1=Am Kirschberg
2=Am Heegwald
3=An der Steinkaut
4=Meisenweg
Wald-
Trauerhalle
Friedhof
Teich-
mühle
Tannen-
mühle
61191
(zu Rosbach v.d.H.)
Salzgrund
Stotzenberg
Dickmühle
Schutzhütte
Aussied-
lerhof
Sandelmühlweg
Kleingarten-
anlage
Spießwald
Schäfer-
born
Wasser-
behälter
Dillingen
Friedhof
Schüller-
mühle
Freimunds-
mühle
Schieß-
stand
1=Schlagäckerstraße
Gewerbegebiet
Mitte
Philipp-Reis-
Schule
Färberstr.
Königsteiner Straße
Sportpark
1=Landgrafenplatz
2=Rohrwiesenstraße
3=Am Houiller Platz
Am
Schäferborn
Burgholzhausen
v.d.Höhe
2=Wilhelm-Reuter-Weg
3=Rodheimer Straße
4=Am alten Rathaus
5=Hanauer Straße
6=Hintergasse
7=Webergasse
8=Guldenpfad
9=Kurhessenstraße
10=Am Sauerborn
11=An der Bornmühle
Geisbrunnen
Friedrichs-
dorf
61381
Friedrichsdorf
Am Römerhof
4=Hirtenweg
5=Agricolaweg
6=Merowingerweg
7=Heinrich-Jacobi-Weg
8=Triebfeldstraße
9=Hasenpfad
10=Merkurweg
11=Martha-von-Puttkamer-Straße
1=Falkensteiner Straße
2=Pfingstbornstraße
3=Neydhartinger Straße
4=Herrenhofstraße
Stadtteil
Seulberg
(zu Friedrichsdorf)
Stadtteil
Burgholzhausen
v. d. Höhe
(zu Friedrichsdorf)
Leinenmühle
Wald-
friedhof
Hardt-
wald
Caesar
Hütte
Schutz-
hütte
Hügelgrab
Köhler-
berg
Hügel-
gräber
Wasser-
behälter
Jüdischer
Friedhof
Seulberg
5=Kiefernweg
6=Fichtenweg
7=Weidenweg
8=Buchenweg
9=Eschenweg
10=Lärchenweg
Aussiedlerhof
Schlappermühle
Nademühle
Gewerbe-
gebiet
Steinmühle
(zu Bad Homburg v.d.H.)
Homburger Landstraße
Gonzenheimer Landstraße
Vilbeler Straße
Ober-Erlenbacher Straße
Mainzer Straße
Erlenbach
Seulbach
E451
103
128
151

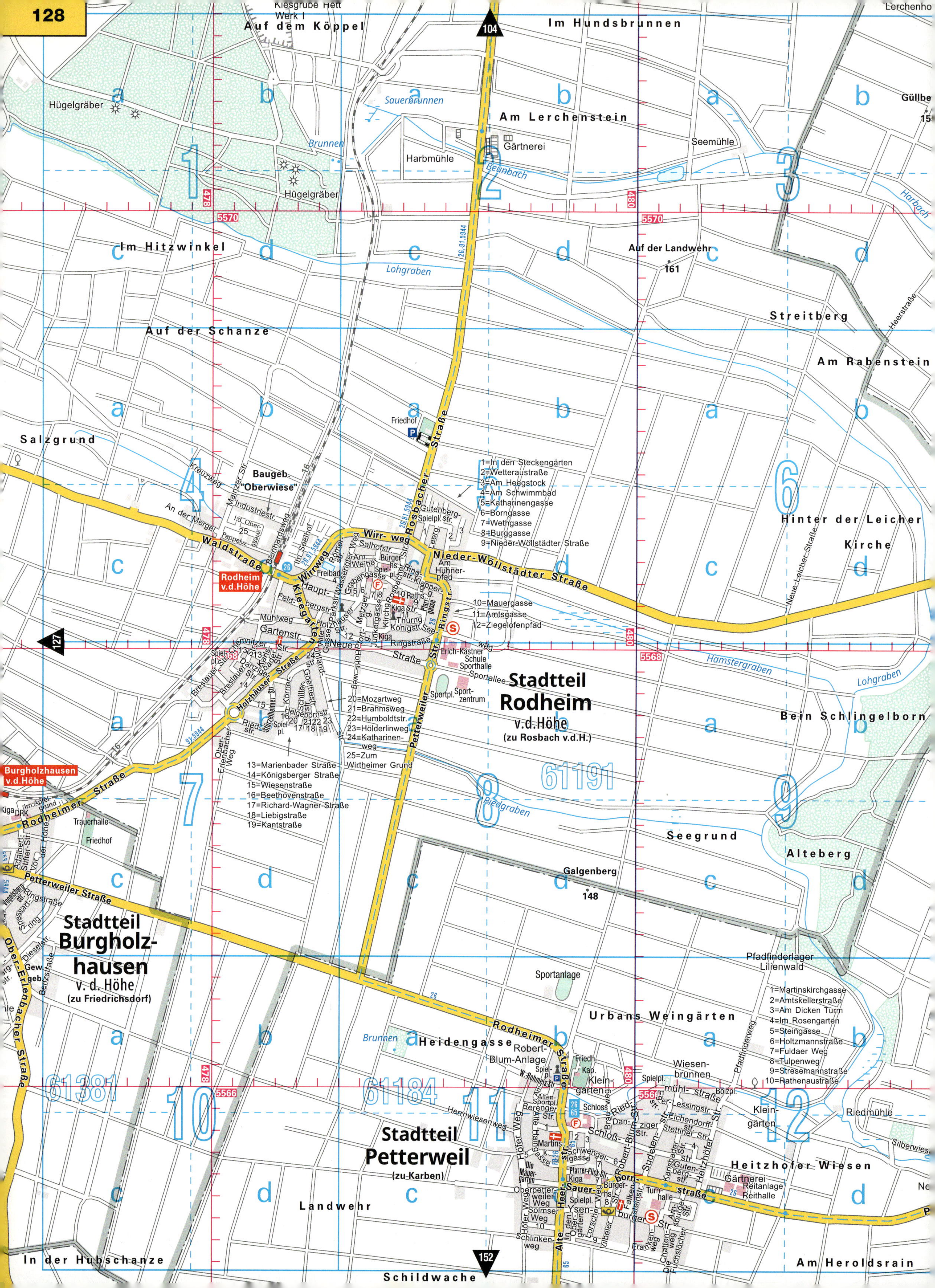

Auf dem Köppel
Im Hundsbrunnen
Hügelgräber
Sauerbrunnen
Am Lerchenstein
Gärtnerei
Harbmühle
Seemühle
Brunnen
Beunbach
Harbach
Im Hitzwinkel
Lohgraben
Auf der Landwehr
161
Streitberg
Auf der Schanze
Am Rabenstein
Friedhof
Salzgrund
Rosbacher Straße
1=In den Steckengärten
2=Wetteraustraße
3=Am Heegstock
4=Am Schwimmbad
5=Katharinengasse
6=Borngasse
7=Wethgasse
8=Burggasse
9=Nieder-Wöllstädter Straße
Baugeb. "Oberwiese"
Hinter der Leicher Kirche
Waldstraße
Wirrweg
Nieder-Wöllstädter Straße
Rodheim v.d.Höhe
10=Mauergasse
11=Amtsgasse
12=Ziegelofenpfad
Neue Straße
Erich-Kästner Schule
Sporthalle
Hamstergraben
Stadtteil Rodheim v.d.Höhe (zu Rosbach v.d.H.)
20=Mozartweg
21=Brahmsweg
22=Humboldtstr.
23=Hölderlinweg
24=Katharinenweg
25=Zum Wirtheimer Grund
Bein Schlingelborn
Burgholzhausen v.d.Höhe
13=Marienbader Straße
14=Königsberger Straße
15=Wiesenstraße
16=Beethovenstraße
17=Richard-Wagner-Straße
18=Liebigstraße
19=Kantstraße
61191
Riedgraben
Rodheimer Straße
Trauerhalle
Friedhof
Seegrund
Alteberg
Galgenberg
148
Petterweiler Straße
Stadtteil Burgholzhausen v. d. Höhe (zu Friedrichsdorf)
Pfadfinderlager Lilienwald
Sportanlage
1=Martinskirchgasse
2=Amtskellerstraße
3=Am Dicken Turm
4=Im Rosengarten
5=Steingasse
6=Holtzmannstraße
7=Fuldaer Weg
8=Tulpenweg
9=Stresemannstraße
10=Rathenaustraße
Urbans Weingärten
Heidengasse
Robert-Blum-Anlage
Wiesenbrunnen
61381
61184
Riedmühle
Stadtteil Petterweil (zu Karben)
Heitzhofer Wiesen
Ober-Erlenbacher Straße
Landwehr
In der Hubschanze
Schildwache
Am Heroldsrain

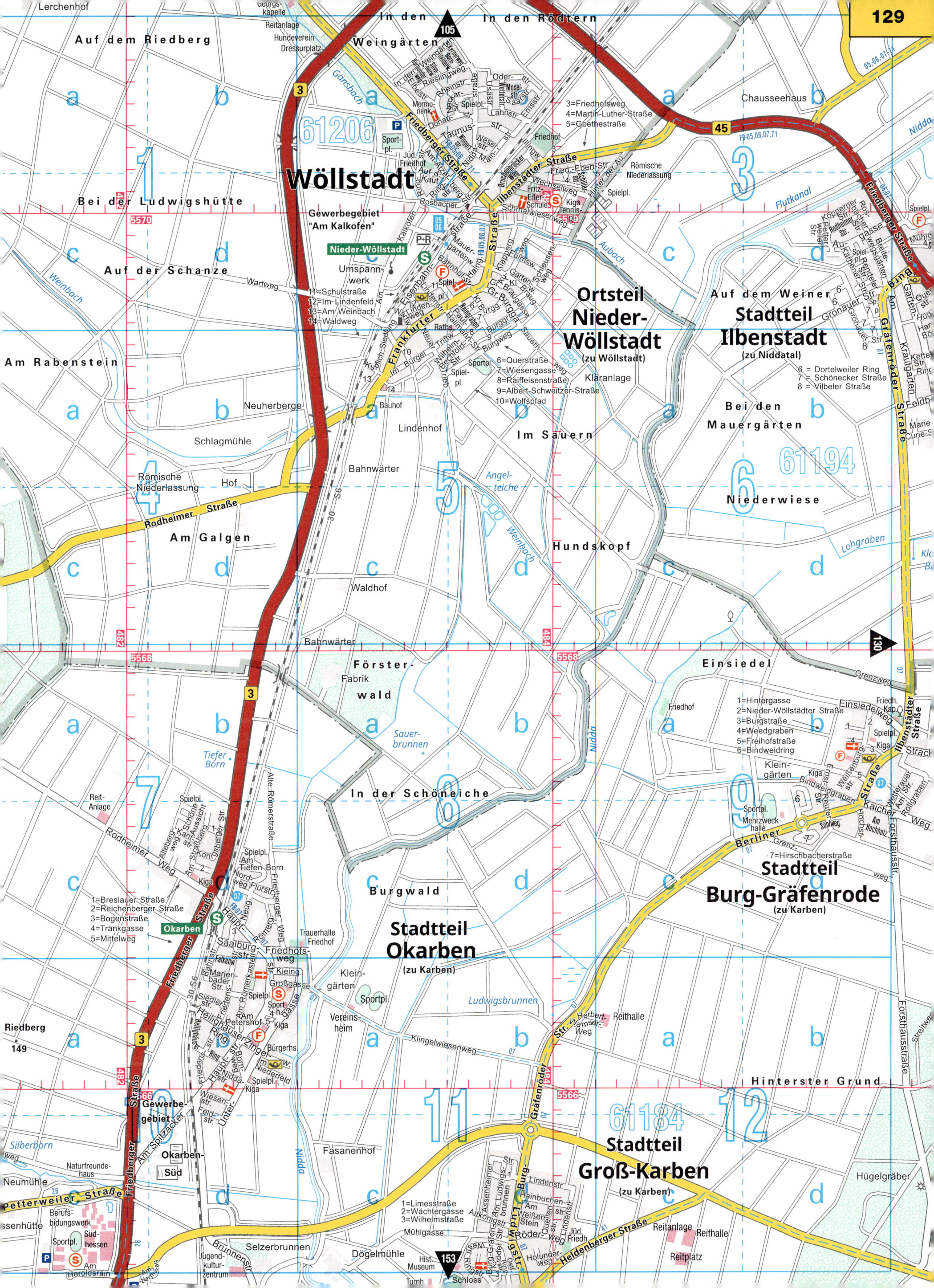

Wöllstadt
Ortsteil Nieder-Wöllstadt
(zu Wöllstadt)
Stadtteil Ilbenstadt
(zu Niddatal)
Stadtteil Burg-Gräfenrode
(zu Karben)
Stadtteil Okarben
(zu Karben)
Stadtteil Groß-Karben
(zu Karben)
61206
61194
61184
Auf dem Riedberg
Bei der Ludwigshütte
Auf der Schanze
Am Rabenstein
Gewerbegebiet "Am Kalkofen"
Nieder-Wöllstadt
Okarben
Friedberger Straße
Frankfurter Straße
Ilbenstädter Straße
Rodheimer Straße
Berliner Straße
Heldenberger Straße
Petterweiler Straße
Gräfenröder Straße
Chausseehaus
Römische Niederlassung
Flutkanal
Aubach
Weinbach
Nidda
Lohgraben
Auf dem Weiner
Bei den Mauergärten
Niederwiese
Im Sauern
Hundskopf
Neuherberge
Schlagmühle
Bahnwärter
Lindenhof
Am Galgen
Waldhof
Förster-wald
Einsiedel
Grenzweg
In der Schöneiche
Burgwald
Sauerbrunnen
Tiefer Born
Ludwigsbrunnen
Klingelwiesenweg
Hinterster Grund
Fasanenhof
Selzerbrunnen
Dögelmühle
Hügelgräber
Riedberg
149
Silberborn
Neumühle
Okarben-Süd
Kläranlage
Umspannwerk
Angelteiche
3=Friedhofsweg
4=Martin-Luther-Straße
5=Goethestraße
11=Schulstraße
12=Im Lindenfeld
13=Am Weinbach
14=Waldweg
6=Querstraße
7=Wiesengasse
8=Raiffeisenstraße
9=Albert-Schweitzer-Straße
10=Wolfspfad
6 = Dortelweiler Ring
7 = Schönecker Straße
8 = Vilbeler Straße
1=Hintergasse
2=Nieder-Wöllstädter Straße
3=Burgstraße
4=Weedgraben
5=Freihofstraße
6=Bindweidring
7=Hirschbacherstraße
1=Breslauer Straße
2=Reichenberger Straße
3=Bogenstraße
4=Tränkgasse
5=Mittelweg
1=Limesstraße
2=Wächtergasse
3=Wilhelmstraße
105
130
153

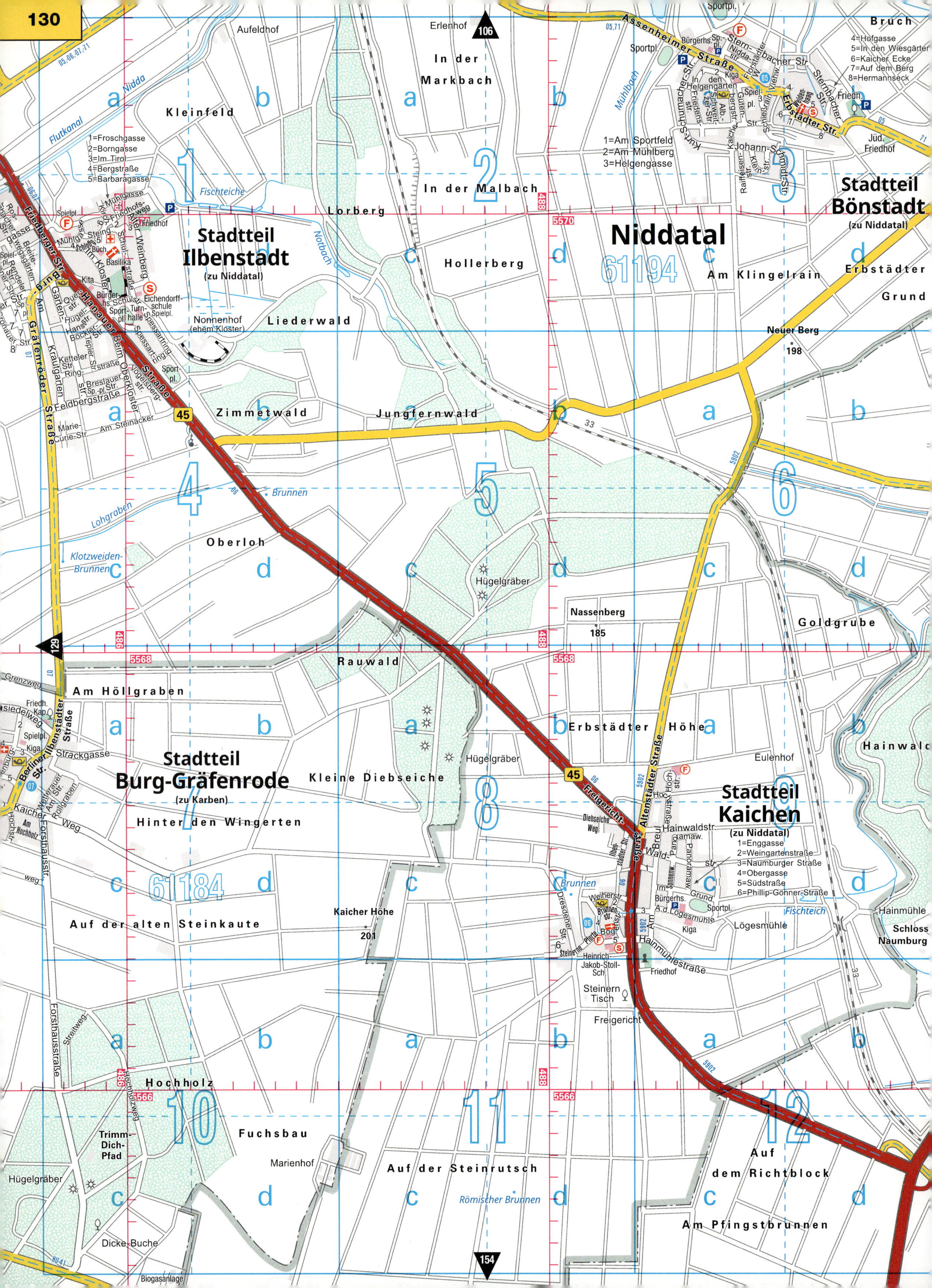
Aufeldhof
Erlenhof
106
In der Markbach
Bruch
4=Hofgasse
5=In den Wiesgärten
6=Kaicher Ecke
7=Auf dem Berg
8=Hermannseck
Assenheimer Straße
Sportpl.
Bürgerhs.
Kleinfeld
Flutkanal
Nidda
Mühlbach
1=Froschgasse
2=Borngasse
3=Im Tirol
4=Bergstraße
5=Barbaragasse
1=Am Sportfeld
2=Am Mühlberg
3=Helgengasse
Jüd. Friedhof
Fischteiche
In der Malbach
Stadtteil Bönstadt
(zu Niddatal)
Lorberg
Friedhof
Stadtteil Ilbenstadt
(zu Niddatal)
Notbach
Hollerberg
Niddatal
61194
Am Klingelrain
Erbstädter Grund
Friedberger Str.
Hanauer Str.
Basilika
Eichendorff-schule
Nonnenhof
(ehem. Kloster)
Liederwald
Neuer Berg
198
Gräfenröder Straße
Feldbergstraße
Zimmetwald
Jungfernwald
45
33
Marie-Curie-Str.
Am Steinacker
Brunnen
Lohgraben
Oberloh
Klotzweiden-Brunnen
Hügelgräber
Nassenberg
185
Goldgrube
129
Rauwald
Grenzweg
Am Höllgraben
Erbstädter Höhe
Hainwald
Strackgasse
Stadtteil Burg-Gräfenrode
(zu Karben)
Kleine Diebseiche
Hügelgräber
Eulenhof
Berliner Str.
Ilbenstädter Straße
Kaicher Weg
Hinter den Wingerten
Freigericht-Straße
Altenstädter Straße
Diebseiche Weg
Stadtteil Kaichen
(zu Niddatal)
1=Enggasse
2=Weingartenstraße
3=Naumburger Straße
4=Obergasse
5=Südstraße
6=Phillip-Gonner-Straße
Forsthausstr.
61184
Brunnen
Fischteich
Hainmühle
Auf der alten Steinkaute
Kaicher Höhe
201
Lögesmühle
Schloss Naumburg
Heinrich-Jakob-Stoll-Sch.
Friedhof
Hainmühlestraße
Steinern Tisch
Freigericht
Forsthausstraße
Streitweg
Hochholz
Hochholzweg
Trimm-Dich-Pfad
Fuchsbau
Marienhof
Auf der Steinrutsch
Auf dem Richtblock
Hügelgräber
Römischer Brunnen
Am Pfingstbrunnen
Dicke Buche
154
Biogasanlage

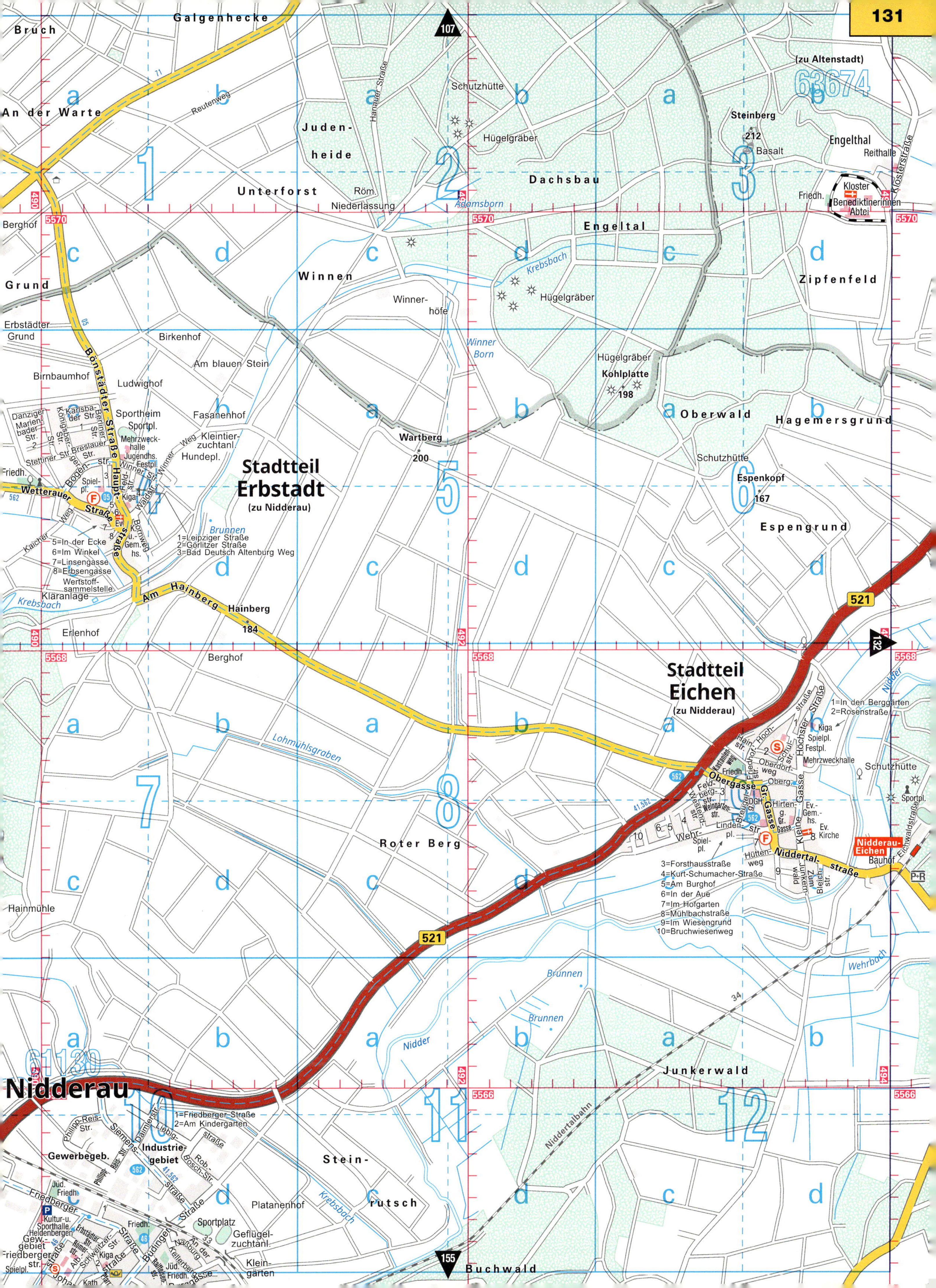

Bruch
Galgenhecke
An der Warte
Reutenweg
Juden-
heide
Unterforst
Röm.
Niederlassung
Hanauer Straße
Schutzhütte
Hügelgräber
Dachsbau
Adamsborn
(zu Altenstadt)
63674
Steinberg
212
Basalt
Engelthal
Reithalle
Klosterstraße
Kloster
Benediktinerinnen
Abtei
Friedh.
Berghof
Grund
Erbstädter
Grund
Engeltal
Krebsbach
Hügelgräber
Winnen
Winner-
höfe
Zipfenfeld
Birkenhof
Am blauen Stein
Winner
Born
Hügelgräber
Kohlplatte
198
Birnbaumhof
Ludwighof
Sportheim
Sportpl.
Fasanenhof
Oberwald
Hagemersgrund
Wartberg
200
Mehrzweck-
halle
Kleintier-
zuchtanl.
Hundepl.
Schutzhütte
Stadtteil
Erbstadt
(zu Nidderau)
Espenkopf
167
Espengrund
Wetterauer
Straße
Bönstädter Straße
Haupt-
straße
Brunnen
1=Leipziger Straße
2=Görlitzer Straße
3=Bad Deutsch Altenburg Weg
5=In der Ecke
6=Im Winkel
7=Linsengasse
8=Erbsengasse
Wertstoff-
sammelstelle
Kläranlage
Krebsbach
Am Hainberg
Hainberg
184
Erlenhof
Berghof
521
132
Stadtteil
Eichen
(zu Nidderau)
1=In den Berggärten
2=Rosenstraße
Kiga
Spielpl.
Festpl.
Mehrzweckhalle
Schutzhütte
Sportpl.
Lohmühlsgraben
Obergasse
Gr. Gasse
Niddertal-
straße
Ev.
Kirche
Nidderau-
Eichen
Bauhof
Eichwaldstraße
Roter Berg
3=Forsthausstraße
4=Kurt-Schumacher-Straße
5=Am Burghof
6=In der Aue
7=Im Hofgarten
8=Mühlbachstraße
9=Im Wiesengrund
10=Bruchwiesenweg
Hainmühle
521
Brunnen
Wehrbach
Brunnen
Nidder
Junkerwald
61130
Nidderau
1=Friedberger Straße
2=Am Kindergarten
Philipp-Reis-
Str.
Industrie-
gebiet
Gewerbegeb.
Stein-
rutsch
Niddertalbahn
Krebsbach
Platanenhof
Sportplatz
Geflügel-
zuchtanl.
Klein-
gärten
Kultur-u.
Sporthalle
Friedberger
Büdinger
Buchwald
155
107
5570
5568
5566
490
492
494

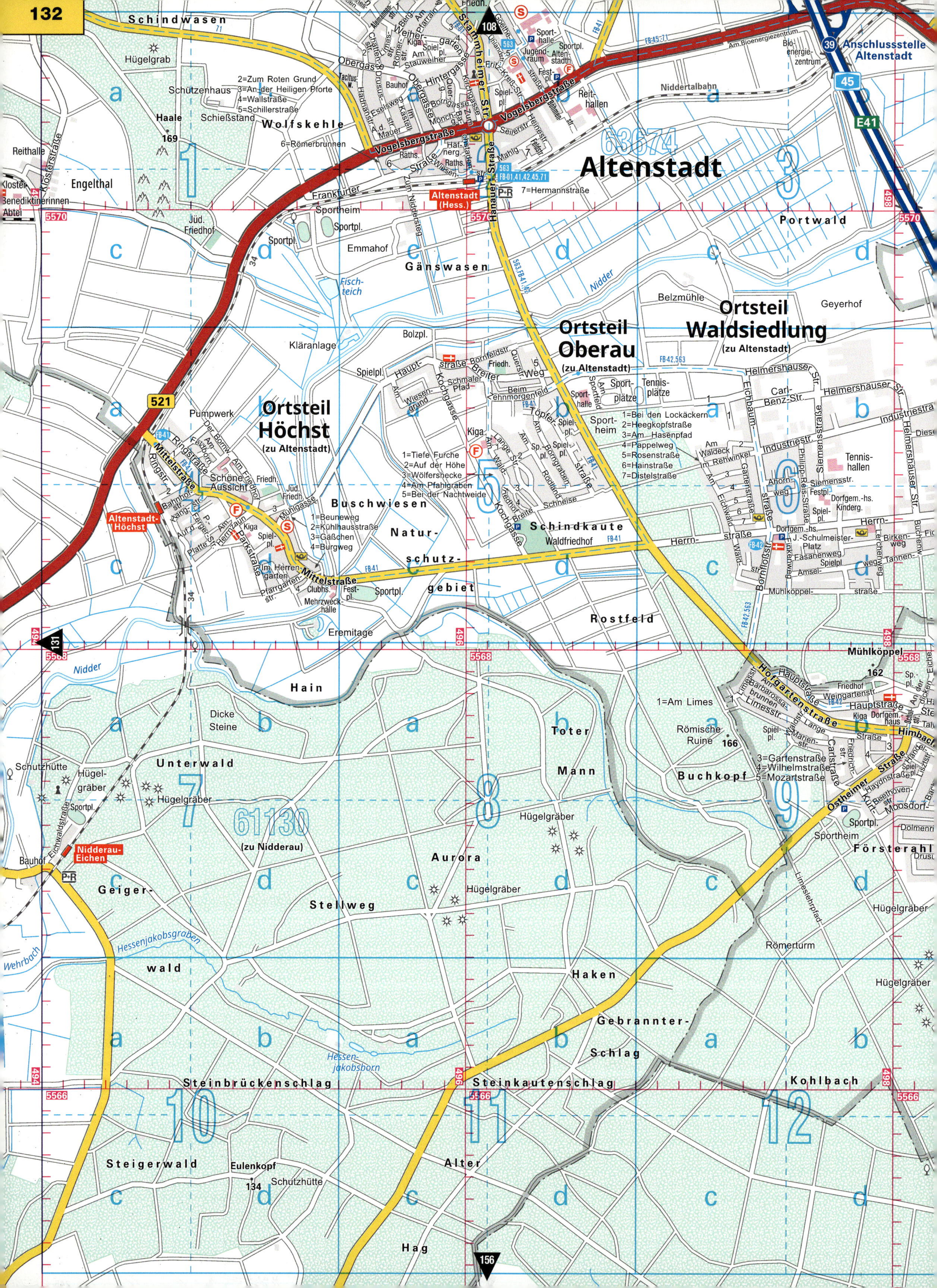
Schindwasen
Hügelgrab
Schützenhaus
Haale
169
Schießstand
Wolfskehle
Reithalle
Klosterstraße
Engelthal
Kloster Benediktinerinnen Abtei
Jüd. Friedhof
2=Zum Roten Grund
3=An der Heiligen Pforte
4=Wallstraße
5=Schillerstraße
6=Römerbrunnen
Obergasse
Vogelsbergstraße
Stammheimer Straße
Hanauer Straße
Frankfurter Straße
Altenstadt (Hess.)
7=Hermannstraße
Sportheim
Sportpl.
Emmahof
Gänswasen
Fischteich
Nidder
Anschlussstelle Altenstadt
39
45
E41
Bioenergiezentrum
Niddertalbahn
Reithallen
63674
Altenstadt
Portwald
Belzmühle
Geyerhof
Ortsteil Oberau
(zu Altenstadt)
Ortsteil Waldsiedlung
(zu Altenstadt)
Kläranlage
Bolzpl.
521
Pumpwerk
Ortsteil Höchst
(zu Altenstadt)
Schöne Aussicht
Mittelstraße
Altenstadt-Höchst
1=Tiefe Furche
2=Auf der Höhe
3=Wölfersdecke
4=Am Pfahlgraben
5=Bei der Nachtweide
1=Beuneweg
2=Kühlhausstraße
3=Gaßchen
4=Burgweg
Buschwiesen
Naturschutzgebiet
Schindkaute
Waldfriedhof
1=Bei den Lockäckern
2=Heegkopfstraße
3=Am Hasenpfad
4=Pappelweg
5=Rosenstraße
6=Hainstraße
7=Distelstraße
Helmershäuser Str.
Carl-Benz-Str.
Industriestraße
Tennishallen
Tennisplätze
Sportheim
Mehrzweckhalle
Eremitage
Rostfeld
Mühlköppel
162
Hain
Hofgartenstraße
1=Am Limes
Römische Ruine
166
3=Gartenstraße
4=Wilhelmstraße
5=Mozartstraße
Himbach
Buchkopf
Ostheimer Straße
Sportheim
Försterahl
Dicke Steine
Unterwald
Toter Mann
Schutzhütte
Hügelgräber
61130
(zu Nidderau)
Aurora
Nidderau-Eichen
Bauhof
Geigerwald
Stellweg
Hessenjakobsgraben
Wehrbach
Römerturm
Haken
Gebrannter-Schlag
Hessenjakobsborn
Steinbrückenschlag
Steinkautenschlag
Kohlbach
Steigerwald
Eulenkopf
134
Schutzhütte
Alter Hag
131
108
156
1
2
3
4
5
6
7
8
9
10
11
12

Ortsteil Lindheim
(zu Altenstadt)
Rotlache
Kuhweide
Naturschutzgebiet
Neuwiese
Am Wiesenmühlrain
Kläranlage
4=Erlenweg
5=Kleine Gasse
6=Geyer Gäßchen
Im Erlen
Gänsweide
Au
Stadtteil Düdelsheim
(zu Büdingen)
Schießstand
Winkelfeld
Rußland
63654
Seeweg
Ortsteil Hainchen
(zu Limeshain)
1=Wingertshecke
2=Am Ziegelberg
Suder
Schutzhütte
Gewerbegeb.
Quellen
Limeshain
63694
Auf der Seeplatte
Goldberg
Pfingstweide
Ortsteil Himbach
(zu Limeshain)
Ortsteil Rommelhausen
(zu Limeshain)
2=Am Steinacker
1=Zum Brückelchen
Stadtteil Eckartshausen
(zu Büdingen)
2=Zum Krebsbach
Raststätte Langen-Bergheim
Kiesberg
187
Hügelgräber
Brauner Berg
Köhlerhof
Krebsbach
Gewerbegebiet Limes
Eckehartshäuser Klosterkopf
223
Galgenberg
1=Am Lachbach
2=Alte Eckartshäuser Straße
3=Himbacher Weg
4=Marienborner Weg
Gut Marienborn
(ehem. Kloster)
Im Pfuhl
Geisberg
154
Aussiedlerhof Am Geisberg
Anschlussstelle Hammersbach
Langen-Bergheimer Klosterkopf
206
Lattkippel
Hammersbach
Radacker
63546
Hammersbach
Am Heidenstock
1=Rhönstraße
Florstädter Berg
245

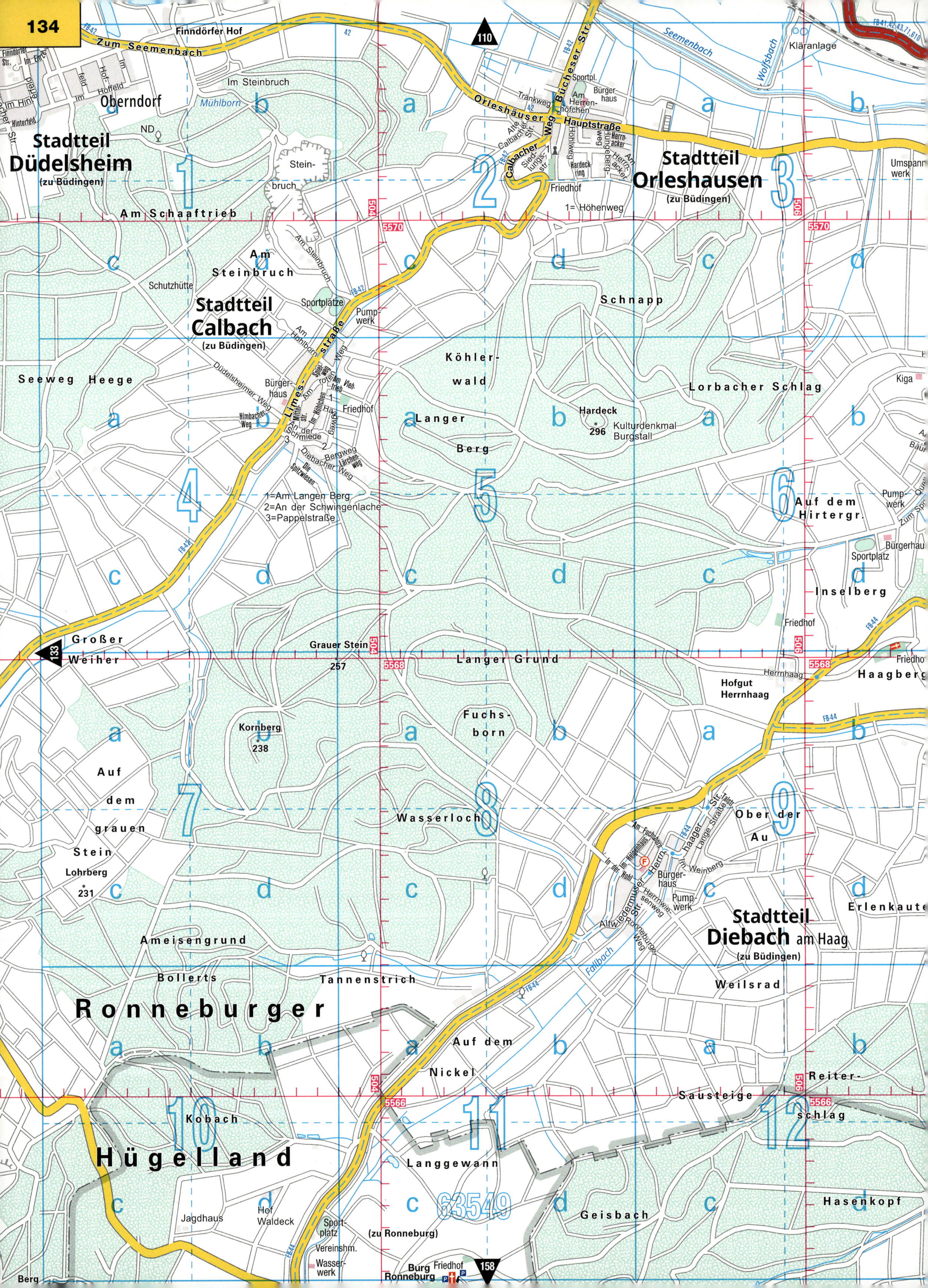

Finndörfer Hof
Zum Seemenbach
Oberndorf
Im Steinbruch
Mühlborn
Stadtteil Düdelsheim
(zu Büdingen)
Stein-bruch
Am Schaaftrieb
Orleshäuser Weg
Hauptstraße
Bücheser Str.
Sportpl.
Bürger-haus
Calbacher Weg
Friedhof
1= Höhenweg
Stadtteil Orleshausen
(zu Büdingen)
Seemenbach
Wolfsbach
Kläranlage
Umspannwerk
Am Steinbruch
Schutzhütte
Stadtteil Calbach
(zu Büdingen)
Sportplätze
Pump-werk
Limes-straße
Schnapp
Köhler-wald
Seeweg
Heege
Bürger-haus
Friedhof
Langer Berg
Hardeck
296
Kulturdenkmal Burgstall
Lorbacher Schlag
Kiga
Düdelsheimer Weg
Himbacher Weg
Diebacher Weg
1=Am Langen Berg
2=An der Schwingenlache
3=Pappelstraße
Auf dem Hirtergr.
Pump-werk
Bürgerhaus
Sportplatz
Inselberg
Friedhof
Großer Weiher
Grauer Stein
257
Langer Grund
Hofgut Herrnhaag
Herrnhaag
Haagberg
Kornberg
238
Fuchs-born
Auf dem grauen Stein
Lohrberg
231
Wasserloch
Ober der Au
Bürger-haus
Pump-werk
Erlenkaute
Stadtteil Diebach am Haag
(zu Büdingen)
Ameisengrund
Fallbach
Bollerts
Tannenstrich
Weilsrad
Ronneburger
Auf dem Nickel
Reiter-schlag
Sausteige
Kobach
Hügelland
Langgewann
63549
Geisbach
Hasenkopf
Jagdhaus
Hof Waldeck
Sport-platz
(zu Ronneburg)
Vereinshm.
Wasser-werk
Burg Ronneburg
Friedhof
Berg
110
133
158

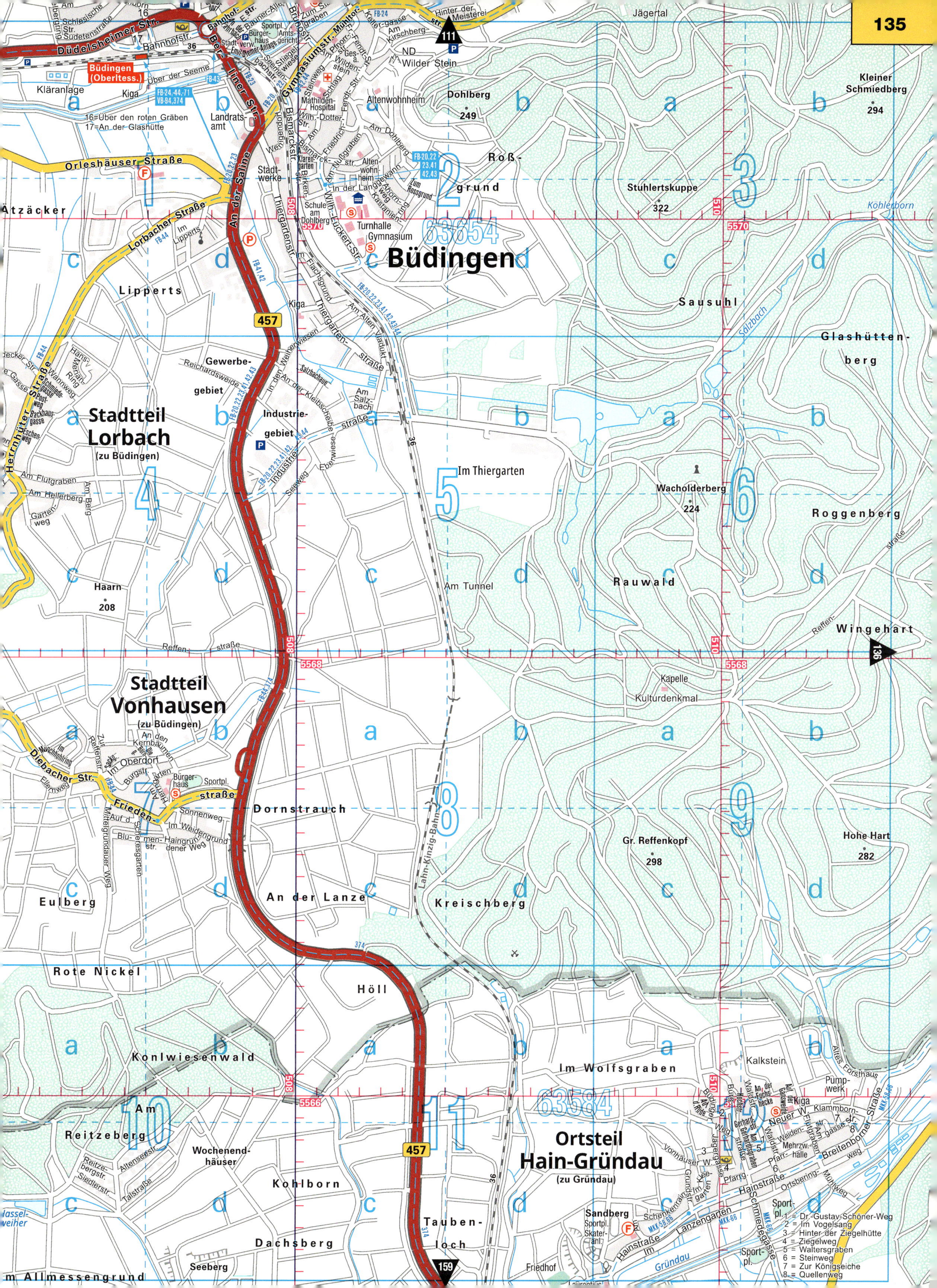
Büdingen
63654
Stadtteil
Lorbach
(zu Büdingen)
Stadtteil
Vonhausen
(zu Büdingen)
Ortsteil
Hain-Gründau
(zu Gründau)
63584
Dohlberg
249
Stuhlertskuppe
322
Kleiner
Schmiedberg
294
Sausuhl
Glashütten-
berg
Wacholderberg
224
Roggenberg
Rauwald
Wingehart
Gr. Reffenkopf
298
Hohe Hart
282
Im Thiergarten
Am Tunnel
Kreischberg
Dornstrauch
An der Lanze
Eulberg
Rote Nickel
Höll
Konlwiesenwald
Am
Reitzeberg
Wochenend-
häuser
Kohlborn
Dachsberg
Tauben-
loch
Im Wolfsgraben
Sandberg
Friedhof
Kalkstein
Haarn
208
Lipperts
Ätzäcker
Orleshäuser Straße
Lorbacher Straße
Diebacher Str.
Kulturdenkmal
Kapelle
Lahn-Kinzig-Bahn
Kläranlage
16=Über den roten Gräben
17=An der Glashütte
1 = Dr.-Gustav-Schöner-Weg
2 = Im Vogelsang
3 = Hinter der Ziegelhütte
4 = Ziegelweg
5 = Waltersgraben
6 = Steinweg
7 = Zur Königseiche
8 = Quellenweg
111
136
159
457

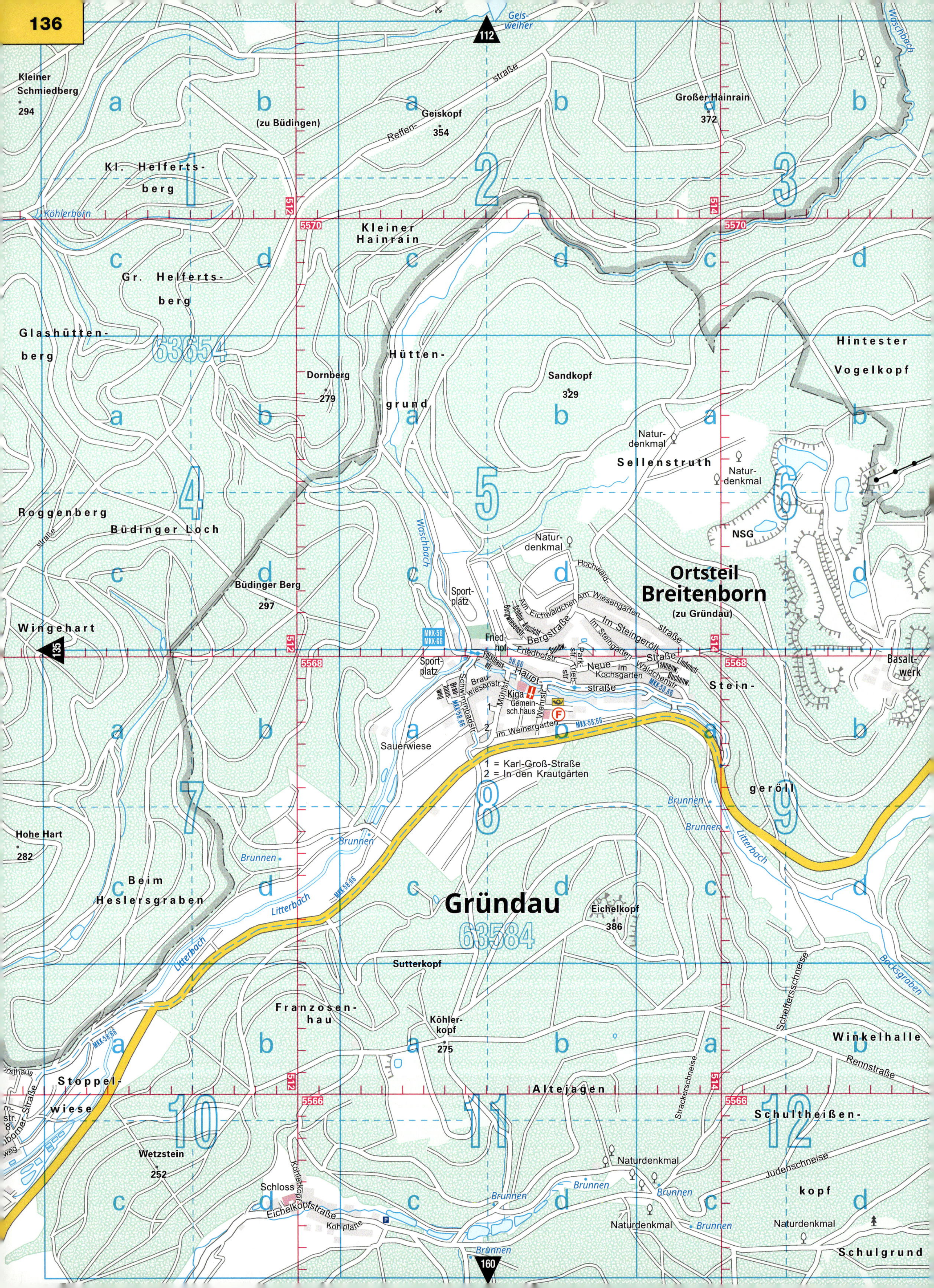

112
Geisweiher
Kleiner Schmiedberg
294
(zu Büdingen)
Reffen-
straße
Geiskopf
354
Großer Hainrain
372
Kl. Helferts-berg
Köhlerborn
Kleiner Hainrain
Gr. Helferts-berg
Glashütten-berg
63654
Hütten-grund
Dornberg
279
Sandkopf
329
Hintester Vogelkopf
Natur-denkmal
Sellenstruth
Roggenberg
Büdinger Loch
NSG
Waschbach
Ortsteil Breitenborn
(zu Gründau)
Büdinger Berg
297
Sport-platz
Bergstraße
Im Steingeröll
Neue Straße
Friedhofstr.
Wingehart
135
Stein-geröll
Basalt-werk
Kiga
Gemein-sch.haus
Im Weihergärten
Sauerwiese
1 = Karl-Groß-Straße
2 = In den Krautgärten
Brunnen
Litterbach
Hohe Hart
282
Beim Heslersgraben
Gründau
63584
Eichelkopf
386
Sutterkopf
Bocksgraben
Scheffersschneise
Franzosen-hau
Köhler-kopf
275
Winkelhalle
Rennstraße
Stoppel-wiese
Altejagen
Strackersschneise
Schultheißen-kopf
Wetzstein
252
Naturdenkmal
Judenschneise
Schloss
Köhlerkopfstraße
Eichelkopfstraße
Kohlplatte
Schulgrund
160

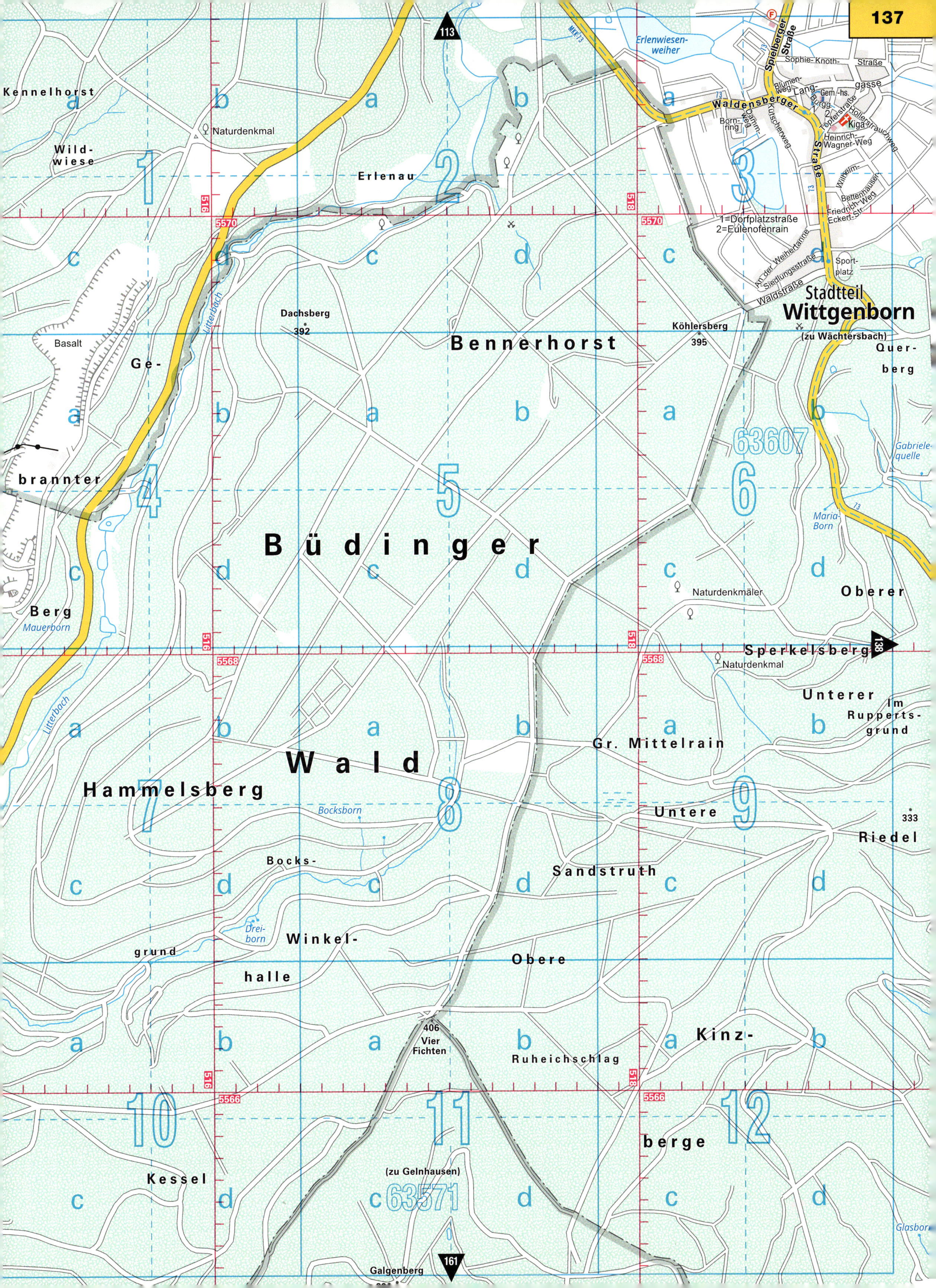
113
Kennelhorst
Wild-
wiese
Naturdenkmal
Erlenau
Erlenwiesen-
weiher
Spielberger Straße
Sophie-Knoth-Straße
Waldensberger
Born-
ring
Kutscherweg
Straße
Heinrich-
Wagner-Weg
Kiga
1=Dorfplatzstraße
2=Eulenofenrain
Sport-
platz
Siedlungsstraße
Waldstraße
Stadtteil
Wittgenborn
(zu Wächtersbach)
Quer-
berg
Basalt
Ge-
brannter
Berg
Mauerborn
Litterbach
Dachsberg
392
Bennerhorst
Köhlersberg
395
63607
Gabriele-
quelle
Maria-
Born
Büdinger
Wald
Naturdenkmäler
Oberer
Sperkelsberg
138
Naturdenkmal
Unterer
Im
Rupperts-
grund
Gr. Mittelrain
Hammelsberg
Bocksborn
Untere
Riedel
333
Bocks-
Sandstruth
Drei-
born
Winkel-
grund
halle
Obere
406
Vier
Fichten
Ruheichschlag
Kinz-
berge
Kessel
(zu Gelnhausen)
63571
Galgenberg
161
Glasborn
5570
5568
5566

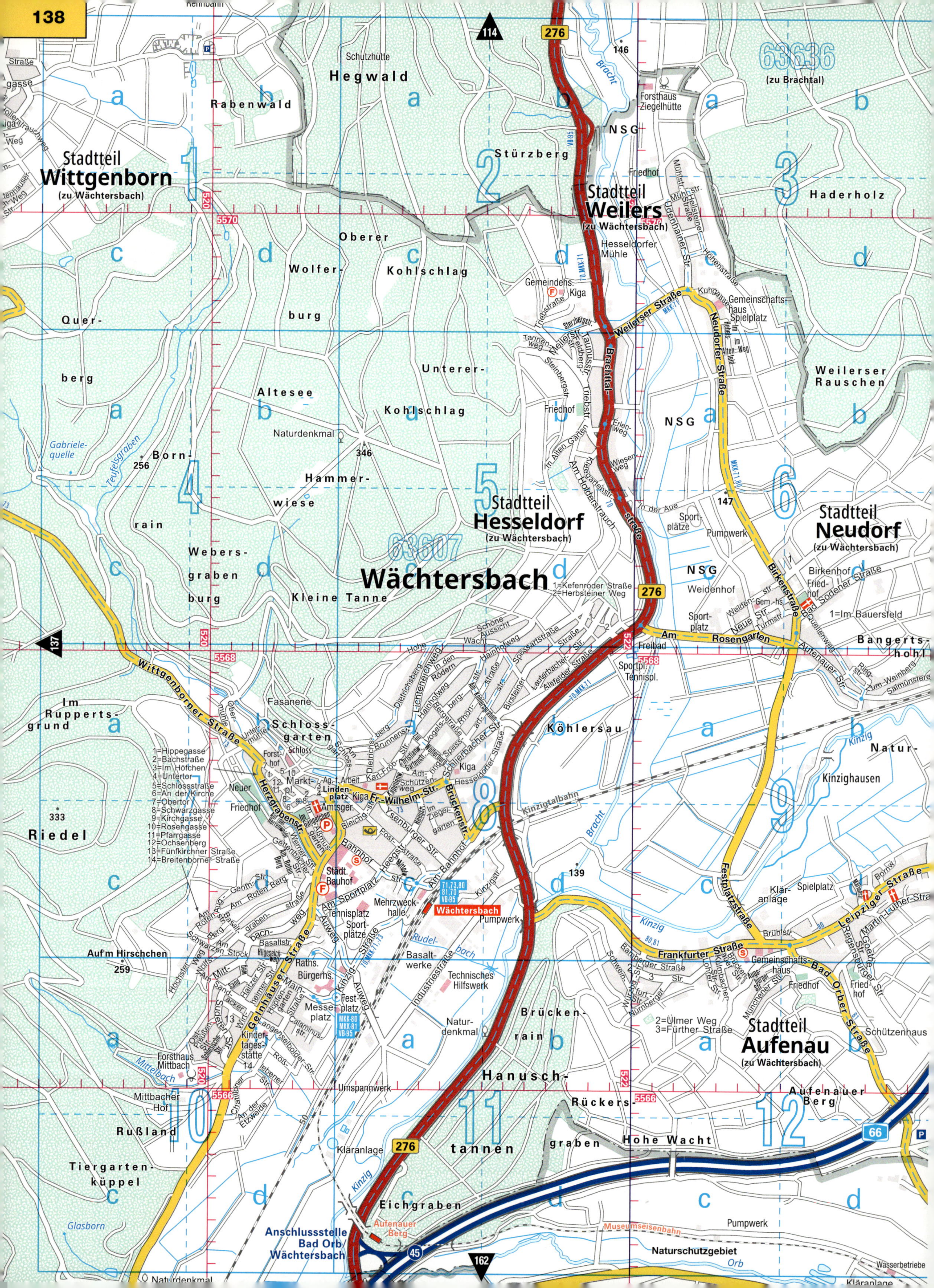
Stadtteil
Wittgenborn
(zu Wächtersbach)
Hegwald
Rabenwald
Stürzberg
Stadtteil
Weilers
(zu Wächtersbach)
63636
(zu Brachtal)
Forsthaus Ziegelhütte
Haderholz
Oberer
Kohlschlag
Wolfer-
burg
Quer-
berg
Altesee
Unterer-
Kohlschlag
Weilerser Straße
Weilerser
Rauschen
Naturdenkmal
Gabriele-
quelle
Born-
rain
Hammer-
wiese
Webers-
graben
burg
Kleine Tanne
Stadtteil
Hesseldorf
(zu Wächtersbach)
63607
Wächtersbach
Stadtteil
Neudorf
(zu Wächtersbach)
Birkenstraße
Am Rosengarten
Bangerts-
hohl
Wittgenborner Straße
Im
Rupperts-
grund
Schloss-
garten
Fasanerie
Köhlersau
Natur-
Kinzighausen
Riedel
Kinzigtalbahn
1=Hippegasse
2=Bachstraße
3=Im Höfchen
4=Untertor
5=Schlossstraße
6=An der Kirche
7=Obertor
8=Schwarzgasse
9=Kirchgasse
10=Rosengasse
11=Pfarrgasse
12=Ochsenberg
13=Fünfkirchner Straße
14=Breitenborner Straße
Wächtersbach
Frankfurter Straße
Leipziger Straße
Festplatzstraße
Bad Orber Straße
Auf'm Hirschchen
Gelnhäuser Straße
Brücken-
rain
Hanusch-
tannen
Stadtteil
Aufenau
(zu Wächtersbach)
Schützenhaus
Aufenauer
Berg
Rückers-
graben
Hohe Wacht
Mittbacher
Hof
Rußland
Tiergarten-
küppel
Glasborn
Eichgraben
Anschlussstelle
Bad Orb/
Wächtersbach
Museumseisenbahn
Naturschutzgebiet
Orb
Pumpwerk
Kläranlage

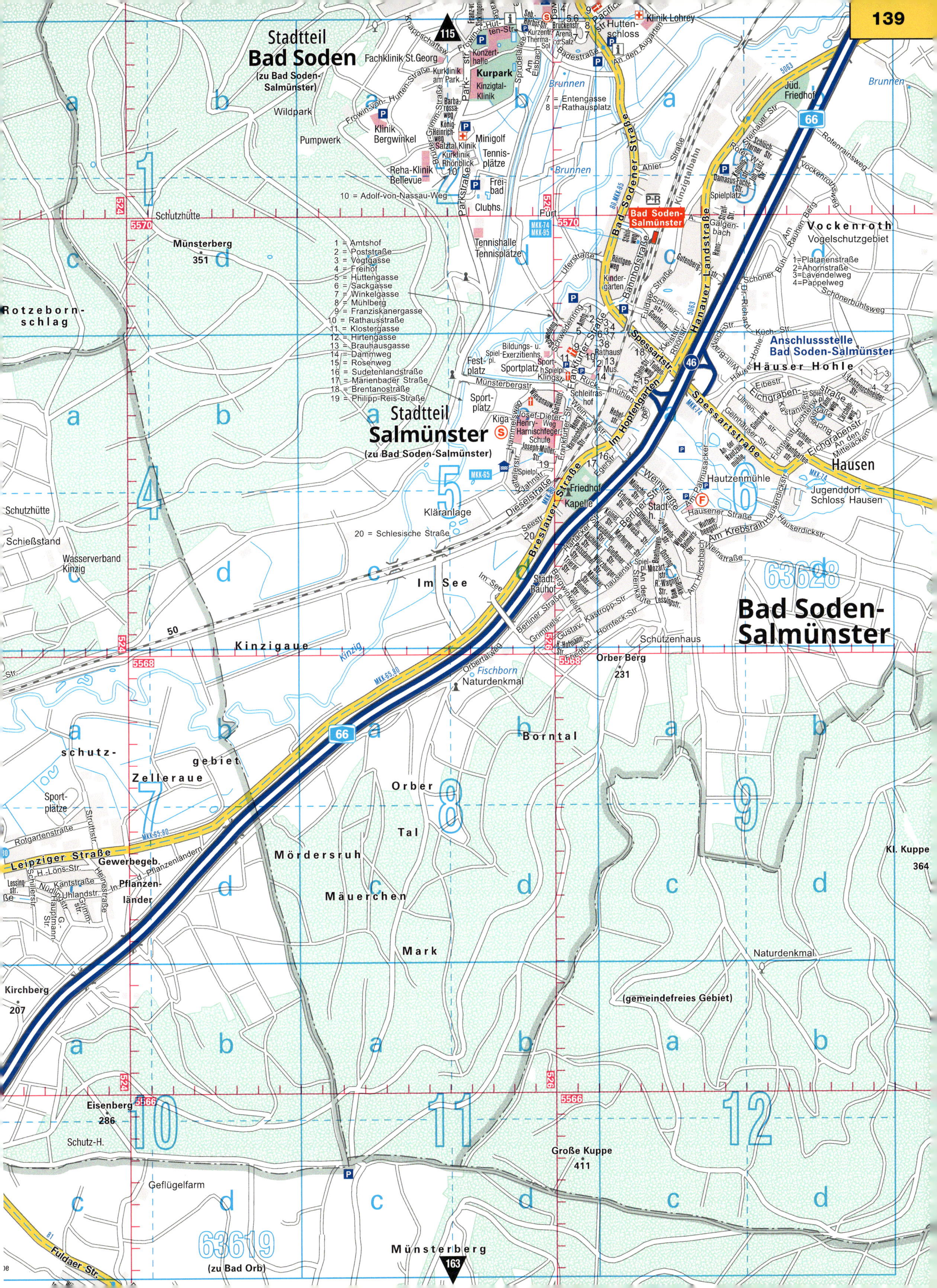
Stadtteil
Bad Soden
(zu Bad Soden-Salmünster)
Stadtteil
Salmünster
(zu Bad Soden-Salmünster)
Bad Soden-
Salmünster
Vockenroth
Häuser Hohle
Hausen
Anschlussstelle
Bad Soden-Salmünster
1 = Amtshof
2 = Poststraße
3 = Vogtgasse
4 = Freihof
5 = Huttengasse
6 = Sackgasse
7 = Winkelgasse
8 = Mühlberg
9 = Franziskanergasse
10 = Rathausstraße
11 = Klostergasse
12 = Hirtengasse
13 = Brauhausgasse
14 = Dammweg
15 = Rosenweg
16 = Sudetenlandstraße
17 = Marienbader Straße
18 = Brentanostraße
19 = Philipp-Reis-Straße
20 = Schlesische Straße
10 = Adolf-von-Nassau-Weg
7 = Entengasse
8 = Rathausplatz
1=Platanenstraße
2=Ahornstraße
3=Lavendelweg
4=Pappelweg
Münsterberg
351
Orber Berg
231
Kl. Kuppe
364
Kirchberg
207
Eisenberg
286
Große Kuppe
411
Kinzigaue
Im See
Borntal
Orber Tal
Mördersruh
Mäuerchen
Mark
Zelleraue
(gemeindefreies Gebiet)
Leipziger Straße
Breslauer Straße
Spessartstraße
Hanauer Landstraße
Bad Sodener Straße
63628
63619
(zu Bad Orb)
115
163
66
46

Reckenroth
(zu VBG Katzenelnbogen)
Ortsteil Laufenselden
(zu Heidenrod)
Heidenrod
Ortsteil Huppert
(zu Heidenrod)
56370
(zu Berndroth)
(zu Dörsdorf)
56370
(zu Eisighofen)
65321
Staats-
forst
Hof Hasenberg
Hahnwiese
Hahnwald
Hahnkopf
402
Hügelgrab
Stockwald
356
Rauhheck
Schellhornsmühle
Kläranlage
Wochenend-
häuser
Sandersmühle
Scheibigheck
Muhl
407
Sonnenberg
Zimmerplatz
Im Schoß
Sauküppel
434
Sportplätze
Bernsterkopf
445
Epchesberg
Kahlings-
wiesen
Keller
Kahlingsberg
Hügelgräber
466
Schirm
Schönauer Küppel
459
Römerturm
Siegerhof
Naturdenkmal
Ebert
460
Lahnerbachskopf
427
Zum Hohen Rain
Rödern
Schutzhütte
Reitplatz
Tennisplatz
Berndrother Str.
Rathausstraße
Reckenrother Weg
Schmiedweg
Wiesbadener Straße
Bornbachhalle(DGH)
1=Im Pflanzgarten
2=Karlstraße
3=Laufenstraße
4=Weiherstraße
5=Lindenstraße
6=Zum Damm
1=Schöne Aussicht
1=An der Steige
2=Franz-Lizt-Straße
3=Richard-Wagner-Straße
4=Zum Hohen Rain
5=Schubertstraße
Limeshalle
Dorfgemeinschaftshaus
Napoleonstraße
Brunnen
Friedhof
Dorsbach
Wallbach
116
166
260
Baderstr.

Ortsteil Michelbach
(zu Aarbergen)
Ortsteil Holzhausen über Aar
(zu Hohenstein)
Hohenstein
Ortsteil Burg Hohenstein
(zu Hohenstein)
Mühlberg
Hangstein
Ritsch
Bergen
Steinküppel
Gruberhaag
Hof Neumühle
Silber
Streitlai
Deutschmannsberg
Am Wellerstein
Kist
Laubheck
Ebene
Windhausen
Sattelkopf
Kahlberg
Wolfskaut
Wingert
Segelflugplatz
Wacken
Neumühle
Großes Schneiderfeld
Brensel
Mühlhölle
Rotenberg
Jagdhaus Oberholz
Oberholz
Steinloh
Hammesellen
Römersberg
Lanzenstein
Wolfskaute
Herrenmühle
Ruine Hohenstein
Löhrhof
Weinmühle
Kläranlage
Hof am Hain
1=Goetheweg
2=Karl-Wirth-Straße
3=Rud.-Dietz-Straße
4=Am Spielplatz
5=Auf dem Kirchgarten
1=Burggäßchen
2=Knappenborngasse
3=Pferdegasse
4=Kirchhofsgäßchen
5=Klostergarten
6=Am Kindergarten
1=Pirlweg
2=Blankengarten
65326
65329
117
142
167
54

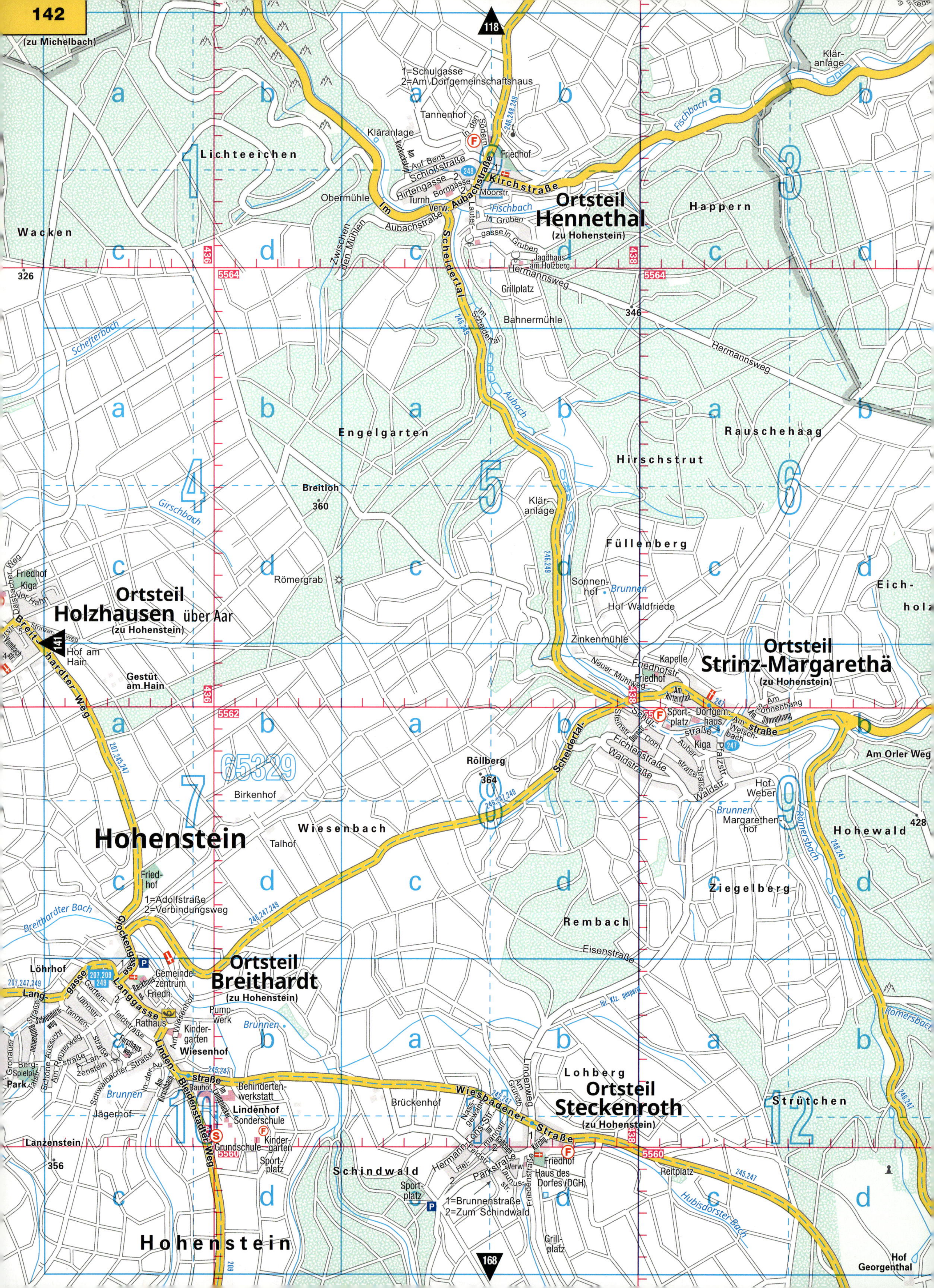
(zu Michelbach)
118
1=Schulgasse
2=Am Dorfgemeinschaftshaus
Tannenhof
Kläranlage
Friedhof
Kirchstraße
Schloßstraße
Hirtengasse
Borngasse
Moorstr.
Aubachstraße
Auf Bens
Turnh.
Obermühle
Fischbach
In Gruben
Ortsteil
Hennethal
(zu Hohenstein)
Jagdhaus am Holzberg
Hermannsweg
Grillplatz
Bahnermühle
Lichteeichen
Wacken
326
Happern
Kläranlage
346
Hermannsweg
Zwischen den Mühlen
Scheidertal
Im Scheidertal
Aubach
Schefterbach
Engelgarten
Rauschehaag
Hirschstrut
Breitloh
360
Girschbach
Kläranlage
Füllenberg
Römergrab
Sonnenhof
Brunnen
Hof Waldfriede
Eichholz
Friedhof
Kiga
Ortsteil
Holzhausen über Aar
(zu Hohenstein)
Hof am Hain
Gestüt am Hain
141
Breithardter Weg
Zinkenmühle
Kapelle
Friedhofstr.
Friedhof
Neuer Mühlweg
Ortsteil
Strinz-Margarethä
(zu Hohenstein)
Am Sonnenhang
Sportplatz
Dorfgemeinschaftshaus
Kiga
Welschbach
Eichenstraße
Waldstraße
Waldstr.
Platzstr.
Am Orler Weg
65329
Röllberg
364
Birkenhof
Hohenstein
Talhof
Wiesenbach
Hof Weber
Brunnen
Margarethenhof
Römersbach
Hohewald
428
Friedhof
1=Adolfstraße
2=Verbindungsweg
Breithardter Bach
Ziegelberg
Rembach
Eisenstraße
Löhrhof
Langgasse
Gemeindezentrum
Friedh.
Rathaus
Ortsteil
Breithardt
(zu Hohenstein)
Pumpwerk
Brunnen
Kindergarten
Wiesenhof
Glockengasse
Berg-Spielpl.
Park
Schöne Aussicht
Schwalbacher Straße
Brunnen
Jägerhof
Linden-straße
Bleidenstadter Weg
Behindertenwerkstatt
Lindenhof
Sonderschule
Grundschule
Kindergarten
Sportplatz
Lanzenstein
356
Brückenhof
Wiesbadener Straße
Lohberg
Ortsteil
Steckenroth
(zu Hohenstein)
Lindenweg
Friedhof
Haus des Dorfes (DGH)
Reitplatz
Strütchen
Römersbach
Schindwald
Sportplatz
Parkstraße
1=Brunnenstraße
2=Zum Schindwald
Hubisdorfer Bach
Grillplatz
Hohenstein
168
Hof Georgenthal
5564
5562
5560
436
438

Hünstetten
Ortsteil
Strinz-Trinitatis
(zu Hünstetten)
Ortsteil
Görsroth
(zu Hünstetten)
Stadtteil
Niederlibbach
(zu Taunusstein)
Ortsteil
Kesselbach
(zu Hünstetten)
Ortsteil
Oberlibbach
(zu Hünstetten)
Stadtteil
Hambach
(zu Taunusstein)
Stadtteil
Orlen
(zu Taunusstein)
NSG
Steinritz
458
Hühner-
grund
Buchholz
Eichelberg
Schutzhütte
Hinterwald
Breisterberg
428
Birkenhof
Knotten-
berg
Junghof
Basbacher Berg
Brunnen
Rupperts-
born
Alte-
Haag
Hügelgräber
Breglingen
Hirschgoß
Hermannsweg
Jungewald
Hirsch-
winkel
Geierskopf
429
Fuchsberg
1 = Im Borngarten
2 = Ehrenbacher Weg
Libbacher
Heck
Stein-
wald
1=Rheingoldstraße
Matzleer
Waldparkplatz
mit Liegewiese
Hauptstraße
Dorfgemein-
schaftshaus
Evangelische
Kirche
Gerömser
Hof
Teichklär-
anlage
Hambacher Weg
Aubach
Hinterscheid
387
Hohelai
Kap.
Friedhof
Kirchholz
Auf der Hub
1=Buchenweg
2=Lärchenweg
Sportpl.
Grill-
platz
Römer-
straße
Altes
Rathaus
Dorfgemein-
schaftshaus
Mehlbaum
472
Scheid
Spitzwald
65510
(zu Idstein)
65232
Friedhof
Kapelle
1=Ehrenbacher Straße
Römersberg
Stein-
wald
440
Heidenkopf
Römertürme
Limes
Römerturm
Alteburg
Römerkastell
Zugmantel
Rundschanze
Sportplatz
Am Zugmantel
Aarquelle
417
119
144
169

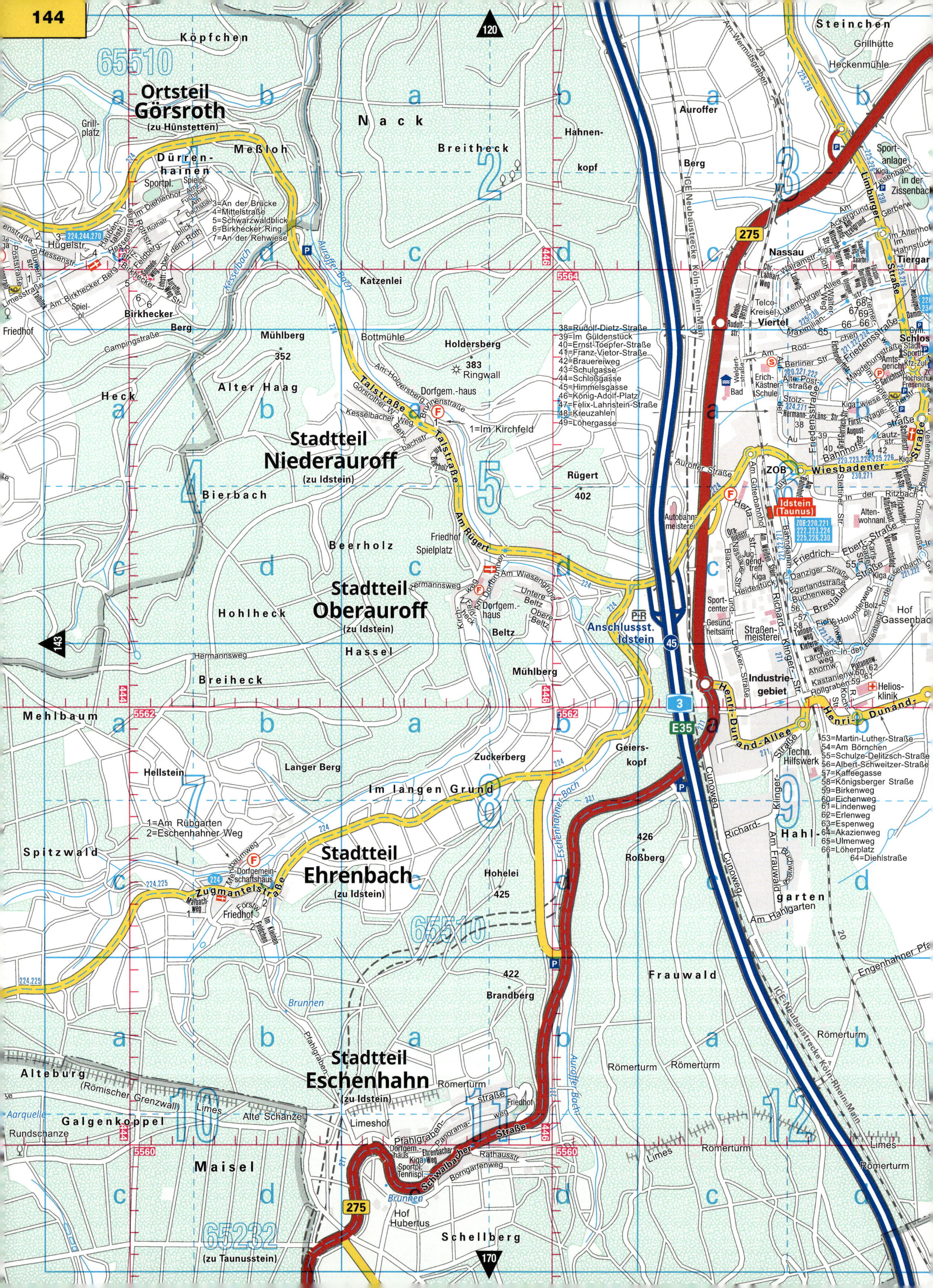
120
Köpfchen
65510
Ortsteil
Görsroth
(zu Hünstetten)
Dürren-
hainen
Meßloh
Nack
Breitheck
Hahnen-
kopf
Steinchen
Grillhütte
Heckenmühle
Auroffer
Berg
3=An der Brücke
4=Mittelstraße
5=Schwarzwaldblick
6=Birkhecker Ring
7=An der Rehwiese
Katzenlei
Nassau
Tiergar
Birkhecker
Berg
Mühlberg
352
Bottmühle
Holdersberg
383
Ringwall
38=Rudolf-Dietz-Straße
39=Im Güldenstück
40=Ernst-Toepfer-Straße
41=Franz-Vietor-Straße
42=Brauereiweg
43=Schulgasse
44=Schloßgasse
45=Himmelsgasse
46=König-Adolf-Platz
47=Felix-Lahnstein-Straße
48=Kreuzahlen
49=Löhergasse
Friedhof
Heck
Alter Haag
Talstraße
1=Im Kirchfeld
Stadtteil
Niederauroff
(zu Idstein)
Rügert
402
Bierbach
Beerholz
Am Rügert
Friedhof
Spielplatz
Wiesbadener
ZOB
Idstein
(Taunus)
Stadtteil
Oberauroff
(zu Idstein)
Hohlheck
Beltz
Anschlussst.
Idstein
Hassel
Mühlberg
Breiheck
Industrie-
gebiet
Helios-
klinik
Mehlbaum
Hellstein
Langer Berg
Zuckerberg
Geiers-
kopf
Henri-Dunand-Allee
Techn.
Hilfswerk
53=Martin-Luther-Straße
54=Am Börnchen
55=Schulze-Delitzsch-Straße
56=Albert-Schweitzer-Straße
57=Kaffeegasse
58=Königsberger Straße
59=Birkenweg
60=Eichenweg
61=Lindenweg
62=Erlenweg
63=Espenweg
64=Akazienweg
65=Ulmenweg
66=Löherplatz
64=Diehlstraße
Im langen Grund
1=Am Rübgarten
2=Eschenhahner Weg
426
Roßberg
Hahl-
garten
Spitzwald
Stadtteil
Ehrenbach
(zu Idstein)
Hohelei
425
Zugmantelstraße
Friedhof
65510
Frauwald
422
Brandberg
Brunnen
Stadtteil
Eschenhahn
(zu Idstein)
Römerturm
Alteburg
(Römischer Grenzwall)
Galgenkoppel
Rundschanze
Alte Schanze
Limeshof
Maisel
Hof
Hubertus
Schellberg
65232
(zu Taunusstein)
170
143
275
45
3
E35

275
121
146
171
Nollen
Spannweite
Hahnberg
Dietzer Berg
Mark
Eichborn
Herbertsberg
Kilbach
Lerchenberg
Erdbeerberg
Ortsteil
Bermbach
(zu Waldems)
65529
Stadtteil
Heftrich
(zu Idstein)
Lautstein
Gansberg
Auf der Schanze
Schanze
Schützenhaus
Eichelstück
Stößelchen
Heidekopf
Rabenstück
Köpfchen
Steckerwand
Idstein
65510
Galgenberg
Alte Haag
Wühlwach
Pfaffenkreuz
(Römischer Grenzwall)
Römertürme
Römerturm
Gerheck
Römerschanze
Eichelgärten
Stadtteil
Dasbach
(zu Idstein)
Gerlohe
Brunnen
Auf der Wasserscheide
65527
Stadtteil
Lenzhahn
(zu Idstein)
Nickel
Ortsteil
Oberseelbach
(zu Niedernhausen)
Waldhof
Grillplatz
Friedhof
Reithalle
Taunus-Viertel
Henri-Dunand-Allee
Escher Straße
Weiherwiese
Schützenhausstraße
Zissgrabenweg
Hauptstraße
Ortsstraße
Altenburger Straße
An der Struth
Kirchstraße
Fürstenweg
Wolfsbach
Wörsbach
Schlabach
1=Lenzenpfad
2=Jeckelsgraben
3=Carl-Jakob-Frankenbach-Straße
4=Sebastian-Stoskopf-Weg
5=Dietrich-Bonhoeffer-Straße
6=Im Forst
7=Zwijndrechter Straße
8=Graf-von-Stauffenberg-Straße
9=Gustav-Justi-Straße
10=Johann-Andreas-Rizhaub-Weg
11=Siedlung Landauer
12=Rotkäppchenweg
13=Saalburgweg
14=Am Gänsberg
15=Großer Feldbergweg
65=Bettina-v.-Arnim-Weg
66=Helene-Lange-Weg
67=Hayn-Weg
68=Hedwig-Dohm-Weg
69=Pauline-Herber-Weg
31=Sperberweg
32=Habichtweg
33=Meisenweg
34=Bussardweg
35=Falkenweg
36=Kleiberweg
37=Zaunkönigweg
16=Altkönigweg
17=Hohenpfad
18=Zum Heidekopf
19=Glaskopfweg
20=Dornröschenweg
21=Schneewittchenweg
22=Adalbert-Stifter-Straße
23=Thomas-Mann-Straße
24=Heinrich-Heine-Straße
25=Agnes-Kindermann-Straße
26=Elisabeth-Schwarzhaupt-Straße
27=Elisabeth-Selbert-Straße
28=Willy-Schreier-Straße
29=Albert-Kaus-Weg
30=Loni-Franz-Straße
70=Schmitter Weg
71=Bad Sodener Straße
72=Oberurseler Weg
73=Auf der Bockshahn
74=Hofheimer Straße
75=Eppsteiner Weg
76=Niedernhauser Weg
77=Kelkheimer Straße
2 = Buchenstraße
3 = Ahornstraße

(zu Waldems)
(zu Waldems)
Gebück
122
Am Gickelsberg
Stadtteil Oberrod
(zu Idstein)
Niederemser Str.
Haar-
bach
Schlossers-
hag
Stadtteil Niederrod
(zu Idstein)
Meilbachstraße
Schanz
Stadtteil Kröftel
(zu Idstein)
Stein-
chen
Stadtteil Heftrich
(zu Idstein)
Meibach
Oberemser Straße
Kreuzheck
Kröfteler Straße
1 = Im Hasselrain
2 = Hintergasse
3 = Georgbrunnenstraße
4 = Biengasse
5=Eckenstraße
6=Am Schlabach
Hasen-
marsch
Katzenich
Totenberg
396
Schießhalle
Hirtenstein
Hirten-
stein
Römerturm
Wolfsgruben
Schutzhütte
Römerturm
Holzwäldchen
Limes
Reithalle
Marktplatz Alteburg
Römerkastell Alteburg
Heimbach
NSG
Hasenberg
373
Hasenmühle
Meisebach
Ortsteil Schloßborn
(zu Glashütten)
1=Kastanienhain
Gerheck
Esch
Nassebruch
Seegrund
Butznickel
462
Dattenberg
446
Steinchen
Altehaag
Platte
405
Ehlhaltener Straße
Nickel
Wolfskopf
65527
(zu Niedernhausen)
Nonnenwald
172
65817
(zu Eppstein)
Spitzeberg
450
65510
65529
145

Ortsteil Oberems
(zu Glashütten)
Ortsteil Niederreifenberg
(zu Schmitten)
Glashütten
61479
61389
61462
(zu Königstein)
Naturschutzgebiet
Frankfurter Straße
Limburger Straße
Königsteiner Str.
Rodig
Buchester
Römerkastell Maisel
Schieferstück
Rübenhain
Weilsberg
701
Zacken
Sprungschanze
Waldsportanlage
Rotes Kreuz
Römerturm
Römertürme
Taunus-Observatorium
825
Kleiner Feldberg
Seelborn
Glaskopf
687
Friedhof
Schutzhütte
633
Tränkenbachsschlag
Obere Ödung
Untere Ödung
Eselsheck
Herrnwald
Dickehaag
Kalbsheck
Naturfreundehaus
Billtal
Billtalhöhe
Käsbuch
Götzheimerstein
Märtensgärtchen
Märtenseiche
Feldbornhaag
Herrenstück
Obermühle
Neumühle
Steinkopf
570
Steinkopfwald
Eichkopf
(zu Kelkheim)
525
Wochenendhäuser
Kippelmühle
Ölmühlweg
Ölmühlquelle
3=An der Linde
4=Eckgasse
5=Auf der Schmidtwiese
6=Friedhofstraße
1=Meisenweg
2=Hubertusweg
3=Nachtigallenweg
2=Im Bienengarten
3=Burgstraße
4=Borngasse
5=Schustergasse
6=Pfarrgasse
7=Auf dem Quacken
8=Johann-Marx-Straße
Glaskopfweg
Emsbach
Silberbach
Kalbshecker Bach
Weiherbach
Kröftelbach
Rombach
Römischer Grenzwall
Limes
123
148
173

Römertürme
Teufelsquartier
Brunhildisstein
Großer Feldberg
879
Schutzhütte
(zu Oberursel)
Kanonenstraße
Hanswagnersborn
Kaulerborn
Hermannsborn
Haidtrankbach
Römerkastell Feldberg
Weilquelle
790
(zu Glashütten)
Taunus-Observatorium
825
Kleiner Feldberg
Albrechtsweg
Maßborn
Schutzhütte
Weiße Mauer
634
Oberer Maßbornweg
Tillmannsweg
Pumpwerk
Natur-
schutz-
gebiet
Wetterhahn
Grüner Weg
Neuwald
Pflasterweg
Fuchstanz
661
Peters-
bruch
Mammolshainer
Wald
Altkönig
798
Harheimer
Streitbuche
Jagdhütte
Jösch-Hütte
Fuchstanzweg
686
Herrn-
Franzkopf
602
Wasserbehälter
Steinrassel
Neuronnersborn
Döngesberg
689
Wattenscheid-Denkmal
Fuchsstein
Reichenbach
Schutzhütte
Treisbornbach
Falkensteiner
Reichenbachtal
Rübezahleiche
Lips-Tempel
606
Wald
Zum Fuchstanz
Jagdhaus am Bergschlag
Natur-
wald
schutz-
gebiet
1=Am Schönblick
2=Schlesische Straße
3=Servitutsweg
4=Nüringstraße
5=Am Bornacker
Stadtteil
Falkenstein
(zu Königstein)
Limburger Straße
Butterweg
Staubesandweg
Billtalhöhe
Romberg
541
Wbh. Stoltze-Plätzl
Königstein
im Taunus
Jüd. Friedhof
Bürgelplatte
446
Ausbildungszentrum Deutsche Bank
Franz-Heinrich-Ulrich-Haus
Viktoriatempel
Anton-Günther Gedenkstätte
Der
Kocherfels
Asklepios-Klinik
Falken-
steiner
Burgruine Falkenstein
Dettweiler Tempel
Klinik Amelung
6=Am Steingarten
7=Am Hainberg
8=Mayers Garten
9=Bergweg
1=Am Forsthaus
Wasserbehälter
Rothenhang
Regenrückhaltebecken
Ölmühlweg
Ölmühlquelle
Rombach
Theresenstr.
Le-Cannet-Rochevillle-Str.
Am Opel-Zoo
Pfadfinderheim
NSG Hain
Dettweiler
Königsteiner Straße
455
124
147
174
KTC

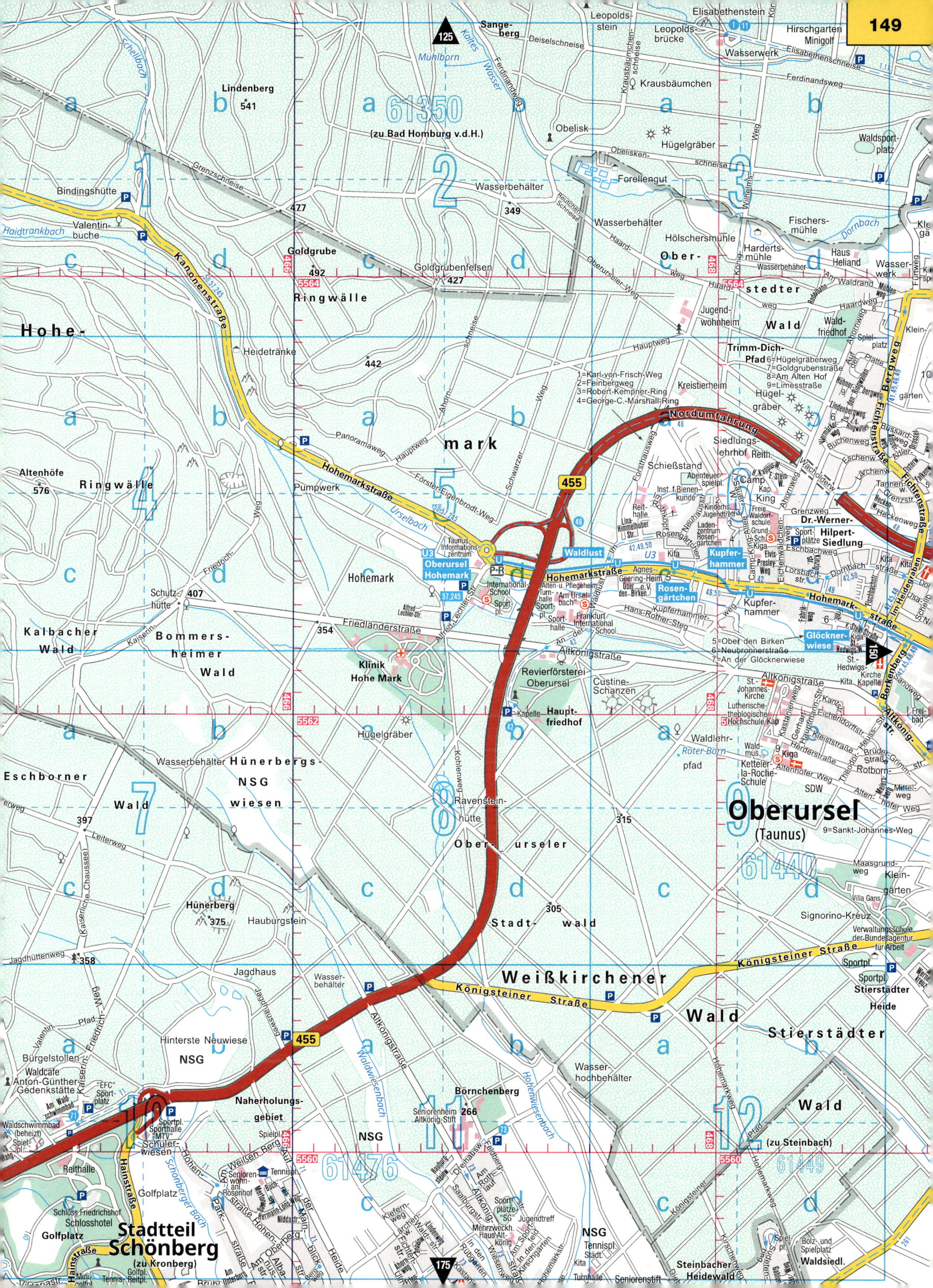
Oberursel
(Taunus)
Hohemark
Ober- urseler Stadt- wald
Weißkirchener Wald
Stierstädter Wald
Oberstedter Wald
Ringwälle
Bommersheimer Wald
Kalbacher Wald
Eschborner Wald
Stadtteil Schönberg
(zu Kronberg)
Klinik Hohe Mark
Hohemarkstraße
Königsteiner Straße
Kanonenstraße
Nordumfahrung
Altkönigstraße
Hauptfriedhof
Revierförsterei Oberursel
Lindenberg 541
Goldgrube 492
Altenhöfe 576
Hünerberg 375
Börnchenberg 266
61350 (zu Bad Homburg v.d.H.)
61440
61476
61449 (zu Steinbach)
Hünerbergswiesen NSG
Naherholungsgebiet
Schloss Friedrichshof Schlosshotel
Golfplatz
Steinbacher Heidewald
Sangeberg
Mühlborn
Obelisk
Forellengut
Hölschersmühle
Waldfriedhof
Kupferhammer
Rosengärtchen
Waldlust
Glöcknerwiese
Custine-Schanzen
Heidetränke
Valentinbuche
Bindingshütte
Pumpwerk
Ravensteinhütte
Jagdhaus
Hinterste Neuwiese NSG
Schützhütte
Hirschgarten Minigolf
Elisabethenstein
Leopoldsstein
Leopoldsbrücke
Fischersmühle
Haus Heliand
Dr.-Werner-Hilpert-Siedlung
1=Karl-von-Frisch-Weg
2=Feinbergweg
3=Robert-Kempner-Ring
4=George-C.-Marshall-Ring
5=Ober den Birken
6=Neubronnerstraße
7=An der Glöcknerwiese
6=Hügelgräberweg
7=Goldgrubenstraße
8=Am Alten Hof
9=Limesstraße
9=Sankt-Johannes-Weg
455
125
150
175

Oberursel
(Taunus)
Stadtteil
Oberstedten
(zu Oberursel)
Stadtteil
Bommersheim
(zu Oberursel)
Stadtteil
Stierstadt
(zu Oberursel)
Stadtteil
Weißkirchen
(zu Oberursel)
Anschlussstelle
Oberursel-Nord
Anschlussstelle
Oberursel
Tankstelle
Bad Homburg
Cityplan S.30
Bad Homburg
ADAC
Landgrafen-
schloss
Schloss-
garten
Kaiser-
Wilhelm-
Jubiläums-
park
Gustavs-
garten
Platzen-
berg
Rentmeistermühle
Kräuter-
mühle
Pumpwerk
Prökenmühle
Berliner
Siedlung
Techn.
Hilfswerk
Knobels-
mühle
Gewerbegeb.
Am Niederstedter
Weg
Büro-und
Gewerbe-
park
Mitte
Oberstedter
Feld
Niederstedter
Feld
Oberfeld
Hofgut
Im Weidenhag
Hermann-
Orltoff-Siedlung
St.-Georgshof
Stierstädter
Heide
Alte Grenzsäule
Lindenbaum
Dornbach
Eichwäldchen
Kleingärten
Hochtaunus-Kliniken
Heuchelheimer Str.
Saalburgstraße
Hohemarkstraße
Zeppelinstraße
Niederstedter Straße
Homburger Landstraße
Frankfurter Landstr.
Königsteiner Straße
Oberhöchstadter Straße
Altkönigstraße
Weingarten-
umgehung
Gablonzer Str.
Hessenring
Tannenwaldallee
Urseler Straße
Oberursel (Ts.)
Bommersheim
Weißkirchen Ts.
Ost
O.-Altstadt
O.-Stadtmitte
Lahnstraße
Hohemark
Gewerbe-
gebiet
1=Pfarrstraße
2=Brückenstraße
3=Schmiedestraße
4=Am Urseler Weg
5=Kuckucksweg
7=Goldgrubenstraße
10=Zu den Schreiergärten
10 = Im Portugall
11 = Silcherstraße
12 = Heinestraße
13 = Marienstraße
14 = Marktplatz
15 = Schlenkergasse
16 = Ackergasse
17 = Korfplatz
18 = Jaminspfad
12=Im Prinzengarten
13=Taubenweg
14=Salzbrunner Weg
15=Stolper Weg
16=Weißkirchener Weg
17=Steinbacher Weg
18=Fuchstanzweg
19=Körnerstraße
20=Rathausplatz
21=Wiederholtstraße
22=Weidengasse
23 = Glauburgweg
24 = Peter-Meister-Weg
25 = Obere Bremengärten
26 = Untere Bremengärten
27 = Im Wall
61350
61348
61440
456
661
126
149
176
5562
5560

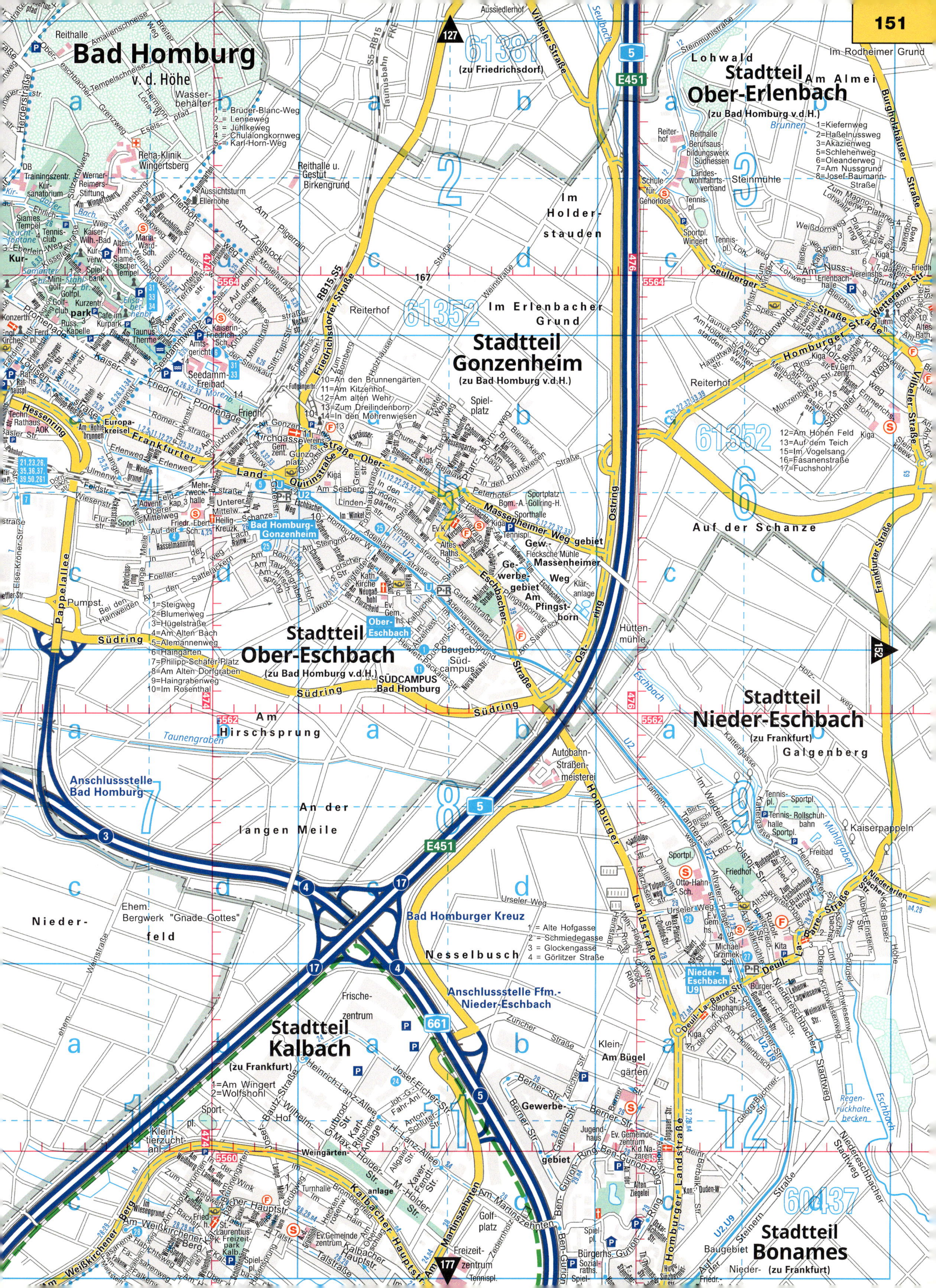
Bad Homburg
v. d. Höhe
Stadtteil
Ober-Erlenbach
(zu Bad Homburg v.d.H.)
Stadtteil
Gonzenheim
(zu Bad Homburg v.d.H.)
Stadtteil
Ober-Eschbach
(zu Bad Homburg v.d.H.)
Stadtteil
Nieder-Eschbach
(zu Frankfurt)
Stadtteil
Kalbach
(zu Frankfurt)
Stadtteil
Bonames
(zu Frankfurt)
61381
(zu Friedrichsdorf)
61352
61352
60437
Lohwald
Am Almei
Im Rodheimer Grund
Im Holder-
stauden
Im Erlenbacher
Grund
Auf der Schanze
Galgenberg
Am
Hirschsprung
An der
langen Meile
Nieder-
feld
Nesselbusch
Anschlussstelle
Bad Homburg
Bad Homburger Kreuz
Anschlussstelle Ffm.-
Nieder-Eschbach
Südring
Frankfurter Straße
Homburger Landstraße
Ostring
Seulberger Straße
Homburger Straße
Vilbeler Straße
Friedrichsdorfer Straße
Massenheimer Weg
Kalbacher Hauptstr.
Am Martinszehnten
Bad Homburg-
Gonzenheim
Ober-
Eschbach
Nieder-
Eschbach
SÜDCAMPUS
Bad Homburg
Ehem.
Bergwerk "Gnade Gottes"
Taunengraben
Eschbach
1 = Brüder-Blanc-Weg
2 = Lenneweg
3 = Jühlkeweg
4 = Chulalongkornweg
5 = Karl-Horn-Weg
1=Kiefernweg
2=Haßelnussweg
3=Akazienweg
5=Schlehenweg
6=Oleanderweg
7=Am Nussgrund
8=Josef-Baumann-
Straße
10=An den Brunnengärten
11=Am Kitzenhof
12=Am alten Wehr
13=Zum Dreilindenborn
14=In den Möhrenwiesen
12=Am Hohen Feld
13=Auf dem Teich
15=Im Vogelsang
16=Fasanenstraße
17=Fuchshohl
1=Steigweg
2=Blumenweg
3=Hügelstraße
4=Am Alten Bach
5=Alemannenweg
6=Haingarten
7=Philipp-Schäfer-Platz
8=Am Alten Dorfgraben
9=Haingrabenweg
10=Im Rosenthal
1 = Alte Hofgasse
2 = Schmiedegasse
3 = Glockengasse
4 = Görlitzer Straße
1=Am Wingert
2=Wolfshohl
E451
E451
127
152
177

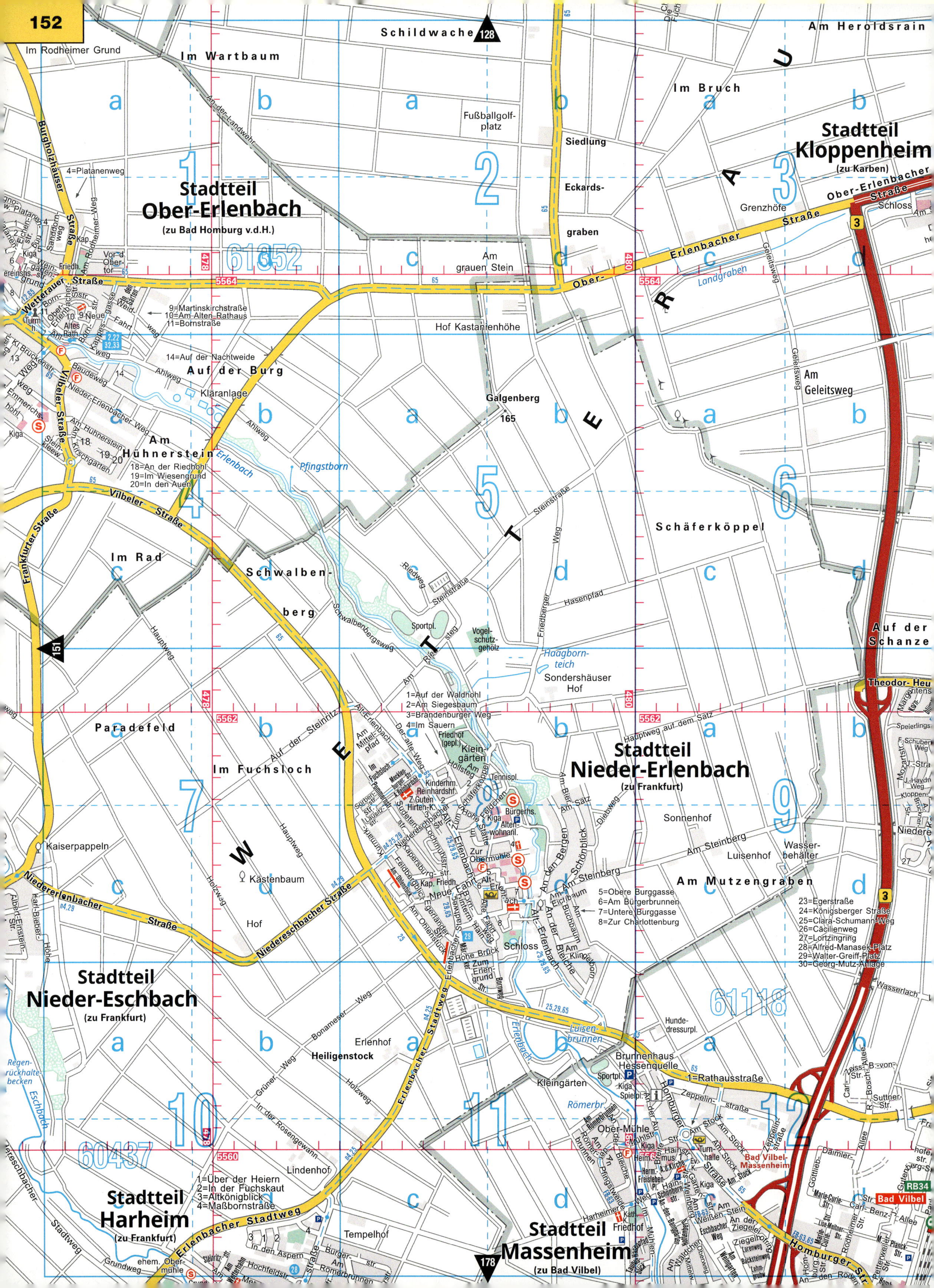

Stadtteil Ober-Erlenbach
(zu Bad Homburg v.d.H.)
Stadtteil Kloppenheim
(zu Karben)
Stadtteil Nieder-Erlenbach
(zu Frankfurt)
Stadtteil Nieder-Eschbach
(zu Frankfurt)
Stadtteil Harheim
(zu Frankfurt)
Stadtteil Massenheim
(zu Bad Vilbel)
Schildwache
Im Wartbaum
Im Rodheimer Grund
Am Heroldsrain
Im Bruch
Fußballgolf-platz
Siedlung
Eckards-
graben
Grenzhöfe
Am grauen Stein
Hof Kastanienhöhe
Auf der Burg
Kläranlage
Galgenberg
165
Am Hühnerstein
Pfingstborn
Am Geleitsweg
Schäferköppel
Im Rad
Schwalben-berg
Sportpl.
Vogel-schutz-gehölz
Haagborn-teich
Sondershäuser Hof
Paradefeld
Im Fuchsloch
Sonnenhof
Luisenhof
Wasser-behälter
Am Mutzengraben
Kaiserpappeln
Kästenbaum
Hof
Auf der Schanze
Heiligenstock
Erlenhof
Brunnenhaus Hessenquelle
Kleingärten
Hunde-dressurpl.
Lindenhof
Tempelhof
Regen-rückhalte-becken
Bad Vilbel-Massenheim
61352
61118
60437
1=Auf der Waldhohl
2=Am Siegesbaum
3=Brandenburger Weg
4=Im Sauern
5=Obere Burggasse
6=Am Bürgerbrunnen
7=Untere Burggasse
8=Zur Charlottenburg
9=Martinskirchstraße
10=Am Alten Rathaus
11=Bornstraße
14=Auf der Nachtweide
18=An der Riedhohl
19=Im Wiesengrund
20=In den Auen
4=Platanenweg
1=Über der Heiern
2=In der Fuchskaut
3=Altkönigblick
4=Maßbornstraße
1=Rathausstraße
23=Egerstraße
24=Königsberger Straße
25=Clara-Schumann-Weg
26=Cäcilienweg
27=Lortzingring
28=Alfred-Manasek-Platz
29=Walter-Greiff-Platz
30=Georg-Mutz-Anlage
Ober-Erlenbacher Straße
Vilbeler Straße
Frankfurter Straße
Niedererlenbacher Straße
Niedereschbacher Straße
Erlenbacher Stadtweg
Homburger Straße
Burgholzhäuser Straße
Wetterauer Straße
Erlenbach
Eschbach
128
151
178

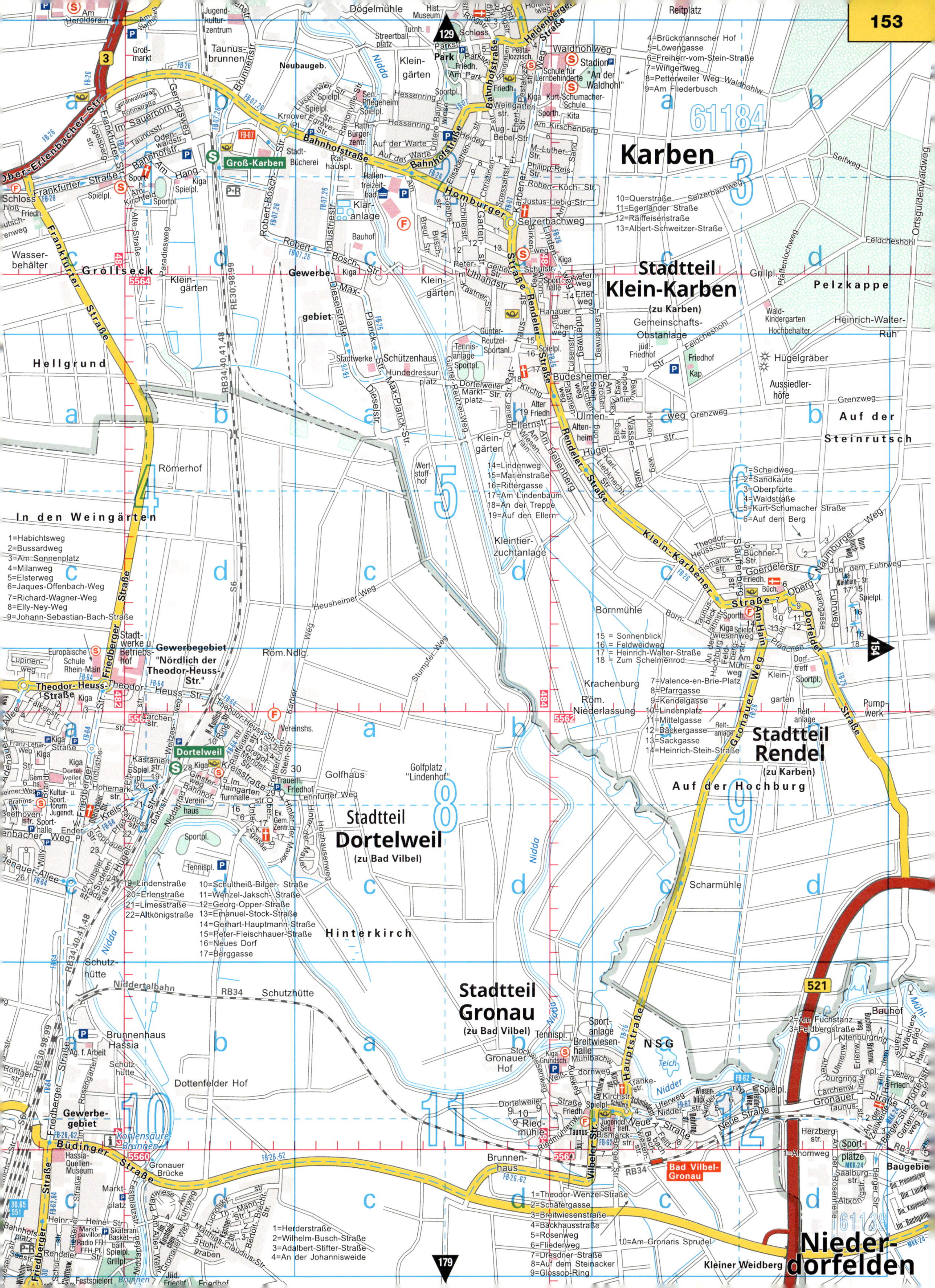
Karben
61184
Stadtteil Klein-Karben
(zu Karben)
Stadtteil Rendel
(zu Karben)
Stadtteil Dortelweil
(zu Bad Vilbel)
Stadtteil Gronau
(zu Bad Vilbel)
Nieder-dorfelden
61138
Groß-Karben
Dortelweil
Bad Vilbel-Gronau
129
154
179
Ober-Erlenbacher Str.
Frankfurter Straße
Friedberger Straße
Bahnhofstraße
Homburger Straße
Rendeler Straße
Klein-Karbener Straße
Gronauer Weg
Dorfelder Straße
Büdinger Straße
Hauptstraße
Theodor-Heuss-Straße
Heusheimer Weg
Stumpfer Weg
Niddertalbahn
Nidda
Nidder
Grollseck
Hellgrund
Römerhof
In den Weingärten
Pelzkappe
Auf der Steinrutsch
Heinrich-Walter-Ruh'
Hügelgräber
Aussiedlerhöfe
Gewerbegebiet
Gewerbegebiet "Nördlich der Theodor-Heuss-Str."
Röm. Ndlg.
Bornmühle
Krachenburg
Röm. Niederlassung
Auf der Hochburg
Scharmühle
Golfplatz "Lindenhof"
Golfhaus
Hinterkirch
Schutzhütte
Brunnenhaus Hassia
Dottenfelder Hof
Gronauer Hof
NSG
Kleiner Weidberg
Baugebiet
Döggelmühle
Reitplatz
Kläranlage
Wertstoffhof
Kleintierzuchtanlage
Gemeinschafts-Obstanlage
Schützenhaus
Hundedressurplatz
1=Habichtsweg
2=Bussardweg
3=Am Sonnenplatz
4=Milanweg
5=Elsterweg
6=Jaques-Offenbach-Weg
7=Richard-Wagner-Weg
8=Elly-Ney-Weg
9=Johann-Sebastian-Bach-Straße
4=Brückmannscher Hof
5=Löwengasse
6=Freiherr-vom-Stein-Straße
7=Wingertweg
8=Petterweiler Weg
9=Am Fliederbusch
10=Querstraße
11=Egerländer Straße
12=Raiffeisenstraße
13=Albert-Schweitzer-Straße
14=Lindenweg
15=Marienstraße
16=Rittergasse
17=Am Lindenbaum
18=An der Treppe
19=Auf den Ellern
1=Scheidweg
2=Sandkaute
3=Oberpforte
4=Waldstraße
5=Kurt-Schumacher Straße
6=Auf dem Berg
15 = Sonnenblick
16 = Feldweidweg
17 = Heinrich-Walter-Straße
18 = Zum Schelmenrod
7=Valence-en-Brie-Platz
8=Pfarrgasse
9=Kendelgasse
10=Lindenplatz
11=Mittelgasse
12=Bäckergasse
13=Sackgasse
14=Heinrich-Steih-Straße
19=Lindenstraße
20=Erlenstraße
21=Limesstraße
22=Altkönigstraße
10=Schultheiß-Bilger-Straße
11=Wenzel-Jaksch-Straße
12=Georg-Opper-Straße
13=Emanuel-Stock-Straße
14=Gerhart-Hauptmann-Straße
15=Peter-Fleischhauer-Straße
16=Neues Dorf
17=Berggasse
1=Herderstraße
2=Wilhelm-Busch-Straße
3=Adalbert-Stifter-Straße
4=An der Johannisweide
1=Theodor-Wenzel-Straße
2=Schäfergasse
3=Breitwiesenstraße
4=Backhausstraße
5=Rosenweg
6=Fliederweg
7=Dresdner Straße
8=Auf dem Steinacker
9=Glossop-Ring
10=Am Gronaris Sprudel
2=Am Fuchstanz
3=Feldbergstraße

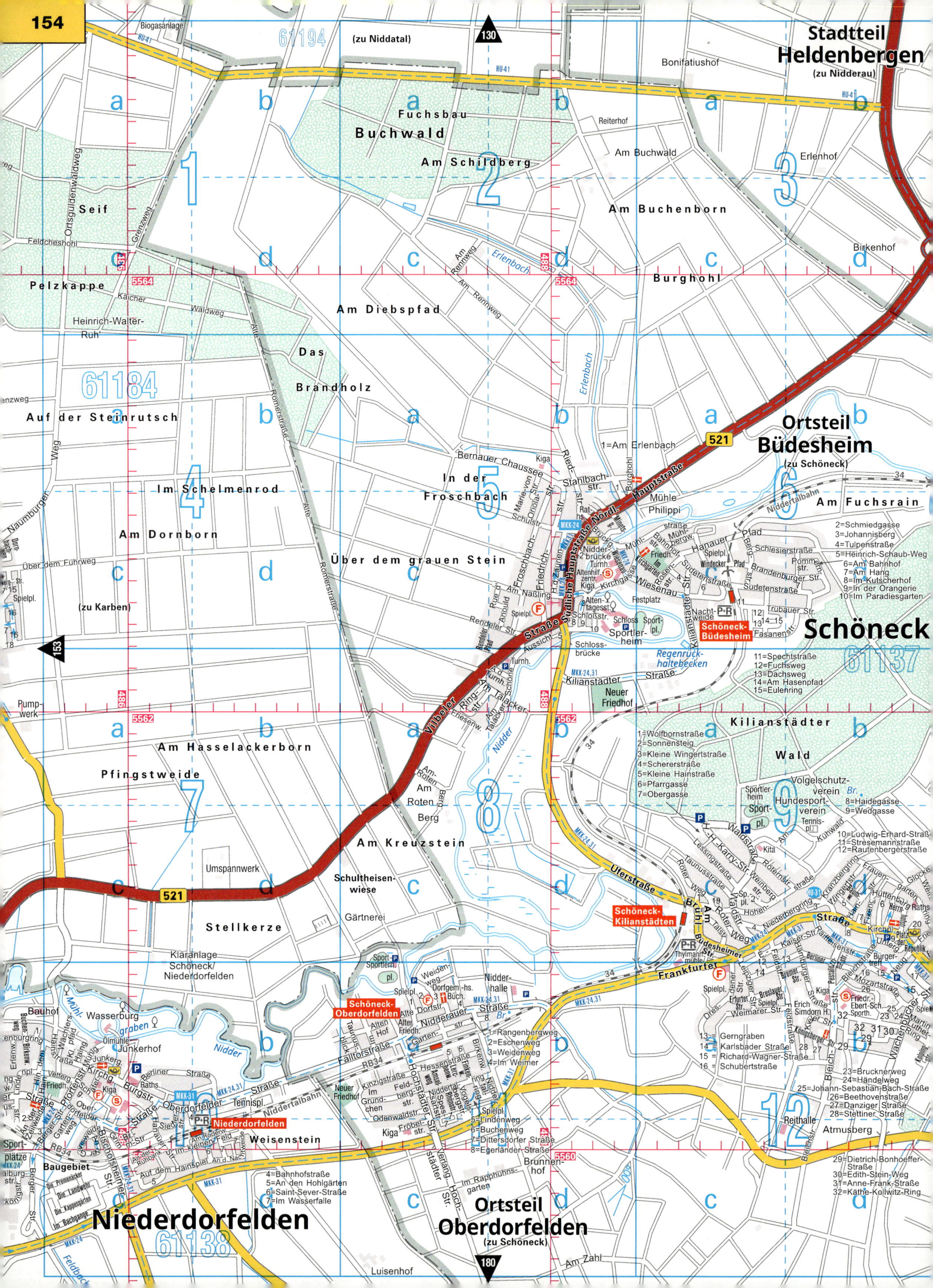

130
(zu Niddatal)
Stadtteil Heldenbergen
(zu Nidderau)
Bonifatiushof
Biogasanlage
Fuchsbau
Buchwald
Am Schildberg
Reiterhof
Am Buchwald
Erlenhof
Seif
Am Buchenborn
Birkenhof
Pelzkappe
Heinrich-Walter-Ruh'
Burghohl
Am Diebspfad
Das Brandholz
61184
Auf der Steinrutsch
Im Schelmenrod
Am Dornborn
(zu Karben)
In der Froschbach
Über dem grauen Stein
Ortsteil Büdesheim
(zu Schöneck)
Am Fuchsrain
Mühle Philippi
Schöneck
61137
Schöneck-Büdesheim
Neuer Friedhof
Regenrückhaltebecken
Kilianstädter Wald
Am Hasselackerborn
Pfingstweide
Am Roten Berg
Am Kreuzstein
Umspannwerk
Schultheisenwiese
Gärtnerei
Stellkerze
Kläranlage Schöneck/Niederdorfelden
Schöneck-Kilianstädten
Uferstraße
Frankfurter Straße
Schöneck-Oberdorfelden
Wasserburg
Junkerhof
Niederdorfelden
Weisenstein
Ortsteil Oberdorfelden
(zu Schöneck)
61138
Reithalle
Atmusberg
Luisenhof
Am Zahl
180
153

Nidderau
Stadtteil Windecken
(zu Nidderau)
Stadtteil Ostheim
(zu Nidderau)
Ortsteil Kilianstädten
(zu Schöneck)
Stadtteil Roßdorf
(zu Bruchköbel)
Buchwald
Heckenwingert
Eicher Berg
Dreieichenhof
Gewerbegebiet
Höhenhof
Neubaugebiet "Mühlweide"
Ohlenberg
Nidderau
Nidderau Windecken
Ostheim (Kr. Hanau)
Gailenberg
Marienhof
Katharinenhof
Talhof
Städter Berg
Wartbaum
Rommelsberg
Rohrberg
Gelber Berg
Gewerbegebiet Gelber Berg
Gewerbegebiet Kilianstädten Nord
Borntal
Wingert
(zu Hanau)
Eulwiesengrund
Lerchengrund
Issigheimer Berg
61130
63486
63454
1=Jakob-Dahl-Straße
2=Graf-Ulrich-Straße
1=Quellenweg
2=Schützengasse
3=Im Städter Grund
15=Am Taunusblick
16=Theodor-Heuss-Straße
17=Odenwaldstraße
18=Wilhelm-Leuschner-Straße
19=Rudolf-Walther-Platz
17 = Heiligenstraße
18 = Wilhelm-Leuschner-Weg
19 = Am Neuberg
20=Brunnengasse
21=Theodor-Heuss-Straße
22=Friedhofstraße
1=Klosterstraße
2=Schulstraße
3=Bergwerkstraße
4=St.-Andrä-Wördern-Str.
5=Reginbodo Weg
5=Am Weihergraben
6=Weiherstraße
5=Untergasse
6=Straubelgasse
7=Oberburg-Bergweg
8=Leopold-Wertheimer-Str.
9=Händelstraße
10=Hindemithstraße
11=Zum Rübenberg
12=Vor den Gärten
13=In den Nidderauen
14=An der Gänsweide
15=Zum Grenzstein
16=Margarete-von Isenburg-Str.
17=Max-Ernst-Straße
18=Wilhelm-Leibl-Straße
19=Max-Liebermann-Straße
20=Paul-Klee-Straße
21=Max-Pechstein-Straße
3=Am Kleinen Bahnhof
4=Schlitzerhof
5=Hospitalstraße
6=Gute Gasse
7=Am Kirchplatz
8=Synagogenstraße
9=Lehnhof
10=Pflucksburger Hof
11=Brunnenstraße
12=Naumburger Straße
13=Friedensstraße
14=Am Sirzbach
"Neue Stadtmitte" (in Bau)
Gewerbegebiet "Bücher Weg II.BA"
Gewerbegeb. "Waller Weg"
Wohngebiet "Ziegelei"
Wohngebiet "Rathaus"
Arkadenhof
Hof Buchwald
Friedhof
Schützenhaus

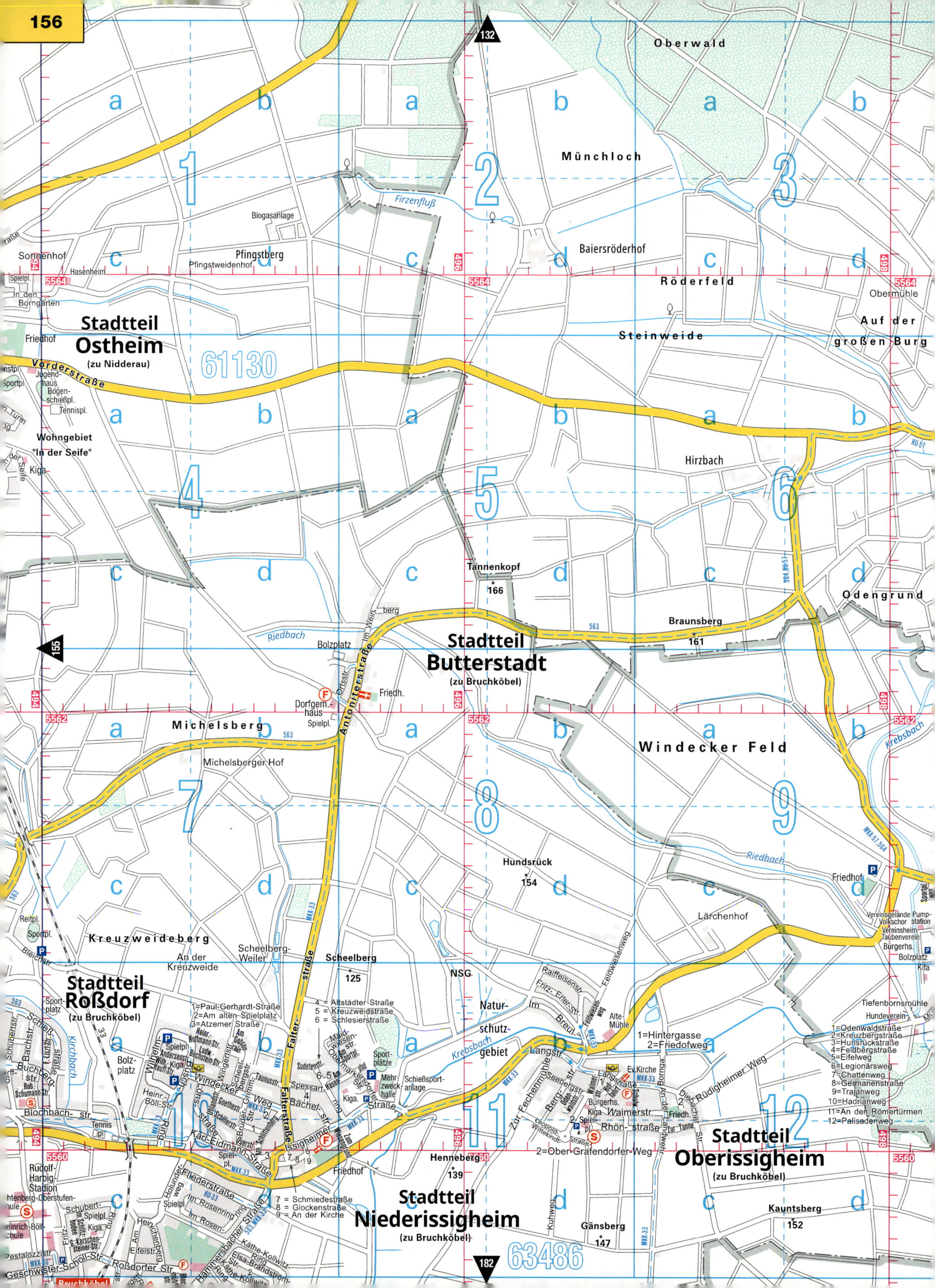

Oberwald
Münchloch
Firzenfluß
Biogasanlage
Pfingstberg
Pfingstweidenhof
Sonnenhof
Hasenheim
Baiersröderhof
Röderfeld
Obermühle
Steinweide
Auf der großen Burg
Stadtteil Ostheim
(zu Nidderau)
61130
Vorderstraße
Wohngebiet "In der Seife"
Hirzbach
Tannenkopf
166
Odengrund
Braunsberg
161
Riedbach
Bolzplatz
Antoniterstraße
Stadtteil Butterstadt
(zu Bruchköbel)
Friedh.
Dorfgem.-haus
Michelsberg
Michelsberger Hof
Windecker Feld
Krebsbach
Hundsrück
154
Friedhof
Lärchenhof
Kreuzweideberg
An der Kreuzweide
Scheelberg-Weiler
Scheelberg
125
NSG
Natur-schutz-gebiet
Stadtteil Roßdorf
(zu Bruchköbel)
1=Paul-Gerhardt-Straße
2=Am alten Spielplatz
3=Atzemer Straße
4 = Altstädter Straße
5 = Kreuzweidstraße
6 = Schlesierstraße
1=Hintergasse
2=Friedofweg
1=Odenwaldstraße
2=Kreuzbergstraße
3=Hunsrückstraße
4=Feldbergstraße
5=Eifelweg
6=Legionärsweg
7=Chattenweg
8=Germanenstraße
9=Trajanweg
10=Hadrianweg
11=An den Römertürmen
12=Palisadenweg
Falterstraße
Windecker Weg
Rüdigheimer Weg
Henneberg
139
Friedhof
7 = Schmiedestraße
8 = Glockenstraße
9 = An der Kirche
Stadtteil Niederissigheim
(zu Bruchköbel)
2=Ober-Grafendorfer-Weg
Stadtteil Oberissigheim
(zu Bruchköbel)
Kauntsberg
152
Gänsberg
147
63486
Rudolf-Harbig-Stadion
Roßdorfer Str.
Geschwister-Scholl-Str.
132
155
182

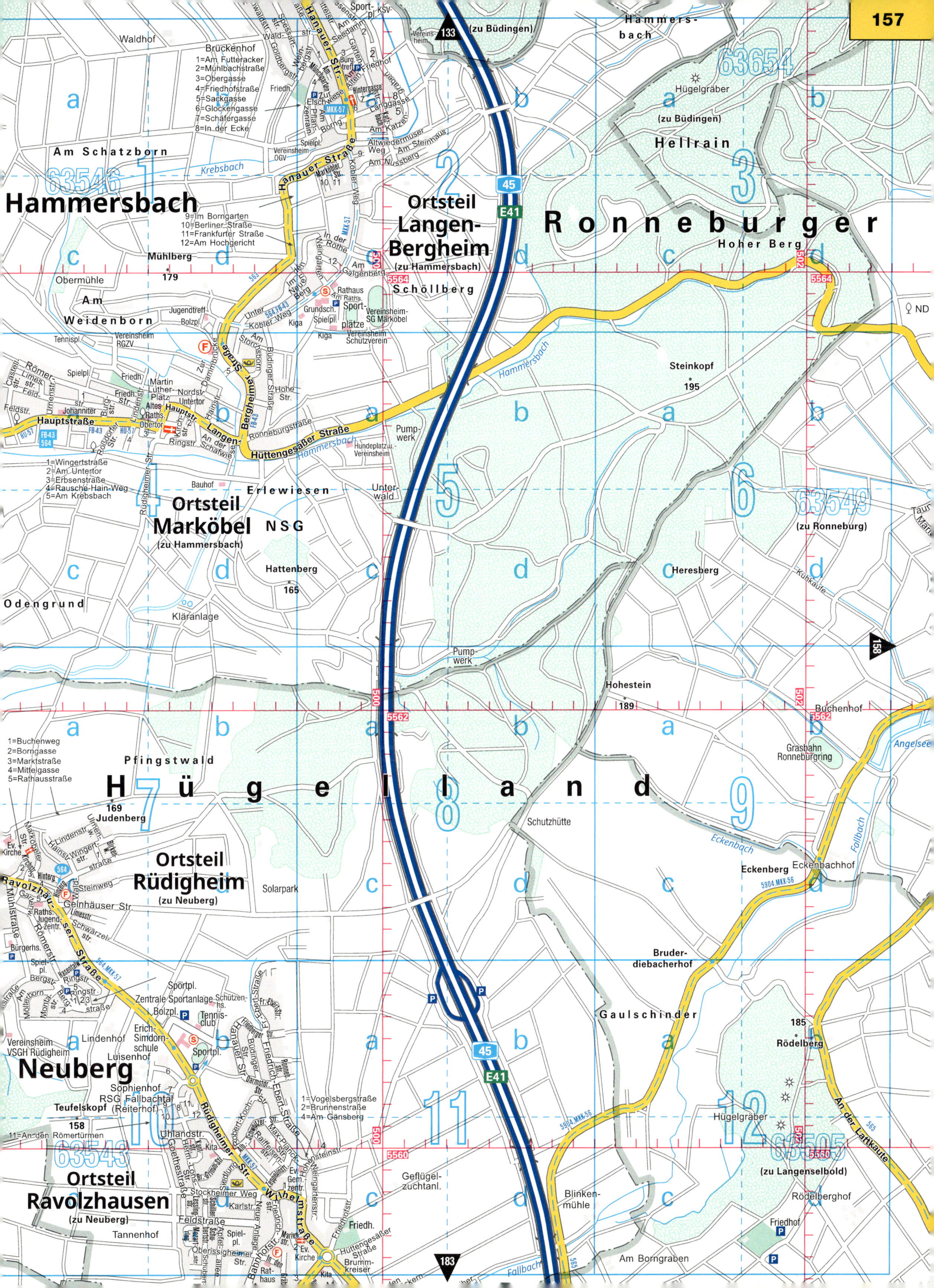
Hammersbach
Ortsteil Langen-Bergheim
(zu Hammersbach)
Ronneburger
Hügelland
Ortsteil Markóbel
(zu Hammersbach)
Ortsteil Rüdigheim
(zu Neuberg)
Neuberg
Ortsteil Ravolzhausen
(zu Neuberg)
Brückenhof
1=Am Futteracker
2=Mühlbachstraße
3=Obergasse
4=Friedhofstraße
5=Sackgasse
6=Glockengasse
7=Schäfergasse
8=In der Ecke
9=Im Borngarten
10=Berliner Straße
11=Frankfurter Straße
12=Am Hochgericht
1=Wingertstraße
2=Am Untertor
3=Erbsenstraße
4=Rausche-Hain-Weg
5=Am Krebsbach
1=Buchenweg
2=Borngasse
3=Marktstraße
4=Mittelgasse
5=Rathausstraße
1=Vogelsbergstraße
2=Brunnenstraße
4=Am Gänsberg
11=An den Römertürmen
Waldhof
Am Schatzborn
Mühlberg
179
Obermühle
Am Weidenborn
Schöllberg
Hellrain
Hoher Berg
Steinkopf
195
Erlewiesen
NSG
Hattenberg
165
Odengrund
Kläranlage
Heresberg
Hohestein
189
Buchenhof
Grasbahn Ronneburgring
Pfingstwald
169
Judenberg
Schutzhütte
Solarpark
Eckenberg
Eckenbachhof
Bruder-diebacherhof
Gaulschinder
185
Rödelberg
Hügelgräber
Lindenhof
Luisenhof
Sophienhof
RSG Fallbachtal (Reiterhof)
Teufelskopf
158
Tannenhof
Blinken-mühle
Rödelberghof
Am Borngraben
Geflügel-zuchtanl.
(zu Büdingen)
(zu Ronneburg)
(zu Langenselbold)
63654
63546
63549
63543
63505
45
E41
133
183
158
Hammersbach
Krebsbach
Eckenbach
Fallbach
Hauptstraße
Hanauer Straße
Bergheimer Straße
Hüttengesäßer Straße
Ravolzhäuser Straße
Rüdigheimer Str.
Wilhelmstraße
An der Lattkaute
Pumpwerk
Unterwald

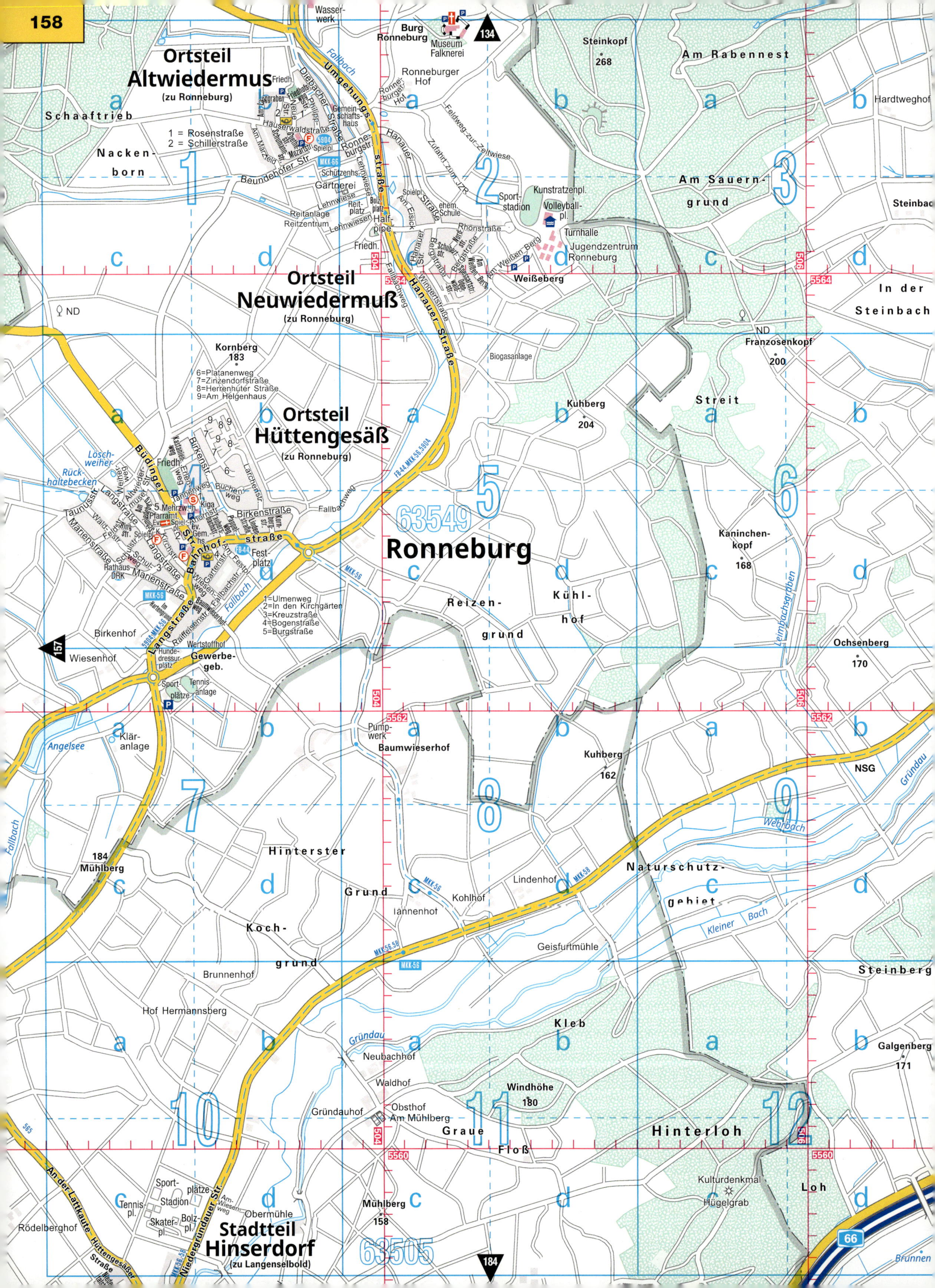
Ortsteil Altwiedermus
(zu Ronneburg)
Schaaftrieb
Nacken-born
1 = Rosenstraße
2 = Schillerstraße
Beundehöfer Str.
Umgehungsstraße
Wasserwerk
Burg Ronneburg
Museum Falknerei
Ronneburger Hof
Steinkopf
268
Am Rabennest
Hardtweghof
Am Sauerngrund
Steinbac
Kunstratzenpl.
Volleyballpl.
Sportstadion
Turnhalle
Jugendzentrum Ronneburg
Weißeberg
Rhönstraße
Hanauer Straße
Reitanlage
Reitzentrum
Gärtnerei
Lehnwiese
Halfpipe
Friedh.
Ortsteil Neuwiedermuß
(zu Ronneburg)
ND
In der Steinbach
Franzosenkopf
200
Kornberg
183
6=Platanenweg
7=Zinzendorfstraße
8=Herrenhuter Straße
9=Am Helgenhaus
Biogasanlage
Kuhberg
204
Streit
Ortsteil Hüttengesäß
(zu Ronneburg)
Lösch-weiher
Rück-haltebecken
Büdinger Str.
Birkenstraße
Bahnhofstraße
Langstraße
Festplatz
Fallbachweg
63549
Ronneburg
Kaninchenkopf
168
Leimbachsgraben
Reizen-grund
Kühl-hof
1=Ulmenweg
2=In den Kirchgärten
3=Kreuzstraße
4=Bogenstraße
5=Burgstraße
Birkenhof
Wiesenhof
157
Wertstoffhof
Gewerbegeb.
Hundedressurplatz
Sportplätze
Tennisanlage
Ochsenberg
170
Angelsee
Kläranlage
Pumpwerk
Baumwieserhof
Kuhberg
162
NSG
Gründau
Weihrbach
184
Mühlberg
Hinterster Grund
Koch-grund
Kohlhof
Tannenhof
Lindenhof
Naturschutz-gebiet
Kleiner Bach
Geisfurtmühle
Steinberg
Brunnenhof
Hof Hermannsberg
Kleb
Neubachhof
Waldhof
Windhöhe
180
Galgenberg
171
Gründauhof
Obsthof Am Mühlberg
Graue Floß
Hinterloh
Kulturdenkmal Hügelgrab
Loh
Sportplätze
Stadion
Tennispl.
Skaterpl.
Bolzpl.
Obermühle
Rödelberghof
An der Lattkaute
Hüttengesäßer Straße
Niedergründauer Str.
Mühlberg
158
Stadtteil Hinserdorf
(zu Langenselbold)
63505
184
66
Brunnen
134

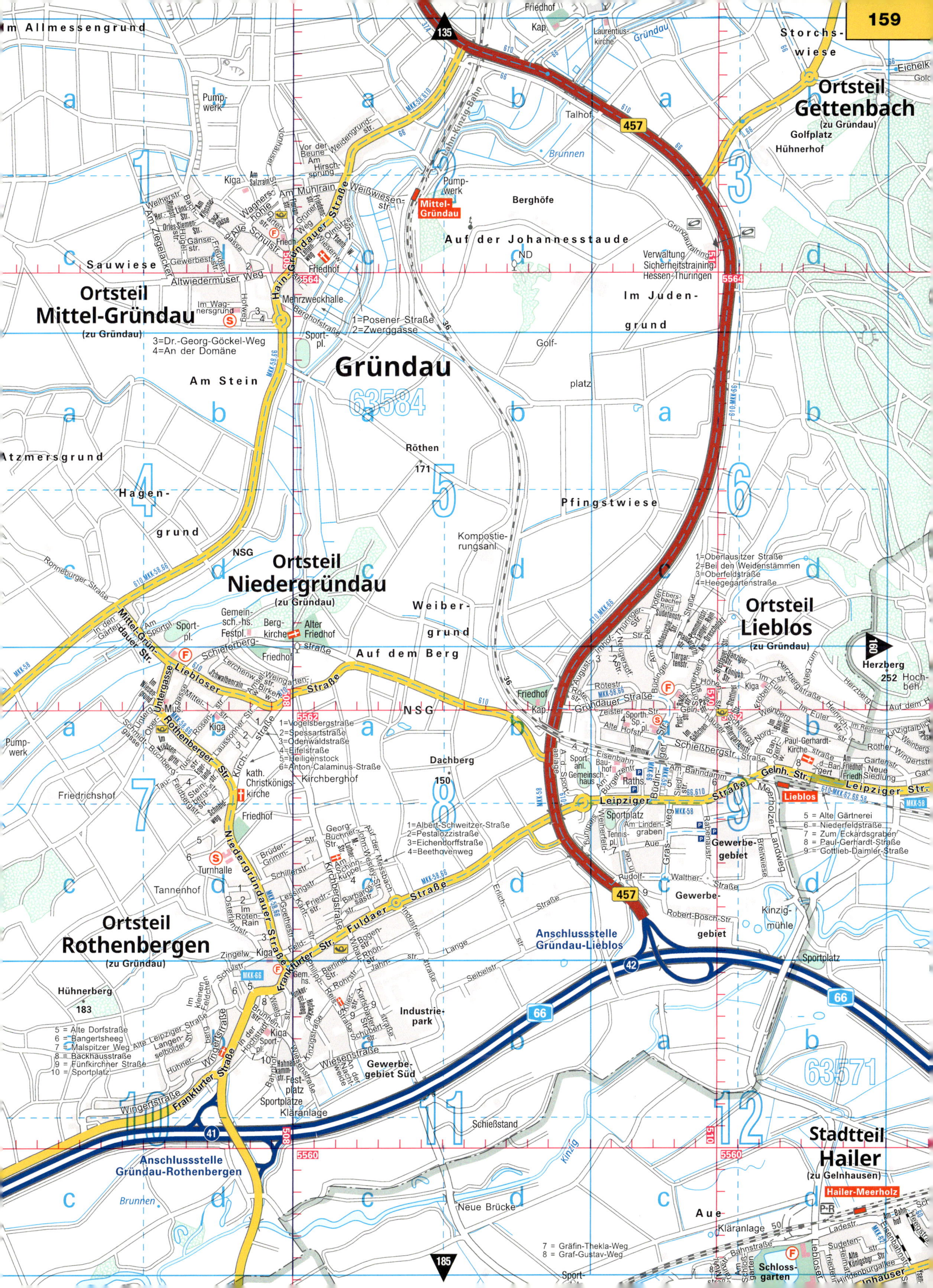
Ortsteil Gettenbach
(zu Gründau)
Ortsteil Mittel-Gründau
(zu Gründau)
Gründau
63584
Ortsteil Niedergründau
(zu Gründau)
Ortsteil Lieblos
(zu Gründau)
Ortsteil Rothenbergen
(zu Gründau)
Stadtteil Hailer
(zu Gelnhausen)
63571
Anschlussstelle Gründau-Lieblos
Anschlussstelle Gründau-Rothenbergen
Mittel-Gründau
Lieblos
Hailer-Meerholz
Auf der Johannesstaude
Im Judengrund
Pfingstwiese
Weibergrund
Auf dem Berg
Am Stein
Hagengrund
Sauwiese
Im Allmessengrund
Atzmersgrund
Storchswiese
Berghöfe
Talhof
Röthen
171
Dachberg
150
Hühnerberg
183
Herzberg
252
Friedrichshof
Tannenhof
Industriepark
Gewerbegebiet
Gewerbegebiet Süd
Kinzigmühle
Kläranlage
Schießstand
Neue Brücke
Aue
Schlossgarten
1=Posener Straße
2=Zwerggasse
3=Dr.-Georg-Göckel-Weg
4=An der Domäne
1=Vogelsbergstraße
2=Spessartstraße
3=Odenwaldstraße
4=Eifelstraße
5=Heiligenstock
6=Anton-Calaminus-Straße
1=Albert-Schweitzer-Straße
2=Pestalozzistraße
3=Eichendorffstraße
4=Beethovenweg
1=Oberlausitzer Straße
2=Bei den Weidenstämmen
3=Oberfeldstraße
4=Heegegartenstraße
5 = Alte Gärtnerei
6 = Niederfeldstraße
7 = Zum Eckardsgraben
8 = Paul-Gerhardt-Straße
9 = Gottlieb-Daimler-Straße
5 = Alte Dorfstraße
6 = Bangertsheeg
7 = Malspitzer Weg
8 = Backhausstraße
9 = Fünfkirchner Straße
10 = Sportplatz
7 = Gräfin-Thekla-Weg
8 = Graf-Gustav-Weg
135
160
185
457
66
42
41

136
Ortsteil
Gettenbach
(zu Gründau)
Gettenbach
Eichelkopfstraße
Goldgipfel
Gemein-
schaftshs.
Friedhof
Gründau
63584
Kohl-
platte
Glashütten-
kopf
Naturdenkmal
Kirschengraben
Spielmannsgraben
Hügelgrab
5564
Kuhruh
333
Schutzhütte
Grundborn
Schutzhütte
Kurzenberg
Sommer-
berge
302
Troppelborn
Hinter der Tanne
Hügelgräber
Marberg
An der Wart
Platte
Langenweg
Mühlbachs-
kopf
Tanne
Herzberg
252
159
Hoch-
beh.
Gelnhausener
Warte
Turnhalle
Ring- wolf
Trimm-
Dich-
Pfad
Habernickel
334
Schweins-
graben
5562
Stadtteil
Roth
(zu Gelnhausen)
Straßenbauamt
Blockhaus
Dietrichsberg
Cityplan S.34
Heinrichshöhe
Naturdenkmal
Friesenborn
Pumpwerk
Leipziger Straße
Frankfurter Straße
Berliner Str.
1=Mittelstraße
2=Unterstraße
Am Spitalacker
Lahn-Kinzig-Bahn
Bauhof
Straßenmeisterei
DRK
Heizwerk
TÜV
Galgenfeld
Tierheim
Zollamt
Sport-
plätze
Sport-
halle
Realschule
Gerichts-
gefängnis
Stadtwerke
Seestr.
Barbarossastraße
Kreis-
verw.
Kreiswerke
Barbarossaburg
(Kaiserpfalz)
Burgmühle
Müller-ND-
wiese
Freibad
(beheizt)
Mini-
golf-
platz
Panoramaweg
1 = Am Schwimmbad
2 = Am Felsenkeller
Alte Leipziger Straße
Bolzplatz
Uferweg
Kinzig
Sportflugplatz
Verkehrslandeplatz
Gelnhausen
63571
Gelnhausen
1 = Charles-Robin-Weg
2 = Amtshofstraße
3 = Vorm Wildhaus
4 = Am Schandelbach
5 = Sudetenring
6 = Matthias-Claudius-Weg
Pumpwerk
Brunnen
Gewerbegeb.
66
Stadtteil
Hailer
(zu Gelnhausen)
Kinzigtalbahn
Anschlussstelle
Gelnhausen-
West
43
Sportcenter
Schanzelbach
Busdepot
"An der Wann"
Strum-
pelburg
Ortsteil
Altenhaßlau
(zu Linsengericht)
Festplatz
5560
Hailer-Meerholz
5=Vorm Röhrig
6=Hailer Tal
Pumpwerk
1 = An der Westspange
Weißkircher
Friedhof
Gelnhauser Straße
Hauptstraße
Jugendheim
Bürger-
haus
Haßelbach
186

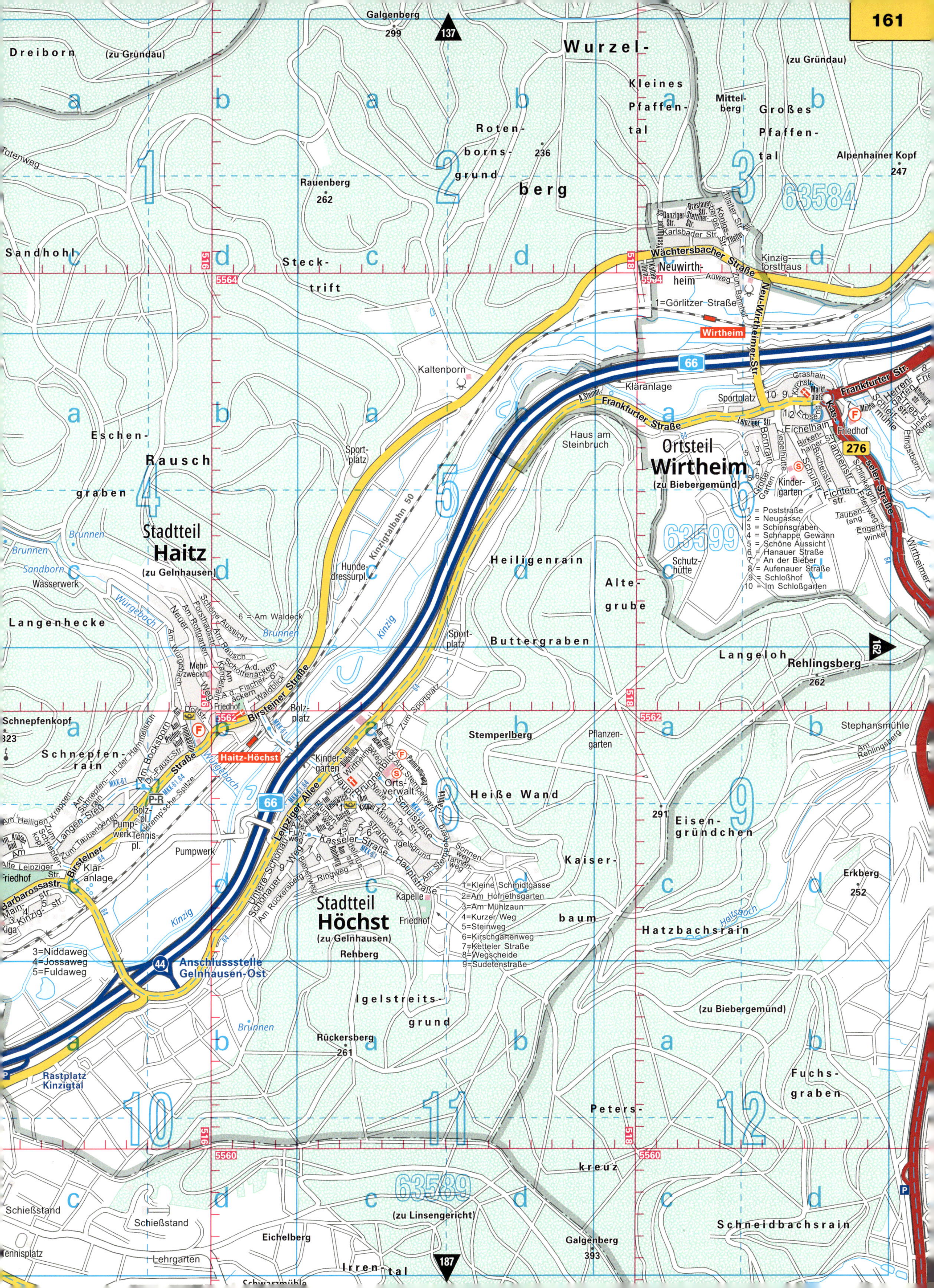
Galgenberg
299
137
Wurzel-
berg
Dreiborn
(zu Gründau)
(zu Gründau)
Kleines
Pfaffen-
tal
Mittel-
berg
Großes
Pfaffen-
tal
Roten-
borns-
grund
236
Totenweg
Rauenberg
262
Alpenhainer Kopf
247
63584
Karlsbader Str.
Sandhohl
Steck-
trift
Wächtersbacher Straße
Neuwirth-
heim
Kinzig-
forsthaus
1=Görlitzer Straße
Wirtheim
66
Neu-Wirtheimer-Str.
Kaltenborn
Kläranlage
Frankfurter Straße
Frankfurter Str.
Sportplatz
Friedhof
276
Haus am
Steinbruch
Ortsteil
Wirtheim
(zu Biebergemünd)
Eschen-
Rausch
graben
Sport-
platz
Kinzigtalbahn 50
Kinder-
garten
Schutz-
hütte
63599
1 = Poststraße
2 = Neugasse
3 = Schinnsgraben
4 = Schnappe Gewann
5 = Schöne Aussicht
6 = Hanauer Straße
7 = An der Bieber
8 = Aufenauer Straße
9 = Schloßhof
10 = Im Schloßgarten
Stadtteil
Haitz
(zu Gelnhausen)
Brunnen
Sandborn
Wasserwerk
Hunde-
dressurpl.
Heiligenrain
Alte-
grube
Langenhecke
Würgebach
6 = Am Waldeck
Kinzig
Sport-
platz
Buttergraben
Langeloh
Rehlingsberg
262
Birsteiner Straße
Bolz-
platz
Schnepfenkopf
323
Schnepfen-
rain
Stemperlberg
Pflanzen-
garten
Stephansmühle
Haitz-Höchst
Kinder-
garten
Orts-
verwalt.
Heiße Wand
291
Eisen-
gründchen
Pumpwerk
Leipziger Allee
Kläranlage
Kaiser-
baum
Erkberg
252
Stadtteil
Höchst
(zu Gelnhausen)
Rehberg
Kapelle
Friedhof
1=Kleine Schmidtgasse
2=Am Hofriethsgarten
3=Am Mühlzaun
4=Kurzer Weg
5=Steinweg
6=Kirschgartenweg
7=Ketteler Straße
8=Wegscheide
9=Sudetenstraße
Hatzbachsrain
3=Niddaweg
4=Jossaweg
5=Fuldaweg
44
Anschlussstelle
Gelnhausen-Ost
Igelstreits-
grund
(zu Biebergemünd)
Rückersberg
261
Rastplatz
Kinzigtal
Fuchs-
graben
Peters-
kreuz
63589
(zu Linsengericht)
Schießstand
Schießstand
Eichelberg
Galgenberg
393
Schneidbachsrain
Lehrgarten
Irren-
tal
187
Schwarzmühle

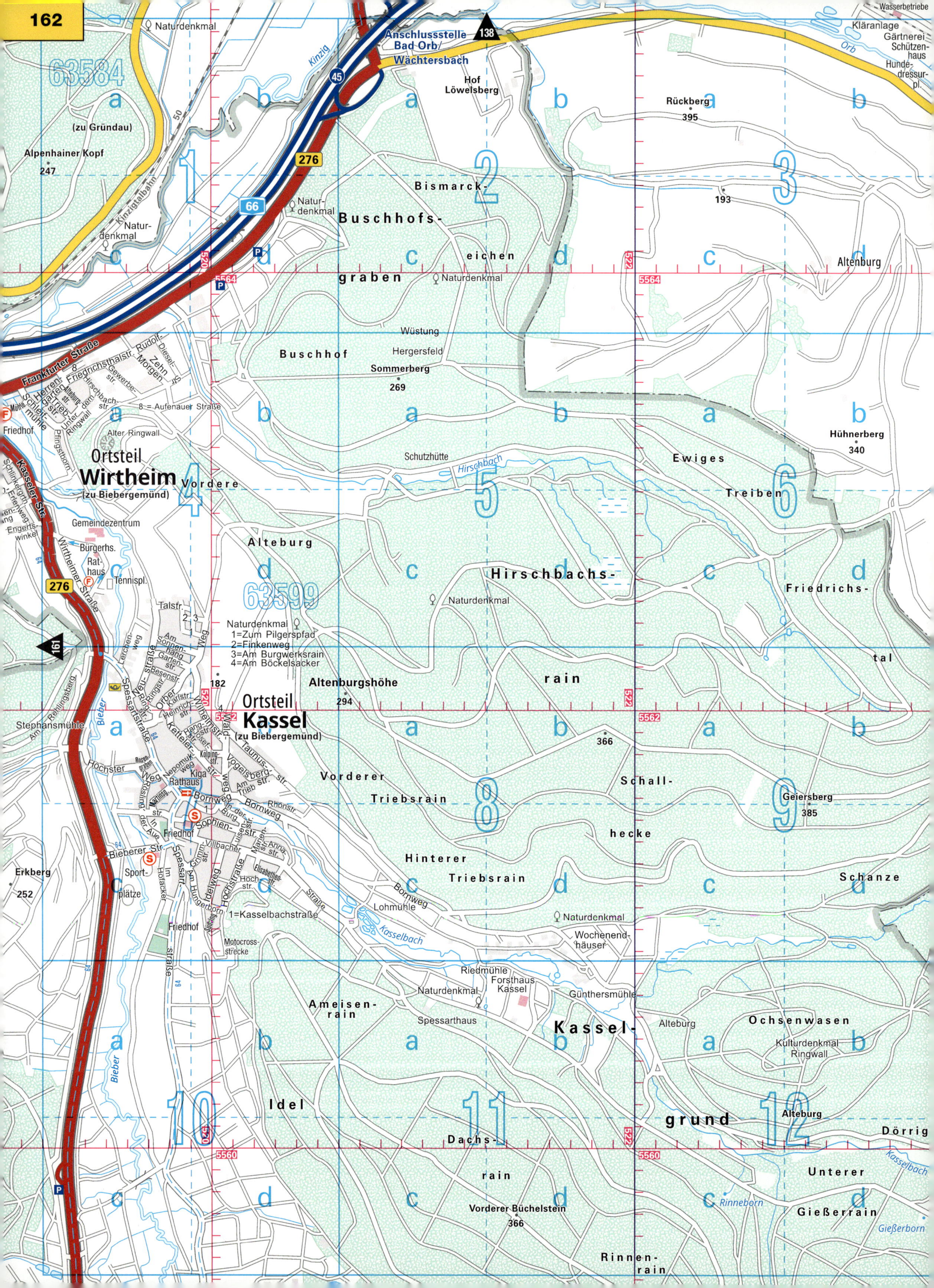

63584
Naturdenkmal
Anschlussstelle Bad Orb/ Wächtersbach
138
45
Hof Löwelsberg
Kläranlage
Gärtnerei
Schützenhaus
Hundedressurpl.
Wasserbetriebe
Orb
Kinzig
(zu Gründau)
Alpenhainer Kopf
247
Rückberg
395
Kinzigtalbahn
276
66
Bismarck-
Buschhofs-
graben
eichen
193
Altenburg
Wüstung
Hergersfeld
Buschhof
Sommerberg
269
Frankfurter Straße
8 = Aufenauer Straße
Alter Ringwall
Friedhof
Ortsteil
Wirtheim
(zu Biebergemünd)
Vordere
Schutzhütte
Hirschbach
Ewiges
Treiben
Hühnerberg
340
Gemeindezentrum
Kasseler Str.
Wirtheimer Straße
Burgerhs.
Rathaus
Tennispl.
Alteburg
63599
Hirschbachs-
rain
Friedrichs-
tal
Talstr.
Naturdenkmal
1=Zum Pilgerspfad
2=Finkenweg
3=Am Burgwerksrain
4=Am Böckelsacker
182
Altenburgshöhe
294
Ortsteil
Kassel
(zu Biebergemünd)
366
Stephansmühle
Bieber
Spessartstraße
Vorderer
Triebsrain
Schall-
hecke
Geiersberg
385
Rathaus
Bornweg
Friedhof
Bieberer Str.
Sportplätze
Erkberg
252
Hinterer
Triebsrain
Schanze
Lohmühle
Kasselbach
1=Kasselbachstraße
Motocross-strecke
Wochenendhäuser
Riedmühle
Forsthaus Kassel
Günthersmühle
Ameisen-
rain
Spessarthaus
Kassel-
grund
Alteburg
Ochsenwasen
Kulturdenkmal Ringwall
Idel
Dachs-
rain
Dörrig
Unterer
Gießerrain
Rinneborn
Gießerborn
Vorderer Büchelstein
366
Rinnen-
rain
5564
5562
5560
520
522
1
2
3
4
5
6
7
8
9
10
11
12

Bad Orb
63619
Langenacker
Lindenhof
Aumühle
Lauzenberg 346
Kleeberg
Mittelberg 294
Geissche Mühle
Holzmännische Mühle
Alterberg
Hasel-tal
Wintersberg 434
Kasselberg 319
Molkenberg 293
Bocksberg 312
Sonnenberg
Hubertsberg 408
Orb-tal
Talheim
Spessart Wildpark
Haber-tal
Kurzes-tal
Gipfelsberg
Bremer Grund
Pfarrküppel 461
Bieberer Hütte
Orber Reisig
Dörrig
Langenbergs-grund
Kulturdenkmal Jägerskreuz
Bieberhöhe 533
Horst 540
Pumpwerk
Cityplan S.31
Frankfurter Straße
Würzburger Straße
Reha-Klinik Küppelsmühle
Neuro-orthop. Reha-Zentrum
Philosophenhöhe
Schutzhütte
1 = Schönbornweg
2 = Baumschule
3 = Marktbrunnenstraße

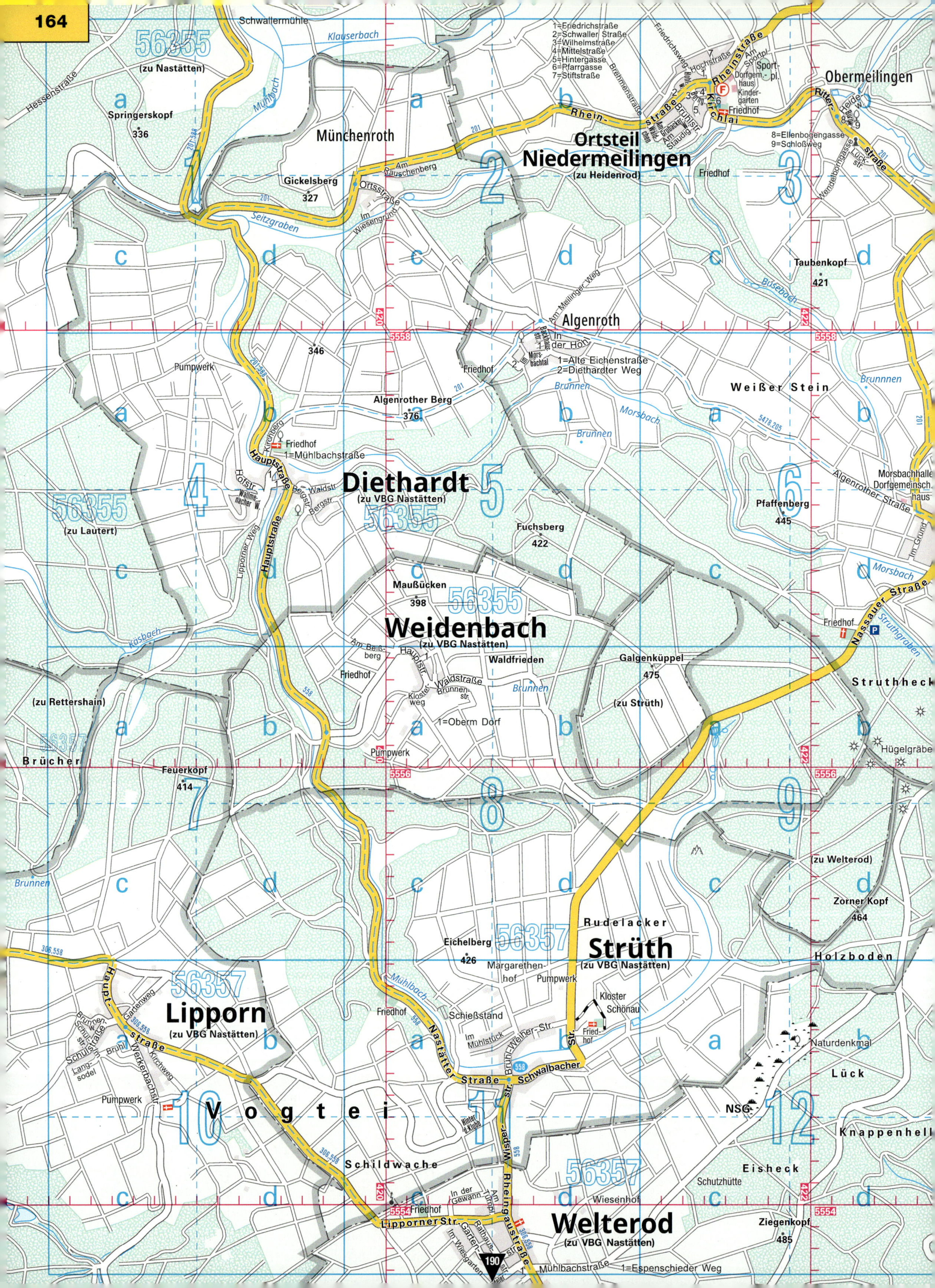
Schwallermühle
Klauserbach
56355
(zu Nastätten)
1=Friedrichstraße
2=Schwaller Straße
3=Wilhelmstraße
4=Mittelstraße
5=Hintergasse
6=Pfarrgasse
7=Stiftstraße
Obermeilingen
Springerskopf
336
Münchenroth
Ortsteil
Niedermeilingen
(zu Heidenrod)
8=Ellenbogengasse
9=Schloßweg
Gickelsberg
327
Seitzgraben
Friedhof
Taubenkopf
421
Algenroth
1=Alte Eichenstraße
2=Diethardter Weg
346
Pumpwerk
Algenrother Berg
376
Weißer Stein
Brunnen
Morsbach
Friedhof
1=Mühlbachstraße
Diethardt
(zu VBG Nastätten)
56355
(zu Lautert)
Fuchsberg
422
Pfaffenberg
445
Morsbachhalle
Dorfgemeinschaftshaus
Algenrother Straße
Maußücken
398
Weidenbach
(zu VBG Nastätten)
Waldfrieden
Nassauer Straße
Galgenküppel
475
(zu Strüth)
Struthheck
1=Oberm Dorf
(zu Rettershain)
Brücher
Feuerkopf
414
Pumpwerk
Hügelgräber
(zu Welterod)
Zorner Kopf
464
Rudelacker
Strüth
(zu VBG Nastätten)
Eichelberg
426
Margarethenhof
Pumpwerk
Kloster Schönau
Holzboden
56357
Lippern
(zu VBG Nastätten)
Schießstand
Naturdenkmal
Lück
Pumpwerk
Vogtei
NSG
Knappenhell
Schildwache
Eisheck
Schutzhütte
Wiesenhof
Friedhof
Lipporner Str.
Welterod
(zu VBG Nastätten)
Ziegenkopf
485
Mühlbachstraße
1=Espenschieder Weg
190

Diederts-
grund
Egenrother Weg
Hunsrückstr.
Fichtenstraße
Wiesenstraße
Appelallee
Dorfgem.h. Kiga
Schäferkopf
497
Langschied
Hoher Wald
Seitzgraben
Am Dietrichstein
Fried-
hof
Dickheck
Hügelgrab
Am Grauen Kopf
Schutzhütte
518
Grauer Kopf
Ortsteil
Zorn
(zu Heidenrod)
An der Ganswiese
Siedlungsstr.
Brunnen-
platz
Nassauer Straße
1 = Zum langen Garten
2 = Auf dem Flürchen
gräber
485
Meinert
Heidenrod
65321
Graukopf
462
Schutz-
hütte
Unner
Altgeheg
Hütte-
born
Hof Schönberg
Grube
Meiers Hoffnung
Schutzhütte
Nauroter Weg
Friedhof
166
Schutzhütte
Pumpwerk
Schutzhütte
Hügelgräber
Esch
Grube Rosit
Am Grubenweg
Pfarrweide
Münchholz
Rosit
Ortsteil
Nauroth
(zu Heidenrod)
Dorfgem.-
haus
Sudetenstraße
Mühlstraße
Kirchstraße
Karlsbader Str.
Mühlberg
378
Wisper-
see
433
Schutzhütte
Herzbach
1=Jakob-Friedrich-Weg
2=Postgasse
3=Nikolaus-August-Otto-Straße
Hof
Angschied
349
Friedhof
Sport-
platz
Waldhof
393
Schutzhütte
Pfaffenberg
337
Schutzhütte
Hasselberg
320
Friedhof
Galgenkopf
470
1=Turmstraße
Herzbachstraße
Hilgenroth
Brühler Berg
365
Schutzhütte
Knappenhell
Maiholz
Hahnkopf
474
Grober Berg
402
Klaffberg
191

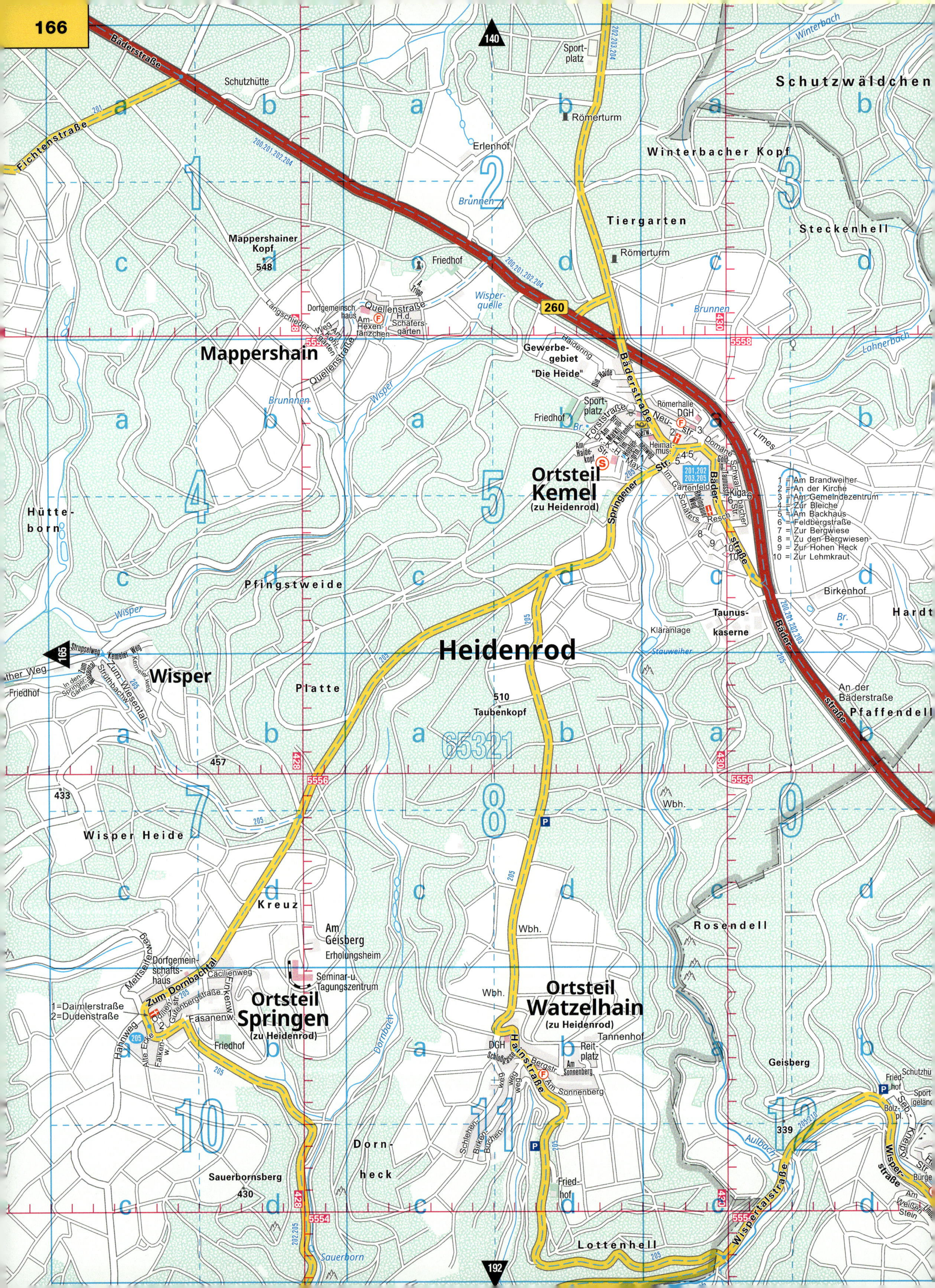
Bäderstraße
Fichtenstraße
Schutzhütte
140
Sportplatz
Römerturm
Erlenhof
Brunnen
Schutzwäldchen
Winterbacher Kopf
Winterbach
Tiergarten
Steckenhell
Mappershainer Kopf
548
Friedhof
Römerturm
Dorfgemeinschaftshaus
Quellenstraße
Wisperquelle
Am Hexentänzchen
H.d. Schäfersgärten
260
Langschieder Weg
Mappershain
Brunnen
Wisper
Gewerbegebiet "Die Heide"
Haidering
Sportplatz
Friedhof
Römerhalle
DGH
Lahnerbach
Limes
Ortsteil Kemel
(zu Heidenrod)
Springener Str.
Bäderstraße
Heimatmus.
Kiga
1 = Am Brandweiher
2 = An der Kirche
3 = Am Gemeindezentrum
4 = Zur Bleiche
5 = Am Backhaus
6 = Feldbergstraße
7 = Zur Bergwiese
8 = Zu den Bergwiesen
9 = Zur Hohen Heck
10 = Zur Lehmkraut
Hüttebor n
Pfingstweide
Birkenhof
Hardt
Taunuskaserne
Kläranlage
Stauweiher
Heidenrod
165
Wisper
Friedhof
Platte
510
Taubenkopf
65321
An der Bäderstraße
Pfaffendell
457
433
Wisper Heide
Wbh.
Kreuz
Am Geisberg
Erholungsheim
Seminar- u. Tagungszentrum
Rosendell
Dorfgemeinschaftshaus
Zum Dornbachtal
Cäcilienweg
1=Daimlerstraße
2=Dudenstraße
Fasanenw.
Ortsteil Springen
(zu Heidenrod)
Friedhof
Hahnweg
Wbh.
Ortsteil Watzelhain
(zu Heidenrod)
Tannenhof
DGH
Hainstraße
Reitplatz
Am Sonnenberg
Geisberg
Dornbach
Sauerbornsberg
430
Dornheck
Friedhof
339
Aulbach
Wispertalstraße
Wisperstraße
Lottenhell
Sauerborn
192

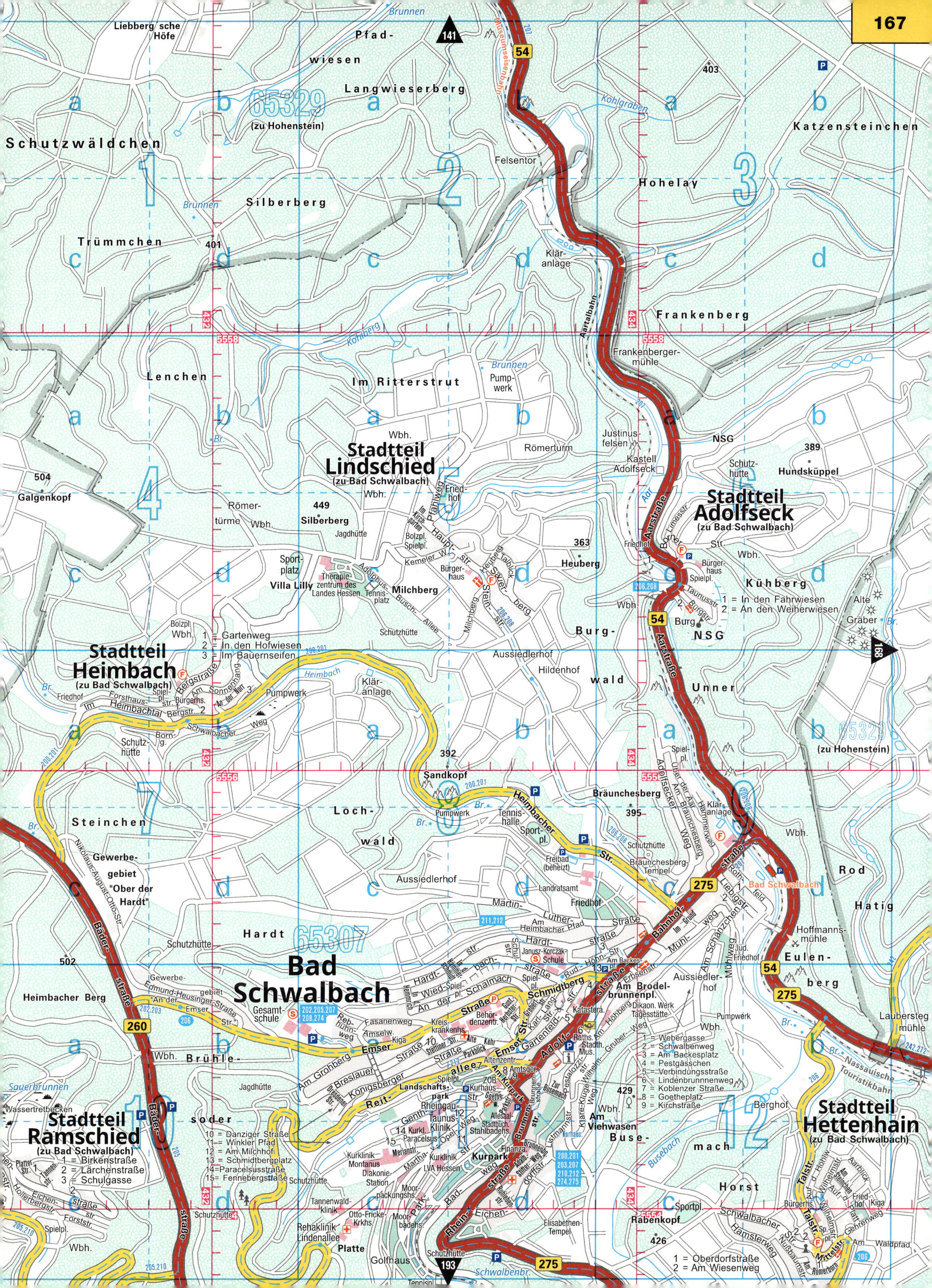

Liebberg'sche Höfe
Pfad-
wiesen
Langwieserberg
Brunnen
141
54
403
Katzensteinchen
Schutzwäldchen
65329
(zu Hohenstein)
Kohlgraben
Felsentor
Hohelay
Silberberg
Brunnen
Trümmchen
401
Klär-
anlage
Frankenberg
Aartalbahn
Kohlberg
Brunnen
Frankenberger-
mühle
Lenchen
Im Ritterstrut
Pump-
werk
Wbh.
Stadtteil
Lindschied
(zu Bad Schwalbach)
Römerturm
Justinus-
felsen
Kastell
Adolfseck
NSG
389
Hundsküppel
Schutz-
hütte
504
Galgenkopf
Römer-
türme
449
Silberberg
Friedhof
Stadtteil
Adolfseck
(zu Bad Schwalbach)
Aarstraße
363
Heuberg
Sport-
platz
Villa Lilly
Therapie-
zentrum des
Landes Hessen
Milchberg
Bürger-
haus
Kühberg
1 = In den Fahrwiesen
2 = An den Weiherwiesen
Alte
Gräber
Burg
NSG
Burg-
wald
Bolzpl.
1 = Gartenweg
2 = In den Hofwiesen
3 = Im Bauernseifen
Stadtteil
Heimbach
(zu Bad Schwalbach)
Aussiedlerhof
Hildenhof
Unner
168
Heimbach
Pumpwerk
Klär-
anlage
Im Heimbachtal
Schwalbacher Weg
Schutz-
hütte
392
Sandkopf
(zu Hohenstein)
65329
Bräunchesberg
395
Steinchen
Loch-
wald
Pumpwerk
Tennis-
halle
Sport-
pl.
Heimbacher Str.
Klär-
anlage
Wbh.
Gewerbe-
gebiet
"Ober der
Hardt"
Aussiedlerhof
Freibad
(beheizt)
Schutzhütte
Bräunchesberg-
Tempel
275
Bad Schwalbach
Rod
Hatig
Landratsamt
Friedhof
Martin-
Luther-
Straße
Am Heimbacher Pfad
Hardt
65307
Schutzhütte
Hoffmanns-
mühle
502
Bad
Schwalbach
Eulen-
berg
54
275
Heimbacher Berg
Gewerbe-
gebiet
Gesamt-
schule
Am Brodel-
brunnenpl.
Aussiedler-
hof
Laubersteg
mühle
260
Emser Str.
Reitallee
1 = Webergasse
2 = Schwalbenweg
3 = Am Backesplatz
4 = Pestgässchen
5 = Verbindungsstraße
6 = Lindenbrunnenweg
7 = Koblenzer Straße
8 = Goetheplatz
9 = Kirchstraße
Nassauische
Touristikbahn
Wbh.
Brühle-
Jagdhütte
429
Sauerbrunnen
Wassertretbecken
Landschafts-
park
Am
Viehwasen
Buse-
Berghof
Stadtteil
Ramschied
(zu Bad Schwalbach)
1 = Birkenstraße
2 = Lärchenstraße
3 = Schulgasse
soder
10 = Danziger Straße
11 = Winkler Pfad
12 = Am Milchhof
13 = Schmidtbergplatz
14 = Paracelsusstraße
15 = Fennebergstraße
Kurpark
Stadtteil
Hettenhain
(zu Bad Schwalbach)
mach
Horst
Sportpl.
Rabenkopf
426
Schutzhütte
Tannenwald-
klinik
Rehaklinik
Lindenallee
Platte
Golfhaus
Elisabethen-
Tempel
Schwalbacher Weg
193
275
1 = Oberdorfstraße
2 = Am Wiesenweg
Waldpfad

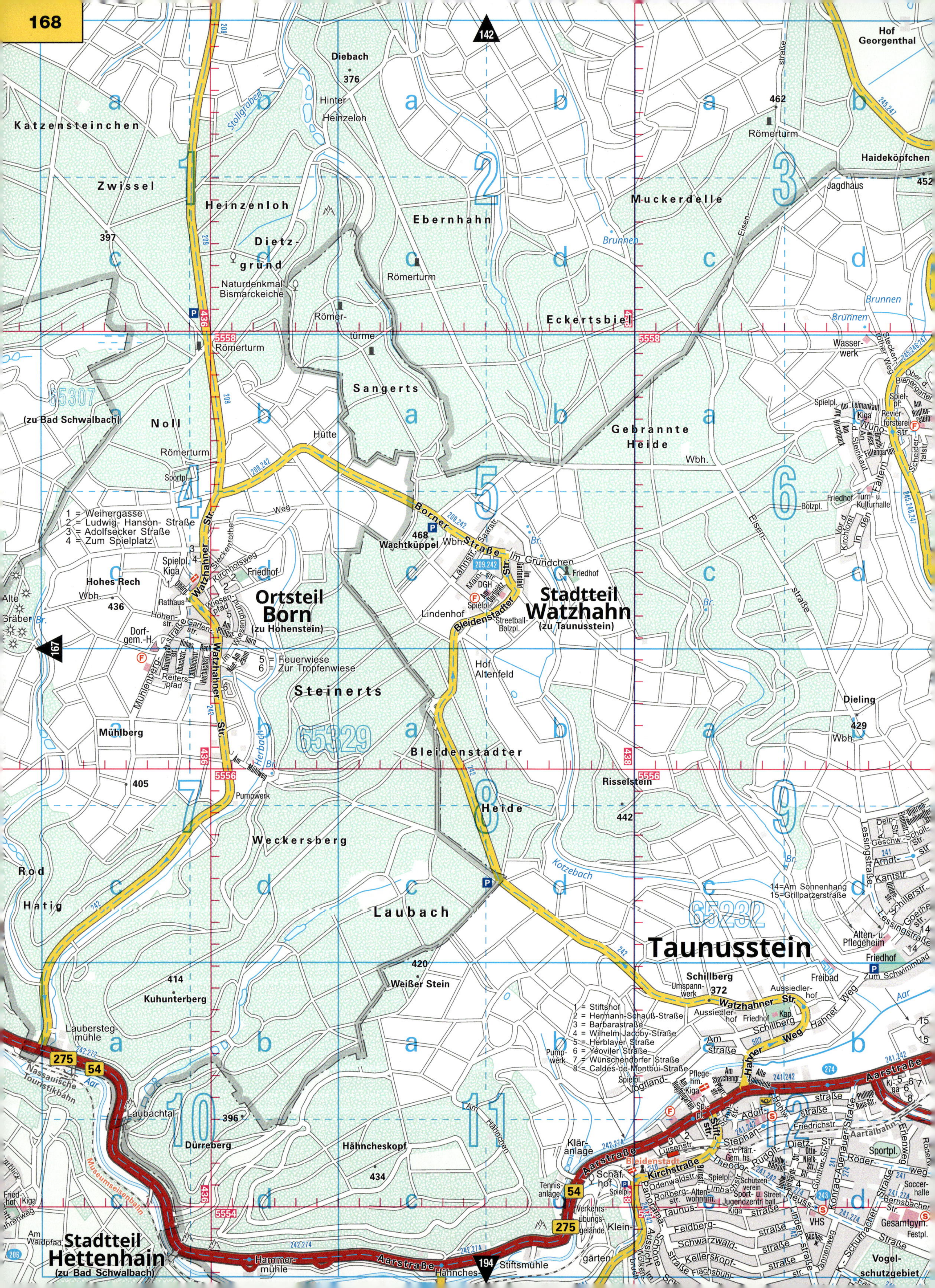

142
Diebach
376
Hinter Heinzeloh
Katzensteinchen
Zwissel
Heinzenloh
Dietzgrund
Naturdenkmal Bismarckeiche
397
Ebernhahn
Römerturm
Muckerdelle
462
Römerturm
Hof Georgenthal
Haidekopfchen
452
Jagdhaus
Brunnen
Eckertsbiel
Römertürme
Sangerts
Römerturm
5558
65307
(zu Bad Schwalbach)
Noll
Hütte
Sportpl.
Gebrannte Heide
Wbh.
Wasserwerk
1 = Weihergasse
2 = Ludwig-Hanson-Straße
3 = Adolfsecker Straße
4 = Zum Spielplatz
Borner Straße
468
Wachtküppel
Im Grundchen
Friedhof
Bolzpl.
Hohes Rech
436
Alte Gräber
Rathaus
Friedhof
Ortsteil Born
(zu Hohenstein)
Stadtteil Watzhahn
(zu Taunusstein)
Lindenhof
Bleidenstadter Str.
Watzhahner Str.
5 = Feuerwiese
6 = Zur Tropfenwiese
167
Hof Altenfeld
Steinerts
Dieling
429
Wbh.
65329
Mühlberg
Bleidenstadter Heide
Herbach
405
Pumpwerk
5556
Risselstein
442
Weckersberg
Kotzebach
14=Am Sonnenhang
15=Grillparzerstraße
Rod
Hatig
Laubach
65232
Taunusstein
Alten- u. Pflegeheim
Friedhof
420
Weißer Stein
Schillberg
372
Freibad
414
Kuhunterberg
1 = Stiftshof
2 = Hermann-Schauß-Straße
3 = Barbarastraße
4 = Wilhelm-Jacoby-Straße
5 = Herblayer Straße
6 = Yeoviler Straße
7 = Wünschendorfer Straße
8 = Caldes-de-Montbui-Straße
Watzhahner Str.
Hahner Weg
Laubersteg-mühle
275
54
Nassauische Touristikbahn
Aar
Laubachtal
396
Dürreberg
Hähncheskopf
434
Aarstraße
Kläranlage
Bleidenstadt
Kirchstraße
Museumseisenbahn
5554
Stadtteil Hettenhain
(zu Bad Schwalbach)
Hammermühle
Aarstraße
Hähnches
194
Stiftsmühle
Kleingärten
Vogelschutzgebiet
Gesamtgym.
VHS
Sportpl.

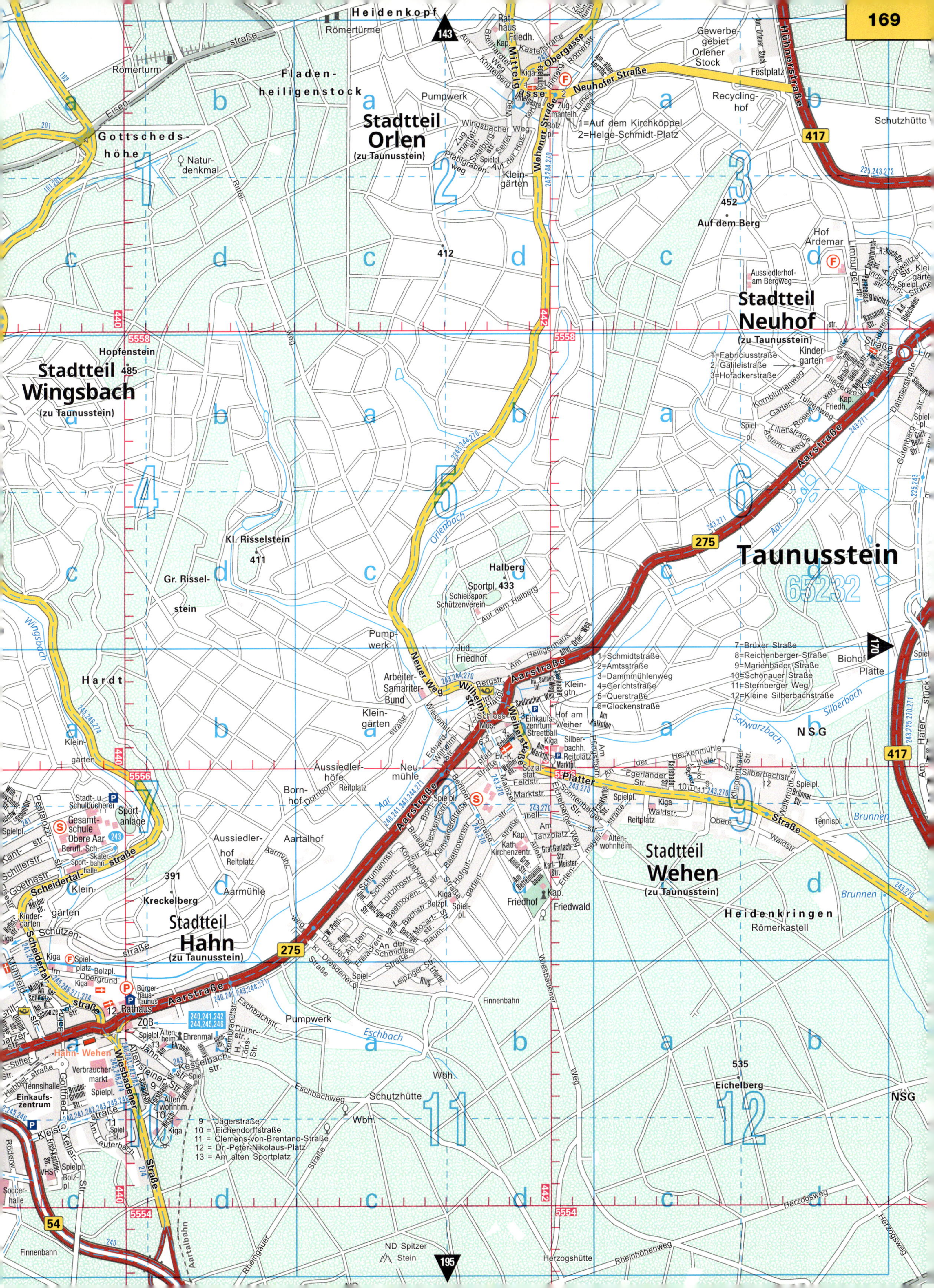
Heidenkopf
Römertürme
Römerturm
Fladen-heiligenstock
Gottscheds-höhe
Natur-denkmal
Stadtteil Orlen
(zu Taunusstein)
Pumpwerk
Obergasse
Neuhofer Straße
Wehener Straße
1=Auf dem Kirchköppel
2=Helge-Schmidt-Platz
Gewerbe-gebiet
Orlener Stock
Festplatz
Recycling-hof
Hühnerstraße
Schutzhütte
417
452
Auf dem Berg
Hof Ardemar
Aussiedlerhof am Bergweg
Stadtteil Neuhof
(zu Taunusstein)
1=Fabriciusstraße
2=Galileistraße
3=Hofackerstraße
Kinder-garten
412
442
5558
440
Hopfenstein
485
Stadtteil Wingsbach
(zu Taunusstein)
Aarstraße
275
Taunusstein
65232
Orlenbach
Halberg
Sportpl. 433
Schießsport Schützenverein
Auf dem Halberg
Kl. Risselstein
411
Gr. Risselstein
Wingsbach
Hardt
Pump-werk
Jüd. Friedhof
Neuer Weg
Arbeiter-Samariter-Bund
Klein-gärten
1=Schmidtstraße
2=Amtsstraße
3=Dammmühlenweg
4=Gerichtstraße
5=Querstraße
6=Glockenstraße
7=Brüxer Straße
8=Reichenberger Straße
9=Marienbader Straße
10=Schönauer Straße
11=Sternberger Weg
12=Kleine Silberbachstraße
Biohof Platte
170
Silberbach
Schwarzbach
NSG
Aussiedler-höfe
Neu-mühle
Bornhof
Aar
Aartalhof
Aussiedler-hof
Aarmühle
391
Kreckelberg
Stadtteil Hahn
(zu Taunusstein)
Platter Straße
Stadtteil Wehen
(zu Taunusstein)
Heidenkringen
Römerkastell
Brunnen
Friedhof
Friedwald
Sport-anlage
Gesamt-schule Obere Aar
Scheidertalstraße
Schützenstraße
Rathaus
ZOB
Hahn-Wehen
Wiesbadener Straße
Einkaufs-zentrum
Pumpwerk
Eschbach
Eschbachweg
Schutzhütte
Wbh.
Finnenbahn
535
Eichelberg
NSG
9 = Jägerstraße
10 = Eichendorffstraße
11 = Clemens-von-Brentano-Straße
12 = Dr.-Peter-Nikolaus-Platz
13 = Am alten Sportplatz
Soccer-halle
54
5554
Aartalbahn
Rheingauer Straße
ND Spitzer Stein
195
Herzogshütte
Rheinhöhenweg
Herzogsweg
Finnenbahn

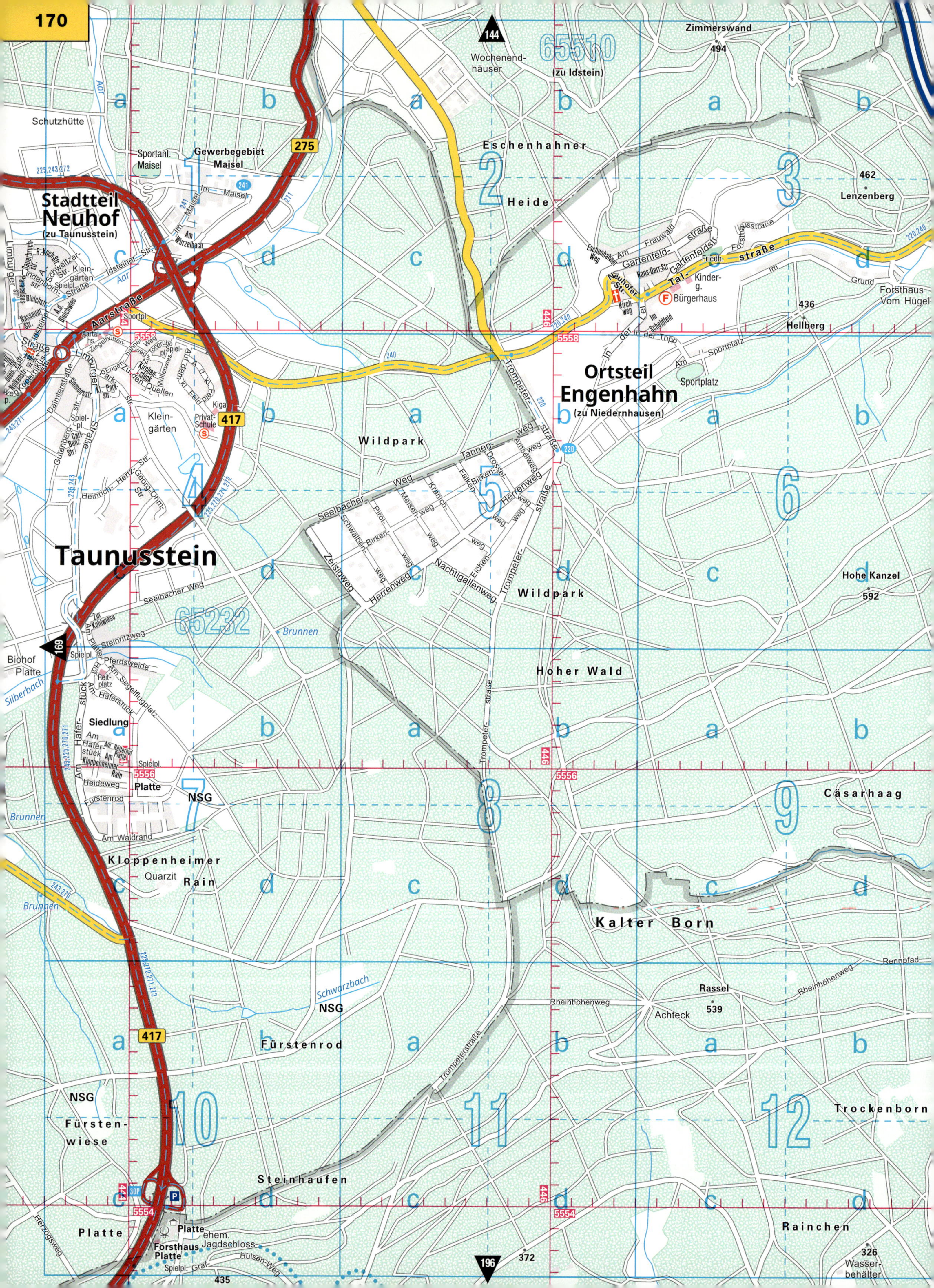

Stadtteil Neuhof
(zu Taunusstein)
Taunusstein
Ortsteil Engenhahn
(zu Niedernhausen)
65510
(zu Idstein)
65232
Eschenhahner Heide
Wildpark
Hoher Wald
Kalter Born
Cäsarhaag
Zimmerswand
494
Lenzenberg
462
Hellberg
436
Forsthaus Vom Hügel
Hohe Kanzel
592
Rassel
539
Achteck
Trockenborn
Rainchen
326
Wasserbehälter
372
435
Wochenendhäuser
Schutzhütte
Sportanl. Maisel
Gewerbegebiet Maisel
Aarstraße
Idsteiner Str.
Limburger Str.
Kleingärten
Privat-Schule
Kiga
Seelbacher Weg
Tannenweg
Trompeterstraße
Herrenweg
Nachtigallenweg
Zeisigweg
Talstraße
Gartenfeldstraße
Forststraße
Kinderg.
Bürgerhaus
Sportplatz
Biohof Platte
Silberbach
Siedlung
Platte
NSG
Kloppenheimer Rain
Quarzit
Am Waldrand
Fürstenrod
Fürstenwiese
Schwarzbach
Rheinhöhenweg
Rennpfad
Steinhaufen
Platte
ehem. Jagdschloss
Forsthaus Platte
Herzogsweg
Hülsen-Weg
Brunnen
Aar
275
417
144
169
196

Ortsteil
Niederseelbach
(zu Niedernhausen)
Niedern-
hausen
Ortsteil
Königshofen
(zu Niedernhausen)
Stadtteil
Naurod
(zu Wiesbaden)
Hohler Stein
Eselskopf
Buchwaldskopf
Zieglerkopf
Kroneiche
Naturpark
Rhein-Taunus
(Jakobipark)
Theißtal
Hahnberg
Hellenberg
Bechtewald
Kellerskopf
Im
Trockenborn
Anschlussstelle
Wiesbaden/Niedernhausen
Gewerbegeb.
"Lochmühle"
Fahrtmühle
Stockwiese
Eisenstraße
Idsteiner Straße
Frankfurter Straße
Wiesbadener Straße
Engenhahner Straße
Oberstraße
(zu Idstein)
(zu Eppstein)
Grauer Stein
Haus
Gundlach
Steubenhof
Wilhelm-Kempf-
Haus
Rudolf
Dietz-Hütte
Grillplatz
Schutzhütte
Kurt-
Schönrich-
Haus
Gewerbe-
gebiet
"Frankfurter
Str."
DBV
Vogelschutz
gebiet
Rabenmühle
65510
65527
65207
E35
3
455
145
172
197

Nonnenwald
146
450 Spitzeberg
Großer Lindenkopf 499
Köhlereiche
NSG
Forellenhof
Bosenstein
Schutzhütte
Das Gebrannte
Silberberg
Am Hollerbusch
1=Lenzhahner Weg
2=Auf der Zeil
3=Hellmersgarten
4=Alter Weg
5=Kohlgrube
Stadtteil Ehlhalten
(zu Eppstein)
Stücker
Grillhütte
Therapeutische Einrichtung
6=Rathausweg
7=Borngasse
8=Mühlweg
9=Wörbesgarten
1=Langgraben
2=Wacholderweg
3=Althofstraße
Bildungszentr. Oberjosbach
Friedhof
NSG
1=Alter Weg
2=Sackgasse
3=Wirtsstraße
4=Vockenhäuser Weg
Stadtteil Eppenhain
(zu Kelkheim)
Königsteiner Straße
Ringgraben
Ortsteil Oberjosbach
(zu Niedernhausen)
Hessenmühle
Kläranlage
Kippel 434
Wochenendhäuser
Limburger Straße
Niederjosbacher Straße
Mühlmark
Niedernhausen
Dachsbau 373
Hammersberg 419
Forsthaus Oberjosbach
Saalbach
12 = Klettenweg
65527
Angelteich
Naturschutzgebiet
Pumpwerk
Steinbach
171
Staatsforst
Kirchgasse
Hardt
Friedhof
Ebert
Embsmühle
1=Forsthausweg
2=Am Hirtengraben
3=Am Josbach
4=Zum Zimmerplatz
Stadtteil Niederjosbach
(zu Eppstein)
1=Zur alten Schmiede
2=Kirchenpfad
3=Hasenborn
4=Am Lindenhof
5=Zur Bergstraße
DBV Vogelschutzgebiet
Roth
Rabenmühle
Sportplatz
5=Kirchhofsgewann
6=Am Wasserbaum
Gewerbegebiet "Frankfurter Str."
Guldenmühle
Dalsbach
Das Gebrannte
Kläranlage
Friedhof
Ausiedlerhof Reiterhohl
Niederjosbach
Zeltplatz Taunus Camp
Hof Hubertus
Rhein-Main-Theater
Kirchwiesen
1=Dietrich-Bonhoeffer-Weg
2=Lessingstraße
3=Schützenstraße
4=Grabenstraße
Turnhalle
Comenius-Schule
NSG
Anschlussstelle Wiesbaden/Niedernhausen
46
Bauwald
Am Sandstein
455
Stadtteil Vockenhausen
(zu Eppstein)
WEC-Missionshaus
Gewerbegebiet West
19=Prinzengraben
Eppstein-Bremthal
Hof Häusel
Haus Waldburg
Eppstein
E35
3
Wiesbadener Straße
5=Hainbuchenstraße
6=Schäfergasse
7=An den Kirchenäckern
8=Staufenblick
9=Am Hain
Therapiezentrum
Stadtteil Bremthal
(zu Eppstein)
14 = Unter den Buchen
15 = An den Lärchen
16 = Ginsterweg
17 = Am Kiefernhang
18 = Im Birkenhain
10=Am Weidenbusch
11=Am Eibenhang
12=Am Eschenhang
13=Unter den Ulmen
Amstertal
(zu Hofheim am Taunus)
198
Schleifrufstrecke Köln-Rhein/Main

Stadtteil Ruppertshain
(zu Kelkheim)
Stadtteil Schneidhain
(zu Königstein)
Stadtteil Eppenhain
(zu Kelkheim)
Stadtteil Fischbach
(zu Kelkheim)
Eppstein
Kelkheim
(Taunus)
61479
(zu Glashütten)
61462
65817
65779
Wochenend-
häuser
Struth
Rotheberg
295
Schieferberg
405
Atzelberg
Aussichts-
turm
507
Grillhütte
Wohn-u.Kulturzentrum
Zauberberg
Tennisplätze
Reithalle
Reit-
platz
Sportplatz
Kläranlage
1=Im Vogelshaag
2=In der Heufahrt
5=Marion-Hunten-Weg
Hosemann-
felsen
Mehrzweckh.
Erdbeerstein
Kelkheimer
Schloß-
hotel
Tennis-
platz
Reithalle
Reit-
platz
Rettershof
Naturlehrpfad
Sportanlage
Braubachtal
Albus-
wiese
Modell-
fluglatz
Hügelgräber
Rossert
516
Schutzhütte
Nickels-
kreuz
Hainkopf
475
Natur-
schutzgebiet
Heimliche
Wiese
Hollerbüsch
NSG
Fischbach
Rettershofer Bach
Hügel-
wald
gräber
Wochenendhäuser
1=Kastanienweg
2=Buchenweg
Kelkheimer
Stadtwald
Friedhof
Ruppertshainer Straße
Eppsteiner Straße
455
forst
Hofheim
Wellbacher
Hang
Hohe
Schneise
Naturstein-
werk
320
Fischbacher Kopf
Regen-
überlauf-
becken
1=Enggasse
2=Winkelgasse
3=Am Alten Born
4=Grabengasse
5=Fischbacher Kirchgasse
6=Grüner Weg
Sportplatz
Tennispl.
Sportanlage
Am Reis
Sparkassen-
akademie
Hessen-Thüringen
5=Mittlerer Heinzbergweg
6=Stolbergstraße
7=Adolf-Guckes-Weg
8=Am Forsthaus
9=An der Hohl
10=Fischbacher Straße
Krekelstempel
BG Schulungs-
heim
Wasser-
werk
Fischbachtal
7=Gartenstraße
8=Münichwieser Straße
Sodener Straße
Gewerbegebiet
Hühnerberg
Kelkheim-
Hornau
Gr.
Mannstein
Staufen
451
Schutz-
hütte
Kl.
Mannstein
Fernseh-
sender
Kaisertempel
Aussichts-
punkt
Hunde-
dressur-
platz
Fischbacher Straße
Kelkheim
11=Poststraße
12=Hintergasse
13=Münsterer Weg
14=In den Amtmannswiesen
Therapie-
zentrum
Neufville-
Turm
Wingerten
Heilwacht
Rabenstein
4=Atriumweg
5=Im Hain
6=Liviushof
7=Patrizierhof
8=Constantinweg
9=Am Forum
Hof Gimbach
Forstergrund
Wiesbadener Str.
Ölmühlweg
Schutzhütte
Victoriaweg

147
174
199

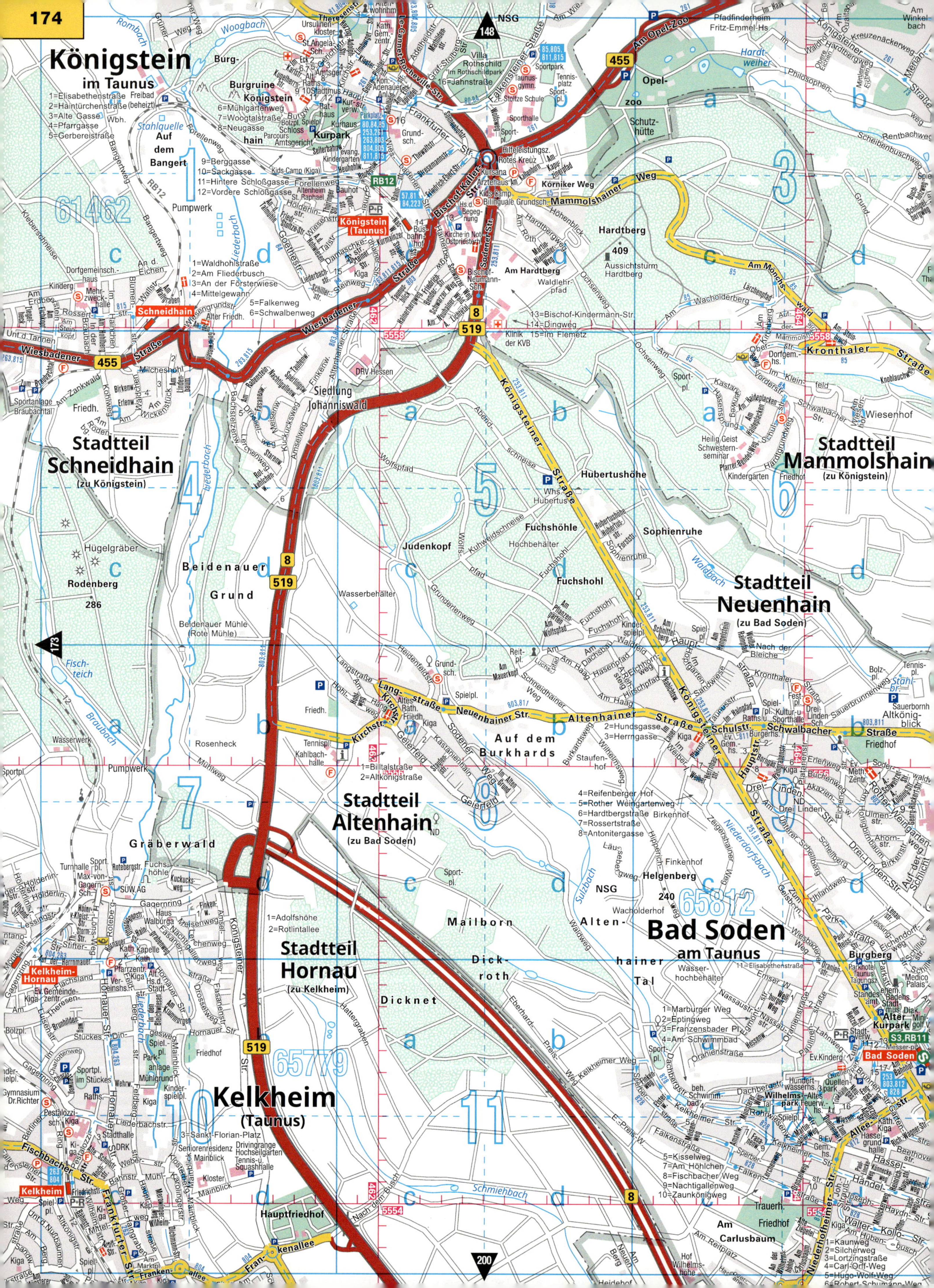
Königstein
im Taunus
1=Elisabethenstraße
2=Haintürchenstraße
3=Alte Gasse
4=Pfarrgasse
5=Gerbereistraße
Burg-
Burgruine
Königstein
6=Mühlgartenweg
7=Woogtalstraße
8=Neugasse
9=Berggasse
10=Sackgasse
11=Hintere Schloßgasse
12=Vordere Schloßgasse
Kurpark
Königstein (Taunus)
Stahlquelle
Auf dem Bangert
Pumpwerk
61462
Villa Rothschild
Opel-zoo
Schutz-hütte
Hardtberg
409
Aussichtsturm Hardtberg
Am Hardtberg
Mammolshainer Weg
Körniker Weg
Am Opel-Zoo
455
Pfadfinderheim Fritz-Emmel-Hs.
Hardt-weiher
1=Waldhohlstraße
2=Am Fliederbusch
3=An der Försterwiese
4=Mittelgewann
5=Falkenweg
6=Schwalbenweg
Schneidhain
Wiesbadener Straße
13=Bischof-Kindermann-Str.
14=Dingweg
15=Im Flemetz
Klinik der KVB
519
8
Kronthaler Straße
Siedlung Johanniswald
DRV Hessen
Königsteiner Straße
Stadtteil
Schneidhain
(zu Königstein)
Stadtteil
Mammolshain
(zu Königstein)
Hubertushöhe
Fuchshöhle
Hochbehälter
Sophienruhe
Judenkopf
Fuchshohl
Hügelgräber
Rodenberg
286
Beidenauer Grund
Beidenauer Mühle (Rote Mühle)
Wasserbehälter
Stadtteil
Neuenhain
(zu Bad Soden)
173
Fisch-teich
Braubach
Rosenheck
Neuenhainer Str.
Altenhainer Straße
Schwalbacher Straße
Auf dem Burkhards
2=Hundsgasse
3=Herrngasse
1=Biltalstraße
2=Altkönigstraße
Stadtteil
Altenhain
(zu Bad Soden)
4=Reifenberger Hof
5=Rother Weingartenweg
6=Hardtbergstraße
7=Rossertstraße
8=Antonitergasse
Gräberwald
Helgenberg
240
NSG
65812
Bad Soden
am Taunus
Mailborn
Alten-hainer Tal
Dick-roth
Dicknet
1=Adolfshöhe
2=Rotlintallee
Stadtteil
Hornau
(zu Kelkheim)
Kelkheim-Hornau
65779
Kelkheim
(Taunus)
3=Sankt-Florian-Platz
1=Marburger Weg
2=Eptingweg
3=Franzensbader Pl.
4=Am Schwimmbad
5=Kisselweg
7=Am Höhlchen
8=Fischbacher Weg
9=Nachtigallenweg
10=Zaunkönigweg
Bad Soden
Alter Kurpark
Hauptfriedhof
Schmiehbach
Frankenallee
Kelkheim
Am Carlusbaum
1=Kaunweg
2=Silcherweg
3=Lortzingstraße
4=Carl-Orff-Weg
148
200

149
176
201
Stadtteil Schönberg
(zu Kronberg)
Stadtteil Oberhöchstadt
(zu Kronberg)
Kronberg
im Taunus
Stadtteil Niederhöchstadt
(zu Eschborn)
Eschborn
Schwalbach
am Taunus
Sulzbach
(Taunus)
(zu Oberursel)
(zu Steinbach)
61440
61476
61449
65760
65843
65824
Victoriapark
Burg Kronberg
Kronbg.
Kronberg Süd
Schwalbach Nord (Limes)
Niederhöchstadt
Eschborn
Sulzbach (Ts) Nord
Schwalbacher Wald
Eichwald
Kronthal
Kronthaler Quellen-park
Schafhof
Braun AG
Jaguar Deutschland
Gewerbe-gebiet Nord
Freizeitpark Eichwiesen
Vogelschutz-gebiet
Industrie-gebiet
Wohn-stadt Limes
Volks-park (Europa-park)
Trimm-Dich-Pfad
Kreis-krankenhaus
Neuer Friedhof
Kurpark
Steinbacher Heidewald
Seniorenstift Hohenwald
Hofgut Hohenwald
Hochbehälter
Kläranlage Abwasserverb. Kronberg
Data General
Samsung
Gewerbe-gebiet West
Bau-gebiet
Gewerbe Procter & Gamble
Kläranlage
Reiterhof
Oberwiesen
Freizeitpark
Camp Phönix-Park
Eschborn-Süd
Schwalbach-Mitte
Schwalbach-Ost
Schwalbach-Süd
"Schwal-bacher Höhe"
Arboretum Main-Taunus
THW Übungsgelände
Frankfurter Straße
Friedrichstraße
Schönberger Str.
Oberurseler Straße
Sodener Straße
Am Schanzenfeld
Schwalbacher Str.
Kronberger Str.
Limesspange
Berliner Str.
Hauptstraße
Eschborner Str.
Steinbacher Straße
Sulzbacher Str.
1=Untere Höllgasse
2=Kleine Mauerstraße
3=Vogelgesanggasse
4=Mauerstraße
5=Fritz-Best-Platz
6=Grabenstraße
7=Pferdstraße
8=Schirnstraße
9=Am Wallgraben
10=Adam-Zubrod-Platz
11=Adolph-Kolping-Weg
12=Walter-Schwagenscheidt-Straße
13=Ferdinand-Brütt-Weg
15=Ernst-Moritz-Arndt-Straße
16=Immanuel-Kant-Straße
17=Ernst-Schneider-Platz
1=Bettina-v.-Arnim-Straße
2=Porto-Recanati-Platz
3 = Pfarrer-Müller-Weg
4 = Mühlbachweg
1=Oberhöchstädter Weg
1=Jasminweg
2=Weißdornweg
3=Holunderweg
4=Hortensienweg
1=Schubertstraße
1=Katharinenstraße
2=Brunnenstraße
3=Falkensteiner-Straße
1=Elsa-Brändström-Str.
9=Pestalozziweg
11=Platz Rueil Malmaison
12=Adlerplatz
13=Adlerstraße
14=Am Brunnenhof
15=Claussstraße
16=Margarethenstraße
17=Leopold-Passage
18=Hunsrückstraße
1=Hohemarkweg
2=Fuchstanzweg
3=Niederhöchstädter Straße
1=Hornauer Weg
1=Stettiner Str.
2=Kustriner Str.
5558
5556
5554
468

Stadtteil Stierstadt
(zu Oberursel)
Stadtteil Weißkirchen
(zu Oberursel)
Steinbach
(Taunus)
Eschborn
Stadtteil Niederursel
(zu Frankfurt)
61440
60439
61449
65760
60488
Oberursel-Stierstadt
Oberursel-Weißkirchen/Steinbach
Weißkirchen Ts. Ost
Kurmainzer Straße
Frankfurter Landstraße
Weißkirchener Str.
Am Weißkirchener Berg
Kronberger Str.
Bahnstraße
Eschborner Straße
Niederurseler Allee
Rödelheimer Straße
Hauptstraße
Rosa-Luxemburg-Straße
7=Richard-Breitenfeld-Straße
8=Magda-Spiegel-Weg
9=Henning-v.-Tresckow-Straße
10=Fabian-v.-Schlabrendorff-Straße
11=Katharina-Staritz-Straße
12=Cäsar-v.-Hofacker-Straße
13=Fr.-Karl-Klausing-Straße
14=Friedrich-Bergius-Weg
15=Gerhard-Domagk-Str.
1=Pfarrer-Alois-Reichwein-Weg
2=Heinrich-Geibel-Platz
1=Hohemarkstraße
1=Wingertstraße
2=Wiesenau
3=Unter der Weid
1=Erbsengasse
2=Kleine Schüttgrabenstr.
3=An den Schießgärten
1=Stettiner Str.
2=Küstriner Str.
1=Muthesiusweg
Steinbacher Höhe
Hochbehälter
Haupt-küppel
Großes Feld
Lindenhof
Tank-u. Raststätte Taunusblick
Siedlung Praunheim
Praunheim/Heerstraße
Siedlung Westhausen
Friedhof Westhausen
Friedhof Westhsn.
Nordwestkreuz Frankfurt a. Main
Eschborn-Ost
Eschborn-Süd
Freizeitpark Unterwiesen
Stadtbahn Zentralwerkstatt
Anschlussstelle Ffm.-Ludwig-Landmann-Str.
Nordwest-Krankenhaus
Bahnlinie (RTW) in Planung
Urselbach
Steinbach
E451
5
150
202

Stadtteil Kalbach-Riedberg
(zu Frankfurt)
Stadtteil Bonames
(zu Frankfurt)
Stadtteil Heddernheim
(zu Frankfurt)
Stadtteil Eschersheim
(zu Frankfurt)
Stadtteil Eckenheim
(zu Frankfurt)
Stadtteil Ginnheim
(zu Frankfurt)
Stadtteil Praunheim
(zu Frankfurt)
Stadtteil Dornbusch
FRANKFURT
AM MAIN
Anschlussstelle Ffm.-Heddernheim
Anschlussst. Frankfurt a.Main-Eckenheim
Nordpark Bonames
Siedlung Frankfurter Berg
Campus Niederursel der J.-W.-Goethe-Universität
NSG Ried-wiesen
Mertonviertel
Nordwestzentrum
Volkspark Niddatal
Ginnheimer Wäldchen
Siedlung Römerstadt
Kalbach
Bonames Mitte
Riedberg
Uni Campus Riedberg
Niederursel
Wiesenau
Heddernheimer Landstr.
Sandelmühle
Zeilweg
Heddernheim
Eschersheim
Weißer Stein
Lindenbaum
Nordwest-zentrum
Römerstadt
Hügelstr.
Niddapark
Ginnheim
Fr.-Tarnow-Str.
Dornbusch
Hausen
Frankfurter Berg
Rosa-Luxemburg-Str.
Homburger Landstr.
Oberer Kalbacher Weg
Harheimer Weg
Bonameser Straße
Berkersheimer Weg
Dillenburger Straße
Eschersheimer Landstraße
Hügelstraße
Raimundstr.
Marbachweg
Jean-Monnet-Str.
Praunheimer Landstr.
Nidda
60437
60433
60431
60487
661
66
5
6
8
10

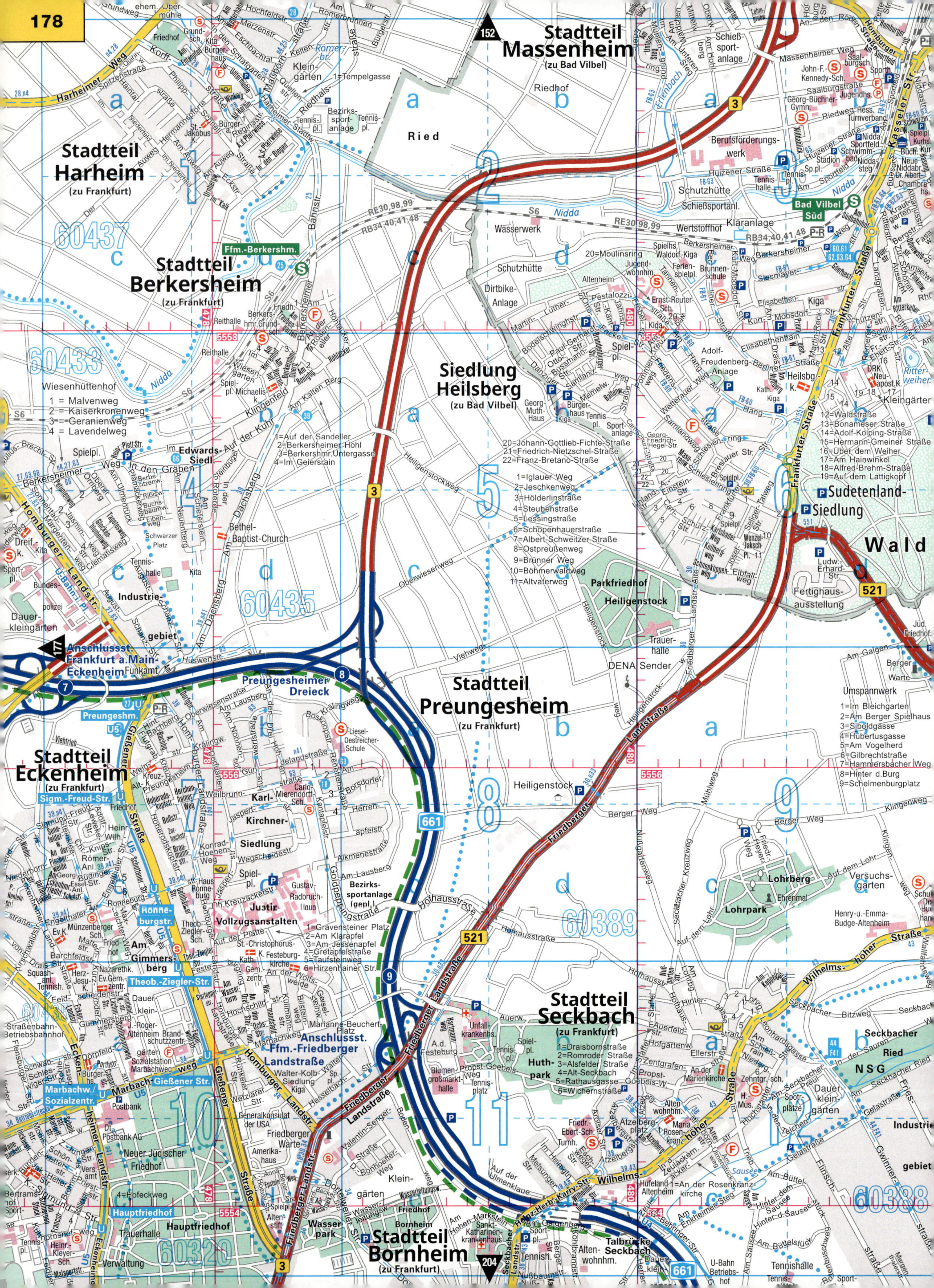
152
Stadtteil
Massenheim
(zu Bad Vilbel)
Stadtteil
Harheim
(zu Frankfurt)
Stadtteil
Berkersheim
(zu Frankfurt)
Siedlung
Heilsberg
(zu Bad Vilbel)
Stadtteil
Preungesheim
(zu Frankfurt)
Stadtteil
Eckenheim
(zu Frankfurt)
Stadtteil
Seckbach
(zu Frankfurt)
Stadtteil
Bornheim
(zu Frankfurt)
204
Ried
Riedhof
Wald
Sudetenland-
Siedlung
Bad Vilbel
Süd
Fm.-Berkersh.
Preungeshm.
Sigm.-Freud-Str.
Hönne-
burgstr.
Theob.-Ziegler-Str.
Marbachw./
Sozialzentr.
Gießener Str.
Hauptfriedhof
Preungesheimer
Dreieck
Anschlussst.
Frankfurt a.Main-
Eckenheim
Anschlussst.
Ffm.-Friedberger
Landstraße
Parkfriedhof
Heiligenstock
Lohrberg
Lohrpark
Huthpark
Talbrücke
Seckbach
Seckbacher
Ried
NSG
Fertighaus-
ausstellung
Justiz
Vollzugsanstalten
Umspannwerk
Wiesenhüttenhof
Friedberger Landstraße
Homburger Landstr.
Nidda
60437
60433
60435
60389
60320
60388
3
521
661
1 = Malvenweg
2 = Kaiserkronenweg
3 = Geranienweg
4 = Lavendelweg
1=Auf der Sandeller
2=Berkersheimer Hohl
3=Berkersheimr.Untergasse
4=Im Geiersrain
20=Johann-Gottlieb-Fichte-Straße
21=Friedrich-Nietzsche-Straße
22=Franz-Bretano-Straße
1=Iglauer Weg
2=Jeschkenweg
3=Hölderlinstraße
4=Steubenstraße
5=Lessingstraße
6=Schopenhauerstraße
7=Albert-Schweitzer-Straße
8=Ostpreußenweg
9=Brünner Weg
10=Böhmerwaldweg
11=Altvaterweg
12=Waldstraße
13=Bonameser Straße
14=Adolf-Kolping-Straße
15=Hermann-Gmeiner Straße
16=Über dem Weiher
17=Am Hainwinkel
18=Alfred-Brehm-Straße
19=Auf dem Lattigkopf
1=Im Bleichgarten
2=Am Berger Spielhaus
3=Siboldgasse
4=Hubertusgasse
5=Am Vogelherd
6=Gilbrechtstraße
7=Hammersbacher Weg
8=Hinter d.Burg
9=Schelmenburgplatz
1=Gravensteiner Platz
2=Am Klarapfel
3=Am Jessenapfel
4=Gretapfelstraße
5=Taufsteinweg
6=Hirzenhainer Str.
1=Draisbornstraße
2=Romröder Straße
3=Alsfelder Straße
4=Alt-Seckbach
5=Rathausgasse
6=Wicherstraße
1=An der Rosenkranzkirche
1=Tempelgasse

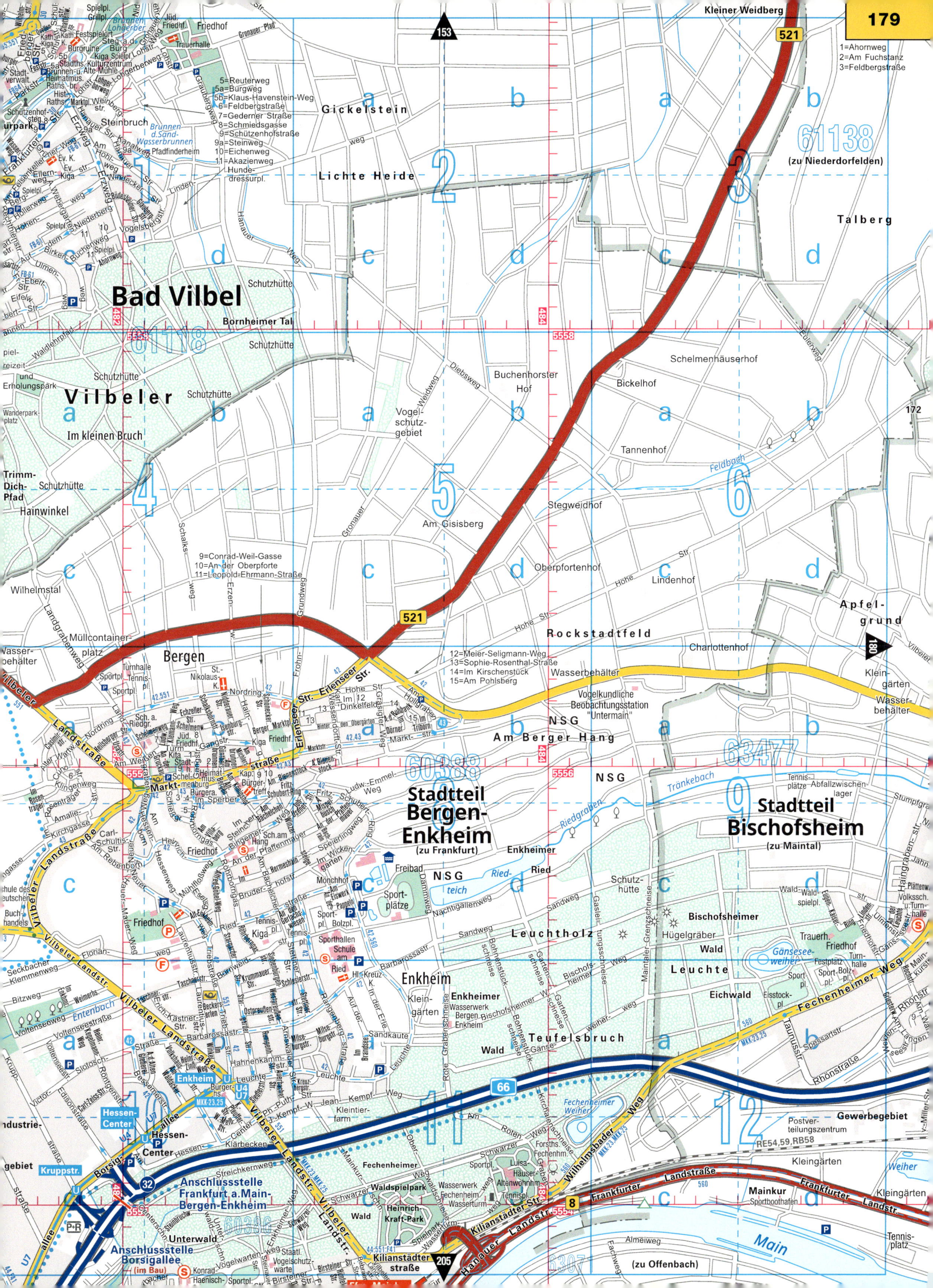

Kleiner Weidberg
521
153
1=Ahornweg
2=Am Fuchstanz
3=Feldbergstraße
61138
(zu Niederdorfelden)
Talberg
Gickelstein
Lichte Heide
5=Reuterweg
5a=Burgweg
5b=Klaus-Havenstein-Weg
6=Feldbergstraße
7=Gederner Straße
8=Schmiedsgasse
9=Schützenhofstraße
9a=Steinweg
10=Eichenweg
11=Akazienweg
Hunde-dressurpl.
Friedhof
Trauerhalle
Steinbruch
Pfadfinderheim
Bad Vilbel
Schutzhütte
Bornheimer Tal
61118
Vilbeler
Im kleinen Bruch
Trimm-Dich-Pfad
Hainwinkel
Wilhelmstal
Schelmenhäuserhof
Bickelhof
Buchenhorster Hof
Vogelschutzgebiet
Tannenhof
Feldbach
Stegweidhof
Am Gisisberg
Oberpfortenhof
Lindenhof
Apfelgrund
172
180
9=Conrad-Weil-Gasse
10=An der Oberpforte
11=Leopold-Ehrmann-Straße
Rockstadtfeld
Charlottenhof
Müllcontainerplatz
Bergen
12=Meier-Seligmann-Weg
13=Sophie-Rosenthal-Straße
14=Im Kirschenstück
15=Am Pohlsberg
Wasserbehälter
Vogelkundliche Beobachtungsstation "Untermain"
NSG
Am Berger Hang
Kleingärten
Erlenseer Str.
63477
60388
Tränkebach
Stadtteil Bergen-Enkheim
(zu Frankfurt)
Stadtteil Bischofsheim
(zu Maintal)
Abfallzwischenlager
Riedgraben
Enkheimer Ried
Riedteich
Freibad
Sportplätze
Leuchtholz
Schutzhütte
Bischofsheimer Hügelgräber Wald
Leuchte
Eichwald
Gänseseeweiher
Friedhof
Trauerh.
Enkheim
Enkheimer Wasserwerk Bergen-Enkheim
Teufelsbruch
Wald
Fechenheimer Weg
Vilbeler Landstraße
Hessen-Center
Fechenheimer Weiher
66
Postverteilungszentrum
Gewerbegebiet
Kleingärten
Mainkur
Frankfurter Landstr.
Industriegebiet
Kruppstr.
Anschlussstelle Frankfurt a.Main-Bergen-Enkheim
32
Fechenheimer Waldspielpark
Wasserwerk Fechenheim
Heinrich-Kraft-Park
Luisa-Häuser-Altenwohnheim
Kilianstädter Str.
Unterwald
60386
Anschlussstelle Borsigallee
(im Bau)
Kilianstädter straße
205
Main
(zu Offenbach)
Weiher
Tennisplatz

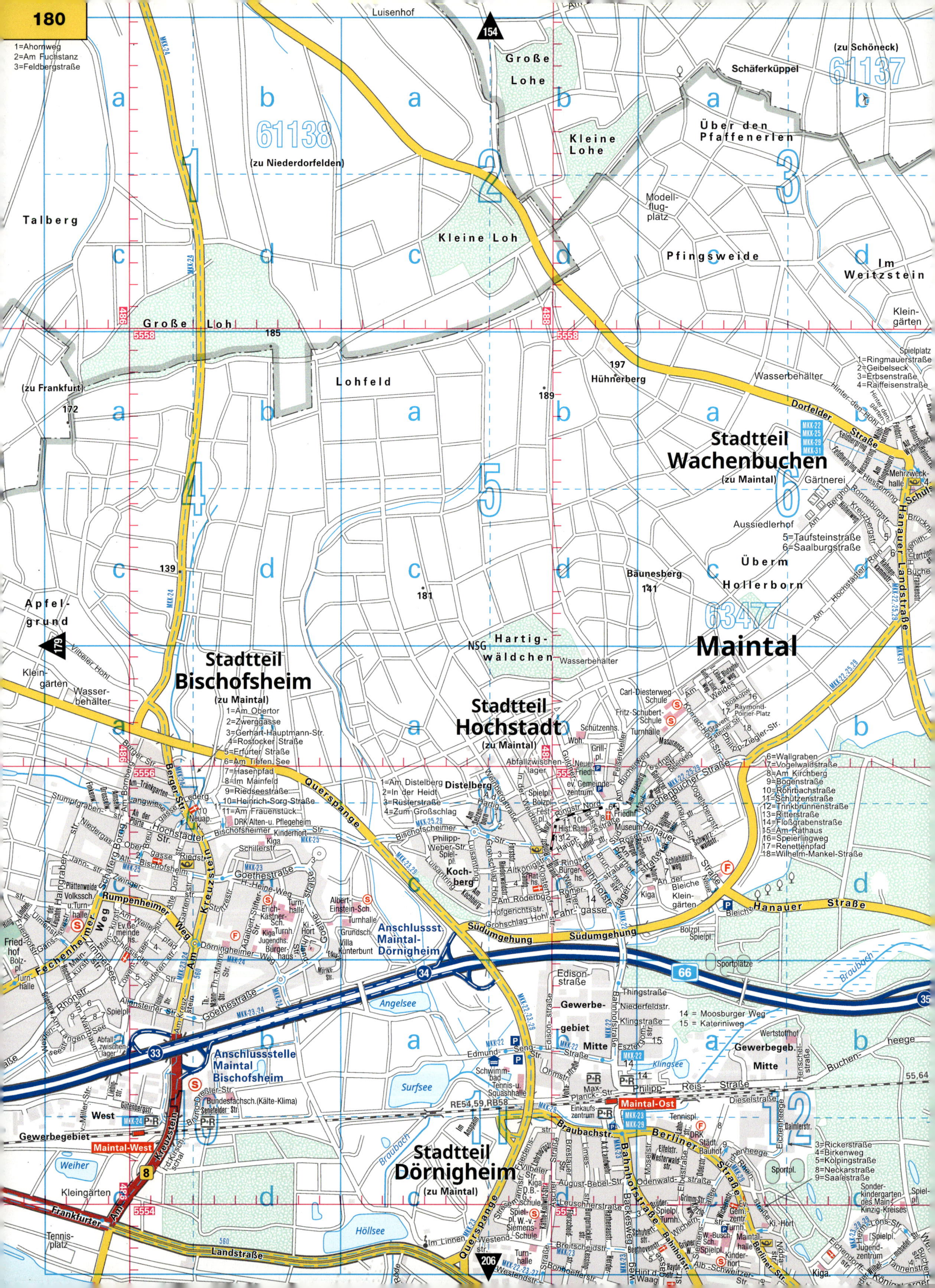
1=Ahornweg
2=Am Fuchstanz
3=Feldbergstraße
Luisenhof
154
Große Lohe
(zu Schöneck)
Schäferküppel
61137
61138
(zu Niederdorfelden)
Kleine Lohe
Über den Pfaffenerlen
Talberg
Modellflugplatz
Kleine Loh
Pfingsweide
Im Weitzstein
Kleingärten
Große Loh
185
5558
197
Hühnerberg
Lohfeld
189
(zu Frankfurt)
172
Spielplatz
1=Ringmauerstraße
2=Geibelseck
3=Erbsenstraße
4=Raiffeisenstraße
Wasserbehälter
Dorfelder Straße
Stadtteil Wachenbuchen
(zu Maintal)
Gärtnerei
Mehrzweckhalle
Aussiedlerhof
5=Taufsteinstraße
6=Saalburgstraße
Überm Hollerborn
Bäunesberg
141
139
181
Hanauer Landstraße
Apfelgrund
179
63477
Maintal
NSG
Hartigwäldchen
Wasserbehälter
Kleingärten
Wasserbehälter
Stadtteil Bischofsheim
(zu Maintal)
1=Am Obertor
2=Zwerggasse
3=Gerhart-Hauptmann-Str.
4=Rostocker Straße
5=Erfurter Straße
6=Am Tiefen See
7=Hasenpfad
8=Im Mainfeld
9=Riedseestraße
10=Heinrich-Sorg-Straße
11=Am Frauenstück
DRK Alten-u. Pflegeheim
Stadtteil Hochstadt
(zu Maintal)
Carl-Diesterweg-Schule
Fritz-Schubert-Schule
Turnhalle
Schützenhs.
Raymond-Poirier-Platz
Philipp-Ziegler-Str.
Wachenbucher Straße
6=Wallgraben
7=Vogelwaldstraße
8=Am Kirchberg
9=Bogenstraße
10=Rohrbachstraße
11=Schützenstraße
12=Trinkbrunnenstraße
13=Ritterstraße
14=Floßgrabenstraße
15=Am Rathaus
16=Spierlingweg
17=Renettenpfad
18=Wilhelm-Mankel-Straße
1=Am Distelberg
2=In der Heidt
3=Rüsterstraße
4=Zum Großschlag
Distelberg
Querspange
Kochberg
Philipp-Weber-Str.
Hochstädter Str.
Kreuzstein
Rumpenheimer Weg
Goethestraße
Schillerstr.
Albert-Einstein-Sch.
Turnhalle
Grundsch. Villa Kunterbunt
Anschlussst. Maintal-Dörnigheim
Südumgehung
Hanauer Straße
Bleiche
Kleingärten
Bolzpl.
Spielpl.
Sportplätze
Braubach
Fechenheimer Weg
Friedhof
Angelsee
Edisonstraße
Gewerbegebiet Mitte
Thingstraße
Niederfeldstr.
Klingstraße
14 = Moosburger Weg
15 = Kateriniweg
Wertstoffhof
Gewerbegeb. Mitte
Buchenheege
55,64
Anschlussstelle Maintal Bischofsheim
Surfsee
Schwimmbad
Tennis-u. Squashhalle
Bundesfachsch.(Kälte-Klima)
RE54,59,RB58
Maintal-Ost
Philipp-Reis-Straße
Dieselstraße
West
Gewerbegebiet
Maintal-West
Weiher
Braubachstr.
Berliner Straße
Stadtteil Dörnigheim
(zu Maintal)
3=Rickerstraße
4=Birkenweg
5=Kölpingstraße
8=Neckarstraße
9=Saalestraße
Sonderkindergarten des Main-Kinzig-Kreises
Sportpl.
Kleingärten
Frankfurter Landstraße
5554
Tennisplatz
Höllsee
Westendstr.
206
Bahnhofstraße
Kiga
Jugendzentrum
Königsberger

Eulwiesengrund
155
188
Galgenberg
Stadtteil
Mittelbuchen
(zu Hanau)
146
Lützelberg
Neubaugebiet
Mittelbuchen-
Nordwest
1=Am Wasserloch
2=Am Simmichborn
3=Auf den Römerkastellen
4=Am Alten Limes
5=Im Ranzeneck
6=An der Großen Wiese
7=Albert-Schweitzer-Straße
8=Hohe-Meißner-Straße
9=Raiffeisenstraße
10=Riedstraße
11=Weidenweg
12=Nauheimer Straße
13=Orber Straße
Friedhof
Lützelbuchener Straße
Kilianstädter Straße
Kesselstädter Straße
Wachenbuchener Straße
Am Köbeler Weg
Große Wiese
Kläranlage
Büchertal-Schule
Turnhalle
Aussiedlerhof
Neuer Friedhof
Mittelbucher Straße
Wasserwerk
Abfallzwischenlagen
Festplatz
Bolzplatz
Hirzwald
ehem. Burg derer v. Buchen
Römergrab
Winkelwiesen
Aussiedlerhof
Waldfriede
Sportplatz
Am Storchennest
Hinter dem Matten See
63486
Bruchköbel
Kinzigheimer Hof
Krebsbach
Ringwall Altenburg
Jagdhütte
Schutzhütte
Sportplätze
182
Anschlussstelle Hanau-Nord
66
45
36
Seeloch
Trimm-Dich-Pfad
Clubhaus
Braubach
Golfplatz
Fasanerie
Stadtteil
Hohe Tanne
(zu Hanau)
Hanau
Waldschlößchen
Hochstädter Landstr.
Wilhelmsbader Hof
Parkpromenade
Comoedienhaus
Puppenmuseum
Museum
Stadtteil
Wilhelmsbad
(zu Hanau)
63454
Wilhelmsbader Allee
Franz-Ludwig-von-Cancrin-Weg
Anschlussstelle Hanau-West
Hanau-Wilhelmsbad
Landstraße
Herbert-Dröse-Stadion
Trimm-Dich-Pfad
Sportplatz
Stadtteil
Kesselstadt
(zu Hanau)
Burgallee
Maintaler Straße
Anschlussstelle Hanau-Wilhelmsbad
Beethovenplatz
Gustav-Hoch-Str.
Frankfurter Landstr.
1=Millöckerweg
2=Humperdinckweg
3=Frankenweg
4=Windecker Straße
Gronauer
Ostheimer Str.
Alter Rückinger Weg
Bruchköbeler Landstr.
Cityplan S.34
Hospitalstr.
Eugen-Kaiser-Str.
Kinzig
Friedhof Kesselstadt
Dauerkleingärten
Friedberger Landstraße
Hauptstr.
Kiga
207

Bruchköbel
63486
Hanau
63452
2=Edith-Stein-Straße
3=Werner-von-Siemens-Straße
4=Beethovenstraße
5=Weingartenstraße
6=Richard-Wagner-Straße
7=Kleine Gasse
8=Kastellstraße
9=Am Heiligen Haus
10=Thermenweg
11=Hepplergasse
12=Am Heeggraben
13 = Spielhausgasse
14 = Heinz-Herbert-Karry-Weg
15 = Schreinergasse
16 = Boskooper Weg
17 = Am Römerbrunnen
1=Tilsiter Straße
2=Allensteiner Straße
3=Elbinger Straße
1=Freiherr-vom-Stein-Straße
2=Jahnstraße
3=Kirchplatz
4=Am Haspel
5=Freiligrathstraße
6=Ringgrabenstraße
15=Eichenstraße
16=Buchenstraße
17=Brucknerstraße
18=Händelstraße
28=An der Sandwiese
1=Auf der Reitbahn
2=Gertrud-Steinhauser-Straße
3=Friedrich-Schnellbacher-Straße
4=Francoisallee
5=Karl-Mattes-Straße
6=Am Kornermagazin
7=Tannenweg
8=Pappelweg
9=Fichtenweg
Fechenmühle
Landwehr
Neubaugebiet "Im Peller"
Jagdhaus
Kapelle
Neuer Friedhof
Dicke Eiche
Grillplatz
Sportzentrum
Trimm Dich-Pfad
Hebewerk
Gewerbegebiet Fliegerhorst Langendiebach
Wasserturm
Peilhaus
Reußerhof
Markwaldsiedlung
Vogelschutzgebiet
Markwald
Unterer Bruch
Oberer Bruch
Fischteiche
Birkensee
Fischzucht
Bärensee
Campingplatz Bärensee (zu Bruchköbel)
Langendiebach-Ronneburg
Anschlussstelle Erlensee
Lamboywald
Unterwald
Bulau
Industrie- und Fachmarktzentrum
Industriegebiet
August-Schärttner-Halle
Hanau-Nord
Cityplan S.34
Lamboy-Stadtteilpark
Polizeistation Hanau II
Alter Rückinger Weg
Lamboystraße
Oderstraße
Moselstr.
Donaustr.
Hauptstraße
Krebsbach
Fallbach
Kinzig
Seeloch
Erlensee
66
156
181
208
5558
5556
5554

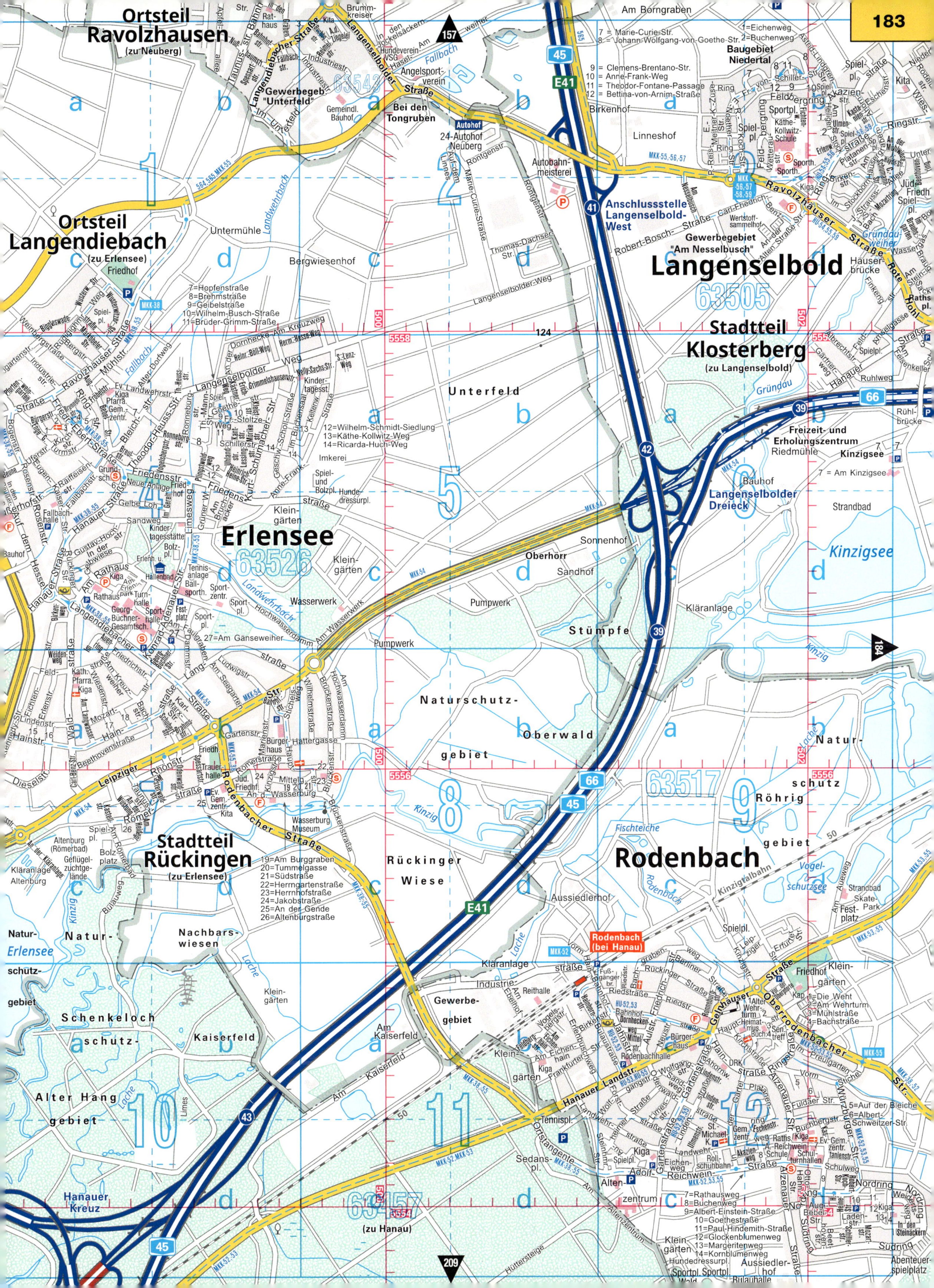
Ortsteil Ravolzhausen
(zu Neuberg)
Gewerbegeb. "Unterfeld"
Bei den Tongruben
Autohof
24-Autohof Neuberg
Angelsport-verein
Am Borngraben
7 = Marie-Curie-Str.
8 = Johann-Wolfgang-von-Goethe-Str.
9 = Clemens-Brentano-Str.
10 = Anne-Frank-Weg
11 = Theodor-Fontane-Passage
12 = Bettina-von-Arnim-Straße
1=Eichenweg
2=Buchenweg
Baugebiet Niedertal
Birkenhof
Linneshof
Autobahn-meisterei
Anschlussstelle Langenselbold-West
Ortsteil Langendiebach
(zu Erlensee)
Untermühle
Bergwiesenhof
Gewerbegebiet "Am Nesselbusch"
Langenselbold
63505
Stadtteil Klosterberg
(zu Langenselbold)
7=Hopfenstraße
8=Brehmstraße
9=Geibelstraße
10=Wilhelm-Busch-Straße
11=Brüder-Grimm-Straße
Unterfeld
12=Wilhelm-Schmidt-Siedlung
13=Käthe-Kollwitz-Weg
14=Ricarda-Huch-Weg
Freizeit- und Erholungszentrum
Riedmühle
Kinzigsee
7 = Am Kinzigsee
Langenselbolder Dreieck
Strandbad
Kinzigsee
Erlensee
63526
Sonnenhof
Oberhorr
Sandhof
Pumpwerk
Wasserwerk
Kläranlage
Stümpfe
27=Am Gänseweiher
Naturschutz-gebiet
Oberwald
Natur-schutz-gebiet
Röhrig
63517
Rodenbach
Stadtteil Rückingen
(zu Erlensee)
19=Am Burggraben
20=Tummelgasse
21=Südstraße
22=Herrngartenstraße
23=Herrnhofstraße
24=Jakobstraße
25=An der Gende
26=Altenburgstraße
Rückinger Wiese
Fischteiche
Aussiedlerhof
Vogelschutzsee
Rodenbach (bei Hanau)
Natur-schutz-gebiet
Erlensee
Nachbarswiesen
Schenkeloch
Kaiserfeld
Alter Hang
Gewerbe-gebiet
Am Kaiserfeld
1=Die Weht
2=Am Wehrturm
3=Mühlstraße
4=Bachstraße
5=Auf der Bleiche
6=Albert-Schweitzer-Str.
7=Rathausweg
8=Buchenweg
9=Albert-Einstein-Straße
10=Goethestraße
11=Paul-Hindemith-Straße
12=Glockenblumenweg
13=Margeritenweg
14=Kornblumenweg
Hanauer Kreuz
63457
(zu Hanau)
Hanauer Landstr.
Leipziger Str.
Rodenbacher Straße
Ravolzhäuser Straße
Langenselbolder Straße

157
184
209

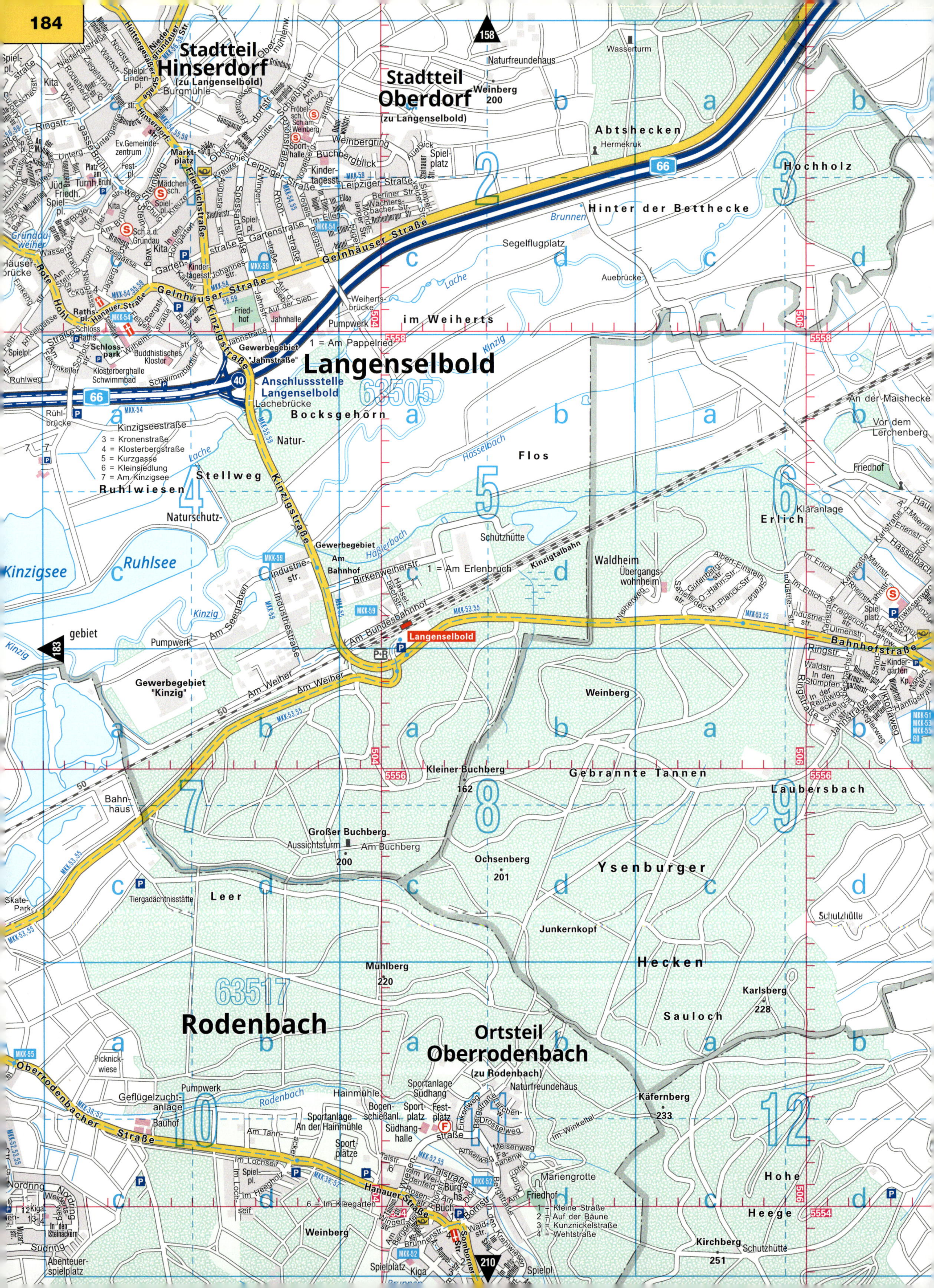
Stadtteil Hinserdorf
(zu Langenselbold)
Stadtteil Oberdorf
(zu Langenselbold)
Naturfreundehaus
Weinberg 200
Wasserturm
Abtshecken
Hermekruk
Hochholz
Hinter der Betthecke
Segelflugplatz
Auebrücke
im Weiherts
Langenselbold
63505
Anschlussstelle Langenselbold
Lachebrücke
Bocksgehörn
Kinzigseestraße
3 = Kronenstraße
4 = Klosterbergstraße
5 = Kurzgasse
6 = Kleinsiedlung
7 = Am Kinzigsee
Ruhlwiesen
Stellweg
Flos
An der Maisheckе
Vor dem Lerchenberg
Friedhof
Kläranlage
Erlich
Kinzigsee
Ruhlsee
Gewerbegebiet Am Bahnhof
1 = Am Erlenbruch
Schutzhütte
Waldheim
Übergangswohnheim
Kinzigtalbahn
Am Bundesbahnhof
Langenselbold
Gewerbegebiet "Kinzig"
Am Weiher
Bahnhofstraße
Weinberg
Kleiner Buchberg 162
Gebrannte Tannen
Laubersbach
Bahnhaus
Großer Buchberg
Aussichtsturm
Am Buchberg 200
Ochsenberg 201
Ysenburger
Leer
Tiergadächtnisstätte
Junkernkopf
Schutzhütte
Mühlberg 220
Hecken
Karlsberg 228
Sauloch
63517
Rodenbach
Ortsteil Oberrodenbach
(zu Rodenbach)
Naturfreundehaus
Oberrodenbacher Straße
Geflügelzuchtanlage
Bauhof
Hainmühle
Sportanlage An der Hainmühle
Sportanlage Südhang
Käfernberg 233
Mariengrotte
Friedhof
1 = Kleine Straße
2 = Auf der Bäune
3 = Kunznickelstraße
4 = Wehtstraße
Hohe Heege
Hanauer Straße
6 = Im Kleegarten
Weinberg
Kirchberg 251
Schutzhütte
Abenteuerspielplatz
158
183
210
66
40

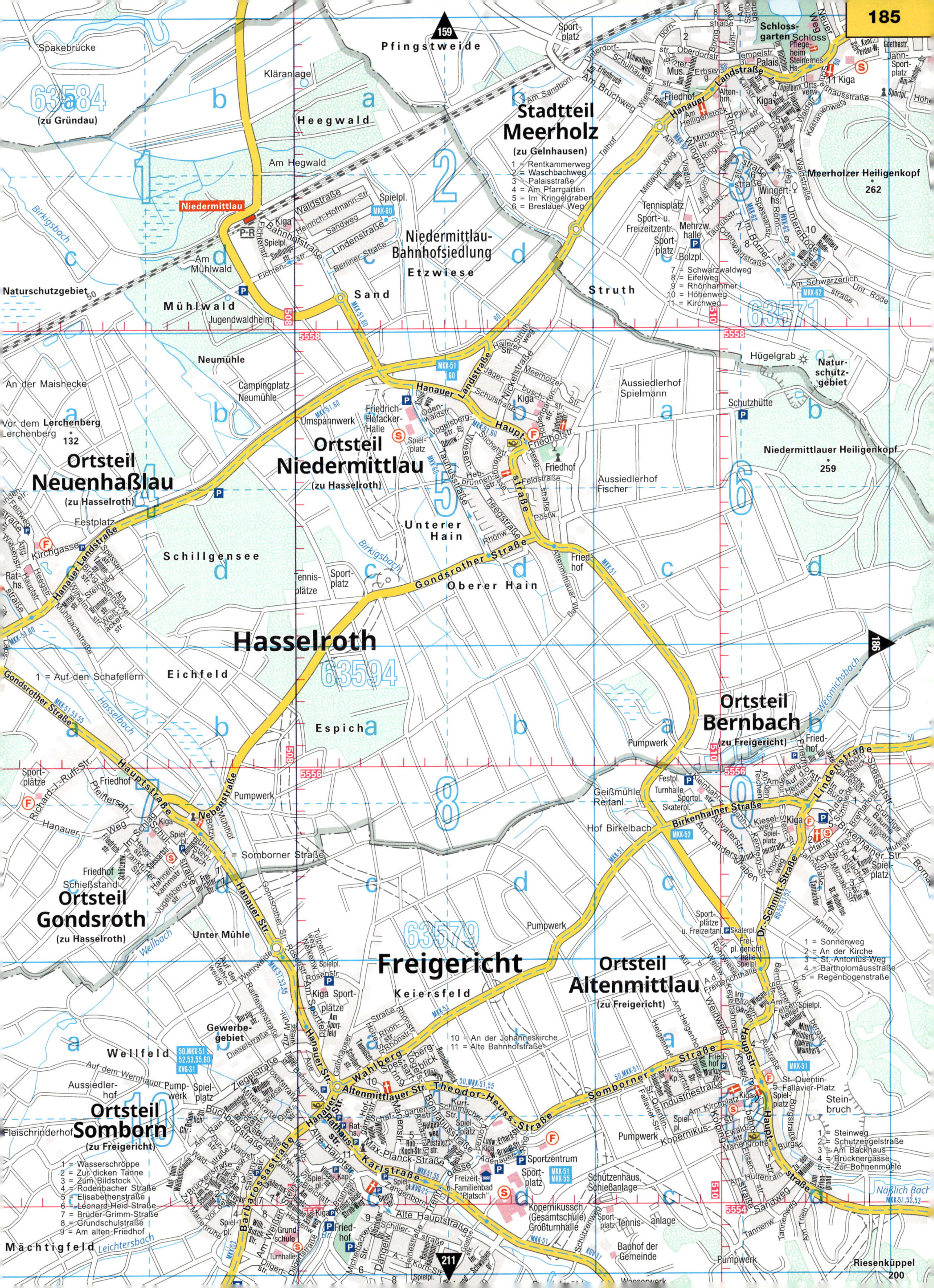

Stadtteil Meerholz
(zu Gelnhausen)
1 = Rentkammerweg
2 = Waschbachweg
3 = Palaisstraße
4 = Am Pfarrgarten
5 = Im Kringelgraben
6 = Breslauer Weg
Niedermittlau
Niedermittlau-Bahnhofsiedlung
Meerholzer Heiligenkopf
262
7 = Schwarzwaldweg
8 = Eifelweg
9 = Rhönhammer
10 = Höhenweg
11 = Kirchweg
Ortsteil Neuenhaßlau
(zu Hasselroth)
Ortsteil Niedermittlau
(zu Hasselroth)
Niedermittlauer Heiligenkopf
259
Hasselroth
1 = Auf den Schafellern
Ortsteil Bernbach
(zu Freigericht)
1 = Somborner Straße
Ortsteil Gondsroth
(zu Hasselroth)
Freigericht
Ortsteil Altenmittlau
(zu Freigericht)
1 = Sonnenweg
2 = An der Kirche
3 = St.-Antonius-Weg
4 = Bartholomäusstraße
5 = Regenbogenstraße
10 = An der Johanneskirche
11 = Alte Bahnhofstraße
Ortsteil Somborn
(zu Freigericht)
1 = Wasserschröppe
2 = Zur dicken Tanne
3 = Zum Bildstock
4 = Rodenbacher Straße
5 = Elisabethenstraße
6 = Leonard-Heid-Straße
7 = Brüder-Grimm-Straße
8 = Grundschulstraße
9 = Am alten Friedhof
1 = Steinweg
2 = Schutzengelstraße
3 = Am Backhaus
4 = Brücknergasse
5 = Zur Bohnenmühle
Riesenküppel
200

Stadtteil Hailer
(zu Gelnhausen)
Gold-hohle
Naturschutzgebiet
Sonnenberg
203
63571
2
Naturschutzgebiet
Wüstung Ettengesäß
Hoher Weisler
155
Weißkirchhof
Gewerbegebiet Hailer-Ost
160
Hauptstr.
Meerholzer Heiligenkopf
262
1 = Im Nassenstück
2 = Am Faßholzwerk
3 = Auf dem Kerngraben
4 = Am leeren Rain
Grauer Berg
217
Mülldeponie
Naturschutzgebiet
Friedhof
Friedwald
Vogelschutzhütte
Dümpel-graben
Ortsteil Altenhaßlau
(zu Linsengericht)
Storksberg
177
Friedhof Neuanlage
4 = Am Schandelbach
6 = Matthias-Claudius-Weg
7 = Heinrich-Kreß-Straße
Sportplätze
Altenhaßlauer Straße
Eichermühle
Hügelgräber
Kulturdenkmal
Rauenberg
280
Rauher Berg
Schandelbach
Dachs-grund
Zeilberg
Hartenberg
202
63589
Linsengericht
Festplatz
Bolzplatz
Brunnen
6
4
Gründberg
Ortsteil Lützelhausen
(zu Linsengericht)
Friedhof Kapelle
Sport- und Kulturheim
Wingertsberg
197
63594
(zu Hasselroth)
Sportplatz
Tennispl.
Mehrzweckhalle
Kapelle
Friedhof
Vereinsheim
Weismichsbach
185
Gewerbepark Birkenhain
Spessartstraße
Lützelhäuser Straße
1 = Höhenweg
2 = Im Oberdorf
Brunnen
Höhs-graben
1 = Ulmenstraße
2 = Birkenstraße
3 = Kastanienstraße
4 = Am sumpfigen Wege
5 = Fichtenstraße
Kiga
Festplatz
Geiß-graben
Gem.-haus
Ortsteil Großenhausen
(zu Linsengericht)
Horbacher Straße
Lindenstraße
Ortsteil Bernbach
(zu Freigericht)
7
8
Haidküppel
260
9
Reulstock
63579
Friedhof
Birkenhainer Straße
Waldrode
Ortsteil Horbach
(zu Freigericht)
Kapelle
Grundschule mit Sporthalle
Sportplatz
Gewerbegebiet "Im Krötengrund"
Hügelgräber
Häßlich
Steinbruch
11
12
6 = Am Dorfplatz
7 = Neuer Weg
Junkernberg
Rochusberg
333
Dorfstraße
Naßlich Bach
Kapelle
Naßlichbach
Geiselbacher Straße
Brunnen
Gondelteich
Friedhof
1 = Apfelweg
2 = Haselweg
3 = Silbergasse
4 = Am Junkernberg
5 = Am Jägersgraben
(zu Geiselbach)
Riesenküppel
200
Kapelle
212
Althäg
Schutzhütte

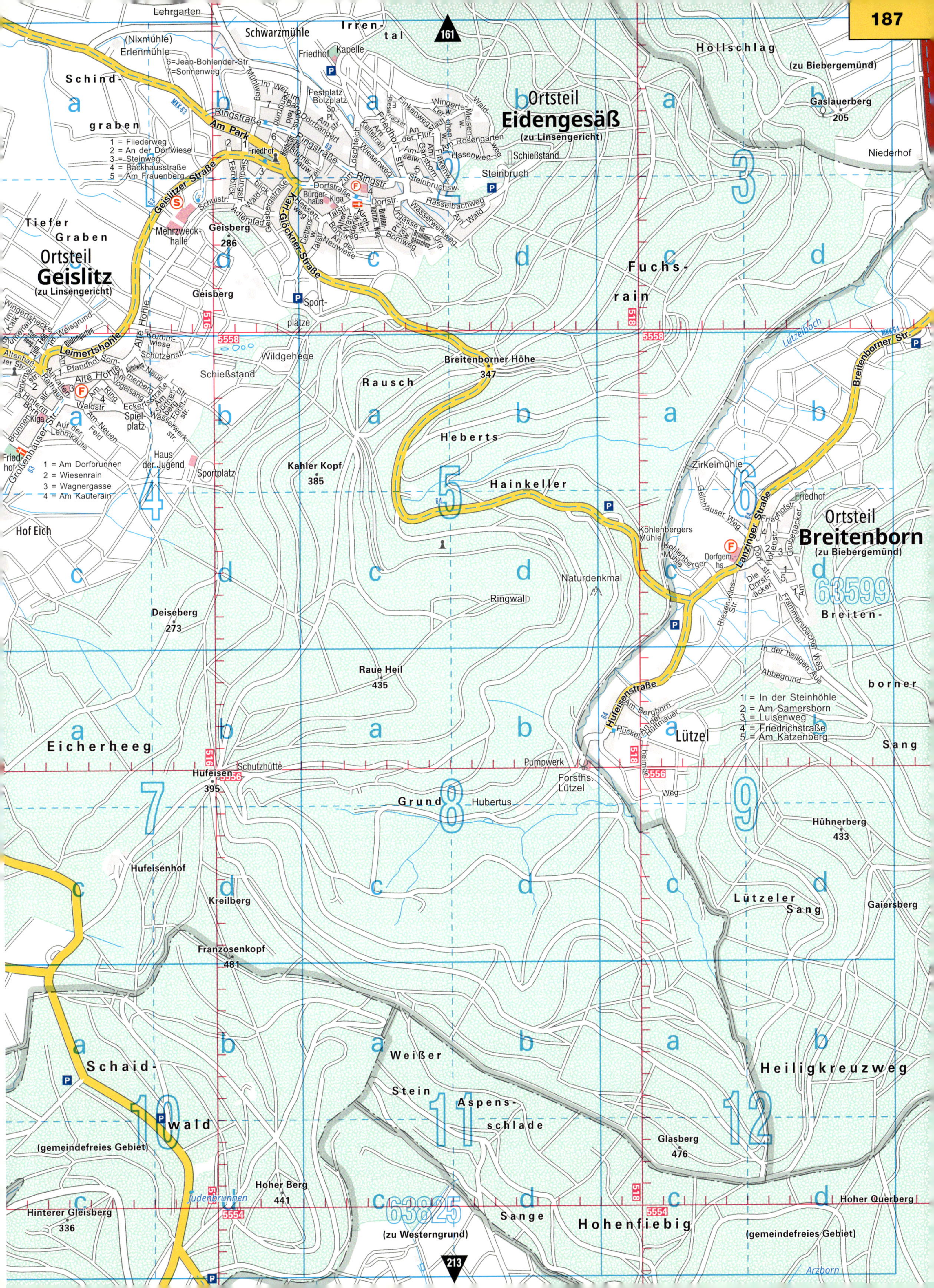

Ortsteil Eidengesäß
(zu Linsengericht)
Ortsteil Geislitz
(zu Linsengericht)
Ortsteil Breitenborn
(zu Biebergemünd)
Lützel
Höllschlag
(zu Biebergemünd)
Gaslauerberg
205
Niederhof
Schindgraben
Tiefer Graben
Fuchsrain
Rausch
Heberts
Hainkeller
Breitenborner Höhe
347
Kahler Kopf
385
Raue Heil
435
Deiseberg
273
Geisberg
286
Eicherheeg
Hufeisen
395
Hufeisenhof
Kreilberg
Franzosenkopf
481
Grund
Hubertus
Forsths. Lützel
Pumpwerk
Naturdenkmal
Ringwall
Lützeler Sang
Hühnerberg
433
Gaiersberg
Breitenborner Sang
Heiligkreuzweg
Schaidwald
(gemeindefreies Gebiet)
Weißer Stein
Aspensschlade
Glasberg
476
Hoher Berg
441
Hinterer Gleisberg
336
Sange
Hohenfiebig
Hoher Querberg
(gemeindefreies Gebiet)
63599
63825
(zu Westerngrund)
Schwarzmühle
Irrental
(Nixmühle) Erlenmühle
6=Jean-Bohlender-Str.
7=Sonnenweg
1 = Fliederweg
2 = An der Dorfwiese
3 = Steinweg
4 = Backhausstraße
5 = Am Frauenberg
1 = Am Dorfbrunnen
2 = Wiesenrain
3 = Wagnergasse
4 = Am Kauterain
1 = In der Steinhöhle
2 = Am Samersborn
3 = Luisenweg
4 = Friedrichstraße
5 = Am Katzenberg
Ringstraße
Am Park
Geislitzer Straße
Karl-Glöckner-Straße
Breitenborner Str.
Lanzinger Straße
Hufeisenstraße
Leimertshohle
Mehrzweckhalle
Haus der Jugend
Sportplatz
Schießstand
Wildgehege
Steinbruch
Schutzhütte
Hof Eich
Zirkelmühle
Köhlenbergers Mühle
Friedhof
Kapelle
Lehrgarten
Judenbrunnen
Lützelbach
Arzborn
161
213

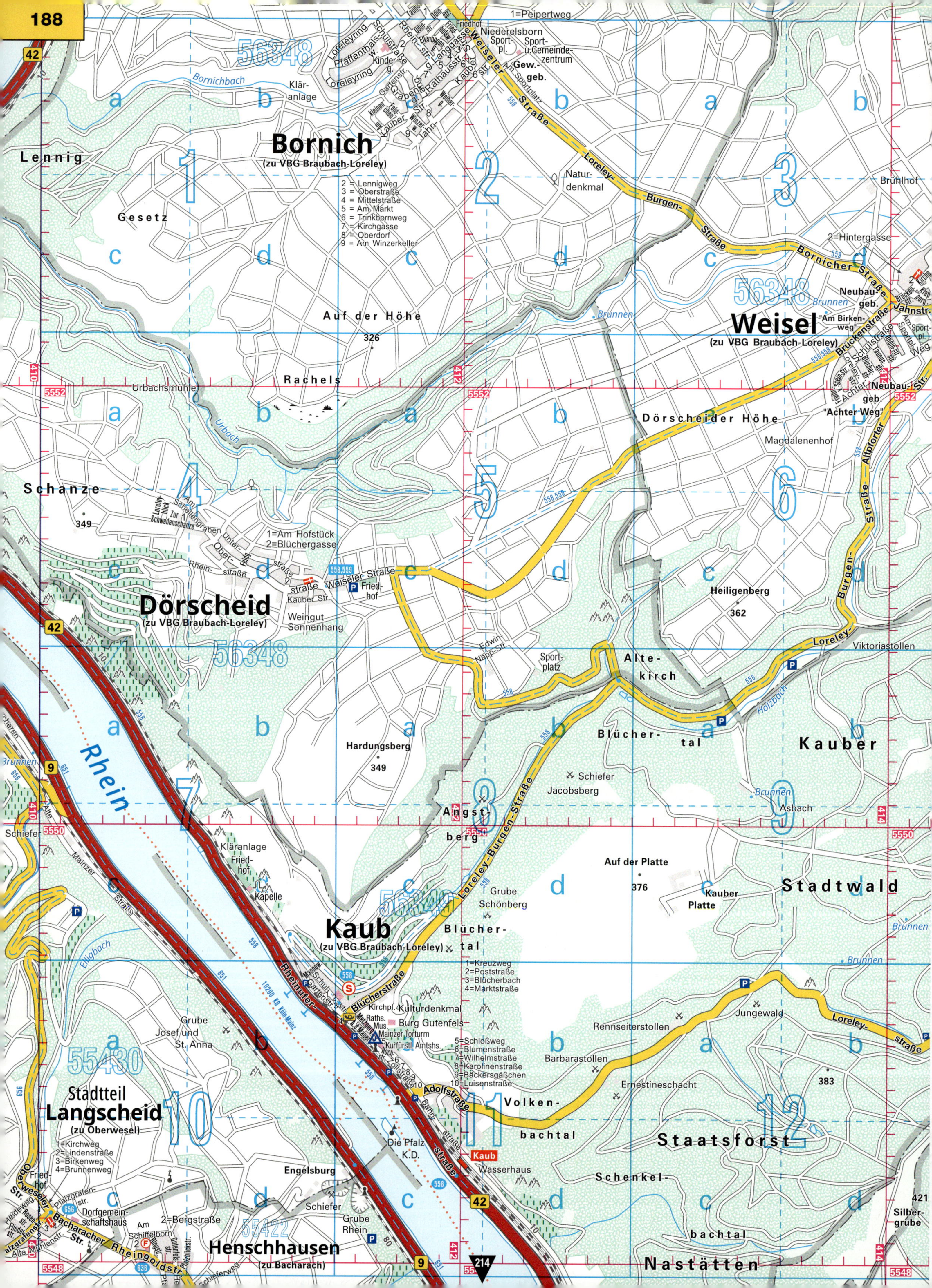

Bornich
(zu VBG Braubach-Loreley)
2 = Lennigweg
3 = Oberstraße
4 = Mittelstraße
5 = Am Markt
6 = Trinkbornweg
7 = Kirchgasse
8 = Oberdorf
9 = Am Winzerkeller
1=Peipertweg
Niederelsborn
Sport-pl.
Sport- u.Gemeindezentrum
Gew.-geb.
Kläranlage
Bornichbach
Lennig
Gesetz
Natur-denkmal
Loreley-Burgen-Straße
Bornicher Straße
2=Hintergasse
Brühlhof
Auf der Höhe
326
Rachels
Urbachsmühle
Urbach
Weisel
(zu VBG Braubach-Loreley)
Neubau-geb.
Am Birkenweg
Brückenstraße
Jahnstr.
Neubau-Str.
Neubau-geb. "Achter Weg"
Dörscheider Höhe
Magdalenenhof
Schanze
349
1=Am Hofstück
2=Blücherstraße
Weiseler Straße
Friedhof
Dörscheid
(zu VBG Braubach-Loreley)
Weingut Sonnenhang
Heiligenberg
362
Edwin-Napp-Str.
Sportplatz
Altekirch
Viktoriastollen
Blüchertal
Hardungsberg
349
Schiefer
Jacobsberg
Kauber
Rhein
Angstberg
Asbach
Kläranlage
Friedhof
Kapelle
Mainzer Straße
Auf der Platte
376
Kauber Platte
Stadtwald
Grube Schönberg
Kaub
(zu VBG Braubach-Loreley)
Blüchertal
1=Kreuzweg
2=Poststraße
3=Blücherbach
4=Marktstraße
Blücherstraße
Rheinuferstr.
Kulturdenkmal
Burg Gutenfels
5=Schloßweg
6=Wilhelmstraße
7=Wilhelmstraße
8=Karolinenstraße
9=Bäckersgäßchen
10=Luisenstraße
Rennseiterstollen
Jungewald
Barbarastollen
Ernestineschacht
383
Grube Josef und St. Anna
Stadtteil Langscheid
(zu Oberwesel)
1=Kirchweg
2=Lindenstraße
3=Birkenweg
4=Brunnenweg
Adolfstraße
Volkenbachtal
Die Pfalz K.D.
Kaub
Wasserhaus
Staatsforst
Schenkelbachtal
Engelsburg
Schiefer
Grube Rhein
Dorfgemeinschaftshaus
2=Bergstraße
Henschhausen
(zu Bacharach)
Bacharacher Str.
Rheingoldstr.
421
Silbergrube
Nastätten

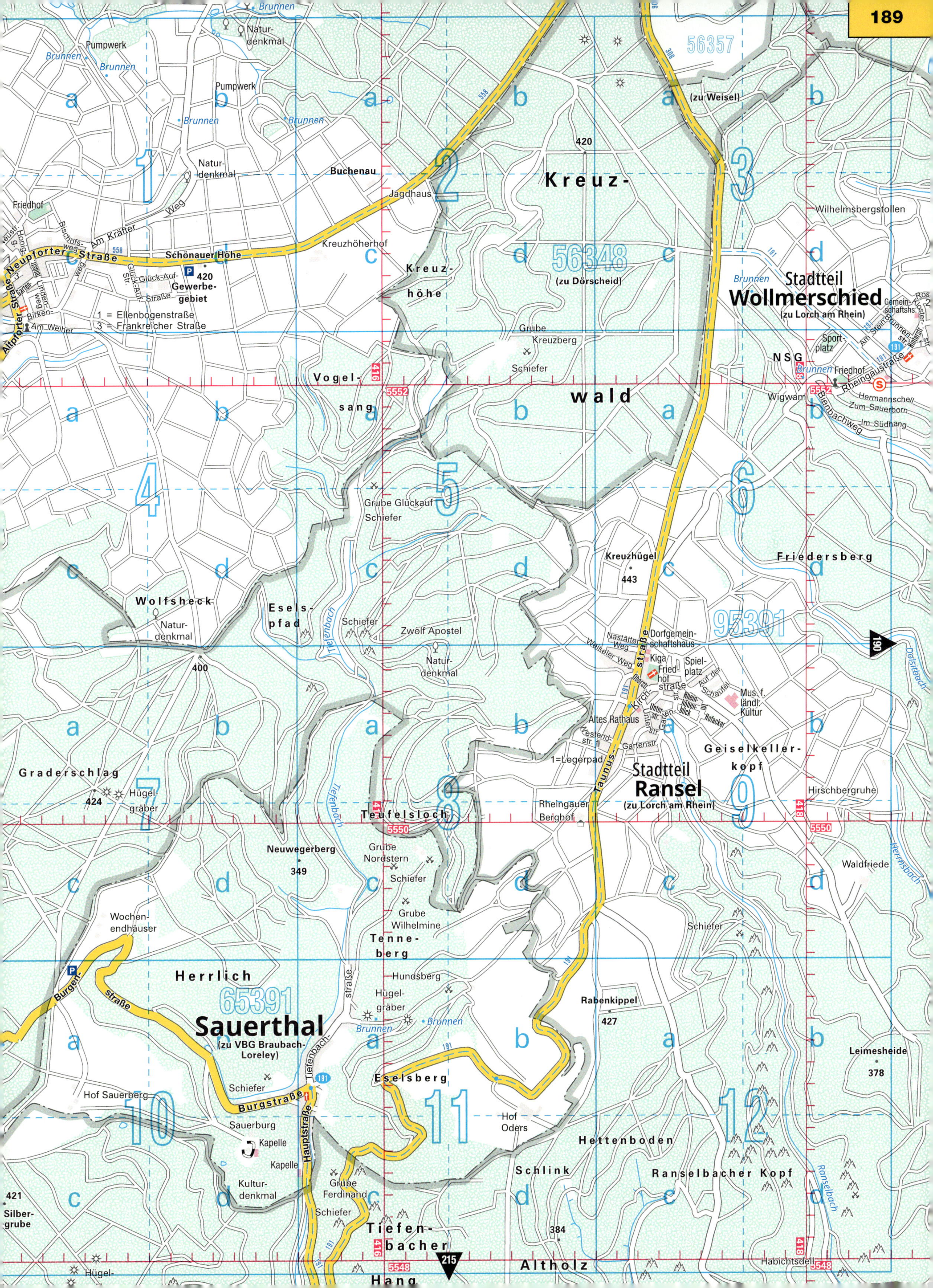
Kreuz-
wald
56348
(zu Dörscheid)
Stadtteil
Wollmerschied
(zu Lorch am Rhein)
Stadtteil
Ransel
(zu Lorch am Rhein)
95391
Sauerthal
(zu VBG Braubach-
Loreley)
65391
56357
(zu Weisel)
Schönauer Höhe
Gewerbe-
gebiet
1 = Ellenbogenstraße
3 = Frankreicher Straße
Neupforter Straße
Am Krafter Weg
Pumpwerk
Brunnen
Natur-
denkmal
Buchenau
Jagdhaus
Kreuzhöherhof
Kreuz-
höhe
Grube
Kreuzberg
Schiefer
Vogel-
sang
Wilhelmsbergstollen
NSG
Friedhof
Rheingaustraße
Wigwam
Bienbachweg
Friedersberg
Grube Glückauf
Schiefer
Kreuzhügel
443
Wolfsheck
Esels-
pfad
Zwölf Apostel
Dorfgemein-
schaftshaus
Kiga
Fried-
hof
Spiel-
platz
Mus. f.
ländl.
Kultur
Altes Rathaus
1=Legerpad
Geiselkeller-
kopf
Hirschbergruhe
Graderschlag
424
Hügel-
gräber
Teufelsloch
Rheingauer
Berghof
Neuwegerberg
349
Grube
Nordstern
Schiefer
Grube
Wilhelmine
Tenne-
berg
Waldfriede
Wochen-
endhäuser
Herrlich
Hundsberg
Rabenkippel
427
Leimesheide
378
Burgenstraße
Eselsberg
Hof Sauerberg
Burgstraße
Sauerburg
Kapelle
Kultur-
denkmal
Hauptstraße
Tiefenbach-
straße
Hof
Oders
Hettenboden
Schlink
Ranselbacher Kopf
Grube
Ferdinand
Schiefer
Tiefen-
bacher
Hang
Altholz
384
421
Silber-
grube
Habichtsdell
Taunusstraße
Tiefenbach
Ranselbach
Herrnsbach
420
400
190
215

Welterod
(zu VBG Nastätten)
1=Espenschieder Weg
Mühlbachstr.
Rheingaustraße
164
Schanzberg
362
Brunnen
56357
Pfaffenbühl
Birken
433
Alte Burg
Feldseyer Kopf
417
Hügelgräber
Sport-platz
Naturdenkmal
Wilhelmsbergstollen
Knöchel
Hinterloh
Hof Waldeck
Ullmark
Stadtteil
Wollmerschied
(zu Lorch am Rhein)
1=Vorderstraße
2=An der Klosterstraße
Hermannschell
Zum Sauerborn
Im Südhang
Werkersmühle
Gleichen
Hansbirken
Schorch
Friedhof
Tennis-plätze
Sport-platz
Sauerbornsweg
altes Rathaus
Kiga
Pump-werk
Stadtteil
Espenschied
(zu Lorch am Rhein)
Hanseberg
382
1=Wilhelmstraße
2=Borngasse
3=Welteroder Weg
4=Hansenberger Weg
5=Ellenbogengasse
359
Sauerbornbach
Bienbacher Hang
Werker-kopf
Sauerbornsberg
Küppel
Sauerborn
Forsthaus Werkerbrunnen
65391
189
Aulerück
Mühlberg
Zeppen
399
Werkerbacher Berg
Steinigeberg
337
Laukenmühle
Lauksburg
Hirschbergruhe
Pathfester-hof
Brunnen
Ruine Lauksburg
Wispertalstraße
Mehrholzer Höhe
396
Waldfriede
Werkerberg
Werker-
kopf
Herrnswald
Herrnbach
Werkerbach
Blideneck Schanze Kulturdenkmal
Schiefer
Hohlwurzel-graben
Burg-frieden
Hermannssteg
Kammerburger
Leimesheide
378
Schiefer
Wispertalstraße
Filslei
301
Aachener Schanze
Kultur-denkmal
Ruine Rheinberg
Hahnenberg
Bernzell
Haus Rheinberg
Kammerburg
Ellmacher
Ernstbach
65366
Linesitt
Adolphshöhe
Wehrgraben
Wald
Wispertalstraße
Wisper
(zu Rüdesheim)
Mühlberg
216
(zu Geisenheim)
Hang

Ortsteil Dickschied
(zu Heidenrod)
65321
Gerod
Fuchsloch
Klaffberg 402
Spitzlei 361
1=Schwalbenweg
2=Sperlingsweg
3=Am Dorfgemeinschaftshaus
Atzmann 445
Am Atzmann
Naturfreundehaus
Reitplatz
Lindenallee
Falkenhof
Schuzhütte
Riesenmühle
65307
(zu Bad Schwalbach)
Greulingsmühle
Scherbensberg 365
Pumpwerk
Rabenlei
Hintertränke 402
Geroldstein
Herzbacher Berg 349
NSG
Ruhestein
NSG
1=Schloßplatz
Ruine Haneck
(Ruine Schwarzenberg)
Ruine Geroldstein
Prunkel
Matzenmühle
Grobhansehaag
65388
(zu Schlangenbach)
Schnakegraben
Hügelgräber
417
Sauerbornseck
Hügelgrab
Nabeler Berg 393
65375
(zu Oestrich-Winkel)
Haspelgarten
Stelzert
Volkmanneiche
Ilskerb
Rennplatt 463
Erbacher Forsthaus
Hügelgrab
Hinterlandswald
Weltersnorr
Pfarrwiese
Hussit
Hörkopf 466
Katzenlei
Wisper
Herzbach
Mehrbach
Gladbach
Mattesegraben
Moosgraben
Linsenborn
Löffelmannsgraben
Seelbach
Weltersgraben
Steinern Dell
Braubach
Schüsselbach
165
192
217

Schmandkopf
448
65321
(zu Heidenrod)
Pfaffenberg
330
420
Wispertal-
straße
166
An der Wispertalstraße
Dornbach
Grünberg
453
Weißer Stein
Kurzer Berg
402
Kämpferberg
Landhaus am Dornbach
380
Wolfs-
graben
Schollen
Sport-pl.
Stadtteil
Langenseifen
(zu Bad Schwalbach)
Friedhof
Riesenmühle
Allhöh
437
Ehe-weg
Neu-str.
Zur Rehwiese
Vor der Horst
Lorcher Str.
Am Feyhof
Sportpl.
Fischbacher Weg
Bürgerhs.
1 = Obergasse
Grillpl.
Wbh.
Schlehborner Heide
487
Pumpwerk
Fischbach
Steinberg
Pumpwerk
5552
Schlauder-
Abthain
dell
Streit-
heck
65307
Schmandkopf
422
Lanzenberg
319
Friedhof
Grillpl.
Sauerbrunnen
Hopfen-
grund
Gehrod
Gladbach
Friedhof
Markt-
straße
Klär-anlage
Am Rain
Holz-weg
191
1 = Ägidiusstraße
Ortsteil
Niedergladbach
(zu Schlangenbad)
Gemeinde-haus
Am Sonnenberg
Heide-weg
Oberer
Anselsberg
Stadtteil
Fischbach
(zu Bad Schwalbach)
1 = Siedlerweg
Am Grauen
Zum Wildpark
Bornweg
Bolzplatz
Spielpl.
Rheingauer
Straße
Wald-str.
Bürgerhaus
Vogelsch
Pumpwerk
Wbh.
Roter Berg
460
Rennplatt
463
Schimmlerkopf
407
Lang-
stein
5550
Hause
460
Erbacher Forsthaus
Hirschgrund
Rabenkopf
466
Hauser-
rech
Friedhof
Lorcher
Tannen-weg
Friedhof
1 = Am Kippel
2 = Ellenbogenstraße
3 = Feldstraße
Frohnberg
Gaulskopf
453
Braubach
65388
Talstr.
Straße
Wisperstr.
Bangertstr.
Kap.
Söderfeld
Bürgerhs.
Kernweg
Wilhelmstr.
Am Schneeberg
Ortsteil
Obergladbach
(zu Schlangenbad)
Wbh.
Langer Berg
Köhl-
wiese
427
Kesselberg
Schüsselbach
65375
Klingenbruch
(zu Oestrich-Winkel)
218
5548

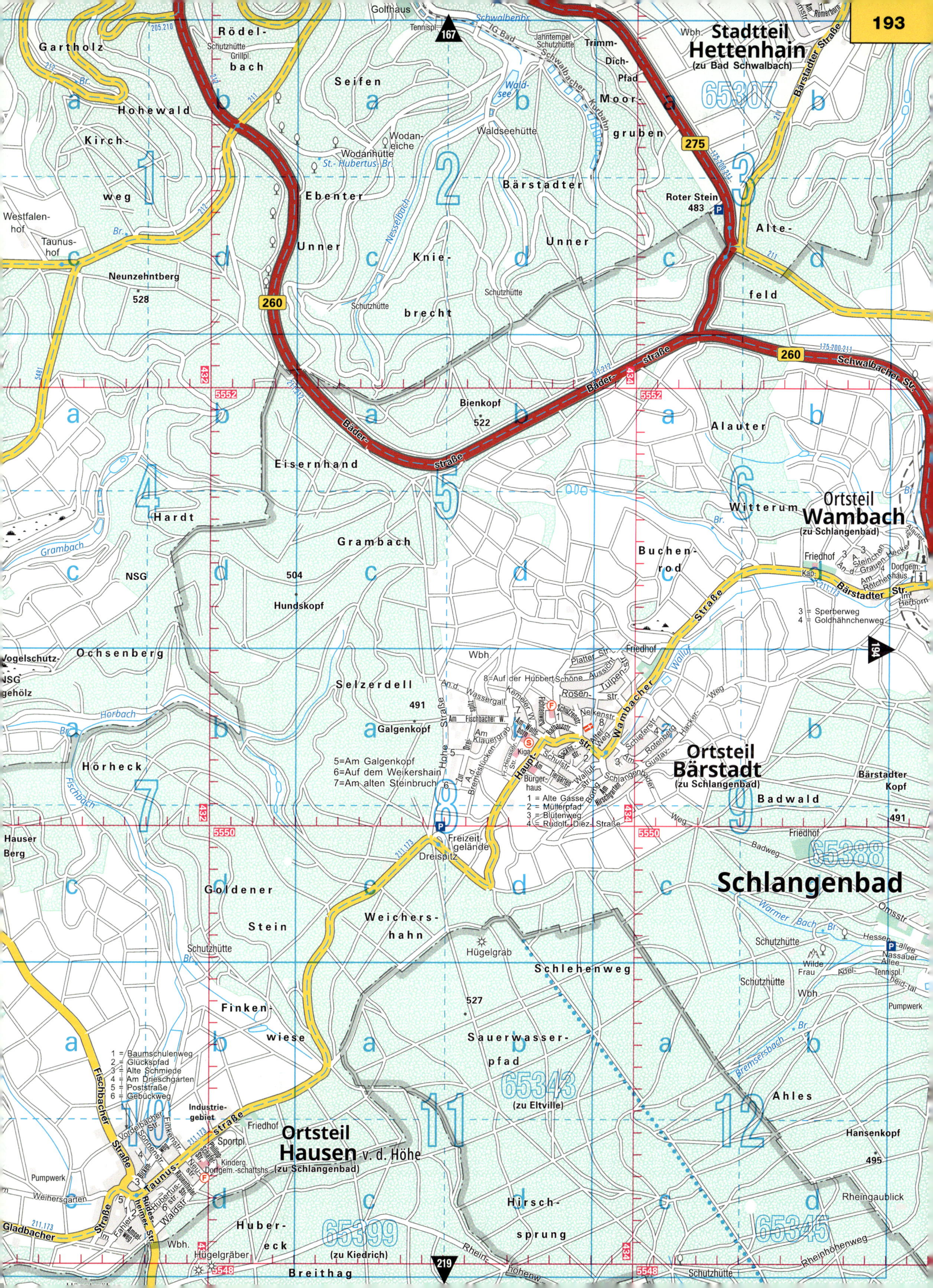
Stadtteil Hettenhain
(zu Bad Schwalbach)
65307
Gartholz
Rödel-
bach
Golfhaus
Seifen
Hohewald
Kirch-
weg
Wodan-
eiche
Wodanhütte
St.-Hubertus-Br.
Waldseehütte
Wald-
see
Trimm-
Dich-
Pfad
Moor-
gruben
Bärstadter
Roter Stein
483
Alte-
feld
Westfalen-
hof
Taunus-
hof
Neunzehntberg
528
Ebenter
Unner
Knie-
brecht
Unner
Schutzhütte
Nesselbach
260
275
Bienkopf
522
Bäder-
straße
Schwalbacher Str.
Eisernhand
Hardt
Grambach
504
Hundskopf
NSG
Alauter
Witterum
Ortsteil
Wambach
(zu Schlangenbad)
Buchen-
rod
Bärstadter Str.
Friedhof
3 = Sperberweg
4 = Goldhähnchenweg
Ochsenberg
Vogelschutz-
NSG
gehölz
Selzerdell
491
Galgenkopf
5=Am Galgenkopf
6=Auf dem Weikershain
7=Am alten Steinbruch
8=Auf der Hubbert
Horbach
Hörheck
Fischbach
Ortsteil
Bärstadt
(zu Schlangenbad)
1 = Alte Gasse
2 = Müllerpfad
3 = Blütenweg
4 = Rudolf-Diez-Straße
Wambacher Str.
Bärstadter
Kopf
491
Badwald
Hauser
Berg
Freizeit-
gelände
Dreispitz
Goldener
Stein
Weichers-
hahn
Hügelgrab
Schlehenweg
527
Schlangenbad
65388
Warmer Bach
Schutzhütte
Wilde
Frau
Wbh.
Pumpwerk
Finken-
wiese
Sauerwasser-
pfad
65343
(zu Eltville)
Ahles
Hansenkopf
495
1 = Baumschulenweg
2 = Glückspfad
3 = Alte Schmiede
4 = Am Drieschgarten
5 = Poststraße
6 = Gebückweg
Fischbacher
Straße
Industrie-
gebiet
Ortsteil
Hausen v. d. Höhe
(zu Schlangenbad)
Sportpl.
Friedhof
Pumpwerk
Weihersgarten
Gladbacher
Straße
Huber-
eck
65399
(zu Kiedrich)
Hirsch-
sprung
Rheingaublick
65345
Rheinhöhenweg
Breithag
Hügelgräber
Schutzhütte
167
194
219

Stadtteil
Bleidenstadt
(zu Taunusstein)
Stadtteil
Seitzenhahn
(zu Taunusstein)
1 = Vogelweide
2 = Hattenheimer Straße
3 = Willi-Kugelstadt-Platz
4 = Eddersbacher Berg
Ortsteil
Wambach
(zu Schlangenbad)
Schlangenbad
1 = Kaiserberg
2 = Georgenborner Weg
3 = Alter Pfarrweg
4 = Süße Back
5 = Landgrafenplatz
Ortsteil
Georgenborn
(zu Schlangenbad)
6=Rechtenbachweg
7=Am Bruch
8=Am Born
9=Gerstenweg
10=Kletterbaumweg
11=Am Sportfeld
1 = Am Köhlerberg
2 = Am Brandweiher
3 = An der Schloßremise
4 = Hohenbuchau-Ring
5 = Am Teehaus
1=Eschenweg
2=Kiefernweg
14=Am Wolkenbruch
Hammerberg
Mühlberg
Weiße Mauer
Wiesbadener Hütte
Schanze
Taunus-Wunderland
Schanzenberg
Eisenkaute
Hangenstein
Hirschsuhle
Hohe Wurzel
614
Fernmeldeturm
Gustav-Victor-Turm
Tannenstück
Roßkopf
563
Roßbacher Haag
Lichtewald
Biegel
547
Herzogsweg
Lahnstraße
Heidekopf
Rumpelskeller
Kändelbornshaag
Alfred-Schüchen-Eiche
Rotekreuzkopf
510
Köhlerhaag
Hartig-Denkmal
Haus Bernhardt
Im Sinzengründchen (Knusperhäuschen)
Krauskopfstraße
Brücher
Ochsenhag
Schnepfenbusch
Eichelgarten
Kohlhag
Bärstadter Kopf
491
Hansenkopf
495
Schöne Aussicht
Rheingaublick
Musensitz
Wilhelmfelsen
Altaneiche
Marxhütte
Lochmühle
Mühlenhof
Nonnenbuchwald
Kuckuckslay
Wambacher Mühle
Schwalbacher Straße
Rheingauer Straße
Wiesbadener Straße
Eltviller Straße
Aarstraße
Stiftsmühle
Hammermühle
Hahnchesmühle
Eichenhof
65232
65388
168
183
220
260
5552
5550
5548

Trimm-Dich-Pfad
Lauter
ND Spitzer Stein
501
Ringwall
Altenstein
169
Herzogshütte
Lichtewald
Herzogsweg
Eiserne Hand
Haus Hubertus
Wehener Wand
Jakob-Schwender-Buche
479
420
Rentmauer
Platterstraße
Platter-Pfad-Hütte
Rheinhöhenweg
Wbh.
Aarstraße
54
Kesselbach
Kesselbachweg
Museumseisenbahn
65193
Dahlheimhütte
Winterbruch
Mittlerer Pfaffenborn
387
Bleidenstadter Kopf
Pagenstecher Hütte
Oberer Kesselbachweg
Unterer Kesselbachweg
Anna-brunnchen
Karlshütte
Hupfeldweg
Fischzucht
417
Wbh.
Himmelsborn
Waldhaus
Adamsborn
Aussichtsturm
454
Schläferskopf
Mathildenquelle
Forstmeister-Gerlach-Weg
Gehrner Bach
Schutzhütte
Oberer Gehm
Futtermallweg
Schießstand
Neues Schützenhaus
Schützenhausweg
Tier- und Pflanzenpark Fasanerie
Holzhackerhäuschen
65195
196
Adamstal (Hofgut)
Reithalle
Stollenweg
Im unteren Gehrn
Naturpädagogisches Zentrum
Wilfried-Ries-Straße
Fasanerie
Reitplatz
Wasserleitungsweg
Schutzhütte
Forsthaus Chausseehaus
Christian-Krauss-Weg
Großer Stellschlag
Kleingärten
Kaltebach
Hügelgräber
Mathildenruh
Hess. Forstamt
Golfplatz
Erlenborn
Joseph-Baum-Haus
Christenborn
Krauskopfstraße
Lahnstraße
Chausseehaus
Rheingauer
Chr.-Krauss-Weg
Kohlheck
Schutzhütte
Trimm-Dich-Pfad
Gehrner Bach
Lehr- u. Versuchsanst. Gartenbau
Friedhof
Klarenthal
Wiesbaden
Klostermühle
Aartalbahn
Christl. Schule
Bundesschießsportschule
Hüttenhag
Labsaltal
Nassauische Touristikbahn
Tennisplatz
Wachtelweg
Siedlung
Klarenthaler Straße
Kleingärten
Gaurod
Rebhuhnweg
Forstamt
Weilburger Tal
Wellritzbach
Klingengrund
Weilburger Bach
Aunelquelle
Siedlung Kohlheck
Polizeischule
Klarenthal
1=Otto-Haese-Straße
2=Heinz-Ranly-Straße
3=Willy-Borngasser-Straße
4=Richard-Otto-Straße
Wellritzmühle
Pfühl
Wurftauben Schießstand
65199
Carl-von-Ossietzky-Gymnasium
Spielplatz
65201
Weißer Berg
65197
Hammereisen
Schutzhütte
Lyrakiefer
221

Wiesbaden
Stadtteil Sonnenberg (zu Wiesbaden)
1=Talstraße
2=Promenadenweg
3=Danziger Straße
4=An der Hofwiese
5=Jungferngartenstraße
6=An der Stadtmauer
Wiesbadener Stadt-wald
Raben-grund
Hassel
Goldstein
Goldsteintal
Sichterhöhe
Hangesheck
Vor den Fichten
Siedl. Eigenheim
Haus Echotal
Antoniusheim
Bahnholzer Kopf
288
Melibocuseiche
Rabenkopf
Kaiser-Friedrich-Eiche
Schutzhütte
Idsteiner Eiche
Kohlhaaseiche
Würzburg
399
Förster Marx-Eiche
435
330
325
305
282
238
283
Römischer Gutshof
Hubertushütte
Schützenhaus
Hügelgräber
Adolf-Weygandt-Hütte
Josef-Hupfeld-Hütte
Schwenk-Hermann-Hütte
Herreneichen
Münzbergstollen
Wilh.-v.-Opel-Schutzhütte
Heemskerck's Ruh
Leichtweißhöhle
Spelerskopf
Felsengruppe
Hoffmann-hütte
Kochdenkmal
Nordfriedhof
Unter den Eichen
Neroberg
245
Röm. Gutshof
Nerotal-anlagen
Freizeit-park
Alter Friedhof
Kurpark
Aukamm
Dietenmühle
Walkmühle
Wellritzmühle
Platter Straße
Sonnenberger Straße
Danziger Straße
Schiersteiner Straße
Bierstadter Straße
Aarstraße
Klarenthaler Straße
Emser Straße
Taunusstraße
Wilhelmstraße
Cityplan S.37
ADAC
Bergstollen
Pumpwerk
Platter Pfad-Hütte
Amtsmannborn
Kisselborn
Habelquelle
Goldsteinquelle
Geißenbornchen
Himmelsborn
Rabenborn
Dambach
Schwarzbach
Rambach
Goldsteinbach
Schimbach
Aukammbach
Kesselbach
Wellritzbach
Jüd. Friedhof
Russisch-Orthodoxe-K.
Hochschule Rhein-Main
Hess. Landtag Stadtschloss
Hess. Staatstheater
Rathaus
Casino
Kurhaus
Trauereiche
Hangesheck
Sticker-mühle
Wasser-behälter
Adolf-Reichwein-Schule
Grill-platz
Historischer Wall
1=Anton-v.-Werner-Weg
2=Böcklinweg
3=Defreggerstraße
4=Rubensstraße
170
195
222
417
54
5552
5550
5548
65195
65193
65197
65189
6519

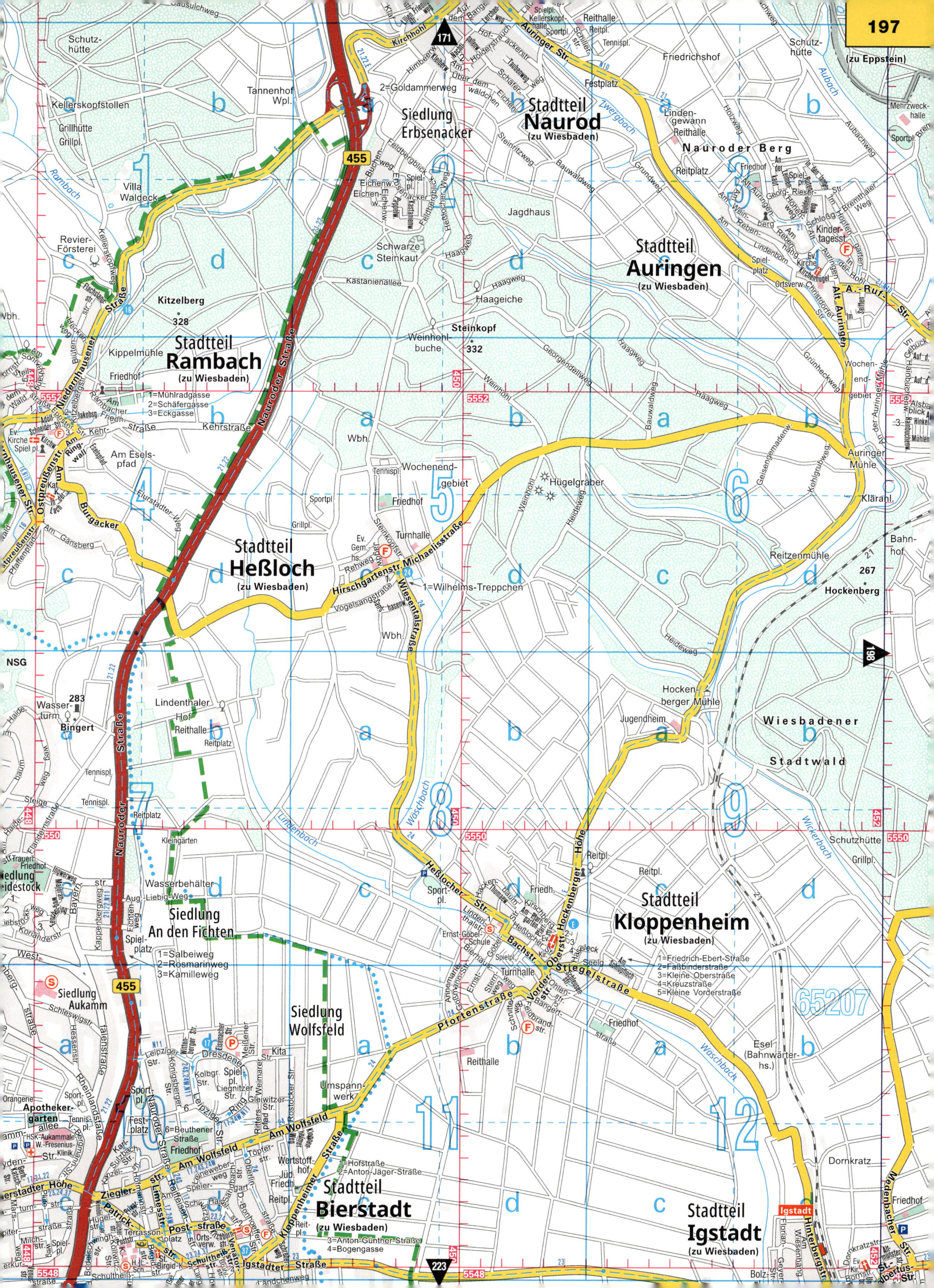
(zu Eppstein)
Stadtteil
Naurod
(zu Wiesbaden)
Siedlung
Erbsenacker
Nauroder Berg
Stadtteil
Auringen
(zu Wiesbaden)
Stadtteil
Rambach
(zu Wiesbaden)
Stadtteil
Heßloch
(zu Wiesbaden)
Stadtteil
Kloppenheim
(zu Wiesbaden)
Stadtteil
Bierstadt
(zu Wiesbaden)
Stadtteil
Igstadt
(zu Wiesbaden)
Siedlung
An den Fichten
Siedlung
Wolfsfeld
Siedlung
Aukamm
Wiesbadener
Stadtwald
Kellerskopfstollen
Grillhütte
Villa
Waldeck
Revier-
Försterei
Kitzelberg
328
Tannenhof
Wpl.
Schwarze
Steinkaut
Kastanienallee
Jagdhaus
Haageiche
Steinkopf
332
Weinhohl-
buche
Kippelmühle
Friedhof
1=Mühlradgasse
2=Schäfergasse
3=Eckgasse
Kehrstraße
Nauroder Straße
Am Esels-
pfad
Burgacker
Wochenend-
gebiet
Hügelgräber
Auringer
Mühle
Kläranl.
Reitzenmühle
Bahn-
hof
267
Hockenberg
Hocken-
berger Mühle
Jugendheim
Hirschgartenstr.
Michaelisstraße
1=Wilhelms-Treppchen
Wiesentalstraße
Vogelsangstraße
Lindenthaler
Hof
Reithalle
Wasser-
turm
283
Bingert
NSG
Wasserbehälter
1=Salbeiweg
2=Rosmarinweg
3=Kamilleweg
Heßlocher
Str.
Bachstr.
Stiegelstraße
Pfortenstraße
Hockenberger Höhe
1=Friedrich-Ebert-Straße
2=Faßbinderstraße
3=Kleine Oberstraße
4=Kreuzstraße
5=Kleine Vorderstraße
65207
Schutzhütte
Esel
(Bahnwärter-
hs.)
Umspann-
werk
Am Wolfsfeld
Reithalle
Dornkratz
1=Hofstraße
2=Anton-Jäger-Straße
3=Anton-Günther-Straße
4=Bogengasse
Kloppenheimer Straße
Igstadter Straße
Post-straße
Apotheker-
garten
Friedhof
Igstadt
Hintebergstr.
Medenbacher Str.
Wickerbach
Waschbach
Lindenbach
Zwergbach
Aubach
Rambach
455
171
198
223
5552
5550
5548
450
452

Stadtteil
Auringen
(zu Wiesbaden)
1=Schlehenweg
2=Holunderweg
3=Brombeerweg
Siedlung
Am
Rotenberg
Villa
Quisisana
Auringen-
Medenbach
Hockenberg
Stadtteil
Medenbach
(zu Wiesbaden)
65207
Wellinger
Wasser-
behälter
Seyenberg
322
Schulwald
Bauwald
Steinwald
1=Am Sonnenblick
2=Altkönigstraße
3=Rossertstraße
4=Im Birkenstück
5=Am Steinwald
6=Pfingstwiesenstraße
7=Anton-Österreicher-Platz
8=Wiesenrainstraße
9=Im Remies
Wildsachsener
Str.
Stadtteil
Wildsachsen
(zu Hofheim am Taunus)
1=Hofraite
2=Am Berg
3=Am Bangert
4=Parkstraße
5=Am Naturfreundehaus
(zu Eppstein)
Pannenberg
337
Schutzhütte
In den
Eisenkauten
Erlensuder
65817
Wochenend-
hausgebiet
Junghainzenecken
Domherrnwald
Kölnischer Wald
Lindenhof
Zeltplatz
Nackwald
Klingenmühle
Oberberg
242
Tank- und
Rastanlage
Medenbach
Neumühle
Warzeneiche
Hügelgräber
Dachskopf
300
Kartaus
351
Funkleitstelle
Obermühle
Kläranlage
Heimlicher Berg
203
Mühlwiesen-
quelle
Hof Honigberg
Untermühle
Streitberg
Wasserbehälter
Quelle
Pfingstborn
Stadtteil
Igstadt
(zu Wiesbaden)
Finkenhof
Stadtteil
Breckenheim
(zu Wiesbaden)
Pfingstborn-
anlage
2 = An der Höhe
NSG
E35
3
172
197
224

Kelkheim
(Taunus)
Kelkheimer
Stadtwald
Stadtteil
Langenhain
(zu Hofheim am Taunus)
Stadtteil
Lorsbach
(zu Hofheim am Taunus)
Hofheim
am Taunus
Wingerten
Heilwacht
Judenkopf
410
Schutzhütte
Enten-
pfuhl
338
Gründenhang
Hahnenkopf
362
Walterstein
Salzhs.
(zu Eppstein)
Hasenberg
242
Luisen-
tempel
Gundelhard
Lorsbacher Kopf
309
Staatsforst
Domherrnwald
Wander-
parkplatz
Sternwarte
Bahai Tempel
Kohlebörn
Reiche
Quelle
Ringwall
Altebura
Hofheimer
Stadtwald
Hofheim
Aussiedlerhof
Kläranlage
Buchwald
Krebsmühle
NSG
Ringwall
Usinger Straße
1=Zum Pfarrhag
2=Fernblick
3=Zum Eselshag
4=Brunnenweg
5=Taunusblick
6=Am Kiefernhain
7=Raiffeisenring
8=Enge Straße
9=Poststraße
10=Martin-Luther-Straße
11=Karthäuserstraße
12=Augustenweg
1=Zwergstraße
2=In den Krautgärten
Hammermühle
Hügelgräber
Langenhainer
Wald
Bahnholz
326
Aussiedlerhof
Kläranlage
Funkleitstelle
Illensand-
mühle
Kapellen-
berg
Cohausen-
tempel
Burkhards-
mühle
Weiße
Brücke
Waldfriedhof
Hinterwald
Staatsforst
Hofheim
Sonnenhof
Friedhof
Lorsbach
Lorsbacher Straße
Im Lorsbachtal
Schwarzbach
Münsterer Straße
Wilhelm-Str.
Vincenzstraße
Cityplan S.34
Hofheim
65779
65719
173
200
225

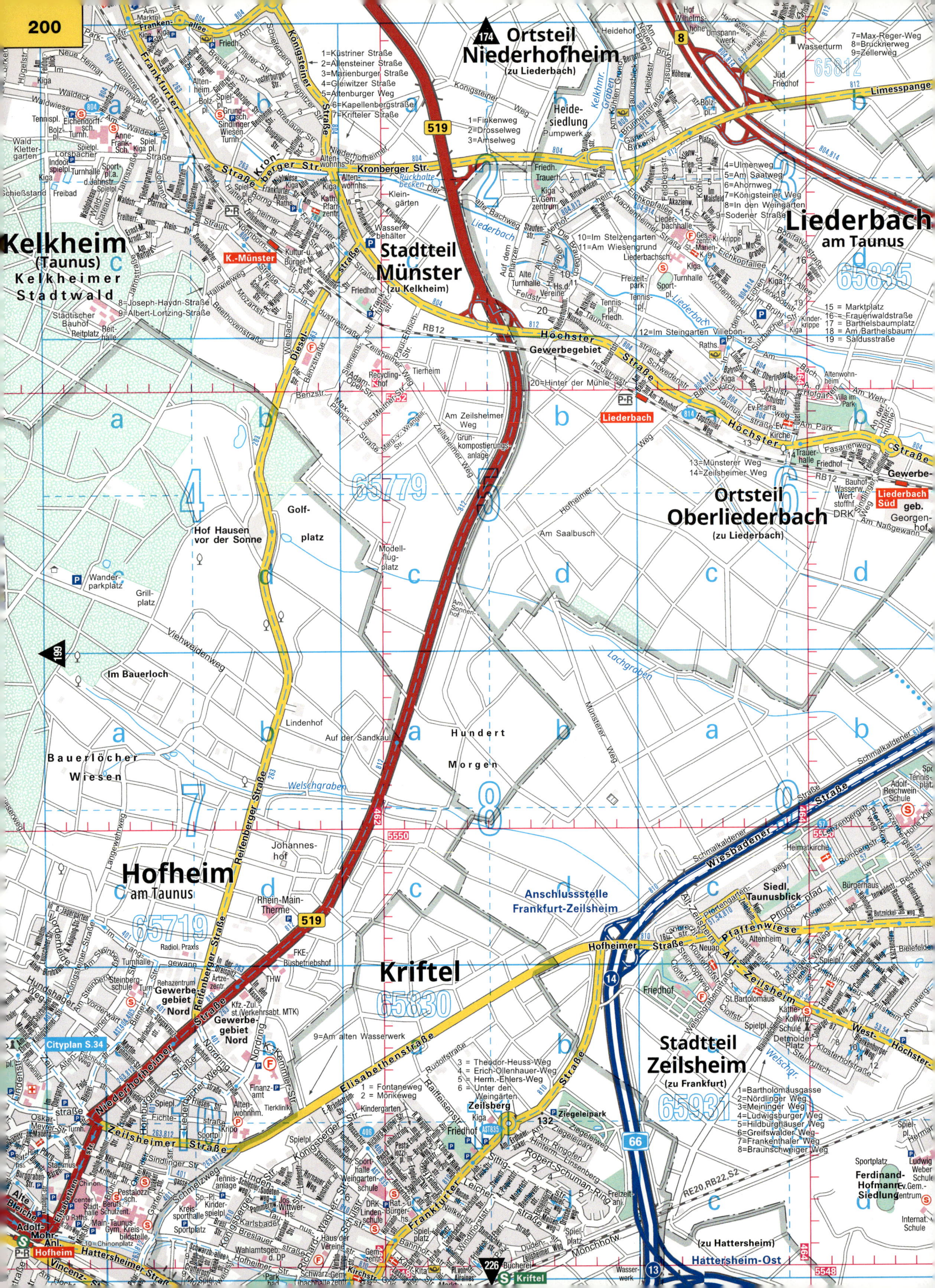
Ortsteil Niederhofheim
(zu Liederbach)
1=Küstriner Straße
2=Allensteiner Straße
3=Marienburger Straße
4=Gleiwitzer Straße
5=Altenburger Weg
6=Kapellenbergstraße
7=Krifteler Straße
1=Finkenweg
2=Drosselweg
3=Amselweg
Heide-siedlung
7=Max-Reger-Weg
8=Brucknerweg
9=Zellerweg
Limesspange
Kronberger Str.
4=Ulmenweg
5=Am Saatweg
6=Ahornweg
7=Königsteiner Weg
8=In den Weingarten
9=Sodener Straße
Liederbach
am Taunus
65835
Kelkheim
(Taunus)
Kelkheimer
Stadtwald
K.-Münster
Stadtteil
Münster
(zu Kelkheim)
10=Im Stelzengarten
11=Am Wiesengrund
8=Joseph-Haydn-Straße
9=Albert-Lortzing-Straße
15 = Marktplatz
16 = Frauenwaldstraße
17 = Barthelsbaumplatz
18 = Am Barthelsbaum
19 = Saldusstraße
12=Im Steingarten
Höchster Straße
Gewerbegebiet
20=Hinter der Mühle
Liederbach
13=Münsterer Weg
14=Zeilsheimer Weg
Liederbach Süd
Ortsteil
Oberliederbach
(zu Liederbach)
65779
Golf-platz
Hof Hausen vor der Sonne
Modell-flug-platz
Am Saalbusch
Wander-parkplatz
Grill-platz
Viehweidenweg
Im Bauerloch
Lindenhof
Auf der Sandkaut
Hundert Morgen
Bauerlöcher Wiesen
Welschgraben
Lachgraben
Münsterer Weg
Schmalkaldener Straße
Wiesbadener Straße
Reifenberger Straße
Johannes-hof
Hofheim
am Taunus
65719
Rhein-Main-Therme
Anschlussstelle Frankfurt-Zeilsheim
Siedl. Taunusblick
Pfaffenwiese
Hofheimer Straße
Kriftel
65830
Gewerbe gebiet Nord
Cityplan S.34
Niederhofheimer Straße
9=Am alten Wasserwerk
Elisabethenstraße
3 = Theodor-Heuss-Weg
4 = Erich-Ollenhauer-Weg
5 = Herm.-Ehlers-Weg
6 = Unter den Weingärten
1 = Fontaneweg
2 = Mörikeweg
Zeilsberg
Ziegeleipark
Stadtteil
Zeilsheim
(zu Frankfurt)
65931
1=Bartholomäusgasse
2=Nördlinger Weg
3=Meininger Weg
4=Ludwigsburger Weg
5=Hildburghäuser Weg
6=Greifswalder Weg
7=Frankenthaler Weg
8=Braunschweiger Weg
Zeilsheimer Straße
Robert-Schuman-Ring
Ferdinand-Hofmann-Siedlung
Hofheim
Hattersheimer Straße
(zu Hattersheim)
Hattersheim-Ost
Kriftel
174
199
226
519
66

Sulzbach
(Taunus)
65843
Arboretum
Main-Taunus
(zu Schwalbach)
Anschlussstelle
Eschborn
Gewerbegebiet
Süd
Kläranlage
Main-Taunus-
Einkaufs-
zentrum
AS Ffm.-
Höchst
Tankstelle
Frankfurt a.M.
Henri-
Dunant-
Siedlung
Anschlussst.
Kelkheim
Stadtteil
Unterliederbach
(zu Frankfurt)
Höchster
Oberfeld
Höchster
Stadtpark
Ffm.-Sossenheim
Ffm.-Unterliederbach
Ffm.-Höchst
Ffm. Farbwerke
Jahrhunderthalle
Siedl. Friedenau
Märchen-
Siedlung
65929
Industriepark
Höchst
Stadtteil
Höchst
(zu Frankfurt)
Stadtteil
Nied
(zu Frankfurt)
Wörthspitze
NSG
Schwanheimer
Düne
60529
Stadtteil
Sindlingen
(zu Frankfurt)
Ffm.-Zeilsheim
Ffm.-Sindlingen
Rhein-Main
Container Port
Industriepark
Höchst
Main
175
202
227
40

176
Nordwestkreuz Frankfurt a. Main
Eschborn-Süd
Gewerbegebiet Süd
Anschlussstelle Eschborn
Eschborner Dreieck
Carl-Sonnenschein-Siedlung
Cäcilia-Lauth-Spielpark
Westerbach
Rosenhof
Sonnenhof
Westerbachsiedlung
Stadtteil Rödelheim
(zu Frankfurt)
60489
60488
Lorscher Straße
Eschborner Landstraße
Ffm.-Rödelheim
Anschlussstelle Ffm.-Ludwig-Landmann-Str.
Tierfriedhof
Brentanopark
Solmspark
Rödelheimer Landstraße
Fischstein
Hausener Weg
Anschlussstelle Frankfurt a. Main-Rödelheim
Westerbachstraße
Lerchenhof
Wiesbadener Straße
65936
Stadtteil Sossenheim
(zu Frankfurt)
1=Schellenbergstraße
2=Frühmesserweg
3=Sossenheimer Kirchberg
4=Sossenheimer Mühlgasse
5=Schwesternstraße
6=Am Faulbrunnen
Westkreuz Frankfurt a. Main
Anschlussstelle Ffm.-Rebstock
Tankstelle Ffm.-Biegweg
ADAC
Biegwald
Rebstockpark
Anschlussst. Rebstock
(Bedarfsabfahrt bei Messe)
Rebstock
Frankfurter Feldbahnmuseum am Rebstock
Nidda
Chlodwig-Poth-Anlage
FKK-Gelände
Niedwald
1=Hans-Kobald-W.
2=Brommbeerpfad
Am ehem. Ausbesserungswerk
Eisenbahnersiedlung
65934
201
Ffm.-Nied
60326
Eberhard-Wildermuth-Siedlung
Mainzer Landstraße
65933
Stadtteil Nied
(zu Frankfurt)
Schwanenhof
Stadtteil Griesheim
(zu Frankfurt)
Industriepark Griesheim
Ffm.-Griesheim
Dauerkleingärten
Friedrich-Ebert-Siedlung
1=Obere Rützelstraße
2=Untere Rützelstraße
3=Hafenstraße
4=Am Weidenbaum
5=An der Fähre
AS Ffm.-Westhafen
Schwanheim Ffm.-Westhafen
1=Kauber Weg
2=Neunkircher Weg
3=Pirmasenser Straße
4=Nürburgstraße
Stroofstraße
Alt-Griesheim
Main
60529
4=Hänggasse
5=Vierhäusergasse
6=Am Abtshof
7=An der Wildhube
Staustufe Griesheim
Schleuse
Stadtteil Schwanheim
(zu Frankfurt)
Schwanheimer Ufer
Siedlung
Goldstein
AS Ffm.-Niederrad
Europabrücke
228
E451
5
648
66
40
40a
44

FRANKFURT
AM MAIN
Stadtteil
Hausen
(zu Frankfurt)
Stadt-
teil
Bockenheim
(zu Frankfurt)
Gutleutviertel
Gallus
Stadtteil
Niederrad
(zu Frankfurt)
Westend-Nord
Westend-Süd
Nordend-West
Kuhwald
Siedl.
Rebstockpark
Hellerhof
Siedlung
Westhafen
Main
Anschlussstelle
Ffm.-Miquelallee
AS
Katharinenkreisel
Messe
Frankfurt
Europaviertel
Palmengarten
Botanischer Garten
Grünebúrgpark
Alte Oper
Festh. Messe
Ffm. Messe
Galluswarte
Frankf.(M) Hbf
Klinikum der J.W.-Goethe-Universität
Stresemannallee
Fritz-Kissel-Siedlung
Waldspielpark Louisa
Ffm.-Louisa
Klärwerk Griesheim
Miquelallee
Adickesallee
Bockenheimer Landstraße
Theodor-Heuss-Allee
Europa-Allee
Mainzer Landstraße
Gutleutstraße
Kennedyallee
Schwanheimer Ufer
Niederräder Ufer
Theodor-Stern-Kai
Rödelheimer Landstraße
Ludwig-Erhard-Anlage
Friedrich-Ebert-Anlage
Senckenberganlage
Zeppelinallee
Emser Brücke
Main-Neckar-Brücke
Friedensbrücke
Untermainkai
Gartenstraße
1=Westhafenbrücke
2=Zanderstraße
3=Stichlingstraße
4=Flußkrebssteg
5=Am Druckwasserwerk
1=Franz-Lenbach-Straße
2=Rethelstraße
3=Achenbachstraße
4=Textorstraße
5=Nordheimstraße
9=Max-Quarck-Straße
1=Kopenhagener Str.
2=Stockholmer Str.
3=Lissabonner Str.
4=Madrider Str.
5=Dubliner Str.
6=Londoner Str.
7=Warschauer Str.
8=Athener Str.
1=An den Bangerten
2=Hülya-Platz
1=Wilhelm-Schickard-Str.
2=Adam-Riese-Platz
3=Schwarzsteinkautweg
60487
60486
60323
60327
60329
60325
60322
60528
60598
60320
66
21
8
5
648
8/44
44
43
43/44
177
204
229
Cityplan S.33
ADAC

Stadtteil Bornheim
Spielpl. (zu Frankfurt)
Siedlung Riederwald
(zu Frankfurt)
Stadtteil Oberrad
(zu Frankfurt)
Stadtteil Sachsenhausen
(zu Frankfurt)
Ostend
Nordend
Westend
Ostpark
Zentral-schulgarten
Hafen-park
Main
Deutsche National-bibliothek
Seckbacher Landstr.
Bornheim Mitte
Höhenstr.
Merianpl.
Musterschule
Glauburgstr.
Parlamentspl.
Eissporthalle/Festplatz
Johanna-Tesch-Pl.
Schäfflestr.
Riederwaldtunnel (in Bau)
Dreieck Erlenbruch (in Bau)
Anschlussstelle Frankfurt a. M.-Ost
Cityplan S.33
Zoo Frankfurt
Habsburgerallee
Ostbahnhof
Danziger Pl.
Ostbf.
Konstablerwache
Mainkai
Sachsenhäuser Ufer
Deutschherrnufer
Deutschherrnviertel
Europäische Zentralbank
Gerbermühle
Strahlenbergerstr.
Kaiserlei-Promenade
OF-Kaiserlei
AS Offenbach-Kaiserlei
Offenbacher Landstraße
Lokalbf.
Mühlberg
Südbf.
Darmstädter Landstraße
Babenhäuser Landstr.
Südfriedhof
Waldfriedhof Oberrad
Anschlussst. Offenbach-Taunusring
Teller-Siedlung
Wolfskaut
Scheerwald
Reinheeg
Buchrain
Schmale
Lange-
Hardt
Waldspielpark Goetheturm
Waldspielpark Scheerwald
60316
60314
60385
60386
60320
60594
60596
60598
60599
60311
60318
178
203
230
661
3
8
43
14
15

Stadtteil Fechenheim
(zu Frankfurt)
Stadtteil Bürgel
(zu Offenbach)
Stadt. Kaiserlei
(zu Offenbach)
Stadtteil Lauterborn
(zu Offenbach)
Stadtteil Bieber
(zu Offenbach)
Offenbach
am Main
Main
Hafen
Schultheis-weiher
NSG
Erholungsgebiet
Das Wörth
Industriegebiet
Kleingartenanlage
Ober-hafen
Hafen-viertel
Siedlung Tempelsee
NSG Freizeitgelände Schneckenberg
Waldpark
Leonhard-Eißnert-Park
Wächtersbacher Straße
Landstraße
Carl-Benz-Straße
Adam-Opel-Straße
Ernst-Heinkel-Str.
Dieburger Straße
Starkenburgstraße
Alt-Fechenheim
Carl-Ulrich-Brücke
Hafenallee
Nordring
Goethering
Kaiserstraße
Berliner Str.
Frankfurter Str.
Mainstraße
Mühlheimer Straße
Bieberer Straße
Bismarckstraße
Waldstraße
Friedrichsring
Starkenburgring
Taunusring
Odenwaldring
Spessartring
Landgrafenring
Dreieichring
Sprendlinger Landstraße
Senefelderstraße
Offenbacher Straße
Rumpenheimer Straße
Unterer Grenzstraße
Offenbach
OF-Ost
Marktpl.
Ledermuseum
Güterbf.
Ffm.-Mainkur
Gewerbehof
Klinikum
Büsing-park
D'Orville-Park
Kuhmühlgraben
60386
63075
63067
63065
63071
63069
1=Am Alten Volkshaus
1=Arthur-v.-Weinberg-Steg
2=Im Kammerdorf
3=Am Fischweir
4=Am Leinritt
5=Burglehen
6=Martin-Böff-Gasse
7=Obertshäuser Weg
1=Jean-Weipert-Str.
2=Hafentreppe
3=Kranweg
1=Gießener Weg
2=Marburger Weg
3=Weilburger Weg
4=Limburger Weg
5=Welfenstraße
6=Friesenstraße
7=Riethgasse
8=Bürgerplatz
9=Alfred-Delp-Straße
10=D.-Bonhoeffer-Straße
11=Lena-Heim-Straße
1=Memeler Straße
2=Danziger Straße
6=Spatzennest
7=Fuchsbau
8=Im Hain
9=Kornkammer
1=Lehenstraße
2=Dr.-Rebentisch-Straße
3=Dr.-Köhler-Straße
3=Gustav-Stresemann-Str.
4=Paul-Löbe-Straße
6=Herzogstraße
7=Leopold-Bode-Straße
179
206
231
43
448
8

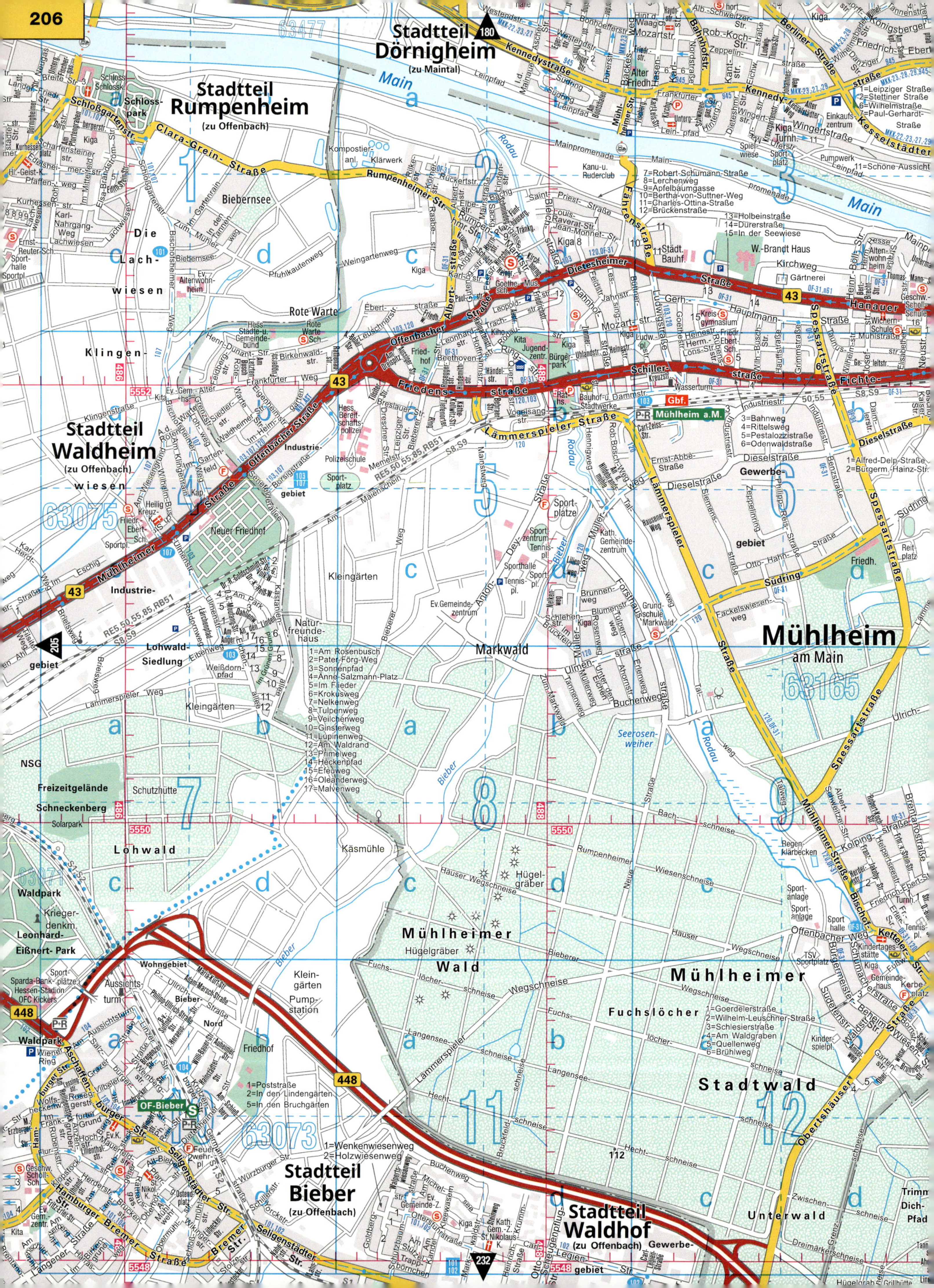
Stadtteil Dörnigheim
(zu Maintal)
Stadtteil Rumpenheim
(zu Offenbach)
Main
Stadtteil Waldheim
(zu Offenbach)
Mühlheim
am Main
Mühlheimer Wald
Mühlheimer Stadtwald
Stadtteil Bieber
(zu Offenbach)
Stadtteil Waldhof
(zu Offenbach)
Lohwald
Markwald
Unterwald
Freizeitgelände Schneckenberg
Neuer Friedhof
Mühlheim a.M.
OF-Bieber
63075
63165
63073
63477
Kennedystraße
Offenbacher Straße
Dieselstraße
Spessartstraße
Lämmerspieler Straße
Friedensstraße
Schillerstraße
Dietesheimer Straße
Hanauer Straße
Clara-Grein-Straße
Rumpenheimer Str.
Mühlheimer Straße
Seligenstädter Str.
Aschaffenburger Str.
Hamburger Straße
Bremer Straße
Obertshäuser Str.
7=Robert-Schumann-Straße
8=Lerchenweg
9=Apfelbaumgasse
10=Bertha-von-Suttner-Weg
11=Charles-Ottina-Straße
12=Brückenstraße
13=Holbeinstraße
14=Dürerstraße
15=In der Seewiese
1=Leipziger Straße
2=Stettiner Straße
6=Wilhelmstraße
7=Paul-Gerhardt-Straße
11=Schöne Aussicht
3=Bahnweg
4=Rittelsweg
5=Pestalozzistraße
6=Odenwaldstraße
1=Alfred-Delp-Straße
2=Bürgerm.-Hainz-Str.
1=Am Rosenbusch
2=Pater-Förg-Weg
3=Sonnenpfad
4=Anne-Salzmann-Platz
5=Im Flieder
6=Krokusweg
7=Nelkenweg
8=Tulpenweg
9=Veilchenweg
10=Ginsterweg
11=Lupinenweg
12=Am Waldrand
13=Primelweg
14=Heckenpfad
15=Efeuweg
16=Oleanderweg
17=Malvenweg
1=Goerdelerstraße
2=Wilhelm-Leuschner-Straße
3=Schlesierstraße
4=Am Waldgraben
5=Quellenweg
6=Brühlweg
1=Poststraße
2=In den Lindengärten
5=In den Bruchgärten
1=Wenkenwiesenweg
2=Holzwiesenweg
180
205
232

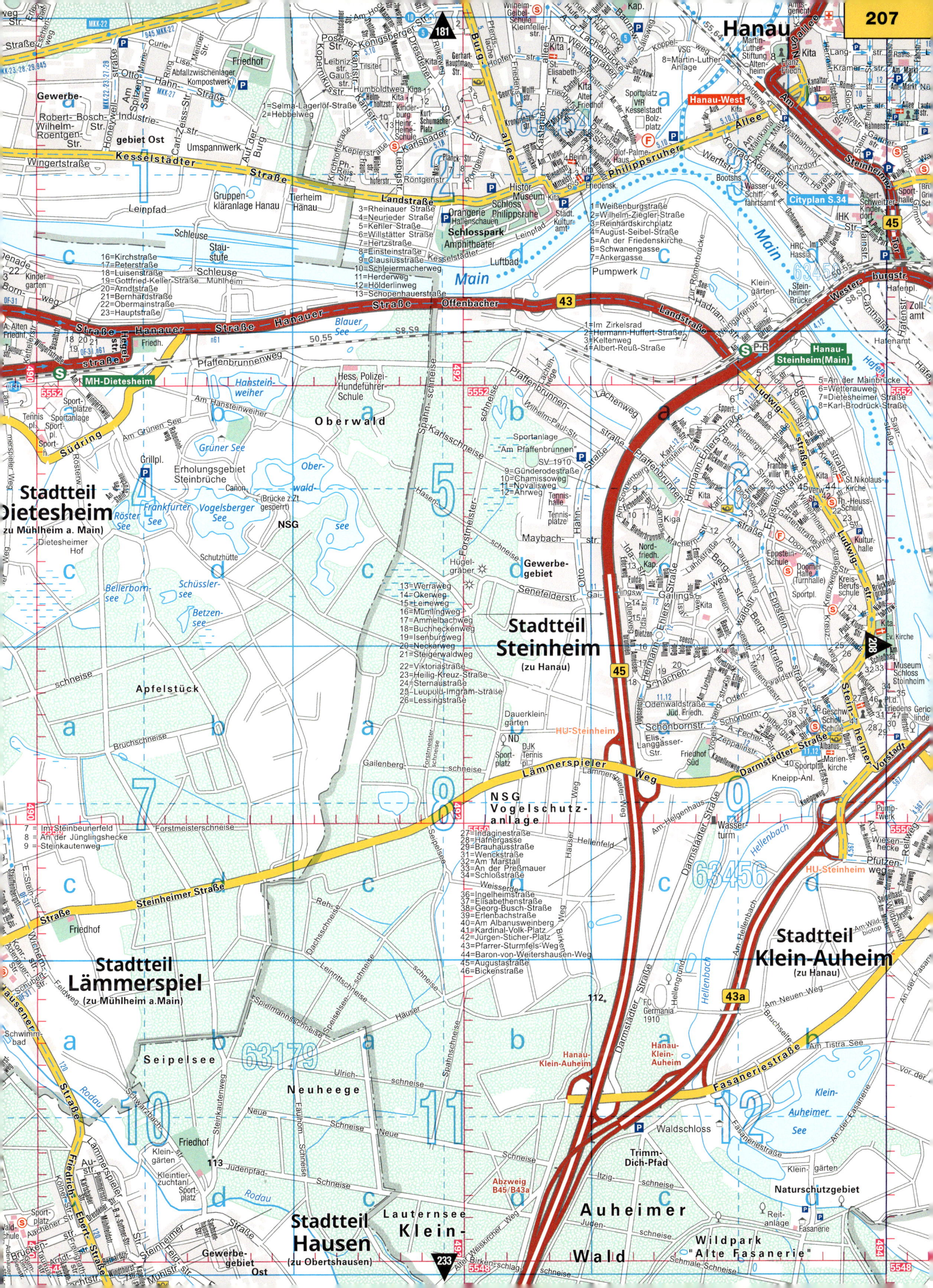
Hanau
Hanau-West
Cityplan S.34
Main
Stadtteil
Dietesheim
(zu Mühlheim a. Main)
Stadtteil
Steinheim
(zu Hanau)
Stadtteil
Lämmerspiel
(zu Mühlheim a.Main)
Stadtteil
Klein-Auheim
(zu Hanau)
Stadtteil
Hausen
(zu Obertshausen)
Oberwald
Apfelstück
Seipelsee
Neuheege
Lauternsee
Klein-
Auheimer
Wald
Wildpark
"Alte Fasanerie"
Naturschutzgebiet
Klein-
Auheimer
See
NSG
Vogelschutz-
anlage
Erholungsgebiet
Steinbrüche
Gewerbe-
gebiet Ost
Gewerbe-
gebiet
Kesselstädter
Straße
Landstraße
Philippsruher
Allee
Offenbacher
Landstraße
Hanauer
Straße
Lämmerspieler
Weg
Steinheimer Straße
Fasaneriestraße
Darmstädter Straße
Südring
Pfaffenbrunnenweg
Schlosspark
Amphitheater
Historisches Museum
Schloss Philippsruhe
Hanau-Steinheim(Main)
MH-Dietesheim
HU-Steinheim
Hanau-Klein-Auheim
Abzweig B45/B43a
1=Selma-Lagerlöf-Straße
2=Hebbelweg
3=Rheinauer Straße
4=Neurieder Straße
5=Kehler Straße
6=Willstätter Straße
7=Hertzstraße
8=Einsteinstraße
9=Clausiusstraße
10=Schleiermacherweg
11=Herderweg
12=Hölderlinweg
13=Schopenhauerstraße
16=Kirchstraße
17=Peterstraße
18=Luisenstraße
19=Gottfried-Keller-Straße
20=Arndtstraße
21=Bernhardstraße
22=Obermainstraße
23=Hauptstraße
1=Weißenburgstraße
2=Wilhelm-Ziegler-Straße
3=Reinhardskirchplatz
4=August-Seibel-Straße
5=An der Friedenskirche
6=Schwanengasse
7=Ankergasse
1=Im Zirkelsrad
2=Hermann-Huffert-Straße
3=Keltenweg
4=Albert-Reuß-Straße
5=An der Mainbrücke
6=Wetterauweg
7=Dietesheimer Straße
8=Karl-Brodrück-Straße
9=Günderodestraße
10=Chamissoweg
11=Novalisweg
12=Ahrweg
13=Werraweg
14=Okerweg
15=Leineweg
16=Mümlingweg
17=Ammelbachweg
18=Buchheckenweg
19=Isenburgweg
20=Neckarweg
21=Steigerwaldweg
22=Viktoriastraße
23=Heilig-Kreuz-Straße
24=Sternaustraße
25=Leopold-Imgram-Straße
26=Lessingstraße
7 = Im Steinbeunerfeld
8 = An der Jünglingshecke
9 = Steinkautenweg
27=Indaginestraße
28=Hafnergasse
29=Brauhausstraße
31=Wenckstraße
32=Am Marstall
33=An der Preßmauer
34=Schloßstraße
36=Ingelheimstraße
37=Elisabethenstraße
38=Georg-Busch-Straße
39=Erlenbachstraße
40=Am Albansweinberg
41=Kardinal-Volk-Platz
42=Jürgen-Sticher-Platz
43=Pfarrer-Sturmfels-Weg
44=Baron-von-Weitershausen-Weg
45=Augustastraße
46=Bickenstraße
63454
63456
63179
181
208
233

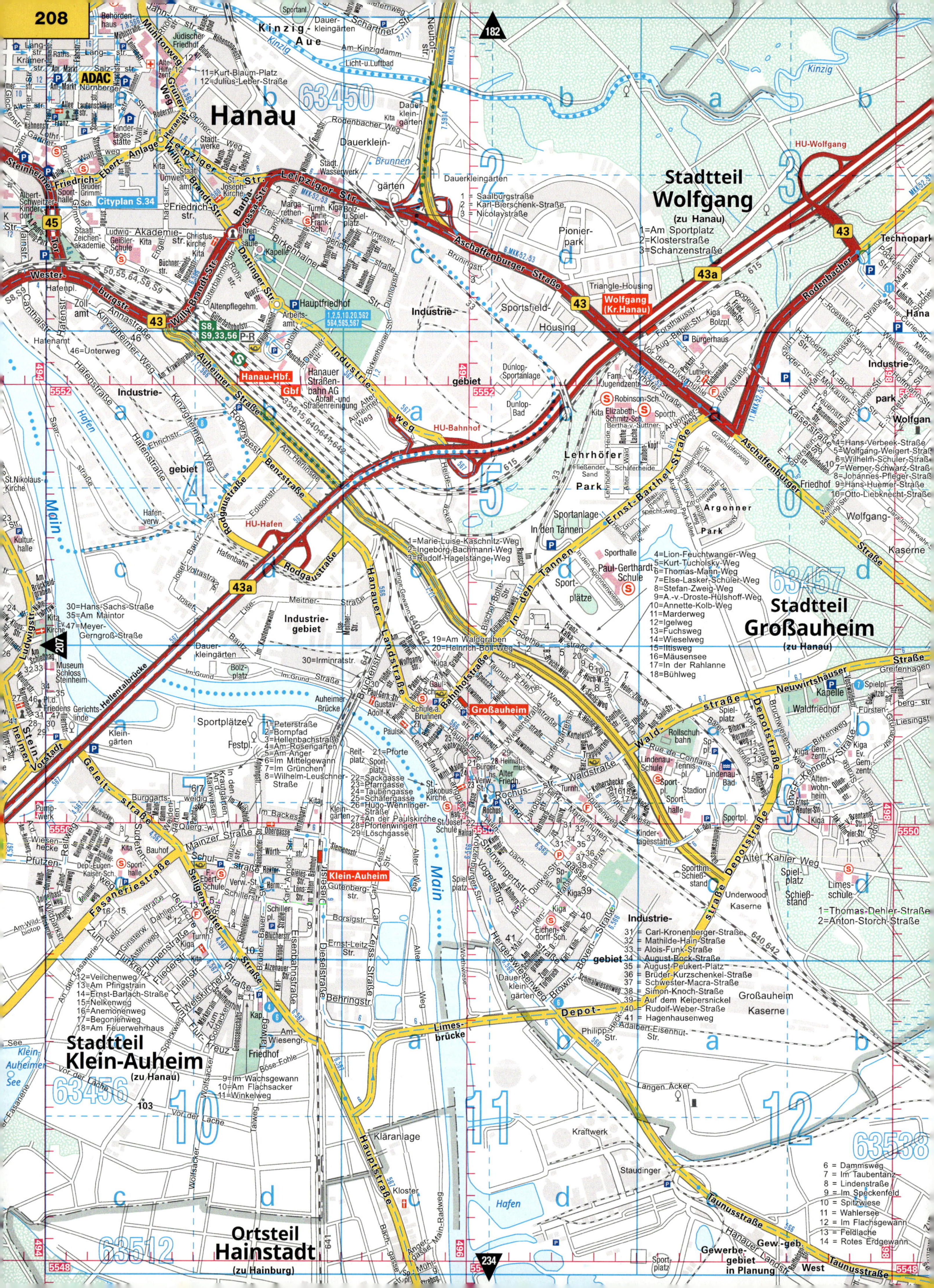

Hanau
Kinzig-Aue
63450
Stadtteil Wolfgang (zu Hanau)
1=Am Sportplatz
2=Klosterstraße
3=Schanzenstraße
1 = Saalburgstraße
2 = Karl-Bierschenk-Straße
3 = Nicolaystraße
11=Kurt-Blaum-Platz
12=Julius-Leber-Straße
Cityplan S.34
Hauptfriedhof
Hanau-Hbf.
Gbf
Hanauer Straßenbahn AG
HU-Bahnhof
HU-Hafen
HU-Wolfgang
Wolfgang (Kr.Hanau)
Aschaffenburger Straße
Leipziger Str.
Industriegebiet
Sportsfield-Housing
Triangle-Housing
Dunlop-Sportanlage
Dunlop-Bad
Lehrhöfer Park
Argonner Park
Technopark
Hanau
Industriepark Wolfgang
Wolfgang-Kaserne
4=Hans-Verbeek-Straße
5=Wolfgang-Weigert-Straße
6=Wilhelm-Schuler-Straße
7=Werner-Schwarz-Straße
8=Johannes-Pfleger-Straße
9=Hans-Huemer-Straße
10=Otto-Liebknecht-Straße
Main
Hafen
Rodgaustraße
Benzstraße
Ernst-Barthel-Straße
In den Tannen
Paul-Gerhardt-Schule
Sportplätze
1=Marie-Luise-Kaschnitz-Weg
2=Ingeborg-Bachmann-Weg
3=Rudolf-Hagelstange-Weg
4=Lion-Feuchtwanger-Weg
5=Kurt-Tucholsky-Weg
6=Thomas-Mann-Weg
7=Else-Lasker-Schüler-Weg
8=Stefan-Zweig-Weg
9=A.-v.-Droste-Hülshoff-Weg
10=Annette-Kolb-Weg
11=Marderweg
12=Igelweg
13=Fuchsweg
14=Wieselweg
15=Iltisweg
16=Mäusesee
17=In der Rahlanne
18=Bühlweg
63457
Stadtteil Großauheim (zu Hanau)
30=Hans-Sachs-Straße
35=Am Maintor
47=Meyer-Gerngroß-Straße
Museum Schloss Steinheim
19=Am Waldgraben
20=Heinrich-Böll-Weg
30=Irminrastr.
Hellenthalbrücke
Auheimer Brücke
Großauheim
1=Peterstraße
2=Bornpfad
3=Hellenbachstraße
4=Am Rosengarten
5=Am Anger
6=Im Mittelgewann
7=Im Grünchen
8=Wilhelm-Leuschner-Straße
21=Pforte
22=Sackgasse
23=Pfarrgasse
24=Taubengasse
25=Schäfergasse
26=Hugo-Wenninger-Straße
27=Der Paulskirche
28=Pfortenwinger
29=Löschgasse
Klein-Auheim
Waldfriedhof
Neuwirtshäuser Straße
Depotstraße
Stadion
Kinder-tagesstätte
Underwood Kaserne
1=Thomas-Dehler-Straße
2=Anton-Storch-Straße
Industriegebiet
31 = Carl-Kronenberger-Straße
32 = Mathilde-Hain-Straße
33 = Alois-Funk-Straße
34 = August-Bock-Straße
35 = August-Peukert-Platz
36 = Brüder-Kurzschenkel-Straße
37 = Schwester-Macra-Straße
38 = Simon-Knoch-Straße
39 = Auf dem Keipersnickel
40 = Rudolf-Weber-Straße
41 = Hagenhausenweg
Großauheim Kaserne
Limesbrücke
Depotstraße
12=Veilchenweg
13=Am Pfingstrain
14=Ernst-Barlach-Straße
15=Nelkenweg
16=Anemonenweg
17=Begonienweg
18=Am Feuerwehrhaus
Stadtteil Klein-Auheim (zu Hanau)
63456
9=Im Wachsgewann
10=Am Flachsacker
11=Winkelweg
Klein-Auheimer See
Kläranlage
Kraftwerk
Staudinger
Hafen
Hauptstraße
Taunusstraße
Ortsteil Hainstadt (zu Hainburg)
63512
63538
6 = Dammsweg
7 = Im Taubentanz
8 = Lindenstraße
9 = Im Speckenfeld
10 = Spitzwiese
11 = Wahlersee
12 = Im Flachsgewann
13 = Feldlache
14 = Rotes Erdgewann
Gewerbegebiet in Planung
West
182
207
234
43
43a
45
5552
5550
5548
494
496
498

Große
Technopark
Hanauer Kreuz
Naturschutzgebiet
Rote Lache
Doppelbier-Graben
Hess. Forstamt Wolfgang
Kaisereiche
Franzosenbach
Staatsforst
Wolfgang
Aussiedlerhof
Wald-stadion
Bulauhalle (Sporthalle)
Beinholzsee
Beinholz
(zu Rodenbach)
63517
NSG
Niederrodenbacher Steinbruch
Bulau
4=Hans-Verbeek-Straße
5=Wolfgang-Weigert-Straße
6=Wilhelm-Schuler-Straße
7=Werner-Schwarz-Straße
8=Johannes-Pfleger-Straße
9=Hans-Huemer-Straße
0=Otto-Liebknecht-Straße
Bismarckeiche
Römerturm
Röm. Kastell
Neuwirtshaus
Am Neuwirtshaus
Grenzwall-eiche
Birkenhainer Straße
Groß-
auheimer
Stadtwald
Bockheide
Birkenkopf
Anschlussstelle Alzenau-Nord
CUP EBK-Deponie (Recycling)
Natur-schutz-gebiet
Schifflache
Quellwasser-werk
Wasserwerk
Torfbruch
Jüd. Friedhf.
Schloss Emmerichshofen
Schloßsee
Lindenhof
Lindensee
Großkrotzenburg
Kreuzburg-Gymnasium
Sporthalle
Waitzweg
See Freigericht West
Strandbad "Spessartblick"
Wassersport-verein
See Freigericht West
Freigericht
Ferienpark
Nautica
Paradies
Weihertannensee
"Schloß Emmerichshofen"
See Freigericht Ost / Kahler Campingsee
Camping-plätze
Anglerheim
Vierzig Morgen
63796 (zu Kahl am Main)
63755 (zu Alzenau)
Anschlussstelle Alzenau-Mitte
Steinbruch
Forelle
Gew.-geb. "Steinbruch"
Weiher
Stern
Seespitz
Birkenanger
Seglerheim
Birkenhag
Lindenhain
Tanneck
Kiefernhügel

Oberrodenbach
(zu Rodenbach)
Kunznickel
227
Am Kunznickelpfad
Wochenendhausgebiet Kunznickel
Auf der Hainbuche
Somborner Str.
Barbarossastr.
Spielplatz
Kiga
Brunnen
184
Spielpl.
Hügelgrab
Trift
Franzosenquelle
Am Erlenstrauch
Am roten Sohl
Niederrodenbacher Wingert
63517
NSG
Wochenendhäuser Auf dem Hundsrück
Unter der Hütte
Buchenkopf
221
Heiserheid
227
Hügelgrab
Jagdhaus
Naturdenkmal
Golfplatz
Hof Trages
Kapelle
Barbarossaquelle
5552
504
506
Golfplatz
Amtwiese
Altenmarkskopf
269
Schäferberg
239
Einfallsgraben
(zu Kahl a. Main)
63796
Niederwald
Erlenbruch
Wanderheim
209
Fuchslöcher
Platte
Mühlmark
Rothenberg
Bockheide
5550
Streumühle
Hautklinik
Antoniusgrotte
Ruhberg
Hundesportanlage
Kahltalhalle
Sandgrube
Gewerbepark Schäferheide
Reitanlage u. Turnierplatz
Planck-Str.
Marie-Curie-Str.
Wald-park
Städt. Waage
CUP EBK-Deponie (Recycling)
Siemensstraße
Industriegebiet
Gewerbegebiet
Alzenau-Nord
Nordpark Alzenau
Schäferheide
Stadtwerke
Bauhof
THW
TÜV
Kurmainzer Str.
Taunusring
Gutenbergstr.
Rodenbacher Straße
Dieselstraße
Phil.-Reis-Str.
Junkersstr.
Industriestraße
Forst u. Recyclinghof
Carl-Zeiss-Straße
Röntgenstr.
Daimlerstr.
Brentanostraße
Alzenau Nord
Alzenau Unterfr.
Hanauer Straße
Anschlussstelle Alzenau-Mitte
Vekehrsübungsplatz
Meerhof
Freizeit- u. Erholungsanl. Meerhofsee
Meerhofsee
Seestr.
Kläranlage
Alzenau
Kahl
Gew. geb. "Steinbruch"
Schafsbrücke
45
E41
642
5548
236
Dolmenweg
Hahnenkammhof
9 = Buchenweg
10 = Fichtenweg
11 = Anton-Schnack-Straße
12 = Ulmenweg
13 = Schlehenweg
14 = Erlenweg
Vereinsanlagen Schloßbruck
Geflügelzuchtanl.
Bienenzuchtanl.
Rothenberg
183
Tennis-pl.
Waldschwimmbad
Burgstraße
Sportplätze
Gymn.
Rannenbergring
Spielpl.
Bahnhofstraße
Bolzplatz
15 = Friedberger Gäßchen
16 = Am Burgsteg
17 = Burgstraße
18 = Am Spital
19 = Am Hohen Kreuz
Kälberau
Alzenau Burg
Amtsger.
Marktpl.
Märkerstraße
Ziegelei
63755
Maximilian-Kolbe-Hs.
Rath.
Wasserloser Str.
Neuer Friedhof
Krebsbach
4 = An der Hühnerhecke
5 = Wilmundsheimer Straße
6 = Alfred-Delp-Straße
7 = Wingertstraße
8 = Kumpfgartenstraße
5541

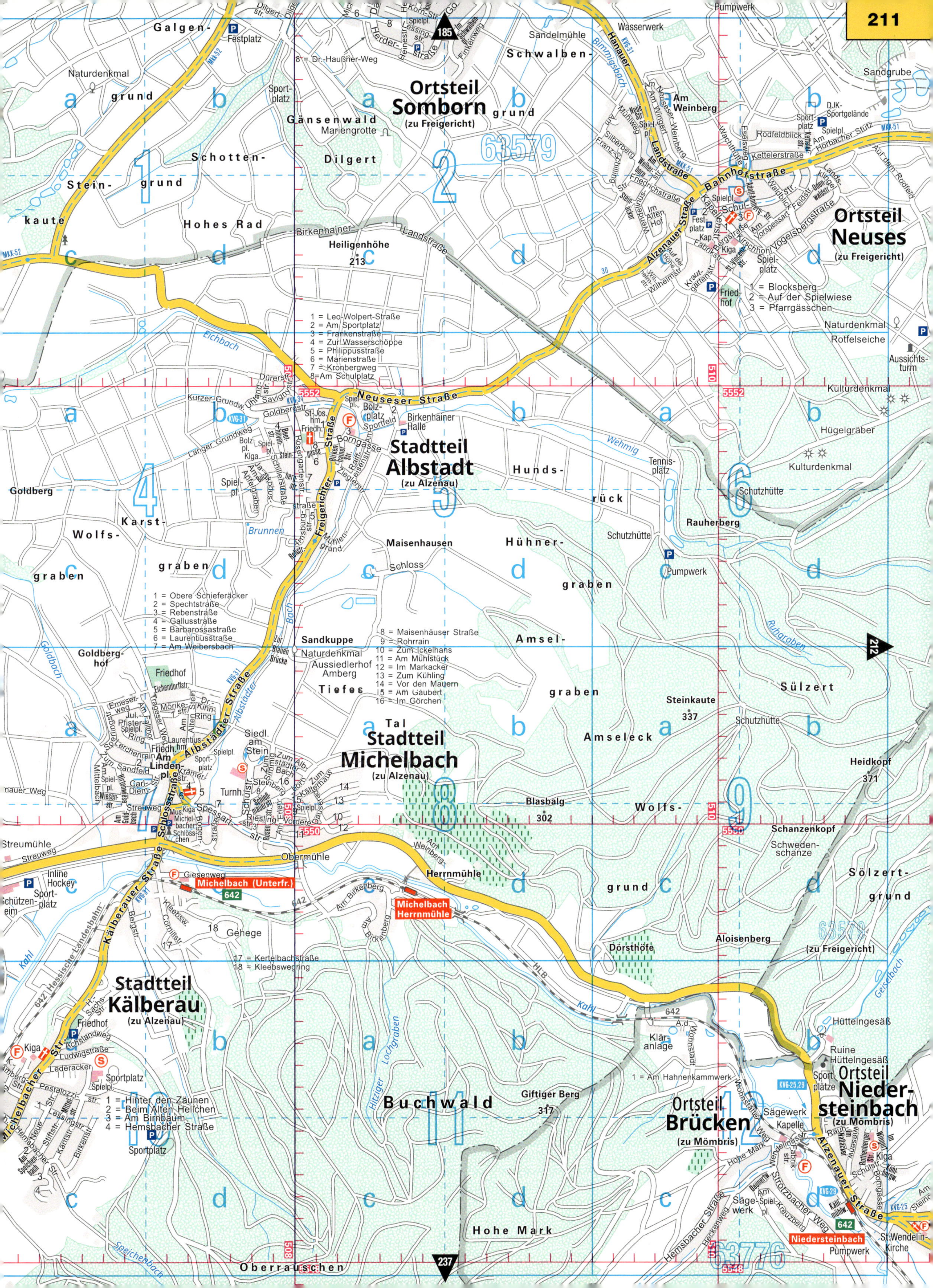
Ortsteil Somborn (zu Freigericht)
Ortsteil Neuses (zu Freigericht)
Stadtteil Albstadt (zu Alzenau)
Stadtteil Michelbach (zu Alzenau)
Stadtteil Kälberau (zu Alzenau)
Ortsteil Brücken (zu Mömbris)
Ortsteil Niedersteinbach (zu Mömbris)
1 = Blocksberg
2 = Auf der Spielwiese
3 = Pfarrgässchen
1 = Leo-Wolpert-Straße
2 = Am Sportplatz
3 = Frankenstraße
4 = Zur Wasserschöppe
5 = Philippusstraße
6 = Marienstraße
7 = Kronbergweg
8 = Am Schulplatz
1 = Obere Schieferäcker
2 = Spechtstraße
3 = Rebenstraße
4 = Gallusstraße
5 = Barbarossastraße
6 = Laurentiusstraße
7 = Am Weibersbach
8 = Maisenhäuser Straße
9 = Rohrrain
10 = Zum Ickelhans
11 = Am Mühlstück
12 = Im Markacker
13 = Zum Kühling
14 = Vor den Mauern
15 = Am Gaubert
16 = Im Görchen
17 = Kertelbachstraße
18 = Kleebswegring
1 = Hinter den Zäunen
2 = Beim Alten Hellchen
3 = Am Birnbaum
4 = Hemsbacher Straße
1 = Am Hahnenkammwerk
8 = Dr.-Haußner-Weg
Michelbach (Unterfr.)
Michelbach Herrnmühle
Niedersteinbach
Galgengrund
Schottengrund
Steinkaute
Hohes Rad
Heiligenhöhe 213
Birkenhainer Landstraße
Schwalbengrund
Gänsenwald
Mariengrotte
Dilgert
Hundsrück
Hühnergraben
Amselgraben
Maisenhausen
Schloss
Sandkuppe
Tiefes Tal
Karstgraben
Wolfsgraben
Goldberg
Goldberghof
Friedhof
Amseleck
Steinkaute 337
Sülzert
Heidkopf 371
Blasbalg 302
Wolfsgrund
Schanzenkopf
Schwedenschanze
Sölzertgrund
Aloisenberg
Dörsthöfe
Obermühle
Herrnmühle
Gehege
Buchwald
Giftiger Berg 317
Hohe Mark
Oberrauschen
Rauherberg
Rotfelseiche
Aussichtsturm
Hügelgräber
Kulturdenkmal
Naturdenkmal
Schutzhütte
Pumpwerk
Wasserwerk
Sandelmühle
Sandgrube
Am Weinberg
Hüttelngesäß
Ruine Hüttelngesäß
Kläranlage
Sägewerk
Kapelle
St. Wendelin-Kirche
Streumühle
Inline Hockey
Neuseser Straße
Alzenauer Straße
Hanauer Landstraße
Bahnhofstraße
Albstädter Straße
Freigerichter Straße
Kälberauer Straße
Michelbacher Straße
Schloßstraße
Hemsbacher Straße
63579
63755
63776
185
212
237

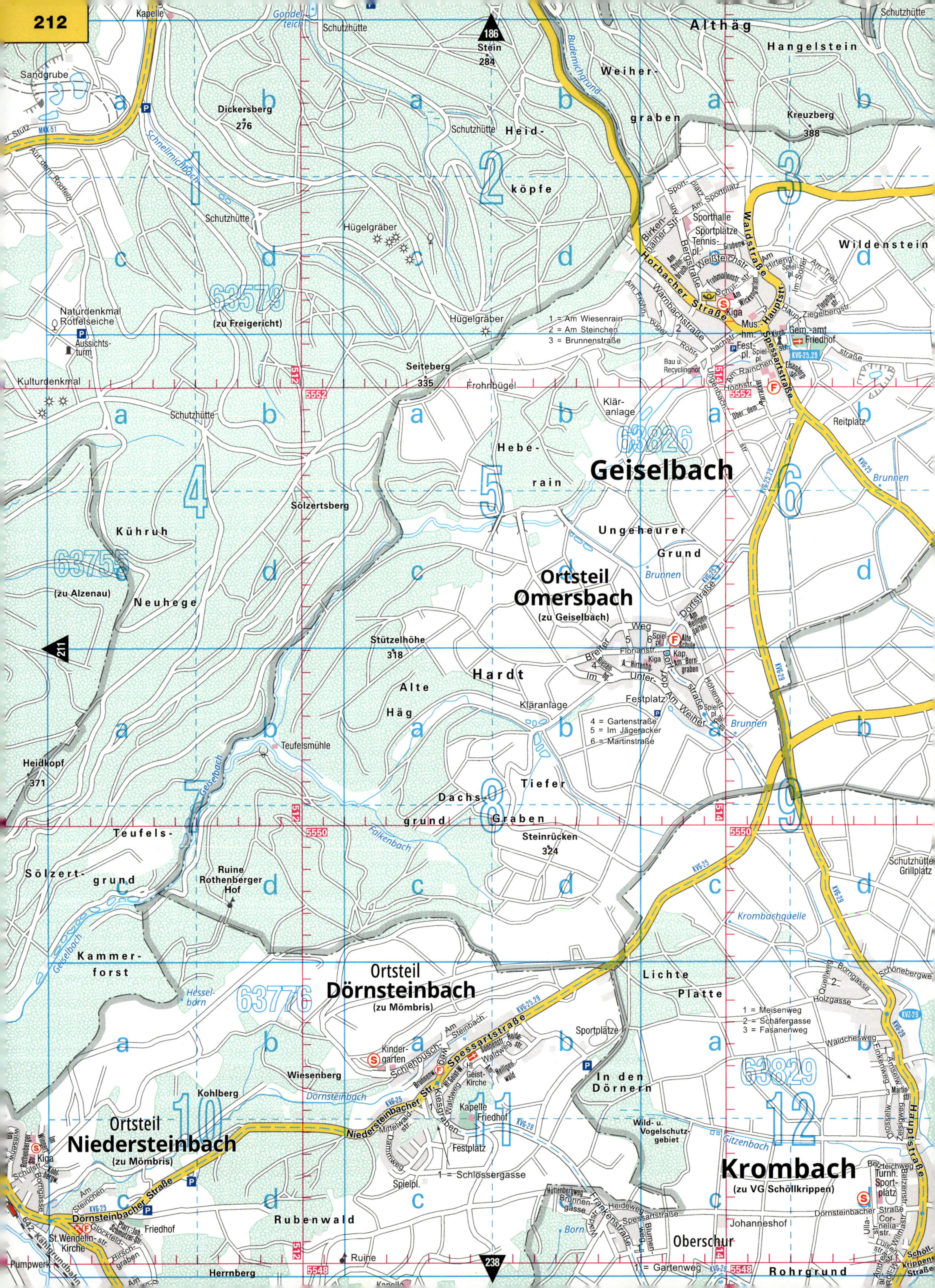
Kapelle
Gondelteich
Schutzhütte
186
Stein
284
Althäg
Hangelstein
Schutzhütte
Sandgrube
Dickersberg
276
Weihergraben
Kreuzberg
388
Heidköpfe
Schutzhütte
Hügelgräber
Wildenstein
63579
(zu Freigericht)
Naturdenkmal Rotfelseiche
Aussichtsturm
Hügelgräber
1 = Am Wiesenrain
2 = Am Steinchen
3 = Brunnenstraße
Horbacher Straße
Waldstraße
Hauptstr.
Spessartstraße
Sportplätze
Friedhof
Kulturdenkmal
Seiteberg
335
Frohnbügel
Kläranlage
Reitplatz
Schutzhütte
Hebe-rain
63826
Geiselbach
Brunnen
Sölzertsberg
Kühruh
Ungeheurer Grund
63755
(zu Alzenau)
Neuhege
Ortsteil Omersbach
(zu Geiselbach)
Brunnen
Stützelhöhe
318
211
Hardt
Alte Häg
Festplatz
Kläranlage
4 = Gartenstraße
5 = Im Jägeracker
6 = Martinstraße
Brunnen
Teufelsmühle
Heidkopf
371
Geiselbach
Tiefer Graben
Dachsgrund
Steinrücken
324
Teufelsgrund
Falkenbach
Sölzertgrund
Ruine Rothenberger Hof
Schutzhütte Grillplatz
Krombachquelle
Kammerforst
Ortsteil Dörnsteinbach
(zu Mömbris)
Lichte Platte
Hesselborn
63776
1 = Meisenweg
2 = Schäfergasse
3 = Fasanenweg
Sportplätze
Kindergarten
Spessartstraße
Wiesenberg
In den Dörnern
63829
Kohlberg
Dörnsteinbach
Kapelle
Friedhof
Ortsteil Niedersteinbach
(zu Mömbris)
Niedersteinbacher Str.
Festplatz
Wild- u. Vogelschutzgebiet
Gitzenbach
Krombach
(zu VG Schöllkrippen)
1 = Schlossergasse
Spielpl.
Dörnsteinbacher Straße
Rubenwald
Friedhof
Johanneshof
Oberschur
St. Wendelin-Kirche
Ruine
238
Pumpwerk
Herrnberg
1 = Gartenweg
Rohrgrund
Hauptstraße

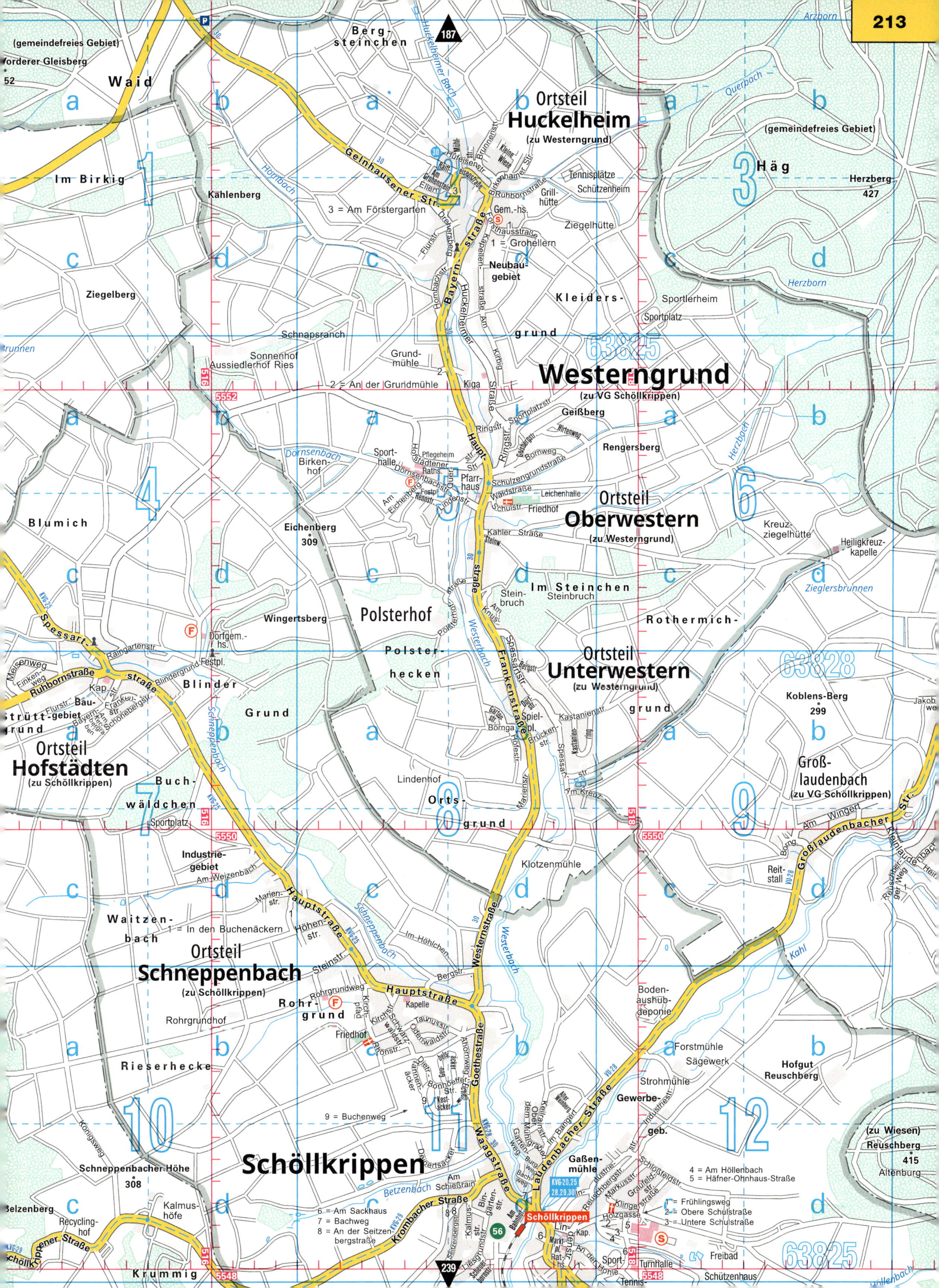

Berg-steinchen
Ortsteil Huckelheim
(zu Westerngrund)
(gemeindefreies Gebiet)
Vorderer Gleisberg
Waid
Im Birkig
Kahlenberg
Gelnhausener Str.
3 = Am Förstergarten
Tennisplätze
Schützenheim
Grillhütte
Ziegelhütte
1 = Grohellern
Neubaugebiet
Häg
Herzberg
427
Ziegelberg
Kleiders-grund
Sportlerheim
Sportplatz
Schnapsranch
Sonnenhof
Aussiedlerhof Ries
Grundmühle
2 = An der Grundmühle
Kiga
63825
Westerngrund
(zu VG Schöllkrippen)
Geißberg
Rengersberg
Ortsteil Oberwestern
(zu Westerngrund)
Friedhof
Kreuzziegelhütte
Heiligkreuzkapelle
Blumich
Eichenberg
309
Birkenhof
Im Steinchen
Steinbruch
Zieglersbrunnen
Wingertsberg
Polsterhof
Polster-hecken
Rothermich-grund
Ortsteil Unterwestern
(zu Westerngrund)
63828
Koblens-Berg
299
Blinder Grund
Ortsteil Hofstädten
(zu Schöllkrippen)
Buch-wäldchen
Sportplatz
Lindenhof
Orts-grund
Groß-laudenbach
(zu VG Schöllkrippen)
Großlaudenbacher Str.
Klotzenmühle
Industriegebiet
Waitzen-bach
1 = In den Buchenäckern
Ortsteil Schneppenbach
(zu Schöllkrippen)
Rohrgrund
Rohrgrundhof
Kapelle
Friedhof
Bodenaushubdeponie
Forstmühle
Sägewerk
Strohmühle
Gewerbe-geb.
Hofgut Reuschberg
Rieserhecke
9 = Buchenweg
(zu Wiesen)
Reuschberg
415
Altenburg
Schneppenbacher Höhe
308
Schöllkrippen
Gaßenmühle
4 = Am Höllenbach
5 = Häfner-Ohnhaus-Straße
Belzenberg
Kalmushöfe
Recycling-hof
6 = Am Sackhaus
7 = Bachweg
8 = An der Seitzenbergstraße
1 = Frühlingsweg
2 = Obere Schulstraße
3 = Untere Schulstraße
Krummig
Freibad
Schützenhaus
Turnhalle
Tennis
63825
187
239

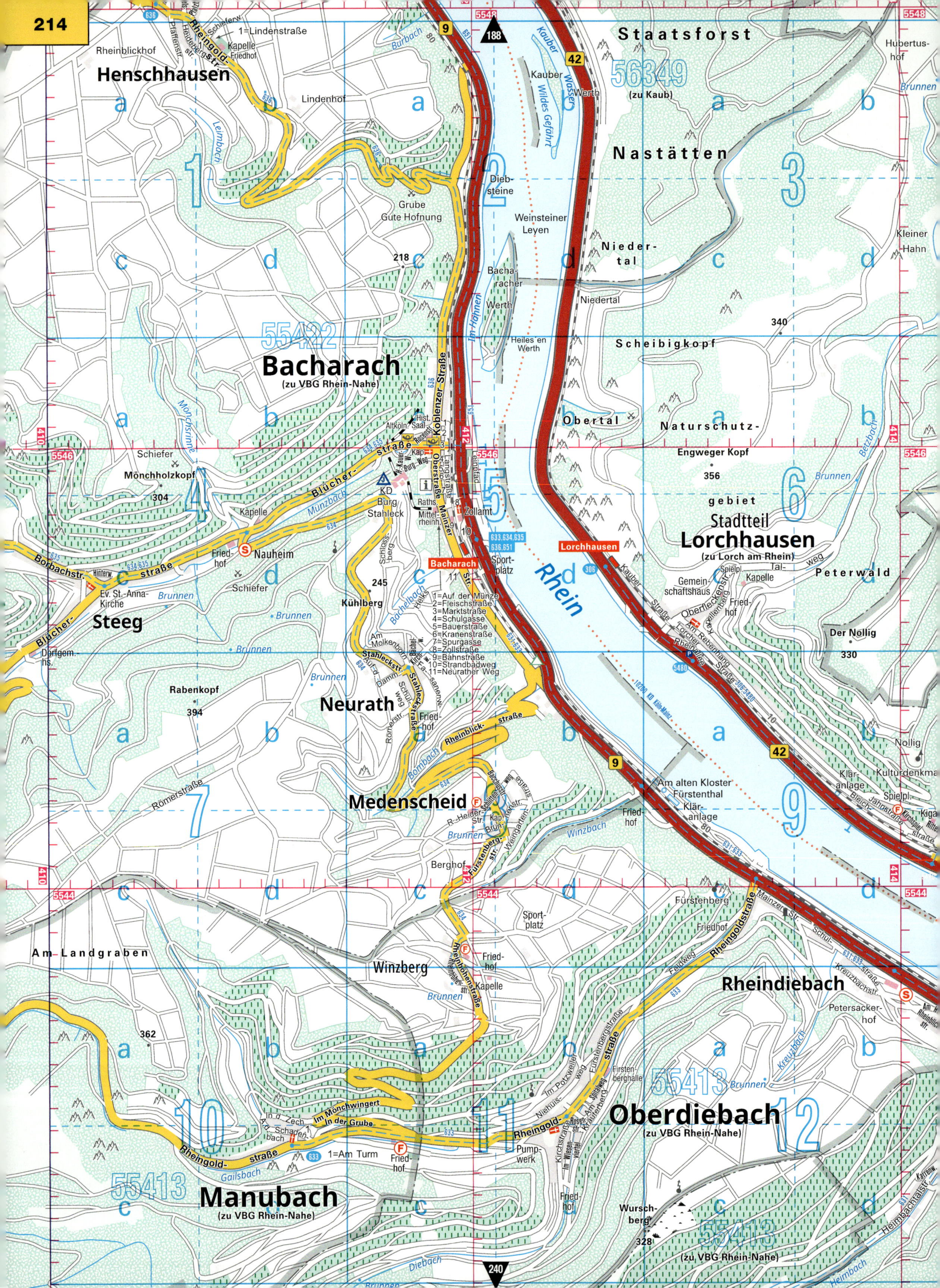
Henschhausen
Staatsforst
56349 (zu Kaub)
Nastätten
Bacharach
55422
(zu VBG Rhein-Nahe)
Lorchhausen
Stadtteil Lorchhausen
(zu Lorch am Rhein)
Naturschutz-gebiet
Scheibigkopf
Obertal
Niedertal
Steeg
Neurath
Medenscheid
Rhein
Am Landgraben
Winzberg
Rheindiebach
Oberdiebach
(zu VBG Rhein-Nahe)
Manubach
(zu VBG Rhein-Nahe)
55413
Peterwald
Kühlberg
Rabenkopf
Mönchholzkopf
Nauheim
Burg Stahleck
1=Auf der Münze
2=Fleischstraße
3=Marktstraße
4=Schulgasse
5=Bauerstraße
6=Kranenstraße
7=Spurgasse
8=Zollstraße
9=Bahnstraße
10=Strandbadweg
11=Neurather Weg
1=Lindenstraße
1=Am Turm
Wurschberg
Fürstenberg
Engweger Kopf
Der Nollig

Staatsforst
Scheuer
Tiefenbacher
Hang
Altholz
Bütterloch
Grünewald
Wolfslocher
Hang
Hexit
NSG
Hexwiese
Alte Schanze
Röderdell
Schittkamm
207
Ranselberg
398
Standortübungsplatz
Hettersstal
Schwanel
Weiselberg
337
Harstal
Mückenkop
274
Stollborn
Fischzucht
Daubenauer Sauerbrunnen
Daumenwald
349
334
Stadtteil
Ranselberg
(zu Lorch am Rhein)
Kindergarten
Spielplatz
Bockerech
Presberger Tal
Wispertalstraße
Wisper
Tiefenbach
Kreuzkapelle
Schwalbacher Straße
Sportplatz
Tennispl.
Am Bobensitt
Pfaffental
281
Bundeswehr
Gewerbegebiet
Wispertal
Hüttenmühle
Eidertal
Lorch
am Rhein
65391
Lehrener Kopf
311
Greterstal
266
Gebrannter Wald
Gladbach
Grolochbach
1=Sandgasse
2=Drosselgasse
3=Mühlengasse
4=Kirchgasse
5=Kamillengasse
6=Apothekengasse
7=Brunnengasse
8=Klostergasse
9=Kronengasse
10=Kapellengasse
11=Rheingasse
12=Moßergäßchen
13=Kleine Sandgasse
Friedhof
Weinberg
Rheinuferstraße
Lorch(Rhein)
328
Mandelberg
354
Rheinhöhen
Zwölf Apostel
Schwindeltreppe
Lorcher Schlag
Nothgottesweg
Hügelgräber
Lämmerdell
Naturdenkmal
Niederheimbach
Großes Lorcher Werth
NSG
Burg Hohneck
Kulturdenkmal
Bächergrund
185
Brunnen
Kestelhecken
Geißberg
Pumpwerk
Rhein
Kleines Lorcher Werth
55413
Niederheimbach
(zu VBG Rhein-Nahe)
1=Im Füllkeller
133
65385
(zu Rüdesheim am Rhein)
Schock
Kammerforst
189
216
241
Habichtsdell
Ruine Waldeck
Brunnen

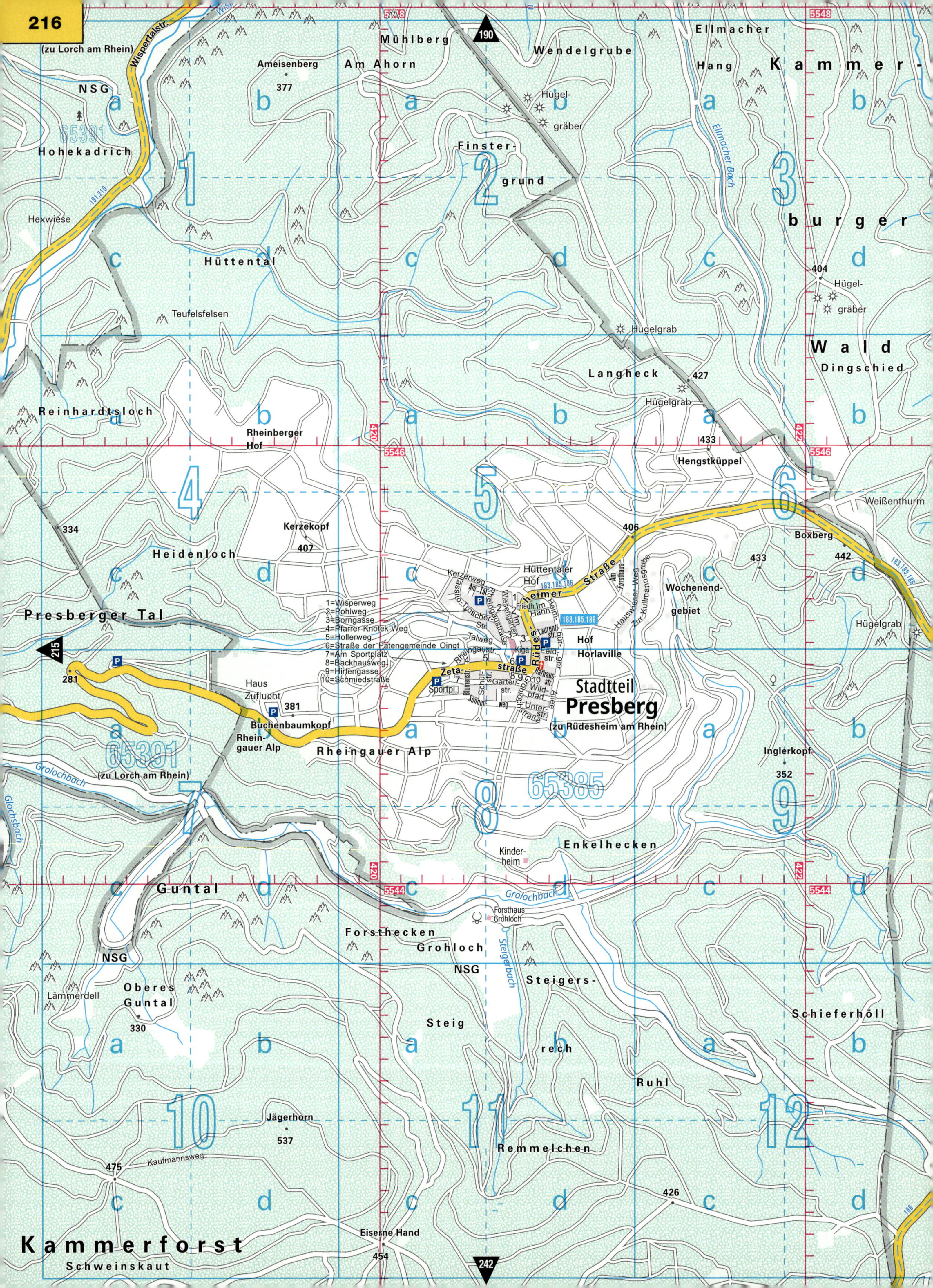

(zu Lorch am Rhein)
Wispertalstr.
Ameisenberg
377
Mühlberg
Am Ahorn
190
Wendelgrube
Ellmacher
Hang
Kammer-
burger
Wald
NSG
Hohekadrich
Hügelgräber
Finstergrund
Ellmacher Bach
Hexwiese
Hüttental
Teufelsfelsen
404
Hügelgrab
Langheck
427
Dingschied
Reinhardtsloch
Rheinberger Hof
433
Hengstküppel
Weißenthurm
334
Kerzekopf
407
406
Boxberg
442
Heidenloch
433
Hüttentaler Hof
Straße
Wochenendgebiet
Presberger Tal
1=Wisperweg
2=Pohlweg
3=Borngasse
4=Pfarrer-Knotek-Weg
5=Hollerweg
6=Straße der Patengemeinde Oingt
7=Am Sportplatz
8=Backhausweg
9=Hirtengasse
10=Schmiedstraße
Hof Horlaville
215
281
Haus Zuflucht
381
Buchenbaumkopf
Rheingauer Alp
Zetastraße
Sportpl.
Stadtteil
Presberg
(zu Rüdesheim am Rhein)
Inglerkopf
352
65391
(zu Lorch am Rhein)
Grolochbach
Glochsbach
65385
Kinderheim
Enkelhecken
Guntal
Forsthaus Grohloch
Forsthecken
Grohloch
NSG
Steigersbach
Steigersrech
Lämmerdell
Oberes Guntal
330
Steig
Schieferhöll
Ruhl
Jägerhorn
537
Remmelchen
475
Kaufmannsweg
426
Eiserne Hand
454
Kammerforst
Schweinskaut
242

Balthasarlei
349
Seimesdell
Ziemerskopf
423
Rechgrund
Langschieder Floß
Glaskopf
Wickersheller Brücke
Ernstbach
Backofengraben
Furt
419
Layerkopf
Wacholderkopf
332
Schleheneck
Schmalbach
Apfelbach
Schützenwiese
Wolfsgraben
Horner Hang
Wickersheller Bach
Hundskopf
450
Finsterseien
429
Horn
Hohe Weid
Hörkopf
Hügelgräber
Binsberg
Schmalbach
Schutzhütte
218
Hängetal
65375
(zu Oestrich-Winkel)
Gutfloß
Hügelgräber
Gutes Tal
Wickersheller Kopf
Plättchen
418
Hügelgräber
Hohe Str.
Grauer Stein
529
Rennpfad
Grüner Pfuhl
Bordekreuz
Brunnen
Melchersloch
Hügelgräber
Hähnchen
Still
Schutzhütte Sieben Wegweiser
Hügelgräber
Knorrlöcher
427
Brunnen
Wbh.
413
Sang
Eschenborn
381
Weid
Wbh.
65366
Wiesenwald
Weiersborn
Stephanshof
Opferdell
376
Stadtteil
Stephanshausen
(zu Geisenheim)
Unner
Naturdenkmal
Birkenhof
Hügelgräber
Hauptstraße
Grundscheidbach
1 = Kastanienweg
2 = Nelkenweg
3 = Brühlstraße
Eisenberge
451
Brunnen
Röspelkopf
Elsterbach
243
191
Sandkopf
370
Vorderwald

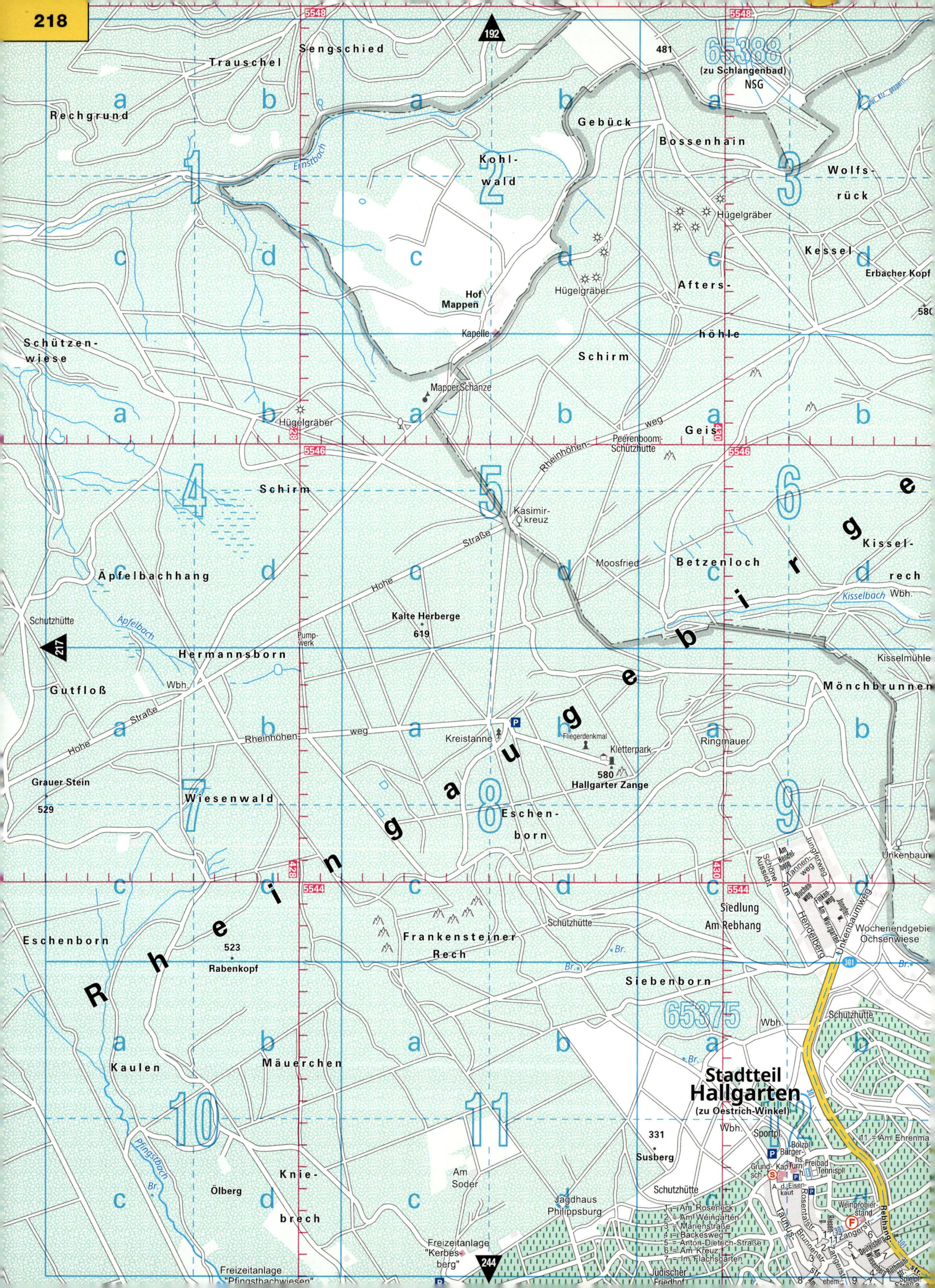

Sengschied
Trauschel
Rechgrund
Gebück
Bossenhain
Kohl-wald
Wolfs-rück
Hügelgräber
Kessel
Erbacher Kopf
Afters-höhle
Hof Mappen
Kapelle
Schirm
Schützen-wiese
Mapper Schanze
Hügelgräber
Geis
Peerenboom-Schützhütte
Rheinhöhenweg
Schirm
Kasimir-kreuz
Hohe Straße
Äpfelbachhang
Moosfried
Betzenloch
Kissel-rech
Kisselbach
Kalte Herberge
619
Schutzhütte
Äpfelbach
Pump-werk
Hermannsborn
Kisselmühle
Gutfloß
Mönchbrunnen
Kreistanne
Fliegerdenkmal
Kletterpark
Ringmauer
Grauer Stein
529
580
Hallgarter Zange
Wiesenwald
Eschen-born
Rheingaugebirge
Unkenbaum
Siedlung Am Rebhang
Schutzhütte
Wochenendgebiet Ochsenwiese
Eschenborn
523
Rabenkopf
Frankensteiner Rech
Siebenborn
Kaulen
Mäuerchen
Stadtteil Hallgarten
(zu Oestrich-Winkel)
331
Susberg
Pfingstbach
Ölberg
Knie-brech
Am Soder
Jagdhaus Philippsburg
Schutzhütte
Freizeitanlage "Kerbesberg"
Freizeitanlage "Pfingstbachwiesen"
Jüdischer Friedhof
65388
(zu Schlangenbad)
NSG
65375
481
192
217
244

Rheingaugebirge
Huber-
Breithag
Gebück
Hügelgräber
Förster-Bitter-Eiche
Rhein-höhenweg
Dreibornsköpfe
Schutzhütte
495
65345
Unter-bach
Kahle Born
Wolfsborn
Hummelweg
Bollwerk
Ringwall
Rheinhöhenweg
Spitzeruck
Erbacher Kopf
Heidekeller
Heidekopf
500
Förster-Harras-Turm
Aussichtsturm
Elefantenbuche
Erlenborn
Hinkel-wald
Antoniuseiche
Schieb
Apostelbuche
Kleiner Buchwaldgraben
Hubertus-quelle
Bildeiche
5546
Pfaffenborn
NSG
Förster-Schneider-Eiche
Sülgraben
Hain-buckel
65343
(zu Eltville am Rhein)
Salzborn
Mineralqu.
210
Förster-Müller-Eiche
Siebenweg
Schutzhütte
Weise-born
Waldmühle
Rausch
R. Neuhaus
Hahnwald
Wbh.
Egertsmühle
Obere Kisselmühle
Quellenhof
Altes Forsthaus
Mönchbrunnen
Kaiserskopfchen
Förster-Rau-Eiche
Schützenhaus
Virchowquelle
Abenteuer-spielplatz
Weihermühle
Dicknet
Untere Kisselmühle
Sportpl.
Am Hahnwald
Gaisgarten
Waldstraße
Barbeler-mühle
Ruine Scharfenstein
Schütz-eiche
Krummetal
Grünbach
Grafenberg
Unkenbaum
65346
Friedhof
Kloster Eberbach
Honigberg
6 = Kleiner Bleichenbergsweg
1 = Borksgaßchen
2 = Am Backes
3 = Grafenbergstraße
4 = Kammstraße
5 = Heiligenpfad
Psychiatrisches Krankenhaus St. Valentinus
Schloss Groenesteyn
185
Suttonstraße
Kiedricher Bach
Kloster-Eberbach-Straße
Bernhardus-kapelle
Psychiatrisches Krankenhaus
Eichberg
Forsths. Honigberg
Bingerpfortenstraße
Marktstr.
Eltviller Str.
Rehmsmühle
Steinberg
Wacholder-hof
174
Kiedrich
Hohes Feld
7 = Zäunstraße
8 = Tulpenweg
9 = Hirtenacker
10 = Pfarrer-Zaun-Weg
11 = Veilchenweg
12 = Asternweg
13 = Nelkenweg
14 = Dahlienweg
15 = Weinbergblick
16 = Im Bangert
Domäne Steinberg Hess. Staatsweingüter
(zu Eltville am Rhein)
65399
Domäne Neuhof
Eberbach
167
Hühnerberg
Pump-werk
Paulinenberg
193
220
245

Nonnenbuchwald
194
Grauer Stein
65388
(zu Schlangenbad)
Forsthaus Schlangenbad
Neumühle
Wbh.
Wasserwerk
Schutzhütte
Wassertretanlage
Grillhütte
Sport-platz
Kling
Klingermühle
Furt
NSG
Rechtebach
Nonnenrech
Beilstein
Koppel
Grorother Bach
Forsthaus Frauenstein
Mittelberg
Spitzeruck
Vor dem Kaltenborn
260
Hügelgräber
Birkenkopf
308
Erlenborn
Erlenbach
Georgenborner Straße
Neuer Friedhof
Nonnen-eichwald
Pfarreiche
Schutzhütte
Schepperech
Schlicht
Schloss Sommerberg
264
65345
Buchwaldskopf
1 = Im Trenkenberg
Kleiner Buchwaldgraben
Großer Buchwaldgraben
Schlangenbader Straße
Kloster Tiefenthal
Im Mühlberg
Dörner
Friedhof
Hof Armada
Rausch
Stadtteil Rauenthal
(zu Eltville am Rhein)
Hagelplatz
219
Altes Forsthaus
3=Eichbachweg
4=Obere Kirchstraße
5=Lehrstraße
6=Bleichweg
7=Miß-Grainger-Weg
Bubenhäuser Höhe
268
Stadtteil Martinsthal
(zu Eltville am Rhein)
65344
Pavillon
Waldhäuschen
Waldhütte
Nussberg
Nonnenberg
Schütz-eiche
Rauenthaler Berg
Staatsweingut
Tennisplätze
Langer Berg
Walluf
185
Rohrberg
Eltville-Nord/Martinsthal
42
Walluftalbrücke
Oberwallufer Schlag
65396
Walluf
1=Bachweg
2=Steingasse
3=Luxemburgstr.
Mühlstraße
Schachtweg
Große Hub
77
Albus
Sport-platz
Sülzbach
Wiesweg
Rehmsmühle
Eltviller Straße
Ankermühle
Helmrichsmühle
Tennishalle
1=Lönsweg
2=Buschweg
3=Stormweg
4=Von-Ritzstein-Straße
5=Eichendorffweg
6=Arndtweg
7=Fontaneweg
8=Hebbelweg
9=Im Krautgarten
65343
Eltville
am Rhein
10=Auf dem Steinchen
11=Jakobstraße
12=Kapellenstraße
4=Kastanienweg
5=Tannenweg
6=Lärchenweg
Marktstraße
Oberwallufer Straße
Steinheimer Hof
Osterberg
Kiedrich
65399
Schwalbacher Str.
Sülzbachtalbrücke
Kiedricher Str.
32=Hildegardisstraße
33=Am Sülzbach
Villa Rheinfried
Wallufer Straße
246
Sonnenberg
Steinheimer

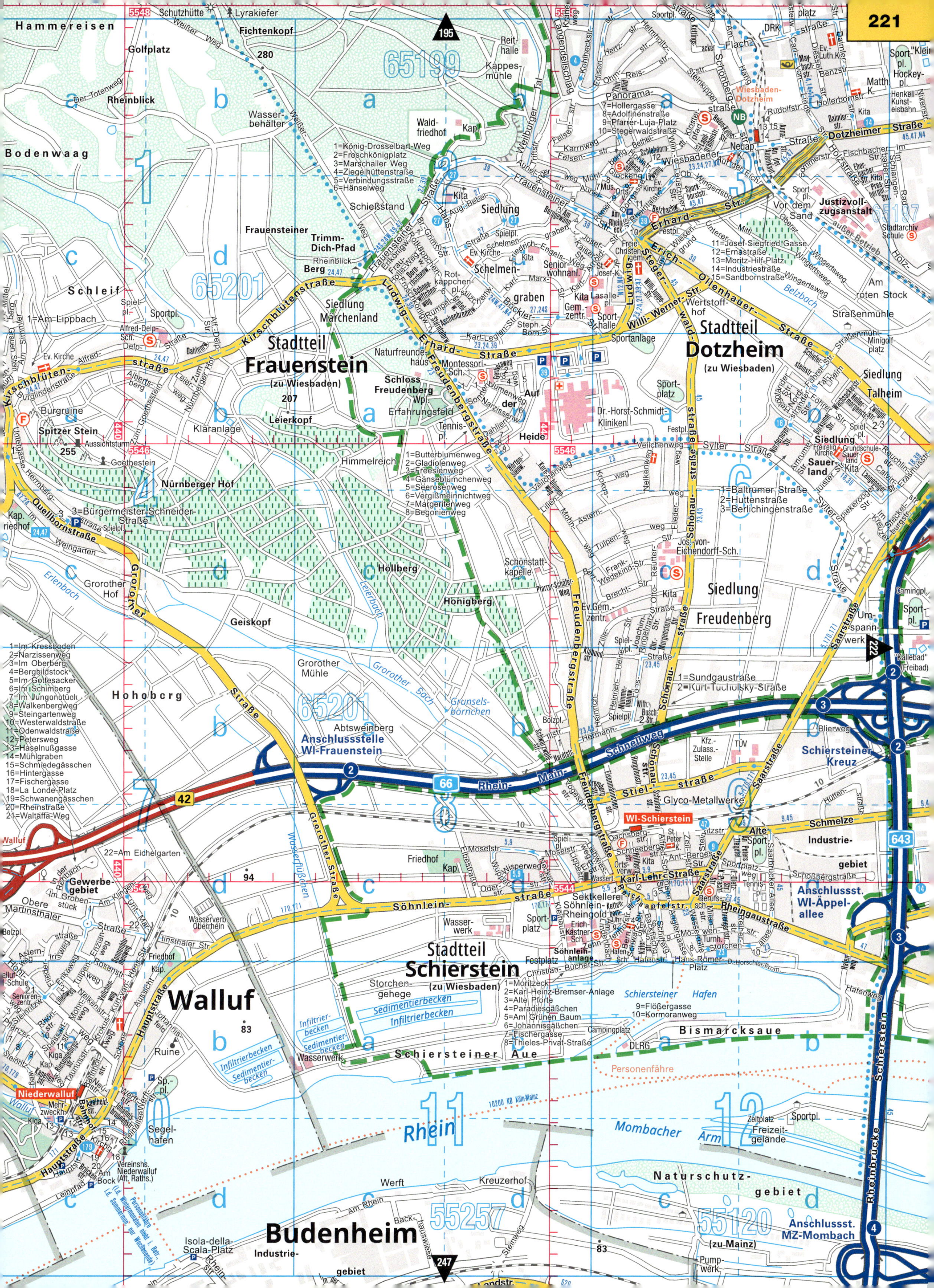

Hammereisen
Golfplatz
Rheinblick
Bodenwaag
Schutzhütte
Lyrakiefer
Fichtenkopf
280
Wasserbehälter
195
65199
Reithalle
Kappesmühle
Waldfriedhof
1=König-Drosselbart-Weg
2=Froschkönigplatz
3=Marschaller Weg
4=Ziegelhüttenstraße
5=Verbindungsstraße
6=Hänselweg
Schießstand
Frauensteiner
Trimm-Dich-Pfad
Rheinblick
Berg
65201
Siedlung Märchenland
Schleif
1=Am Lippbach
Sportpl.
Kirschblütenstraße
Stadtteil Frauenstein
(zu Wiesbaden)
207
Leierkopf
Kläranlage
Burgruine
Spitzer Stein
255
Aussichtsturm
Goethestein
Nürnberger Hof
3=Bürgermeister-Schneider-Straße
Quellbornstraße
Weingarten
Erlenbach
Grorother Hof
Grorother Straße
Geiskopf
Höllberg
Honigberg
Himmelreich
1=Butterblumenweg
2=Gladiolenweg
3=Fresienweg
4=Gänseblümchenweg
5=Seerosenweg
6=Vergißmeinnichtweg
7=Margeritenweg
8=Begonienweg
Naturfreundehaus
Schloss Freudenberg
Erfahrungsfeld
Siedlung
Schelmengraben
Wiesbaden-Dotzheim
7=Hollergasse
8=Adolfinenstraße
9=Pfarrer-Luja-Platz
10=Stegerwaldstraße
Dotzheimer Straße
Justizvollzugsanstalt
Vor dem Sand
11=Josef-Siegfried-Gasse
12=Ernastraße
13=Moritz-Hilf-Platz
14=Industriestraße
15=Sandbornstraße
Am roten Stock
Straßenmühle
Stadtteil Dotzheim
(zu Wiesbaden)
Sportanlage
Dr.-Horst-Schmidt-Kliniken
Auf der Heide
Siedlung Talheim
Siedlung Sauerland
1=Baltrumer Straße
2=Huttenstraße
3=Berlichingenstraße
Jos.-von-Eichendorff-Sch.
Siedlung Freudenberg
Schönstattkapelle
Freudenbergstraße
Schönaustraße
Saarstraße
Umspannwerk
1=Sundgaustraße
2=Kurt-Tucholsky-Straße
Schiersteiner Kreuz
1=Im Kressgoden
2=Narzissenweg
3=Im Oberberg
4=Bergbildstock
5=Im Gottesacker
6=Im Schimberg
7=Im Jungenstück
8=Walkenbergweg
9=Steingartenweg
10=Westerwaldstraße
11=Odenwaldstraße
12=Petersweg
13=Haselnußgasse
14=Mühlgraben
15=Schmiedegässchen
16=Hintergasse
17=Fischergasse
18=La Londe-Platz
19=Schwanengässchen
20=Rheinstraße
21=Waltaffa-Weg
Hohoberg
Grorother Mühle
Grorother Bach
Grunselsbörnchen
Abtsweinberg
Anschlussstelle WI-Frauenstein
65201
Schnellweg
Rhein-Main-
66
42
643
Glyco-Metallwerke
WI-Schierstein
Industriegebiet
Anschlussst. WI-Äppelallee
Rheingaustraße
Karl-Lehr-Straße
Söhnleinstraße
Friedhof
Wasserwerk
Sportplatz
Stadtteil Schierstein
(zu Wiesbaden)
Storchengehege
Sedimentierbecken
Infiltrierbecken
1=Moritzeck
2=Karl-Heinz-Bremser-Anlage
3=Alte Pforte
4=Paradiesgäßchen
5=Am Grünen Baum
6=Johannisgäßchen
7=Fischergasse
8=Thieles-Privat-Straße
Schiersteiner Hafen
9=Flößergasse
10=Kormoranweg
Campingplatz
Bismarcksaue
Schiersteiner Aue
Personenfähre
Walluf
Gewerbegebiet
Obere Martinsthaler
Niederwalluf
Ruine
Segelhafen
Vereinshs. Niederwalluf
Rhein
Mombacher Arm
Zeltplatz
Freizeitgelände
Sportpl.
Naturschutzgebiet
Anschlussst. MZ-Mombach
Schiersteiner Rheinbrücke
Werft
Kreuzerhof
55257
Budenheim
Industriegebiet
Isola-della-Scala-Platz
247
55120
(zu Mainz)
Pumpwerk
222

Wiesbaden
1=Am Langelsweinberg
2=Gustav-Nachtigal-St
Dotzheimer Str.
Rhein-str.
Friedrich-Ring
Gustav-Stresemann-Ring
Wiesbaden Hbf.
Siedlung Hainerberg
Europaviertel
Künstlerviertel
Justizvollzugsanstalt
Siedlung Talheim
Anschlussstelle WI-Dotzheim
Siedlung Gräselberg
Schiersteiner Kreuz
Biebricher Allee
Theodor-Heuss-Ring
Mainzer Straße
Berliner Straße
Kleingärten
Südfriedhof
Wasserturm
R.-Wagner-Anlage
Sektkellerei Henkell
Kläranlage
Hauptkraftwerk
5=Spelzmühlweg
AS Wiesbaden-Biebrich
Anschlussstelle Wiesbaden-Mainzer Str.
1=Querstraße
2=Seligmann-Baer-Platz
3=Borkholder Straße
4=Amöneburger Straße
Hagenauer Straße
Bundeskriminalamt 2
WI-Biebrich
Didier AG
Äppelallee
Anschlussst. WI-Äppelallee
Siedlung Rosenfeld
Mosburg
Stadtteil Biebrich (zu Wiesbaden)
Schlosspark
Parkfeld
Rheingaustraße
Freizeitgelände
Schloss Biebrich
Wiesbaden-Ost
Hoechst AG Werk Kalle-Albert
6=Im Kleinboden
Anschlussstelle WI-Amöneburg
Biomasse-Heizkraftwerk
Umspannwerk
Mülldeponie
Kalksteinbruch
Petersberg
Industriegebiet
7=Verbindungsgäßchen
8=Lutherstraße
9=Am Jägerhof
Rhein
Rettbergsaue
Naturschutzgebiet
Personenfähre
Anschlussst. MZ-Mombach
(zu Mainz)
Pumpwerk
Wepa Papierwerk
Hess. Landesanstalt für Umwelt u. Geologie
Stadtteil Mainz-Amöneburg (zu Wiesbaden)
Dyckerhoff Zementwerke AG
Gasometer
Kasteler Str.
Wiesbadener Landstraße
Rheinbrücke
Schierstein
Minicar-bahn
65187
65203
65197
65189
65120
196
248
221

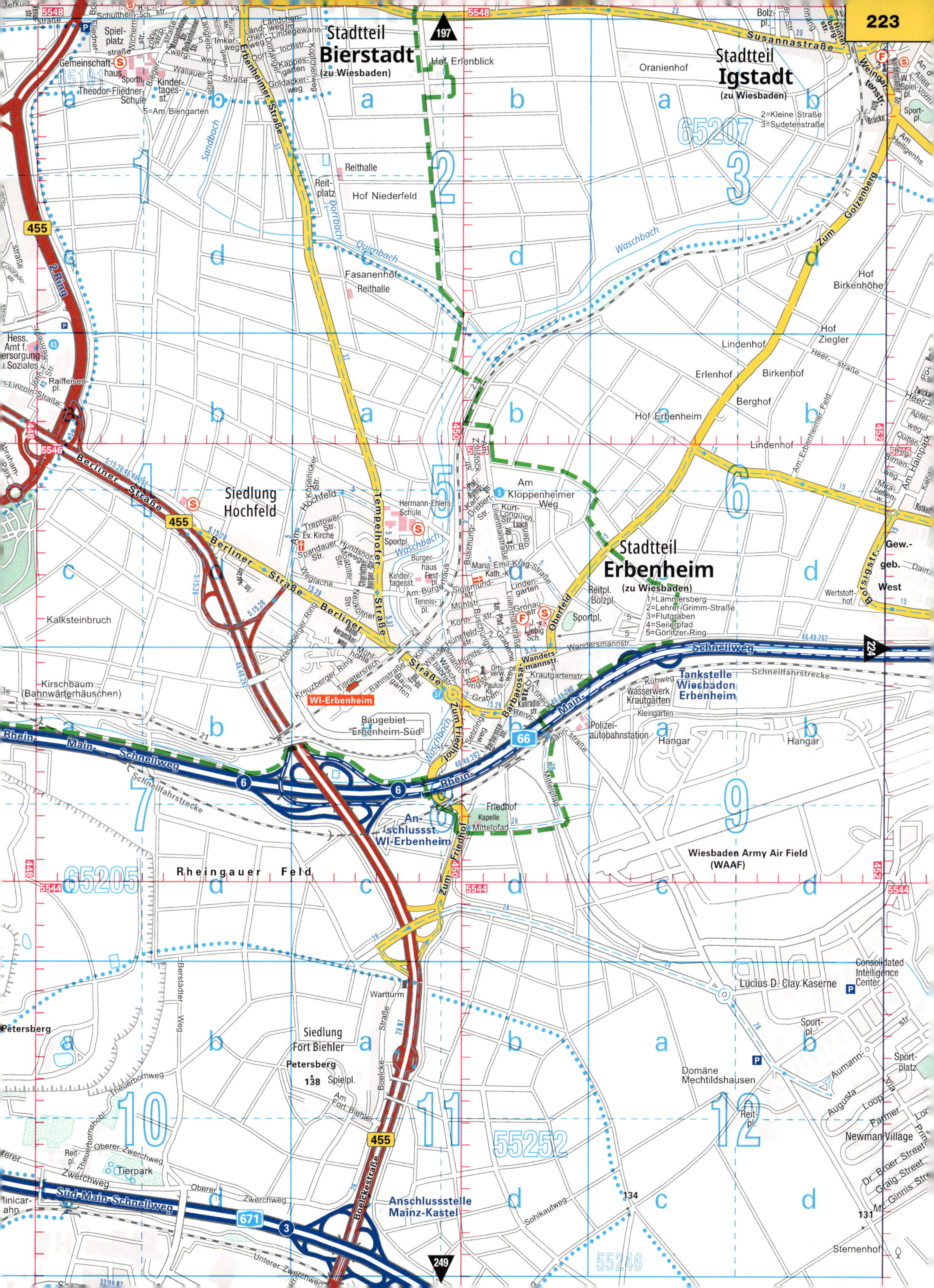
Stadtteil
Bierstadt
(zu Wiesbaden)
Stadtteil
Igstadt
(zu Wiesbaden)
Stadtteil
Erbenheim
(zu Wiesbaden)
Siedlung
Hochfeld
Hof Erlenblick
Oranienhof
Reithalle
Hof Niederfeld
Fasanenhof
Reithalle
Hof
Birkenhöhe
Hof
Ziegler
Lindenhof
Erlenhof
Birkenhof
Berghof
Hof Erbenheim
Lindenhof
Kalksteinbruch
Kirschbaum
(Bahnwärterhäuschen)
WI-Erbenheim
Baugebiet
"Erbenheim-Süd"
Tankstelle
Wiesbaden
Erbenheim
Polizei-
autobahnstation
Hangar
Hangar
Rhein-Main-Schnellweg
Schnellfahrstrecke
An-
schlussst.
WI-Erbenheim
Friedhof
Kapelle
Wiesbaden Army Air Field
(WAAF)
Rheingauer Feld
Lucius D. Clay Kaserne
Consolidated
Intelligence
Center
Wartturm
Siedlung
Fort Biehler
Petersberg
138
Domäne
Mechtildshausen
Newman Village
Tierpark
Süd-Main-Schnellweg
Anschlussstelle
Mainz-Kastel
Sternenhof
Berliner Straße
Tempelhofer Straße
Erbenheimer Straße
Susannastraße
Zum Friedhof
Boelckestraße
Wandersmannstr.
1=Lämmersberg
2=Lehrer-Grimm-Straße
3=Flutgraben
4=Seilerpfad
5=Görlitzer-Ring
2=Kleine Straße
3=Sudetenstraße
65191
65207
65205
55252
55246
455
66
671
197
224
249

Stadtteil
Igstadt
(zu Wiesbaden)
Stadtteil
Nordenstadt
(zu Wiesbaden)
Stadtteil
Wallau
(zu Hofheim am Taunus)
NSG Stadtteil
Breckenheim
(zu Wiesbaden)
Stadtteil
Delkenheim
(zu Wiesbaden)
Stadtteil
Massenheim
(zu Hochheim)
Breckenheimer Straße
Finkenhof
Schwarzburger Hof
Hellgasse
Birkenhof
Erlenhof
Wickerbach
Hof Ewigsborn
Riedhof
Nordenstadter Straße
Wasserbehälter
Hof Birkenhöhe
Erlenhof
Schwanenhof
Pflughof
Obsthof
Scholzenhof
Weiherhof
Siedlung Gerbermühle
Friedhof
Kap.
Holzweg
Wallauer Str.
Ostring
Konrad-Zuse-Straße
Borsigstraße
Gewerbegebiet West
Gewerbegebiet Ost
Geisbergweg
Hunsrückstraße
Stolberger Str.
San-Sebastian-Platz
Wertstoffhof
8=Maulbeerweg
9=Iffenbaumweg
10=Mergenthaler Weg
Theodor-Heuss-Straße
1 = Pfarrgasse
3 = Am Kirchentor
4 = Am Dorfplatz
Langenhainer Str.
Klingenbach
65207
E35
3
Gewerbegebiet
Wallau-Ost
Diedenberger Str.
1 = Rathausstraße
2 = Bachgasse
3 = Zum Wiesengrund
Friedhof
Kleingärten
Am Wandersmann
66
7
8
9
47
198
223
250
Anschlussstelle WI-Nordenstadt
Anschlussstelle Wallau
Schnellfahrstrecke
Auf der Bierau
Schlagmühle
Nordenstadter Bach
Gewerbegebiet
Sonnenhof
Oberfeldhof
Freizeitgelände Tennispl.
Landwehrstraße
Soonwaldstraße
Birkenhof
Schanz
Oberberg
1 = Dekan-Lindenbein-Straße
2 = Klostereck
3 = Mechthildshausener Straße
4 = Lärchenweg
5 = Im Hasengarten
Platte
139
An der Hochheimer Str.
Consolidated Intelligence Center
Elisabethenhof
65205
Gewerbegebiet
Max-Planck-Ring
Straßenmühle
Friedhof
1 = Langenhainer Weg
2 = Weilbacher Weg
Wallauer Straße
Wickerbachmühle
Kläranlage
Sportplatz
Gärtnerei Taunusblick
Newman Village
1 = Mainroad
6 = Angelsachsenstraße
7 = Markomannenplatz
8 = Kirchenstück
Golfclub Main-Taunus
Lange Seegewann
Golfplatz
Untergasse
Hauptstraße
Gartenstadt
Herrenwiese
131
Sternenhof
Kasbach
Elisabethenstraße
Am Silbersee
NSG
65239
1
2
3
4
5
6
7
8
9
10
11
12
a
b
c
d

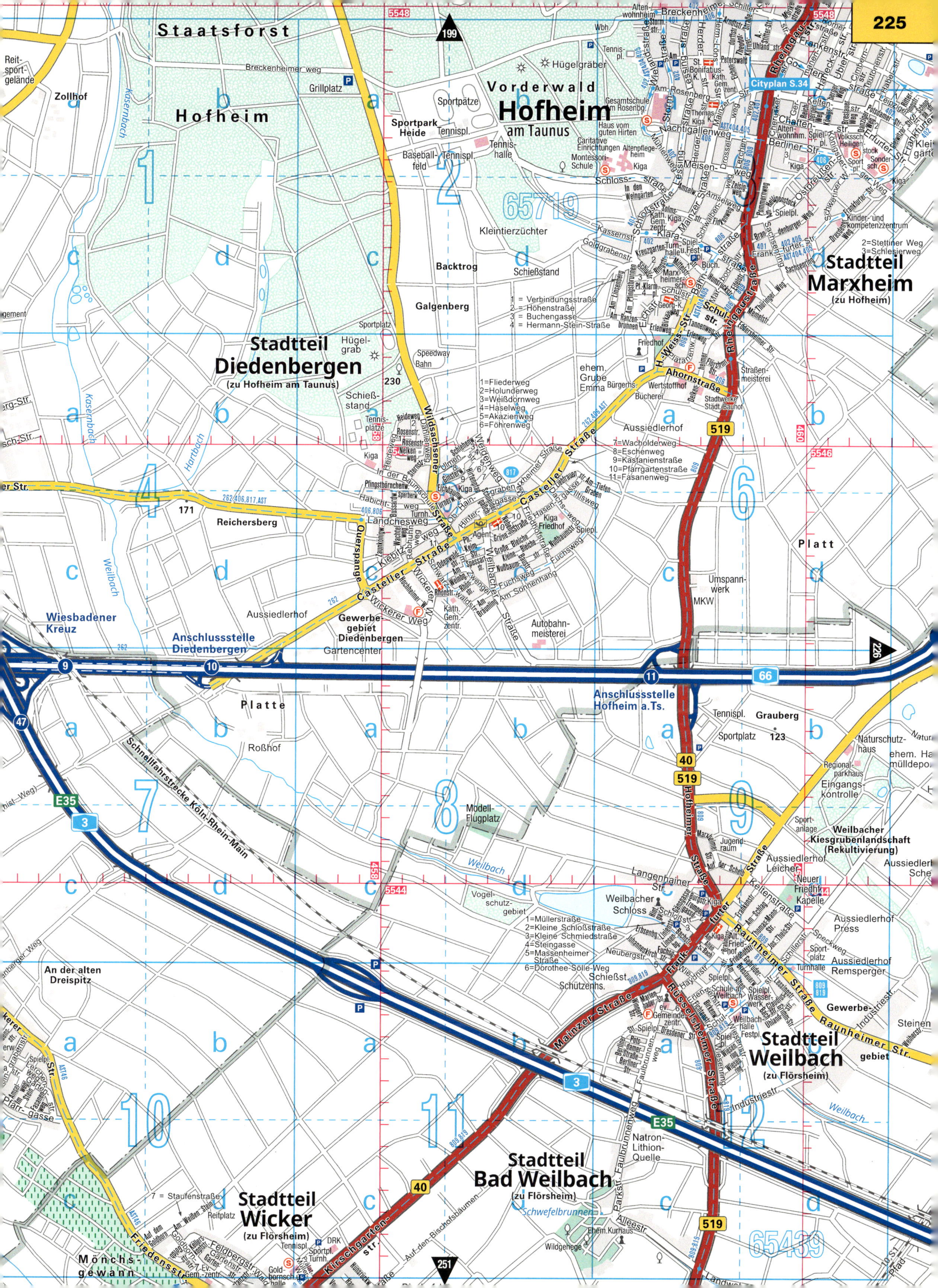

Staatsforst
Reit-sport-gelände
Zollhof
Hofheim
Breckenheimer Weg
Grillplatz
Sportpätze
Sportpark Heide
Tennispl.
Baseball-feld
Vorderwald
Hofheim am Taunus
Hügelgräber
Tennis-halle
65719
Kleintierzüchter
Backtrog
Schießstand
Galgenberg
1 = Verbindungsstraße
2 = Höhenstraße
3 = Buchengasse
4 = Hermann-Stein-Straße
Stadtteil Diedenbergen
(zu Hofheim am Taunus)
Hügel-grab
Speedway Bahn
Schieß-stand
1=Fliederweg
2=Holunderweg
3=Weißdornweg
4=Haselweg
5=Akazienweg
6=Föhrenweg
ehem. Grube Emma
Aussiedlerhof
7=Wacholderweg
8=Eschenweg
9=Kastanienstraße
10=Pfarrgartenstraße
11=Fasanenweg
Stadtteil Marxheim
(zu Hofheim)
2=Stettiner Weg
3=Schlesierweg
Cityplan S.34
Rheingaustraße
Ahornstraße
Straßen-meisterei
Reichersberg
Landcheswed
Querspange
Casteller Straße
Wildsachsener Straße
Weilbach
Wiesbadener Kreuz
Anschlussstelle Diedenbergen
Aussiedlerhof
Gewerbe-gebiet Diedenbergen
Gartencenter
Autobahn-meisterei
Umspann-werk
MKW
Platt
Anschlussstelle Hofheim a.Ts.
Platte
Roßhof
Tennispl.
Grauberg
Sportplatz
Naturschutz-haus
Regional-parkhaus
Eingangs-kontrolle
Schnellfahrstrecke Köln-Rhein-Main
Modell-Flugplatz
Hofheimer Straße
Weilbacher Kiesgrubenlandschaft (Rekultivierung)
Vogel-schutz-gebiet
Weilbacher Schloss
1=Müllerstraße
2=Kleine Schloßstraße
3=Kleine Schmiedstraße
4=Steingasse
5=Massenheimer Straße
6=Dorothee-Sölle-Weg
Schießst.
Schützenhs.
Raunheimer Straße
Aussiedlerhof Press
Aussiedlerhof Remsperger
Gewerbe-gebiet
An der alten Dreispitz
Mainzer Straße
Rüsselsheimer Straße
Stadtteil Weilbach
(zu Flörsheim)
Natron-Lithion-Quelle
Stadtteil Bad Weilbach
(zu Flörsheim)
Schwefelbrunnen
Alleestr.
Stadtteil Wicker
(zu Flörsheim)
7 = Staufenstraße
Friedensstr.
Mönchs-gewann
Kirschgarten-str.
65439
E35
3
66
40
519
199
226
251

Hattersheim
am Main
65795
Krifteler Dreieck
Kriftel
65830
Stadtteil
Marxheim
(zu Hofheim)
65719
Stadtteil
Okriftel
(zu Hattersheim)
Stadtteil
Eddersheim
(zu Hattersheim)
65439
(zu Flörsheim)
Mönch-
wald
Cityplan S.34
Anschlussstelle
Hattersheim Ost
Anschlussstelle
Hattersheim West
Tankstelle
Tankstelle und
Raststätte Weilbach
Natur-
lehrgebiet
Weilbacher
Kiesgrubenlandschaft
(Rekultivierung)
NSG
Main
Mönchwald-
see
Gewerbegebiet Südwest
Gewerbebegebiet
Industriegebiet
Polischer Berg
Kastengrund
Linsenberg
Rosarium
Mönchhof
Freizeitpark
Vincenz Straße
Kapellenstraße
Hattersheimer Straße
Hofheimer Straße
Mainzer Landstraße
Frankfurter Straße
Rheinstraße
Bahnhofstraße
Okrifteler Ring
Raunheimer Str.
Weilbacher Straße
Flörsheimer Str.
Neckarstraße
Wasserwerkchaussee
Sindlinger Str.
Rüsselsheimer Str.
10=Am Freizeitpark
1=Wolffstraße
2=Stettiner Weg
3=Schlesierweg
7 = Wiesenstraße
8 = Bleichstraße
10=Bertha-von-Suttner-Weg
11=Sironastraße
12=Danastraße
13=Brigitplatz
14=Ida-Kerkovius-Platz
15=Annemarie-Jacob-Straße
16=Santa-Catarina-Allee
17=Gabriele-Münter-Straße
18=Marianne-von-Werefkin-Straße
19=Ottilie-Roederstein-Platz
20=Im Nassauer Hof
21=An der Zuckerfabrik
22=Paul-Tiede-Straße
23=Zum Pumpwerk
1=Eddersheimer Straße
2=Sarottistraße
3=Arnsburgstraße
4=Königsberger Straße
5=Höchster Straße
6=Göritzer Straße
7=Untergärtenweg
8=Am Kirchgarten
9=Mosonmagyaróvár-Platz
1=Tucholskyweg
2=Hauptmannweg
3=Hauffweg
4=Hülshoffweg
5=Fontaneweg
6=Arndtweg
7=Hegelweg
8=Tulpenweg
9=Anemonenweg
10=Meisenweg
11=Finkenweg
12=Zaunkönigweg
13 = Zeisigweg
14 = Joh.-Sebastian-Bach-Straße
15 = Ellenbogengasse
16 = Saalburgstraße
17 = Offenheimer Straße
1 = Kornmarkt
2 = Frisierstraße
3 = Zanggasse
4 = Kleine Straße
5 = Kleine Kreuzstraße
6 = Kronstraße
7 = Maingäßchen
8 = An der Lache
9 = Am Balzers-kreuz
200
225
252

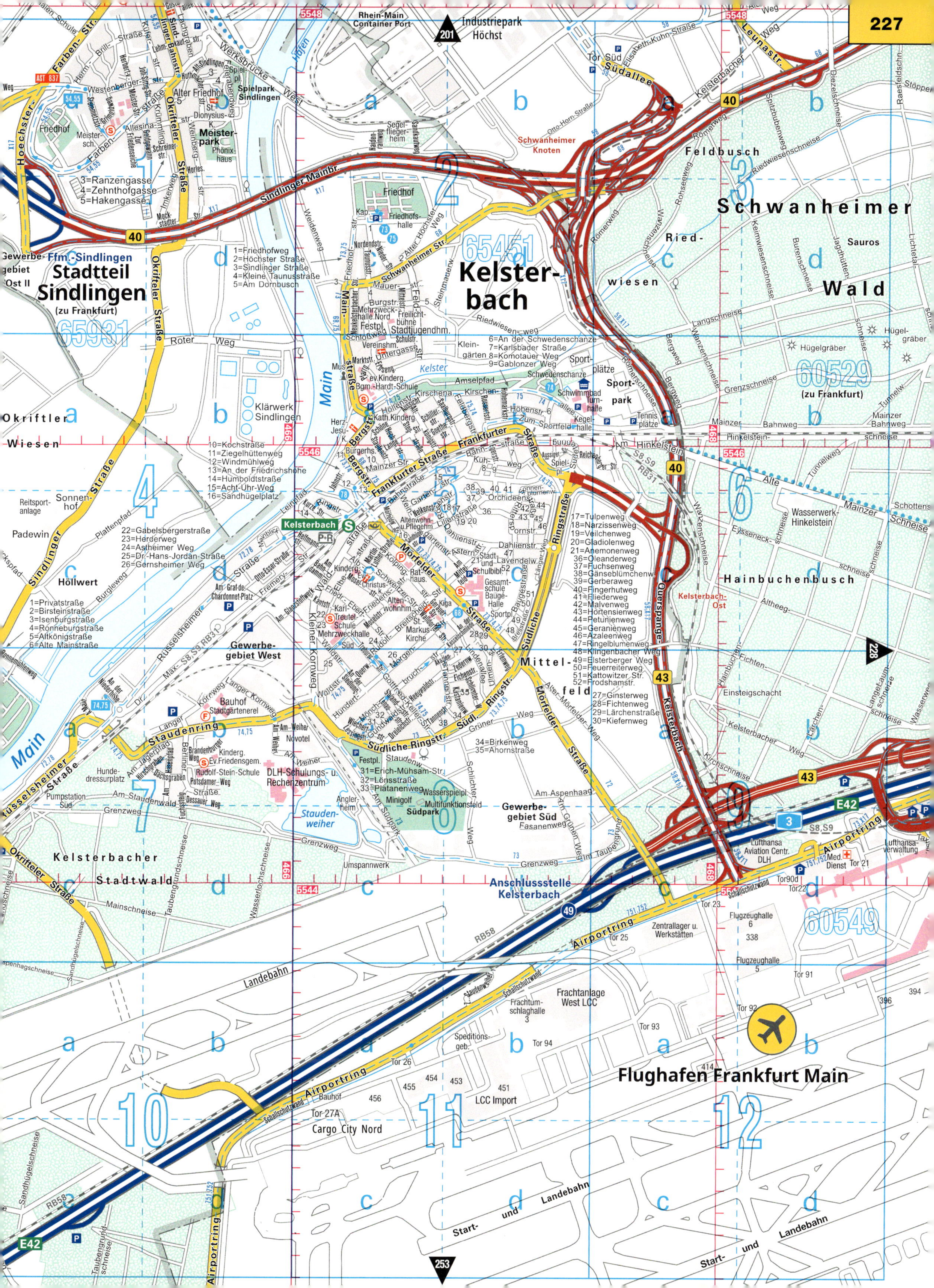
Industriepark Höchst
201
Rhein-Main Container Port
Stadtteil Sindlingen
(zu Frankfurt)
65931
Ffm.-Sindlingen
Okrifteler Straße
Sindlinger Mainbr.
Hoechster Farben-Str.
Friedhof
Meister-park
Spielpark Sindlingen
Alter Friedhof
1=Ranzengasse
4=Zehnthofgasse
5=Hakengasse
1=Friedhofweg
2=Höchster Straße
3=Sindlinger Straße
4=Kleine Taunusstraße
5=Am Dornbusch
Main
Klärwerk Sindlingen
Okriftler Wiesen
10=Kochstraße
11=Ziegelhüttenweg
12=Windmühlweg
13=An der Friedrichshöhe
14=Humboldtstraße
15=Acht-Uhr-Weg
16=Sandhügelplatz
Sonnenhof
Padewin
Höllwert
22=Gabelsbergerstraße
23=Herderweg
24=Astheimer Weg
25=Dr.-Hans-Jordan-Straße
26=Gernsheimer Weg
1=Privatstraße
2=Birsteinstraße
3=Isenburgstraße
4=Ronneburgstraße
5=Altkönigstraße
6=Alte Mainstraße
Gewerbegebiet West
Rüsselsheimer Straße
Staudenring
Bauhof
Novotel
DLH-Schulungs- u. Rechenzentrum
Staudenweiher
Kelsterbacher Stadtwald
Okriftelerstraße
65451
Kelsterbach
Schwanheimer Str.
Friedhof
Riedwiesenweg
6=An der Schwedenschanze
7=Karlsbader Straße
8=Komotauer Weg
9=Gablonzer Weg
Sportplätze
Sportpark
Schwimmbad
Kelsterbach
Frankfurter Straße
Mörfelder Straße
Ringstraße
Südliche Ringstr.
Mittelfeld
17=Tulpenweg
18=Narzissenweg
19=Veilchenweg
20=Gladiolenweg
21=Anemonenweg
36=Oleanderweg
37=Fuchsenweg
38=Gänseblümchenweg
39=Gerberaweg
40=Fingerhutweg
41=Fliederweg
42=Malvenweg
43=Hortensienweg
44=Petunienweg
45=Geranienweg
46=Azaleenweg
47=Ringelblumenweg
48=Klingenbacher Weg
49=Elsterberger Weg
50=Feuerreiterweg
51=Kattowitzer Str.
52=Frodshamstr.
27=Ginsterweg
28=Fichtenweg
29=Lärchenstraße
30=Kiefernweg
31=Erich-Mühsam-Str.
32=Lönsstraße
33=Platanenweg
34=Birkenweg
35=Ahornstraße
Südpark
Gewerbegebiet Süd
Anschlussstelle Kelsterbach
Schwanheimer Knoten
Feldbusch
Schwanheimer Wald
Riedwiesen
Sauros
60529
(zu Frankfurt)
Hügelgräber
Wasserwerk Hinkelstein
Hainbuchenbusch
Kelsterbach-Ost
Querspange-Kelsterbach
228
Lufthansa Aviation Centr. DLH
Lufthansa-verwaltung
60549
Airportring
Zentrallager u. Werkstätten
Flugzeughalle
Frachtanlage West LCC
Frachtumschlaghalle
LCC Import
Cargo City Nord
Flughafen Frankfurt Main
Landebahn
Start- und Landebahn
253
E42
40
43
3
10
11
12

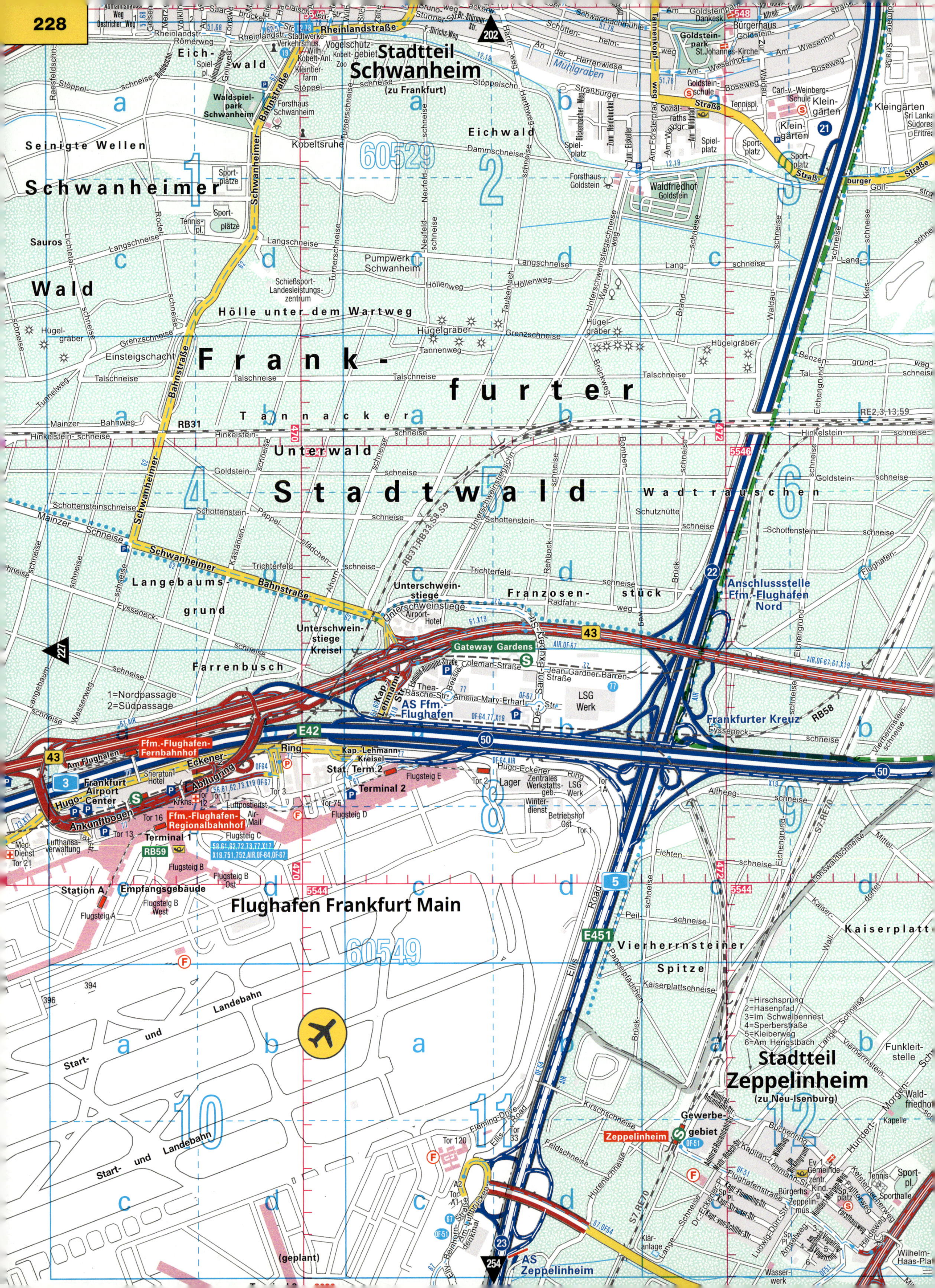
Stadtteil Schwanheim
(zu Frankfurt)
Schwanheimer Wald
Frankfurter Stadtwald
Unterwald
Flughafen Frankfurt Main
Stadtteil Zeppelinheim
(zu Neu-Isenburg)
Frankfurter Kreuz
Anschlussstelle Ffm.-Flughafen Nord
AS Ffm.-Flughafen
AS Zeppelinheim
Gateway Gardens
Ffm.-Flughafen-Fernbahnhof
Ffm.-Flughafen-Regionalbahnhof
Terminal 1
Terminal 2
1=Nordpassage
2=Südpassage
1=Hirschsprung
2=Hasenpfad
3=Im Schwalbennest
4=Sperberstraße
5=Kleiberweg
6=Am Hengstbach
60529
60549

ADAC
Bürostadt Niederrad
Stadtteil Niederrad (zu Frankfurt)
Ffm.-Niederrad
Galopprennbahn
203
Louisa Park
Ffm.-Louisa
60598
Dauerkleingärten
Kennedyallee
Mörfelder Landstr.
Schwarzwaldstr.
Waldspielpark Carl-v.-Weinberg
Golfplatz
Laubsches-Pracht
Cleeisches Wäldchen
Buchscheer
Tiroler Weiher
60528
43/44
Frankfurt Stadion
Commerzbank-Arena (Waldstadion)
Eintracht Frankfurt Museum
Deutscher Fußballbund (DFB)
Isenburger Schneise
Bei Großveranstaltungen
Buchenhau
Stadtwaldhaus
Tannenwald
Stadtwald
Anschlussstelle Frankfurt a.M.-Süd
3
E42
51
44
43
Weißenacker
Waldspielpark Tannenwald
Forsthaus Sachsenhausen
230
Hölzernes Kreuz
Funkstelle
Gehspitz
Gewerbegebiet Gehspitz
63263
Neu-Isenburg
Sportpark
Carl-Ulrich-Straße
Siemensstraße
Gewerbegebiet Süd
Neu-Isenburg
Forsthaus Heegwald
Rathenaustr.
Naturschutzgebiet Gehspitzweiher
Birmen
Alter Heegwald
Heegwald
Tank- und Raststätte Ost
Tank- und Raststätte West
Mitteldick
Hengstbach
Friedhof
63303 (zu Dreieich)
Wohnstadt Breitensee
255
1
2
3
4
5
6
7
8
9
10
11
12

Frankfurter Stadtwald
Oberwald
Heegwald
Wartfeldheeg
Kaiser-tanne
Laubsches-busch
Pracht
Buchen-hau
Hohe-buchen
Mühl-heeg
Schmale Haardt
Klapper
Lange-baumstränk (zu Frankfurt)
Kühruh
Alter
Grastränk-bruch
Kesselbruch
Krumme Loog
Maxwäldchen
Lettig-kant
Deisfeld
Geiß-feld
Monte Scherbelino
Offenbacher Kreuz
Stadtteil Gravenbruch (zu Neu-Isenburg)
Neu-Isenburg
Eichen-bühl
Fatzen-wiese
Eng-waad
Eckhards-wiese
Birken-heegstück
Brand-wiese
Beste-wiese
Kochsee-schlag
Siedlung Buchenbusch
Stadtteil Sprendlingen (zu Dreieich)
Buchen-busch
Langgewann
Wohnstadt Hirschsprung
Wohnstadt Breitensee
Anschlussstelle Dreieich
AS Neu-Isenburg
Darmstädter Landstraße
Babenhäuser Landstraße
Isenburger Schneise
Frankfurter Straße
Friedhofstraße
Carl-Ulrich-Str.
Rathenaustraße
Neuhofer Str.
Sprendlinger Landstraße
Autobahnmeisterei
Naturschutzgebiet "Bruch von Gravenbruch"
Forsthaus Heegwald
Oberförsterei Oberwald
Frankfurter Haus
Waldspielpark Tannenwald
Gewerbegebiet Süd
Gewerbegebiet Ost
60598
60599
60528
63263
63303
1=Am Zwerggraben
2=Kirchgäßchen
3=Luftgäßchen
4=Brionsgäßchen
5=Kronengasse
6=Freiligrathstraße
7=Schulgasse
8=Wichernweg
9=Adolf-Bauer-Straße
10=Georg-Blaum-Weg
11=Eigenheimstraße
12=Robert-Bunsen-Straße
13=Otto-Hahn-Straße
14=Alexander-von-Humboldt-Straße
15=Roentgenstraße
16=Max-Planck-Straße
17=Justus-Liebig-Straße
18=Emile-Pelletier-Straße
19=Adolph-Kolping-Straße
20=Emil-von-Behring-Straße
21=Franz-Völker-Straße
22=Robert-Koch-Straße
23=Anny-Schlemm-Str.
24=Thomas-Reiter-Str.
25=Walter-Norrenbrock-Str.
26=Rudolf-Seiferlein-Str.
27=Robert-Maier-Str.
1=Rostocker Straße
E42
3
661
17
19
52
204
229
256

Stadtteil Lauterborn
(zu Offenbach)
63069
Offenbach
am Main
63071
Stadtteil Bieber
(zu Offenbach)
63073
Vorder-wald
Carl-Ulrich-Siedlung
August-Reiß-Eiche
Schäfer-born
Rosenhöhe
Kaiser-Friedrich-Born
Pechhütte
Erholungsstätte der Arbeiterwohlfahrt
Offenbacher
Stadtwald
Forst
Offenbach
Hinterwald
Hindenburg Eiche
Weißes Kreuz
Anschlussstelle Offenbach
E42
Juden-busch
Frankfurter Heege
Müllverbrennungs-anlage
Der große Zipfen
Der Forst
Dietzenbacher Straße
Waldstraße
Isenburger Straße
Ringstraße
Offenbacher Str.
Das Wäldchen
Brand
Kiefernheg
Kühruh
Waldesruh
Hintermark
Heusenstamm
63150
Hügelgräber
Gebranntes Loch
Schießstand
Steinbruch
Hoher Berg
Beste-wiese
Gebückwiesen
Seiberts-wiese
Holländer Born
Dornsee
63128
Stadtteil Steinberg
(zu Dietzenbach)
Kloster-wald
459
205
232
257

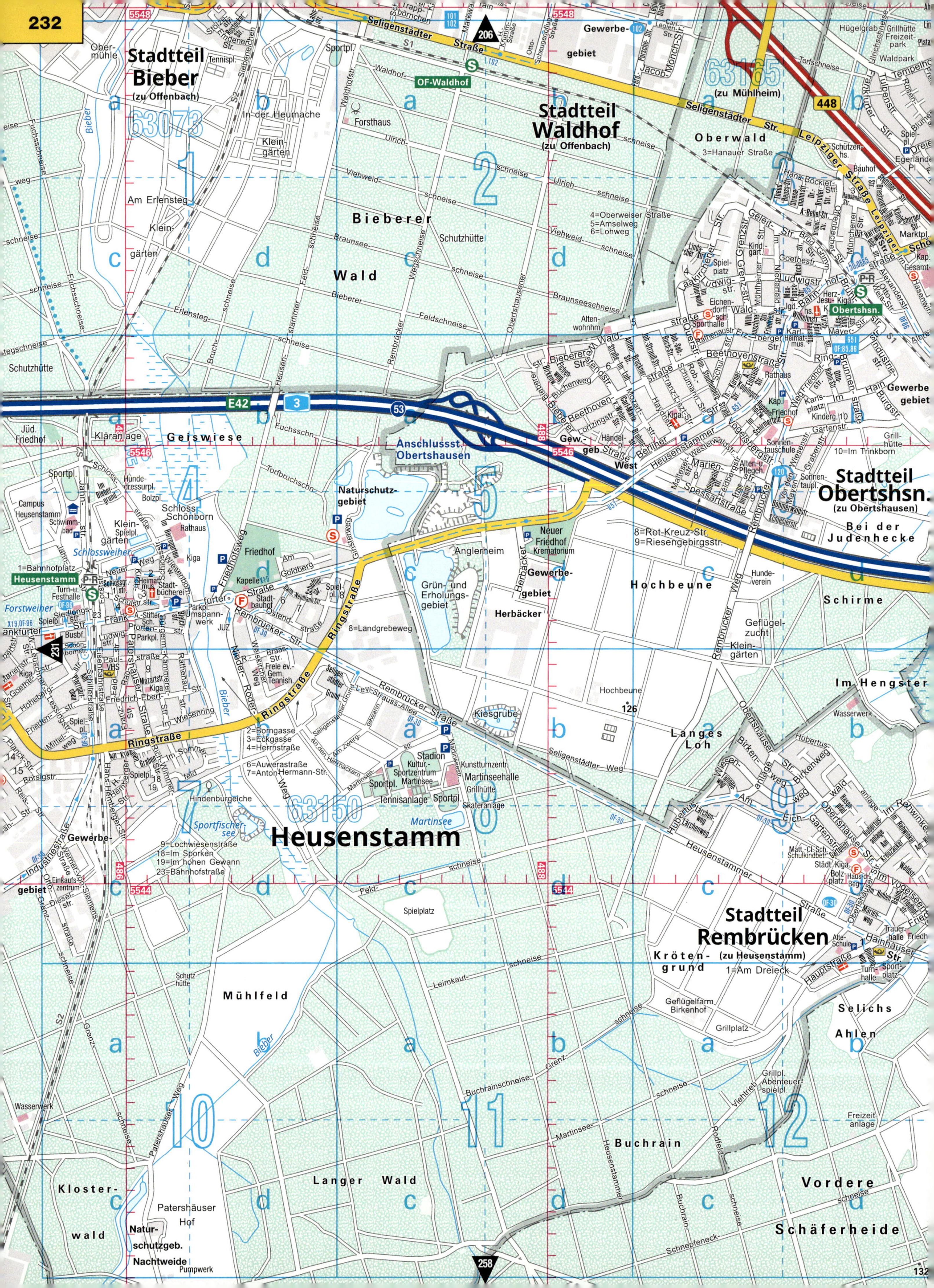
Stadtteil Bieber
(zu Offenbach)
63073
Stadtteil Waldhof
(zu Offenbach)
OF-Waldhof
Seligenstädter Straße
(zu Mühlheim)
63165
Oberwald
3=Hanauer Straße
Leipziger Straße
Biebererer
Wald
Schutzhütte
Forsthaus
Am Erlensteg
Klein-gärten
Obertshsn.
Beethovenstraße
Geiswiese
E42
3
53
Anschlussst. Obertshausen
Naturschutz-gebiet
Kläranlage
Schloss Schönborn
Schlossweiher
Friedhof
Heusenstamm
Ringstraße
Grün- und Erholungs-gebiet
Anglerheim
Neuer Friedhof
Krematorium
Gewerbe-gebiet
Herbäcker
8=Landgrebeweg
Stadtteil Obertshsn.
(zu Obertshausen)
Bei der Judenhecke
8=Rot-Kreuz-Str.
9=Riesengebirgsstr.
10=Im Trinkborn
Hochbeune
Schirme
Geflügel-zucht
Klein-gärten
Im Hengster
Hochbeune
126
Langes Loh
Kiesgrube
Rembrücker Straße
Levi-Strauss-Allee
Stadion
Kultur-Sportzentrum Martinsee
Martinseehalle
Kunstturnzentr.
Skateranlage
Tennisanlage
Sportfischer-see
Martinsee
63150
Heusenstamm
2=Borngasse
3=Eckgasse
4=Herrnstraße
6=Auweraстraße
7=Anton-Hermann-Str.
9=Lochwiesenstraße
18=Im Sporken
19=Im hohen Gewann
23=Bahnhofstraße
1=Bahnhofplatz
Hindenburgeiche
Gewerbe-gebiet
Spielplatz
Stadtteil Rembrücken
(zu Heusenstamm)
Kröten-grund
1=Am Dreieck
Geflügelfarm Birkenhof
Grillplatz
Selichs
Ahlen
Mühlfeld
Leimkaut-schneise
Buchrainschneise
Buchrain
Klosterwald
Patershäuser Hof
Naturschutzgeb. Nachtweide
Langer Wald
Vordere Schäferheide
Freizeit-anlage
Wasserwerk
258
206
231
132

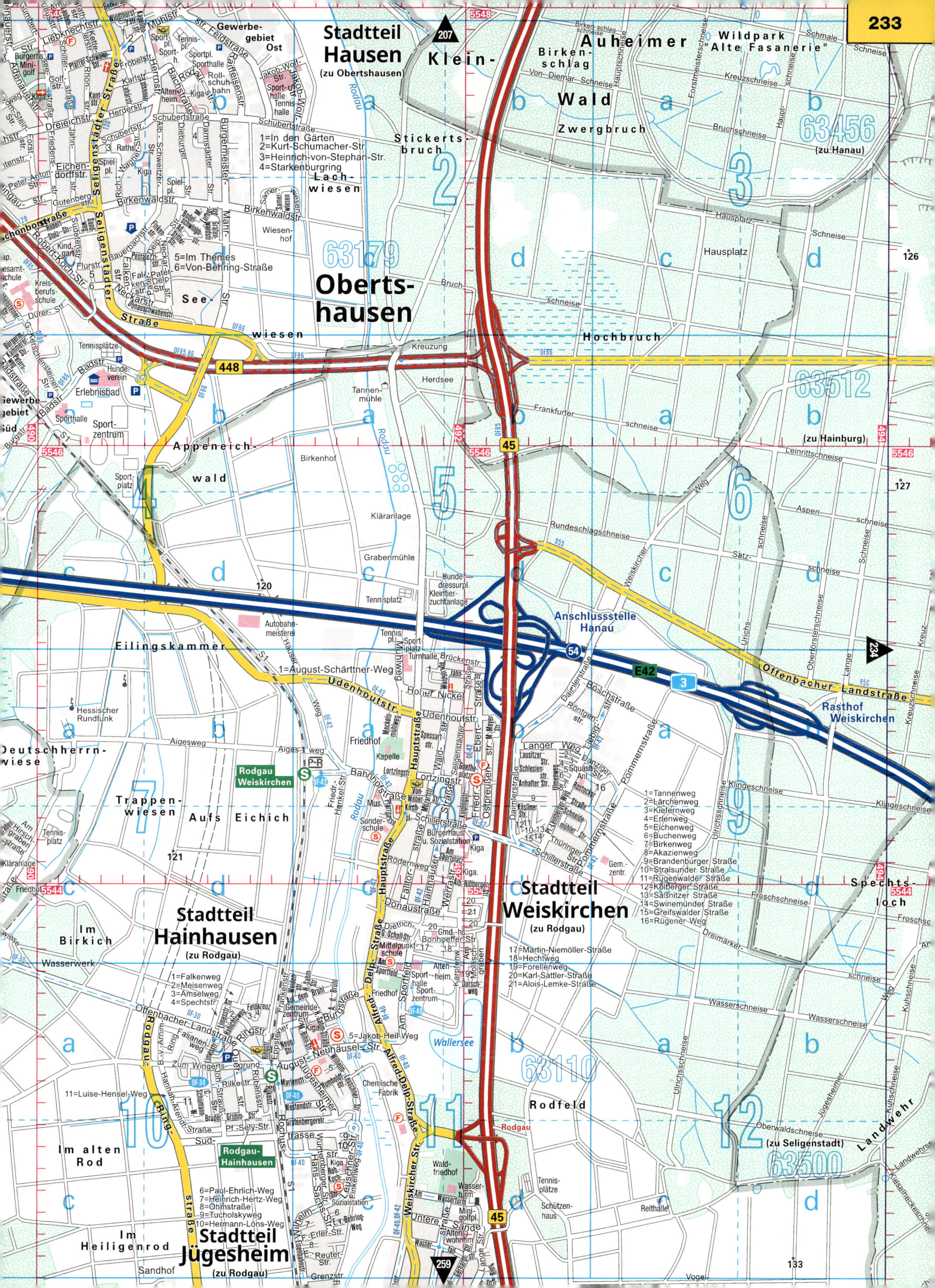
Stadtteil Hausen
(zu Obertshausen)
Klein-
Auheimer
Birken-schlag
Wald
Zwergbruch
Wildpark "Alte Fasanerie"
63456
(zu Hanau)
Gewerbe-gebiet Ost
Stickerts-bruch
Lach-wiesen
1=In den Gärten
2=Kurt-Schumacher-Str.
3=Heinrich-von-Stephan-Str.
4=Starkenburgring
5=Im Themes
6=Von-Behring-Straße
63179
Oberts-hausen
See-wiesen
Hausplatz
Hochbruch
Kreuzung
Herdsee
Tannen-mühle
63512
(zu Hainburg)
Frankfurter
Erlebnisbad
Sport-zentrum
Appeneich-wald
Birkenhof
Kläranlage
Grabenmühle
Rundeschlagschneise
Anschlussstelle Hanau
Rasthof Weiskirchen
Offenbacher Landstraße
E42
Eilingskammer
Autobahn-meisterei
1=August-Schärttner-Weg
Udenhoutstr.
Hessischer Rundfunk
Deutschherrn-wiese
Rodgau Weiskirchen
Trappen-wiesen
Aufs Eichich
Friedhof
1=Tannenweg
2=Lärchenweg
3=Kiefernweg
4=Erlenweg
5=Eichenweg
6=Buchenweg
7=Birkenweg
8=Akazienweg
9=Brandenburger Straße
10=Stralsunder Straße
11=Rügenwalder Straße
12=Kolberger Straße
13=Saßnitzer Straße
14=Swinemünder Straße
15=Greifswalder Straße
16=Rügener Weg
Stadtteil Weiskirchen
(zu Rodgau)
17=Martin-Niemöller-Straße
18=Hechtweg
19=Forellenweg
20=Karl-Sattler-Straße
21=Alois-Lemke-Straße
Spechts-loch
Stadtteil Hainhausen
(zu Rodgau)
Im Birkich
Wasserwerk
1=Falkenweg
2=Meisenweg
3=Amselweg
4=Spechtstr.
5=Jakob-Heil-Weg
Wallersee
63110
Rodfeld
11=Luise-Hensel-Weg
Chemische Fabrik
Im alten Rod
Rodgau-Hainhausen
Wald-friedhof
63500
(zu Seligenstadt)
Landwehr
6=Paul-Ehrlich-Weg
7=Heinrich-Hertz-Weg
8=Ohmstraße
9=Tucholskyweg
10=Hermann-Löns-Weg
Im Heiligenrod
Stadtteil Jügesheim
(zu Rodgau)
Sandhof
Reithalle
Schützen-haus

Ortsteil
Hainstadt
(zu Hainburg)
Großkrotzenburg
63538
Hainburg
63512
Stadtteil
Froschhausen
(zu Seligenstadt)
Seligenstadt
63500
Katzenbuckel
Langhorst
Obermannslache
Pechgraben
Kortenbach
Spechtsloch
Seligenstädter
Stadtwald
Main
Offenbacher Landstraße
Seligenstädter Straße
Frankfurter Straße
Hauptstraße
Hainburg-Hainstadt
Seligenstadt (Hess.)
Cityplan S.35
Niederwiesen
Gewerbegebiet in Planung
Industriegebiet
Erholungsgebiet
Nordring II
Gewerbegebiet Nordring I
Gewerbegebiet Stehnweg
Gewerbegebiet Am Reitpfad
Neubaugebiet "Schildhecke II"
Am Sandborn
Harressee
Fischteiche
Golfplatz
E42
3
208
233
260

See Freigericht West / Großkrotzenburger See
See Freigericht Ost / Kahler Campingsee
209
Camping-plätze
Trimm-Dich-Pfad
Gewerbe-gebiet Nord
Vogelschutz-park
Kahl (Main)
Kahl-Kopp/Heide
Gew.-gebiet Ost
63755 (zu Alzenau)
Sandmühle
1= Kieselkaut
2= Nikolaus-Wahl-Straße
3= An der Stockwiese
4= Heidtanne
5= Karlsbader Straße
7=Spessartstraße
Kahl am Main
63796
5=Backgasse
6=Pfarrer-Lippert-Platz
Main
1=Eichendorffstraße
2=Steingasse
3=Haingasse
4=Breite Straße
5=Borngasse
Natostraße
Emma-See Nord
Emma-See Süd
Krotzenburger Straße
Gewerbe-gebiet West
Ortsteil Klein-Krotzenburg (zu Hainburg)
In den Mainauen
Hof Mainau
Naßmühle
Lohmühle
1=Odenwaldstraße
2=Selig-Pfad
3=An den Franzosenäckern
4=Burgweg
1=Ostpreußenstraße
2=Schlesienstraße
3=Kastanienstraße
4=Ulmenstraße
5=Eichenstraße
6=Buchenstraße
7=Kiesweg
Erholungsgebiet
Birkenhof
7=Zum Kapellchen
8=Im Mainfeld
Gew.-geb. Mainfeld
Kläranlage
Aschaffenburger Straße
Im Neufeld
Neufeldsee
Nachtweide
Spessart-see
Hörsteiner See
9 = Haselnussweg
10 = Holunderweg
11 = Schlehenweg
12 = Brombeerweg
13=Kirchwegtannen
Wald-friedhof
Schützen-verein
Umspann-anlage
Zeche Gustav
Kimmelsteich
Großwelzheimer Badesee
Hörsteiner See
236
Neubau-gebiet "Grubensee Amalia"
Gewerbe-gebiet
1=Krefelder Straße
2=Kettelerstraße
3=Düsseldorfer Straße
4=Grönemeyerstraße
Gustavsee
Ortsteil Großwelzheim (zu Karlstein a. Main)
Langer See
Wald-stadion
Kieswerk
Karlstein a. Main
63791
1=Posener Straße
2=Odenwaldstraße
3=Alpenstraße
4=Kapellengasse
5=Wasserloser Weg
6=Kardinal-Döpfner-Straße
7=Obergartenweg
8=Florian-Geyer-Straße
9=Graslitzer Straße
Hauptstraße
Innovations-Park Karlstein(IPK)
Gewerbegebiet "An den Hirten-äckern"
Mittel-berg
Seligenstädter Straße
Dettingen (zu Karlstein a. Main)
Main
Ruine Kaiserpfalz
Basilika Klosterhof
16=Hölderlinstr.
1=Großwelzheimer Straße
2=Bachpfad
Im Schneckenberg
Boots-hafen
Kettelerstraße
Mainflinger Straße
Welzheimer Straße
7=Lessingstraße
Industrie-gebiet
Stadtteil Klein-Welzheim (zu Seligenstadt)
Hohe Anwand
Ortsteil Mainflingen (zu Mainhausen)
63533
Industrie-gebiet
1=Albert-Schweitzer-Straße
2=Kantstraße
3=Spessartstraße
Klein-Welzheimer-Straße
3=Am Bildstock
4=Wacholderweg
Afelderchen
261
NSG
Aschaffenburger Straße
Hanauer Landstraße

Alzenau
63755
Stadtteil Wasserlos
(zu Alzenau)
13 = Spitzwegstraße
14 = Scheuergärten
1 = Im Vogelsang
2 = Welzheimer Straße
3 = Tannenweg
Umspannwerk
Schafsbrücke
Marienhof
Prischoßweg
Prischoßh.
Sportplätze
Sportzentrum
Stadion
Raupenschlag
Westumgehung
Wasserloser Str.
Alter Friedhof
Neuer Friedhof
Hahnenkammhof
Krebsbach
Burgstall
Vitaparcours
Naturdenkmal
Heide
Naturschutzgebiet
Schwemm-
bogen
Unter-
wald
Pumpwerk
Neufeldsee
NSG
Küh-
bruch
Bille
Kohlplatte
Gerichts-
platz
E41
45
seen
Sportplätze
Hasenscheide
Bezirksstraße
Salzerweg
Schloss
Kreiskrankenhaus
Hahnenkammhalle
Ringwall
Ober-
Schlossberg
Altheeg
Rückersbach
1 = Holbeinstraße
2 = Riemenschneiderstraße
3 = Rembrandtstraße
4 = Grünewaldstraße
5 = Otto-Hahn-Straße
6 = Odenwaldstraße
7 = Hockgasse
8 = Glockengasse
9 = Schafgasse
10 = Im Gälschen
11 = Am Gänsteich
12 = Kirschgarten
Im Luh
Hellers
Jüd. Friedhof
Baugeb. Mühlweg
Geflügel-
zuchtanl.
Fernwasservers.
Spessart-Gruppe
Wasserwerk
Gewerbegeb.
Am Neuen Berg
Hörsteiner
See
235
Schützberg
Tannenhof
Sportplatz
Friedhof
Gerichtsplatzstraße
Alzenauer Straße
Stadtteil Hörstein
(zu Alzenau)
Abtshof
Mombriser Straße
Sportplatz
Gehickel
1 = Enggasse
2 = Kirchgasse
3 = Mühlgrabenstraße
4 = Mühlgraben
5 = Am Backhaus
6 = Steinkreuzweg
7 = Roter Rain
8 = Hornungsrain
9 = Brunnengasse
10 = Mainzer Gasse
11 = Am Wasserloser Tor
Dettinger Straße
Industriegebiet
Am Kieswerk
Weidbrunnen
Anschlussstelle
Karlstein
Alzenau-Süd
46
Stütz
Schöne Aussicht
Rauschberg
258
Pumpwerk
Birkenhof
Lindenhof
Waldhof
Umspannwerk
Forchbach
63791
7 = Wingertstraße
Spielplatz
Kiga
A.-Wombacher-Hs.
Dettingen(Main)
4 = Vinzenz-Rüfner-Straße
5 = Parkstraße
6 = Kirchgasse
Frankenstraße
Hag-u.
Lindig-
siedlg.
Elmerts-
grund
Beine
Nickel
Wasserwerk
Brunnen
Dettinger Hütte
Plattenberg
Kühruhe
Plattengraben
Haggraben
Hörsteiner Straße
Landstr.
Main-
pl.
Hanauer Landstraße
Neue Landstraße
Festpl.
Lindighalle
Ortsteil Dettingen
(zu Karlstein a. Main)
Hagsiedlung
1 = Sudetenstraße
2 = Buchenstraße
3 = Brunnenstraße
Mainflinger Str.
Hauptgraben
Würzelgraben
262
Heißer-
ackerhof
Batzgraben
63801
(zu Kleinostheim)

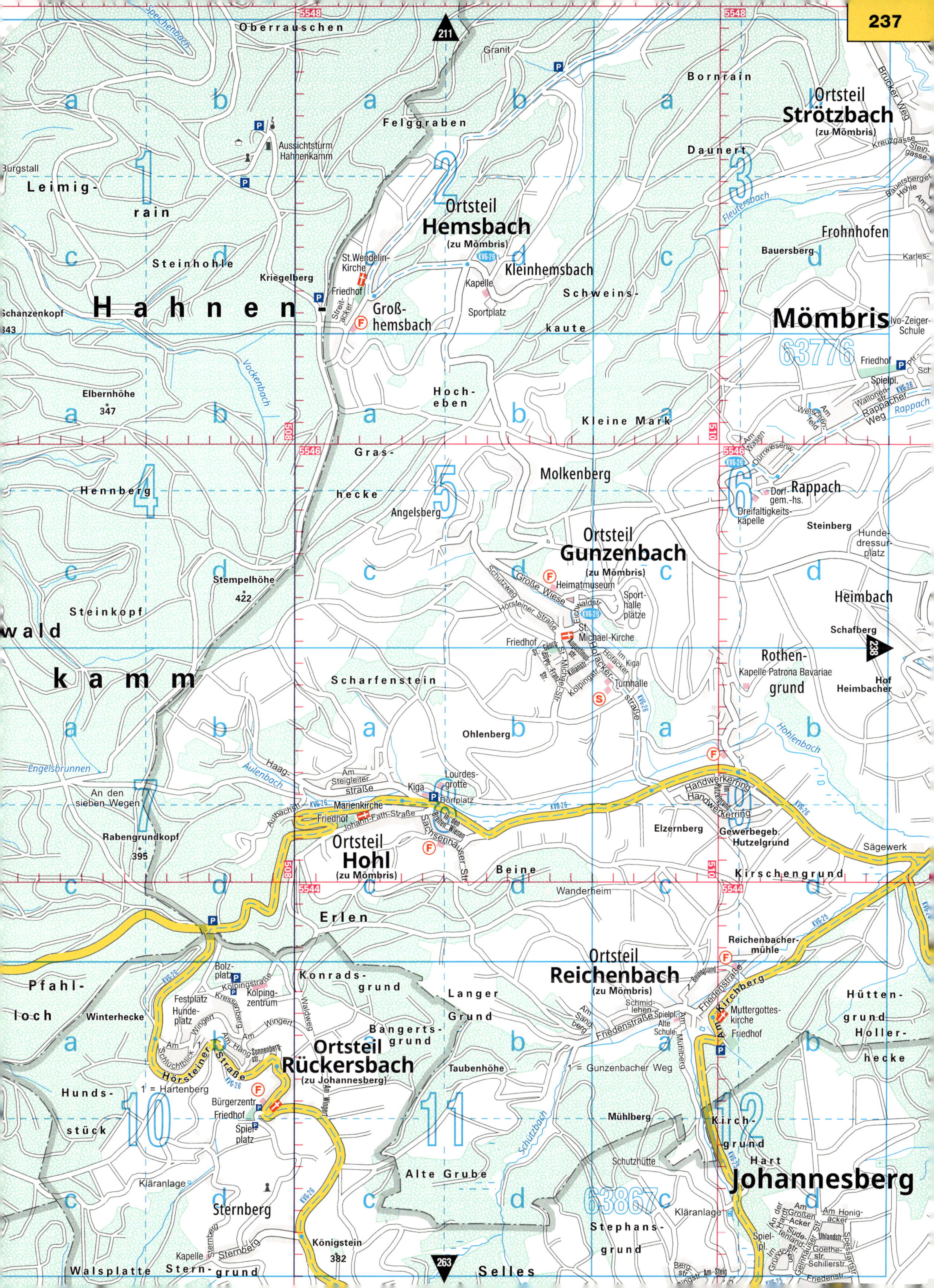

Oberrauschen
Felggraben
Aussichtsturm Hahnenkamm
Leimig-
rain
Steinhohle
Kriegelberg
Hahnen-
Ortsteil
Hemsbach
(zu Mömbris)
St. Wendelin-Kirche
Friedhof
Groß-
hemsbach
Kleinhemsbach
Kapelle
Sportplatz
Schweins-
kaute
Bornrain
Daunert
Ortsteil
Strötzbach
(zu Mömbris)
Frohnhofen
Bauersberg
Mömbris
63776
Elbernhöhe
347
Hoch-
eben
Kleine Mark
Gras-
hecke
Hennberg
Angelsberg
Molkenberg
Ortsteil
Gunzenbach
(zu Mömbris)
Heimatmuseum
St. Michael-Kirche
Friedhof
Turnhalle
Rappach
Steinberg
Heimbach
Schafberg
Rothen-
grund
Kapelle Patrona Bavariae
Stempelhöhe
422
Steinkopf
wald
kamm
Scharfenstein
Ohlenberg
An den
sieben Wegen
Rabengrundkopf
395
Marienkirche
Friedhof
Ortsteil
Hohl
(zu Mömbris)
Beine
Elzernberg
Kirschengrund
Erlen
Konradsgrund
Langer
Grund
Ortsteil
Reichenbach
(zu Mömbris)
Reichenbacher-
mühle
Pfahl-
loch
Winterhecke
Ortsteil
Rückersbach
(zu Johannesberg)
Bangerts-
grund
Taubenhöhe
Hunds-
stück
Mühlberg
Kirch-
grund
Hart
Johannesberg
Hütten-
grund
Holler-
hecke
Kläranlage
Sternberg
Alte Grube
63867
Stephans-
grund
Königstein
382
Walsplatte
Stern-
grund
Selles
1 = Hartenberg
1 = Gunzenbacher Weg

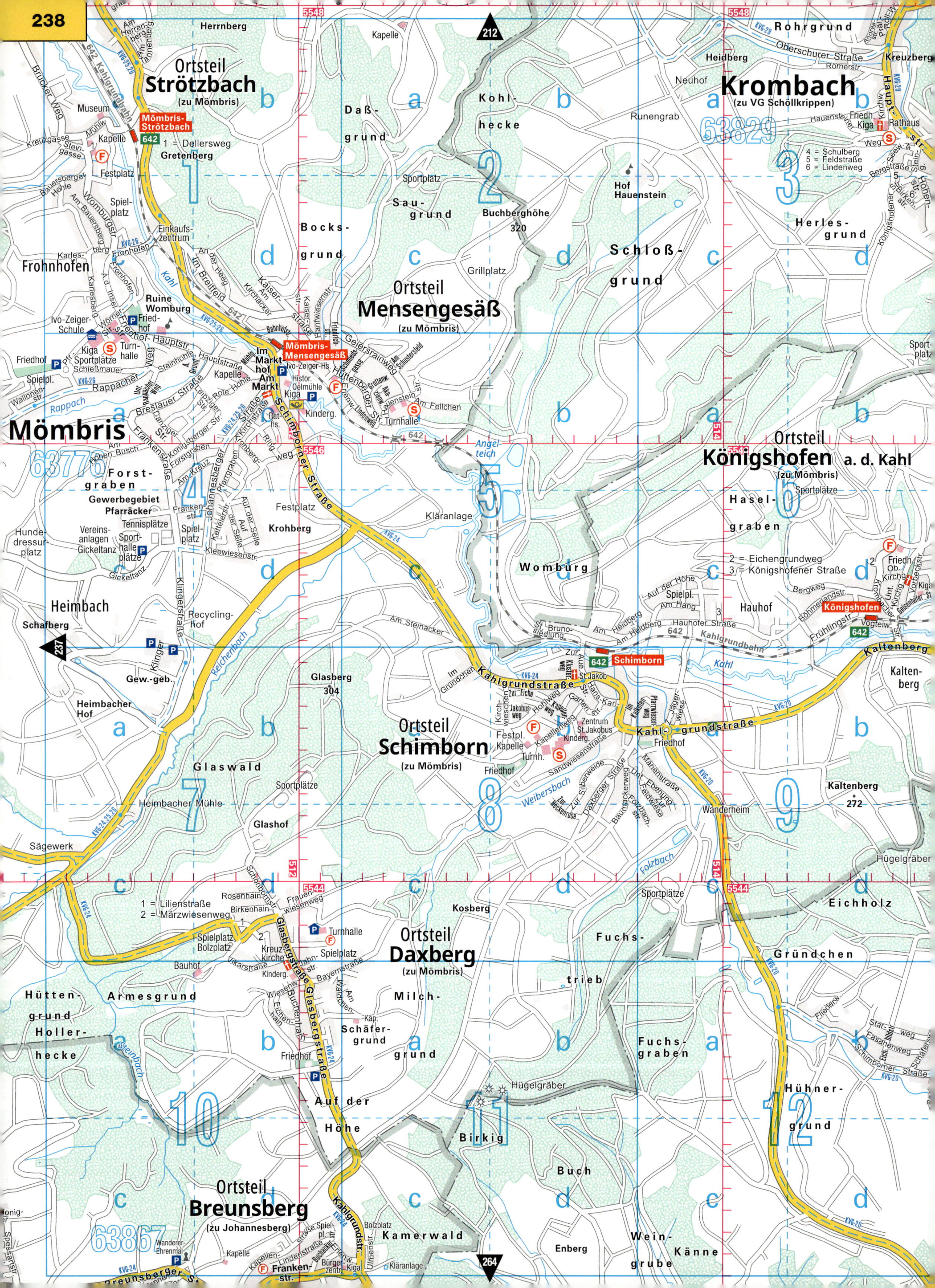
Ortsteil Strötzbach (zu Mömbris)
Ortsteil Mensengesäß (zu Mömbris)
Krombach (zu VG Schöllkrippen)
63829
Mömbris
63776
Ortsteil Königshofen a. d. Kahl (zu Mömbris)
Ortsteil Schimborn (zu Mömbris)
Ortsteil Daxberg (zu Mömbris)
Ortsteil Breunsberg (zu Johannesberg)
63867
Herrnberg
Rohrgrund
Heidberg
Kreuzberg
Neuhof
Runengrab
Daßgrund
Kohlhecke
Saugrund
Bocksgrund
Buchberghöhe 320
Hof Hauenstein
Schloßgrund
Herlesgrund
Frohnhofen
Gretenberg
Ruine Womburg
Heimbach
Schafberg
Forstgraben
Gewerbegebiet Pfarräcker
Krohberg
Kläranlage
Wombūrg
Haselgraben
Hauhof
Kaltenberg
Kaltenberg 272
Glasberg 304
Glaswald
Glashof
Heimbacher Hof
Heimbacher Mühle
Sägewerk
Kosberg
Fuchstrieb
Eichholz
Gründchen
Hüttengrund
Hollerhecke
Armesgrund
Milchgrund
Schäfergrund
Fuchsgraben
Hühnergrund
Auf der Höhe
Birkig
Hügelgräber
Buch
Enberg
Kamerwald
Weingrube
Känne
1 = Dellersweg
4 = Schulberg
5 = Feldstraße
6 = Lindenweg
2 = Eichengrundweg
3 = Königshofener Straße
1 = Lilienstraße
2 = Märzwiesenweg
Mömbris-Strötzbach
Mömbris-Mensengesäß
Königshofen
Schimborn
Kahlgrundbahn
Kahlgrundstraße
Schimborner Straße
Glasbergstraße
Kahl
Rappach
Reichenbach
Weibersbach
Folzbach
Steinbach
Angelteich
Recycling-hof
Sportplatz
Grillplatz
Kapelle
Museum
Festplatz
Friedhof
Sportplätze
Turnhalle
Kiga
Rathaus
Wanderheim
212
237
264
642
1 2 3 4 5 6 7 8 9 10 11 12
5548 5546 5544 514 512

Schöllkrippen
63825
Sommerkahl
(zu VG Schöllkrippen)
Vormwald
Blankenbach
(zu VG Schöllkrippen)
Unter-sommerkahl
Ober-sommerkahl
Groß-blankenbach
Klein-blankenbach
Erlenbach
Ortsteil Eichenberg
(zu Sailauf)
Ortsteil Feldkahl
(zu Hösbach)
Ortsteil Rottenberg
(zu Hösbach)
63768
63869
(zu Heigenbrücken)
63877
Langenborn
Unterschur
Krümmig
Kreuzberg
Kalmus
Linsengrund
Weibersgrund
Ernstkirchen
Hof Schabernack
Josefshof
Am Heiligen
Kl.-Lache
Böhmesgrund
Grünbusch
Hirschborn
Dickbusch
Leitersberg 434
Kuppe
Höhe
Salzersgrund
Heslich
Katharinenhecke
Erbachshecken
Farbwald
Hügelgrab
Klosterberg 383
Mühlrain
Rohrgrund
Scheid
Roterde
Scherengrund
Busch
Gräfenberg 364
Pfarrhecke
Schwerspatgrube Marga
213
265

(zu Manubach)
Heilgarten
55413
(zu Oberdiebach)
214
Steinriegels
Am Heckenhof
Berlicher Bach
Magarethenhof
Kreuzmühle
Heil.-Kreuz-Kapelle
Friedhof
Hochlei
264
Oberheimbach
(zu VBG Rhein-Nahe)
55413
Heimbach
Forstbach
Kaltenkellerbach
Heiligkreuzbach
Langwiesbach
Breitwiesbach
Frohnwiesbach
Finkenho
Eckwald
Weißbach
Brunnen
Binger
Schutzhütten
Darustwald
Heideberg
Stinkborn
Am Bilsenborn
Schutzhütte
Aussichtsturm
627
Salzkopf
548
Eselstein
Forsthaus Lauschhütte
530
Rennberg
Ockenheimer
Hüttenwand
Kandricher Brunnen
Hügelgrab
Wald
Rod
Spitalkopf
Ingelheimer
An den drei Steinen
Binger
Morgenbach
Kaltwasser
Stadtwald
Binger Wiesen
Auerhahnkopf
574
Jakobskopf
574
Tiefenbach
Rothohl
Am Heßelborn
Heimbacher Weg
Buchenborner Kopf
493
55442
(zu Daxweiler)
55425
(zu Waldalgesheim)
Waldalgesheimer
(zu Warmsroth)
55442
Ockergrube
Bauwald
Geheimer Wald
266
Lindenkopf
Wald
449

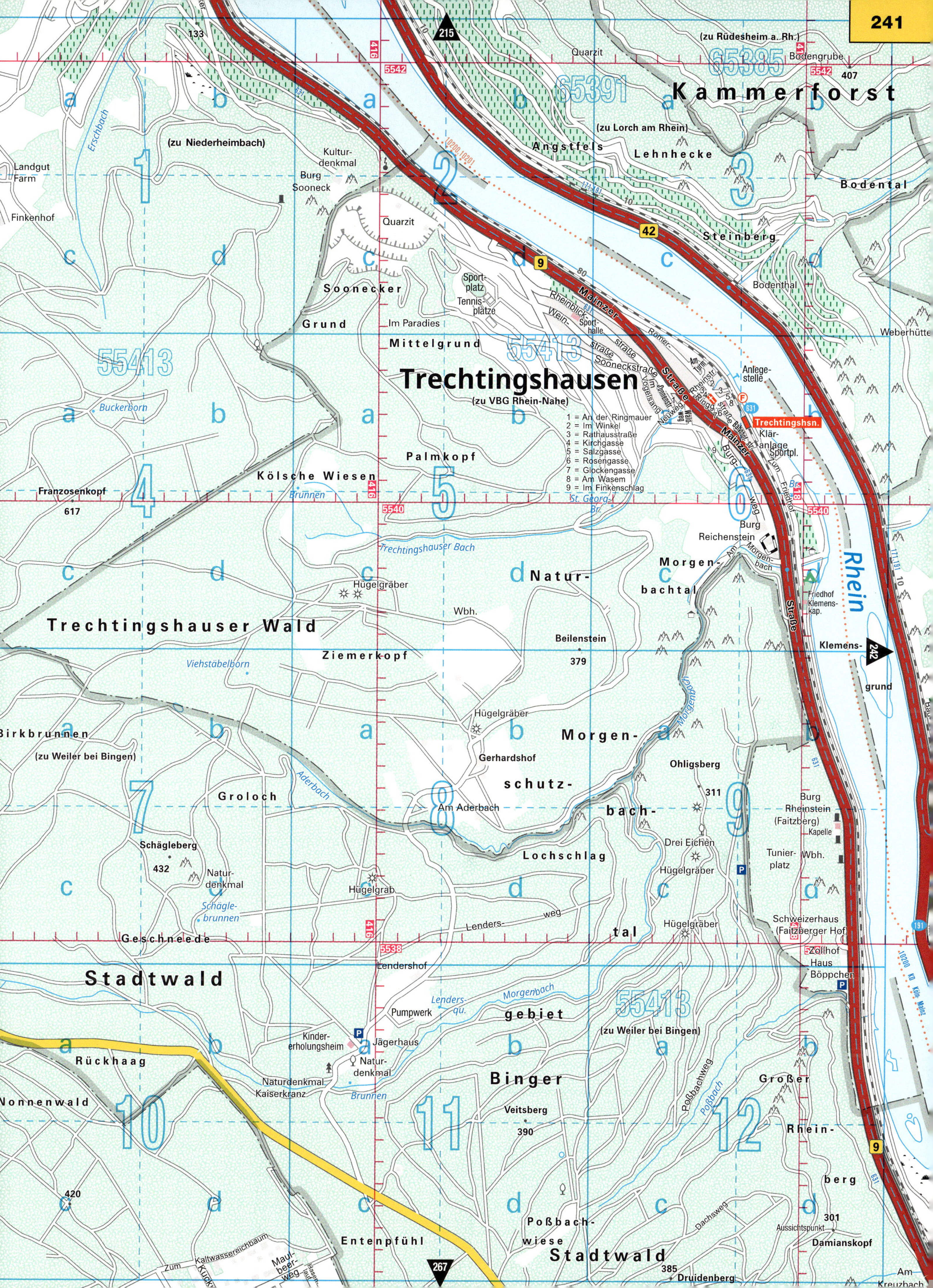

Kammerforst
(zu Rüdesheim a. Rh.)
Bodengrube
407
Quarzit
Angstfels
(zu Lorch am Rhein)
Lehnhecke
Bodental
Steinberg
Bodenthal
Weberhütte
133
(zu Niederheimbach)
Kulturdenkmal
Burg Sooneck
Landgut Farm
Finkenhof
Erschbach
Quarzit
Soonecker Grund
Im Paradies
Mittelgrund
Sportplatz
Tennisplätze
Mainzer Straße
Rheinblick
Weinstraße
Sooneckstraße
Trechtingshausen
(zu VBG Rhein-Nahe)
1 = An der Ringmauer
2 = Im Winkel
3 = Rathausstraße
4 = Kirchgasse
5 = Salzgasse
6 = Rosengasse
7 = Glockengasse
8 = Am Wasem
9 = Im Finkenschlag
Anlegestelle
Trechtingshsn.
Kläranlage
Sportpl.
Burgweg
Buckerborn
Palmkopf
Kölsche Wiesen
Brunnen
Franzosenkopf
617
St. Georg-Br.
Burg Reichenstein
Morgenbach
Morgenbachtal
Rhein
Friedhof
Klemens-Kap.
Trechtingshauser Bach
Hügelgräber
Natur-
Wbh.
Beilenstein
379
Klemensgrund
Trechtingshauser Wald
Ziemerkopf
Viehstäbelborn
Birkbrunnen
(zu Weiler bei Bingen)
Hügelgräber
Gerhardshof
Morgenschutzbach-
Ohligsberg
311
Groloch
Aderbach
Am Aderbach
Burg Rheinstein (Faitzberg)
Kapelle
Drei Eichen
Turnierplatz
Wbh.
Schägleberg
432
Naturdenkmal
Schäglebrunnen
Hügelgrab
Lochschlag
Hügelgräber
Lendersweg
tal
Hügelgräber
Schweizerhaus (Faitzberger Hof)
Geschneede
Stadtwald
Lendershof
Zollhof
Haus Böppchen
Pumpwerk
Lendersqu.
Morgenbach
gebiet
(zu Weiler bei Bingen)
Kindererholungsheim
Jägerhaus
Naturdenkmal
Rückhaag
Naturdenkmal Kaiserkranz
Brunnen
Binger
Großer
Nonnenwald
Veitsberg
390
Poßbachweg
Poßbach
Rheinberg
420
Poßbachwiese
Dachsweg
Aussichtspunkt
301
Damianskopf
Zum Kaltwassereichbaum
Maulbeerweg
Entenpfühl
Stadtwald
385
Druidenberg
Am Kreuzbach

Schweinskaut
216
Zimmersköpfe
500
329
Waldburghöhe
Kammerforst
Bodental
Forsthaus Kammerforst
Segelflug-gelände
Naturdenkmal Plageseiche
Forstrech
Brunnen
Hügel-gräber
Hügelgrab
Sälz
Schmalstrich
375
Weberhütte
414
Teufelskadrich
(zu Lorch am Rhein)
Quarzit
Rheinhöhenweg
Kammerforster Straße
Hügelgräber
342
Pump-werk
354
Kühtränker Kopf
291
Wbh.
Kühtränker Graben
Hörkopf
378
Nothgotteskopf
299
Horwitt
Hof Ebental (Reiterhof)
Bacharacher Kopf
342
Klemens-grund
Gaulskopf
Schafhof
St. Vincenzstift
Sonderpädagogisches Zentrum
Friedhof
Werkstätten f. Behinderte
Forsthaus Aulhausen
Auf dem Ebental
Ebental-Sticherfeld
Petershof
Ebental
Obstgut Heim
Schneperflur
Landhs. Kenner (Obstgut König)
Jugendheim Marienhausen
Kap.
Sportpl.
Panoramaweg
Hauptstraße
Vincenzstraße
Am Fichtenkopf
1 = Lindenplatz
Ponyland
Altes Eben-tal
NSG
Natur-schutzgebiet
Eckerstein-kopf
248
Staats-weingut
Eichbach
Behlungsbach
Schloßstraße
Auf der Röder (Wochenendgebiet)
Stadtteil Aulhausen (zu Rüdesheim a. Rh.)
Staatsforst
Rüdesheim
Hügelgräber
Wochenend-hauser
An der Ulm
Kapelle
Zum
1 = Am Rathaus
2 = Augustinsweg
3 = Neugasse
4 = Am Großen Tor
5 = Dreikönigstraße
6 = Rheingasse
7 = Am Alten Bahnhof
8 = Poststraße
Hollenberg
Aulhauser Straße
Waldstraße
9 = Kleine Rheingasse
Sesselift
Berg-station
Stadtteil Assmannshausen (zu Rüdesheim a. Rh.)
Assmannshsn.
Wildgehege
Sandallee
Große
Allee
Eichberg
318
Quarzit
Niederwald
Jagdschloss Niederwald
Fichtenkopf
348
Hügelgrab
Am Niederwald
Berg-station
Kabinenbahn
ehem. Tempel
Niederwald-Denkmal
Rebenhaus
Rüdesheim am Rhein
Frankental
Quarzit
Losberg
185
Zauberhöhle
Naturschutz-gebiet
Adler-warte
Rittersaal
Aussichtsturm
Rossel
Eremitage
Aulhausener Wald
Ramstein
188
Rotland
Rhein
Zweites Fahrwasser
Binger Loch
(zu Weiler bei Bingen)
Kreuzbach
Leingipfel
268
Ruine Ehrenfels
Rüdesheim (Rh.)
42

Vorderwald
Sandkopf
370
Steinbruch Quarzit
Zwirnwald
Jakobsborn
65375
(zu Oestrich-Winkel)
Birkenkopf
314
Bienenkopf
Aulgrub
Hügelgräber
Viertental
Hügelgrab
Pumpwerk
Natur-denkmal
328
Blaubach
Elsterbach
Abtswald
Unner
Wasserwerk
Haus Neugebauer
Mirabellenbaum
Ketteler Kapelle
Friedhof
Kloster Marienthal
Schleifmühle
Schloßheide
Schießstand
Ruine Plixholz
Schutzhütte
1 = Im Talerwald
2 = Von-Ingelheim-Weg
3 = Szerencsplatz
4 = Wilhelm-Klunk-Weg
5 = Martin-Kilian-Weg
6 = Dr.-Wolfgang-Schoene-Weg
7 = Franziskanerplatz
Stadtteil Marienthal
(zu Geisenheim)
Reussische Mühle
Ostermühle
Höllenweg
Schloss Hansenberg
Internat
Hugelgräber
Wbh.
Antonius-kapelle
Nothgottes
ehem. Kloster
Kapelle
Grillhütte
Marienthaler Straße
Natur-schutz-gebiet
Mühlberg
Stadtteil Johannisberg
(zu Geisenheim)
199
Weihermühle
Elstermühle
Kloster
244
1 = Am Steinstück
2 = Obere Brunnengasse
3 = Königswarter Straße
4 = Siebenbürgener Straße
8 = Tannenhof
9 = Am Rüdacker
1 = Peter-Scherer-Straße
2 = Peter-Cornelius-Straße
NSG
Auf der Heide
Trift
Nonnenmühle
Nothgottesstraße
1=Kiefernweg
2=Zum Ebental
3=Tannenweg
4=Lärchenweg
5=Windecker Weg
6=Müller-Thurgau-Weg
7=Limbacher Weg
Neuer Friedhof
Wertstoffhof
Geisenheim
65366
Grund
Kilzberg
1=Bierstraße
2=Schönbornstraße
3=Burggraben
4=Am Fronhof
5=Kreuzstraße
6=Lindenplatz
Abtei St. Hildegard
Kleeberg
Stadtteil Windeck
(zu Rüdesheim a. Rh.)
8=Jahnstraße
9=Küferweg
10=Im Floß
11=An der Turnhalle
Mückenberg
Umspannwerk
Erbslöh Grube
NSG Rotenberg
153
Industriestraße
Industriegebiet
42a
42
Stadtteil Eibingen
(zu Rüdesheim a. Rh.)
Metzelberg
Rheingau-Stadion
Lehranstalt f. Wein- u. Gartenbau
ADAC
Geisenheim
Schönbornsche Aue
Kleingärten
Rüdesheimer Straße
Rheingau-Hallenbad
Kläranl.
Monrepos Park
Am Rüdesheimer Hafen
Kläranlage
Freizeitanl. "An der Lach"
Sportpl.
Minigolf
Lachau
Echterquelle
Fliegerdenkmal
Anlegestelle
Rhein
Natur-schutz-gebiet
7 = Ursulinenplatz
8 = Freybergstraße
9 = Karl-Ehrhard-Straße
10 = Bischof-Blum-Platz
11 = Steinheimergarten
12 = Wiesenstraße
13 = Schmittspfad
14 = Platz der Deutschen Einheit
15 = St.-Barbara-Weg
16 = Dom-Passage
Cityplan S.35
Rüdesheimer Aue
269

Stadtteil Hallgarten
(zu Oestrich-Winkel)
Stadtteil Oestrich
(zu Oestrich-Winkel)
Oestrich-Winkel
65375
Stadtteil Johannisberg
(zu Geisenheim)
Stadtteil Winkel
(zu Oestrich-Winkel)
Stadtteil Mittelheim
(zu Oestrich-Winkel)
Stadtteil Nord
(Frei-Weinheim)
(zu Ingelheim am Rhein)
Stadtteil Sporkenheim
(zu Ingelheim am Rhein)
Rhein
Hohe Eichen
Kohlrech
Goldberg
Klosterberg
Schönhell
Doosberg
Bienenkopf
Waldäcker
Honigberg
Schloss Vollrads
Schloßberg
Dachsberg
Gutenberg
Edelmann
Lenchen
Eisenberg
Schloss Johannisberg
Winkeler NSG
Aue
Fulder-Aue
Harter-Au
Weinheimer Hecken
Dreispitz
Pfingstwiesen
Hollerberg
Natur-schutz-gebiet
Schönbornsche Aue
"Rheinwiesen"
Anschlussstelle Ingelheim-West
Rheinauen-Erlebnispfad
Altrhein
65366
42
42a
60
E42
15
218
243
270

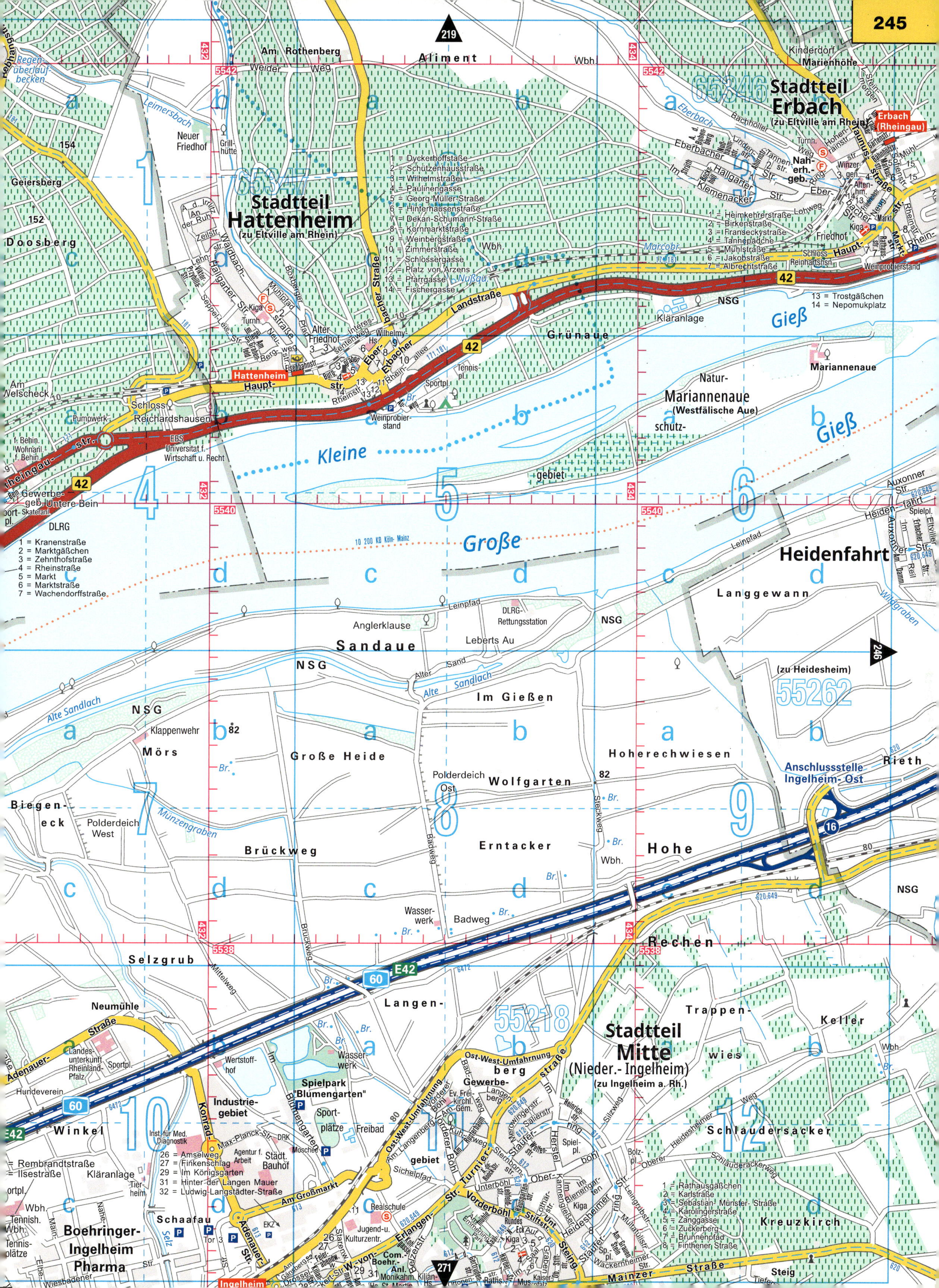
Stadtteil Hattenheim
(zu Eltville am Rhein)
65347
Stadtteil Erbach
(zu Eltville am Rhein)
65346
1 = Dyckerhoffstraße
2 = Schützenhausstraße
3 = Wilhelmstraße
4 = Paulinengasse
5 = Georg-Müller-Straße
6 = Hinterhausenstraße
7 = Dekan-Schumann-Straße
8 = Kornmarktstraße
9 = Weinbergstraße
10 = Zimmerstraße
11 = Schlossergasse
12 = Platz von Arzens
13 = Pfarrgasse
14 = Fischergasse
1 = Heimkehrerstraße
2 = Birkenstraße
3 = Franseckystraße
4 = Tannepfädche
5 = Mühlstraße
6 = Jakobstraße
7 = Albrechtstraße
13 = Trostgäßchen
14 = Nepomukplatz
1 = Kranenstraße
2 = Marktgäßchen
3 = Zehnthofstraße
4 = Rheinstraße
5 = Markt
6 = Marktstraße
7 = Wachendorffstraße
Aliment
Am Rothenberg
Doosberg
Geiersberg
Neuer Friedhof
Schloss Reichardshausen
EBS Universität f. Wirtschaft u. Recht
Grünaue
Natur-Mariannenaue (Westfälische Aue) schutz-gebiet
Mariannenaue
Kleine Gieß
Große Gieß
Heidenfahrt
Langgewann
Sandaue
Anglerklause
Leberts Au
DLRG-Rettungsstation
Alte Sandlach
Im Gießen
Mörs
Große Heide
Polderdeich Ost
Wolfgarten
Hoherechwiesen
Anschlussstelle Ingelheim-Ost
Rieth
Biegeneck
Polderdeich West
Münzengraben
Brückweg
Erntacker
Hohe
Badweg
Selzgrub
Rechen
Neumühle
Langen-berg
Trappen-wies
Keller
Stadtteil Mitte (Nieder.-Ingelheim) (zu Ingelheim a. Rh.)
55218
(zu Heidesheim)
55262
Spielpark "Blumengarten"
Industrie-gebiet
Winkel
Schlaudersäcker
Kreuzkirch
26 = Amselweg
27 = Finkenschlag
29 = Im Königsgarten
31 = Hinter der Langen Mauer
32 = Ludwig-Langstädter-Straße
1 = Rathausgäßchen
2 = Karlstraße
3 = Sebastian-Münster-Straße
4 = Karolingerstraße
5 = Zanggasse
6 = Zuckerberg
7 = Brunnenpfad
8 = Finthener Straße
Boehringer-Ingelheim Pharma
Schaafau
Mainzer Straße
Steig
219
246
271

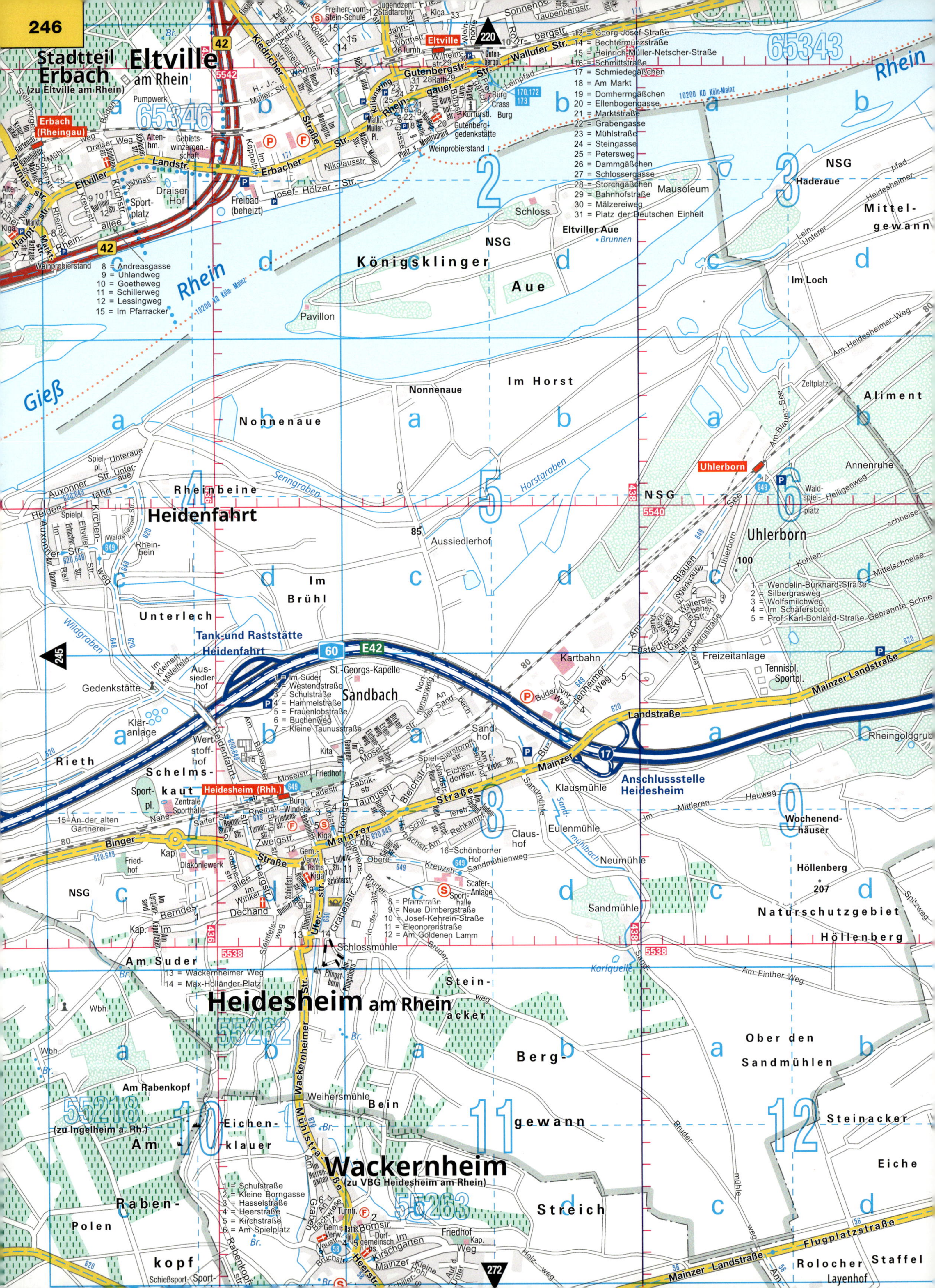

Stadtteil Erbach
(zu Eltville am Rhein)
Eltville am Rhein
65346
65343
Erbach (Rheingau)
Eltville
Rhein
Gieß
Königsklinger Aue
Schloss
Mausoleum
Eltviller Aue
Pavillon
Haderaue
Mittelgewann
Im Loch
Nonnenaue
Im Horst
Aliment
Rheinbeine
Heidenfahrt
Senngraben
Horstgraben
Aussiedlerhof
Uhlerborn
Annenruhe
Unterlech
Im Brühl
Tank-und Raststätte Heidenfahrt
Wildgraben
Gedenkstätte
Kläranlage
Rieth
Schelmskaut
Sandbach
St.-Georgs-Kapelle
Kartbahn
Freizeitanlage
Mainzer Landstraße
Anschlussstelle Heidesheim
Rheingoldgrub
Heidesheim (Rhh.)
Binger Straße
Mainzer Straße
Klausmühle
Eulenmühle
Neumühle
Sandmühle
Wochenendhäuser
Höllenberg
Naturschutzgebiet Höllenberg
Karlquelle
Schlossmühle
Am Suder
Heidesheim am Rhein
55262
Steinacker
Bergewann
Ober den Sandmühlen
Steinacker
Eiche
Am Rabenkopf
55218
(zu Ingelheim a. Rh.)
Eichenklauer
Weihersmühle
Wackernheim
(zu VBG Heidesheim am Rhein)
55263
Rabenkopf
Polen
Streich
Flugplatzstraße
Rolocher
Staffel
Layenhof
13 = Georg-Josef-Straße
14 = Bechtermünzstraße
15 = Heinrich-Müller-Netscher-Straße
16 = Schmittstraße
17 = Schmiedegäßchen
18 = Am Markt
19 = Domherrngäßchen
20 = Ellenbogengasse
21 = Marktstraße
22 = Grabengasse
23 = Mühlstraße
24 = Steingasse
25 = Petersweg
26 = Dammgäßchen
27 = Schlossergasse
28 = Storchgäßchen
29 = Bahnhofstraße
30 = Mälzereiweg
31 = Platz der Deutschen Einheit
8 = Andreasgasse
9 = Uhlandweg
10 = Goetheweg
11 = Schillerweg
12 = Lessingweg
15 = Im Pfarracker
1 = Wendelin-Burkhard-Straße
2 = Silbergrasweg
3 = Wolfsmilchweg
4 = Im Schäfersborn
5 = Prof.-Karl-Bohland-Straße
1 = Im Suder
2 = Westendstraße
3 = Schulstraße
4 = Hammelstraße
5 = Frauenlobstraße
6 = Buchenweg
7 = Kleine Taunusstraße
15=An der alten Gärtnerei
8 = Pfarrstraße
9 = Neue Dimbergstraße
10 = Josef-Kehrein-Straße
11 = Eleonorenstraße
12 = Am Goldenen Lamm
16=Schönborner Hof
13 = Wackernheimer Weg
14 = Max-Holländer-Platz
1 = Schulstraße
2 = Kleine Borngasse
3 = Hasselstraße
4 = Heerstraße
5 = Kirchstraße
6 = Am Spielplatz

245
220
272

Budenheim
55257
Golfplatz
Golfplatz Driving-Range
Freizeit-, Sport- und Erholungspark
Waldfriedhof Mainz-Mombach
Stadtteil Mombach (zu Mainz)
Naturschutzgebiet (Mainzer Sandflora)
55120
Großer Sand
Anschlussst. MZ-Mombach
Kläranlage
Mainzer Landstraße
Anschlussstelle Mainz-Gonsenheim
Aliment
Eulenrech
Ernstborn
Schloss Waldthausen
Eichenwäldchen
Lenneberg
Aussichtsturm
Waldgaststätte Lenneberg
Franz-Stein-Hütte
Waldfriedhof Mainz Gonsenheim
Binger Straße
Heidesheimer Straße
Bernhardsborn
Dreieck Mainz
Stadtteil Finthen (zu Mainz)
55126
Wolfskaut
Bubenbaum
Siedlung Römerquelle
Stadtteil Gonsenheim (zu Mainz)
55124
Mz.-Gonsenheim
Fintherberg
AS Mainz-Finthen
Saarstraße
55128 (zu Mainz)
Draisberg
Draisberghof
Roth
Flugplatzstraße
Kurmainzstraße
Stadtteil Drais (zu Mainz)
55127
Kaltenberg
Haferpein
Schneiderberg
Bezirksfriedhof West
1=Goethestraße
2=Zehnthofstraße
3=Mittlere Rheinstraße
4=Untere Rheinstraße
5=Mittelstraße
6=Sackgasse
7=Budenbergstraße
8=Nordstraße
9=Untere Bahnstraße
10=Bertolt-Brecht-Straße
11=Georg-Büchner-Straße
12=Gutenbergstraße
13=Triftstraße
14=Kettelerstraße
15=Geschwister-Scholl-Straße
16=Schäferstraße
17=Neulandstraße
18=Birkenweg
19=Eichenweg
20=Buchenweg
21=Kiefernweg
22=Uhlandstraße
23=In der Tränk
1=An der Wildbachbrücke
1=Fanny-de-la-Roche-Weg
3=Veitstraße
2=Agnes-Miegel-Straße
1=Auf dem Driesch
8=Auf der Schwalbenhohl
5=Adam-Riese-Str.
221
248
273

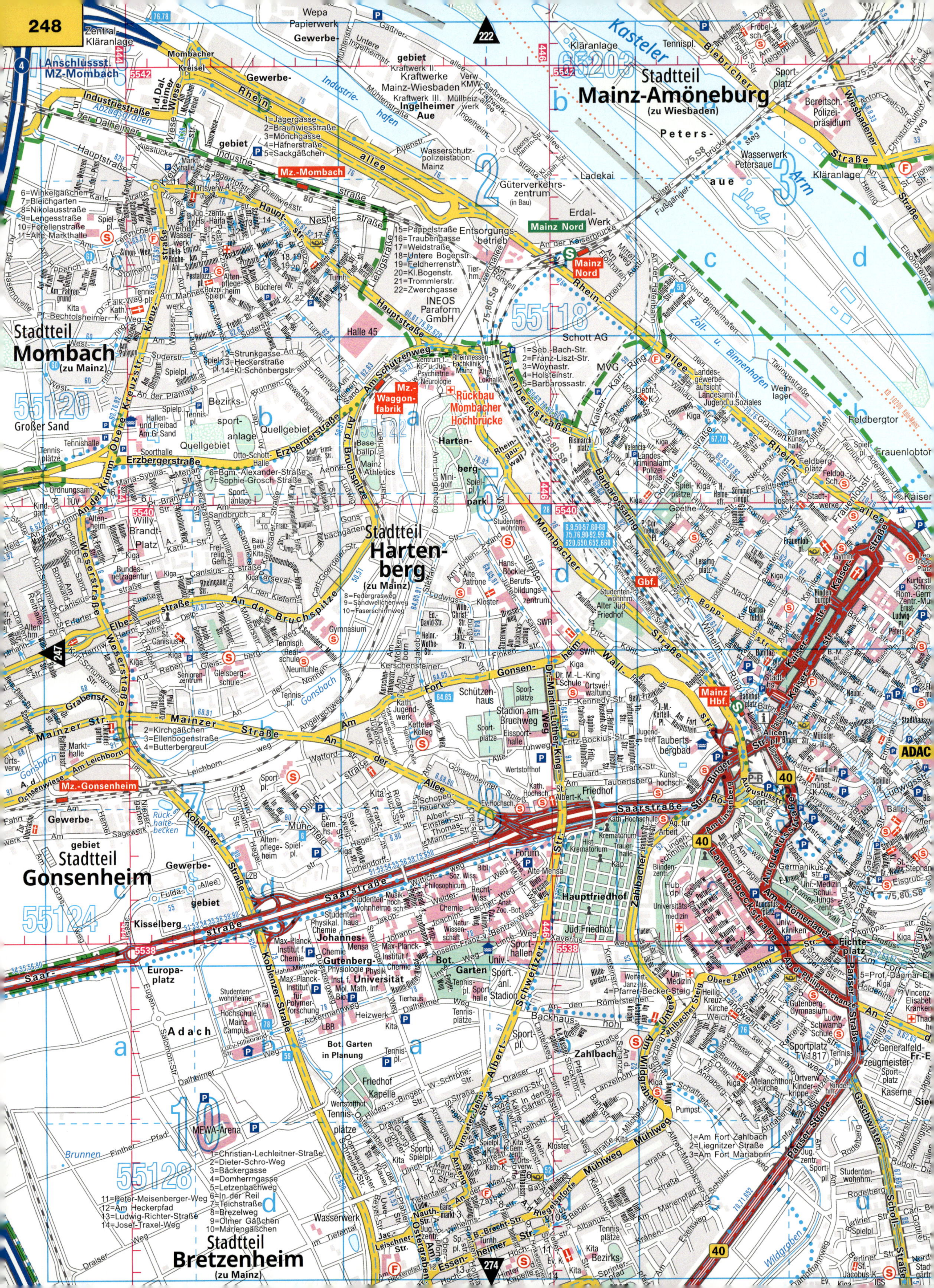
Stadtteil Mainz-Amöneburg
(zu Wiesbaden)
Kasteler
Peters-
aue
Arm
Stadtteil Mombach
(zu Mainz)
Stadtteil Hartenberg
(zu Mainz)
Stadtteil Gonsenheim
Stadtteil Bretzenheim
(zu Mainz)
Anschlussst. MZ-Mombach
Mz.-Mombach
Mz.-Gonsenheim
Mainz Nord
Mainz Hbf.
Mz.-Waggonfabrik
Rückbau Mombacher Hochbrücke
Industriehafen
Industriestraße
Rheinallee
Hauptstraße
Kraftwerke Mainz-Wiesbaden
Ingelheimer Aue
Güterverkehrszentrum
(in Bau)
Entsorgungsbetrieb
INEOS Paraform GmbH
Halle 45
Schott AG
Zoll- u. Binnenhafen
Kaiser-Karl-Ring
Barbarossaring
Mombacher Straße
Am Schützenweg
Erzbergerstraße
Kreuzstraße
Weserstraße
Elbestraße
Mainzer Straße
An der Bruchspitze
Saarstraße
Koblenzer Straße
Dr.-Martin-Luther-King-Weg
Johannes-Gutenberg-Universität
Europaplatz
Kisselberg
Adach
MEWA-Arena
Hauptfriedhof
Jüd. Friedhof
Zahlbacher Steig
Am Fort Gonsenheim
Stadion am Bruchweg
Bot. Garten
Sportplatz T.V.1817
Pariser Straße
Geschwister-Scholl-Str.
Kaiserstraße
Frauenlobstraße
Feldbergplatz
Fichteplatz
Augustusstraße
Mühlweg
Mainz-Amöneburg
Elsa-Brändström-Str.
ADAC
Gbf.
Willy-Brandt-Platz
Kläranlage
Großer Sand
Gewerbegebiet
Wallstraße
Binger Str.
Universitätsmedizin
1=Jägergasse
2=Braunwiesstraße
3=Mönchgasse
4=Häfnerstraße
5=Sackgäßchen
6=Winkelgäßchen
7=Bleichgarten
8=Nikolausstraße
9=Lengesstraße
10=Forellenstraße
11=Alte Marktthalle
12=Strunkgasse
13=Heckerstraße
14=Kl.Schönbergstr.
15=Pappelstraße
16=Traubengasse
17=Weidstraße
18=Untere Bogenstr.
19=Feldherrenstr.
20=Kl. Bogenstr.
21=Trommlerstr.
22=Zwerchgasse
1=Seb.-Bach-Str.
2=Franz-Liszt-Str.
3=Woynastr.
4=Holsteinstr.
5=Barbarossastr.
2=Kirchgäßchen
3=Ellenbogenstraße
4=Butterbergreul
6=Bgm.-Alexander-Straße
7=Sophie-Grosch-Straße
8=Federgrasweg
9=Sandwelchenweg
10=Faserschirmweg
1=Christian-Lechleitner-Straße
2=Dieter-Schro-Weg
3=Bäckergasse
4=Dommerngasse
5=Letzenbachweg
6=In der Reil
7=Teichstraße
8=Brezelweg
9=Ölmer Gäßchen
10=Mariengäßchen
11=Peter-Meisenberger-Weg
12=Am Heckerpfad
13=Ludwig-Richter-Straße
14=Josef-Traxel-Weg
1=Am Fort Zahlbach
2=Liegnitzer Straße
3=Am Fort Mariaborn
5=Prof.-Dagmar-Ei
55120
55122
55124
55126
55118
65203
55116
5542
5540
5538
40
222
247
274

AS Mainz-Kastel
Süd-Main-Schnellweg
Stadtteil
Mainz-Kastel
(zu Wiesbaden)
Stadtteil
Mainz-Kostheim
(zu Wiesbaden)
Mainz
Ortsteil
Gustavsburg
(zu Ginsheim-Gustavsburg)
Ginsheim-
Gustavsburg
Stadtteil
Weisenau
(zu Mainz)
Anschlussst.
Hochheim
Nord
Käferberg
Sternenhof
Neubau
Neuberg
Felsenkeller
Donnermühle
Hochheimer Berg
Sendemast SWR
Industriegebiet
Wasserwerk
Rhein
Main
Floßhafen
Maaraue
Mainspitze
Bleiau
Acker
Zitadelle
Stadtpark
Volkspark
Kettler-Siedl.
Pumpwerk
Klärwerk
Bauhof
Hörmann
BP-Tanklager
Gewerbegebiet "Im Weiherfeld"
Mainz-Kastel
Mainz-Gustavsburg
Mainz-Röm.Theater
Cityplan S.36
Bruchstück Reith.
Theodor-Heuss-Brücke
Brückenkopf
Rotes Tor
Brückentor
Reduit
Hochheimer Straße
Otto-Suhr-Ring
Boelckestraße
Uthmannstraße
Landstraße
Hauptstraße
Darmstädter Landstraße
Ginsheimer Str.
Wormser Str.
Weisenauer Straße
Göttelmannstraße
Salvatorstraße
Hechtsheimer Str.
Wiesbadener Straße
Rampenstraße
Steinern Straße
Hochwasserdamm
Fußgänger- und Radfahrersteg
1=Nikolausstraße
2=Am Nickelsborn
3=Am Pförtchen
4=Frühlingsstraße
5=Ankertorstraße
6=Neustraße
7=Grohanlage
8=Kleine Kirchenstraße
9=Schwanengasse
10=Kronenstraße
11=Josefinenanl.
12=Elisabethenstraße
13=Blücherstr.
1=Kiedricher Straße
1=Kaiserstraße
2=An der Kieskaut
3=Vordere Steinchenstraße
4=Mittlere Steinchenstraße
5=Schulstraße
6=Vordere Kirschgartenstraße
7=Mittlere Kirschgartenstraße
8=Margarethenstraße
9=Kleine Burgstraße
10=Rosengasse
11=Alte Winterstraße
12=Camozzistraße
13=Kleine Taunusstraße
14=Nasengasse
15=Kilianstraße
16=Malnpfortstraße
17=Maaraustraße
18=Kleine Berberichstr.
1=Körnerstraße
2=Am Altern Fährhaus
3=Zeppelinstraße
4=Wichernweg
5=Am-Alten-Haagweg
6=Im Wiesenpfad
7=Am Kupferbach
8=Augsburger Straße
9=Cramer-Klett-Platz
10=Wilhelm-Busch-Straße
11=Müngstener Straße
1=Hof Jungenfeld
2=Engelgasse
3=Kannengasse
4=Kleine Fruchtstraße
5=Karl-Trau-Straße
6=Unterdorfstraße
7=Erich-Ollenhauer-Straße
16=Robert-Bosch-Straße
17=Gräfin-Dönhoff-Straße
1=Franziska-Kessel-Straße
55252
55246
55116
55131
55130
65462

224
Hochheim
am Main
Mittelfeld
Landwehrgewann
Alter
Wickerer Weg
Platte
Kreismüll-
deponie
Mülldeponie
Recyclinghof
Biomassekraftwerk
Solarpark
Schanzengewann
Spießgewann
Gewerbe-
gebiet
Oststadt
Weststadt
Dorotheenhof
Steinern-
kreuz
AS Hochheim-
Süd
Anschlussst.
Hochheim
Nord
(zu Wiesbaden)
Im Lannert
Stiehlweg
Im
Neuenberg
Königin-
Victoria-Berg
Victoriabrunnen
Wieserruh
Gärtnerei
Hochheim
Wasserwerk
"Im Mörsch"
Main
Anschlussst.
Gustavsburg
Dr.-Hans-
Böckler-Siedlung
Ginsheim-
Gustavsburg
Tagweide
Mainspitz-
Dreieck
AS Ginsheim-
Gustavsburg
Hof am
Silbersee
Bischofsheim
Mainz-
Bischofsheim
Güterbhf.
Opel-
Verladebahnhf.
Opelwerke
Peking
Margarethen-
hof
Wieland-
hof
Müll-
kompostierungs-
anlage
Geflügel- u.
Kaninchenzucht-
anlage
Umspann-
werk
Mainzer Straße
Frankfurter Straße
Flörsheimer Straße
Darmstädter Straße
Ginsheimer Landstraße
249
276

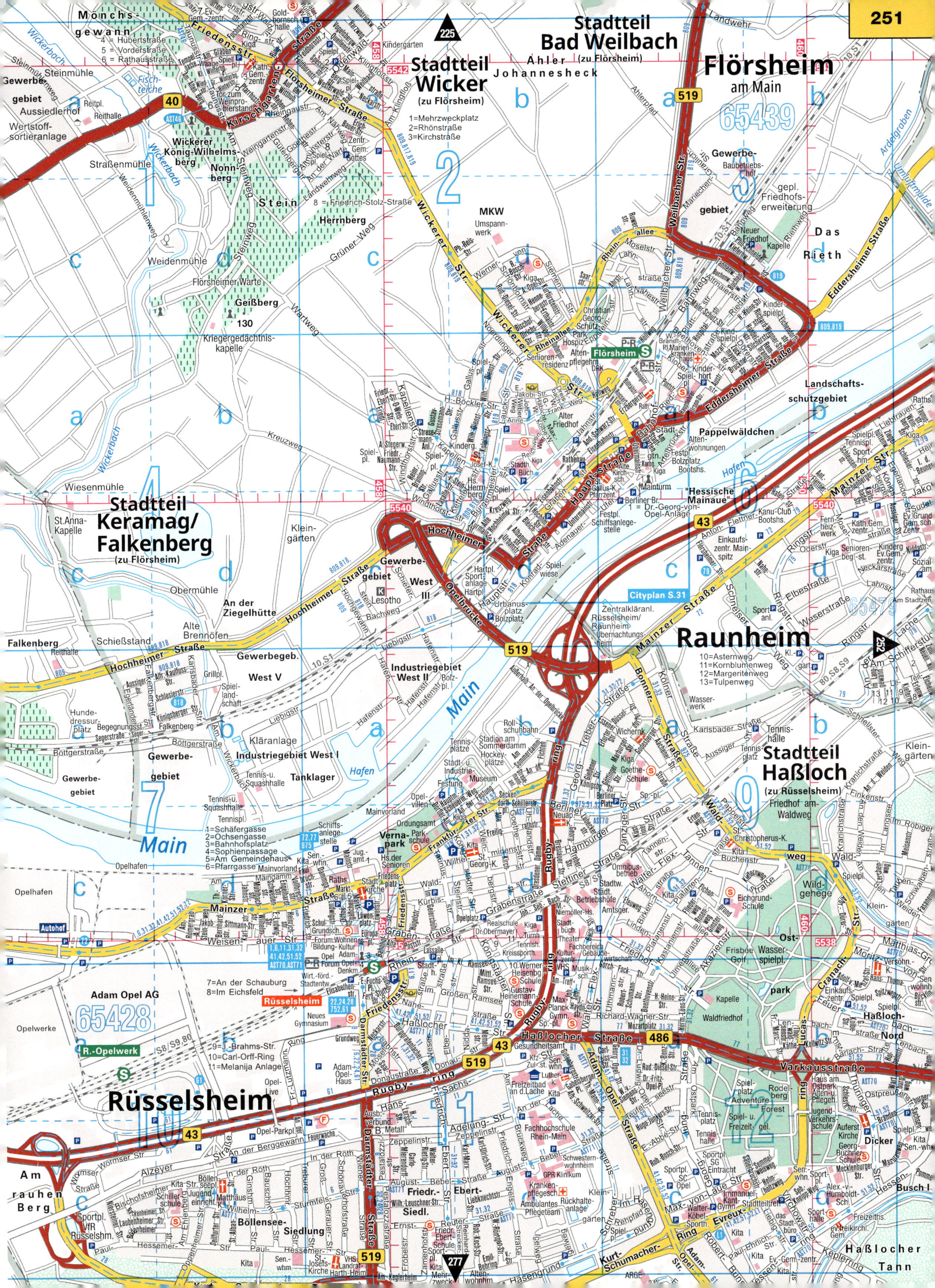
225
Stadtteil Bad Weilbach (zu Flörsheim)
Flörsheim am Main
65439
Stadtteil Wicker (zu Flörsheim)
1=Mehrzweckplatz
2=Rhönstraße
3=Kirchstraße
Ahler Johannesheck
Mönchsgewann
4 = Hubertstraße
5 = Vorderstraße
6 = Rathausstraße
Steinmühle
Aussiedlerhof
Wertstoffsortieranlage
Wickerer König-Wilhelms-berg
Nonnberg
Stein
8 = Friedrich-Stolz-Straße
Herrnberg
MKW Umspannwerk
Straßenmühle
Weidenmühle
Flörsheimer Warte
Geißberg
130
Kriegergedächtniskapelle
Gewerbegebiet
gepl. Friedhofserweiterung
Das Rieth
Flörsheim
Landschaftsschutzgebiet
Pappelwäldchen
1 = Dr.-Georg-von-Opel-Anlage
"Hessische Mainaue"
Wiesenmühle
St.Anna-Kapelle
Stadtteil Keramag/ Falkenberg (zu Flörsheim)
Kleingärten
Obermühle
An der Ziegelhütte
Gewerbegebiet West III
Alte Brennöfen
Schießstand
Falkenberg
Gewerbegeb. West V
Industriegebiet West II
Cityplan S.31
Zentralkläranl. Rüsselsheim/ Raunheim
Raunheim
10=Asternweg
11=Förmannweg
12=Margeritenweg
13=Tulpenweg
252
Main
Kläranlage
Industriegebiet West I
Tanklager
Hafen
Gewerbegebiet
Stadtteil Haßloch (zu Rüsselsheim)
Friedhof am Waldweg
1=Schäfergasse
2=Ochsengasse
3=Bahnhofsplatz
4=Sophienpassage
5=Am Gemeindehaus
6=Pfarrgasse
Opelhafen
Verna-park
Autohof
7=An der Schauburg
8=Im Eichsfeld
Adam Opel AG
65428
Rüsselsheim
Opelwerk
R.-Opelwerk
9=J.-Brahms-Str.
10=Carl-Orff-Ring
11=Melanija Anlage
Rüsselsheim
Ost-park
Waldfriedhof
Haßloch-Nord
Am rauhen Berg
Böllensee-Siedlung
277
Haßlocher Tann
Dicker Busch I
Hochheimer Straße
Mainzer Straße
Haßlocher Straße
Varkausstraße
Darmstädter Straße
Rugbyring
519
43
486
40
5540
5542
5538
458
459
460

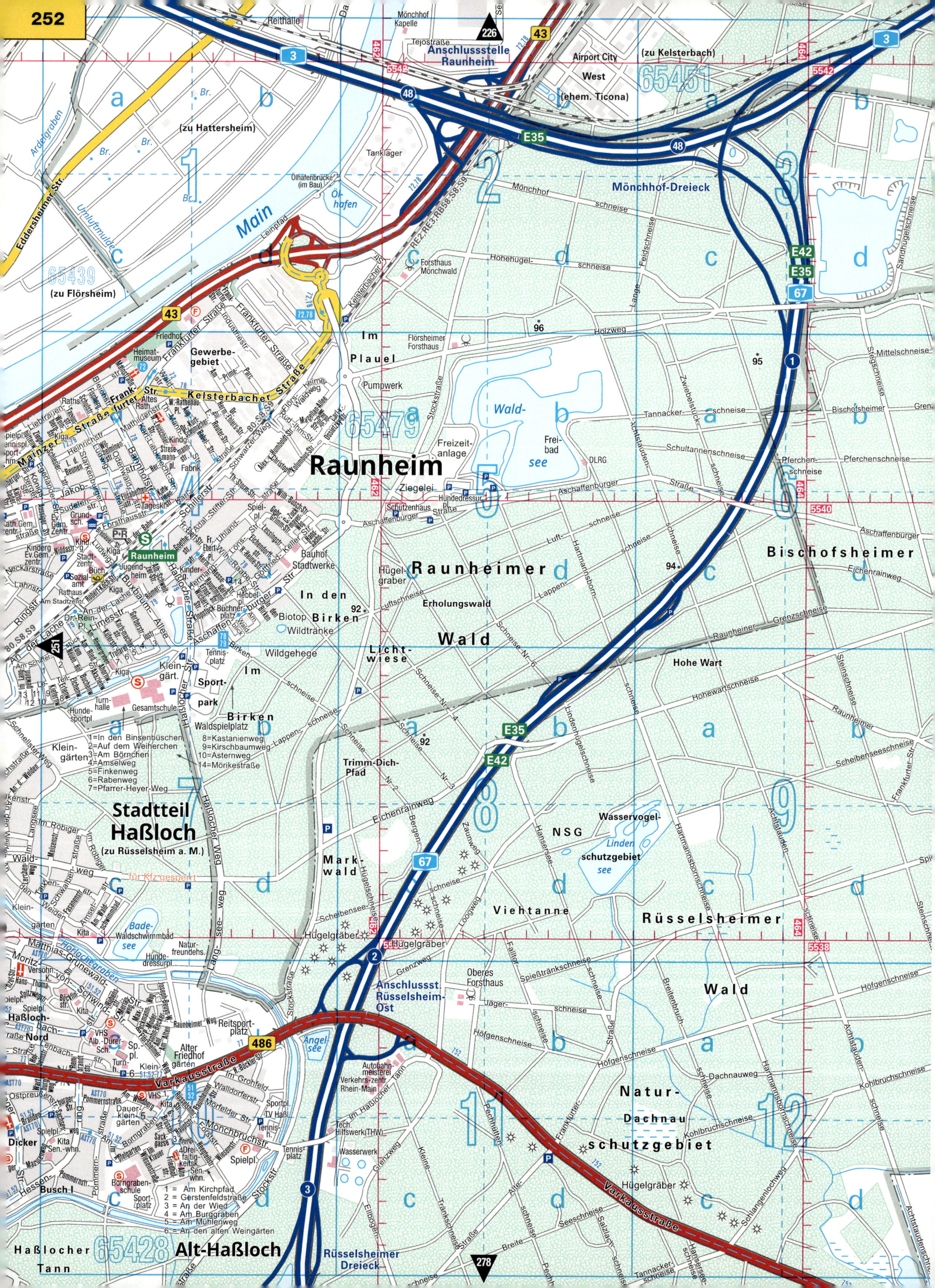
Anschlussstelle Raunheim
Mönchhof-Dreieck
Airport City West
(zu Kelsterbach)
(ehem. Ticona)
(zu Hattersheim)
(zu Flörsheim)
Main
Eddersheimer Str.
Forsthaus Mönchwald
Flörsheimer Forsthaus
Im Plauel
Pumpwerk
Waldsee
Freizeitanlage
Freibad
Raunheim
Ziegelei
Schützenhaus
Hundedressur
Raunheimer Wald
Erholungswald
Lichtwiese
In den Birken
Biotop Wildtränke
Wildgehege
Sportpark
Bischofsheimer
Hohe Wart
Im Birken
Waldspielplatz
Trimm-Dich-Pfad
Stadtteil Haßloch (zu Rüsselsheim a. M.)
Markwald
NSG Wasservogelschutzgebiet
Lindensee
Viehtanne
Rüsselsheimer Wald
Hügelgräber
Anschlussst. Rüsselsheim-Ost
Oberes Forsthaus
Autobahnmeisterei Verkehrs-zentr. Rhein-Main
Tech. Hilfswerk (THW)
Wasserwerk
Natur-schutzgebiet
Dachnau
Verkaussstraße
Alter Friedhof
Badewaldschwimmbad
Haßlocher Tann
Alt-Haßloch
Rüsselsheimer Dreieck
1 = In den Binsenbüschen
2 = Auf dem Weiherchen
3 = Am Börnchen
4 = Amselweg
5 = Finkenweg
6 = Rabenweg
7 = Pfarrer-Heyer-Weg
8 = Kastanienweg
9 = Kirschbaumweg
10 = Asternweg
14 = Mörikestraße
1 = Am Kirchpfad
2 = Gerstenfeldstraße
3 = An der Wied
4 = Am Burggraben
5 = Am Mühlenweg
6 = An den alten Weingärten
65451
65479
65439
65428

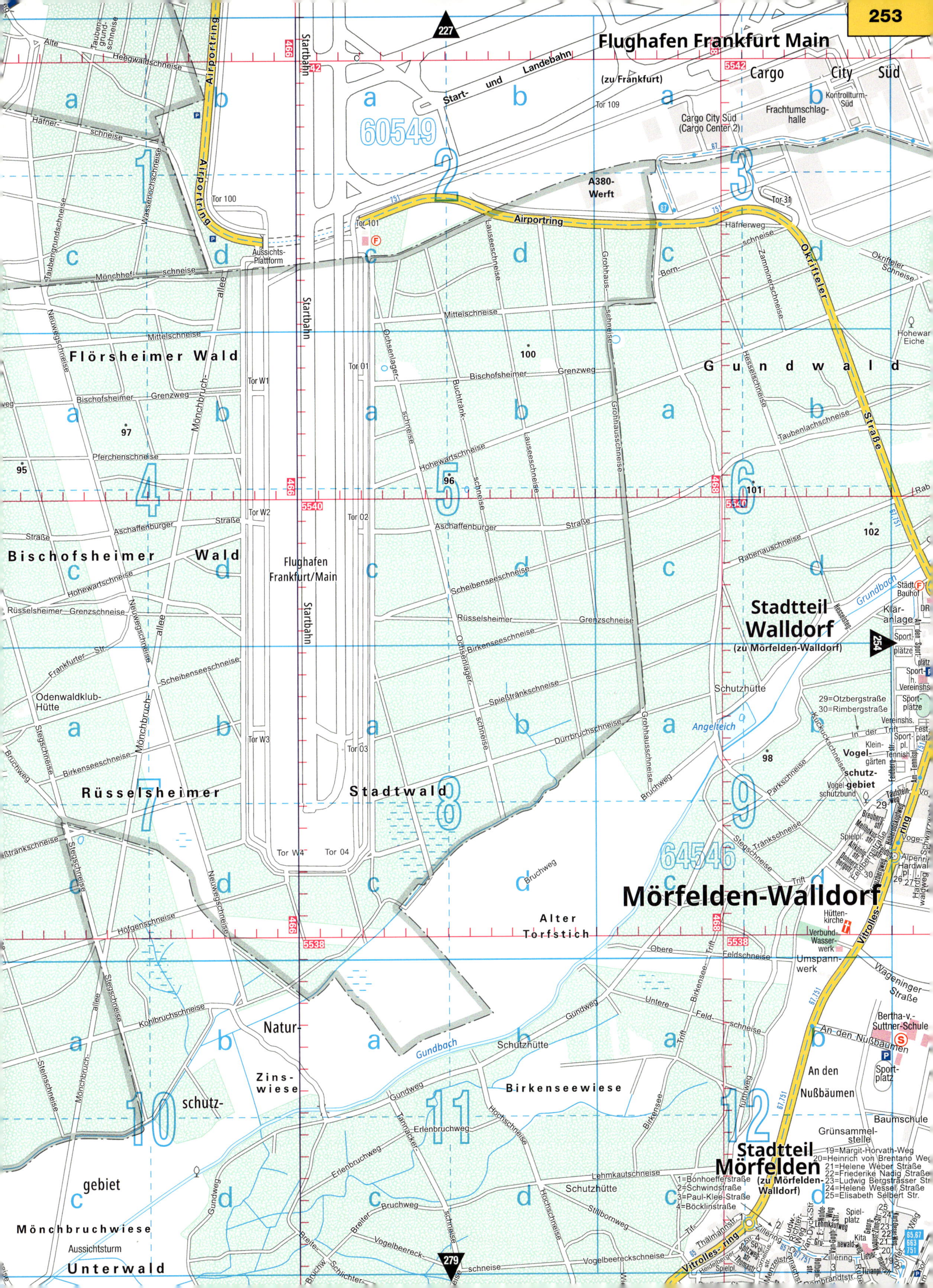
Flughafen Frankfurt Main
(zu Frankfurt)
Cargo City Süd
Cargo City Süd (Cargo Center 2)
Frachtumschlag-halle
Kontrollturm-Süd
Start- und Landebahn
60549
A380-Werft
Airportring
Okrifteler Straße
Flörsheimer Wald
Bischofsheimer Wald
Rüsselsheimer Stadtwald
Flughafen Frankfurt/Main
Startbahn
Gundwald
Stadtteil Walldorf
(zu Mörfelden-Walldorf)
Mörfelden-Walldorf
64546
Alter Torfstich
Natur-schutz-gebiet
Zinswiese
Birkenseewiese
Mönchbruchwiese
Unterwald
Aussichtsturm
Stadtteil Mörfelden
(zu Mörfelden-Walldorf)
Vogelschutz-gebiet
Angelteich
Gundbach
Schutzhütte
Odenwaldklub-Hütte
Hüttenkirche
Verbund-Wasserwerk
Umspannwerk
Bertha-v.-Suttner-Schule
An den Nußbäumen
Baumschule
Grünsammelstelle
Vitrolles-Ring
Wageninger Straße
Hohewar Eiche
Kläranlage
1=Bonhoefferstraße
2=Schwindstraße
3=Paul-Klee-Straße
4=Böcklinstraße
19=Margit-Horvath-Weg
20=Heinrich von Brentano Weg
21=Helene Weber Straße
22=Friederike Nadig Straße
23=Ludwig Bergsträsser Str.
24=Helene Wessel Straße
25=Elisabeth Selbert Str.
29=Otzbergstraße
30=Rimbergstraße
227
254
279

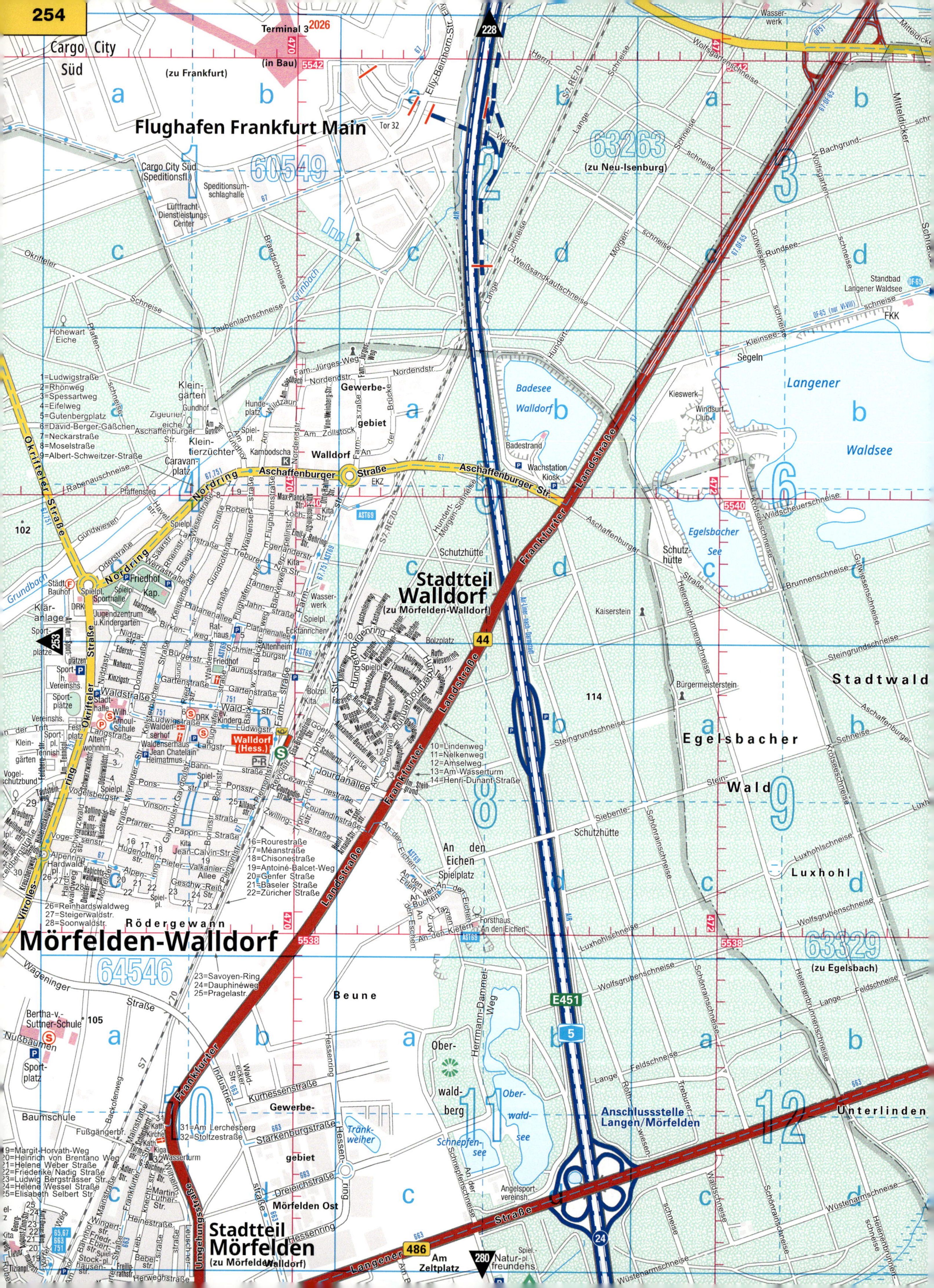
254
Cargo City Süd
(zu Frankfurt)
Terminal 3 (in Bau)
Flughafen Frankfurt Main
Tor 32
Elly-Beinhorn-Str.
Cargo City Süd (Speditionsfl.)
Speditionsumschlaghalle
Lufthracht-Dienstleistungs-Center
60549
63263
(zu Neu-Isenburg)
Wasserwerk
Okriftel
Taubenlachschneise
Gundbach
Weißsandkautschneise
Hohewart Eiche
Standbad Langener Waldsee
FKK
Segeln
Langener Waldsee
Badesee Walldorf
Badestrand
Wachstation Kiosk
Kieswerk
Windsurf-Club
Egelsbacher See
Schutzhütte
1=Ludwigstraße
2=Rhönweg
3=Spessartweg
4=Eifelweg
5=Gutenbergplatz
6=David-Berger-Gaßchen
7=Neckarstraße
8=Moselstraße
9=Albert-Schweitzer-Straße
Kleingärten
Gewerbegebiet
Walldorf
Nordendstr.
Aschaffenburger Straße
Nordring
Okrifteler Straße
Frankfurter Landstraße
Stadtteil Walldorf
(zu Mörfelden-Walldorf)
Schutzhütte
Kaiserstein
Bürgermeisterstein
Stadtwald
Egelsbacher Wald
Walldorf (Hess.)
10=Lindenweg
11=Nelkenweg
12=Amselweg
13=Am Wasserturm
14=Henri-Dunant-Straße
16=Rourestraße
17=Méanstraße
18=Chisonestraße
19=Antoiné-Balcet-Weg
20=Genfer Straße
21=Baseler Straße
22=Züricher Straße
26=Reinhardswaldweg
27=Steigerwaldstr.
28=Soonwaldstr.
Rödergewann
Mörfelden-Walldorf
64546
23=Savoyen-Ring
24=Dauphinéweg
25=Pragelastr.
An den Eichen
Spielplatz
Forsthaus „An den Eichen“
Luxhohl
63329
(zu Egelsbach)
Beune
Bertha-v.-Suttner-Schule
Sportplatz
Oberwaldberg
Oberwaldsee
Schnepfensee
Tränkweiher
Gewerbegebiet
Mörfelden Ost
31=Am Lerchesberg
32=Stoltzestraße
19=Margit-Horvath-Weg
20=Heinrich von Brentano Weg
21=Helene Weber Straße
22=Friederike Nadig Straße
23=Ludwig Bergsträsser Str.
24=Helene Wessel Straße
25=Elisabeth Selbert Str.
Stadtteil Mörfelden
(zu Mörfelden-Walldorf)
Anschlussstelle Langen/Mörfelden
Unterlinden
Langener Straße
Am Zeltplatz
Naturfreundehs.
Angelsportverein
E451
5
24
44
486
280
253
228
5538
5542
5540

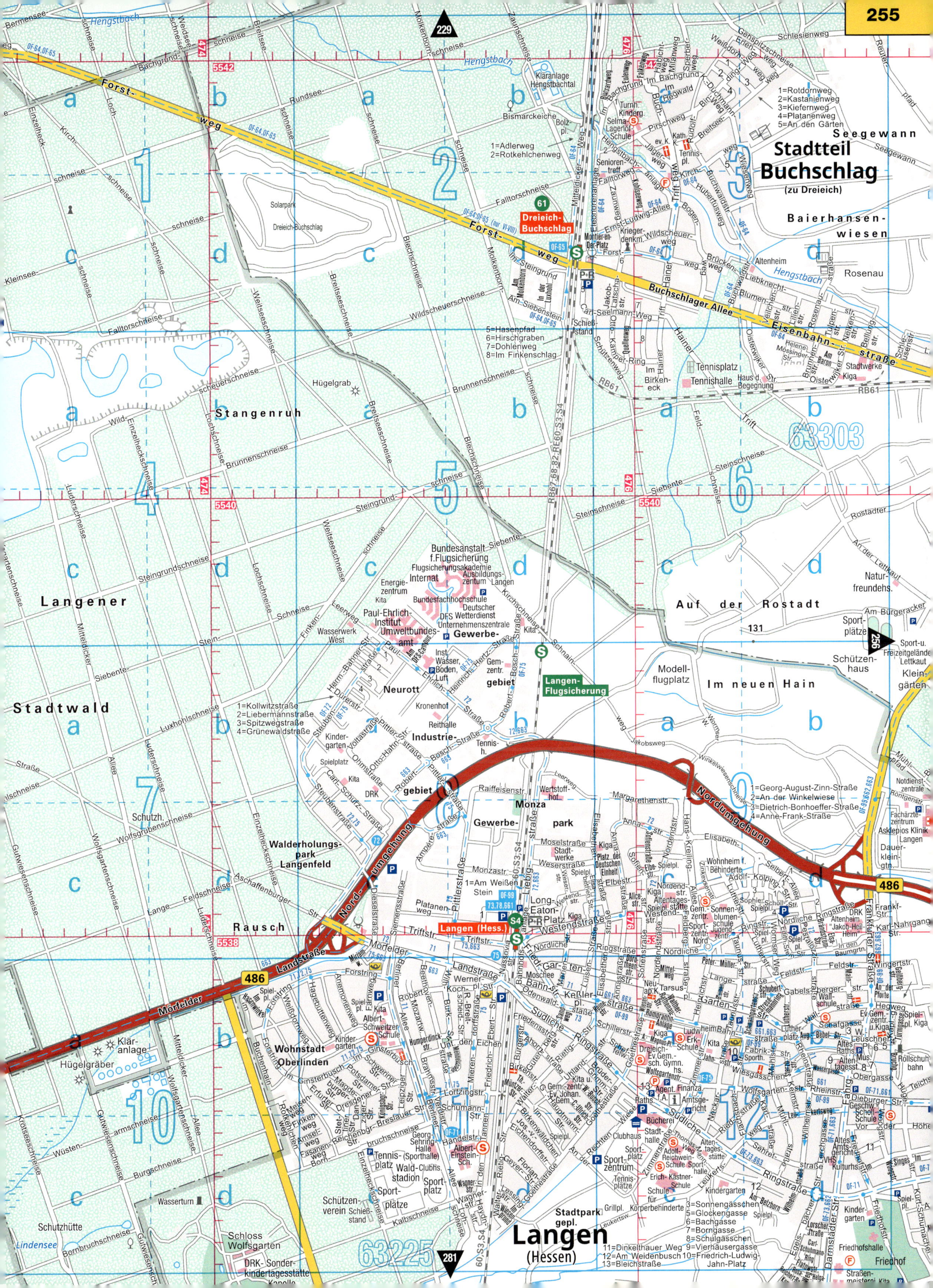
229
Stadtteil Buchschlag
(zu Dreieich)
Seegewann
Baierhansen-wiesen
Rosenau
Dreieich-Buchschlag
Forstweg
Buchschlager Allee
Eisenbahnstraße
Hengstbach
Klaranlage Hengstbachtal
Bismarckeiche
1=Adlerweg
2=Rotkehlchenweg
1=Rotdornweg
2=Kastanienweg
3=Kiefernweg
4=Platanenweg
5=An den Gärten
5=Hasenpfad
6=Hirschgraben
7=Dohlenweg
8=Im Finkenschlag
Solarpark Dreieich-Buchschlag
Hügelgrab
Stangenruh
63303
Tennisplatz
Tennishalle
Langener
Stadtwald
Auf der Rostadt
Natur-freundehs.
Bundesanstalt f.Flugsicherung
Paul-Ehrlich-Institut
Umweltbundes-amt
DFS Wetterdienst
Neurott
Gewerbegebiet
Industriegebiet
Langen-Flugsicherung
Modellflugplatz
Im neuen Hain
1=Kollwitzstraße
2=Liebermannstraße
3=Spitzwegstraße
4=Grünewaldstraße
1=Georg-August-Zinn-Straße
2=An der Winkelwiese
3=Dietrich-Bonhoeffer-Straße
4=Anne-Frank-Straße
Nordumgehung
Monza
Gewerbepark
Walderholungspark Langenfeld
Rausch
Langen (Hess.)
1=Am Weißen Stein
Wohnstadt Oberlinden
Hügelgräber
Kläranlage
Schutzhütte
Lindensee
Schloss Wolfsgarten
63225
281
Stadtpark
Langen
(Hessen)
3=Sonnengässchen
5=Glockengasse
6=Bachgasse
7=Borngasse
8=Schulgässchen
9=Vierhausergasse
10=Friedrich-Ludwig-Jahn-Platz
11=Dinkelthauer Weg
12=Am Weidenbusch
13=Bleichstraße
486
Mörfelder Landstraße
Frankfurter Straße
256

Stadtteil Sprendlingen
(zu Dreieich)
2=Wilhelmstraße
3=Am Weihergarten
4=Luisenstraße
5=Elisabethenstr.
6=Verbindungsstr.
7=Seilerstr.
8=Gärtnerpfad
9=Kanonenstr.
Dreieich
63303
Bornwald
1=Münzenbergerstraße
2=Unterm Eichen
3=Pestalozzianlage
4=Am Weiher
5=Vieuxtempsplatz
6=Spitalgasse
7=Borngasse
8=Alte Schulgasse
9=Apollo-Pomerel-Weg
10=Sandgasse
11=Steingasse
12=Erbsengasse
13=Freigasse
14=Alte Bogengasse
10=Wienandstraße
11=Wilhelm-Leuschner-Straße
12=Elbestraße
13=Bangertsgasse
14=Hochstraße
15=Alberusstraße
16=Sprendlinger Weg
17=Robert-Koch-Straße
1 = Am Dornelchersee
Seegewann
Baierhansenwiesen
Rosenau
Rostädt
Dreieich-Sprendlingen
Wertstoffhof
Dreieich-Weibelfeld
Industriegebiet
Herrnroth
Flitterseewiese
Reiterruhe
Bremen busch
Hofgut Neuhof
Schweineheck
Golfplatz
Gutsschänke
Nardesgarten
Flugsicherung
Aussichtsstangenpyramide
Stadtteil Götzenhain
(zu Dreieich)
1=Hölderlinstraße
Im Höchsten
Winkelsmühle
Neurothweg
Dreieich-Götzenhain
2 = Dorfplatz
15=Am Hunnenbrunnen
16 = Saalgasse
Dr.-Dreieichenhain
Stadtteil Dreieichenhain
(zu Dreieich)
Auf dem Sauruh
Anschlussstelle Langen
Asklepios Klinik Langen
Hainer Wald
Im Haag
Erholungsgebiet
Mühltal
Merzenmühle
Paddelteich
ND Ringwäldchen
Schloss Philippseich
Fasanerie-wäldchen
Lauxensee
Hügelgräber
(zu Langen (Hessen))
St.-Albanus-Berg
Wasserhochbehälter
Hirsengewann
Gallborn
Edelkastanien
63225
1=Georg-Zimmer-Weg
2=Friedhofstraße
3=An der Pfaffenwiese
4=Kirchgasse
Südliche Ringstraße
Friedhof
230
255
282
661
486

231
1=Geschwister-Scholl-Straße
2=Julius-Leber-Weg
3=Niebelungenstraße
4=Staufenstraße
5=Gotenweg
Im Silchen
Stadtteil
Steinberg
(zu Dietzenbach)
Spitzeberg
166
459
Schilf-
lache
Kleingärten
6=Phillip-Wolf-Weg
7=Heinrich-Jakob-Berz-Weg
8=Karoline-Gaubatz-Weg
9=Schultheiß-Hildebrand-Weg
10=Karolingerstraße
11=Normannenweg
12=Niebergallweg
13=Langgässerstraße
14=Gertrud-Kolmer-Weg
Ebertsberg
193
Schweinehecke
Lichteichen
Dietzenbach
63128
Velizystraße
Stadtpark
(geplant)
Stadt-
park
Dietzenbach-
Steinberg
Sport-
zentrum
Tunnel
Gewerbe-
gebiet
Nord
Dietzenbach-
Mitte
Wollwiesen-
teich
Bieber
Gewerbe-
gebiet
Mitte
Bildstock
15=Am Rathausplatz
16=Bad Sodener Straße
17=Kelkheimer Straße
18=Glashüttener Weg
19=Michelstädter Weg
20=Neunkircher Weg
21=Groß-Umstädter Weg
22=Miltenberger Weg
23=Obernburger Weg
24=Wertheimer Weg
25=Marktheidenfelder Weg
26=Kindäckerweg
27=Am Wiesenpfad
28=Dr.-Heumann-Weg
29=Hammansgasse
30=Schmidtstraße
Dietzenbach
Hügelgräber
Aussiedler-
höfe
Im Höchsten
Wingertsberg
198
Russen-
hütte
258
Kreisquerverbindung
Kaupen-
dicke
Gewerbe-
gebiet
Süd
Friedhof
Gehrengraben
31=Schäfereck
32=Pfarrgasse
33=Lindenweg
34=Ostendstraße
35=Am Wingertsberg
36=Jungfern-Wingert-Straße
37=Bergstraße
38=Lessingstraße
39=Harmonieplatz
Kreuzwiese
Höllgarten
Sportzentrum
Stadtteil
Hexenberg
(zu Dietzenbach)
Einsiedel
Angel-
teich
Birkes
Hexenberg
217
Rohrwiesen
Dörres
1=Buchenweg
2=Erlenweg
3=Ginsterweg
4=Ulmenweg
Fischteiche
Kaupenwald
Knabenborn-
Quelle
Stadtteil
Offenthal
(zu Dreieich)
Birke
Dietzenbacher Wald
Hügelgräber
Buchenbusch
Eichenhof
Birkenau
7=In den Weiherwiesen
Haus
Schönwaldau
Hainchesbuckel
177
63322
Industrie-
gebiet
1=Marie-Curie-Straße
2=Astrid-Lindgren-Straße
Stadtteil
Urberach
(zu Rödermark)
Dreieich-Offenthal
283
Bulau
5542
5540
5538

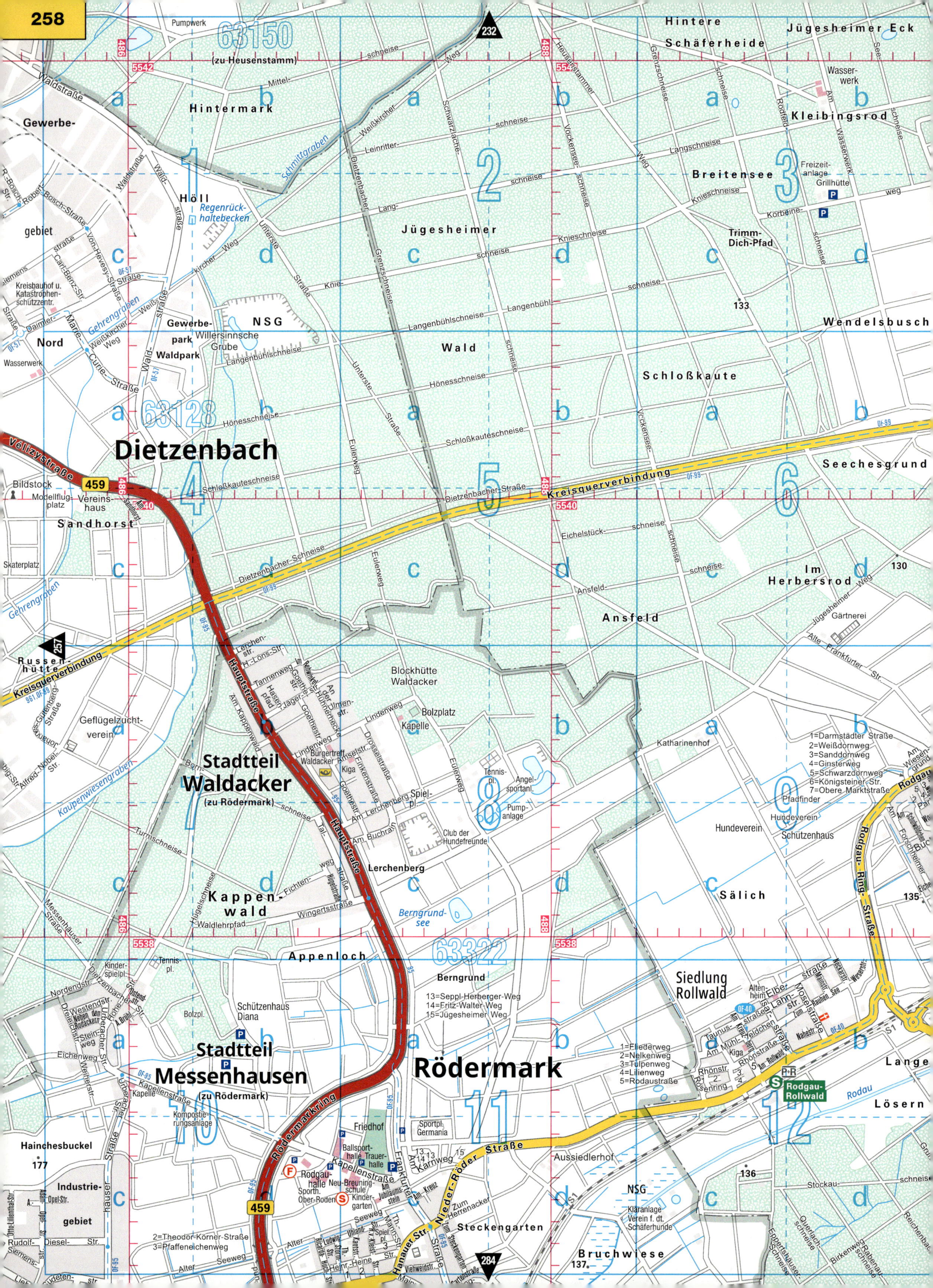

Dietzenbach
Rödermark
Stadtteil Waldacker (zu Rödermark)
Stadtteil Messenhausen (zu Rödermark)
63150 (zu Heusenstamm)
63128
63322
Hintermark
Jügesheimer Wald
Hintere Schäferheide
Jügesheimer Eck
Kleibingsrod
Breitensee
Schloßkaute
Wendelsbusch
Seechesgrund
Im Herbersrod
Ansfeld
Sandhorst
Kappenwald
Appenloch
Berngrund
Lerchenberg
Sälich
Siedlung Rollwald
Steckengarten
Bruchwiese
Lösern
Hainchesbuckel
Kreisquerverbindung
Rödermarkring
Nieder-Röder Straße
Rodgau-Ring-Straße
Rodgau-Rollwald
1=Darmstädter Straße
2=Weißdornweg
3=Sanddornweg
4=Ginsterweg
5=Schwarzdornweg
6=Königsteiner Str.
7=Obere Marktstraße
13=Seppl-Herberger-Weg
14=Fritz-Walter-Weg
15=Jügesheimer Weg
1=Fliederweg
2=Nelkenweg
3=Tulpenweg
4=Lilienweg
5=Rodaustraße
2=Theodor-Körner-Straße
3=Pfaffeneichenweg

Stadtteil
Jügesheim
(zu Rodgau)
Jügesheimer Eck
Sandhof
Auf dem Berg
Sportgelände Weichsee
Im Kleibingsrod
Westweiler Höfe
Waldhof
Im Wendelsbusch
63110
Rodgau
Rodgau-Jügesheim
Rodgau-Dudenhofen
Rodgau-Nieder-Roden
1=Korbeinering
2=Carl-von-Ossietzky-Straße
3=Christian-Morgenstern-Straße
4=Anne-Frank-Straße
5=Leinenwebergasse
6=Kirchgasse
7=Dietzenbacher Straße
8=Hasenpfad
9=Aussiger Straße
10=Glatzer Straße
11=Weimarer Straße
12=Klausnerstraße
13=Brückenweg
14=Nußbaumweg
15=Lindenweg
16=Paul-Klee-Weg
17=Otto-Dix-Weg
18=Brunnenweg
19=Käthe-Kollwitz-Straße
20=Christian-Grimm-Straße
Vogelschutzgebiet
Rödergarten
Ostweiler Höfe
Recyclinghof Bauhof
Gewerbegebiet
Philipp-Reis-Straße
Kreisquerverbindung
Molkenborn
Im Seechesgrund
Rodgau-see
Strandbad Rodgau
In den Wacholderbüschen
Kompostierungsanl.
Gärtnerei
Im Sternloch
Geflügelzuchtverein
Herbert-Klee-Weg
Schutzhütte
6=Godesberger Weg
7=Ingelheimer Weg
Claus-von-Stauffenberg-Sporthalle
Gymnasium
1=An der Luthereiche
2=Beethovenstraße
3=Haydnstraße
4=Eppertshäuser Weg
5=Im Brückengarten
Stadtteil
Nieder-Roden
(zu Rodgau)
Stadtteil
Dudenhofen
(zu Rodgau)
Waldfreizeitanl. Dudenhofen
Am Opel-Prüffeld
Opel-Prüffeld
8=Büchnerplatz
Bürgerhaus
Friedhof
Pfahläcker
Im Städig
Reikesberg
Katzenberg
Rodgauer Kalksandsteinwerk
Gesamtschule
Altes Rathaus
Ober-Rodener Straße
Frankfurter Straße
Hainburgstraße
Lange
Lösern
Lautzenhartsbuckel
Hirschhecke
Im Weiherangenloh
Forsthaus Langenloh
Don-Bosko-Heim
Postfrachtzentrum
Rodgau/Nieder-Roden Süd
Geflügelzuchtverein
45
233
260
285
131
137
138

Seligenstädter
Stadtwald
Anschlussstelle Seligenstadt
Goldberg
Schachenweg
Vereinsheim
Stelzenloch
Dreispitz
63500
(zu Seligenstadt)
Zirrlache
Grillplatz
Bangert
Hügelgräber
In den Wacholderbüschen
Langgewann
Lettloch
Büches
Zellhausen
Forstwald
Gärtnerei
An den Wacholderbüschen
Eichennickel
Hirsenstück
Kieselhecke
63110
(zu Rodgau)
Säugewann
Dachsberg
Holländer Schlag
Großer Bremergarten
Opel-Prüffeld
Wolfseiche
Große Suhl
Birkenhege
Schutzhütte Grillplatz
Ober-eichen
Seligenstädter Straße
Riegelsbach

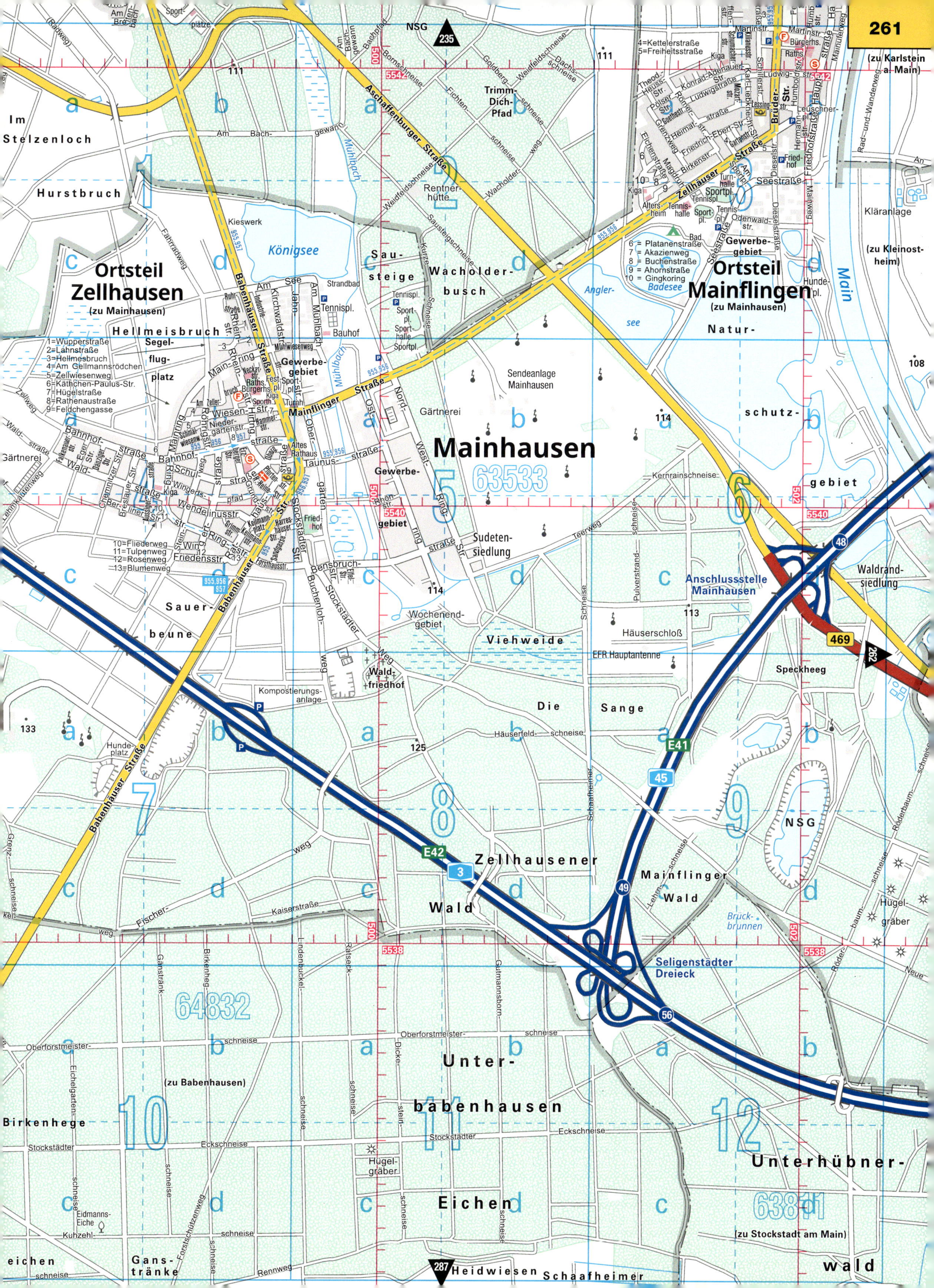
Mainhausen
63533
Ortsteil Zellhausen
(zu Mainhausen)
Ortsteil Mainflingen
(zu Mainhausen)
Königsee
Anglersee
Badesee
Main
Aschaffenburger Straße
Babenhäuser Straße
Mainflinger Straße
Zellhäuser Straße
Hellmeisbruch
Hurstbruch
Im Stelzenloch
Segelflugplatz
Sausteige
Wacholderbusch
Naturschutzgebiet
Sendeanlage Mainhausen
Gewerbegebiet
Sudetensiedlung
Sauerbeune
Viehweide
Die Sange
Häuserschloß
EFR Hauptantenne
Anschlussstelle Mainhausen
Waldrandsiedlung
Speckheeg
Zellhausener Wald
Mainflinger Wald
Seligenstädter Dreieck
Unterbabenhausen
Unterhübnerwald
Birkenhege
Gans-tränke
Eichen
Heidwiesen
Schaafheimer
64832
63811
(zu Babenhausen)
(zu Stockstadt am Main)
(zu Karlstein a. Main)
(zu Kleinostheim)
Kläranlage
NSG
1=Wupperstraße
2=Lahnstraße
3=Hellmesbruch
4=Am Gellmannsrödchen
5=Zellwiesenweg
6=Kathchen-Paulus-Str.
7=Hügelstraße
8=Rathenaustraße
9=Feldchengasse
10=Fliederweg
11=Tulpenweg
12=Rosenweg
13=Blumenweg
4=Kettelerstraße
5=Freiheitsstraße
6 = Platanenstraße
7 = Akazienweg
8 = Buchenstraße
9 = Ahornstraße
10 = Gingkoring
E42
E41
3
45
48
49
56
469
235
262
287

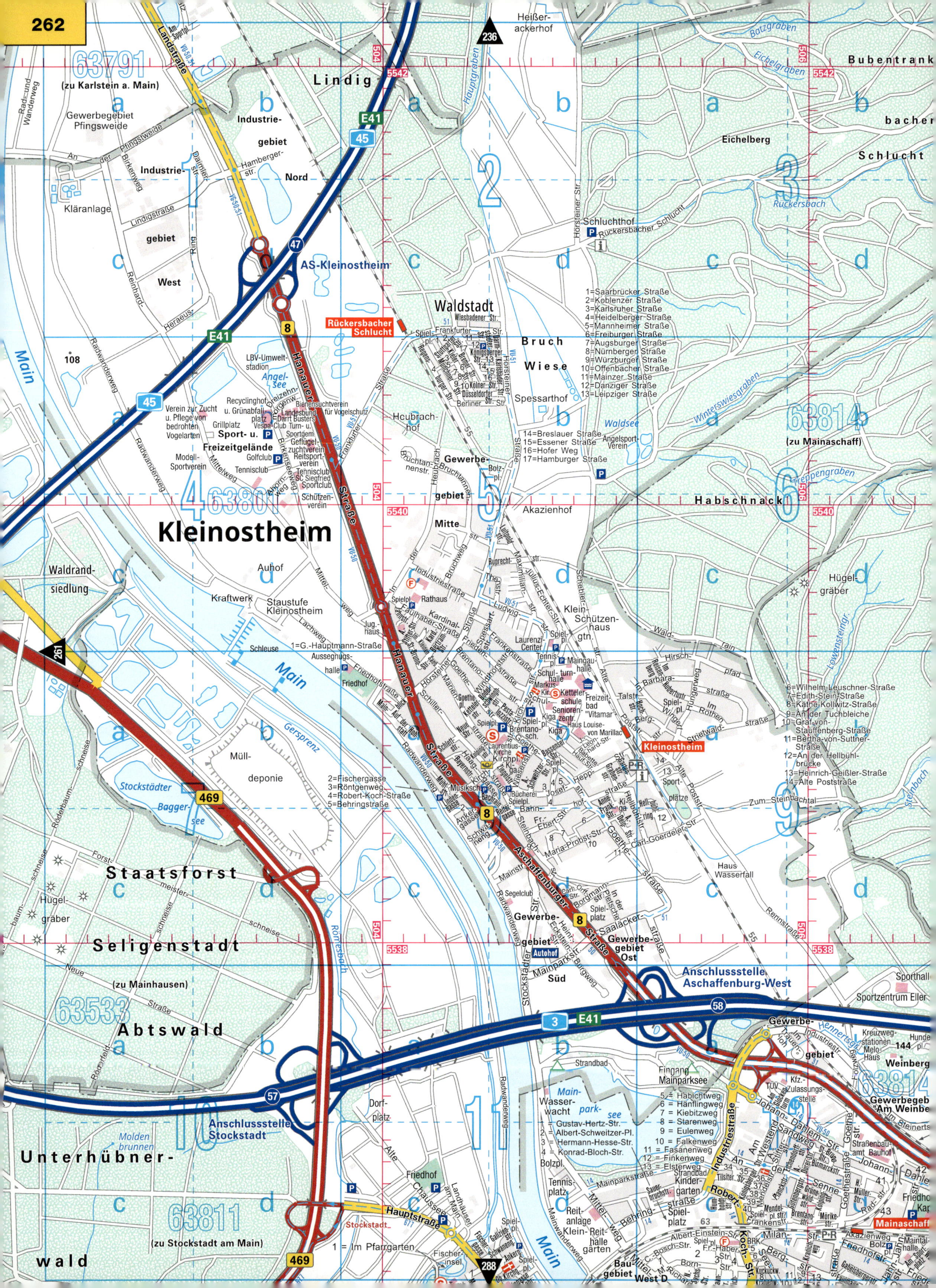
63791
(zu Karlstein a. Main)
Lindig
Heißer-
ackerhof
Bubentrank
bacher
Schlucht
Eichelberg
Gewerbegebiet
Pfingsweide
Industrie-
gebiet
Nord
Industrie-
Kläranlage
gebiet
West
AS-Kleinostheim
Rückersbacher
Schlucht
Waldstadt
Bruch
Wiese
Schluchthof
Rückersbach
1=Saarbrücker Straße
2=Koblenzer Straße
3=Karlsruher Straße
4=Heidelberger Straße
5=Mannheimer Straße
6=Freiburger Straße
7=Augsburger Straße
8=Nürnberger Straße
9=Würzburger Straße
10=Offenbacher Straße
11=Mainzer Straße
12=Danziger Straße
13=Leipziger Straße
Spessarthof
14=Breslauer Straße
15=Essener Straße
16=Hofer Weg
17=Hamburger Straße
63814
(zu Mainaschaff)
Habschnack
Akazienhof
Hucbrach-
hof
Gewerbe-
gebiet
Mitte
Main
Angel-
See
Freizeitgelände
63801
Kleinostheim
Waldrand-
siedlung
Auhof
Kraftwerk
Staustufe
Kleinostheim
Schleuse
1=G.-Hauptmann-Straße
Rathaus
Hanauer
Straße
Klein-
Schützen-
haus
Hügel-
gräber
6=Wilhelm-Leuschner-Straße
7=Edith-Stein-Straße
8=Käthe-Kollwitz-Straße
9=An der Tuchbleiche
10=Graf-von-Stauffenberg-Straße
11=Bertha-von-Suttner-Straße
12=An der Hellbühl-brücke
13=Heinrich-Geißler-Straße
14=Alte Poststraße
Kleinostheim
Gersprenz
Müll-
deponie
2=Fischergasse
3=Röntgenweg
4=Robert-Koch-Straße
5=Behringstraße
Stockstädter
Bagger-
see
Aschaffenburger
Straße
Haus
Wasserfall
Staatsforst
Hügel-
gräber
Seligenstadt
(zu Mainhausen)
63533
Abtswald
Gewerbe-
gebiet
Autohof
Süd
Gewerbe-
gebiet
Ost
Anschlussstelle
Aschaffenburg-West
Sportzentrum Eller
Gewerbe-
gebiet
Weinberg
63814
Gewerbegeb
Am Weinbe
Anschlussstelle
Stockstadt
Molden
brunnen
Unterhübner-
wald
Dorf-
platz
Friedhof
Main-
Wasser-
wacht
Mainparksee
5 = Habichtweg
6 = Hänflingweg
7 = Kiebitzweg
8 = Starenweg
9 = Eulenweg
10 = Falkenweg
11 = Fasanenweg
12 = Finkenweg
13 = Elsterweg
1 = Gustav-Hertz-Str.
2 = Albert-Schweitzer-Pl.
3 = Hermann-Hesse-Str.
4 = Konrad-Bloch-Str.
Hauptstraße
63811
(zu Stockstadt am Main)
1 = Im Pfarrgarten
Industriestraße
Robert-Koch-Str.
Mainaschaff
Bau
gebiet West D
E41
45
3
8
469
236
261
288

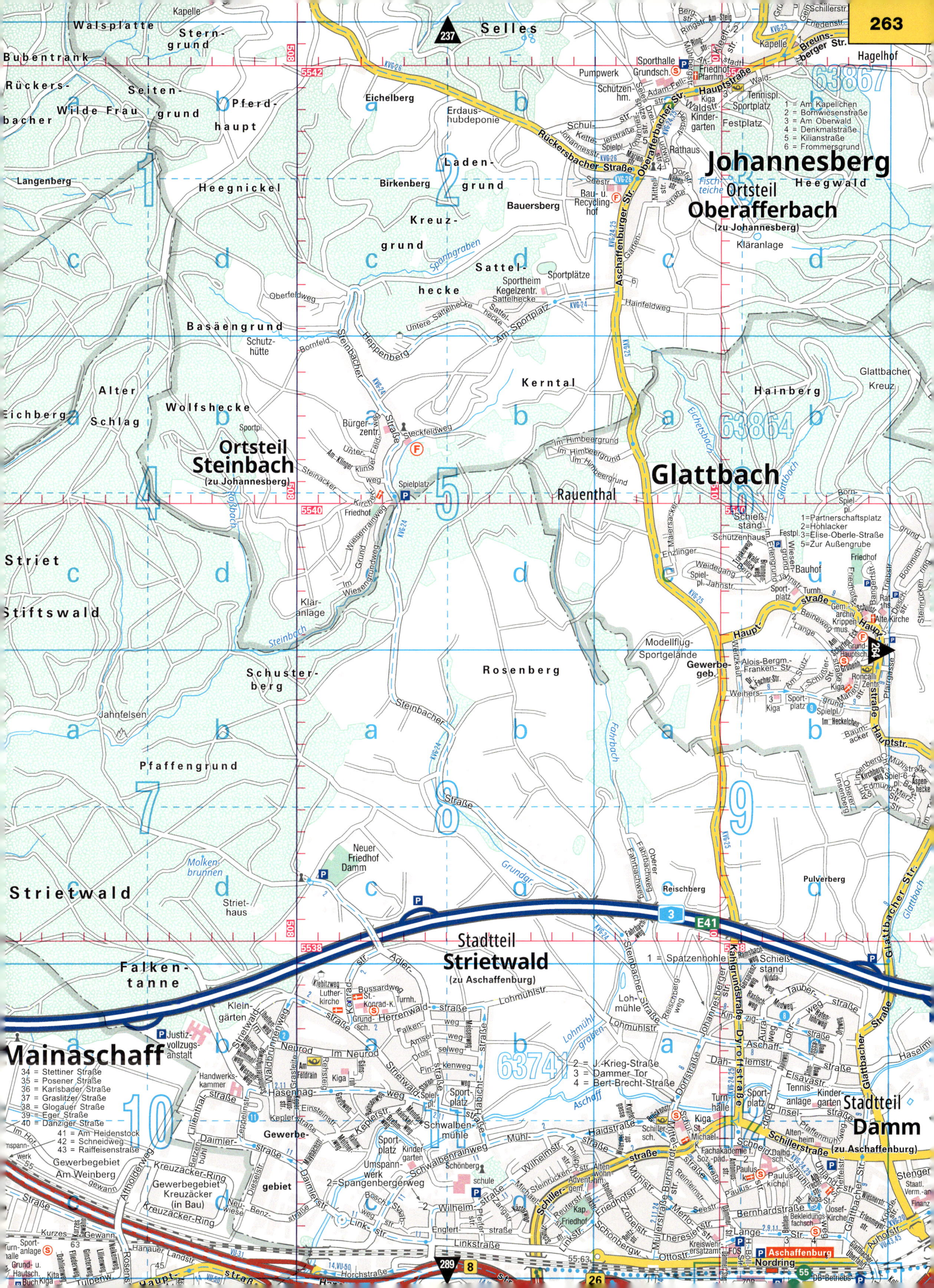
Johannesberg
Ortsteil Oberafferbach
(zu Johannesberg)
Ortsteil Steinbach
(zu Johannesberg)
Glattbach
Stadtteil Strietwald
(zu Aschaffenburg)
Stadtteil Damm
(zu Aschaffenburg)
Mainaschaff
Selles
Walsplatte
Stern-grund
Bubentrank
Rückers-bacher
Wilde Frau
Seiten-grund
Pferd-haupt
Heegnickel
Langenberg
Eichelberg
Erdaushubdeponie
Laden-grund
Birkenberg
Kreuz-grund
Bauersberg
Sattel-hecke
Sportheim Kegelzentr. Sattelhecke
Sportplätze
Heegwald
Hagelhof
Kläranlage
Basäengrund
Schutzhütte
Kerntal
Alter Schlag
Eichberg
Wolfshecke
Hainberg
Glattbacher Kreuz
Rauenthal
Striet
Stiftswald
Schusterberg
Rosenberg
Jahnfelsen
Pfaffengrund
Neuer Friedhof Damm
Strietwald
Striethaus
Molkenbrunnen
Reischberg
Pulverberg
Falken-tanne
Modellflug-Sportgelände
Gewerbegeb.
Rückersbacher Straße
Aschaffenburger Str.
Oberafferbacher Str.
Hauptstraße
Steinbacher Straße
Am Sportplatz
Untere Sattelhecke
Heppenberg
Oberfeldweg
Hainfeldweg
Steckfeldweg
Im Himbeergrund
Spielplatz
Kirchweg
Wiesenrainweg
Friedhof
Kläranlage
Schießstand
Schützenhaus
Bauhof
Sportplatz
Alte Kirche
Fahrbach
Steinbach
Grundgr.
Lohmühlstr.
Herrenwald-straße
Neurod
Im Neurod
Hasenhag
Kleingärten
Justizvollzugsanstalt
Gewerbegebiet
Kreuzäcker-Ring
Gewerbegebiet Kreuzäcker (in Bau)
Daimlerstraße
Schwalbenmühle
Schwalbenrainweg
Umspannwerk
Schönberg
Kahlgrundstraße
Dyroffstraße
Schillerstraße
Glattbacher Str.
Linkstraße
Wilhelmstr.
Bernhardstraße
Aschaffenburg Nordring
Ottostr.
Haselmühlweg
Sportplatz
Tennisanlage
Kindergarten
1 = Am Kapellchen
2 = Bornwiesenstraße
3 = Am Oberwald
4 = Denkmalstraße
5 = Kilianstraße
6 = Frommersgrund
1=Partnerschaftsplatz
2=Hohlacker
3=Elise-Oberle-Straße
5=Zur Außengrube
1 = Spatzenhohle
2 = J.-Krieg-Straße
3 = Dammer Tor
4 = Bert-Brecht-Straße
2=Spangenbergerweg
34 = Stettiner Straße
35 = Posener Straße
36 = Karlsbader Straße
37 = Graslitzer Straße
38 = Glogauer Straße
39 = Eger Straße
40 = Danziger Straße
41 = Am Heidenstock
42 = Schneidweg
43 = Raiffeisenstraße
63867
63864
63741
E41
3
237
264
289
26

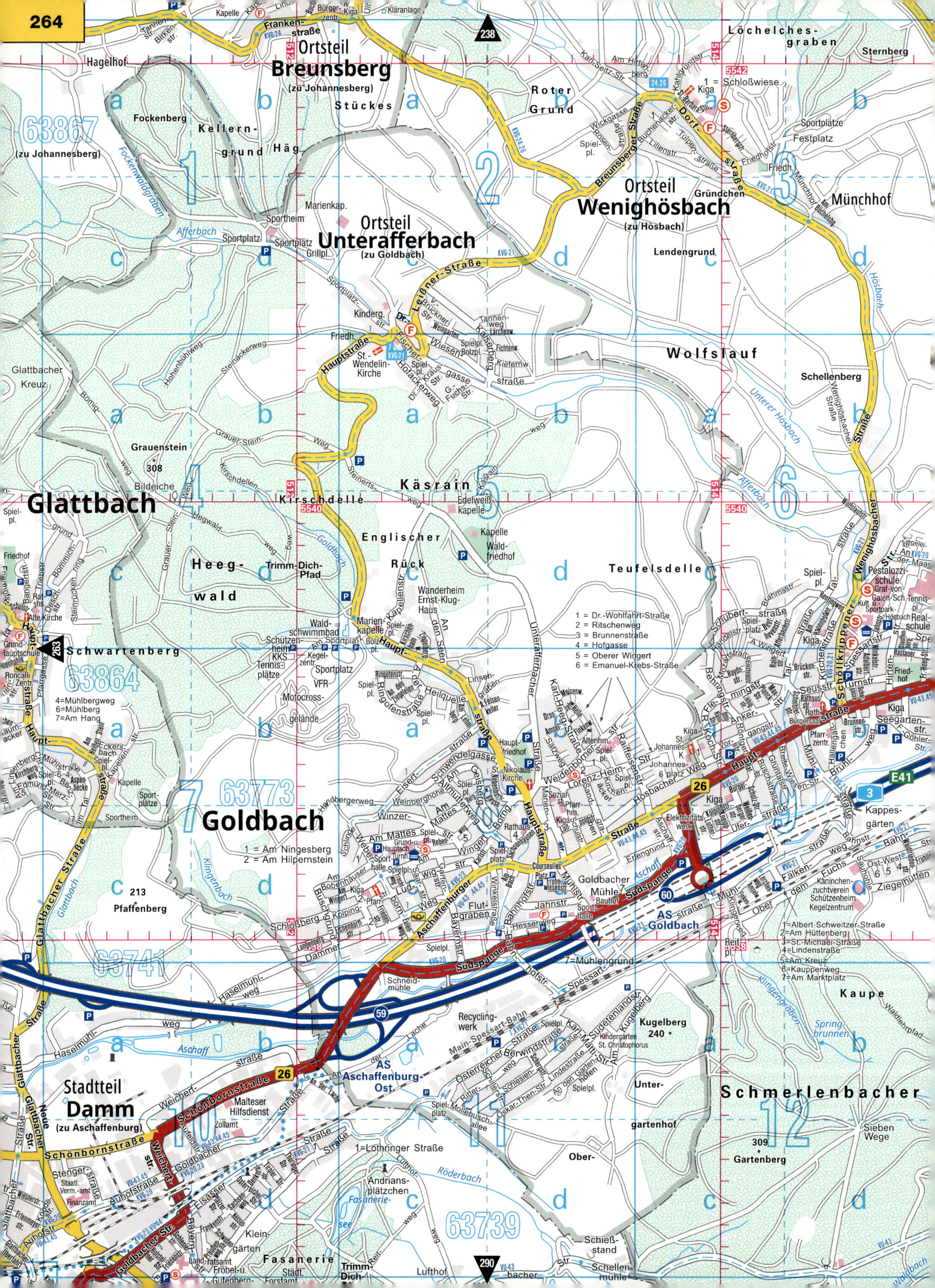

Ortsteil
Breunsberg
(zu Johannesberg)
Ortsteil
Wenighösbach
(zu Hösbach)
Ortsteil
Unterafferbach
(zu Goldbach)
Glattbach
Goldbach
1 = Am Ningesberg
2 = Am Hilpernstein
Stadtteil
Damm
(zu Aschaffenburg)
1 = Dr.-Wohlfahrt-Straße
2 = Ritschenweg
3 = Brunnenstraße
4 = Hofgasse
5 = Oberer Wingert
6 = Emanuel-Krebs-Straße
1 = Schloßwiese
4=Mühlbergweg
6=Mühlberg
7=Am Hang
1=Albert-Schweitzer-Straße
2=Am Hüttenberg
3=St.-Michael-Straße
4=Lindenstraße
5=Am Kreuz
6=Kauppenweg
7=Am Marktplatz
1=Lothringer Straße
7=Mühlengrund
Hagelhof
Fockenberg
Kellern-grund
Häg
Stückes
Roter Grund
Löchelches-graben
Sternberg
Münchhof
Wolfslauf
Schellenberg
Käsrain
Kirschdelle
Englischer Rück
Teufelsdelle
Heeg-wald
Schwartenberg
Grauenstein
308
Bildeiche
Pfaffenberg
213
Kaupe
Kugelberg
240
Schmerlenbacher
Unter-gartenhof
Ober-
Gartenberg
309
Sieben Wege
Fasanerie
Kappes-gärten
Goldbacher Mühle
AS Goldbach
AS Aschaffenburg-Ost
Schönbornstraße
Aschaffenburger Straße
Südspange
Hauptstraße
Glattbacher Straße
Aschaff
Afferbach
Goldbach
Unterer Hosbach
Hosbach
Röderbach
Klingenbach
Kapelle Wald-friedhof
Wanderheim Ernst-Klug-Haus
Malteser Hilfsdienst
Recycling-werk
63867
(zu Johannesberg)
63864
63773
63741
63739
238
263
290
5542
5540

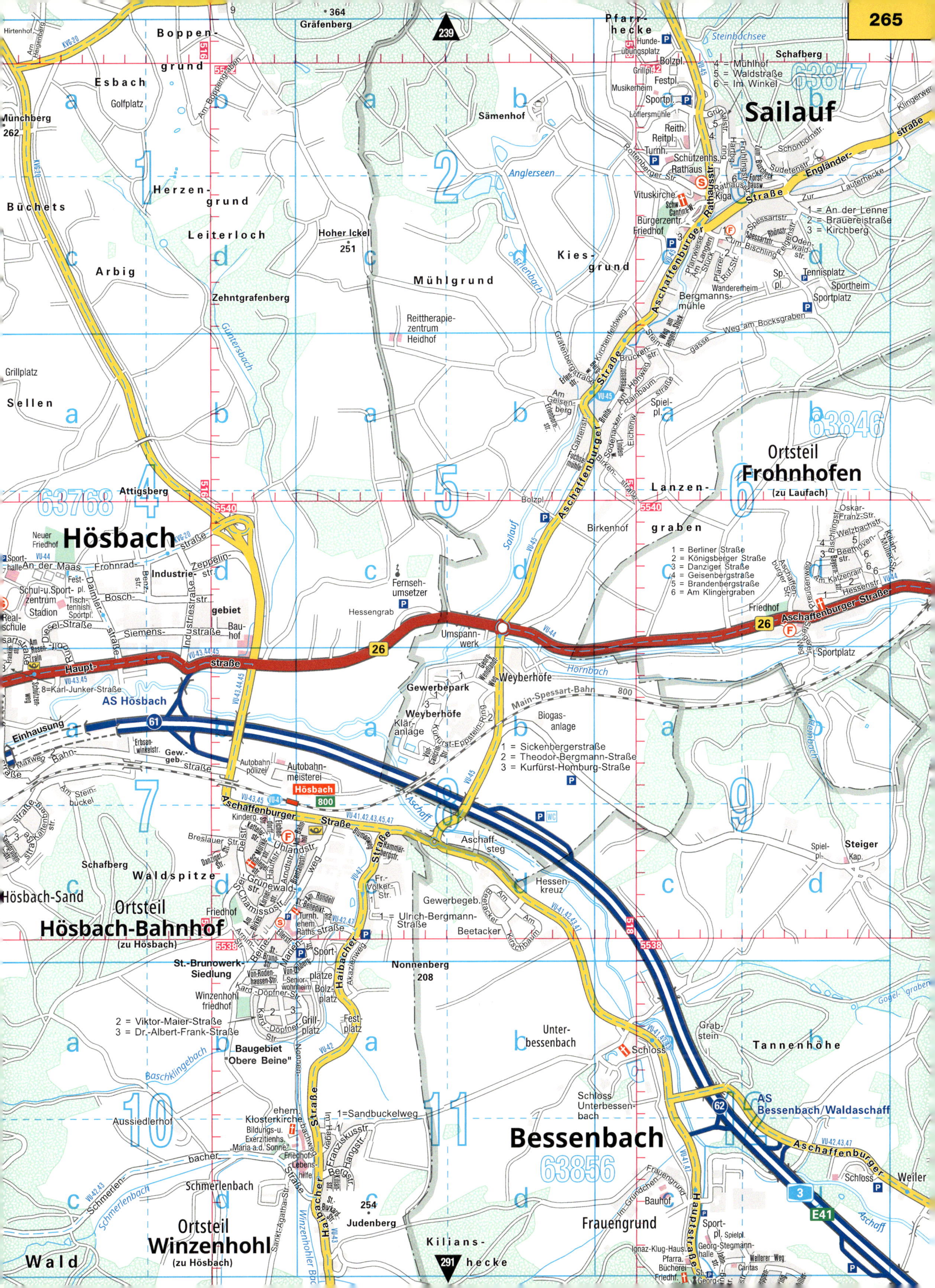
Sailauf
63877
Pfarrhecke
Schafberg
Steinbachsee
Sämenhof
Gräfenberg
364
Boppengrund
Esbach
Golfplatz
Münchberg
262
Büchets
Herzengrund
Leiterloch
Arbig
Hoher Ickel
251
Mühlgrund
Kiesgrund
Zehntgrafenberg
Reittherapiezentrum Heidhof
Anglerseen
Erlenbach
Güntersbach
Bergmannsmühle
Grillplatz
Sellen
Ortsteil Frohnhofen
(zu Laufach)
63846
Lanzengraben
Birkenhof
Attigsberg
63768
Hösbach
Neuer Friedhof
Industriegebiet
Fernsehumsetzer
Hessengrab
Umspannwerk
Weyberhöfe
Gewerbepark
Main-Spessart-Bahn
Biogasanlage
AS Hösbach
Einhausung
Autobahnmeisterei
Autobahnpolizei
Hösbach
Aschaffenburger Straße
Aschaffsteg
Hessenkreuz
Steiger
Schafberg
Waldspitze
Hösbach-Sand
Ortsteil Hösbach-Bahnhof
(zu Hösbach)
St.-Brunowerk-Siedlung
Winzenhohl friedhof
Baugebiet "Obere Beine"
Nonnenberg
208
Gewerbegeb.
Beetacker
Unterbessenbach
Schloss
Schloss Unterbessenbach
Grabstein
Tannenhöhe
AS Bessenbach/Waldaschaff
Bessenbach
63856
Aussiedlerhof
Klosterkirche
Schmerlenbach
Ortsteil Winzenhohl
(zu Hösbach)
Wald
Judenberg
254
Kilianshecke
Frauengrund
Bauhof
Weiler
Aschaff
239
291
1 = An der Lenne
2 = Brauereistraße
3 = Kirchberg
4 = Mühlhof
5 = Waldstraße
6 = Im Winkel
1 = Berliner Straße
2 = Königsberger Straße
3 = Danziger Straße
4 = Geisenbergstraße
5 = Brandenbergstraße
6 = Am Klingergraben
1 = Sickenbergerstraße
2 = Theodor-Bergmann-Straße
3 = Kurfürst-Homburg-Straße
1 = Ulrich-Bergmann-Straße
2 = Viktor-Maier-Straße
3 = Dr.-Albert-Frank-Straße
1=Sandbuckelweg
8=Karl-Junker-Straße

Daxweiler
(zu VBG Stromberg)
Warmsroth
(zu VBG Stromberg)
Stromberg
(zu VBG Stromberg)
Roth
(zu VBG Stromberg)
Eckenroth
(zu VBG Stromberg)
Schweppenhausen
(zu VBG Stromberg)
Schöneberg
(zu VBG Stromberg)
Waldalgesheimer Wald
Geheimer Wald
Erbacher Kopf
Bauwald
Erzkauten
Neuwiese
Raststätte Hunsrück
Roter Kopf
405
Schiffelberg
445
Zimmerberg
Hüttenkopf
Layenkaut
Anschlussstelle Stromberg
Burg Gollenfels
Kalkstein
Kohlenberg
417
Weinbergerhof
Staatsforst Bannholz
Stromberger Stadtwald
Wohn- und Freizeitpark Schindeldorf
Neupfalz
Geishübel
Hardtwald
Renzenberg
Nickelberg
Eckenrother Fels
Steinfelderhof
Bannmühle
Hahn
Wust
Gbf. Schweppenhausen

Waldalgesheim Wochenendhausgebiet
Buchenhag
Schutzhütte
Brunnen
Jagdhaus Marbach
Aussiedlerhof
Haus Frankenheimer
Zum Bodmannstein
Bodmann-stein
Druidenberg
385
Prof.-Erckmann-Eiche
Botanischer Garten
Forsthaus Heiligkreuz
Kleiner Rheinberg
Hügelgräber
Wüstung Altes Kloster
Sulg
Allerbach
Hartberg
Bellkreuz
Im Heimbusch
Stöckert
387
55413
Weiler
bei Bingen
(zu VBG Rhein-Nahe)
322
311
Waldstraße
Landwirtschaftshof
Zum Bergwerk Reiterhof
Grube Amalienhöhe
ehem. Bergwerk
Oberstraße
Bruchfeld
Friedhof
Braunstein
Grube Elisenhöhe
Wald Erbach
Hist. Kapelle St. Pancratius
Köpfchen
323
Strombergerstr.
Gewerbegebiet
Auf der Schwellheck
255
Diedesberg
268
Provinzialstraße
Rümmelsheimer Straße
Kelten-halle
Umspannwerk
1 = An der Bleiche
2 = Gartenweg
5 = Erlenstraße
6 = An der Wassergall
7 = Heinrichstraße
8 = Nahestraße
Naturdenkmal
Gewerbegebiet
1=Freiherr-vom-Stein-Straße
2=Albert-Schweitzer-Straße
3=Untere Hey
4=Willibaldstraße
5=Pfarrer-Prümers-Straße
6=Pfarrer-Epper-Straße
Waldalgesheim
(zu VBG Rhein-Nahe)
Seberts Wiese
55425
55424
(zu Münster-Sarmsheim)
Binger Stadtwald
Hügelgrab
297
Butterkopf
Stemel
305
Ortsteil
Genheim
(zu Waldalgesheim)
1=Im Winkel
2=Backhausstraße
Horetberg
Aussichtsturm
332
Galgenberg
330
Honigberg
Im Bumert
Auf der Höll
9 = Am Weiler Pfad
Naheweinstraße
ehem. Kläranlage
Schlicht
Waldlaubersheim
(zu VBG Stromberg)
55444
Weincastell
1 = Schwester-Anna-Straße
2 = Alter Hof
3 = Kirchackerstraße
4 = Lindenstraße
5 = Weihergartenstraße
6 = Rieslingweg
7 = Silvanerweg
8 = Rheinblick
Grillplatz
Friedhof
Schloßberg
Auf der Höhe
Burg Layen
Rümmelsheim
(zu Verbandsgem. Langenlonsheim)
55452
Kulturdenkmal
Hügelgräber
Schnakeberg
Heide
Gewerbepark
Waldlaubersheim
1=Im Winkel
2=Brunnengasse
3=Schulstraße
4=Hintergasse
5=Schmiedegasse
8=Rother Weg
6=Am Sportplatz
Domberg
239
Rosenberg
7 = Auf der Kirchwiese
Bomberger Kopf
227
Roter Berg
AS Waldlaubersheim
Autohof
Mittfahrerparkplatz
Hunsrückspringer
293
Wörth
61
E31
E42
47
Kulturdenkmal
Hügelgrab

Rhein
Binger Loch
Lochsteine
Ruine Ehrenfels
Kleiner Rheinberg
Mäuseturminsel
Mäuseturm
Kraus- Aue
(zu Rüdesheim am Rhein)
Personenfähre
Autofähre
Hafen
Allerbach
Prinzenkopf
Koblenzer Str.
Bingen (Rh.) Hbf.
Bingen (Rh.) Stadt
Rhein-Nahe-Eck
Anlegestelle
Hartberg
322
Elisenhöhe
Nahe
Mainzer Str.
Burg Klopp
Auf dem Rochusberg
Rochusberg
Stadtteil Bingerbrück
(zu Bingen am Rhein)
Rupertsberg
Heerberg
Honigberg
Stromberger Straße
Stromberger Str.
Drususstr.
Saarlandstraße
Gaustr.
Hohenpark
(Rochusberg)
Rosengarten
Rochus-berg
Bingen am Rhein
(VBG Rhein-Nahe)
Kaiser-Friedrich-Turm
Neuenberg
Scharlachkopf
228
Cityplan S.31
Ehem. Kläranlage
Mühlbach
Auf der Rahl
Aussichtsturm
Kriesberg
Stadtteil Büdesheim
Roterde
Weiler bei Bingen
(zu VBG Rhein-Nahe)
Gewerbegebiet
255
Diedesberg
267
Hügelgrab
Münsterer Wald
Stumpfer Turm
Löwen-Entertainment-Str.
Gewerbegebiet
Münster-Sarmsheim
Hitchinstraße
Münsterer Kopf
301
Längenberg
Binger Stadtwald
Krebsbach
Königsschloss
Friedersberg
Kläranlage
Bingen-Büdesheim
Gewerbegebiet
Wertstoffhof
Münster-Sarmsheim
(zu VBG Rhein-Nahe)
Mittelberg
Bingen-Dietersheim
Maueräcker
Auf dem König
208
Keßlersberg
Auf der Linde
Mühlenberg
Rheinstraße
Rümmelsheim
(zu Verbandsgem. Langenlonsheim)
Honigberg
148
Burgberg
Trollbach
Trollmühle
Stadtteil Dietersheim
(zu Bingen am Rhein)
Pumpwerk
Stadtwerke
Burg Layen
Naheweinstr.
Anschlussstelle Dorsheim
Anschlussstelle Bingen-Mitte
Sponsheimer Berg
205
(zu Laubenheim)
Laubenheimer Mühle
Mühlensee
Sponsheimer Mühle (Pfeiffersmühle)
Stadtteil Sponsheim
(zu Bingen am Rhein)
Gewerbegebiet
Dorsheim
(zu VBG Langenlonsheim)
1 = An der Schmiede
Trollbergstr.
Gustav-
E31
E42
61
48
49
50
9
42
242
294
55411
55413
55424
55452
65385

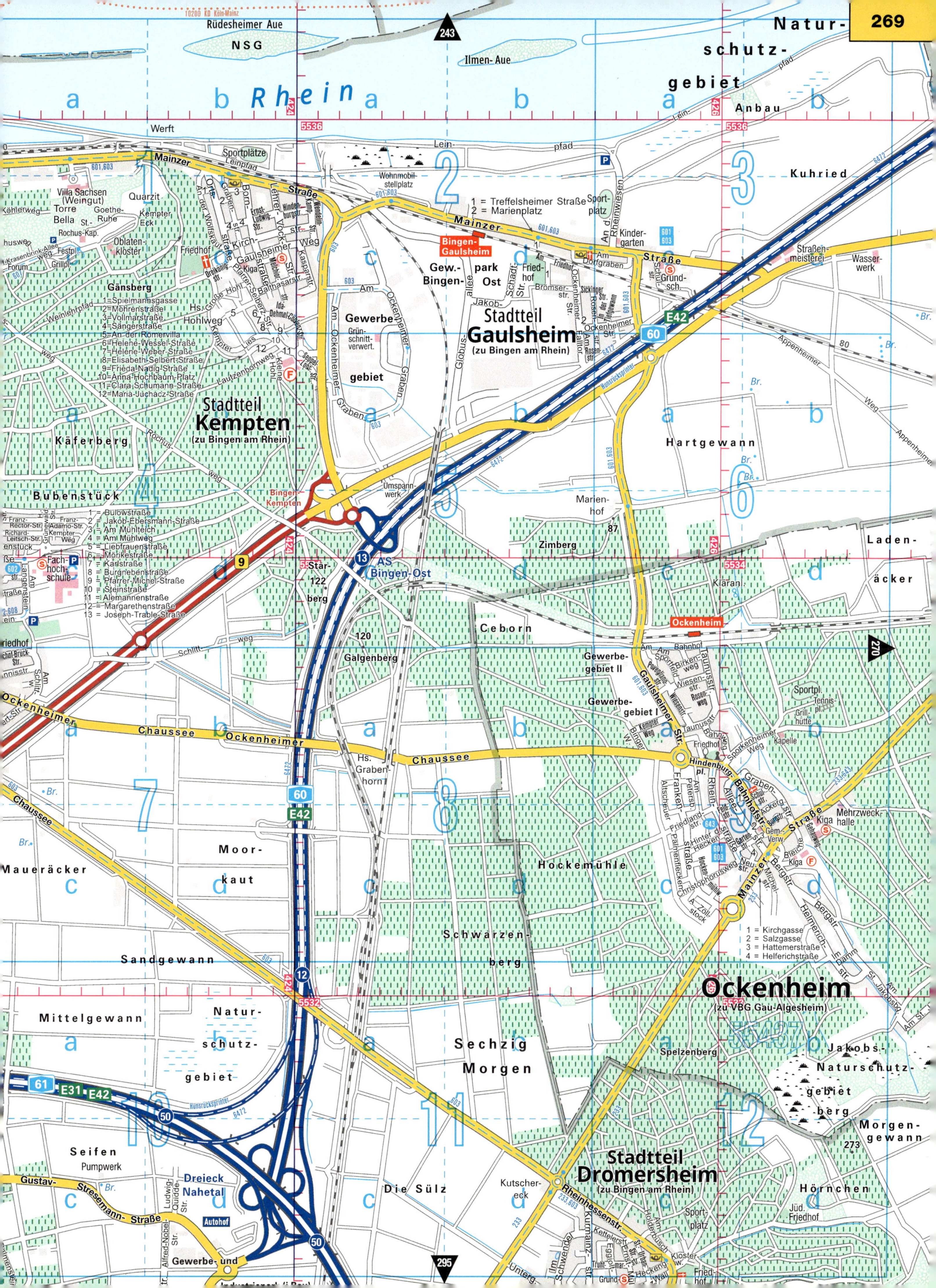
Rüdesheimer Aue
NSG
Rhein
Ilmen- Aue
Natur-
schutz-
gebiet
Anbau
Kuhried
Werft
Sportplätze
Mainzer Straße
Villa Sachsen (Weingut)
Quarzit
Torre Bella
Goethe-Ruhe
Kempter Eck
Rochus-Kap.
Oblaten-kloster
Friedhof
Gänsberg
1=Spielmannsgasse
2=Möhrenstraße
3=Vollmarstraße
4=Sängerstraße
5=An der Römervilla
6=Helene-Wessel-Straße
7=Helene-Weber-Straße
8=Elisabeth-Selbert-Straße
9=Frieda-Nadig-Straße
10=Anna-Hochbaum-Platz
11=Clara-Schumann-Straße
12=Maria-Juchacz-Straße
Stadtteil
Kempten
(zu Bingen am Rhein)
Käferberg
Bubenstück
1 = Bulowstraße
2 = Jakob-Ebersmann-Straße
3 = Am Mühlteich
4 = Am Mühlweg
5 = Liebfrauenstraße
6 = Morikestraße
7 = Karlstraße
8 = Burgrebenstraße
9 = Pfarrer-Michel-Straße
10 = Steinstraße
11 = Alemannenstraße
12 = Margarethenstraße
13 = Joseph-Trable-Straße
Fach-hoch-schule
Bingen-Kempten
Wohnmobil-stellplatz
1 = Treffelsheimer Straße
2 = Marienplatz
Sport-platz
Bingen-Gaulsheim
Gew.-park Bingen-Ost
Gewerbe gebiet
Stadtteil
Gaulsheim
(zu Bingen am Rhein)
Kinder-garten
Grund-sch.
Straßen-meisterei
Wasser-werk
Hartgewann
Umspann-werk
Marien-hof
Zimberg
AS Bingen-Ost
Star-berg
Galgenberg
Ceborn
Kläranl.
Ockenheim
Laden-äcker
Gewerbe-gebiet II
Gewerbe-gebiet I
Sportpl.
Ockenheimer Chaussee
Chaussee
Hs. Graben-horn
Hindenburg-pl.
Bahnhofstr.
Mainzer Straße
Mehrzweck-halle
Maueräcker
Moor-kaut
Hockemühle
Schwarzen-berg
Sandgewann
1 = Kirchgasse
2 = Salzgasse
3 = Hattemerstraße
4 = Helferichstraße
Ockenheim
(zu VBG Gau-Algesheim)
Mittelgewann
Natur-schutz-gebiet
Sechzig Morgen
Spelzenberg
Jakobs-berg
Naturschutz-gebiet
Morgen-gewann
Seifen
Pumpwerk
Dreieck Nahetal
Autohof
Gustav-Stresemann-Straße
Die Sülz
Kutscher-eck
Stadtteil
Dromersheim
(zu Bingen am Rhein)
Sport-platz
Hörnchen
Jüd. Friedhof
Gewerbe- und
243
270
295

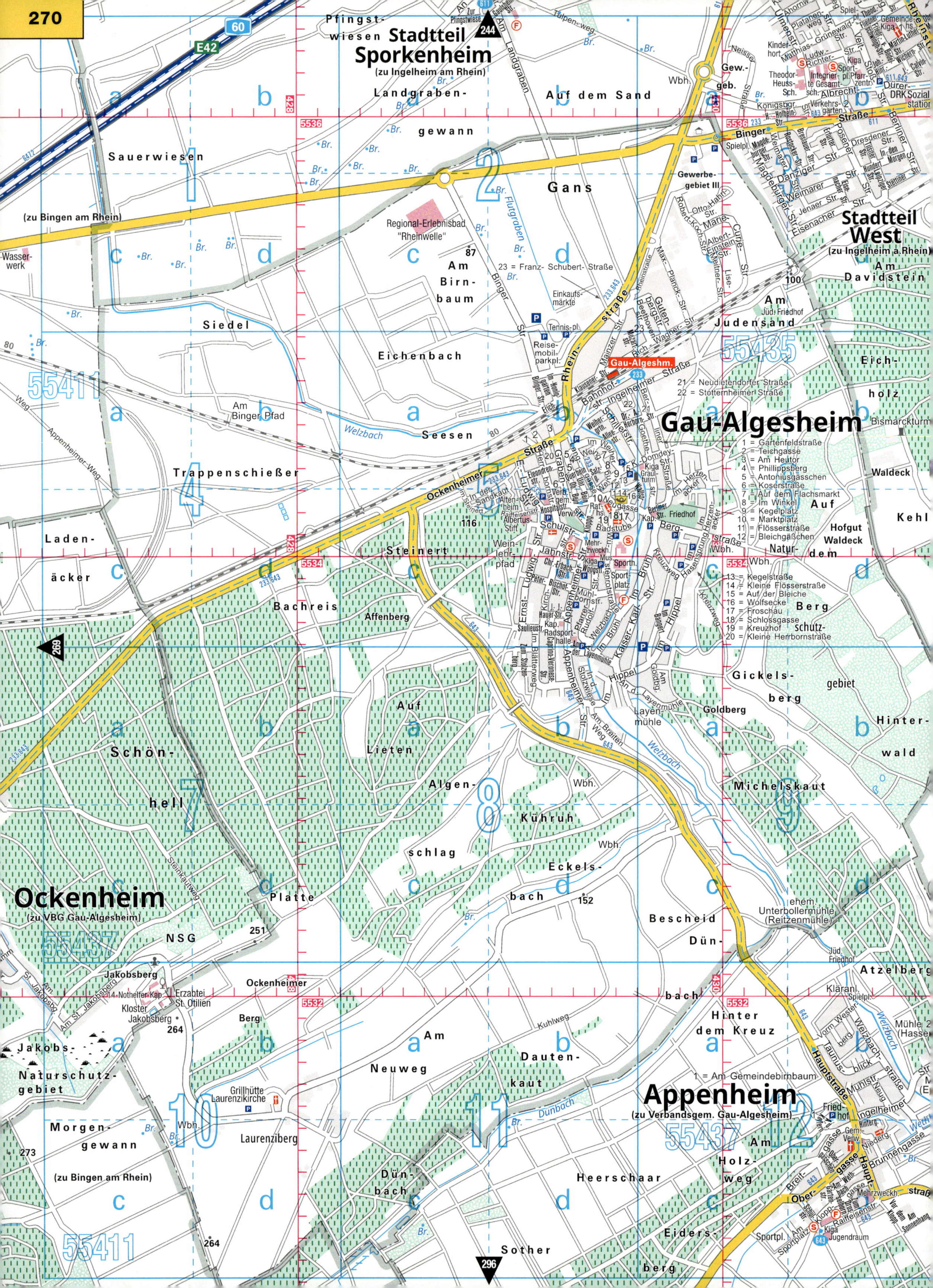
60
E42
244
Pfingst-
wiesen
Stadtteil
Sporkenheim
(zu Ingelheim am Rhein)
Landgraben-
gewann
Auf dem Sand
Gew.-
geb.
Wbh.
Sauerwiesen
(zu Bingen am Rhein)
Wasser-
werk
Regional-Erlebnisbad
"Rheinwelle"
Am
Birn-
baum
23 = Franz- Schubert- Straße
Gans
Flutgraben
Gewerbe-
gebiet III
Einkaufs-
märkte
Tennis-pl.
Reise-
mobil-
parkpl.
Rhein-
straße
Binger
Straße
Stadtteil
West
(zu Ingelheim a. Rhein)
Am
Davidstein
Am
Judensand
Jüd. Friedhof
55435
Siedel
Eichenbach
Gau-Algeshm.
21 = Neudietendorfer Straße
22 = Stotternheimer Straße
55411
Am
Binger Pfad
Welzbach
Seesen
Gau-Algesheim
Eich-
holz
Bismarckturm
1 = Gartenfeldstraße
2 = Teichgasse
3 = Am Heutor
4 = Phillippsberg
5 = Antoniusgässchen
6 = Koserstraße
7 = Auf dem Flachsmarkt
8 = Im Winkel
9 = Kegelplatz
10 = Marktplatz
11 = Flösserstraße
12 = Bleichgäßchen
Trappenschießer
Ockenheimer
Straße
Waldeck
Auf
Hofgut
Waldeck
Kehl
Laden-
äcker
Steinert
Natur-
dem
Friedhof
Schutz-
Berg
13 = Kegelstraße
14 = Kleine Flösserstraße
15 = Auf der Bleiche
16 = Wolfsecke
17 = Froschau
18 = Schlossgasse
19 = Kreuzhof
20 = Kleine Herrbornstraße
Bachreis
Affenberg
269
Gickels-
berg
gebiet
Goldberg
Layen-
mühle
Auf
Lieten
Schön-
hell
Hinter-
wald
Algen-
Kühruh
Michelskaut
schlag
Eckels-
bach
Wbh.
Ockenheim
(zu VBG Gau-Algesheim)
55437
NSG
Platte
Bescheid
Dün-
bach
ehem.
Unterbollermühle
(Reitzenmühle)
Jüd.
Friedhof
Atzelberg
Jakobsberg
14-Nothelfer-Kap.
Erzabtei
St. Ottilien
Kloster
Jakobsberg
Ockenheimer
Berg
Am
Neuweg
Dauten-
kaut
Kuhlweg
Hinter
dem Kreuz
1 = Am Gemeindebirnbaum
Jakobs-
Naturschutz-
gebiet
Grillhütte
Laurenzikirche
Laurenziberg
Dunbach
Appenheim
(zu Verbandsgem. Gau-Algesheim)
Morgen-
gewann
(zu Bingen am Rhein)
Wbh.
Dün-
bach
Heerschaar
Am
Holz-
weg
Eiders-
berg
Sother
Sportpl.
Jugendraum
55411
296

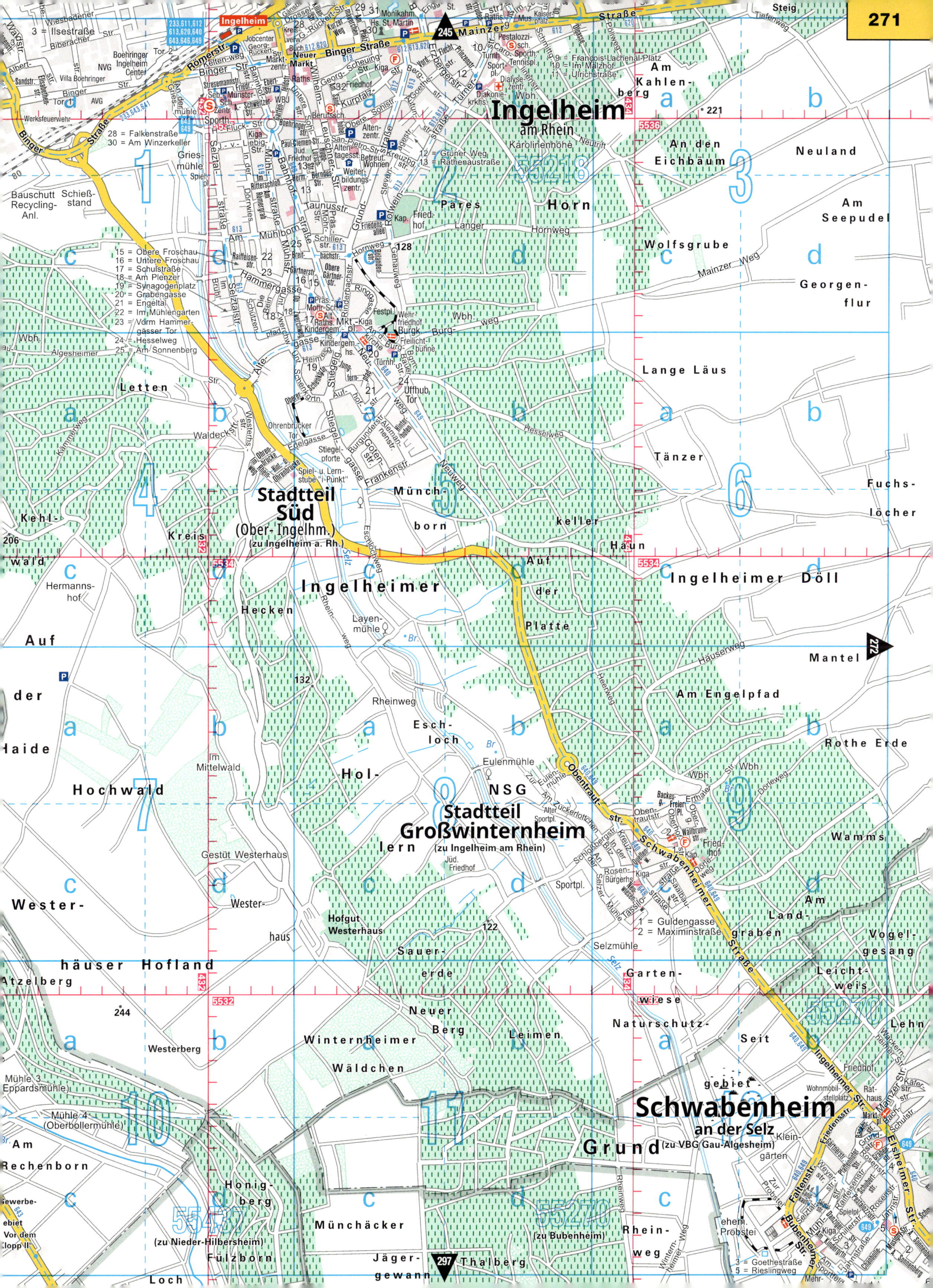
Ingelheim am Rhein
55218
Stadtteil Süd (Ober-Ingelhm.) (zu Ingelheim a. Rh.)
Stadtteil Großwinternheim (zu Ingelheim am Rhein)
Schwabenheim an der Selz (zu VBG Gau-Algesheim)
55270
(zu Bubenheim)
55437
(zu Nieder-Hilbersheim)
Mainzer Straße
Binger Straße
Obentraut-str.
Schwabenheimer Straße
Ingelheimer Str.
Am Kahlenberg
An den Eichbäum
Neuland
Am Seepudel
Pares
Horn
Wolfsgrube
Georgenflur
Lange Läus
Tänzer
Fuchslöcher
Münchborn
Kehlwald
Kreis
Letten
keller
Häun
Auf der Platte
Ingelheimer Döll
Ingelheimer
Hecken
Hermannshof
Auf der Haide
Hochwald
Mantel
Am Engelpfad
Rothe Erde
Eschloch
Holjern
NSG
Wamms
Am Landgraben
Vogelgesang
Leichtweis
Wester-häuser Hofland
Westerhaus
Gestüt Westerhaus
Hofgut Westerhaus
Sauererde
Atzelberg
Westerberg
Neuer Berg
Leimen
Naturschutz-gebiet
Seit
Lehn
Winternheimer Wäldchen
Grund
Gartenwiese
Selzmühle
Eulenmühle
Layenmühle
Honigberg
Füllzborn
Münchäcker
Jägergewann
Thalberg
Rheinweg
Loch
Am Rechenborn
Mühle 3 (Eppardsmühle)
Mühle 4 (Oberbollermühle)
Bauschutt Recycling-Anl.
Schießstand
Griesmühle
Boehringer Ingelheim Center
3 = Ilsestraße
28 = Falkenstraße
30 = Am Winzerkeller
9 = François-Lachenal-Platz
10 = Im Malzhof
11 = Ulrichstraße
12 = Grüner Weg
13 = Rathenaustraße
15 = Obere Froschau
16 = Untere Froschau
17 = Schulstraße
18 = Am Plenzer
19 = Synagogenplatz
20 = Grabengasse
21 = Engeltal
22 = Im Mühlengarten
23 = Vorm Hammergässer Tor
24 = Hesselweg
25 = Am Sonnenberg
1 = Guldengasse
2 = Maximinstraße
3 = Goethestraße
5 = Rieslingweg
245
272
297
221
128
206
132
122
244

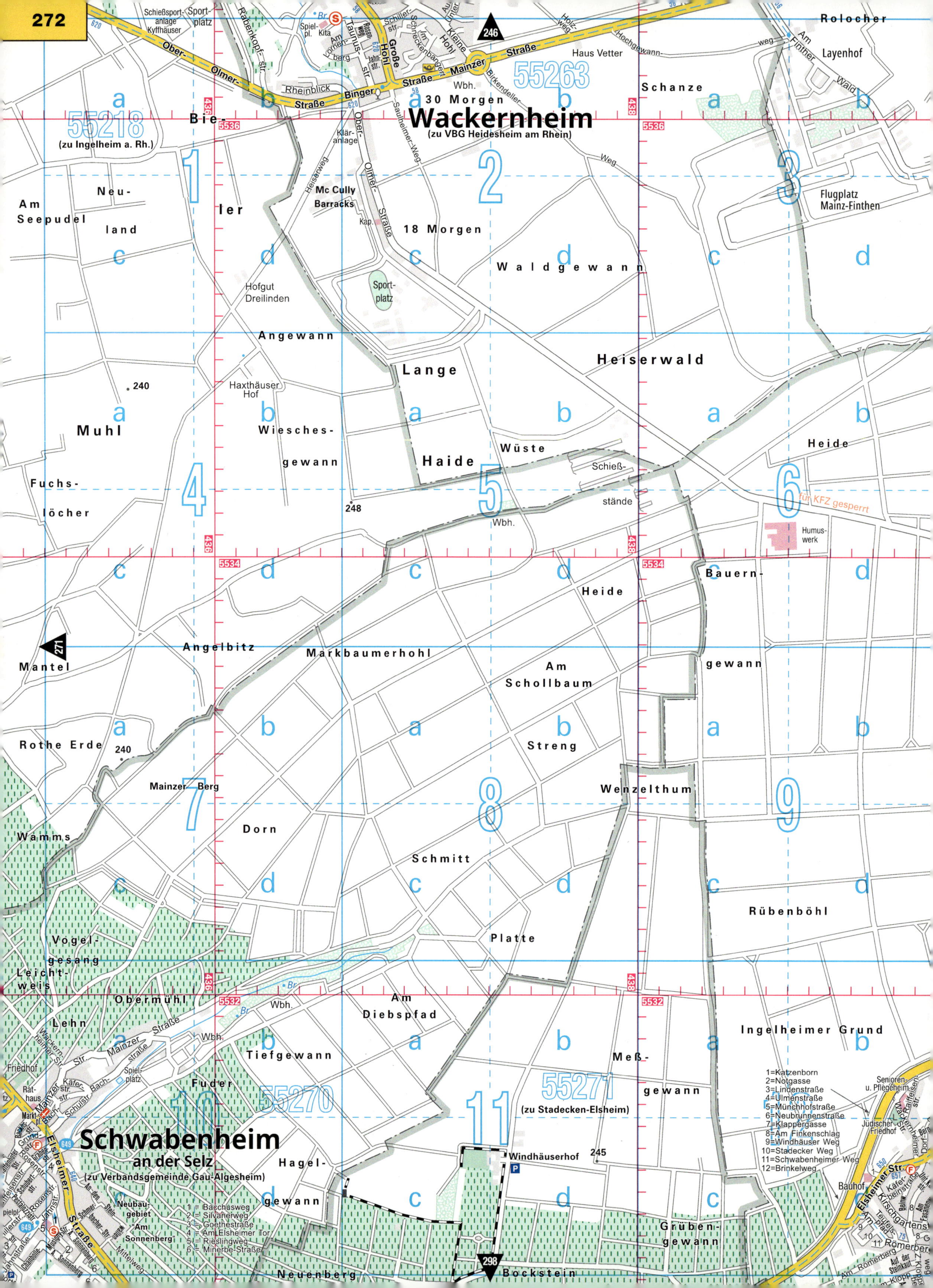
Wackernheim
(zu VBG Heidesheim am Rhein)
55263
55218
(zu Ingelheim a. Rh.)
Schwabenheim
an der Selz
(zu Verbandsgemeinde Gau-Algesheim)
55270
55271
(zu Stadecken-Elsheim)
Flugplatz
Mainz-Finthen
Layenhof
Rolocher
Schanze
Haus Vetter
30 Morgen
18 Morgen
Mc Cully
Barracks
Hofgut
Dreilinden
Angewann
Haxthäuser
Hof
Wiesches-
gewann
Waldgewann
Heiserwald
Lange
Haide
Wüste
Schieß-
stände
Heide
Humus-
werk
für KFZ gesperrt
Am
Seepudel
Neu-
land
Bie-
ler
Muhl
Fuchs-
löcher
Mantel
Angelbitz
Markbaumerhohl
Am
Schollbaum
Bauern-
gewann
Heide
Rothe Erde
Mainzer Berg
Streng
Wenzelthum
Wamms
Dorn
Schmitt
Rübenböhl
Vogel-
gesang
Leicht-
weis
Platte
Obermühl
Am
Diebspfad
Ingelheimer Grund
Lehn
Tiefgewann
Meß-
gewann
Fuder
Windhäuserhof
Hagel-
gewann
Gruben-
gewann
Neuenberg
Bockstein
Mainzer Straße
Binger Straße
Ober-Olmer-Straße
Elsheimer Straße
Neubau-
gebiet
"Am
Sonnenberg"
1 = Bacchusweg
2 = Silvanerweg
3 = Goethestraße
4 = Am Elsheimer Tor
5 = Rieslingweg
6 = Minerbe-Straße
1=Katzenborn
2=Notgasse
3=Lindenstraße
4=Ulmenstraße
5=Münchhofstraße
6=Neubrunnenstraße
7=Klappergasse
8=Am Finkenschlag
9=Windhäuser Weg
10=Stadecker Weg
11=Schwabenheimer Weg
12=Brinkelweg
Senioren-
u. Pflegeheim
Jüdischer
Friedhof
Bauhof
Friedhof
Rat-
haus
Sport-
platz
Kläranlage
240
248
245
246
271
298

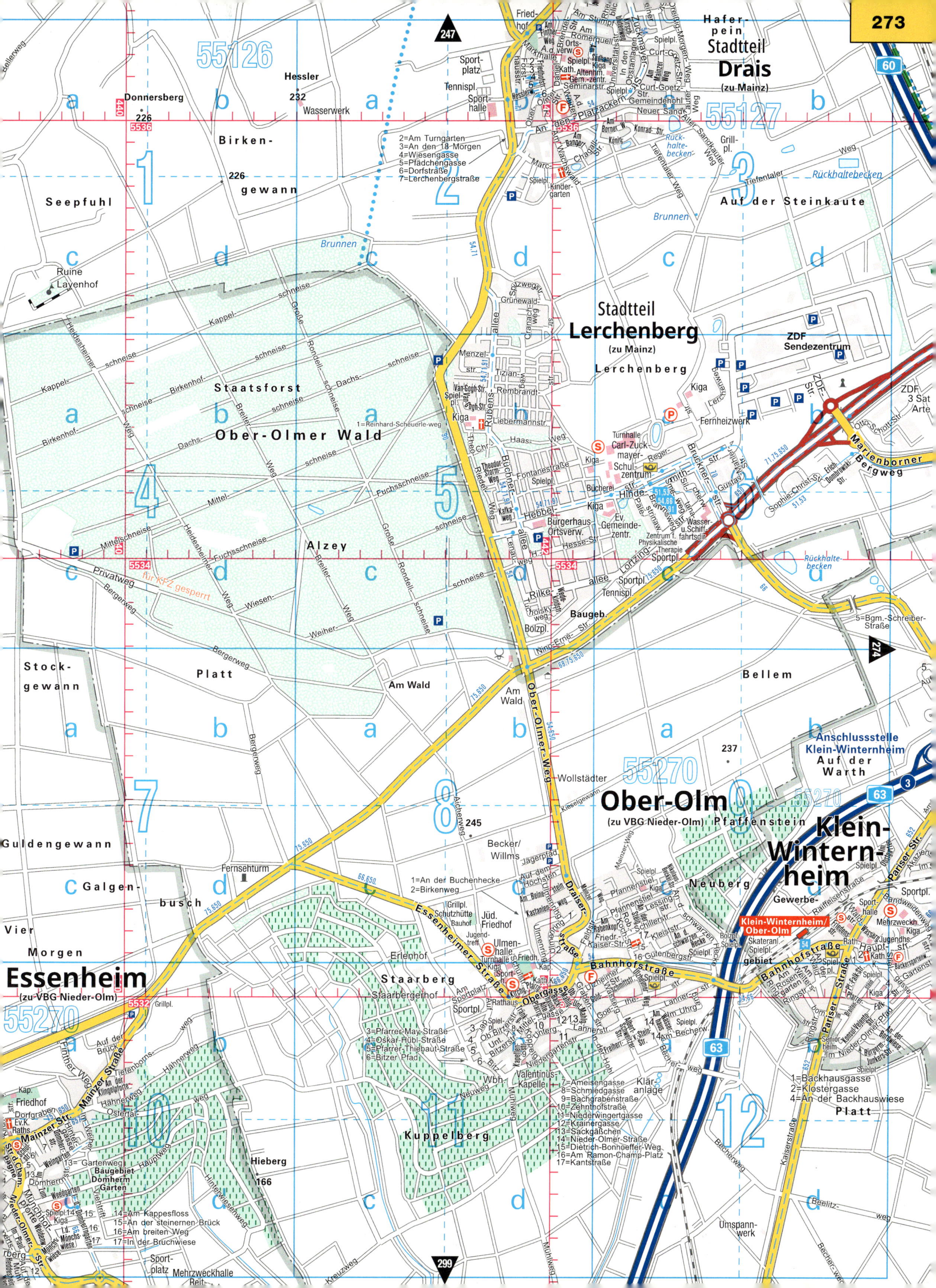

Stadtteil
Drais
(zu Mainz)
55126
55127
Hessler
232
Wasserwerk
Donnersberg
226
Birken-
gewann
Seepfuhl
Ruine
Layenhof
Brunnen
Sport-
platz
Tennispl.
Sport-
halle
2=Am Turngarten
3=An den 18 Morgen
4=Wiesengasse
5=Pfädchengasse
6=Dorfstraße
7=Lerchenbergstraße
Kinder-
garten
Hafer-
pein
Grill-
pl.
Rück-
halte-
becken
Rückhaltebecken
Tiefentaler Weg
Auf der Steinkaute
Stadtteil
Lerchenberg
(zu Mainz)
Lerchenberg
ZDF
Sendezentrum
ZDF
3 Sat
Arte
Fernheizwerk
Marienborner
Bergweg
Staatsforst
Ober-Olmer Wald
Alzey
1=Reinhard-Scheuerle-weg
Kappelschneise
Birkenhofschneise
Dachsschneise
Fuchsschneise
Mittelschneise
Große Rondellschneise
Heidesheimer Weg
Breiter Weg
Privatweg
für KFZ gesperrt
Bergerweg
Wiesenweg
Weiherweg
Turnhalle
Carl-Zuckmayer-
Schul-
zentrum
Bücherei
Kiga
Ev.
Gemeinde-
zentr.
Bürgerhaus
Ortsverw.
Wasser-
u.Schiff-
fahrtsdir.
Sportpl.
Tennispl.
Baugeb.
Bolzpl.
Rückhalte-
becken
5=Bgm.-Schreiber-
Straße
Stock-
gewann
Platt
Am Wald
Am
Wald
Bellem
Anschlussstelle
Klein-Winternheim
Auf der
Warth
237
55270
Ober-Olmer-Weg
Wollstädter
Ober-Olm
(zu VBG Nieder-Olm)
Pfaffenstein
Klein-
Wintern-
heim
Guldengewann
245
Becker/
Willms
Fernsehturm
Galgen-
busch
1=An der Buchenhecke
2=Birkenweg
Grillpl.
Schutzhütte
Bauhof
Jüd.
Friedhof
Jugend-
treff
Ulmen-
halle
Neuberg
Gewerbe-
gebiet
Klein-Winternheim/
Ober-Olm
Vier
Morgen
Essenheim
(zu VBG Nieder-Olm)
Erlenhof
Staarberg
Staarbergerhof
Essenheimer Straße
Bahnhofstraße
Obergasse
Draiser-
straße
Rathaus
Sportpl.
3=Pfarrer-May-Straße
4=Oskar-Hübl-Straße
5=Pfarrer-Thiebaut-Straße
6=Bitzer Pfad
Valentinus-
Kapelle
Wbh.
7=Ameisengasse
8=Schmiedgasse
9=Bachgrabenstraße
10=Zehnthofstraße
11=Niederwingertgasse
12=Krainergasse
13=Sackgäßchen
14=Nieder-Olmer-Straße
15=Dietrich-Bonhoeffer-Weg
16=Am Ramon-Champ-Platz
17=Kantstraße
Klär-
anlage
Kuppelberg
Hieberg
166
Mainzer Str.
Friedhof
Baugebiet
Domherrn
Garten
13=Gartenweg
14=Am Kappesfloss
15=An der steinernen Brück
16=Am breiten Weg
17=In der Bruchwiese
Sport-
platz
Mehrzweckhalle
Kreuzweg
Umspann-
werk
Becherweg
Kaiserstraße
Pariser Straße
1=Backhausgasse
2=Klostergasse
4=An der Backhauswiese
Platt
247
274
299
63
60
3

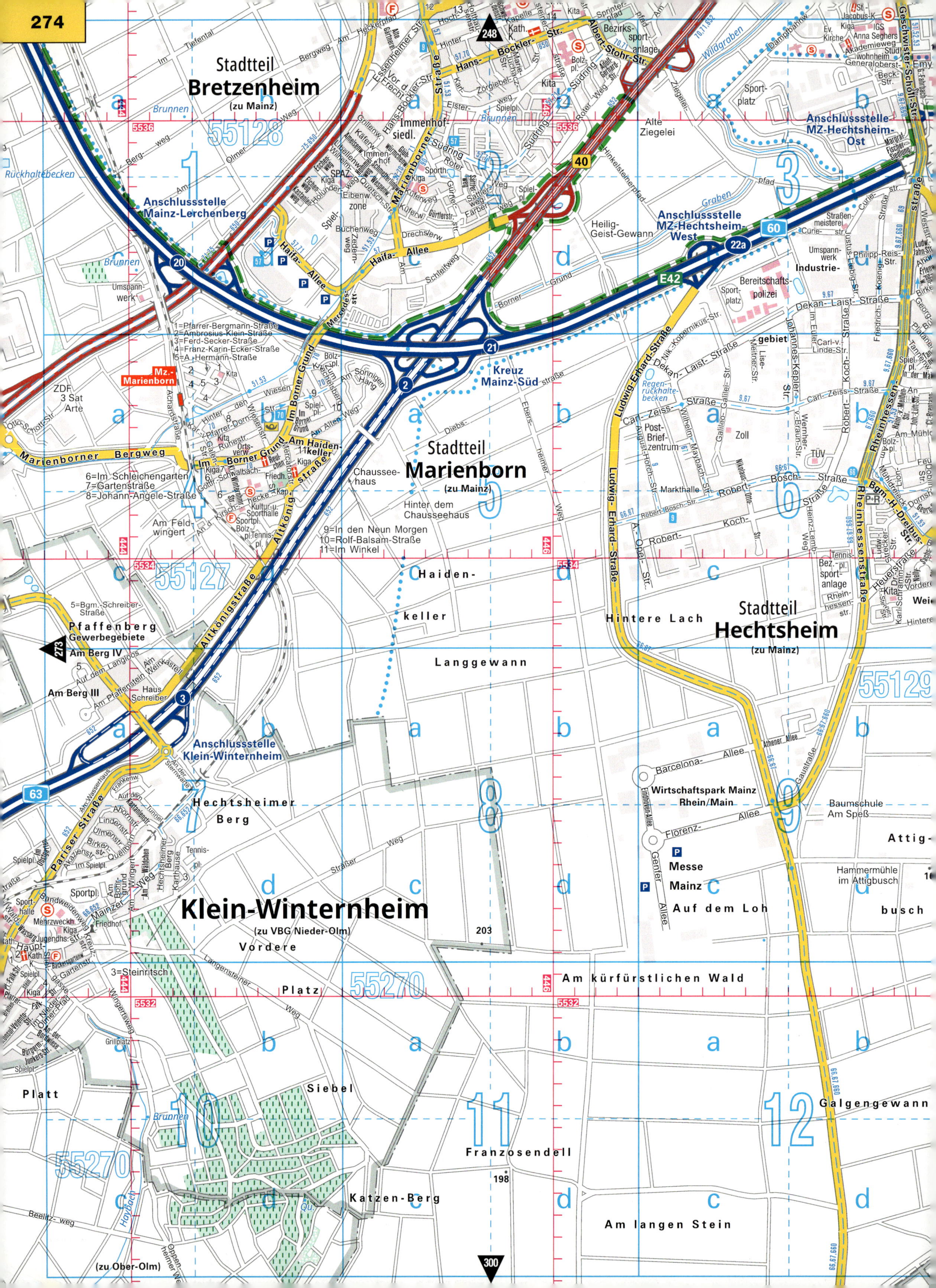

Stadtteil
Bretzenheim
(zu Mainz)
55128
Anschlussstelle
Mainz-Lerchenberg
Anschlussstelle
MZ-Hechtsheim-
Ost
Anschlussstelle
MZ-Hechtsheim-
West
Kreuz
Mainz-Süd
Mz.-
Marienborn
1=Pfarrer-Bergmann-Straße
2=Ambrosius-Klein-Straße
3=Ferd.-Secker-Straße
4=Franz-Karin-Ecker-Straße
5=A.-Hermann-Straße
ZDF
3 Sat
Arte
Marienborner Bergweg
6=Im Schleichengarten
7=Gartenstraße
8=Johann-Angele-Straße
Am Feld-
wingert
Stadtteil
Marienborn
(zu Mainz)
Chaussee-
haus
Hinter dem
Chausseehaus
9=In den Neun Morgen
10=Rolf-Balsam-Straße
11=Im Winkel
55127
Altkönigstraße
Haiden-
keller
Langgewann
Hintere Lach
Stadtteil
Hechtsheim
(zu Mainz)
Industrie-
gebiet
Bereitschafts-
polizei
Dekan-Laist-Straße
Carl-Zeiss-Straße
Ludwig-Erhard-Straße
Post-
Brief-
zentrum
Zoll
Markthalle
Robert-Bosch-Straße
Robert-Koch-Straße
Rheinhessenstraße
55129
5=Bgm.-Schreiber-
Straße
Pfaffenberg
Gewerbegebiete
Am Berg IV
Am Berg III
Anschlussstelle
Klein-Winternheim
Hechtsheimer
Berg
Pariser Straße
Klein-Winternheim
(zu VBG Nieder-Olm)
Vordere
Platz
3=Steinritsch
55270
Barcelona-Allee
Wirtschaftspark Mainz
Rhein/Main
Florenz-Allee
Messe
Mainz
Auf dem Loh
Baumschule
Am Speß
Hammermühle
im Attigbusch
Attig-
busch
203
Am kürfürstlichen Wald
Siebel
Platt
Franzosendell
198
Katzen-Berg
Am langen Stein
Galgengewann
(zu Ober-Olm)
Alte
Ziegelei
Heilig-
Geist-Gewann
Immenhof-
siedl.
Sportplatz
Bezirks-
sport-
anlage
Umspann-
werk
Haus
Schreiber

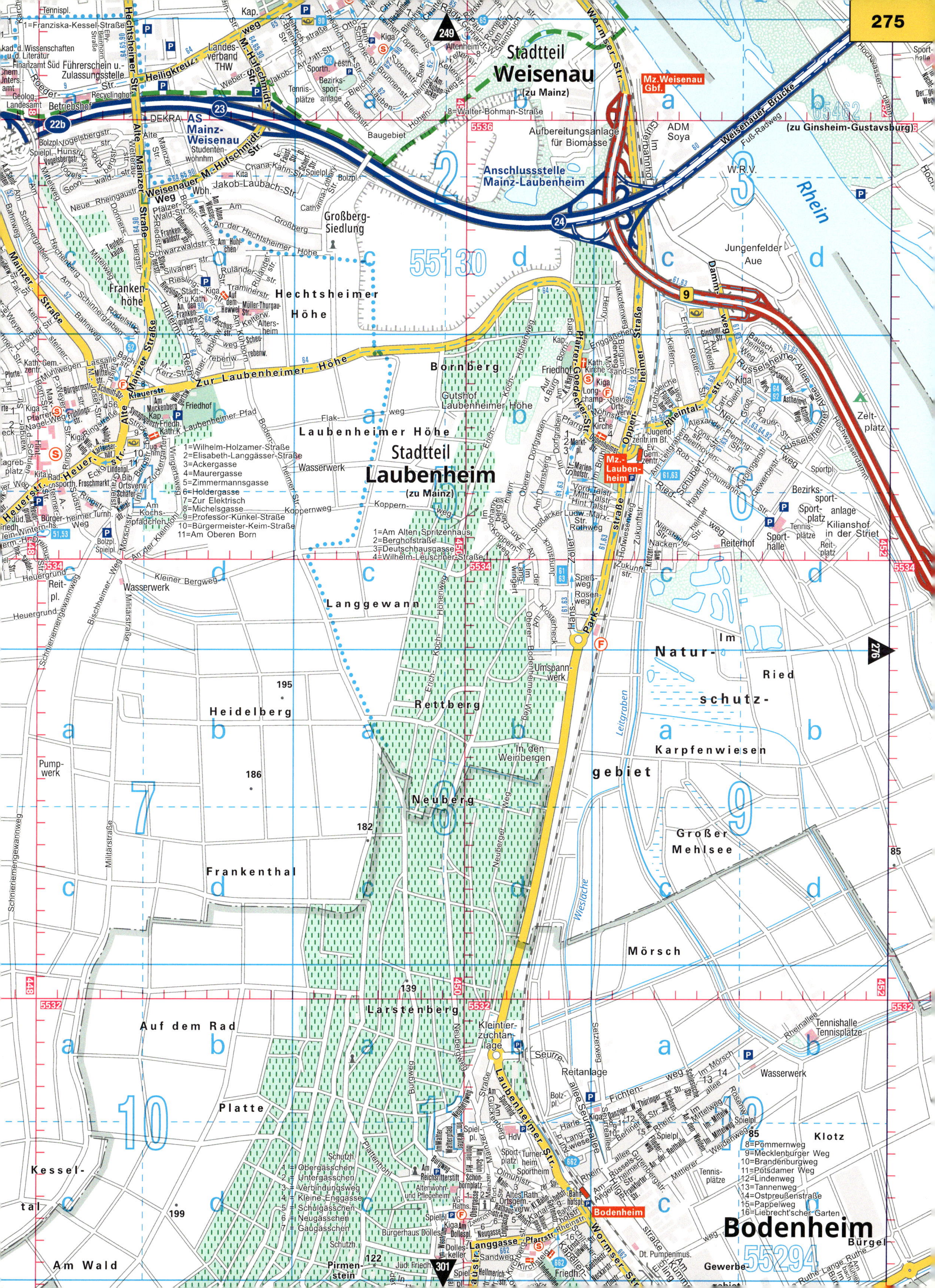
Stadtteil
Weisenau
(zu Mainz)
Mz.Weisenau Gbf.
Aufbereitungsanlage für Biomasse
ADM Soya
Weisenauer Brücke
(zu Ginsheim-Gustavsburg)
Anschlussstelle Mainz-Laubenheim
Rhein
AS Mainz-Weisenau
Großberg-Siedlung
55130
Jungenfelder Aue
Hechtsheimer Höhe
Zur Laubenheimer Höhe
Bornberg
Gutshof Laubenheimer Höhe
Laubenheimer Höhe
Stadtteil
Laubenheim
(zu Mainz)
Mz.-Laubenheim
Frankenhöhe
Mainzer Straße
Alte Mainzer Straße
Heuerstr.
1=Wilhelm-Holzamer-Straße
2=Elisabeth-Langgässer-Straße
3=Ackergasse
4=Maurergasse
5=Zimmermannsgasse
6=Holdergasse
7=Zur Elektrisch
8=Michelsgasse
9=Professor-Kunkel-Straße
10=Bürgermeister-Keim-Straße
11=Am Oberen Born
1=Am Alten Spritzenhaus
2=Berghofstraße
3=Deutschhausgasse
4=Wilhelm-Leuschner-Straße
Langgewann
Heidelberg
Rettberg
Natur-
schutz-
gebiet
Im Ried
Karpfenwiesen
Neuberg
Großer Mehlsee
Frankenthal
Mörsch
Larstenberg
Auf dem Rad
Platte
Kessel-
tal
Am Wald
Laubenheimer Str.
Wormser Str.
Bodenheim
Bodenheim
55294
Klotz
8=Pommernweg
9=Mecklenburger Weg
10=Brandenburgweg
11=Potsdamer Weg
12=Lindenweg
13=Tannenweg
14=Ostpreußenstraße
15=Pappelweg
16=Liebrecht'scher Garten
Tennishalle Tennisplätze
Wasserwerk
Reitanlage
Bürgel
Pirmenstein
249
276
301

Ginsheim-Gustavsburg
Ortsteil Ginsheim (zu Ginsheim-Gustavsburg)
Stadtteil Bauschheim (zu Rüsselsheim a. M.)
Ortsteil Astheim
Hinter Astheim
65474
65462
55130 (zu Mainz)
55294 (zu Bodenheim)
55299
(zu Nackenheim)
(zu Bischofsheim)
Anschlussstelle Bischofsheim
Darmstädter Straße
E42
60
27
9
Rhein
Rheinauen
Ginsheimer Altrhein
Altrhein
Schwarzbach
Mühlarm
Beinegraben
Kreuzlache
Keesgraben
Waldsee
Silbersee
Börnchensee
Fischteich
Salzquelle
An den Sportstätten
Gesamtschule
Gemeinde-Sportanl.
Naturfreundehaus
Friedhof
Kapelle
Kleingärten
Schützenhaus
Pumpstation
Kläranlage
Pumpwerk
Gut Rockenwörth
Gut Nonnenaue
Gut Langenau
Zeltplatz
Fähre
Seniorentreff
Heimatmus.
Tannenhof
Wielandhof
Birkenhof
Erlenhof
Industriegebiet
Müllkompostierungsanlage
Trimm-Dich-Pfad
Im Weinfaß
Rosenhof
Vogelschutzgehölz
Am Börnchen
Sonnenhof
Römerhof
Rothenstein
Aulweilsand
Im kahlen
Große Herrenwiese
Am Fischerpfad
Berisheimer Hof
Auf dem Stettling
Egerländer Hof
Lindenhof
Holzlache Hof
Mönchsgewann
Pfingstweide
Im Mersch
Zelt-Jakobsbergerau plätze
Anglerheim
Bürgel
Mainzer Straße
Brunnenstraße
Wolfinger Str.
Königstädter Straße
Brückenweg
Hochwasserdamm
1=Sophie-und-Hans-Scholl-Straße
2=Annette-von-Droste-Hülshoff-Weg
3=Marie-Ward-Weg
4=Maria-Montessori-Straße
5=Anna-Seghers-Straße
6=Lotte-Lenya-Str.
7=Auf dem Füllstall
8=Landfrauenstraße
9=Lia-Wöhr-Weg
10=Werner-von-Siemens-Straße
11=Johann-Sebastian-Bach-Straße
12=Georg-Friedrich-Händel-Straße
13=Franz-Liszt-Straße
14=Burgunderstraße
15=Richard-Wagner-Straße
16=Josef-Seliger-Straße
17=Anton-Günther-Straße
18=Albert-Einstein-Straße
19=Am Alten Schießplatz
20=Am Sportplatz
21=Magdeburger Straße
22=Stettiner Straße
23=Münchener Straße
24=Harteneckstraße
1=Hinter den Erlen
2=Am Sandhügel
3=Zur Jakobsruhe
4=Vor den Ringsböllen
5=Am Keesgraben
6=Am Rabenstein
7=Württemberger Straße
9=Dietrich-Bonhoeffer-Weg
10=Bernhard-Lichtenberg-Weg
11=Johanna-Kirchner-Weg
12=Adolf-Reichwein-Weg
13=Geschwister-Scholl-Straße
1=Schweriner Straße
2=Albert-Schweitzer-Straße
3=Stettiner Straße
4=Königsberger Straße
5=Schlesierstraße
6=Karlsbader Straße
7=Bischofsheimer Straße
8=Ginsheimer Straße
14=Backhausgasse

250
275
302

Rüsselsheim
am Main
65428
Kurt-Schumacher-Ring
Anschlussstelle
Rüsselsheim-Mitte
Anschlussstelle
Rü.-Königstädten
Gewerbegebiet
„Im Hasengrund"
Adam-Opel-Straße
Oppenheimer Straße
Naturschutzgebiet
Wüster Forst
Motorsportgelände
Alter Mainzer Weg
Holzgewann
Am Schaeppersee
NSG Schaeppersee
Im Kirchsee
Im Dörnich
1=Adolf-Korell-Straße
2=Ludwig-Ramge-Straße
3=Franz-Ludwig-Göbel-Weg
4=An der Schaafhansenwiese
5=Georg-Fritsch-Straße
6=Heinrich-Walter-Straße
7=Georg-Neumann-Straße
8=Geschwister-Scholl-Straße
9=Stauffenbergstraße
8=Riesengebirgsstraße
9=Böhmerwaldstraße
10=Spreewaldstraße
11=Sudetenstraße
12=Salzburger Straße
13=Dolomitenstraße
14=Allgäuer Straße
15=Genfer Straße
16=Frohbornweg
17=An der Brückelwiese
18=Am Eichbaum
Wasserwerk
Hof Schönau
ehem. Opel-Rennbahn
Umspannwerk
Schönauer Hof
Rosenhof
Stadtteil
Königstädten
(zu Rüsselsheim a. M.)
Hinter dem Neunten
Königsteinsröder
Sandseetanne
Lengfeld
Königstädter Waldhaus
Schießstand
Waldhof
Ginsheimer-Raunheimer Flurgraben
Dauerkleingärten
Hügelgrab
Kohlplatte
Schutzhütte
Waldfriedhof
Im kahlen
Auf dem Biblis
Mersheimer Hof
Waldschlößchen
Böhl
Hof Tannböhl
NSG Wingert
Tiefgewann
Birkenhof
Lachenhof
Tannböhl
Nauheim
64569
Herrenhügel
Hügelgräber
Freläcker
Holzlacher Hof
Glockwiesen-Hof
1=Robert-Bosch-Straße
2=Gottfried-Daimler-Straße
Mainzer Landstraße
Mutzenärmel
Tannenhof
Krautfeld
Rosenhof
Langgewann
Lache
Brügelfelder Hof
Hessenhof
Am Hohen Weg
Herrnwiese
Schießsportanlage
Seichböhl
Radweg
65468
Trebur
Annenhof
Neubaugebiet (geplant)
6 = Rosa-Luxemburg-Weg
7 = Weichselstraße
8 = Clara-Schumann-Weg
9 = Sophie-Brentano-Weg
10 = Loubaweg
11 = Luise-Büchner-Weg
12 = Agnesweg
13 = Muniswindweg
14 = Adalhildisweg
Astheimer Straße
Freibad
Schwarzbach
Auf dem
Gewerbegebiet
Nauheim (b. Gr.-Gerau)
E42
60
519
5536
5534
5532
251
278
303

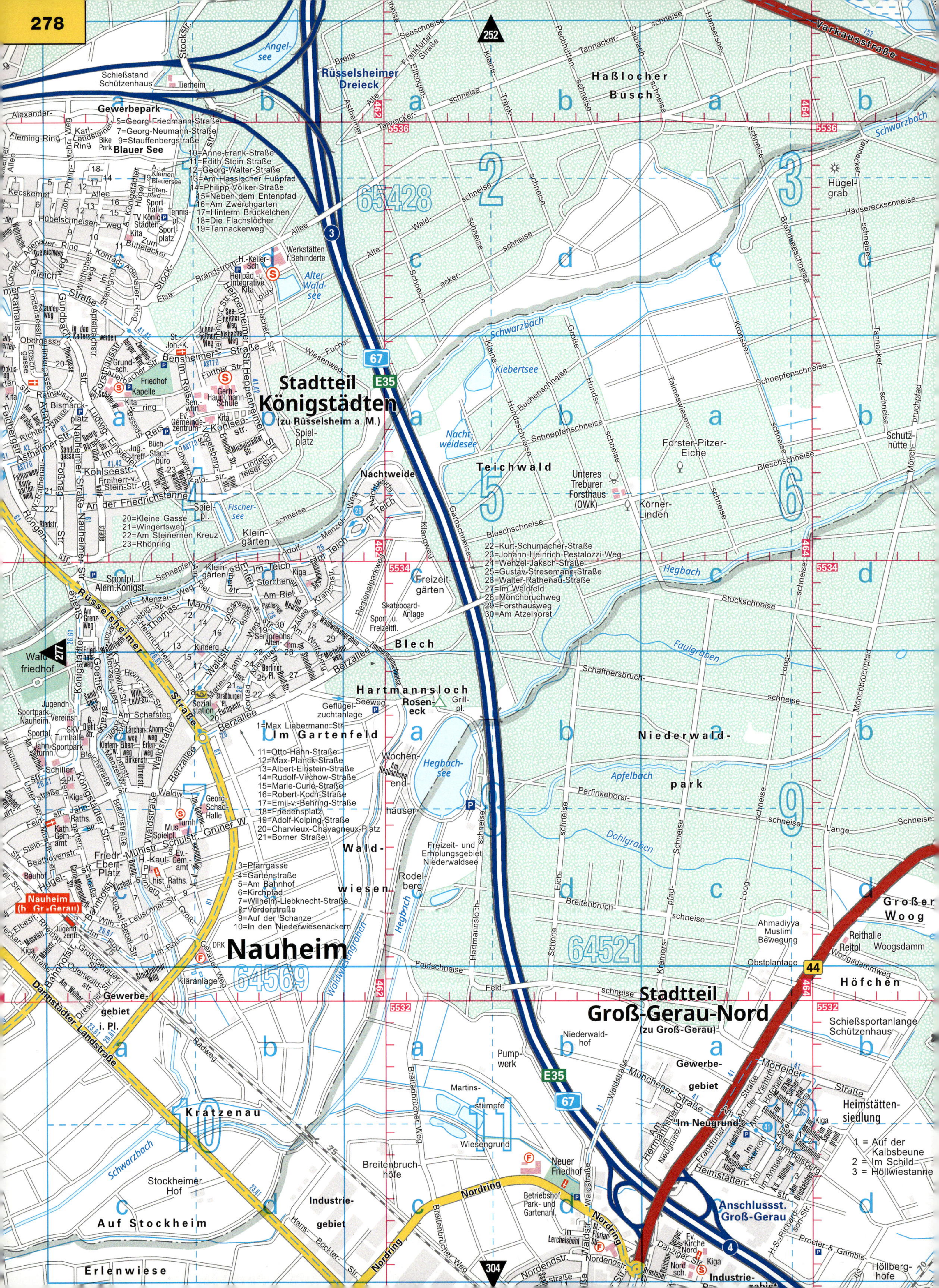
252
Rüsselsheimer Dreieck
Haßlocher Busch
Varkausstraße
Schwarzbach
Hügelgrab
Gewerbepark
Blauer See
Angelsee
Schießstand Schützenhaus
Tierheim
1=Georg-Friedmann-Straße
7=Georg-Neumann-Straße
9=Stauffenbergstraße
10=Anne-Frank-Straße
11=Edith-Stein-Straße
12=Georg-Walter-Straße
13=Am Hasslocher Fußpfad
14=Philipp-Völker-Straße
15=Neben dem Entenpfad
16=Am Zwerchgarten
17=Hinterm Brückelchen
18=Die Flachslöcher
19=Tannackerweg
65428
Werkstätten f. Behinderte
Alter Waldsee
Stadtteil Königstädten
(zu Rüsselsheim a. M.)
Kiebertsee
Nachtweidesee
Nachtweide
Teichwald
Unteres Treburer Forsthaus (OWK)
Förster-Pitzer-Eiche
Körner-Linden
Fischersee
20=Kleine Gasse
21=Wingertsweg
22=Am Steinernen Kreuz
23=Rhönring
22=Kurt-Schumacher-Straße
23=Johann-Heinrich-Pestalozzi-Weg
24=Wenzel-Jaksch-Straße
25=Gustav-Stresemann-Straße
26=Walther-Rathenau-Straße
27=Im Waldfeld
28=Mönchbruchweg
29=Forsthausweg
30=Am Atzelhorst
Freizeitgärten
Hegbach
Faulgraben
Blech
Hartmannsloch
Roseneck
Hegbachsee
Im Gartenfeld
1=Max Liebermann-Str.
11=Otto-Hahn-Straße
12=Max-Planck-Straße
13=Albert-Einstein-Straße
14=Rudolf-Virchow-Straße
15=Marie-Curie-Straße
16=Robert-Koch-Straße
17=Emil-v.-Behring-Straße
18=Friedensplatz
19=Adolf-Kolping-Straße
20=Charvieux-Chavagneux-Platz
21=Borner Straße
3=Pfarrgasse
4=Gartenstraße
5=Am Bahnhof
6=Kirchpfad
7=Wilhelm-Liebknecht-Straße
8=Vordorfstraße
9=Auf der Schanze
10=In den Niederwiesenäckern
Niederwaldpark
Apfelbach
Dohlgraben
Waldwiesen
Freizeit- und Erholungsgebiet Niederwaldsee
Rodelberg
Nauheim
64569
64521
Ahmadiyya Muslim Bewegung
Großer Woog
Reithalle
Woogsdamm
Höfchen
Stadtteil Groß-Gerau-Nord
(zu Groß-Gerau)
Schießsportanlage Schützenhaus
Heimstättensiedlung
1 = Auf der Kalbsbeune
2 = Im Schild
3 = Höllwiestanne
Gewerbegebiet
Im Neugrund
Anschlussst. Groß-Gerau
Pumpwerk
Martinsstümpfe
Wiesengrund
Neuer Friedhof
Nordring
Breitenbruchhöfe
Industriegebiet
Kratzenau
Stockheimer Hof
Auf Stockheim
Erlenwiese
Darmstädter Landstraße
Rüsselsheimer Straße
Waldfriedhof
277
304
Höllberghöfe
E35
67
44

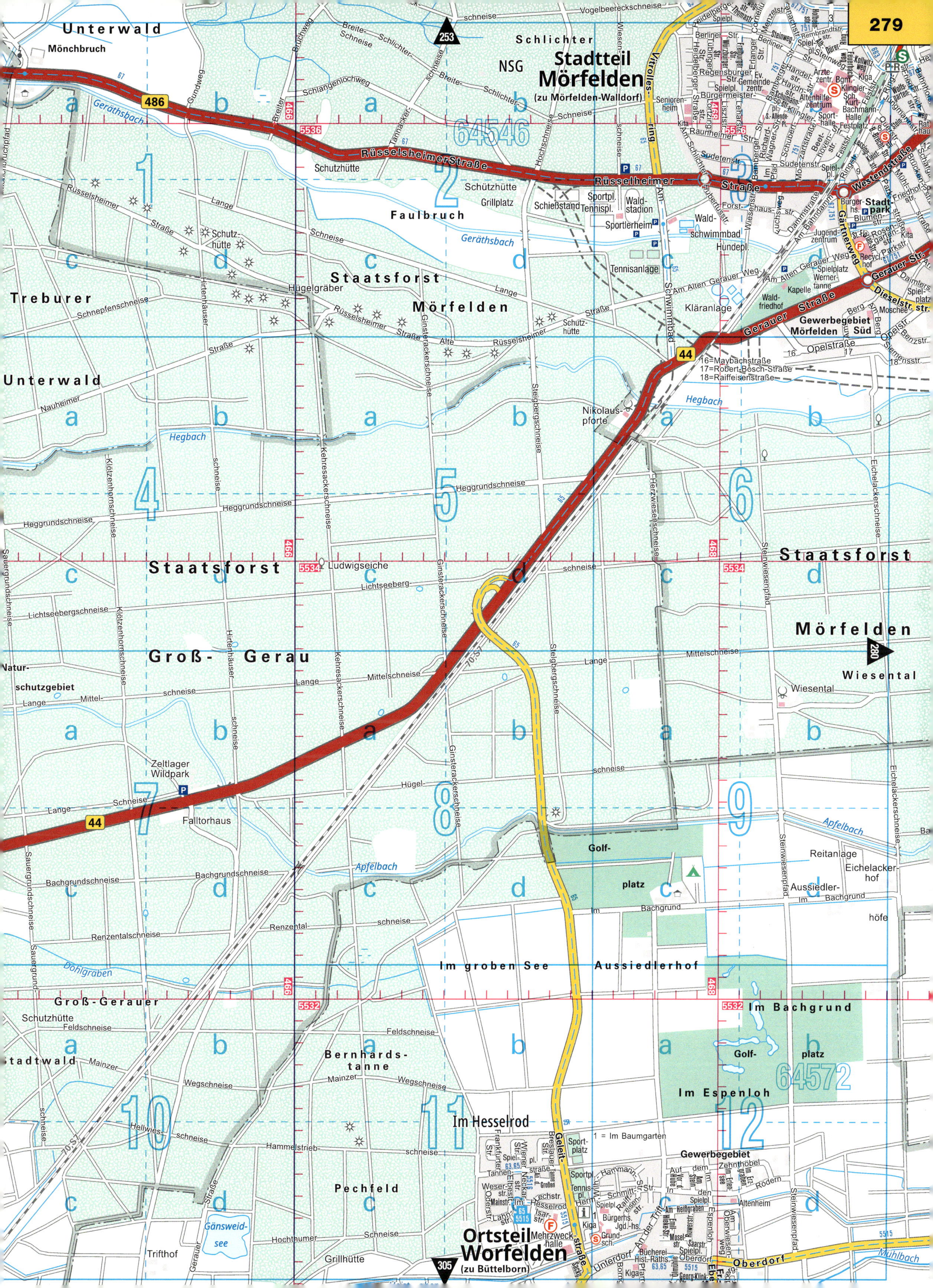

Unterwald
Mönchbruch
Schlichter
NSG
Stadtteil Mörfelden
(zu Mörfelden-Walldorf)
Rüsselsheimer Straße
Schutzhütte
Faulbruch
Geräthsbach
Staatsforst Mörfelden
Treburer
Hügelgräber
Unterwald
Hegbach
Nikolauspforte
Staatsforst
Ludwigseiche
Mörfelden
Groß- Gerau
Naturschutzgebiet
Wiesental
Zeltlager Wildpark
Falltorhaus
Apfelbach
Golfplatz
Reitanlage
Eichelackerhof
Aussiedlerhöfe
Im groben See
Aussiedlerhof
Im Bachgrund
Golfplatz
Im Espenloh
Groß-Gerauer
Schutzhütte
Bernhardstanne
Im Hesselrod
Pechfeld
Gänsweidsee
Trifthof
Grillhütte
Ortsteil Worfelden
(zu Büttelborn)
Gewerbegebiet Mörfelden Süd
Gewerbegebiet
Oberdorf
Mühlbach
64546
64572

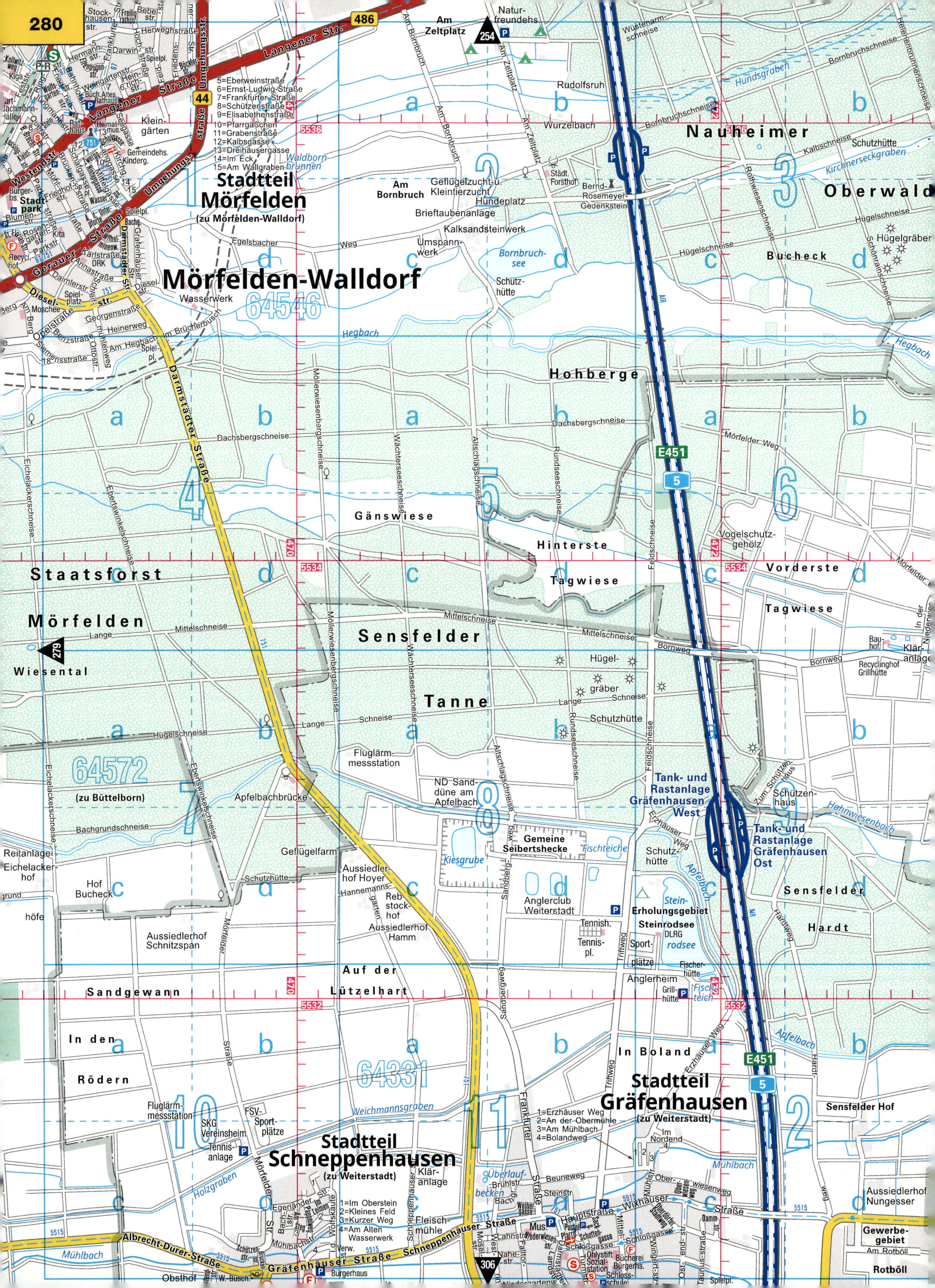
Stadtteil Mörfelden
(zu Mörfelden-Walldorf)
Mörfelden-Walldorf
64546
Nauheimer
Oberwald
Bucheck
Hohberge
Gänswiese
Hinterste
Tagwiese
Vorderste
Tagwiese
Staatsforst
Mörfelden
Wiesental
Sensfelder
Tanne
64572
(zu Büttelborn)
Tank- und Rastanlage Gräfenhausen West
Tank- und Rastanlage Gräfenhausen Ost
Sensfelder
Hardt
Auf der
Lützelhart
Sandgewann
In den
Rödern
64331
In Boland
Stadtteil Gräfenhausen
(zu Weiterstadt)
Stadtteil Schneppenhausen
(zu Weiterstadt)
Sensfelder Hof
Aussiedlerhof Nungesser
Gewerbegebiet
Rotböll
Darmstädter Straße
Langener Str.
Gerauer Straße
Albrecht-Dürer-Straße
Gräfenhäuser Straße
Schneppenhäuser Straße
Frankfurter Straße
E451
Hegbach
Apfelbach
Mühlbach
Bornbruchsee
Kiesgrube
Steinrodsee
Gemeinde Seibertshecke
Aussiedlerhof Schnitzspan
Aussiedlerhof Hamm
Aussiedlerhof Hoyer
Fluglärmmessstation
Apfelbachbrücke
ND Sanddüne am Apfelbach
Erholungsgebiet Steinrodsee
Anglerclub Weiterstadt
Hügelgräber
Schutzhütte
254
279
306
486

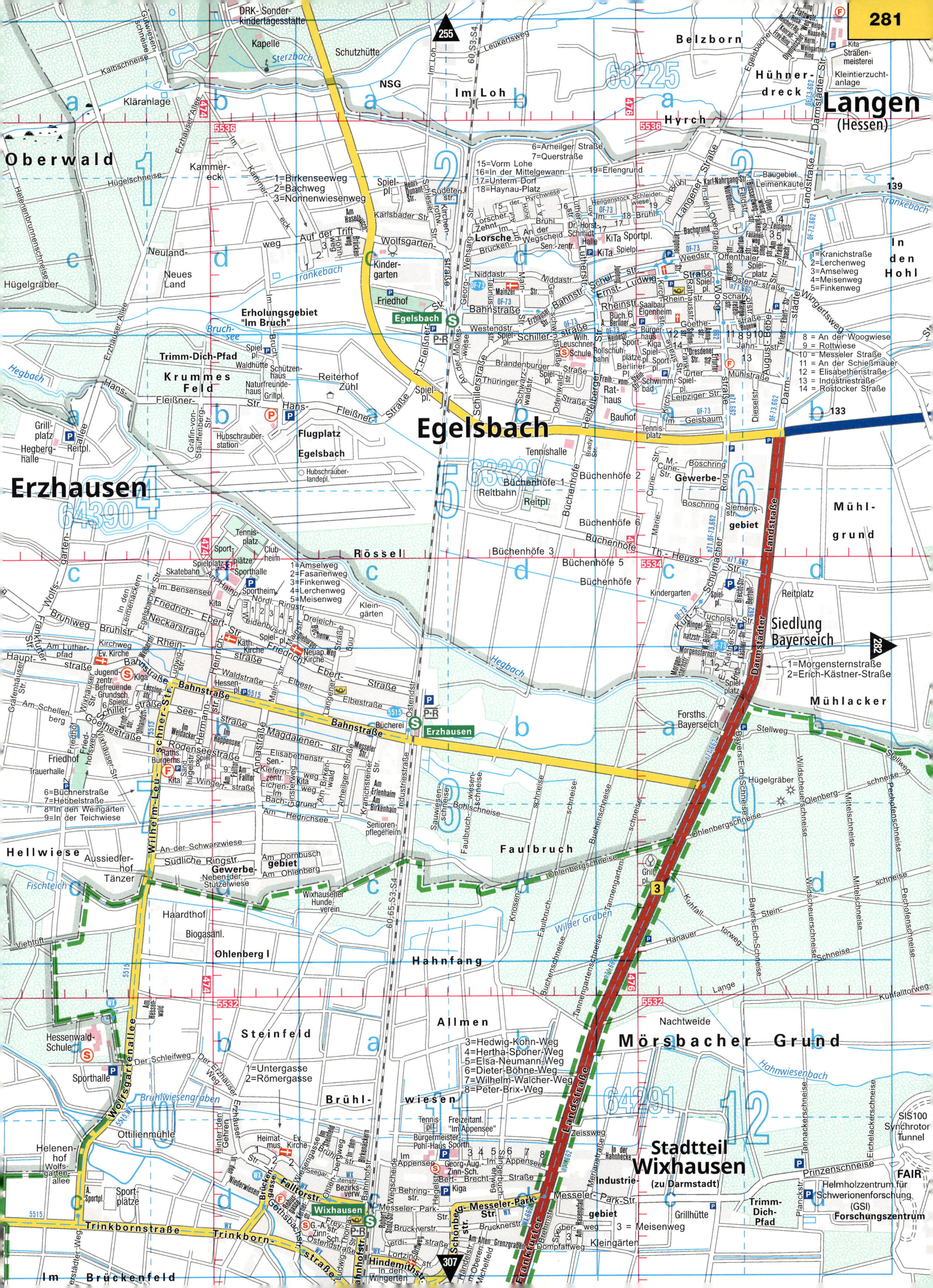
Langen
(Hessen)
Egelsbach
Erzhausen
Oberwald
Belzborn
Hühner-
dreck
Im Loh
Hyrch
In
den
Hohl
Kammer-
eck
Neuland-
Neues
Land
Hügelgräber
Erholungsgebiet
"Im Bruch"
Trimm-Dich-Pfad
Krummes
Feld
Flugplatz
Egelsbach
Reiterhof
Zühl
Mühl-
grund
Rössel
Büchenhöfe 1
Büchenhöfe 2
Büchenhöfe 3
Büchenhöfe 5
Büchenhöfe 6
Büchenhöfe 7
Siedlung
Bayerseich
Mühlacker
Forsths.
Bayerseich
Faulbruch
Hellwiese
Aussiedler-
hof
Tänzer
Haardthof
Biogasanl.
Ohlenberg I
Hahnfang
Allmen
Steinfeld
Brühl-
wiesen
Mörsbacher Grund
Nachtweide
Stadtteil
Wixhausen
(zu Darmstadt)
Helenen-
hof
Ottilienmühle
Hessenwald-
Schule
Im Brückenfeld
Industrie-
gebiet
Gewerbe-
gebiet
Grillhütte
Trimm-
Dich-
Pfad
Helmholtzzentrum für
Schwerionenforschung
(GSI)
Forschungszentrum
SIS100
Synchrotron
Tunnel
FAIR
63225
63329
64390
64291
Landstraße
Darmstädter Str.
Frankfurter Landstraße
Bahnstraße
Wolfsgartenallee
Trinkbornstraße
Messeler-Park-Str.
1=Birkenseeweg
2=Bachweg
3=Nonnenwiesenweg
6=Arheilger Straße
7=Querstraße
15=Vorm Lohe
16=In der Mittelgewann
17=Unterm Dorf
18=Haynau-Platz
19=Erlengrund
1=Kranichstraße
2=Lerchenweg
3=Amselweg
4=Meisenweg
5=Finkenweg
8 = An der Woogwiese
9 = Rottwiese
10 = Messeler Straße
11 = An der Schießmauer
12 = Elisabethenstraße
13 = Industriestraße
14 = Rostocker Straße
1=Amselweg
2=Fasanenweg
3=Finkenweg
4=Lerchenweg
5=Meisenweg
1=Morgensternstraße
2=Erich-Kästner-Straße
6=Büchnerstraße
7=Hebbelstraße
8=In den Weingärten
9=In der Teichwiese
1=Untergasse
2=Römergasse
3=Hedwig-Kohn-Weg
4=Hertha-Sponer-Weg
5=Elsa-Neumann-Weg
6=Dieter-Böhne-Weg
7=Wilhelm-Walcher-Weg
8=Peter-Brix-Weg
3 = Meisenweg
255
282
307

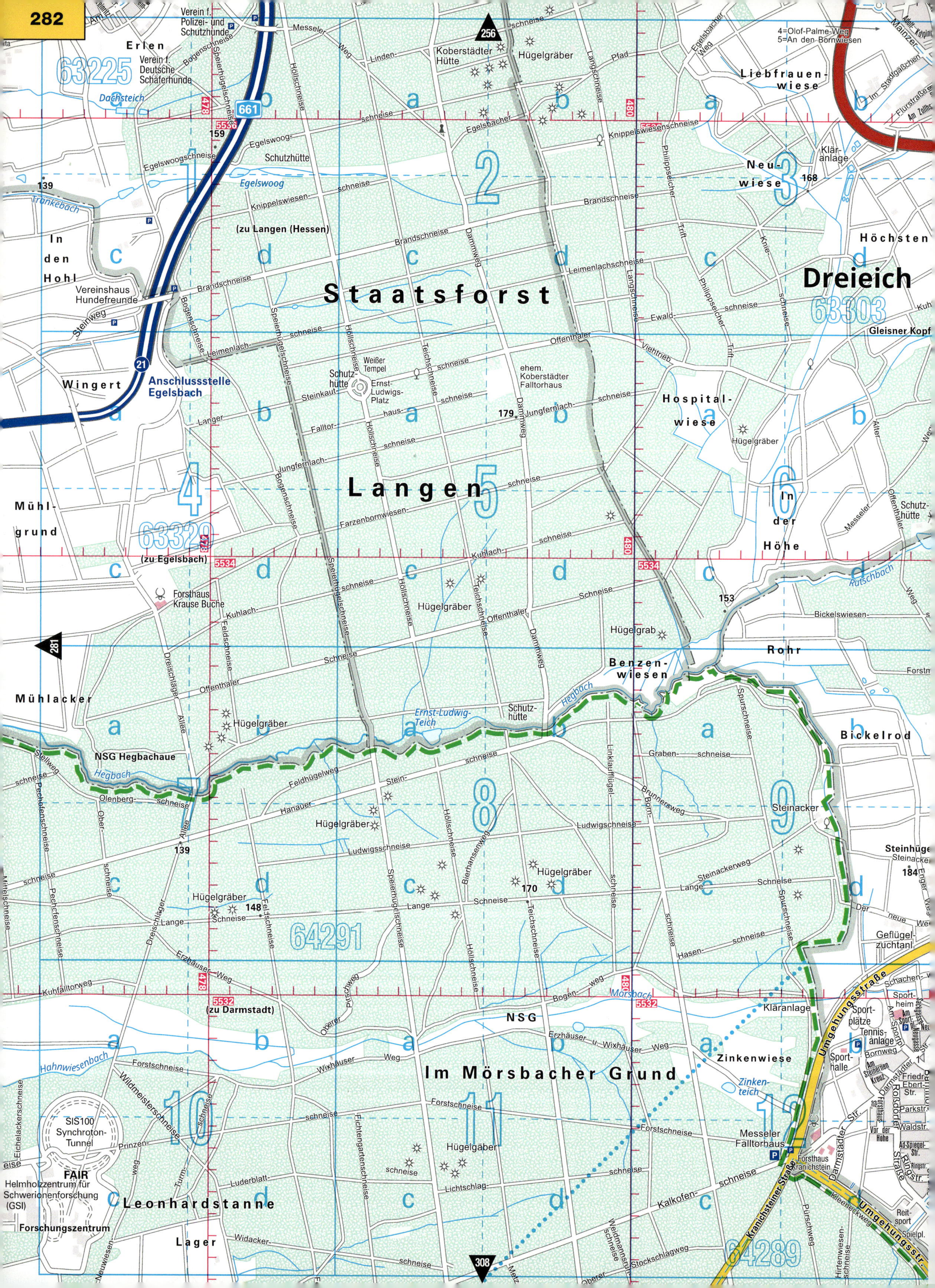
Erlen
63225
Verein f. Polizei- und Schutzhunde
Verein f. Deutsche Schäferhunde
Dachsteich
661
256
Koberstädter Hütte
Hügelgräber
4=Olof-Palme-Weg
5=An den Bornwiesen
Liebfrauen-wiese
Egelswoog
Schutzhütte
Knippelswiesenschneise
Kläranlage
Neu-wiese
168
139
Trankebach
In den Hohl
(zu Langen (Hessen))
Brandschneise
Leimenlachschneise
Höchsten
Dreieich
63303
Staatsforst
Vereinshaus Hundefreunde
Steinweg
Gleisner Kopf
Offenthaler
Viehtrieb
Weißer Tempel
Schutz-hütte
Ernst-Ludwigs-Platz
ehem. Koberstädter Falltorhaus
Wingert
21
Anschlussstelle Egelsbach
179
Jungfernlach-
Hospital-wiese
Hügelgräber
Langen
Mühl-grund
4
63329
Farzenbornwiesen-
5
6
In der Höhe
Schutz-hütte
(zu Egelsbach)
5534
Forsthaus Krause Buche
Hügelgräber
153
Rutschbach
Bickelswiesen-
Hügelgrab
281
Rohr
Benzen-wiesen
Mühlacker
Hegbach
Ernst-Ludwig-Teich
Schutz-hütte
Bickelrod
Hügelgräber
NSG Hegbachaue
Graben-schneise
7
8
9
Steinacker
Brunnersweg
139
Hügelgräber
Ludwigsschneise
Steinhügel
184
Hügelgräber
170
Steinackerweg
Hügelgräber
148
64291
Geflügel-zuchtanl.
Kuhfalltorweg
5532
(zu Darmstadt)
Mörsbach
Kläranlage
Umgehungsstraße
Sport-plätze
Tennis-anlage
Sport-halle
NSG
Hahnwiesenbach
Im Mörsbacher Grund
Zinkenwiese
Zinken-teich
10
11
12
SIS100 Synchrotron-Tunnel
FAIR
Helmholtzzentrum für Schwerionenforschung (GSI)
Forschungszentrum
Hügelgäber
Messeler Falltorhaus
Forsthaus Kranichstein
Kranichsteiner Straße
Darmstädter Str.
Umgehungsstr.
Leonhardstanne
Lager
Kalkofen-schneise
308
64289

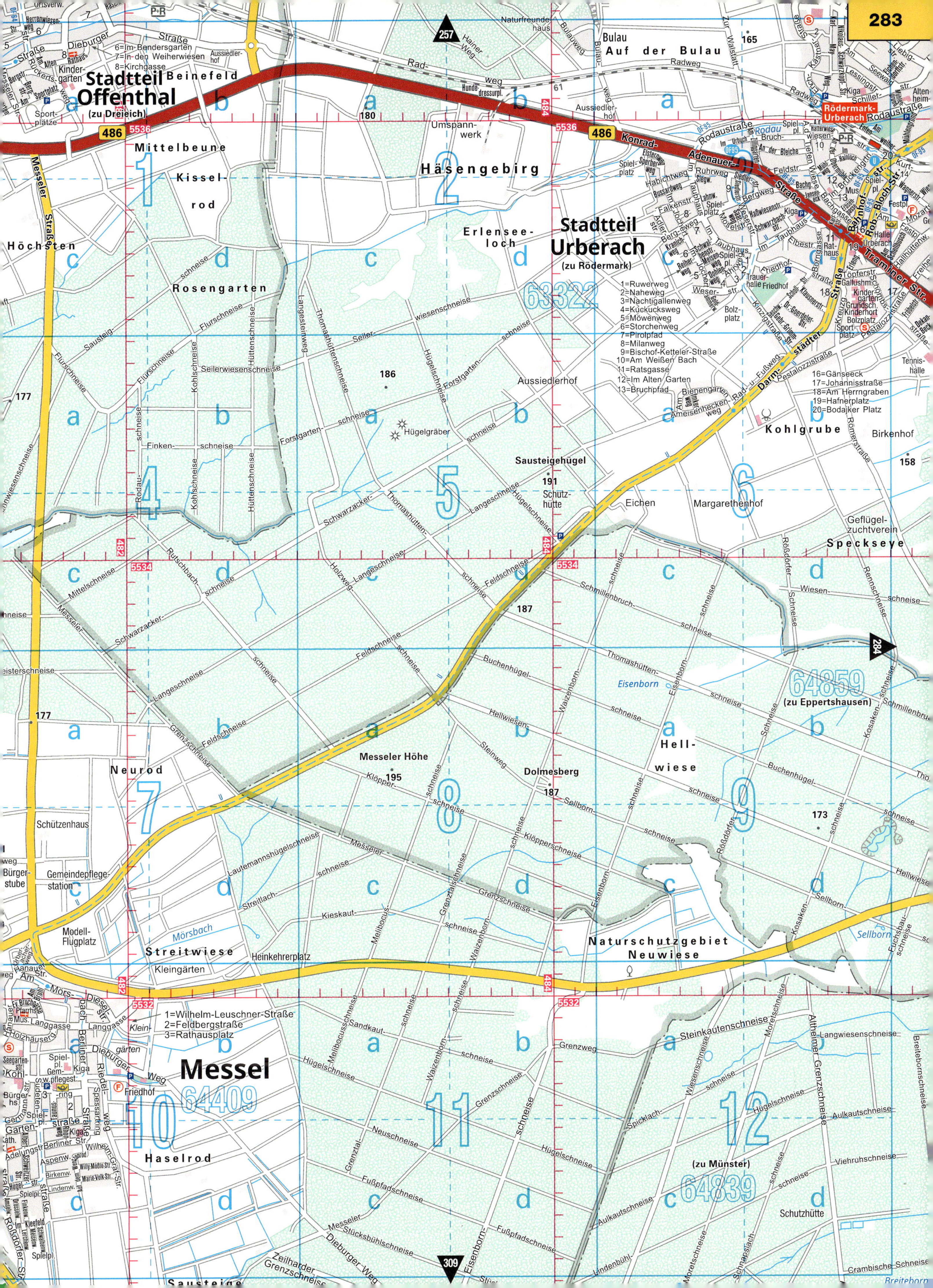

Stadtteil Offenthal
(zu Dreieich)
Stadtteil Urberach
(zu Rödermark)
Rödermark-Urberach
Messel
64409
63322
64859
(zu Eppertshausen)
64839
(zu Münster)
Häsengebirg
Mittelbeune
Kissel-rod
Höchsten
Rosengarten
Erlensee-loch
Aussiedlerhof
Hügelgräber
Sausteigehügel
Schutz-hütte
Eichen
Margarethenhof
Kohlgrube
Birkenhof
Geflügel-zuchtverein
Speckseye
Eisenborn
Hell-wiese
Messeler Höhe
Dolmesberg
Neurod
Schützenhaus
Gemeindepflege-station
Modell-Flugplatz
Streitwiese
Kleingärten
Heinkehrerplatz
Naturschutzgebiet Neuwiese
Haselrod
Schutzhütte
Bulau
Auf der Bulau
Umspann-werk
1=Ruwerweg
2=Naheweg
3=Nachtigallenweg
4=Kuckucksweg
5=Möwenweg
6=Storchenweg
7=Pirolpfad
8=Milanweg
9=Bischof-Ketteler-Straße
10=Am Weißen Bach
11=Ratsgasse
12=Im Alten Garten
13=Bruchpfad
16=Gänseeck
17=Johannisstraße
18=Am Herrngraben
19=Hafnerplatz
20=Bodajker Platz
6=Im Bendersgarten
7=In den Weiherwiesen
8=Kirchgasse
1=Wilhelm-Leuschner-Straße
2=Feldbergstraße
3=Rathausplatz
Beinefeld
Messeler Straße
Konrad-Adenauer-Straße
Darmstädter Straße
Dieburger Weg
Sausteige

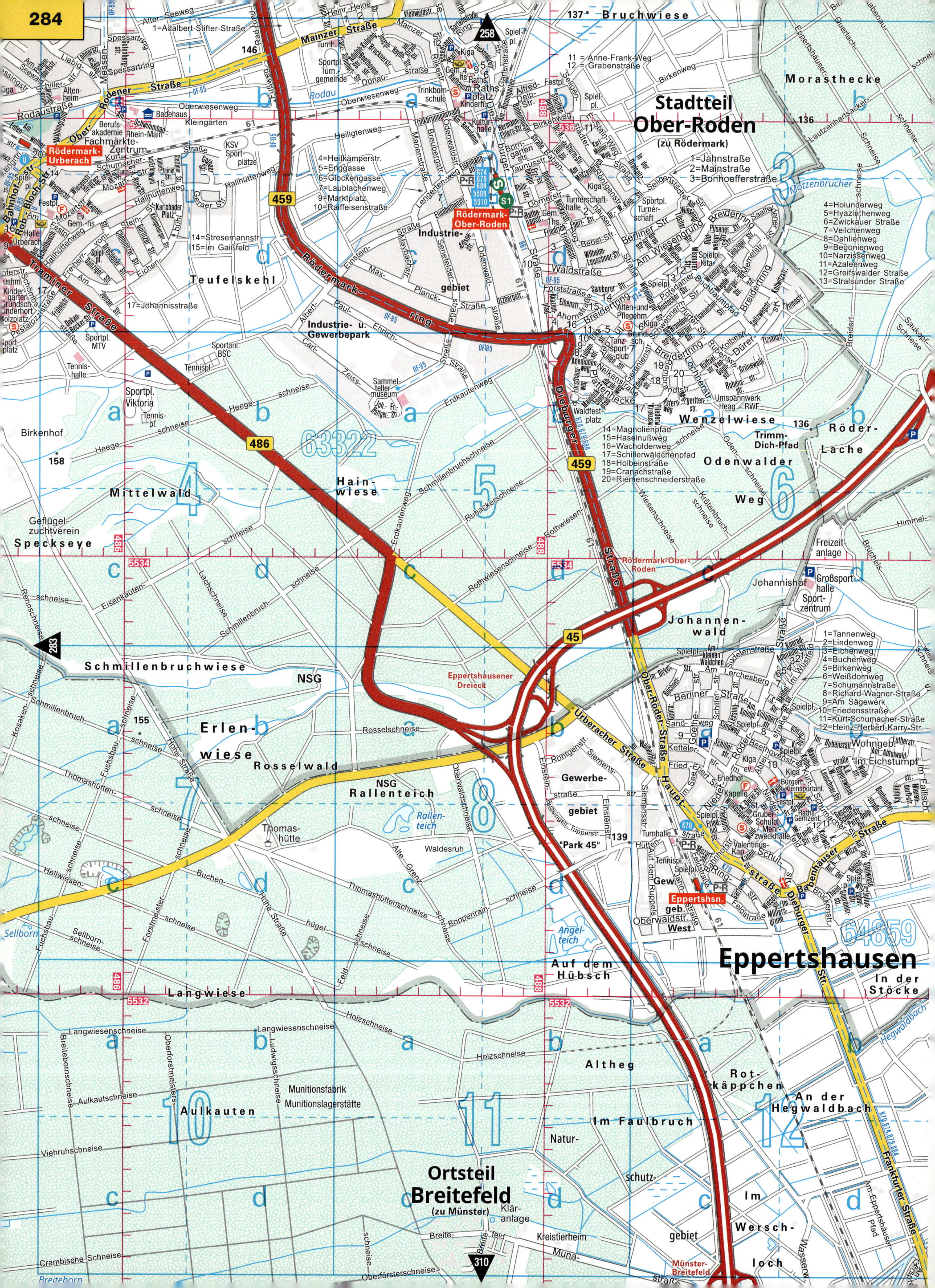

Stadtteil Ober-Roden
(zu Rödermark)
Rödermark-Urberach
Rödermark-Ober-Roden
Teufelskehl
Industrie- u. Gewerbepark
Mittelwald
Speckseye
Hainwiese
Schmillenbruchwiese
Erlenwiese
Rosselwald
Rallenteich
Eppertshausener Dreieck
Johannenwald
Wenzelwiese
Odenwalder Weg
Röder-Lache
Morasthecke
Bruchwiese
Eppertshausen
Langwiese
Aulkauten
Altheg
Im Faulbruch
Ortsteil Breitefeld
(zu Münster)
Rotkäppchen
An der Hegwaldbach
Im Wersch-loch
Auf dem Hübsch
In der Stöcke
Gewerbegebiet "Park 45"
Dieburger Straße
Rödermark-Ring
Mainzer Straße
Trauminer Straße
Urberacher Straße
Frankfurter Straße
258
283
310
63322
64859

Hirschhecke
Lautzenharts-
buckel
45
259
Rodgauer
Kalksandsteinwerk
Schutz-
hütte
(zu Rodgau)
63110
NSG
Saukopf
NSG
Nieder-
Abtei
Neuer Graben
Lache
Eppertshauser Weg
286
Schutz-
hütte
Lichte
Eichen
Schutz-
hütte
Junge Eichen
13=Rhönstraße
Wald-
friedhof
Babenhäuser Straße
Wasserwerk
Klär-
anlage
Gew.-
geb.Ost II
Gewerbe-
gebiet
Ost I
Hunde-
übungs-
pl.
Reusch
Ahlland
Anglerheim
Langfelds-
mühle
1=Heinrich-Klein-Platz
Gärtnerei
Auf dem
obersten Hoch
Wiesenhof
Fischlache
Bürgerhaus
Hof
Froneichen
Erd-
aushub-
deponie
Werlacher Hof
Stadtteil
Hergershausen
(zu Babenhausen)
Erlenwiesen-
hof
64832
Friedhof
Hergershausen
Hinter-
Feld
138
Höllberg
Schützen-
verein
Kläranlage
Im
Mommenrad
Gersprenz-
Stadion
Kläranlage
Niederwiese
Wiesenmühle
Auf den Rödern
NSG
Seerich
26
Weidenlach
Darmstädter Str.
64839
Im
Münster
Gewerbe-u.
Mischgebiet
"Auf der
Beune"
311
Ost I

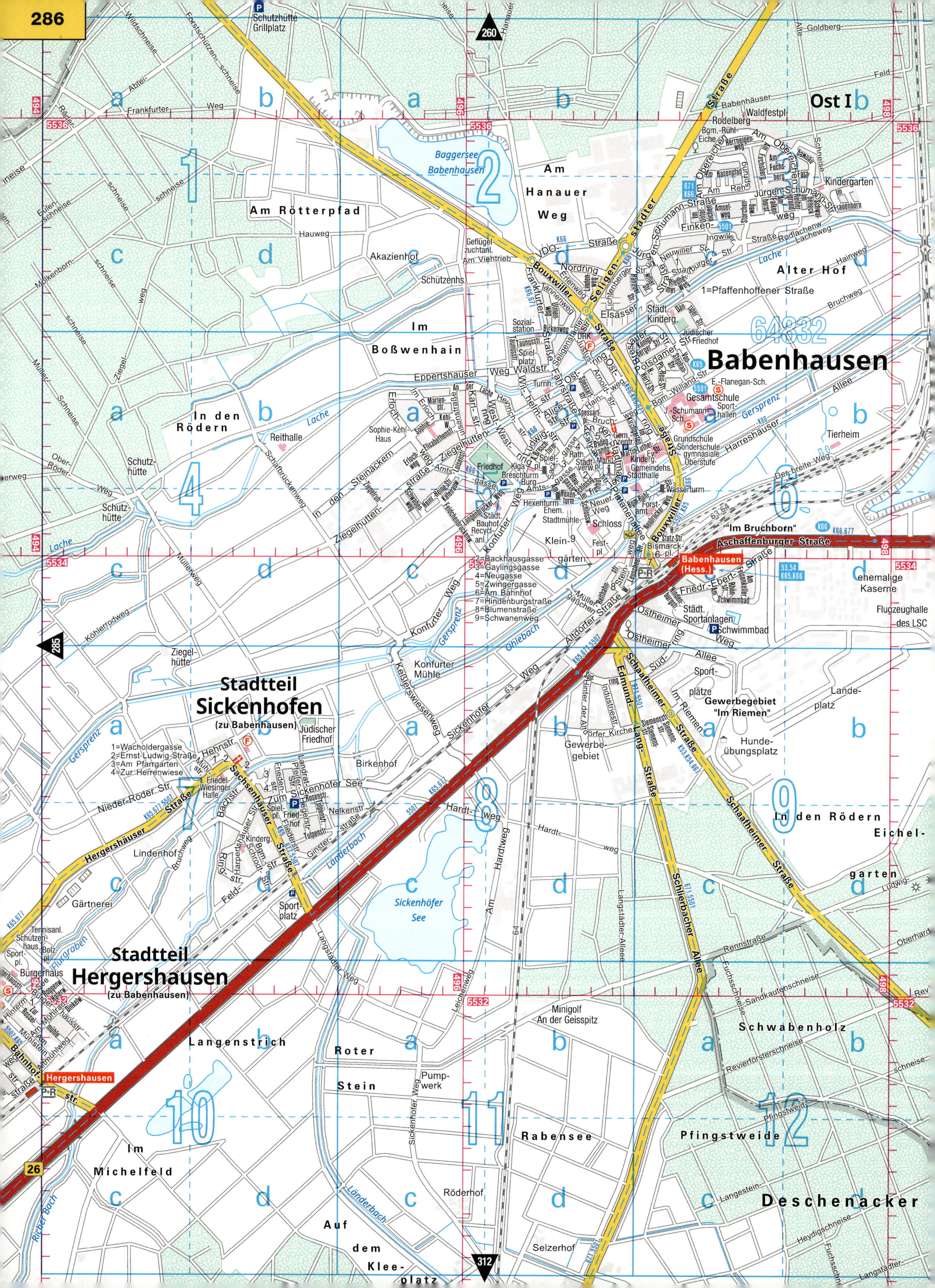
Babenhausen
64832
Stadtteil Sickenhofen
(zu Babenhausen)
Stadtteil Hergershausen
(zu Babenhausen)
Ost I
Am Hanauer Weg
Am Rötterpfad
Im Boßwenhain
In den Rödern
Alter Hof
"Im Bruchborn"
Gewerbegebiet "Im Riemen"
In den Rödern
Eichelgarten
Langenstrich
Roter Stein
Rabensee
Schwabenholz
Pfingstweide
Deschenacker
Im Michelfeld
Auf dem Kleeplatz
Baggersee Babenhausen
Sickenhöfer See
Babenhausen (Hess.)
Hergershausen
Aschaffenburger Straße
Schaafheimer Straße
Schlierbacher Allee
Bouxwiller Straße
Seligenstädter Straße
Hergershäuser Straße
Sachsenhäuser Straße
1=Pfaffenhoffener Straße
2=Backhausgasse
3=Gaylingsgasse
4=Neugasse
5=Zwingergasse
6=Am Bahnhof
7=Hindenburgstraße
8=Blumenstraße
9=Schwanenweg
1=Wacholdergasse
2=Ernst-Ludwig-Straße
3=Am Pfarrgarten
4=Zur Herrenwiese
Gersprenz
Lache
Ohlebach
Länderbach
Richer Bach
Konfurter Mühle
Birkenhof
Lindenhof
Gärtnerei
Ziegelhütte
Schutzhütte
Reithalle
Akazienhof
Schützenhs.
Tierheim
Hundeübungsplatz
Landeplatz
ehemalige Kaserne
Flugzeughalle des LSC
Jüdischer Friedhof
Friedhof
Gesamtschule
Schwimmbad
Städt. Sportanlagen
Minigolf An der Geisspitz
Pumpwerk
Röderhof
Selzerhof
Schutzhütte Grillplatz
260
285
312
26

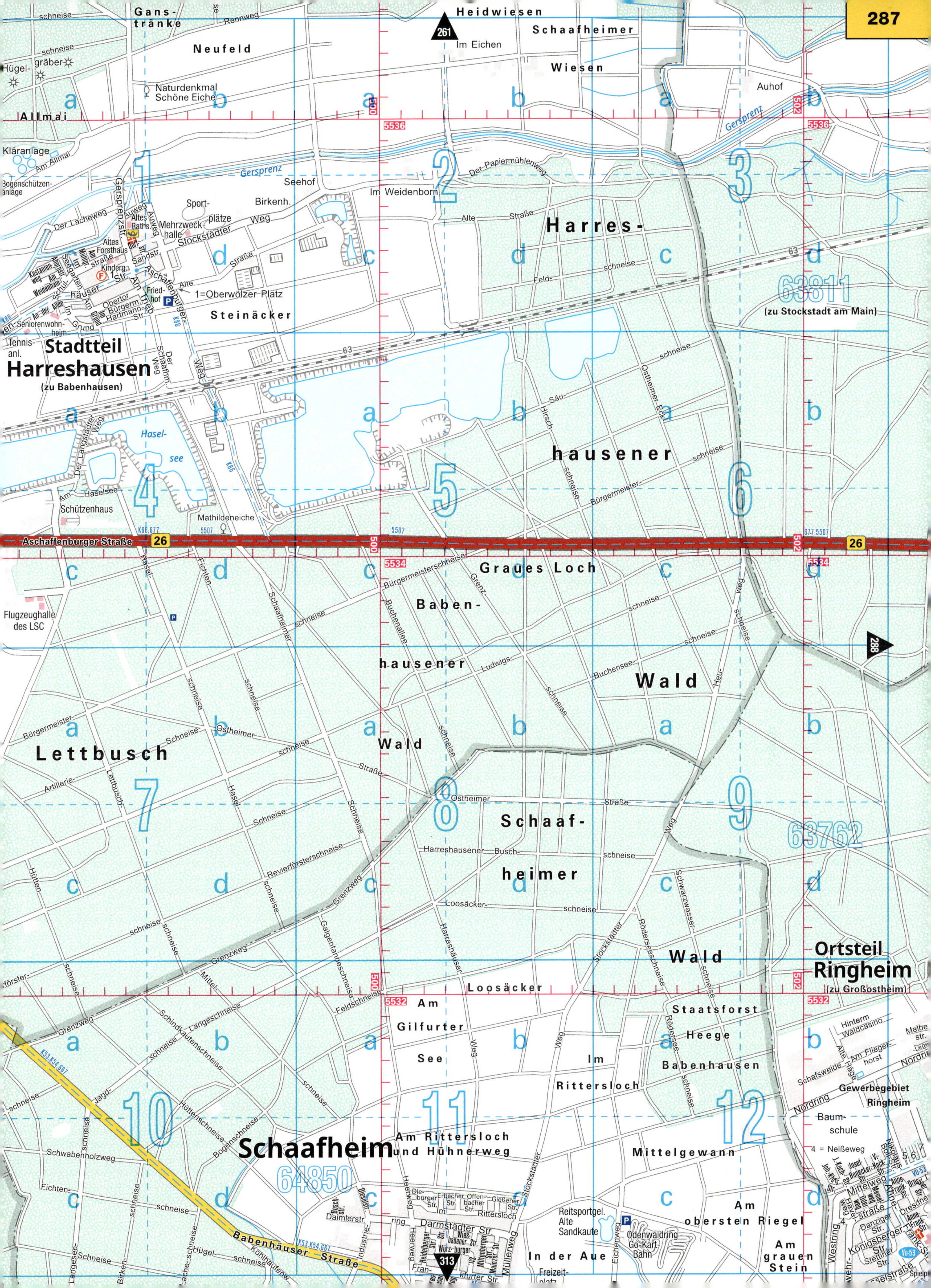
Gans-
tränke
Neufeld
Heidwiesen
Schaafheimer
Wiesen
Im Eichen
261
Naturdenkmal
Schöne Eiche
Auhof
Allmai
Kläranlage
Am Allmai
Gersprenz
Seehof
Im Weidenborn
Der Papiermühlenweg
Birkenh.
Sport-
plätze
Mehrzweck-
halle
Stockstädter
Weg
Alte
Straße
Harres-
hausener
Feld-
schneise
63811
(zu Stockstadt am Main)
1=Oberwölzer Platz
Steinäcker
Stadtteil
Harreshausen
(zu Babenhausen)
Tennis-
anl.
Hasel-
see
Schützenhaus
Mathildeneiche
Säu-
Hirsch-
schneise
Ostheimer-Eck
Bürgermeister-
hausener
Aschaffenburger Straße
26
Graues Loch
Baben-
hausener
Wald
Bürgermeisterschneise
Buchenallee
Ludwigs-
Buchensee-
Flugzeughalle
des LSC
Lettbusch
Ostheimer
Artillerie-
Schneise
Ostheimer
Straße
Schaaf-
heimer
Wald
Harreshausener-
Busch-
schneise
Loosäcker-
schneise
Revierförsterschneise
Grenzweg
63762
288
Ortsteil
Ringheim
(zu Großostheim)
Loosäcker
Am
Gilfurter
See
Staatsforst
Heege
Babenhausen
Im
Rittersloch
Gewerbegebiet
Ringheim
Baum-
schule
4 = Neißeweg
Schaafheim
64850
Am Rittersloch
und Hühnerweg
Mittelgewann
Schwabenholzweg
Fichten-
Babenhäuser Straße
Darmstädter Str.
Reitsportgel.
Alte
Sandkaute
Odenwaldring
Go-Kart-
Bahn
In der Aue
Am
obersten Riegel
Am
grauen
Stein
313
Freizeit-
platz
Westring
Königsberger
Str.

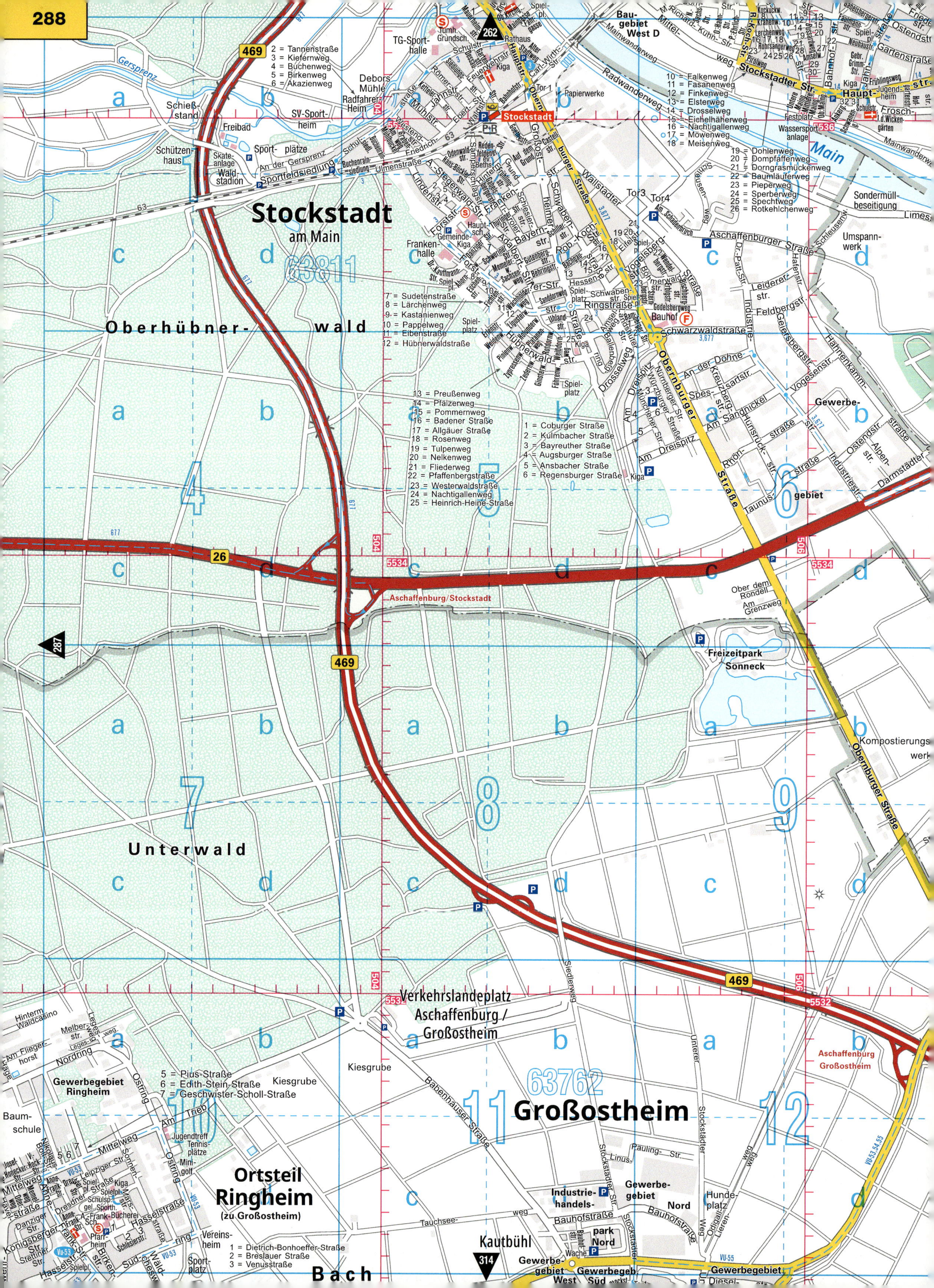

Stockstadt
am Main
63811
Oberhübner-wald
Unterwald
Großostheim
63762
Ortsteil Ringheim (zu Großostheim)
Verkehrslandeplatz Aschaffenburg / Großostheim
Freizeitpark Sonneck
Aschaffenburg/Stockstadt
Aschaffenburg Großostheim
Main
Gersprenz
2 = Tannenstraße
3 = Kiefernweg
4 = Buchenweg
5 = Birkenweg
6 = Akazienweg
7 = Sudetenstraße
8 = Lärchenweg
9 = Kastanienweg
10 = Pappelweg
11 = Eibenstraße
12 = Hübnerwaldstraße
13 = Preußenweg
14 = Pfälzerweg
15 = Pommernweg
16 = Badener Straße
17 = Allgäuer Straße
18 = Rosenweg
19 = Tulpenweg
20 = Nelkenweg
21 = Fliederweg
22 = Pfaffenbergstraße
23 = Westerwaldstraße
24 = Nachtigallenweg
25 = Heinrich-Heine-Straße
1 = Coburger Straße
2 = Kulmbacher Straße
3 = Bayreuther Straße
4 = Augsburger Straße
5 = Ansbacher Straße
6 = Regensburger Straße
10 = Falkenweg
11 = Fasanenweg
12 = Finkenweg
13 = Elsterweg
14 = Drosselweg
15 = Eichelhäherweg
16 = Nachtigallenweg
17 = Möwenweg
18 = Meisenweg
19 = Dohlenweg
20 = Dompfaffenweg
21 = Dorngrasmückenweg
22 = Baumläuferweg
23 = Pieperweg
24 = Sperberweg
25 = Spechtweg
26 = Rotkehlchenweg
5 = Pius-Straße
6 = Edith-Stein-Straße
7 = Geschwister-Scholl-Straße
1 = Dietrich-Bonhoeffer-Straße
2 = Breslauer Straße
3 = Venusstraße
Oberburger Straße
Stockstadter Str.
Aschaffenburger Straße
Babenhäuser Straße
Gewerbegebiet Ringheim
Gewerbegebiet Nord
Kompostierungswerk
Sondermüllbeseitigung
Umspannwerk
Papierwerke
Kiesgrube
Kautbühl
Bach
262
287
314
469
26

Mainaschaff
Stadtteil
Leider
(zu Aschaffenburg)
Stadtteil
Nilkheim
(zu Aschaffenburg)
Aschaffenburg
Schönbusch
Stadtteil
Obernau
(zu Aschaffenburg)
Main
Cityplan S.30
Ruhstock
Schanz-
buckel
Bischberg
Sternberg
Judenberg
Gewerbe-
gebiet
Nilkheim-
West
(zu Niedernberg)
1 = St.-Lukas-Platz
27 = Bachstelzenweg
28 = Buchfinkenweg
29 = Ammerweg
30 = Adlerweg
31 = Kleine Schulgasse
32 = Ankerplatz
33 = Pestalozzistraße
44 = Pfarrer-Josef-Otter-Straße
45 = Am Stadtweg
1=Clemensstraße
2=Mitscherlichweg
3=Klarastraße
4=Wilhelminenstraße
5=Katharinenstraße
5 = Buchnerweg
6 = Breunichweg
7 = Krausweg
1 = Humperdinckweg
2 = Am Kirchfeld
3 = Am Ödig
4 = Unter dem Pfarracker

264
289
316
Fasanerie
Stadt. Forstamt
Trimm-Dich-Pfad
Lufthof
Schellenmühle
Fischerhecken
Klinikum
Hubschrauberlandeplatz
Kinderklinik
Hasenkopf
253
Godelsberg
252
Teufelskanzel
Kippenburg
Zeughaus
Schmerlenbach
Mittelberg
282
Schellberg
280
63808
Haibacher Schweiz
Wassertretanlage
Trimm-Dich-Pfad
Stornberg
Haibach
Wildpark
Wildpark
Waldfriedhof
Sportplatz
Kletterwald Abenteuerpark
Haupt- u. "Knochengart" Grundsch.
1=Friedenstraße
2=Müllerstraße
3=Bergstraße
4=Ritterstraße
Soldatenfriedhof
Ringwall Ketzelburg
Bücheibergstraße
Büchelberg
269
Haibacher Straße
Ludwigsallee
1=In den Sauerswiesen
63739
Comeniusschule
Städt. Kinderheim
Platanenallee
Park
Schöntal
Chir. Klinik
Zimmertheater
Kronberg-Gymnasium
Fröbel-u. Gutenbergschule
Aschaffenburg Hochschule
Fachhochschule
Würzburger Straße
Aschaffenburg Süd
Südring
Historische Brunnenstube
Hechelsgraben
1=Heckenweg
2=Kettelerstraße
Wendelberg
Wendelbergstraße
THW
Gewerbegebiet
Würzburger Straße Nord
Gewerbegebiet Würzburger Straße Süd
1=Josef-Dinges-Str.
2=Kulmbacher Str.
Industriegebiet
Stadion
Dörnhof
Fischteich
Dörnbach
5=Lehmgrube
6=Seitzenäcker
7=Zum Hasenstock
8=Mozartstraße
9=Sonnenstraße
10=Westendstraße
Elterberg
NSG
Hundeplatz
Bauhof
Findbergstraße
Stadtteil Schweinheim
(zu Aschaffenburg)
Hensbach
Kapelle
Friedhof
Sozialzentrum
Am Königsgraben
Elterhof
Dümpelsmühle
Aumühle
Fußberg
209
6 = Leidersbacher Gäßchen
7 = Braugasse
8 = Am Gerbersgarten
9 = Allerheiligenstraße
Ruhstock
Aschaffenburg
9=An den Herbigswiesen
10=Am Fußberg
11=Aumühlstraße
12=Vor der Au
13=Hinterm Gnießen
14=Am Grubenteich
Gailbach
Neuwiesenbach
Findberg
360
63743
256
Sternberg
Sporthalle
Sportanlage
Grill- u. Spielplatz
Tennispl.
Gewerbegebiet
Kinderferienheim
Grauberg
253
ND Noriswand
Aschaffenburger Straße
Schießanlage St. Sebastianus
Stadtteil Gailbach
(zu Aschaffenburg)
Aussichtsturm
347
Stengerts
3=Unterm Kist
Sportheim
Sportplätze
285
Erbig
Trimm-Dich-Pfad
245
Judenberg
Judenbergweg
5532
Reichenbacher Brunnen
Sangenbach
Breitenbr.
NSG
Hugelsbach
Mariengrotte
Kapelle-Maria-Frieden
Gailbacher Weg
Jugendheim
Obernauer Wald
Ebertsbrunnen
NSG
Forsthaus am Stockholz
Geiersberg
297
Hahlebrunnen
Sulzbacher Kapellenweg
Judenpfad
1
2
3
4
5
6
7
8
9
10
11
12

Bessenbach
Kilians-hecke
265
Schmerlenbacher Wald
Ortsteil Winzenhohl (zu Hösbach)
Kranz-brunnen
Geiersberg 256
Kapelle
Röthenwald
Keilberg
Bau-gebiet
Keilberger Wiesen-grund
1 = Raiffeisenstraße
2 = Am Keilersgarten
3 = Am Schmelzenberg
63768
63856
Haibacher Straße
Hauptstraße
Marien-kapelle
Buchberg
Mistplatte
Grillplatz
Schmaleberg 274
Schützen-haus
Klingerhof
Klingermühle
Fernseh-füllsender
Alten-pflegeheim
Bauhof
Recyclinghof
Realschule
Fest-platz
Sauerfeld
Beach-volleyball
Hammelsberg
Winzenhohler Straße
Ortsteil Grünmorsbach (zu Haibach)
Straßbessenbach
Würzburger Straße
Dorfstraße
Grotte
Kessel-rain
Steigknückel 353
Bolzplatz
11 = Dalbergstraße
12 = Zeilbergstraße
13 = Brückenstraße
14 = Beethovenstraße
15 = Margarethe-Kiesel-Straße
16 = Im Gründchen
Motocross-bahn
Sport-plätze
Korsberg 234
Grillplatz
Wald-kindergarten
Sportpl.
Kaiselsberg 358
Eichfeld
Posthalter-kreuz
Bundesstraße
St. Ottilia Pfarramt
Ortsteil Dörrmorsbach (zu Haibach)
1 = Kirchstraße
2 = Ober den Gärten
3 = Laurentiusweg
= Albrecht-Velte-Straße
= Ludwig-Roth-Straße
Heinrichsberg 346
Schutzhütte
Oberbessenbach
1 = Tannenweg
Pfaffengrundbach
Rehberg 353
Hofäcker-weg
Sportpl.
Zeckenmühle
Schützenhaus
Wassertret-anlage
Beutel-stein
Sigmunds-brunnen
Obersolchgraben
Breiten-brunnen
Meisberg 404
Hägberg 355
Weißbergstraße
Feuersdell-bild
Weißberg 358
Rohnbusch
Spiesknückl 358
63834
Pfaffenberg 432
Birkenknückel 368
Ortsteil Soden (zu Sulzbach a.M.)
Friedrichsberg
1 = Am Friedrichsberg
Heilmans-furt
317
Kerklberg 315
Stamms-knückel

Schöneberg
(zu VBG Stromberg)
55444
Hauptstraße
Kapelle
Dorf-gemeinschafts-haus
Kläranlage
3=Zur Faustheck
4=Himmelssteige
5=Am Sauerplacken
6=Aubachblick
Neupfalzer Straße
Georgshof
Schweppen-hausen
(zu VBG Stromberg)
(zu Eckenroth)
266
Steyerbach
Papiermühle
Kallenberg
267
Winklers-mühle
Sport-platz
Kapelle
Aspen-
Windesheimer
Wald
Nack
Jungfernfloß
Mühlenkopf
Hergenfeld
(zu VBG Rüdesheim)
55452
Sport-pl.
Spiel-pl.
Schlwieser-hof
Soonwaldstr.
Wallhäuser Weg
1=Hinter Zeinen
2=Weinbergstraße
Wald
Ketzeberg
334
Schutzhütte
Waldhilbersheimer Wald
Pützgraben
Wiesenmühle
Gräfenbach
Johannisberg
310
Mühlenstr.
Windesheimer Str.
1=Hinter Zeine
Sportpl.
Freibad
Hauptstraße
Gutenberger Straße
Gewerbe-gebiet
Zangenberg
Traubenstr.
Sommerlocher Straße
2=Am Gräfenbach
3=Schmiedgasse
4=Steingasse
5=Laurentiusstraße
6=Edelgasse
7=Schafwinkel
8=Zur schönen Aussicht
Wallhausen
(zu VBG Rüdesheim)
55595
Laurentius-hof
Kies
Hahnen-
bach
Butterberg
281
Gutenberg
(zu VBG Rüdesheim)
55595
Ruine Gutenburg
KD
Obere
Hardt
Weißerm
299
Sommerloch
(zu VBG Rüdesheim)
55595
1=Kirchgasse
2=Brunnengasse
3=St. Katharinener Weg
Zehnmorgen
Haus Schünemann
Haus Bock
Rotheck
(zu Braunweiler)
Rote Hecke
(zu Sankt Katharinen)
Halle Frey
Wochenendhaus
318
Untere
Hardt
(zu St. Katharinen)
Sport-platz
Kläranlage
Verkehrs-übungs-platz

Windesheim
(zu VBG Langenlonsheim)
Ortsteil Waldhilbersheim
(zu Guldental)
Guldental
(zu VBG Langenlonsheim)
Ortsteil Heddesheim
(zu Guldental)
Stadtteil Winzenheim
(zu Bad Kreuznach)
Langenlonsheimer Wald
(zu Waldlaubersheim)
(zu Dorsheim)
(zu Langenlonsheim)
(zu Hargesheim)
Kleine Heide
Homberg
Saukopf
Römerberg
Schanzenhübel
Ackvasmühle
Rödern
Schlangebaum
Bengesum
Quennelgrund
Heinzeneck
Neuer Berg
Butterberg
Fahrborn
Westerberg
Talborn
Geisemann
Höning
Im Brühl
Breitenfelserhof
Auf dem Lochweg
Auf dem Sand
Lindelsgrund
Im Lindel
Auf dem Schwarzfeld
Honigberg
Zu Loch
1 = Feingasse
2 = Bruchgasse
3 = Burgermeister-Diehlenn-Straße
4 = Rathausplatz
5 = Dornfelderweg
1 = Vogteigäßchen
2 = Kellereigäßchen
3 = Kleine Kirchgasse
4 = Große Kirchgasse
5 = Pfarriusstraße
6 = Schmittgasse
7 = Kirchstraße
8 = Grummetwiese
1 = Im Haag

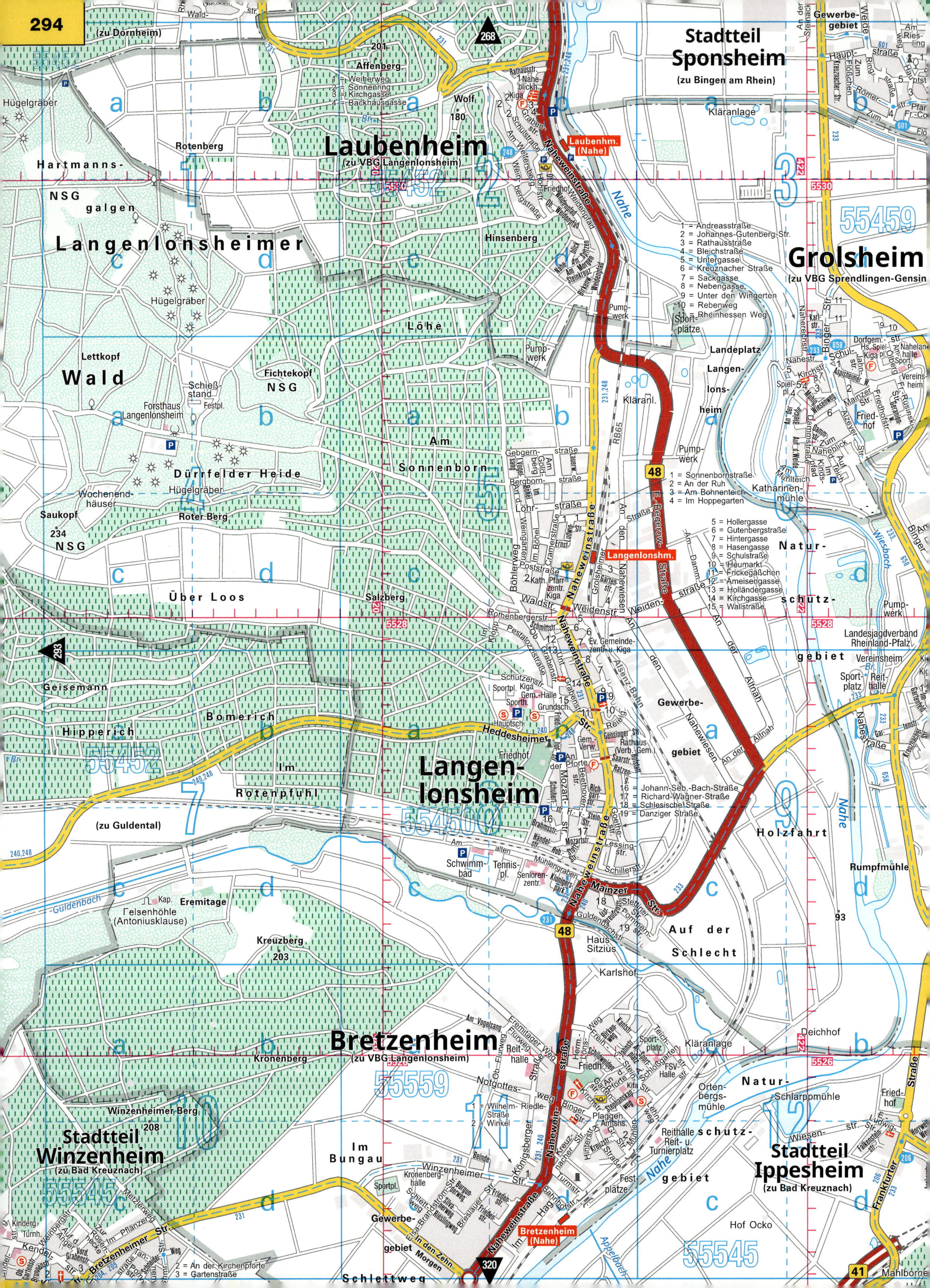

Laubenheim
(zu VBG Langenlonsheim)
Stadtteil Sponsheim
(zu Bingen am Rhein)
Grolsheim
(zu VBG Sprendlingen-Gensingen)
Langenlonsheimer Wald
Langen-lonsheim
Bretzenheim
(zu VBG Langenlonsheim)
Stadtteil Winzenheim
(zu Bad Kreuznach)
Stadtteil Ippesheim
(zu Bad Kreuznach)
Laubenhm. (Nahe)
Langenlonshm.
Bretzenheim (Nahe)
Nahe
Naheweinstraße
Hartmanns-galgen
NSG
Hügelgräber
Lettkopf
Fichtekopf
Forsthaus Langenlonsheim
Dürrfelder Heide
Saukopf
Roter Berg
Über Loos
Salzberg
Löhe
Am Sonnenborn
Hinsenberg
Rotenberg
Affenberg
Wolf
Geisemann
Hipperich
Bomerich
Im Rotenpfuhl
(zu Guldental)
(zu Dornheim)
Eremitage
Felsenhöhle (Antoniusklause)
Kreuzberg
Kronenberg
Winzenheimer Berg
Im Bungau
Schlettweg
Gewerbegebiet
Auf der Schlecht
Holzfahrt
Rumpfmühle
Naturschutzgebiet
Landeplatz Langenlonsheim
Katharinenmühle
Landesjagdverband Rheinland-Pfalz
Kläranlage
Karlshof
Haus Sitzius
Ortenbergsmühle
Schlarppmühle
Hof Ocko
Deichhof
1 = Andreasstraße
2 = Johannes-Gutenberg-Str.
3 = Rathausstraße
4 = Bleichstraße
5 = Untergasse
6 = Kreuznacher Straße
7 = Sackgasse
8 = Nebengasse
9 = Unter den Wingerten
10 = Rebenweg
11 = Rheinhessen Weg
1 = Sonnenbornstraße
2 = An der Ruh
3 = Am Bohnenteich
4 = Im Hoppegarten
5 = Hollergasse
6 = Gutenbergstraße
7 = Hintergasse
8 = Hasengasse
9 = Schulstraße
10 = Heumarkt
11 = Frickegäßchen
12 = Ameisengasse
13 = Holländergasse
14 = Kirchgasse
15 = Wallstraße
16 = Johann-Seb.-Bach-Straße
17 = Richard-Wagner-Straße
18 = Schlesische Straße
19 = Danziger Straße
1 = Weiherweg
2 = Sonnenring
3 = Kirchgasse
4 = Backhausgasse
1 = Wilhelm-Riedle-Straße
2 = Winkel
2 = An der Kirchenpforte
3 = Gartenstraße
55452
55450
55459
55559
55545

Stadtteil Dromersheim
(zu Bingen am Rhein)
Aspisheim
(zu VBG Sprendlingen-Gensingen)
Horrweiler
(zu VBG Sprendlingen-Gensingen)
Gensingen
(zu VBG Sprendlingen-Gensingen)
Welgesheim
(zu VBG Sprendlingen-Gensingen)
Biebelsheim
(zu VBG Bad Kreuznach)
Zotzenheim
(zu VBG Sprendlingen-Gensingen)
Anschlussstelle Bad Kreuznach
Gensingen-Horrweiler
Welgesheim-Zotzenheim
Gewerbe- und Industriepark (i.Bau)
Hörstück
Gullmann
Kieselberg
Herbel
Weide
Tiefgewann
Spangenberg
Totenacker
Die Kehl
Goldberg
Muhl
Im Wollzet
Auf dem Kissel
Kirschberg
Dörnberg
In den Wasserteichen
Auf dem Erdbusch
Auf den Striegeln
Sonnenhof
Hoheberg
Langgewann
Käsberg
Muldenberg
Zu Lubern
Platte
In der Hall
Otten tal
Eselspfad
Auf der Zeile
Wolfskaule
Weilergberg
Die oberen Kläuer
Auf der Breitwiese
Im Mainzer Weg
Im Grund
Im Nack
55411
55459
55457
55546
55576
269
296
321

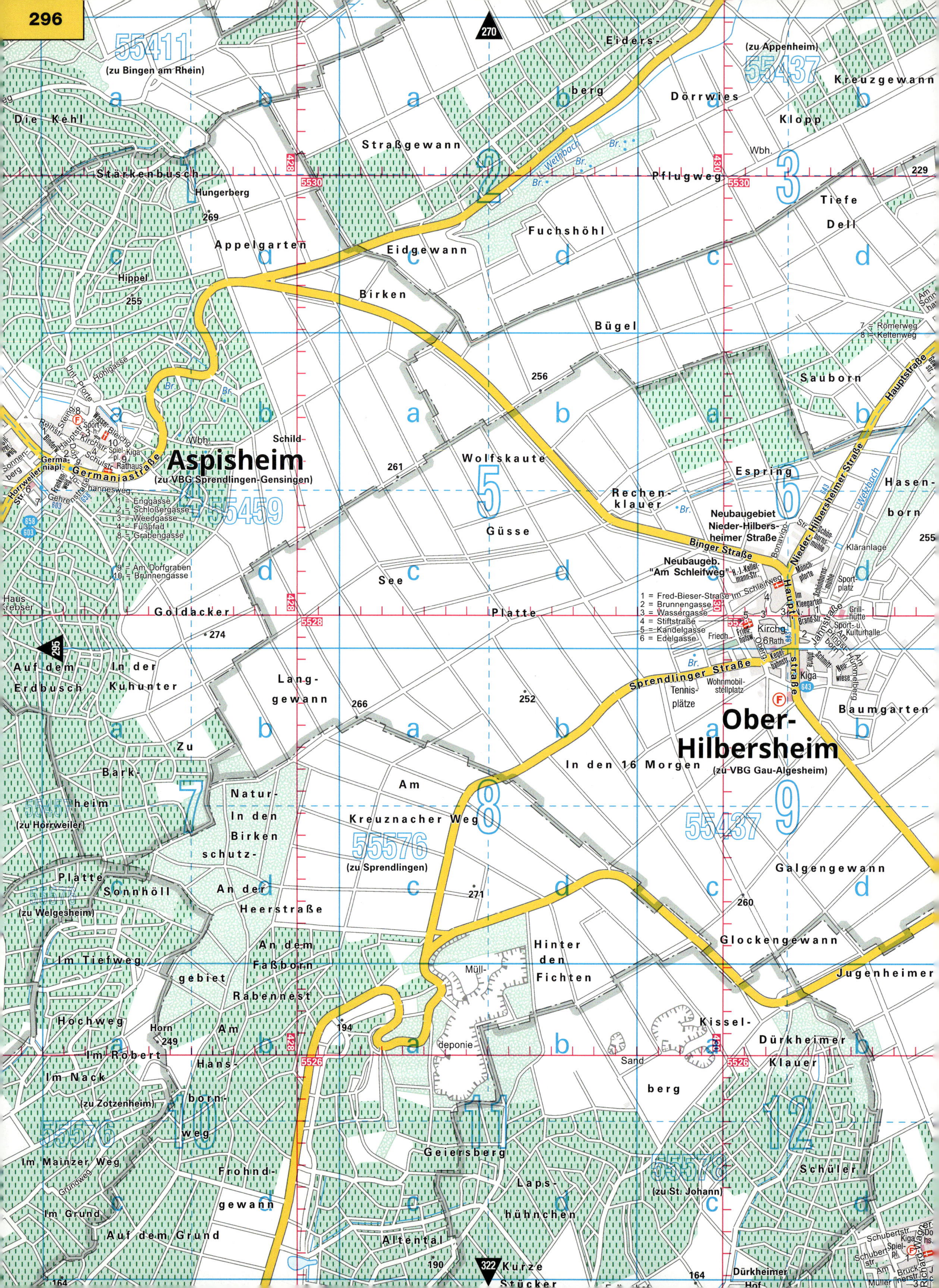

55411
(zu Bingen am Rhein)
270
Eiders-
berg
Dörrwies
(zu Appenheim)
55437
Kreuzgewann
Klopp
Die Kehl
Straßgewann
Wethbach
Wbh.
Stärkenbusch
Hungerberg
269
Pflugweg
229
Tiefe
Dell
Appelgarten
Eidgewann
Fuchshöhl
Hippel
255
Birken
Bügel
7 = Römerweg
8 = Keltenweg
256
Sauborn
Hauptstraße
Aspisheim
(zu VBG Sprendlingen-Gensingen)
Schild-
Wbh.
261
Wolfskaute
Espring
Germaniastraße
Rathaus
1 = Enggasse
2 = Schloßergasse
3 = Weedgasse
4 = Fußpfad
8 = Grabengasse
55459
Rechen-
klauer
Neubaugebiet
Nieder-Hilbers-
heimer Straße
Nieder-Hilbersheimer Straße
Hasen-
born
255
Güsse
Binger Straße
Kläranlage
9 = Am Dorfgraben
10 = Brunnengasse
Neubaugeb.
"Am Schleifweg"
See
Goldacker
Platte
1 = Fred-Bieser-Straße
2 = Brunnengasse
3 = Wassergasse
4 = Stiftstraße
5 = Kandelgasse
6 = Edelgasse
Sportplatz
Grillhütte
Sport- u. Kulturhalle
274
Kirchg.
Rath.
Friedh.
Hauptstraße
295
Auf dem
Erdbusch
In der
Kuhunter
Lang-
gewann
266
252
Sprendlinger Straße
Tennis-
plätze
Wohnmobil-
stellplatz
Kiga
Baumgarten
Ober-
Hilbersheim
(zu VBG Gau-Algesheim)
Zu
Bark-
heim
(zu Horrweiler)
Natur-
In den
Birken
schutz-
Am
Kreuznacher Weg
In den 16 Morgen
55437
55576
(zu Sprendlingen)
Platte
Sonnhöll
(zu Welgesheim)
An der
Heerstraße
271
Galgengewann
260
Glockengewann
An dem
Faßborn
Im Tiefweg
gebiet
Rabennest
Hinter
den
Fichten
Müll-
deponie
Jugenheimer
Hochweg
Horn
249
Am
194
Kissel-
berg
Dürkheimer
Klauer
Im Robert
Im Nack
Hans-
born-
weg
(zu Zotzenheim)
Sand
55576
Geiersberg
Im Mainzer Weg
Frohnd-
gewann
Laps-
hühnchen
55578
(zu St. Johann)
Schüler
Im Grund
Auf dem Grund
Altental
190
322
Kurze
Stücker
164
Dürkheimer
Hof
164

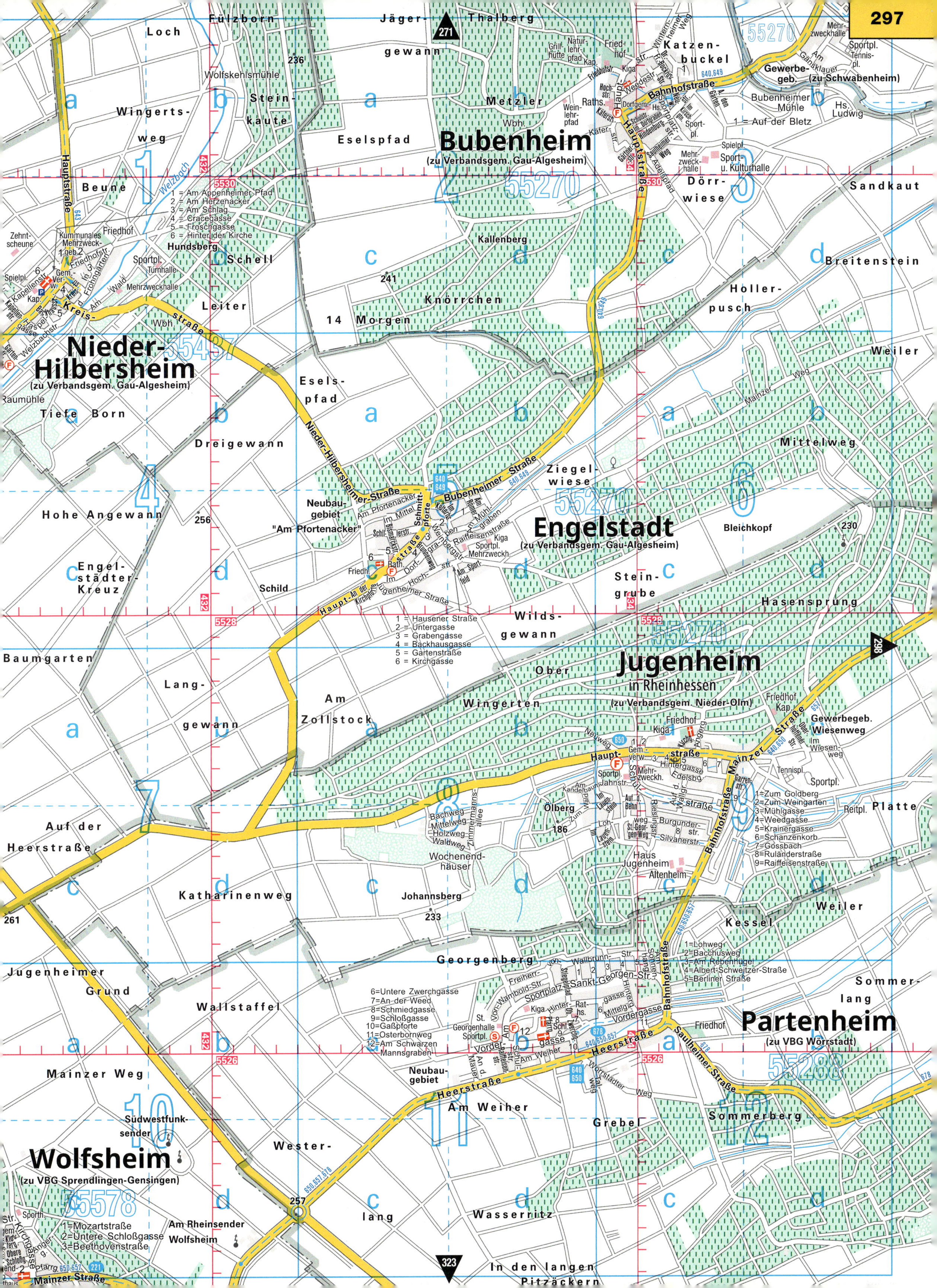
Bubenheim
(zu Verbandsgem. Gau-Algesheim)
Nieder-Hilbersheim
(zu Verbandsgem. Gau-Algesheim)
Engelstadt
(zu Verbandsgem. Gau-Algesheim)
Jugenheim
in Rheinhessen
(zu Verbandsgem. Nieder-Olm)
Partenheim
(zu VBG Wörrstadt)
Wolfsheim
(zu VBG Sprendlingen-Gensingen)
Loch
Fülzborn
Jäger-
gewann
Thalberg
Wingerts-
weg
Stein-
kaute
Eselspfad
Metzler
Katzen-
buckel
Beune
1 = Am Appenheimer Pfad
2 = Am Herzenacker
3 = Am Schlag
4 = Cracegasse
5 = Froschgasse
6 = Hinter der Kirche
Hundsberg
Schell
Kallenberg
Dörr-
wiese
Sandkaut
Breitenstein
Leiter
Knörrchen
14 Morgen
Holler-
pusch
Weiler
Tiefe Born
Eselspfad
Dreigewann
Mittelweg
Ziegel-
wiese
Hohe Angewann
Neubaugebiet
"Am Pfortenacker"
Bleichkopf
Engel-
städter-
Kreuz
Schild
Stein-
grube
Hasensprung
1 = Hausener Straße
2 = Untergasse
3 = Grabengasse
4 = Backhausgasse
5 = Gartenstraße
6 = Kirchgasse
Wilds-
gewann
Baumgarten
Lang-
gewann
Ober
Wingerten
Am
Zollstock
Gewerbegeb.
Wiesenweg
1=Zum Goldberg
2=Zum Weingarten
3=Mühlgasse
4=Weedgasse
5=Krainergasse
6=Schanzenkorb
7=Gossbach
8=Rulanderstraße
9=Raiffeisenstraße
Platte
Auf der
Heerstraße
Ölberg
Wochenend-
häuser
Haus
Jugenheim
Altenheim
Katharinenweg
Johannsberg
Weiler
Kessel
Jugenheimer
Grund
Georgenberg
1=Lohweg
2=Bacchusweg
3=Am Rabenhügel
4=Albert-Schweitzer-Straße
5=Berliner Straße
Sommer-
lang
Wallstaffel
6=Untere Zwerchgasse
7=An der Weed
8=Schmiedgasse
9=Schloßgasse
10=Gaßpforte
11=Osterbornweg
12=Am Schwarzen
Mannsgraben
Neubau-
gebiet
Mainzer Weg
Südwestfunk-
sender
Am Weiher
Grebel
Sommerberg
Wester-
lang
Wasserritz
1=Mozartstraße
2=Untere Schloßgasse
3=Beethovenstraße
Am Rheinsender
Wolfsheim
In den langen
Pitzäckern
Mainzer Straße
Heerstraße
Hauptstraße
Bahnhofstraße
Saulheimer Straße
Nieder-Hilbersheimer-Straße
Bubenheimer Straße

271
298
323

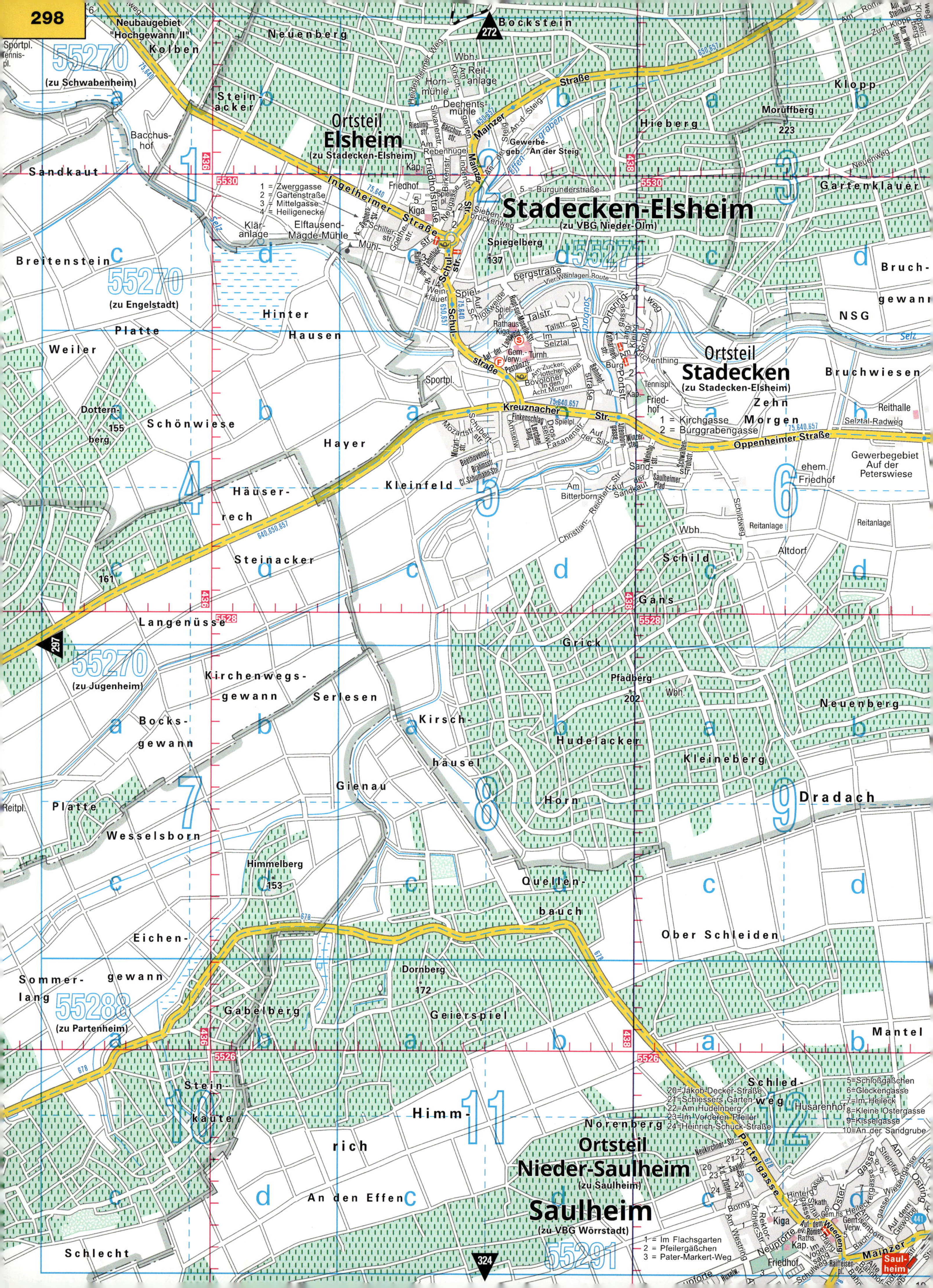
Stadecken-Elsheim
(zu VBG Nieder-Olm)
Ortsteil
Elsheim
(zu Stadecken-Elsheim)
Ortsteil
Stadecken
(zu Stadecken-Elsheim)
Ortsteil
Nieder-Saulheim
(zu Saulheim)
Saulheim
(zu VBG Wörrstadt)
55270
(zu Schwabenheim)
55270
(zu Engelstadt)
55270
(zu Jugenheim)
55288
(zu Partenheim)
55271
55291
Neubaugebiet
"Hochgewann II"
Kolben
Neuenberg
Bockstein
Stein-
acker
Bacchus-
hof
Sandkaut
Breitenstein
Weiler
Platte
Hinter
Hausen
Dottern-
berg
155
Schönwiese
Hayer
Häuser-
rech
Kleinfeld
Steinacker
161
Langenüsse
Kirchenwegs-
gewann
Serlesen
Bocks-
gewann
Kirsch-
häusel
Gienau
Platte
Wesselsborn
Himmelberg
153
Eichen-
gewann
Sommer-
lang
Gabelberg
Dornberg
172
Geierspiel
Stein-
kaute
Himm-
rich
An den Effen
Schlecht
Hieberg
Moruffberg
223
Klopp
Gartenklauer
Spiegelberg
137
Bruch-
gewann
NSG
Bruchwiesen
Zehn
Morgen
Reithalle
Gewerbegebiet
Auf der
Peterswiese
ehem.
Friedhof
Altdorf
Schild
Gans
Grick
Pfadberg
202
Neuenberg
Hudelacker
Kleineberg
Horn
Dradach
Quellen-
bauch
Ober Schleiden
Mantel
Schled-
weg
Husarenhof
Norenberg
1 = Zwerggasse
2 = Gartenstraße
3 = Mittelgasse
4 = Heiligenecke
5 = Burgunderstraße
1 = Kirchgasse
2 = Burggrabengasse
Elftausend-
Mägde-Mühle
Kläranlage
Ingelheimer Straße
Mainzer Straße
Kreuznacher Str.
Oppenheimer Straße
Schulstraße
Pertelgasse
20 = Jakob-Decker-Straße
21 = Schiessers Garten
22 = Am Hudelnberg
23 = Im Vorderen Pfeiler
24 = Heinrich-Schück-Straße
5 = Schloßgäßchen
6 = Glockengasse
7 = Im Heileck
8 = Kleine Ostergasse
9 = Kisselgasse
10 = An der Sandgrube
1 = Im Flachsgarten
2 = Pfeilergäßchen
3 = Pater-Markert-Weg
Selzstal-Radweg
Reitanlage
Sportpl.
Tennispl.
Friedhof
Reitpl.
272
297
324
1
2
3
4
5
6
7
8
9
10
11
12

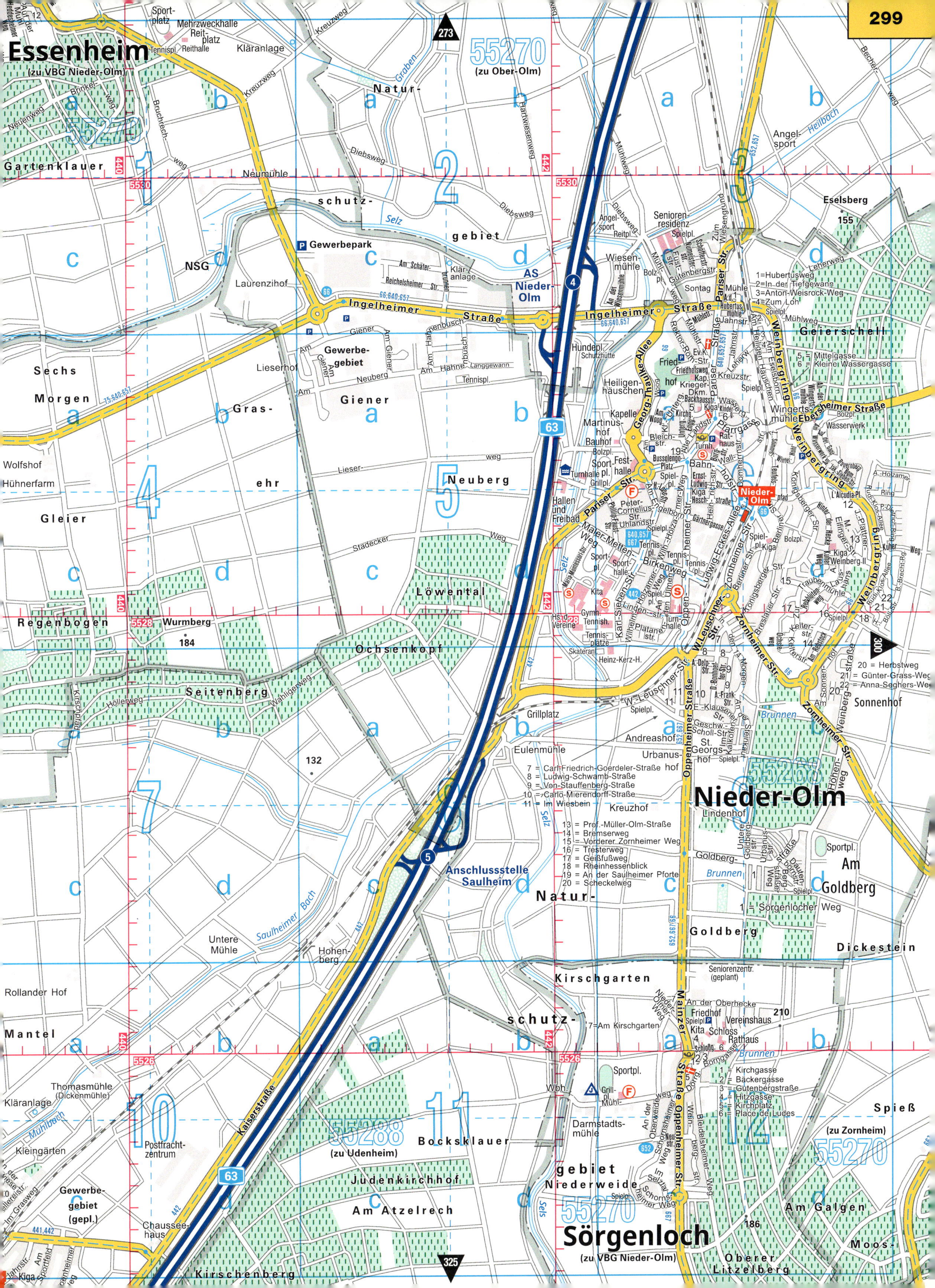
Essenheim
(zu VBG Nieder-Olm)
Gartenklauer
Sport-platz
Mehrzweckhalle
Reit-platz
Reithalle
Tennispl.
Kläranlage
Kreuzweg
Graben
273
55270
(zu Ober-Olm)
Natur-
schutz-
gebiet
Diebsweg
Hartwiesenweg
Neumühle
Bruchrech-weg
Selz
Gewerbepark
NSG
Laurenzihof
Am Schäfer
Reichelsheimer Str.
Klär-anlage
AS Nieder-Olm
Ingelheimer Straße
Gewerbe-gebiet
Am Giener
Neuberg
Tennispl.
Lieserhof
Sechs
Morgen
Gras-
Giener
ehr
Wolfshof
Hühnerfarm
Gleier
Lieser-weg
Neuberg
Stadecker Weg
Löwental
Regenbogen
Wurmberg
184
Ochsenkopf
Seitenberg
Höllerweg
Wahligerweg
Kirschpfad
132
Grillplatz
Eulenmühle
Untere Mühle
Saulheimer Bach
Hohen-berg
Anschlussstelle Saulheim
Rollander Hof
Mantel
Thomasmühle (Dickenmühle)
Kläranlage
Mühlbach
Kleingärten
Postfracht-zentrum
Gewerbe-gebiet (gepl.)
Chaussee-haus
Kaiserstraße
Kirschenberg
55288
(zu Udenheim)
Bocksklauer
Judenkirchhof
Am Atzelrech
325
Kirschgarten
Natur-
schutz-
gebiet
Niederweide
Darmstadts-mühle
Sportpl.
Grill-pl.
Wbh.
Sörgenloch
55270
(zu VBG Nieder-Olm)
Oberer Litzelberg
Am Galgen
Moos-
Spieß
(zu Zornheim)
55270
186
Mainzer Straße
Oppenheimer Str.
Seniorenzentr. (geplant)
An der Oberhecke
Friedhof
Vereinshaus
Kita
Schloss
Rathaus
Brunnen
7=Am Kirschgarten
1 = Kirchgasse
2 = Bäckergasse
3 = Gutenbergstraße
4 = Hitzgasse
5 = Kirchplatz
6 = Place de Ludes
210
Goldberg
Dickestein
Am Goldberg
Sportpl.
1 = Sörgenlocher Weg
Nieder-Olm
55268
Lindenhof
Urbanus-hof
Andreashof
St. Georgs-hof
Kreuzhof
7 = Carl-Friedrich-Goerdeler-Straße
8 = Ludwig-Schwamb-Straße
9 = Von-Stauffenberg-Straße
10 = Carlo-Mierendorff-Straße
11 = Im Wiesbein
13 = Prof.-Müller-Olm-Straße
14 = Bremserweg
15 = Vorderer Zornheimer Weg
16 = Tresterweg
17 = Geißfußweg
18 = Rheinhessenblick
19 = An der Saulheimer Pforte
20 = Scheckelweg
Sonnenhof
20 = Herbstweg
21 = Günter-Grass-Weg
22 = Anna-Seghers-Weg
300
Zornheimer Str.
Weinbergring
W.-Leuschner-Str.
Heinz-Kerz-H.
Skateranl.
Tennis-plätze
Gymn.
Hallen und Freibad
Turnhalle
Pariser Str.
Georg-Dauber-Allee
Ludwig-Eckes-Allee
Nieder-Olm
Pfarrgasse
Ebersheimer Straße
Wingerts-mühle
Wasserwerk
Geierschell
1 = Hubertusweg
2 = In der Tiefgewann
3 = Anton-Weisrock-Weg
4 = Zum Loh
5 = Mittelgasse
6 = Kleiner Wassergasse
Eselsberg
155
Angel-sport
Heilbach
Senioren-residenz
Wiesen-mühle
Sontag
Mühle
Fried-hof
Heiligen-häuschen
Kapelle
Martinus-hof
Bauhof
Sport-halle
Fest-halle
Hundepl.
Schutzhütte
Lieser-weg
63
4
5
440
442
5530
5528
5526

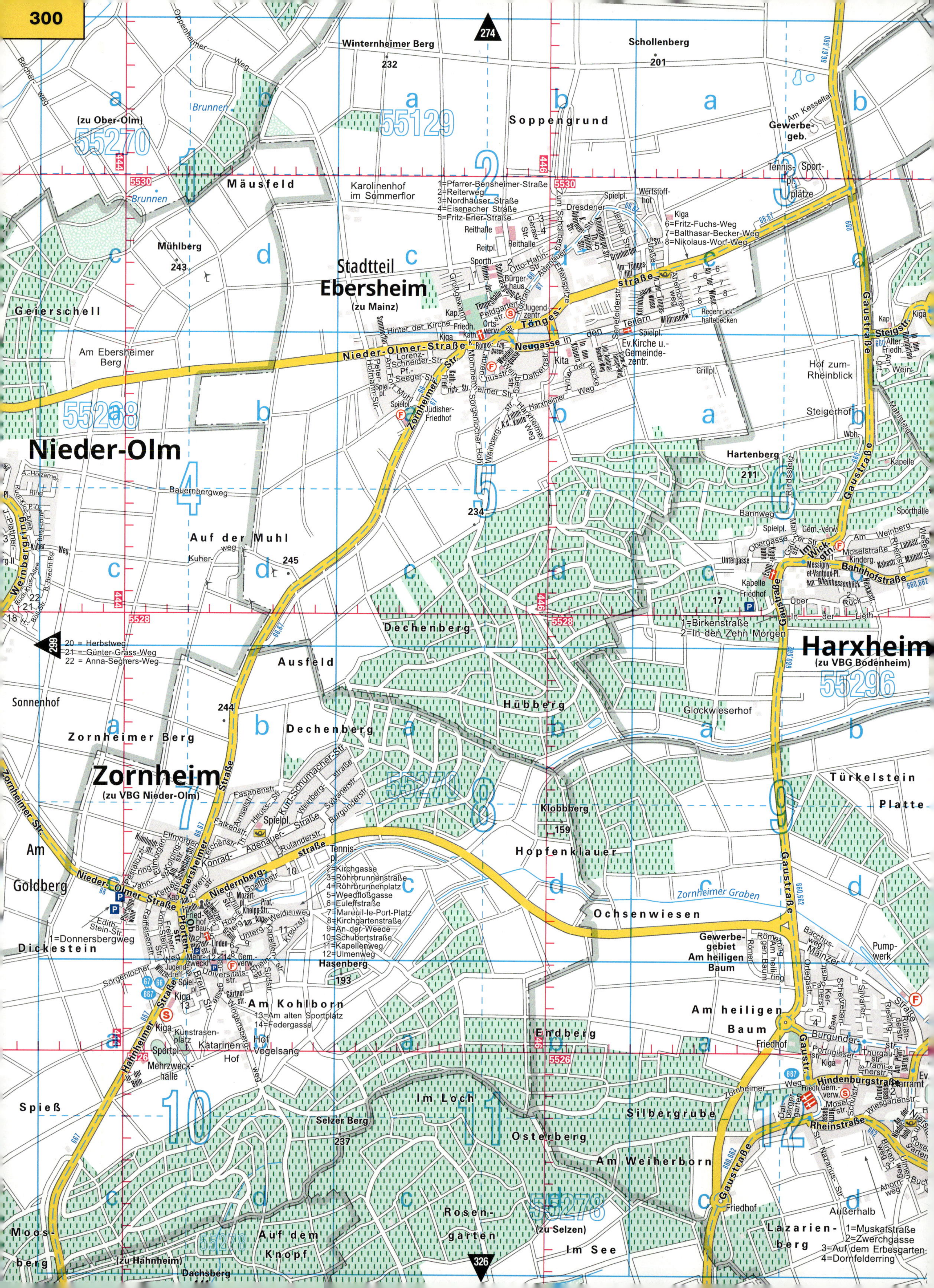

274
Winternheimer Berg
232
Schollenberg
201
(zu Ober-Olm)
55270
55129
Soppengrund
Gewerbe-geb.
Am Kesseltal
Brunnen
Mäusfeld
Karolinenhof im Sommerflor
1=Pfarrer-Bensheimer-Straße
2=Reiterweg
3=Nordhäuser Straße
4=Eisenacher Straße
5=Fritz-Erler-Straße
Tennis-pl.
Sport-plätze
Wertstoff-hof
Kiga
6=Fritz-Fuchs-Weg
7=Balthasar-Becker-Weg
8=Nikolaus-Worf-Weg
Mühlberg
243
Stadtteil
Ebersheim
(zu Mainz)
Töngesstraße
Geierschell
Regenrück-haltebecken
Hinter der Kirche
Nieder-Olmer-Straße
Neugasse
Am Ebersheimer Berg
Ev. Kirche u.-Gemeinde-zentr.
Kita
Hof zum Rheinblick
Jüdischer Friedhof
55268
Nieder-Olm
Steigerhof
Hartenberg
211
Kapelle
Sporthalle
Bauernbergweg
234
Bannweg
Auf der Muhl
245
Moselstraße
Bahnhofstraße
Kapelle
Friedhof
17
Dechenberg
1=Birkenstraße
2=In den Zehn Morgen
Harxheim
(zu VBG Bodenheim)
55296
299
20 = Herbstweg
21 = Günter-Grass-Weg
22 = Anna-Seghers-Weg
Ausfeld
Sonnenhof
244
Hübberg
Glockwieserhof
Zornheimer Berg
Dechenberg
Zornheim
(zu VBG Nieder-Olm)
55270
Türkelstein
Platte
Klobbberg
159
Hopfenklauer
Am Goldberg
Nieder-Olmer Straße
Niedernberg-str.
2=Kirchgasse
3=Röhrbrunnenstraße
4=Röhrbrunnenplatz
5=Weedfloßgasse
6=Euleffstraße
7=Mareuil-le-Port-Platz
8=Kirchgartenstraße
9=An der Weede
10=Schubertstraße
11=Kapellenweg
12=Ulmenweg
Zornheimer Graben
Ochsenwiesen
1=Donnersbergweg
Dickestein
Gewerbe-gebiet Am heiligen Baum
Pump-werk
Hasenberg
193
Am Kohlborn
13=Am alten Sportplatz
14=Federgasse
Am heiligen Baum
Gaustraße
Hahnheimer Straße
Katarinen Hof
Vogelsang
Endberg
Friedhof
Hindenburgstraße
Mehrzweck-halle
Spieß
Im Loch
Silbergrube
Selzer Berg
237
Osterberg
Rheinstraße
Am Weiherborn
Moos-berg
Auf dem Knopf
55278
Rosen-garten
55278
(zu Selzen)
Im See
Friedhof
Außerhalb
Lazarien-berg
1=Muskatstraße
2=Zwerchgasse
3=Auf dem Erbesgarten
4=Dornfelderring
(zu Hahnheim)
Dachsberg
326

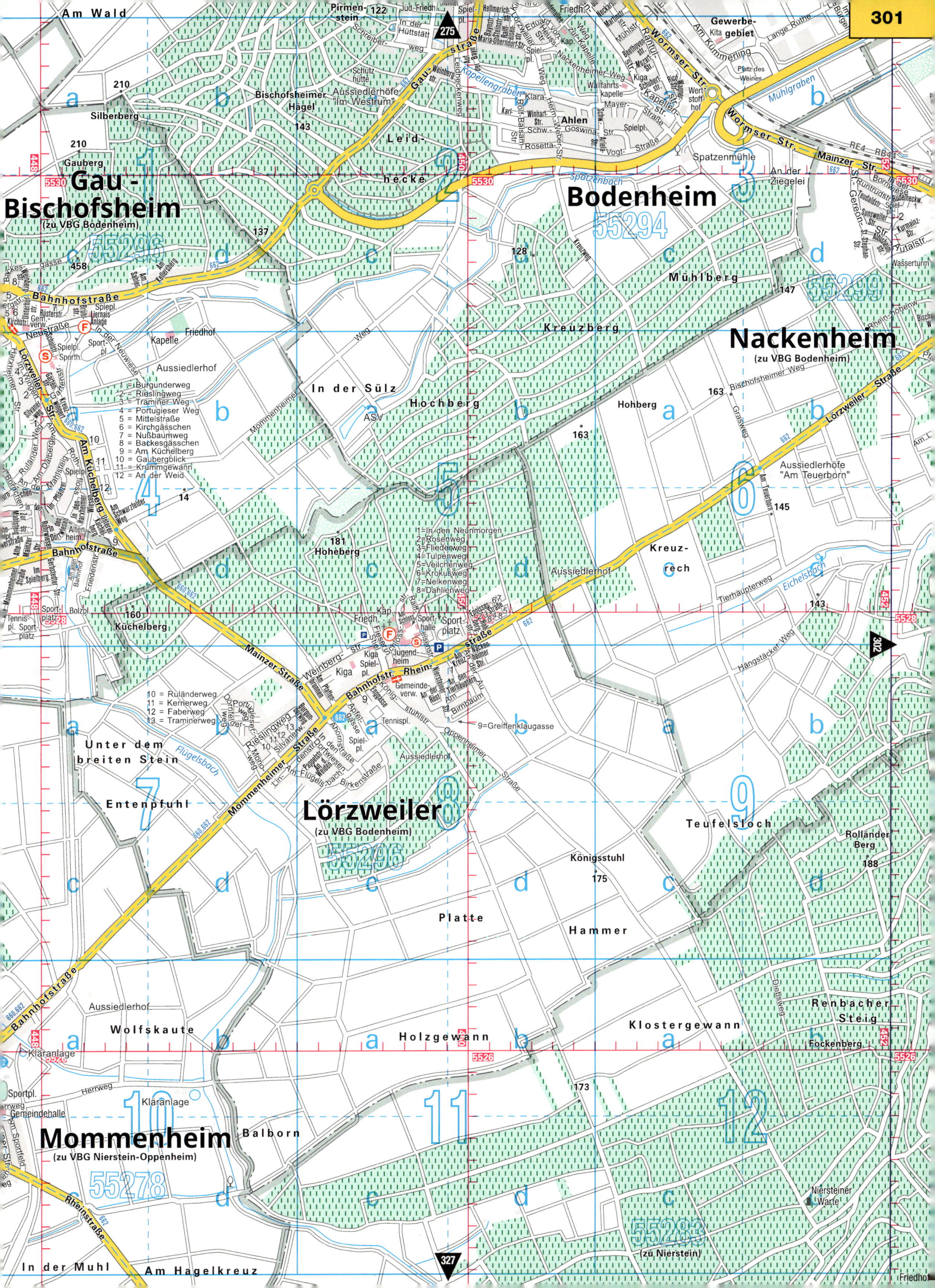
Gau-Bischofsheim
(zu VBG Bodenheim)
55296
Bodenheim
55294
Nackenheim
(zu VBG Bodenheim)
55299
Lörzweiler
(zu VBG Bodenheim)
55296
Mommenheim
(zu VBG Nierstein-Oppenheim)
55278
55283
(zu Nierstein)
Bischofsheimer Hagel
Leid-hecke
Ahlen
Mühlberg
Kreuzberg
In der Sülz
Hochberg
Hohberg
Hoheberg
Küchelberg
Kreuz-rech
Unter dem breiten Stein
Entenpfuhl
Teufelsloch
Rolländer Berg
Königsstuhl
Platte
Hammer
Renbacher Steig
Wolfskaute
Holzgewann
Klostergewann
Fockenberg
Balborn
In der Muhl
Am Hagelkreuz
Am Wald
Silberberg
Gauberg
Bahnhofstraße
Mainzer Straße
Mommenheimer Straße
Lörzweiler Straße
Wormser Str.
Rheinstraße
Aussiedlerhof
Aussiedlerhöfe "Am Teuerborn"
Kläranlage
Niersteiner Warte
1 = Burgunderweg
2 = Rieslingweg
3 = Traminer Weg
4 = Portugieser Weg
5 = Mittelstraße
6 = Kirchgässchen
7 = Nußbaumweg
8 = Backesgässchen
9 = Am Küchelberg
10 = Gaubergblick
11 = Krummgewann
12 = An der Weid
1 = In den Neunmorgen
2 = Rosenweg
3 = Fliederweg
4 = Tulpenweg
5 = Veilchenweg
6 = Krokusweg
7 = Nelkenweg
8 = Dahlienweg
10 = Ruländerweg
11 = Kernerweg
12 = Faberweg
13 = Traminerweg
9 = Greiffenklaugasse
275
302
327

Nackenheim
(zu VBG Bodenheim)
Rhein
Lehenweide
Sändchensinsel NSG
Mühlarm
Altrhein
Zeltplätze
Viehweide
Im Nanndel
Hof Ehrbusch
Schwarzbach
Salzquelle
Hauptkanal
Landaugraben
Gut Hohenau
Astheimer Unteraue
Pumpwerk
Gut Oberau
NSG
Treburer Unteraue
Naturschutzgebiet
Hof Wiesenbrücke
Auenweg
Beune
Burghof
Rosenhof
Kisselwörth
Strandbad
Naturschutzgebiet
DLRG Station
Haus Kisselwörth
In den Wiesen
Hof Rheinblick
Treidsand
Helkrain
Kahlenberg
Spitzenberg
Nordsee
Oberwiesensee
Ludwigsaue
Über den kurzen Hammen
Kieswerk
Baggersee
Vereinsgewässer
Kiessee
Rehbach
Niersteiner Straße
Friedhof
Wohnheim
Pumpwerk
Rolländer Berg
188
Hessenaue
Dorfgem.-schaftshs.
Schutzhafen
Wolfwinkel
Rheinstraße
Feldstraße
Natur- Großer Gold- schutzgebiet
Marienkron
Altwasser
Kehr
Wehlerthof
Kläranlage
Breitlache
Sonnenhof
Ochsenriegel
Nachtweide
Unterer Kornsand
Langgewann
NSG
Mittelsütters
Kuhstall
Schnepfenäcker
Wochenendhäuser
Freibad
Gränsberg
(zu Nierstein)
130
Mainzer Str.
Marktpl.
1 = Kreuzgasse
Mainzer Straße
Wormser Straße
Lörzweiler Straße
Friedhof
Baugebiet "Am Wiesendeich"
16=Georg-Forster-Str.
17=Mittelwiese
18=Franz-von-Sickingen-Str.
19=Pfarrer-Staiger-Str.
1=Am Flöschen
2=Sunsweiler Weg
3=Nagelwiesenweg
4=Henry-Dunant-Straße
5=An der Turnhalle
6=Kirchbergweg
7=Carl-Zuckmayer-Platz
8=Rosengasse
9=Carl-Zuckmayer-Straße
10=Fischergasse
11=Jahnstraße
12=Am Weiersborn
13=Am Schöffer
14=Christine-Darmstadt-Str.
15=Alemannenstraße
55299
55283
172
85
84
88
276
301
328

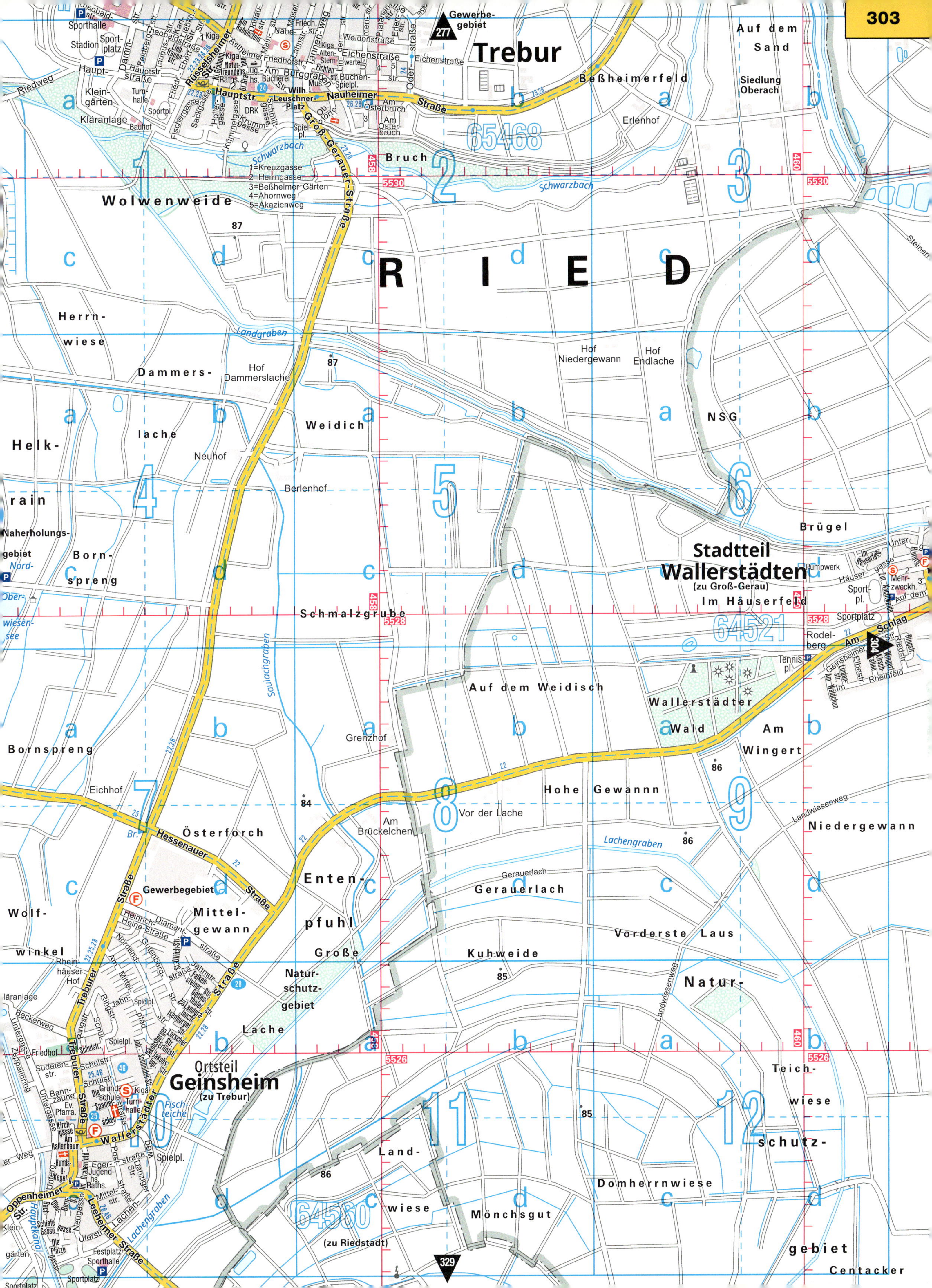
Trebur
Gewerbegebiet
Auf dem Sand
Beßheimerfeld
Siedlung Oberach
Erlenhof
Bruch
Schwarzbach
1=Kreuzgasse
2=Herrngasse
3=Beßheimer Gärten
4=Ahornweg
5=Akazienweg
Wolwenweide
RIED
Herrnwiese
Landgraben
Dammerslache
Hof Dammerslache
Hof Niedergewann
Hof Endlache
Weidich
NSG
Helkrain
Neuhof
Berlenhof
Brügel
Naherholungsgebiet
Bornspreng
Stadtteil Wallerstädten
(zu Groß-Gerau)
Im Häuserfeld
Schmalzgrube
Saulachgraben
Auf dem Weidisch
Wallerstädter Wald
Grenzhof
Am Wingert
Bornspreng
Eichhof
Hohe Gewannn
Vor der Lache
Am Brückelchen
Niedergewann
Österforch
Hessenauer Straße
Lachengraben
Gewerbegebiet
Entenpfuhl
Gerauerlach
Wolfwinkel
Mittelgewann
Vorderste Laus
Kuhweide
Große Naturschutzgebiet
Natur-
Lache
Ortsteil Geinsheim
(zu Trebur)
Teichwiese
Landwiese
Domherrnwiese
Mönchsgut
(zu Riedstadt)
schutzgebiet
Centacker
Groß-Gerauer-Straße
Treburer Straße
Wallerstädter Straße
Leeheimer Straße
Oppenheimer Str.
65468
64521
64560
277
304
329

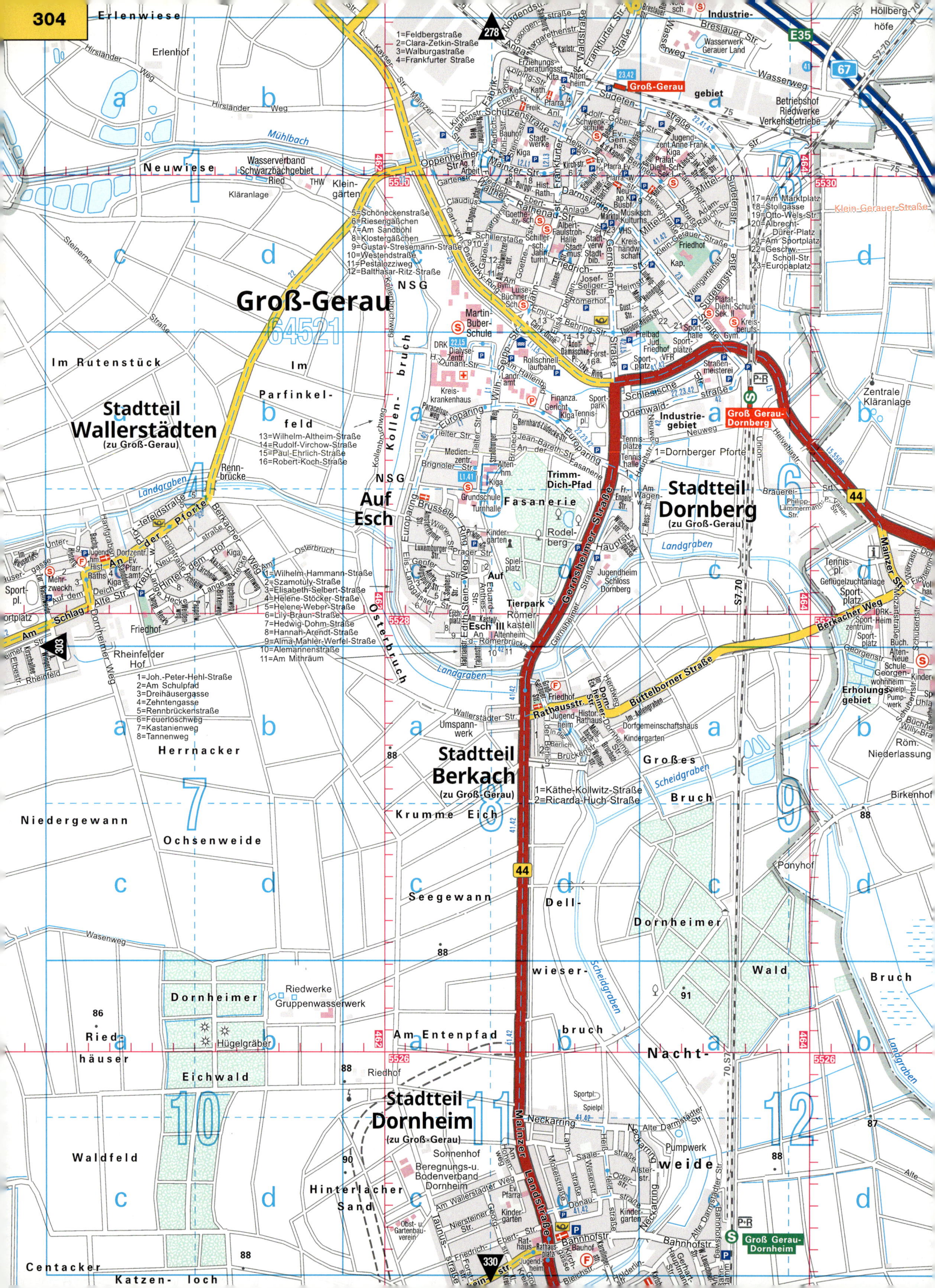
Groß-Gerau
64521
Stadtteil
Wallerstädten
(zu Groß-Gerau)
Stadtteil
Dornberg
(zu Groß-Gerau)
Stadtteil
Berkach
(zu Groß-Gerau)
Stadtteil
Dornheim
(zu Groß-Gerau)
Auf
Esch
Erlenwiese
Erlenhof
Hirsländer Weg
Mühlbach
Neuwiese
Wasserverband
Schwarzbachgebiet
Ried
Kläranlage
Klein-
gärten
Im Rutenstück
Im
Parfinkel-
feld
NSG
Kollen-
bruch
Landgraben
Rennbrücke
Osterbruch
Friedhof
Rheinfelder
Hof
Herrnacker
Niedergewann
Ochsenweide
Wasenweg
Dornheimer
Hügelgräber
Eichwald
Ried-
häuser
Waldfeld
Centacker
Katzen- loch
Riedwerke
Gruppenwasserwerk
Riedhof
Hinterlacher
Sand
Sonnenhof
Beregnungs-u.
Bodenverband
Dornheim
Krumme Eich
Seegewann
Am Entenpfad
Dell-
wieser-
bruch
Nacht-
weide
Großes
Bruch
Dornheimer
Wald
Scheidgraben
Fasanerie
Trimm-
Dich-Pfad
Rodel-
berg
Tierpark
Römer-
kastell
Industrie-
gebiet
Groß-Gerau
Groß Gerau-
Dornberg
Groß Gerau-
Dornheim
Zentrale
Kläranlage
Erholungs-
gebiet
Röm.
Niederlassung
Birkenhof
Ponyhof
Bruch
Höllberg-
höfe
Betriebshof
Riedwerke
Verkehrsbetriebe
Wasserwerk
Gerauer Land
Martin-
Buber-
Schule
Kreis-
krankenhaus
Jugendheim
Schloss
Dornberg
Umspann-
werk
Pumpwerk
Gernsheimer Straße
Mainzer Landstraße
Büttelborner Straße
Berkacher Weg
Darmstädter Str.
Europaring
Neckarring
Bahnhofstr.
1=Feldbergstraße
2=Clara-Zetkin-Straße
3=Walburgastraße
4=Frankfurter Straße
5=Schöneckenstraße
6=Riesengäßchen
7=Am Sandböhl
8=Klostergäßchen
9=Gustav-Stresemann-Straße
10=Westendstraße
11=Pestalozziweg
12=Balthasar-Ritz-Straße
13=Wilhelm-Altheim-Straße
14=Rudolf-Virchow-Straße
15=Paul-Ehrlich-Straße
16=Robert-Koch-Straße
17=Am Marktplatz
18=Stollgasse
19=Otto-Wels-Str.
20=Albrecht-Dürer-Platz
21=Am Sportplatz
22=Geschw.-Scholl-Str.
23=Europaplatz
1=Dornberger Pforte
1=Wilhelm-Hammann-Straße
2=Szamotuly-Straße
3=Elisabeth-Selbert-Straße
4=Helene-Stöcker-Straße
5=Helene-Weber-Straße
6=Lily-Braun-Straße
7=Hedwig-Dohm-Straße
8=Hannah-Arendt-Straße
9=Alma-Mahler-Werfel-Straße
10=Alemannenstraße
11=Am Mithräum
1=Joh.-Peter-Hehl-Straße
2=Am Schulpfad
3=Dreihäusergasse
4=Zehntengasse
5=Rennbrückenstraße
6=Feuerlöschweg
7=Kastanienweg
8=Tannenweg
1=Käthe-Kollwitz-Straße
2=Ricarda-Huch-Straße
278
303
330
E35
67
44
5530
5528
5526
462
464

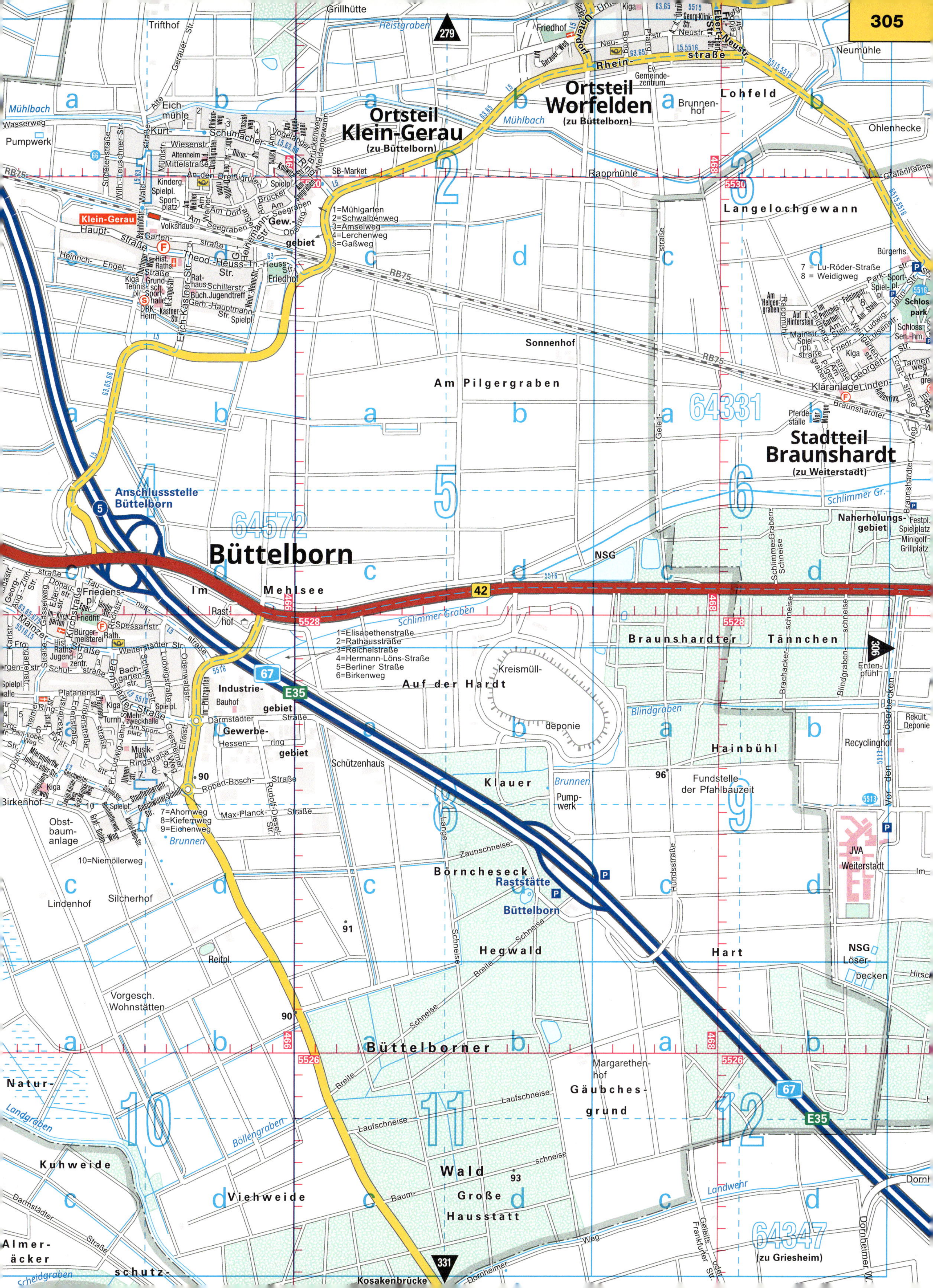

Büttelborn
Ortsteil Klein-Gerau (zu Büttelborn)
Ortsteil Worfelden (zu Büttelborn)
Stadtteil Braunshardt (zu Weiterstadt)
64572
64331
64347 (zu Griesheim)
Anschlussstelle Büttelborn
Raststätte Büttelborn
Am Pilgergraben
Auf der Hardt
Braunshardter Tännchen
Hainbühl
Fundstelle der Pfahlbauzeit
Kreismüll-deponie
JVA Weiterstadt
Recyclinghof
Klauer
Börncheseck
Hegwald
Hart
Büttelborner Wald
Große Hausstatt
Gäubches-grund
Margarethen-hof
Viehweide
Kuhweide
Almer-äcker
Lindenhof
Silcherhof
Birkenhof
Obst-baum-anlage
Vorgesch. Wohnstätten
Sonnenhof
Lohfeld
Langelochgewann
Rappmühle
Trifthof
Grillhütte
Neumühle
Ohlenhecke
Pumpwerk
Mühlbach
Schlimmer Graben
Blindgraben
Landgraben
Böllengraben
Landwehr
Kosakenbrücke
1=Mühlgarten
2=Schwalbenweg
3=Amselweg
4=Lerchenweg
5=Gaßweg
1=Elisabethenstraße
2=Rathausstraße
3=Reichelstraße
4=Hermann-Löns-Straße
5=Berliner Straße
6=Birkenweg
7=Ahornweg
8=Kiefernweg
9=Eichenweg
10=Niemöllerweg
7 = Lu-Röder-Straße
8 = Weidigweg
279
306
331

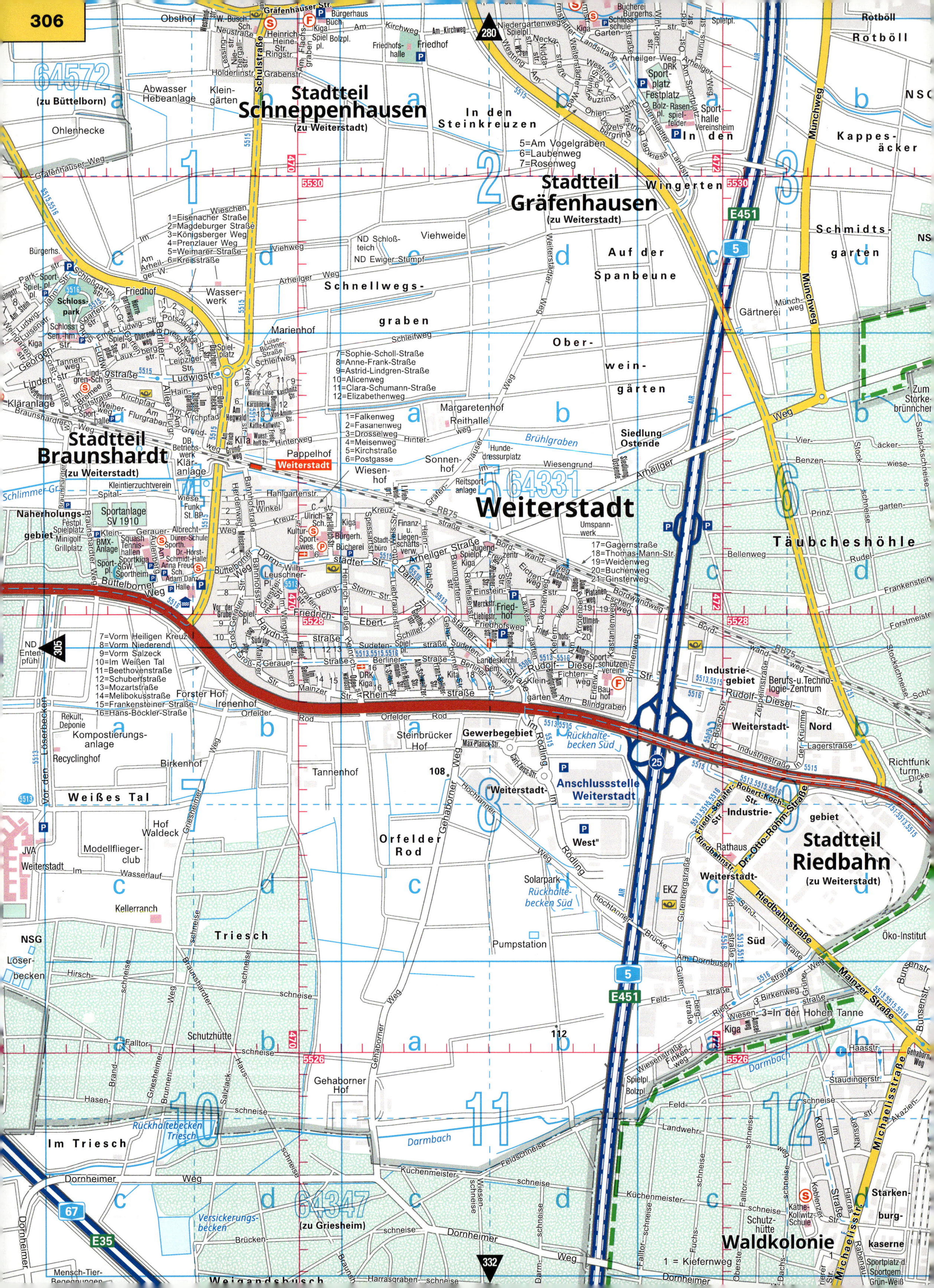

Stadtteil Schneppenhausen
(zu Weiterstadt)
Stadtteil Gräfenhausen
(zu Weiterstadt)
Stadtteil Braunshardt
(zu Weiterstadt)
Weiterstadt
Stadtteil Riedbahn
(zu Weiterstadt)
Waldkolonie
64572
(zu Büttelborn)
64331
64347
(zu Griesheim)
In den Steinkreuzen
Schnellwegsgraben
Ober-weingärten
Auf der Spanbeune
Täubcheshöhle
Kappesäcker
Schmidtsgarten
Orfelder Rod
Triesch
Im Triesch
Weißes Tal
Anschlussstelle Weiterstadt
Gewerbegebiet "Weiterstadt-West"
Industriegebiet Weiterstadt-Nord
Industriegebiet Weiterstadt-Süd
Rotböll
Ohlenhecke
Siedlung Ostende
Darmbach
Rückhaltebecken Triesch
Rückhaltebecken Süd
Solarpark
Pumpstation
Gehaborner Hof
Tannenhof
Steinbrücker Hof
Birkenhof
Hof Waldeck
Modellfliegerclub
Kellerranch
Kompostierungsanlage
Recyclinghof
Naherholungsgebiet
Sportanlage SV 1910
Öko-Institut
Richtfunkturm
Starkenburg-kaserne
Mainzer Straße
Riedbahnstraße
Michaelisstraße
Münchweg
E451
E35
67
5
25
280
305
332
1=Eisenacher Straße
2=Magdeburger Straße
3=Königsberger Weg
4=Prenzlauer Weg
5=Weimarer Straße
6=Kreisstraße
5=Am Vogelgraben
6=Laubenweg
7=Rosenweg
7=Sophie-Scholl-Straße
8=Anne-Frank-Straße
9=Astrid-Lindgren-Straße
10=Alicenweg
11=Clara-Schumann-Straße
12=Elizabethenweg
1=Falkenweg
2=Fasanenweg
3=Drosselweg
4=Meisenweg
5=Kirchstraße
6=Postgasse
17=Gagernstraße
18=Thomas-Mann-Str.
19=Weidenweg
20=Buchenweg
21=Ginsterweg
7=Vorm Heiligen Kreuz
8=Vorm Niederend
9=Vorm Salzeck
10=Im Weißen Tal
11=Beethovenstraße
12=Schubertstraße
13=Mozartstraße
14=Melibokusstraße
15=Frankensteiner Straße
16=Hans-Böckler-Straße
3=In der Hohen Tanne
1 = Kiefernweg

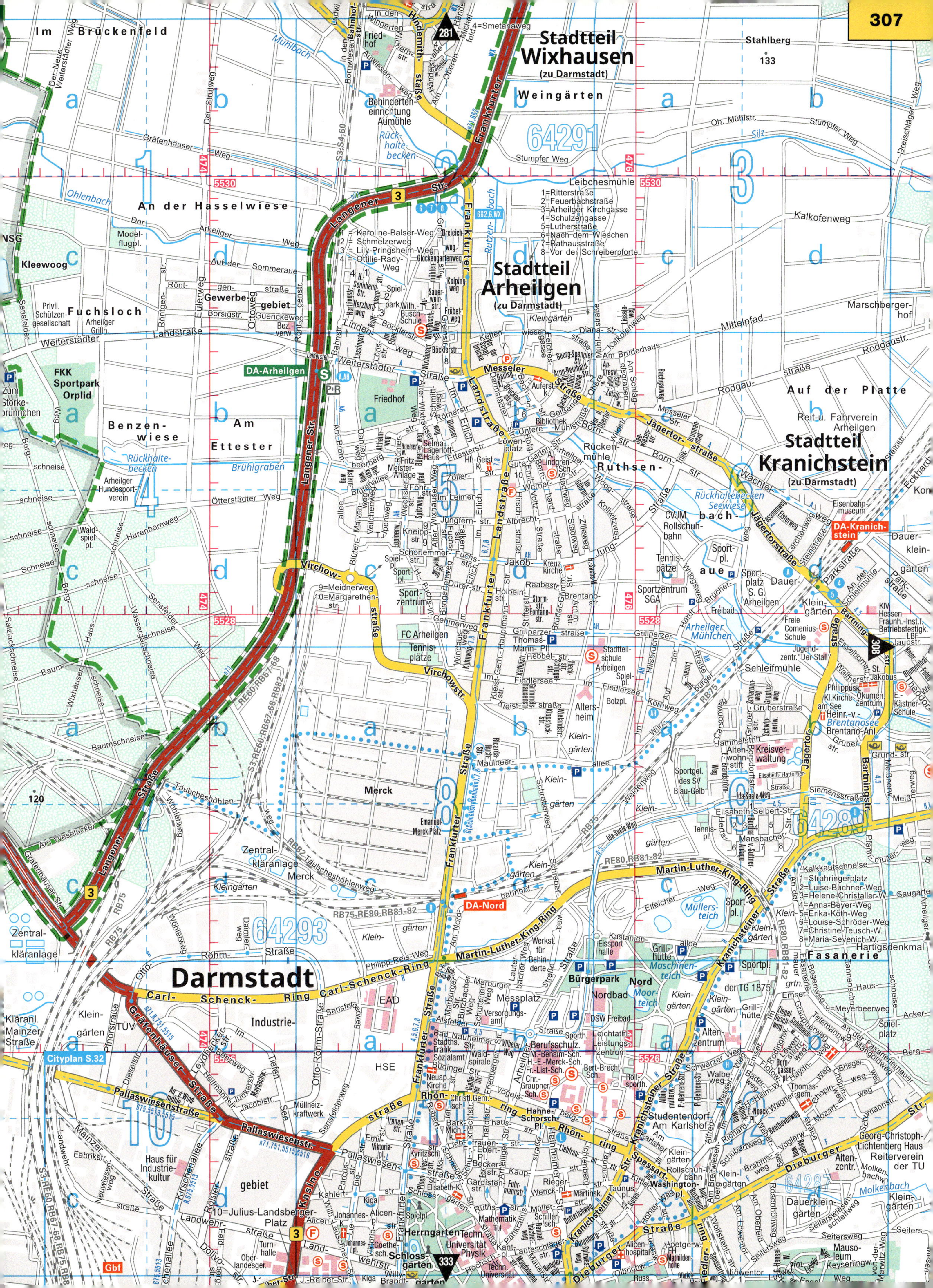
Stadtteil
Wixhausen
(zu Darmstadt)
Weingärten
Stahlberg
133
Im Brückenfeld
Mühlbach
Behinderteneinrichtung Aumühle
Rückhaltebecken
64291
Stumpfer Weg
Ob. Mühlstr.
Silz
Stumpfer Weg
Gräfenhäuser Weg
Leibchesmühle
An der Hasselwiese
Ohlenbach
Modellflugpl.
Kalkofenweg
1=Ritterstraße
2=Feuerbachstraße
3=Arheilger Kirchgasse
4=Schulzengasse
5=Lutherstraße
6=Nach dem Wieschen
7=Rathausstraße
8=Vor der Schreiberpforte
1=Karoline-Balser-Weg
2=Schmelzerweg
3=Lily-Pringsheim-Weg
4=Ottilie-Rady-Weg
Stadtteil
Arheilgen
(zu Darmstadt)
Kleewoog
Gewerbegebiet
Fuchsloch
Privil. Schützengesellschaft
Marschberger-hof
Mittelpfad
Rodgaustr.
Weiterstädter
Landstraße
DA-Arheilgen
Weiterstädter Straße
Messeler Straße
FKK Sportpark Orplid
Friedhof
Auf der Platte
Reit-u. Fahrverein Arheilgen
Stadtteil
Kranichstein
(zu Darmstadt)
Benzenwiese
Am Ettester
Rückhaltebecken
Brühlgraben
Arheilger Hundesportverein
Ötterstädter Weg
Ruthsenbach
Jägertorstraße
Rückhaltebecken Seewiese
Eisenbahnmuseum
DA-Kranichstein
Langener Str.
Frankfurter Landstraße
Virchowstraße
9=Meidnerweg
10=Margarethenstr.
Sportzentrum
FC Arheilgen
Tennisplätze
Sportzentrum SGA
Arheilger Mühlchen
Freie Comenius-Schule
Jugendzentr. "Der Stall"
Schleifmühle
Merck
Emanuel-Merck-Platz
Taubenhöhlenweg
Zentralkläranlage
Kleingärten
Altersheim
Kreisverwaltung
Siemensstraße
Elisabeth-Selbert-Str.
64289
DA-Nord
Martin-Luther-King-Ring
Müllers-teich
1=Strahringerplatz
2=Luise-Büchner-Weg
3=Helene-Christaller-W.
4=Anna-Beyer-Weg
5=Erika-Köth-Weg
6=Louise-Schröder-Weg
7=Christine-Teusch-W.
8=Maria-Sevenich-W.
Hartigsdenkmal
Fasanerie
64293
Darmstadt
Carl-Schenck-Ring
Industriegebiet
EAD
HSE
Bürgerpark Nord
Nordbad
Sportpl.
der TG 1875
Cityplan S.32
Pallaswiesenstraße
Gräfenhäuser Straße
Haus für Industriekultur
Rhönring
Studentendorf Am Karlshof
Kranichsteiner Straße
Dieburger Straße
Georg-Christoph-Lichtenberg Haus Reiterverein der TU
Molkenbach
10=Julius-Landsberger-Platz
Kasinostr.
Herrngarten
Schlossgarten
Techn. Universität Physik
Mauso-leum
Rosenhöhe
Gbf
281
308
333

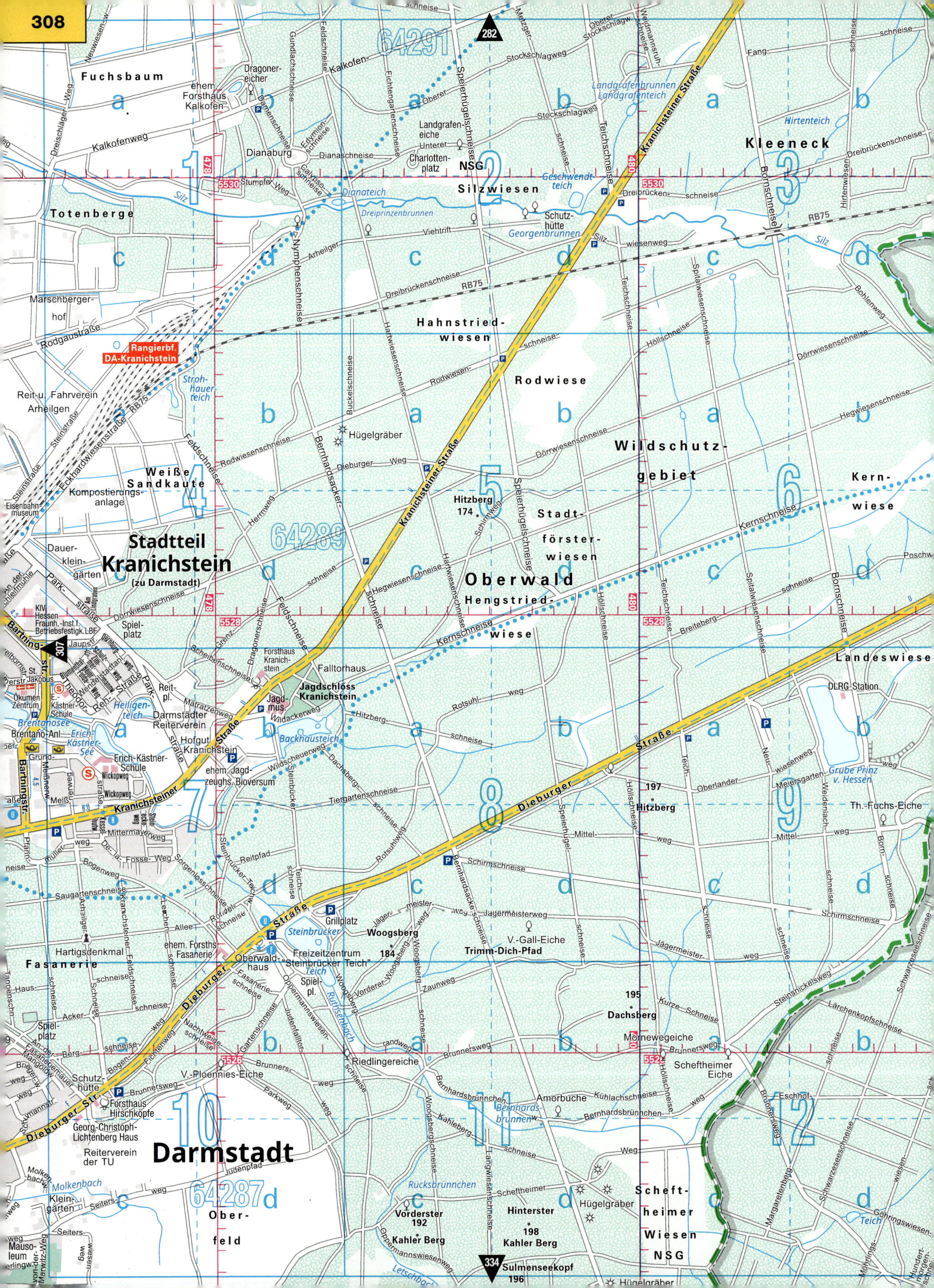
Fuchsbaum
Dianaburg
Silzwiesen
Kleeneck
Totenberge
Hahnstriedwiesen
Rodwiese
Weiße Sandkaute
Wildschutzgebiet
Kernwiese
Stadtteil Kranichstein (zu Darmstadt)
Hitzberg 174
Stadtförsterwiesen
Oberwald
Hengstriedwiese
Jagdschloss Kranichstein
Landeswiese
Kranichsteiner Straße
Dieburger Straße
Woogsberg 184
Hitzberg 197
Dachsberg 195
Fasanerie
Darmstadt
Oberfeld
Scheftheimer Wiesen NSG
Vorderster Kahler Berg 192
Hinterster Kahler Berg 198
Sulmenseekopf 196
64291
64289
64287

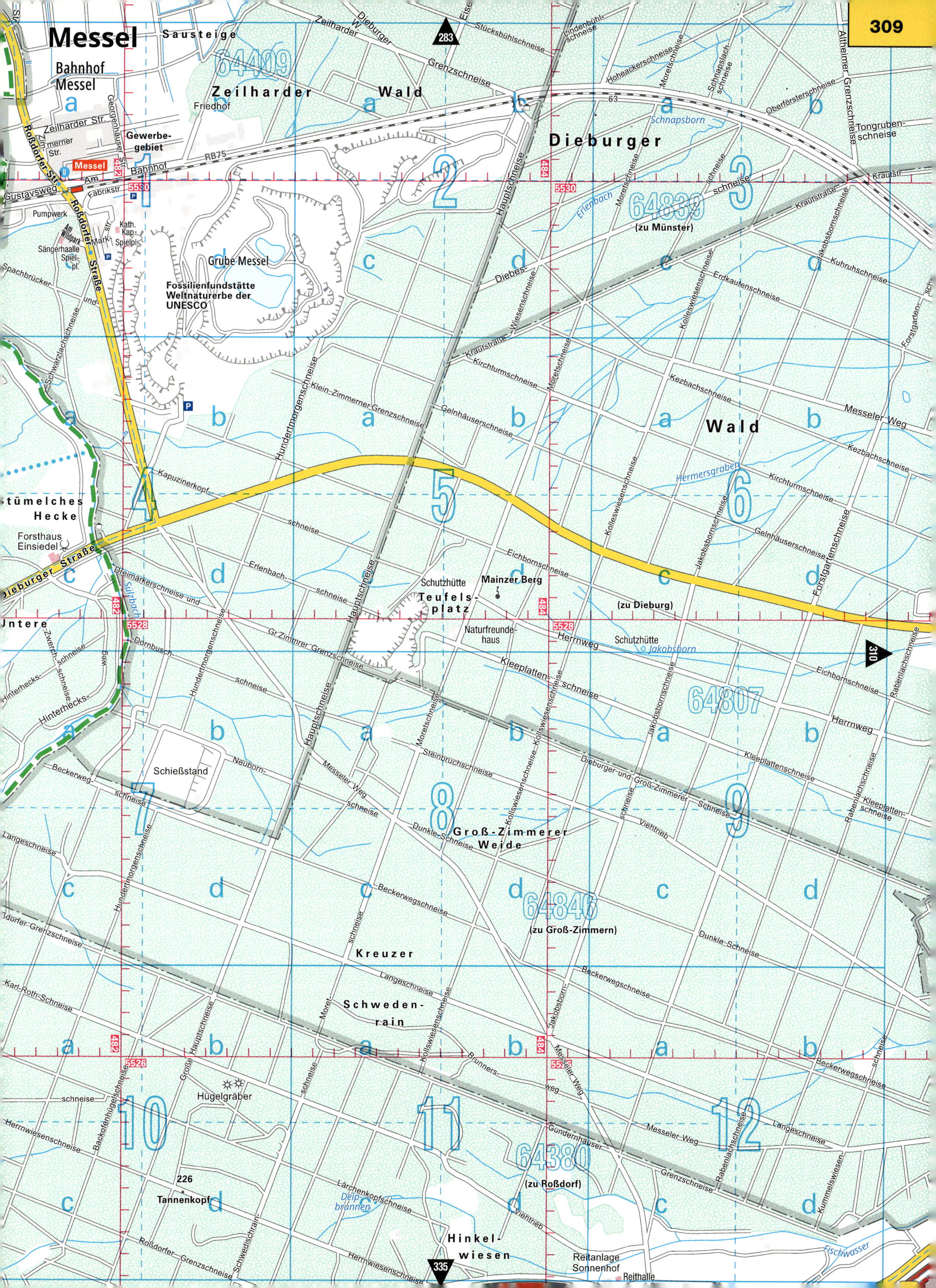

Messel
Bahnhof Messel
Sausteige
Zeilharder Wald
Friedhof
Gewerbegebiet
Grube Messel
Fossilienfundstätte Weltnaturerbe der UNESCO
Dieburger Wald
Schnapsborn
64409
64839
(zu Münster)
Erlenbach
Hermersgraben
Mainzer Berg
Schutzhütte
Teufelsplatz
Naturfreundehaus
(zu Dieburg)
Jakobsborn
64807
Schießstand
Groß-Zimmerer Weide
64846
(zu Groß-Zimmern)
Kreuzer
Schwedenrain
Hügelgräber
226
Tannenkopf
Delpbrunnen
64380
(zu Roßdorf)
Hinkelwiesen
Reitanlage Sonnenhof
Reithalle
Fischwasser
Forsthaus Einsiedel
Dieburger Straße
Roßdörfer Straße
Hauptschneise
Messeler Weg
283
310
335

Mark
Schutzhütte
Tongrubenschneise
Krautstraße
Gundersaalschneise
Fohlenweide
NSG
Bitzensee
Münster-Breitefeld
Freizeitzentrum Münster
Münster (Hessen)
1=Troppauer Straße
2=Reichenberger Str.
3=Karlsbader Str.
Kinnstädter-Lachenschneise
Erlenseeschneise
Groß-wiese
Auf der Lauteda
Messeler Weg
Hunger-lücke
Dieburg-Nord
Auf die Aliments-länder
Kezbachschneise
Kirchturmschneise
Reiter-verein
Mörshof
Mörsmühle
Kläranlage
64807
Dieburg
16=Leisbühl
17=Otzberger weg
Ried
Jüd. Friedhof
Industrie-gebiet
In der Gelnhausen
Trab-rennbahn
Behelfs-heim
Gelnhäuser-hof
Eichwasem-hof
Annenhof
Birnbaum-hof
Eichwasen
Darmstädter Straße
Dieburg P+R
Dammweg
1 = Leisbühl
2 = Hutmachergasse
3 = Pfarrgasse
4 = An der Brückenmühle
5 = Mistgasse
6 = Kirschengasse
7 = Schlossergasse
8 = Grundermannsgasse
9 = Jungfernstieg
Am Höfchen
Wolfgang-see
Herrnweg
Geflügelfarm
Freizeitzentrum Wolfgangsee
Freizeitzentrum Spießfeld
Kleeplattenschneise
10 = Gabriele-von-Fechenbach-Straße
11 = Schwester-Neri-Straße
Minnefeld
Aschaffenburger Straße
Groß-Umstädter Straße
Altstadt
Hinter der Schießmauer
Rheingaustraße
Aubergenviller Allee
Schloß-garten
Stickesgraben
20 = Am Campus
21 = Hans-Steinmetz-Ring
22 = Konrad-Zuse-Straße
23 = Marie-Curie-Straße
24 = Lise-Meitner-Straße
Rinkenbühl
12 = Otzbergweg
13 = Am Heidenstock
14 = Werner-von-Siemens-Straße
15 = Clara-Schumann-Straße
16 = Joseph-Haydn-Straße
17 = Mozartstraße
18 = Franz-Schubert-Straße
19 = Max-Reger-Straße
Groß-Zimmerner Str.
Klein-Zimmerner Str.
Glaubersgraben
Erbsenbach
Dieburg-West
Skate-anlage
Birkensackerschneise
Schützenverein Hundeverein
Zum Waldeck
Bismarckeiche
Kartbahn
Gewerbe-geb.
Herren-see
Hörnert
Kläranlage
Bogenschieß-anlage
64846
1=Meier-Spier-Straße
2=Dietrich-Bonhoeffer-Straße
Hänishof
Hehnes
Birkenhof
Hermannshof
1=Magdeburger Straße
Rauher
(zu Roßdorf)
Bertha-von-Suttner-Str.
Groß-Zimmern
In der Striet
Fischwasser
26
45
284
309
336

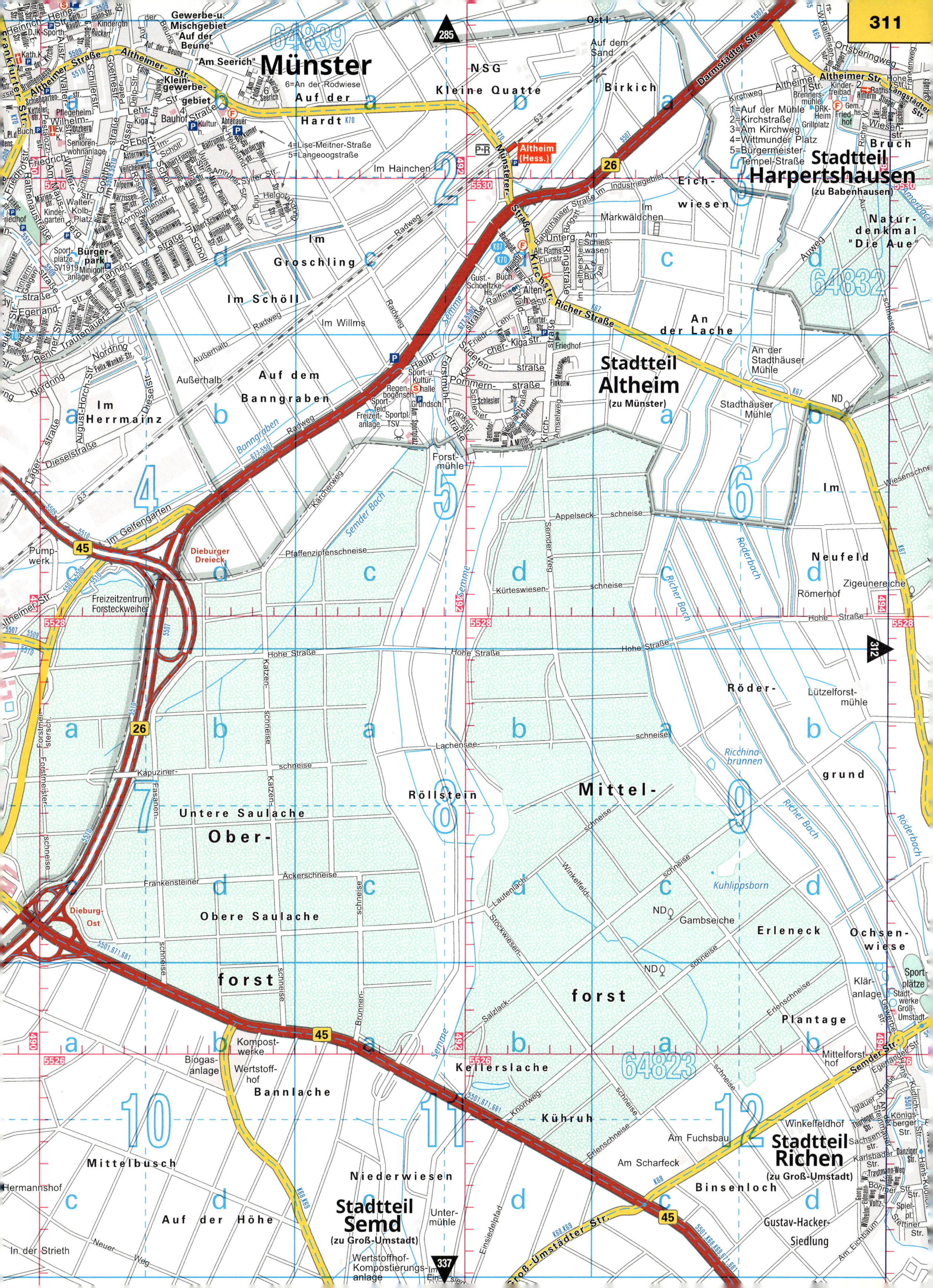

Münster
Stadtteil Altheim
(zu Münster)
Stadtteil Harpertshausen
(zu Babenhausen)
Stadtteil Semd
(zu Groß-Umstadt)
Stadtteil Richen
(zu Groß-Umstadt)
Ober-
forst
Mittel-
forst
Untere Saulache
Obere Saulache
Röllstein
Röder-
grund
Erleneck
Plantage
Kellerslache
Kühruh
Bannlache
Mittelbusch
Auf der Höhe
Niederwiesen
Binsenloch
Im Herrmainz
Auf dem Banngraben
Im Groschling
Im Schöll
Im Willms
Kleine Quatte
Auf der Hardt
Birkich
Eichwiesen
An der Lache
Im Neufeld
Ochsenwiese
Dieburger Dreieck
Dieburg-Ost
Hohe Straße
Altheimer Straße
Darmstädter Str.
Richer Straße
Semder Str.
Groß-Umstädter Str.
Natur-denkmal "Die Aue"

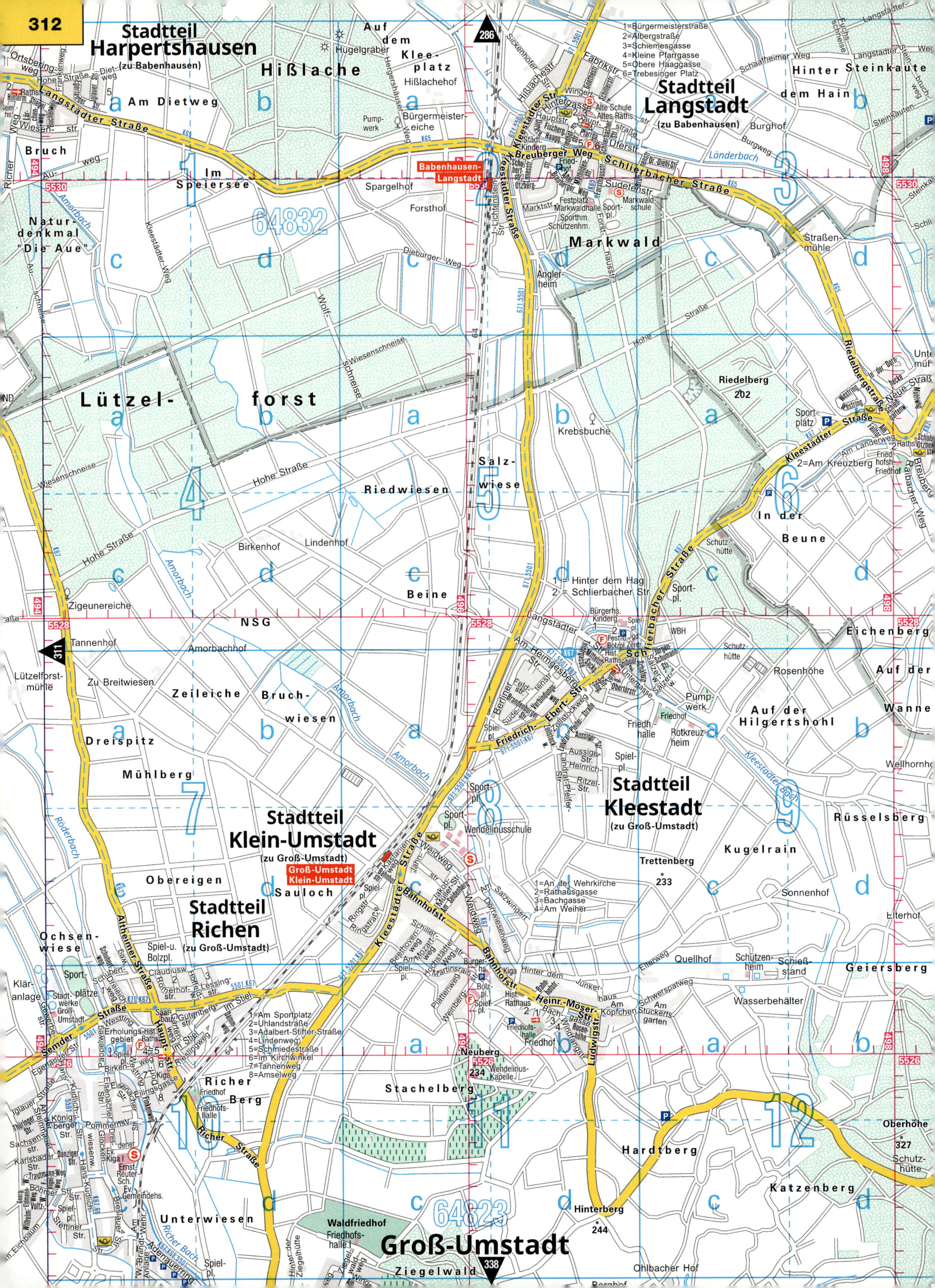
Stadtteil Harpertshausen
(zu Babenhausen)
Hißlache
Auf dem Kleeplatz
Hügelgräber
Hißlachehof
Bürgermeistereiche
Am Dietweg
Langstädter Straße
Bruch
Im Speiersee
Spargelhof
Forsthof
Babenhausen-Langstadt
64832
Naturdenkmal "Die Aue"
Amorbach
Dieburger Weg
Kleestädter Weg
1=Bürgermeisterstraße
2=Albergstraße
3=Schiemesgasse
4=Kleine Pfarrgasse
5=Obere Haaggasse
6=Trebesinger Platz
Stadtteil Langstadt
(zu Babenhausen)
Hinter dem Hain
Steinkaute
Burghof
Länderbach
Breuberger Weg
Schlierbacher Straße
Sudetenstr.
Markwaldschule
Festplatz
Markwaldhalle
Sportpl.
Sporthm.
Schützenhm.
Markwald
Anglerheim
Straßenmühle
Hohe Straße
Riedelbergstraße
Riedelberg
202
Lützel-forst
Wiesenschneise
Wolfschneise
Krebsbuche
Salzwiese
Riedwiesen
Sportplatz
Kleestädter Straße
2=Am Kreuzberg
In der Beune
Schutzhütte
Hohe Straße
Birkenhof
Lindenhof
Beine
1 = Hinter dem Hag
2 = Schlierbacher Str.
Sportpl.
Zigeunereiche
NSG
Tannenhof
Amorbachhof
Lützelforstmühle
Zu Breitwiesen
Zeileiche
Bruchwiesen
Dreispitz
Mühlberg
Friedrich-Ebert-Str.
Rosenhöhe
Eichenberg
Auf der Wanne
Auf der Hilgertshohl
Pumpwerk
Friedhof
Friedh.halle
Rotkreuzheim
Kleestädter Bach
Wellhornhof
Stadtteil Kleestadt
(zu Groß-Umstadt)
Rüsselsberg
Kugelrain
Trettenberg
233
Sonnenhof
Elterhof
Stadtteil Klein-Umstadt
(zu Groß-Umstadt)
Groß-Umstadt Klein-Umstadt
Wendelinusschule
Obereigen
Sauloch
Stadtteil Richen
(zu Groß-Umstadt)
Ochsenwiese
1=An der Wehrkirche
2=Rathausgasse
3=Bachgasse
4=Am Weiher
Quellhof
Schützenheim
Schießstand
Geiersberg
Wasserbehälter
Kläranlage
Stadtwerke Groß-Umstadt
Sportplätze
Altheimer Straße
Bahnhofstr.
Heinr.-Möser-Str.
Ludwigstr.
1=Am Sportplatz
2=Uhlandstraße
3=Adalbert-Stifter-Straße
4=Lindenweg
5=Schmiedestraße
6=Im Kirchwinkel
7=Tannenweg
8=Amselweg
Neuberg
234
Wendelinus-Kapelle
Richer Berg
Stachelberg
Hardtberg
Oberhöhe
327
Schutzhütte
Katzenberg
Richer Straße
Unterwiesen
Waldfriedhof
64823
Hinterberg
244
Groß-Umstadt
Ziegelwald
Ohlbacher Hof
286
311
338

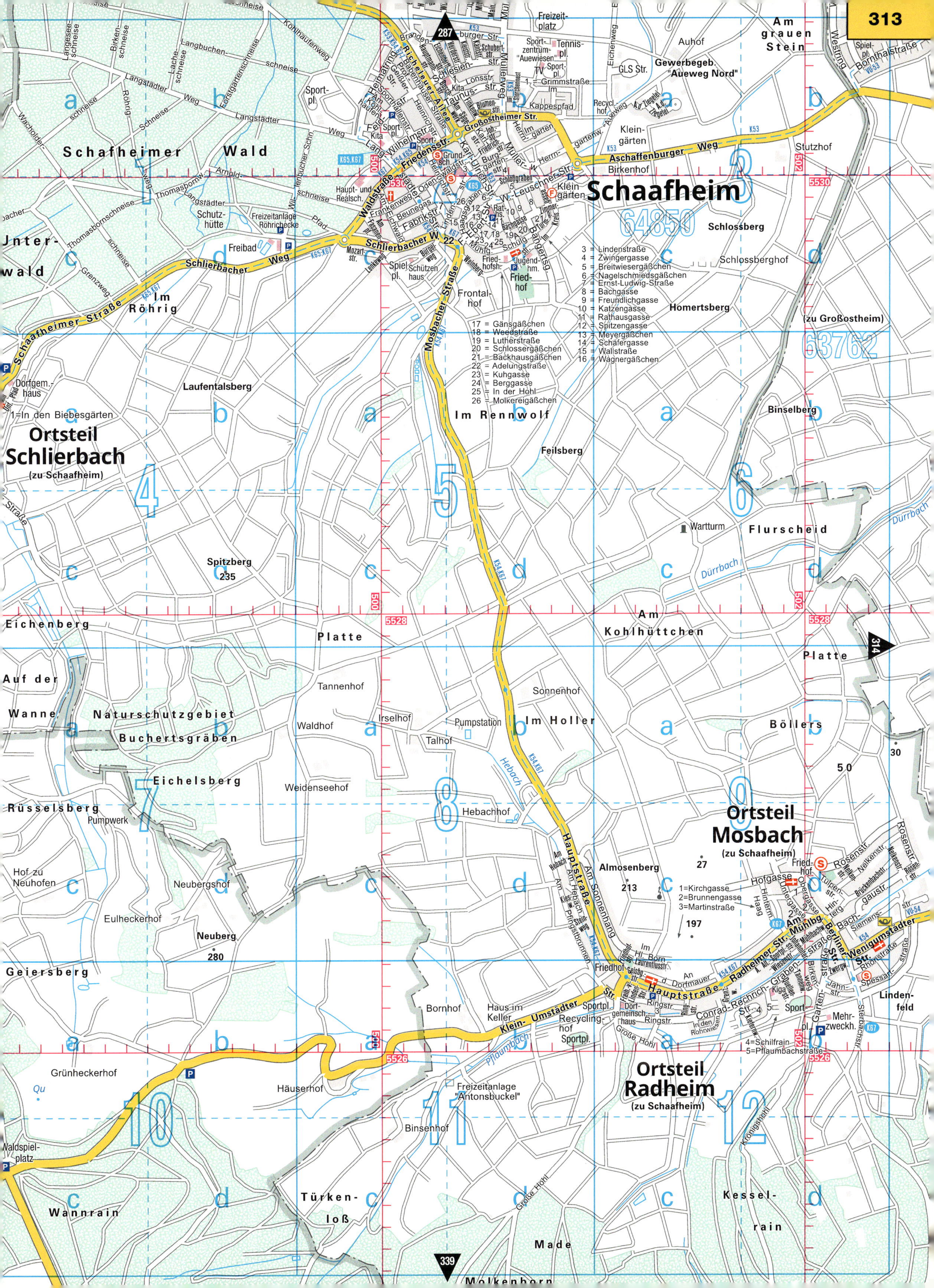

Schaafheim
64850
Schafheimer Wald
Ortsteil Schlierbach (zu Schaafheim)
Ortsteil Mosbach (zu Schaafheim)
Ortsteil Radheim (zu Schaafheim)
63762
(zu Großostheim)
Schlossberg
Schlossberghof
Homertsberg
Binselberg
Feilsberg
Im Rennwolf
Laufentalsberg
Spitzberg
235
Flurscheid
Wartturm
Dürrbach
Am Kohlhüttchen
Platte
Eichenberg
Auf der Wanne
Naturschutzgebiet Buchertsgräben
Eichelsberg
Rüsselsberg
Pumpwerk
Hof zu Neuhofen
Neubergshof
Eulheckerhof
Neuberg
280
Geiersberg
Tannenhof
Waldhof
Irselhof
Talhof
Pumpstation
Im Holler
Sonnenhof
Böllers
Weidenseehof
Hebachhof
Almosenberg
213
197
Bornhof
Haus im Keller
Grünheckerhof
Häuserhof
Freizeitanlage "Antonsbuckel"
Binsenhof
Türken-loß
Made
Kessel-rain
Wannrain
Molkenborn
Lindenfeld
Im Röhrig
Stutzhof
Birkenhof
Frontalhof
Am grauen Stein
Auhof
Gewerbegeb. "Aueweg Nord"
Unterwald
Schlierbacher Weg
Schaafheimer Straße
Aschaffenburger Weg
Mosbacher Straße
Hauptstraße
Klein-Umstädter Str.
Radheimer Str.
Wenigumstädter Str.
Großostheimer Str.
1=In den Biebesgärten
3 = Lindenstraße
4 = Zwingergasse
5 = Breitwiesergäßchen
6 = Nagelschmiedsgäßchen
7 = Ernst-Ludwig-Straße
8 = Bachgasse
9 = Freundlichgasse
10 = Katzengasse
11 = Rathausgasse
12 = Spitzengasse
13 = Meyergäßchen
14 = Schäfergasse
15 = Wallstraße
16 = Wagnergäßchen
17 = Gänsgäßchen
18 = Weedstraße
19 = Lutherstraße
20 = Schlossergäßchen
21 = Backhausgäßchen
22 = Adelungstraße
23 = Kuhgasse
24 = Berggasse
25 = In der Hohl
26 = Molkereigäßchen
1=Kirchgasse
2=Brunnengasse
3=Martinstraße
4=Schilfrain
5=Pflaumbachstraße
287
314
339

Ortsteil Ringheim
(zu Großostheim)
Bach
gau
Großostheim
63762
Gewerbegebiet West
Gewerbegeb Süd
Industrie-handels-park Süd
Aschaffen-burger Str.
Gewerbegebiet Stadtsee
Gewerbegebiet
Wasserwerk
Park-friedhof
1 = Am Bahndamm
2 = Martin-Luther-Straße
3 = Rilkestraße
4 = Herm.-Löns-Straße
5 = Carbon-Blanc-Straße
6 = Erthalstraße
7 = Schönbornstraße
8 = Pfälzer Straße
9 = Bayernstraße
10 = Birkenhain
11 = Webergasse
Ringheimer Mühle
Geflügelzüchtanl.
Schaafheimer Straße
Breite Str.
Kirchberg
Niedernberger Straße
Wallstädter Straße
Jugend- und DJK-Sportzentrum
Überlandwerk Unterfranken
Tennishalle
Realschule
Caritas-Altenheim St.Franziskus
Sporthalle
Freibad
Riegelstr.
Pflaumheimer Straße
1 = In der Abtei
2 = Hinterm Haus
3 = Am Bach
4 = Hinter der Kirche
5 = Im Eck
6 = Schulgasse
7 = Bahnpfad
8 = An der Kuhpforte
9 = Schäfergasse
10 = Schneiderstraße
11 = Schwesterngasse
12 = Am Petersbildstock
13 = Steigerwaldstraße
14 = Anton-Bieber-Weg
12 = Ludwiggasse
13 = Nöthiggasse
14 = Eichelsbacher Gäßchen
15 = Marktgasse
16 = Turmgäßchen
17 = Fauthstraße
18 = Katharinenweg
19 = Johann-Schüßler-Straße
Pumpwerk
Sportplatz
Sportlerheim
Wartburghof
Dürrbach
168
Gänsberg
15 = Bachstelzengasse
16 = Borngasse
17 = An der Dorfmauer
Neuer Friedhof
Nömlinger Straße
Ortsteil Pflaumheim
(zu Großostheim)
St.-Anna-Kapelle
Kapelle
Grottenweg
Weingut Höflich
Ballmann
Zieger
Reithalle
Pferdeklinik
Grillplatz
Baumertsgraben
Pflaumbach
Wenigumstädter Straße
Ober-
Schützenhs.
Sattelberg
219
Rittelberg
172
30
Gewerbegebiet Wenigumstadt
Bibigen-berg
Hocken-berg
224
Grotte
St.-Wendelin-Kapelle
Weintal
Wendelinshof
Zelterhof
Wasserturm
Pflaumheimer Höfe
Hintere Ruh
Rosenbergweg
Baugeb. Rittelberg
Ortsteil Wenigumstadt
(zu Großostheim)
Wenigumstädter Str.
Haupt-str.
Kirschen-hohl
Sportplätze
1=Am Sportplatz
2=Schmiedsgang
3=Backhausstraße
4=Jakobsberg
5=In den Kreuzgärten
6=Untere Pforte
7=Schrautenbachweg
8=Am Brunnenberg
9=Am Südhang
Linden-feld
Fried-hof
Hügel-gräber
Ortsteil Mosbach
(zu Schaafheim)
64850
Hesselburg
Kapelle
Ottilienbild
Reiterspfad
Pflaumenheimer Höhe
248
Weingumstädter Höfe
262
Brunnberg
Hügelgräber
Hügelgräber
63853
(zu Mömlingen)
Gottfriedswald
Prömpel
288
313
340

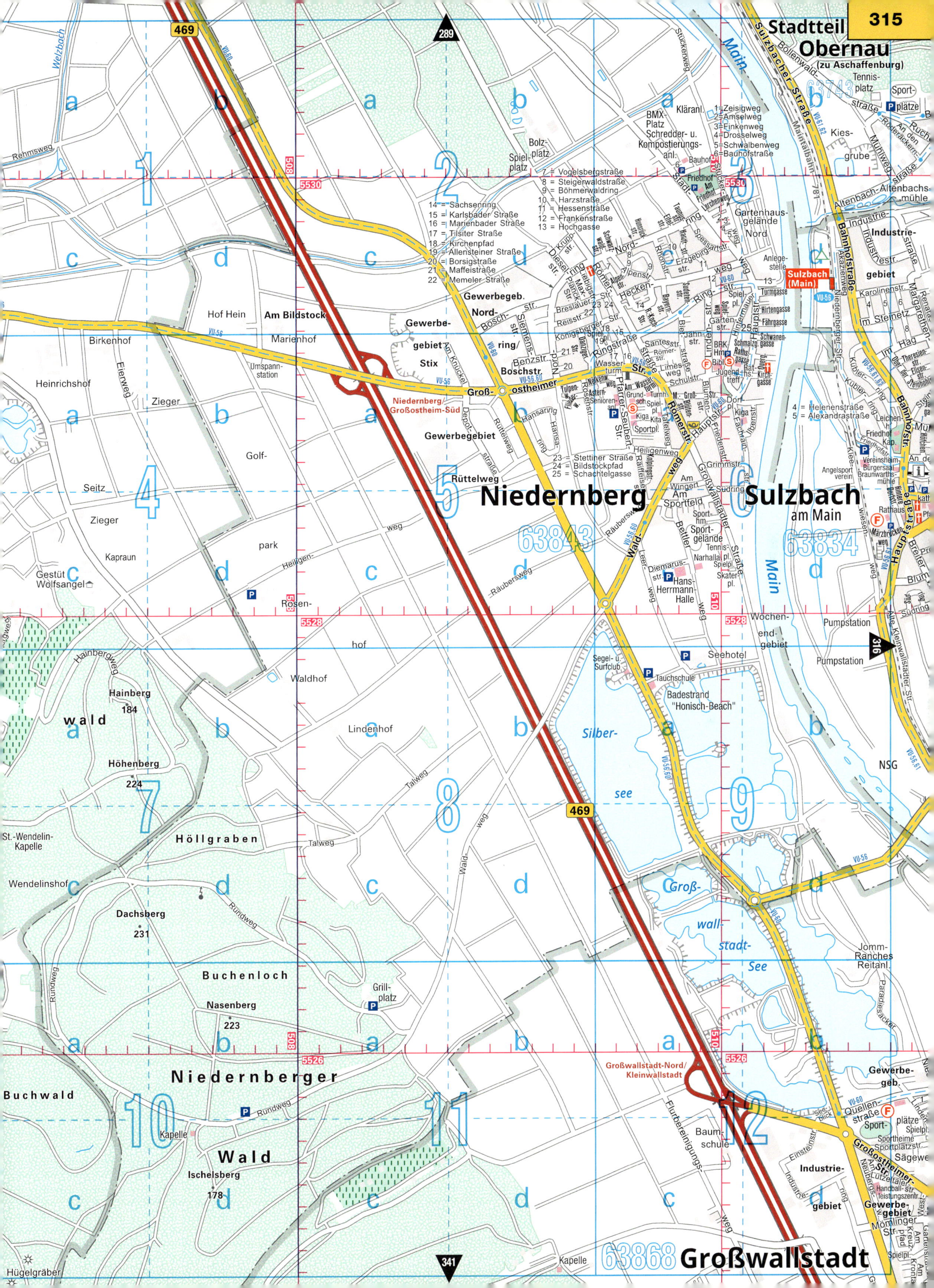

Stadtteil Obernau (zu Aschaffenburg)
Niedernberg
63843
Sulzbach am Main
63834
Großwallstadt
63868
Main
Silber-see
Groß-wall-stadt-See
Niedernberger Wald
Höllgraben
Buchenloch
Buchwald
Hof Hein
Am Bildstock
Marienhof
Birkenhof
Heinrichshof
Zieger
Golf-park
Seitz
Kapraun
Gestüt Wolfsangel
Rosen-hof
Waldhof
Lindenhof
Hainberg 184
Höhenberg 224
Dachsberg 231
Nasenberg 223
Ischelsberg 178
St.-Wendelin-Kapelle
Wendelinshof
Kapelle
Hügelgräber
Grill-platz
Gewerbegebiet Stix
Gewerbegeb. Nord-ring/Boschstr.
Gewerbegebiet Rüttelweg
Niedernberg/Großostheim-Süd
Großwallstadt-Nord/Kleinwallstadt
Segel-Surfclub
Tauchschule
Badestrand "Honisch-Beach"
Seehotel
Wochen-end-gebiet
Pumpstation
NSG
Jomm-Ranches Reitanl.
Industrie-gebiet
Sulzbach (Main)
Altenbach-Altenbachs-mühle
Kies-grube
Kläranl.
BMX-Platz Schredder- u. Kompostierungs-anl.
Gartenhaus-gelände Nord
Hans-Herrmann-Halle
Sport-gelände
1=Zeisigweg
2=Amselweg
3=Finkenweg
4=Drosselweg
5=Schwalbenweg
6=Bauhofstraße
7 = Vogelsbergstraße
8 = Steigerwaldstraße
9 = Böhmerwaldring
10 = Harzstraße
11 = Hessenstraße
12 = Frankenstraße
13 = Hochgasse
14 = Sachsenring
15 = Karlsbader Straße
16 = Marienbader Straße
17 = Tilsiter Straße
18 = Kirchenpfad
19 = Allensteiner Straße
20 = Borsigstraße
21 = Maffeistraße
22 = Memeler Straße
23 = Stettiner Straße
24 = Bildstockpfad
25 = Schachtelgasse
4 = Helenenstraße
5 = Alexandrastraße
Sulzbacher Straße
Bahnhofstraße
Hauptstraße
Großostheimer Str.
Großwallstädter Straße
Römerstr.
Wald-weg
Räubersweg
Heiligen-weg
Talweg
Rundweg
Rehmsweg
Welzbach
Eierweg
Hainbergweg
Flurbereinigungs-weg
469
508
510
289
316
341
5530
5528
5526

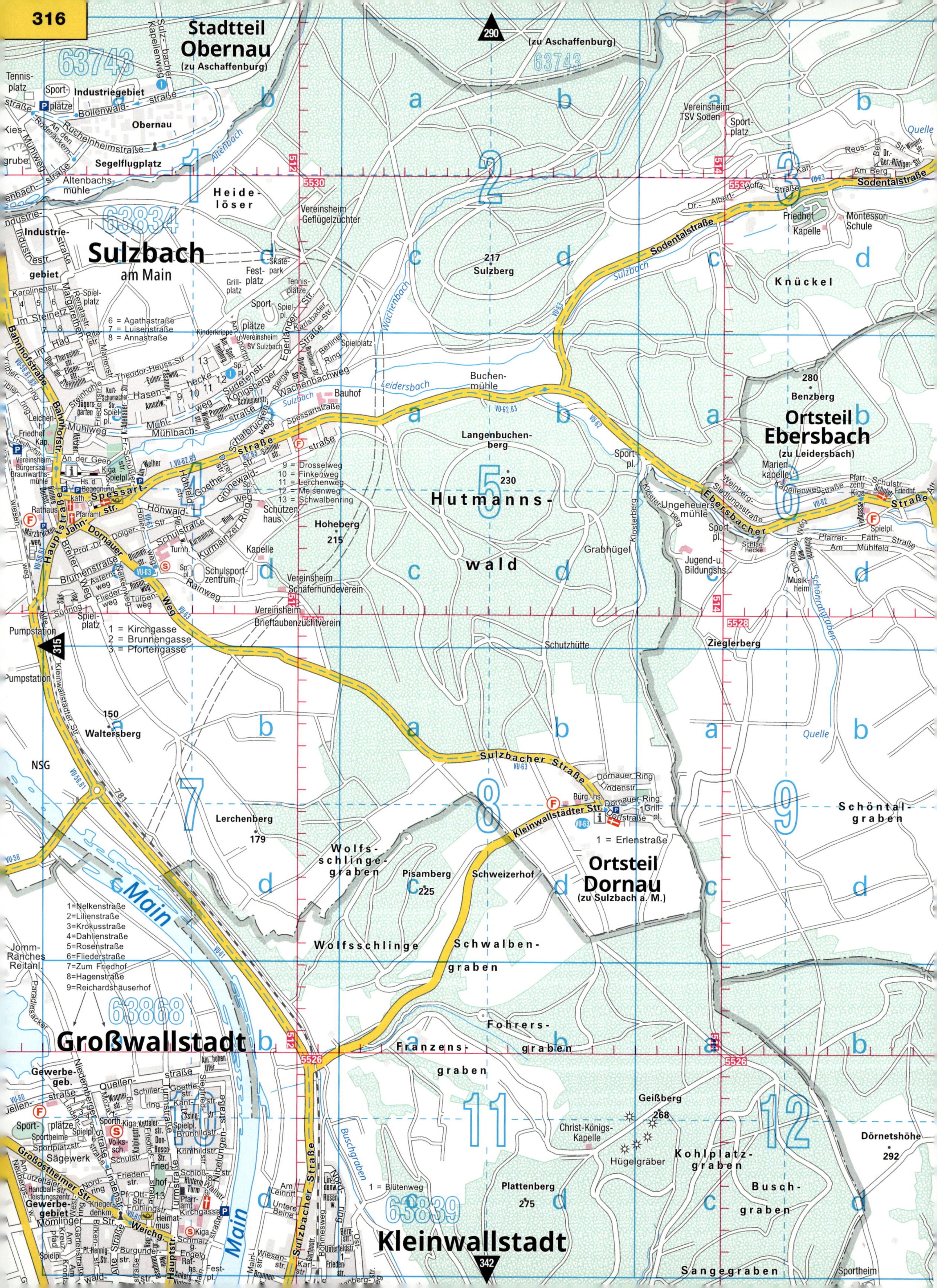

Stadtteil Obernau
(zu Aschaffenburg)
63743
Industriegebiet
Obernau
Segelflugplatz
Altenbachsmühle
Heideolöser
63834
Sulzbach
am Main
Vereinsheim Geflügelzüchter
217
Sulzberg
Sodentalstraße
Vereinsheim TSV Soden
Friedhof
Kapelle
Montessori Schule
Knückel
Leidersbach
Buchenmühle
Bauhof
Langenbuchenberg
230
Hutmannswald
Hoheberg
215
Grabhügel
280
Benzberg
Ortsteil Ebersbach
(zu Leidersbach)
Ungeheuersmühle
Jugend-u. Bildungshs.
Vereinsheim Schäferhundeverein
Vereinsheim Brieftaubenzüchtverein
Schutzhütte
Zieglerberg
1 = Kirchgasse
2 = Brunnengasse
3 = Pfortengasse
6 = Agathastraße
7 = Luisenstraße
8 = Annastraße
9 = Drosselweg
10 = Finkenweg
11 = Lerchenweg
12 = Meisenweg
13 = Schwalbenring
150
Waltersberg
NSG
Sulzbacher Straße
Lerchenberg
179
Wolfsschlingegraben
Pisamberg
225
Schweizerhof
Kleinwallstädter Str.
Ortsteil Dornau
(zu Sulzbach a. M.)
1 = Erlenstraße
Schöntalgraben
Main
1=Nelkenstraße
2=Lilienstraße
3=Krokusstraße
4=Dahlienstraße
5=Rosenstraße
6=Fliederstraße
7=Zum Friedhof
8=Hagenstraße
9=Reichardshäuserhof
Wolfsschlinge
Schwalbengraben
Fohrersgraben
Franzensgraben
63868
Großwallstadt
Geißberg
268
Christ-Königs-Kapelle
Hügelgräber
Kohlplatzgraben
Dörnetshöhe
292
Buschgraben
1 = Blütenweg
Plattenberg
275
63839
Kleinwallstadt
Sangegraben
Sportheim
290
315
342

Ortsteil Soden
(zu Sulzbach a.M.)
Staatsforst
(gemeindefreies Gebiet)
Hohe Wart
Leidersbach
Ortsteil Volkersbrunn
(zu Leidersbach)
2 = Am Siegfriedsbrunnen
3 = Weg zur Kirche
1 = Birkenweg
2 = Am Reußengraben
Ortsteil Roßbach
(zu Leidersbach)
3 = Pfarrer-Kleespies-Straße
63856
63849
63840
(zu Hausen)
(zu Bessenbach)
(zu Heimbuchenthal)
Stamms-knückel
Kerklberg 315
Spatzen-Brunnen
Spatzenbild
Steinerts
Wanderheim
Sodenerbach
Altmannshöhe 346
Kapelle
Antonius-bild
Kalten-Brunnen
Hohenwart
433
Weißes Bild
Ringwall
Ruine Altenburg
Zwick-grund
Salzleckenhöhe 419
Sodenberg 363
Krebsbach
Reußen-grund
Springen-Brunnen
Stutzberg 323
Leiderberg 386
Große Solhöhe 417
Stock-grund
Bremen Grund
Rathaus
Bücherei
Hauptstraße
Kolpingstraße
Schützenhaus
Sportheim
Reit-platz
Sport-platz
Krebsrain
Neubau-gebiet
351 Heidenberg
Hainchensmühle
Krebsmühle
Hainchen
Klingen-graben
Sulzbach
Ringstraße
Roßbacher Straße
Volksbrunner Straße
Leidersbach
Heckengraben
Friedhof
Hirten-graben
Eichelhöhe 279
Bauhof
Reußen-graben
Salzlackenberg 297
Salchenbuckel 300
Eichhöhe 307
Eiche
Kiga
Pfarrzentr.
Büch.
Rohlsbach
Marien-Kapelle
Harz-graben
Trieb-graben
Grillpl.
Erlen-brünnen
Waldchenweg
Eichenberghütte

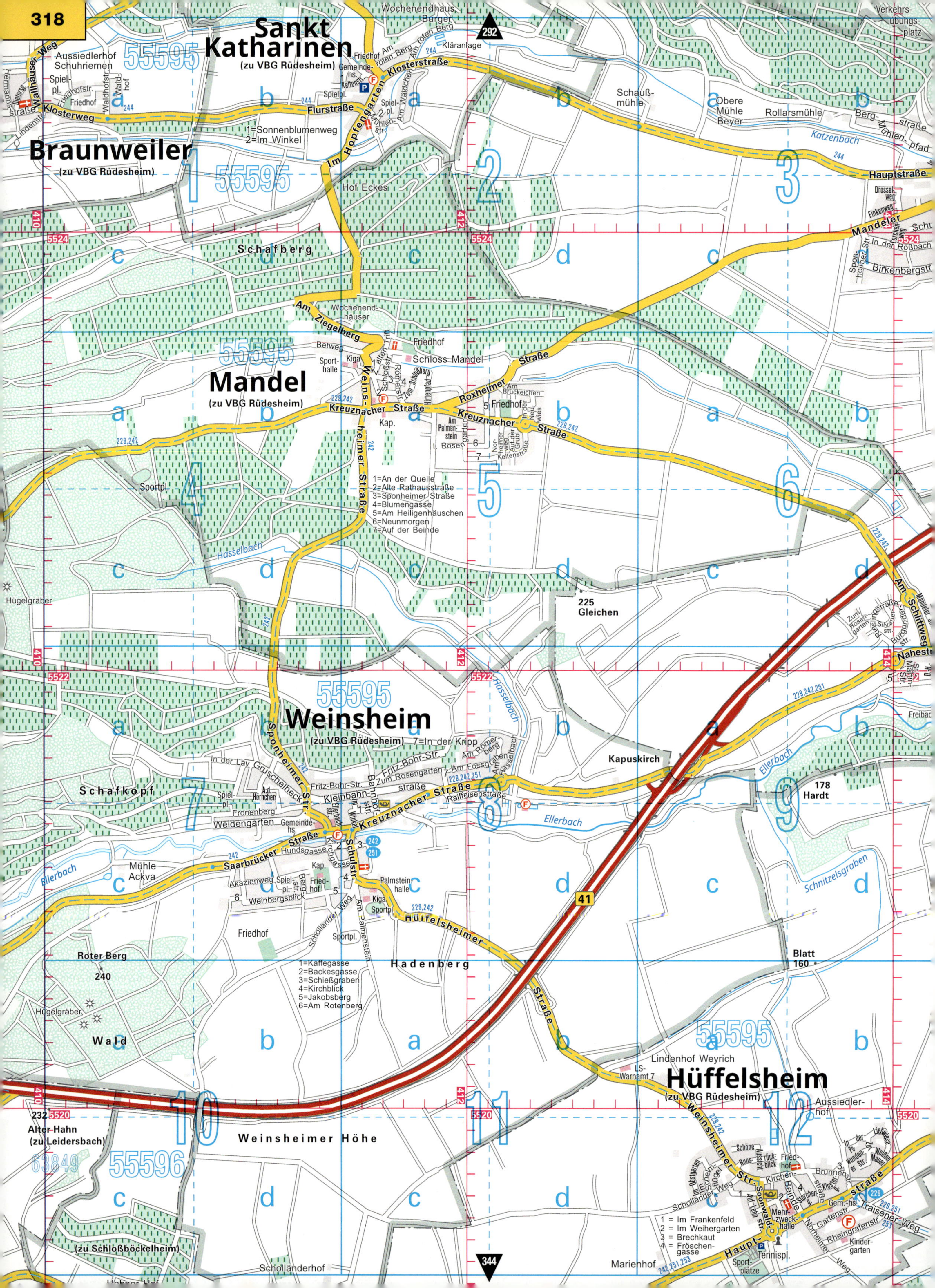
Sankt Katharinen
(zu VBG Rüdesheim)
Braunweiler
(zu VBG Rüdesheim)
Mandel
(zu VBG Rüdesheim)
Weinsheim
(zu VBG Rüdesheim)
Hüffelsheim
(zu VBG Rüdesheim)
Alter-Hahn
(zu Leidersbach)
(zu Schloßböckelheim)
55595
55596
63849
Schafberg
Schafkopf
Hadenberg
Weinsheimer Höhe
Roter Berg
240
Wald
Hügelgräber
225
Gleichen
Kapuskirch
178
Hardt
Blatt
160
Schaußmühle
Obere Mühle Beyer
Rollarsmühle
Hof Eckes
Wochenendhaus Burger
Kläranlage
Wochenendhäuser
Schloss Mandel
Mühle Ackva
Lindenhof Weyrich
Aussiedlerhof Schuhriemen
Aussiedlerhof
Scholländerhof
Marienhof
Verkehrsübungsplatz
Katzenbach
Hasselbach
Ellerbach
Schnitzelsgraben
Klosterstraße
Klosterweg
Flurstraße
Im Hopfengarten
Hauptstraße
Mandeler Straße
Roxheimer Straße
Kreuznacher Straße
Weinsheimer Straße
Am Ziegelberg
Sponheimer Str.
Saarbrücker Straße
Hüffelsheimer Straße
Weinsheimer Str.
Traisener Weg
Am Schlittweg
Nahestraße
1=Sonnenblumenweg
2=Im Winkel
1=An der Quelle
2=Alte Rathausstraße
3=Sponheimer Straße
4=Blumengasse
5=Am Heiligenhäuschen
6=Neunmorgen
7=Auf der Beinde
7=In der Kripp
1=Kaffegasse
2=Backesgasse
3=Schießgraben
4=Kirchblick
5=Jakobsberg
6=Am Rotenberg
1 = Im Frankenfeld
2 = Im Weihergarten
3 = Brechkaut
4 = Fröschengasse
41
292
344

Hargesheim
(zu VBG Rüdesheim)
1 = Schöne Aussicht
2 = Hermann-Löns-Weg
3 = Eichendorffweg
4 = Petersgasse
5 = Pommernstraße
6 = Schlesienstraße
7 = Backesgasse
Nackmühle
(zu Gutenberg)
Zu Loch
(zu Guldental)
55595
55452
Birkenkopf
234
Hungriger Wolf
Narrenkappe
Stadtteil Winzenheim
(zu Bad Kreuznach)
Mönchberg
Im Gutental
Roxheim
(zu VBG Rüdesheim)
1 = In der Hohl
2 = Am Birnbaum
3 = In der Langgewann
Wißberg
180
228
Auf dem Hinkelstein
Kronenberg
222
Breitenweg
Nördliche Umgehungsstraße
Charles-de-Gaulle-Str.
Baumdickermühle
Kläranlage
Kahlenberg
159
2 = Weimertgasse
Rüdesheim
(zu VG Rüdesheim)
55593
41
Aussiedlerhof
6 = Am Wiesenberg
Gutleuthof
Rüdesheimer Straße
Hargesheimer Landstraße
G. Bäder
EKZ
Nahestraße
Cityplan S.30
48
Agnesiengarten
29 = Adventus-Straße
30 = Oceanus-Straße
31 = Silenia-Straße
32 = Maximus-Urbanus-Straße
Agnesienberg
Deulaschule
Bad Kreuznach
ADAC
1 = Alemannenstraße
2 = Friedr.-Hunzinger-Straße
3 = Pommernstraße
4 = Bodelschwinghstraße
5 = Weinsheimer Weg
Kesselberg
177
Lohrer Köpfe
184
Schützenhaus
Ehrenfriedhof
55545
Schutzhütte
Sandhübel
Hüffelsheimer Straße
Hühnerkopf
220
39 = Hugo-Reich-Straße
40 = Rheinsberger Straße
41 = Memeler Straße
9 = Agricolastraße
10 = Sponheimer Straße
11 = Roonstraße
12 = Prinz-Friedrich-Karl-Straße
13 = Manteuffelstraße
14 = Forstmeister-Gräff-Str.
Lohrerhof
Teufelskopf
248
222
Bad Hardt
Kreuznacher Stadtwald
Herrnwald
Kaulerkopf
301
Antoniushof
Schanzenkopf
321
Uhukopf
314
Heinrichskopf
295
16 = Märkische Straße
15 = Paul-Barberot-Str.
16 = An der Lazarettkirche
17 = Schneegans-Straße
18 = Berti-Breuer-Weber-Straße
19 = Dr.-Werner-Forßmann-Straße
20 = Dr.-Gerhard-Muhs-Straße
21 = Engelmann-Straße
22 = Margot-Pottlitzer-Strauß-Straße
23 = Helene-Voigtländer-Straße
24 = Helmuth-Schwartz-Weg
25 = Ellen-Thress-Straße
26 = Elsbeth-Krukenberg-Straße
27 = Kurt-Vittinghoff-Straße
28 = Hildegard-Schaefer-Straße
Traisen
(zu VBG Bad Münster am Stein-Ebernburg)
55595
Porphyrsteinbruch
Dreispitz
Rotenfels
Nauberg
228
1 = Krummgasse
2 = Auf dem Nauberg
NSG
345
(zu Bad-Münster-am Stein-Ebernburg)
In der Monau

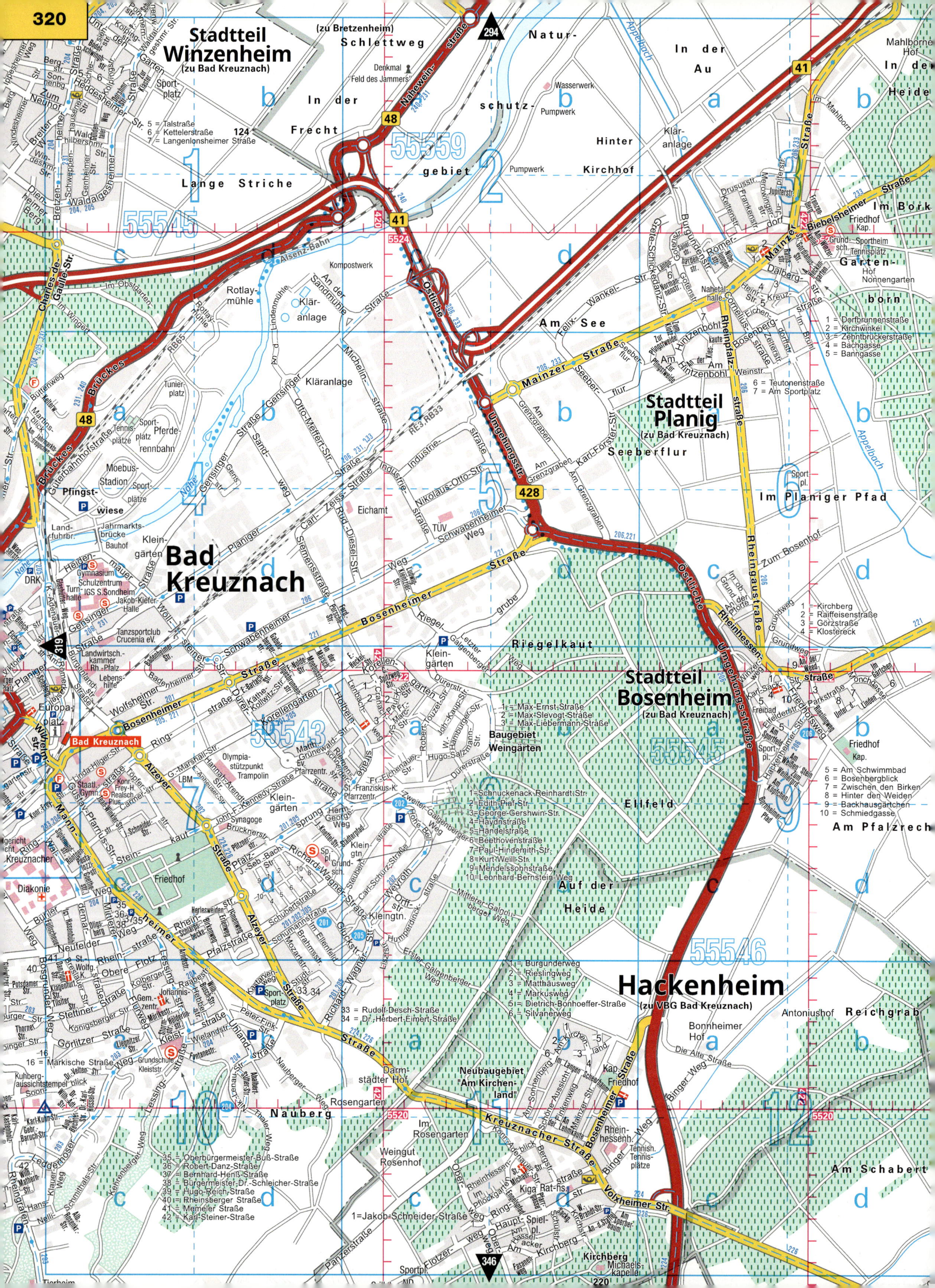

Stadtteil Winzenheim
(zu Bad Kreuznach)
(zu Bretzenheim)
Schlettweg
Denkmal
"Feld des Jammers"
In der Frecht
Lange Striche
Natur-
schutz-
gebiet
Wasserwerk
Pumpwerk
Hinter Kirchhof
Kläranlage
In der Au
Mahlborn Hof
In der Heide
Im Bork
Garten-
born
Nonnengarten
55559
55545
55543
55546
5 = Talstraße
6 = Kettelerstraße
7 = Langenlonsheimer Straße
1 = Dorfbrunnenstraße
2 = Kirchwinkel
3 = Zehntbruckerstraße
4 = Bachgasse
5 = Banngasse
6 = Teutonenstraße
7 = Am Sportplatz
Nahetalhalle
Alsenz-Bahn
Kompostwerk
Rotlaymühle
Kläranlage
Am See
Mainzer Straße
Stadtteil Planig
(zu Bad Kreuznach)
Seeberflur
Im Planiger Pfad
Sport-pl.
Rheingaustraße
Zum Bosenhof
Sportplatz
Pferderennbahn
Moebus-Stadion
Tennisplätze
Pfingstwiese
Jahrmarktsbrücke
Bauhof
Eichamt
TÜV
Umgehungsstraße
Östliche Umgehungsstraße
Bad Kreuznach
Gymnasium
Schulzentrum
Turnh.
IGS S.Sondheim
Jakob-Kiefer-Halle
Tanzsportclub Crucenia eV.
Landwirtsch.-kammer Rh.-Pfalz
Lebenshilfe
DRK
Bosenheimer Straße
Schwabenheimer Weg
Riegelgrube
Riegelkaut
Kleingärten
Stadtteil Bosenheim
(zu Bad Kreuznach)
1 = Kirchberg
2 = Raiffeisenstraße
3 = Görzstraße
4 = Klostereck
1 = Max-Ernst-Straße
2 = Max-Slevogt-Straße
3 = Max-Liebermann-Straße
Baugebiet Weingärten
Ellfeld
Friedhof
Kap.
5 = Am Schwimmbad
6 = Bosenbergblick
7 = Zwischen den Birken
8 = Hinter den Weiden
9 = Backhausgärtchen
10 = Schmiedgasse
Am Pfalzrech
Europaplatz
Bad Kreuznach
Olympia-stützpunkt Trampolin
Matth.-Grünewald-Str.
Ev. Pfarrzentr.
St.-Franziskus-K. Pfarrzentr.
1 = Schnuckenack-Reinhardt-Str.
2 = Edith-Piaf-Str.
3 = George-Gershwin-Str.
4 = Haydnstraße
5 = Händelstraße
6 = Beethovenstraße
7 = Paul-Hindemith-Str.
8 = Kurt-Weill-Str.
9 = Mendelssohnstraße
10 = Leonhard-Bernstein-Weg
Auf der Heide
Alzeyer Straße
Friedhof
Diakonie
Synagoge
LBM
Staatl. Gymn.
Konr.-Frey-H. Realsch. Plus
Kleingtn.
1 = Burgunderweg
2 = Rieslingweg
3 = Matthäusweg
4 = Markusweg
5 = Dietrich-Bonhoeffer-Straße
6 = Silvanerweg
Hackenheim
(zu VBG Bad Kreuznach)
Bonnheimer Hof
Antoniushof
Reichgrab
33 = Rudolf-Desch-Straße
34 = Dr.-Herbert-Eimert-Straße
16 = Märkische Straße
Darmstädter Hof
Rosengarten
Nauberg
Neubaugebiet "Am Kirchenland"
Kap. Friedhof
Rheinhessenh.
Tennisplätze
Im Rosengarten
Weingut Rosenhof
Kreuznacher Straße
Volxheimer Str.
Kiga
Rat-hs.
Kirchberg
Michaelskapelle
Am Schabert
35 = Oberbürgermeister-Buß-Straße
36 = Robert-Danz-Straße
37 = Bernhard-Heiß-Straße
38 = Bürgermeister-Dr.-Schleicher-Straße
39 = Hugo-Reich-Straße
40 = Rheinsberger Straße
41 = Memeler Straße
42 = Karl-Steiner-Straße
1 = Jakob-Schneider-Straße
Panzerstraße
Sportpl.
Tierheim
294
346
319
41
48
428

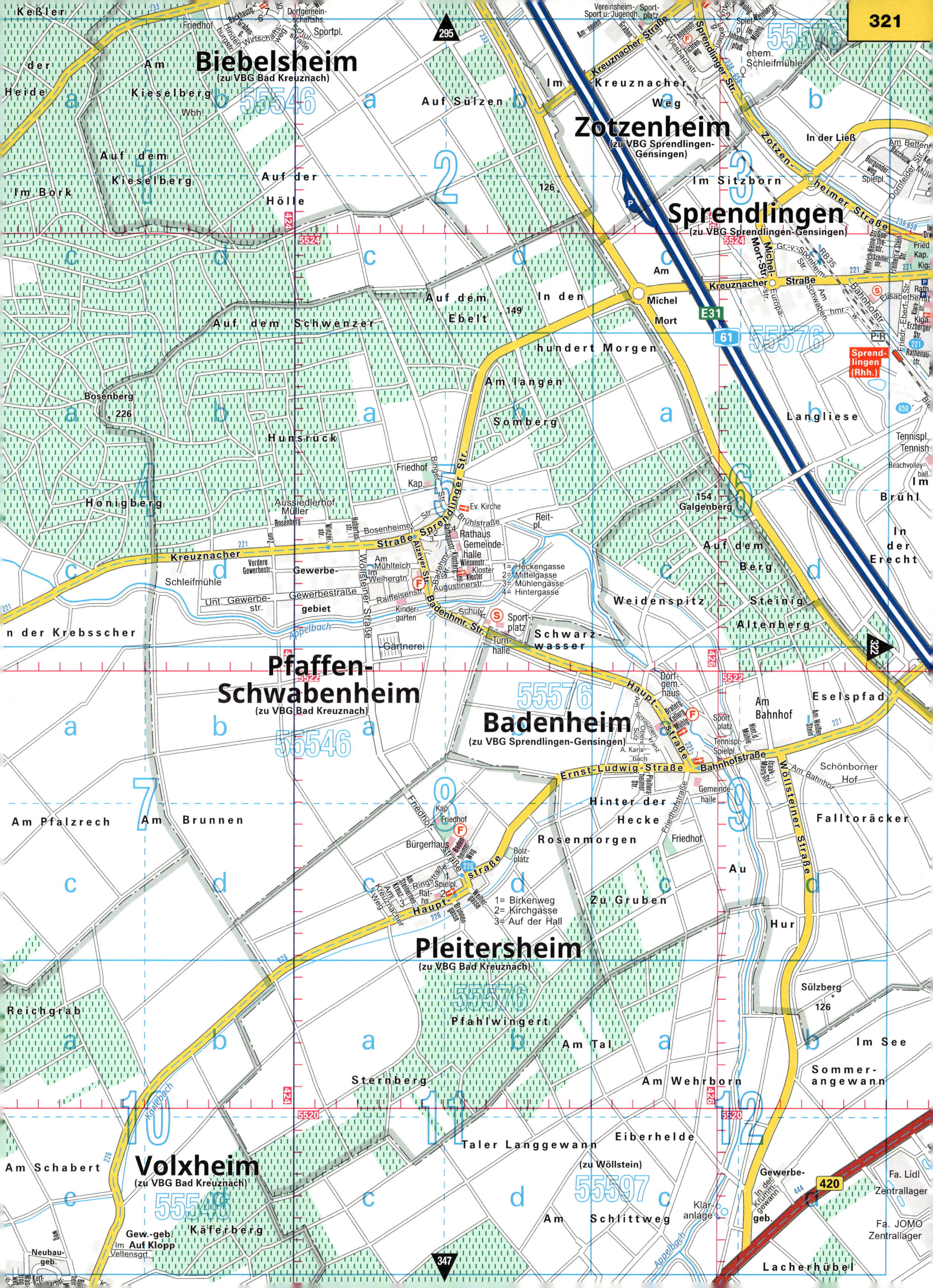
Biebelsheim
(zu VBG Bad Kreuznach)
Zotzenheim
(zu VBG Sprendlingen-Gensingen)
Sprendlingen
(zu VBG Sprendlingen-Gensingen)
Pfaffen-Schwabenheim
(zu VBG Bad Kreuznach)
Badenheim
(zu VBG Sprendlingen-Gensingen)
Pleitersheim
(zu VBG Bad Kreuznach)
Volxheim
(zu VBG Bad Kreuznach)
Auf dem Kieselberg
Im Bork
Auf der Hölle
Auf Sülzen
Im Kreuznacher Weg
In der Ließ
Im Sitzborn
Auf dem Schwenzer
Auf dem Ebelt
In den hundert Morgen
Am langen Somberg
Hunsrück
Honigberg
Langliese
Galgenberg
Auf dem Berg
Steinig
Altenberg
Weidenspitz
Schwarzwasser
Am Pfalzrech
Am Brunnen
Hinter der Hecke
Rosenmorgen
Zu Gruben
Falltoräcker
Eselspfad
Reichgrab
Pfahlwingert
Am Tal
Sternberg
Am Wehrborn
Sommerangewann
Im See
Taler Langgewann
Eiberhelde
(zu Wöllstein)
Am Schabert
Käferberg
Am Schlittweg
Lacherhübel
Fa. Lidl Zentrallager
Fa. JOMO Zentrallager
1= Heckengasse
2= Mittelgasse
3= Mühlengasse
4= Hintergasse
1= Birkenweg
2= Kirchgasse
3= Auf der Hall
Sprendlingen (Rhh.)
E31
61
420
295
322
347
55546
55576
55597

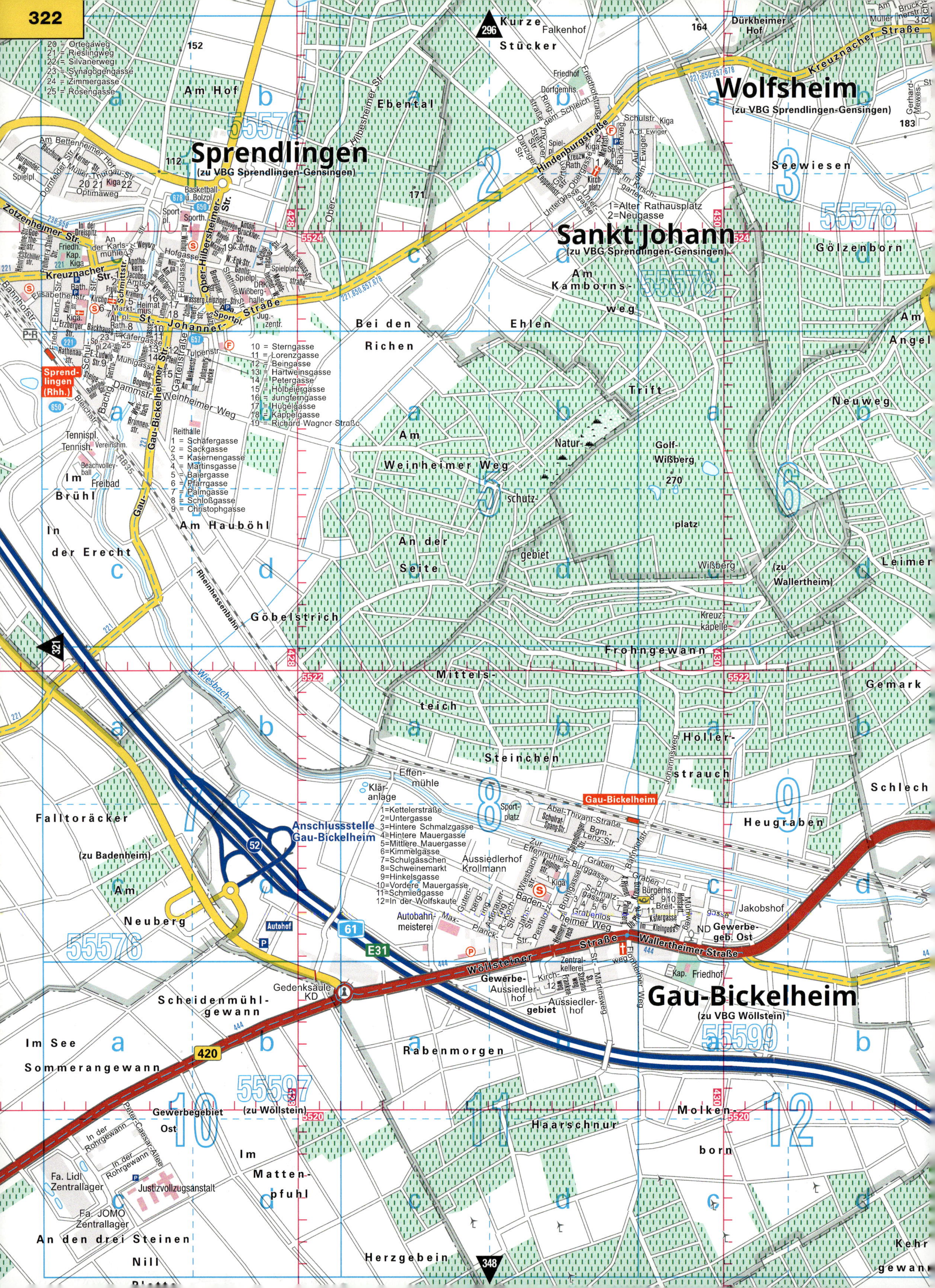
Sprendlingen
(zu VBG Sprendlingen-Gensingen)
Wolfsheim
(zu VBG Sprendlingen-Gensingen)
Sankt Johann
(zu VBG Sprendlingen-Gensingen)
Gau-Bickelheim
(zu VBG Wöllstein)
Anschlussstelle Gau-Bickelheim
20 = Ortegaweg
21 = Rieslingweg
22 = Silvanerweg
23 = Synagogengasse
24 = Zimmergasse
25 = Rosengasse
10 = Sterngasse
11 = Lorenzgasse
12 = Beingasse
13 = Hartweinsgasse
14 = Petergasse
15 = Holbeiergasse
16 = Jungferngasse
17 = Hugelgasse
18 = Kappelgasse
19 = Richard-Wagner-Straße
1 = Schäfergasse
2 = Sackgasse
3 = Kasernengasse
4 = Martinsgasse
5 = Baiergasse
6 = Pfarrgasse
7 = Palmgasse
8 = Schloßgasse
9 = Christophgasse
1=Alter Rathausplatz
2=Neugasse
1=Kettelerstraße
2=Untergasse
3=Hintere Schmalzgasse
4=Hintere Mauergasse
5=Mittlere Mauergasse
6=Kimmelgasse
7=Schulgässchen
8=Schweinemarkt
9=Hinkelsgasse
10=Vordere Mauergasse
11=Schmiedgasse
12=In der Wolfskaute

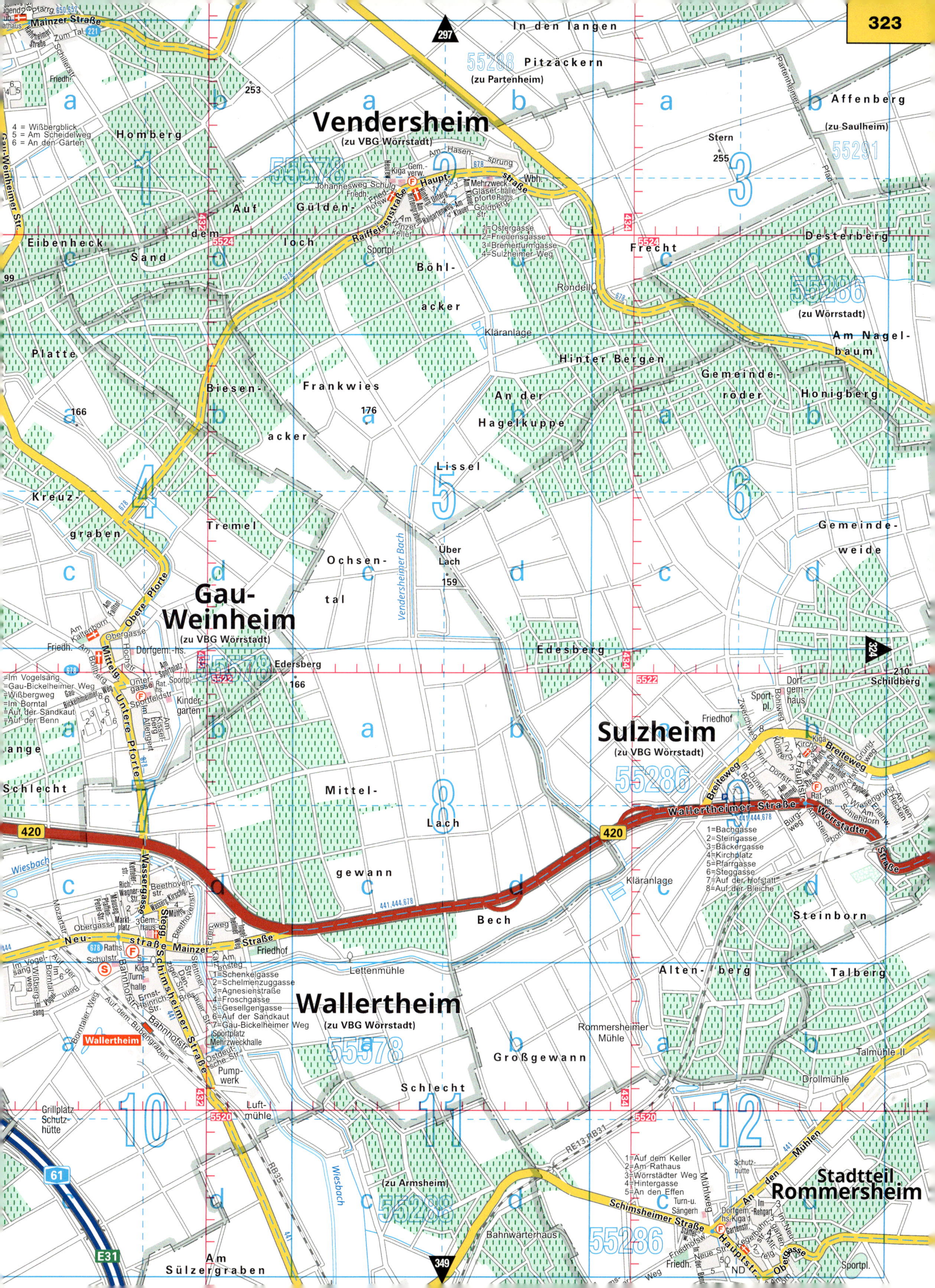

Vendersheim
(zu VBG Wörrstadt)
Gau-Weinheim
(zu VBG Wörrstadt)
Sulzheim
(zu VBG Wörrstadt)
Wallertheim
(zu VBG Wörrstadt)
Stadtteil Rommersheim
In den langen
Pitzäckern
(zu Partenheim)
Affenberg
(zu Saulheim)
Homberg
Auf dem Sand
Gülden-loch
Eibenheck
Böhl-acker
Frecht
Desterberg
(zu Wörrstadt)
Am Nagel-baum
Platte
Biesen-acker
Frankwies
An der Hagelkuppe
Hinter Bergen
Gemeinde-röder
Honigberg
Lissel
Kreuz-graben
Tremel
Ochsen-tal
Über Lach
Gemeinde-weide
Edesberg
Edersberg
Schildberg
Mittel-Lach
gewann
Bech
Steinborn
Alten-berg
Talberg
Großgewann
Schlecht
Rommersheimer Mühle
Drollmühle
Talmühle II
Lettenmühle
Luft-mühle
Am Sülzergraben
Bahnwärterhaus
(zu Armsheim)
Kläranlage
Vendersheimer Bach
Wiesbach
Wallertheimer Straße
Wörrstadter Straße
Mainzer Straße
Schimsheimer Straße
Raiffeisenstraße
4 = Wißbergblick
5 = Am Scheidelweg
6 = An den Gärten
1=Ostergasse
2=Friedensgasse
3=Bremerturmgasse
4=Sulzheimer Weg
1=Bachgasse
2=Steingasse
3=Bäckergasse
4=Kirchplatz
5=Pfarrgasse
6=Steggasse
7=Auf der Hofstatt
8=Auf der Bleiche
1=Schenkelgasse
2=Schelmenzuggasse
3=Agnesienstraße
4=Froschgasse
5=Gesellgengasse
6=Auf der Sandkaut
7=Gau-Bickelheimer Weg
1=Auf dem Keller
2=Am Rathaus
3=Wörrstädter Weg
4=Hintergasse
5=An den Effen
55578
55288
55291
55286
297
324
349
420
61
E31

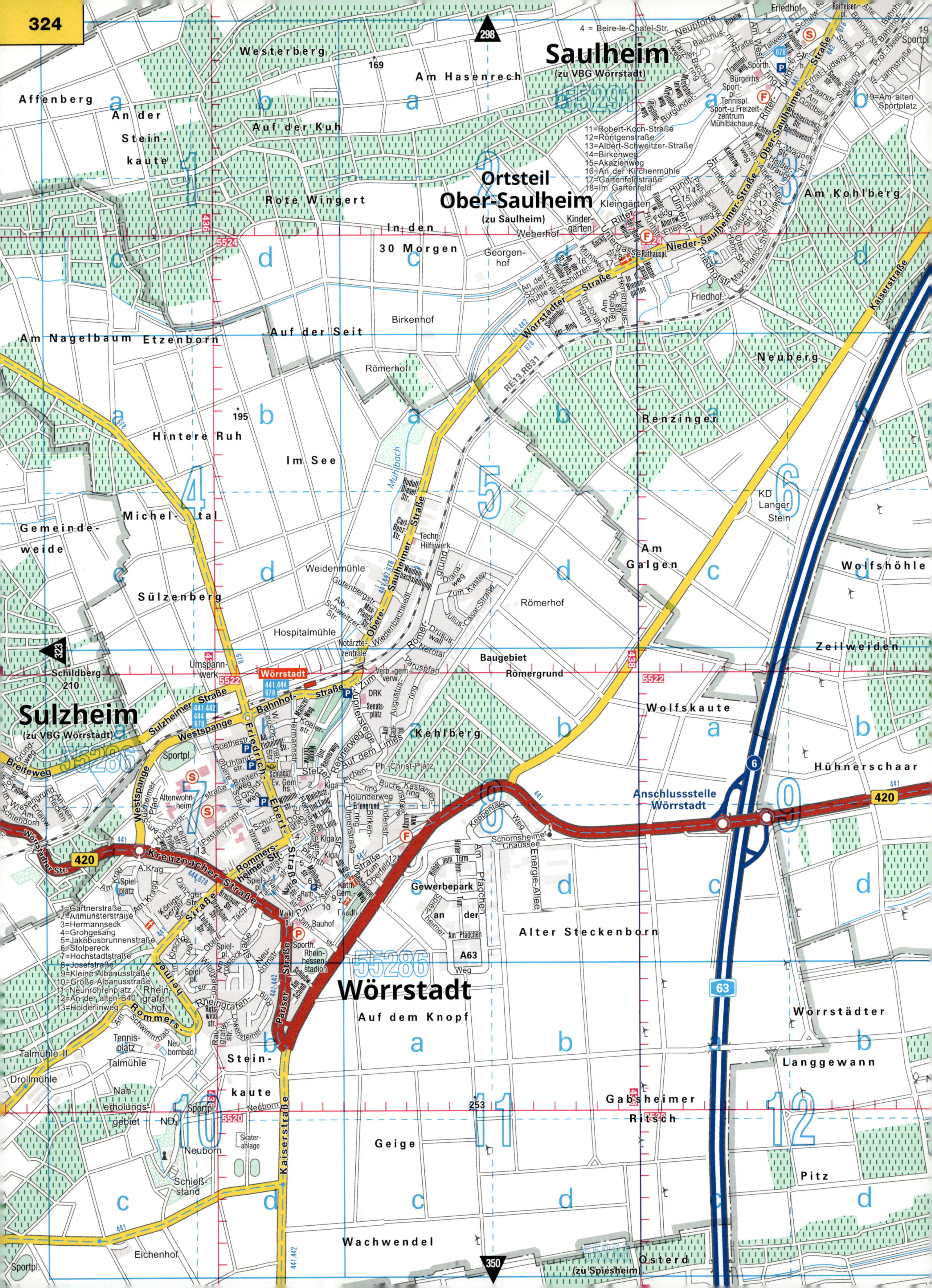
Saulheim
(zu VBG Wörrstadt)
Ortsteil
Ober-Saulheim
(zu Saulheim)
Sulzheim
(zu VBG Wörrstadt)
Wörrstadt
Affenberg
An der Steinkaute
Westerberg
Auf der Kuh
Am Hasenrech
Rote Wingert
In den 30 Morgen
Georgenhof
Weberhof
Kindergarten
Kleingärten
Friedhof
Am Kohlberg
Am Nagelbaum
Etzenborn
Auf der Seit
Birkenhof
Römerhof
Neuberg
Renzinger
Hintere Ruh
Im See
Mühlbach
Michel-tal
Gemeindeweide
Sülzenberg
Weidenmühle
Hospitalmühle
Techn. Hilfswerk
KD Langer Stein
Am Galgen
Wolfshöhle
Zeilweiden
Römerhof
Baugebiet Römergrund
Schildberg 210
Umspannwerk
Wolfskaute
Kehlberg
Hühnerschaar
Anschlussstelle Wörrstadt
Gewerbepark an der A63
Alter Steckenborn
Auf dem Knopf
Wörrstädter Langgewann
Stein-kaute
Talmühle II
Talmühle
Drollmühle
Naherholungsgebiet
Neuborn
Skateranlage
Schießstand
Geige
Gabsheimer Ritsch
Pitz
Wachwendel
Eichenhof
Osterd
(zu Spiesheim)
Sportpl.
Kaiserstraße
Wörrstädter Straße
Nieder-Saulheimer-Straße
Ober-Saulheimer-Straße
Saulheimer Straße
Sulzheimer Straße
Westspange
Bahnhofstraße
Friedrich-Ebert-Straße
Kreuznacher Straße
Rommersheimer Str.
Pariser Straße
Schornsheimer Chaussee
Energie-Allee
Am Pfädchen
Hinter dem Turm
4 = Beire-le-Châtel-Str.
11=Robert-Koch-Straße
12=Röntgenstraße
13=Albert-Schweitzer-Straße
14=Birkenweg
15=Akazienweg
16=An der Kirchenmühle
17=Gartenfeldstraße
18=Im Gartenfeld
19=Am alten Sportplatz
1=Gärtnerstraße
2=Altmünsterstraße
3=Hermannseck
4=Grohgesang
5=Jakobusbrunnenstraße
6=Stolpereck
7=Hochstadtstraße
8=Josefstraße
9=Kleine Albanusstraße
10=Große Albanusstraße
11=Neunröhrenplatz
12=An der alten B40
13=Hölderlinweg
55291
55286
298
323
350
420
63
A63
5524
5522
5520
195
169
253

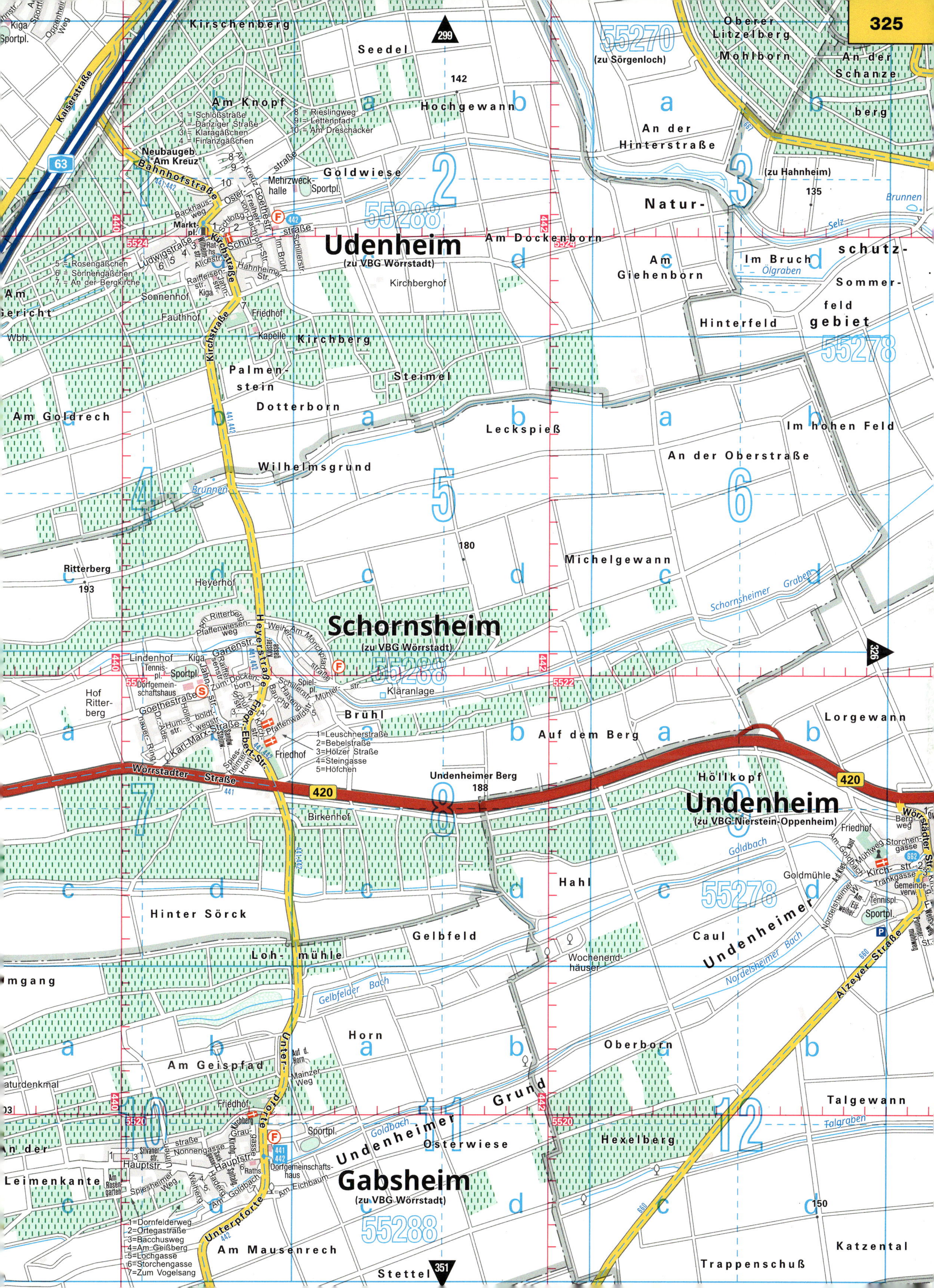
Kirschenberg
Seedel
Am Knopf
Hochgewann
Goldwiese
Udenheim
(zu VBG Wörrstadt)
Kirchberghof
Am Dockenborn
55270
(zu Sörgenloch)
An der Hinterstraße
Oberer Litzelberg
Möhlborn
An der Schanze
berg
(zu Hahnheim)
Natur-
schutz-
gebiet
Am Giehenborn
Im Bruch
Ölgraben
Sommerfeld
Hinterfeld
55278
Kirchberg
Steimel
Palmenstein
Dotterborn
Am Goldrech
Leckspieß
Im hohen Feld
An der Oberstraße
Wilhelmsgrund
Ritterberg
Heyerhof
Michelgewann
Schornsheimer Graben
Schornsheim
(zu VBG Wörrstadt)
55288
Kläranlage
Brühl
Hof Ritterberg
Auf dem Berg
Lorgewann
Wörrstadter Straße
420
Undenheimer Berg
Höllkopf
Undenheim
(zu VBG Nierstein-Oppenheim)
Birkenhof
Goldbach
Goldmühle
Hahl
Hinter Sörck
Gelbfeld
Caul
Undenheimer
Nordelsheimer Bach
Loh-mühle
Wochenendhäuser
Gelbfelder Bach
Horn
Alzeyer Straße
Am Geispfad
Oberborn
Talgewann
Grund
Undenheimer
Osterwiese
Hexelberg
Talgraben
Gabsheim
(zu VBG Wörrstadt)
55288
Leimenkante
Am Mausenrech
Stettel
Trappenschuß
Katzental
1=Dornfelderweg
2=Ortegastraße
3=Bacchusweg
4=Am Geißberg
5=Lochgasse
6=Storchengasse
7=Zum Vogelsang
1=Leuschnerstraße
2=Bebelstraße
3=Hölzer Straße
4=Steingasse
5=Höfchen
1 = Schloßstraße
2 = Danziger Straße
3 = Klaragäßchen
4 = Finanzgäßchen
8 = Rieslingweg
9 = Lettenpfad
10 = Am Dreschacker
5 = Rosengäßchen
6 = Sonnengäßchen
7 = An der Bergkirche
299
326
351

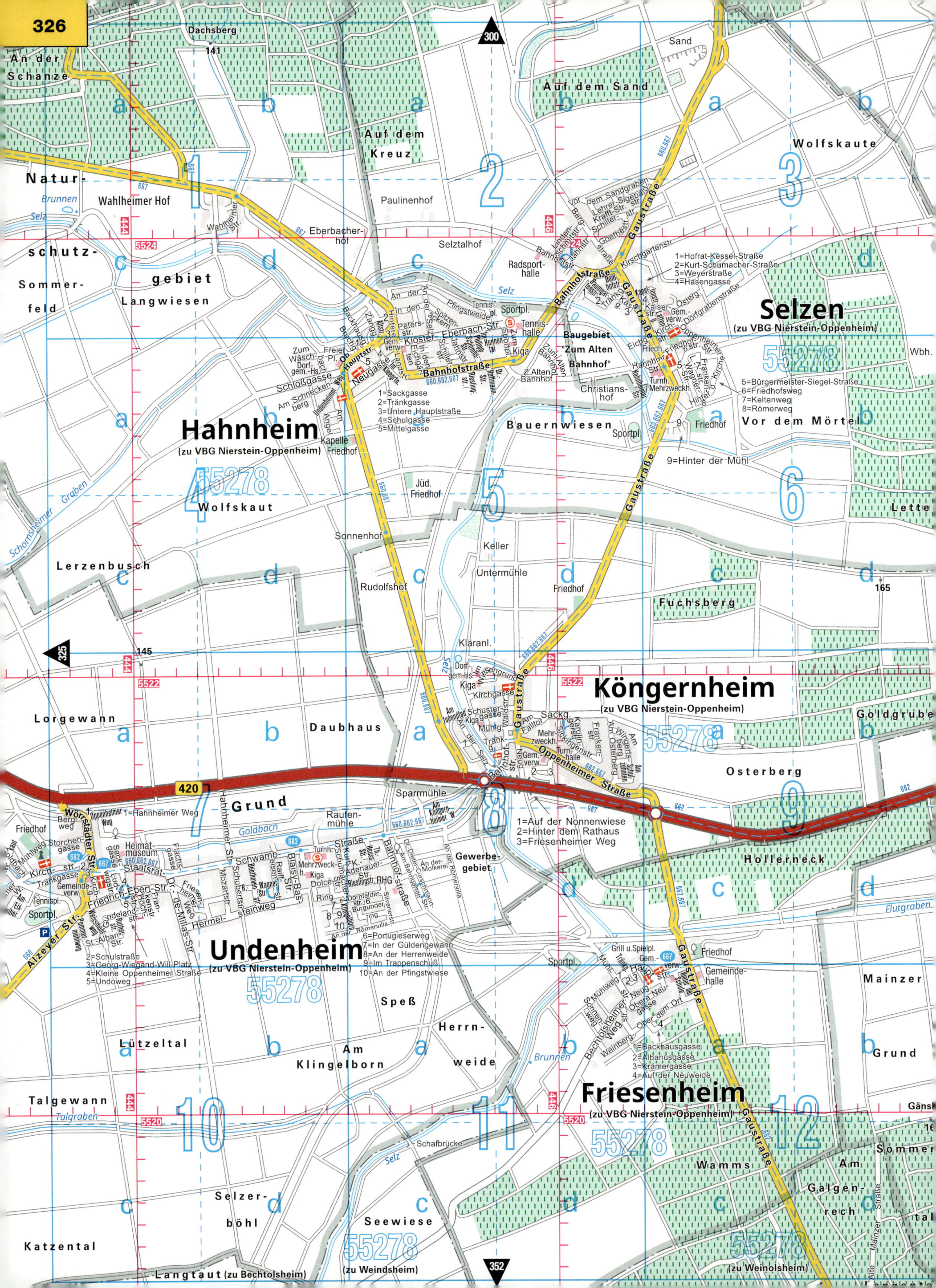
Dachsberg
An der Schanze
Natur-
schutz-
gebiet
Wahlheimer Hof
Sommer-
feld
Langwiesen
Auf dem Kreuz
Paulinenhof
Eberbacher-
hof
Selztalhof
Auf dem Sand
Wolfskaute
Radsport-
halle
Hahnheim
(zu VBG Nierstein-Oppenheim)
55278
Wolfskaut
Selzen
(zu VBG Nierstein-Oppenheim)
1=Hofrat-Kessel-Straße
2=Kurt-Schumacher-Straße
3=Weyerstraße
4=Hasengasse
5=Bürgermeister-Siegel-Straße
6=Friedhofsweg
7=Keltenweg
8=Römerweg
9=Hinter der Mühl
1=Sackgasse
2=Tränkgasse
3=Untere Hauptstraße
4=Schulgasse
5=Mittelgasse
Baugebiet
"Zum Alten
Bahnhof"
Christians-
hof
Bauernwiesen
Vor dem Mörtel
Jüd.
Friedhof
Sonnenhof
Rudolfshof
Lerzenbusch
Keller
Untermühle
Fuchsberg
Lette
Kläranl.
Köngernheim
(zu VBG Nierstein-Oppenheim)
Lorgewann
Daubhaus
Goldgrube
Osterberg
Grund
Sparrmühle
Raufen-
mühle
1=Hahnheimer Weg
1=Auf der Nonnenwiese
2=Hinter dem Rathaus
3=Friesenheimer Weg
Hollerneck
Gewerbe-
gebiet
Undenheim
(zu VBG Nierstein-Oppenheim)
2=Schulstraße
3=Georg-Wiegand-Will-Platz
4=Kleine Oppenheimer Straße
5=Undoweg
6=Portugieserweg
7=In der Güldengewann
8=An der Herrenweide
9=Im Trappenschuß
10=An der Pfingstwiese
Speß
Herrn-
weide
Am
Klingelborn
Lützeltal
Talgewann
Friesenheim
(zu VBG Nierstein-Oppenheim)
1=Backhausgasse
2=Albanusgasse
3=Krämergasse
4=Auf der Neuweide
Mainzer
Grund
Flutgraben
Schafbrücke
Wamms
Am
Galgen-
rech
Selzer-
böhl
Seewiese
(zu Weindsheim)
(zu Weinolsheim)
Katzental
Langtaut (zu Bechtolsheim)
300
325
352
420

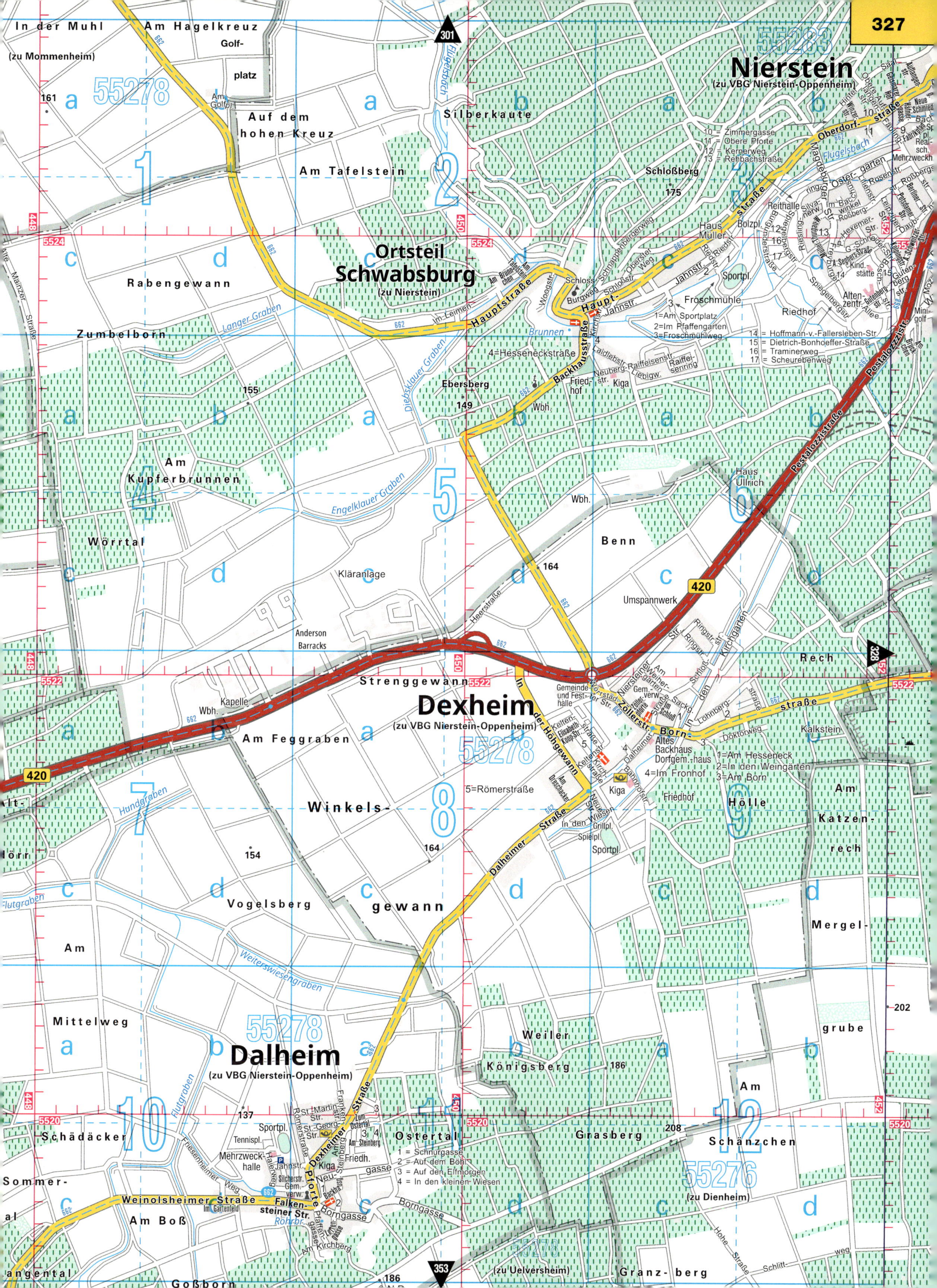

Nierstein
(zu VBG Nierstein-Oppenheim)
Ortsteil Schwabsburg
(zu Nierstein)
Dexheim
(zu VBG Nierstein-Oppenheim)
Dalheim
(zu VBG Nierstein-Oppenheim)
In der Muhl
(zu Mommenheim)
Am Hagelkreuz
Golf-
platz
Auf dem hohen Kreuz
Am Tafelstein
Silberkaute
Schloßberg
Rabengewann
Zumbelborn
Langer Graben
Am Kupferbrunnen
Wörrtal
Engelklauer Graben
Kläranlage
Anderson Barracks
Ebersberg
Benn
Umspannwerk
Haus Ullrich
Rech
Strenggewann
Am Feggraben
Winkels-
gewann
Vogelsberg
Hundgraben
Weiterswiesengraben
Am Mittelweg
Schädäcker
Sommer-
Am Boß
Goßborn
Weiler
Königsberg
Grasberg
Am Schänzchen
(zu Dienheim)
(zu Uelversheim)
Granz- berg
Hölle
Am Katzen-
rech
Mergel-
grube
Kalkstein
Ostertal
Dalheimer Straße
Weinolsheimer Straße
Hauptstraße
Pestalozzistraße
Oberdorf-straße
10 = Zimmergasse
11 = Obere Pforte
12 = Kernerweg
13 = Rehbachstraße
1=Am Sportplatz
2=Im Pfaffengarten
3=Froschmühlweg
14 = Hoffmann-v.-Fallersleben-Str.
15 = Dietrich-Bonhoeffer-Straße
16 = Traminerweg
17 = Scheurebenweg
4=Hesseneckstraße
5=Römerstraße
1=Am Hesseneck
2=In den Weingärten
3=Am Born
4=Im Fronhof
1 = Schnurgasse
2 = Auf dem Bohl
3 = Auf den Elfmorgen
4 = In den kleinen Wiesen
55278
55283
55276
420
301
328
353

Nierstein
(zu VBG Nierstein-Oppenheim)
Oppenheim
(zu VBG Nierstein-Oppenheim)
Dienheim
(zu VBG Nierstein-Oppenheim)
Rhein
1 = Kreuzgasse
2 = Vogelsang
3 = Tiefer Weg
4 = Mittelgasse
5 = Leonorenstraße
6 = Neckarstraße
7 = Nahestraße
8 = In den Weingärten
9 = Fäulingsbrunnen
1 = Sparrhofgasse
2 = Rittergasse
3 = Amtsgerichtsplatz
4 = Welschdorfgasse
5 = Am Markt
6 = Merianstraße
7 = Schlachthausgasse
8 = Memellandstraße
9 = An der Fischerbrücke
10 = Paul-Laufenberg-Straße
11 = Werderstraße
12 = Konrad-Adenauer-Straße
13 = Willy-Brandt-Straße
14 = Am Eichgraben
15 = An der Rohrlache
16 = Am Krämereck
17 = An den langen Äckern
18 = An der Maulbeerhecke
1 = Am Steinernen Stock
2 = Mittelstraße
3 = Krämerstraße
4 = Falkenbergweg
5 = An der Domäne
Kuhstall
Schnepfenäcker
Pfingstweidäcker
Priorsäcker
Aue
Kornsand
(zu Trebur)
Hof Rheinblick
Grundgehren
Zeppelin-denkstein
Pumpwerk Wächterstadt
Am Rheindamm
Naturschutzgebiet
Naherholungsgebiet Klauer
Naturschutzgebiet Eiskorb
Bogenschießstand
Kalksteinbruch
Hummertal
Galgenberg
Gemarkrech
Am Kehrweg
Sackträger
Goldberg
Kreuz
Farrenberg
Am Katzenrech
Falkenberg
Am Schänzchen
Kandelberg
Roßwiese
Tafelstein
Herrngewann
Natur-Wäldchen schutz-gebiet
Dammhaus
Am hohen Brückenweg
Landeplatz Oppenheim
Große Naturschutzgebiet Viehweide
Nachtweide
Tagweide
Hüttenwiesen
(zu Ludwigshöhe)
Karlswert
Peterswert
Freibad
Kieswerk
Wiesenhof
Schießstand
Sironabad Rettungswache
Landskronhalle
Ruppertsturm
Mehrzweckhalle
Sportplatz
Tennispl.
Klaranlage
Werstorhof
Schutzhütte
Gemeindeverwaltung
Friedhof
Gewerbegeb. Kette-Saar
Dienstleistungszentrum ländlicher Raum
Sörbrunnen
Siliusbrunnen
Schluchternschneise
Sandarm
Marktpl.
Fronhof
Pestalozzistraße
Wormser Str.
Gaustraße
Rheinstraße
Friedrich-Ebert-Str.
Hafenstraße
Rheinallee
Kathrinenblick
55283
55276
55278
65468
302
327
354
420
9

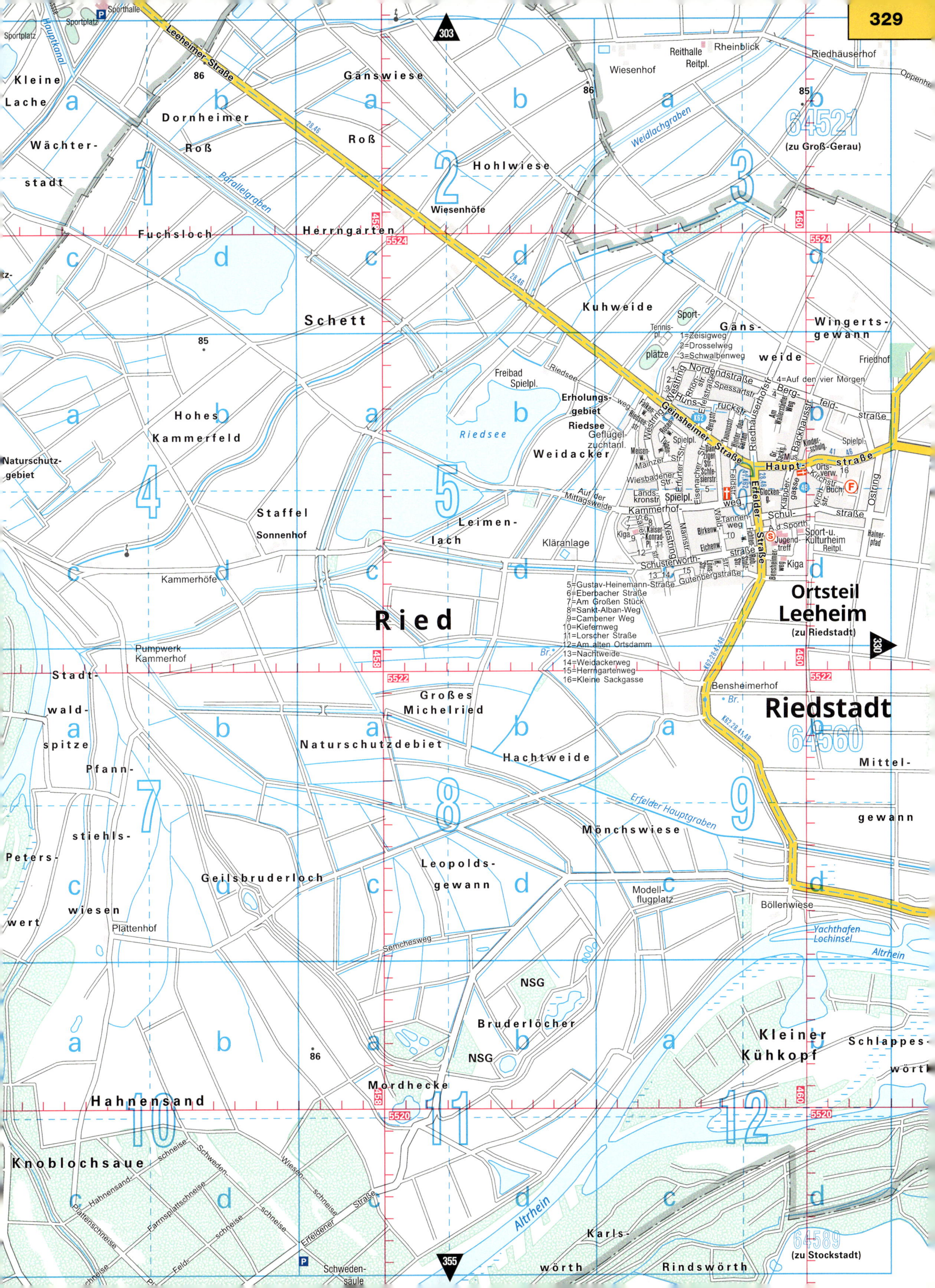
Kleine Lache
Wächter-stadt
Dornheimer Roß
Leeheimer Straße
Gänswiese
Roß
Hohlwiese
Wiesenhöfe
Herrngarten
Fuchsloch
Parallelgraben
Hauptkanal
Wiesenhof
Reithalle Reitpl.
Rheinblick
Riedhäuserhof
64521 (zu Groß-Gerau)
Weidlachgraben
Kuhweide
Schett
Gänsweide
Wingertsgewann
Friedhof
1=Zeisigweg
2=Drosselweg
3=Schwalbenweg
Freibad Spielpl.
Erholungsgebiet Riedsee
Geflügelzuchtanl.
Riedsee
Weidacker
Hohes Kammerfeld
Naturschutzgebiet
Staffel
Sonnenhof
Leimenlach
Kläranlage
Kammerhöfe
Ried
Ortsteil Leeheim (zu Riedstadt)
5=Gustav-Heinemann-Straße
6=Eberbacher Straße
7=Am Großen Stück
8=Sankt-Alban-Weg
9=Cambener Weg
10=Kiefernweg
11=Lorscher Straße
12=Am alten Ortsdamm
13=Nachtweide
14=Weidackerweg
15=Herrngartenweg
16=Kleine Sackgasse
Pumpwerk Kammerhof
Stadtwaldspitze
Großes Michelried
Naturschutzdebiet
Hachtweide
Bensheimerhof
Riedstadt 64560
Mittelgewann
Pfannstiehlswiesen
Peterswert
Erfelder Hauptgraben
Mönchswiese
Leopoldsgewann
Geilsbruderloch
Modellflugplatz
Böllenwiese
Plattenhof
Semcheswеg
Yachthafen Lochinsel
Altrhein
NSG
Bruderlöcher
Kleiner Kühkopf
Schlappeswörth
Mordhecke
Hahnensand
Knoblochsaue
Karlswörth
Rindswörth
64589 (zu Stockstadt)
Schwedensäule
303
330
355

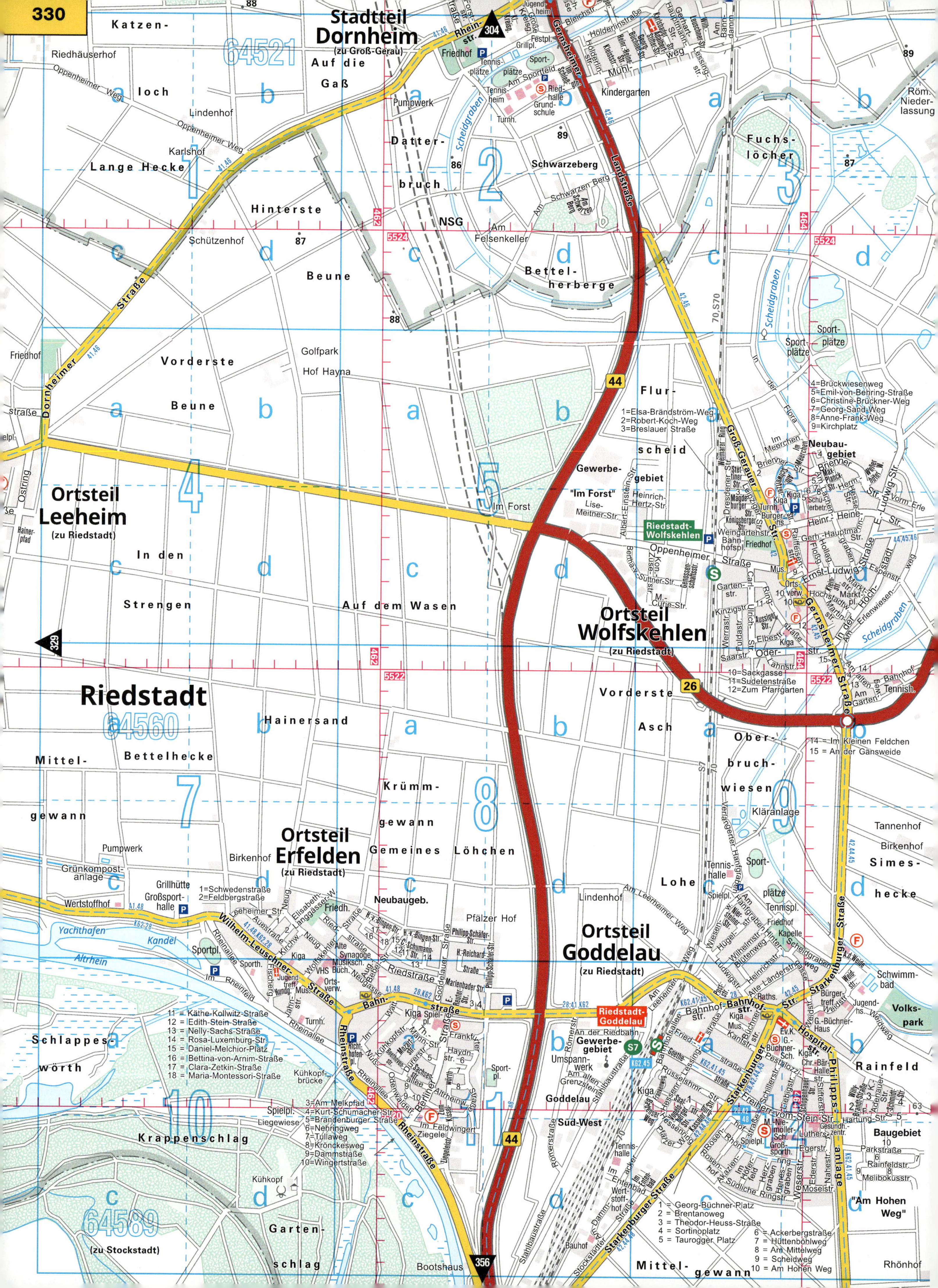
Stadtteil Dornheim
(zu Groß-Gerau)
Ortsteil Leeheim
(zu Riedstadt)
Riedstadt
64560
Ortsteil Wolfskehlen
(zu Riedstadt)
Ortsteil Erfelden
(zu Riedstadt)
Ortsteil Goddelau
(zu Riedstadt)
64521
64589
(zu Stockstadt)
Katzen-loch
Riedhäuserhof
Oppenheimer Weg
Lindenhof
Karlshof
Lange Hecke
Hinterste Beune
Schützenhof
Auf die Gaß
Datter-bruch
NSG
Schwarzeberg
Bettel-herberge
Fuchs-löcher
Röm. Nieder-lassung
Vorderste Beune
Golfpark
Hof Hayna
Flur-scheid
Gewerbe-gebiet "Im Forst"
Im Forst
In den Strengen
Auf dem Wasen
Hainersand
Bettelhecke
Mittel-gewann
Vorderste Asch
Ober-bruch-wiesen
Krümm-gewann
Gemeines Löhchen
Pfälzer Hof
Lohe
Lindenhof
Tannenhof
Birkenhof
Simes-hecke
Rainfeld
Schlappes-wörth
Krappenschlag
Garten-schlag
Kühkopf
Bootshaus
Mittel-gewann
"Am Hohen Weg"
Baugebiet
Volks-park
Riedstadt-Wolfskehlen
Riedstadt-Goddelau
Dornheimer Straße
Landstraße
Groß-Gerauer Str.
Gernsheimer Straße
Starkenburger Straße
Rheinstraße
Bahnhofstraße
Wilhelm-Leuschner-Straße
Philipps-anlage
1=Elsa-Brändström-Weg
2=Robert-Koch-Weg
3=Breslauer Straße
4=Brückwiesenweg
5=Emil-von-Behring-Straße
6=Christine-Brückner-Weg
7=Georg-Sand-Weg
8=Anne-Frank-Weg
9=Kirchplatz
10=Sackgasse
11=Sudetenstraße
12=Zum Pfarrgarten
14 = Im Kleinen Feldchen
15 = An der Gänseweide
1=Schwedenstraße
2=Feldbergstraße
11 = Käthe-Kollwitz-Straße
12 = Edith-Stein-Straße
13 = Nelly-Sachs-Straße
14 = Rosa-Luxemburg-Str.
15 = Daniel-Melchior-Platz
16 = Bettina-von-Arnim-Straße
17 = Clara-Zetkin-Straße
18 = Maria-Montessori-Straße
3=Am Melkpfad
4=Kurt-Schumacher-Str.
5=Brandenburger Straße
6=Nehringweg
7=Tullaweg
8=Krönckeweg
9=Dammstraße
10=Wingertstraße
1 = Georg-Büchner-Platz
2 = Brentanoweg
3 = Theodor-Heuss-Straße
4 = Sortinoplatz
5 = Taurogger Platz
6 = Ackerbergstraße
7 = Hüttenbohlweg
8 = Am Mittelweg
9 = Scheidweg
10 = Am Hohen Weg
304
329
356
44
26

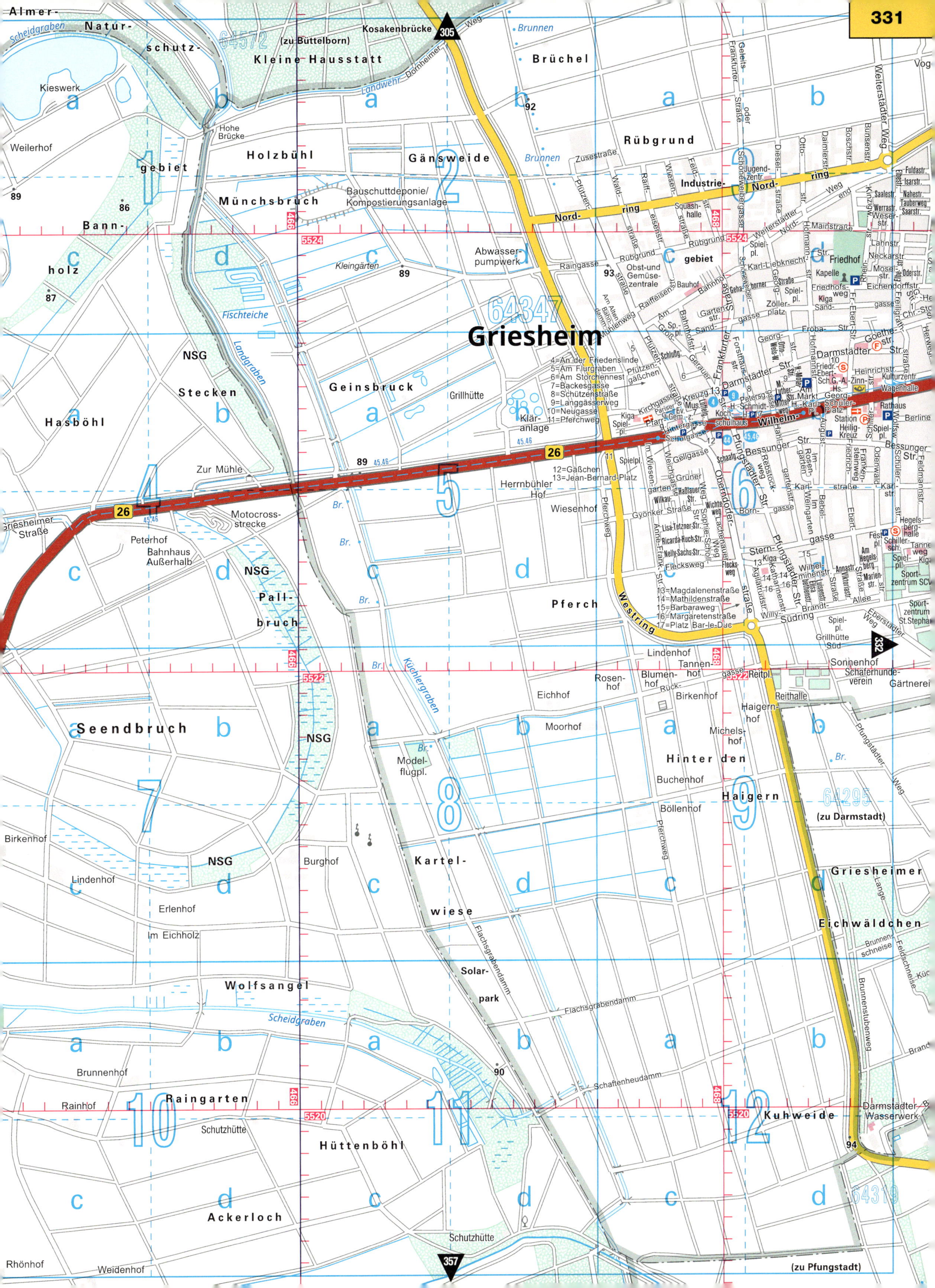
Almer-
Natur-
schutz-
gebiet
Bann-
holz
Kieswerk
Weilerhof
Hohe Brücke
Kosakenbrücke
(zu Büttelborn)
Kleine Hausstatt
Brunnen
Brüchel
Rübgrund
Holzbühl
Gänsweide
Münchsbruch
Bauschuttdeponie/ Kompostierungsanlage
Abwasser-pumpwerk
Kleingärten
Fischteiche
Landgraben
Industrie-
Nord-ring
gebiet
Obst-und Gemüse-zentrale
Friedhof
Kapelle
Griesheim
NSG
Stecken
Hasböhl
Geinsbruck
Grillhütte
Klär-anlage
4=An der Friedenslinde
5=Am Flurgraben
6=Am Storchennest
7=Backesgasse
8=Schützenstraße
9=Langgässerweg
10=Neugasse
11=Pfarchweg
12=Gäßchen
13=Jean-Bernard-Platz
Zur Mühle
Herrnbühler Hof
Wiesenhof
Motocross-strecke
Peterhof
Bahnhaus Außerhalb
Griesheimer Straße
Pallbruch
Pferch
Westring
13=Magdalenenstraße
14=Mathildenstraße
15=Barbaraweg
16=Margaretenstraße
17=Platz Bar-le-Duc
Rathaus
Wagenhalle
Südring
Sportzentrum SCV
Grillhütte Süd
Sonnenhof
Schäferhunde-verein
Gärtnerei
Lindenhof
Tannenhof
Rosenhof
Blumenhof
Eichhof
Birkenhof
Reitpl.
Reithalle
Haigernhof
Küchlergraben
Seendbruch
Moorhof
Modelflugpl.
Michelshof
Hinter den Haigern
Buchenhof
Böllenhof
(zu Darmstadt)
Birkenhof
Lindenhof
Burghof
Kartelwiese
Griesheimer Eichwäldchen
Erlenhof
Im Eichholz
Wolfsangel
Solarpark
Flachsgrabendamm
Scheidgraben
Brunnenhof
Rainhof
Raingarten
Schutzhütte
Hüttenböhl
Kuhweide
Darmstädter Wasserwerk
Ackerloch
Schutzhütte
Rhönhof
Weidenhof
(zu Pfungstadt)
305
332
357
26
64347
64295
64319
64572

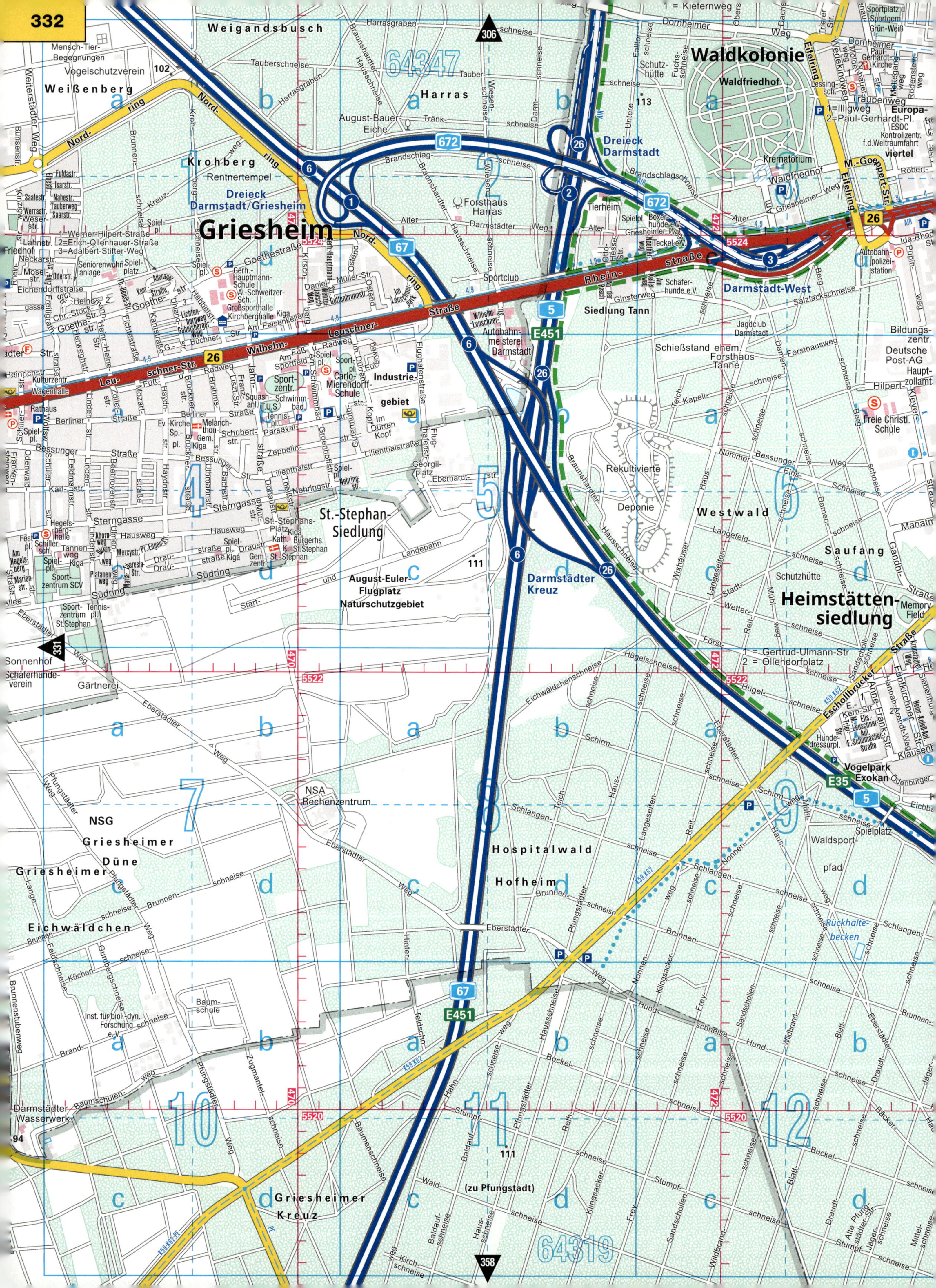
Weigandsbusch
Weißenberg
Harras
Waldkolonie
Waldfriedhof
Krohberg
Dreieck Darmstadt/Griesheim
Dreieck Darmstadt
Griesheim
Darmstadt-West
Siedlung Tann
Industriegebiet
St.-Stephan-Siedlung
August-Euler-Flugplatz Naturschutzgebiet
Rekultivierte Deponie
Westwald
Darmstädter Kreuz
Saufang
Heimstättensiedlung
NSG Griesheimer Düne
Eichwäldchen
NSA Rechenzentrum
Hospitalwald
Hofheim
Vogelpark Exokan
Griesheimer Kreuz
(zu Pfungstadt)
64347
64319
306
331
358

Darmstadt
Darmstadt Hbf.
Rheinstraße
Klinikum Darmstadt
Bismarckstraße
Bleichstraße
Zeughausstr.
Alexanderstr.
Dieburger Str.
Landgraf-Georg-Str.
ADAC
Schloss
Großer Woog
DA-Ost
Hanauer Str.
Erbacher Str.
Heinrichstraße
Heidelberger Straße
Hindenburgstraße
Neckarstr.
Hügelstr.
Holzhofallee
Berliner Allee
Haardtring
Eschollbrücker Straße
Gerauer Weg
Donnersbergring
Rüdesheimer Str.
Landskronstraße
Klappacher Straße
Nieder-Ramstädter Straße
Karlsruher Straße
Heidelberger Landstraße
Cityplan S.32
Alter Darmstädter Friedhof
Botanischer Garten
TU-Inst.
Industriegebiet
Nathan-Hale-Depot
EUMETSAT
DA-Süd
Prinz-Emil-Garten
Orangerie
Marienhosp.
Akademie für Tonkunst
Polizeipräsidium
Hochschulstadion
Lincoln-Siedlung
NSG Bessunger Kiesgrube
ehem. Cambrai-Fritsch-Kaserne
Jefferson-Siedlung
Ludwigshöhe
Moosberg
Herrgottsberg
Dachsberg
Dommerberg
Bismarckturm
Wilde Sau
Rodelbahnen
Marienhöhe
Wilbrandhöhe
Prinzenberg
Steckenborn
St.-Barbara-Siedlung
Die Braut
Ortsteil Trautheim (zu Mühltal)
Stadtteil Eberstadt (zu Darmstadt)
Wolfhart
Bordenberg
Büchelsberg
Linden
Walters teich
Melita-brunnen
Fischteiche
64295
64285
64297
64367
26
3
449
307
334
359

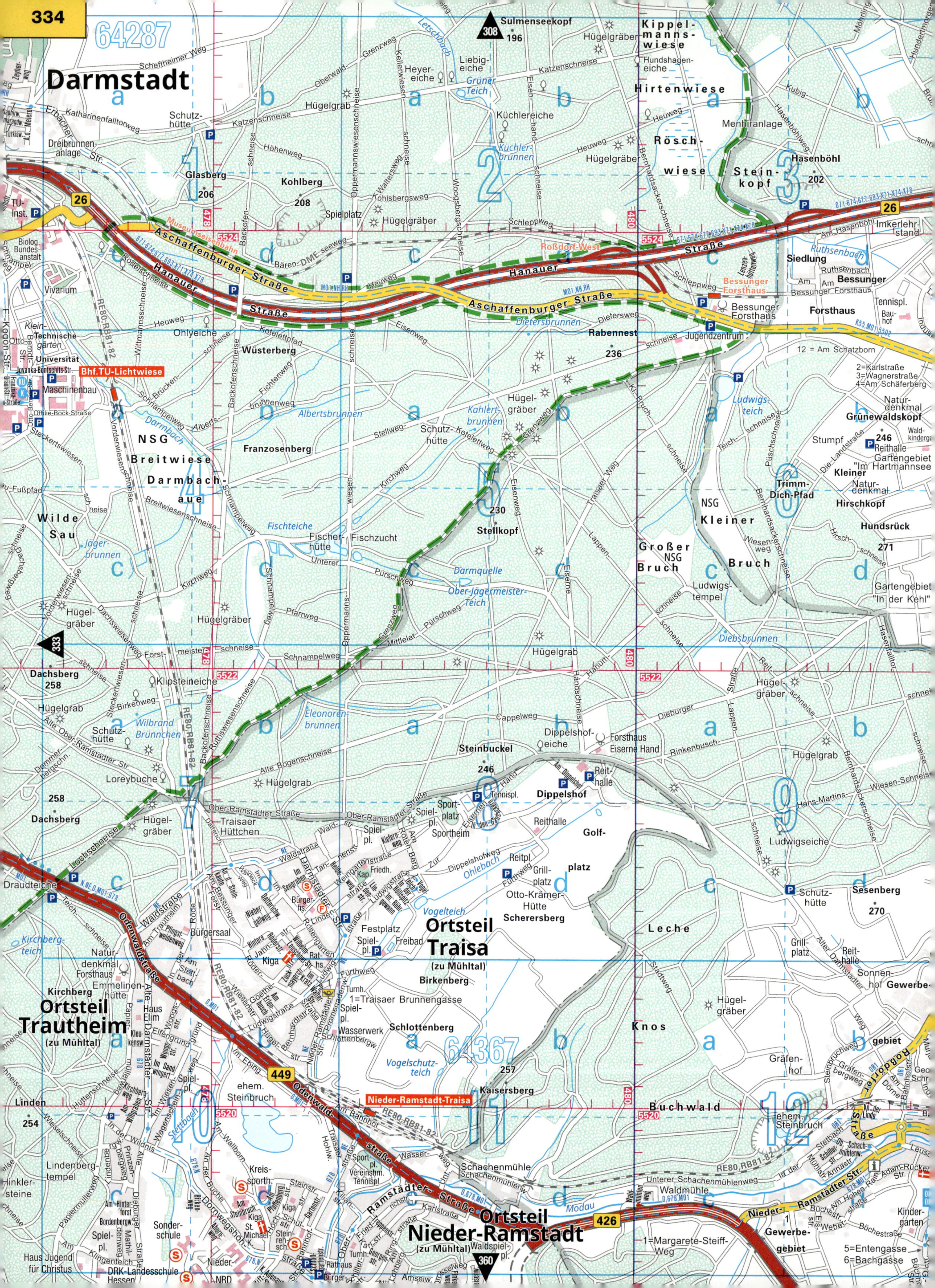

64287
Darmstadt
Sulmenseekopf
196
Kippelmannswiese
Hirtenwiese
Röschwiese
Steinkopf
Hasenböhl
202
Glasberg
206
Kohlberg
208
Aschaffenburger Straße
Hanauer Straße
Roßdorf-West
Bessunger Forsthaus
Siedlung Bessunger Forsthaus
Rabennest
236
Jugendzentrum
Bhf.TU-Lichtwiese
Universität
Maschinenbau
Wüsterberg
Franzosenberg
NSG Breitwiese Darmbachaue
Wilde Sau
Stellkopf
230
Fischzucht
Darmquelle
Ober-Jägermeister-Teich
Großer Bruch NSG
NSG Kleiner Bruch
Grünewaldskopf
246
Hirschkopf
Hundsrück
271
Trimm-Dich-Pfad
Dachsberg
258
Steinbuckel
246
Dippelshof
Golfplatz
Ludwigseiche
Sesenberg
270
Ortsteil Traisa (zu Mühltal)
Birkenberg
Schlottenberg
64367
257
Kaisersberg
Nieder-Ramstadt-Traisa
Ortsteil Trautheim (zu Mühltal)
Kirchberg
Linden
254
Leche
Knos
Buchwald
Ortsteil Nieder-Ramstadt (zu Mühltal)
Odenwaldstraße
Ober-Ramstädter Straße
Nieder-Ramstädter Str.
449
426
26
5524
5522
5520
308
333
360
1=Traisaer Brunnengasse
1=Margarete-Steiff-Weg
5=Entengasse
6=Bachgasse
12 = Am Schatzborn
2=Karlstraße
3=Wagnerstraße
4=Am Schäferberg

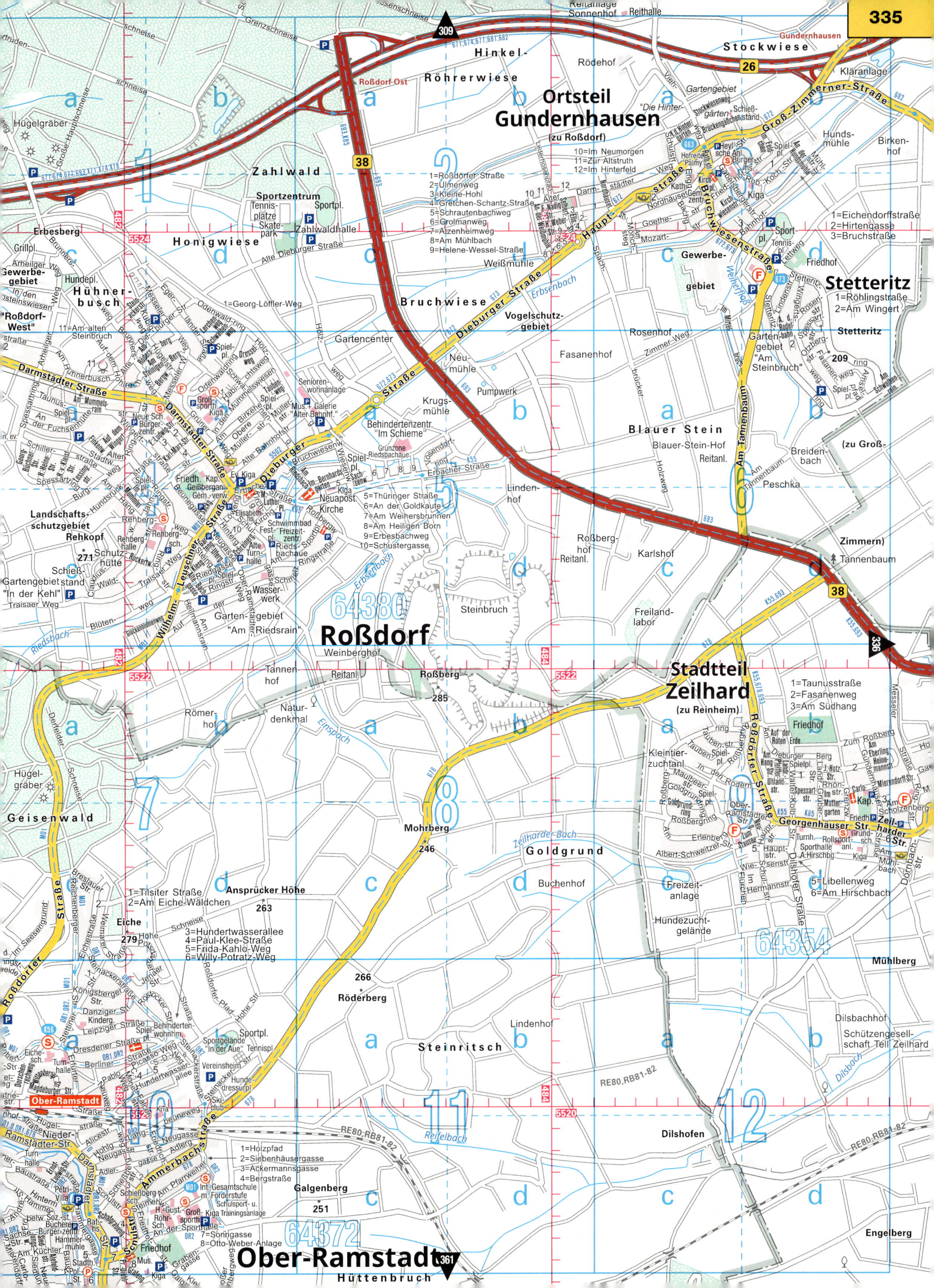
Ortsteil
Gundernhausen
(zu Roßdorf)
Stockwiese
Gundernhausen
Kläranlage
Rödehof
Hinkel-
Röhrerwiese
Roßdorf-Ost
309
26
38
Zahlwald
Sportzentrum
Zahlwaldhalle
Honigwiese
Erbesberg
Hühnerbusch
Hügelgräber
1=Roßdörfer Straße
2=Ulmenweg
3=Kleine-Hohl
4=Gretchen-Schantz-Straße
5=Schrautenbachweg
6=Grolmanweg
7=Atzenheimweg
8=Am Mühlbach
9=Helene-Wessel-Straße
10=Im Neumorgen
11=Zur Altstruth
12=Im Hinterfeld
1=Eichendorffstraße
2=Hirtengasse
3=Bruchstraße
Groß-Zimmerner-Straße
Hauptstraße
Bruchwiesenstraße
Gewerbegebiet
Friedhof
Stetteritz
1=Röhlingstraße
2=Am Wingert
Weißmühle
Bruchwiese
Dieburger Straße
Vogelschutzgebiet
Erbsenbach
Gartencenter
Neumühle
Pumpwerk
Krugsmühle
Behindertenzentr. "Im Schieme"
Fasanenhof
Rosenhof
Blauer Stein
Blauer-Stein-Hof
Gartengebiet "Am Steinbruch"
Am Tannenbaum
Breidenbach
(zu Groß-Zimmern)
Peschka
Tannenbaum
Lindenhof
Roßberghof
Karlshof
1=Georg-Löffler-Weg
11=Am alten Steinbruch
Darmstädter Straße
Landschaftsschutzgebiet
Rehkopf
271
Gartengebiet "In der Kehl"
Traisaer Weg
5=Thüringer Straße
6=An der Goldkaute
7=Am Weihersbrunnen
8=Am Heiligen Born
9=Erbesbachweg
10=Schustergasse
Erbacher Straße
Neuapost. Kirche
Schwimmbad
Garten-gebiet "Am Riedsrain"
Wilhelm-Leuschner-Straße
64380
Roßdorf
Steinbruch
Weinberghof
Freilandlabor
Tannenhof
Roßberg
285
Römerhof
Naturdenkmal
Einspach
Riedsbach
Stadtteil
Zeilhard
(zu Reinheim)
1=Taunusstraße
2=Fasanenweg
3=Am Südhang
Friedhof
Kleintierzuchtanl.
Roßdörfer Straße
Georgenhäuser Str.
Zeilharder Str.
Hügelgräber
Geisenwald
Mohrberg
246
Goldgrund
Zeilharder Bach
Buchenhof
Freizeitanlage
Hundezuchtgelände
5=Libellenweg
6=Am Hirschbach
64354
Mühlberg
1=Tilsiter Straße
2=Am Eiche-Wäldchen
Ansprücker Höhe
263
Eiche
279
3=Hundertwasserallee
4=Paul-Klee-Straße
5=Frida-Kahlo-Weg
6=Willy-Potratz-Weg
266
Röderberg
Roßdörfer Straße
Sportgelände "In der Aue"
Steinritsch
Lindenhof
Dilsbachhof
Schützengesellschaft Teil Zeilhard
Dilsbach
RE80,RB81-82
Ober-Ramstadt
Dilshofen
Reifelbach
1=Holzpfad
2=Siebenhäusergasse
3=Ackermannsgasse
4=Bergstraße
7=Sonngasse
8=Otto-Weber-Anlage
Ammerbachstraße
Galgenberg
251
64372
Ober-Ramstadt
361
Hüttenbruch
Engelberg
336
Friedhof

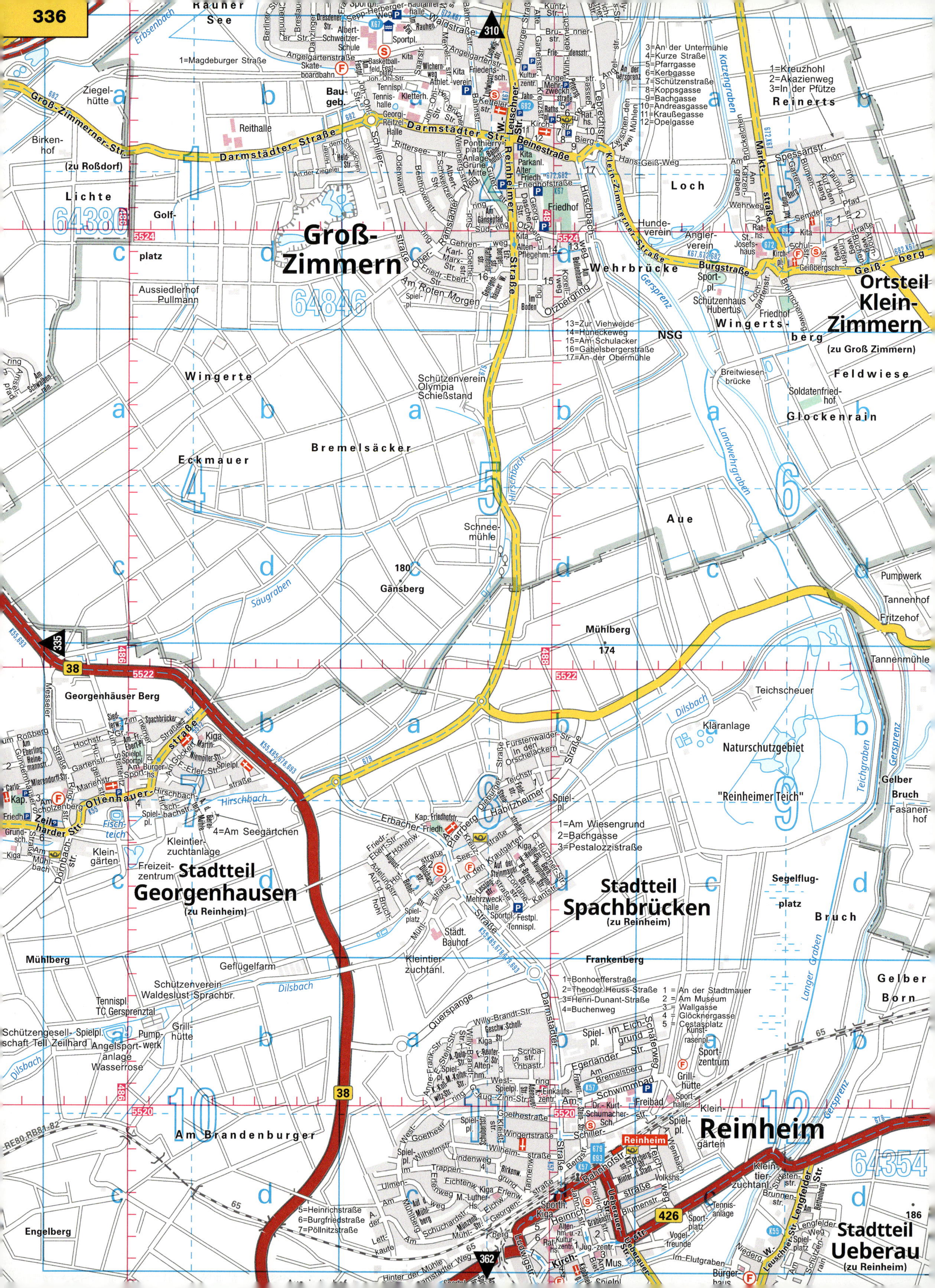
Groß-Zimmern
64846
Ortsteil Klein-Zimmern
(zu Groß Zimmern)
Stadtteil Georgenhausen
(zu Reinheim)
Stadtteil Spachbrücken
(zu Reinheim)
Reinheim
Stadtteil Ueberau
(zu Reinheim)
64380
64354
Darmstädter Straße
Groß-Zimmerner-Str.
(zu Roßdorf)
Ziegelhütte
Birkenhof
Lichte
Golfplatz
Reithalle
Aussiedlerhof Pullmann
Wingerte
Eckmauer
Bremelsäcker
Schützenverein Olympia Schießstand
Schneemühle
Gänsberg
180
Säugraben
Hirschbach
Mühlberg
174
Aue
Loch
Wehrbrücke
NSG
Gersprenz
Landwehrgraben
Breitwiesenbrücke
Soldatenfriedhof
Glockenrain
Feldwiese
Wingertsberg
Pumpwerk
Tannenhof
Fritzehof
Tannenmühle
Teichscheuer
Kläranlage
Naturschutzgebiet
"Reinheimer Teich"
Teichgraben
Gelber Bruch
Fasanenhof
Segelflugplatz
Bruch
Gelber Born
Langer Graben
Dilsbach
Georgenhäuser Berg
Kleintierzuchtanlage
Freizeitzentrum
4=Am Seegärtchen
1=Am Wiesengrund
2=Bachgasse
3=Pestalozzistraße
Frankenberg
1=Bonhoefferstraße
2=Theodor-Heuss-Straße
3=Henri-Dunant-Straße
4=Buchenweg
1 = An der Stadtmauer
2 = Am Museum
3 = Wallgasse
4 = Glöcknergasse
5 = Cestasplatz
Geflügelfarm
Schützenverein Waldeslust Sprachbr.
Tennispl. TC Gersprenztal
Schützengesell-schaft Tell Zeilhard
Angelsportanlage Wasserrose
Am Brandenburger
Engelberg
5=Heinrichstraße
6=Burgfriedstraße
7=Pöllnitzstraße
Sportzentrum
Freibad
Rauner See
1=Magdeburger Straße
3=An der Untermühle
4=Kurze Straße
5=Pfarrgasse
6=Kerbgasse
7=Schützenstraße
8=Koppsgasse
9=Bachgasse
10=Andreasgasse
11=Kraußegasse
12=Opelgasse
1=Kreuzhohl
2=Akazienweg
3=In der Pfütze
Reinerts
13=Zur Viehweide
14=Huneckeweg
15=Am Schulacker
16=Gabelsbergerstraße
17=An der Obermühle
Beinestraße
Burgstraße
Marktstraße
Hundeverein
Anglerverein
Schützenhaus Hubertus
Friedhof
Ollenhauer-Str.
Erbacher Str.
Querspange
Darmstädter Straße
Reinheim
Bahnhofstr.
Kleintierzuchtanl.
Kleingärten
Vogelfreunde
Im Flutgraben
Lengfelder Str.
186
310
335
362
38
426
5520
5522
5524
486
488

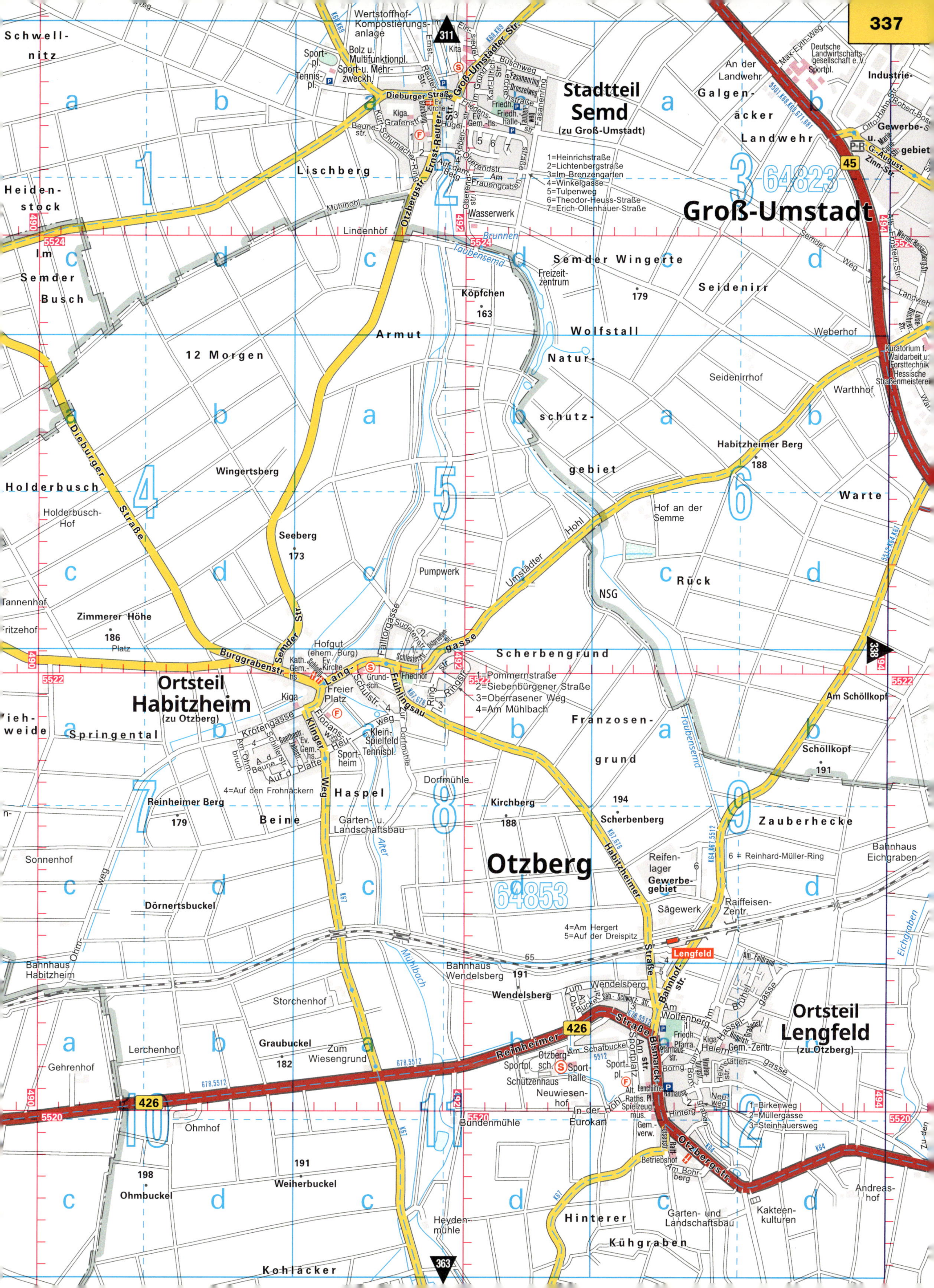

Stadtteil Semd
(zu Groß-Umstadt)
Groß-Umstadt
64823
Ortsteil Habitzheim
(zu Otzberg)
Otzberg
64853
Ortsteil Lengfeld
(zu Otzberg)
Schwellnitz
Heidenstock
Im Semder Busch
Lischberg
Lindenhof
Mühlhohl
Wasserwerk
Brunnen
Taubensemd
Semder Wingerte
Freizeitzentrum
Köpfchen
163
179
Seidenirr
Wolfstall
Naturschutzgebiet
Armut
12 Morgen
Seidenirrhof
Weberhof
Warthhof
Habitzheimer Berg
188
Warte
Holderbusch
Holderbusch-Hof
Wingertsberg
Seeberg
173
Pumpwerk
Hof an der Semme
Umstädter Hohl
NSG
Rück
Tannenhof
Zimmerer Höhe
186
Platz
Scherbengrund
Am Schöllkopf
Schöllkopf
191
Viehweide
Springental
Franzosengrund
Reinheimer Berg
179
Beine
Haspel
Dorfmühle
Kirchberg
188
194
Scherbenberg
Zauberhecke
Garten- u. Landschaftsbau
Sonnenhof
Dörnertsbuckel
Reifenlager
Gewerbegebiet
Sägewerk
Raiffeisen-Zentr.
Bahnhaus Eichgraben
Eichgraben
Bahnhaus Habitzheim
Bahnhaus Wendelsberg
191
Wendelsberg
Lengfeld
Storchenhof
Lerchenhof
Graubuckel
182
Zum Wiesengrund
Gehrenhof
Ohmhof
Bündenmühle
Eurokart
Neuwiesenhof
Schützenhaus
198
Ohmbuckel
191
Weiherbuckel
Heydenmühle
Hinterer Kühgraben
Garten- und Landschaftsbau
Kakteenkulturen
Andreashof
Kohläcker
Wertstoffhof-Kompostierungsanlage
Bolz u. Multifunktionpl.
Sport- u. Mehrzweckh.
Dieburger Straße
Dieburger Straße
Groß-Umstädter Str.
Ernst-Reuter-Str.
Otzbergstr.
Burggrabenstr.
Semder Str.
Langgasse
Frühlingsau
Klinger Weg
Habitzheimer Straße
Reinheimer Straße
Bismarckstr.
Otzbergstr.
Bahnhofstr.
Mühlbach
Alter
Hofgut (ehem. Burg)
Freier Platz
Klein-Spielfeld
Tennispl.
Sportheim
Deutsche Landwirtschaftsgesellschaft e.V.
Industrie-
Gewerbe- u. Industriegebiet
An der Landwehr
Galgenäcker
Landwehr
Kuratorium f. Waldarbeit u. Forsttechnik
Hessische Straßenmeisterei
1=Heinrichstraße
2=Lichtenbergstraße
3=Im-Brenzengarten
4=Winkelgasse
5=Tulpenweg
6=Theodor-Heuss-Straße
7=Erich-Ollenhauer-Straße
1=Pommernstraße
2=Siebenbürgener Straße
3=Oberrasener Weg
4=Am Mühlbach
4=Auf den Frohnäckern
4=Am Hergert
5=Auf der Dreispitz
6 = Reinhard-Müller-Ring
1=Birkenweg
2=Müllergasse
3=Steinhauersweg
311
338
363
426
45

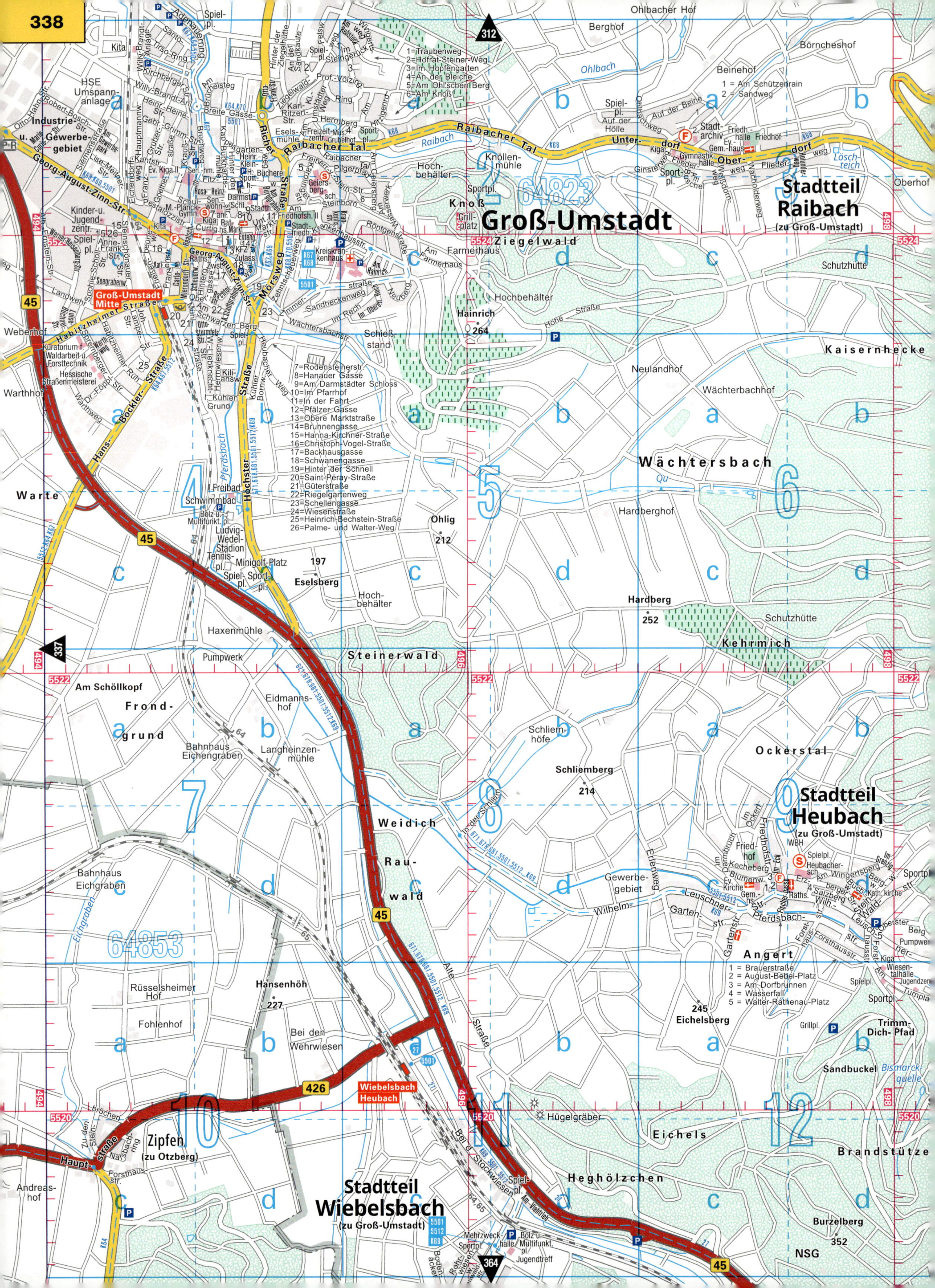

Groß-Umstadt
64823
Stadtteil Raibach
(zu Groß-Umstadt)
Stadtteil Heubach
(zu Groß-Umstadt)
Stadtteil Wiebelsbach
(zu Groß-Umstadt)
Zipfen
(zu Otzberg)
64853
Groß-Umstadt Mitte
Wiebelsbach Heubach
1=Traubenweg
2=Hofrat-Steiner-Weg
3=Im Hopfengarten
4=An der Bleiche
5=Am Ohl'schen Berg
6=Am Knoß
1 = Am Schützenrain
2 = Sandweg
7=Rodensteinerstr.
8=Hanauer Gasse
9=Am Darmstädter Schloss
10=Im Pfarrhof
11=In der Fahrt
12=Pfälzer Gasse
13=Obere Marktstraße
14=Brunnengasse
15=Hanna-Kirchner-Straße
16=Christoph-Vogel-Straße
17=Backhausgasse
18=Schwanengasse
19=Hinter der Schnell
20=Saint-Péray-Straße
21=Güterstraße
22=Riegelgartenweg
23=Schellengasse
24=Wiesenstraße
25=Heinrich-Bechstein-Straße
26=Palme- und Walter-Weg
1 = Brauerstraße
2 = August-Bebel-Platz
3 = Am Dorfbrunnen
4 = Wasserfall
5 = Walter-Rathenau-Platz
Ohlbacher Hof
Berghof
Börncheshof
Beinehof
Ohlbach
Raibacher Tal
Raibach
Knöllenmühle
Hochbehälter
Knoß
Ziegelwald
Farmerhaus
Hainrich
264
Schießstand
Neulandhof
Wächterbachhof
Kaisernhecke
Wächtersbach
Hardberghof
Hardberg
252
Kehrmich
Schutzhütte
Ohlig
212
Eselsberg
197
Steinerwald
Haxenmühle
Pumpwerk
Warte
Weberhof
Warthhof
Am Schöllkopf
Frondgrund
Eidmannshof
Langheinzenmühle
Bahnhaus Eichengraben
Bahnhaus Eichgraben
Schliemhöfe
Schliemberg
214
Ockerstal
Weidich
Rauwald
Gewerbegebiet
Angert
Eichelsberg
245
Rüsselsheimer Hof
Fohlenhof
Hansenhöh
227
Bei den Wehrwiesen
Hügelgräber
Eichels
Heghölzchen
Brandstütze
Sandbuckel
Burzelberg
352
NSG
Bismarckquelle
Trimm-Dich-Pfad
Andreashof
Oberhof
Industrie- u. Gewerbegebiet
HSE Umspannanlage
Kreiskrankenhaus
Ludwig-Wedel-Stadion
Freibad
Schwimmbad
Minigolf-Platz
Georg-August-Zinn-Str.
Hans-Böckler-Straße
Habitzheimer Straße
Richer Straße
Mörsweg
Höchster Straße
Wilhelm-Leuschner-Str.
Hauptstraße
Alte Straße
Pferdsbach
Eichgraben
45
426
312
337
364
5524
5522
5520
494
496
498

Windpark Binselberg
Binselberg
Molkenborn
(zu Schaafheim)
Mutter-Gottes-Buche
bach
Hügelgrab
64850
Laubdölle
Richer Wald
Schafkaute
Hinterster Hegwald
Kleine Zinshecke
Schlag
Breithardt
Friedhof
Friedhofshalle
Stadtteil Dorndiel
(zu Groß-Umstadt)
Kleestädter Hecke
Höchster Straße
Kaisernhecke
Schutzhütte
"Naturtreff"
Rödelshäuschen
Große Zinshecke
Sport-pl.
Wanderhm. d. Odenwald-klubs
Sportpl.
Wein-straße
Klotzeberg
Hügelgrab
Alte Höhe
358
Schutzhütte
Sausteiger Brunneneiche
259
Neustädter Kopf
Schutzhütte
Hahle
Sausteigetal
Rau-wald
Tannenberg
267
Wingertsberg
337
Hainborn
Friedhof
Stadtteil Wald-Amorbach
(zu Breuberg)
Hainstädter Straße
Haindölle
Turnhalle
Jugendzeltplatz
Sport-pl.
Eselsberg
277
64747
Kirsch-garten
Sportpl.
Oberster Berg
Erlenhof
Bocksberg
215
Schaaf-
Hügel-heimer
gräber
Wald
Binger Loch
Schutzhütte
Kellergrund
Pumpwerk
Am Hunnebornskopf
Pfaffenheckenhof
Wiesental
Pferdsbach
Wirthsdelle
Neuberg
320
Römische Siedlung
Frankfurter
Am rothen Steinbrunnen
Schutzhütte
Schutzhütte
Schucksteinskopf
Ernst-Ludwig-Klinik
Alte Frankfurter Straße
Brandstütze
In der Sange
Schutzhütte
Rosselborn
Klär-anlage
Ludwig-Straße
Scheuerberg
305
Pfingstseebr.
Streitwald
Schwedenschanze
313
340
365

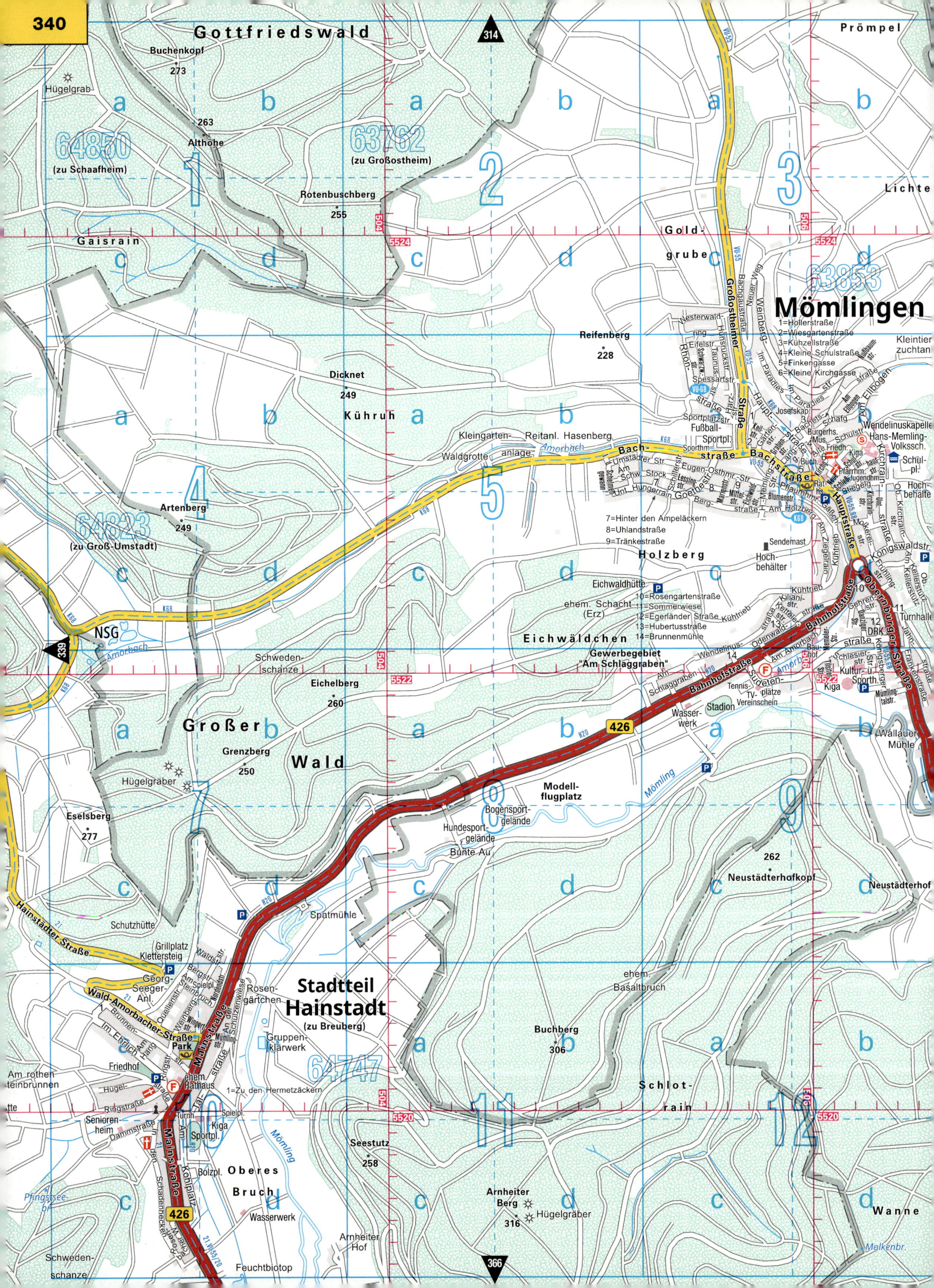

Gottfriedswald
Buchenkopf
273
Hügelgrab
263
Althöhe
64850
(zu Schaafheim)
63762
(zu Großostheim)
Rotenbuschberg
255
Gaisrain
Prömpel
Lichte
Gold-
grube
63853
Mömlingen
1=Hollerstraße
2=Wiesgartenstraße
3=Kühzelstraße
4=Kleine Schulstraße
5=Finkengasse
6=Kleine Kirchgasse
Reifenberg
228
Dicknet
249
Kühruh
Kleingarten-
anlage
Reitanl. Hasenberg
Waldgrotte
Amorbach
Bachstraße
Großostheimer Straße
Wendelinuskapelle
Hans-Memling-Volkssch.
Artenberg
249
64823
(zu Groß-Umstadt)
7=Hinter den Ampeläckern
8=Uhlandstraße
9=Tränkestraße
Holzberg
Sendemast
Hoch-
behälter
Eichwaldhütte
ehem. Schacht
(Erz)
10=Rosengartenstraße
11=Sommerwiese
12=Egerländer Straße
13=Hubertusstraße
14=Brunnenmühle
Eichwäldchen
Gewerbegebiet
"Am Schlaggraben"
NSG
Schweden-
schanze
Eichelberg
260
Bahnhofstraße
Obernburger Straße
Hauptstraße
Stadion
Wasser-
werk
Wallauer
Mühle
Großer
Wald
Grenzberg
250
Hügelgräber
Eselsberg
277
Modell-
flugplatz
Mömling
Bogensport-
gelände
Hundesport-
gelände
Bunte Au
262
Neustädterhofkopf
Neustädterhof
Schutzhütte
Spatmühle
Hainstädter Straße
Grillplatz
Klettersteig
Georg-
Seeger-
Anl.
Wald-Amorbacher-Straße
Stadtteil
Hainstadt
(zu Breuberg)
Rosen-
gärtchen
Gruppen-
klärwerk
64747
ehem.
Basaltbruch
Buchberg
306
Schlot-
rain
Friedhof
Park
ehem.
Rathaus
1=Zu den Hermetzäckern
Senioren-
heim
Mainstraße
Kiga
Sportpl.
Seestutz
258
Bolzpl.
Oberes
Bruch
Wasserwerk
Pfingstsee-
Arnheiter
Berg
316
Hügelgräber
Wanne
Arnheiter
Hof
Schweden-
schanze
Feuchtbiotop
314
339
366
426
5524
5522
5520

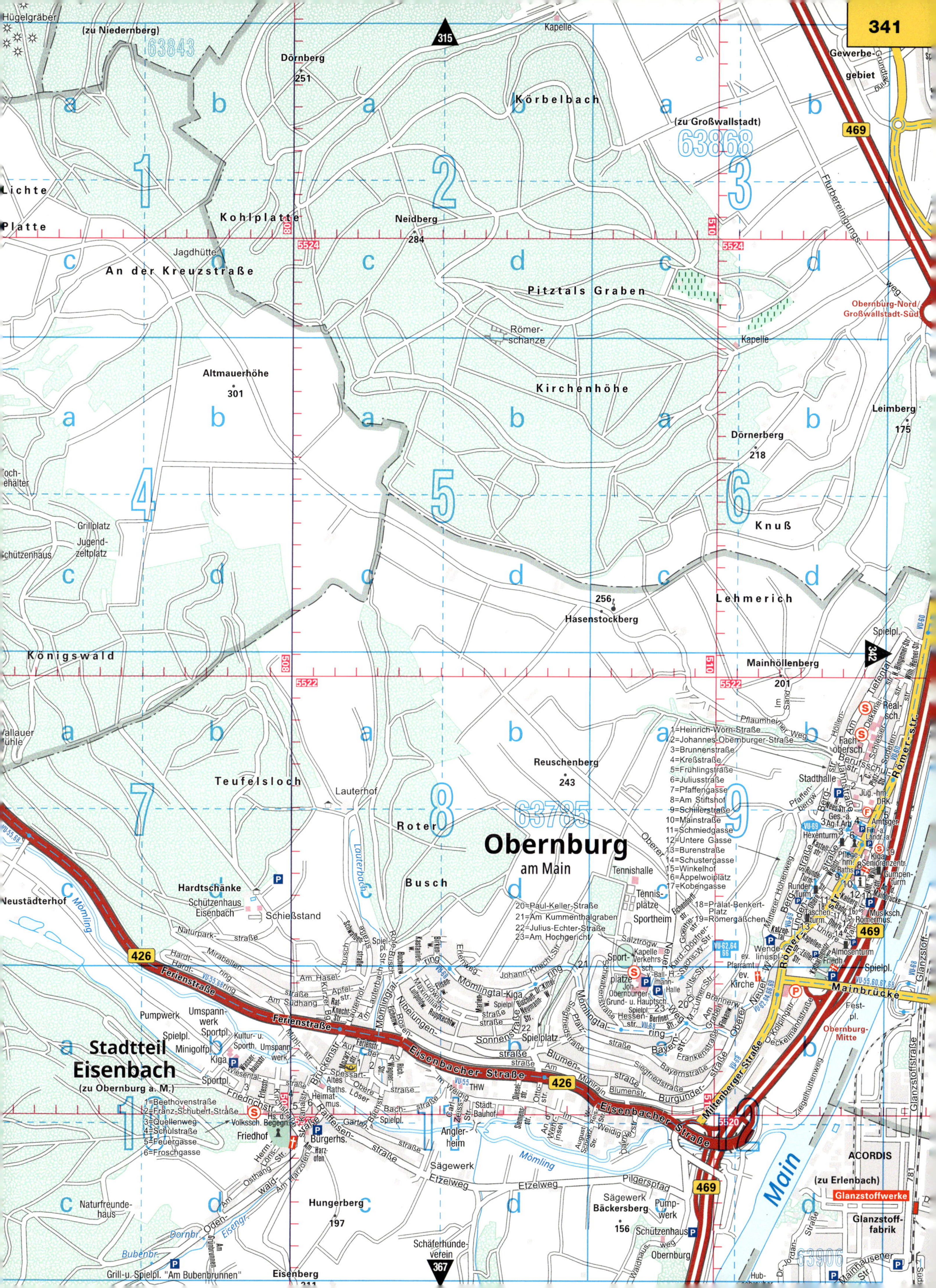
Obernburg
am Main
Stadtteil
Eisenbach
(zu Obernburg a. M.)
Körbelbach
Kohlplatte
An der Kreuzstraße
Pitztals Graben
Kirchenhöhe
Römer-
schanze
Altmauerhöhe
301
Dörnberg
251
Neidberg
284
Dörnerberg
218
Leimberg
175
Knuß
Lehmerich
Hasenstockberg
256
Mainhöllenberg
201
Königswald
Teufelsloch
Lauterhof
Roter
Busch
Reuschenberg
243
Hardtschänke
Schützenhaus
Eisenbach
Schießstand
Hungerberg
197
Bäckersberg
156
Schützenhaus
Sägewerk
Obernburg
Schäferhunde-
verein
Eisenberg
Naturfreunde-
haus
Grill-u. Spielpl. "Am Bubenbrunnen"
(zu Niedernberg)
(zu Großwallstadt)
(zu Erlenbach)
Gewerbe-
gebiet
Obernburg-Nord/
Großwallstadt-Süd
Obernburg-
Mitte
ACORDIS
Glanzstoffwerke
Glanzstoff-
fabrik
Main
Mainbrücke
Mömling
Lauterbach
Ferienstraße
Eisenbacher Straße
Miltenberger Straße
Römerstr.
Tennishalle
Tennis-
plätze
Sportheim
Stadthalle
Neustädterhof
63843
63868
63785
63906
1=Heinrich-Worm-Straße
2=Johannes-Obernburger-Straße
3=Brunnenstraße
4=Kreßstraße
5=Frühlingsstraße
6=Juliusstraße
7=Pfaffengasse
8=Am Stiftshof
9=Schillerstraße
10=Mainstraße
11=Schmiedgasse
12=Untere Gasse
13=Burenstraße
14=Schustergasse
15=Winkelhof
16=Äppelwoiplatz
17=Kobengasse
18=Prälat-Benkert-Platz
19=Römergäßchen
20=Paul-Keller-Straße
21=Am Kummenthalgraben
22=Julius-Echter-Straße
23=Am Hochgericht
1=Beethovenstraße
2=Franz-Schubert-Straße
3=Quellenweg
4=Schulstraße
5=Feuergasse
6=Froschgasse
315
342
367
426
469

Kleinwallstadt
Großwallstadt
Obernburg
Elsenfeld
Ortsteil Hofstetten (zu Kleinwallstadt)
Ortsteil Rück (zu Elsenfeld)
Ortsteil Schippach (zu Elsenfeld)
Industriegebiet Dommerich
Gewerbegebiet Elsenfeld-Nord
Main
Am Weibling
Dommerich
Am Speckstein
Elsenwald
Lohwiese
Kreuzmühle
Forstwald
(gemeindefreies Gebiet)
Sangegraben
Burgstall
Schloßgraben
Salztroggraben
Großer-Schnackgraben
Leisgraben
Buckelsgraben
Leimberg 175
Kirchhöhe 281
Hochberg 310
Neuenberg 276
Armbergskopf 203
63868
63839
63820
63906 (zu Erlenbach)
Obernburg-Nord Großwallstadt
Obernburg-Elsenfeld
Glanzstoffwerke
Glanzstofffabrik
ACORDIS
Logostikzentrum
316
341
368
1 = Blütenweg
2 = Klingerstraße
3 = Schlesierstraße
4 = Sudetenstraße
5 = Im Winkel
6 = Uhlandstraße
7 = Königsberger Straße
8 = Beethovenstraße
9 = Mozartstraße
10=Schlesierstraße
11=Kehlgrabenstraße
12=Am Schießhaus
13=Bruder-Gregor-Weg
10=Peter-Dölger-Straße
11=Jahnweg
12=Pfarrer-Söller-Platz
13=Am Roten Kreuz
14=Römer
15=Bamberger Straße
16=Kulmbacher Straße
17=Würzburger Straße
18=Ansbacher Straße
1 = Brunnengasse
1 = Mörikestraße
2 = Starenweg
3 = Schwalbenweg
4 = Spechtweg
5 = Meisenweg
6 = Finkenweg
1=Nebengasse
2=Frühlingsstraße
3=Marktplatz
4=Am alten Feuerwehrhs.
5=An der Herkertmühle
6=Sägewerkstraße
7=Adam-Zirkel-Straße
8=Pfarrer-Rudolf-Str.
9=Frühlingstraße
9=Römergäßchen
9=Am Wetterspiel
10=An der Spessartbahn
11=Tilsiter Straße
12=Allensteiner Straße
13=Marienburger Straße
14=Memeler Straße
15=Am Holzplatz
16=Am Kesselhaus
17=Gattenweg
1 = Oberkreuzfeld
2 = Schönbornstraße
3 = Barbara-Weigand-Straße
4 = Emil-Hartig-Straße
Talstraße
Elsenfelder Straße
Umgehungsstraße
Rücker Straße
Elsavatalstraße
Mainbrücke
Erlenbacher Straße
Miltenberger Straße
Kleinwallstädter Straße
Hofstetter Straße
Römerstraße
Obernburger Straße
Hauptstraße
Schippacher Str.

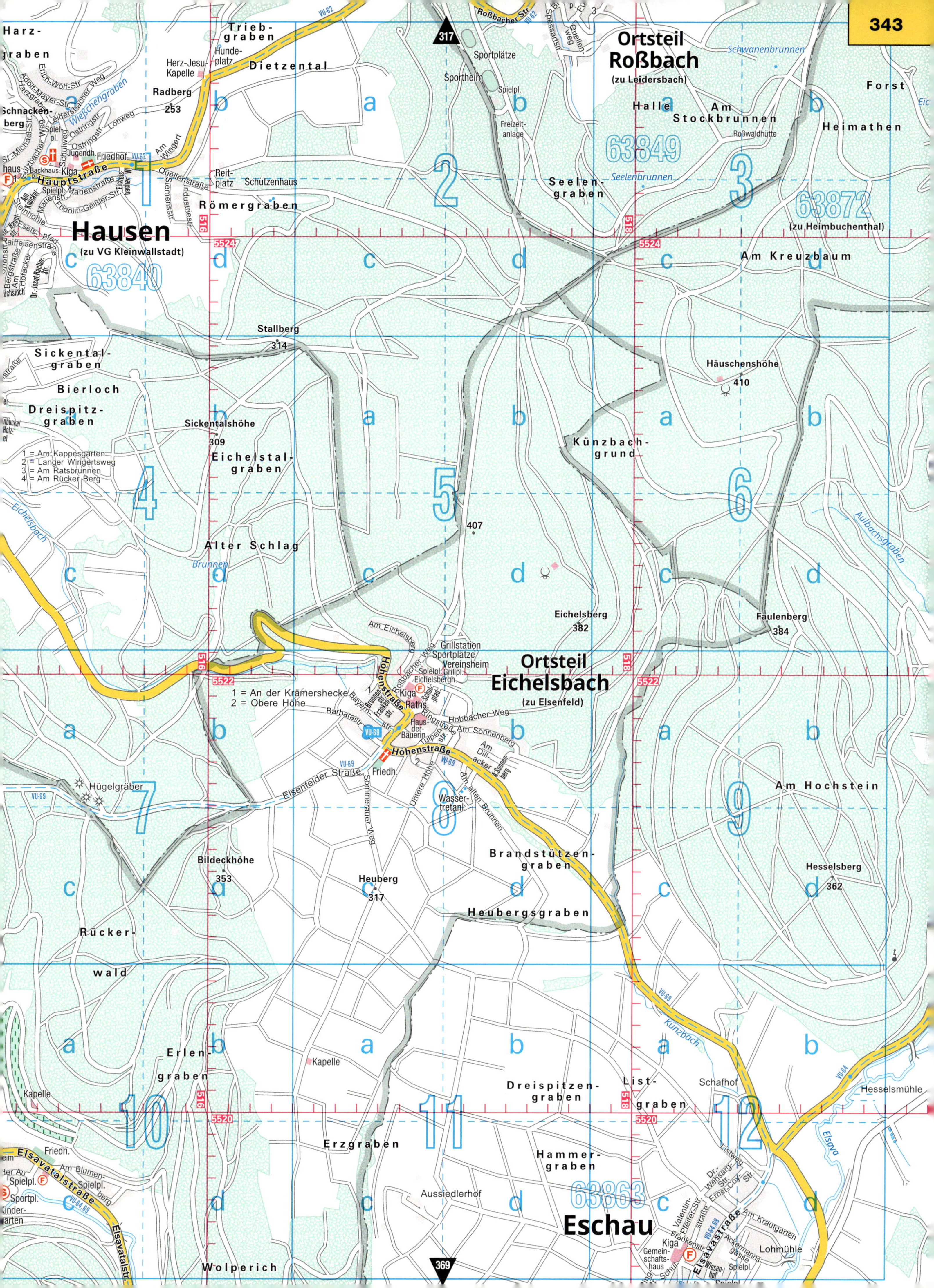
Ortsteil Roßbach
(zu Leidersbach)
Hausen
(zu VG Kleinwallstadt)
63840
63849
63872
(zu Heimbuchenthal)
Ortsteil Eichelsbach
(zu Elsenfeld)
Eschau
63863
Triebgraben
Dietzental
Radberg
253
Römergraben
Sportplätze
Sportheim
Halle
Am Stockbrunnen
Forst
Heimathen
Seelengraben
Seelenbrunnen
Schwanenbrunnen
Am Kreuzbaum
Stallberg
314
Sickentalgraben
Bierloch
Dreispitzgraben
Sickentalshöhe
309
Eichelstalgraben
1 = Am Kappesgarten
2 = Langer Wingertsweg
3 = Am Ratsbrunnen
4 = Am Rücker Berg
Alter Schlag
Künzbachgrund
Häuschenshöhe
410
407
Eichelsberg
382
Faulenberg
384
Aulbachsgraben
Eichelsbach
1 = An der Krämershecke
2 = Obere Höhe
Höhenstraße
Hobbacher Weg
Am Sonnenberg
Hügelgräber
Elsenfelder Straße
Sommerauer Weg
Am Hochstein
Bildeckhöhe
353
Heuberg
317
Brandstützengraben
Heubergsgraben
Hesselsberg
362
Rückerwald
Erlengraben
Kapelle
Dreispitzengraben
Listgraben
Schafhof
Hesselsmühle
Künzbach
Erzgraben
Hammergraben
Aussiedlerhof
Elsavatalstraße
Elsava
Wolperich
Lohmühle
Am Krautgarten
Elsavastraße
317
369
5524
5522
5520
516
518

Hahner Hof
Schollánderhof
(zu Weinsheim)
Kap.
55595
318
Marienhof
Sport-plätze
Rother Hof
Naumberg
(zu Hüffelsheim)
Wiesen-hof
Winkelknopf
Heisterberg
Schmalberg
Kafels
Oberberg
215
Schlosshof
Ziegelberg
218
Wochenend-häuser
Umspann-werk
Wasser-kraftwerk
Niederhäuser Straße
Nahe
Wochend-häuser
Schloßböckel-heim
(zu VBG Rüdesheim)
55596
Hüffelsheimer Straße
Boots-häuser
Norheimer
Norheim
(zu VBG Bad Münster am Stein-Ebernburg)
55585
Aussiedlung Lorenz
Am Stausee
Stauwehr-brücke
Winzerstr.
Harsten
304
55585
Wald
Niederhausen
(zu VBG Bad Münster am Stein-Ebernburg)
Kap.
Natur-
Boots-häuser
Wochenend-häuser
Weinlehrpfad
Roßel
Sportplatz
Knopf
297
Bau-
Trombacherhof
wald
55585
Ober-hausen
an der Nahe
(zu VBG Bad Münster am Stein-Ebernburg)
Friedh.
schutz-
Steinberg
200
gebiet
Besucherbergwerk Schmittenstollen
Niederhauser
Wald
Hermannshöhle
Naheweinstr.
Luitpold-br.
Hallgartener Str.
Pumpwerk
1=Untere Kirchgasse
2=Obere Kirchgasse
3=Am Kohlacker
Lemberghaus
Staatsforst
Quecksilber-bergwerk
Schmittenstollen
Leistenberg
219
Bad Sobernheim
Römertempel
Schöne
Aussicht
Lemberghütte
ND
(zu Duchroth)
55585
Lemberg
Naturschutz-
420
Bingert
Kahlenberg
284
Trombacher Weg
Roten Berg
280
Melaphyr
Nauberg
Ebernburger Straße
Mozart-
Montforter Str.
Kolping-straße
Kath. Jugendh.
Lemberghalle
Beach-Volleyball-Pl.
Tennis-platz
Alleestr.
Modellspielpl.
Fried-hof
gebiet
Feilbingert
(zu VBG Bad Münster am Stein-Ebernburg)
67824
Ev. Jugend-heim
Martin-Luther-Str.
Oberhauser
Buchwald
Wochenendgebiet
Lußerttal
Hagenbach
Marktpl.
Pfarr-wald
Dornhöll
Auf der Heide
Bellengarten
55585
(zu Duchroth)
67826
(zu Hallgarten)
Steckelberg
Kläranl.

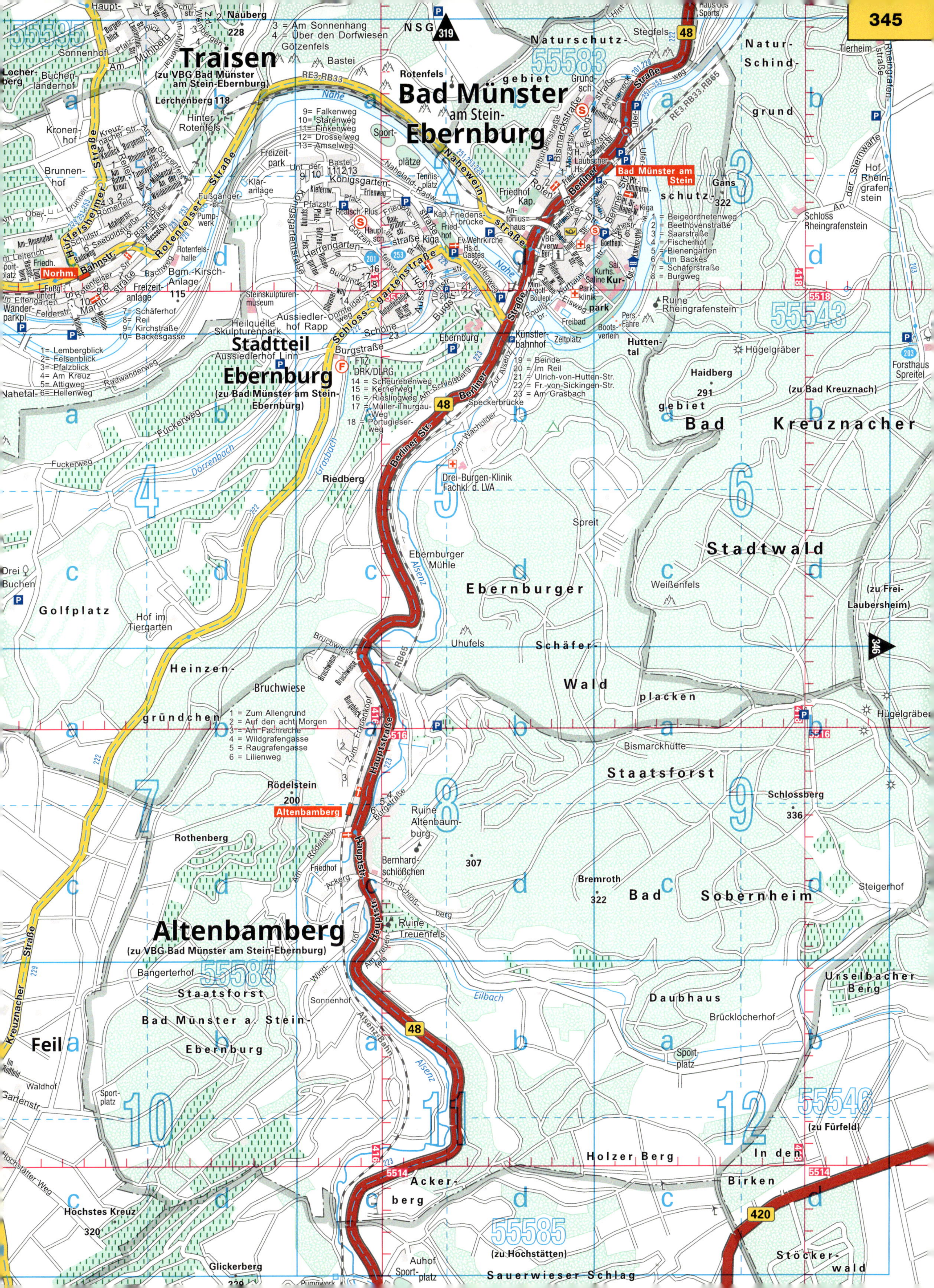
Traisen
(zu VBG Bad Münster am Stein-Ebernburg)
Bad Münster am Stein-Ebernburg
Stadtteil Ebernburg
(zu Bad Münster am Stein-Ebernburg)
Altenbamberg
(zu VBG Bad Münster am Stein-Ebernburg)
Naturschutzgebiet
Natur-Schind-grund
Ebernburger
Schäfer-Wald
Stadtwald
Staatsforst
Bad Kreuznacher
Bad Sobernheim
Staatsforst Bad Münster a. Stein-Ebernburg
Golfplatz
Heinzen-gründchen
Bruchwiese
Holzer Berg
Acker-berg
Sauerwieser Schlag
Feil
(zu Bad Kreuznach)
(zu Frei-Laubersheim)
(zu Fürfeld)
(zu Hochstätten)
55583
55543
55585
55546
Bad Münster am Stein
Altenbamberg
Norhm.
48
420
346

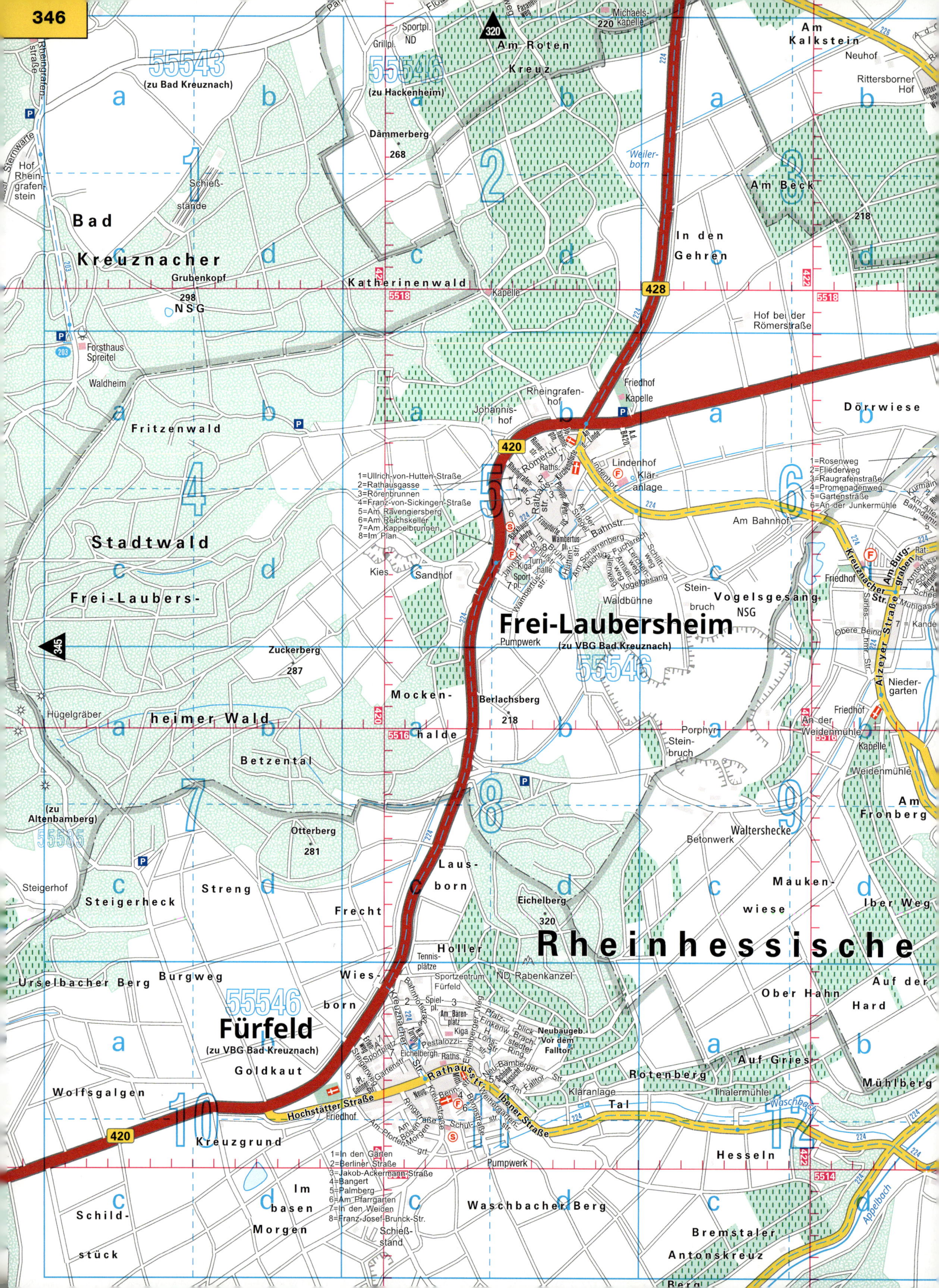

55543 (zu Bad Kreuznach)
55546 (zu Hackenheim)
Am Roten Kreuz
Michaelskapelle
Am Kalkstein
Neuhof
Rittersborner Hof
Dämmerberg
268
Schießstände
Bad Kreuznacher
Grubenkopf
298
NSG
Katherinenwald
Kapelle
In den Gehren
Am Beck
218
Hof bei der Römerstraße
Forsthaus Spreitel
Waldheim
Fritzenwald
Rheingrafenhof
Johannishof
Friedhof
Kapelle
Dörrwiese
1=Ullrich-von-Hutten-Straße
2=Rathausgasse
3=Rörenbrunnen
4=Franz-von-Sickingen-Straße
5=Am Ravengiersberg
6=Am Reichskeller
7=Am Kappelbrunnen
8=Im Plan
Lindenhof
Kläranlage
Am Bahnhof
1=Rosenweg
2=Fliederweg
3=Raugrafenstraße
4=Promenadenweg
5=Gartenstraße
6=An der Junkermühle
Stadtwald
Frei-Laubers-
heimer Wald
Kies
Sandhof
Waldbühne
Steinbruch
Vogelsgesang
NSG
Frei-Laubersheim
Pumpwerk
(zu VBG Bad Kreuznach)
55546
Zuckerberg
287
Mocken-
halde
Berlachsberg
218
Hügelgräber
Betzental
Porphyr-Steinbruch
An der Weidenmühle
Kapelle
Weidenmühle
Niedergarten
Friedhof
(zu Altenbamberg)
55585
Otterberg
281
Lausborn
Waltershecke
Betonwerk
Am Fronberg
Steigerhof
Steigerheck
Streng
Frecht
Eichelberg
320
Maukenwiese
Iber Weg
Rheinhessische
Holler
Tennisplätze
Sportzentrum Fürfeld
ND Rabenkanzel
Urselbacher Berg
Burgweg
Wiesborn
55546
Fürfeld
(zu VBG Bad Kreuznach)
Goldkaut
Ober Hahn
Auf der Hard
Neubaugeb. Vor dem Falltor
Auf Gries
Rotenberg
Thalermühle
Mühlberg
Wolfsgalgen
Hochstätter Straße
Friedhof
Rathausstr.
Ibener Straße
Kläranlage
Tal
Waschbach
Kreuzgrund
Hesseln
1=In den Gärten
2=Berliner Straße
3=Jakob-Ackermann-Straße
4=Bangert
5=Palmberg
6=Am Pfarrgarten
7=In den Weiden
8=Franz-Josef-Brunck-Str.
Pumpwerk
Schießstand
Schildstück
Im basen Morgen
Waschbacher Berg
Bremstaler
Antonskreuz
Appelbach
420
428
224
5518
5516
5514

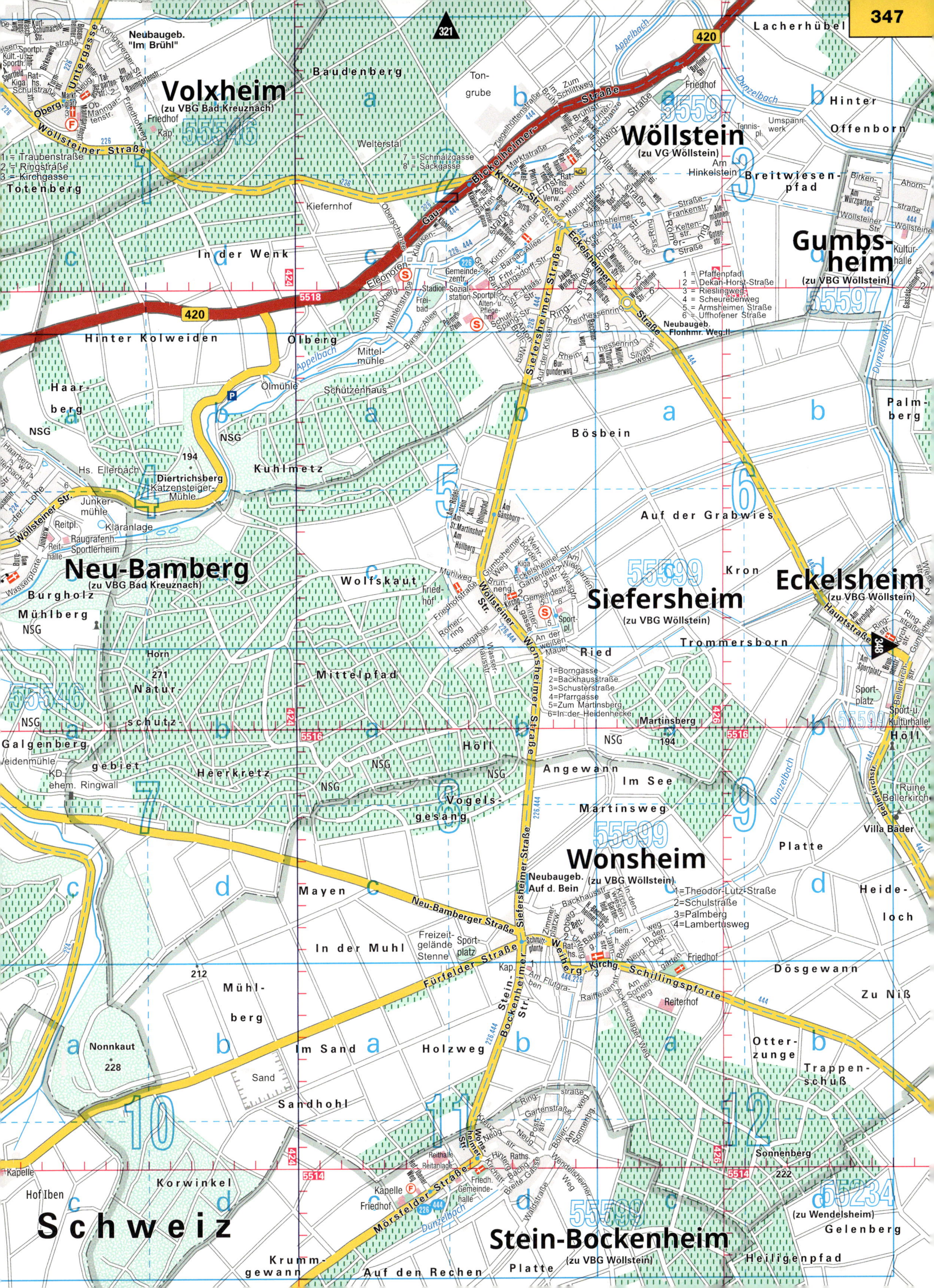

Volxheim
(zu VBG Bad Kreuznach)
Wöllstein
(zu VG Wöllstein)
Gumbsheim
(zu VBG Wöllstein)
Neu-Bamberg
(zu VBG Bad Kreuznach)
Siefersheim
(zu VBG Wöllstein)
Eckelsheim
(zu VBG Wöllstein)
Wonsheim
(zu VBG Wöllstein)
Stein-Bockenheim
(zu VBG Wöllstein)
Schweiz
Neubaugeb. "Im Brühl"
Baudenberg
Ton-grube
Lacherhübel
Hinter Offenborn
Breitwiesen-pfad
Totenberg
In der Wenk
Kiefernhof
Hinter Kolweiden
Ölberg
Ölmühle
Schützenhaus
Mittelmühle
Haarberg
Kuhlmetz
Bösbein
Palmberg
Diertrichsberg
Katzensteiger-Mühle
Auf der Grabwies
Wolfskaut
Kron
Trommersborn
Ried
Burgholz
Mühlberg
Horn
271
Naturschutzgebiet
Mittelpfad
Martinsberg
194
Galgenberg
Heerkretz
Höll
Angewann
Im See
Vogelsgesang
Martinsweg
Platte
Mayen
Neu-Bamberger Straße
Heideloch
In der Muhl
Dösgewann
Zu Niß
Mühlberg
212
Nonnkaut
228
Im Sand
Holzweg
Otterzunge
Trappenschuß
Sandhohl
Sonnenberg
222
Korwinkel
Hof Iben
Kapelle
Gelenberg
Heiligenpfad
Krummgewann
Auf den Rechen
Platte
1 = Traubenstraße
2 = Ringstraße
3 = Kirchgasse
1 = Pfaffenpfad
2 = Dekan-Horst-Straße
3 = Rieslingweg
4 = Scheurebenweg
5 = Armsheimer Straße
6 = Uffhofener Straße
1=Borngasse
2=Backhausstraße
3=Schusterstraße
4=Pfarrgasse
5=Zum Martinsberg
6=In der Heidenhecke
1=Theodor-Lutz-Straße
2=Schulstraße
3=Palmberg
4=Lambertusweg
Neubaugeb. Auf d. Bein
Neubaugeb. Flonhmr. Weg II
55546
55597
55599
55234
420
321
348

Gumbsheim
Eckelsheim
(zu VBG Wöllstein)
Ortsteil Uffhofen
(zu Flonheim)
Wendelsheim
(zu VBG Wöllstein)
Windpark
Nill
Herzgebein
Platte
(zu Wöllstein)
(zu Gau-Bickelheim)
Schwarzenberg
Streitberg
Borntal
(zu Wallertheim)
Kehr-gewann
Sommer-flur
Hinter Offenborn
Vogelsang
Rohrbach
Menhir KD
Krumm-gewann
Kuhhimmel
Ochsental
Kampenbaum
Lang-gewann
1= Siefersheimer Weg
2= An den Gärten
Palmberg
Seewiese
Auf der Kühlschöpp
Galgen-gewann
Vollöcher
Leimen
Friedhof
Aussiedlerhof Bubenstein
Bubenstein
1=Gosselsheimer Straße
2=Im Ried
Brach-weg
Zehntplatz
Schell
Binger Berg
Wasserland
Schwarz-gewann
Kisselberg
Neuberg
Höll
Ruine Bellerkirche
Villa Bäder
Ringelberg
Wäld-chen
18 Morgen
Wasserland
Biotop
1=Hinter den Gärten
2=Poststraße
3=Weedstraße
Heide-loch
Kies
Steigerberg
Pfaffenberg
Galgen
(zu Wonsheim)
Zu Niß
In der Pfühlen
Über-stoß
Riedborn-graben
Raben-gewann
Geistermühle
Adelberg
Weinrich
Rabenkanzel
Schneeberg
Weißes Häuschen
Auf der Platte
Im Holzweg
Gold-berg
Roderweg
Am Kreuz
Wonsheimer Straße
Am Geisterweg
(zu Erbes-Büdesheim)
Aulheimer-mühlen
Sandstein
Jüd. Friedhof
Adelberg Stadion
Wendelsheimer Straße
Hauptstraße
Am Obertor
Obergasse
Alzeyer Str.
Lang-gasse
Wiesbach
55597
55599
55578
55234
322
202
200
228
252
347

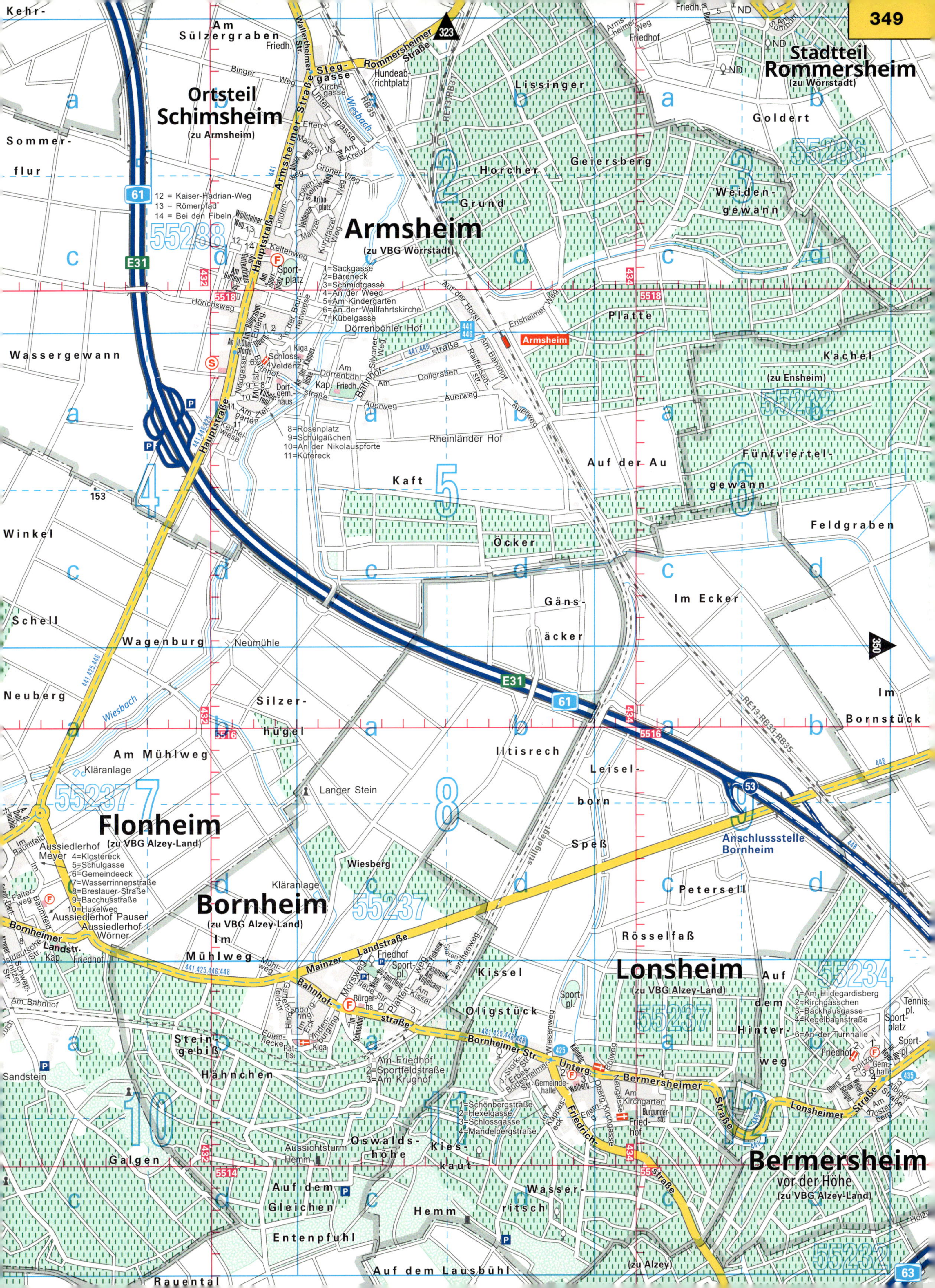
Ortsteil Schimsheim
(zu Armsheim)
Armsheim
(zu VBG Wörrstadt)
Stadtteil Rommersheim
(zu Wörrstadt)
Flonheim
(zu VBG Alzey-Land)
Bornheim
(zu VBG Alzey-Land)
Lonsheim
(zu VBG Alzey-Land)
Bermersheim
vor der Höhe
(zu VBG Alzey-Land)
Am Sülzergraben
Sommer-flur
Wassergewann
Winkel
Schell
Wagenburg
Neumühle
Neuberg
Silzer-hügel
Am Mühlweg
Kläranlage
Langer Stein
Wiesberg
Lissinger
Horcher
Grund
Geiersberg
Goldert
Weiden-gewann
Platte
Kachel
(zu Ensheim)
Fünfviertel-gewann
Auf der Au
Feldgraben
Kaft
Öcker
Gäns-äcker
Im Ecker
Im Bornstück
Rheinländer Hof
Dörrenböhler Hof
Iltisrech
Leisel-born
Speß
Petersell
Rösselfaß
Anschlussstelle Bornheim
Kissel
Oligstück
Auf dem Hinter-weg
Stein-gebiß
Hähnchen
Galgen
Sandstein
Oswalds-höhe
Kies-kaut
Auf dem Gleichen
Entenpfuhl
Hemm
Wasser-ritsch
Auf dem Lausbühl
Rauental
Aussichtsturm
(zu Alzey)
12 = Kaiser-Hadrian-Weg
13 = Römerpfad
14 = Bei den Fibeln
1=Sackgasse
2=Bäreneck
3=Schmidtgasse
4=An der Weed
5=Am Kindergarten
6=An der Wallfahrtskirche
7=Kübelgasse
8=Rosenplatz
9=Schulgäßchen
10=An der Nikolauspforte
11=Küfereck
4=Klostereck
5=Schulgasse
6=Gemeindeeck
7=Wasserrinnenstraße
8=Breslauer Straße
9=Bacchusstraße
10=Huxelweg
Aussiedlerhof Meyer
Aussiedlerhof Pauser
Aussiedlerhof Wörner
1=Am Friedhof
2=Sportfeldstraße
3=Am Krughof
1=Schönbergstraße
2=Hexelgasse
3=Schlossgasse
4=Mandelbergstraße
1=Am Hildegardisberg
2=Kirchgässchen
3=Backhausgasse
4=Kegelbahnstraße
6=An der Turnhalle
Hauptstraße
Armsheimer Straße
Rommersheimer Straße
Bornheimer Landstr.
Mainzer Landstraße
Bahnhofstraße
Bornheimer Str.
Unterg. Bermersheimer Straße
Lonsheimer Straße
Friedrichstraße
Auerweg
Dollgraben
Ensheimer Weg
Armsheim
Wiesbach
E31
61
53
63
55288
55237
55234
55232
55286
5518
5516
5514
1
2
3
4
5
6
7
8
9
10
11
12
323
350

55286
(zu Wörrstadt)
Brand
Mergelgewann
Grubenmorgen
Naturdenkmal
Osterd
Erbesberg
Am Fischbaum
Außenliegende Gebäude
Oberlach
Wolfsberg
251
Sommersee
Stübberg
Ensheim
(zu VBG Wörrstadt)
55232
Kachel
Spiesheim
(zu VBG Wörrstadt)
55288
Langgewann
Kläranlage
Mainzer Straße
Alzeyer Straße
Oberstraße
Kirchstr.
Neustr.
Am Zollstock
Sportpl.
Friedhof
1=Schloßhügel
2=Kirchgasse
3=Hahnengasse
4=Am Brunnen
5=An der Eiche
6=Schlaggasse
7=Untergasse
8=Bahrenweg
9=Mittelgasse
Benn
Schild
Oberwiese
Feldgraben
Kalkofen
Pelmer
Hinter Homberg
Auf der Lach
Kaiserstraße
Distelberg
Im Entenpfuhl
Im Sauborn
Hochgewann
Im Bornstück
Kläranlage
Im Kronkreuz
Gasser Berg
Anschlussstelle Biebelnheim
Auf der Neulanden
Im Bruch
Trappenschluß
Rennelberg
Rother Berg
Zu Roht
Ochsenberg
Im Albiger Weg
Hinter-
Berg
218
Kipbaumer Berg
Im Flutgraben
Am Hasensteil
An der Langwiese
Im Ahlenborn
Heimersheimer Bach
Hundskopf
216
Auf dem Fels
Im Tal
Spiesheimer Straße
Karschackerberg
Homberg
Zu Kahlgrube
Im Spies
Im Diebspfad
5=Silvaner Weg
55234
Albig
(zu VBG Alzey-Land)
Auf der Eiss
Hintergewann
Zu Weidersweiden
Bermersheim vor der Höhe
(zu VBG Alzey-Land)
Kreuz Alzey
Langgasse
Auf der Anweid
Mullerberg
Am Sumpfborn
1=Am Heidenpfad
2=Turnergasschen
3=Schulgasschen
4=Im Deutschen Hof
Am Pfaffensee
Holzweg
Kiga

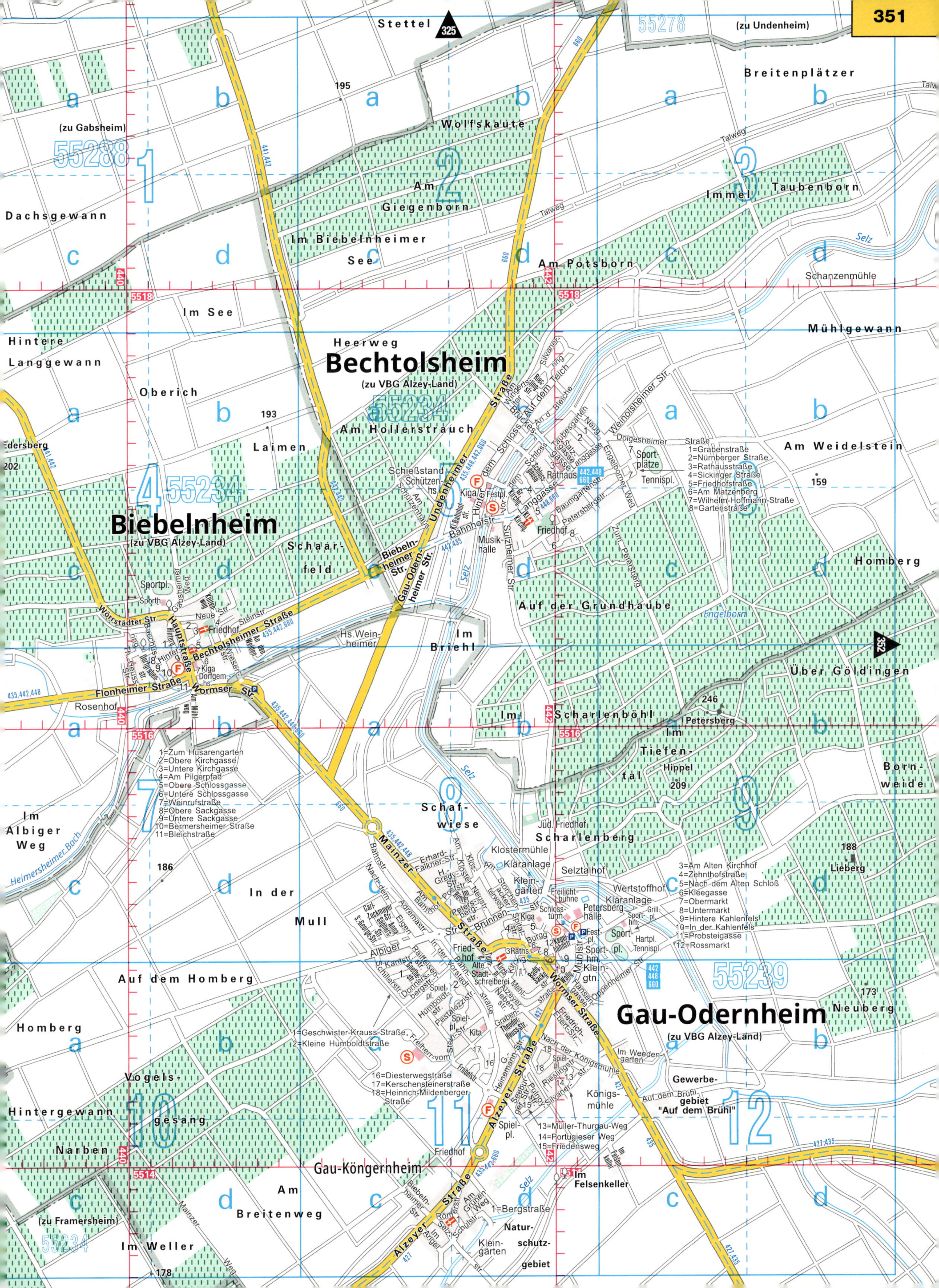
Stettel
325
55278
(zu Undenheim)
Breitenplätzer
195
Wolfskaute
(zu Gabsheim)
55288
1
2
3
Am
Giegenborn
Immel
Taubenborn
Dachsgewann
Im Biebelnheimer
See
Am Potsborn
Selz
Schanzenmühle
5518
Im See
Mühlgewann
Hintere
Langgewann
Heerweg
Bechtolsheim
(zu VBG Alzey-Land)
55234
Oberich
193
Am Hollerstrauch
Am Weidelstein
Edersberg
202
Laimen
Schießstand
Schützenhs.
Sportplätze
Tennispl.
159
4
55234
5
6
Biebelnheim
(zu VBG Alzey-Land)
Schaar-
feld
Kiga
Rathaus
Friedhof
Musikhalle
Undenheimer Straße
Bahnhofstr.
Langgasse
Weinolsheimer Str.
1=Grabenstraße
2=Nürnberger Straße
3=Rathausstraße
4=Sickinger Straße
5=Friedhofstraße
6=Am Matzenberg
7=Wilhelm-Hoffmann-Straße
8=Gartenstraße
Homberg
Sportpl.
Auf der Grundhaube
Engelborn
Worrstädter Str.
Hauptstraße
Bechtolsheimer Straße
Friedhof
Hs. Weinheimer
Im
Briehl
332
Über Göldingen
Flonheimer Straße
Wormser Str.
Rosenhof
Im
Scharlenböhl
246
Petersberg
5516
Im
Tiefen-
tal
Hippel
209
Born-
weide
1=Zum Husarengarten
2=Obere Kirchgasse
3=Untere Kirchgasse
4=Am Pilgerpfad
5=Obere Schlossgasse
6=Untere Schlossgasse
7=Weinrufstraße
8=Obere Sackgasse
9=Untere Sackgasse
10=Bermersheimer Straße
11=Bleichstraße
7
8
9
Im
Albiger
Weg
Heimersheimer Bach
Schaf-
wiese
Jüd. Friedhof
Scharlenberg
Klostermühle
Kläranlage
Selztalhof
188
Lieberg
186
In der
Mull
Mainzer Straße
Wertstoffhof
Kläranlage
Petersberghalle
3=Am Alten Kirchhof
4=Zehnthofstraße
5=Nach dem Alten Schloß
6=Kleegasse
7=Obermarkt
8=Untermarkt
9=Hintere Kahlenfels
10=In der Kahlenfels
11=Probsteigasse
12=Rossmarkt
Auf dem Homberg
55239
173
Neuberg
Homberg
Gau-Odernheim
(zu VBG Alzey-Land)
1=Geschwister-Krauss-Straße
2=Kleine Humboldtstraße
Wormser Straße
16=Diesterwegstraße
17=Kerschensteinerstraße
18=Heinrich-Mildenberger-Straße
Vogels-
gesang
10
11
12
Hintergewann
Königsmühle
Gewerbegebiet
"Auf dem Brühl"
Alzeyer Straße
13=Müller-Thurgau-Weg
14=Portugieser Weg
15=Friedensweg
Narben
Friedhof
Gau-Köngernheim
5514
Im
Felsenkeller
Am
Breitenweg
(zu Framersheim)
55234
Im Weller
178
1=Bergstraße
Natur-
schutz-
gebiet
Klein-
gärten

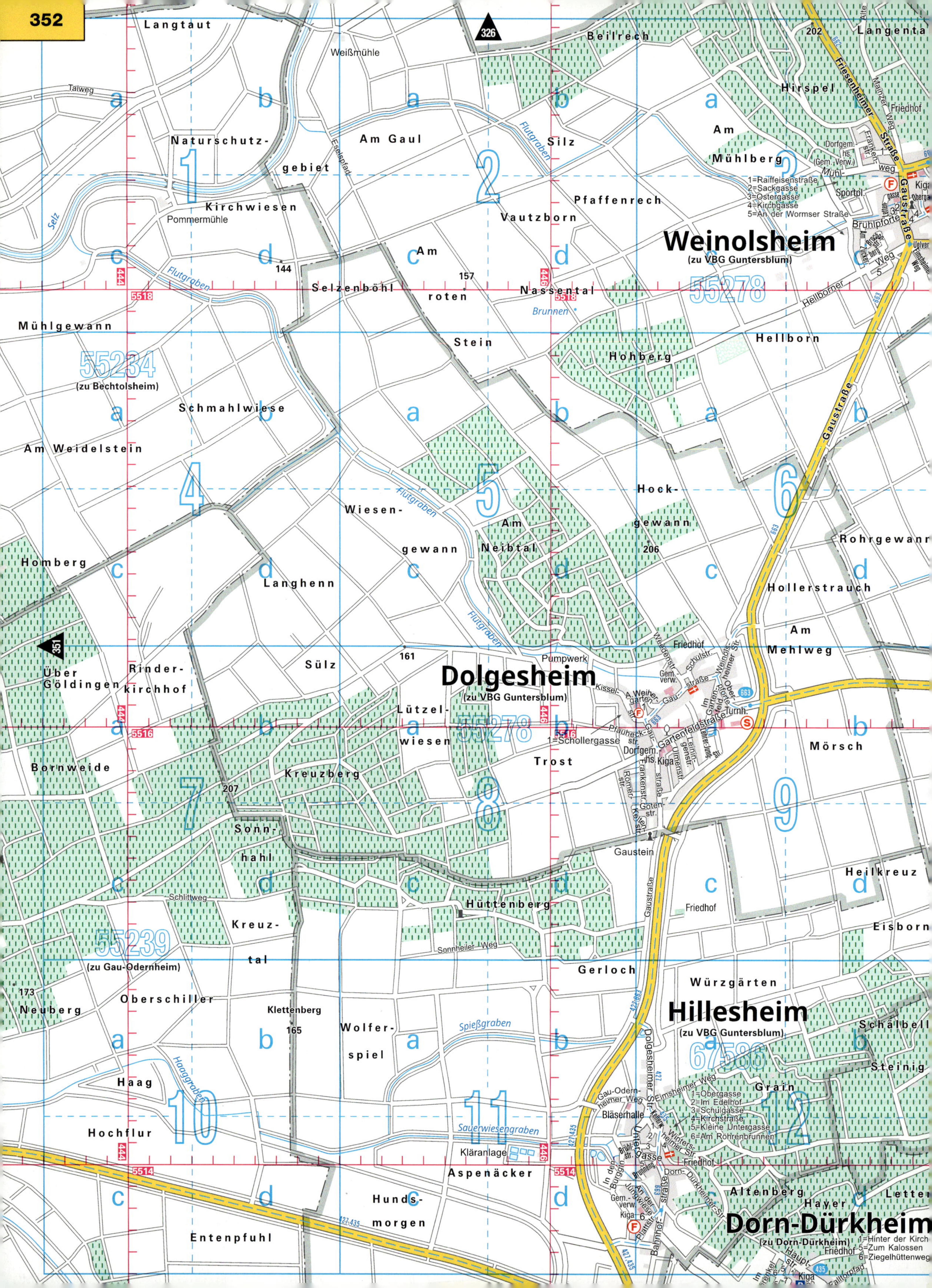
Langtaut
Weißmühle
Beilrech
Langenta
Hirspel
Friesenheimer Straße
Talweg
Naturschutz-
gebiet
Am Gaul
Flutgraben
Silz
Am
Mühlberg
Selz
Kirchwiesen
Pommermühle
Pfaffenrech
Vautzborn
1=Raiffeisenstraße
2=Sackgasse
3=Ostergasse
4=Kirchgasse
5=An der Wormser Straße
Weinolsheim
(zu VBG Guntersblum)
55278
Gaustraße
Sportpl.
Brühlpforte
Am
roten
Stein
Selzenböhl
Nassental
Brunnen
Hellborn
Mühlgewann
55234
(zu Bechtolsheim)
Hohberg
Schmahlwiese
Am Weidelstein
Wiesen-
gewann
Am
Neibtal
Hock-
gewann
Rohrgewann
Homberg
Langhenn
Hollerstrauch
Am
Mehlweg
Über
Göldingen
Rinder-
kirchhof
Sülz
Pumpwerk
Friedhof
Dolgesheim
(zu VBG Guntersblum)
Lützel-
wiesen
1=Schollergasse
Trost
Mörsch
Bornweide
Kreuzberg
Gaustein
Sonn-
hahl
Hüttenberg
Heilkreuz
Schlittweg
Kreuz-
tal
Friedhof
Eisborn
55239
(zu Gau-Odernheim)
Sonnheiler Weg
Gerloch
Würzgärten
Neuberg
Oberschiller
Klettenberg
Wolfer-
spiel
Spießgraben
Hillesheim
(zu VBG Guntersblum)
67586
Schälbell
Steinig
Haag
Haaggraben
Grain
1=Obergasse
2=Im Edelhof
3=Schulgasse
4=Kirchstraße
5=Kleine Untergasse
6=Am Rohrenbrunnen
Hochflur
Sauerwiesengraben
Kläranlage
Bläserhalle
Friedhof
Aspenäcker
Hunds-
morgen
Altenberg
Hayer
Letten
Entenpfuhl
Dorn-Dürkheim
(zu Dorn-Dürkheim)
1=Hinter der Kirch
5=Zum Kalossen
6=Ziegelhüttenweg
Friedhof
Dolgesheimer Str.
Unter Gasse
Bahnhofstraße

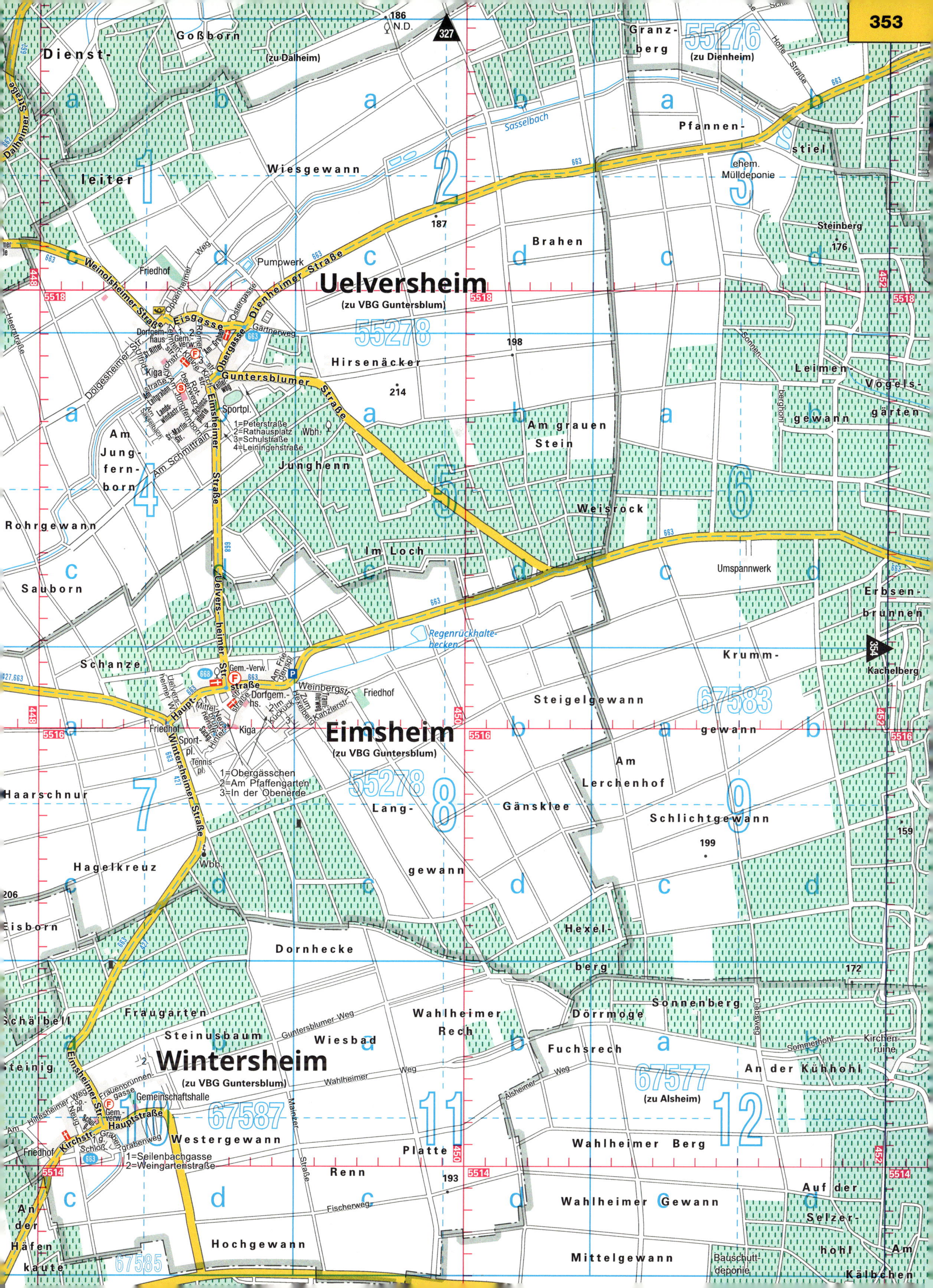
Gоßborn
(zu Dalheim)
Dienst-
leiter
Dalheimer Straße
Wiesgewann
Sasselbach
Granz-
berg
55276
(zu Dienheim)
Pfannen-
stiel
ehem.
Mülldeponie
Steinberg
176
187
Pumpwerk
Friedhof
Weinolsheimer Straße
Dienheimer Straße
Uelversheim
(zu VBG Guntersblum)
Brahen
Fisgasse
Obergasse
Ostergasse
Gärtnerweg
55278
Hirsenäcker
198
214
Guntersblumer Straße
Dolgesheimer Str.
Kiga
Sportpl.
1=Peterstraße
2=Rathausplatz
3=Schulstraße
4=Leiningenstraße
Wbh.
Am
Jung-
fern-
born
Am Schmittrain
Eimsheimer Straße
Junghenn
Am grauen
Stein
Leimen-
gewann
Vögels-
gärten
Weisröck
Rohrgewann
Im Loch
Sauborn
Umspannwerk
Erbsen-
brunnen
Regenrückhalte-
becken
Uelversheimer Str.
Schanze
Krumm-
Kachelberg
Gem.-Verw.
Weinbergstr.
Friedhof
Steigelgewann
67583
gewann
Dorfgem.-
hs.
Kanzlerstr.
Kiga
Eimsheim
(zu VBG Guntersblum)
Am
Lerchenhof
Friedhof
Sport-
pl.
Tennis-
pl.
Wintersheimer Straße
1=Obergässchen
2=Am Pfaffengarten
3=In der Obenerde
Haarschnur
55278
Lang-
gewann
Gänsklee
Schlichtgewann
199
159
Hagelkreuz
Wbh.
206
Eisborn
Hexel-
berg
Dornhecke
172
Schälbell
Fraugarten
Sonnenberg
Dörrmoge
Steinusbaum
Guntersblumer-Weg
Wiesbad
Wahlheimer
Rech
Fuchsrech
Sommerhohl
Kirchen-
ruine
Steinig
Wintersheim
(zu VBG Guntersblum)
Wahlheimer Weg
Alsheimer Weg
67577
(zu Alsheim)
An der Kühnhohl
Eimsheimer Str.
Gemeinschaftshalle
67587
Hauptstraße
Westergewann
Mainzer Straße
Platte
Wahlheimer Berg
Friedhof
Kirchstr.
Schloß
1=Seilenbachgasse
2=Weingartenstraße
Renn
193
Auf der
Selzer-
hohl
Fischerweg
Wahlheimer Gewann
An
der
Häfen
kaute
Hochgewann
Mittelgewann
Bauschutt-
deponie
Am
Kälbchen
67585

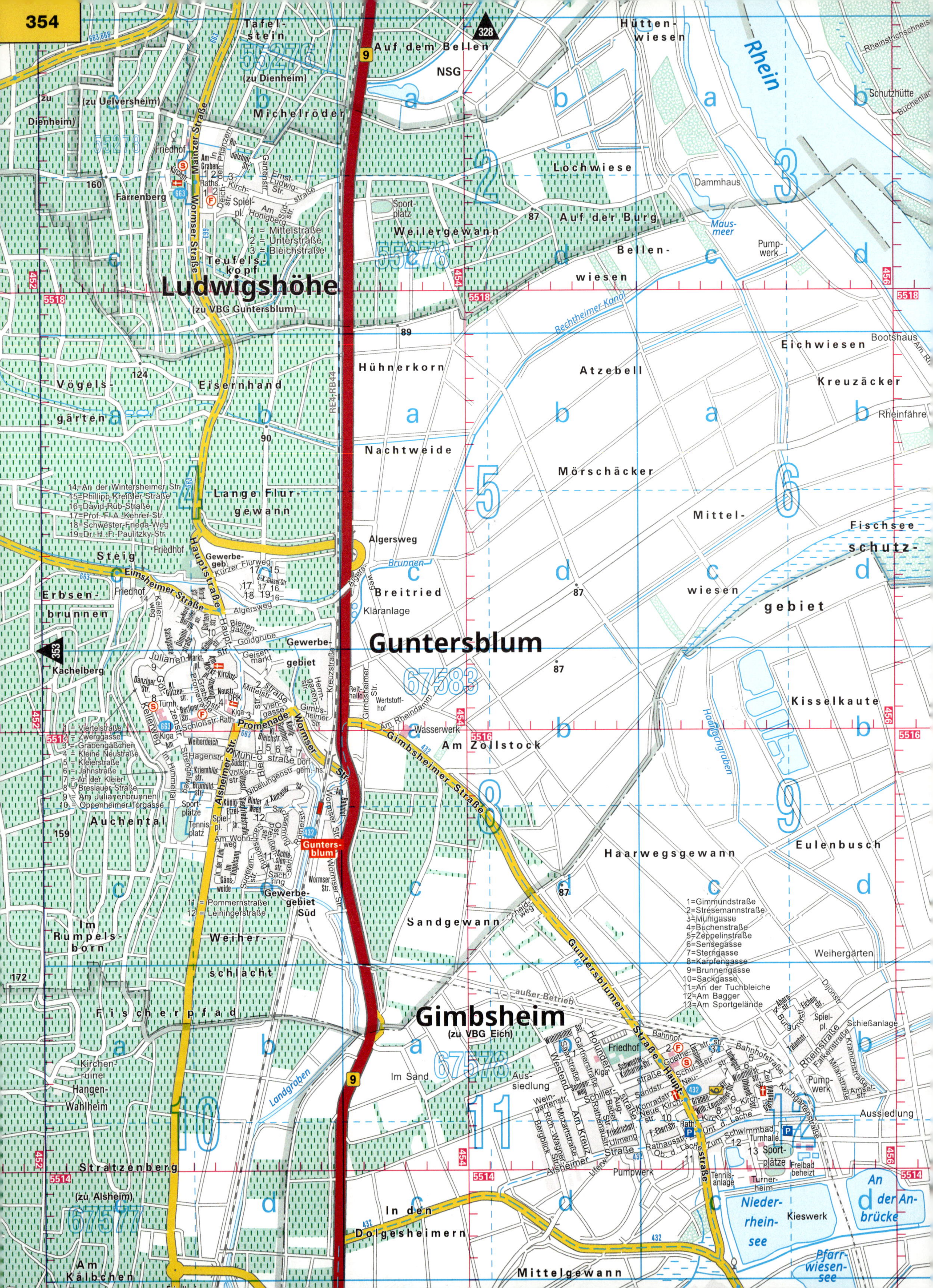
Ludwigshöhe
(zu VBG Guntersblum)
Guntersblum
Gimbsheim
(zu VBG Eich)
Rhein
Tafelstein
(zu Dienheim)
(zu Uelversheim)
zu Dienheim
Michelröder
Farrenberg
Friedhof
Mainzer Straße
Wormser Straße
Teufelskopf
Auf dem Bellen
NSG
Hüttenwiesen
Lochwiese
Dammhaus
Mausmeer
Pumpwerk
Auf der Burg
Weilergewann
Sportplatz
Bellenwiesen
1 = Mittelstraße
2 = Unterstraße
3 = Bleichstraße
Schutzhütte
Rheinstrichschneise
Bechtheimer Kanal
Eichwiesen
Bootshaus
Hühnerkorn
Atzebell
Kreuzäcker
Rheinfähre
Vögelsgärten
Eisernhand
Nachtweide
Mörschäcker
Lange Flurgewann
14=An der Wintersheimer Str.
15=Phillipp-Kreißler-Straße
16=David-Rub-Straße
17=Prof.-F.-A.-Kehrer-Str.
18=Schwester-Frieda-Weg
19=Dr.-H.-Fr.-Paulitzky-Str.
Mittelwiesen
Fischsee
schutzgebiet
Steig
Eimsheimer Straße
Hauptstraße
Algersweg
Brunnen
Breitried
Kläranlage
Erbsenbrunnen
Kachelberg
Gewerbegebiet
Kreuzstraße
Kisselkaute
Wasserwerk
Am Zollstock
Gimbsheimer Straße
Am Rheindamm
Wertstoffhof
Promenade
Wormser Str.
Alsheimer Str.
1 = Viertelstraße
2 = Zwerggasse
3 = Grabengäßchen
4 = Kleine Neustraße
5 = Jahnstraße
6 = Kleierstraße
7 = An der Kleier
8 = Breslauer Straße
9 = Am Juliangenbrunnen
10 = Oppenheimer Torgasse
Auchental
Haarwegsgewann
Eulenbusch
Hangelgraben
Gewerbegebiet Süd
11 = Pommernstraße
12 = Leiningerstraße
Sandgewann
Guntersblumer Straße
1=Gimmundstraße
2=Stresemannstraße
3=Mühlgasse
4=Buchenstraße
5=Zeppelinstraße
6=Sensegasse
7=Sterngasse
8=Karpfengasse
9=Brunnengasse
10=Sackgasse
11=An der Tuchbleiche
12=Am Bagger
13=Am Sportgelände
Weihergärten
Im Rumpelsborn
Weiherschlacht
Fischerpfad
außer Betrieb
Schießanlage
Rheinstraße
Kirchenruine
Hangen-Wahlheim
Im Sand
Landgraben
Aussiedlung
Pumpwerk
Stratzenberg
(zu Alsheim)
Niederrheinsee
Kieswerk
An der Anbrücke
Sportplätze
Turnhalle
Freibad beheizt
In den Dolgesheimern
Am Kälbchen
Mittelgewann
Pfarrwiesensee
55276
55278
67583
67578
67577
5518
5516
5514
452
454
456

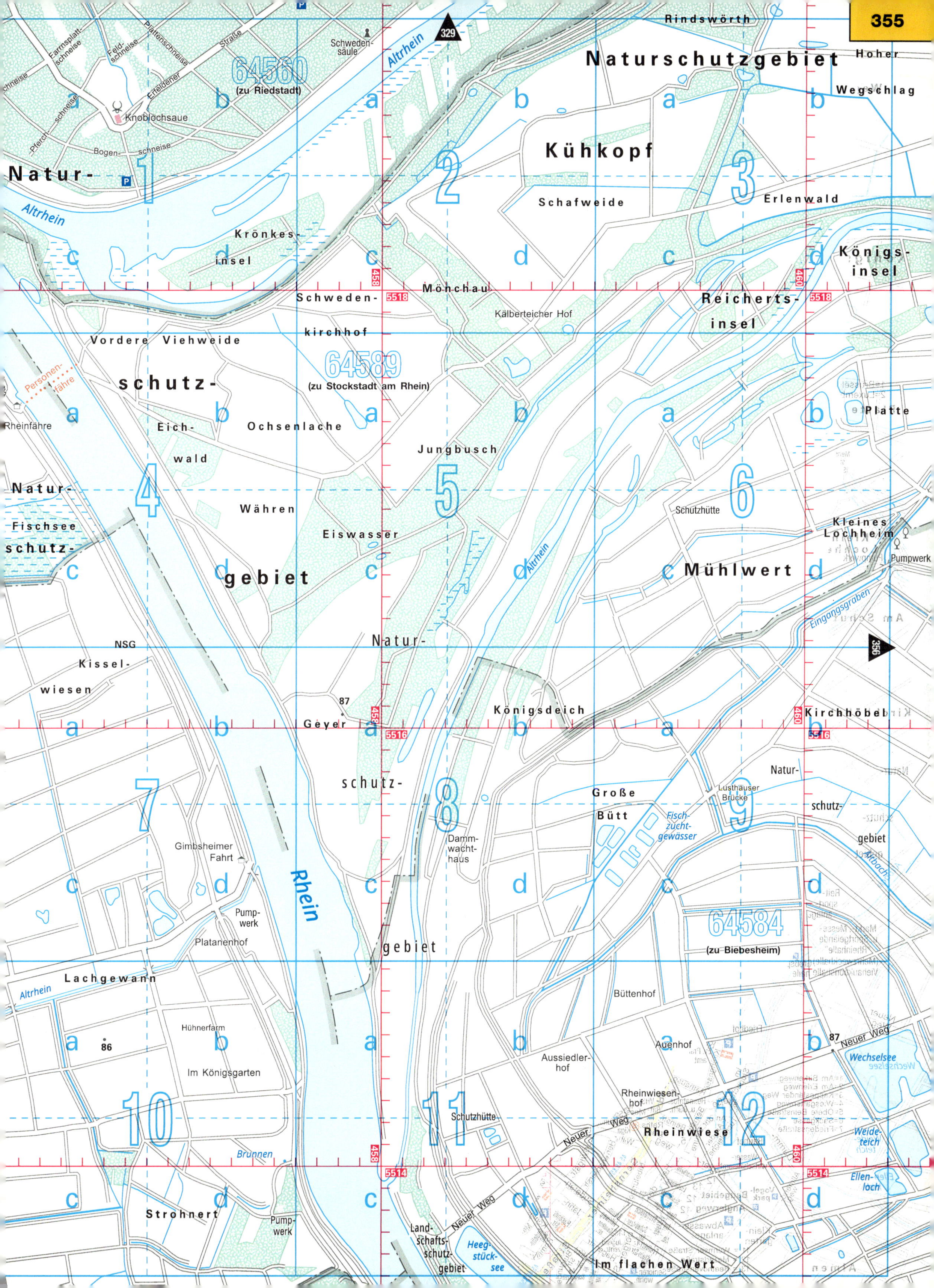
Rindswörth
Naturschutzgebiet
Hoher
Wegschlag
Kühkopf
Schafweide
Erlenwald
Königsinsel
Reichertsinsel
Mönchau
Kälberteicher Hof
Schwedenkirchhof
Schwedensäule
Altrhein
Knoblochsaue
64560 (zu Riedstadt)
Naturschutzgebiet
Krönkesinsel
Vordere Viehweide
64589 (zu Stockstadt am Rhein)
Personenfähre
Rheinfähre
Eichwald
Ochsenlache
Jungbusch
Platte
Währen
Eiswasser
Fischsee
Schutzhütte
Kleines Lochheim
Pumpwerk
Mühlwert
Eingangsgraben
NSG Kisselwiesen
Königsdeich
Geyer
87
Kirchhöbel
Große Bütt
Fischzuchtgewässer
Lusthäuser Brücke
Dammwachthaus
Gimbsheimer Fahrt
Rhein
Pumpwerk
Platanenhof
64584 (zu Biebesheim)
Lachgewann
Büttenhof
Hühnerfarm
86
Im Königsgarten
Auenhof
Aussiedlerhof
Neuer Weg
Wechselsee
Rheinwiesenhof
Rheinwiese
Schutzhütte
Weideteich
Brunnen
Ellenloch
Strohnert
Landschaftsschutzgebiet
Heegstücksee
Im flachen Wert
329
356

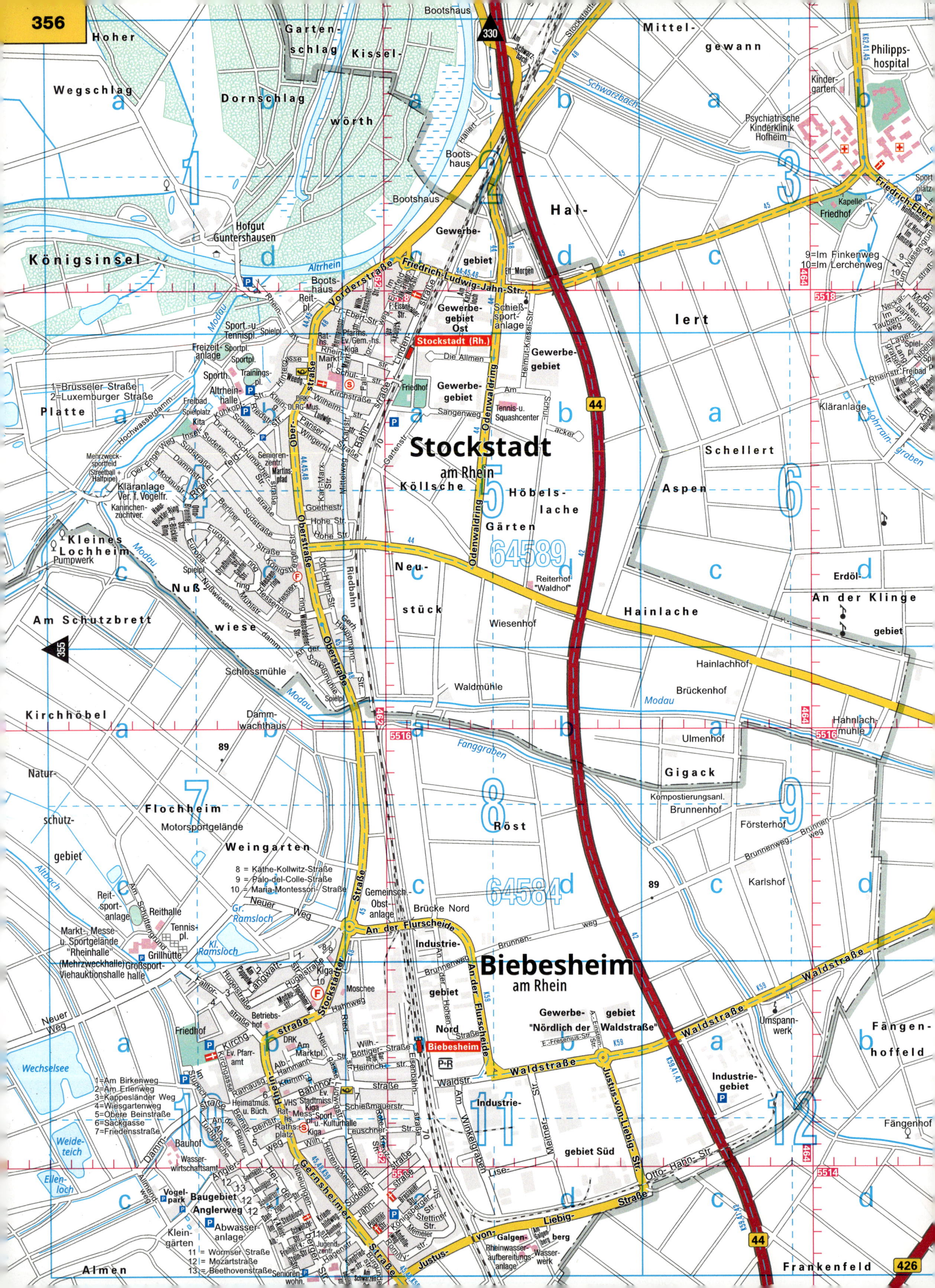

Stockstadt
am Rhein
Biebesheim
am Rhein
64589
64584
Königsinsel
Hofgut Guntershausen
Altrhein
Modau
Kleines Lochheim
Am Schutzbrett
Kirchhöbel
Natur-
schutz-
gebiet
Flochheim
Motorsportgelände
Weingarten
Wechselsee
Weideteich
Mittel-
gewann
Philipps-
hospital
Psychiatrische Kinderklinik Hofheim
Hal-
lert
Schellert
Aspen
Hainlache
Hainlachhof
Brückenhof
Ulmenhof
Gigack
Brunnenhof
Försterhof
Karlshof
Röst
Waldstraße
Industrie-
gebiet Süd
Fängen-
hoffeld
Frankenfeld
Almen
1=Brüsseler Straße
2=Luxemburger Straße
8 = Käthe-Kollwitz-Straße
9 = Palo-del-Colle-Straße
10 = Maria-Montessori-Straße
1=Am Birkenweg
2=Am Erlenweg
3=Kappeländer Weg
4=Wiesgartenweg
5=Obere Beinstraße
6=Sackgasse
7=Friedensstraße
11 = Wormser Straße
12 = Mozartstraße
13 = Beethovenstraße
9=Im Finkenweg
10=Im Lerchenweg
355
426

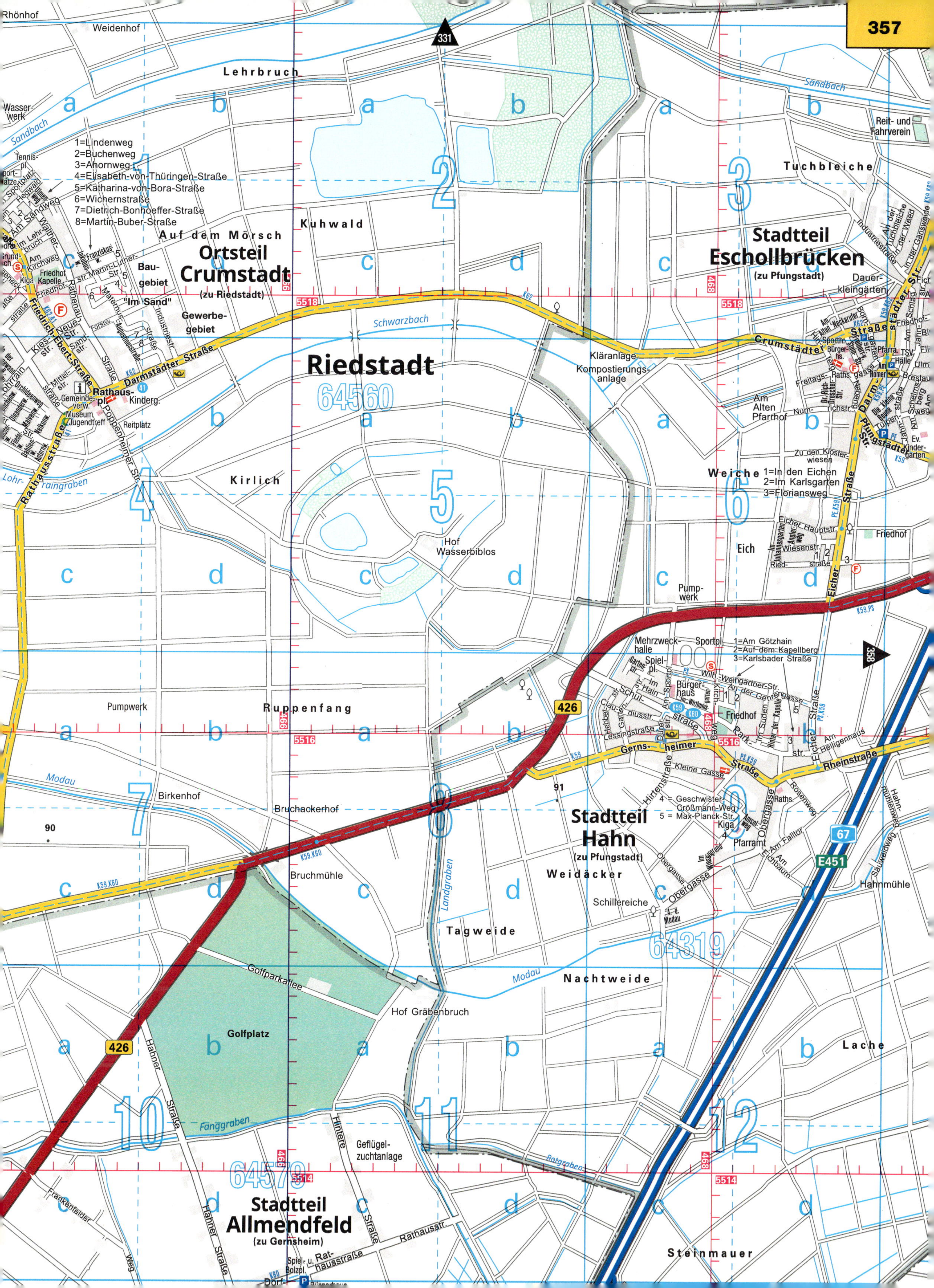
Rhönhof
Weidenhof
Lehrbruch
Wasserwerk
Sandbach
1=Lindenweg
2=Buchenweg
3=Ahornweg
4=Elisabeth-von-Thüringen-Straße
5=Katharina-von-Bora-Straße
6=Wichernstraße
7=Dietrich-Bonhoeffer-Straße
8=Martin-Buber-Straße
Auf dem Mörsch
Kuhwald
Ortsteil
Crumstadt
(zu Riedstadt)
Baugebiet
"Im Sand"
Gewerbegebiet
Industriestr.
Darmstädter Straße
Friedrich-Ebert-Straße
Rathausstraße
Rathauspl.
Kinderg.
Reitplatz
Museum
Jugendtreff
Poppenheimer Str.
Schwarzbach
Riedstadt
64560
Kirlich
Lohrgraben
Hof Wasserbiblos
Kläranlage
Kompostierungsanlage
Tuchbleiche
Stadtteil
Eschollbrücken
(zu Pfungstadt)
Dauerkleingärten
Reit- und Fahrverein
Crumstädter Straße
Am Alten Pfarrhof
Weiche
1=In den Eichen
2=Im Karlsgarten
3=Floriansweg
Eich
Eicher Straße
Friedhof
Pumpwerk
Mehrzweckhalle
Sportpl.
1=Am Götzhain
2=Auf dem Kapellberg
3=Karlsbader Straße
Bürgerhaus
Friedhof
Gernsheimer Straße
Rheinstraße
Kleine Gasse
4 = Geschwister-Größmann-Weg
5 = Max-Planck-Str.
Kiga
Pfarramt
Raths.
Obergasse
Stadtteil
Hahn
(zu Pfungstadt)
Weidäcker
Schillereiche
Ruppenfang
Pumpwerk
Modau
Birkenhof
Bruchackerhof
Bruchmühle
Landgraben
Tagweide
Nachtweide
64319
Hahnmühle
E451
67
426
Golfparkallee
Golfplatz
Hof Gräbenbruch
Hahner Straße
Fanggraben
Geflügelzuchtanlage
Rotgraben
Lache
64579
Stadtteil
Allmendfeld
(zu Gernsheim)
Frankenfelder Weg
Rathausstr.
Rathausstraße
Steinmauer
331
358
5518
5516
5514

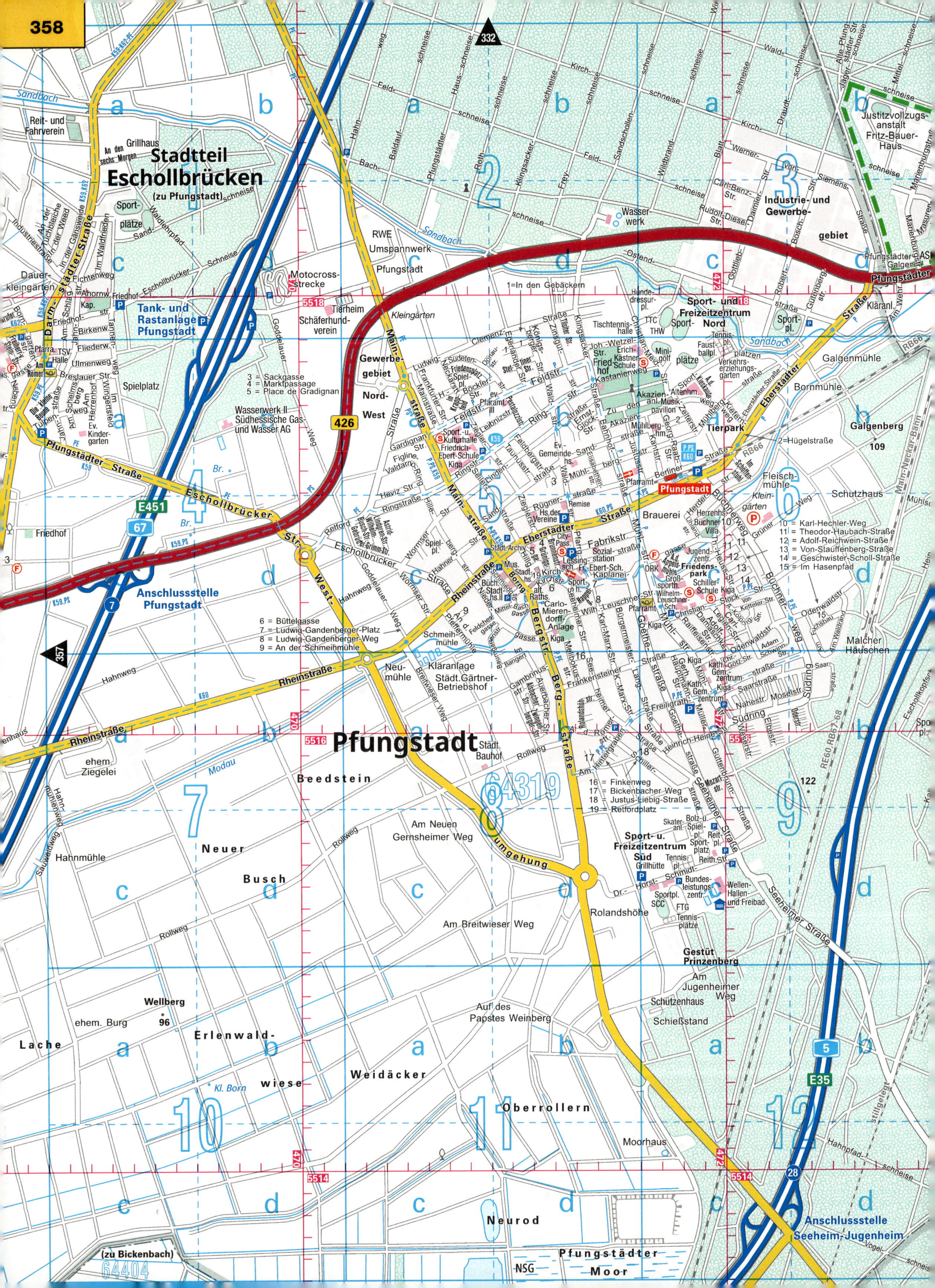
Stadtteil
Eschollbrücken
(zu Pfungstadt)
Pfungstadt
64319
Reit- und Fahrverein
Grillhaus
Sport-plätze
Dauer-kleingärten
Tank- und Rastanlage Pfungstadt
Anschlussstelle Pfungstadt
Motocross-strecke
Tierheim
Schäferhund-verein
RWE Umspannwerk Pfungstadt
Kleingärten
Gewerbe-gebiet
Nord-West
Wasserwerk II Südhessische Gas- und Wasser AG
3 = Sackgasse
4 = Marktpassage
5 = Place de Gradignan
Spielplatz
Kinder-garten
Friedhof
Wasser-werk
Industrie- und Gewerbe-gebiet
Justizvollzugs-anstalt Fritz-Bauer-Haus
Sport- und Freizeitzentrum Nord
1=In den Gebäckern
Tischtennis-halle
Mini-golf
Kläranl.
Galgenmühle
Bornmühle
Galgenberg
109
2=Hügelstraße
Tierpark
Schutzhaus
Fleisch-mühle
Klein-gärten
10 = Karl-Hechler-Weg
11 = Theodor-Haubach-Straße
12 = Adolf-Reichwein-Straße
13 = Von-Stauffenberg-Straße
14 = Geschwister-Scholl-Straße
15 = Im Hasenpfad
Malcher Häuschen
Brauerei
Pfungstadt
Remise
Fabrikstr.
Sozial-station
Jugend-zentr.
Friedens-park
6 = Büttelgasse
7 = Ludwig-Gandenberger-Platz
8 = Ludwig-Gandenberger-Weg
9 = An der Schmeihmühle
Schmeih-mühle
Neu-mühle
Kläranlage
Städt.Gärtner-Betriebshof
Städt. Bauhof
16 = Finkenweg
17 = Bickenbacher Weg
18 = Justus-Liebig-Straße
19 = Retfordplatz
Sport- u. Freizeitzentrum Süd
Wellen-Hallen- und Freibad
Rolandshöhe
Gestüt Prinzenberg
Am Jugenheimer Weg
Schützenhaus
Schießstand
Moorhaus
122
Anschlussstelle Seeheim-Jugenheim
Eschollbrücker Straße
Pfungstädter Straße
Rheinstraße
Mainstraße
Eberstädter Straße
Bergstraße
Umgehung
Seeheimer Straße
Hahnweg
Rollweg
Ehem. Ziegelei
Hahnmühle
Beedstein
Neuer Busch
Am Neuen Gernsheimer Weg
Am Breitwieser Weg
Wellberg
96
ehem. Burg
Lache
Erlenwald-wiese
Kl. Born
Weidäcker
Auf des Papstes Weinberg
Oberrollern
Neurod
Pfungstädter Moor
NSG
(zu Bickenbach)
64404
Sandbach
Modau
E451
67
E35
5
426
332
357

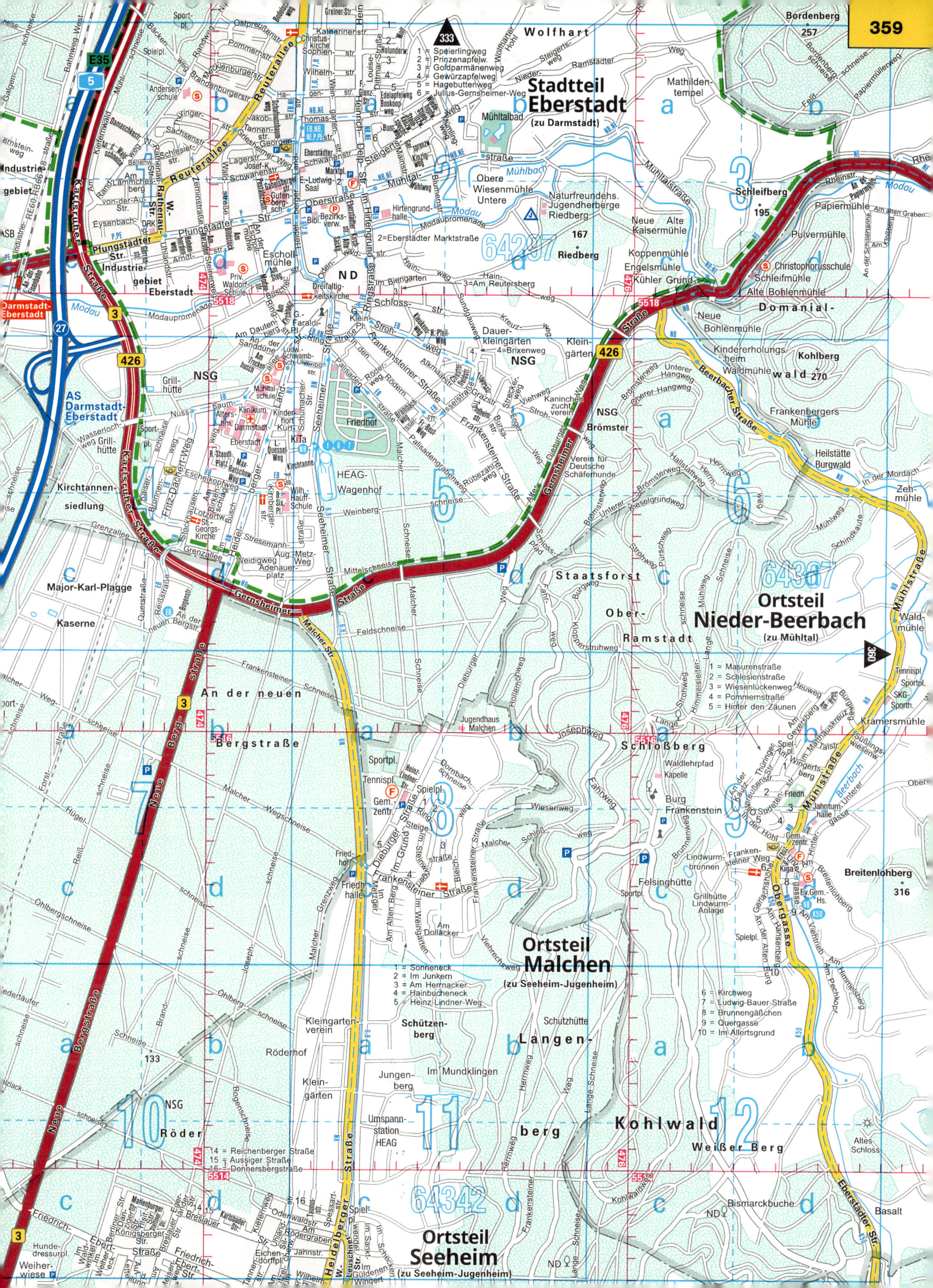
Stadtteil Eberstadt
(zu Darmstadt)
Ortsteil Nieder-Beerbach
(zu Mühltal)
Ortsteil Malchen
(zu Seeheim-Jugenheim)
Ortsteil Seeheim
(zu Seeheim-Jugenheim)
Wolfhart
Mathildentempel
Bordenberg
257
Mühltalbad
Obere Wiesenmühle
Untere
Naturfreundehs.
Jugendherberge
Riedberg
167
Riedberg
Neue Kaisermühle
Alte
Schleifberg
195
Papiermühle
Pulvermühle
Christophorusschule
Schleifmühle
Alte Bohlenmühle
Koppenmühle
Engelsmühle
Kühler Grund
Domanial-
Neue Bohlenmühle
Kindererholungsheim
Waldmühle
wald
Kohlberg
270
Frankenbergers Mühle
Heilstätte Burgwald
Zehmühle
Dauerkleingärten
Kleingärten
NSG
Brömster
Verein für Deutsche Schäferhunde
Staatsforst
Ober-
Ramstadt
Friedhof
HEAG-Wagenhof
Klinikum Darmstadt
Grillhütte
AS Darmstadt-Eberstadt
Darmstadt-Eberstadt
Industriegebiet Eberstadt
Kirchtannensiedlung
Major-Karl-Plagge Kaserne
An der neuen Bergstraße
Neue Bergstraße
Karlsruher Straße
Gernsheimer Straße
Heidelberger Straße
Mühltalstraße
Beerbacher Straße
Mühlstraße
Obergasse
Eberstädter Str.
Modau
Mühlbach
Beerbach
Schloßberg
Waldlehrpfad
Kapelle
Burg Frankenstein
Felsinghütte
Lindwurmbrunnen
Grillhütte Lindwurm-Anlage
Breitenlohberg
316
Jugendhaus Malchen
Sportpl.
Tennispl.
Schützenberg
Schutzhütte
Langen-
berg
Kohlwald
Weißer Berg
Kleingartenverein
Röderhof
Jungenberg
Im Mundklingen
Umspannstation HEAG
Röder
133
Bismarckbuche
Basalt
Altes Schloss
64297
64367
64342
1 = Masurenstraße
2 = Schlesienstraße
3 = Wiesenlückenweg
4 = Pommernstraße
5 = Hinter den Zäunen
6 = Kirchweg
7 = Ludwig-Bauer-Straße
8 = Brunnengäßchen
9 = Quergasse
10 = Im Allertsgrund
1 = Sonneneck
2 = Im Junkern
3 = Am Herrnacker
4 = Hainbucheneck
5 = Heinz-Lindner-Weg
14 = Reichenberger Straße
15 = Aussiger Straße
16 = Donnersbergstraße
1 = Speierlingweg
2 = Prinzenapfelw.
3 = Goldparmänenweg
4 = Gewürzapfelweg
5 = Hagebuttenweg
6 = Julius-Gernsheimer-Weg
2=Eberstädter Marktstraße
3=Am Reutersberg
4=Brixenweg
333
360

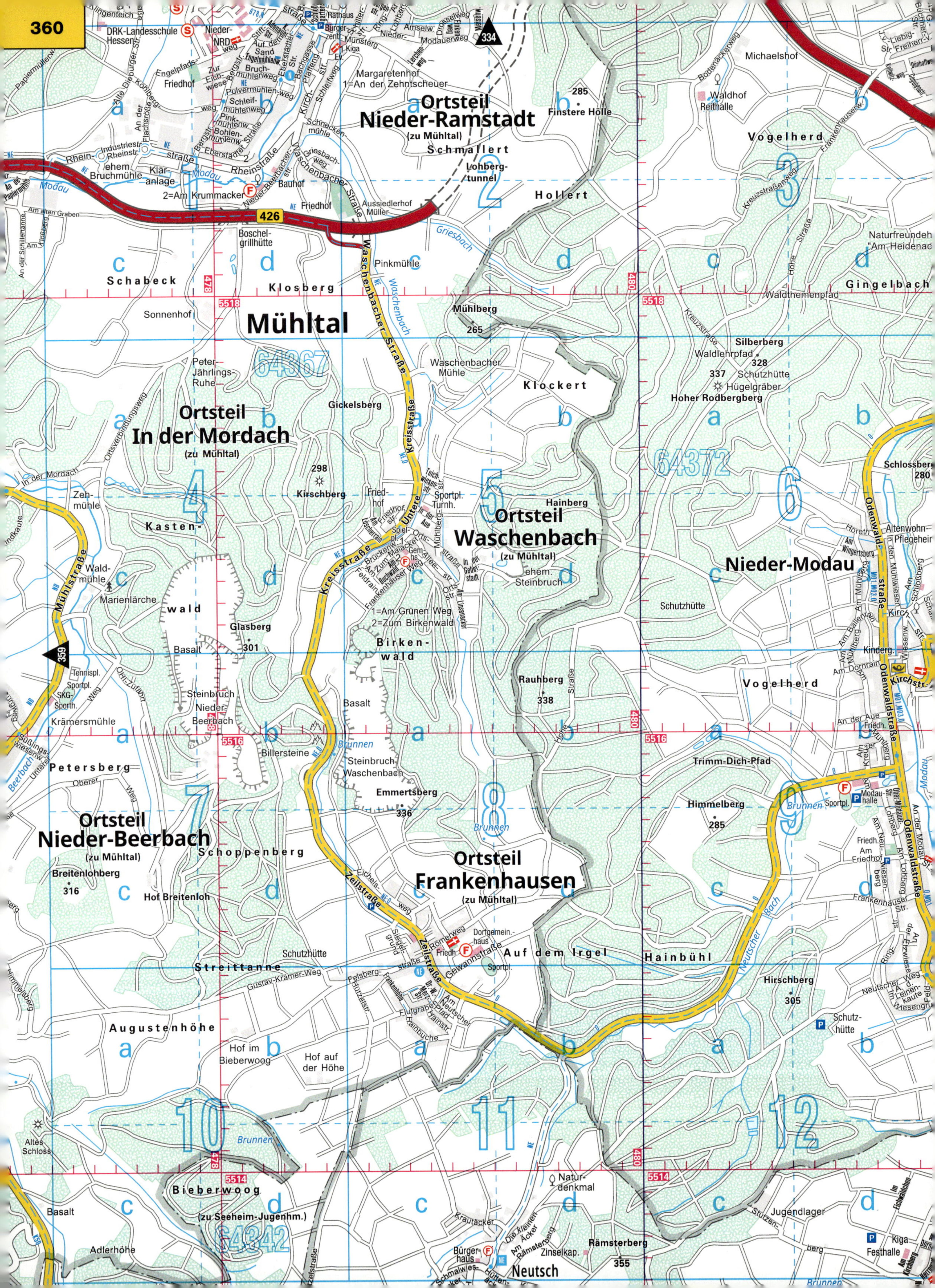

Ortsteil
Nieder-Ramstadt
(zu Mühltal)
Mühltal
64367
Ortsteil
In der Mordach
(zu Mühltal)
Ortsteil
Waschenbach
(zu Mühltal)
Nieder-Modau
64372
Ortsteil
Nieder-Beerbach
(zu Mühltal)
Ortsteil
Frankenhausen
(zu Mühltal)
Bieberwoog
(zu Seeheim-Jugenhm.)
64342
Neutsch
Schmallert
Hollert
Vogelherd
Michaelshof
Waldhof
Reithalle
Finstere Hölle
285
Schabeck
Klosberg
Sonnenhof
Pinkmühle
Mühlberg
265
Gingelbach
Silberberg
328
Hoher Rodbergberg
337
Schutzhütte
Hügelgräber
Waldlehrpfad
Klockert
Waschenbacher Mühle
Gickelsberg
Peter-Jährlings-Ruhe
Kirschberg
298
Kasten-
wald
Glasberg
301
Basalt
Steinbruch Nieder-Beerbach
Billersteine
Birkenwald
Steinbruch Waschenbach
Emmertsberg
336
Hainberg
ehem. Steinbruch
Rauhberg
338
Schlossberg
280
Trimm-Dich-Pfad
Himmelberg
285
Petersberg
Schoppenberg
Breitenlohberg
316
Hof Breitenloh
Streittanne
Schutzhütte
Auf dem Irgel
Hainbühl
Hirschberg
305
Augustenhöhe
Hof im Bieberwoog
Hof auf der Höhe
Altes Schloss
Basalt
Adlerhöhe
Naturdenkmal
Rämsterberg
355
Zinselkap.
Jugendlager
Kiga
Festhalle
Zehmühle
Waldmühle
Marienlärche
Krämersmühle
Lohbergtunnel
Aussiedlerhof Müller
Boschelgrillhütte
Rheinstraße
Klär-anlage
2=Am Krummacker
Bauhof
Friedhof
1=An der Zehntscheuer
Margaretenhof
Waschenbacher Straße
Kreisstraße
Untere
Odenwaldstraße
Zeilstraße
Gewannstraße
1=Am Grünen Weg
2=Zum Birkenwald
Modau
Waschenbach
Griesbach
Brunnen
Beerbach
Neutscher Bach
Dorfgemein.-haus
Modauhalle
Altenwohn-Pflegeheim
Sportpl.
Schutzhütte
426
334
359
478
480
5518
5516
5514
1
2
3
4
5
6
7
8
9
10
11
12

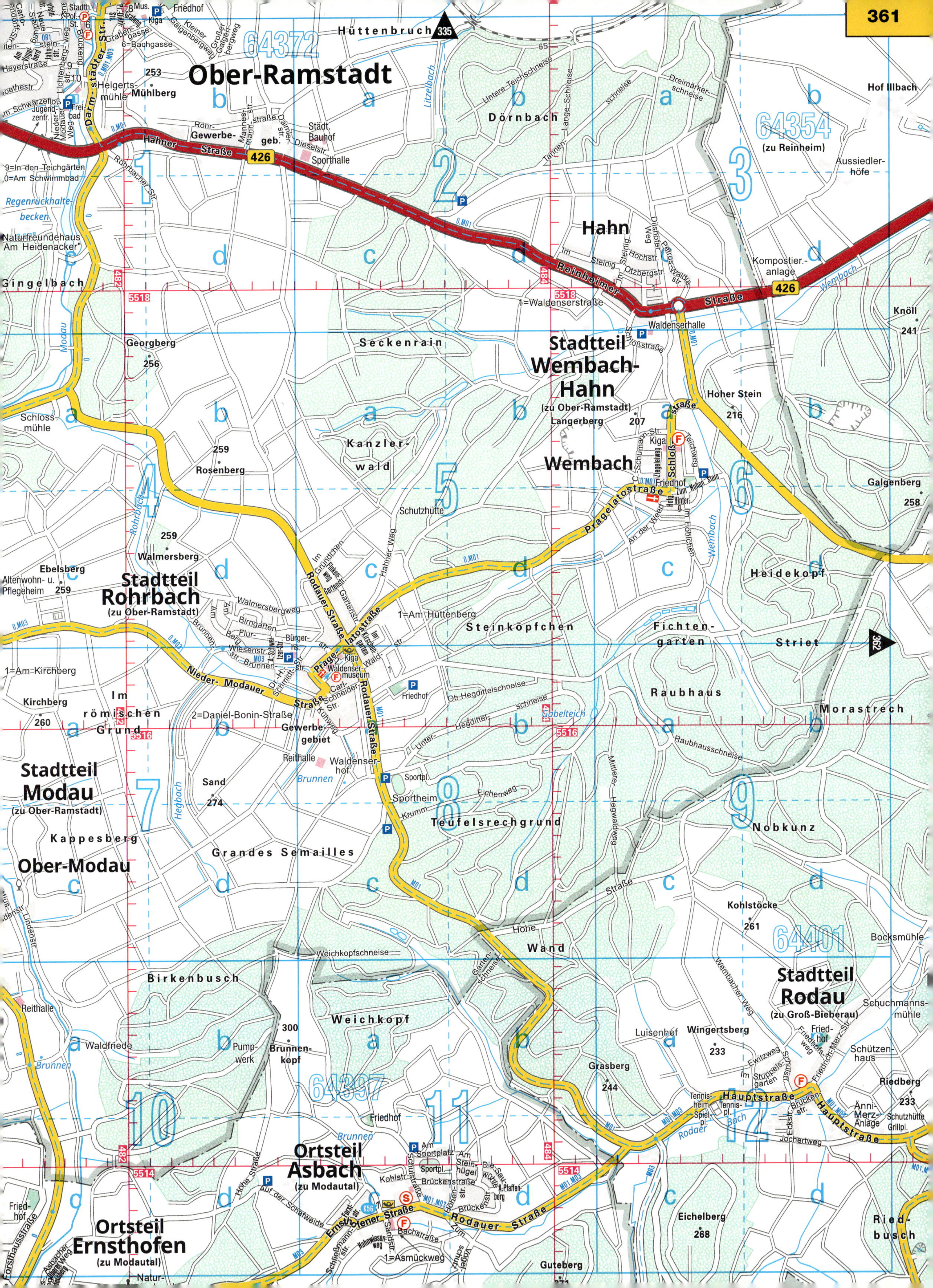

Ober-Ramstadt
Hüttenbruch
Dörnbach
Hahn
Reinheimer Straße
Stadtteil Wembach-Hahn
(zu Ober-Ramstadt)
Wembach
Pragelatostraße
Seckenrain
Kanzlerwald
Georgberg
Rosenberg
Walmersberg
Stadtteil Rohrbach
(zu Ober-Ramstadt)
Nieder-Modauer Straße
Rodauer Straße
Steinköpfchen
Fichtengarten
Striet
Raubhaus
Morastrech
Heidekopf
Hoher Stein
Galgenberg
Knöll
Hof Illbach
(zu Reinheim)
Kirchberg
Im römischen Grund
Stadtteil Modau
(zu Ober-Ramstadt)
Kappesberg
Ober-Modau
Sand
Grandes Semailles
Teufelsrechgrund
Nobkunz
Kohlstöcke
Hohe Wand
Birkenbusch
Weichkopf
Brunnenkopf
Grasberg
Wingertsberg
Stadtteil Rodau
(zu Groß-Bieberau)
Hauptstraße
Riedberg
Bocksmühle
Ortsteil Asbach
(zu Modautal)
Ortsteil Ernsthofen
(zu Modautal)
Eichelberg
Guteberg
Ried-busch
Waldfriede
Reithalle

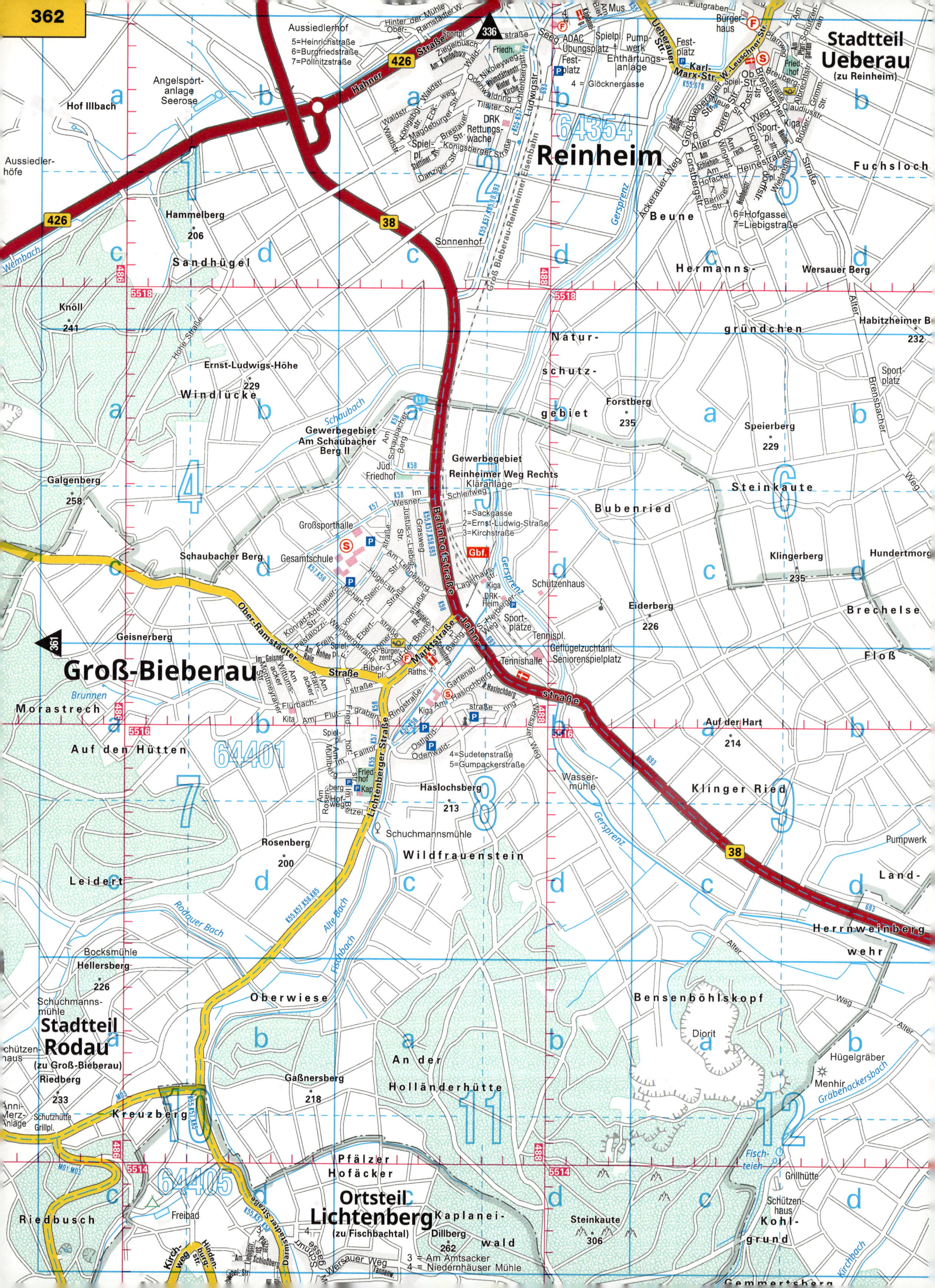
Reinheim
Stadtteil Ueberau
(zu Reinheim)
Groß-Bieberau
Stadtteil Rodau
(zu Groß-Bieberau)
Ortsteil Lichtenberg
(zu Fischbachtal)
64354
64401
64405
Aussiedlerhof
5=Heinrichstraße
6=Burgfriedstraße
7=Pöllnitzstraße
Angelsport-anlage Seerose
Hof Illbach
Aussiedler-höfe
Hammelberg
206
Sandhügel
Knöll
241
Ernst-Ludwigs-Höhe
229
Windlücke
Galgenberg
258
Schaubacher Berg
Geisnerberg
Morastrech
Auf den Hütten
Leidert
Bocksmühle
Hellersberg
226
Schuchmanns-mühle
Riedberg
233
Kreuzberg
Riedbusch
Freibad
Gewerbegebiet Am Schaubacher Berg II
Gewerbegebiet Reinheimer Weg Rechts
Kläranlage
1=Sackgasse
2=Ernst-Ludwig-Straße
3=Kirchstraße
Großsporthalle
Gesamtschule
Bahnhofstraße
Ober-Ramstädter-Straße
Lichtenberger Straße
Marktstraße
Schützenhaus
Sportplätze
Tennispl.
Geflügelzuchtanl.
Seniorenspielplatz
Tennishalle
4=Sudetenstraße
5=Gumpackerstraße
Haslochsberg
213
Schuchmannsmühle
Wildfrauenstein
Rosenberg
200
Oberwiese
Gaßnersberg
218
An der Holländerhütte
Pfälzer Hofäcker
Kaplanei-wald
Dillberg
262
3 = Am Amtsacker
4 = Niedernhäuser Mühle
Sonnenhof
Beune
Hermanns-gründchen
Wersauer Berg
Fuchsloch
6=Hofgasse
7=Liebigstraße
4 = Glöcknergasse
Natur-schutz-gebiet
Forstberg
235
Speierberg
229
Steinkaute
Bubenried
Klingerberg
235
Hundertmorg
Eiderberg
226
Brechelse
Floß
Habitzheimer B
232
Auf der Hart
214
Klinger Ried
Wassermühle
Pumpwerk
Land-wehr
Herrnweinberg
Bensenböhlskopf
Diorit
Hügelgräber
Menhir
Gräbenackersbach
Grillhütte
Schützen-haus
Kohl-grund
Steinkaute
306
Gemmertsberg
Gersprenz
Schaubach
Rodauer Bach
Alte Bach
Fischbach
Wembach
Kirchbach
Brunnen
426
38
336
361
5518
5516
5514
486
488

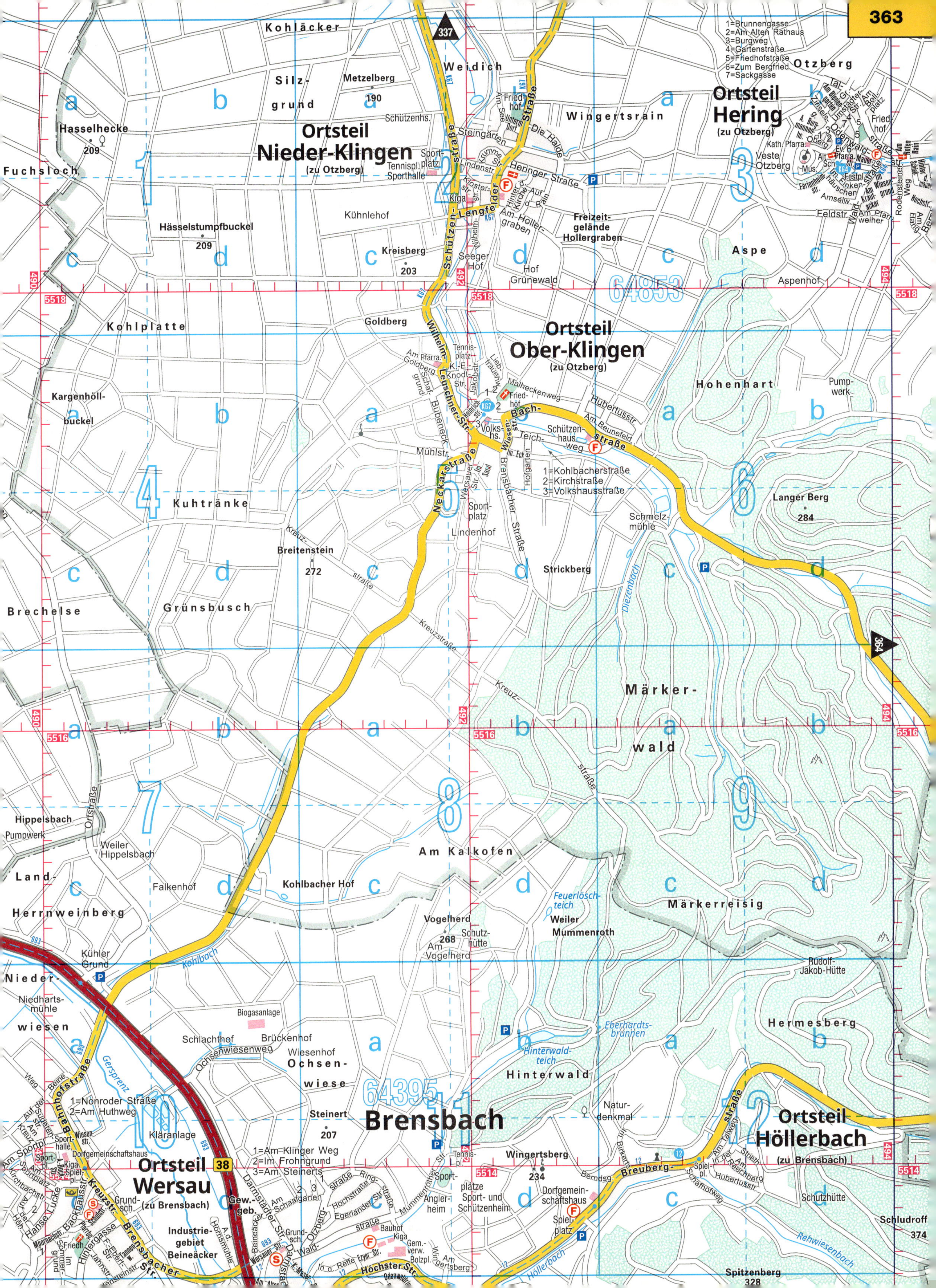

Ortsteil Nieder-Klingen
(zu Otzberg)
Ortsteil Hering
(zu Otzberg)
Ortsteil Ober-Klingen
(zu Otzberg)
Brensbach
Ortsteil Wersau
(zu Brensbach)
Ortsteil Höllerbach
(zu Brensbach)
1=Brunnengasse
2=Am Alten Rathaus
3=Burgweg
4=Gartenstraße
5=Friedhofstraße
6=Zum Bergfried
7=Sackgasse
1=Kohlbacherstraße
2=Kirchstraße
3=Volkshausstraße
1=Nonroder Straße
2=Am Huthweg
1=Am Klinger Weg
2=Im Frohngrund
3=Am Steinerts
Kohläcker
Weidich
Silzgrund
Metzelberg
190
Hasselhecke
209
Fuchsloch
Wingertsrain
Otzberg
Veste Otzberg
Hässelstumpfbuckel
209
Kühnlehof
Kreisberg
203
Freizeitgelände Hollergraben
Seeger Hof
Hof Grünewald
Aspe
Aspenhof
64853
Kohlplatte
Goldberg
Hohenhart
Pumpwerk
Kargenhöllbuckel
Langer Berg
284
Kuhtränke
Breitenstein
272
Schmelzmühle
Lindenhof
Strickberg
Brechelse
Grünsbusch
Märkerwald
Hippelsbach
Pumpwerk
Weiler Hippelsbach
Land-Herrnweinberg
Falkenhof
Kohlbacher Hof
Am Kalkofen
Weiler Mummenroth
Märkerreisig
Vogelherd
268
Kühler Grund
Nieder-wiesen
Niedharts-mühle
Rudolf-Jakob-Hütte
Biogasanlage
Schlachthof
Brückenhof
Wiesenhof
Ochsenwiese
Hermesberg
Hinterwald
Eberhardtsbrunnen
Hinterwaldteich
Feuerlöschteich
Kläranlage
Steinert
207
64395
Naturdenkmal
Wingertsberg
234
Industriegebiet Beineäcker
Schutzhütte
Schludroff
374
Spitzenberg
328
337
364

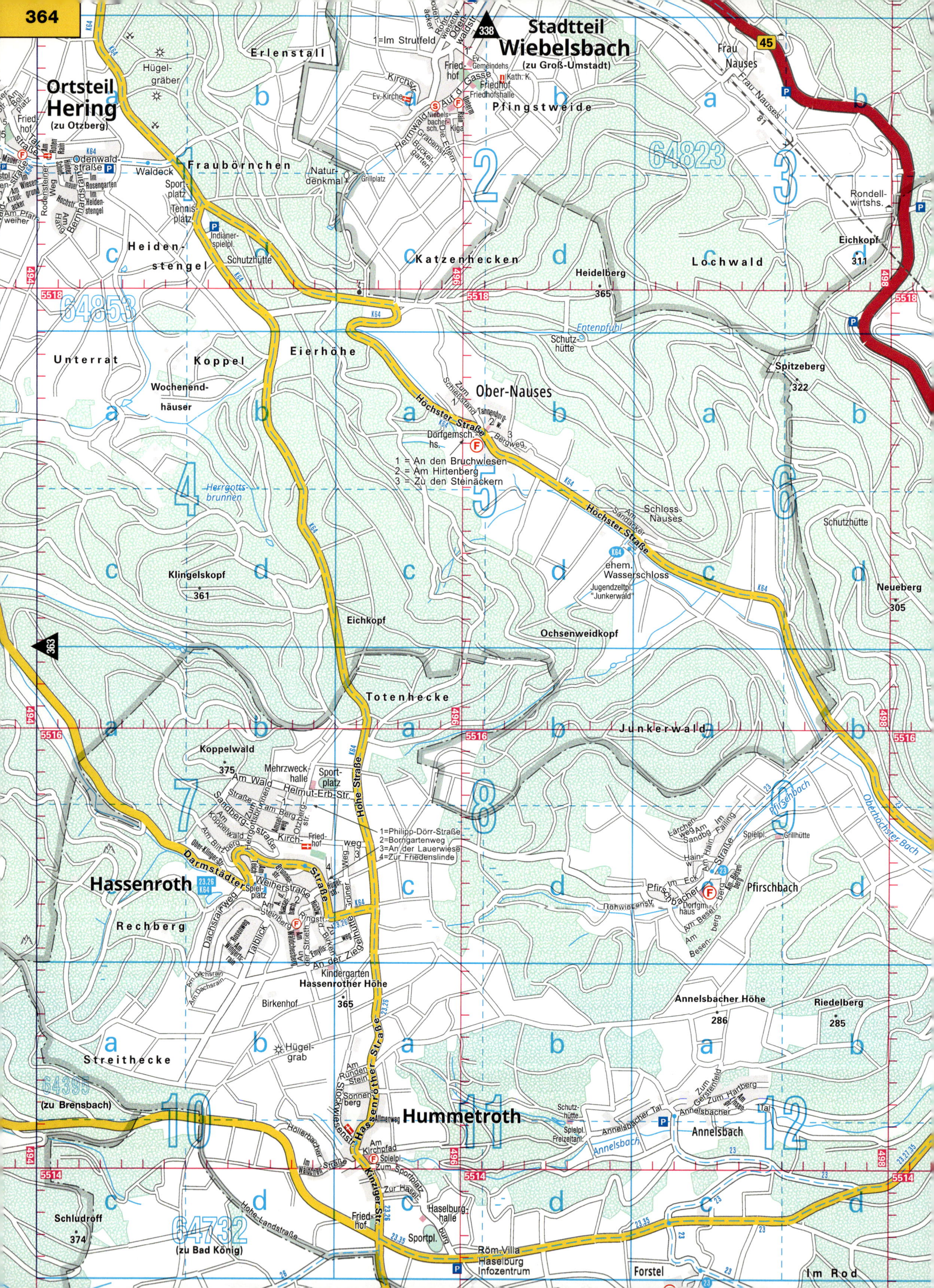

Stadtteil
Wiebelsbach
(zu Groß-Umstadt)
Ortsteil
Hering
(zu Otzberg)
Erlenstall
Hügelgräber
Fraubörnchen
Pfingstweide
Frau Nauses
Rondellwirtshs.
Eichkopf
311
Lochwald
Katzenhecken
Heidelberg
365
Heidenstengel
64823
64853
Unterrat
Koppel
Eierhöhe
Wochenendhäuser
Ober-Nauses
Höchster Straße
Spitzeberg
322
Herrgottsbrunnen
1 = An den Bruchwiesen
2 = Am Hirtenberg
3 = Zu den Steinäckern
Schloss Nauses
Schutzhütte
ehem. Wasserschloss
Jugendzeltpl. "Junkerwald"
Klingelskopf
361
Eichkopf
Ochsenweidkopf
Neueberg
305
Totenhecke
Junkerwald
Koppelwald
375
Mehrzweckhalle
Sportplatz
Helmut-Erb-Str.
1=Philipp-Dörr-Straße
2=Borngartenweg
3=An der Lauerwiese
4=Zur Friedenslinde
Pfirschbach
Hassenroth
Rechberg
Darmstädter Straße
Hohe Straße
Kindergarten
Hassenrother Höhe
365
Birkenhof
Annelsbacher Höhe
286
Riedelberg
285
Streithecke
Hügelgrab
64395
(zu Brensbach)
Hummetroth
Hassenrother Straße
Annelsbach
Annelsbacher Tal
Schludroff
374
64732
(zu Bad König)
Hohe Landstraße
Haselburghalle
Röm. Villa Haselburg Infozentrum
Forstel
Im Rod

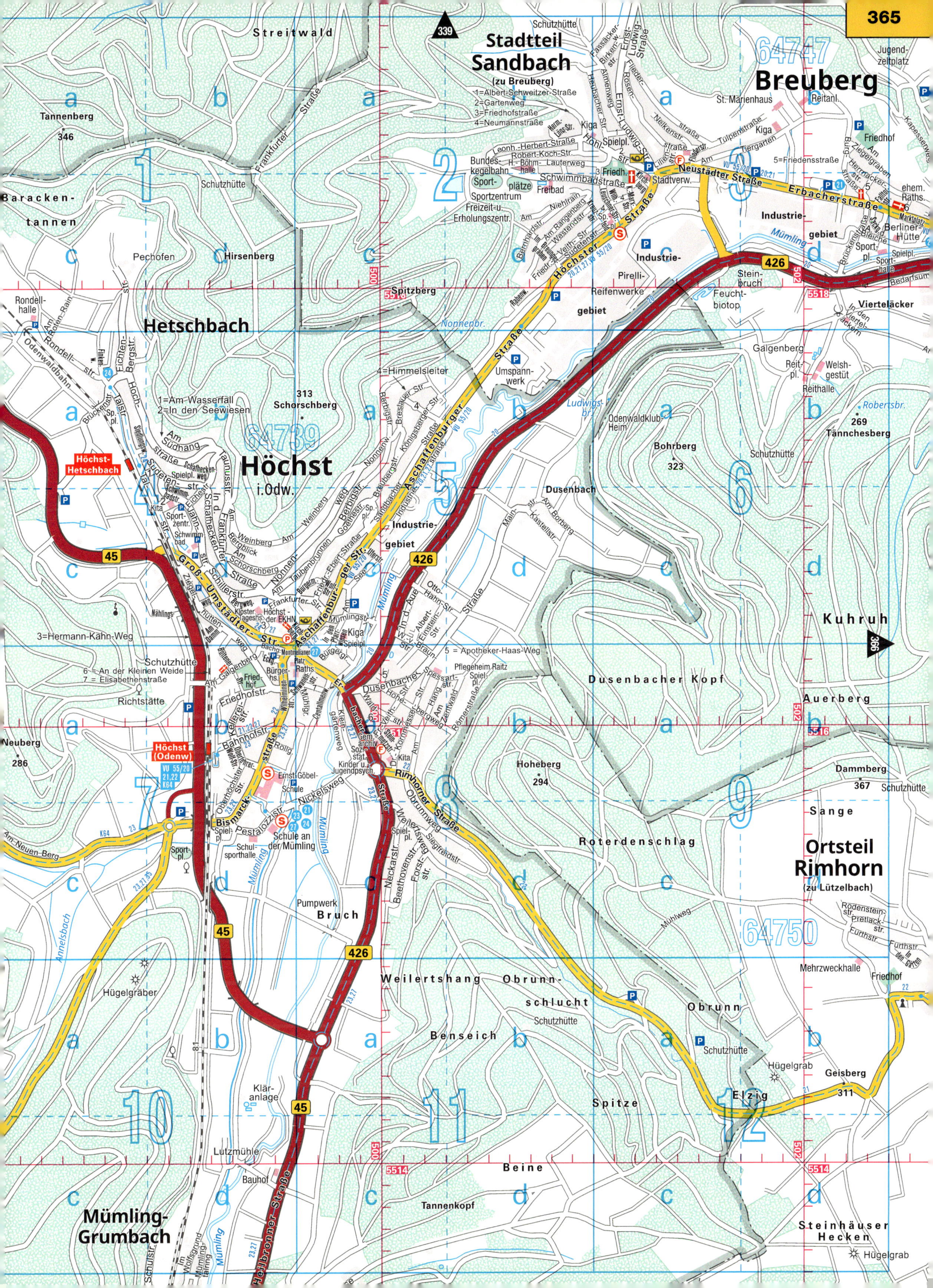
Streitwald
Stadtteil Sandbach
(zu Breuberg)
1=Albert-Schweitzer-Straße
2=Gartenweg
3=Friedhofstraße
4=Neumannstraße
64747
Breuberg
Tannenberg
346
Baracken-tannen
Schutzhütte
Pechofen
Hirsenberg
Sportzentrum
Freizeit-u. Erholungszentr.
Freibad
Schwimmbadstraße
Neustadter Straße
Erbacherstraße
Industrie-gebiet
Mümling
Rondell-halle
Hetschbach
Spitzberg
Höchster Straße
Reifenwerke
Pirelli-
Industrie-gebiet
Steinbruch
Feucht-biotop
Vierteläcker
Galgenberg
Welsh-gestüt
Reithalle
Umspann-werk
1=Am Wasserfall
2=In den Seewiesen
313
Schorschberg
4=Himmelsleiter
64739
Höchst
i.Odw.
Höchst-Hetschbach
Odenwaldklub-Heim
Bohrberg
323
Robertsbr.
269
Tännchesberg
Schutzhütte
Dusenbach
Aschaffenburger Straße
Industrie-gebiet
Groß-Umstädter-Str.
3=Hermann-Kahn-Weg
Schutzhütte
6 = An der Kleinen Weide
7 = Elisabethenstraße
Richtstätte
5 = Apotheker-Haas-Weg
Pflegeheim Raitz
Kuhruh
366
Dusenbacher Kopf
Auerberg
Neuberg
286
Höchst (Odenw)
Hoheberg
294
Dammberg
367
Schutzhütte
Sange
Rimhorner Straße
Roterdenschlag
Ortsteil Rimhorn
(zu Lützelbach)
Schule an der Mümling
Am Neuen Berg
Pumpwerk
Bruch
64750
Mehrzweckhalle
Friedhof
Hügelgräber
Weilertshang
Obrunn-schlucht
Schutzhütte
Benseich
Obrunn
Schutzhütte
Hügelgrab
Geisberg
311
Klär-anlage
Spitze
Elzig
Lutzmühle
Bauhof
Beine
Tannenkopf
Mümling-Grumbach
Heilbronner Straße
Steinhäuser Hecken
Hügelgrab

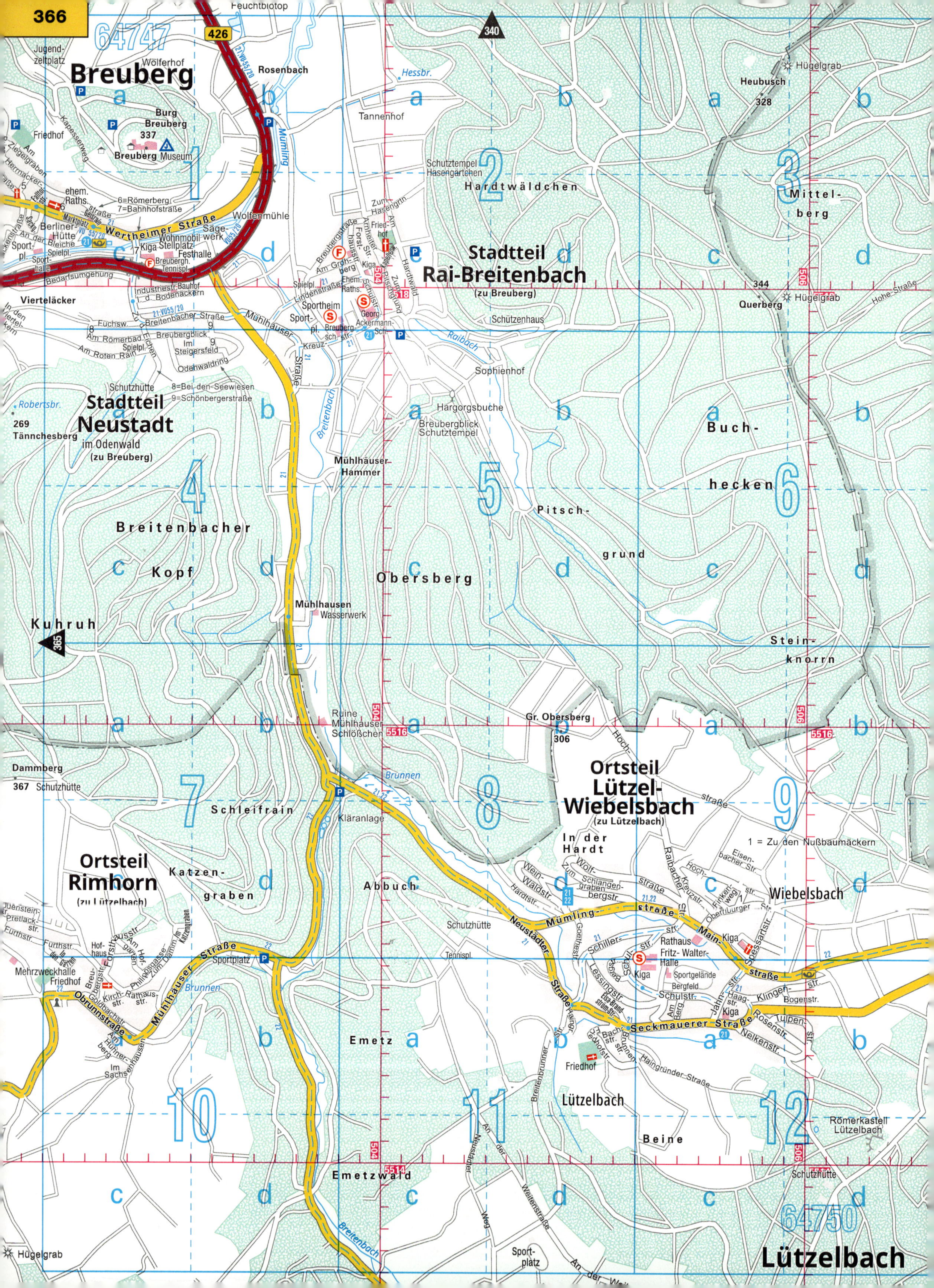
64747
Breuberg
Jugendzeltplatz
Wolferhof
Burg Breuberg
337
Breuberg Museum
Friedhof
Rosenbach
Feuchtbiotop
426
Mümling
Wertheimer Straße
Wolfenmühle
Sägewerk
Wohnmobil Stellplatz
Festhalle
Kiga
Berliner-Hütte
Sportpl.
Sporthalle
Bedarfsumgehung
6=Römerberg
7=Bahnhofstraße
Industriestr.
Vierteläcker
Fuchsw.
Breitenbacher Straße
Am Römerbad
Am Roten Rain
Breubergblick
Steigersfeld
Odenwaldring
Mühlhäuser Straße
Tannenhof
Hessbr.
Schutztempel Hasengärtchen
Hardtwäldchen
Stadtteil Rai-Breitenbach
(zu Breuberg)
Sportheim
Schützenhaus
Raibach
Sophienhof
Hargorgsbuche
Breubergblick Schutztempel
340
Heubusch
328
Hügelgrab
Mittelberg
344
Querberg
Hohe Straße
Schutzhütte
8=Bei den Seewiesen
9=Schönbergerstraße
Robertsbr.
269
Tännchesberg
Stadtteil Neustadt
im Odenwald
(zu Breuberg)
Breitenbach
Mühlhäuser-Hammer
Pitschgrund
Buchhecken
Breitenbacher Kopf
Obersberg
Mühlhausen Wasserwerk
Kuhruh
365
Steinknorrn
Ruine Mühlhäuser Schlößchen
5516
Gr. Obersberg
306
Ortsteil Lützel-Wiebelsbach
(zu Lützelbach)
Dammberg
367
Schutzhütte
Schleifrain
Brunnen
Kläranlage
In der Hardt
1 = Zu den Nußbaumäckern
Ortsteil Rimhorn
(zu Lützelbach)
Katzengraben
Abbuch
Wiebelsbach
Mümlingstraße
Neustädter Straße
Mainstraße
Schutzhütte
Tennispl.
Rathaus
Fritz-Walter-Halle
Sportgelände
Mehrzweckhalle
Friedhof
Obrunnstraße
Mühlhäuser Straße
Sportplatz
Emetz
Seckmauerer Straße
Haingründer Straße
Friedhof
Lützelbach
Beine
Römerkastell Lützelbach
Emetzwald
5514
Schutzhütte
64750
Lützelbach
Hügelgrab
Sportplatz
An der Weiten Straße

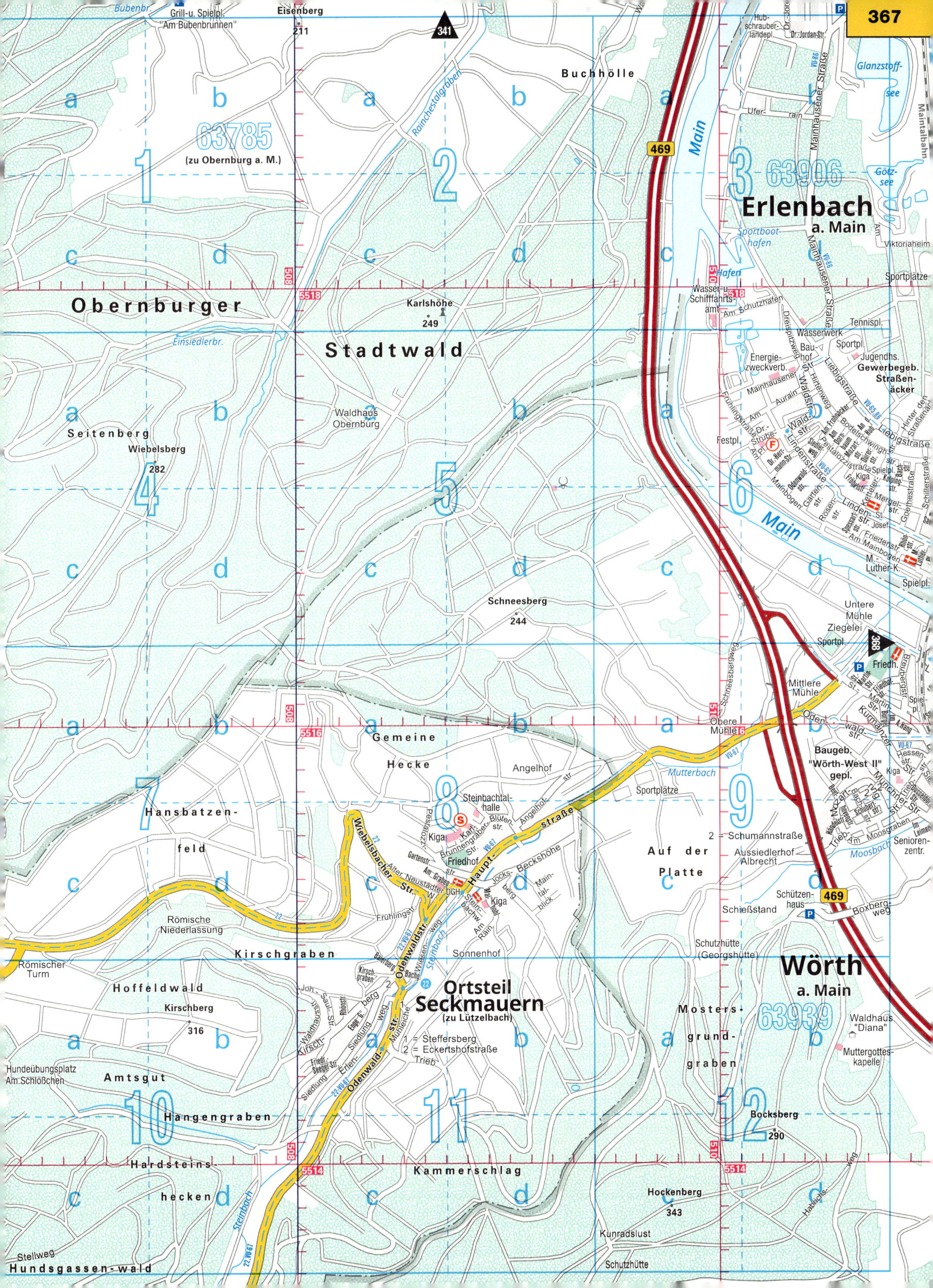
Obernburger
Stadtwald
Erlenbach
a. Main
63906
63785
(zu Obernburg a. M.)
Main
Karlshöhe
249
Waldhaus
Obernburg
Seitenberg
Wiebelsberg
282
Schneesberg
244
Buchhölle
Eisenberg
211
Grill-u. Spielpl.
"Am Bubenbrunnen"
Einsiedlerbr.
Gemeine
Hecke
Angelhof
Steinbachtal-
halle
Hansbatzen-
feld
Römische
Niederlassung
Kirschgraben
Römischer
Turm
Hoffeldwald
Kirschberg
316
Amtsgut
Hundeübungsplatz
Am Schlößchen
Hangengraben
Hardsteins-
hecken
Stellweg
Hundsgassen-wald
Ortsteil
Seckmauern
(zu Lützelbach)
1 = Steffersberg
2 = Eckertshofstraße
Sonnenhof
Kammerschlag
Auf der
Platte
2 = Schumannstraße
Aussiedlerhof
Albrecht
Wörth
a. Main
63939
Mosters-
grund-
graben
Bocksberg
290
Hockenberg
343
Kunradslust
Schutzhütte
Schutzhütte
(Georgshütte)
Schießstand
Schützen-
haus
Waldhaus
"Diana"
Muttergottes-
kapelle
Baugeb.
"Wörth-West II"
gepl.
Untere
Mühle
Ziegelei
Mittlere
Mühle
Obere
Mühle
Mutterbach
Moosbach
Senioren-
zentr.
Sportplätze
Glanzstoff-
see
Götz-
see
Sportboot-
hafen
Hafen
Wasser-u.
Schifffahrts-
amt
Wasserwerk
Energie-
zweckverb.
Bauhof
Tennispl.
Sportpl.
Jugendhs.
Gewerbegeb.
Straßen-
äcker
Festpl.
Viktoriaheim
Sportplätze
Spielpl.
Friedh.
Friedhof
Kiga
Rainchestalgraben
Steinbach
Hauptstraße
Odenwaldstr.
Wiebelsbacher Str.
Mainhausener Straße
Liebigstraße
Lindenstraße
Boxbergweg
469
341
368

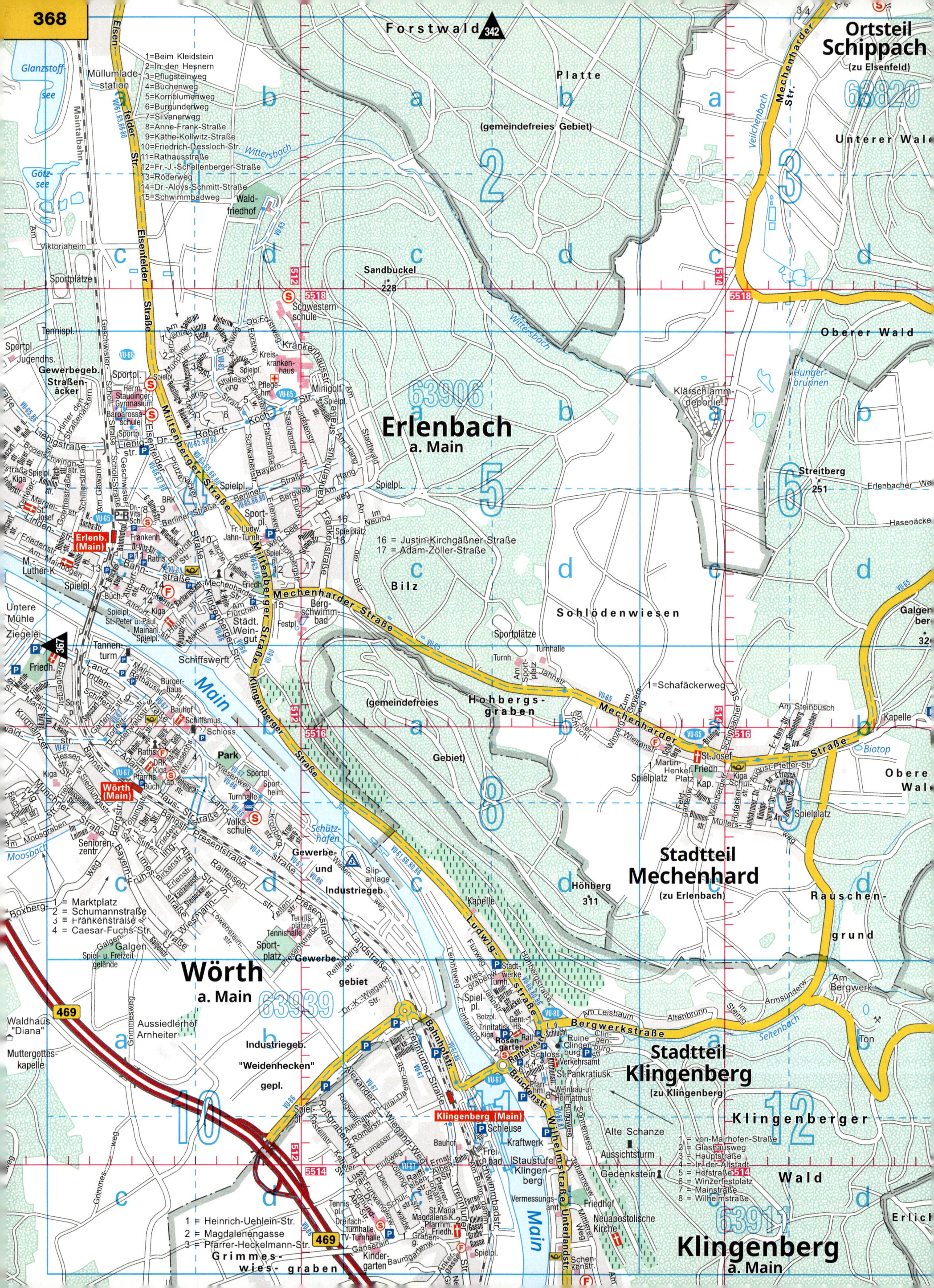
Forstwald 342
Ortsteil Schippach
(zu Elsenfeld)
63820
Unterer Wald
Platte
(gemeindefreies Gebiet)
Glanzstoff-see
Götz-see
Müllumlade-station
Mainbahn
1=Beim Kleidstein
2=In den Hesnern
3=Pflugsteinweg
4=Buchenweg
5=Kornblumenweg
6=Burgunderweg
7=Silvanerweg
8=Anne-Frank-Straße
9=Käthe-Kollwitz-Straße
10=Friedrich-Dessloch-Str.
11=Rathausstraße
12=Fr.-J.-Schellenberger-Straße
13=Röderweg
14=Dr.-Aloys-Schmitt-Straße
15=Schwimmbadweg
Wittersbach
Wald-friedhof
Veilchenbach
Mechenharder Str.
Sandbuckel 228
Schwestern-schule
Kreis-kranken-haus
Oberer Wald
Hunger-brunnen
Klärschlamm-deponie
63906
Erlenbach a. Main
Streitberg 251
Erlenbacher Weg
Hasenäcker
16 = Justin-Kirchgäßner-Straße
17 = Adam-Zoller-Straße
Bilz
Schlödenwiesen
Galgenberg
Gewerbegeb. Straßen-äcker
Viktoriaheim
Sportplätze
Tennispl.
Jugendhs.
Erlenb. (Main)
Miltenberger Straße
Mechenharder Straße
Berg-schwimm-bad
Städt. Weingut
Sportplätze
Turnhalle
Untere Mühle
Ziegelei
367
Tannen-turm
Schiffswerft
Main
(gemeindefreies Gebiet)
Hohbergs-graben
1=Schafäckerweg
Am Steinbusch
Kapelle
Biotop
Oberer Wald
St. Josef
Spielplatz
Schloss
Park
Wörth (Main)
Volks-schule
Schütz-hafen
Slip-anlage
Gewerbe- und Industriegeb.
Moosbach
Senioren-zentr.
Kapelle
Höhberg 311
Stadtteil Mechenhard
(zu Erlenbach)
Rauschen-grund
Boxberg
1 = Marktplatz
2 = Schumannstraße
3 = Frankenstraße
4 = Caesar-Fuchs-Str.
Galgen
Spiel- u. Freizeit-gelände
Tennishalle
Sportplatz
Gewerbe-gebiet
Ludwigstraße
Klingenberger Straße
Wörth a. Main
63939
Waldhaus "Diana"
Muttergottes-kapelle
Aussiedlerhof Arnheiter
469
Industriegeb. "Weidenhecken" gepl.
Bergwerksstraße
Am Bergwerk
Seltenbach
Ton
Rosen-garten
Schloss
Ruine Clingenburg
St. Pankratiusk.
Stadtteil Klingenberg
(zu Klingenberg)
Klingenberg (Main)
Schleuse
Kraftwerk
Staustufe Klingen-berg
Alte Schanze
Aussichtsturm
Gedenkstein
1 = von-Mairhofen-Straße
2 = Glashausweg
3 = Hauptstraße
4 = In der Altstadt
5 = Hofstraße
6 = Winzerfestplatz
7 = Mainstraße
8 = Wilhelmstraße
Klingenberger Wald
63911
Friedhof
Neuapostolische Kirche
Klingenberg a. Main
1 = Heinrich-Uehlein-Str.
2 = Magdalenengasse
3 = Pfarrer-Heckelmann-Str.
Grimmeswiesgraben
Kinder-garten
Wilhelmstraße
Erlich

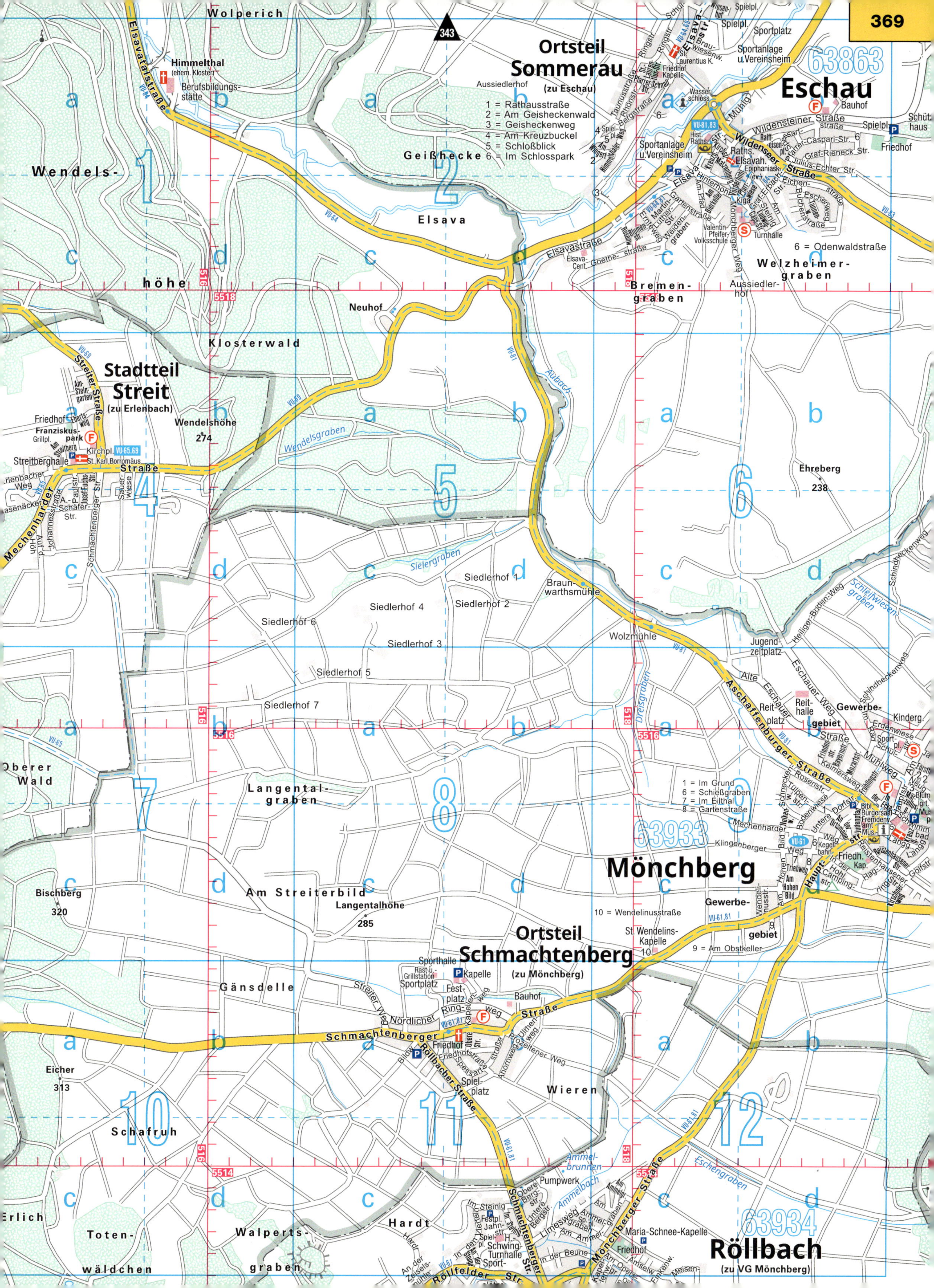
Ortsteil Sommerau
(zu Eschau)
1 = Rathausstraße
2 = Am Geisheckenwald
3 = Geisheckenweg
4 = Am Kreuzbuckel
5 = Schloßblick
6 = Im Schlosspark
63863
Eschau
6 = Odenwaldstraße
Wolperich
Himmelthal
Wendels-
höhe
Geißhecke
Elsava
Neuhof
Klosterwald
Stadtteil Streit
(zu Erlenbach)
Wendelshöhe
274
Ehreberg
238
Welzheimer-
graben
Bremen-
graben
Siedlerhof 1
Siedlerhof 2
Siedlerhof 3
Siedlerhof 4
Siedlerhof 5
Siedlerhof 6
Siedlerhof 7
Braunwarthsmühle
Wolzmühle
Oberer Wald
Langental-
graben
Bischberg
320
Am Streiterbild
Langentalhöhe
285
1 = Im Grund
6 = Schießgraben
7 = Im Eilthal
8 = Gartenstraße
63933
Mönchberg
10 = Wendelinusstraße
9 = Am Obstkeller
Ortsteil Schmachtenberg
(zu Mönchberg)
Gänsdelle
Eicher
313
Schafruh
Wieren
Erlich
Toten-
wäldchen
Walperts-
graben
Hardt
63934
Röllbach
(zu VG Mönchberg)

Wachtberg
Grafschaft
-AHRWEILER
Dernau
Mayschoß
BAD
NEUENAHR-
REMAGEN
Erpel
UNKEL
Naturpark
LINZ am Rhein
Sankt
Katharinen
SINZIG
BAD
HÖNNINGEN
Rhein-Westerwald
Rheinbrohl
BAD BREISIG
Brohl-
-Lützing
Niederzissen
Oberzissen
Burgbrohl
ANDERNACH
Leutesdorf
BENDORF
NEUWIED
Urmitz
WEISSENTHURM
Kettig
Plaidt
-KÄRLICH
MÜLHEIM-
Saffig
Kempenich
Weibern
Rieden
Laacher See
Nickenich
Kruft
MENDIG
Ettringen
Thür
Kottenheim
Ochtendung
Bassenheim
KOBLENZ
MAYEN
Winningen
Dieblich
Kobern-
-Gondorf
Niederfell
Lehmen
POLCH
Mertloch
Kehrig
Düngenheim
KAISERS-
ESCH
MÜNSTER-
MAIFELD
Waldesch
BOPPARD
Laubach
ULMEN
Büchel
COCHEM
Klotten
-Karden
Treis-
Bruttig-
-Fankel
Beilstein
Lutzerath
Dommershausen
Emmelshausen
Beltheim
Hohe Acht
Vulkan-Eifel
Maifeld
Hohe Eifel
Westerwald

376

Puderbach
Raubach
Herschbach
DIER-DORF
Dernbach
SELTERS
Maxsain
Großmaischeid
Helferskirchen
Otzingen
Mogendorf
Siershahn
WIRGES
RANSBACH-BAUMBACH
Staudt
Dernbach (Westerwald)
Hilgert
Nauort
HÖHR-GRENZHAUSEN
MONTABAUR
Heiligenroth
Ruppach
Goldhausen
Meudt
Langenhahn
Bellingen
Rotenhain
WESTERBURG
Gemünden
RENNEROD
Mengerskirchen
Waldbrunn (Westerwald)
Merenberg
Elbtal
Dorndorf
Wallmerod
HADAMAR
Beselich
Nentershausen
Elz
Weitersburg
Hillscheid
VALLENDAR
Neuhäusel
Kadenbach
Simmern
Urbar
Eitelborn
Naturpark
Nassau
BAD EMS
NASSAU
Holzappel
Altendiez
DIEZ
LIMBURG an der Lahn
RUNKEL
Villmar
Brechen
Hünfelden
Hahnstätten
LAHNSTEIN
BRAUBACH
Spay
Dachsenhausen
KATZEN-ELNBOGEN
Burgschwalbach
Aarbergen
Hohenstein
Heidenrod
Holzhausen an der Haide
Miehlen
NASTÄTTEN
Kamp-Bornhofen
SANKT GOARSHAUSEN
SANKT GOAR
OBERWESEL
BAD SCHWALBACH
TAUNUSSTEIN
Schlangenbad
Rhein-Taunus
Taunus

WETZLAR
ASSLAR
GIESSEN
LINDEN
POHLHEIM
SOLMS
BRAUNFELS
WEILBURG
LEUN
Hüttenberg
Langgöns
Schöffengrund
Waldsolms
Weilmünster
Naturpark
BUTZBACH
Grävenwiesbach
Ober-Mörlen
BAD NAUHEIM
FRIEDBERG (Hessen)
USINGEN
Weilrod
Hochtaunus
NEU-ANSPACH
Wehrheim
ROSBACH vor der Höhe
Hünfelden
BAD CAMBERG
Selters (Taunus)
Brechen
Villmar
Weinbach
Waldems
Schmitten
FRIEDRICHSDORF
BAD HOMBURG vor der Höhe
KARBEN
OBERURSEL (Taunus)
IDSTEIN
Glashütten
KÖNIGSTEIN im Taunus
KRONBERG im Taunus
STEINBACH (Taunus)
ESCHBORN
SCHWALBACH am Taunus
BAD SODEN am Taunus
Sulzbach
Liederbach am Taunus
KELKHEIM (Taunus)
EPPSTEIN
Niedernhausen
Rhein-Taunus
WIESBADEN
HOFHEIM am Taunus
Kriftel
FRANKFURT am Main
BAD VILBEL
Buseck
Heuchelheim
Lahnau
Fernwald
Merenberg
Löhnberg
Deutsche Fachwerkstraße
Deutsche Alleenstraße
Deutsche Limes-Straße
Hochtaunusstraße
Solmser Straße
Lahn-Ferien-Straße
Ehringshausen
378

Reiskirchen
Grünberg
Mücke
Lautertal (Vogelsberg)
Ulrichstein
Herbstein
Laubach
Lich
Naturpark Hoher Vogelsberg
Vogelsberg
Schotten
Grebenhain
Hungen
Gedern
Wölfersheim
Echzell
Nidda
Hirzenhain
Ortenberg
Reichelsheim (Wetterau)
Ranstadt
Kefenrod
Birstein
Niddatal
Florstadt
Glauburg
Büdingen
Brachttal
Bad Soden-Salmünster
Altenstadt
Limeshain
Büdinger Wald
Wächtersbach
Nidderau
Hammersbach
Schöneck
Gründau
Ronneburg
Bad Orb
Gelnhsn.
Langenselbold
Neuberg
Niederdorfelden
Bruchköbel
Erlensee
Linsengericht
Biebergemünd
Maintal
Hasselroth
Hanau
Rodenbach
Freigericht
Spessart
Mühlheim am Main
Offenbach am Main
Großkrotzenburg
Alzenau
Krombach
Wiesen
Deutsche Fachwerkstraße
Deutsche Alleenstraße
Deutsche Märchenstraße
Deutsche Limes-Straße
Solmser Straße
379

Großenlüder
FULDA
Petersberg
Künzell
Hofbieber
Dipperz
Naturpark
Hessische
Rhön
Hosenfeld
Eichenzell
Fuldaer Dreieck
Poppenhausen
Neuhof
Ebersburg
GERSFELD
Flieden
Kalbach
Freiensteinau
Motten
Wildflecken
SCHLÜCHTERN
Sinntal
STEINAU an der Straße
BAD SODEN
-SALMÜNSTER
Hessischer
BAD BRÜCKENAU
Riedenberg
Schondra
BAD ORB
Spessart
Jossgrund
Naturpark
Wartmannsroth
Bayerischer
Burgsinn
HAMMELBURG
Flörsbachtal
Gräfendorf
Spessart
RIENECK
Fuchsstadt

Biospären-
reservat
Rhön
Vorderer Rhön
Rhönblick
Naturpark
Bayerische
Rhön
Grabfeld
Kaltenwestheim
Walldorf
MEININGEN
Hilders
Frankenheim
FLADUNGEN
Ehrenberg (Rhön)
Obermaßfeld
Grimmenthal
Meiningen-Nord
Meiningen-Süd
Nordheim vor der Rhön
OSTHEIM vor der Rhön
Sondheim vor der Rhön
Oberelsbach
MELLRICHSTADT
BISCHOFSHEIM an der Rhön
Bastheim
RÖMHILD
Schönau an der Brend
Hendungen
Wollbach
Heustreu
Hollstadt
Sandberg
Wülfershausen an der Saale
BAD NEUSTADT an der Saale
Hohenroth
Niederlauer
Salz
Saal an der Saale
BAD KÖNIGSHOFEN im Grabfeld
Großeibstadt
Trappstadt
Burglauer
Bad Bocklet
MÜNNERSTADT
Sulzfeld
Sulzdorf an der Lederhecke
Bundorf
Nüdlingen
BAD KISSINGEN
Oberlauringen
Thundorf
Maßbach
Stadtlauringen
Rannungen
Aidhausen
HOFHEIM
Euerdorf
Oerlenbach
Poppenhausen
Hambach
Üchtelhausen
Riedbach
Wasserlosen
KÖNIGSBERG
Deutsche Alleenstraße
Hochrhönstraße
Erlebnisstr. der deutschen Einheit
Fürstenstr. der Wettiner
Klassikerstraße
Straße der Fachwerkromantik
Frankische Saale

Bad Bertrich
Kondelwald
Alf
Bullay
ZELL (Mosel)
Briedel
Reil
Enkirch
Kröv
Rachtig
Zeltingen-
TRABEN-
-TRARBACH
BERNKASTEL-KUES
Maring-
-Noviand
Lieser
Brauneberg
Monzelfeld
Longkamp
Morbach
Thalfang
Hermeskeil
Birkenfeld
BIRKENFELD
Hoppstädten-
-Weiersbach
Nohfelden
Baumholder
BAUMHOLDER
IDAR-
-OBERSTEIN
Kirschweiler
Rhaunen
Sohren
Kirchberg
KIRCHBERG
KASTELLAUN
SIMMERN/
Hunsrück
Gemünden
KIRN
Simmertal
Hochstetten-
-Dhaun
Hennweiler
Merxheim
Blankenrath
Büchenbeuren
Sankt Julian
Hunsrück
Naturpark
Soonwald-
Nahe
Saar-
Nationalpark
Schwarzwälder Hochwald
Hunsrück-Hochwald
Idarwald
Nahe-Bergland
Saar-Nahe-Bergland
Lützelsoon
Mosel
Moselweinstraße
Hunsrückhöhenstraße
Hunsrück Schiefer- und Burgenstraße
Deutsche Edelsteinstraße
Deutsche Alleenstraße
Flughafen Hahn
HHN
Mittelstrimmig
370
Erbeskopf
Morbach
Wildenburger Kopf
Ruine Landshut
Schloss Dhaun
Schloss Wartenstein

Schlangenbad
BACHARACH
KAUB
LORCH
Kiedrich
ELTVILLE am Rhein
Walluf
RHEINBÖLLEN
Rheingau
Buden-heim
Trechtingshausen
OESTRICH-WINKEL
Heidesheim
GEISENHEIM
RÜDESHEIM am Rhein
Binger Wald
INGELHEIM am Rhein
BINGEN am Rhein
GAU-ALGESHEIM
Argenthal
Seibersbach
Weiler bei Bingen
Münster-Sarmsheim
Waldalgesheim
STROMBERG
Ockenheim
Schwabenheim
Ober-Olm
Essenheim
Langenlonsheim
Gensingen
Soonwald-Nahe
Spabrücken
Windesheim
Guldental
Stadecken-Elsheim
Hessisches Hügelland
Wallhausen
Bretzenheim
Saulheim
Roxheim
Hargesheim
Sprendlingen
Pfaffen-Schwabenheim
Gau-Bickelheim
Weinsheim
Rüdesheim
BAD KREUZNACH
WÖRRSTADT
Waldböckelheim
Hüffelsheim
Wallertheim
Norheim
Wöllstein
Armsheim
Monzingen
BAD SOBERNHEIM
Frei-Laubersheim
Fürfeld
Flonheim
Gau-Odernheim
Staudernheim
Odernheim
Feil-bingert
Rheinhessische Schweiz
Erbes-Büdesheim
Albig
ALZEY
OBERMOSCHEL
Alsenz
MEISENHEIM
Alzeyer Hügelland
Kriegsfeld
Odenbach
Nordpfälzer Bergland
LAUTERECKEN
KIRCHHEIM-BOLANDEN
Bolanden
Marnheim
ROCKEN-HAUSEN
Dreisen
Göllheim
Leiningerland
WOLFSTEIN
Nieder-kirchen
Kerzenheim
Winnweiler
GRÜN-STADT

WIESBADEN
HOFHEIM
am Taunus
HATTERSHEIM
am Main
KELSTERBACH
NEU-ISENBURG
MAINZ
ADAC
HOCHHEIM
am Main
FLÖRSHEIM
am Main
RAUNHEIM
WALLDORF
DREIEICH
LANGEN
(Hessen)
Gustavsburg
Bischofsheim
RÜSSELSHEIM
am Main
MÖRFELDEN-
Ginsheim-
Egelsbach
Nauheim
Erzhausen
Ober-Olm
Klein-Winternheim
Bodenheim
Trebur
GROSS-GERAU
WEITERSTADT
Büttelborn
DARMSTADT
ADAC
NIEDER-OLM
Nackenheim
Zornheim
Mommenheim
Nierstein
OPPENHEIM
GRIESHEIM
Roßdorf
OBER-RAMSTADT
Undenheim
Dexheim
Dienheim
RIEDSTADT
Mühltal
Stockstadt
am Rhein
Guntersblum
Gimbsheim
PFUNGSTADT
Biebesheim
am Rhein
Alsheim
Seeheim-Jugenheim
GERNSHEIM
Bickenbach
Hähnlein
Eich
Hamm
am Rhein
Alsbach-
ZWINGENBERG
Groß-Rohrheim
Lautertal
(Odenwald)
Westhofen
OSTHOFEN
Biblis
BENSHEIM
ADAC
Einhausen
Flörsheim-Dalsheim
Monsheim
LORSCH
HEPPENHEIM
(Bergstraße)
BÜRSTADT
WORMS
ADAC
Bockenheim
an der Weinstraße
Offstein
Laudenbach
Bobenheim-Roxheim
LAMPERTHEIM
Obrigheim
(Pfalz)
HEMSBACH
Mörlenbach
Rimbach
GRÜNSTADT
Dirmstein

Obertshausen
Heusenstamm
Hainburg
Hainstadt
Großkrotzenburg
Alzenau
Kahl am Main
Karlstein
Hahnenkamm
Mömbris
Krombach
Schöllkrippen
Blankenbach
Seligenstadt
Mainhausen
Dietzenbach
Rodgau
Kleinostheim
Aschaffenburg
Goldbach
Hösbach
Sailauf
Laufach
Heigenbrücken
Röder
Babenhausen
Mainaschaff
Stockstadt am Main
Haibach
Bessenbach
Waldaschaff
Mark
Eppertshausen
Münster (Hessen)
Großostheim
Schaafheim
Niedernberg
Mespelbrunn
Weibersbrunn
Dieburg
Sulzbach am Main
Leidersbach
Heimbuchenthal
Groß-Zimmern
Gross-Umstadt
Großwallstadt
Kleinwallstadt
Hausen
Geo-Naturpark
Mömlingen
Obernburg am Main
Elsenfeld
Reinheim
Breuberg
Otzberg
Erlenbach am Main
Eschau
Groß-Bieberau
Höchst im Odenwald
Mönchberg
Collenberg
Wörth am Main
Klingenberg am Main
Brensbach
Lützelbach
Fischbach-tal
Fränkisch-Crumbach
Bad König
Großheubach
Freudenberg
Brombachtal
Kleinheubach
Bürgstadt
Reichelsheim (Odenwald)
Bergstraße-
Michelstadt
Miltenberg
Eichenbühl
Lindenfels
Erbach
Weilbach
Fürth
Mossautal
Amorbach
Grasellenbach
Kirchzell
Odenwald
Wald-Michelbach
Ober-
Walldürn
Deutsche Fachwerkstraße
Deutsche Limes-Straße
Nibelungenstraße
Siegfriedstraße
Spessart-Höhen-straße

RMV Schnellbahnplan

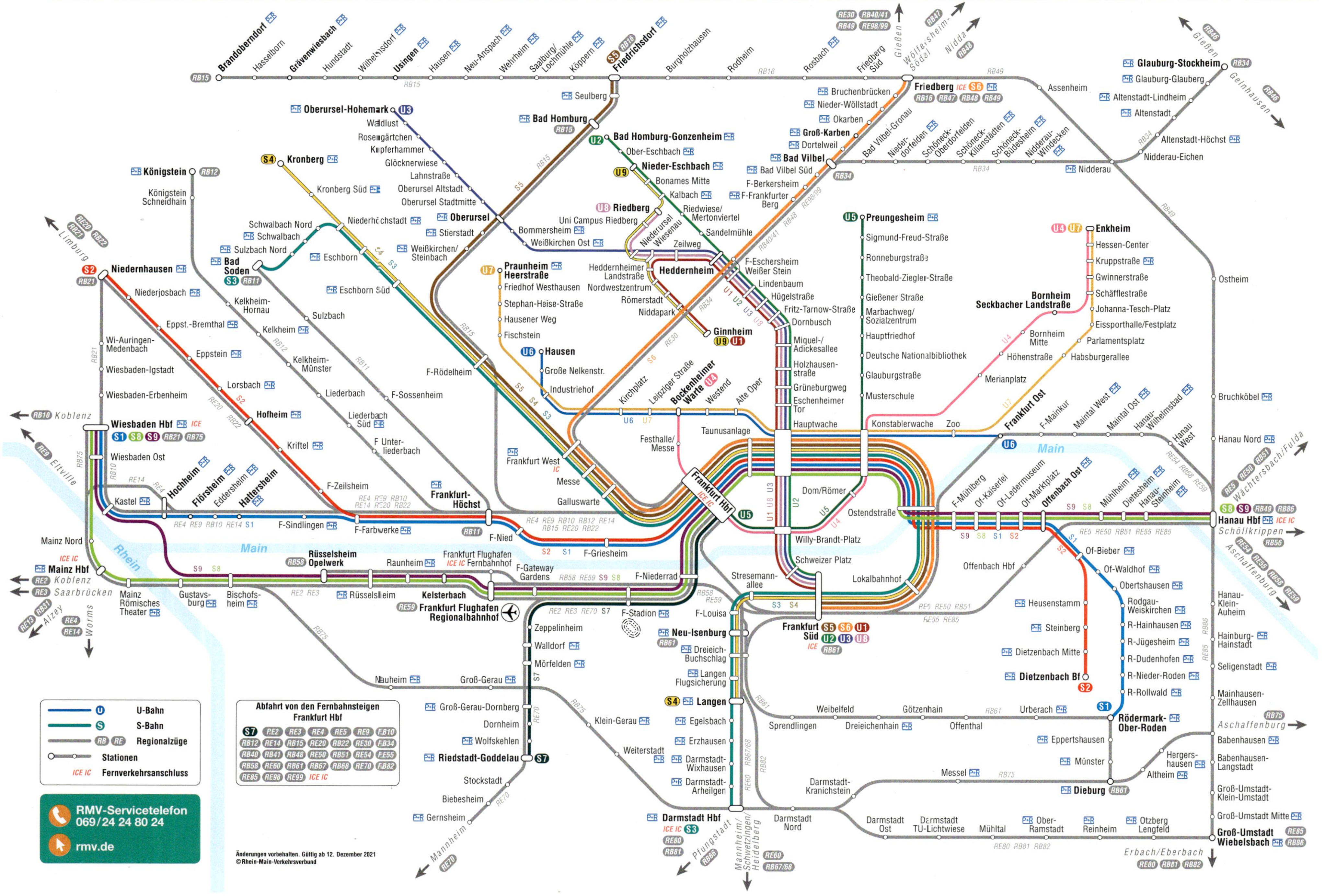

U-Bahn
S-Bahn
RB RE Regionalzüge
Stationen
ICE IC Fernverkehrsanschluss

Abfahrt von den Fernbahnsteigen Frankfurt Hbf

S7 RE2 RE3 RE4 RE5 RE9 FB10 RB12 RE14 RB15 RE20 RB22 RE30 FB34 RB40 RB41 RB48 RE50 RB51 RE54 FE55 RB58 RE60 RB61 RB67 RB68 RE70 FB82 RE85 RE98 RE99 ICE IC

RMV-Servicetelefon 069/24 24 80 24
rmv.de

Änderungen vorbehalten. Gültig ab 12. Dezember 2021

Brandoberndorf, Hasselborn, Grävenwiesbach, Hundstadt, Wilhelmsdorf, Usingen, Hausen, Neu-Anspach, Wehrheim, Saalburg/Lochmühle, Köppern, Friedrichsdorf, Burgholzhausen, Rodheim, Rosbach, Friedberg Süd, Friedberg, Assenheim, Glauburg-Stockheim, Glauburg-Glauberg, Altenstadt-Lindheim, Altenstadt, Altenstadt-Höchst, Nidderau-Eichen, Nidderau, Seulberg, Bad Homburg, Oberursel-Hohemark, Waldlust, Rosengärtchen, Kupferhammer, Glöcknerwiese, Lahnstraße, Oberursel Altstadt, Oberursel Stadtmitte, Oberursel, Stierstadt, Weißkirchen/Steinbach, Niederhöchstadt, Kronberg, Kronberg Süd, Königstein, Königstein Schneidhain, Schwalbach Nord, Schwalbach, Sulzbach Nord, Bad Soden, Eschborn, Eschborn Süd, Kelkheim-Hornau, Kelkheim, Kelkheim-Münster, Sulzbach, Liederbach, Liederbach Süd, F Unterliederbach, F-Sossenheim, F-Rödelheim, Niedernhausen, Niederjosbach, Eppstein-Bremthal, Eppstein, Lorsbach, Hofheim, Kriftel, F-Zeilsheim, Wi-Auringen-Medenbach, Wiesbaden-Igstadt, Wiesbaden-Erbenheim, Wiesbaden Hbf, Wiesbaden Ost, Kastel, Hochheim, Flörsheim, Eddersheim, Hattersheim, F-Sindlingen, F-Farbwerke, Frankfurt-Höchst, F-Nied, Mainz Nord, Mainz Hbf, Mainz Römisches Theater, Gustavsburg, Bischofsheim, Rüsselsheim Opelwerk, Rüsselsheim, Raunheim, Kelsterbach, Frankfurt Flughafen Fernbahnhof, Frankfurt Flughafen Regionalbahnhof, F-Gateway Gardens, F-Niederrad, F-Stadion, F-Louisa, Neu-Isenburg, Dreieich-Buchschlag, Langen Flugsicherung, Langen, Egelsbach, Erzhausen, Darmstadt-Wixhausen, Darmstadt-Arheilgen, Darmstadt Hbf, Darmstadt Nord, Darmstadt Ost, Darmstadt TU-Lichtwiese, Darmstadt-Kranichstein, Mühltal, Ober-Ramstadt, Reinheim, Otzberg Lengfeld, Groß-Umstadt Wiebelsbach, Groß-Umstadt Mitte, Groß-Umstadt-Klein-Umstadt, Zeppelinheim, Walldorf, Mörfelden, Nauheim, Groß-Gerau, Groß-Gerau-Dornberg, Dornheim, Wolfskehlen, Riedstadt-Goddelau, Stockstadt, Biebesheim, Gernsheim, Klein-Gerau, Weiterstadt, Bad Homburg-Gonzenheim, Ober-Eschbach, Nieder-Eschbach, Bonames Mitte, Kalbach, Riedwiese/Mertonviertel, Sandelmühle, Riedberg, Uni Campus Riedberg, Niederursel, Wiesenau, Zeilweg, Heddernheim, Bommersheim, Weißkirchen Ost, Praunheim Heerstraße, Friedhof Westhausen, Stephan-Heise-Straße, Hausener Weg, Fischstein, Hausen, Große Nelkenstr., Industriehof, Heddernheimer Landstraße, Nordwestzentrum, Römerstadt, Niddapark, Ginnheim, F-Eschersheim, Weißer Stein, Lindenbaum, Hügelstraße, Fritz-Tarnow-Straße, Dornbusch, Miquel-/Adickesallee, Holzhausenstraße, Grüneburgweg, Eschenheimer Tor, Hauptwache, Konstablerwache, Zoo, Preungesheim, Sigmund-Freud-Straße, Ronneburgstraße, Theobald-Ziegler-Straße, Gießener Straße, Marbachweg/Sozialzentrum, Hauptfriedhof, Deutsche Nationalbibliothek, Glauburgstraße, Musterschule, Enkheim, Hessen-Center, Kruppstraße, Gwinnerstraße, Schäfflestraße, Johanna-Tesch-Platz, Eissporthalle/Festplatz, Parlamentsplatz, Habsburgerallee, Seckbacher Landstraße, Bornheim Mitte, Höhenstraße, Merianplatz, Frankfurt Ost, Kirchplatz, Leipziger Straße, Bockenheimer Warte, Westend, Alte Oper, Festhalle/Messe, Taunusanlage, Frankfurt West, Messe, Galluswarte, Frankfurt Hbf, Willy-Brandt-Platz, Dom/Römer, Ostendstraße, Schweizer Platz, Stresemannallee, Lokalbahnhof, Frankfurt Süd, F-Mainkur, Maintal West, Maintal Ost, Hanau-Wilhelmsbad, Hanau West, Hanau Hbf, F-Mühlberg, Of-Kaiserlei, Of-Ledermuseum, Of-Marktplatz, Offenbach Ost, Mühlheim, Dietesheim, Hanau-Steinheim, Offenbach Hbf, Of-Bieber, Of-Waldhof, Obertshausen, Heusenstamm, Steinberg, Dietzenbach Mitte, Dietzenbach Bf, Rodgau-Weiskirchen, R-Hainhausen, R-Jügesheim, R-Dudenhofen, R-Nieder-Roden, R-Rollwald, Rödermark-Ober-Roden, Urberach, Eppertshausen, Münster, Dieburg, Messel, Offenthal, Götzenhain, Dreieichenhain, Weibelfeld, Sprendlingen, Hergershausen, Altheim, Babenhausen, Babenhausen-Langstadt, Mainhausen-Zellhausen, Seligenstadt, Hainburg-Hainstadt, Hanau-Klein-Auheim, Bruchköbel, Hanau Nord, Ostheim, Bruchenbrücken, Nieder-Wöllstadt, Okarben, Groß-Karben, Dortelweil, Bad Vilbel, Bad Vilbel Süd, F-Berkersheim, F-Frankfurter Berg, Bad Vilbel-Gronau, Nieder-dorfelden, Schöneck-Oberdorfelden, Schöneck-Kilianstädten, Schöneck-Büdesheim, Nidderau-Windecken

Limburg, Koblenz, Eltville, Saarbrücken, Alzey, Worms, Mannheim, Pfungstadt, Mannheim/Schwetzingen/Heidelberg, Erbach/Eberbach, Aschaffenburg, Schöllkrippen, Wächtersbach/Fulda, Gelnhausen, Gießen, Wölfersheim-Södel, Nidda, Rhein, Main

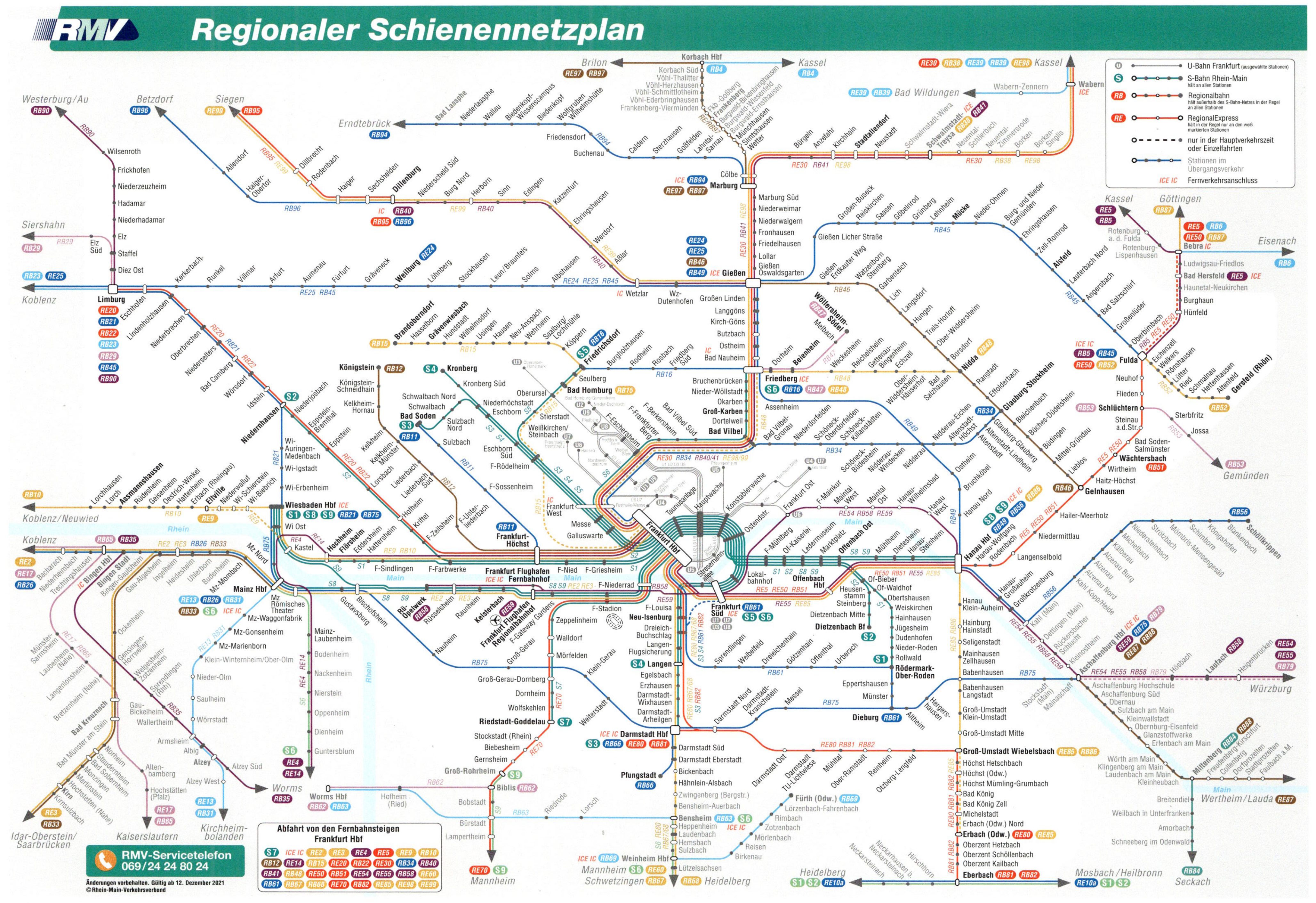

RMV
Regionaler Schienennetzplan
U-Bahn Frankfurt (ausgewählte Stationen)
S-Bahn Rhein-Main
hält an allen Stationen
Regionalbahn
hält außerhalb des S-Bahn-Netzes in der Regel an allen Stationen
RegionalExpress
hält in der Regel nur an den weiß markierten Stationen
nur in der Hauptverkehrszeit oder Einzelfahrten
Stationen im Übergangsverkehr
ICE IC Fernverkehrsanschluss
Abfahrt von den Fernbahnsteigen Frankfurt Hbf
RMV-Servicetelefon
069/24 24 80 24
Änderungen vorbehalten. Gültig ab 12. Dezember 2021
©Rhein-Main-Verkehrsverbund

Flughafen Frankfurt Main
Frankfurt Airport

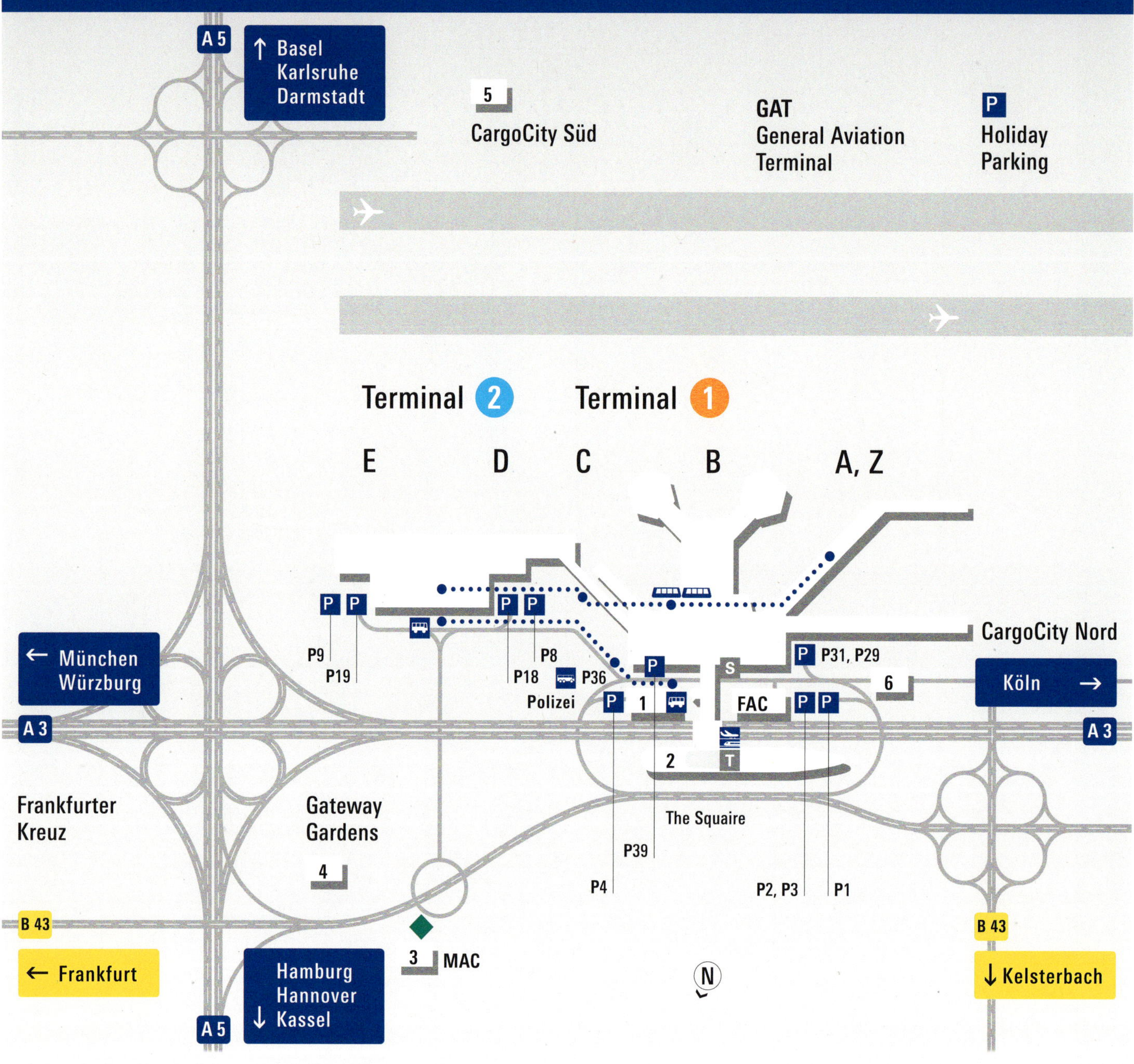

A 3	Autobahn *Highway*
B 43	Bundesstraße *Federal Route*
•······•	Pendelverkehr *Shuttle*
	Busbahnhof *Bus terminal*
	Fernbusse *Long-distance coaches*
S	Regionalbahnhof *Regional trains*
T	Fernbahnhof *Long-distance trains*
	AiRail Terminal
	Tankstelle *Filling station*

P	Parken *Parking*
P1, P2, P3	Parkhaus und Tiefgarage, Terminal 1 *Parking Terminal 1*
P4	Frauenparkplätze, Parkplätze für Behinderte, Terminal 1 *Special Parking Area for Women,* *Parking for Disabled, Terminal 1*
P8, P9	Tiefgarage Terminal 2 *Underground parking, Terminal 2*
P8	Parkplätze für Behinderte, Terminal 2 *Parking for Disabled, Terminal 2*
P18, P19, P29 P31, P39	Kurzzeit-Parkplatz *Short-term parking*
P36	Parkplatz für Busse und überhohe PKW *Parking for busses and oversized vehicles*
P Holiday	Urlauberparkplatz *Long-term parking*

FAC	Frankfurt Airport Center
MAC	Main Airport Center
1	Sheraton Hotel
2	Hilton Worldwide Hotels
3	Steigenberger Airporthotel
4	Element Hotel Hampton by Hilton Holiday Inn Frankfurt Airport Hyatt Place Frankfurt Airport Meininger Hotel MOXY Frankfurt Airport Park Inn Hotel
5	InterCityHotel Frankfurt Airport
6	Lufthansa First Class Terminal

messe frankfurt

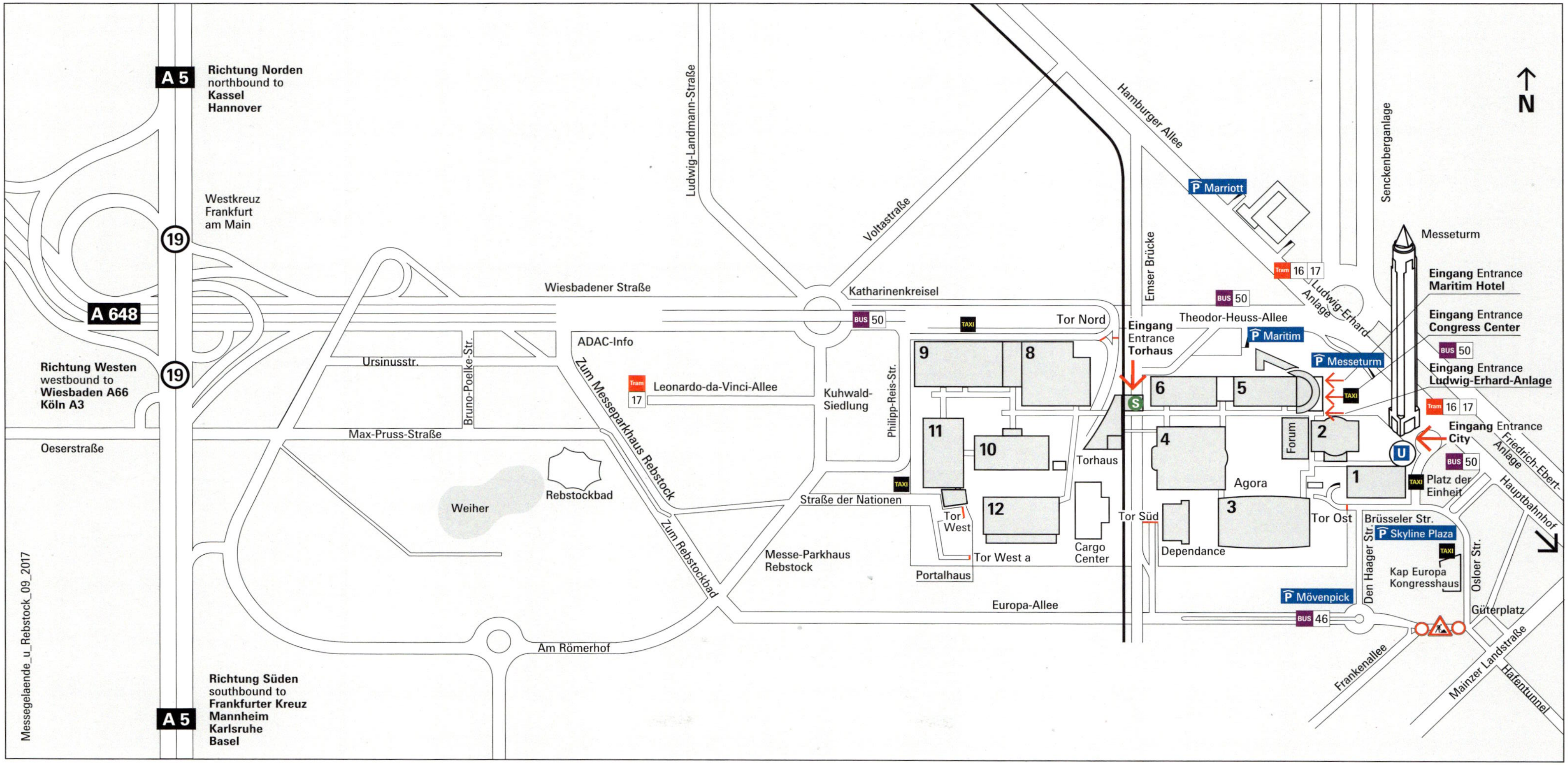

N

A 5
Richtung Norden
northbound to
Kassel
Hannover

Westkreuz
Frankfurt
am Main

19

A 648

Richtung Westen
westbound to
Wiesbaden A66
Köln A3

Oeserstraße

A 5
Richtung Süden
southbound to
Frankfurter Kreuz
Mannheim
Karlsruhe
Basel

Messegelaende_u_Rebstock_09_2017

Ludwig-Landmann-Straße
Voltastraße
Wiesbadener Straße
Katharinenkreisel
BUS 50
ADAC-Info
Ursinusstr.
Bruno-Poelke-Str.
Max-Pruss-Straße
Tram 17
Leonardo-da-Vinci-Allee
Zum Messeparkhaus Rebstock
Kuhwald-Siedlung
Philipp-Reis-Str.
Weiher
Rebstockbad
Straße der Nationen
Zum Rebstockbad
Messe-Parkhaus Rebstock
Am Römerhof
Europa-Allee

Hamburger Allee
Emser Brücke
P Marriott
Tram 16 17
Ludwig-Erhard-Anlage
BUS 50
Theodor-Heuss-Allee
Tor Nord
TAXI
Eingang Entrance Torhaus
P Maritim
P Messeturm
9
8
6
5
11
10
12
4
3
2
1
Forum
Agora
Torhaus
Tor West
Tor West a
Portalhaus
Cargo Center
Tor Süd
Dependance
Tor Ost
Senckenberganlage
Messeturm
Eingang Entrance Maritim Hotel
Eingang Entrance Congress Center
BUS 50
Eingang Entrance Ludwig-Erhard-Anlage
Tram 16 17
Eingang Entrance City
Friedrich-Ebert-Anlage
BUS 50
Platz der Einheit
Hauptbahnhof
Brüsseler Str.
P Skyline Plaza
Kap Europa Kongresshaus
Den Haager Str.
Osloer Str.
P Mövenpick
BUS 46
Güterplatz
Frankenallee
Mainzer Landstraße
Hafentunnel

Öffentlicher Nahverkehr / Public transportation

Messe
S S3 S4 S5 S6

Festhalle/Messe

U U4

Festhalle/Messe
Ludwig-Erhard-Anlage
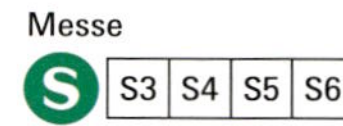
Tram 16 17
BUS 50

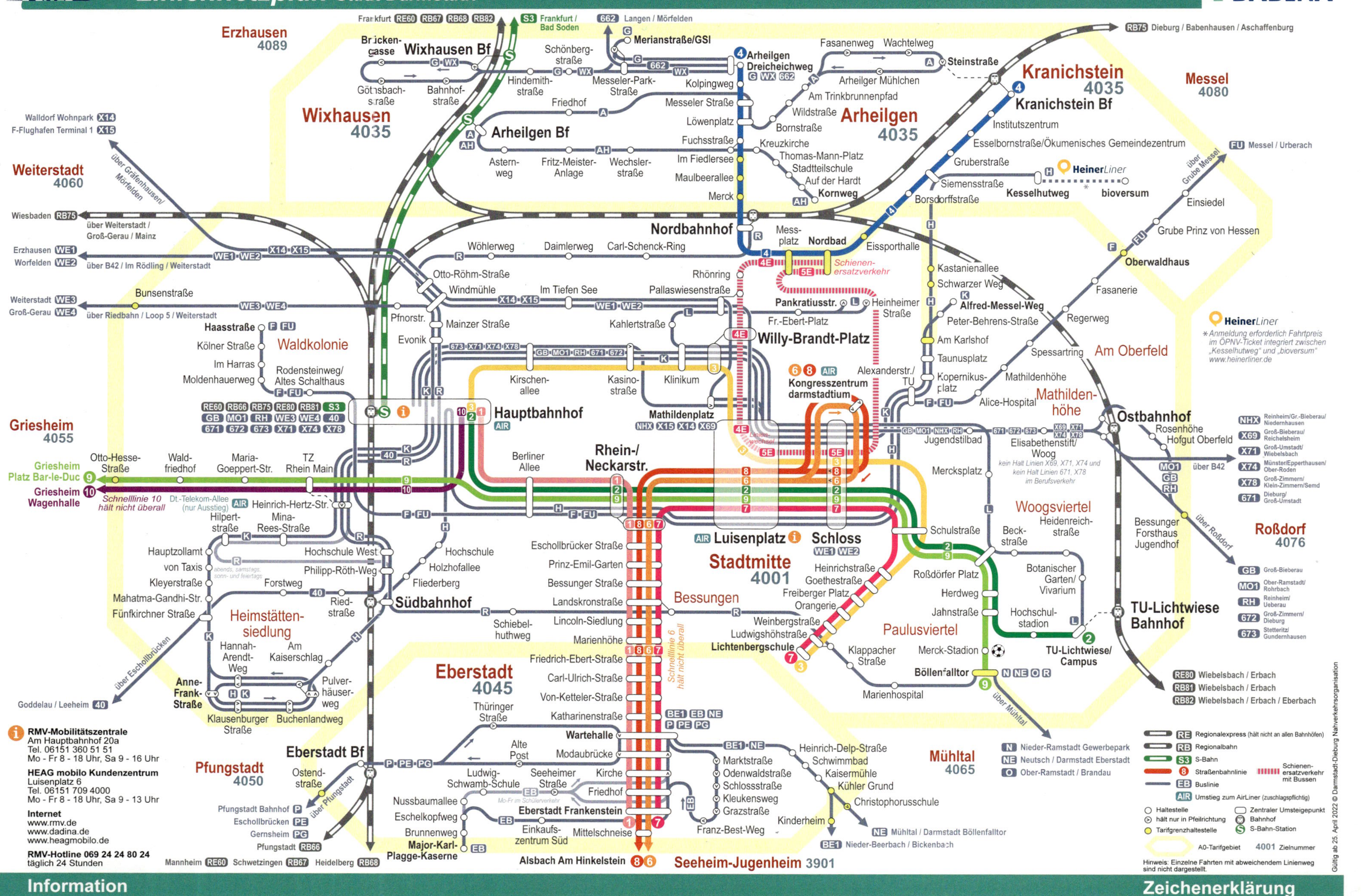
Liniennetzplan Stadt Darmstadt
DADINA
RMV
Erzhausen 4089
Wixhausen 4035
Arheilgen 4035
Kranichstein 4035
Kranichstein Bf
Messel 4080
Weiterstadt 4060
Griesheim 4055
Waldkolonie
Wixhausen Bf
Arheilgen Bf
Nordbahnhof
Hauptbahnhof
Willy-Brandt-Platz
Rhein-/Neckarstr.
Luisenplatz
Schloss
Stadtmitte 4001
Bessungen
Paulusviertel
Woogsviertel
Mathildenhöhe
Am Oberfeld
Ostbahnhof
Roßdorf 4076
TU-Lichtwiese Bahnhof
TU-Lichtwiese/Campus
Böllenfalltor
Mühltal 4065
Südbahnhof
Heimstätten-siedlung
Eberstadt 4045
Eberstadt Bf
Eberstadt Frankenstein
Pfungstadt 4050
Seeheim-Jugenheim 3901
Alsbach Am Hinkelstein
Griesheim Platz Bar-le-Duc
Griesheim Wagenhalle
Schnelllinie 10 hält nicht überall
Schnelllinie 6 hält nicht überall
Schienen-ersatzverkehr
Oberwaldhaus
Lichtenbergschule
Kongresszentrum darmstadtium
HeinerLiner
* Anmeldung erforderlich Fahrtpreis im ÖPNV-Ticket integriert zwischen „Kesselhutweg“ und „bioversum“ www.heinerliner.de
RMV-Mobilitätszentrale
Am Hauptbahnhof 20a
Tel. 06151 360 51 51
Mo - Fr 8 - 18 Uhr, Sa 9 - 16 Uhr
HEAG mobilo Kundenzentrum
Luisenplatz 6
Tel. 06151 709 4000
Mo - Fr 8 - 18 Uhr, Sa 9 - 13 Uhr
Internet
www.rmv.de
www.dadina.de
www.heagmobilo.de
RMV-Hotline 069 24 24 80 24
täglich 24 Stunden
Information
Zeichenerklärung
Regionalexpress (hält nicht an allen Bahnhöfen)
Regionalbahn
S-Bahn
Straßenbahnlinie
Schienen-ersatzverkehr mit Bussen
Buslinie
Umstieg zum AirLiner (zuschlagspflichtig)
Haltestelle
hält nur in Pfeilrichtung
Tarifgrenzhaltestelle
Zentraler Umsteigepunkt
Bahnhof
S-Bahn-Station
A0-Tarifgebiet
4001 Zielnummer
Hinweis: Einzelne Fahrten mit abweichendem Linienweg sind nicht dargestellt.
Gültig ab 25. April 2022 © Darmstadt-Dieburg Nahverkehrsorganisation

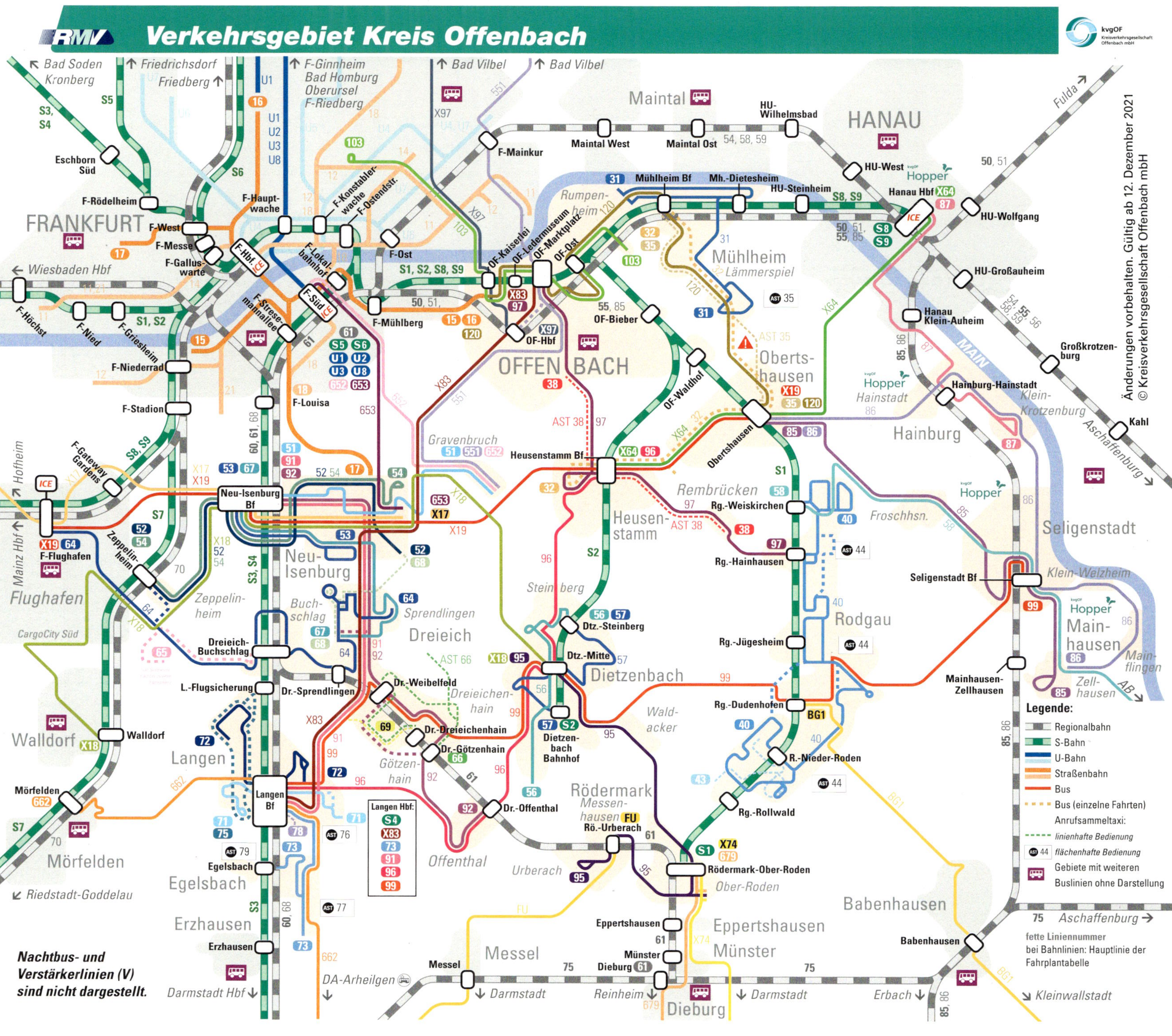
RMV
Verkehrsgebiet Kreis Offenbach
kvgOF Kreisverkehrsgesellschaft Offenbach mbH
Änderungen vorbehalten. Gültig ab 12. Dezember 2021
© Kreisverkehrsgesellschaft Offenbach mbH
Bad Soden Kronberg
Friedrichsdorf Friedberg
F-Ginnheim Bad Homburg Oberursel F-Riedberg
Bad Vilbel
Bad Vilbel
Fulda
Maintal
HANAU
FRANKFURT
OFFENBACH
Mühlheim Lämmerspiel
Obertshausen
Hainburg
Seligenstadt
Heusenstamm
Rembrücken
Froschhsn.
Rodgau
Dietzenbach
Dreieich
Sprendlingen
Buchschlag
Neu-Isenburg
Gravenbruch
Zeppelinheim
Flughafen
CargoCity Süd
Walldorf
Mörfelden
Langen
Egelsbach
Erzhausen
Götzenhain
Dreieichenhain
Offenthal
Urberach
Rödermark
Messenhausen
Ober-Roden
Wald-acker
Eppertshausen
Münster
Dieburg
Messel
Babenhausen
Mainhausen
Mainflingen
Zellhausen
Klein-Welzheim
Klein-Krotzenburg
Hopper Hainstadt
Eschborn Süd
F-Rödelheim
F-West
F-Messe
F-Galluswarte
F-Hbf
F-Hauptwache
F-Konstablerwache
F-Ostendstr.
F-Lokalbahnhof
F-Süd
F-Stresemannallee
F-Ost
F-Mühlberg
F-Mainkur
F-Höchst
F-Nied
F-Griesheim
F-Niederrad
F-Stadion
F-Louisa
F-Gateway Gardens
F-Flughafen
Wiesbaden Hbf
Hofheim
Mainz Hbf
Riedstadt-Goddelau
Maintal West
Maintal Ost
HU-Wilhelmsbad
HU-West
Hanau Hbf
HU-Wolfgang
HU-Steinheim
HU-Großauheim
Hanau Klein-Auheim
Großkrotzenburg
Hainburg-Hainstadt
Kahl
Aschaffenburg
Mühlheim Bf
Mh.-Dietesheim
OF-Kaiserlei
OF-Ledermuseum
OF-Marktplatz
OF-Ost
OF-Hbf
OF-Bieber
OF-Waldhof
Obertshausen
Heusenstamm Bf
Rg.-Weiskirchen
Rg.-Hainhausen
Rg.-Jügesheim
Rg.-Dudenhofen
R.-Nieder-Roden
Rg.-Rollwald
Rödermark-Ober-Roden
Rö.-Urberach
Seligenstadt Bf
Mainhausen-Zellhausen
Dtz.-Steinberg
Dtz.-Mitte
Dietzenbach Bahnhof
Dr.-Weibelfeld
Dr.-Dreieichenhain
Dr.-Götzenhain
Dr.-Offenthal
Dr.-Sprendlingen
Dreieich-Buchschlag
L.-Flugsicherung
Neu-Isenburg Bf
Zeppelinheim
Langen Bf
Egelsbach
Erzhausen
Walldorf
Mörfelden
Eppertshausen
Münster
Dieburg
Messel
Babenhausen
Darmstadt Hbf
DA-Arheilgen
Darmstadt
Reinheim
Darmstadt
Erbach
Kleinwallstadt
Aschaffenburg
Langen Hbf: S4 X83 73 91 96 99
Legende:
Regionalbahn
S-Bahn
U-Bahn
Straßenbahn
Bus
Bus (einzelne Fahrten)
Anrufsammeltaxi:
linienhafte Bedienung
AST 44 flächenhafte Bedienung
Gebiete mit weiteren Buslinien ohne Darstellung
fette Liniennummer bei Bahnlinien: Hauptlinie der Fahrplantabelle
Nachtbus- und Verstärkerlinien (V) sind nicht dargestellt.

ESWE VERKEHR

Zeichenerklärung

- Dürerplatz 1 — Buslinie mit Haltestelle, Liniennummer und Endhaltestelle
- Umsteigehaltestelle
- Haltestelle nur in eine Richtung
- Buslinie nur zu bestimmten Tageszeiten
- N5 — Nachtlinie mit Liniennummer
- Münchfeld 6 — alternative Haltestelle
- weniger als 5 Fahrten
- AST – Anruf-Sammeltaxi
- Buslinie nur saisonal
- S-Bahnlinie
- RegionalBahn/Regional-Express
- P+R — Park+Ride Parkplatz
- Fahrkartenautomat

Stand: 12. Dezember 2021

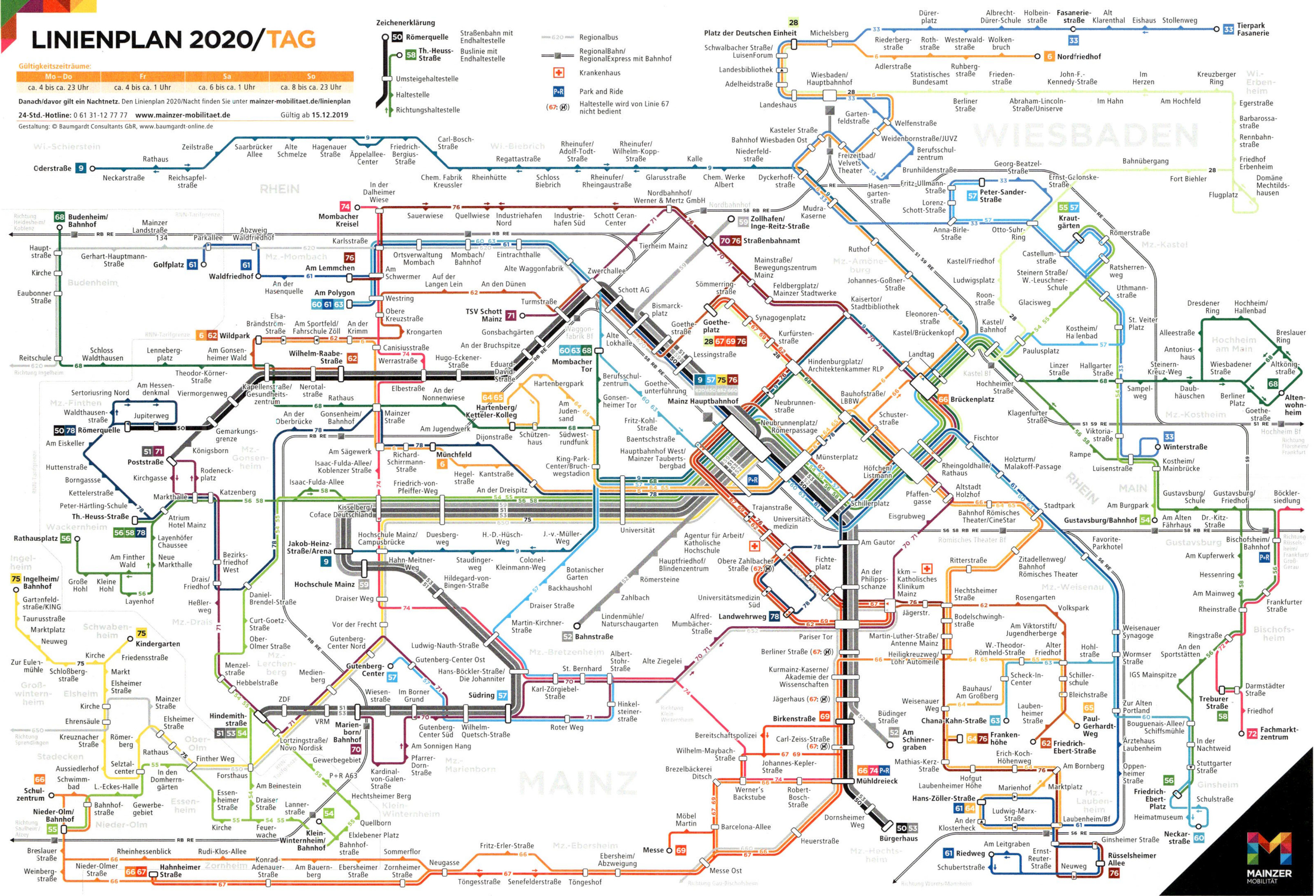

LINIENPLAN 2020/TAG
Gültigkeitszeiträume:
Mo–Do ca. 4 bis ca. 23 Uhr
Fr ca. 4 bis ca. 1 Uhr
Sa ca. 6 bis ca. 1 Uhr
So ca. 8 bis ca. 23 Uhr
Danach/davor gilt ein Nachtnetz. Den Linienplan 2020/Nacht finden Sie unter mainzer-mobilitaet.de/linienplan
24-Std.-Hotline: 0 61 31-12 77 77
www.mainzer-mobilitaet.de
Gültig ab 15.12.2019
Gestaltung: © Baumgardt Consultants GbR, www.baumgardt-online.de
Zeichenerklärung
50 Römerquelle
Straßenbahn mit Endhaltestelle
58 Th.-Heuss-Straße
Buslinie mit Endhaltestelle
Umsteigehaltestelle
Haltestelle
Richtungshaltestelle
Regionalbus
RegionalBahn/RegionalExpress mit Bahnhof
Krankenhaus
Park and Ride
Haltestelle wird von Linie 67 nicht bedient
WIESBADEN
MAINZ
RHEIN
MAIN
Mainz Hauptbahnhof
Wiesbaden/Hauptbahnhof
MAINZER MOBILITÄT

Städte, Stadtteile, Gemeinden und Gemeindeteile des Großraumes Rhein-Main · Frankfurt

Die in halbfett gedruckten Ortsnamen sind Städte oder selbstständige Gemeinden. Gemeinde- und Ortsteile sind in normaler Schrift aufgeführt. Hinter ihnen steht in Klammern jeweils der Hauptort.

Im Anschluss daran erscheinen die Seitenzahlen auf denen Sie die jeweiligen Orte oder Ortsteile im Atlas wiederfinden.

Beispiele:	Stadt/Gemeinde	Seitenangaben
	Frankfurt am Main	33, 34, 151, 152, 176–179, 200–205, 226-230, 254
	Mörfelden (Mörfelden-Walldorf)	253, 279, 280

Straßenverzeichnis

Bei Städten und Gemeinden mit mehreren Postleitzahlen erscheint im Verzeichnis vor den Straßennamen die zugehörige Postleitzahl. Ein Strich erscheint vor den Straßen oder Plätzen, die keine PLZ besitzen. Bei Städten oder Gemeinden, die nur eine PLZ besitzen, steht diese jeweils unterhalb des Ortsnamens.

Es folgen Seitenzahl und Suchfeldangabe. Die Suchfeldangaben von Straßen in den Innenstadtplänen werden vorangestellt (S. 30–37).

Aus Platzgründen können in der Karte nicht alle Namen ausgeschrieben werden. Bei enger Bebauung wird anstatt des Namens eine Zahl als Platzhalter gesetzt. Die im Register angegebene Suchfeldangabe bezieht sich auf diese Zahl in Klammern direkt hinter dem Straßennamen (siehe Beispiel unten).

Beispiele:	Postleitzahl	Straßenname	Seitenzahl-Suchfeldangabe
	60489	Eschborner Landstraße	202-2a
	63739	Neben der Großen Metzgergasse (5)	(30-A2)

Tacitusweg 132-1b
Tannenweg 132-6d
Taunusstraße 108-11b
Tiefe Furche (1) 132-5b
Töpferstraße 132-5b
Turmgasse (6) 133-1b

Uhlandstraße 132-2b
Unterstraße 108-11b

Vogelsbergstraße 132-2a
Von der Au 109-10c

Waldstraße 132-6c
Wallstraße (4) 132-2a
Wiesenstraße 132-2a
Wittenbergerstraße (1) 108-11c
Wölfershecke (3) 132-5d

Zindelweg 109-10c
Zum alten Bahnhof 109-10b
Zum Bachstaden 132-2a
Zum Kerlesgrund 108-11d
Zum Mühlengrund 108-12a
Zum Niddersteg 132-2c
Zum Roten Grund (2) 132-2a
Zum Waldblick 108-11c

Alzenau
PLZ 63755

Abtshof 236-9a
Achslandweg 211-10a
Ahornweg 210-11b
Akazienweg 210-11b
Albstädter Straße 211-7b
Alfred-Delp-Straße (6) 210-11d
Alte Hohle 236-8d
Alzenauer Straße 236-8b
Am Alten Stein 211-7b
Am Apfelgraben 211-4b
Am Bachgraben 236-8b
Am Backhaus (5) 236-9a
Am Birkenberg 211-8c
Am Birnbaum (3) 211-10a
Am Burgsteg (16) 210-12c
Am Dachsberg 236-3c
Am Dickert 236-3c
Am Elzegraben 210-11c
Am Erlenborn 211-7d
Am Fallthor 211-7a
Am Felsenkeller 236-9a
Am Gänsteich (11) 236-5b
Am Gaubert (15) 211-7b
Am Goldbach 211-7c
Am Hörsteiner Weg 236-5b
Am Hohen Kreuz (19) 210-11d
Am jüdischen Friedhof 236-5d
Am Kapellplatz 236-8b
Am Kieswerk 236-7a
Am Kirchberg 236-3a
Am Kraßberg 236-9a
Am Lindenplatz 211-7b
Am Lotzenstein 236-3c
Am Mittelbach 211-7a
Am Mühlstück (11) 211-7d
Am neuen Berg 236-8b
Am Pavillon 236-5b
Am Rosengarten 236-6a
Am Schulplatz (8) 211-5a
Amselweg 236-3c
Am Speichenbach 211-10c
Am Spiegelberg 236-9a
Am Spittal (18) 210-11c
Am Sportfeld 211-5a
Am Sportplatz (2) 211-5a
Am Wäldchen 236-2d
Am Wasserloser Tor (11) 236-9a
Am Weibersbach (7) 211-7b
Am Weinberg 211-8c
An der Burg 210-11d
An der Hühnerhecke (4) 210-12c
An der Koppel 236-8b
Anton-Schnack-Straße (11) 210-11d
Arnsburgstraße 211-5c
Aschaffenburger Weg 236-8d
Auenstraße 236-3a
Auerpfad 236-3c
Auf der Rauhbeine 236-5d
Aussiedlerhof Amberg 211-8a
Auweg 210-12b

Bachstraße 236-2b
Bahnhofstraße 210-12b
Barbarossastraße (5) 211-7b
Baugebiet Mühlweg 236-5d
Beethovenstraße 211-4b
Beim Alten Hellchen (2) 211-10c
Beim Klostergut 210-11c
Bergstraße 211-7c
Berliner Straße 210-10d
Bernhardstraße 210-10d
Beunestraße 210-10d
Bezirksstraße 236-2d
Birkenhainer Landstraße 211-2c
Birkenhainer Straße 211-5a
Birkenhof 236-8c
Birkenstraße 211-10c
Bogenstraße 211-7d
Borngasse 211-5a
Borsigstraße 210-10d
Breite-Wiesen-Weg 210-11d
Brennersweg 236-5d
Brentanostraße 210-10d
Breslauer Platz 210-10d
Bruchhausen 236-8b
Brunnengasse (9) 236-8b
Buchbergstraße 211-4b
Buchenweg (9) 210-11b
Burgplatz 210-12c
Burgstraße 210-12a

Carl-Benz-Straße 210-11a
Carl-Diem-Straße 211-7a
Carl-Zeiss-Straße 210-10a
Centgrafenweg 236-8b
Cornillstraße 211-7d
Cranachstraße 236-2d

Dahlienweg 236-6a
Daimlerstraße 210-10d
Dalbergstraße 236-5d
Danziger Platz 210-11a
Dettinger Straße 236-8d
Dieselstraße 210-11a
Dörsthöfe 211-9c
Dr.-Kihn-Ring 211-7b
Dr.-Ullrich-Platz 236-2a
Dolmenweg 210-11c
Drosselweg 236-3c
Dürerstraße 211-4b

Edelmannstraße 236-8b
Eichelsbacherstraße 236-6c
Eichendorffstraße 211-7b
Eichwald 210-12c
Einhardstraße 236-2b
Elzestraße 210-11c
Emeserweg 211-7a
Emmy-Noether-Straße 210-11a
Enggasse (1) 236-9a
Entengasse 210-11d
Erlenweg (14) 210-11d

Falkenweg 236-3c
Feldwingert 236-5d
Fichtenweg (10) 210-11b
Finkenweg 236-3c
Fliederweg 236-6a
Forelle 209-12d
Frankenstraße (3) 211-5a
Freibergstraße 236-2d
Freigerichter Straße 211-5c
Friedberger Gässchen (15) 210-12c
Friedensstraße 236-2d
Friedhofstraße 236-5b
Frohsinnstraße 236-2b

Gallusstraße (4) 211-7b
Gartenstraße 236-8b
Gelnhäuser Straße 210-11b
Gerichtsplatzstraße 236-8b
Gewerbegebiet Am Neuen Berg 236-5c
Gewerbegebiet „Steinbruch" 209-12d
Giesenweg 211-7d
Glockengasse (8) 236-3c
Goethestraße 236-2a
Goldberghof 211-7a
Goldbergstraße 211-4b
Gretelgasse 236-3c
Grünewaldstraße (4) 236-2d
Gunkelsrainstraße 236-2b
Gutenbergstraße 210-11a

Haagweg 236-3c
Hahnenkammhof 210-12d
Hahnenkammstraße 236-3c
Hanauer Straße 210-10d
Hanauer Weg 210-9b
Hans-Sachs-Straße 211-10a
Haubühlstraße 236-8b
Hauckstraße 236-2b
Hauckwaldstraße 236-2b
Hauptstraße 236-9a
Heideweg 210-11c
Hellersweg 236-6a
Hemsbacher Straße 211-10c
Hemsbacher Straße (4) 211-10c
Herrnmühle 211-8c
Hinter den Zäunen (1) 211-10a
Hirtenwiese 211-7a
Hochstraße 210-11b
Hockgasse (7) 236-3c
Hofgartenstraße 236-9a
Hohe Kreuzgasse 236-9a
Hohe-Mark-Straße 236-5d
Holbeinstraße (1) 236-2d
Holunderweg 210-11d
Hornungsrain (8) 236-8b

Iglauer Straße 210-11c
Im Forst 210-12a
Im Gäßchen (10) 236-6a
Im Görchen (16) 211-7b
Im Goldenen Ring 236-8b
Im Lenzenbühl 210-10d
Im Lug 236-6c
Im Luh 236-5d
Im Markacker (12) 211-8c
Im Neufeld 235-3c
Im Sand 236-5d
Im Schild 236-5d
Im Setzling 236-9a
Im Vogelsang (1) 236-2a
In den Mühlgärten 210-11d
In der Ecke 236-3c
Industriegebiet Alzenau-Nord 210-10a
Industriestraße 210-10b

Jägerstraße 210-11a
Jahnstraße 236-2b
Jakobusstraße 211-4b
Julius-Pfister-Ring 211-7a
Junkersstraße 210-10b

Kälberauer Straße 211-7c
Kälberauer Weg 236-3c
Kahler Straße 236-2b
Kaiser-Ruprecht-Straße 210-11d
Kantstraße 211-10c
Kapellenstraße 236-8b
Karl-Amberg Straße 211-10a
Kastanienweg 210-11d
Kertelbachstraße (17) 211-7d
Kettelerstraße 236-2a
Kirchbergstraße 210-12c
Kirchgasse (2) 236-9a
Kirschgarten (12) 236-5b
Kleebsweg 211-7d
Kleebswegring (18) 211-7d
Kneippstraße 236-2a
Königsberger Straße 210-11c
Kolpingstraße 236-2b
Krämerstraße 211-7b
Kreuzgasse 236-9a
Kronbergweg (7) 211-5a
Kumpfgartenstraße (8) 210-11d
Kurmainzer Straße 210-11b
Kurzer Grundweg 211-4b

Langer Grundweg 211-4b
Laurentiusstraße (6) 211-7b
Lederacker 211-10a
Leipziger Platz 210-11c
Leo-Wolpert-Straße (1) 211-5a
Lerchenrain 211-7a
Lessingstraße 211-10a
Lindenhof 236-8d
Lindenweg 210-11d
Lise-Meitner-Straße 210-11a
Ludwig-Neu-Straße 236-3c
Ludwigstraße 211-10a

Märkerstraße 210-12c
Mainzer Gasse (10) 236-8b
Maisenhäuser Straße (8) 211-7b
Maisenhausen 211-5c
Marie-Curie-Straße 210-7d
Marienhof 236-1b
Marienstraße (6) 211-5a
Marktplatz 210-12c
Martin-Luther-Straße 236-2a
Martinsweg 236-8b
Maximilian-Kolbe-Haus 210-11d
Max-Planck-Straße 210-10b
Meerhof 210-10d
Merkurstraße 210-11a
Meßmerstraße 210-11d
Michel-Antoni-Straße 210-11c
Michelbacher Straße 210-12d
Mittelfeldstraße 236-2b
Mittelstraße 211-10a
Mittlerer Röderweg 236-9c
Mömbriser Straße 236-9a
Mörikestraße 211-7b
Mozartstraße 236-2a
Mühlengrund 211-5c
Mühlgraben (4) 236-9a
Mühlgrabenstraße (3) 236-9a
Mühlweg 210-11d

Neue Straße 211-10c
Neu-Isenburger Straße 210-11c
Neuseser Straße 211-5a
Neuwiesenstraße 236-3a
Nikolaus-Fey-Straße 236-2a

Oberer Röderweg 236-9a
Obere Schieferäcker (1) 211-7b
Obermühle 211-7d
Odenwaldstraße (6) 236-2d
Otoo-Hahn-Straße (5) 236-2d

Pestalozzistraße 211-10a
Pfaffstättner Straße 236-8d
Philippusstraße (5) 211-5c
Phillip-Reis-Straße 210-11a
Platz vor der Unteren Pforte 236-8b
Poststraße 210-11d
Prischoßstraße 236-2a
Prischoßweg 236-2a

Räuschbergstraße 236-8d
Raiffeisenstraße 211-5a
Rannenbergring 210-12b
Rebenstraße (3) 211-7d
Rehstraße 211-4d
Rembrandtstraße (3) 236-2d
Rhönstraße 236-2d
Riemenschneiderstraße (2) 236-2d
Rieslingstraße 211-7d
Rillweg 210-10d
Ringmauerstraße 236-6c
Robert-Bosch-Straße 210-11a
Rodenbacher Straße 210-11a
Röderweg 236-9c
Röntgenstraße 210-10d
Rohrrain (9) 211-7d
Rosengartenstraße 211-5a
Rosenstraße 211-7d
Rotdornweg 210-11b
Roter Rain (7) 236-8b
Rubensstraße 236-2d

Sackgasse 236-2d
Sälzerweg 236-2d
Sandweg 236-2b
Savignystraße 211-4b
Schäferbergstraße 210-11c
Schafgasse (9) 236-6a
Schafsbrücke 236-1a
Schafwiesenstraße 236-8b
Schanzenkopfstraße 236-3c
Schaumannweg 236-2b
Scheuergärten (14) 236-3c
Schießmauerstraße 211-7d
Schillerstraße 211-4b
Schlehenweg (13) 210-11d
Schlossbergstraße 236-6a
Schlosshof 236-6a
Schlossstraße 211-7d
Schmiedstraße 236-9a
Schöffenstühl 236-5d
Schöne Aussicht 236-9c
Schubertstraße 236-2b
Schulstraße 211-7d
Schwedenstraße 210-11d
Seestraße 210-10d
Seligenstädter Straße 236-8b
Siedlung am Stein 211-7b
Siedlungstraße 236-2a
Siemensstraße 210-10b
Sint Oedenroder Straße 210-11b
Somborner Straße 210-11b
Spechtstraße (2) 211-7a
Speierlingsweg 236-5d
Sperlingstraße 211-7a
Spessartstraße 211-7d
Spitzwegstraße (13) 236-2d
Steinberg 211-7b
Steingasse 211-5a
Steinkreuzweg (6) 236-8b
Stettiner Platz 210-10d
Stiftstraße 211-10c
Straße A 236-7c
Straße B 236-7d
Straße C 236-7c
Straße D 236-7c
Straße E 236-7d
Streumühle 210-9d
Streuweg 211-7c

Tannenhof 236-8a
Tannenweg (3) 236-2b
Taunusring 210-11a
Taunusstraße 236-2d
Trageser Weg 211-7b
Tulpenweg 236-6a

Uhlandstraße 211-4b
Ulmenweg (12) 210-11d
Unterer Röderweg 236-8d
Unterm Kreuz 236-6c

Vogelsbergstraße 236-2d
Vor den Mauern (14) 211-8a
Vordere Dauserad 211-7d

Wagnerstraße 236-2b
Waldhof 236-11b
Waldpark 210-8c
Waldstraße 210-11c
Wasserloser Straße 210-11d + 236-2b
Weideweg 236-8b
Weinbergstraße 236-8b
Weisensteinstraße 236-2d
Welzheimer Straße (2) 236-2b
Westumgehung 236-2a
Wiesenstraße 211-7a
Wilmundsheimer Straße (5) 210-12c
Wingertstraße (7) 210-11d
Wolfgangstraße 210-11c
Wolfskernstraße 236-2b
Wolfswingertstraße 236-8b

Zehntmauerstraße 236-5b
Ziegelbachstraße 236-3c
Ziegelei 210-12d
Zieglerstraße 211-5a
Zum Albstädter Bach 211-7b
Zum Esbach 236-3c
Zum Hexenthorn 236-9a
Zum Ickelhans (10) 211-8c
Zum Kälterhaus 211-8a
Zum Königsberg 236-9a
Zum Kühling (13) 211-8a
Zum Oberwald 210-12c
Zum Sandfeld 211-7a
Zum Simmig 211-7b
Zur Blauen Brücke 211-4d
Zur Wasserschöppe (4) 211-4b

Appenheim
PLZ 55437

Am Gemeindebirnbaum (1) 270-12b
Am Sonnenhang 270-12d
Am Sportplatz 270-12c
Am Wethbach 270-12d
Auf den Kellern 270-12b

Breitgasse 270-12d
Brunnengasse 270-12d

Gartenstraße 270-12d

Hauptstraße 270-12b
Hintergasse 270-12d

Ingelheimer Straße 270-12b

Kloppgasse 270-12d

Mühle 2 (Hassemermühle) 270-12b
Mühle 3 (Eppardsmühle) 270-12b
Mühle 4 (Oberbollermühle) 271-10a
Mühlstraße 270-12b

Neugasse 270-12b
Niedergasse 270-12d

Obergässchen 270-12d
Obergasse 270-12d

Raiffeisenstraße 270-12d

Schulstraße 270-12d

Taunusblick 270-12b

Vor dem Klopp 270-12d
Vorm Westerberg 270-12b

Welzbachstraße 270-12b

Zum Drosselborn 270-12d

Armsheim
PLZ 55288

Ahornweg 349-1b
Am Bahnhof 349-5b
Am Billgraben 349-4b
Am Dörrenböhl 349-5a
Am Dollgraben 349-5a
Am Gutleuthaus 349-1d
Am Kindergarten (5) 349-5a
Am Kreuz 349-2a
Am Sportplatz 349-1d
Am Zielgarten 349-4b
An der Kappeslücke 349-5a
An der Nikolauspforte (10) 349-4b
An der Oberpforte 349-4b
An der Wallfahrtskirche (6) 349-4b
An der Weed (4) 349-4b
Ariboplatz 349-2c
Armsheimer Straße 349-1d
Auerweg 349-5a
Auf der Horst 349-2c

Bäreneck (2) 349-1d
Bahnhofstraße 349-4b
Bahnwärterhaus 323-11d
Bei den Fibeln (14) 349-1d
Binger Weg 349-1b

Dörrenböhler Hof 349-2c

Effenweg 349-2a
Ensheimer Weg 349-2d
Eulengasse 349-4b

Grüner Weg 349-2a

Hauptstraße 349-4b
Hörichsweg 349-1d

Im Pfad 349-2a
In der Brunnenwiese 349-4b

Kaiser-Hadrian-Weg (12) 349-1d
Keltenweg 349-1d
Kennelwiese 349-4b
Kirchgasse 349-2a
Kübelgasse (7) 349-4b
Kübelsreul 349-4b
Küfereck (11) 349-4b
Kurpfälzer Weg 349-2c

Lindenweg 349-1d
Löwensteinweg 349-2c

Mainzer Weg 349-2a
Mühlstraße 349-4b

Neugasse 349-4b

Obergasse 349-4b

Raiffeisenstraße 349-5b
Rheinländer Hof 349-5a
Römerpfad (13) 349-1d
Rommersheimer Straße 349-2a
Rosenplatz (8) 349-4b

Sackgasse (1) 349-1d
Schloß Veldenz 349-4b
Schmidtgasse (3) 349-4b
Schulgäßchen (9) 349-4b
Silvaner Weg 349-5a
Steggasse 349-2a

Untergasse 349-2a

Veldenzer Weg 349-2c

Wöllsteiner Weg 349-1d

Aschaffenburg

– 100 Treppchen (30-A2)

63743 Adelenstraße 289-6a
– Adenauerbrücke 289-3c
63741 Adlerstraße 263-8c
63741 Äußerer Fahrweg 289-4d
63739 Agathaplatz (30-A2)
63741 Ahornweg 289-5c
63741 Akazienweg 289-5c
63741 Albrechtstraße 263-12d
63743 Albrecht-Velte-Straße (1) 290-9b
63739 Alexandrastraße 289-3d (30-B3)
63741 Alfred-Delp-Straße 289-5a
63743 Allerheiligenstraße (9) 290-4d
63743 Alois-Grimm-Straße 290-4b
63739 Altdorferstraße 290-1d
63741 Alte Allee 289-7b
63741 Altenbachsmühle 316-1c
63743 Altenbachstraße 315-3d
63743 Alte Straße 289-6d
63739 Althohlstraße 290-4d
63743 Am Brombeergraben 289-12a
63741 Am Dreispitz 289-2c
63741 Am Feldrain 263-11a
63739/63743 Am Floßhafen 289-6a (30-A3)
63743 Am Funkhaus 290-4b
63743 Am Fußberg (10) 290-7b
63741 Am Gemeindegraben 289-1d
63743 Am Gerbersgarten (8) 290-4d
63743 Am Grubenteich (14) 290-7b
63743 Am Gründchen 290-9d
63743 Am Häsbach 289-6a
63743 Am Hang 289-12a
63739 Am Hasenkopf 290-2b
63739 Am Heißen Stein (30-B2)
63743 Am Herbigsbach 290-7b
63743 Am Hollerbach 290-5c
63743 Amirastraße 289-12c
63743 Am Kirchfeld (2) 289-12a
63743 Am Klosterrain 289-6b
63743 Am Königsgraben 290-5d
63739 Am Krämersgrund 290-2b
63741 Am Lindenweg 289-5c
63743 Am Obstkeller 289-12a
63743 Am Ödig (3) 289-12a
63743 Am Rathaus 289-12c
63743 Amrheinstraße 290-5c
63743 Am Rosensee 290-1d
63741 Amselweg 263-11a
63743 Am Springergarten 289-12a
63743 Am Sternberg 290-7b
63743 Am Tiegel 289-12a
63741 Am Welzbach 289-7c
63743 An den Bornwiesen 290-4d
63743 An den Hennwiesen 290-7b
63743 An den Herbigwiesen (9) 290-7b
63743 An den Röderäckern 315-3b
63743 An den Rosengärten 290-4d
63739 An der Lache 264-10b
– Andriansplätzchen 264-11c
63739 Ankergasse (30-A3)
63743 Ansbacher Straße 290-5a
63741 Antoniusstraße 263-12c
63741 Apfelbaumweg 289-5a
63741 Aprikosenweg 289-5b
63739 Arndtstraße 290-2a
63743 Aschaffenburger Straße 290-9a
63741 Aschaffstraße 263-12b
63741 Aspenweg 289-6a
63741 Auf der Senne 289-1b
63741 Aufeldstraße 264-10c
63741 Augasse 289-2c
63741 Auhofstraße 263-12d
63743 Aumühle 290-5c
63743 Aumühlstraße 290-4d
63741 Auraweg 263-12b
63741 Auweg 289-2c

63743 Bachgartenstraße 290-4d
63743 Bachstraße 290-4d
63743 Bachtalstraße 290-4c
63739 Backofenstraße 290-2c
63739 Badergasse 289-3b (30-B2)
63743 Bahmersgasse (5) 290-4d
63743 Bahnhofstraße 289-12c
63743 Bahnweg 289-6b
63739 Bardroffstraße 289-3d (30-B3)
63743 Bavariastraße 289-6b
63739 Bayernstraße 264-10c
63743 Bayreuther Straße 290-5a
63739 Bechtholdstraße 290-2a
63739 Beckerstraße 290-1d
63743 Beethovenstraße 289-12a
63741 Behlenstraße 263-12d
63739 Beinegasse 289-3d (30-A3)
63741 Benzstraße 263-10d
63743 Bergstraße 290-4a
63739 Berliner Allee 290-5a
63741 Bernhardstraße 263-12c
63743 Bertastraße 289-6a
63741 Bert-Brecht-Straße (4) 263-11b
63739 Bessenbacher Weg 290-1b
63739 Betgasse 289-3d (30-B2)
63741 Bienenweg 263-10b
63741 Birkenweg 289-5c
63741 Birnbaumweg 289-5a
63743 Bischbergstraße 290-4c
63743 Bischbergweg 289-9a
63741 Bischof-Wurm-Straße 289-5a
63739 Bismarckallee 290-1b
63743 Bleichstraße 290-5c
63739 Blücherstraße 290-1b
63743 Blütenstraße 290-4a
63743 Blumenstraße 290-4a
63739 Bodelschwinghstraße 289-3b (30-B1)
63743 Böhmerwaldstraße 290-4b
63739 Bohlenweg 290-1b
63743 Bollenwaldstraße 315-3b
63741 Boppstraße 263-12b
63741 Boschweg 263-11c
63743 Brahmsweg 289-11b
63743 Braugasse (7) 290-4d
63741 Braunstraße 289-1d
63741 Brehmweg 263-11a
63739 Brennofengasse (30-B2)
63739 Brentanoplatz 290-1c
63739 Brentanostraße 290-1c
63739 Breslauer Platz 290-1a
63739 Breslauer Straße 290-1a
63743 Breunichweg (6) 289-11b
63743 Brucknerstraße 289-12a
63741 Brückenstraße 263-12a
63741 Brunnengasse 289-2a
63741 Buchenweg 289-5c
63743 Buchnerweg (5) 289-11b
63743 Buhleierstraße 290-4d
63741 Bunsenweg 263-11a
63741 Burchardtstraße 263-12c
63741 Bussardweg 263-11a
63739 Bustellistraße 290-1a
63739 Butzbachweg 290-1d

63743 Charlottenweg 289-6a
63743 Christian-Schad-Straße 290-4a
63743 Clemensstraße (1) 289-6b
63739 Cornelienstraße 290-1c
63739 Cranachstraße 290-1d
63739 Cunibertstraße 289-3a

63741 Dahlemstraße 263-12a
63741 Daimlerstraße 263-10d
63739 Dalbergstraße 289-3d (30-A2)
63741 Dammer Steg 263-12c
63741 Dammer Straße 263-12c
63741 Dammer Tor (3) 263-11b
63743 Dankwartstraße 289-6a
63739 Danziger Straße 290-1a
63741 Darmstädter Straße 289-4a
63739 Denkmalstraße 264-10d

63739 Deschstraße 290-1a
63743 Dessauer Straße 290-4a
63739 Deutsche Straße 290-1a
63741 Dieselstraße 263-10d
63741 Dietrich-Bonhoeffer-Straße 289-5a
63739 Dilsheimerstraße 290-1c
63739 Dinglerstraße 290-1c
63743 Döllingerstraße 290-5c
63741 Dörfchen 289-4c
63743 Dörrmorsbacher Straße 290-9d
63743 Dorfgasse 291-7c
63741 Dorfstraße 263-12a
63741 Drosselweg 263-11a
63739 Duccastraße 289-3b (30-A1)
63743 Dümpelsmühle 290-5c
63743 Dümpelsmühlstraße 290-5c
63739 Dürerstraße 290-1d
63739 Dunzerstraße 289-3d (30-B3)
63741 Dyroffstraße 263-12a

63743 Ebersbacher Straße 290-4d
– Ebertbrücke 289-2b
63743 Eckertsmühle 289-6a
63741 Edith-Stein-Straße 289-5a
63741 Efeuweg 289-5b
63741 Egerer Straße 289-2a
63741 Eibenweg 289-5c
63741 Eichenweg 289-5c
63741 Einsteinstraße 263-11a
63739 Elisenstraße 289-3b (30-B1)
63741 Elsa-Brändström-Weg 289-5a
63739 Elsässer Straße 264-10d
63741 Elsavastraße 263-12b
63743 Elterhof 290-5d
63743 Emilienstraße 289-6a
63743 Emmyweg 289-6a
63741 Englertstraße 263-11c
63739 Entengasse 289-3b (30-B2)
63743 Erbigweg 289-12a
63739 Erbsengasse 289-3d (30-B2)
63743 Erbsenrainweg 290-4d
63743 Erlanger Straße 290-5a
63741 Erlenmeyerstraße 263-12d
63741 Erlenweg 289-5c
63739 Ernsthofstraße 290-1a
63739 Erthalstraße 289-3b (30-A1)
63741 Eschenweg 289-5c

63739 Fabrikstraße 290-1a
63741 Fahrbachweg 263-9c
63741 Falkenweg 263-11a
63739 Fasaneriestraße 264-10c + 290-1b
63739 Faustweg 289-3d (30-B3)
63739 Feuergäßchen (30-B2)
63739 Fichtenallee 290-2a
63741 Fichtenweg 289-5a
63743 Fidelioweg 290-7b
63743 Findbergweg 290-9b
63741 Finkenweg 263-11a
63739 Fischergasse 289-3d (30-A3)
63739 Fischerhohle 289-6b
63739 Fischhausgasse (6) (30-A3)
63739 Flachstraße 290-1d
63741 Fliederweg 289-5c
63743 Flurstraße 289-11b
63741 Föhrenweg 289-5a
63743 Forsthaus am Stockholz 290-11d
63739 Frankenstraße 264-10d
63741 Franzensbader Straße 289-2a
63743 Franz-Krug-Straße 290-5c
63741 Fraunhoferstraße 289-2c
63739 Freihofsgasse (3) (30-B2)
63739 Freihofsplatz 289-3b (30-B2)
63743 Freundstraße 290-4d
63743 Friedenstraße 289-12a
63743 Friedhofstraße 263-12c
63741 Friedrich-Krane-Platz 289-2c
63739 Friedrichstraße 289-3b (30-A1)
63739 Friesenstraße 264-10c
63739 Frohsinnstraße 289-3b (30-B1)
63739 Frühlingstraße 290-4a
63739 Fürstengasse 289-3b (30-A2)
63743 Fürther Straße 290-5a
63743 Furtweg 291-7c

63739 Gabelsbergerstraße 289-3d (30-B3)
63743 Gänsgärtenweg 290-4d
63741 Gänsruh 263-11a
63739 Gärtnerstraße 289-3a
63743 Gailbacher Straße 290-5c
63743 Gailbacher Weg 290-10a
63743 Gartenstraße 289-11b
63741 Gaußweg 263-11a
63739 Gentilstraße 290-4b
63741 Georg-Dewald-Straße 289-5a
63741 Germanenstraße 289-1c
63741 Gersprenzweg 263-12b
63741 Geschwister-Scholl-Platz 289-5b
– Gewerbegebiet Nilkheim Ost 289-6a
– Gewerbegebiet Nilkheim-West 289-7a
– Gewerbegebiet Würzburger Straße Nord 290-5a
– Gewerbegebiet Würzburger Straße Süd 290-5a
63741 Giebfriedweg 289-2d
63741 Ginsterweg 289-5a
63743 Glaserstraße 290-9d
63741 Glattbacher Straße 263-12d
63739/63741 Glattbacher Überfahrt 263-12d
63739 Gneisenaustraße 290-1b
63739 Godelsberg 290-2a
63743 Göbelweg 290-5c
63741 Goerdelerstraße 289-5a
63739 Görresstraße 290-1c
63739 Goethestraße 290-1c
63739/63741 Goldbacher Straße 289-3b (30-B1)

63741 Goldregenweg 289-5c
63741 Grasleite 263-10b
63741 Graslitzer Straße 289-2a
63741 Großostheimer Straße 289-7b
63743 Grubenweg 290-5c
63743 Gruberstraße 289-8d
63739 Grünewaldstraße 290-1a
63743 Güldnerweg 290-4a
63739 Güterberg 289-3d (30-A3)
63739 Gutenbergstraße (30-B3)
63743 Gutwerkstraße 290-4d

63741 Habichtstraße 263-11b
63741 Haeckelweg 263-11a
63743 Händelstraße 289-11b
63741 Hafenbahnhofstraße 289-2c
63741 Hafenkopfstraße 289-1d
63741 Hafenlohrweg 263-12b
63741 Hafenrandstraße 289-1d
63741 Hahnweg 263-11c
63739 Haibacher Straße 290-2b
63743 Haidbergstraße 290-4b
63741 Haidstraße 263-11d
63739/63741 Hanauer Straße 289-2a
63739 Hartmannstraße 290-1d
63741 Haselmühlweg 264-10a
63743 Haselweg 289-12a
63741 Hasenhägweg 263-10b
63741 Haslochweg 263-12b
63743 Hauptstraße 289-11b
63743 Haydnstraße 289-11b
63743 Heckenweg 290-4d
63743 Heckerstraße 290-5c
63743 Heckmannweg 290-4a
63743 Hefner-Alteneck-Straße 289-6b
63743 Heidigweg 289-12b
63743 Heimstraße 290-4a
63741 Heinrich-Böll-Straße 263-12d
63739 Heinsestraße 289-3b (30-B1)
63743 Helenenstraße 289-6b
63741 Helmholtzstraße 289-2c
63743 Hennteichstraße 290-7b
63743 Hensbachstraße 290-4d
63743 Hergenrötherweg 290-5c
63741 Herrenwaldstraße 263-11a
63739 Herrleinstraße 290-1c
63739 Herstallstraße 289-3b (30-B2)
63741 Hertzstraße 289-2c
63739 Hessenstraße 264-10d
63739 Hettingerstraße 290-1c
63743 Heymannstraße 290-4a
63741 Hibiskusweg 289-5b
63743 Hildenbrandstraße 290-4b
63743 Himbeerweg 289-12a
63743 Hindemithstraße 289-12a
63743 Hinkelspfad 290-7b
63739 Hinter der Eich (30-B2)
63743 Hinterm Gnießen (13) 290-7b
63743 Hirtenecke (3) 290-4d
63743 Hockstraße 290-4b
63743 Höhenweg 291-7c
63739 Hönleinweg 290-1d
63743 Hofäckerweg 291-7c
63743 Hofer Straße 290-5a
63743 Hoffmannstraße 290-5c
63739 Hofgartenstraße 290-1a
63743 Hofgartenweg 290-9d
63739 Hohenzollernring 290-1a
63739 Holbeinstraße 290-1d
63739 Holsteiner Straße 264-10c
63741 Holunderweg 289-5a
63741 Horchstraße 263-11c
63741 Hotzelstraße 289-2d
63743 Hubweg 290-7b
63743 Hugo-Karpf-Straße 290-4b
63743 Hummelweg 263-10b
63743 Humperdinckweg (1) 289-11b

63743 Im Gartenland 290-9a
63741 Im Neurod 263-10b
– In den Sauerwiesen (1) 290-2c
– Industriegebiet Obernau 316-1a
63741 Industriestraße 289-1d
63741 Inselstraße 263-12b

63741 Jägerhof 289-4a
63743 Jahnstraße 289-12a
63741 Jasminweg 289-5a
63741 Jean-Stock-Straße 289-5a
63741 Jochen-Klepper-Straße 289-5b
63741 Johannesberger Straße 263-12a
63739 Josef-Dinges-Straße (1) 290-5a
63741 Jossaweg 263-12b
63743 Judenbergweg 290-7c
63739 Judengasse (7) (30-B2)
63743 Judenpfad 290-10a
63741 Julius-Krieg-Straße (2) 263-12d
63741 Julius-Leber-Straße 289-5a
63739 Junckerstraße (30-B3)

63741 Kästerweg 263-11d
63741 Kahlgrundstraße 263-9c
63741 Kapellenstraße 289-2d
63743 Kapellenweg 289-12b
63739 Kapuzinerplatz 289-3a (30-A1)
63741 Kardinal-Galen-Straße 289-5a
63741 Karlsbader Straße 289-2a
63739 Karlsplatz (30-A2)
63739 Karlstraße 289-3b (30-A1)
63741 Kastanienweg 289-5c
63743 Katharinenstraße (5) 289-6a
63741 Keltenstraße 289-4b
63741 Keplerstraße 263-10b
63741 Kerschensteinerstraße 289-2b
63739 Kettererstraße 290-2c
63741 Kiebitzweg 263-11a
63741 Kiefernweg 289-5c
63739 Kihnstraße 290-1d
63741 Kilianstraße 289-5c
63741 Kinzigstraße 263-12a
63743 Kirchhofgasse 289-11b
63739 Kirchhofweg 289-3d (30-B3)
63739 Kirchnerstraße 290-2a

63741 Kirchstraße 289-2c
63741 Kirschbaumweg 289-5a
63739 Kittelstraße 290-1a
63743 Klarastraße (3) 289-6a
63739 Kleberstraße 289-3b (30-A1)
63739 Kleine Metzgergasse (30-A2)
63741 Kleiner Auweg 289-5a
63741 Kleine Schönbuschallee 289-4b
63743 Klingertweg 290-9b
63743 Klosterrainstraße 290-4a
63739 Kneippstraße 290-1d
63741 Knodestraße 263-12d
63739 Kobellstraße 290-2a
63739 Kochstraße 290-1d
63743 Kömpelstraße 290-5c
63739 Königsberger Straße 290-1a
63741 Kohlenkaistraße 289-1d
63739 Kolbornstraße 264-10c (30-B1)
63743 Koloseusstraße 289-6b
63739 Kolpingstraße 289-3a (30-A1)
63741 Konradstraße 263-11a
63741 Kopernikusstraße 263-10b
63739 Kranengasse (30-A3)
63743 Krausweg (7) 289-11b
63743 Krohenfeldweg 290-9d
63743 Kullmannstraße 290-5c
63739 Kulmbacher Straße (2) 290-5a
63741 Kupfergasse 263-12a
63739 Kurmainzer Ring 290-1c
63743 Kurt-Frenzel-Straße 290-4b

63741 Lärchenweg 289-5c
63739 Lamprechtstraße 289-3d (30-A3)
63739 Landingstraße 289-3b (30-B2)
63743 Langer Weg 290-9d
63743 Lange Sträucher 290-9d
63741 Lange Straße 263-12c
63741 Lauestraße 289-2c
63741 Laurentiusstraße 289-2c
63743 Lautenschlägerstraße 290-1d
63743 Legatplatz 289-6a
63741 Leiderer Stadtweg 289-2a
63743 Leidersbacher Gäßchen (6) 290-4d
63743 Leimeisterweg 290-5a
63741 Leinpfad 289-7d
63741 Leinreiterstraße 289-2a
63739 Leinwanderstraße 289-3a
63741 Libellenweg 263-10b
63743 Liebezeitstraße 290-4c
63743 Liebigplatz 289-6b
63743 Liebigstraße 289-6b
63741 Ligusterweg 289-5b
63741 Lilienthalstraße 263-10d
63739 Lindenallee 290-1a
63741 Lindenweg 289-5c
63743 Lindestraße 289-6b
63741 Linkstraße 263-11c
63739 Löherstraße 289-3d (30-A3)
63741 Lohmühle 263-12a
63739 Lohmühlstraße 263-11b
63741 Lohrweg 263-12b
63741 Lorbeerweg 289-5b
63743 Lorenzstraße 290-5a
63743 Lortzingweg 289-11b
63739 Lothringer Straße (1) 264-10d
63743 Ludwig-Roth-Straße (2) 291-7a
63739 Ludwigsallee 290-1b
63739 Ludwigstraße 289-3a (30-A1)
63739 Lufthof 264-11c + 290-2a
63739 Lufthofweg 264-11c
63739 Lug ins Land 290-2a
63739 Luitpoldstraße 289-3b (30-B2)

63741 Magnolienweg 289-5b
63743 Maihohle 291-7a
63741 Mainaschaffer Straße 289-2a
63743 Mainblick 289-11b
63743 Mainfeldstraße 289-11b
63739 Maingasse (30-A3)
63743 Maintalstraße 289-8b
63743 Mainweg 289-11d
63741 Mainwiesenweg 289-5c
63741 Marienbader Straße 289-2a
63743 Marienstraße 290-4d
63743 Marilies-Schleicher-Straße 290-4b
63739 Marktplatz 289-3b (30-A2)
63741 Martin-Luther-Straße 289-5b
63743 Matthäusstraße 290-4a
63743 Mattstraße 290-1c
63739 Maximilianstraße 289-3a (30-A1)
63741 Maybachstraße 263-11c
63741 Mayerstraße 289-2c
63743 Medicusstraße 290-1c
63741 Meisenweg 263-11b
63741 Meitnerweg 263-11c
63739 Memeler Straße 290-1a
63739 Memlingweg 290-1d
63741 Mendelweg 263-11a
63739 Merkelstraße 290-1a
63741 Merlostraße 263-12c
63739 Metzgergasse (30-A2)
63741 Michaelstraße 263-11d
63741 Millerweg 289-2c
63741 Mirabellenweg 289-5a
63743 Mitscherlichweg (2) 289-6b
63741 Mittelstraße 263-12a
63741 Mörswiesenstraße 289-1b
63743 Molkenbornstraße 290-4d
63739 Moltkestraße 290-1b
63743 Mozartstraße 289-11b
63741 Mudweg 263-12b
63741 Mühlstraße 263-11d
63743 Mühlweg 315-3b
63739/63741 Müllerstraße 263-12c
63739 Münchstraße 289-3a

63739 Neben der Großen Metzgergasse (5) (30-A2)
63739 Nebensteingasse (30-B2)
63739 Nelseestraße 289-3d (30-B3)
63739 Neue Glattbacher Straße 264-10a

63743 Neugasse 290-4d
63743 Neuhofstraße 290-4a
63743 Neureutweg 289-12a
63741 Niddaweg 263-12b
63741 Niedernberger Straße 289-7c
63741 Nilkheimer Bahnhofstraße 289-5c
63741 Nilkheimer Hof 289-7b
– Nilkheimer Park 289-8a
63741 Nordring 263-12d
63743 Nürnberger Straße 290-5a
63741 Nußbaumweg 289-5a

63743 Oberer Bischbergweg 289-9a
63741 Oberer Fahrbachweg 263-9c
63739/63743 Obernauer Straße 289-6b
63741 Obernburger Straße 288-9b
63743 Obernheimweg 289-12c
63743 Odenwaldstraße 290-4a
63743 Ölmühlweg 290-7b
63739 Österreicher Straße 264-10d
63739 Ohmbachsgasse 289-3b (30-B2)
63741 Ohmstraße 289-2c
63741 Orbweg 263-12b
63743 Orffstraße 289-12a
63741 Ottostraße 263-12c

63741 Palmenweg 289-5c
63741 Pappelweg 289-5d
– Park Schöntal 289-3b + 290-1a (30-B2)
63741 Pauluskichplatz 263-12d
63741 Paulusstraße 263-12c
63739 Perth Inch 289-3b (30-A2)
63739 Pestalozzistraße 289-3d (30-B3)
63739 Pfälzer Straße 264-10d
63739 Pfaffengasse 289-3b (30-A2)
63743 Pfaffengrundweg 290-9d
63741 Pfaffenmühlweg 263-12d
63741 Pfarrer-Scherpf-Straße 289-5c
63739 Pfarrgasse (30-A2)
63741 Pfeiferstraße 263-11d
63741 Pfirsichweg 289-5a
63743 Pfisterstraße 289-12d
63741 Philippstraße 263-11d
63741 Pickartsweg 289-4d
63741 Pinienweg 289-5a
63741 Planckstraße 289-2c
63739 Platanenallee 289-3b (30-B1)
63739 Pompejanumstraße 289-3a
63741 Prälat-Heckelmann-Straße 289-5a
63739 Preußenweg 264-10d

63741 Quittenweg 289-5b

63741 Ramsbachweg 263-9c
63739 Rathausgasse (30-B2)
63743 Regerstraße 289-11b
63743 Rehbergweg 291-7c
63741 Rehsteig 263-11a
63743 Reigersbergstraße 290-1c
63741 Reinleinstraße 263-12c
63741 Reischbergweg 263-12a
63743 Reiterweg (Obernau) 289-9d
63739 Reitweg 290-1b
63741 Reitzstraße 263-12c
63741 Reuterstraße 263-11d
63743 Rhönstraße 290-4b
63739 Ridingerstraße (1) (30-A2)
63739 Riemenschneiderstraße 290-2c
63739 Riesengasse 289-3b (30-B2)
63743 Ringweg 290-9d
63739 Röderweg 290-1d
63741 Römerstraße 289-4a
63741 Röntgenstraße 289-2c
63743 Rosenstraße 290-4d
63739 Roßmarkt 289-3b (30-B2)
63743 Rotäckerstraße 290-4c
63743 Rotwasserstraße 290-4b
63743 Ruchelnheimstraße 316-1a
63741 Rüsterweg 289-5b
63741 Ruhlandstraße 289-1d
63739 Ruhrstraße 290-1a
63741 Rupert-Mayer-Straße 289-5a

63741 Saaleweg 263-12b
63739 Saarstraße 290-1a
63739 Sachsenweg 264-10d
63739 Sackgasse 289-3d (30-A3)
63743 Sälzerweg 290-4b
63739 Saint-Germain-Terrasse 289-3a
63739 Sandgasse 289-3b (30-B2)
63741 Sandrainweg 289-2d
63741 St.-Jakobus-Platz 289-5a
63741 St.-Joachimsthaler Straße 289-2a
63741 St.-Lukas-Platz (1) 289-2a
63739 St. Martinsgasse (30-B3)
63743 Savignystraße 289-12a
63739 Scharnhorststraße 290-1b
63741 Scheffelstraße 263-12d
63739 Schellenmühle 264-11d
63739 Schepplerweg 290-1d
63743 Schergstraße 290-5c
63741 Schillerstraße 263-11d
63741 Schippnerstraße 288-9d
63739 Schlesierstraße 264-10c
63741 Schleusenweg 288-3d
63743 Schleusenweg (Obernau) 289-11d
63743 Schlörstraße 290-5c
63739 Schloßberg 289-3a (30-A2)
– Schloßgarten 289-3a (30-A1)
63739 Schloßgasse 289-3b (30-A2)
63739 Schloßplatz 289-3b (30-A2)
63739 Schlotfegergrund 289-2b
63739 Schmerlenbacher Straße 290-2a
63741 Schmetterlingsweg 263-10b
63741 Schmittstraße 263-11d
63743 Schneebergstraße 290-4a
63741 Schneidmühlweg 263-12c
63743 Schoberstraße 290-4b
63741 Schönbergweg 263-12c
63741 Schönbornstraße 264-10c

63741 Schönbusch 289-4b
63739 Schongauerstraße 290-2a
63743 Schubertstraße 289-11b
63743 Schützweg 289-11b
63743 Schulgasse 289-12c
63741 Schulstraße 263-12a
63743 Schulzengasse 290-4d
63743 Schurzstraße 290-5c
63739 Schwabenstraße 264-10d
63741 Schwalbenmühle 263-11c
63741 Schwalbenrainweg 263-11c
63739 Schwarzenbergstraße 290-2a
63743 Schweinfurter Straße 290-5a
63739/63743 Schweinheimer Straße 289-3d (30-B3)
63739 Schwindstraße 290-1c
63743 Seebornstraße 290-4c
63741 Seegrundstraße 289-2c
63741 Seestraße 263-12c
63741 Seidelstraße 289-2a
63741 Siechenhausweg 289-2d
63743 Siemensweg 289-6b
63743 Silcherweg 289-8d
63741 Sinnweg 263-12b
63743 Sodener Straße 290-4d
63743 Sonnenstraße 290-4c
63741 Spangenbergerweg (2) 263-11c
63741 Spatzenhohle (1) 263-12a
63743 Spessartstraße 290-4a
63743 Spinnersgasse 289-11d
63743 Sportweg 290-4d
63741 Staabstraße 263-11c
63739 Stadelmannstraße 290-1c
63741 Stadtbadstraße 289-2b
63741 Starenweg 263-11a
63741 Stauffenbergstraße 289-5a
63741 Steinbacher Straße 263-8a
63739 Steingasse 289-3b (30-B2)
63741 Steinrückenstraße 263-11d
63739 Steinstraße 290-1b
63743 Steinweg 290-7b
63741 Stengerstraße 264-10c
63743 Stengertsweg 290-9d
63743 Sterckelweg 289-11b
63743 Steubenstraße 290-4b
63739 Stiegengasse (4) (30-A2)
63739 Stiftsgasse 289-3d (30-A2)
63739 Stiftsplatz 289-3d (30-B2)
63743 Stockbrunnenstraße 290-4c
63741 Stockstädter Weg 289-4a
63741 Stollstraße 263-12c
63739 Strickergasse 289-3b (30-A1)
63741 Strietwaldstraße 263-10b
63739 Südbahnhofstraße 289-6b
63739 Südring 289-6b
63739 Suicardusstraße 289-3a (30-A2)
63743 Sulzbacher Kapellenweg 290-10c + 316-1a
63743 Sulzbacher Straße 289-12c

63741 Tannenweg 289-5b
63739 Tannstraße 290-1b
63741 Tauberstraße 263-12b
63743 Taunusstraße 290-4a
63743 Telemannweg 289-11b
63739 Theatergäßchen (2) (30-A2)
– Theodorichtor (30-A1)
63741 Theresienstraße 263-12c
63739 Thüringer Straße 264-10d
63739 Tiroler Straße 264-10d
63741 Tränkgasse 289-1b
63739 Treibgasse 289-3b (30-A1)
63743 Triebshohle 290-9d
63739 Trockenbrodtstraße 289-3a
63743 Tschoepestraße 289-12c
63743 Tuchbleiche 290-4d
63743 Tulpenstraße 290-4c

63743 Ufergasse 289-11d
63741 Uhlandstraße 263-12d
63741 Ulmenweg 289-5a
63743 Umenhofstraße 290-5c
63743 Unter dem Pfarracker (4) 289-12a
63739 Untere Fischergasse (30-A3)
63743 Unterhainstraße 289-6b
63743 Unterm Kist (3) 290-9d

63739 Vischerstraße 290-1b
63743 Vogelsbergstraße 290-4a
63743 Vor der Au (12) 290-5c

63741 Wacholderweg 289-5c
63743 Wagnerstraße 289-11b
63741 Wailandtstraße 289-7a
63743 Waldackerstraße 290-9b
63741 Waldbrunnenweg 263-10b
63743 Waldhäuserstraße 289-11b
63743 Wasensweg 289-7d
63739 Webergasse 289-3b (30-A2)
63741 Weicherstraße 264-10a
63741 Weidenweg 289-5a
63743 Weinbergstraße 290-5c
63743 Weißbergstraße 291-10a
63741 Weißdornweg 289-5d
63739 Weißenburger Straße 289-3b (30-A1)
63743 Weitlingstraße 290-5d
63739 Wendelbergstraße 290-5a
63743 Wendelinusstraße 290-4d
63741 Werftstraße 289-1c
63739 Werkstraße 289-3d
63739 Wermbachstraße 289-3d (30-B2)
63741 Wespenweg 263-10b
63741 Westring 289-2d
63743 Wiesenau 289-11a
63741 Wiesnerstraße 263-12d
63743 Wilhelminenstraße (4) 289-6a
63741 Wilhelm-Leuschner-Straße 289-5b
63741 Wilhelmstraße 263-11c
– Willigisbrücke 289-3c (30-A3)
63739 Willigisstraße 290-1c
63739 Wittelsbacherring 290-1c
63741 Woernerstraße 263-12c

63739 Wolfsthalplatz 289-3b (30-B2)
63739/63743 Würzburger Straße 290-1a

63739 Yorckstraße 290-1b

63741 Zangstraße 263-11d
63741 Zedernweg 289-5a
63741 Zeppelinstraße 263-10d
63739 Ziegelbergstraße 289-3a
63743 Ziegelhüttenweg 290-7b
63741 Zobelstraße 263-12c
63743 Zum Kreuz 289-12a
63743 Zum Schreibersgraben 290-4a
63741 Zypressenweg 289-5a

Aspisheim
PLZ 55459

Am Alten Sportplatz (6) 295-6b
Am Dorfgraben (9) 296-4a
Am Sonnenberg 295-6b

Bacchusweg 295-6b
Binger Weg 296-4a
Bleichgasse 296-4a
Brunnengasse (10) 296-4a
Burgunderweg 295-6b

Dörrgasse 296-4a

Enggasse (1) 295-6b

Fritz-Huxel-Straße 295-6b
Fußpfad (4) 296-4a

Gehrenstraße 296-4c
Georg-Scheu-Straße (5) 295-6b
Germaniaplatz 295-6b
Germaniastraße 296-4a
Grabengasse (8) 296-4a

Hauptstraße 296-4a
Haus Krebser 295-6d
Hohlgasse 296-4a
Horrweiler Straße 295-6d

Im Angelgärtchen (7) 295-6d

Johannesweg 296-4a

Kernerweg 295-6b
Kirchstraße 296-4a

Reihstraße 295-6b
Rieslingweg 295-6b

Schloßergasse (2) 296-4a
Schulstraße 296-4a
Silvanerweg 295-6b
Steingasse 296-4a

Untere Pforte 296-4a

Wassergasse 296-4a
Weedgasse (3) 296-4a

Aull
PLZ 65582

Am Neuberg 74-2b
Amselweg 74-2b

Finkenweg 74-2b

Koblenzer Straße 74-2b

Lahnweg 74-2b

Mühlstraße 74-2b

Oberdorfstraße 74-2b

Staffeler Straße 74-2b

Babenhausen
PLZ 64832

Abteischneise 285-6a
Ahornstraße 287-1c
Akazienhof 286-2c
Albergstraße (2) 312-2b
Alicestraße 286-5b
Altdörfer Straße 286-5d
Alter Breuberger Weg 312-2b
Alte Schneise 260-12d + 286-3b
Alte Straße 287-1d
Altheimer Straße 311-3b
Altmühlweg 285-12b
Am Allmai 287-1a
Am Bahnhof (6) 286-6c
Am Breschturm 286-5b
Am Falkenhorst 286-3c
Am Felsenkeller 286-6c
Am Flurgraben 285-12b
Am Fuchsberg 286-3a
Am Hardtweg 286-8d
Am Haselsee 287-4c
Am Hasenpfad 286-3a
Am Hexenturm 286-5b
Am Kirchweg (3) 311-3b
Am Mühlgraben 287-1c
Am Mühlrad 285-12b
Am Mühlstein 285-12b
Am Obereichen 286-3a
Am Obertor 287-1c
Am Pfarrgarten (3) 286-7b
Am Rehsprung 286-3c
Am Schwimmbad 286-6c

Amselweg 286-3c
Am Trieb 287-1c
Amtsgasse 286-5a
Am Viehtrieb 286-2c
Am Weidenhain 287-1c
An der Allee 287-1c
An der Lache 286-5a
An der Stadtmauer 286-5b
Artillerieschneise 287-7a
Aschaffenburger Straße 286-6c
Aschaffenburger Weg 287-1d
Auf der Mühle (1) 311-3b
Auschneise 311-3d
Auweg (Harpertshausen) 311-3d
Auweg (Harreshausen) 287-1c

Babenhäuser Feldschneise 286-3a
Babenhäuser-Grenzschneise 285-3c
Babenhäuser Straße 286-3d
Bachstraße 286-7d
Bachwiese 285-9d
Backhausgasse (2) 286-5b
Badegasse 286-5b
Bahnhofstraße 285-12b
Berliner Straße 285-12b
Birkenhegschneise 261-7d
Birkenhof (Harreshausen) 287-1d
Birkenhof (Sickenhofen) 286-8a
Birkenweg 286-2d
Bismarckplatz 286-6c
Blaugasse 286-5b
Blumenstraße (8) 286-5d
Bouxwillerstraße 286-6c
Brandgasse 286-5b
Breite Straße 285-12b
Bremergartenschneise 260-8d
Breslauer Straße 286-6a
Breuberger Weg 312-2b
Bruchweg 286-5b
Bruchweg (Sickenhofen) 286-7c
Brunnenschneise 260-11a
Brunnenstraße 312-3c
Buchenalleeschneise 287-5c
Buchenseeschneise 287-9a
Buchenweg 312-1a
Buchgeschirrschneise 260-10b
Bürgerhausstraße 285-12b
Bürgermeister-Hartmann-Straße 287-1c
Bürgermeister-Rühl-Straße 286-5d
Bürgermeisterschneise 287-7a
Bürgermeister-Schrodt-Straße 286-7d
Bürgermeisterstraße (1) 312-2b
Bürgermeister-Tempel-Straße (5) 312-1a
Bürgermeister-Willand-Straße 286-6a
Burghof 312-3a
Burgweg 312-3a

Cichorienschneise 260-9d

Danziger Straße 286-3c
Darmstädter Straße 311-3a
Der Lacheweg 287-1c
Der Langstadter Weg 287-4a
Der Papiermühlenweg 287-2b
Der Schaafheimer Weg 287-4b
Dicke-Eiche-Schneise 285-8c
Dickesteinschneise 261-11a
Diebsweg 260-9c
Dieburger Straße 285-12b
Dieburger Weg 312-2c
Dietweg 312-1a
Dinkelweg 286-10a
Dr.-Diehl-Straße 312-3a
Dorfstraße 287-1c
Dudenhofer Weg 260-12a

Eckstraße 285-12b
Edmund-Lang-Straße 286-8b
Egerländer Straße 312-1a
Eichelgartenschneise 261-10a
Eichenheckenschneise 285-9a
Elisabethenstraße 286-5a
Elsässer Straße 286-2d
Eppertshäuser Weg 286-5a
Erlenweg 286-2d
Erlenwiesenhof 285-12a
Erlochweg 286-5a
Ernst-Ludwig-Straße (2) 286-7b
Eulenschneise 285-3d

Fabrikstraße 312-2b
Fahrstraße 286-5b
Fasanenweg 286-3b
Feldbergstraße 285-12b
Feldchenbrückenweg 286-5c
Feldschneise 287-2d
Feldstraße 286-7d
Fichtenschneise 287-4d
Finkenweg 286-3c
Fischergasse 312-2b
Fliederstraße 286-7d
Forsthausstraße 312-2d
Forsthof 312-2c
Forstmeisterschneise 260-12a
Forstschützenschneise 260-10c
Forstschützenweg 261-10d
Forstwaldschneise 260-12a
Frankenweg 312-1a
Frankfurter Straße 286-2d
Frankfurter Weg 286-1a
Friedenstraße 286-7b
Friedhofstraße 312-2b
Friedrich-Ebert-Straße 286-6c
Fuchsschneise 286-12d + 312-3b

Gänstränkschneise 261-7d
Gartenstraße 285-12b
Gaylingsgasse (3) 286-5b
Gersprenzstraße 287-1c
Gewerbegebiet „Im Riemen" 286-9a
Ginsterstraße 286-7d
Goethestraße 312-2b
Goldbergschneise 286-3b

Grabenschneise 285-6c
Grenzschneise 287-5d
Große Pfarrgasse 312-2b
Gutmannsbornschneise 261-8d

Haferweg 286-10a
Hainweg 286-5b
Hanauer Straße 286-2b
Hardtweg 286-8c
Harpertshäuser Straße 286-7d
Harreshäuser Allee 286-6a
Haselschneise 287-4c
Hauptstraße 312-2b
Hauweg 286-1d
Hegerstraße 286-7b
Hegschneise 260-11a
Hehnstraße 286-7b
Heideschneise 285-3d
Heinrich-Heine-Straße 286-5c
Heinrich-Hertz-Straße 286-6a
Heinrich-Klein-Platz (1) 285-12b
Heinrichstraße 286-5b
Hergershäuser Grenzschneise 285-7b
Hergershäuser-Sickenhöfer-Grenzschneise 285-5b
Hergershäuser Straße 286-7c
Hergershäuser Weg 285-12d
Hermannsdickschneise 260-11b
Hermann-Stotz-Straße 286-6c
Herrneigenweg 286-3a
Hessenring 285-12d
Heuweg 287-6c
Hexenbuckelweg 260-9d
Heydigschneise 286-12d
Hilfsschneise 260-11d
Hindenburgstraße 286-6c
Hinter der Altdörfer Kirche 286-8b
Hintergasse 312-2b
Hinterm See 285-12b
Hinterm Stiegel 311-3b
Hirschschneise 287-5b
Hißlachehof 312-2a
Hißlachestraße 312-2b
Hofstraße 285-12b
Hohe Straße 311-3b
Hügelstraße 285-12d
Hüttenschneise 287-7c

Iglauer Straße 312-1a
Im Bangert 311-3b
Im Eichen 287-2b
Im Erloch 286-5a
Im Frauenborn 286-3d
Im Fronhof 286-5d
Im Grund 287-1c
Im Kirchgarten 286-5b
Im Reihergrund 286-3d
Im Riemen 286-9a
Im Seegarten 287-1c
Im Untereichen 286-3c
Im Weidenborn 287-2c
In den Steinäckern 286-4d
Industriestraße 286-8b
Ingwiller Straße 286-3c

Jahnstraße 285-12b
Jürgen-Schumann-Straße 286-3c
Julius-Lichtenstein-Straße 312-2d
Justus-Arnold-Straße 286-5b

Käfenauweg 286-5c
Karlstraße 286-5a
Kastanienweg 287-1c
Keßlerswiesenweg 286-8a
Kirchstraße (2) 311-3b
Kirchweg 311-3a
Kirrwiller Straße 286-3c
Kleestädter Straße 312-2b
Kleestädter Weg 312-1c
Kleine Pfarrgasse (4) 312-2b
Köhlerrodweg 286-4c
Königsberger Straße 286-6a
Konfurter Mühle 286-8a
Konfurter-Müller-Schneise 285-3d
Konfurter Weg 286-5c
Kreuzkirchschneise 260-12c
Kreuzlachschneise 260-11b
Kuhzehlschneise 261-10c

Lacheweg 286-3d
Lärchenweg 311-3b
Landrat-Pfeifer-Straße 286-7b
Langenbrücker Weg 286-5c
Langesteinschneise 286-12c
Langfeldsmühle 285-9c
Langstädter Alleee 286-8d
Langstädter Weg 286-7d + 312-3b
Leichenweg 286-11a
Lettbuschschneise 287-7a
Lichtenberger Straße 286-2d
Limesstraße 312-2d
Lindenbuckelschneise 261-8c
Lindenhof 286-7c
Lindenweg 286-2d
Ludwigschneise 286-9d
Ludwigstraße 286-5b
Luisenstraße 286-5a

Mainstraße 285-12b
Marienstraße 286-5a
Marktplatz 286-5b
Marktstraße 312-2d
Martin-Luther-Straße 286-5b
Mathildenstraße 312-2d
Mauerweg 285-6b
Molkenbornschneise 285-5d
Mühlstraße 286-7b
Müllergäßchen 286-5d
Müllerweg 286-4c

Nelkenstraße 286-7d
Neubrücker Weg 286-6c
Neuer Weg 286-5d

Neugasse (4) 286-5b
Neuwiller Straße 286-3c
Nieder-Röder Straße 286-7c
Niederröder Weg 285-9b
Nordring 286-2d

Obere Haaggasse (5) 312-2b
Obere Suhlschneise 260-12a
Oberforstmeisterschneise 261-10a
Oberhardtschneise 286-9d
Ober-Röder-Weg 285-6b + 286-4a
Oberwölzer Platz (1) 287-1c
Odenwaldstraße 285-12b
Ortsberingweg 311-3b
Ostheimer Allee 286-5d
Ostheimer Eckschneise 287-6a
Ostheimer Straße 287-7b
Ostheimer Weg 286-6c
Ostring 286-5b
Otzbergstraße 312-2d

Pfaffenhoffener Straße (1) 286-3c
Pfingstweidschneise 286-12c
Pfortestraße 285-12a
Philipp-Reis-Straße 286-6a
Platanenallee 286-5b
Pospenschneise 285-3d
Potsdamer Straße 286-5b

Rabenauschneise 285-5c
Raiffeisenstraße 285-12d
Rathausstraße 285-9d
Ratseckschneise 261-8c
Reitbahnstraße 286-5d
Rennweg 261-10d + 287-1b
Revierförsterschneise 286-12b
Rggenweg 286-10a
Rhönstraße 286-6c
Richer Weg 311-3b
Riedheimer Weg 286-3c
Ringstraße 286-7d
Rodgaustraße 285-12a
Rodlachenweg 286-3c
Röderhof 286-11c
Röderschneise 286-1a
Römerweg 285-12b
Rosenstraße 286-7b

Sachsenhäuser Straße 286-7b
Sackgasse 286-5b
Säuschneise 287-5b
Sandbergring 285-12b
Sandstraße 287-1c
Schaafheimerschneise 287-4d
Schaafheimer Straße 286-8b
Schaafheimer Weg 312-3a
Schafbrückenweg 286-4b
Schafseeschneise 285-5a
Schiemesgasse (3) 312-2b
Schillerstraße 312-2b
Schlierbacher Allee 286-9c
Schlierbacher Straße 312-2b
Schlossgasse 286-5d
Schlossweg 286-5d
Schmale Straße 285-12b
Schmiedestraße 285-12b
Schubertstraße 312-2b
Schulstraße 287-1c
Schwabenweg 286-5a
Schwalbeneck 286-3d
Schwanenweg (9) 286-5d
Seegartenweg 285-12b
Seehof 287-1d
Seligenstädter-Schneise 285-5a
Seligenstädter Straße 286-5b
Selzerhof 286-11d
Sickenhöfer Straße 312-2b
Sickenhöfer Weg 286-11c
Siemensstraße 286-9a
Sophie-Kehl-Weg 286-5a
Spargelhof 312-2c
Spessartplatz 286-5b
Spessartstraße 286-5b
Steinbruchweg 312-3b
Steinkautenstraße 312-3b
Steinweg 286-5d
Stockstädter Eckschneise 261-10c
Stockstädter Weg 287-1d
Storchenweg 286-3c
Straßburger Straße 286-3c
Sudetenstraße 312-2d
Südring 286-8b

Tannenschneise 260-8c
Tannenweg 286-2d
Taunusstraße 286-5b
Tränkgasse 285-12b
Trebesinger Platz (6) 312-2b
Tulpenstraße 286-7d

Uferstraße 312-2b
Ulmenweg 286-2d
Untere Haaggasse 312-2b

VDO-Straße 286-2d
Von-Stephan-Straße 286-6a

Wacholdergasse (1) 286-7b
Waldstraße 286-5b
Westend 285-12b
Westring 286-5b
Wiesenhof 285-12a
Wiesenschneise 312-5a
Wiesenstraße 311-3b
Wildschneise 260-10c
Wilhelm-Leuschner-Straße 286-5d
Wilhelmstraße 286-5b
Wingertstraße 312-2b
Wittmunder Platz (4) 311-3b
Wolfschneise 312-1d

Ziegelhüttenstraße 286-4d
Ziegelruh 286-5a

Ziegelweg 286-4a
Zum Sickenhöfer See 286-7b
Zur Herrenwiese (4) 286-7b
Zur Rosselmühle 285-12b
Zwingergasse (5) 286-5b

Bacharach
PLZ 55422

Am Molkenborn 214-5c
Am Schiffelborn 188-10c
Auf dem Damm 214-8a
Auf der Münze (1) 214-5a

Bacchusstraße 214-8a
Bächelweg 214-8a
Bahnstraße (9) 214-5c
Bauerstraße (5) 214-5a
Berghof 214-8c
Bergstraße (2) 188-10c
Brunnenstraße 214-8c
Burg Stahleck 214-5c
Burg Weg 214-5a

Fasanenweg 214-8a
Fleischstraße (2) 214-5a
Fürstenberg 214-8c

Grube Rhein 188-11c
Gutenfelsstraße 188-10c

Heidebergstraße 188-10c + 214-1a
Heinrich-Kauer-Weg 214-5a
Helks 214-5c
Hinterweg 214-4c

Kirchweg 214-8a
Koblenzer Straße 214-5a
Kranenstraße (6) 214-5a

Langstraße 214-5a
Leinpfad 214-5a
Lindenhof 214-1b
Lindenstraße (1) 214-1b

Mainzer Straße 214-5c
Marktstraße (3) 214-5a

Neurather Weg (11) 214-5c

Oberstraße 214-5a

Pfaffenstraße 188-10c
Pfalzblickstraße 188-10c

Reinhard-Heider-Straße 214-8c
Rheinblickhof 214-1a
Rheinblickstraße 214-8a
Rheingoldstraße 188-10c
Ringstraße 188-10c
Römerstraße 214-8a
Rosenstraße 214-5a

Schieferweg 214-1b
Schlittenweg 214-8a
Schlossberg 214-5c
Schulgasse (4) 214-5a
Schulweg 214-8a
Spurgasse (7) 214-5a
Stahleckstraße 214-8a
Strandbadweg (10) 214-5c

Weingartenstraße 214-8d

Zollstraße (8) 214-5c

Bad Camberg
PLZ 65520

Adolf-Just-Straße (31) 97-10a
Ahornstraße 96-5d
Ahrstraße 96-12a
Albert-Schweitzer-Straße 97-10b
Alsdorf 121-2a
Alsdorfer Straße 121-1b
Alte Straße 121-1a
Altkönigstraße 96-9b
Alt Oranischer Platz (25) 97-10a
Altvaterstraße 121-1a
Am Amthof (21) 97-10a
Am Angelbach (2) 121-1b
Am Baumstück 96-9a
Am Dombach 96-9b
Am Domricher Graben 96-9b
Am Eltwerk (6) 96-12b
Am Fasanengarten (2) 97-9a
Am Grauen Stein 97-7c
Am Großen Graben 97-8b
Am Hartweg 97-5d
Am Katzenrain 96-6c
Am Kindergarten 96-9b
Am Lammstück (3) 121-1b
Am Langen Garten (1) 97-9b
Am Mittelpfad 96-9b
Am Sportplatz 121-1c
Am Spotzentrum (10) 96-9d
Am Stickelsberg (7) 96-9d
Am Walberstück 96-9a
Am Waldschloss 97-11a
Am Winterholz 96-5b
An den Akazien 96-2d
An den Eichen 96-5d
An der Hochstraße 96-5c
Antoniusstraße (3) 96-5b
Atzelweg 96-9d
Auf der Dörrmacht 96-6a
Auf der Lück 97-8b
Auf der Staffel 96-9d
Auf der Steinrutsch 97-8b

Badehausweg 97-10a
Bad Sulza-Ring 96-9d
Bächelsgasse 97-10a
Bahnhaus 96-8b
Bahnhofstraße 96-12a
Baugebiet Grauer Stein 97-7c
Baugebiet „Ober dem Kuhweg" 121-1b
Beethovenstraße 96-12b
Bergstraße 121-1b
Berliner Straße 97-7c
Beuerbacher Landstraße 96-11d
Bircher-Benner-Straße (30) 97-10a
Birkenweg 96-5b
Blumenweg 97-10a
Bornweg 121-1b
Brandenburger Straße 96-9d
Breslauer Straße 97-7c
Brunnenplatz 96-9a
Brunnenstraße 96-5b
Buchenweg 96-5d
Burgstraße 97-10a

Cagenbergstraße 97-7c
Carl-Zeiss-Straße 96-11b
Caspar-Hofmann-Platz 96-12a
Chambray-lés-Tours-Platz (23) 97-10a

Danziger Straße (14) 97-10a
Dieselstraße 96-12a
Dillenburger Straße 97-7c
Dombachhaus 97-4d
Dreispitz 97-9d
Dresdener Straße 97-10a
Dürerstraße 96-9b

Egerländer Straße 97-7c
Eibenweg 96-5b
Eichbornstraße 96-12b
Eichendorffstraße 96-12b
Eifelstraße 121-1b
Emil-von-Behring-Straße 97-10b
Erlenbachstraße 96-9b
Erlenweg 96-5b
Ernst-Maria-Lieber-Weg 97-10a
Erzgebirgstraße 121-1a
Eschenweg (1) 96-5d
Eselsweg 97-8a

Feldbergstraße 96-9c
Ferdinand-Dirichs-Straße (7) 96-12d
Ferrutiusstraße 121-1a
Fichtelgebirgstraße 121-1a
Fichtenweg 96-5d
Fliederweg 97-10a
Fontanestraße 96-12b
Forsthausstraße 97-9d
Frankfurter Straße 96-12b
Freiherr-vom-Stein-Straße 96-9b

Gartenstraße 121-1a
Gebrüder-Grimm-Straße 96-12b
Gisbert-Fluck-Straße (32) 97-10c
Gisbert-Lieber-Straße 96-12b
Goethestraße 96-12d
Grabenstraße (24) 97-10a
Grillparzerstraße 96-12a
Gutenbergplatz (18) 97-10a
Gutenbergstraße (19) 97-10a

Händelstraße 96-12d
Hainstraße 97-10a
Hammermühle 96-5b
Hammersteg 96-5b
Haselnußweg 97-10b
Hasselbacher Weg 97-9b
Hattsteinweg 97-7c
Hauptstraße 97-9d
Haydnstraße 96-12d
Heiligenwaldstraße 97-8a
Heinrich-Fend-Straße 97-10a
Heinrich-Held-Straße 96-9b
Hermann-Löns-Straße 96-12b
Herrngartenstraße 96-9a
Hessenweiler 120-6a
Heublumenweg 97-10a
Hinter der Kirche 96-9a
Hintere Lück 97-8a
Hinterfeld 97-4b
Hinterfeldstraße 96-6d
Hintergasse 97-9d
Hirschgraben 97-9b
Hirtengasse (22) 97-10a
Hochdoberner Weg 96-9d
Höhenfeldstraße 97-10a
Höhenstraße 121-1b
Hölderlinstraße (3) 96-12d
Hof-Gnadenthal-Straße 96-9a
Holunderweg (16) 97-10b
Hopfenstraße 97-7c
Horstweg 96-9b
Hubermühle 97-8d
Hunsrückstraße 121-1b

Im Gründchen 96-12a
Im Höhlchen 121-1c
Im Kleinfeld 96-6c
In der Feldhecke 97-5c
In der Hohl 97-5c

Jahnstraße 96-12b
Johannes-Ernst-Straße 97-10c
Johannes-Luth-Straße 96-5b
Johann-Pipberger-Straße (27) 97-10a

Kapellenstraße 97-10a
Kastanienweg 96-5b
Kickelsberg 97-8a
Kiefernweg 96-5d
Kirchberg (1) 96-9a
Kirchgasse 97-10a
Kleinmühle 96-5d
Kleiststraße (2) 96-12a

Klopstockstraße 96-12a
Kurtrierer Ring (13) 97-7c

Lärchenweg 96-5b
Lahnstraße 96-12a
Langenbachsweg (11) 97-7c
Langhecker Weg 97-9d
Lausitzer Weg (9) 96-9d
Lessingstraße (1) 96-12a
Liebigstraße 96-12a
Limburger Straße 96-5b
Lindenstraße 96-5b
Lisztstraße 96-12d

Mainstraße 96-12b
Maria-Schlenz-Straße 97-10a
Marktplatz 97-10a
Mauergasse 97-10a
Mauritiusstraße 96-9a
Max-Planck-Straße 96-12a
Mecklenburger Straße 96-9d
Mittelweg 96-9d
Moselstraße 96-12a
Mozartstraße 96-12d
Mühlweg 96-12b

Nahestraße 96-12a
Nassauer Straße 97-7c
Neckarstraße 96-9d
Neue Straße 121-1a
Neugasse 96-9a
Neumarkt (26) 97-10a

Oberau 96-9a
Obertorstraße 97-10a
Odenwaldstraße 121-1b
Ostpreußenstraße 96-9d
Otto-Hahn-Straße 96-12a

Pappelweg (2) 96-5d
Parkstraße (29) 97-10a
Paul-Ehrlich-Straße 97-10a
Paulsgasse (3) 96-9a
Peter-Cathrein-Straße 97-7c
Pfarrer-Muth-Straße 97-9d
Pfarrer-Neubig-Straße 121-1a
Pfarrgasse (17) 97-10a
Pommernstraße 96-9d
Potsdamer Straße (2) 96-9a
Prießnitzstraße 97-10c

Quellenweg 96-5b
Querstraße (33) 97-10a

Reichstaler Hof 96-8d
Rembrandtstraße 96-9b
Rheinstraße 96-12b
Rhönstraße 121-1b
Riesengebirgstraße 121-1a
Robert-Bosch-Straße 96-12a
Robert-Koch-Straße 97-10c
Röntgenstraße 97-10b
Rosengasse 97-10a
Rossertstraße (8) 96-9d
Rotezäunstraße (5) 96-12b
Rubensstraße 96-9b
Rudolf-Dietz-Straße 96-12d

Sachseneck (6) 96-9b
Sachsenring 96-9d
St.-Georgen-Straße 96-12b
Schellersberg 96-9a
Schillerstraße (4) 96-12d
Schlesienstraße 96-9d
Schlittenweg 96-9b
Schmiedgasse (20) 97-10a
Schöne Aussicht 121-1b
Schubertstraße 96-12d
Schütz-zu-Holzhausen-Straße (12) 97-7c
Schulstraße 121-1c
Schwabacher Weg (1) 121-1b
Sebastian-Kneipp-Straße (28) 97-10a
Sonnenring 96-9d
Spessarstraße 121-1b
Steingasse (4) 96-9a
Steinweg 121-1d
Stettiner Straße 97-7c
Strackgasse 97-10a
Sudetenweg 96-9d

Tannenweg 96-2d
Taunusblick 96-11b
Taunusstraße 96-9d
Thüringer Straße 96-9d
Tulpenweg 97-10b
Turmstraße (15) 97-10a

Uhlandstraße 96-12c
Ulmenweg 96-5b
Unterau 96-9a

Vogelsbergstraße (4) 121-1b
Vorm Grenzgraben 96-9a

Waldblick 97-11c
Waldschloss 97-11a
Waldstraße 96-5b
Walsdorfer Weg 121-1a
Wasserbett 121-1a
Weilstraße 97-8a
Weißerdstraße 97-7c
Werner-von-Siemens-Straße (8) 96-12a
Westerwaldstraße (5) 121-1b
Wiesenau 96-9c
Wiesenstraße 121-1a
Wolfseck (5) 96-9b

Zum Grund 97-8b
Zum Herrnberg 96-9a
Zum Köhlerberg 97-8b
Zur Hub 97-8b
Zur Hubermühle 97-8a

Bad Homburg vor der Höhe

61352 Ackerstraße 151-4c
61352 Adelhartstraße 151-5c
61348 Adolf-Rüdiger-Straße 150-6b (30-B3)
– Agnonweg 151-1c
61352 Ahlweg 152-1c
61352 Ahornweg 151-4a
61352 Akazienweg (3) 151-3d
61352 Alemannenweg (5) 151-5c
61350 Alolfstraße 150-3a
61348 Alte Mauergasse (30-A1)
61350 Alte Sattelfabrik (8) 126-12c
61350 Altes Sonnenbad 126-11a
61352 Alte Weinstraße 151-5a
61348 Altgasse (5) (30-A1)
61352 Alt Gonzenheim 151-4b
61348 Altheider Weg 150-3c
61350 Altkönigstraße 126-11d
– Amalienschneise 127-10c + 151-1a
61352 Am alten Bach (4) 151-4b
61352 Am alten Dorfgraben (8) 151-5c
61352 Am alten Rathaus (10) 152-1c
61348 Am alten Wehr (12) 151-4b
61350 Am Amburger Berg (5) 126-12b
61352 Am Bahnhof 150-6b
61352 Am Baumgarten 151-1d
61352 Am Bornplacken 126-12d
61348 Am Elisabethenbrunnen 151-1c
61352 Am grauen Stein 152-2c
61352 Am Hang 151-5b
61350 Am Heuchelbach 150-3a (30-A1)
61352 Am Hirschsprung 151-4d
61352 Am hohen Feld (12) 151-6b
61352 Am Hohlebrunnen 151-4a
61352 Am Holderstauden 151-3c
61352 Am Hühnerstein 152-4a
61350 Am Kirchberg 126-12c
61348 Am Kitzenhof (11) 151-5a
61348 Am Kleinen Tannenwald 150-2d
61352 Am Krämersrain 151-5b
61352 Am Linsenberg 151-4d
61348 Am Mühlberg 150-3c (30-A2)
61352 Am Nußgrund 151-3d
61348 Am Pfingstbrunnen 150-2d
61352 Am Pilgerrain 151-1d
61348 Am Platzenberg 150-5b
61350 Am Rabenstein 126-12d
61352 Am Rodheimer Weg 152-1c
61350 Am Römerkastell 126-4c
61352 Am Römischen Hof 151-4d
61352 Am Sauereck 151-8b
61352 Am Schützbrett 151-4b
61350 Am Schwesternhaus (9) 126-12c
61352 Am Seeberg 151-5a
61350 Amselweg 126-12c
61348 Am Sitzergraben 151-1c
61348 Am Stadtgraben (30-A1)
61352 Am Steingritz 151-5c
61352 Am Taunengraben 151-4d
61350 Am Walde 126-12b
61348 Am Wingertsberg 151-1c
61352 Am Winterstein 151-6a
61352 Am Zeppelinstein 150-6d
61352 Am Zollstock 151-1d
61352 An den Brunnengärten (10) 151-5a
61352 An den Satteläckern 151-4c
61352 An der Flurscheid 151-5c
61350 An der Gedächtniskirche 126-12c
61350 An der Hohlen Eiche 126-12b
61350 An der Jupitersäule 126-4a
61352 An der Leimenkaut 151-5c
61348 An der Riedhohl (18) 152-4a
61352 An der Ringmauer 151-5c
61348 An der Weed (3) (30-A1)
61350 Anemonenweg 126-12a
61350 Anspacher Straße 126-11d
– Arrabinpfad 126-12b
61350 Asternweg 126-12a
61348 Audenstraße 150-3d (30-B2)
61352 Auf dem Gleichen 151-1d
61352 Auf dem Teich (13) 151-6b
61352 Auf der Nachtweide (14) 152-4a
61350 Auf der Platte 126-11c
61352 Auf der Schanze 151-4d
61352 Auf der Steinkaut 151-1d
61348 Augustaallee 151-4a
61350 Aurikelweg 126-12a

61350 Bachstraße 126-12c
61352 Bahnhofsstraße 151-4a
61350 Baierstraße 126-12d
61352 Basler Straße 150-6b
61352 Beerenpfad 150-2b
61352 Bei den Hainweiden 151-4c
61352 Bejaiaweg 151-5a
61352 Benzstraße 150-6d
61348 Berliner Siedlung 150-5b
61348 Berliner Straße 150-5b (30-A3)
61350 Bertha-von-Suttner-Straße 126-11c
61352 Beudeweg 152-4a
61352 Bienäcker 151-5b
61352 Bleichstraße 151-3d
61352 Blütenweg 151-5c
61352 Blumenweg (2) 151-4d
61348 Bommersheimer Weg 150-5b
61352 Bornstraße (11) 151-3d
61348 Brandenburger Straße 150-5b
– Breiter Weg 127-10d
61348 Brüder-Blanc-Weg (1) 151-1c
61350 Brüningstraße 150-2d
– Brunnenallee 151-1c
61352 Brunnenweg 151-5b
61352 Buchenweg 151-6b
61348 Buchhölzer Weg 150-2d
– Bürgermeister-Feigen-Weg 126-12b
– Büropark Dornholzhausen 126-11c
– Büro- und Gewerbepark Atzelnest 151-8a
– Büro- und Gewerbepark Mitte 150-6c
61348 Burggasse (7) (30-A1)
61352 Burgholzhäuser Straße 152-1a

61352 Cabourgweg 151-5b
61350 Carl-Goerdeler-Straße 150-1b
61348 Carolinenstraße (30-B1)
61348 Castillostraße 150-3b (30-B1)
61352 Chattenweg 151-5c
61348 Chulalongkornweg (4) 151-1c
61352 Churer Weg 151-5a

61352 Daimlerstraße 150-6d
– Deiselschneise 149-2b
61348 Die alte Römerstraße 150-5d
61350 Die Rappenwiesen 126-10d
61352 Dieselweg 150-6d
61350 Die Steinwiesen 150-1b
61350 Dietigheimer Straße 150-3c (30-A1)
61350 Dietrich-Bonhoeffer-Straße 126-11c
61350 Döllesweg 126-12d
– Dr.-Georg-Eberlein-Weg 150-3d
61350 Dorfweiler Straße 126-11d
61348* Dornbachstraße 151-4a
61350 Dornholzhäuser Straße 126-11c
61348 Dorotheenstraße 150-3d (30-B2)
– Düllweg 127-10c
61348 Du-Pont-Straße 151-8a

61352 Eichenstraße 151-3d
– Elisabethenschneise 125-10d
61348 Elisabethenstraße 150-3d (30-B1)
61348 Ellerhöhweg 151-1d
61352 Else-Kröner-Straße 151-4c
61352 Emmerichshohl 151-6b
61350 Engelsgasse 150-3a (30-A1)
61352 Erlenweg 151-4a
61348 Ernst-Georg-Steinmetz-Straße 150-2d
61348 Ernst-Moritz-Arndt-Straße 150-3c
61352 Eschbacher Weg 151-4d
– Eselspfad 151-1a
61352 Europakreisel 151-4a
61352 Exeter Weg 151-5a

61352 Fabriciusring 151-4c
61350 Falkensteiner Straße 126-11d
61352 Fasanenstraße 151-6b
61352 Fasanenstraße (16) 151-6b
61348 Feldbergstraße 150-6a
61352 Feldstraße 151-4a
61348 Ferdinandsplatz 151-1c
61348 Ferdinandstraße 151-4a
– Ferdinandweg 125-10a + 149-2b
61350 Fichtestraße 126-12d
61350 Finkenweg 150-3a
61350 Fischbacher Straße 126-11d
61352 Fleckschemühle 151-5d
61352 Fliederweg 151-3d
61352 Flurstraße 151-4c
61352 Foellerweg 151-4c
61348 Förster-Lotz-Weg 150-2d
61350 Forellenteichmühle 126-10d
61352 Forsthausstraße 151-5c
61352 Frankenstraße 151-4b
61352 Frankfurter Landstraße 151-4a
61352 Frankfurter Straße 151-6d
61350 Friedberger Straße 126-12b
61350 Friedensstraße 126-12c
61348 Friedrich-Lübbecke-Platz (30-B3)
61350 Friedrich-Rolle-Straße 126-12c
61352 Friedrichsdorfer Straße 151-5a
61348 Friedrichstraße 151-4a
61348 Friesenstraße 151-4a
61350 Fröbelstraße 150-3a
61352/61348 Frölingstraße 150-6a (30-A3)
– Fuchsbauweg 127-10a
61352 Fuchshohl (17) 151-6b
61348 Fuchstanzweg (18) 150-6a
61350 Fußgasse 126-12d
– Fuß- und Radweg „Im Eschbachtal" 151-5d

61350 Gartenfeldsiedlung 150-2a
61350 Gartenfeldstraße 150-2a
61352 Gartenstraße 151-5d
61350 Georg-August-Zinn-Straße 126-11b
61348 Georgenfeld 150-2d
61352 Georg-Schaeffler-Straße 150-6d
61350 Georg-Schudt-Straße 126-12c
61348 Georg-Speyer-Straße 151-4a
61350 Gertrud-Bäumer-Straße 126-11c
61350 Gestüt Erlenhof 126-10c
– Gewerbegebiet Alte Sattelfabrik 126-12c
– Gewerbegebiet Am Niederstedter Weg 150-6c
– Gewerbegebiet Am Pfingstborn 151-5d
– Gewerbegebiet Massenheimer Weg 151-5d
– Gewerbegebiet Steinmühle 127-12d
61350 Gluckensteinweg 126-11d
61350 Goethestraße 150-3b
61350 Götzenmühle 150-2b
61348 Götzenmühlweg 126-12c + 150-3a
61348 Goldgrubenstraße 150-6a
61352 Gotenstraße 151-4b
61350 Gotische Allee 150-1b
61350 Grabengasse 126-12c
61350 Graf-Stauffenberg-Ring 150-2a
– Grenzschneise 149-1b
61352 Grenzstraße 151-5a
61348 Grüner Weg 150-2d
61350 Güldensöllerweg 126-10d
61352 Gunzoplatz 151-4b
61352 Gunzostraße 151-4b
61348 Gymnasiumstraße 150-3d (30-B1)

61352 Haardtwaldstraße 151-6a
61352 Haberweg 151-4b
61352 Haingärten (6) 151-5c
61348 Haingasse 150-3d (30-B2)
61352 Haingrabenweg (9) 151-5d
61350 Hamelstraße 150-3a
– Hammelhansweg (Dornholzhausen) 126-7d
– Hammelhansweg (Saalburg) 126-4c
61352 Hanauer Weg 151-5c
61352 Haselnußweg (2) 151-3d
61352 Hasenpfad 151-6b
61352 Hasselmannring 151-4d
61350 Hattersheimer Weg (2) 126-11b
61350 Hauptstraße 126-12c
61350 Heidehof 126-7c
61350 Heidweg 126-12b
61350 Heinrich-von-Kleist-Straße 126-12d
61348 Herderstraße 150-3d
61348 Hermann-Löns-Weg 127-10c + 151-1a
61350 Herren-von-Eppstein-Straße 150-3a
61350 Herrnackerstraße 126-12c
61348 Herrngasse (30-A2)
61350 Herzbergstraße 150-3a
– Herzbergweg 125-9c
61352 Hesselbergstraße 151-3d
61348 Hessenring 150-3c (30-A2)
61350 Heuchelheimer Hohlweg 150-1b
61348/61350 Heuchelheimer Straße 150-2a
61352 Hewlett-Packard-Straße 151-5c
61348 Hindenburgring 150-3c (30-A2)
61348 Hinter dem Rahmen (30-A1)
61350 Hinterm Englischen Garten 150-2b
61352 Hinterm Hain 151-5c
61350 Höhestraße 150-3a (30-A1)
61350 Hölderlinweg 150-3b
61350 Höllsteinstraße 150-3b
61350 Hofheimer Straße 126-11d
61350 Hohemarkstraße 150-2a
61350 Hollerstraße 150-2b
61350 Holzeheimer Feld (6) 126-11c
61352 Holzhäuser Straße 151-2c
61352 Holzweg 151-6b
61350 Homburger Hütte 125-10d
61352 Homburger Straße 151-6b
61352 Homburger Weg 151-5c
– Horexbrücke 150-6b
61352 Horexstraße 150-6b
– Hubertuspfad 127-10c
61352 Hügelstraße (3) 151-4d
61352 Hüttenmühle 151-6c
61348 Hugenottenstraße (5) 126-11c
61350 Huserstraße 126-12c

61352 Im Atzelnest 151-5c
61352 Im Birkengrund 150-6b
61350 Im Birnbaumfeld 126-10b
61352 Im Eschbachtal 151-5d
61350 Im Gestüt Erlenhof 126-10c
61348 Im Hasensprung 150-6b (30-B3)
61352 Im Heimgarten 151-4b
61352 Im Kirschgrund 151-5c
61350 Im Langenfeld 126-11a
61350 Im Lech 150-2b
61350 Im Lehmkautsfeld 126-12a
61350 Immanuel-Kant-Straße 150-3b
61350 Im Nesselbornfeld 126-11d
61350 Im oberen Stichel 150-2b
61348 Im Prinzengarten (12) 150-2d
61348 Im Rosengarten 151-1d
61352 Im Rosenthal (10) 151-5c
– Im Salzgrund 151-1d
61350 Im unteren Stichel 150-3c
61352 Im Vogelsang (15) 151-6b
61352 Im Weidengrund 151-4a
61348 Im Wiesengrund (19) 152-4a
61352 Im Winkel 151-5c
61348 In den Auen (20) 152-4a
61350 In den Braumannswiesen 126-10a
61352 In den Brühlwiesen 151-5b
61352 In den Gärten 152-1c
61352 In den Hessengärten 151-5a
61352 In den Lichgärten 151-5d
61352 In den Lindengärten 151-5a
61352 In den Möhrenwiesen (14) 151-4b
61350 In den Winkelwiesen 126-11b
61352 In der Lach 151-4c

61348 Jacobistraße 150-6a (30-A3)
61352 Jahnstraße 151-5d
61352 Jakob-Lengfelder-Straße 151-5c
61348 Jenny-Baumstark-Weg (30-B1)
61352 Josef-Baumann-Straße (8) 151-3d
61348 Jühlkeweg (3) 151-1c
61352 Justus-von-Liebig-Straße 150-6d

61350 Kälberstücksweg 150-1b
61348/61352 Kaiser-Friedrich-Promenade 150-3d (30-B2)
– Kaiser-Wilhelm-Jubiläums-Park 150-3b (30-B1)
61352 Kalbacher Straße 151-5c
61352 Kapersburgweg 150-2b
61352 Kappesgasse 152-4a
61350 Karl-Horn-Straße 126-11d
61348 Karl-Horn-Weg (5) 150-3d
– Kartsbrücke 126-11a
61352 Kartäuserstraße 151-5a
61348 Kasernenstraße (9) (30-B2)
61352 Kastanienstraße 151-3d
61350 Kelkheimer Straße 126-11d
61348 Keltenstraße 151-4a
61350 Ketteler Straße (3) 126-12c
61352 Kiefernweg (1) 151-3d
61352 Kinzigstraße 151-1d
61352 Kirchgasse 151-4b
61352 Kirchplatz 151-5c
61350 Kirdorfer Straße 126-12c
61348 Kirschblütenweg 151-1d
61348 Kisseleffstraße 150-6b
61352 Kleine Brückenstraße 151-6b
61348 Knobelsmühle 150-5b
– Köhlerpfad 127-10c
61350 Königsteiner Straße 150-2b
– König-Wilhelms-Weg 125-12d
61348 Kösliner Weg 150-3c
61348 Kolberger Weg 150-2d
61350 Kolpingstraße 126-12a
61348 Kräutermühle 150-5a
– Krausbäumchenschneise 149-3a
61348 Kreuzallee 150-2d
– Kreuzweg 126-12b
61350 Kronberger Straße 150-2b
61348 Kronenhof 150-6c
– Kurpark 151-1c

– Lärchenschneise 127-10c
61352 Lahnstraße 151-1d
61348/61350 Landgrafenstraße 150-3b (30-B1)
61350 Landgraf-Friedrich-Platz (3) 126-11c
61350 Landgraf-Friedrich-Straße 126-10b
61348 Landgraf-Gustav-Ring 150-2c
61348 Landgraf-Philipp-Ring 150-2d
61350 Landwehrweg 150-1b
61350 Lange Meile 151-4a
61352 Langwiesenweg 151-5d
61350 Lechfeldstraße 150-3c
61350 Leibnizstraße 126-12d
61348 Lenneweg (2) 151-1c
– Leopoldsbrücke 149-3a
61348 Leopoldsweg 150-3c
61350 Lerchenweg (10) 150-3a
61350 Lessingstraße 150-3b
61350 Limesstraße 126-11c
61350 Lindenallee 126-11c
61352 Lindenstraße 151-5c
– Lindenweg 151-1c
– Lindenweg (Dornholzhausen) 126-10a
61348 Löwengasse 150-3c (30-A2)
61350 Lohrbachstraße 150-2b
61352 Lohweg 151-3c
61352 Lorscher Straße 151-5c
61348 Louisenstraße 150-3d (30-B2)
– Ludwig-Erhard-Anlage 150-6d
61348 Ludwigstraße 150-3d (30-B2)

61350 Maaßweg 125-6c
61352 Magnolienweg 151-3d
61352 Mainstraße 151-4b
61352 Mainzer Straße 151-5d
61350 Mammolshainer Straße 126-11d
61348 Mariannenweg 150-2d
61352 Marienbader Platz 150-6b
61350 Marienstraße (2) 126-11c
61348 Marktplatz (30-B2)
61352 Martinskirchstraße (9) 152-1c
61352 Massenheimer Weg 151-5d
61352 Mayrhofener Weg 151-5b
61348 Meiereiberg 150-3c (30-A2)
61352 Melibocusstraße 151-6b
– Metzgerpfad 125-11a
61348 Mittelstedter Weg 150-2d
61350 Mittlerer Reisberg 126-10b
61352 Mondorferweg 151-5b
61352 Moselstraße 151-1d
61348 Mühlgasse (2) (30-A1)
61348 Mühlweg 150-3c (30-A2)
61352 Münzenberger Straße 151-6b
61348 Mußbachstraße (4) (30-A1)

61348 Nassauer Straße 150-6b (30-A3)
61352 Neckarstraße 151-1d
61352 Nehringstraße 150-6d
61352 Neue Fahrt 152-1c
61348 Neue Mauerstraße 150-3a (30-A1)
61348 Neugaßhohl 151-5c
61352 Niddastraße 151-1d
61352 Nieder-Erlenbacher Weg 152-4a
61348 Niederstedter Weg 150-5d
61352 Norsk-Data-Straße 151-8b

– Obeliskenschneise 149-3a
61350 Obere Brendelstraße 150-3a
61352 Ober-Erlenbacher-Straße 152-1c
61352 Oberer Mittelweg 151-4c
61350 Oberer Reisberg 126-10b
– Oberer Rotlaufweg 126-4d
– Obereschbacher Grenzweg 151-1a
61352 Ober-Eschbacher-Straße 151-5d
61348 Obere Terrassenstraße 151-1d
61348 Obergasse 150-3c (30-A1)
61348 Oberhainer Weg (1) 126-11d
61350 Oberhöchstädter Straße 150-2b
61350 Obermühle 126-11b
61350 Oberste Gärten 126-11d
61352 Odenwaldstraße 151-6b
61352 Oleanderweg (6) 151-3d
61348 Orangeriegasse (30-A2)
61352 Ostring 151-5d
61348 Ottilienstraße 150-3b (30-B1)

– Pappelallee 151-4c
61348 Paul-Andrich-Weg 150-2d
61348 Paul-Ehrlich-Weg 150-3d
61350 Pestalozzistraße 126-12c
61352 Peterhofer Straße 151-5b
61352 Pfarrbornweg 151-5b
61350 Pfarrer-Keutner-Straße 126-12a
61352 Pfingstbornstraße 151-5d
61352 Philipp-Reis-Straße 151-4a
61352 Phillip-Schäfer-Platz (7) 151-5c
– Philosophenweg 150-3b
61350 Piemonter Weg 126-11c
61352 Platanenring 151-3d
61352 Platanenweg (4) 152-1c
61348 Platzenberg 150-2c
61348 Potsdamer Weg 150-6a
61348 Prökenmühle 150-5a

61348 Quellenweg 151-1d
61350 Querstraße (4) 126-12c
61352 Quirinstraße 151-4b

61350 Raabstraße 126-12c
61350 Raiffeisenstraße (6) 126-12c
61352 Rainweg 151-4d
61352 Rathausplatz 151-4a
61348 Rathausstraße (30-A2)
61350 Rathgasse 150-3a
61348 Rebenweg 151-1c
61348 Reinerzer Weg 150-6a
61352 Reiterhof 151-2c
61348 Rentmeistermühle 150-5a
61352 Rhönstraße 151-3c
61350 Ricarda-Huch-Straße 126-11c
61352 Riedweg 151-3d
61348 Rind'sche Stiftstraße (30-A1)
61352 Ringstraße 151-6b
– Ritter-von-Marx-Brücke 150-3c (30-A1)
61352 Römerstraße 151-4b
61350 Rotkreuzweg 126-12c
61350 Rotlaufweg 126-12b

61350 Saalburgchaussee 126-11c
61350 Saalburgstraße 126-11c
61350 Saarstraße 126-11c
61348 Sackgasse (30-A1)
61348 Salzbrunner Weg (14) 150-3c
61352 Sanddornweg 152-1c
61348 Schaberweg 150-6b
61350 Schellingstraße 150-3b
61350 Schillerstraße 126-12d
61352 Schlehenweg (5) 151-3d
61348 Schleußnerstraße 150-6b (30-B3)
61348 Schlossplatz (30-A2)
61352 Schmaler Weg 151-6b
61348 Schmidtgasse (6) (30-A1)
61348 Schmuckplatz 150-3d
61350 Schneidhainer Straße 126-11b
61350 Schönberger Straße 150-2b
61348 Schöne Aussicht 150-3d
61350 Schoppenhauerstraße 150-3b
61348 Schulberg 150-3c (30-A2)
61350 Schulstraße 126-11c
61350 Schwalbacher Straße 150-3a
61348 Schwedenpfad 150-3d (30-B2)
61352 Seedammweg 151-1d
61348 Seifengasse (30-A1)
61348 Seifgrundstraße 150-6a (30-A3)
– Seulberger Fahrweg 127-10c
– Seulberger Grenzweg 127-10c
61352 Seulberger Straße 151-3c
61352 Siemensstraße 150-6d
61350 Silberweg (1) 126-10d
61350 Sinclairstraße 150-3b
61350 Sindlinger Weg 126-11b
61350 Sodener Straße 150-3a
61348 Spandauer Weg 150-5b
61352 Spessartstraße 151-3d
61350 Stedter Weg 126-11d
61352 Steigweg (1) 151-4d
61348 Steinbacher Weg (17) 150-5b
61350 Steingasse 126-12c
61352 Steingassgärten 151-5a
61352 Steinhohlstraße 151-3c
61352 Steinkleeweg 152-4a
61352 Steinmühle 151-3c
61352 Steinmühlstraße 151-3a
– Steinweg 126-12d
– Stellweg 125-9d
61348 Stettiner Straße 150-5b
61352 Stichelfeldstraße 150-3c
61350 Stierstädter Straße 150-2b
61352 Stift-Tepl-Straße 151-4b
61352 Stolper Weg (15) 150-5b
61352 Sudetenstraße 151-5c
61352 Südring 151-4c
61348 Sülzertalweg 151-1c

61348 Tannenwaldallee 150-1b
61350 Tannenwaldweg 126-10d + 150-1b
61348 Taubenweg (13) 150-2d
61352 Taunusblick 151-3c
61348 Taunusstraße 150-6a (30-A3)
61348 Tempelhofer Weg 150-5b
– Tempelschneise 151-1a
61352 Terracinaweg 151-5a
61350 Theodor-Storm-Straße 150-3b
61348 Thomasstraße 150-3d (30-B2)
61350 Tiefenbachwiesen 126-12a
61348 Töpferweg (30-B1)
61348 Trappstraße 151-4a
61350 Triftstraße 150-2b

61352 Ulmenweg 151-4a
61348 Untere Brendelstraße 150-3b (30-B1)
61352 Unterer Mittelweg 151-4d
– Unterer Rotlaufweg 126-11a
61348 Untere Terrassenstraße 151-1d
61348 Untergasse (8) (30-A2)
61348 Urseler Straße 150-6c
61350 Usinger Weg 126-11b

61350 Valkenierstraße 126-11c
61350 Viktor-Achard-Straße 126-11c
61348 Viktoriaweg 150-3b
61352 Vilbeler Straße 152-4a
61352 Vor dem Obertor 152-1c
61348 Vor dem Untertor (1) (30-A1)
61350 Vor der Kuppe 126-12b

61348 Waisenhausplatz (30-B2)
61348 Waisenhausstraße 150-3d (30-B2)
61350 Waldenserstraße (4) 126-11c
61348 Wallstraße 150-3d (30-B2)
61352 Walter-Lübke-Platz 150-6b
– Weberpfad 126-7d
61350 Weberstraße 150-3a
61350 Wehrheimer Straße 126-11d
61348 Weidenbornweg 150-5b
61352 Weidweg 152-1c
61350 Weilburger Straße 150-2b
61348 Weinbergsweg 151-1c
61352 Weingartenstraße 151-3d
61350 Weinmühlstraße (7) 126-12c
61352 Weinstraße 151-2d
61352 Weißdornweg 151-3d
– Weiße Schneise 125-9d
61348 Weißkirchener Weg (16) 150-6a
61350 Weißkreuzweg 126-12c
61350 Wendelfeldstraße 150-3a
61352 Werner-Reimer-Straße 150-6d
61352 Wetterauer Straße 151-3d
61350 Wiesbadener Straße 150-2b
61350 Wiesenbornstraße 150-3a
61352 Wiesenstraße 151-4c
61348 Wilhelm-Meister-Straße 151-4a
61348 Wingertsbergweg 151-1c
– Wolfsstieg 127-10c

61352 Zehntgasse 151-5d
61348 Zeilsheimer Weg 126-11d
61350 Zeisigweg (11) 150-3a
61348 Zeppelinstraße 150-5d
61352 Zum Bornberg 151-5a
61352 Zum Dornbach 151-4d
61352 Zum Dreilindenborn (13) 151-5a
61350 Zum Forstgarten 150-1a
61352 Zum Lohwald 151-3d
61352 Zum Wingert 151-3d

Bad Kreuznach

55543 Abalbert-Stifter-Straße 320-10b
55545 Adventus-Straße (29) 319-8b
55545 Agnesienberg 319-8b
55543 Agricolastraße (9) 319-9c
55543 Albert-Rosenkranz-Straße 320-10c
55543 Albrechtstraße 319-9d (30-A3)
55542 Alemannenstraße (30-B1)
55542 Alte Poststraße (30-A1)
55543 Alzeyer Straße 320-7a
55542 Am Bahndamm (6) (30-B1)
55542 Ambrosiusgasse (30-A1)
55545 Am Grenzgraben 320-5b
55545 Am Heckengarten 320-3d
55545 Am Hintzenböhl 320-6a
55545 Am Honigberg 293-12d
55545 Am Jahrmarktstreppchen 319-6b
55543 Am Köpfchen 320-9a
55542 Am Löwensteg (30-B2)
55543 Am Römerkastell 320-7a (30-B1)
55545 Am Schwimmbad (5) 320-9a
55545 Am Sportfeld 320-9a
55545 Am Sportplatz (7) 320-3c
55543 Am Tannenwäldchen 319-12a
55543 Am Weißen Stein 320-9a
55545 Am Winzerkeller 320-3d
55545 An der Kieskaute 320-6a
55545 An der Kirchpforte (2) 293-12d
55543 An der Kuhtränke 319-9d
55543 An der Lazarettkirche (16) 319-12a
55543 An der Lindenmühle 320-4b
55545 An der Pforte 320-6c
55543 An der Römervilla 319-8b
55543 An der Sandmühle 320-1d
55543 An der Sternwarte 345-3d
55545 An der Weed 320-9b
55545 Andreas-Wilhelmy-Straße 319-12a
55543 Arndtstraße 320-7c
55545 Auf dem Anger 294-10c
55545 Auf dem Kauzenberg 319-8b
55545 Auf dem Martinsberg 319-6d
55545 Auf dem Weiher 319-3b
55545 Auf der Haardt 319-9a
55543 August-Bechter-Straße 320-10c

55545 Bachgasse (4) 320-3c
55545 Backhausgärtchen (9) 320-9b
55543 Badeallee 319-9b (30-A3)
55543 Badenheimer Straße 320-7a
55543 Bahnstraße 319-9d (30-A3)
55545 Bangasse (5) 320-3c
55542 Bastgasse (30-B2)
55543 Baumgartenstraße 319-9d (30 A3)
55543 Baumstraße 319-9d (30-A3)
55543 Beethovenstraße (6) 320-7d
55543 Beinde 319-9b (30-A2)
55545 Bergstraße 319-3b
55543 Berliner Straße 319-12b
55543 Bernhard-Henß-Straße (37) 320-7c
55543 Berti-Breuer-Weber-Straße (18) 319-12a
55543 Biebelsheimer Straße 320-3d
55543 Birkenweg 320-7d
55545 Bittenfelder Weg 319-8b

55543 Bleichstraße 319-6d (30-B1)
55542 Bocksgasse (1) (30-A1)
55545 Bodelschwinghstraße 320-1a
55543 Bösgrunder Weg 319-9d
55545 Bornheimer Pfad 320-9a
55545 Bosenbergblick (6) 320-9b
55543 Bosenbergstraße 320-6a
55543 Bosenheimer Straße 320-5c (30-B2)
55543 Bourger Platz 319-9b (30-B2)
55543 Brahmsstraße 320-7d
55543 Brandenburger Straße 319-12b
55542 Braunshorn (5) (30-A1)
55545 Breiter Weg 319-3b
55543 Breslauer Straße 320-7c
55545 Bretzenheimer Straße 320-1c
55543 Brucknerstraße 320-7d
55545 Brückes 320-4a
55543 Bühler Weg 319-9d
55543 Bürgermeister-Dr.-Schleicher-Straße (3) 320-7c
55545 Büttenweg 319-6b
55543 Bunnemannstraße 319-12b
55545 Burgundenstraße 320-3c
55543 Burgweg 319-12c

55543 Carl-Schurz-Straße 320-8c
55543 Carl-Spitzweg-Straße 320-8a
55543 Carl-Zeiss-Straße 320-4d
55543 Carmerstraße 320-7c
55543 Cauerstraße 319-9c
55543 Cecilienhöhe 319-12a
55545 Charles-de-Gaulle-Straße 319-6b + 320-1c
55542 Clemensgasse (30-B2)
55545 Corneliusstraße 320-3c

55545 Dalbergstraße 320-3c
55543 Danziger Straße 320-10a
55543 Darmstädter Hof 320-11a
55545 Dessauer Straße 319-6c
55543 Dienheimer Berg 319-3b
55542 Dr.-Alfons-Gamp-Straße (10) (30-A2)
55545 Dr.-Geisenheyner-Straße 319-6b
55543 Dr.-Gerhard-Muhs-Straße (20) 319-12a
55543 Dr.-Herbert-Eimert-Straße (34) 320-10b
55543 Dr.-Karl-Aschoff-Straße 319-9c (30-A3)
55543 Dr.-Karl-Hessel-Straße 320-10a
55543 Dr.-Velten-Straße 320-10a
55543 Dr.-Werner-Forßmann-Straße (19) 319-12a
55543 Dr.-Wilhelm-Adt-Straße 320-10a
55545 Dorfbrunnenstraße (1) 320-3c
55545 Dorsheimer Straße 320-1a
55543 Drosselweg 319-9d
55545 Drususstraße 320-3c
55543 Dürerstraße 320-7b

55543 Eberhard-Anheuser-Straße 320-7a
55543 Edith-Piaf-Straße (2) 320-8a
55545 Eichendorffstraße 320-3c
55545 Eichstraße 319-6d (30-B1)
55542 Eiermarkt (30-A1)
55543 Elbinger Straße 319-12b
55545 Elfelderstraße 320-9a
55543 Elisabethenstraße 294-12d
55545 Elisabethhütte 319-11b
55543 Ellen-Thress-Straße (25) 319-12a
55545 Ellerbachstraße 319-5d
55543 Elsbeth-Krukenberg-Straße (26) 319-12a
55543 Emil-Jacob-Weg 319-12b
55543 Emil-Nolde-Straße 320-7b
55543 Engelsgasse 319-9b (30-A2)
55543 Erich-Heckel-Straße 320-8a
55543 Erlenweg 320-7d
55543 Ernst-Barlach-Straße 320-7b
55545 Ernst-Ludwig-Straße 294-12b
55543 Erster Galgenberger Weg 320-8c
55543 Eugen-Kramb-Straße 319-12c
55543 Europaplatz 319-9b (30-B2)

55542 Fährgasse (30-A2)
55545 Falkensteinstraße 294-12d
55545 Felix-Wankel-Straße 320-5b
55543 Ferdinand-Porsche-Straße 320-4d
55542 Finkenweg (30-A3)
55542 Fischergasse (30-A1)
55543 Fontanestraße 320-10a
55543 Forsthaus Spreitel 346-4a
55545 Forsthausweg 319-12c
55543 Forstmeister-Gräff-Straße (14) 319-9c
55545 Frankenstraße 320-3c
55545 Frankfurter Straße 294-12d
55543 Franz-Eichenauer-Straße 320-8a
55543 Franziska-Puricelli-Straße 319-12a
55543 Franz-Marc-Straße 320-8a
55543 Freiherr-vom-Stein-Straße 319-9c
55545 Frenzenberg 320-3d
55545 Friedhofsweg 320-9b
55545 Friedrichstraße 319-9c (30-A3)
55543 Füllscheuer 320-7c

55543 Gabelsbergerstraße 320-4d
55543 Gartenbrunnenstraße 319-8c
55543 Gartenbrunnenweg 319-9d
55545 Gartenstraße (3) 294-10c
55543 Gebrüder-Baruch-Straße 319-12d
55545 Geibstraße 319-6a
55542 Geisbergergasse (30-A2)
55545 Genheimer Straße 320-1c
55543 Gensinger Straße 320-4d
55543 George-Gershwin-Straße (3) 320-8c
55543 George-Marshall-Straße 320-7a
55545 Gerbergasse 319-6c (30-A1)
55543 Glashütter Weg 320-4c (30-B1)
55543 Gleiwitzer Straße 319-12b
55545 Glockengasse 319-6c
55543 Gluckstraße 320-7d
55543 Goebenstraße 319-9d (30-A3)
55543 Görlitzer Straße 320-10a
55545 Görzstraße (3) 320-9b
55543 Goethestraße 320-7c
55545 Gotenstraße 320-3c
55543 Graf-Siegfried-Straße 319-9d
55545 Grete-Schickedanz-Straße 320-3c
55542 Große Kannengasse (3) (30-A1)
55545 Grundweg 320-6c
55545 Güterbahnhofstraße 320-4c
55545 Guldentaler Weg 320-1a
55545 Gustav-Pfarrius-Straße 320-7a (30-B3)
55545 Gutenberger Straße 319-5d
55545 Gutlay 319-5c
55542 Gymnasialstraße (30-A2)

55545 Hackenheimer Straße 320-9a
55543 Händelstraße (5) 320-7d
55545 Hahnenpfad 319-6d
55543 Hannah-Arendt-Straße 320-7b
55543 Hans-Klauer-Weg 319-12d
55542 Hans-Schumm-Straße (9) (30-B3)
55543 Hans-Staab-Straße 319-12a
55542 Hasengasse (30-B2)
55543 Hasenrecher Weg 319-9c
– Haydnstraße (4) 320-7d
55543 Hebbelstraße 320-10b
55545 Heddesheimer Straße 320-1a
55543 Heidenmauer 320-4c (30-B1)
55543 Heinrich-Held-Straße 319-12c
55545 Heinrich-Kreuz-Straße 320-3c
55543 Heinrichstraße 319-9c
55543 Helenenstraße 319-9d (30-A3)
55543 Helene-Voigtländer-Straße (23) 319-12a
55543 Helmuth-Schwindt-Weg (24) 319-12a
55543 Herlesweiden 320-7c
55543 Hermann-George-Weg 320-7d
55545 Hermannstraße 319-8a
55545 Herrengarten 295-10c
55543 Hildegard-Schäfer-Straße (28) 319-12b
55545 Hinter den Weiden (8) 320-9b
55545 Hochfeld 319-3b
55545 Hochstraße 319-6c (30-A1)
55545 Höhenrandweg 319-11b
55543 Hölderlinstraße 320-10a
55545 Hofgartenstraße 319-6c
55545 Hof Nonnengarten 320-3d
55545 Hof Ocko 294-12c
55543 Hof Rheingrafenstein 345-3b
55543 Hohe Bell 320-8c
55543 Holbeinstraße 320-7b
55542 Holzmarkt (30-A1)
55545 Horrweiler Weg 294-12d
55543 Hospitalgasse 319-9b (30-A2)
55545 Hüffelsheimer Straße 319-8c
55543 Hugo-Reich-Straße (39) 319-9d
55543 Hugo-Salzmann-Straße 320-8a
55543 Humperdinckstraße 320-8c

55543 Im Brühl 320-3d
55543 Im Ellenfeld 320-7d
55545 Im Gärtchen 320-9b
55545 Im Haag (1) 293-12d
55543 Im Hasenbühl 320-7c
55545 Im Mahlborn 320-3b
55545 Im oberen Grund 320-6c
55543 Im Obstgarten 320-1c
55545 Im Pflänzer 294-10c
55545 Im Rosengarten 319-6c
55543 Im Schönefeld 319-12b
55545 Im Spelzgrund 319-5d
55545 Im Wahlsberg 319-5c
55545 Im Wingert 320-1c
55545 Im Winzerfeld 319-5d
55543 In der Märsch 320-7b
55545 In der Osterhöll 319-5c
55543 Industriestraße 320-5a
55545 Ippesheimer Weg 319-3b

55542 Jahngasse (30-A1)
– Jahrmarktsbrücke 320-4c
55543 Jean-Winkler-Straße 320-7a
55543 Johannes-Kaup-Straße 320-8a
55545 Johannisstraße 319-6c
55543 Johann-Sebastian-Bach-Straße 320-7d
55543 John-F.-Kennedy-Straße 320-7d
55543 Josef-Knettel-Straße 320-7d
55543 Josef-Schneider-Straße 320-7c
55543 Jungstraße 319-9b (30-B3)
55545 Junkerstraße 294-12d
55545 Jupiterstraße 320-3c

55543 Käthe-Kollwitz-Straße 320-7b
55545 Kahlenberger Straße 319-6c
55543 Kaiser-Wilhelm-Straße 319-9c (30-A3)
55542 Kaltes Loch (30-A1)
55545 Kappelpfad 319-6c
55545 Karl-Förster-Straße 320-5b
55543 Karl-Kastenholz-Straße 319-12b
55543 Karl-Kuhn-Straße 319-12d
55545 Karl-Sack-Straße 320-9a
55543 Karlshalle 319-12a
55543 Karl-Steiner-Straße (42) 319-12d
55542 Karpfengasse (11) (30-A1)
55543 Kastanienweg 320-10b
55543 Kehrenberger Weg 320-10c
55545 Keltenstraße 320-3c
55545 Kelterweg 319-6b
55545 Kendelstraße 293-12d
55545 Kettelerstraße (6) 320-1a
55543 Kiefernweg 319-12d
55543 Kilianstraße 319-9b (30-B1)
55545 Kinscherfstraße 319-6c
55545 Kirchberg (1) 320-9a
55545 Kirchwinkel (2) 320-3c
55542 Kirschsteinanlage (30-A1)
55543 Klagenfurter Straße 320-10a
55545 Klappergasse 319-9b (30-A2)
55542 Kleine Bangert (30-B1)
55542 Kleine Kannengasse (2) (30-A1)
55543 Kleiststraße 320-10a
55545 Klostereck (4) 320-9a
55542 Klostergasse (30-B2)
55543 Königsberger Straße 320-10a
55543 Koernickestraße 319-12b
55543 Kolberger Straße 320-10a
55545 Kolpingstraße 320-1a
55543 Konrad-Frey-Straße 319-9d (30-B3)
55543 Korellengarten 320-7b
55543 Kornmarkt 319-9b (30-A2)
55543 Kreuzstraße 319-9b (30-A2)
55545 Krötenpfuhler Weg 319-6a
55545 Kronenberger Gasse 319-6c
55545 Krummer Kranz 319-5d
55543 Küppersstraße 319-12b
55543 Kurhausstraße 319-9a (30-A2)
– Kurpark 319-9a
55543 Kurt-Vittinghoff-Straße (27) 319-12a
55543 Kurt-Weill-Straße (8) 320-8c

55542 Lämmergasse (30-A1)
– Landfuhrbrücke 320-4c
55542 Landthaler Gasse (30-B2)
55545 Langenlonsheimer Straße (7) 320-1a
55545 Langobardenstraße 320-3c
55542 Laubersheimer Gasse (8) (30-B3)
55542 Lauergasse (30-A1)
55543 Ledderhoser Weg 319-12d
55542 Leitergasse (30-B2)
55543 Lenbachweg 320-8a
55543 Leonhard-Bernstein-Weg (10) 320-7d
55543 Lessingstraße 320-10a
55543 Letzter Galgenberger Weg 320-5c
55542 Liebfrauengasse (4) (30-A1)
55543 Liegnitzer Straße 320-10a
55543 Linda-Hilger-Straße 320-7a
55545 Lindelstraße 293-12d
55543 Lisztstraße 320-11a
55545 Lohrerhof 319-8c
55545 Lohrer Mühle 319-8a
55543 Lucas-Cranach-Straße 320-8a
55543 Ludwig-Kientzler-Straße 320-5c

55543 Märkische Straße (16) 319-12b
55545 Magister-Faust-Gasse 319-6d (30-A1)
55545 Mahlborner Hof 320-3b
55545 Mainzer Straße 320-5b
55545 Maler-Faber-Straße 319-6c
55545 Maler-Müller-Straße 319-6c
55545/55543 Mannheimer Straße 319-6d (30-A1)
55543 Manteuffelstraße (13) 319-12a
55543 Margot-Pottlitzer-Strauß-Straße (19) 319-12a
55543 Marienburger Straße 319-12b
55543 Marthahütte 319-11d
55545 Martinsblick 319-6b
55542 Mathildenstraße (30-B2)
55545 Matthäushof 319-6d
55543 Matthias-Grünewald-Straße 320-7b
55543 Max-Ernst-Straße (1) 320-8a
55545 Maximus-Urbanus-Straße (32) 319-8b
55543 Max-Liebermann-Straße (3) 320-8a
55545 Max-Planck-Straße 319-8b
55543 Max-Slevogt-Straße (2) 320-8a
55543 Memeler Straße (41) 320-7c
55543 Mendelssohnstraße (9) 320-7d
55545 Merowingerstraße 320-3a
55542 Metzgergasse (30-A1)
55545 Metzlerweg 294-10c
55543 Michelinstraße 320-5a
55542 Michel-Mort-Gasse (30-A1)
55545 Mittlere Delle 319-11d
55543 Mittlerer Flurweg 320-7c
55543 Mittlerer Galgenberger Weg 320-8c
55543 Moebusstraße 320-7b
55545 Mönchberg 319-3b
55545 Mönchgasse 320-9b
55543 Mörikestraße 320-10a
55543 Moltkestraße 319-9c
55543 Mozartstraße 320-7d
55543 Mühlenstraße 319-9b (30-A2)
55545 Mühlweg 319-5d
55542 Müllergasse (30-B2)

55543 Nachtigallenweg 319-12a
55542 Naheuferweg (30-A1)
55543 Nauberger Weg 320-10b
55543 Nelli-Schmithals-Straße 319-12d
55543 Neufelder Weg 319-12b + 320-7c
55545 Neuhof 319-3b
55545 Neunmorgen 319-6c
55542 Neuruppiner Platz (30-B2)
55545 Nibelungenstraße 320-3c
55543 Nikolaus-Lenau-Straße 320-10b
55543 Nikolaus-Otto-Straße 320-5c
55545 Nördliche Umgehungsstraße 319-6a
55545 Normannenstraße 320-3c

55543 Oberbürgermeister-Buß-Straße (35) 320-7c
55543 Obere Flotz 320-10a
55543 Obere Gartenstraße 293-12d
55543 Oberer Monauweg 319-12b
55545 Oberer Mühlweg 319-5d
55545 Oceanus-Straße (30) 319-8b
55545 Östliche Umgehungsstraße 320-2c
55543 Oligsberg 320-7c
– Oranienpark 319-9c
55543 Oranienstraße 319-9c (30-A3)
55545 Orffstraße 320-8c
55545 Ortenbergsmühle 294-12a
55545 Otto-Hersing-Straße 319-6b
55543 Otto-Meffert-Straße 320-4b

55545 Parkstraße 320-9b
55543 Paul-Barberot-Straße (15) 319-12b
55543 Paul-Hindemith-Straße (7) 320-8c
55543 Paul-Klee-Straße 320-8a
55545 Paul-Schneider-Weg 320-1a
55543 Pestalozzistraße 320-7c
55543 Peter-Fink-Straße 320-10b
55542 Petersgasse (30-A1)
55543 Pfalzsprung 320-7d
55543 Pfalzstraße 320-7d
55542 Pfeiffergasse (30-B2)
55543 Pfingstwiese 320-4c
55543 Pfitznerstraße 320-7d
55543 Philippstraße (30-A3)
55543 Planiger Straße 319-9b (30-B2)
55545 Pommernstraße 294-10c
55542 Poststraße (30-A1)
55543 Potsdamer Straße 319-12b
55545 Potthoffstraße 319-6b
55543 Priegerpromenade 319-12a
55542 Prinzenasse (30-A2)
55543 Prinz-Friedrich-Karl-Straße (12) 319-9c

55543 Raabestraße 320-10a
55545 Raiffeisenstraße (2) 320-9b
55545 Rathausstraße 320-3c
55543 Raugrafenstraße 319-12c
55545 Rebgarten 319-6d
55545 Reitschule 319-6d
55545 Rheingaustraße 320-6c
55543 Rheingrafenstraße 319-9d (30-A3)
55545 Rheinhessenstraße 320-6c
55545 Rheinpfalzstraße 320-3c
55543 Rheinsberger Straße (40) 319-12b
55543 Rheinstraße 320-7c
55543 Richard-Wagner-Straße 320-7d
55543 Riegelgrube 320-5c
55543 Riemenschneiderstraße 320-7b
55542 Riesengasse (30-A2)
55545 Rieslingweg 320-9b
55545 Ringstraße 319-9c
55543 Robert-Danz-Straße (36) 320-7c
55543 Robert-Touzet-Straße 320-8a
55545 Römerdorf 320-3c
55542 Römerstraße (30-B2)
55543 Röntgenstraße 320-7c (30-B3)
55543 Roonstraße (11) 319-9c
55543 Rosengarten 320-10b
55545 Rosengartenweg 319-5d
55543 Roßstraße 319-9b (30-A2)
55545 Rotlaymühle 320-1d
55545 Roxheimer Weg 319-5c
55543 Rudolf-Desch-Straße (33) 320-10b
55543 Rudolf-Diesel-Straße 320-4d
55545 Rüdesheimer Straße 319-5d

55545 Salierstraße 320-3c
55543 Salinenblick 319-12b
– Salinenbrücke 319-12a
55543 Salinenstraße 319-9b (30-A3)
55543 Salinental 319-12c
55543 Saline Theodorshalle 319-12c
55545 Sandhübel 319-8b
55543 Sandweg 320-4b
55545 St.-Gordianus-Straße 320-3d
55543 Schäfergasse 319-9b (30-B2)
55542 Schildergasse (30-A1)
55545 Schillerstraße 319-6c
55545 Schlarppmühle 294-12a
55543 Schlarpshecke 320-7c
55545 Schlesienstraße 320-1a
55542 Schlörgasse (30-B2)
– Schloßpark 319-6c
55543 Schloßplatz 319-9b (30-A2)
55543 Schloss Rheingrafenstein 345-3d
55542 Schloßstraße (30-A2)
55545 Schmiedgasse (10) 320-9a
55543 Schneegansstraße (17) 319-12a
55543 Schnuckenack-Reinhardt-Straße (1) 320-7d
55542 Schöffenstraße (30-B1)
55545 Schöne Aussicht 319-6d
55545 Schubertstraße 320-7d
55542 Schuhgasse (30-A1)
55542 Schulgasse (30-A1)
55543 Schumannstraße 320-7d
55543 Schwabenheimer Weg 320-5c
55545 Schweppenhausener Straße 320-1a
55545 Seeberflur 320-5b
55543 Seitzstraße 319-12b
55543 Siemensstraße 320-4d
55543 Sigismundstraße 320-7c (30-B3)
55545 Silonia-Straße (31) 319-8b
55543 Simsastraße 319-12a
55543 Sinkenotstraße 319-9b (30-B3)
55545 Sonnenberg 319-3b + 320-1a
55543 Soonblick 319-12b
55543 Sophie-Sondhelm-Weg 319-12a
55543 Sponheimer Straße (10) 319-9c
55542 Sprendlinger Gasse (30-B2)
55543 Städterpfad 320-7d
55545 Steige 319-6c
55542 Steingasse (30-A2)
55543 Steinkaut 320-7c
55545 Steinweg 319-6c
55543 Stettiner Straße 320-10a
55543 Steubenstraße 320-8c
55543 Stormstraße 320-10a
55545 Stromberger Straße 319-6d
55543 Studtstadt 320-10b

55545 Talstraße (5) 320-1a
55545 Tannenweg 294-10c
55545 Teutonenstraße (6) 320-3c
55543 Thaler Weg 320-10b
55543 Thorner Straße 319-12b
55543 Tilgesbrunnenstraße 320-7b
55543 Tilsiter Straße 320-10a
55543 Töpferstraße 320-7a
55542 Traubenstraße (30-B1)
55542 Turmstraße (30-A2)

55543 Uhlandstraße 320-10b
55543 Ulmenweg 320-7d
55545 Unter den Gärten 294-10c + 320-1a
55545 Unter den Linden 320-9b

55545 Van-Recum-Straße 319-6c
55545 Victoriusstraße 319-8b
55543 Viktoriastraße 319-9b (30-B1)
55545 Völkering 319-5d
55542 Vogelsang (30-B2)
55542 Volxheimer Gasse (7) (30-B3)
55545 Vordere Delle 319-11d
55545 Vordere Grabenstraße 294-10c

55545 Waldalgesheimer Straße 320-1c
55543 Waldemarstraße 320-7c (30-B3)
55545 Waldhilbersheimer Straße 320-1a
55545 Wasserstraße 319-6d
55542 Wassersümpfchen (30-B2)
55543 Weinbergstraße 293-12d
55543 Weinkaufstraße 319-9c
55545 Weinsheimer Straße 319-5d
55545 Weinstraße 320-6a
55543 Weyersstraße 319-12c
55543 Weyroth 320-8c
55543 Wielandstraße 320-10a
55545 Wiesenstraße 294-12d
55543 Wilhelm-Busch-Straße 320-10b
55543 Wilhelm-Mathern-Straße 319-12d
55542 Wilhelmsbrücke (30-A1)
55545 Wilhelmstraße 319-6d (30-A1)
55595 Willibald-Hamburger-Straße 320-8a
55545 Windesheimer Straße 319-3b
55545 Winzenheimer Straße 319-6d
55545 Winzerweg 320-9a
55543 Wöllsteiner Straße 320-4c
55543 Wolfsheimer Straße 320-7a
55542 Wormser Straße (30-B2)

55545 Zehntbrückerstraße (3) 320-3c
55545 Zelterstraße 320-3c
55545 Zum Bosenhof 320-6c
55545 Zum Klotz 320-3c
55545 Zum Neuhof 319-3b
55545 Zum Weihergrund 320-9a
55545 Zur Klaster 320-1a
55545 Zur Pfingstweide 320-6a
55545 Zur Rosenhecke 294-10c
55595 Zweiter Galgenberger Weg 320-8a
55542 Zwingel (30-A1)
55545 Zwischen den Birken (7) 320-9b

Bad Münster am Stein-Ebernburg

PLZ 55583

Alter Salinenweg 345-2d
Am Felseneck 345-3a
Am Götzenfels 345-2c
Am Grasbach (23) 345-5a
Am Pfalzsprung 345-2c
Am Schloßberg 345-5a
Amselweg (13) 345-2a
Aussiedlerhof Linn 345-4b
Aussiedlerhof Rapp 345-1d

Bäderweg 345-2d
Beethovenstraße (2) 345-2d
Beigeordnetenweg (1) 345-2b
Beinde (19) 345-2c
Berliner Straße 345-5a
Bienengarten (5) 345-3c
Bismarckstraße 345-2b
Burgblick 345-2c
Burgstraße 345-5a
Burgunderstraße 345-2c
Burgweg (8) 345-2d

Dornfelderweg 345-2c
Dreiburgenstraße 345-2b
Drosselweg (12) 345-2a

Ebernburger Mühle 345-5c
Eisweg 345-2d
Erlenweg 345-2c

Falkenweg (9) 345-2a
Finkenweg (11) 345-2a
Fischerhof (4) 345-3c
Franz-Schubert-Straße 345-3a
Franz-von-Sickingen-Straße (22) 345-2d
Friedensbrücke 345-2d
Friedensstraße 345-2c
Fuckerweg 345-4a

Gartenstraße 345-2d
Gartenweg 345-2d
Goetheplatz 345-3c
Götzenfelsstraße 345-2c

Herrengartenstraße 345-2c
Hintere Delle 319-12c
Hof im Tiergarten 345-4c
Huttental 345-6a

Im Backes (6) 345-3c
Im Reil (20) 345-2c
Im Rosengarten 345-2c

Jahnstraße 345-2c

Kapitän-Lorenz-Ufer 345-3c
Kernerweg (15) 345-2c
Kiefernweg 345-2c
Königsgartenstraße 345-2c
Kurhausstraße 345-2d
Kurpark 345-3c

Lindenallee 345-3c
Luisenstraße 345-2b

Mozartstraße 345-2b
Müller-Thurgau-Weg (17) 345-2c

Nahestraße 345-3c

Pfalzstraße 345-2c
Pfarrer-Dr. Nagel-Weg 345-3c
Pfarrer-Zimmermann-Weg 345-3c
Portugieserweg (18) 345-2c
Pouillybrücke 345-2d

Raugrafenstraße 345-2c
Rheingrafenstraße 345-2d
Rieslingweg (16) 345-2c
Ringstraße 345-2b
Rotenfelsblick 345-2c
Rotenfelser Straße 345-2d

Saarstraße (3) 345-2d
Schäferstraße (7) 345-2d
Scheurebenweg (14) 345-2c
Schloßgartenstraße 345-2c
Schöne Aussicht 345-5a
Silvanerweg 345-2c
Speckerbrücke 345-5b
Spreit 345-5d
Starenweg (10) 345-2a

Triftstraße 345-2c
Trombacherhof 344-6d
Turmstraße 345-2c

Uferweg 345-3a
Ulrich-von-Hutten-Straße (21) 345-2d
Unter der Bastei 345-2a

Weinbergstraße 345-2b

Zum Wacholder 345-5b
Zur Alsenz 345-5b

Bad Nauheim

PLZ 61231

Adalbert-Stifter-Straße (6) 86-3d
Adlerweg 87-4d
Ahornweg 87-5a
Albert Einstein Straße 87-4a
Alexej-Maltzew-Gäss (6) (30-A1)
Alfred-Martin-Straße 87-7c
Aliceplatz 86-9b (30-A2)
Alicestraße (30-A2)
Alte Schulstraße 69-10a
Altvaterstraße (6) 87-8a
Zum Alten Wasserturm 69-10c
Am Alzenköppel 87-7d
Am Auweg 87-11b
Am Bahndamm 87-7d
Am Berg 87-8a
Am Bornacker 69-10d
Am Deutergraben 87-7c
Am Dorngraben 69-10d
Am Eichberg 87-1d
Am Eichwald 87-2c
Am Ellenberg 87-5d
Am Erlensteg 86-6a
Am Gänsberg (1) 69-10c
Am Goldstein 87-7b
Am Gradierwerk 87-7c
Am Großen Rad 87-8c
Am Haingraben 86-2d
Am Heiligenstock 87-7b
Am Hempler 86-3c
Am Holzweg 86-9d
Am Kaiserberg 86-6d
Am Karlsbrunnen (30-A2)
Am Nauheimer Bach 86-6b
Am Obertor 86-2d
Am Ölberg 69-10a
Am Promenadenweg 87-7d
Am Rad 87-8c
Am Römerkastell 86-9d (30-A3)
Am Rosenhof (2) 87-5c
Am Sauerbrunnen 87-8d
Am Solgraben 87-7a
Am Speckrain 87-8d
Am Sportfeld 69-10d
Am Steinfurther Weg 87-4a
Am Steinweg 86-6d
Am Taubenbaum 87-4a
Am Wingert 87-2c
An der Birkenkaute 87-4d
An der Bleiche 86-9b
An der Hohl 87-11a
An der Hutweide 87-5a
An der Sodenschmiede 87-7a (30-B2)
Apfelstraße 86-9b
Arthur-Weber-Weg (7) 86-9d
Auf dem Hohenstein 87-10b
Auf dem Holzberg (4) 87-8a
Auf dem Schützenrain (9) 87-7d

Auf den Goldäckern 86-3d
Auf der Laukert 87-4b
Auf der Zassern 86-2b
Auguste-Viktoria-Straße 86-6d (30-A1)

Bachstraße (30-A2)
Bad Nauheimer Weg 87-5a
Bahnhofsallee 87-4c (30-B1)
Bahnhofsplatz 87-4c
Barbarastraße 87-4a
Beethovenstraße 87-7d
Benekestraße 87-4c (30-B1)
Bergstraße 87-8c
Bergweg 69-10a
Berliner Straße 87-7b
Birkensteig 86-8d
Birkenweg 69-10b
Blücherstraße 86-9d (30-A3)
Blumenstraße 87-4c
Bodestraße 87-4a
Bornstraße 86-9b (30-A2)
Brahmsweg (3) 87-8b
Breslauer Straße 86-6d
Brückenstraße 87-8a
Brückgartenweg 69-10c
Brunnenstraße 87-11a
Brunnenweg 87-8b
Buchenweg 86-3c
Burgallee 86-9b (30-A1)
Burgpforte (1) (30-A1)
Burgplatz 86-9b (30-A2)
Burgstraße 86-9b (30-A2)
Bussardweg 87-7b

Carl-Oelemann-Weg 86-9d
Chattenweg 86-3c
Chaumontplatz 86-9d

Dachsschneise 86-8d
Danziger Straße 86-6d
Dieselstraße 87-7b
Dietersbrücke 86-11b
Dorheimer Straße 87-11c
Dürerstraße 86-3c
Dunkerstraße 86-9d (30-A3)

Edelweißstraße 87-7d
Egerlandstraße 86-3d
Eibenweg (1) 87-8d
Eichbergstraße 87-5a
Eichendorffstraße (3) 86-3d
Eichenweg (2) 87-11a
Eleonorenring 87-7a (30-B2)
Elisabethenstraße 86-6b
Elisabeth-Ring 86-8d
Ellenbogenschneise 86-9c
Elvis-Presley-Platz (30-A1)
Ernst-Ludwig-Ring 86-9b (30-A2)
Ernst-Ludwig-Weg 86-9a
Ernst-Moritz-Arndt-Straße 87-4c

Fasanenschneise 86-9c
Fasanenweg 87-10b
Feldgartenstraße 69-10d
Festplatz 87-8c
Fichtenweg 69-10b
Fliederweg 69-10a
Forsthausstraße 86-9b (30-A2)
Frankenstraße 86-3c
Frankfurter Landstraße 87-7b
Frankfurter Straße 86-3c
Franz-Groedel-Straße 86-9b (30-A1)
Frauenwaldstraße 86-6a
Freiherr-vom-Stein-Straße (8) 86-6b
Friedberger Straße 87-7c
Friedensstraße (30-A2)
Friedhofstraße 86-3c
Friedrich-Ebert-Platz 86-9d (30-A3)
Friedrich-Stoll-Straße 87-7b
Friedrichstraße 86-9b (30-A2)
Fröbelstraße (10) 86-6b
Fußgasse 86-2d
Fußpfad 86-8d

Gabelsbergerstraße 86-9d (30-A3)
Gärtnerweg 69-10c
Gartenfeldstraße 86-9b
Gartenweg 86-3c
Gelber Weg 86-9c
Georgenstraße 86-6b
Georg-Scheller-Straße 87-7b
Gewerbegebiet „In den Langen Morgen“ 87-7b
Gickelsburg 87-10a
Ginsterweg 87-11a
Goethestraße 87-7a (30-B2)
Goldschmiedstraße 87-7d
Goldstein 87-4d
Goldsteinstraße 87-7b
Grabenstraße (3) (30-A1)
Grant Avenue 87-4a
Grasweg 87-8a
Grüner Weg 86-9d
Gustav-Kayser-Straße 86-9b
Gutenbergstraße 86-9c
Gutermannweg 86-2d

Haagweg 86-9c
Habichtweg 87-4d
Hagebuttenweg 69-10a
Haselnußweg 69-10a
Hasselhecker 86-8d
Hauptstraße 86-9b (30-A2)
Hausbergstraße 86-3c
Heinrich-Franz-Möbs-Straße 86-3c
Heinrich-Jobst-Weg (6) 86-9d
Heinrich-Siesmeyer-Weg (8) 86-9d
Heinrichstraße (11) 86-6b
Hermann-Ehlers-Straße 87-4c
Hermannstraße 86-6b
Hildegardstraße 87-4a
Hindenburgstraße 86-6a
Hintergasse 69-10a

Hochwaldstraße 86-9c
Höhenstraße 87-5a
Höhenweg 86-9a
Hohe Straße 87-4b
Holunderweg (1) 69-10a
Homburger Straße 86-12b
Hubert-Vergölst-Straße 87-7b
Hügelstraße 86-9d
Hühnerschneise 86-8d

Im Amselfeld 69-10d
Im Hopfengarten 69-10b
Im Kirchfeld 87-5a
Im Kirschgarten 69-10c
Im Litzel 69-10a
Im Rosenthal 87-5a
Im Seegarten 69-10d
Im Setzling 86-9c
Im Sichler 86-9d (30-A3)
Im Steckgarten 69-10d
Im Steingarten 69-10d
Im Vogelsang (1) 87-5c
Im Warthfeld 87-11d
In den Kolonaden (30-A2)
In den Nußgärten 86-3c
In der Au 87-10a
In der Hiesbach (1) 86-9b
In der Hub 87-10b
In der Weed (4) 86-2d

Jahnstraße 86-9b
Jakob-Heil-Straße 86-3c
Johann-Alois-Zimmer-Straße 86-3c
Johannisberg 86-9a
Johannisstraße 86-9b (30-A2)
Johann-Philipp-Huth-Straße 87-5a

Karlsbader Straße 69-10d
Karlstraße 86-9d (30-A3)
Katharinenstraße 86-3d
Kellereigasse 69-10a
Keltenweg 86-9d (30-A3)
Kettelerstraße 86-6b
Kiefernweg 87-11a
Kirchstraße 87-5c
Kochstraße 87-7c
Königsberger Straße 86-9b
Kolpingweg 86-2d
Konitzkyweg (5) 86-9d
Küchlerstraße 87-4c (30-B1)
Kurpark 87-4c (30-A1)
Kurstraße 87-7c (30-B3)

Lärchenschneise 86-12a
Lärchenweg 87-8c
Landgrafenstraße 86-9b (30-A3)
Langsdorffstraße 87-7c
Lassallestraße (9) 86-6b
Lee Boulevard 87-4c
Lessingstraße 87-7a (30-B1)
Lichtenbergpfad 86-8b
Lichtenbergschneise 86-8b
Liebigstraße 86-9b
Lindenstraße 87-7a (30-B2)
Lindenweg 69-10a
Lorenz-Dey-Straße 86-2d
Löwenthalhof 87-4b
Löwenthalstraße 87-1d
Ludwigstraße 87-4c (30-B1)
Luise-Frey-Straße 86-2d
Luisenstraße 87-7a
Lutherstraße 86-9b (30-A3)

Mac-Nair-Road 87-4a
Margarethenstraße 86-3d
Marienstraße 87-4a
Marktplatz 86-9b (30-A2)
Martinusstraße (12) 86-6b
Max-Planck-Straße 86-9c
Melbacher Weg 87-5a
Merlinweg 87-4d
Milanweg 87-4d
Mittelschneise 86-8d
Mittelstraße 86-9b (30-A2)
Mörler Grund 69-10c
Mondorfstraße 86-6d (30-A1)
Mozartstraße 87-7d
Mühlgasse (5) 87-8a
Mühlgrabenwiese 87-8a

Nebenstraße (7) 87-8a
Neuer Kurpark 87-7c (30-B3)
Neue Straße 87-7d
Neugasse 69-10a
Nieder Mörler-Straße 86-2d
Nördlicher Park 86-5b

Ober-Mörler-Weg 86-8d
Oberpforte 69-10c
Oostkamp-Platz (5) 86-6a
Ostendstraße 87-7b
Ottostraße 87-10d
Otto-Weiß-Straße 87-7c (30-A3)

Parklandschaft Nizza 86-9a
Parkstraße 86-9b (30-A2)
Patton Avenue 87-4a
Pestalozzistraße (7) 86-6b
Pfaffenweg 86-9a
Pflanzgartenschneise 86-8d
Promenadenweg 87-7c
Promenadenweg (Nieder-Mörlen) 86-6b

Raiffeisenstraße 86-2d
Rathausstraße 87-8a
Rehbockschneise 86-8d
Reinhardstraße 86-9b (30-A2)
Rembrandtstraße 86-3c
Rießstraße 86-9b (30-A2)
Ringstraße 86-9a
Rittershausstraße 87-4c (30-B1)
Ritterstraße (5) (30-A1)
Rödger Hauptstraße 87-5c

Rödger Weg 87-7b
Römerstraße (Rödgen) 87-5c
Römerstraße (Schwalheim) 87-9c
Röntgenstraße (2) 87-1c
Rohrweihenweg 87-4d
Rosbacher Straße 86-11b
Rosenhag 69-10a
Rosenstraße 69-10d
Rotdornstraße 87-4a
Rudolf-Thauer-Weg (4) 86-9d
Rundfahrt 86-8b

Salinenstraße 87-7d
Schillerstraße 87-7a
Schlehenweg (2) 69-10a
Schlesierstraße (1) 86-3d
Schnurstraße 86-9b
Schönberger Straße 86-3d
Schulstraße (2) (30-A1)
Schwalheimer Hauptstraße 87-8c
Schwalheimer Straße 86-9d (30-B3)
Skulpturenpark 86-6c
Södeler Straße 69-10b
Södeler Weg 87-5a
Söderweg 87-7c
Sonnenweg 87-5c
Speckbrücksiedlung 87-8c
Sperberweg 87-4d
Steinfurther Hauptstraße 69-10c
Steinfurther Straße 87-4a
Steingasse 86-9c
Stiftstraße 87-4c
Strackarmschneise 86-9c
Stresemannstraße 86-9b (30-A2)
Sudetenring 69-10a
Sudetenstraße 87-10b
Sumpfschneise 86-9c

Tannenweg 87-8c
Taunusstraße 86-9b
Terrassenstraße 86-9b (30-A2)
Theodor-Heuss-Straße 86-3d
Theresienstraße 86-6b
Torgauer Straße 86-3d
Tulpenweg 87-4c

Uhlandstraße 87-7a
Usastraße 87-7c
Usinger Straße (2) 86-9b

Vorderste Weide 86-6a

Wacholderweg (3) 69-10a
Waitz-von-Eschen-Straße 87-7c
Waldgasse 69-10a
Warthfeldsiedlung 87-11d
Weihergasse 87-5a
Weinbergstraße 86-9b
Weingartenstraße 86-2d
Weißdornweg (4) 69-10a
Wetterstraße 87-7b
Wettertalstraße 87-5c
Wiesenstraße 87-7d
Wilhelm-Jost-Ring 86-9d
Wilhelm-Leuschner-Straße 87-8c
Wilhelmstraße (4) (30-A1)
William-Kerckhoff-Straße 87-4c
Wingertstraße 69-10a
Winkelmühle 87-11a
Wintersteinstraße 86-8d
Wisselsheimer Hauptstraße 87-5a
Wisselsheimer Straße 87-7b
Wölfersheimer Weg 87-5a

Zanderstraße 87-7a (30-B2)
Zum Rehberg 87-8a
Zum Sauerbrunnen 69-10d
Zur Bitz 87-11a

Bad Orb
PLZ 63619

Adalbert-Stifter-Straße 163-2c (31-B1)
Altenbergstraße 163-2c (31-B2)
Am Aubach 163-1a
Am Bocksberg 163-5c
Am Klingental 163-2d
Am Langen Acker 163-1a
Am Orbgrund 163-5c
Am Orbtal 163-5a
Am Schafstrieb 163-1b
Am Wendelinusbrunnen (3) (31-A2)
Am Wintersberg 163-5b
An der Heppenmauer 163-2c (31-B2)
Aumühle 163-1a
Austraße 163-1b (31-A1)

Bahnhofstraße 163-2c (31-A1)
Baumschule (2) 163-2a
Bayernweg 163-4b (31-A3)
Bennweg 163-4d
Berliner Straße 163-5a
Birkenallee 163-5c
Burgring 163-1d (31-A2)
Burgstraße 163-1d (31-A1)

Deutsche Märchenstraße 163-1a
Dr.-Weinberg-Straße 163-4d

Ebertplatz 163-1d
Eduard-Gräf-Straße 163-1d (31-A1)
Eichendorffstraße 163-2d
Enggasse (2) (31-B1)

Faulhaberstraße 163-1b
Frankenweg 163-4b (31-A3)
Frankfurter Straße 163-1a
Freihof 163-1d (31-A2)
Friedrichstalstraße 163-1c
Füllweinstraße 163-1d (31-A1)
Fuldaer Straße 139-10c + 163-1a

Geigershallenweg 163-1a
Geissche Mühle 163-2b
Gelnhäuser Weg (5) (31-A2)
Gemündener Weg (4) (31-A2)
Gewerbestraße 163-1a
Gretenbachstraße 163-2c (31-A2)
Gutenbergstraße 163-2c (31-A2)

Haberstalstraße 163-8a
Hansenhöhle 163-5a (31-B2)
Haselstraße 163-2c (31-B1)
Hauptstraße (31-A2)
Heppengasse 163-1d (31-A2)
Hermann-Löns-Weg 163-2c
Hochstraße 163-5a (31-B2)
Holzmännische Mühle 163-2d
Horststraße 163-5a (31-B3)
Hubertusstraße 163-4b

Jahnstraße 163-5a (31-B3)
Jössentorstraße (31-B2)
Johann-Büttel-Straße 163-1d

Kanalstraße 163-1d (31-A2)
Karrnhöhle 163-1c
Kasselbergweg 163-1c
Kinzigweg 163-1a
Kirchgasse (31-A2)
Kolpingweg 163-2c
Kuhhöhle 163-2a (31-B1)
Kurmainzer Straße 163-2c (31-B2)
Kurparkstraße 163-5a (31-B3)
Kurzes Tal 163-5d

Lauzenstraße 163-2c (31-B1)
Leimbachstraße 163-4a
Leopold-Koch-Straße 163-4b (31-A2)
Lindenallee 163-5a (31-B3)
Lindenhof 163-1c
Lohrer Straße 163-5a
Ludwig-Schmank-Straße 163-5a (31-B2)
Ludwigstraße 163-1b

Marktbrunnenstraße (3) 163-1d
Marktplatz (31-A2)
Martin-Luther-Straße 163-5a (31-B2)
Martinusstraße 163-1d (31-A1)
Mauerwiesenweg 163-5d
Meistersgasse (31-B2)
Michaelstraße 163-2a (31-B1)
Mittelweg 163-1a
Molkenbergstraße 163-4b (31-A3)

Obertor 163-4b (31-A2)
Obertorstraße 163-4b (31-A2)
Odenwaldstraße 163-2a

Pfarrgasse (31-A2)
Philosophenhöhe 163-8a
Philosophenweg 163-5c

Quanzstraße 163-1b (31-A1)
Quellenring 163-2c (31-B2)

Raiffeisenstraße (31-A2)
Rhönstraße 163-1b
Rotahornallee 163-5c

Sachsenhäuser Straße 163-1c
Sälzerstraße 163-4b (31-A3)
Salinenplatz 163-5a (31-A2)
Salinenstraße 163-5a (31-B2)
Salmünsterer Straße 163-2c
Salzkärrnerweg 163-1c
Sauerbornstraße 163-5a (31-A2)
Sauerstraße 163-1d (31-A1)
Schönbornweg 163-1a
Seboldwiesenstraße 163-2c (31-B1)
Skulpturenweg 163-5c
Solgasse (31-A2)
Solplatz (31-A2)
Spessartstraße 163-5a
Steinhöhle 163-2a

Talheim 163-9b
Taunusstraße 163-1b

Uferweg 163-1d (31-A1)
Untertorplatz 163-1d (31-A1)

Villbacher Straße 163-5a
Vogelsbergstraße 163-2a
Von-Dalberg-Straße 163-4b (31-A2)

Wächtersbacher Weg 163-1a
Wemmstraße 163-2b
Wendelinusstraße (31-B2)
Willi-Heim-Promenade 163-5d
Würzburger Straße 163-2c (31-B2)

Zenkhof (1) (31-B1)

Bad Schwalbach
PLZ 65307

Aarblick 167-12d
Aarstraße 167-6c
Adalbert-Stifter-Weg 167-11d
Adolfsecker Weg 167-9a
Adolfstraße 167-12a
Adolphus-Busch-Allee 167-5c
Alte Kehr 167-11b
Am Backes platz 167-9c
Am Backesplatz (3) 167-9c
Am Bräunchesberg 167-9a
Am Brodelbrunnenplatz 167-12a
Am Feyhof 192-2c
Am Grauen Berg 192-6d
Am Grohberg 167-10b
Am Heimbacher Pfad 167-8d
Am Höhberg 167-11b

Am Kurpark 167-11b
Am Milchhof (12) 167-11b
Am Ochsenberg 192-6d
Am Römerborn 167-12d
Am Schänzchen 167-12a
Amselweg 167-11a
Am Sonnenhang 167-7b
Am Steinchen 167-12d
Am Viehwasen 167-11b
Am Waldpfad 167-12d
Am Weißen Stein 166-12d
Am Wiesenweg (2) 167-12d
An den Weiherwiesen (2) 167-6c
An der Bergwiese 192-6d
An der Norr 167-7b
An der Schmalmach 167-11a
Auf dem Hohlweg 167-12d
Auf der Platt 167-12d
Aussiedlerhof 167-8c
Aussiedlerhof Hildenhof 167-8b

Badweg 167-11c
Bäderstraße 167-7c
Bärstadter Straße 193-3b
Bahnhofstraße 167-9c
Berghof 167-12b
Bergstraße 167-7b
Birkenstraße (1) 167-10c
Borner Straße 167-6c
Borngasse 167-7b
Bornweg 192-6d
Breslauer Straße 167-11a
Brunnenberg 167-11d
Brunnenstraße 167-11d
Burgstraße 167-6c

Danziger Straße (10) 167-11a
Dresdener Straße 167-11a

Edmund-Heusinger-Straße 167-10a
Eheweg 192-2c
Eichendorffstraße 167-11d
Eichenstraße 167-10c
Emser Straße 167-11a
Erbsenstraße 167-12a

Fasanenweg 167-11a
Fischbacher Weg 192-2d
Forsthausstraße 167-7a
Foststraße 167-10c

Gartenfeldstraße 167-11b
Gartenweg (1) 167-7b
Gehrenweg 167-12d
Genthstraße 167-11c
Gewerbegebiet „An der Emser Straße“ 167-10b
Gewerbegebiet Ober der Hardt 167-7c
Goetheplatz (8) 167-11b
Goetheweg 167-11b
Greberstraße 167-11b
Gustav-Herbster-Straße 167-11b

Hammerweg 167-9a
Hamsterweg 167-12c
Hardtstraße 167-11a
Hauptstraße 167-5c
Heimbacher Straße 167-8b
Heuberg 167-5d
Höhenstraße 166-12d
Hoffmannsmühle 167-9d
Hollerbergstraße 167-10c

Im Bauernseifen (3) 167-7b
Im Grund 167-9c
Im Heimbachtal 167-7a
Im Kirschgarten 167-5c
In den Fahrwiesen (1) 167-6c
In den Hofwiesen (2) 167-7b
In der Hämmerschmidt 167-8d
In der Hemmrich 167-11a

Karl-Lang-Straße 167-11b
Kemeler Weg 167-5c
Kirchstraße (9) 167-11b
Kläre-Kluge-Weg 167-11b
Koblenzer Straße (7) 167-11b
Königsberger Straße 167-11a
Kurpark 167-11d

Lärchenstraße (2) 167-10c
Liebigstraße 167-9c
Limesstraße 167-6c
Lindenbrunnenweg (6) 167-11b
Lindenweg 166-12d
Listmannstraße 167-11d
Lorcher Straße 192-2d

Martha-von-Opel-Weg 167-11c
Martin-Luther-Straße 167-8d
Merianstraße 167-11c
Milchberg 167-5d
Mittelstraße 167-12d
Mühlweg 167-9c

Neustraße 192-2c
Nußbaumstraße 167-12d

Oberdorfstraße (1) 167-12d
Obergasse (1) 192-2d

Parkblick 167-11b
Parkstraße 167-11c
Pestalozzistraße 167-11b
Pestgässchen (4) 167-11b
Pfahlweg 167-5c
Platte 167-11c
Platter Straße 167-10c

Rebhuhnweg 167-11a
Reitallee 167-11a
Rheingauer Straße 192-6d
Rheinstraße 167-11c
Rothfeld 167-9c

Rudolf-Höhn-Straße 167-11b
Ruhlebenstraße 167-11d

Sauerberg 167-5d
Schlehborner Heide 192-3c
Schmidtberg 167-11b
Schmidtbergplatz (13) 167-11b
Schulgasse (3) 166-12d
Schulstraße 167-8d
Schwalbacher Straße 167-12c
Schwalbacher Weg 167-7b
Schwalbenweg (2) 167-9c
Sebastian-Kneipp-Straße 166-12b
Siedlerweg (1) 192-6d
Steinstraße 167-5d
Stettiner Straße 167-11a

Talblick 167-5d
Talstraße 167-12d
Tannenstraße 167-10c
Taunushof 193-1c
Taunusstraße 167-6c

Über der Aar 167-9a

Verbindungsstraße (5) 167-11b
Vor der Horst 192-2c

Waldseehütte 193-2b
Waldstraße 192-9b
Webergasse (1) 167-9c
Westfalenhof 192-3d
Wiedbachstraße 167-11a
Wilhelm-Gruber-Weg 167-11b
Wilhelmstraße 167-12d
Winkler Pfad (11) 167-11d
Wisperstraße 166-12d
Wispertalstraße 166-12c

Zum Wildpark 192-6d
Zur Busemach 167-11b
Zur Fischbachhöhe 192-9b
Zur Rehwiese 192-2c

Bad Soden am Taunus
PLZ 65812

Abendschneise 174-5a
Adlerplatz (12) 174-12b
Adlerstraße (13) 174-12b
Adolph-Kolping-Straße 174-9b
Ahornstraße 174-9d
Akazienweg 174-9b
Albert-Schweitzer-Straße 174-9b
Alleestraße 174-12d
Alteburgstraße 175-7c
Altenhainer Straße 174-8b
Alter Kurpark 174-12b
Alte Ziegelei 174-12d
Altkönigstraße (2) 174-8a
Am Bahnhof 174-12b
Am Brunnenhof (14) 174-12b
Am Carlusbaum 174-12d
Am Dachsbau 174-8b
Am Eichwald 175-10a
Am Haag 174-8b
Am Hang 174-8a
Am Hangelstein 174-6c
Am Höhlchen (7) 174-12c
Am Honigbirnbaum 174-9b
Am Hübenbusch 174-12d
Am Kleinen Hetzel 174-12b
Am Mauerkopf 174-8b
Am Pflanzengarten 174-5d
Am Rehsteig 174-8b
Am Reitplatz 174-12c
Am Schellberg 174-9a
Am Schnittelberg 174-6c
Am Schwimmbad (4) 174-12a
Amselweg 174-12c
Am Thermalbad 174-12b
Am Waldfeld 174-8b
Am Wolfspfad 174-5d
An der Trinkhalle 174-12b
An der Wilhelmshöhle 174-12c
Antonitergasse (8) 174-9a
Auf der Krautweide 175-10c
Auf der Schlicht 174-9d
Auf der Weide 175-10a

Bahnweg 175-10c
Beethovenstraße 174-12d
Beidenauer Mühle 174-4c
Billtalstraße (1) 174-8a
Birkenhof 174-9c
Birkenstraße 174-9d
Bismarckstraße 175-10a
Bonner Straße 175-10a
Borngasse 174-9a
Brahmsstraße 175-10c
Brucknerweg (8) 201-1a
Brunnenstraße 174-12b
Buchenweg 174-9b
Burgberg 174-9d
Burkardsweg 174-8b

Carl-Maria-von-Weber-Straße 175-10c
Carl-Orff-Weg (4) 175-10c
Claussstraße (15) 174-12b

Dachbergstraße 174-12a
Drei-Linden-Straße 174-9a
Drosselweg 174-12d

Eberhard-Preis-Weg 174-11b
Egmontstraße 174-12a
Eichbornweg 174-8b
Eichendorffweg 174-9d
Eichenstraße 174-9d
Eifelstraße 175-10c
Elisabethenstraße (11) 174-12a

Elsa-Brändström-Straße (1) 174-9b
Else-Grühn-Platz 175-7c
Elsterweg 174-12a
Emser Weg 174-12a
Enggasse 174-12b
Eptingweg (2) 174-12b
Erlenweg 174-9b

Falkenstraße 174-12c
Fasanenweg 174-12c
Feldbergstraße 175-10a
Finkenhof 174-9c
Finkenweg 174-12a
Fischbacher Weg (8) 174-12d
Flotowweg 175-10c
Forststraße 174-5d
Franzensbader Platz (3) 174-12b
Freiherr-von-Stein-Straße 175-10a
Freiligrathstraße 175-7c
Friedrich-Uhde-Straße 175-10c
Fuchshohl 174-5d

Gartenstraße 174-12b
Geierfeld 174-8a
Georg-Rückert-Straße 174-9d
Gluckstraße 175-10c
Goethestraße 174-9d
Grunderlenweg 174-5c

Habichtsweg 174-9a
Händelstraße 174-12d
Haingrabenstraße 174-9a
Hannoveranerweg 174-12c
Hardtbergstraße (6) 174-9b
Hasenpfad 174-8b
Hasselstraße 174-12d
Hauptstraße 174-6c
Heidenfeldstraße 174-8a
Heinrich-Heine-Weg 175-7c
Heinrichstraße 174-12d
Herrnbaustraße 174-9a
Herrngasse (3) 174-9a
Herzog-Adolf-Straße 174-12b
Hessenweg 174-12a
Hipperichweg 174-9c
Hirschpfad 174-8b
Hohlweg 174-7b
Hubertushöhe 174-5d
Hubertusstraße 174-5d
Hugo-Wolf-Weg (5) 175-10c
Humperdinckweg 174-12d
Hundsgasse (2) 174-9a
Hunsrückstraße (18) 175-10c

Im Alten Grund 174-8b
Im Hainpfad 174-9a
Im Hopfgarten 174-9a
Im Lauer 174-9a
Im Weiber 174-9a

Jahnstraße 175-10a
Johann-Sebastian-Bach-Straße 175-10c
Johann-Strauß-Straße 174-12d
Joseph-Haydn-Straße 174-12d

Kaiserstraße 175-10a
Kastanienhain 174-8a
Kaunweg (1) 175-10c
Kelkheimer Straße 174-12a
Kelkheimer Weg 174-11b
Kirchstraße 174-8a
Kisselweg (5) 174-12c
Kleiststraße 175-7c
Königsteiner Straße 174-5b
Kronberger Straße 175-7c
Kronthaler Straße 174-9a
Künneckeweg 174-12d
Kuhweidschneise 174-5c

Läusebergweg 174-8d
Lahnweg 174-12b
Langstraße 174-8a
Leharweg 175-10c
Lenaustraße 174-9d
Leopold-Passage (17) 174-12b
Lerchenweg 174-12c
Lessingstraße 174-9d
Limesspange 200-3b
Lisztweg 175-10c
Lortzingstraße (3) 175-10c
Lotterbachweg 175-7a
Luchspfad 174-8b

Marburger Weg (1) 174-12b
Margarethenstraße (16) 174-12b
Martin-Luther-Weg 174-12d
Max-Baginski-Straße 175-10c
Max-Reger-Weg (7) 201-1a
Meisenweg 174-12c
Mendelssohn-Bartholdy-Straße 175-10c
Messerplatz 174-12b
Millöckerweg 174-12d
Moltkestraße 175-10a
Mozartstraße 175-10c
Mühlweg 174-12b
Mühlweg (Altenhain) 174-7b
Münsterer Weg 174-12a

Nach der Bleiche 174-6c
Nachtigallenweg (9) 174-12c
Nassaustraße 174-12a
Neuenhainer Straße 174-8a
Neuer Kurpark 175-10a
Neugasse 174-12b
Nicolaiweg 175-10c
Niederhofheimer Straße 174-12d

Odenwaldstraße 175-10a
Offenbachweg 174-12d
Oranienstraße 174-12a

Parkstraße 174-9d
Paulinenstraße 174-12b
Paul-Lincke-Weg 174-12d
Paul-Reiss-Straße 174-9d
Pestalozziweg (9) 174-9d
Pfarrstraße 174-9a
Pfitznerweg 175-10c
Platanenstraße 174-9b
Platz-Rueil-Malmaison (11) 174-12b
Prof.-Much-Straße 175-10c

Reifenberger Hof (4) 174-9b
Rhönstraße 175-10a
Richard-Wagner-Straße 174-12d
Rilkeweg 175-7c
Robert-Schumann-Weg (6) 175-10c
Robert-Stolz-Straße 175-10c
Rohrwiesenweg 174-12a
Rosenheck 174-7b
Rosenthalstraße 175-10c
Rossertstraße (7) 174-9a
Rother Weingartenweg 174-9b
Rother Weingartenweg (5) 174-9b

Salinenstraße 174-12b
Sandwiese 174-9a
Sauerbrunnenweg 174-9b
Schillerstraße 174-12b
Schlichtgasse 174-9d
Schneidhainer Weg 174-8b
Schubertstraße 175-10c
Schulstraße 174-9a
Schwalbacher Straße 174-9a
Sebastian-Kneipp-Straße 175-10a
Silcherweg (2) 175-10c
Sodener Weg 174-8a
Soderwaldweg 174-9b
Sophienruhe 174-5d
Sperberstraße 174-12a
Spessartstraße 175-10a
Staufenhof 174-8b
Staufenstraße 174-8a
Stenkerweg 175-7a
Sulzbacher Straße 175-10a

Talstraße 174-12a
Taunusstraße 174-9a
Trakehnerstraße 200-3a

Uhlandweg 174-9d
Ulmenstraße 174-9d
Unterer Schellberg 174-9c

Wacholderhof 174-8d
Waldstraße 175-7c
Waldweg 174-8d
Walter-Kollo-Straße 174-12d
Weilburger Weg 174-12a
Weißer Rainpfad 174-6c
Wiesbadener Weg 174-9d
Wiesenweg 174-12d
Wilhelmspark 174-12a
Wilhelmsweg 174-8b
Wolfspfad 174-5a

Zaunkönigweg (10) 174-12d
Zeigershainer Weg 174-9c
Zellerweg (9) 201-1a
Zum Geisborn 174-9c
Zum Quellenpark 174-12b

Bad Soden-Salmünster
PLZ 63628

Aachener Straße 139-5d
Adolf-von-Nassau-Weg (10) 139-2a
Ahler Straße 139-3a
Ahornstraße (2) 139-3d
Aloysius-Lauer-Straße 115-5a
Am Eisbach 139-2b
Am Galgenbach 139-3c
Am Hirschbach 139-6c
Am Keilchen 115-11b
Am Kindergarten (1) 115-6c
Am Krebsrain 139-6c
Am Linnenacker 115-11d
Am Linsenhof (3) 115-11d
Am Luftberg 115-6a
Am Mahler 115-12c
Am Palmusacker 139-6c
Am Quellenrain 115-5d
Am Rauhen Berg 139-3d
Am Sandkopf 115-6c
Amselweg 115-12d
Am Spielplatz 115-5d
Am Steines 115-6c
Am Steingarten 115-6a
Amtgasse 139-2d
Amtshof (1) 139-2d
Am Wiesenbach 115-9a
Am Zehnthof (4) 115-11d
An den Augärten 139-3a
An den Mitteläckern
An der Dornhecke 115-12c
An der Hautzenmühle 139-6a
An der Kirche 115-5a
An der Pappelweide 115-1d
An der Rolandquelle 115-8d
An der Steinkaute 139-6c
Assmannshütte 115-10b
Auf der Hohl 115-11d

Badestraße 139-2b
Bad Sodener Straße 139-3c
Bahnhofstraße 139-3c
Baiersmühle 115-3a
Barbarossaweg 139-2a
Basaltstraße 115-5d
Beethovenstraße 139-6c
Bergstraße 115-5d
Bergwinkelstraße 139-5d
Berliner Straße 139-5d
Bonner Straße 139-5d
Bornweg 115-11b
Bornwiesenweg 115-5a
Brauhausgasse (13) 139-6a
Brentanostraße (18) 139-6a
Breslauer Straße 139-5d
Brückenstraße 139-2b
Brüder-Grimm-Straße 139-2a
Buchenstraße 139-6b
Burgstraße 115-11b

Damasus-Fuchs-Straße 139-3c
Dammweg (14) 139-5b
Dieselstraße 139-5d
Dippenmarkt (5) 115-11d
Dr.-Aloys-Fink-Hütte 115-12a
Dr.-Richard-Küch-Straße 139-3c
Dresdener Straße 139-5d
Drosselstraße 115-12b

Eckardrother Straße 115-5d
Egerstraße 139-5b
Eibestraße 139-6b
Eichgrabenstraße 139-6b
Entengasse (7) 139-2b
Erfurter Straße 139-6c
Erlenweg 115-8b
Eschenstraße 115-5a

Feldstraße 115-12c
Fichtenstraße 139-6b
Fichtenweg 139-6b
Finkenstraße 115-12b
Frankfurter Straße 139-5b
Franziskanergasse (9) 139-5b
Franz-von-Sickingen-Straße 139-2b
Freiherr-vom-Stein-Straße 139-6a
Freihof (4) 139-3c
Friedrich-Hornfeck-Straße 139-5d
Frowin-von-Hutten-Straße 139-2a
Fuldaer Straße 139-3c

Gartenstraße 139-5b
Gelnhäuser Straße 139-6a
Georg-Kind-Straße 115-6c
Georg-Spang-Straße 115-3d
Gerhard-Radke-Straße 115-11c
Gießener Straße 139-6c
Ginsterweg 139-6b
Goethestraße 139-3c
Grabenstraße 115-11b
Grimmelshausenstraße 139-5d
Gustav-Kastropp-Straße 139-5d
Gutenbergstraße 139-3c

Häuserdickstraße 139-6d
Häuser Hohle 139-6a
Haferheegstraße 115-5d
Hammelsweg 139-5b
Hanauer Landstraße 139-3c
Hanfgartenstraße 139-6b
Hans-Streif-Straße 139-3c
Hartacker Straße 139-5d
Hauptstraße 115-5b
Hausener Straße 139-6c
Hautzenmühle 139-6a
Haydnstraße 139-6c
Hebelstraße 139-6a
Hegelstraße 115-11c
Heinrich-Hofmann-Straße 139-5d
Henry-Harnischfeger-Straße 139-5b
Hermesstraße 115-3d
Hirtengasse (12) 139-5b
Hirtenstraße 115-6c
Hochstraße 115-11c
Hohmühlenweg 115-11d
Honiggasse (6) 115-11d
Hufeisenstraße 115-6c
Huttengasse (5) 139-2d
Huttenheegstraße 139-6c
Huttenschloß 139-3a
Huttentalstraße 115-9a

Im Gründchen 115-5a
Im Höfchen 115-6c
Im Hopfengarten 139-6a
Im Kleegarten 115-5c
Im Rausch 115-11b
Im See 139-5d
In der Salz 115-11d
Interessentenweg 115-11b

Jahnstraße 139-5b
Jakob-Rullmann-Straße 115-6a
Johannes-Lutz-Straße 139-3d
Josef-Dieter-Weg 139-5b
Josef-Leistenschneider-Straße 139-6b
Joseph-Müller-Straße 139-5b
Jugenddorf Schloß Hausen 139-6d

Kalkofenstraße 115-5d
Kantstraße 115-11c
Karl-Roth-Straße 115-11c
Kastanienstraße 139-6b
Kettelerstraße 139-5d
Kiefernstraße 115-12c
Kirchberg (1) 115-3d
Kirchstraße 115-6c
Kirschallee 115-11d
Kleiststraße 139-6a
Klingstraße 139-5b
Klostergasse (11) 139-5b
Knappschaftsweg 115-11c
Kneippsgasse 115-6c
Kölner Straße 139-6c
König-Heinrich-Weg 139-2a
Kolpingstraße 139-3c
Kurpark 139-2b

Lärchenweg 139-6b
Lange Wiese 115-9a
Langstriegelweg 115-6a
Lavendelweg (3) 139-3d
Lessingstraße 139-6c
Luzerneweg 115-9a

Mainzer Straße 139-5d
Major-Bedding-Straße (Bad Soden) 115-12c
Marborner Straße 115-6c
Marburger Straße 139-6c
Marienbader Straße (17) 139-5b
Meisenweg 115-12c
Mittelstraße 115-5d
Mozartstraße 139-6c
Mühlbachstraße 115-9a
Mühlberg (8) 139-6a
Mühlenstraße 115-5a
Münchener Straße 139-6a
Münsterbergstraße 139-5b

Neue Heimat 115-6d

Oberfeldstraße 115-6c
Oberweg 115-5d
Offenbacher Straße 139-6c
Orbertalweg 139-8b
Ostring 139-6c

Pacificusplatz (9) 115-11d
Pacificusstraße 139-2b
Pappelweg (4) 139-3d
Parkstraße 139-2b
Philipp-Reis-Straße (19) 139-5b
Platanenstraße (1) 139-3d
Poststraße (2) 139-2d
Potsdamer Straße 139-5d

Rathausplatz (8) 139-2b
Rathausstraße (10) 139-5b
Reichenaustraße 115-11b
Reichenbacher Weg 115-1d
Reizenberg 115-11c
Rhönstraße 139-6a
Richard-Wagner-Straße 139-6c
Rilkeweg 139-6c
Röntgenweg 139-3c
Romsthaler Straße 115-11d
Rosenweg (15) 139-6a
Rotenrainsweg 139-3b
Roter Weg 139-3a
Rudolf-Berta-Straße 115-11b
Rückmühlenweg 139-5b

Sackgasse (6) 139-6a
Salzstraße 115-8b
Salztalstraße (Kerbersdorf) 115-3d
Salztalstraße (Wahlert) 115-8b
Schillerstraße 139-3c
Schlagmühle 115-8b
Schlagmühlenweg 115-9a
Schleifrashof 139-5b
Schlesische Straße (20) 139-5d
Schlüchterner Straße 139-3b
Schöner Bühl 139-3c
Schönerbühlsweg 139-3d
Schulweg 115-3d
Schwedengasse 139-5b
Schwedenring 139-5b
Sebastian-Herbst-Straße 139-2b
Seestraße 139-5d
Siedlung 115-6a
Spessartstraße 139-3c
Spinnvasen (1) 115-11d
Sprudelallee 115-11d
Steinauer Straße 139-3a
Steinweg 139-3c
Stiftungsstraße 115-5d
Stöckhof 115-3a
Stolzenberg 115-12c
Stolzenthalstraße 115-11d
Sudetenlandstraße (16) 139-6a

Tannenkopfstraße 115-11c
Tannenweg 139-6b
Trierer Straße 139-5d
Tulpenweg 139-6a
Turnerweg 115-11d

Udenhainer Straße 115-4b
Uferstraße 139-2d
Ulmbacher Straße 115-3d
Ulmenstraße 139-6a
Unterer Bornweg 115-11b
Unterweg 115-6c

Vockenrothsweg 139-3b
Vogelsbergstraße 115-4b
Vogtgasse (3) 139-3c

Wahlerter Straße 115-8b
Wahlerter Weg 115-6c
Waldschulstraße 115-5a
Waldstraße 115-12c
Weilersweg 115-11d
Weinstraße 139-5b
Weiße Gasse 115-8b
Werner-Reimers-Straße 139-6c
Wiesbadener Straße 139-6c
Wiesenauweg 139-5b
Wilhelm-Bratfisch-Straße 139-6a
Willenrother Straße 115-5d
Winkelgasse (7) 139-6a
Würzburger Straße 139-5d

Ysenburger Straße 115-5a

Zum Heegwald 115-12d
Zum Streufling 115-9a
Zum Talblick 115-5a
Zum Traroth 115-12c

Bad Vilbel
PLZ 61118

Adalbert-Stifter-Straße (3) 153-10d
Adolf-Freudenberg-Anlage 178-6a
Adolf-Kolping-Straße (14) 178-6b
Ahornweg 179-1c
Akazienweg (11) 179-1c
Albanusstraße 178-3d
Albert-Einstein-Straße 178-6c
Albert-Schweitzer-Straße (7) 178-6c
Alfred-Brehm-Straße (18) 178-6b
Alfred-Manasek-Platz (28) 153-7b
Alte Frankfurter Straße 178-6c
Alte Straße 178-6b
Altkönigstraße (22) 153-7c
Altvaterweg (11) 178-6c
Am Alten Wehr 153-10d
Am Drais 178-3c
Am Feldbach 153-12c
Am Felsenkeller 179-1c
Am Fuhrweg 153-10d
Am Gronaris Sprudel (10) 153-11b
Am Hahnen 178-6b
Am Hainwinkel (17) 178-6b
Am Hang 178-3c
Am Hohlberg 178-3a
Am Hohlgraben 153-10d
Am Hohlweg 179-1a
Am Kreuz 178-6a
Am Nußberg 178-6a
Am Ritterkeller 178-3d
Am Römerbrunnen 152-11d
Amselweg 178-3d
Am Sonnenplatz (3) 153-7a
Am Sportfeld 178-3d
Am Stock 152-12c
Am Südbahnhof 178-3d
Am Unteren Steg 178-3a
Am Wäldchen 152-12c + 178-3a
Am Webergarten 179-1c
Am Weinberg 152-12c
Am Weingarten 152-12c
Am Weißen Stein 152-12c
An den Banggärten 152-12c
An den Röden 178-3b
An der Au 152-12a
An der Bleiche 152-11b
An der Johannesweide (4) 153-10d
An der Kirche 152-12c
An der Pfingstweide 152-11d
An der Ziegelei 152-12c
Anton-Bruckner-Straße 152-9b
Aueweg 153-11b
Auf dem Lattigkopf (19) 178-6b
Auf dem Niederberg 179-1c
Auf dem Steinacker (8) 153-12c

Bachwiesenstraße 153-12c
Backhausstraße (4) 153-12a
Backsteinweg 152-12c
Bahnhofsplatz 153-10c
Bahnhofstraße 153-7b
Bahnstraße 153-7d
Baltenweg 178-5b
Baugasse 178-3d
Beethovenstraße 153-7c
Behringstraße 153-12a
Berger Straße 153-12c
Berggasse (17) 153-7d
Bergstraße 178-3d
Berkersheimer Weg 178-3c
Berliner Straße 178-3c
Berta-von-Suttner-Straße 152-12b
Bertolt-Brecht-Straße 153-10d
Birkenweg 179-1c
Bismarckstraße 153-12c
Bodelschwinghstraße 178-5b
Böhmerwaldweg (10) 178-6c
Bonameser Straße (13) 178-6b
Bornheimer Tal 179-1d
Brandenburger Straße 178-2d
Breite Straße 152-12c
Breitwiesenstraße (3) 153-11b
Breslauer Straße 178-6a
Brünner Weg (9) 178-6c
Brunnenhaus 153-11d
Brunnenhaus Hassia 153-10a
Brunnenhaus Hessenquelle 152-11b
Buchenweg 179-1c
Büdesheimer Straße 179-1c
Büdinger Straße 153-10c
Burgweg (5a) 179-1a
Bussardweg (2) 153-7a

Cäcilienweg (26) 153-7c
Carl-Benz-Allee 152-12d
Carl-Schurz-Straße 178-5b
Carl-Zeiss-Straße 152-12b
Chattenweg 179-1a
Clara-Schumann-Weg (25) 152-9d

Danziger Straße 178-5b
Dorfelder Weg 153-12b
Dortelweiler Platz 153-7a
Dortelweiler Straße 153-11b
Dottenfelder Hof 153-10b
Dresdner Straße (7) 153-12c

Egerstraße (23) 153-7c
Eibenstraße 153-7a
Eichenweg (10) 179-1c
Eifelweg 179-1c
Elbfallweg 178-6c
Elisabethenhain 178-6a
Elisabethenstraße 178-3c
Ellernweg 179-1a
Elly-Ney-Weg (8) 153-7c
Elsterweg (5) 153-7a
Emanuel-Stock-Straße (13) 153-7b
Erich-Kästner-Straße 153-10d
Erlenring 178-3a
Erlenstraße (20) 153-7a
Erzweg 179-1a
Eschbacher Weg 152-12c

Falkenstraße 153-7a
Fasanenweg 178-3d
Feldbergstraße (6) 178-3b
Festplatzstraße 153-10c
Feststraße 178-3b
FFh-Platz 153-10c
Finkenweg 178-3d
Fliederweg (6) 153-12a
Frankfurter Straße 178-6b
Franz-Bretano-Straße (22) 178-5b
Franz-Lehar-Straße 153-7a
Franz-Schubert-Weg 152-9b
Fraunhoferstraße 152-12d
Freiherr-vom-Stein-Straße 153-7b
Friedberger Straße 179-1a
Friedensstraße 178-6a
Friedrich-Ebert-Straße 178-6b
Friedrich-Nietzschel-Straße (21) 178-5b
Fröbelstraße 178-2d

Gärtnerweg 153-12a
Gartenstraße 152-12c
Gederner Straße (7) 178-3b
Georg-Friedrich-Hegel-Straße 178-6a
Georg-Muth-Anlage (30) 153-7b
Georg-Opper-Straße (12) 153-7b
Gerhart-Hauptmann-Straße (14) 153-7b
Gewerbegebiet „Nördlich der Theodor-Heuss-Straße" 153-4d
Gießener Straße 153-10c
Ginsterweg 153-7b
Glauburgstraße 179-1c
Glossop-Ring (9) 153-11b
Goethestraße 178-3d
Gottlieb-Daimler-Allee 152-12d
Graubergweg 179-1b
Gregor-Mendel-Straße 153-7b
Gronauer Brücke 153-10d
Gronauer Hof 153-11b
Gronauer Pfad 179-1b
Gronauer Weg 153-10d + 179-1a
Grüner Weg 179-1a

Habichtsweg (1) 153-7a
Hainstraße 152-12c
Hanauer Straße 179-1a
Hanauer Weg 179-1d
Hans-Kudlich-Straße 153-7b
Harheimer Weg 152-11d
Hasengasse 178-3b
Hasenpfad 152-11d
Hauptstraße 153-12a
Heinrich-Heine-Straße 153-10c
Herderstraße (1) 153-10d
Hermann-Freisleben-Platz 152-12c
Hermann-Gmeier-Straße (15) 178-6b
Heusheimer Weg 153-5c
Hinter der Mauer 153-8a
Höhenweg 179-1c
Hölderlinstraße (3) 178-6c
Hohemarkstraße 153-7a
Hollerweg 179-1c
Holzhausenweg 153-8c
Homburger Straße 152-12a
Hottenberg 152-12c
Hügelstraße 153-7c
Huizener Straße 178-3a

Iglauer Weg (1) 178-6c
Im Haingarten 153-7b
Im Kirchfeldchen 153-10d
Immanuel-Kant-Straße 178-2d
Im Mühlengrund 152-12c
Im Rosengarten 153-10c
Industriestraße 153-7a

Jahnstraße 178-2d
Jaques-Offenbach-Weg (6) 153-7a
Jeschkenweg (2) 178-6c
Johannes-Brahms-Weg 153-7a
Johannes-Gutenberg-Straße 152-12d
Johann-Gottlieb-Fichte-Straße (20) 178-5b
Johann-Sebastian-Bach-Straße (9) 153-7c
Johann-Strauß-Straße 152-9b
Josef-Seliger-Straße 178-6c
Joseph-Haydn-Weg 152-9b

Kanalweg 179-1a
Karber Weg 153-7b
Karlsbader Weg 178-6c
Kasseler Straße 178-3b
Kastanienstraße 153-7a
Keilbergweg 178-6c
Kirchstraße 153-12a
Klaus-Havenstein-Weg (5b) 179-1a
Kloppenheimer Weg 152-9b
Königsberger Straße (24) 153-7c
Konrad-Adenauer-Allee 152-9d
Kornblumenweg 152-9b
Krautgartenweg 178-3d
Kreisstraße 153-7c
Kurhaussteg 178-3b
Kurpark 178-3b
Kurt-Moosdorf-Straße 178-3c

Lärchenstraße 153-7a
Landgrabenstraße 178-3d
Lehmgrubweg 152-12c
Lehnfurter Weg 153-8a
Lessingstraße (5) 178-6c
Limesstraße (21) 153-7a
Lindenstraße (19) 153-7b
Lindenweg 179-1d
Lise-Meitner-Straße 152-12d
Lohgerberweg 179-1a
Lohstraße 179-1a
Lorenweg 152-12c
Lortzingring (27) 152-9d
Ludwig-Erhard-Straße 178-6d
Lupinenweg 153-7a

Badenheim
PLZ 55576

Balduinstein
PLZ 65558

Bechtolsheim
PLZ 55234

Berghausen
PLZ 56368

Bermersheim vor der Höhe
PLZ 55234

Berndroth
PLZ 56370

Beselich
PLZ 65614

Bessenbach
PLZ 63856

Biebelnheim
PLZ 55234

Biebelsheim
PLZ 55546

Biebergemünd
PLZ 63599

Biebesheim am Rhein
PLZ 64584

Bingen am Rhein
PLZ 55411

Birlenbach
PLZ 65626

Birstein
PLZ 63633

Bischofsheim
PLZ 65474

Dr.-Hans-Böckler-Straße 250-8d
Dreihäusergasse (4) 250-11a

Eifelweg 250-7d
Eleonorenstraße 250-8c
Erlenweg 250-8d

Feldbergstraße 250-10b
Flörsheimer Straße 250-8d
Frankenweg 250-11a
Frankfurter Straße 250-11a
Franz-Schubert-Straße (18) 250-11b
Freiligrathstraße 250-11c
Friedrich-Ebert-Platz (19) 250-11b
Friedrich-Ebert-Straße 250-11c
Friedrichstraße 250-11a
Frohnseestraße 250-11a
Fußgängersteg 249-11a

Gabelsbergerstraße 250-8c
Gartenstraße 250-11a
Geibelstraße 250-11c
Georg-Fischer-Straße 250-11a
Georg-Mangold-Straße (15) 250-11d
Ginsheimer Landstraße 276-1b
Ginsheimer Straße 250-10d
Goethestraße 250-11c
Gustavsburger Straße 250-7d
Gutenbergstraße 250-11a

Hans-Dorr-Allee 250-11d
Heinrich-Hünerkopf-Weg (9) 250-11a
Hessenring 250-10b
Hinterm Eulensee (21) 250-11d
Hochheimer Straße 250-8c
Hof am Silbersee 250-10c
Hunsrückweg 250-10b

Im Apfelgarten (3) 250-8c
Im Attich 250-11d
Im Dornbusch (20) 250-11d
Im Espital (25) 250-11d
Im Flachsland (10) 250-11a
Im Forst 276-3b
Im Griesböhl 250-10b
Im Kappesgarten (2) 250-8c
Im Klinker 250-11a
Im Mönchbruch (22) 250-11d
Im Pfeifersgrund (24) 250-11d
Im Schlanken 276-3b
In den Steinäckern 250-10b
In den Wingerten 250-11d
In der Hiederwiese 250-7c
In der Hochgewann 250-8d
In der Nachtweide (8) 250-10b
In der Tagweide 250-10a

Kantstraße 250-11b
Karlsbader Straße 250-11c
Kasteler Straße 250-7d
Keltenweg 250-11a
Königsberger Straße 250-11c

Lachenweg 276-2b
Lindenweg 250-8d
Ludwigstraße 250-11b

Mainstraße 250-11b
Mainzer Straße 250-7d
Margarethenhof 250-12c
Marienplatz 250-8c
Mittelgasse (5) 250-11a
Mittelgewann 250-12d
Mozartstraße 250-11d

Neben dem Mühlweg 276-3a

Odenwaldweg 250-10b
Oppenheimer Straße 277-1c

Parkweg 250-11a
Peking 250-12a
Pfälzer Weg 250-11a
Platanenstraße 250-8c

Raunheimer Straße 250-8d
Rheingauweg 250-10b
Rheinstraße 250-11a
Rhönweg 250-10b
Riedweg 250-10b
Ringstraße 250-11c
Rohrgewann 250-7c
Römerstraße 250-11a
Röntgenstraße 250-11c
Rüsselsheimer Straße 250-8d

Sackgasse 250-11a
Schillerstraße 250-11a
Schlichtergasse (12) 250-11a
Schulstraße 250-11a
Schwarzwaldweg (6) 250-10b
Spelzengasse 250-11a
Spessartweg 250-10b

Tannenhof 276-2b
Taunusstraße 250-11a
Treburer Straße 250-11c

Ulmenstraße 250-8d
Untergasse 250-11a

Vogelsbergweg (7) 250-10b
Vor der Pforte 250-11a

Weisenauer Gasse (11) 250-11a
Wielandhof 250-12c
Wiesbadener Straße 250-8c
Wieseneckerstraße (14) 250-11a
Wilhelmstraße 250-11b
Wingertspfad (17) 250-11d

Zur Pappelallee 250-8c

Blankenbach
PLZ 63825

Am Ahornweg (5) 239-5a
Am Bahnhof (4) 239-5a
Am Dickbusch (6) 239-5c
Am Eichgraben 239-5b
Am Krähenstein 239-5c
Amselweg 239-5a
Am Sonnenhang (2) 239-5a
Am Steinküppel 239-7b

Bahnhofstraße 239-5a
Bergstraße 239-5a
Borngasse 239-5c
Buchenweg 239-5a

Eichenberger Straße 239-5c
Erlenbacher Straße 239-4d

Fichtenweg 239-5c
Finkenweg 239-4b
Flurstraße 239-4b

Gewerbegebiet Au 239-5c
Grenzweg 239-4b

Hauptstraße 239-4d

Kahlaue (7) 239-4d
Kahlgrundstraße 239-4d
Kapellenweg 239-4d
Kleeweg 239-4d
Krombacher Straße 239-4b

Lärchenweg 239-5a

Meisenweg 239-4b
Mühlgrundweg 239-4b
Mühlstraße 239-5a

Neuwiesenhof 239-5a

Pirolweg 239-4b

Ringstraße 239-5a

Schwalbenweg 239-4b
Spechtsweg (1) 239-4b
Spessartweg 239-5c
Stadtweg 239-4d
Starenweg (3) 239-4b

Untere Au 239-5c

Waldstraße 239-5c
Wingertsweg 239-5a

Bodenheim
PLZ 55294

Ahlen 301-2b
Albansgasse 275-11d
Am Anger 275-12c
Am Dollesplatz 275-11d
Am Guckenberg 275-11b
Am Kümmerling 275-12c
Am Mühlenbach 275-12d
Am Reichsritterstift 275-11c
Am Schönborner Hof 275-11d
Am Sportfeld 275-11b
An den Weiden 275-12a
An der Reithalle 275-12c
An der Ziegelei 301-3b
Auf der Bayn 301-2b
Auf der Harle 275-11d
Aussiedlerhöfe „Im Westrum" 301-2a

Bahnhofsplatz 275-11d
Bahnhofstraße 275-11d
Baynstraße 301-2b
Beethovenstraße 301-3a
Berliner Straße 275-12c
Brandenburgweg (10) 275-12c
Buchenweg 275-12a
Burgweg 275-11a

Danziger Weg 275-12a

Eduard-von-Heuss-Straße 301-2b
Eichweg 275-12c
Enggasse 275-11d
Ernst-Lüdwig-Straße 275-11d

Fichtenweg 275-12a
Fliederweg 275-12c
Frankfurter Straße 275-12c

Gartenstraße 275-11d
Gaugässchen (7) 275-11d
Gaustraße 301-2a
Goethestraße 275-11d
Gutenbergstraße 275-12c

Hellmerichstraße 275-11d
Hermamm-Weber-Straße 301-2b
Hilgestraße 275-12c

Im Bürgel 275-12d
Im Mittelweg 275-12a
Im Mörsch 275-12a
Im Walter 275-11c
Im Westrum 275-11c
In der Hüttstätt 275-11c + 301-2a

Jahnstraße 275-11d

Kanalgasse 275-11d
Kapellenstraße 275-11d
Karl-Winhart-Straße 301-2b
Kirchbergstraße 275-11d
Kirchsteig 275-11d
Klara-Mayer-Straße 301-2b
Kleine Bahnhofstraße 275-11d
Kleine Enggasse (4) 275-11d
Kreuzweg 301-2d

Lange Ruthe 301-3b
Langgasse 275-11d
Langwiese 275-11d
Laubenheimer Straße 275-11b
Leidheckenweg 301-2b
Liebrecht'scher Garten (16) 275-11d
Lindenallee 275-11d
Lindenweg (12) 275-12a
Lörzweiler Weg 275-11d

Mainzer Pfortstraße 275-11d
Mainzer Straße 275-11d
Maria-Oberndorf-Straße 301-2b
Martinstraße 301-3a
Mecklenburger Weg (9) 275-12c
Mittlerer Weidenweg 275-12c
Mozartstraße 301-3a
Mühlstraße 301-3a

Nackenheimer Weg 301-2b
Neckarstraße 275-12c
Neubergweg 275-11b
Neugässchen (6) 275-11d
Neugasse 275-11d

Obergässchen (1) 275-11d
Obergasse 275-11d
Ölmühlstraße 275-11d
Ortsrandstraße 301-3a
Ostpreußenstraße (14) 275-12a

Pappelweg (15) 275-12c
Pfarrstraße 275-11d
Plattenhohl 275-11c
Platz des Weines 301-3a
Pommernweg (8) 275-12a
Potsdamer Weg (11) 275-12a

Raiffeisenstraße 301-2b
Rantulstraße 301-3a
Rathausstraße 275-11d
Rheinallee 275-12c
Rheinstraße 275-11d
Richard-Wagner-Straße 301-3a
Rolf-Balsam-Straße 301-2b
Rosenweg 275-12a
Rosetta-Vogt-Straße 301-2b
Rüsselsheimer Straße 275-12c

Sachsenweg 275-12a
Sandweg 275-11d
Schillerstraße 275-11d
Schlesische Straße 275-12a
Schönbornplatz 275-11d
Schreiberweg 301-2a
Schubertstraße 301-3a
Schulgässchen (5) 275-11d
Schwester-Ariela-Straße 301-3a
Schwester-Goswina-Straße 301-2b
Setzerweg 275-12a
Seurreallee 275-11b
Spatzenmühle 301-3a
Steinstraße 301-2b

Tannenweg (13) 275-12a
Thüringer Straße 275-12a

Untergässchen (2) 275-11d

Verbindungsweg (3) 275-11d

Walterpfad 275-11d
Weg zur Kapelle 301-2b
Weinbergstraße 301-2a
Wormser Straße 275-12c + 301-3a

Zwerchgasse 275-11d

Bornheim
PLZ 55237

Am Friedhof (1) 349-11a
Am Kissel 349-11a
Am Krughof (3) 349-11a
Am Vogelsang 349-11a

Bahnhofstraße 349-11a

Eulenhecke 349-10b

Fasanenweg 349-11a
Finkenweg 349-8c

Gartenfeldstraße 349-10b

Hindenburgring 349-10b

Im Eck 349-11a
Im Schneider 349-11a

Lerchenweg 349-11b

Mainzer Landstraße 349-11a
Mörsweg 349-11a
Mühlweg 349-7d

Neue Straße 349-11a

Plattenweg 349-11a

Sportfeldring 349-11a
Sportfeldstraße (2) 349-11a
Starenweg 349-8c

Bornich
PLZ 56348

Am kleinen Feldchen 188-2a
Am Markt (5) 188-2a
Am Sportplatz 188-2b
Am Winzerkeller (9) 188-2a

Ellenbogengasse 188-2a

Friedhofsweg 188-2a

Gartenstraße 188-2a
Grabengasse 188-2a

Jahnstraße 188-2a

Kauber Straße 188-2a
Kirchgasse (7) 188-2a

Langgasse 188-2a
Lennigweg (2) 188-2a
Loreleyring 188-1b

Mittelstraße (4) 188-2a

Niederelsborn 188-2a

Oberdorf (8) 188-2a
Oberstraße (3) 188-2a
Odinstraße 188-2a

Pfaffenthalsweg 188-1b

Rathausstraße 188-2a
Rheinstraße 188-2a

Schulstraße 188-2a

Trinkbornweg (6) 188-2a

Weihergasse 188-2a
Weiseler Straße 188-2a
Winzerweg 188-2a

Brachttal
PLZ 63636

Alseeweg 114-6d
Alte Gasse 113-9d
Alte Poststraße 114-5c
Alte Siedlung (2) 115-7a
Am Bahnhof 114-8d
Am Bruch 113-6a
Am Eckelhof 113-6a
Am Hang 114-5b
Am Rohrberg (1) 114-4d
Am Sauermannsberg (1) 113-9d
Am Schatz 114-8c
Am Sportplatz 114-5c
Am Steinacker 114-7c
Am Steinbruch 114-7b
Am Steincheskuppel 114-9b
Am Wasserwerk 113-9d
An der alten Schule (7) 114-11b
Auf der Breite 114-11b

Bachstraße 113-6a
Bad Sodener Straße 115-7a
Bangertsgasse 113-9d
Berggasse 114-11a
Bernwiesenstraße 114-7b
Birkenstraße 113-6a
Birsteiner Straße (Neuenschmidten) 114-4d
Birsteiner Straße (Schlierbach) 114-8a
Bornweg 114-4d
Bornwiesenweg 114-6d
Brachtstraße 114-5c
Brachtweg 114-7b
Breulstraße 114-5c
Brückenstraße 114-11b
Brunnenstraße 114-7c
Buchenweg (2) 114-8c
Burgstraße 114-7c

Dachsbergstraße 114-7b
Dornwiese 115-4c

Eichrain 115-4c
Eisenhammer 114-4d
Erlbruchstraße 114-7b
Erlenweg 114-8c

Fabrikstraße 114-11b
Feldstraße 114-8a
Finkenweg 114-5b
Forstweg 114-11a
Freiherr-vom-Stein-Straße 114-8c
Friedhofsweg 114-5d

Gärtnerweg 114-8c
Gartenstraße 114-4d
Gelnhäuser Straße (4) 114-8c
Gereuthstraße 114-7b
Grabenstraße 114-11a
Grundweg 114-5c

Hainbuchenweg 114-7a
Hammerstraße 114-4d
Hauptstraße 115-4c
Hegstraße 114-11a
Heideweg 114-5b
Hellsteiner Straße 114-9b
Herrnschwender Straße 113-9d
Hippegasse 114-11a
Hochstraße 114-5b
Höhenweg 115-7a
Hölzerweg 114-5c
Hofweg 113-6c
Hofwiesenweg 115-7a
Im Hasennest 114-7b
Im Schafstall 114-5d
Im Unterdorf 113-6b
Im Winkel (3) 114-11a
In der Aue 114-8a

Jägerweg 114-11a
Jahnstraße 114-8a

Kaiserstraße 114-4d
Kellerhausstraße 113-9d
Kirchstraße 115-7a
Kirchweg (2) 114-5c
Kleinbahnstraße 114-8d
Kolonieweg 114-8c
Kreutstraße 114-7c
Kreuzsteinweg 115-4c
Kurzer Weg 113-9b

Lagerhausstraße 113-9b
Lindenstraße 113-6a

Marktweg 113-6c
Merzgasse 113-9d
Mittelstraße 114-7b
Mühlgasse 114-5d
Mühlseifenweg 114-11a
Mühlweg 115-4c

Neuenschmidter Weg 114-8c
Neue Siedlung (1) 114-9b
Neue Straße 114-8c
Neumühlstraße 114-7b

Oberweg 114-5b
Oberwiesenweg 114-7c

Parkstraße 114-5c
Pfarrgartenweg 114-5c
Pfarrgasse (5) 114-8c

Quellenweg 114-8c

Raiffeisenstraße 114-8a
Reichenbachstraße 114-5d
Rhönblick 113-6b
Ringstraße 115-7a
Rothländer Weg 114-11a
Rotwiesenweg 114-8d

Sandfeldweg (1) 114-5d
Sandwerkstraße 114-5a
Sangstraße 114-4d
Schächtelburg 114-4a
Schäferweg 114-8c
Schauerwaldweg 115-4c
Schlierbacher Weg 114-9b
Schmidtweg 113-6a
Schmiedegasse 114-5c
Schöne Aussicht 114-11a
Schoppengarten 115-4c
Schulstraße 114-9b
Schulwaldstraße 113-9d
Schusterweg 115-7a
Sotzbacher Weg 115-4c
Spessartweg 114-8a
Spielberger Landstraße 114-7a
Spielberger Straße 113-6c
Sportplatzweg 115-7a
Steingesweg 114-5c
Steinweg 115-7a
Stettiner Weg 114-9b
Streitberger Straße 113-9b
Struthstraße 114-8c

Tannenweg 113-6a
Triebstraße 114-8c

Udenhainer Landstraße 114-5d

Vogelsbergstraße 115-4c
Vogelsbergweg 114-8a
Volzweg 113-6a

Wächtersbacher Straße 114-8c
Waldstraße 114-8c
Weihergasse (1) 114-8c
Weiherwiesenweg 114-5c
Weißer Weg 114-11a
Wetteraustraße 113-6a
Wiesenweg 114-11a
Wittgenborner Straße 113-9d

Ysenburgerstraße (6) 114-8c

Zum alten Roth 113-6c
Zum Mehlacker 114-7a
Zum Sportfeld 113-9d

Braunfels
PLZ 35619

Alte Gasse 45-8a
Am Burgberg 44-3b
Am gelben Baum 45-6b
Am Hirtenhaus 45-8a
Am Höllgraben 44-3b
Am Köppel 45-7b
Am Wald 44-3d
Am Wilhelmsstollen (1) 45-1a
Am Wolfsgraben 45-6b
Auffahrt (4) 45-8a

Backhausgasse 45-3d
Bergstraße 45-6b
Bermbacher Straße 44-3a
Bonbadener Straße 44-3b
Braunfelser Straße 44-3b
Brunnenstraße (5) 45-8a

Fliederweg 44-3b
Grasgarten 44-3b
Grenzweg 45-6b

Hardtweg 45-3d
Hintergasse 45-5c
Hirschburger Hof 45-7b
Hoher Rain 45-6b
Hohlstraße 45-6b
Hopfengarten 45-5c

Im Lindwig 44-3b
Im Neßling 45-5c
Im Weizen 45-4d
Iserbachstraße 44-3b

Kesselgasse 45-5c
Kirchstraße 44-3b
Kirschgarten 44-3b
Köpperweg 44-3b

Lange Straße 45-7b
Lindenstraße 44-3b
Lohrbachstraße 45-6b

Möttauer Straße 44-3d
Mühlhölle 45-6b
Mühlweg 45-3d

Nelkenweg 44-3b
Neukirchner Straße 45-3a
Nirnbergstraße 45-6b
Nordstraße 45-5c

Ober der Gauch 44-3b
Obergasse 45-4d

Pfarrgasse 45-8a
Pfeffermühle 45-6b
Philippsteiner Hohl 45-5c

Rosenstraße 44-3b

Sangerweg 45-7b
Schmiedgasse (1) 45-8a
Seitenstraße (3) 45-5c
Siechweg 45-5c

Talstraße 45-3d
Taunusstraße 45-8a
Thomasmühle 45-6b
Tulpenweg 44-3b

Vogelsang 45-6b

Waldstraße 46-3d
Weingartenstraße 45-6b
Wiesenstraße 45-8a

Zu den Betten 45-5c
Zum grausen Baum 45-4d
Zum Schöffengrund 45-8a
Zum Weibersgrund 45-5c

Braunweiler
PLZ 55595

Aussiedlerhof Schuhriemen 318-1a

Friedhofstraße 318-1a

Haus Bock 292-10c

Klosterweg 318-1a

Waldhof 318-1a
Waldhofstraße 318-1a

Brechen
PLZ 65611

Adelheidstraße 77-7b
Adolfstraße (2) 77-9d
Ahornstraße 77-8a
Albert-Otto-Straße 77-9c
Am Berg 77-10b
Am Engelsstück 77-8a
Am Festplatz 77-7a
Am Gerstenstück 77-4d
Am Roggenacker (10) 77-4d
Amselweg 77-10d
Am Sportfeld 77-8a
Am Steinbruch 77-9c
Amtmann-Finger-Straße 77-7a
Am Werschberg 77-7b
An den Weingärten 77-9c
Auf dem Umgang 77-8a

Bachstraße (1) 77-4d
Bahnhofstraße 77-7a
Barmbach 77-6c
Beethovenstraße 77-5c
Bergerfeld 76-8b
Bergerhof 76-8b
Bergstraße (5) 77-7b
Berliner Straße 77-4d
Birkenhof 77-6c
Birkenweg 77-10a
Bischof-Blum-Straße 77-9c
Brandgasse (4) 77-7b
Brucknerstraße 77-4d
Brückenstraße 77-9c
Buchenweg (6) 77-8a
Burgstraße (3) 77-7b

Dauborner Straße 77-7c
Dauborner Weg 77-10d
Dietkircher Straße 77-4d
Dirichsstraße 77-4d

Egerländer Straße 77-8a
Elisabethenstraße 77-9c
Erdbeerenpfad 77-4d

Feldbergstraße 77-12b
Feldstraße 77-8a
Finkenweg 77-10b
Fliederweg 77-9c
Frankfurter Straße 77-8b
Friedensstraße (7) 77-9c
Friedhofstraße 77-12a
Friedrichstraße 77-7b

Gartenstraße 77-7b
Gewerbegebiet Brühlau 77-7a
Gewerbegebiet Flachsau 77-7d
Ginsterweg 77-9c
Grabenstraße 77-10b
Grüner Weg 77-9d

Händelstraße 77-4d
Hauptstraße 77-10b
Haydnstraße 77-4d
Heideberg 77-12b
Heidestraße 77-10b
Herrenberge 77-12b
Hessenstraße 77-10b
Hinter dem Bierhaus 77-10a
Hinter dem Friedhof 77-8a
Hinter Hahn 77-8b
Hinterstraße 77-9c
Hochstraße 77-9c
Höhenstraße 77-10b
Hof Barmbach 77-6c
Hof Bergfried 77-6c
Hof Waldeck 76-6b
Hubertushof (Niederbrechen) 76-8a
Hubertushof (Oberbrechen) 78-7a

Im Haferfeld (8) 77-4d
Im Seelsgraben 77-9d
Im Weizenschlag (9) 77-4d
In den Mühlgärten (7) 77-7b
In den Wallgärten 77-7b
In der Au 77-10b
In der Flachsau 77-7b
In der Heth 77-7b
In der Hohl 77-9c
In der Schlei 77-8a

Jahnstraße 77-7b
Jakob-Herlth-Straße 77-8a
Josef-Neuhäuser-Straße (3) 77-9c

Kaiserstraße 77-7b
Kapellenstraße 77-8b
Kellerstraße (8) 77-12a
Keltenweg 77-5c
Kilianshof 77-6c
Kirchstraße 77-9c
Kornblumenweg 77-4d

Lambertushof 77-4c
Lange Straße 77-9c
Langhecker Straße 77-7b
Leharstraße 77-4d
Limburger Straße 77-7a
Lindenhof 76-8b
Lindenstraße 77-8a
Luisenstraße 77-7b

Marienhof 76-9a
Marktstraße 77-7b
Martinushof 76-9a
Mittelstraße 77-9c
Mozartstraße 77-5c
Mühlstraße 77-9d

Nagelschmiedstraße (4) 77-9c
Nauheimer Straße 77-10a
Neue Straße 77-7b
Nikolausstraße 77-7b

Obere Tropbach 77-9d
Obertorstraße 77-7b
Orffstraße 77-5c
Osterstraße (5) 77-12b

Rathausstraße 77-7b
Rheingauer Platz 76-6d
Ringstraße 77-10b
Rosenstraße 77-9c
Roter Weg 77-12b

Sackgasse 77-7b
Sandhof 77-9b + 78-7a
Schlehenweg 77-9a
Schöne Aussicht 77-12b
Schubertstraße 77-5c
Schulstraße 77-9c
Sonnenstraße (6) 77-12b
Straußstraße 77-5c

Talstraße 77-9c
Taunusstraße 77-4d
Turmstraße 77-7b

Unter den Eichen 77-5c
Untere Tropbach 77-9d

Villmarer Straße 77-7b
Vor Hahn 77-9c
Vorm Werschberg 77-7a

Wagnerstraße 77-5c
Waldstraße 77-10d
Weberstraße 77-5c
Weiler Eisenberg 78-7a
Wendelhof 77-6a
Wendelinushof 76-8b
Werschauer Weg 77-12a
Westerwaldstraße 77-4d
Weyerer Straße 77-9c
Wiesenhof 76-6b
Wiesenstraße 77-10b
Wilhelmstraße (2) 77-7b
Wingertsweg 77-4d

Zehntenstraße (1) 77-9c

Brensbach
PLZ 64395

Alter Weg 362-12b
Am Huthweg (2) 363-10c
Am Klinger Weg (1) 363-11c
Am Kreuz 363-10c
Am Reechberg 363-12c
Am Schaafgarten 363-10d
Am Sportplatz 362-12d
Am Steinerts (3) 363-11c
Am Talweg 363-12c
Am Vogelherd 363-8c
Am Wingertsberg 363-11c
An der Hornsmühle 363-10d
Andreas-Bock-Straße 363-10c
Auf der Beine 363-10a
Auf der Höh 363-10c

Backhausstraße 363-10c
Bahnhofstraße 363-10c
Beineäcker 363-10d
Berndsgasse 363-11d
Brensbacher Straße 363-10c
Breubergstraße 363-12c
Brückenhof 363-10b

Darmstädter Straße 363-10d

Egerländer Straße 363-11c
Ezyer Straße 363-11c

Falkenhof 363-7d
Friedrich-Ebert-Straße 363-10c

Hanse Lucke 363-10c
Hintergasse 363-10c
Hochstraße 363-11c
Höchster Straße 363-11c
Hubertusstraße 363-12c

Im Birkerts 363-12c
Im Frohngrund (2) 363-10d
Im Sommergrund 363-10c
In der Reffe 363-11c
In der Strieth 363-12c
Industriegebiet Beineäcker 363-10d

Jahnstraße 363-10c

Karl-Maser-Straße 363-10d
Kirchbachstraße 363-10c
Kreuzstraße 363-10c

Moorbachstraße 363-10c
Mummenröther Straße 363-11c

Nonroder Straße (1) 363-10c

Ochsenwiesenweg 363-10b
Otzbergstraße 363-11c

Pfarrberg 363-10c

Ringstraße 363-11c

Schafhofweg 363-12c
Schlachthof 363-10b
Schneidersmühle 363-10a
Schulstraße 363-10c
Sudetenstraße 363-10a

Tannenweg 363-10c

Waldstraße 363-10d
Weiler Hippelsbach 363-7c
Weiler Mummenroth 363-8d
Wersauer Straße 363-10d
Wiesenhof 363-10b
Wiesenstraße 363-10c

Bretzenheim
PLZ 55559

Am Schloßgarten 294-11b
Am Sportplatz 294-11b
Am Vogelsang 294-11a
An der Pforte 294-11b

Bahnhofstraße 294-11d
Beinde 294-11c
Binger Straße 294-11b
Birkenweg 294-11b
Breslauer Straße 294-11c
Burgunderweg 294-11c

Elsa-Brandström-Straße 294-11c
Eremitage 294-7c
Eremitager Weg 294-11b

Flurweg 294-11b
Freiherr-vom-Stein-Straße 294-11b
Friedenstraße 294-11d

Gartenstraße 294-11b
Große Straße 294-11d

Haus Sitzius 294-8d
Hermann-Löns-Weg 294-11b
Hinterstraße 294-11d

Im Hag 294-11d
In den Zehn Morgen 294-11c

Jahnstraße 294-11b
Kantstraße 294-11b
Karlshof 294-11b
Kirchstraße 294-11b
Kleine Straße 294-11d
Königsberger Straße 294-11d
Kreuznacher Straße 294-11d
Kreuzstraße 294-11d

Lehnweg 294-12a

Mühlenstraße 294-11d

Naheweinstraße 294-11d
Notgottesweg 294-11a

Ober Flurweg 294-11b
Ortenbergsmühle 294-12a

Plaggen 294-11b

Rieslingweg 294-11c

Schildweiden 294-11b
Schlettweg 294-11c
Silvanerweg 294-11c
Stephanskapellenweg 294-11b

Teichstraße 294-12a
Turmstraße 294-11d

Wilhelm-Riedle-Straße (1) 294-11d
Winkel (2) 294-11d
Winzenheimer Straße 294-11c

Breuberg
PLZ 64747

Albert-Schweitzer-Straße (1) 365-3a
Almenweg 365-3a
Alte Frankfurter Straße 339-11b
Am Bergfeld 339-9a
Am Grohberg 366-1d
Am Hang 340-10a
Am Hardtwald 366-2c
Am Kohlplatz 340-10c
Am Niehlrain 365-2d
Amorbachstraße 339-9a
Am Rangenberg 365-2d
Am Römerbad 366-4a
Am Roten Rain 366-4a
Am Steinbruch 340-10a
Am Tiergarten 365-3a
Am Ziegelgraben 365-3b
An der Bleiche 365-3d
An der Roten Mauer 339-9a
An der Schulzenwiese 340-10b
Arnheiter Hof 340-10d
Arnheiter Straße 366-2c

Bahnhofstraße (7) 366-1c
Bedarfsumgehung 365-3d
Bei den Seewiesen (8) 366-4a
Bergstraße 340-10a
Berliner-Hütte 366-1c
Bernhardstraße 365-2d
Birkenstraße 365-3a
Breitenbacher Straße 366-1c
Breubergblick 366-4a
Breubergstraße 366-1d
Brückenstraße 365-3d
Brunnenstraße 340-10a
Burg Breuberg 366-1a
Burgstraße 365-3b

Dammstraße 340-10c

Erbacherstraße 365-3d
Ernst-Ludwig-Klinik 339-12a
Ernst-Ludwig-Straße 365-3a

Falltorstraße 365-3d
Fassäckerweg 365-2b
Fliederstraße 365-3a
Forsthausstraße 366-2c
Friedensstraße (5) 365-3d
Friedhofstraße (3) 365-3a
Friedrich-Veith-Straße 365-2d
Fritz-Keller-Straße 339-9b
Fuchsweg 366-1c

Gartenweg (2) 365-3a
Geisrain 366-1c
Georg-Seeger-Anlage 340-10a
Groß-Umstädter-Straße 339-9a

Hainstädter Straße 339-9b
Hermann-Löns-Straße 365-2b
Herrnackerstraße 365-3b
Heubacher Straße 365-2b
Höchster Straße 365-2d
Hohlstraße 365-2b
Hügelstraße 340-10a

Im Breungesgraben 365-2d
Im Ehrlich 340-10a
Im Hebst 339-9b
Im Kirschgarten 339-9a
Im Steigersfeld 366-4a
In den Bodenäckern 366-1c
In den Schadenhecken 340-10c
In den Vierteläckern 365-3d
In der Wingertsmauer 339-9b
Industriestraße 366-1c

Kapellenweg 366-2c
Kapesserweg 366-1a
Karl-Marx-Straße 365-3c
Kirchberg 365-3a
Kirchstraße 339-9c
Kreuzfeldstraße 365-2d
Kreuzstraße 366-4b
Lauterweg 365-2b
Leonhard-Herbert-Straße 365-2b
Lilienstraße 365-3a
Lindenstraße 366-1d

Mainstraße 340-10a
Marktplatz 366-1c
Mühlhäuser Hammer 366-4b
Mühlhäuser Straße 366-1d
Mühlhausen 366-4d
Mümlingstraße 340-10b

Nelkenstraße 365-3a
Neumannstraße (4) 365-3c
Neustädter Straße 365-3a
Nordendstraße 340-10b

Odenwaldring 366-4a

Quellenstraße 340-10a

Rabenweg 365-2d
Rauwaldstraße 339-9a
Ringstraße 340-10a
Robert-Koch-Straße 365-2b
Römerberg (6) 366-1c
Rosenbach 366-1b
Rosenbacher Weg 340-10c
Rosengärtchen 340-10b
Rosenstraße 365-3a

Sackgasse 365-3d
Schönbergerstraße (9) 366-1d
Schulstraße 366-2c
Schwimmbadstraße 365-2d
Sophienhof 366-5a
Spatmühle 340-7d
Spessartstraße 339-9a
Sudetenstraße 365-2d

Talstraße 340-10a
Tannenhof 366-2a
Tulpenstraße 365-3a

Vierteläcker 365-3d

Wald-Amorbacher-Straße 340-10a
Waldstraße 340-7c
Weinbergstraße 340-10a
Wertheimer Straße 366-1c
Westendstraße 365-2d
Wilhelm-Leuschner-Straße 365-3c
Wingertstraße 340-10a
Wolfenmühle 366-1d
Wolferhof 366-1a

Zu den Eichen 366-1c
Zu den Hermetzäckern (1) 340-10a
Zum Hasengarten 366-2c
Zum Pitschgrund 366-2c

Bruchköbel
PLZ 63486

Ahornweg 182-1d
Akazienweg 182-1b
Alfred-Delp-Straße 181-3b
Allensteiner Straße (2) 182-4a
Altstädter Straße (4) 156-10b
Am alten Spielplatz (2) 156-10b
Am Atzelsgraben 182-1c
Am Flugplatz 182-2d
Am Gehrenrain 156-10b
Am Germanenring 181-3d
Am Hang 182-1a
Am Hasenpfad 156-10b
Am Heeggraben (12) 182-1c
Am Heiligen Haus (9) 182-1d
Am Heinichenberg 156-10c
Am Krebsbach 182-1a
Am Römerbrunnen (17) 182-2c
Am Schlittenberg 156-10d
Am Sportfeld 182-4b
Am Sportplatz 156-10b
Am Weihergraben (5) 155-12b
An der Kirche (9) 156-10d
An der Landwehr 156-12a
Andersenstraße 156-10a
Antoniterstraße 156-9a
Atzemer Straße (3) 156-10d
August-Bebel-Straße 182-1d

Bachstraße 155-12b
Bächelstraße 156-10b
Bahnhofstraße 182-1a
Beethovenstraße (4) 182-1a
Bergstraße 156-11b
Bergwerkstraße 155-9d
Bergwerkstraße (3) 155-12b
Berliner Straße 182-4a
Birkenweg 182-1d
Bleichstraße 155-9d
Blochbachstraße 155-12b
Blochmühlstraße 156-10c
Bogenstraße 155-12b
Bonhoeffer Straße 181-3d
Borngasse 156-12a
Boskooper Weg (16) 182-1c
Breslauer Straße 182-4a
Brückenstraße 182-1a
Brüder-Grimm-Straße 156-10d
Buchbergstraße 155-12b
Buchenweg 182-1b

Chattenstraße 181-3d

Dammweg 181-3d
Danziger Straße 182-4a
Diebacher Straße 156-12a

Edith-Stein-Straße (2) 156-10d + 182-1b
Egerlandstraße 182-4a
Eichendorffanlage 155-12b
Eichenweg 182-1d
Eifelstraße 156-10c
Elbinger Straße (3) 182-4a
Elsa-Brändström-Straße 156-10d
Emil-von-Behring-Straße 182-1b
Erich-Ollenhauer-Straße 182-1d
Erlenweg 182-1d
Ernst-Reuter-Straße 182-1d
Eugen-Kaiser-Straße 182-4a

Falltorstraße 155-9d
Falterstraße 156-10b
Feldwiesenweg 156-11b
Fliederstraße 156-10c
Frankenweg 131-3d
Franz-Liszt-Straße 156-10a
Friedberger Landstraße 181-6b
Friedhofstraße 182-1c
Friedofweg (2) 156-12a
Friedrich-Ebert-Straße 181-3d
Fritz-Erler-Straße 156-11b
Fritz-Schubert-Ring 156-10c

Gartenstraße 181-3d
Georg-Kerschensteiner-Straße 156-10c
Gerhart-Hauptmann-Straße 182-1b
Gernot-Kopp-Weg 182-4b
Geschwister-Scholl-Straße 155-12d
Gleiwitzer Straße 182-4a
Glockenstraße (8) 156-10d
Görlitzer Straße 182-4a
Goethestraße 156-10b
Gumbinnener Straße 182-4b

Haagstraße 182-1c
Hainstraße 182-1c
Hammersbacher Straße 182-1a
Hanauer Straße 155-9d
Hauptstraße 181-3d
Haydnstraße 182-1a
Heinrich-Böll-Straße 156-10a
Heinrich-Heine-Straße 182-1a
Heinrich-Hoffmann-Straße 156-10b
Heinrich-von-Brentano-Straße 182-4a
Heinz-Herbert-Karry-Weg (14) 182-1c
Hepplergasse (11) 182-1c
Herderstraße 155-12b
Hintergasse (1) 156-11b
Höhenstraße 182-1a
Hoffahrt 156-11b

Im Breul 156-11b
Im Büchensaal 183-4b
Im Bücherfeld 181-3b
Im Kleinen Feld 155-9d
Im Niederried 181-3d
Im Peller 182-2a
Im Rosenring 156-10c
Im Schlitzboden 156-10c
Im Weinberg 156-5c
In den Bindwiesen 182-1c
In den Niederwiesen 181-6b
Innerer Ring 182-1c
Insterburger Straße 182-4a
Issigheimer Straße 156-10d

Jahnstraße 182-1a
Justus-von-Liebig-Straße 182-1a

Käthe-Kollwitz-Ring 156-10d
Karl-Eidmann-Straße 156-10c
Karlsbader Platz 182-4a
Kastanienweg 182-1b
Kastellstraße (8) 182-1b
Kellereigasse 182-1c
Keltenstraße 181-3d
Ketteler Straße 181-3d
Kiefernweg 182-1b
Kilianstädter Straße 155-12b
Kinzigheimer Hof 181-6c
Kinzigheimer Weg 182-4a
Kirchstraße 155-12b
Kirleweg 182-1c
Kleine Gasse (7) 182-1c
Klosterstraße (1) 155-9d
Köhlergasse 182-1c
Königsberger Straße 182-4a
Kolpingstraße 182-1a
Konrad-Adenauer-Straße 181-3d
Kreuzweidstraße (5) 156-10b
Kuhweg 156-11d
Kurt-Schumacher-Ring 155-9d

Lärchenhof 156-9c
Landwehr 182-2b
Langstraße 156-11b
Leopold-Wittekindt-Straße 156-11b
Lessingstraße 155-12d
Limesstraße 181-3d
Lindenallee 182-1d
Lönsstraße 156-10b
Ludwig-Bechstein-Straße 156-10b
Ludwig-Erhard-Straße 182-1c

Maidwiesenstraße 156-10b
Marienburger Straße 182-4a
Martin-Luther-Straße 182-1c
Max-Planck-Straße 182-1b
Memelstraße 182-4a
Michelsberger Hof 156-7b
Mittelstraße 155-12b
Mozartstraße 182-1a
Mühlbachstraße 182-1c

Neubaugebiet „Im Peller" 182-2a

Oberdorfstraße 155-12b
Ober-Grafendorfer-Weg (2) 156-11b
Obermarkersdorfer Straße 156-10b
Odenwaldstraße 156-11b
Ortsstraße 156-7b
Paul-Gerhardt-Straße (1) 156-10d
Pellerweg 182-2a
Pestalozzistraße 155-12d
Pfingstweidstraße 155-12b
Philipp-Reis-Straße 181-3b

Querstraße 156-10d

Raiffeisenstraße 156-11b
Reginbodo Weg (5) 155-9c
Rhönstraße 156-11d
Richard-Wagner-Straße (6) 182-1a
Riedstraße 182-1a
Ringstraße 155-12b
Robert-Koch-Straße 182-1a
Robert-Schumann-Straße 155-12b
Römerstraße 181-3d
Röntgenstraße 182-1a
Roßdorfer Straße 156-10c
Rostocker Straße 182-4b
Rüdigheimer Weg 156-12a

Saalburgring 181-3b
Savignyring 182-2c
St.-Andrä-Wördern-Straße (4) 155-12b
Schäfergasse 155-12b
Scheelbergstraße 156-10b
Schießstraße 155-12b
Schillerstraße 156-10b
Schlesierstraße (6) 156-10b
Schmiedestraße (7) 156-10d
Schreinergasse (15) 182-1c
Schubertstraße 155-12b
Schulstraße (2) 155-12b
Schulweg 156-12a
Schulzenstraße 155-12b
Schweizergasse 182-1c
Schwimmbadstraße 182-1b
Seebergstraße 156-11b
Seewiesenring 182-1a
Siegfried-Lenz-Weg
Spessartring 156-10b
Spessartstraße 155-12b
Spielhausgasse (13) 182-1c
Stresemannstraße 182-1d
Sudetenstraße 156-10b

Tannenweg 182-1d
Taunusstraße 156-10b
Theodor-Heuss-Straße 182-1d
Thermenweg (10) 182-1d
Thomas-Mann-Straße 155-12b
Tilsiter Straße (1) 182-4a
Troppauer Straße 182-4a

Udo-Müller-Ring 182-1c
Uhlandstraße 156-10b
Ulmenweg 182-1b

Varangéviller Straße 182-1d
Vogelsbergstraße 182-1a

Waimerstraße 156-11b
Waldseestraße 182-1d
Waldstraße 182-1c
Walther-Rathenau-Straße 182-4a
Weiherstraße (6) 155-12b
Weingartenstraße (5) 182-1a
Werner-von-Siemens-Straße (3) 182-1a
Wilhelm-Busch-Ring 156-10a
Wilhelm-Hauff-Straße 156-10a
Windecker Weg 156-10b
Wingertstraße 156-10b

Zum Wiesengrund 156-10d
Zur Fechenmühle 156-11d
Zur Tanne 156-12c

Bubenheim
PLZ 55270

Adelspfad 297-3a
An den Gärten 297-3a
Auf der Bletz (1) 297-3a

Bahnhofstraße 297-3a
Bubenheimer Mühle 297-3b

Dr.-Fritz-Bocklus-Straße 297-3a

Friedhofstraße 297-2b

Gärtnerstraße 297-3a

Hauptstraße 297-3a
Haus Ludwig 297-3b
Hindenburgstraße 297-3a
Hochstraße 297-3a

Im Dorfgraben 297-3a
Im Kirschgarten 297-3a

Käferstraße 297-2b

Neuweg 297-3a

Rheinweg 271-12c

Saulheimer Weg 297-3a
Schulstraße 297-3a
Sportplatzstraße 297-3a

Weedestraße 297-3a
Winternheimer Weg 271-12c + 297-3a

Budenheim
PLZ 55257

Alicestraße 247-1d
Altmünsterschneise 247-5a

Büdingen
PLZ 63654

Büttelborn
PLZ 64572

Burgschwalbach
PLZ 65558

Butzbach
PLZ 35510

Dalheim
PLZ 55278

Darmstadt

– Küchenmeisterschneise 306-11d
– Küchenschneise 332-10a
64285 Küchlerstraße 333-5d
– Kühlachschneise 308-11b
– Kühler Grund 359-3c
– Kühruhweg 333-11b
64293 Külpstraße 333-1a (32-D6)
– Kuhfalltorweg 281-9c
64291 Kuhnweg 307-8b
64297 Kurt-Schumacher-Straße 359-4b
64285 Kurzer Weg 333-5c
– Kurze Schneise 308-12a

– Lärchenweg 333-9d
64297 Lagerstraße 359-1b
64283/64287 Landgraf-Georg-Straße 333-2b (32-C2)
64283 Landgraf-Philipps-Anlage 333-1b (32-D4)
64285 Landskronstraße 333-5c
64293 Landwehrstraße 307-10c (32-A6)
– Landwehrweg 306-12c
– Lange Feldschneise 331-9d
– Langefeldschneise 332-6c
– Langener Straße 307-2c
– Lange Schneise 281-12a
– Langeseitenschneise 332-9c
64297 Langeweg 333-11a
64285 Langgässerweg 333-5d
– Langwiesenschneise 308-11c
64289 Lauterbacher Weg 307-11b
64289 Lauteschlägerstraße 307-11d (32-B2)
64291 Leibchesmühle 307-2d
– Leißersteg 307-5a
64291 Lenauweg 307-9a
– Lenzenhüttenweg 334-3c
64297 Leo-Tolstoi-Straße 333-8c
– Lerchenschneise 308-7c
64291 Lerchenweg 307-6d
64291 Lessingstraße 307-5a
64293 Leydheckerstraße 307-10b
64289 Lichtenbergstraße 307-11d (32-A1)
– Lichtschlagschneise 282-11c
64287 Lichtwiesenweg 333-6a
64289 Liebfrauenstraße 307-11d (32-A3)
64293 Liebigstraße 307-11c (32-B4)
64291 Liesjeweg 307-3c
64291 Lily-Pringsheim-Weg (3) 307-2c
64283/64287 Lindenhofstraße 333-2b (32-C2)
64291 Lindenweg 307-2c
64285 Lincolnstraße 333-7b
– Linklaufflügelschneise 282-8b
64295 Lippmannstraße (2) 333-4b
64347 Lisa-Tetzner-Straße 331-6c
64293 Lise-Meitner-Straße 332-3b
64297 Löfflerweg 333-11c
64291 Lönsstraße 307-5a
64287 Löwensternweg 307-12b
– Löwentor 307-12c
64291 Lortzingstraße 281-11c
64285 Lossenweg 333-6c
64297 Lotzertweg 359-4d
64297 Louis-Armstrong-Weg (3) 333-10b
64297 Louise-Dittmar-Straße 359-2a
64289 Louise-Schröder-Weg (6) 307-9c
64287 Lucasweg 307-12c (32-B1)
– Luderblattschneise 282-10d
64285 Ludwig-Büchner-Straße 333-5b
64287 Ludwig-Engel-Weg 333-3b
64283 Ludwig-Metzger-Platz (32-C2)
64297 Ludwig-Quessel-Weg 359-4b
– Ludwigshöhpfad 333-9a
64285 Ludwigshöhstraße 333-5c
64283 Ludwigspassage (32-C3)
64283 Ludwigsplatz 333-2a (32-D3)
– Ludwigsschneise 282-8c
64283 Ludwigstraße 333-2b (32-D3)
– Ludwigsweg 333-8b
64291 Ludwig-Thoma-Straße 307-2a
64289 Luise-Büchner-Weg (2) 307-9c
64283 Luisenplatz 333-2a (32-C3)
64283 Luisenstraße 333-2a (32-C3)
64291 Lupinenweg 307-5c
64291 Lutherstraße (5) 307-5b

64289 Magdalenenstraße 307-11d (32-B2)
64285 Mahalia-Jackson-Straße 333-7b
64295 Mahatma-Gandhi-Straße 332-6d
64297 Mainstraße 359-2a
64293 Mainzer Straße 307-10c (32-A6)
– Malcher Schneise 359-5a
64297 Malcher Straße 359-5c
64291 Malvenweg 307-5c
64297 Mangoldweg 307-12b
64289 Marburger Straße 307-11b
64291 Margarethenstraße (10) 307-5b
64293 Maria-Goeppert-Straße 332-3b
64289 Maria-Sevenich-Weg (8) 307-9d
64293 Marie-Curie-Straße 333-1a
64297 Marienburgstraße 358-3d
– Marienhöhe Weg 333-8d
64283 Marienplatz 333-2c (32-D4)
64295 Marie-Trier-Straße 332-9b
– Marion-Gräfin-Dönhoff-Platz (32-C2)
64291 Marschbergerhof 307-3d
64287 Martin-Buber-Straße 333-3c (32-D1)
64289 Martin-Luther-King-Ring 307-9c
64285 Martinspfad 333-5d
64285 Martinstraße 333-2d
64297 Masurenweg 358-3d
– Mathildenhöhe 307-12c (32-B1)
64287 Mathildenhöhweg (3) 333-3a
64283 Mathildenplatz 333-2a (32-C3)
64285 Mathildenstraße 333-2d
– Mathildentempel 359-3a
– Matratzenweg 308-7a
64289 Mauerstraße 307-11d (32-B2)
64291 Maulbeerallee 307-8b
64297 Max-Ratschow-Weg 359-4b
64293 Maybachweg 307-10b (32-A5)
64297 Mecklenburgerstraße 359-1b
64291 Meidnerweg (9) 307-5c
– Meiersgartenweg 308-9a
64291 Meisenweg (3) 281-11d
64289 Meißnerweg 307-9b
64285 Mendelssohnstraße 333-5d
64291 Menzelweg 307-5c
64283/64287 Mercksplatz 333-2b (32-C2)
64283 Merckstraße 333-2b (32-C2)
64291 Merianstraße 281-11d
64291 Messeler-Park-Straße 281-11c
64291 Messeler Straße 307-5b
– Messplatz 307-11b
64293 Mettegangweg 332-3b
– Metzgerschneise 282-11d
64287 Meyerbeerweg (9) 307-12b
64293 Michaelisstraße 306-12d
64295 Mina-Rees-Straße 333-1c
64291 Mittelpfad 307-3c
– Mittelschneise (Eberstadt) 332-12d
– Mittelschneise (Wixhausen) 281-9b
– Mittelweg 308-8d
64289 Mittermayerweg 308-7c
64283 Modaupromenade 359-1d
64297 Modaustraße 359-1d
64285 Mörikeweg 333-2c
64293 Moldenhauerweg 332-3b
64287 Molkenbachweg 307-12d
64289 Mollerstraße 307-11c (32-A3)
64295 Moltkestraße 333-4d
64287 Mondsteinweg (4) 333-3b
64285 Moosbergstraße 333-5c
– Moosbergweg 333-8b
64285 Morgensternweg 333-5b
64293 Mornewegstraße 333-1b (32-C5)
64297 Morsestraße 333-10b
64285 Moserstraße 333-2d
64287 Mozartweg 307-12b
– Mühlschneise 359-1a
64283 Mühlstraße 333-2d (32-D2)
64297 Mühltalstraße 359-2c
– Mühlweg 332-6c
64297 Mühlweg (Eberstadt) 359-2c
64289 Müllerstraße 307-11d (32-B2)
64297 Mümlingweg 359-2a

64291 Nach dem Wieschen (6) 307-5b
64295 Nachtigallenweg 333-4d
– Nachtweideschneise 308-10a
64293 Nansenstraße 306-12d
64283 Neckarstraße 333-2a (32-D4)
64287 Nehringweg 333-6b
64291 Nelkenweg 307-5a
– Neue Bogenschneise 333-9c
– Neue Dommerbergschneise 333-9d
– Neue Kaisermühle 359-3c
– Neuschneise (Kranichstein) 308-9a
– Neuschneise (Lincoln-Siedlung) 333-7d
– Neuwiesenweg 308-1a
64293 Neuwiesenweg 307-10c (32-B6)
64285 Niebergallweg 333-2d
– Nieder-Ramstädter Fußpfad 333-9b
64283/64287/64285 Nieder-Ramstädter Straße 333-2d (32-D2)
– Nieder-Ramstädter Weg 359-2b
64285 Niederstraße 333-5a
64295 Niersteiner Straße 333-4b
64287 Nikolaiweg 333-3a (32-C1)
64297 Nina-Simone-Weg (2) 333-10b
64297 Nippgenweg 333-10d
64285 Noackstraße 333-7b
64293 Noetherweg 332-3c
– Nonnenweg 332-9c
64285 Novalisstraße 333-2d
– Nummer-Eins-Schneise 332-6a
64297 Nussbaumallee 359-4b
– Nymphenschneise 308-1d

64291 Obere Mühlstraße 307-5b
– Oberer Hangweg 359-6a
– Oberer Pirschweg 282-10b
– Oberer Prinzenbergweg 333-11b
– Oberer Stockschlagweg 308-2a
– Oberer Wolfhartweg 333-11d
– Obere Wiesenmühle 359-2b
– Oberlanderwiesenweg 308-9a
– Oberschneise 282-7c
– Oberste Falltorschneise 332-3a
64297 Oberstraße 359-2c
– Oberwald-Grenzweg 334-1b
64287 Oberwaldhaus 308-7d
64297 Odenwaldstraße 359-2c
64295 Ödenburger Straße 332-9b
– Otterstädter Weg 307-4d
– Ohlenbergschneise 281-9c
64291 Ohlenbergweg 281-11c
64285 Ohlystraße 333-5b
64287 Olbrichweg 307-12c (32-B1)
64295 Ollendorfplatz (2) 332-9b
64287 Opalweg (6) 333-3b
64295 Oppenheimer Straße 333-4b
– Oppermannswiesenschneise 308-10b
– Oppermannswiesenweg 308-11c
64285 Orangerieallee 333-5a
– Orangeriegarten 333-5c
64291 Orffweg 281-11c
64285 Osannstraße 333-3c
64291 Ostendstraße 281-11c
64297 Ostpreußenstraße 359-1b
64283 Ottilie-Bock-Straße 333-6b
64283 Ottilienmühle 281-10c
64291 Ottilie-Rady-Weg (4) 307-2c
64283 Otto-Berndt-Straße 333-6b
64293 Otto-Hesse-Straße 332-2d
64293 Otto-Röhm-Straße 307-10a
64291 Ottoweg 307-1d

64283 Pädagogstraße (32-D2)
– Palisadengrabenweg 359-5a
64297 Palisadenstraße 359-5a
64289/64293 Pallaswiesenstraße 307-10a (32-A6)
64289 Pankratiusstraße 307-11d (32-B2)
64293 Parcusstraße 307-11c (32-A4)
64289 Parkstraße 307-6d
– Parkweg 308-10b
64293 Paul-Gerhardt-Platz (2) 332-3b
64285 Paulusplatz 333-5b
64285 Paul-Wagner-Straße 333-5c
– Pechofenschneise 281-9b
64297 Pestalozzistraße 359-1b
64287 Peter-Behrens-Straße 307-12a
64291 Peter-Brix-Weg (8) 281-11d
64283 Peter-Roßmann-Weg 307-11a
64295 Pfalzweg 333-1c (32-D6)
64289 Pfannmüllerweg 307-9d
64297 Pfarrer-May-Straße (1) 333-11c
– Pfarrweg 334-4d
64293 Pfnorstraße 307-10a
64297 Pfungstädter Galgen 358-3d
– Pfungstädter Hausschneise 332-8d
64297 Pfungstädter Straße 358-3d
64295 Pfungstädter Weg 332-7c
64293 Philipp-Heis-Weg 307-11a
64295 Philipp-Röth-Weg 333-4a
64283 Piazza Gino Faraldi 359-1d
64291 Planckstraße 281-12d
64293 Platz der Deutschen Einheit 333-1a (32-C6)
64289 Ploenniesstraße 307-11c (32-A3)
64287 Poepperlingweg 333-6a
64297 Pommernstraße 359-1b
– Poschweg 308-6d
64287 Posthorn 333-6c
64293 Poststraße 333-1a (32-C6)
64285 Prälat-Diehl-Straße 333-5c
64287 Prinz-Christians-Weg 333-3a (32-C1)
– Prinz-Emil-Garten 333-5a
64297 Prinzenapfelweg (2) 359-2a
64291 Prinzenschneise 281-12d
– Prinz-Georgs-Garten (32-B3)
64287 Prinz-Ludwig-Weg 307-12d
64295 Pruthstraße 333-7a
– Pürschweg 282-12d
64287 Pützerstraße 333-2b (32-C2)
64295 Pulverhäuserweg 333-4c
64295 Pupinweg 332-3d

64291 Raabestraße 307-5d
64293 Rabenaustraße 306-12d
64297 Rabenfloßweg 333-12c
64291 Raiffeisenstraße 307-2c
64297 Randweg 359-1c
64291 Rathausstraße (7) 307-5b
64291 Rebusgasse 281-10d
64297 Regerweg 307-12d
64287 Rehkopfweg 333-3c
64295 Reichenberger Weg 333-4c
64297 Reinhold-Staudt-Platz 359-4b
– Reitpfad 308-7d
– Reitschneise 332-9c
64297 Reuterallee 359-1d
64283/64295 Rheinstraße 333-1c (32-D6)
64289 Rhönring 307-11a (32-A3)
64291 Ricarda-Huch-Straße 307-8b
64287 Richard-Wagner-Weg 307-12c
64283/64295 Riedeselstraße 333-2c
64283 Riedlingerstraße 333-2d (32-D2)
64295 Riedstraße 333-4a
64289 Riegerplatz 307-11d (32-B2)
64285 Rilkeweg 333-5d
64297 Ringstraße 359-1d
64291 Ritterstraße (1) 307-5b
64293 Robert-Bosch-Straße 332-3b
64287 Robert-Cauer-Straße 333-6c
64297 Robert-Koch-Straße 333-11c
64289 Robert-Schneider-Straße 307-11a (32-A3)
64291 Robert-Stolz-Straße 281-11c
– Rodelschneise 334-1c
64293 Rodensteinweg 332-3b
64291 Rodgaustraße 307-6a
64287 Rodinghweg 307-12b
– Rodwiesenschneise 308-4b
64297 Röderweg 359-5a
64291 Römergasse (2) 281-10d
64291 Römerstraße 307-5a
64287 Römheldweg 333-3b
64291 Röntgenstraße 307-5a
64293 Rößlerstraße 307-10d (32-B5)
– Rondelschneise 308-7d
64285 Rongeweg 333-5b
64285 Roquetteweg 333-3c
64287 Rosenhöhweg 307-12d
64287 Rosenquarzweg (5) 333-3b
64287 Roßdörfer Platz 333-2d (32-D2)
64287 Roßdörfer Straße 333-2d (32-D2)
– Rotsuhlweg 308-8c
64287 Rubinweg 333-3b
– Rudolf-Mueller-Anlage 333-3a (32-C1)
64297 Rübezahlweg 359-5b
64285 Rückertstraße 333-2d
64295/64285 Rüdesheimer Straße 333-4d
64285 Rüthleinweg 333-5b
64289 Ruthsstraße 307-11d (32-B3)
– Ruthswiesenschneise 334-7b

64283 Saalbaustraße 333-2a (32-C4)
64297 Sachsenstraße 359-1b
64291 Sackgasse 307-5b
64291 Sängerbuchenweg 281-11d
– Salzlackschneise (Eberstadt) 333-8d
– Salzlackschneise (Heimstättensiedlung) 332-3d
64285 Sandbergstraße 333-5c
– Sandschollenschneise (Eberstadt) 332-12a
– Sandschollschneise (Heimstättensiedlung) 332-9b
64283 Sandstraße 333-2c (32-D4)
– Sandweg 333-8a
64287 Saphirweg 333-3b
64291 Sauerweinstraße 307-2c
– Saufangweg 333-10a
– Saugartenschneise 308-7c
64293 Schachtstraße 333-1a (32-D6)
64285 Schaffnitstraße 333-5d
64297 Schafnussbaumweg 359-1b
64289 Scharounweg 307-9b
64287 Scheftheimer Weg 334-1a
– Scheibenschneise 308-4c
64295 Schepp Allee 333-4a
64295 Schiebelhuthweg 333-4d
64287 Schilbachweg 307-12b
64297 Schillerstraße 333-11a
– Schirmschneise (Heimstättensiedlung) 332-8b
– Schirmschneise (Kranichstein) 308-6c
– Schirmweg 308-5c
– Schlangenschneise 332-8d
64291 Schlegelstraße 307-8b
64283 Schleiermacherstraße 333-2a (32-C3)
64289 Schleifmühle 307-9b
– Schleppweg 334-2d
64297 Schlesierstraße 359-1b
64287 Schlosserstraße 333-3a
64289 Schlossgartenstraße 307-11c (32-B3)
– Schloßgasse 280-11d
64283 Schlossgraben 333-2b (32-C2)
– Schlosspfad 359-5d
64283 Schlossstraße 359-2c
64291 Schmelzerweg (2) 307-2c
64291 Schmittweg 307-5a
64287 Schnampelweg 333-3d
64287 Schnittspahnstraße 333-3d
64295 Schöfferstraße 333-1d (32-D5)
64291 Schönbergstraße 281-11d
64285 Schollweg 333-6c
64291 Schorlemmerstraße 307-5c
64289 Schottener Weg 307-11b
64295 Schrautenbachweg 333-1d
64289 Schreberweg 307-8b
64287 Schubertweg 307-12c
64283 Schuchardstraße 333-2a (32-D3)
64283 Schützenstraße 333-2d (32-D3)
64289 Schuknechtstraße 307-11d (32-A3)
64283 Schulstraße 333-2b (32-D3)
64291 Schulzengasse (4) 307-5b
64289 Schulzweg 308-4c
64287 Schumannstraße 307-12d
– Schwabsweg 333-8d
64287 Schwambstraße 333-3c
64297 Schwanenstraße 359-1b
64287 Schwarzer Weg 307-12a
64287 Schwarzwaldring (2) 333-3a
64289 Schwippertweg 307-9b
64291 Seegartenstraße 281-11c
64297 Seeheimer Straße 359-5a
64285 Seekatzstraße 333-5b
64291 Seewiesenstraße 307-6a
64287 Seitersweg 333-3a
64287 Seiterswiesenschleifweg 307-12d
64287 Seiterswiesenweg 308-10c
– Sensfelder Weg 307-1c
64293 Sensfelderweg 307-11a
64295 Siebenbürgenstraße 332-9b
64293 Sieboldstraße 333-2a (32-D4)
64295 Siedlung Tann 332-2d
64289 Siemensstraße 307-9b
64291 Silcherweg 307-2a
– Silzwiesenweg 308-2d
64287 Smaragdweg 333-3b
64291 Smetanaweg (4) 307-2a
64283/64287 Soderstraße 333-2b (32-D2)
64295 Sonnenhof 331-9b
64297 Sophienstraße 359-2a
– Sorgenlosschneise 308-7c
– Speierhügelschneise 282-8c
64297 Speierlingweg (1) 359-2a
64291 Sperberweg 281-11d
64287 Spessartring 307-12c (32-A1)
64289 Spirweg 307-11d (32-B1)
– Spitalwiesenschneise 308-3c
64291 Spitzwegpfad 307-5c
– Sport- und Freizeitgelände „Heimstättensiedlung“ 333-7a
64295 Spreestraße 333-1d (32-D6)
– Spurschneise 282-9a
– Stadtschneise 332-6c
64291 Stadtweg 307-5b
64293 Starkenburgkaserne 306-12d
64293 Staudingerstraße 306-12b
64283/64285 Stauffenbergstraße 333-2c
64297 Steckenbornweg 333-11c
– Steckertwiesenschneise 334-7a
64285 Stefan-George-Weg 333-5d
64287 Steigertsweg 359-2a
– Steinacker 282-9c
64285 Steinackerstraße 333-2d
– Steinackerweg 282-9c
64285 Steinbergweg 333-5b
– Steinbrücker Teichweg 308-7d
– Steinbücker Teichschneise 308-7b
64289 Steineckeweg 308-7c
64297 Steinerweg 359-1d
64297 Steinkauzweg 359-2a
– Steinsnickelsweg 308-12a
64291 Steinstraße 307-6d
– Stellweg 281-9b
– Stellwegschneise 334-5a
64295 Stephanstraße 333-1d
64293 Steubenplatz 333-1b (32-C5)
64297 Stieglitzweg 359-2a
64291 Stifterstraße 307-5d
64287 Stiftstraße 333-3a (32-B1)
64297 Stockhausenweg 359-4d
64291 Stormstraße 307-5d
64289 Strahringerplatz (1) 307-9b
64295 Straubplatz 333-4c
64297 Streckerweg 359-5b
64297 Stresemannstraße 359-4d
64297 Strohweg 359-2c
64287 Studentendorf Am Karlshof 307-12c
– Studentenpfad 333-7c
64291 Stühlingerweg 307-6a
– Stützensteinschneise 333-6d
– Stumpfer Weg 307-2b
– Stumpfschneise 332-12d
64285 Sturzstraße 333-5c
– Sundgauweg 359-2d
64285 Susan-Sontag-Weg 333-7b

– Täubchesshöhlenweg 307-7b
– Talweg 333-8c
– Tannackerschneise 281-12d
– Tannengartenschneise 281-11b
– Tannenschneise 307-9d
64297 Tannenstraße 359-1b
64289 Taunusplatz 307-12c (32-B1)
64289 Taunusstraße 307-12c (32-A1)
64287 Technische Universität Lichtwiese 333-6b
64287 Teichhausstraße 333-2b (32-C1)
– Teichschneise 282-8d
– Teichschneise (Heimstättensiedlung) 332-8d
64287 Telemannweg 307-12b
64287 Theodor-Heuss-Straße 333-3c
64289 Theodor-Reh-Straße 308-7a
64287 Thießweg 333-3b
64291 Thomas-Mann-Platz 307-5d
64297 Thomasstraße 359-2a
64297 Thüringerstraße 359-1b
64295 Thylmannweg (1) 333-4b
64291 Tieckstraße 307-8b
– Tiergartenschneise 308-7b
64295 T-Online-Allee 333-1c
64287 Topasweg (7) 333-3b
64287 Traisaer Straße 333-6c
64293 Traubenweg 332-3b
64293 Trierer Straße 306-12d
64291 Trinkbornstraße 281-10c
64291 Trinkbrunnenpfad 307-6a
64297 Trondheimstraße 359-5b
64297 Troyesstraße 359-5b
64287 Türkisweg 333-3b
64291 Tulpenweg 307-5c
– Turmschneise 282-10c

64297 Uhlandstraße 359-1d
64297 Ulvenbergstraße 359-5a
64295 Unter den Golläckern 333-4c
– Untere Falltorschneise 306-12c + 332-2b
64291 Untere Mühlstraße 307-5b
– Unterer Brömsterweg 359-6c
– Unterer Hangweg 359-6a
– Unterer Prinzenbergweg 333-11b
– Unterer Pürschweg 334-4d
– Unterer Stockschlagweg 308-2a
– Unterer Wolfhartweg 333-11d
– Untere Wiesenmühle 359-2d
64291 Untergasse (1) 281-10d

64291 Veilchenweg 307-5c
64291 Verdistraße 281-11c
Viehweg 359-5b
– Viereichenweg 333-9a
64293 Viktoriaplatz 307-11c (32-A4)
64293 Viktoriastraße 307-11c (32-B4)
64289 Vilbeler Weg 307-11b
64291 Virchowstraße 307-5c
– Vogelpark Exokan 332-9b
64289/64287 Vogelsbergstraße 307-11b (32-A2)
64287 Voglerweg 307-12d
64297 Von-der-Au-Straße 359-1c
64297 von-Ketteler-Straße 333-11c
64291 Vor dem Obertor 307-5b
– Vorderer Woogsbergweg 308-11a
64291 Vor der Schafbrücke 307-5b
64291 Vor der Schreiberpforte (8) 307-5a
– Vorderwiesenschneise 333-6d + 334-4c

64291 Wachtelweg 307-6a
64287 Walbeweg 307-12a
64287 Waldmühlenweg (8) 333-3d
64289 Waldspirale 307-11b
64297 Waldstraße 359-1b
64297 Walter-Rathenau-Straße 359-1a
– Waltersweg 334-2c
– Walthersteichweg 333-12c
64289 Waltherstraße 307-9b
64287 Washingtonplatz 307-12c (32-B1)
– Wassergaßschneise 307-4c
– Wasserlochweg 359-4a
64287 Weberweg 307-12d
64291 Wechslerstraße 307-5c
64293 Wedekindweg 332-3b
64291 Wegscheide 281-11c
– Weidenlachschneise 308-9b
64289 Weidenweg 307-9a
64297 Weidigweg 359-4d
– Weidmannsruhschneise 282-11d
– Weinbergschneise 359-5c
64285 Weinbergstraße 333-5c
64297 Weingartenstraße 359-2a
– Weinweg 333-12c
64291 Weiterstädter Landstraße 307-4a
64291 Weiterstädter Straße 307-5a
64289 Wenckstraße 307-11d (32-B2)
64289 Wendelstadtanlage 308-7a
64291 Wernerstraße 307-5b
– Wetterschneise 332-6c
64283 Weyprechtstraße 333-2c
64291 Wichernstraße 307-2a
64289 Wickopweg 308-7a
– Widackerschneise 282-10d
64297 Wiedehopfweg 359-2a
64291 Wielandstraße 307-8b
64287 Wienerstraße 333-3c (32-D1)
– Wieselschneise 333-8b
64291 Wiesengasse 281-10d
64285 Wiesenthalweg 333-5c
– Wildackerweg 308-7b
– Wildbrandschneise (Eberstadt) 333-9a
– Wildbrandschneise (Heimstättensiedlung) 332-12a
– Wildmeisterschneise 282-10a
– Wildsau Fußpfad 333-6b
– Wildscheuerschneise 281-9b
– Wildscheuerweg 308-7b
64291 Wildstraße 307-6a
64291 Wilhelm-Busch-Weg 307-2c
64283 Wilhelm-Glässing-Straße 333-2d (32-D3)
64283/64285 Wilhelminenstraße 333-2a (32-C3)
64287 Wilhelm-Jäger-Straße 333-3c
64293 Wilhelm-Leuschner-Straße 307-11c (32-B4)
64285 Wilhelm-Michel-Straße 333-5b
64297 Wilhelmstraße 359-2a
64291 Wilhelm-Walcher-Weg (7) 281-11d
64347 Wilkau-Haßlauer-Straße 331-6c
64293 Willy-Brandt-Platz 307-11c (32-B3)
64291 Windausweg 307-5d
64287 Wingertsbergstraße (32-C1)
64295 Winkelschneise 333-7a
64295 Wittichstraße 333-1c
– Wittmannsschneise 334-4a
64285 Wittmannstraße 333-5b
– Wixhäuser Hausschneise 332-6c
64291 Wixhäuser Straße 307-5a
– Wixhäuser Weg 282-10b
64293 Wöhlerweg 307-7d
64287 Wolfgang-Engelbrecht-Weg 333-3b
– Wolfharter Hohl 333-11d + 359-2b
64291 Wolfsgartenallee 281-10a
– Wolfskehl'scher Park 333-5b
64287 Wolfskehlstraße 307-12c + 333-3a
– Woogsbergrandweg 308-10b
– Woogsbergschneise 308-8c
64283 Woogsplatz 333-2b (32-D2)
64291 Woogsweg 307-6c
64295 Wormser Straße 333-4b
64283 Würthweg (32-C2)
64291 Würzburger Straße 307-9a

– Zaunweg 308-11a
64291 Zeisigweg 307-6a
64291 Zeissweg 281-11d
64297 Zerninstraße 359-1b
64283 Zeughausstraße 333-2a (32-C3)
64287 Zeyherweg 333-3b
64289 Ziegelbuschweg 307-12b
64291 Zilleweg 307-5d
64289 Zimmermannweg 308-7a
64283 Zimmerstraße 333-2c (32-D3)
64291 Zöllerstraße 307-5a
64287 Zuckmayerweg 333-3b
64293 Zweifalltorweg 333-1a
– Zwerchschneise 309-4c

Daxweiler

PLZ 55442

Am Köpfchen (1) 266-1a
Am Milchbrunnen 266-1c
Auf der Derrwies 266-1a
Auf der Heide 266-1a

Bergstraße 266-1a
Binger Straße 266-1c
Binger Wiese 266-1c

Drillespfad 266-1c

Gemeindegarten 266-1c

Heimbacher Straße 266-1a
Herrenweg 266-1a
Hofzeil 266-1c
Hundswies 266-1c

Im Weiler 266-1d
Im Weißenrech 266-1a
Ingelheimer Straße 266-1c

Mühlenstraße 266-1c

Neustraße 266-1a

Stromberger Straße 266-4a

Dexheim
PLZ 55278

Am Born (3) 327-9a
Am Dreschacker 327-8b
Am Hesseneck (1) 327-9a
Am Weihergarten 327-9a

Bahnhofstraße 327-9a
Borngasse 327-9a

Dalheimer Straße 327-8d
Doktorweg 327-9a

Elisabeth-Koop-Straße 327-8b

Heerstraße 327-5d

Im Fronhof (4) 327-9a
Im Schloß 327-9a
In den Kirchgärten 327-9a
In den Weingärten (2) 327-9a
In den Wiesen 327-8d
In der Höhgewann 327-8b

Keltenstraße 327-8b
Kirchstraße 327-9a

Lohnbergstraße 327-9a

Neustraße 327-9a
Niersteiner Straße 327-9a

Ringstraße 327-6c
Römerstraße (5) 327-8b

Sackgasse 327-9a
Schloßstraße 327-9a

Wörstädter Straße 327-9a

Zöllerpforte 327-9a
Zöllerstraße 327-9a

Dieburg
PLZ 64807

Ahornweg 310-8c
Akazienweg 310-8c
Albert-Einstein-Straße 310-9b
Albert-Lortzing-Straße 310-9d
Albert-Schweitzer-Straße 310-9b
Albinistraße 310-8b
Alte Mainzer Landstraße 310-8a
Altheimer Straße 310-6d
Altstadt 310-9a
Am Altstädter See 310-9c
Am Bahnhof 310-6c
Am Bauhof 310-6c
Am Campus (20) 310-9b
Am Forst 310-9b
Am Hänisgraben 310-9c
Am Heidenstock (13) 310-9b
Am Höfchen 310-7a
Am Lindenhof 310-8c
Am Monfelder See 310-9a
Am Rektorskreuz 310-9b
Am Rinkenbühl 310-9d
Am Schlangensee 310-9b
Am Schloß Stockau 310-8d
Am Wall 310-8b
An der Brückenmühle (4) 310-8b
Anna-Ulner-Straße 310-7d
Anne-Frank-Straße 310-9c
Annenhof 310-4d
Anton-Bruckner-Straße 310-9d
Aschaffenburger Straße 310-9a
Aubergenviller Allee 310-8c
Auf dem Frongrund 310-8b
Auf der Leer 310-8b
August-Horch-Straße 311-4a

Badgasse 310-9a
Bahnhofstraße 310-6c
Beethovenstraße 310-9c
Bei der Erlesmühle 310-8b
Benzstraße 310-6b
Berliner Straße 310-8a
Birkenweg 310-8c
Birnbäumchesschneise 310-4a
Birnbaumhof 310-4d
Bitzseeschneise 310-2b
Bruchschneise 310-2a
Buchenweg 310-8a
Burgweg 310-8b

Carlo-Mierendorff-Straße 310-9c
Clara-Schumann-Straße (15) 310-9c

Dammweg 310-6c
Darmstädter Straße 310-5d
Dessauer Straße 310-8a
Dieselstraße 311-4a
Dresdner Straße 310-8a

Eichbornschneise 309-5d
Eichenweg 310-8a
Eichwasemhof 310-4c
Erdkautenschneise 309-3c
Erlenseeschneise 310-1c
Erlenweg 310-8a
Eulengasse 310-9a

Fabrikstraße 310-6d
Feldstraße 310-8d
Felix-Wankel-Straße 311-4a
Fohlenweide 310-2d
Forstgartenschneise 309-6d
Forsthausstraße 310-9a
Forstmeisterschneise 311-7a
Frankfurter Straße 310-6c
Franz-Schubert-Straße (18) 310-9d
Friedericke-Nadig-Straße 310-7d
Friedrich-Ebert-Straße 310-9c
Fröbelstraße 310-9c
Fuchsberg 310-6c

Gabelsbergerstraße 310-9a
Gabriele-von-Fechenbach-Straße (10) 310-8a
Gelnhäuserhof 310-4c
Gelnhäuserschneise 309-5a
Gerhart-Hauptmann-Straße 310-8a
Gewerbestraße 310-6d
Goethestraße 310-9c
Grenzstraße 310-8d
Groschlagweg 310-8d
Groß-Umstädter Straße 310-9a
Großwiesenweg 310-5d
Groß-Zimmerner Straße 310-11b
Grundermannsgasse (8) 310-9a
Güterstraße 310-6d
Gundernhäuser Straße 310-11a
Gundersaalschneise 310-1b

Häfnerweg 310-9a
Händelstraße 310-9c
Hans-Steinmetz-Ring (21) 310-9b
Henri-Dunant-Straße 310-9b
Herrnweg 310-8a
Hinter der Schießmauer 310-8d
Hohe Straße 310-9b
Holunderweg 310-8c
Holzhäuser Weg 310-8b
Hügelstraße 310-8a
Hutmachergasse (2) 310-9a

Im Flürchen 310-12a
Im Gelfengarten 311-4c
Im Kirschgarten 310-9a
Industriestraße 310-6d

Jakobsbornschneise 309-9a
Johannes-Brahms-Straße 310-9c
Johann-Sebastian-Bach-Straße 310-9c
Joseph-Haydn-Straße (16) 310-9c
Jungfernstieg (9) 310-9a

Kastanienweg 310-8c
Kettelerstraße 310-9c
Kezbachschneise 309-6a
Kiefernweg 310-8c
Kinnstädter Lachenschneise 310-1c
Kirchturmschneise 309-5b
Kirschengasse (6) 310-8b
Kleeplattenschneise 309-8b
Klein-Zimmerner Straße 310-12a
Klosterstraße 310-9a
Kolleswiesenschneise 309-6c
Kolpingstraße 310-9c
Konrad-Adenauer-Straße 310-9c
Konrad-Zuse-Straße (22) 310-9b
Konviktsweg 310-9c
Kratzengasse 310-9a
Krautstraße 309-5b
Krummgasse 310-9a
Kuckuckskuchenschneise 310-5a
Kuhruhschneise 309-3d

Lärchenweg 310-8c
Lagerstraße 310-6c + 311-4a
Leisbühl (1) 310-9a
Lessingstraße 310-8d
Liebigstraße 310-6b
Limbachsruhweg 310-7d
Lise-Meitner-Straße (24) 310-9b
Löwengasse 310-9a

Marie-Curie-Straße (23) 310-9b
Marienplatz 310-9a
Marienstraße 310-9a
Marktplatz 310-8b
Max-Planck-Straße 310-9d
Max-Reger-Straße (19) 310-9d
Messeler Weg 310-5c
Messingerseeschneise 310-2a
Minnefeld 310-9a
Minnefelder Seestraße 310-9a
Mistgasse (5) 310-8b
Mlada-Boleslav-Weg 310-8b
Mörshof 310-5b
Mörsmühle 310-5b
Mörspfad 310-5d
Mörsstraße 310-5d
Mörsweg 310-5d
Moretschneise 309-5b
Mozartstraße (17) 310-9d
Mühlgasse 310-8b

Niebergallweg 310-9c
Nordring 310-6b

Odenwaldstraße 310-9b
Otzbergweg (12) 310-6c

Parkstraße 310-8d
Pater-Delp-Straße 310-9c
Pfarrgasse (3) 310-9a
Philipp-Reis-Straße 310-9b

Rabenlachschneise 309-9d
Rathenaustraße 310-9b
Rheingaustraße 310-8c
Ringstraße 310-9a
Ritterstraße 310-9a
Robert-Bosch-Straße 310-6b
Rochusstraße 310-9a
Rodgaustraße 310-9b
Römerstraße 310-9a

Samuel-Morse-Straße 310-9b
Sandweg 310-8a
Schillerstraße 310-9c
Schlossergasse (7) 310-8b
Schloßgarten 310-8d
Schloßgartenplatz 310-8d
Schloßgartenweg 310-8d
Schloßgasse 310-8b
Schloßhof 310-8b
Schloßpark 310-8b
Schloß Stockau 310-8d
Schweriner Straße 310-8a
Schwester-Neri-Straße (11) 310-8c
Schwimmbadweg 310-9c
Semder Weg 310-9d
Spitalstraße 310-9a
Steinstraße 310-9a
Steinweg 310-8d
Südwestring 310-11a

Tannenweg 310-8a
Theobaldstraße 310-9a
Thomas-Edison-Straße 310-9b

Ulmenweg 310-8c
Urberacher Weg 310-5d

Vielauer Straße 310-8a
Von-Gluck-Straße 310-9c

Waldstraße 310-8c
Weimarer Straße 310-8a
Weißturmstraße 310-8b
Werkstraße 310-6d
Werner-von-Siemens-Straße (14) 310-9b
Wilhelm-Leuschner-Straße 310-9a
Wingertsberg 310-8d
Wolfgangsweg 310-8a

Zentturmstraße 310-9a
Zuckerstraße 310-9a

Dienheim
PLZ 55276

Am Ehrenmal 328-8c
Am Sportplatz 328-8c
Am Steinernen Stock (1) 328-8c
An der Domäne (5) 328-8a
An der Gänsgrub 328-8c

Bahnstraße 328-7d
Berliner Straße 328-7d
Bleichweg 328-8c

Falkenbergweg (4) 328-8a

Gartenstraße 328-7d

Hohe Straße 327-12c

In den Weingärten 328-11a
In der Beune 328-11a

Jahnstraße 328-7d

Katherinenblick 328-8c
Kinderschulstraße 328-10b
Kirchstraße 328-7d
Krämerstraße (3) 328-8c
Kunzelweg 328-7d
Kurzer Weg 328-7d

Mittelstraße (2) 328-7d

Paterhofstraße 328-10b

Rheinstraße 328-10b
Römerstraße 328-8a
Rosenstraße 328-8c

Saarstraße 328-8a
Schillerstraße 328-11a
Schlittweg 327-12d
Schusterstraße 328-7d
Siliusstraße 328-8c
Silvanerstraße 328-10b
Sours Allee 328-8c

Traminerstraße 328-11a
Tulpenstraße 328-8c

Diethardt
PLZ 56355

Am Rauschenberg 164-2a

Bergstraße 164-4b

Hauptstraße 164-4b
Hofstraße 164-4b

Im Wiesengrund 164-2c

Kirchberg 164-4b

Lipporner Weg 164-4d

Mühlbachstraße (1) 164-4b

Ortsstraße 164-2c

Waldstraße 164-4d
Wallmenacher Weg 164-4d

Dietzenbach
PLZ 63128

Adolf-Kolping-Straße 257-3c
Ahornweg 257-8c
Albert-Einstein-Straße 257-6d
Albert-Schweitzer-Straße 257-3a
Alemannenweg 257-3c
Alfred-Delp-Weg 257-3a
Alfred-Nobel-Straße 257-9d
Alsfelder Straße 257-8d
Am Bahndamm 257-6b
Am Bieberbach 257-3c
Am Heidenberg 257-8d
Am Hinterwald 257-5a
Am Hirschhügel 257-9b
Am Kirchpfad 257-6c
Am Knabenborn 257-11b
Am Nagelbach 257-6c
Amorbacher Weg 257-6a
Am Rathausplatz (15) 257-3c
Am Rebstock 257-8b
Am Sandhorst 258-4c
Amselweg 257-8c
Am Stadtbrunnen 257-5d
Am Stadtpark 257-2d
Am Steinberg 257-3a
Am Stiergraben 257-2d
Am Wiesenpfad (27) 257-5d
Am Wingertsberg (35) 257-8b
An der Feuerwehr 257-6c
An der Vogelhecke 257-2d
Arminiusstraße 257-3a
Aschaffenburger Weg 257-6a
Assar-Gabrielsson-Straße 257-3d
Auestraße 257-5b
Auf der Bulau 257-11a

Babenhäuser Straße 257-5d
Bachstraße 257-5a
Bad Homburger Straße 257-6a
Bad Sodener Straße (16) 257-6a
Bahnhofstraße 257-5d
Barbarossastraße 257-3c
Beethovenstraße 257-9a
Bensheimer Straße 257-8d
Bergstraße (37) 257-5d
Berliner Straße 257-11a
Bertha-von-Suttner-Weg 257-2d
Birkenstraße 257-5b
Blumenweg 257-5a
Böllstraße 257-2d
Borngasse 257-5d
Borsigstraße 257-3d
Breslauer Straße 257-8c
Bruchstraße 257-5d
Brückwiesenweg 257-6c
Brunnengasse 257-5d
Brunnenstraße 257-5d
Buchenweg (1) 257-8d

Carl-Benz-Straße 258-1c
Carl-Ulrich-Straße 257-3c
Caroline-Scriba-Weg 257-2d

Danziger Straße 257-8c
Darmstädter Straße 257-8b
Dieffenbachstraße 257-3c
Dieselstraße 257-3d
Dietzenbacher Schneise 258-4d
Dr.-Heumann-Weg (28) 257-5d
Dreieichstraße 257-2d

Eichenweg 257-8c
Eisbruchweg 257-8b
Eisenbahnstraße 257-6c
Elisabeth-Selbert-Straße 257-6d
Emil-von-Behring-Straße 257-6c
Erbacher Straße 257-8d
Erlenweg (2) 257-8d
Etruskerstraße 257-3a
Eulerweg 258-5a

Fasanenweg 257-8c
Feldstraße 257-5c
Fichtenweg 257-8c
Finkenweg 257-8c
Flurstraße 257-5b
Forsthausstraße 257-8c
Forstweg 257-8c
Frankenstraße 231-12c
Frankfurter Straße 257-5b
Friedensstraße 257-6c
Fritz-Ebert-Straße 257-8b
Fuldaer Straße 257-8d

Gärtnerweg 257-5a
Gallische Straße 257-3a
Gartenstraße 231-12c
Georg-August-Zinn-Straße 257-6a
Germanenweg 257-3a
Gertrud-Kolmer-Weg (14) 257-3c
Geschwister-Scholl-Straße (1) 257-3a
Gewerbegebiet Mitte 257-6a
Gewerbegebiet Nord 257-3b
Gewerbegebiet Süd 257-6c
Gewerbepark Waldpark 258-1c
Gießener Straße 257-8d
Ginsterweg (3) 257-8d
Glashüttener Weg (18) 257-6a
Goethestraße 257-8b
Götzenhainer Straße 257-8a
Gotenweg (5) 257-3a
Gottlieb-Daimler-Straße 257-6b
Grabenstraße 257-5a
Grenzstraße 257-8b
Groß-Umstadter Weg (21) 257-6a
Gustav-Heinemann-Ring 257-2d

Häuschenschneise 257-1d
Hainer Pfad 257-8a
Hammansgasse (29) 257-5d
Hans-Böckler-Straße 257-6b
Harmonieplatz (39) 257-5d
Hauptstraße 257-3a
Heinrich-Jakob-Berz-Weg (7) 257-2d
Hochstraße 257-8a
Hönesschneise 258-4b
Hofheimer Straße 257-6a
Hügelstraße 257-5d
Idsteiner Straße 257-6a
In den Speyergärten 257-5d
In der Löscherwiese 257-4d

Jägerweg 231-12c
Johannes-Dresser-Weg 257-2d
Johannes-Gutenberg-Straße 258-7a
Julius-Leber-Weg (2) 257-3a
Jungfern-Wingert-Straße (36) 257-8b
Justus-von-Liebig-Straße 257-6d

Karl-Marx-Straße 257-8b
Karlstraße 257-6c
Karoline-Gaubatz-Weg (8) 257-3c
Karolingerstraße (10) 257-3c
Karolingerweg 257-3c
Kaupenweg 257-8d
Kelkheimer Straße (17) 257-6a
Keltenring 257-3a
Kiefernweg 257-8c
Kindäckerweg (26) 257-6c
Kirchbornstraße 257-5a
Knieschneise 258-3c
Königsteiner Allee 257-6a
Konrad-Adenauer-Allee 257-3c
Konrad-Lang-Straße 257-5b
Kosakenschneise 257-1d
Kreisquerverbindung 257-7b
Kronberger Straße 257-6a
Kurt-Schumacher-Allee 257-3c

Landwehrstraße 257-5d
Langenbühlschneise 258-4b
Langgässerstraße (13) 257-2d
Laufacher Straße 257-6a
Lehrstraße 257-6c
Lessingstraße (38) 257-9a
Limburger Straße 257-8d
Limesstraße 257-3a
Lindenstraße 257-5d
Lindenweg (33) 257-5d
Löwenstraße 257-5d
Lohrer Weg 257-6a

Mainstraße 257-3b
Marburger Straße 257-8d
Marie-Curie-Straße 258-1c
Marktheidenfelder Weg (25) 257-6a
Marktstraße 257-9a
Martinstraße 257-3b
Masayaplatz 257-6a
Max-Planck-Straße 257-9a
Mespelbrücker Weg 257-6a
Messenhäuser Straße 257-9a
Michelstädter Weg (19) 257-5b
Miltenberger Weg (22) 257-6a
Mozartstraße 257-9a
Münchener Straße 257-8c

Neckarstraße 257-3b
Nelkenweg 257-5a
Nelson-Mandela-Weg 257-2d
Neunkircher Weg (20) 257-6a
Neuweg 257-9a
Nibelungenstraße 257-3c
Niebelungenstraße (3) 257-3a
Niebergallweg (12) 257-2d
Nordweststraße 257-5c
Normannenweg (11) 257-3c

Obernburger Weg (23) 257-6a
Ober-Rodener-Straße 257-6c
Oberröder Weg 257-9a
Odenwaldstraße 257-3b
Offenbacher Straße 257-5d
Offenbacher Weg 257-1c
Offenthaler Straße 257-10b
Ostendstraße (34) 257-5d
Otto-Hahn-Straße 257-6b

Patershäuser Straße 257-3b
Paul-Ehrlich-Straße 257-6c
Pestalozzistraße 257-3b
Pfarrgasse (32) 257-5d
Philipp-Reis-Straße 257-6b
Philipp-Wolf-Weg (6) 257-2d
Platz der Republik 257-6c

Querstraße 257-3a

Raiffeisenstraße 257-2d
Rakovnikpassage 257-6a
Rathenaustraße 257-8b
Reinhardsweg 257-5a
Rheinstraße 257-3b
Ringelnatzstraße 257-2d
Ringstraße 231-12c
Robert-Bosch-Straße 257-3d
Robert-Koch-Straße 257-6c
Rodgaustraße 257-6a
Römerstraße 231-12c
Rohrbrunner Weg 257-6a
Rosa-Luxemburg-Straße 257-3c
Rosenweg 257-8c
Rotdornweg 257-5c

Sachsenweg 257-3c
Sandschneise 257-1d
Schäfereck (31) 257-5d
Schäfergasse 257-5d
Schillerstraße 257-9a
Schlegelstraße 257-2d
Schloßkauteschneise 258-4d
Schmidtstraße (30) 257-5d
Schnurrestraße 257-2d
Schubertstraße 257-8b
Schulstraße 257-8b
Schultheiß-Hildebrand-Weg (9) 257-3c
Seeweg 257-5a
Siedlerstraße 257-3a
Siemensstraße 257-3d
Spessartstraße 257-3b
Stadtpark 257-2d
Staufenstraße (4) 257-3a
Steigschneise 257-1c
Steinerne Straßschneise 257-1d
Steinkautenweg 257-6c
Stettiner Straße 257-8c

Talstraße 257-5b
Tannenstraße 231-12c
Taunusplatz 257-3b
Taunusstraße 257-3a
Teutonenweg 257-3a
Theodor-Heuss-Ring 257-3c
Thomas-Mann-Ring 257-2d
Tulpenstraße 257-5d

Ulmenweg (4) 257-8c
Unterste Straße 258-1d
Unterste Straße (Steinberg) 231-11b
Urberacher Weg 257-8d

Vélizystraße 257-2d
Voltastraße 257-9b
Von-Hevesy-Straße 258-1c

Waldstraße 231-12c
Weiherstraße 257-5a
Weinbergstraße 257-8a
Weißkircher Weg 258-4a
Werner-Hilpert-Straße 257-6a
Wertheimer Weg (24) 257-6a
Westendstraße 257-5c
Wetzlarer Straße 257-8b
Wiesenstraße 257-5b
Wikingerstraße 257-3c
Wilhelm-Leuschner-Straße 257-6c
Willy-Brandt-Weg 257-2d
Zur Schilfflache 257-2d

Diez
PLZ 65582

Aarstraße 74-6d
Achatweg 75-1d
Adelheidstraße 74-5b
Adolfstraße 75-4a
Albertinestraße 74-2d
Alte Brücke 74-5b
Alte Gärtnerei (10) 74-6a
Alter Markt (4) 74-5b
Altstadtstraße 74-5b
Amalienstraße 74-5b
Am Backsteinbrand 75-4a
Am Bahndamm 74-6a
Am Geisenberg 74-6c
Am Guckenberg 74-5d
Am Hallenbad 75-4a
Am Kalkwerk 75-1d
Am Katzenstein 74-5d
An der Vogelheck 75-4a
Ardecker Mühle 75-7c
Auf dem Rödchen 74-5a
Auf der Wacht 74-6b
August-Horch-Straße 75-4b
Augustweg 74-3c

Bad Dübener Straße (9) 74-6c
Bahnhofstraße 74-6a
Bahnhofsweg 74-6b
Basaltring 75-1d
Bergstraße 74-5b
Bert-Brecht-Straße 75-4c
Bismarckstraße 74-6c
Bleichstraße 74-6d
Brandenburger Straße 74-6c
Breslauer Straße 74-6c
Brückenstraße 74-6d

Christiansweg 74-3c

Danziger Straße 74-6c
Dielstraße 74-5b
Diersteiner Hof 74-3d
Diersteiner Straße 74-6b

Emmerichstraße (11) 74-5b
Emser Straße 74-5a
Ernst-Scheuern-Platz (8) 74-5b

Fachinger Weg 74-5d
Felkestraße 74-6a
Finkenweg 74-6a
Freiherr-vom-Stein-Kaserne 75-1c
Friedhofstraße 74-6d
Friedhofsweg 74-6d
Friedrichstraße 74-6d
Fritz-von-Unruh-Siedlung (13) 74-2d
Fuchsenhöhler Straße 74-9a

Gartenstraße 74-6b
Goethestraße 75-4c
Granitweg 75-4b
Grenzweg 75-1d

Hainstraße 74-6a
Heckenweg 75-4a
Heidestraße 75-1d
Heimkehrer-Siedlung 74-6d
Heinrich-Heine-Straße 75-4c
Heinrich-Hertz-Straße 75-5a
Hof am Hain 74-6b
Hohe Straße 74-6d

Im Hexenberg (1) 74-6d
Im Werkes (6) 74-5b
In den Wingerten 75-4c
In der Au 74-5c
In der Rebschule (7) 74-2d
In der Ruhstatt 74-6b
In der Zahlbach 74-6c
Industriestraße 75-4a

Jahnstraße 74-6d
Johann-Schaefer-Straße 75-1d

Kadettenweg 74-2d
Kalkweg (2) 75-1d
Kanalstraße 74-5d
Kastanienallee 74-3c
Kellerstraße 74-6b
Kirchgäßchen 74-5b
Koblenzer Straße 74-2d
Königsberger Straße 74-6c
Konrad-Zuse-Straße 75-4d

Leinpfad 74-5c
Lessingstraße 75-4c
Limburger Straße 74-6b
Lindenallee 74-2d
Lindenstraße 74-2d
Lorenzstraße 74-6a
Louise-Seher-Straße 74-6a
Lübener Straße 74-6c
Luisenstraße 75-4a

Marktplatz (5) 74-5b
Marktstraße (2) 74-5b
Marmorweg 75-4b
Mittelstraße 74-6d
Mittelweg 74-3c

Neue Brücke 74-5d
Nikolaus-Otto-Straße 75-4a

Oberwirtstraße 74-6d
Oraniensteiner Brücke 74-2d
Oraniensteiner Straße 74-2d
Osterbrendersweg 74-6a
Ostpreußenstraße 74-6c

Panoramaweg 74-6a
Papiermühle 74-9b
Parkstraße 74-6a
Pfaffengasse 74-5b
Philosophenweg 74-3c
Pommernstraße 74-6c
Präsidentenweg 74-3c
Prinzenweg 74-6a

Ratweg 74-6b
Robert-Bosch-Straße 75-4b
Robert-Heck-Park 74-5b
Rosenstraße 74-5b
Rudolf-Dietz-Straße 74-6d

St.-Peterweg 74-5b
Schaumburger Straße 74-5d
Schaumburger Straße (12) 74-6a
Schieferstraße (1) 75-1d
Schillerstraße 75-4c
Schirlinger Straße 75-1c
Schlesierstraße 74-6c
Schloßberg 74-5b
Schloß Diez 74-5b
Schloss Oranienstein 74-2b
Schöne-Aussicht-Straße 74-2d
Schulstraße (7) 74-5b
Schusterstraße 74-6d
Silberfeldweg (14) 74-5b
Sophie-Hedwig-Straße 74-2d
Staffeler Weg 74-6b
Sternplatz 74-2d
Steubingstraße 74-5b
Strandbadweg 74-2d
Sudetenstraße 74-6c

Taunusstraße 74-6b

Uhlandstraße 74-6d
Unter dem Hain 74-2d
Unterstraße 74-5b
Unterwirtstraße 74-6d

Weg nach den Pappeln 74-3c
Weiherstraße 75-4a
Werner-von-Siemens-Straße 75-4b
Westerwaldstraße 74-6b
Westpreußenstraße 74-6d
Wilhelmstraße 74-6a
Wilhelm-von-Nassau-Park 74-2d
Willbachstraße 74-6c

Zuckmayerstraße 75-4a
Zum Mühlchen 74-2d
Zum Wasserwäldchen 74-5d
Zur Kleinheck (3) 74-5b

Dörrebach
PLZ 55444

Burg Gollenfels 266-7b
Weinbergerhof 266-7a

Dörscheid
PLZ 56348

Am Hofstück (1) 188-4c
Am Schellengraben 188-4c

Blüchergasse (2) 188-4d

Edwin-Napp-Straße 188-5c

Feldgasse 188-4d

Kauber Straße 188-4d

Loreleyblick 188-4c

Oberstraße 188-4d

Rheinstraße 188-4d

Unterstraße 188-4d
Urbachsmühle 188-4a

Weingut Sonnenhang 188-4d
Weiseler Straße 188-4d

Zur Schwedenschanze 188-4c

Dörsdorf
PLZ 56370

Am Ackerbach 116-11b

Berghäuser Weg 116-8d

Feldstraße 116-11b

Hauptstraße 116-11b

In der Lehmkaut 116-11b

Kirchweg 116-8d

Mühlstraße 116-11b

Neue Schule 116-8d

Ostend 116-9c

Roster Weg 116-11d

Schöne Aussicht 116-11b
Schulstraße 116-8d
Sonnenhang 116-11b
Südhang 116-11b

Trippweg 116-8d

Weidgesmühle 116-8d

Dolgesheim
PLZ 55278

Am Weihergarten 352-8b

Frankenstraße 352-9a

Gartenfeldstraße 352-9a
Gaustraße 352-9a
Gotenstraße 352-9c

Im Gartenfeld 352-9a

Keltenstraße 352-8d
Kisselstraße 352-8b

Lehrer-Jung-Straße 352-9a
Leiningenstraße 352-9a

Oberpforte 352-9a

Pfauheckstraße 352-8b

Römerstraße 352-8b

Schollergasse (1) 352-9a
Schulstraße 352-9a

Ulmenstraße 352-9a

Weedenstraße 352-6c
Weinolsheimer Straße 352-9a

Dornburg
PLZ 65599

Alter Kirchplatz 38-3a
Am Bornstück 38-3d
Am Seifenbach 38-2d
Am Sportplatz 38-3c
Auf dem Acker (1) 38-3a
Auf der Hahr 38-3a

Birkenhof 38-2b
Bischoff-Gotthardt-Straße (4) 38-3a

Frickhöfer Straße 38-3a
Friedenstraße (Thalheim) 38-3a
Fritzeneck (5) 38-3c

Grüner Weg 38-3a

Heinfelderhof 39-1a
Hellersbergweg 38-3c
Hof Bärhöhl 39-1d
Hofgarten 38-3a
Hof Steinrück 38-2d
Hohlweg 38-3c
Hustenhof 38-3c

Im Sack 38-3a
Im Scharfeck 38-3a

Kölscher Hof (3) 38-3a

Langgasse 38-3a
Leimenkaut 38-3d
Lindenhof 39-1a

Marienhof (Westerwaldweiler) 39-1a
Mühlacker 38-3a
Mühlenweg 38-3a

Neue Straße (Thalheim) 38-3c
Neumühle 38-3d
Niederhofen 38-3c

Oberdorf 38-3a

Rathausweg 38-2d
Rosenhügel 38-2b

Schlaudermühle 38-2a
Schulstraße (Thalheim) (2) 38-3a
Steinstraße (Thalheim) 38-3c

Talhof 38-3a
Talstraße 38-2b
Tiergartenweg 38-3c

Unter Eichen 38-3a

Weißer Morgen 38-3c
Wiesenstraße (Thalheim) 38-3c
Wirtshof 38-3a

Zur Sauerwies 38-2d

Dorn-Dürkheim
PLZ 67585

Hauptstraße 352-12d
Hinter der Kirche (1) 352-12d

Ziegelhüttenweg (6) 352-12c
Zum Kalossen (5) 352-12c

Dorsheim
PLZ 55452

Am Rebstock 268-10d
An der Schmiede (1) 268-10c

Bergstraße 268-10c
Binger Straße 268-10c
Burg Layer Straße 268-10c

Im Baumfeld 268-10d
In den Kirchzeilen 268-10c

Laubenheimer Straße 268-10d
Lindenstraße 268-10d

Nahestraße 268-10d

Rheinblick 268-10c

Trollbergstraße 268-10c

Waldstraße 268-10c
Weinbergstraße 268-10c

Dreieich
PLZ 63303

Adlerweg (1) 255-3a
Adolf-Kolping-Straße 256-12d
Ahornweg 256-9c
Albert-Schweitzer-Straße 256-9a
Alberusstraße (15) 256-4b
Alpenstraße 256-9a
Alte Bogengasse (14) 256-8b
Alte Rheinstraße 257-10c
Alter Offenthaler Weg 282-6b
Alte Schulgasse (8) 256-8b
Am Alten Berg 256-9a
Am Alten Rathaus 283-1a
Am Bahnhof 257-10c
Am Baron 255-6b
Am Breitengrad 256-8a
Am Bürgeracker 255-6d
Am Dorneichersee (1) 256-1a
Am Fichteneck 256-7d
Am Gänsgraben 256-1d
Am Gebück 256-8b
Am Hainer Berg 256-9c
Am Heckenborn 256-4b
Am Hengstbach 256-9c
Am Hergertsbaum 256-2c
Am Herrnacker 256-2c
Am Hirschsprung 256-1a
Am Hunnenbrunnen (15) 256-7b
Am Kellersbusch 256-5c
Am Kirchborn 257-4c
Am Kirscheck 256-8c
Am Kleeweiher 256-9c
Am Lachengraben 256-9b
Am Molkenborn 255-2d
Am Schäferpfad 256-1a
Am Schlagsbach 256-1d
Am Schwimmbad 256-4d
Amselweg 256-8a
Am Siebenstein 255-2d
Am Spitzenpfad 256-9b
Am Sportplatz 283-1a
Am Steinbruch 256-9a
Am Tannenstumpf 257-10c
Am Taubhaus 256-4c
Am Trauben 256-4d
Am Weiher (4) 256-8b
Am Weihergarten (3) 256-1d
Am Weingarten 256-9a
Am Wilhelmshof 256-1a
Am Wolfgang 256-9a
Am Zollhaus 282-3b
An den Bornwiesen (5) 283-1a
An den Gärten (5) 255-3a
An den Haselwiesen 257-10c
An der Bergwiese 256-9a
An der Dampfmühle 256-5c
An der Farrenwiese 256-8a
An der Lettkaut 255-6d
An der Pfaffenwiese (3) 257-10c
An der Schanze 257-10c
An der Theisenmühle 256-4d
An der Tränk 256-12d
An der Trift 256-4c
An der Winkelsmühle 256-8b
An der Zeilhecke 256-4d
Apollo-Pomerel-Weg (9) 256-8b
Auestraße 256-4a
Auf dem neuen Feld 256-7b
Auf den Lippsäckern 256-12d
Auf der Hub 256-6c
Auf der Schulwiese 256-5a
August-Bebel-Straße 256-1c
Aussiedlerhöfe 257-4c

Bachgrundschneise 229-11c
Bachstraße 256-4b
Bäckerweg 256-1a
Bahnstraße 256-8c
Bangertsgasse (13) 256-4b
Beethovenstraße 256-1c
Behringstraße 257-10d
Bellungstraße 255-6b
Benzstraße 256-1b
Bergmühle 256-8d
Bergstraße 283-1a
Berliner Ring 230-10c
Bestewiesenschneise 256-3a
Birkenau 257-10c
Birkenweg 256-7d
Bleiswijker Straße 256-9d
Blumenstraße 255-3c
Bogenschneise 256-11d
Bogenweg 255-3c
Borngartenstraße 257-10c
Borngasse (7) 256-8b
Bornwaldweg 256-5a
Brandschneise (Offenthal) 282-2d
Brandschneise (Sprendlingen) 230-9b
Breite-Haagwegschneise 256-8c
Breitseeweg 255-3a
Bremenbuschschneise 256-3c
Breslauer Straße 256-1c
Brückenweg 255-3c
Brühlstraße 256-9d
Brunnenschneise (Buschlag) 255-5b
Brunnenschneise (Dreieichenhain) 256-7c
Brunnenstraße 255-6b
Bubchesschneise 230-11b
Buchenbusch 257-10d
Buchschlager Allee 255-3c
Buchwaldstraße 255-3a
Buchweg 255-3a
Bürgerpark 256-1c
Burgschneise 256-7a
Burgstraße 256-8b
Buschlagschneise 229-12c
Bussardweg 255-3a
Butterpfad 231-7a

Carl-Seelmann-Weg 255-2d
Christinenhof 256-5d
Christoph-Helwig-Straße 256-4b

Daimlerstraße 256-7a
Damaschkestraße 256-1a
Dampfmühle 256-5c
Danziger Straße 256-4d
Darmstädter Straße 256-7a
Dieburger Straße 283-1a
Dieselstraße 256-1b
Dietzenbacher Straße 256-9d
Dohlenweg (7) 255-3c
Dorfplatz (2) 256-9d
Dornbusch 256-8a
Dornhofschneise 229-12b + 230-10c
Dornseeschneise 231-10d
Dorotheenstraße 256-8a
Dreieichhof 256-5d
Dreieichplatz 256-8a
Drosselweg 256-7b

Ederstraße 256-5c
Egelsbacher Weg 256-12c + 282-3a
Eibenstraße 256-8c
Eichendorffstraße 256-9c
Eichenhof 257-10d
Eichenweg 256-8c
Eifelstraße 257-10c
Einsteinstraße 256-2a
Eisenbahnstraße 255-3d
Elbestraße (12) 256-4b
Eleonorenanlage 255-3c
Elisabethenstraße (5) 256-1d
Emsstraße 256-4a
Erbsengasse (12) 256-8b
Erich-Kästner-Straße 256-1c
Erich-Scheid-Straße 256-4b
Erlenweg 255-3a
Ernstenschneise 230-11d + 256-3a
Ernst-Ludwig-Allee 255-3c
Eschenweg 256-8c
Eulenweg 255-3a
Ewaldschneise 282-3c

Fahrgasse 256-8b
Falkensteinstraße 256-8a
Falkenweg 255-3a
Falltorschneise 255-2d
Falltorweg 255-3c
Fasanenweg 256-7b
Feldbergstraße 257-10c
Feldschneise 255-6a
Feldstraße 256-9b
Fichtestraße 256-1c
Finkenschneise 283-4a
Finkenweg 256-7b
Fischäcker 256-5d
Flitterseeschneise 256-3c
Flurschneise 283-4a
Flurstraße 282-3b
Forsthausstraße 256-9a
Forstweg 255-2d
Forstwiesenschneise 257-1c
Frankfurter Straße 256-1d
Freigasse (13) 256-8b
Freiherr-vom-Stein-Straße 256-1a
Freiligrathstraße 256-1a
Friedensstraße 256-9d
Friedhofstraße (2) 257-10c
Friedlandstraße 256-1b
Friedrich-Ebert-Straße 256-1b
Friedrichstraße 256-1d
Frühlingstraße 256-9d
Fünfhäusergasse 256-4b
Fürstenschneise 230-9c
Fuldasstraße 256-5c

Gabelsbergerstraße 256-8c
Gärtnerpfad (8) 256-1d
Gartenstraße 256-4b
Gartenweg 256-5b
Geißberg 256-8b
Georg-Zimmer-Weg (1) 256-12d
Geschwister Scholl-Straße 256-4b
Gleisstraße 256-8a
Glockengasse 256-9d
Goethering 256-9c
Götzenhainer Mühle 256-9c
Götzenhainer Weg 256-12b
Goldgrubenstraße 256-9c
Gravenbruchschneise 230-12c
Gravenbruchstraße 256-1d
Gustav-Otto-Straße 230-11c
Gutenbergstraße 257-10d

Habichtweg 255-3a
Hagenring 256-8a
Haimerslochweg 256-8a
Hainer Chaussee 256-4b
Hainer Weg (Dreieichenhain) 256-12a
Hainer Weg (Götzenhein) 256-9a
Hainer Weg (Offenthal) 257-10a
Hanaustraße 256-8a
Hasenpfad (5) 255-2d
Hauptstraße 256-1d
Heckenweg 256-8a
Hegelstraße 256-1a
Heinrich-Heine-Straße 256-9c
Heinrich-Hertz-Straße 256-4c
Helene-Mössinger-Straße 255-6b
Hellgasse 256-4b
Hengstbachanlage 255-3a
Hengstbachstraße 256-8a
Herrenwiesenweg 257-10c
Herrnröther Straße 256-4b
Herrnröther Weg 256-2d
Herrnroth 256-2b
Heuweg 231-10c
Hirschgraben (6) 255-3c
Hochstraße (14) 256-4b
Höhenweg 256-9b
Hölderlinstraße (1) 256-9c
Höllgartenstraße 256-9d
Höllgartenweg 257-7c
Hofgut Neuhof 256-6a
Holländerbornschneise 257-1a
Horst-Schmidt-Ring 256-1d
Hubertusweg 255-3c
Hügelstraße 256-9a
Hüttenschneise (Offenthal) 283-4d
Hüttenschneise (Sprendlingen) 230-9d
Hugo-Eckener-Straße 256-1d
Hunsrückstraße 257-10c

Ilse-Pohl-Straße 256-9a
Im Bachgrund 255-3a
Im Birkeneck 255-6a
Im Bruchgarten 282-3b
Im Finkenschlag (8) 255-6a
Im Gefierth 256-2a
Im Haag 256-11b
Im Hegwald 255-3a
Im Höchsten 256-9b
Im Längerroth 256-9c
Immanuel-Kant-Straße 256-1a
Im Stadtgäßchen 282-3b
Im Steingrund 255-2d
Im Weibelfeld 256-4d
In den Rohwiesen 256-9d
In den Weiherwiesen (7) 257-10c
In der Luxhohl 255-2d
In der neuen Lach 256-2c
In der Quelle 256-12d
Industriestraße 256-7b

Jägerweg 255-3a
Jahnstraße 256-1c
Jakob-Heil-Straße 256-4b
Jakob-Latscha-Straße 255-3c
Joinviller Straße 256-4a
Jutta-Droll-Straße 256-4b

Kabelstraße 256-7b
Käswiesenschneise 256-7d
Kanonenstraße (9) 256-1d
Karl-Duchmann-Weg 255-3a
Karlschneise 231-10d + 257-1b
Karlstraße 256-1d
Kastanienweg (2) 255-3a
Katzenpfad 256-5c
Kennedystraße 256-5c
Kerbplatz 256-1d
Kettelerstraße 230-10c
Kiefernweg (3) 255-3b
Kiehnwiesenschneise 282-6d
Kinzigstraße 256-5c
Kirchgasse (8) 283-1a
Kirchschneise 230-11c
Kirchweg 255-3c
Kleiststraße 256-9c
Knieschneise 282-3c
Knippelswiesenschneise 282-2b
Koberstädter Straße 256-11a
Kochseeschneise 230-11b
Königsberger Straße 256-5c
Kohlschneise 283-4d
Kohlseeweg 255-3c
Konrad-Adenauer-Straße 256-1c
Kosakenschneise 257-4a
Kreuzstraße 256-9d
Kreuzwiesenstraße 256-8a
Kuhtrift 282-3d
Kunzebornschneise 231-10d + 257-1b
Kurt-Schumacher-Ring 230-10c

Lacheweg 256-4b
Lagerhof 256-12b
Lahnstraße 257-10c
Landsteinerstraße 256-7b
Langener Straße 256-12a
Langgewannschneise 229-12b
Langschneise 256-11d
Lehmschneise 257-1a
Leibnizstraße 256-1a
Leimenlachschneise 282-2d
Leopoldschneise 230-10d
Lerchenweg 256-7b
Lessingstraße 256-4a
Lettkauteweg 256-4c
Liebigstraße 256-1c
Liebknechtstraße 255-3d
Lilienstraße 255-3d
Lindenhof 256-9c
Lindenplatz 256-4b
Lindenstraße 256-1b
Lise-Meitner-Straße 256-2a
Loreyseeschneise 231-7c
Ludwig-Erk-Straße 256-8a
Ludwigstraße 256-4b
Luisenschneise 230-9c
Luisenstraße (4) 256-1d
Lutherstraße 256-8c

Maienfeldschneise 256-7d
Maienfeldstraße 256-8d
Mainstraße 257-10c
Mainwegschneise 256-3a
Mainzer Straße 256-12d
Mariahallstraße 256-4b
Max-Planck-Straße 256-2a
Maybachstraße 256-1b
Meisenweg 256-7b
Messeler Straße 283-1a
Messeler Weg 282-6d
Milanweg 255-3a
Mitteldicker Weg 255-2d
Mittelstraße 256-1d
Molkenbornschneise 229-11c
Montier-en-Der-Platz 255-2d
Moselstraße 256-4a
Mühlpfad 256-7a
Mühlschneise 256-10b
Mühlweg 256-8a
Münzenbergstraße (1) 256-8a

Nahrgangstraße 256-5c
Neckarstraße 257-10c
Nelkenstraße 255-6b
Neue Gärten 257-10c
Neuhofstraße 256-4b
Neurothweg 256-8b
Niddastraße 256-5c

Oberwiesenweg 256-1d
Ochsenwaldstraße 256-8a
Odenwaldring 256-5c
Odenwaldstraße 256-1d
Offenbacher Straße 256-1d
Offenbacher Weg 256-6b
Offenthaler Weg 256-8d
Ohmstraße 256-1b
Oisterwijker Straße 255-6b
Olof-Palme-Weg (4) 282-3b
Ostendstraße 256-1d
Ostpreußenstraße 256-5c
Otto-Hahn-Straße 256-2a
Otto-Kämper-Ring 255-3c

Pappelweg 256-1b
Parkstraße 256-5c
Pestalozzianlage (3) 256-8a
Pestalozzistraße 256-1d
Pfarrstraße 256-9d
Philipp-Bitsch-Straße 257-10c
Philipp-Holzmann-Straße 256-5c
Philipp-Reis-Straße 256-2a
Philippseicher Straße 256-9c
Philippseicher Trift 282-3a
Pirschweg 255-3a
Platanenweg (4) 255-3a
Poststraße 256-4a
Prinzenschneise 230-12a

Quellenweg 255-6a
Querstraße 257-10c

Raiffeisenstraße 256-9b
Rathausstraße 256-4b
Rathenaustraße 256-1a
Remisenweg 256-3c
Rheinstraße 256-9d
Rhönstraße 256-4b
Ringstraße 256-8a
Ringwaldstraße 256-9d
Robert-Bosch-Straße 230-10d
Robert-Koch-Straße (17) 256-4b
Rodauschneise 283-4c
Römerweg 256-9b
Röntgenstraße 256-9a
Rosenau 255-3d
Rosenaustraße 255-6b
Rostadt 256-4c
Rostädter Straße 255-6d + 256-4a
Rostocker Straße (1) 230-10c
Rotdornweg (1) 255-3a
Rotkehlchenweg (2) 255-3a
Rudolf-Binding-Weg 255-3a
Rückertsweg 283-1a
Rundseeschneise 255-1b
Rutzhainweg 257-7c

Saalgasse (16) 256-8b
Sandgasse (10) 256-8b
Sausteigschneise 283-4a
Schäferwiesenscheise 256-6b
Schießbergstraße 256-8d
Schießgartenstraße 256-9d
Schillerstraße 256-8a
Schindkautschneise 230-12c
Schlagfeldstraße 256-1d
Schlesienweg 256-1a
Schleusenstraße 256-4a
Schloss Philippseich 256-12a
Schopenhauerstraße 256-1a
Schubertstraße 256-1c
Schützenweg 255-6a
Schulstraße 256-4b
Schwarzwaldstraße 256-9c
Seegewann 255-3b
Seilerstraße (7) 256-1d
Seilerwiesenschneise 283-4b
Siemensstraße 256-7b
Silberweg 256-9c
Solmische-Weiher-Straße 256-8b
Spenglerstraße 256-4a
Sperberweg 255-3a
Spessartstraße 256-9b
Spitalgasse (6) 256-8b
Sprendlinger Weg (16) 256-4b
Staffordstraße 256-7b
Steinberghügelschneise 256-7c
Steinernbrückschneise 230-12c
Steinerne Straßschneise 257-1a
Steingasse (11) 256-8b
Stettiner Straße 256-1c
Stresemannstraße 256-1b
Sudetenring 230-10c

Tannenweg 256-1a
Taunusstraße 256-8a
Tempelstraße 256-4b
Theisenmühle 256-4d
Theodor-Heuss-Straße 256-4a
Tucholskystraße 256-8c
Tulpenstraße 255-6b

Uhlandstraße 256-9c
Ulmenstraße 256-1a
Unterm Eichen (2) 256-8a
Urberacher Weg 257-10a

Veilchenstraße 255-3d
Verbindungsstraße (6) 256-1d
Vieuxtempsplatz (5) 256-8b
Vogtei 256-4b
Voltastraße 256-1b
Vor der Pforte 256-9d

Wacholderweg 256-8c
Waldeck 256-8c
Waldstraße 256-8c
Wallstraße 256-9d
Weg am Spitalgrund 256-5c
Weiherstraße 257-10c
Weilbornstraße 256-1d
Weimarstraße 256-8a
Weißdornweg 255-3a
Wernher-von-Braun-Straße 257-10d
Werrastraße 256-5c
Weserstraße 257-10c
Westendstraße 256-1c
Wienandstraße (10) 256-4a
Wiesenau 256-8a
Wiesenweg 255-3b
Wildscheuerschneise 255-2c
Wildscheuerweg 255-3c
Wilhelm-Busch-Weg 256-1b
Wilhelm-Leuschner-Platz 256-4a
Wilhelm-Leuschner-Straße (11) 256-4a
Wilhelmplatz 256-1d
Wilhelmstraße (2) 256-1d
Wingertstraße 256-1d
Winkelsmühle 256-5d
Wolfsschneise 231-10d

Ysenburgstraße 256-8a

Zaunschneise 229-11d
Zaunweg 255-3c
Zeisigweg 256-7b
Zeppelinstraße 256-1b
Zum Hopfengarten 256-12d
Zum Röhrbrunnen 256-12d

Ebertshausen
PLZ 56370

Am Gemeindehaus 116-1a

Katzenelnbogen 116-1c

Oberdorfstraße 116-1b

Unterdorfstraße 116-1a

Waldstraße 116-1b

Echzell
PLZ 61209

Am Burggarten 89-2a
Am Burggraben 71-12d
Am Hain 71-12c
Am Kronberg 89-6c
Am Mitteltor 89-2a
Am Mühlbach 71-11d
Am Nordring 71-11d
Am Preulen 89-2b
Am Römerschacht 70-9d
Am Sauerborn 89-2b
Am Strenzelberg 89-9c
Am Welschbach 89-6c
An der Freihub 89-6a
Auf der Steinritsche 71-12d
Aussiedlerhof 89-6a

Bäckergasse 89-2a
Bahnhofstraße 89-2b
Bergstraße 89-6a
Beundestraße 89-2a
Biedrichsgasse 89-2c
Bingenheimer Mühle 89-8a
Birkenstraße 89-6a
Bisseser Straße 89-2b
Breslauer Straße 89-2b
Brunnenstraße 89-6a
Buchenstraße 89-6a

Echzeller Weg 89-3c
Egerstraße 89-2b
Eichenstraße 89-6c
Eichhof 89-6b
Eiserhof 89-9c
Erbsengasse 89-6c
Erlenblick 89-6a
Eschbaumgasse 89-2a

Fasanenweg 89-6a
Feldbergstraße 89-3c
Flutbachstraße 89-5b
Forsthausstraße 89-3a
Friedenstraße 89-3c

Gänswirthsgasse 89-2b
Gartenstraße 89-2c
Georgenstraße 71-12c
Gettenauer Straße 89-2a
Große Wannschneise 72-7d

Haselheckstraße 89-3a
Hauptstraße 89-1d
Heidenschneise 72-10a
Hollergasse (1) 89-2b
Holzwiesenschneise 89-3b
Hügelstraße 89-6c

Im Auenblick 89-6a
Im Feldchen 89-2c
Julius-Simon-Straße 89-2a

Karlsbader Straße 89-3c
Kisseläcker 89-9c
Kleine Wannschneise 72-8c
Klingelflußschneise 72-10a
Kronstraße 89-6c

Landgrafenweg 89-6a
Langeschneise 72-7d
Limesring 89-2a
Lindenstraße 89-2a
Löwenbuschstraße 89-6a
Ludwigsweg 72-11b

Mittelstraße 71-12c
Mühlgasse 89-2b

Niddaer Straße 71-12c

Ortsstraße 71-9a

Quellenhof 89-6b

Raunstraße 89-8b
Riedweg 89-5d
Ringstraße 89-2c
Römerhof 70-9c
Römerstraße 89-2c
Rudolf-Kießling-Ring 89-2a
Rudolph-Zentgraf-Straße (2) 89-6a

Schloßstraße (1) 89-6c
Schöne Aussicht 89-2a
Schulstraße 89-2a
Sudetenstraße 89-2b

Taunusstraße 89-2c
Teichschneise 72-10a

Untergasse 89-2c

Waldstraße 89-6c
Walther-Anthes-Straße 89-2d
Wassermühle 71-9a
Weidgasse 89-5d
Weiherstraße 89-3a
Wiesengasse 89-5a
Wilbringsschneise 72-8c
Winterhof 89-9c
Winterschneise 72-10b
Wolfsbrunnenschneise 72-7d

Zum Stockbrunnen 89-6a

Eckelsheim
PLZ 55599

Am Kirchpfad 347-6d
Am Sportplatz 347-9b
Aussiedlerhof Bubenstein 348-4c

Bellerkirchstraße 347-9d
Brunnenstraße 347-9b

Gosselsheimer Straße (1) 348-4c
Gumbsheimer Straße 348-4c

Hauptstraße 347-6d

Im Ried (2) 348-4c

Ringstraße 347-6d

Villa Bäder 347-9d + 348-7c

Wiesentalstraße 348-4c

Eckenroth
PLZ 55444

Birkenweg (2) 266-11d

Eckenrother Fels 266-11b

Güterweg 266-11d

Hauptstraße 266-11d

Katharinengasse 266-11d
Krämerweg 266-11d
Kurpfälzer Straße 266-11d

Maulhänder Weg 266-11d

Schulweg (1) 266-11d
Schweppenhäuser Weg 266-11d
Setzpfad 266-11d

Weinbergsblick 266-11d

Egelsbach
PLZ 63329

Am Berliner Platz 281-3c
Am Haselbusch 281-2c
Am Heiligenstock 281-2d
Amselweg (3) 281-3d
Am Tränkbach 281-3d
An der Hyrchwiese 281-2d
An der Molkeswiese 281-5b
An der Schießmauer (11) 281-6a
An der Wegscheid 281-2d
An der Woogwiese (8) 281-6a
Annastraße 281-3c
Arheilger Straße (6) 281-3c
Auf der Höhe 281-2d
Auf der Trift 281-2c
August-Bebel-Straße 281-6b

Bachgrund 281-3c
Bachweg (2) 281-2c
Bahnstraße 281-2d
Baugebiet Leimenkaute 281-3b
Berliner Platz 281-6a
Bertolt-Brecht-Straße 281-6c
Birkenseeweg (1) 281-2c
Bogenschneise 282-4b
Bogenweg 281-3c
Bornbruchschneise 255-10c
Boschring 281-6a
Brady-Straße 281-5b
Brandenburger Straße 281-5b
Brückengarten 281-2d
Brückenweg 281-2c
Büchenhöfe 281-5d
Büchenhöfe 1 281-5d
Büchenhöfe 2 281-5b
Büchenhöfe 3 281-5d
Büchenhöfe 5 281-5d
Büchenhöfe 6 281-5d
Büchenhöfe 7 281-5d
Burgschneise 255-10c
Bussardweg 281-3d

Darmstädter Landstraße 281-9b
Dieselstraße 281-6b
Dreischläger Allee 282-7a
Dresdener Straße 281-6a

Elisabethenstraße (12) 281-6a
Erfurter Straße 281-6a
Erholungsgebiet „Im Bruch“ 281-1d
Erich-Kästner-Straße 281-9a
Erich-Kästner-Straße (2) 281-9a
Erlengrund (19) 281-2b
Ernst-Ludwig-Straße 281-3c
Erzhäuser Allee 281-4a
Erzhäuser Straße 281-2d

Falkenstraße 281-3d
Fasanenweg 281-3d
Feldschneise 282-4d
Feldstraße 281-3d
Finkenweg (5) 281-3d
Forsthaus Krause Buche 282-4c
Frankfurter Straße 281-6a
Freiherr-vom-Stein-Straße 281-6a
Friedrich-Ebert-Straße 281-6b

Gartenstraße 281-3c
Georg-Wehsarg-Straße 281-2d
Geschwindstraße 281-2d
Goethestraße 281-3c
Gutwiesenschneise 255-10a

Hans-Fleißner-Straße 281-4b
Haynau-Platz (18) 281-2d
Heidelberger Straße 281-5b
Heinestraße 281-6a
Helenenbrunnenschneise 254-6c
Henri-Dunant-Straße 281-2c
Höhnweg 281-2c
Hügelschneise 281-1c

Im Bruch 281-1d
Im Brühl 281-3c
Im Geisbaum 281-6a
Im Kammereck 281-1b
Im Loh 281-2a
In den Obergärten 281-3c
In der Mittelgewann (16) 281-2b
Industriestraße (13) 281-6a

Jahnstraße 281-6a
Jungfernlachschneise 282-4b

Kalbschneise 281-1a
Kammereck 281-1b
Karl-Nahrgang-Straße 281-3c
Karlsbader Straße 281-2c
Kirchenrottweg 281-2c
Kirchstraße 281-6a
Kranichstraße (1) 281-3c
Krötseeschneise 254-6c
Kuhlachschneise 282-4d
Kurt-Schumacher-Ring 281-6c
Kurt-Tucholsky-Straße 281-6c

Lange Feldschneise 254-12b
Langener Straße 281-3c
Langer 282-4b
Leipziger Straße 281-6a
Lerchenweg (2) 281-3d
Lessingstraße 281-3d
Leukertsweg 281-2b
Lorsche 281-2d
Lorscher Zehnt 281-2d
Lutherstraße 281-2d
Luxhohlschneise 254-9d

Mainstraße 281-2d
Mainzer Straße 281-2d
Margaretenstraße 281-3c
Marie-Curie-Straße 281-6c
Meisenweg (4) 281-3d
Messeler Straße (10) 281-6b
Mitteldicker Allee 255-10b
Morgensternstraße 281-9a
Morgensternstraße (1) 281-9a
Mühlstraße 281-6a

Neues Land 281-1d
Neulandweg 281-1d
Niddastraße 281-2d
Nonnenwiesenweg (3) 281-2c
Nordendstraße 281-3c

Oberwiese 281-3d
Odenwaldstraße 281-5b
Offenthaler Schneise 282-7b
Offenthaler Straße 281-3c
Ostendstraße 281-3c

Querstraße (7) 281-3c

Rathausstraße 281-3c
Rheinstraße 281-3c
Ringelnatzstraße 281-6c
Rostocker Straße (14) 281-6a
Rottwiese (9) 281-6b

Schafhofstraße 281-3c
Schillerstraße 281-5b
Schleiderwiese 281-3c
Schlesier Straße 281-2c
Schulstraße 281-2d
Schwarzwaldstraße 281-5b
Siemensstraße 281-6c
Sofienstraße 281-3c
Steinweg 282-4a
Sudetenstraße 281-2c

Taunusstraße 281-2d
Theodor-Heuss-Straße 281-6c
Thüringer Straße 281-5b

Unterm Dorf (17) 281-2d

Vorm Lohe (15) 281-2b

Weedstraße 281-3c
Westendstraße 281-2d
Wiesenstraße 281-3c
Wingertsweg 281-3d
Wolfgang-Borchert-Straße 281-9a
Wolfsgartenschneise 255-10b
Wolfsgartenstraße 281-2c
Wolfsgrubenschneise 254-9d
Woogstraße 281-3c
Wüstenarmschneise 255-10c

Zehnt 281-2d
Zeisigstraße 281-3d

Eimsheim
PLZ 55278

Am Friedensplatz 353-7b
Am Pfaffengarten (2) 353-7b

Hauptstraße 353-7b
Hinterstraße 353-7b

Im Kuckuck 353-7b
In der Obenerde (3) 353-7b

Kanzlerstraße 353-8a

Mittelstraße 353-7b

Neubrunnenstraße 353-7b

Obergässchen (1) 353-7b

Sackgässchen 353-7b

Traminerweg 353-8a

Uelversheimer Straße 353-4d
Uelversheimer Weg 353-7b

Weinbergstraße 353-8a
Wintersheimer Straße 353-7b

Zum Hexelberg 353-8a

Eisighofen
PLZ 56370

Auf dem Stich 116-12d

Brückenstraße 116-12c

Feldstraße 116-12c

Gartenstraße 116-12c

Hauptstraße 116-12a

Im Artal 141-1b

Mühlgasse 116-12c

Oberstraße 116-12c

Unterstraße 116-12c

Elbtal
PLZ 65627

Am Waldsaum 39-3a
An der Kirche 39-3a
Auf'm Strüthgen 39-3a

Bei der Waldschule (2) 39-3c
Blankenseifen 39-3c
Bornweg 39-3a

Gestüt Anita 39-3c

Hauptstraße 39-2b
Heidenhäuschenstraße 39-3a
Heuchelheimer Mühle 39-1b
Hubertushof 39-1b

Im Buchholz 39-3a
Im Kirchrain 39-2b
Im Oberfeld 39-3a
Im Rehgarten 39-3c
Im Wossak 39-3c
In den Glockenstücken 39-3c
In den Seifen 39-2b
In der Atzelheck 39-3c

Oberstraße 39-3a
Ohlenrod 39-3c

Rosenstraße 39-3a

Schulstraße 39-2b

Über dem Jungen Holz 39-3c
Über der Heide (1) 39-3d

Wiesenstraße 39-2b
Wildhaider Weg 39-3c

Zum Schulwald 39-2a
Zum Sportplatz 39-3a

Elsenfeld
PLZ 63820

Adam-Zirkel-Straße (7) 342-7d
Ahornstraße 342-12d
Allensteiner Straße (12) 342-10a
Am alten Brunnen 343-8b
Am alten Feuerwehrhaus (4) 342-7d
Am Berg 342-12d
Am Blumenberg 343-10c
Am Dammshof 342-7d
Am Dillacker 343-8b
Am Eichelsberg 343-5c
Am Hang 342-12d
Am Holzplatz (15) 342-7c
Am Kesselhaus (16) 342-7c
Am Knabenweg 342-7a
Am Kobenrain 342-7d
Am Mühlweg 342-7d
Am Roten Rain 342-12a
Amselweg 342-7b
Am Sonnenberg 343-8b
Am Stachus 342-10a
Am Triebweg 342-7d
Am Wetterspiel (9) 342-10b
An der Herkertmühle (5) 342-7d
An der Krämershecke (1) 343-8a
An der Spessartbahn (10) 342-10b
Antoniusstraße 342-12d
Armbergsweg 342-12c

Bahnhofstraße 342-7c
Barbarastraße 343-8a
Barbara-Weigand-Straße (3) 342-12d
Bayernstraße 343-8a
Bildstraße 342-7c
Birkenstraße 342-4d
Brentanostraße 342-7b
Brunnenstraße 343-8a
Buchrain 342-12d
Bussardstraße 342-7b

Dammsfeldstraße 342-10a
Drosselweg 342-7b

Eichelsbacher Weg 342-8a
Eichenweg 342-7a
Elbinger Straße 342-10a
Elsavatalstraße 342-12a
Elsenfelder Straße 343-7b
Emil-Hartig-Straße (4) 342-12d
Erlenbacher Straße 342-10c
Erlenweg 342-7a

Falkenstraße 342-7b
Faserplatz 342-10c
Fichtenweg 342-7a
Finkenweg (6) 342-7b
Forstweg 342-7c
Frankenstraße 343-8a
Friedhofstraße 342-7b
Fröbelstraße 342-10b
Frühlingsstraße (2) 342-7a

Gartenstraße 342-12d
Gattenweg (17) 342-7c
Gertrudstraße 342-7b
Glanzstoffstraße 342-10a
Goethestraße 342-7b
Gregor-Mendel-Straße 342-7b

Habichtweg 342-7b
Hauptstraße 342-7c
Himmelthal 369-1b
Hobbacher Weg 343-8b
Höhenstraße 343-8a
Hoffeldstraße 342-12c
Hofstetter Straße 342-7b

In der Au 342-12d
Insterburger Straße 342-10a

Jahnstraße 342-7d
Josef-Zengel-Straße 342-7b

Karl-Ballmann-Straße 342-8a
Kilianistraße 342-7d
Kirchgasse 342-12d
Kleinwallstädter Straße 342-7b
Knabenweg 342-7a
Königsberger Straße 342-10a
Kolpingstraße 342-7d
Kreuzfeldring 342-11b

Lärchenweg 342-7a
Lessingstraße 342-7b
Lindenstraße 342-7a
Lukasstraße 342-7d

Marienburger Straße (13) 342-10a
Marienstraße 342-7c
Marktplatz (3) 342-7d
Mechenharder Straße 342-12d + 368-3a
Meisenweg (5) 342-7b
Memeler Straße (14) 342-10a
Mörikestraße (1) 342-7b
Mühlweg 342-7d

Nebengasse (1) 342-7a
Neuhof 369-2c
Nordring 342-4d

Obere Höhe (2) 343-8a
Oberkreuzfeld (1) 342-12a
Odenwaldstraße 342-10a
Ostring 342-7b

Pfarrer-Keith-Straße 342-7d
Pfarrer-Rudolf-Straße (8) 342-7b
Privatstraße 342-4d

Rathausstraße 342-7a
Reichertstraße 342-12d
Rhönstraße 342-10a
Richard-Wagner-Straße 342-7b
Riethstraße 342-7c
Ringstraße 343-8a
Robert-Hofmann-Straße 342-8a
Röntgenstraße 342-7b
Rosenstraße 342-7c
Roßbacher Weg 343-8a
Rücker Straße 342-7b

Sägewerkstraße (6) 342-7d
St.-Pius-Straße 342-12d
Schillerstraße 342-7b
Schippacher Straße 342-12d
Schlesierstraße 342-7c
Schönbornstraße (2) 342-12d
Schützenhausstraße 342-8a
Schulpfad 343-8a
Schulstraße 342-7d
Schwalbenweg (3) 342-7b
Sommerauer Weg 343-8a
Spechtweg (4) 342-7b
Spessartring 342-10b
Spessartstraße 342-10b
Starenweg (2) 342-7b
Steinerne Ruhe 342-8c
Sudetenstraße 342-7c

Tannenberger Straße 342-10a
Taunusstraße 342-10b
Tilsiter Straße (11) 342-10a
Toni-Schecher-Straße 342-12a
Tränkfurtsgraben 342-9c
Triebweg 342-7b
Tulpenstraße 343-8a
Turmstraße 342-7d

Ubaldstraße 342-7b
Ulmenstraße 342-7b
Umgehungsstraße 342-10b
Untere Höhe 343-8a
Unterer Roter Rain 342-12a
Unterkreuzfeld 342-12a

Vordere Hart 342-7b

Waldstraße 342-12c
Weinbergsweg 342-12d
Wiesenweg 342-12d
Wilhelm-Klug-Straße 342-7b

Zwischen den Wegen 342-4d

Eltville am Rhein

65343 Adelheidstraße 220-10d + 246-1b
65343 Adolfstraße 220-10d
65346 Ahornstraße 245-3b
65346 Albrechtstraße (7) 245-3d
65343 Albusstraße 220-11d
65345 Alte Chaussee 220-4d
65343 Altes Forsthaus 219-9b
65347 Am Grabenfeld 245-4b
65343 Am Grimmen 220-11d
65343 Am Hanach 220-11c
65343 Am Langenstück 220-11d
65343 Am Markt (18) 246-2a
65343 Am Mühlbach 220-10d
65346 Am Rothenberg 245-1b
65343 Am Sonnenglück 220-11d
65344 Am Steinberg 220-8b
65343 Am Sülzbach (33) 220-11c
65345 An der Lehmkaut 220-4b
65347 An der Ruh 245-1d
65346 Andreasgasse (8) 246-1c
65345 Antoniusgasse 220-4d
65343 Arndtweg (6) 220-11c
65346 Auf dem Bubenberg 245-3a
65343 Auf dem Steinchen (10) 220-11c
65345 Auf der großen Straße 220-1d
65347 Auf der Irrlitz 245-1d
65343 Auf'm Acker 220-7d
65347 Auweg 245-5a

65346 Bachhöller Weg 245-3a
65343 Bahnhofstraße (29) 246-2a
65346 Bahnhofstraße (Erbach) 245-3b
65343 Balduinstraße 220-11c
65343 Bochtcrmünzctraßo (14) 246-1b
65347 Bergweg (Hattenheim) 245-4b
65343 Bergweg (Rauenthal) 220-4d
65346 Berliner Straße 246-1c
65343 Bertholdstraße 246-1b
65346 Birkenstraße (2) 245-3b
65344 Bleichweg (6) 220-8a
65343 Blücherstraße 220-11c
65346 Bockshöll 245-3c
65346 Boden 246-1a
65345 Bornweg 220-4b
65347 Boxberger Pfad 245-1d
65343 Brändströmstraße 220-11c
65343 Bunkenweg 220-11d
65347 Burggraben 245-5a
65343 Burghofstraße 246-2a
65343 Burgstraße 246-2a
65343 Buschweg (2) 220-11c

65343 Crevestraße 220-11c

65343 Dammgäßchen (26) 246-2a
65347 Dekan-Schumann-Straße (7) 245-5a
65346 Domäne Neuhof 219-10d
65346 Domäne Steinberg 219-10b
65343 Domherrngäßchen (19) 246-2a
65343 Draiser Hof 246-1c
65346 Draiser Weg 246-1a
65347 Dyckerhoffstraße (1) 245-1d

65346 Eberbacher Straße (Erbach) 245-3a
65343 Eberbacher Straße (Hattenheim) 245-5a
65344 Eichbachweg (3) 220-8a
65343 Eichendorffweg (5) 220-11c
65347 Eisenbahnstraße 245-4b
65343 Elisabethenstraße 220-10d
65343 Ellenbogengasse (20) 246-2a
65346 Eltviller Landstraße 246-1a
65347 Erbacher Landstraße 245-5a
65343 Erbacher Straße 246-1b

65343 Feldstraße 220-11c
65347 Fischergasse (14) 245-5a
65343 Fontaneweg (7) 220-11c
65346 Franzeckystraße (3) 245-3b
65344 Frauensteiner Weg 220-8b
65343 Freienbornstraße 220-11d
65343 Freygäßchen 246-2a
65345 Friedhofsweg 220-4d
65343 Friedrichstraße 220-11c
65346 Friedrichstraße (Erbach) 245-3d

65346 Gaisgarten 219-7a
65343 Gartenstraße 220-11c
65346 Gartenstraße (Erbach) 245-3b
65345 Gartenstraße (Rauenthal) 220-4d
65343 Georg-Josef-Straße (13) 246-1b
65347 Georg-Müller-Straße (5) 245-5a
65343 Goetheweg 220-11c
65346 Goetheweg (Erbach) (10) 246-1c
65343 Grabengasse (22) 246-2a
65343 Grauburgunderstraße 220-10d
65343 Groosstraße 220-10d
65344 Große Hub 220-8d
65343 Gutenbergplatz 246-2a
65343 Gutenbergstraße 246-2a

65346 Hallgarter Straße (Erbach) 245-3a
65347 Hallgarter Straße (Hattenheim) 245-1d
65343 Hans-Josef-Müller-Straße 246-1b
65346 Hauptstraße (Erbach) 245-3d
65347 Hauptstraße (Hattenheim) 245-4b
65344 Hauptstraße (Martinsthal) 220-8a
65345 Hauptstraße (Rauenthal) 220-4d
65343 Hebbelweg (8) 220-11c
65344 Heimatstraße 220-8a
65346 Heimkehrerstraße (1) 245-3b
65343 Heineweg 220-11c
65343 Heinrich-Müller-Netscher-Straße (15) 246-2a
65343 Herberstraße 220-11c
65343 Hildegardisstraße (32) 220-11d
65347 Hinterhausenstraße (6) 245-5a
65343 Hochheimer Straße 246-1b
65346 Hohenrainstraße 245-3b
65343 Holzstraße 220-11c

65343 Im Kappelhof 246-1b
65344 Im Kleimettal 220-8a
65346 Im Klemenacker 245-3a
65343 Im Klümbchen 220-11d
65346 Im Krautacker 245-3b
65343 Im Krautgarten (9) 220-11c
65343 Im Marixgarten 246-1b
65344 Im Mühlberg 220-5c
65344 Im Mühlgarten 220-5c
65346 Im Pfarracker (15) 246-1a
65343 Im Setzling 220-10d
65343 Im Sterzel 220-11d
65347 Im Stiegel 245-4b
65345 Im Trenkenberg (1) 220-4b
65343 In der Kalbspflicht 220-11d
65345 In der Kohlheck 220-4b
65343 In der Sofienstraße 245-3b
65347 Interessentenweg 245-2c

65343 Jahnstraße 246-2a
65346 Jahnstraße (Erbach) 246-1c
65345 Jahnstraße (Rauenthal) 220-4b
65343 Jakobstraße (11) 220-11c
65346 Jakobstraße (Erbach) (6) 245-3b
65343 Josef-Hölzer-Straße 246-1d

65343 Kapellenstraße (12) 220-11c
65343 Karlstraße 220-10d
65343 Keilstraße 220-10d
65343 Kiedricher Straße 246-1b
65343 Kiedricher Straße (Rauenthal) 220-4d
65343 Kiliansring 246-2a
65343 Kirchgasse 246-2a
65345 Kirchgasse (Rauenthal) (2) 220-4d
65346 Kirchstraße (Erbach) 246-1a
65344 Kirchstraße (Martinsthal) 220-5c
65344 Kleimettaler Weg 220-5d
65344 Klingermühle 220-1d
65345 Kloderwand 220-4d
65346 Kloster-Eberbach-Straße 219-10b
65345 Klosterstraße 220-4b
65344 Kloster Tiefenthal 220-5c
65343 Kolpingstraße 220-11c
65347 Kornmarktstraße (8) 245-5a
65346 Kreuzstraße 246-1c

65345 Langegärten 220-4b
65343 Leergasse 246-2a
65347 Lehnstraße 245-1d
65343 Lehrstraße (5) 220-8a
65343 Leinpfad 246-2b
65346 Lessingweg (12) 246-1c
65346 Lindenstraße 245-3a
65343 Lönsweg (1) 220-11c
65346 Lohweg 245-3d

65343 Mälzereiweg (30) 246-2a
65343 Mariannenaue 245-6b
65343 Marienhöhe 245-3b
65346 Markt 245-3d
65343 Marktstraße (21) 246-2a
65346 Marktstraße (Erbach) 246-1c
65346 Markusstraße 245-3b
65343 Martinsgasse 246-2a
65345 Martinsthaler Straße 220-4d
65343 Matheus-Müller-Platz 246-2a
65343 Matheus-Müller-Straße 246-2a
65344 Miß-Grainger-Weg (7) 220-8a
65343 Mörikeweg 220-11c
65344 Mühlbergweg 220-5c
65347 Mühlpfad 245-1d
65343 Mühlstraße (Eltville) (23) 246-2a
65346 Mühlstraße (Erbach) (5) 245-3b
65346 Mühlweg 246-1a

65346 Nepomukplatz (14) 245-3d
65344 Neudorfer Straße 220-8a
65345 Neugasse 220-4d
65346 Neugasse (Erbach) 245-3d
65344 Neumühle 220-1b
65347 Neustraße 245-1d
65343 Neuweg 220-11c
65343 Nikolausstraße 246-1b
65346 Nußbaumstraße 245-3a

65344 Obere Kirchstraße (4) 220-8a
65346 Obere Kisselmühle 219-4c
65343 Oberwallufer Straße 220-12c

65347 Paulinengasse (4) 245-5a
65346 Peerenboom-Schutzhütte 218-5b
65343 Pestalozzistraße 220-11c
65343 Peter-Jordan-Weg 220-10d
65343 Petersweg (25) 246-2a
65347 Pfarrgasse (13) 245-5a
65343 Platz der Deutschen Einheit (31) 246-2a
65347 Platz von Arzens (12) 245-5a
65343 Platz von Montrichard 246-2a
65343 Posthof 220-11c
65346 Psychiatrisches Krankenhaus 219-11a

65346 Rathausstraße 245-3d
65345 Reitschulgasse 220-4d
65346 Rheinallee (Erbach) 246-1c
65347 Rheinallee (Hattenheim) 245-5a
65343 Rheinbahnstraße 220-12d
65345 Rheinblick 220-4d
65343 Rheingauer Straße 246-2a
– Rheinhöhenweg 193-12d
65346 Rheinstraße (Erbach) 246-1c
65347 Rheinstraße (Hattenheim) 245-5a
65343 Rieslingstraße 220-10d
65343 Rilkeweg 220-11c
65346 Ringstraße 245-3d
65343 Rohrbergstraße 220-11d + 246-2b
65343 Rosengasse 246-2a
65343 Roßpfad 246-2a
65344 Rothecker Straße 220-8a

65343 Scharfensteinstraße 220-10d
65344 Schiersteiner Straße 220-8a
65343 Schillerweg 220-11c
65346 Schillerweg (Erbach) (11) 246-1c
65344 Schlangenbader Straße 220-5a
65346 Schlesierstraße 246-1a
65343 Schlittstraße 246-1b
65343 Schlossergasse (27) 246-2a
65347 Schlossergasse (Hattenheim) (11) 245-5a
65346 Schloss Reinhartshausen 245-3d
65343 Schmiedegäßchen (17) 246-2a
65343 Schmittstraße (16) 246-2a
65347 Schützenhausstraße (2) 245-1d
65343 Schwalbacher Straße 220-11a
65343 Seppel-Leis-Straße 245-1d
65346 Sofienstraße 245-3b
65343 Sonnenbergstraße 220-11d
65343 Staatsweingut 220-7c
65343 Steingasse (24) 246-2a
65343 Steinheimer Hof 220-12c
65343 Steinheimer Straße 220-11d
65343 Stockbornstraße 220-11d
65343 Storchgäßchen (28) 246-2a
65343 Stormweg (3) 220-11c
65346 Strüth 245-3a
65346 Sudetenstraße 246-1a
– Sulzbachtalbrücke 220-10b

65346 Tannenstraße 245-3b
65346 Tannepädche (4) 245-3b
65343 Taubenbergstraße 220-11d
65343 Taunusstraße 220-11c
65346 Taunusstraße (Erbach) 245-3b
65344 Taunusstraße (Martinsthal) 220-5c
65345 Taunusstraße (Rauenthal) 220-4b
65346 Trostgäßchen (13) 245-3d
65343 Turmgäßchen 246-2a

65346 Uhlandweg (9) 246-1c
65346 Untere Kisselmühle 219-7a

65347 Viklor-Przybilla-Straße 245-1d
65343 Villa Rheinfried 220-12c
65343 Von-Itzstein-Straße (4) 220-11c
65343 Von-Vimeburg-Straße 220-11c
65345 Vor dem Kaltenborn 220-1d

65346 Wacholderhof 219-11a
65347 Waldbachstraße 245-1d
65343 Waldhohle 220-10b
65343 Waldstraße 220-11c
65343 Wallufer Straße 246-2b
65346 Weider Weg 245-1b
65343 Weinbergstraße 220-11c
65347 Weinbergstraße (Hattenheim) (9) 245-5a
65345 Weinbergstraße (Rauenthal) 220-4d
65343 Weinhohle 220-11a
65344 Wiesenstraße 220-8a
65343 Wiesweg 220-7d
65344 Wildsauplatz 220-8a
65343 Wilhelm-Kreis-Straße 220-10d
65343 Wilhelmstraße 246-2a
65347 Wilhelmstraße (Hattenheim) (3) 245-5a
65343 Wörthstraße 246-1b

65347 Zeilstraße 245-1d
65347 Zimmerstraße (10) 245-5a
65346 Zum Steinmorgen 245-3b

Elz
PLZ 65604

Adolfstraße 57-7c
Ahlbacher Weg 57-4d
Alexanderhof 57-4b
Alexanderstraße 57-7a
Alter Dietkircher Weg 57-8a
Alter Straßenberg 57-4c
Am Fleckenberg 57-7b
Am Güterplatz 57-7a
Am Hasslerbach 38-11c
Am Kissel 56-9b
Am Mehlpfuhl 57-7b
Am Musikantenring 57-7b
Am Nußbaum 57-4c
Am Offheimer Bach 57-4d
Am Ohlenberg 57-7a
Am Reiserberg 38-11c
Am Schönstein 56-9d
Amselweg (5) 57-8a
Am Steinernen Kreuz 57-7c
Am Südbahnhof 56-9b
An der Flurscheide 57-7c
An der Kleinen Seite 56-6a
An der Schleicherwies 56-6d
An der Steinbrecherwies 56-6c
Anlagenweg 57-4c
Auf der Offheimer Höhe 57-8a
Augustastraße 57-7c

Bachgasse 57-7a
Bahnhofstraße 57-7a
Beim Eichenpusch 56-6d
Bergstraße 57-4c
Birkenhof 56-9c
Birkenstraße 56-9b
Brötzenmühle 57-4a
Brötzenmühlenweg 57-4d

Cantor-Cuno-Weg 57-7b

Diersteiner Straße 57-7c

Eichenweg 38-11d
Eisenbahnstraße 57-7d
Elbestraße 56-6d
Elzer Anlage 57-4c
Emsstraße 56-6d
Erbacher Hof 56-9a
Erbachstraße 56-9b
Erbachtal 56-6d

Fasanenweg (3) 57-8a
Feldweg 56-6a
Finkenweg (4) 57-8a
Forstwiesring 57-8a
Frankenhang 56-9b
Freiherr-vom-Stein-Straße 56-9d
Friedhofstraße 56-9b
Friedrich-Ebert-Straße 56-6d
Friedrichstraße 57-7a

Gartenstraße 57-7c
Goethestraße 57-7c
Gräbenstraße 57-7a

Hadamaer Weg 56-2b
Hadamarer Straße 57-7a
Heckenstraße 38-11c
Heinrich-Eufinger-Ring 57-4d
Hinter dem Entenpfuhl 56-6c
Hinter den Eichen 56-6a
Hofackerweg 56-9b
Hof Eichenbusch 56-6b
Hofmannstraße 57-7a
Hohe Straße 38-11c + 56-2b
Hubertusstraße 38-11c

Im Entenpfuhl 56-6c
Im Gäuchen 57-4d
Im Grün 56-6d
Im Kinnchesahlen 56-6d

Jahnstraße 57-7c
Johann-Mechtel-Straße 57-4d

Kapellenstraße 38-11c
Kaspar-Schwan-Straße 57-4d
Keltenweg 56-9d
Kolpingstraße 56-9d
Kurtrierische Straße 57-7c
Kurtrierring 57-7c

Lahnstraße 57-4c
Langgasse 57-7a
Lattengasse 56-6d
Lehrgasse 57-7a
Limburger Straße 57-7a
Lindenstraße 56-9b
Lubentiusstraße 57-7a
Luisenstraße 57-7c

Martinsfund 56-4b
Mittelfeldstraße 56-9b
Mittelfeldweg 56-9b
Mordschauweg 56-2a
Mühlstraße 57-7a

Nassauischer Ring 57-8a
Neubaugebiet Fleckenberg 57-5c
Neue Mühlstraße 57-7a
Neumühle 57-7b
Neun-Morgen-Hof 56-6b

Oberdorfstraße 57-7a
Obererbacher Straße 38-11c
Oderstraße 57-4c
Offheimer Straße 57-7a
Onesimastraße 57-7c
Oranienstraße 56-9d

Paul-Blättel-Weg 56-9b
Pehlstraße 56-9b
Pestalozzistraße 56-9d
Pfortenstraße 57-7a

Quarzweg 56-9b

Rathausstraße 57-7a
Raubleh 56-9b
Robert-Koch-Straße 56-9d
Roterd 57-7b
Rupbachweg 56-9b

Sandweg 56-6a
St.-Johannes-Ring 57-4c
Schäferstraße 57-7a
Schillerstraße 57-7c
Schmidtstraße 56-9b
Schönaustraße 57-7c
Schulstraße 57-7a
Schwester-Ludwiga-Straße 57-8a
Silikaweg 57-4c
Springstraße 57-7b
Staffeler Weg 57-7c
Sudetenstraße 57-7c

Theodor-Blank-Straße 57-8a

Valentinstraße (1) 57-7a
Verdelmannstraße 57-4c
Viktoriastraße 57-7c
Vor den Eichen 56-6a

Wachheckenberg 56-9b
Walderdorffstraße (2) 57-8a
Waldhof 56-6c
Waldstraße 56-2a
Weberstraße 56-6c
Weserstraße 56-6d
Westerwaldstraße 57-4c
Wiesenstraße 56-9b
Wilhelm-Geis-Straße 57-7b
Wilhelmstraße 57-7a

Zu den Gasehecken 56-6a

Engelstadt
PLZ 55270

Am Mühlgraben 297-5d
Am Pfortenacker 297-5c
Am Römer 297-5d
Am Sportfeld 297-5d
An der Kirchpforte 297-5c

Backhausgasse (4) 297-5c
Bismarckstraße 297-5c
Brunnenweg 297-5c
Bubenheimer Straße 297-5c

Gartenstraße (5) 297-5c
Grabengasse (3) 297-5c

Hauptstraße 297-5c
Hausener Straße (1) 297-5d
Hochstraße 297-5c

Im Dorfgraben 297-5c
Im Kelterhaus 297-5c
Im Mittel 297-5c

Jugenheimer Straße 297-5c

Kirchgasse (6) 297-5c

Mainzer Weg 297-6b

Neubaugebiet „Am Pfortenacker" 297-5c
Nieder-Hilbersheimer-Straße 297-5a

Raiffeisenstraße 297-5d

Schild 297-4d
Schillerstraße 297-5c
Schmittpforte 297-5c

Untergasse (2) 297-5c

Weinbergstraße 297-5c

Ensheim
PLZ 55232

Alzeyer Straße 350-4d
Am Brunnen (4) 350-4b
Am Kachelberg 350-4b
An der Eiche (5) 350-4b

Bahrenweg (8) 350-4b

Gartenfeldstraße 350-4d

Hahnengasse (3) 350-4b
Herrgasse 350-4b

Kaiserstraße 350-7b
Kirchgasse (2) 350-4b

Mainzer Straße 350-4b
Mittelgasse (9) 350-4b

Neugasse 350-4b

Obergasse 350-4b
Oberwiese 350-4d

Pfortenstraße 350-4b

Rommersheimer Weg 350-4b

Schlaggasse (6) 350-4b
Schloßhügel (1) 350-4b
Spiesheimer Weg 350-4b

Talackerweg 350-4b

Untergasse (7) 350-4b

Wiesengasse 350-4b
Wörrstädter Straße 350-4b

Eppertshausen
PLZ 64859

Abteischneise 285-7a
Abteistraße 284-9a
Albrecht-Dürer-Straße 284-9c
Alte Grenzschneise 284-8c
Am kleinen Wäldchen 284-6c
Am Lerchesberg 284-9a
Am neuen Graben 285-7c
Am Sägewerk (9) 284-9a
Am Spielplatz 284-9a
Auf dem Ruppels 284-9c
Auf der Bayerswiese 284-9b
Auf der Stehwiese 284-9d
Auf der Wilze 284-9d

Babenhäuser Straße 284-9d
Bahnhofstraße 284-9c
Beethovenstraße 284-9a
Berliner Straße 284-9a
Birkenweg (5) 284-9a
Bonhoefferstraße 284-9b
Boppenschneise 284-8c
Brüchelswiesenschneise 284-6d
Brückenstraße 284-9d
Buchenhügelschneise 283-8b
Buchenweg (4) 284-9b
Büssingstraße 284-8b

Dieburger Straße 284-9d

Eichenweg (3) 284-9b
Einsteinstraße 284-8b
Eisenbornschneise 283-8d
Erlenbruchschneise 285-4a

Feldschneise 284-11a
Feldstraße 284-9c
Forstmeisterschneise 284-7c
Franz-Gruber-Platz 284-9d
Friedensstraße (10) 284-9a
Friedhofstraße 284-9c
Friedrich-Ebert-Straße 284-9a
Fuchsbauschneise 283-9d

Gartenstraße 284-9c
Georg-Büchner-Straße 284-9a
Geschwister-Scholl-Straße 284-9d
Gewerbegebiet Ost I 285-7c
Gewerbegebiet Ost II 285-7b
Gewerbegebiet West 284-9c
Goerdelerstraße 284-9d
Goethestraße 284-9a

Händelstraße 284-9a
Hauptstraße 284-9a
Heinz-Herbert-Karry-Straße (12) 284-9d
Hellwiesenschneise 283-8b
Herdseeschneise 285-4a
Himmelschneise 284-6d
Hohe Straße 284-7a
Hüttenstraße 284-9c

Im Birkes 284-9a
Im Bubenstall 284-9b
Im Failisch 284-9b
Im Kreuzbruch 284-9a
Im Müllersgrund 284-9c
Im Niederfeld 284-9a
Im See 284-9a
Im Weißenfeld 284-8b
Im Weißen Holz 285-7c
Im Winkelsgarten 284-9c
Im Wüstfeld 284-9b

Jahnstraße 284-9c
Johannishof 284-6c
Johann-Sebastian-Bach-Straße 284-9a
Julius-Leber-Straße 284-9d

Käthe-Kollwitz-Straße 284-9d
Kapellstraße 284-9c
Kettelerstraße 284-9a
Klöpperschneise 283-8a
Kolpingstraße 284-9b
Konrad-Adenauer-Straße 284-9a
Kosakenschneise 283-9d
Kratzerottschneise 285-4c
Kurt-Schumacher-Straße 284-9b

Lessingstraße 284-9a
Lindenweg (2) 284-9b

Maximilian-Kolbe-Straße 284-9b
Max-Planck-Straße 285-7c
Mierendorffstraße 284-9b
Mozartstraße 284-9c

Nieder-Röder-Straße 284-9c

Ober-Röder-Straße 284-9a
Oberwaldschneise 284-8a
Oberwaldstraße 284-9c
Odenwaldring 285-7a
Otto-Hahn-Straße 285-7b

Pater-Delp-Straße 284-9d

Rhönstraße (13) 285-7a
Richard-Wagner-Straße (8) 284-9a
Ringstraße 284-9c
Röntgenstraße 284-8b
Rößdörfer Schneise 283-9c

Sandweg 284-9a
Schillerstraße 284-9a
Schmillenbruchschneise 283-5d
Schubertstraße 284-9a
Schulstraße 284-9c
Schumannstraße (7) 284-9a
Seligenstädter Schneise 284-9b
Sellbornschneise 283-8b
Siemensstraße 284-8b
Spessartstraße 285-7a
Steinweg 283-8b
Sudetenstraße 284-9a

Tannenweg (1) 284-9b
Taunusstraße 285-7a
Theodor-Heuss-Straße 284-9d
Thomashütte 284-7d
Thomashüttenschneise 283-9a
Tupperstraße 284-8d

Urberacher Straße 284-8b

Waizenbornschneise 283-8b
Waldesruh 284-8c
Waldstraße 284-9c
Weißdornweg (6) 284-9a
Wiesenstraße 284-9c
Wilhelm-Leuschner-Straße 284-9b
Willy-Brandt-Straße 284-9d

Eppstein
PLZ 65817

Adolf-Guckes-Weg (7) 173-10a
Albert-Schweitzer-Straße 172-11a
Alter Fischbacher Weg 173-10b
Alter Weg (4) 172-2d
Alter Wellbachweg 173-10a
Alte Schulstraße 172-11d
Altkönigblick 172-11c
Altkönigstraße 172-9d

Am Borbig 172-3c
Am Bornwald 172-9c
Am Brühl 172-3c
Am Bündelberg 172-9c
Am Dattenbach 172-9c
Am Dornbusch 172-9b
Am Eibenhang (11) 172-11d
Am Eschenhang (12) 172-11d
Am Forsthaus (8) 173-10b
Am Hain (9) 172-11d
Am Heiligenwald 172-12b
Am Heinzberg 173-10a
Am Herrngarten 172-12b
Am Herzhain 172-9d
Am Hirtengraben (2) 172-8a
Am Holderbusch 172-9d
Am Honigbaum 172-8a
Am Hopfenstück 172-8c
Am Josbach (3) 172-8a
Am Kamm 172-7b
Am Kiefernhang (17) 172-11c
Am Königsbachtal 172-11d
Am Königsberg 172-11c
Am Lindenhof (4) 172-12b
Am Quarzitbruch 172-10a
Am Sandstein 172-10a
Am Steinberg 172-2d
Am Vogelgesang 172-11c
Am Wasserbaum (6) 172-8c
Am Weidenbusch (10) 172-11d
Am Wellgarten 172-11a
Am Wörbes 172-3c
Am Woogberg 173-10a
An den Kirchenäckern (7) 172-11c
An den Lärchen (15) 172-11d
An der Embsmühle 172-9a
An der Guldenmühle 172-7c
An der Hohl (9) 173-10b
An der Mohrsmühle 172-9c
Auf dem Bienroth 173-7c
Auf dem Hecken 172-11b
Auf dem Wingertsberg 173-10a
Auf der Lück 172-9d
Auf der Zeil (2) 172-2d
Ausiedlerhof Reiterhohl 172-7d

Bahnstraße 172-8c
Bergstraße 172-9d
Bezirksstraße 172-8c
Birkenweg 172-9d
Borngasse (7) 172-2d
Bornstraße 172-11c
Buchenweg 172-9d
Burg Eppstein 173-10a
Burgstraße 173-10c
Burkhardweg 173-10b

Cuntzstraße 173-10a

Dattenbachstraße 172-2d
Dattenbachweg 146-11a
Dattenbergweg 146-11a
Dietrich-Bonhoeffer-Weg (1) 172-11a

Eberlestraße 172-9d
Eichenweg 172-9d
Embsmühle 172-9a
Embsmühlweg 172-6c
Eppenhainer Straße 172-11b
Eppenhainer Weg 173-7c
Eppsteiner Straße 172-8a

Feldbergblick 172-11c
Feldbergstraße 172-3c
Fischbacher Straße (10) 173-10b
Fischbachtal 173-10b
Forellenhof 172-2b
Forsthausweg (1) 172-8a
Forstwiese 173-10b
Freiherr-vom-Stein-Straße 172-11a
Freiherr-von-Ickstatt-Straße 172-9d
Friedrich-Ebert-Straße 173-10a
Friedrichstraße 172-11d

Gartenstraße 172-8a
Gimbacher Straße 173-10b
Ginsterweg (16) 172-11c
Goethestraße 172-11a
Goldbachstraße 172-12b
Grabenstraße (4) 172-11b
Gräfliche Straße 172-2d

Hainbuchenstraße (5) 172-11d
Hainkopfstraße 172-9b
Hainweg 172-7d
Haselberg 172-8c
Hasenborn (3) 172-12b
Hauptstraße 172-9c
Haus Waldburg 172-12a
Hebelstraße 172-11c
Heinrich-Heine-Straße 173-10a
Hellmersgarten (3) 172-2d
Hessenmühle 172-6a
Hessenring 172-11a
Hintergasse (12) 173-10c
Hof Häusel 172-12a
Hof Hubertus 172-8d
Hollergewann 172-8c
Holunderweg 172-8c

Im Birkenhain (18) 172-11c
Im Hirtengarten 172-9c
Im Kirschgarten 172-9d
Im Rehwinkel 172-12b
In den Amtmannswiesen (14) 173-10d
In der Müllerwies 173-10b
In der Reiterhohl 172-7d
In der Steinbach 172-9a

Jahnstraße 172-9c

Kantstraße 172-11a
Kirchenpfad (2) 172-9d
Kirchgasse 172-7b
Kirchhofsgewann (5) 172-8c
Köhlerweg 146-10d
Königsteiner Straße 172-3c
Kohlgrube (5) 172-2d
Kreuzheck 172-8a
Kurfürstenstraße 172-8a
Kurmainzer Straße 173-10a

Langenhainer Straße 173-10d
Langstraße 172-2d
Lenzhahner Weg (1) 172-2d
Lessingstraße (2) 172-11a
Lindenkopfstraße 172-2d
Lindenweg 172-9d
Lorsbacher Straße 173-10d

Masurenweg 172-11a
Mendelssohnstraße 173-10a
Mittlerer Heinzbergweg (5) 173-10a
Mohrsmühle 172-9a
Mühlweg (8) 172-3c
Münsterer Weg (13) 173-10d

Nassauer Straße 172-8a
Nauroder Straße 172-10b
Neugasse 172-11c
Niederjosbacher Straße 172-8c
Nonnenwaldstraße 172-2d
Nonnenwaldweg 146-10b

Ober dem Staufenweg 173-10d
Oberer Lindenweg 172-9d
Obergasse 172-8a
Oranienstraße 172-8a

Pfarrer-Reuter-Straße 172-9d
Pommernring 172-11a
Poststraße (11) 173-10c
Prinzengraben (19) 172-11a

Rathausweg (6) 172-2d
Robert-Koch-Straße 172-11a
Rödelbergweg 173-10c
Rossertblick 172-11c
Rossertstraße 173-10a
Rossertweg 172-9d

Sachsenring 172-11a
Sachsweg 146-11c
Salzhaus 199-2a
Schäfergasse (6) 172-11d
Schillerstraße 172-11a
Schloßborner Straße 172-2b
Schützenstraße (3) 172-11a
Schulstraße 172-8c
Silberbachstraße 172-3c
Staufenblick (8) 172-11c
Staufenstraße 173-10b
Steinweg 172-11a
Steinwiesenweg 172-12b
Stolbergstraße (6) 173-10a

Talblick 172-2d
Taunusblick 172-11c
Taunusstraße 172-9c
Theodor-Fliedner-Weg 172-12d
Tiefer Weg 172-12a

Unter den Buchen (14) 172-11d
Unter den Ulmen (13) 172-11d
Untergasse 173-10c

Valterweg 172-10d
Vor dem Thor 172-2d

Waldallee 172-11c
Waldlehrpfad 198-2b
Waldstraße 172-3a
Weingasse 172-9d
Wernerplatz 173-10a
Wiesbadener Straße 172-10d
Wiesenstraße 172-11d
Wilhelm-Reuter-Straße 172-11c
Wörbesgarten (9) 172-3c

Zeilring 172-8a
Zum Blauen Stein 172-3c
Zum Kohlwaldfeld 172-9d
Zum Zimmerplatz (4) 172-8a
Zur alten Schmiede (1) 172-9c
Zur Bergstraße (5) 172-9d

Erbes-Büdesheim
PLZ 55234

Aulheimermühlen 348-12d

Erlenbach am Main
PLZ 63906

Adalbert-Hein-Weg 368-4d
Adam-Zöller-Straße (17) 368-4d
Albin-Schäfer-Straße 369-4c
Altdorfstraße 368-4c
Altwiesenring 368-4b
Am Aurain 367-6b
Am Bannholz 368-9c
Am Brückensteg 368-4c
Am Dornbaum 367-6b
Am Flürchen 368-4d
Am Frohnacker 367-6b
Am Gewanne 368-4c
Am Hang 368-4b
Am Hüterchen 368-9b
Am Lerchenrain 368-4a
Am Mainbogen 367-6b
Am Schutzhafen 367-3c
Am Sonnenberg 368-9a
Am Sportplatz 368-8b
Am Stadtwald 368-5a
Am Steinbusch 368-9a
Am Steingarten 369-4a
Am Streitberg 369-4a
Am Viktoriaheim 367-3d
Am Wieselsweg 368-4c
An der Bilz 368-5c
An der Froschwiese 368-9a
An der Hub 367-6b
An der Schlucht 368-8b
Anne-Frank-Straße (8) 368-4c
Auf der Höh 369-4c
August-Pfeffer-Straße 368-9a

Bachstraße 368-4a
Bahnhofsplatz 368-4c
Bahnstraße 368-4c
Barbarossastraße 368-4c
Bayernstraße 368-4b
Beim Kleidstein (1) 368-4a
Bergweg 368-4d
Berliner Straße 368-4c
Birkenweg 368-1d
Blumenstraße 368-9c
Bodelschwinghstraße 367-6b
Brückenstraße 368-4c
Brunngasse 368-9a
Buchenweg (4) 368-4b
Burgunderweg (6) 368-4b

Dr.-Aloys-Schmitt-Straße (14) 368-4c
Dr.-Herrmann-Straße 367-6b
Dr.-Jordan-Straße 367-3b
Dr.-Robert-Koch-Straße 368-4b
Dr.-Strube-Platz 367-6b
Dr.-Vits-Straße 368-4c
Dreispitzweg 367-3d
Dürerstraße 367-6b

Ebertsweg 369-4a
Elsenfelder Straße 368-1a
Erich-Korn-Straße 368-9a
Erlenbacher Weg 368-6b
Erlenweg 368-4d

Fasanenweg 368-4b
Feldgartenweg 368-9c
Flurweg 368-4d
Forstweg 368-1d
Frankenstraße 368-4d
Franz-Bardroff-Straße 368-4c
Franziskuspark 369-4a
Friedenstraße 367-6d
Friedhofsweg 368-4d
Friedrich-Dessloch-Straße (10) 368-4d
Fr.-J.-Schellenberger-Straße (12) 368-4d
Fröbelstraße 367-6b
Frühlingstraße 367-6a

Gartenstraße 367-6d
Georg-Dittel-Straße 368-4c
Geschwister-Scholl-Straße 368-1c
Gewerbegebiet Straßenäcker 367-6b
Glanzstoffstraße 342-10c
Goethestraße 368-4c

Häckerweg 368-4a
Hans-Sachs-Straße 368-4c
Hasenäcker 368-6d
Hauptstraße 368-4c
Hinter den Straßenäckern 368-4a
Hirtenweg 367-6b
Hofackerstraße 368-9c
Hohbergstraße 368-4d

Im Neurod 368-5c
In den Hesnern (2) 368-4a

Jägergasse 368-9a
Jahnstraße 368-8b
Johannesstraße 369-4c
Josef-Fuchs-Straße 369-4a
Justin-Kirchgäßner-Straße (16) 368-4d

Käthe-Kollwitz-Straße (9) 368-4c
Kettelerstraße 367-6d
Kiefernweg 368-1d
Kirchplatz 369-4a
Klingenberger Straße 368-4d
Königsberger Straße 368-9c
Kolpingstraße 367-6b
Kornblumenweg (5) 368-4b
Krankenhausstraße 368-4b

Lacheweg 368-4d
Landskroner Straße 368-9c
Lichte Eiche 368-1c
Liebigstraße 367-6b
Lindenstraße 367-6b

Mainhausener Straße 367-6b
Mainstraße 368-7a
Martin-Henkel-Platz 368-9a
Martin-Luther-Platz 368-4c
Mechenharder Straße (Erlenbach) 368-4d
Mechenharder Straße (Mechenhard) 368-8b
Mechenharder Straße (Streit) 368-6d
Mergelstraße 367-6d
Miltenberger Straße 368-4a
Mozartstraße 367-6b
Müllersweg 368-9c
Münchner Straße 368-4a

Oberer Forstweg 368-1d
Odenwaldstraße 367-6d

Parkstraße 342-10c
Paulstraße 369-4c
Pestalozzistraße 367-6b
Pfalzstraße 368-4b
Pflugsteinweg (3) 368-4a
Pfützenäcker 368-4a
Philipp-Grimm-Straße 368-4d

Räuschlingweg 368-4a
Rathausstraße (11) 368-4c
Rhönstraße 368-4c
Rieslingweg 368-4a
Röderweg (13) 368-4c
Rosenstraße 367-6d

Saarlandstraße 368-4b
Sandrain 368-1c
Sauerwiese 369-4c
Schäfergasse 368-9a
Schafäckerweg (1) 368-9a
Schillerstraße 368-4c
Schippacher Straße 368-9a
Schlesienstraße 368-4b
Schmachtenberger Straße 369-4c
Schulstraße 368-9a
Schwabenstraße 368-4b
Schwimmbadweg (15) 368-4d
Seeweg 368-4d
Siedlerweg 367-6b
Silvanerweg (7) 368-4b
Spessartstraße 367-6d
Streiter Straße 369-4a
Sudetenstraße 368-4b
Südstraße 342-10c

Uferrain 367-3b
Urbanusring 368-4b

Waldstraße 367-6b
Weinbergstraße 368-9c
Wiesenstraße 368-8b
Winzergasse 368-8b

Zürichseestraße 368-4b
Zum Geyersberg 368-8b

Erlensee
PLZ 63526

Altenburgstraße (26) 183-7c
Alter Dorfweg 183-4a
Am Bruchacker 183-4d
Am Burggraben (19) 183-7b
Am Erlenpark 183-4c
Am Faulgraben 183-4d
Am Gänseweiher (27) 183-4d
Am Haspel (4) 183-4a
Am Heidegraben 183-7c
Am Hochwasserdamm 183-8a
Am Kaiserfeld 183-11a
Am Kreuzweg 183-1d
Am Kreuzweiher 183-7a
Am Langwasser 183-7a
Am Rathaus 183-4c
Am Römerbad 183-7c
Am Seegarten 183-7b
Am Wasserwerk 183-5c
An der Dornhecke 183-4b
An der Gende (25) 183-7b
An der Kläranlage 183-7c
An der Sandwiese (28) 182-9b
An der Wasserburg 183-7b
An der Wüstung 183-7a
Anne-Frank-Straße 183-4d
Auf dem Hessel 183-4c
Auf dem Linnes 183-2a
Auf der Beune 182-6b
August-Bebel-Straße 183-4a

Bachstraße 183-7a
Bahnhofstraße 183-7b
Beethovenstraße 183-7a
Bei den Tongruben 183-2a
Bergstraße 183-4a
Bergwiesenhof 183-1d
Biggleswadestraße 183-1c
Birkenweg 183-4c
Bleichstraße 183-4a
Bogenstraße 183-4a
Brahmsstraße 183-7b
Brehmstraße (8) 183-4b
Breulstraße 183-4a
Bruchköbeler Straße 182-6b
Brucknerstraße (17) 183-7a
Brückenstraße 183-8a
Brüder-Grimm-Straße (11) 183-4b
Brunnenstraße 183-4a
Buchenstraße (16) 183-7a
Bürgerstraße 183-4a

Carl-Benz-Straße 183-7a

Dammstraße 183-4d
Dieselstraße 183-7a

Eichenstraße (15) 183-7a
Enge Gasse 183-4a
Erich-Kästner-Weg 183-4b
Erlenstraße 183-7a
Eugen-Kaiser-Straße 183-4a

Fallbachstraße 183-4c
Feldstraße 183-7a
Festplatz 183-4d
Fichtenstraße 183-7a
Freiherr-vom-Stein-Straße (1) 183-4a
Freiligrathstraße (5) 183-4a
Friedensstraße 183-4a
Friedrich-Ebert-Straße 183-4a
Friedrich-Stoltze-Weg 183-4b
Friedrichstraße 183-4c
Fröbelstraße 183-4a

Gartenstraße 183-7b
Geibelstraße (9) 183-4b
Gelbe Loh 183-4c
Georg-Büchner-Straße 183-7b
Geschwister-Scholl-Straße 183-4b
Gewerbegebiet Fliegerhorst Langendiebach 182-6c
Goethestraße 183-4b
Grimmelshausenstraße 183-4b
Grüner Weg 183-4d
Gustav-Hoch-Straße 183-4c

Händelstraße (18) 183-7a
Hainstraße 183-7a
Hanauer Straße 183-4c
Hattergasse 183-7b
Hauptstraße 183-7b
Heinrich-Böll-Weg 183-4b
Heinrich-Heine-Straße 183-4b
Hermann-Hesse-Weg 183-4b
Herrngartenstraße (22) 183-8a
Herrnhofstraße (23) 183-8a
Hochwasserdamm 183-4d
Hopfenstraße (7) 183-4a

Im Auenring 183-7a
Im Gereit 183-4d
In den Reußergärten 182-6b
In der Gelbwiese 183-4c
Industriestraße 183-4a

Jahnstraße (2) 183-4a
Jakobstraße (24) 183-7b
John-F.-Kennedy-Straße 182-9b

Käthe-Kollwitz-Weg (13) 183-4b
Kantstraße 183-4b
Karl-Marx-Straße 183-7b
Kastellstraße 183-7a
Kinzigstraße 183-7b
Kirchplatz (3) 183-4a
Kirchstraße 183-4a
Kleiststraße 183-4b
Konrad-Adenauer-Straße 183-7a
Kurt-Schumacher-Straße 183-4d

Landwehrstraße 183-4a
Langendiebacher Straße 183-4c
Langenselbolder Weg 183-4b
Langstraße 183-7b
Leipziger Straße 183-7a
Lessingstraße 183-4b
Limesweg 183-4d
Lindenstraße 183-7a
Ludwigstraße 183-7b

Marie-Curie-Straße 183-2b
Marienstraße 183-7b
Marköbeler Straße 183-1c
Markwaldsiedlung 182-9b
Max-Planck-Straße 183-2d
Mittelgasse 183-7b
Mörikestraße 183-4b
Mozartstraße 183-7a
Mühlstraße 183-4a

Nelly-Sachs-Straße 183-4b
Neue Anlage 183-4a

Oberhörr 183-5d
Odenwaldstraße 183-7b

Peilhaus 182-6b
Pfortenweingarten 183-4a
Plingstweidweg 183-4b

Raiffeisenstraße 183-4a
Ravolzhäuser Straße 183-4a
Reußerhof 182-6d
Reußerhofstraße 182-6d
Rhönstraße 183-7a
Ricarda-Huch-Weg (14) 183-4b
Hinggrabenstraße (6) 183-4a
Ringstraße 183-4a
Rodenbacher Straße 183-7b
Römerstraße 183-7c
Röntgenstraße 183-2b
Ronneburgstraße 183-4b
Rosenstraße 183-4a
Rückinger Straße 183-4c
Rüdigheimer Weg 183-4a

Sandhof 183-5d
Sandweg 183-4c
Schillerstraße 183-4b
Schubertstraße 183-7b
Siemensstraße 182-9d
Sonnenhof 183-5d
Spessartstraße 183-7b
Stichelsweg 183-7b
Südstraße (21) 183-8a

Taunusstraße 183-7a
Theodor-Heuss-Straße 183-4a
Thomas-Dachser-Straße 183-2d
Thomas-Mann-Straße 183-4b
Tummelgasse (20) 183-7b
Turmstraße 183-4a

Uferstraße 183-4a
Uhlandstraße 183-4b
Untermühle 183-1d

Vogelsbergstraße 183-4b

Waldstraße 183-7a
Weidenweg 183-7a
Weinbergstraße 183-1c
Weingartenstraße 182-6b
Westerwaldstraße 183-7b
Wiesenstraße 183-7a
Wilhelm-Busch-Straße (10) 183-4b
Wilhelm-Schmidt-Siedlung (12) 183-4b
Wilhelmstraße 183-8a
Wusterwitzer Straße 183-1c

Zum Bärensee 182-9c
Zum Fliegerhorst 182-6d

Erzhausen
PLZ 64390

Am Birkenhain 281-8a
Am Birkenwald 281-8a
Am Dornbusch 281-7d
Am Erlenhain 281-8a
Am Falltor 281-7b
Am Hainpfad 281-4d
Am Hedrichsee 281-7d
Am Lutherpfad 281-4c
Am Ohlenberg 281-7d
Am Schellenberg 281-7a
Amselweg (1) 281-4d
An der Schwarzwiese 281-7d
Annastraße 281-7b
Arheilger Straße 281-8c
Arndtstraße 281-7a
Aussiedlerhof Tänzer 281-7c

Bahnstraße 281-7a
Bohlschneise 281-8b
Bornweg 280-9b
Brühlstraße 281-4c
Brühlweg 281-4c
Buchenschneise 281-8d
Büchenweg 281-5c
Büchnerstraße (6) 281-7a

Dieburger Weg 281-5c
Dreieichring 281-5c

Egelsbacher Straße 281-4c
Eichenweg 281-7b
Elbestraße 281-7b
Elisabethenstraße 281-7b

Fasanenweg (2) 281-4d
Faulbruchwiesenschneise 281-8d
Feldschneise 280-6c
Finkenweg (3) 281-4d
Forsthaus Bayerseich 281-9a
Frankfurter Straße 281-4c
Friedhofsweg 281-7a
Friedrich-Ebert-Straße 281-4d

Ginsterweg 281-7d
Goethestraße 281-7a
Gräfenhäuser Straße 281-7a

Hauptstraße 281-7a
Hebbelstraße (7) 281-7a
Hermannstraße 281-7b
Hessenplatz 281-7b

Im Bachgrund 281-7b
Im Bensensee 281-4d
Im Heppensee 281-7b
Im Weidacker 281-7b
Im Weidenbusch 281-4d
In den Leimenäckern 281-4c
In den Weingärten (8) 281-7b
In der Niederwiese 280-9b
In der Teichwiese (9) 281-7b
Industriestraße 281-8c

Kiefernweg 281-7b
Kirchweg 281-4c
Kranichsteiner Straße 281-8c

Langener Straße 281-8a
Lerchenweg (4) 281-4d
Lessingstraße 281-7a
Ludwigstraße 281-7b

Magdalenenstraße 281-7b
Mainstraße 281-7b
Meisenweg (5) 281-4d
Messeler Straße 281-8a
Mörfelder Weg 280-6d

Neben der Stützelwiese 281-7d
Neckarstraße 281-4d
Nördliche Ringstraße 281-4d

Ohlenbergschneise 281-8d
Ostendstraße 281-8a

Rheinstraße 281-4d
Rodenseestraße 281-7b

Sandhügelstraße 281-7b
Sauwiesenschneise 281-8c
Schillerstraße 281-7a
Seestraße 281-7b
Südliche Ringstraße 281-7d

Uhlandstraße 281-7a

Viehtrift 281-7c

Waldstraße 281-7b
Weiherstraße 281-7a
Wilhelm-Leuschner-Straße 281-7d
Wingertstraße 281-7b
Wixhäuser Straße 281-7a
Wolfsgartenallee 281-4c

Zum Friedhof 281-7a
Zum Schützenhaus 280-9a

Eschau
PLZ 63863

Ackermannsgasse 343-12c
Am Bierkeller 369-3c
Am Geisheckenwald (2) 369-2b
Am Krautgarten 343-12d
Am Kreuzbuckel (4) 369-3a
Am Pfad 369-3c
Am Steinig 369-3d

Am Wingert 369-3a
Aussiedlerhof 369-3c

Bergstraße 369-3a
Blumenstraße 369-3c
Brauwiesenweg 369-3a
Buchenstraße 369-3d

Dr.-Wehsarg-Straße 343-12c

Eichenstraße 369-3d
Elsavastraße 369-2d
Ernst-Coy-Straße 343-12c
Ernteweg 369-3c
Eschenweg 369-3d

Frankenstraße 343-12c

Gartenstraße 369-3c
Geisheckenweg (3) 369-2d
Goethestraße 369-2d
Graf-Erbach-Straße 369-3d
Graf-Rieneck-Straße 369-3b

Hesselsmühle 343-12b
Himmelthaler Weg 369-3a
Hinterhohl 369-3a

Im Schlosspark (6) 369-3a

Julius-Echter-Straße 369-3b

Kirchstraße 369-3a
Kreuzgasse 369-3a

Listweg 343-12c
Lohmühle 343-12d
Ludwig-Caps-Straße 369-3d

Martin-Luther-Straße 369-3c
Matzenberg 369-3a
Mönchberger Weg 369-3c
Mühlgasse 369-3a

Odenwaldstraße (3) 369-3b

Pfarrer-Caspari-Straße 369-3b
Pfarrer-Schnall-Straße 369-3a
Pfarrwiese 369-3c

Raiffeisenplatz 369-3b
Rathausstraße (1) 369-3a
Rhönstraße 369-3a
Ringstraße 369-3a
Rosenweg 369-3c

St.-Laurentius-Straße 369-3a
Schafhof 343-12a
Schloßblick (5) 369-3a
Schulstraße 343-12c
Spessartstraße 369-3b

Tannenweg 369-3d
Taunusstraße 369-3a

Valentin-Pfeifer-Straße 343-12c
Vorderhohl 369-3c

Weidengraben 369-3c
Wiesenhof 343-12c
Wildenseer Straße 369-3a
Wildensteiner Straße 369-3b

Eschborn
PLZ 65760

Ahornweg 175-6a
Akazienweg 176-7c
Alfred-Herrhausen-Allee 176-10c
Alter Höchster Weg 175-12b
Altkönigweg 175-8b
Am Burggraben 176-10a
Am Hofgraben 176-10a
Am Ritterhof 176-10a
Amselweg 175-5d
Am Sportfeld 175-12b
Am Stadtpfad 176-10b
An den Krautgärten 176-7c
An den Neuwiesen 176-10c
An den Sieben Bäumen 175-6a
An der Alten Mühle 176-10a
An der Bahn 175-9a
An der Grüngesweide 176-7c
Annemarie-Schlordt-Straße 202-1b

Bahnhofstraße 175-12b
Baugebiet „Schwalbacher Höhe" 175-12a
Berliner Straße 175-12b
Bettina-von-Arnim-Straße 175-12b
Birkenweg 176-10a
Bismarckstraße 175-12a
Blütenweg 175-12b
Bogenstraße 176-10a
Borngasse 175-9a
Breite Gasse 175-9a
Bremer Straße 176-10c
Breslauer Straße 175-12b
Brüder-Grimm-Straße 176-7c
Brunnenstraße 175-9a
Brunnenstraße (2) 175-9a
Buchenweg 175-6c
Bürgermeister-Bauer-Weg 175-9c
Burgstraße 176-10a

Camp Phönix-Park 175-12d
Carl-Mannich-Straße 176-10b

Dag-Hammarskjöld-Weg 175-12a
Dörnweg 176-7c
Düsseldorfer Straße 202-1a

Eckenerstraße 175-12b
Egerlandstraße 175-8b
Eichendorffstraße 175-5d
Eichfeldstraße 175-6c
Eifelstraße 176-10b
Elisabethenstraße 202-1a
Elisabethenweg 176-11c
Elly-Beinhorn-Straße 201-3b
Erlenweg 176-7c
Eschenplatz 176-10a

Falkensteiner Straße (3) 175-9a
Fasanenweg 176-10d
Feldbergstraße 175-6c
Fiederweg 175-6c
Frankenweg 175-9c
Frankfurter Straße 202-1a
Freizeitpark Eichwiesen 175-5b
Freizeitpark Oberwiesen 175-9b
Freizeitpark Unterwiesen 176-10d
Friedensstraße 175-12b
Fuchstanzweg 175-9c

Gartenstraße 175-8b
Gehspitz 176-10a
Georg-Büchner-Straße 175-6c
Gewerbegebiet Ost 176-10b
Gewerbegebiet Süd 202-1a
Gewerbegebiet West 175-9c
Ginnheimer Straße 176-10d
Ginsterweg 175-6d
Glaskopfweg 175-9c
Goethestraße 175-6c
Götzenstraße 176-10a
Grüner Weg 176-10c

Hamburger Straße 176-10c
Hanny-Franke-Anlage 176-10b
Hattersheimer Weg 176-7c
Hauptstraße 175-9a
Heinrich-Hoffmann-Straße 176-7c
Helfmann Park 176-11c
Herzbergweg 175-9c
Hessenallee 175-9c
Hinter der Heck 176-10a
Hinter der Homburger Eisenbahn 176-8a
Hochheimer Straße 175-9a
Hofheimer Weg 176-7c
Holunderweg (3) 175-6c
Hortensienweg (4) 175-6c
Hunsrückstraße 176-10a

Im Apfelgarten 175-5d
Im Bubenhain 175-6c
Im Burgunder 175-6d
Im Deiengarten 176-10a
Im Eich 175-6a
Im Hansengraben 176-10a
Im Hasensprung 175-5d
Im Kleinfeldchen 175-6c
Im Muskateller 175-6d
Im Riesling 175-6d
Im Sonnenland 176-10c
Im Speiergarten 175-9a
Im Sylvaner 175-6d
Im Tokayer 175-9b
Im Traminer 175-9a
Im Trollinger 175-9a
Im Wehlings 175-9c
Im Wingert 176-7c
In den Weingärten 175-9a
In der Flosset 175-12d
In der Wolfslach 176-8d
Industriestraße 175-12a

Jahnstraße 176-10a
Jasminweg (1) 175-6d

Kantstraße 176-10a
Karlsbader Straße 175-12b
Kastanienweg 175-6a
Katharinenstraße (1) 175-9a
Kiefernweg 175-6a
Kirchgasse 175-9a
Kölner Straße 202-1a
Königsberger Straße 175-6c
Königsteiner Straße 175-12b
Krifteler Weg 175-12b
Kronberger Straße 175-5d
Küstriner Straße (2) 176-10a
Kurt-Schumacher-Straße 176-10a

Lahnweg 175-9d
Langer Weg 175-6d
Leiershohlstraße 176-10c
Lessingstraße 175-5d
Liebigweg 176-10a
Liederbacher Weg 176-7c
Ligusterweg 175-6c
Lilienthalstraße 175-12d
Limesstraße 175-8d
Lindenhof 176-8d
Lindenweg 175-6c
Ludwig-Erhard-Straße 175-12a
Lübecker Straße 176-10c
Luisenstraße 176-10a

Mainstraße 176-10c
Mannheimer Straße 202-1a
Margaretenstraße 176-10a
Max-Planck-Straße 176-10a
Meisenweg 175-5d
Mergenthalerallee 202-1a
Messerschmittstraße 175-9a
Metzengasse 175-9a
Montgeronplatz 175-9a
Mühle 175-12b
Mühlpfad 176-10a
Mühlstraße 175-6c
Mühlwiesenweg 175-6c

Neugasse 176-10a
Niddastraße 176-10c
Niederurseler Allee 176-10b
Nikolausengasse 175-9a
Nordstraße 176-7c

Oberhöchstädter Weg (1) 175-5d
Oberortstraße 176-10a
Oberurseler Straße 176-10a
Odenwaldstraße 176-10b

Paulstraße 176-10c
Pestalozzistraße 176-10a
Pfingstbrunnenstraße 175-12b
Praunheimer Straße 176-10d

Rahmannstraße 202-1a
Rathausplatz 176-10a
Rehstraße 175-9c
Rheinstraße 175-9d
Rhönweg 176-10b
Richard-Wagner-Straße 175-9a
Rödelheimer Straße 176-10b
Rosengasse 176-10a
Rosenweg 175-6c
Rossertstraße 175-8b
Rotdornweg 175-6c
Rudolf-Diesel-Straße 175-9a

Schillerstraße 175-5d
Schlehenweg 175-6d
Schöne Aussicht 175-9a
Schonberger Straße 175-6c
Schubertstraße (1) 175-6c
Schwabenweg 175-9c
Schwalbacher Straße 175-12a
Schwarzdornweg 175-6c
Schwarzwaldweg 176-10b
Sodener Weg 175-12b
Spessartweg 176-10b
Starenweg 175-5d
Steinbacher Straße 175-9b
Stettiner Straße (1) 176-10a
Stuttgarter Straße 202-1b
Sulzbacher Straße 175-12b

Talblick 175-6c
Taunusblick 175-12b
Taunusstraße 175-8b

Ulmenweg 175-6c
Unter den Tannen 175-6a
Unterortstraße 176-10a

Vogelsbergweg 176-10b

Wacholderweg 175-6c
Weidfeldstraße 175-6c
Weißdornweg 175-6c
Weißdornweg (2) 175-6c
Westerbachstraße 176-10c
Westerwaldweg 176-10a
Wiesenweg 175-6c
Wilhelm-Busch-Straße 176-10a

Zeilsheimer Weg 176-10c
Zeppelinstraße 175-12d

Essenheim
PLZ 55270

Am breiten Weg (16) 273-10c
Am Fasanenweg 272-12d
Am Finkenschlag (8) 272-12d
Am Kappesfloss (14) 273-10c
Am Römerberg 272-12d
Am Wohnberg 298-3b
An der Klingelpforte 273-10a
An der steinernen Brück (15) 273-10c
Auf der Brück 273-10a
Auf der Muhl 273-10c
Auf der Steinkaut 272-12d

Beinweg 272-12d
Bergstraße 272-12d
Blinkelweg (12) 273-10c
Bruchrechweg 299-1b
Büttenweg 272-12d

Domherrnstraße 273-10c
Dorfgraben 273-10a
Dorfgrabenstraße 272-12d

Elsheimer Straße 272-12d

Finther Weg 273-10a

Gartenweg (13) 273-10c
Gehabertsweg 272-12d

Hähnerweg 273-10a
Hauptweg 273-10c
Heddesheimer Weg 273-10c
Hintergasse 273-10c
Hinterwiesenweg 273-10d

Im Plaul 273-10c
Im Weiher 273-10a
Im Weingarten 273-10c
In den Domherrngärten 273-10c
In der Bruchwiese (17) 273-10c
In der Mönchswiese 273-10c

Käferbeinstraße 272-12d
Katzenborn (1) 272-12d
Kirchstraße 273-10c
Kirschgartenstraße 272-12d
Klappergasse (7) 273-10c
Kreuzweg 299-1b

Lindenstraße (3) 272-12d

Mainzer Straße 273-10c
Mönchswiese 273-10c
Münchhofpforte 273-10c
Münchhofstraße (5) 273-10c

Neubrunnenstraße (6) 273-10c
Neuenweg 298-3b
Neumühle 299-1b
Nieder-Olmer-Straße 273-10c
Notgasse (2) 273-10c

Ostertalweg 273-10a

Raiffeisenstraße 272-12b

Schulstraße 273-10c
Schwabenheimer Weg (11) 272-12d
Stadecker Weg (10) 272-12d
Straße der Champagne 273-10c

Teufelspfad 272-12d
Tiefenbornsweg 273-10a

Ulmenstraße (4) 273-10c
Untere Käferbeinstraße 272-12d

Viehtrift 273-10c

Wackernheimer Straße 272-12b
Weidenweg 273-10c
Windhäuser Weg (9) 272-12d

Zum Klopp 298-3b
Zum Kloppelberg 272-12d
Zum Weedgarten 273-10c

Feilbingert
PLZ 67824

Alleestraße 344-12b
Am Kalkofen 344-9c
Amselweg 344-11c
Auf der Fels 344-9d
Auf der Leimenkaut 344-9c

Beinde 344-12b
Bergstraße 344-12b
Breslauer Straße 344-12b
Burgenblick 344-11c

Dachsgarten 344-11a

Ebernburger Straße 344-9d
Eifelstraße 344-12d

Felseneck 344-11a
Feuerberg 344-11c
Flurstraße 344-12b
Fröbelstraße 344-12b

Gartenstraße 345-10a

Hochstätter Weg 345-10c

Im Roßfeld 345-10a

Kapellenstraße 344-9d
Kirchstraße 344-9d
Königsgarten 344-11c
Kolpingstraße 344-12a
Kreuznacher Straße 344-12b

Lemberghaus 344-7b
Lemberghütte 344-7d
Lembergstraße 344-9c

Marktplatz 344-12b
Martin-Luther-Straße 344-12b
Montforter Straße 344-12a
Morgenau 344-11b
Mozartstraße 344-9d

Nachtigallenweg 344-11c

Oberhauser Straße 344-12b
Obermoscheler Straße 344-12b

Ringstraße 344-12b

Schillerstraße 344-12b
Schwalbenweg 344-11c
Sonnenberg 344-11c
Stollenbergweg 344-9c

Totenhöhler Weg 344-11c
Trombacher Weg 344-9d

Vor der Höh 344-12d

Waldhof 345-10a
Wildpfad 344-11c

Fischbachtal
PLZ 64405

Am Amtsacker (3) 362-10d
Am Schloßberg 362-10d

Darmstädter Straße 362-10d

Hindenburgstraße 362-10d

Kirchweg 362-10c

Liebigstraße 362-10d

Niedernhäuser Mühle (4) 362-11c

Pfälzer Straße 362-10d

Schnurrgasse 362-10d

Tannenweg 362-11c

Wersauer Weg 362-10d

Flacht
PLZ 65558

Ahornweg 75-10d
Am Fischweiher 75-10d
Am Kindergarten 75-10b

Bahnhofstraße 75-11c
Bahnhofsweg 75-11a
Bergstraße 75-10b
Birkenhof 75-10c
Bornstraße 75-10d

Feldstraße 75-10b
Friedhofstraße 75-10d
Friedhofsweg (1) 75-10d

Gartenstraße 75-11c

Hauptstraße 75-10b
Hof Waldeck 75-10a
Hohlbachstraße 75-10d

In Redersweiden 75-10d

Mühlweg 75-11c

Schaumburger Straße (2) 75-10d
Schönborner Straße 75-10d
Schulstraße 75-10d

Taunusstraße 75-10d

Waldstraße 75-10d
Wiesenstraße 75-10b

Zum Kirschengraben 75-10d

Flörsheim am Main
PLZ 65439

Adam-Opel-Straße 251-2d
Adam-Stegerwald-Straße 251-5a
Adolf-Reichwein-Weg 251-5b (31-A2)
Ahlerpfad 251-3a
Ahrstraße 251-3c
Albanusstraße 251-5d (31-A3)
Alfred-Kaulfuß-Straße 251-7b
Alleestraße 225-12c
Alte Hochheimer Straße 251-5d (31-A3)
Altkönigstraße 251-6a (31-B1)
Altmaierstraße 251-3c
Altmünsterstraße 251-2a
Am Alten Bach 225-9c
Am Alten Berg 251-1b
Am Graben 251-1b
Am Klingfloß 251-2a
Am Nähweg 251-2a
Am Schlag 225-9d
Am Stadtgarten 251-6a (31-B2)
Am Steinweg 251-1b
Am Strohpförtchen (14) (31-B3)
Am Untertor (31-A2)
Am Weißen Stein 225-10d
Am Wickerbach 251-7b
An der Warte 251-2c
An der Ziegelhütte 251-4d
Andreas-Schwarz-Straße 251-5b (31-A2)
Anne-Frank-Weg 251-5b (31-A2)
Apothekengasse (6) (31-B2)
Artelbrückstraße 251-6a (31-B2)
Auf dem Goldborn 225-10d
Auf den Bischofsbäumen 225-11c
Auf der Scheib 225-9c
Auf der Witthub 251-1b
Aussiedlerhof Leicher 225-9d
Aussiedlerhof Press 225-9d
Aussiedlerhof Remsperger 225-9d
Aussiedlerhof Scherer 225-9d
Aussiger Straße 251-7a
Austraße 251-6a

Bachstraße 225-9c
Bachweg 251-5c
Bad-Weilbach-Straße 251-2a
Bahnhofstraße 251-6a (31-B2)
Bahnweg 251-3c (31-B1)
Baumschulenweg (31-B2)
Beethovenstraße 251-3c
Bergstraße 251-2a
Berliner Straße 225-12a
Billtalstraße 251-6a (31-B1)
Birkenweg 225-12a
Bischof-Dirichs-Straße 251-2d (31-A1)
Bleichstraße 251-5d (31-A3)
Böttgerstraße 251-7b
Borngasse (10) (31-B2)
Brahmsstraße 225-9c
Brennergasse (18) (31-A3)
Breslauer Weg 225-9c
Brucknerstraße 251-6a
Brunnengasse (22) (31-A3)
Buchenweg 251-3c
Bürgermeister-Lauck-Straße 251-5b (31-A2)
Burgstraße 225-9c

Christian-Georg-Schütz-Park 251-2d (31-A1)
Claudiusstraße 225-12b

Dalbergstraße 251-5b (31-A1)
Dr.-Georg-von-Opel-Anlage (1) 251-6a (31-B2)
Dr.-Max-Schohl-Straße (26) (31-A3)
Dorothee-Sölle-Weg (6) 225-12a
Dreihäusergasse (1) (31-B2)
Dresdener Straße 225-12a
Dürerstraße 251-6a

Eddersheimer Straße 251-6a
Egerländer Straße 251-7a
Eichendorffstraße 251-3d
Eisenbahnstraße 251-5b (31-B2)
Eppsteinstraße 251-5b
Erbsenberg 225-9c
Erich-Bauer-Straße 251-2a
Erlenstraße 225-12a
Erthalstraße 251-2d (31-A1)
Erzbergerstraße 251-6a (31-B2)

Falkenbergstraße 251-7a
Faulbrunnenweg 225-12c
Feldbergstraße 225-10d
Feldbornstraße 251-1b
Fichtenstraße 225-12a
Fischergasse (9) (31-B2)
Flörsheimer Straße 251-1b
Frankenstraße 225-9c
Frankfurter Straße 225-12a
Freiherr-vom-Stein-Straße 251-5a
Friedensstraße 225-10c + 251-1b
Friedhofstraße 225-9c
Friedrich-Ebert-Straße 251-5a
Friedrich-Naumann-Straße 251-5a
Friedrich-Stolz-Straße (8) 251-2a
Fuchsgasse 225-9c
Fuchstanzstraße 251-1b

Gänsgasse 225-9c
Gallusstraße 251-5c
Gartenstraße 225-10d
Gebrüder-Grimm-Straße 225-9d
Gewerbegebiet West III 251-5c
Gewerbegebiet West V 251-7b
Goethestraße 251-1b
Goldbornstraße 225-10d
Großer Winterberg 251-1b
Grüner Weg 251-2c
Gustav-Stresemann-Straße 251-5a
Gutenbergstraße 251-1b

Häfnergasse (23) (31-A2)
Händelstraße 251-3d
Hafenstraße 251-8a
Hans-Böckler-Straße 251-5a (31-A2)
Harzweg 251-2a
Hauptlehrer-Urson-Straße 251-6a
Hauptstraße 251-5d (31-A3)
Haydnstraße 225-12a
Heinrich-Brüning-Straße 251-5a
Heinrich-Heine-Straße 251-3c
Hennebergstraße 251-2d (31-A1)
Hintergasse 225-9c
Hinterstraße 251-1b
Hochheimer Straße 251-5d (31-A3)
Höllweg 251-5b (31-B2)
Hof Ehrhardt 226-7a
Hofheimer Straße 225-9a
Holzgasse (24) (31-A2)
Hospitalstraße 251-6a (31-B1)
Hubertstraße (4) 251-1b
Hunsrückweg 225-11c

Im Brückenfeld (27) (31-A1)
Industriegebiet West I 251-7b
Industriegebiet West II 251-8a
Industriestraße 225-12a

Jahnstraße 251-5b (31-A2)
Johanneskirchstraße 225-9c
Johann Weber Weg 251-5b (31-A2)
Josef-Theis-Straße 225-9d

Kapellenstraße 251-5a
Karlsbader Straße 251-7b
Karthäusergasse (15) (31-A3)
Kellerskopfstraße 225-10d
Keltenstraße 225-9d
Kettelerstraße 251-5d
Kiefernweg 251-3c
Kiesstraße (31-B2)
Kirchgasse (8) (31-B2)
Kirchstraße (3) 251-1b
Kirschgartenstraße 251-1b
Kleine Gasse (3) (31-B2)
Kleiner Winterberg 251-1b
Kleine Schloßstraße (2) 225-9c
Kleine Schmiedstraße (3) 225-9c
Klingfloßstraße 251-2a
Kloberstraße 251-6a (31-B1)
Königsberger Straße 251-7b
Kohlgasse (21) (31-A3)
Kolpingstraße 251-5b (31-A2)
Konrad-Adenauer-Ufer 251-5d (31-A3)
Korbgasse 251-6a (31-B2)
Krautweg 251-5d (31-A3)
Kronengasse (16) (31-A3)
Kurfürstenstraße 251-2d (31-A1)
Kurmainzer Straße 251-5d

Lahnstraße 251-3c (31-B1)
Landberger Straße (31-A3)
Landwehr 225-12c
Landwehrgraben 250-3c
Landwehrweg 251-2c
Langenhainer Straße 225-9c
Lasallestraße 251-5c
Lessingstraße 225-12b
Liebigstraße 251-5c
Linienstraße 225-9c
Linsenberg 225-9c

Mainstraße 251-2a
Mainzer Straße 225-11b
Maler-Schütz-Straße 251-3c
Mariechen-Graulich-Straße 251-3c

60318 Eschenheimer Turm (33-A4)
60320/60322/60323/60431/60433 Eschersheimer Landstraße 177-8b
60389 Eschweger Straße 178-11d
60388 Eselsgasse 179-7d
65933 Espenstraße 202-9c
60598 Esperantostraße 204-10a
60327 Esslinger Straße 203-9c (33-D6)
60385 Ettlingerstraße 204-2d
65929 Euckenstraße 201-5d
60438 Eugen-Blank-Straße 176-3d
60488 Eugen-Hartmann-Straße 176-11b
60438 Eugen-Kaufmann-Straße 176-3d
60385 Eulengasse 204-2a
– Eulenpfad 230-4d
– Eulerweg 179-3d
60327 Europa-Allee 203-7b
– Europabrücke 202-12b
– Europagarten 203-7a
– Eysseneckschneise 227-6c
60323 Eysseneckstraße 203-3b
60314 Eyssenstraße 204-8a
60314 Eytelweinstraße 204-5c

60438 **F**abian-v.-Schlabrendorff-Straße (10) 176-3b
65933 Fabriciusstraße 202-11b
60386 Fachfeldstraße 205-5a
60594 Färberstraße 204-7a (33-C3)
60311 Fahrgasse 204-4c (33-B3)
60311 Fahrtor (33-C3)
– Fahrtorwerft 204-7a (33-C3)
60322 Falkensteiner Straße 203-3b
60437 Falkenweg 151-10c
60487 Falkstraße 203-2c
60320 Fallerslebenstraße 177-12c
60385 Falltorstraße 204-2b
60327 Familie-Jürges-Platz 203-8b (33-D6)
65931 Farbenstraße 227-1a
60437 Fasanenweg 151-10c
60433 Faulborngasse 177-5d
65934 Faulbrunnenweg 202-5c
60386 Fechenheimer Leinpfad 205-2c
60385 Fechenheimer Straße 204-2c
– Fechenheimer Waldspielpark 179-11c
65931 Feierabendweg 227-1b
60437 Feldbergblick 152-8c
60323 Feldbergstraße 203-5b
60320 Feldgerichtstraße 177-12d
60435 Feldscheidenstraße 178-10a
60431 Felix-Dahn-Straße 177-11b
60311 Felix-Kracht-Straße 203-4c
60314 Felix-Wankel-Straße 205-4a
60322 Fellnerstraße 203-6b (33-A4)
65929 Felsenbirnenweg (12) 201-6c
60438 Ferdinand-Braun-Straße 177-1c
60529 Ferdinand-Dirichs-Weg 228-2a
60314 Ferdinand-Happ-Straße 204-5c
– Ferdinand-Hofmann-Siedlung 200-12d
65931 Ferdinand-Hofmann-Straße 201-10a
60488 Ferdinand-Kramer-Straße 176-12c + 202-3a
60386 Ferdinand-Porsche-Straße 205-4b
65934 Ferdinand-Scholling-Ring 202-7b
60598 Ferdinand-Schrey-Weg (10) 203-12b
60435 Festeburgring 178-10a
60316 Feststraße 204-4b
60325 Feuerbachstraße 203-6c (33-B6)
60435 Feuerwehrstraße 178-10a
60322 Feyerleinstraße 203-3b
60322 Fichardstraße 203-6b
– Fichtenschneise 227-9b
60316 Fichtestraße 204-4b (33-A2)
60322 Finkenhofstraße 203-6b
65929 Finkenweg 201-8a
65936 Finthener Weg 201-6b
60326 Fischbacher Straße 203-7a
60311 Fischerfeldstraße 204-4c (33-B2)
– Fischerfeldwerft 204-7a (33-C3)
– Fischerweg 230-4d
60529 Flaischlenstraße 202-10d
65931 Flanbrechtstraße 200-9c
60599 Flaschenburgstraße 204-9d
60437 Fleckenbühlstraße 177-2b
60486 Fleischergasse 203-1d
60549 Fleming-Drive 228-11c
60435 Flensburger Straße 177-12b
60433 Fliederweg 177-6d
60388 Flinschstraße 178-12d + 204-3b
60326 Flörsheimer Straße 203-7b
– Flößerbrücke 204-7b (33-C2)
– Flohmarkt 203-9b (33-C4)
60487 Florastraße 203-1d
60388 Florianweg 179-7c
60385 Florstädter Straße 204-2b
60549 Flughafen Frankfurt Main 227-12a + 228-7d
– Flughafenschneise 228-6d
60528 Flughafenstraße 229-2c
65936 Flurscheideweg 202-1c
60489 Flußgasse (3) 202-3d
60327 Flußkrebssteg (4) 203-8d
60435 Flutgraben 178-7a
– Försterwiesenschneise 230-5d
– Försterwiesenweg 230-5c
60431 Fontanestraße 177-8d
65933 Foockenstraße 202-8b
60386 Forsthaus Fechenheim 179-11d
60529 Forsthaus Goldstein 228-2b
60528 Forsthaus Niederrad 229-4a
60599 Forsthaus Oberrad 204-11c
60529 Forsthaus Schwanheim 228-1b
60329 François-Mitterrand-Platz (33-B6)
60320 Francstraße 178-10c
60327/60326 Frankenallee 202-9d
60594 Frankensteiner Platz (33-C2)
60594 Frankensteiner Straße 204-7b (33-C2)
65931 Frankenthaler Weg (7) 200-12b
60486 Franklinstraße 203-4a
65934 Franz-Diehl-Weg 202-8a
65929 Franz-Henle-Straße 201-8b
60439 Franziska-Kessel-Straße 177-4d
60314 Franziusplatz 204-8b
60314 Franziusstraße 204-8b
60431 Franz-Kafka-Straße 177-11d
60596 Franz-Lenbach-Straße (1) 203-9d
– Franzosenweg 202-8a
60487 Franz-Rücker-Allee 203-2a
65934 Franz-Simon-Straße 202-7c
60431 Franz-Werfel-Straße 177-11d
60528 Frauenhofstraße 203-11c
60487 Frauenlobstraße 203-2a
60322 Frauensteinplatz 203-3b
60322 Frauensteinstraße 203-3b
60323 Freiherr-vom-Stein-Straße 203-3c
60385 Freihofstraße 204-2b
60385 Freiligrathstraße 204-2d
60437 Freizeitpark Kalbach 151-10d
60320 Freseniusstraße 203-3a
60313 Freßgass' = Große Bockenheimer Straße 203-6d (33-B5)
60599 Freudenberger Straße (8) 204-10b
60314/60316 Friedberger Anlage 204-4a (33-A2)
60316/60318/60389 Friedberger Landstraße 178-11a + 204-1b
60316 Friedberger Platz 204-1c
60389 Friedberger Warte 178-10d
60437 Friedberger Weg 152-5d
60489 Friedel-Schomann-Weg 202-3d
63263 Friedensallee 230-4c
– Friedensbrücke 203-9c (33-D6)
60311 Friedensstraße 203-6d (33-C4)
60433 Friedlebenstraße 177-12a
60438 Friedrich-Bergius-Weg (14) 177-1c
60438 Friedrich-Dessauer-Straße 177-1c
60327/60325 Friedrich-Ebert-Anlage 203-5d
– Friedrich-Ebert-Siedlung 202-9d
60437 Friedrich-Fauldrath-Anlage 177-3a
60389 Friedrich-Heyer-Weg 178-9c
60489 Friedrich-Kahl-Straße 202-2a
60438 Friedrich-Karl-Klausing Straße (13) 177-1a
60386 Friedrich-List-Straße 204-3b
60386 Friedrich-Manz-Weg 204-3b
60486 Friedrich-Naumann-Straße 203-4c
60437 Friedrichsdorfer Straße 177-3a
60437 Friedrich-Stampfer-Straße 151-12c
60311 Friedrich-Stolze-Platz (33-B4)
60323 Friedrichstraße 203-5b
– Friedrich-Wilhelm-von-Steuben-Siedlung 177-11b
60487/60488 Friedrich-Wilhelm-von-Steuben-Straße 203-1a
60486 Friesengasse 203-1d
60388 Friesstraße 178-12b
60594 Fritschengäßchen (33-D3)
60438 Fritz-Bauer-Straße 177-1a
60598 Fritz-Boehle-Straße 204-10c
60437 Fritz-Erler-Straße 151-12b
– Fritz-Kissel-Siedlung 203-12b
65933 Fritz-Klatte-Straße 202-10b
60487 Fritzlarer Straße 203-1d
60488 Fritz-Lennig-Anlage 177-7c
60320 Fritz-Reuter-Straße 177-12a
60388 Fritz-Schubert-Ring 179-7b
60488 Fritz-Schumacher-Weg 176-12a
60320 Fritz-Tarnow-Straße 177-12a
60431 Fritz-von-Unruh-Anlage 177-11b
60438 Fritz-Wichert-Ring 176-3d
60486 Fröbelstraße 203-1d
– Frohn-Grundweg 179-8a
65933 Froschhäuser Straße 202-8c
65936 Frühmessereiweg (2) 202-4a
60431 Fuchshohl 177-8d
65929 Fuchsienstraße 201-8a
60489 Fuchstanzstraße 202-3c
60431 Füllerstraße 177-11a
60322/60323 Fürstenbergerstraße 203-3c
60386 Fuldaer Straße 205-2a
60486 Funckstraße 203-4c

60389 **G**abelsbergerstraße 204-1d
60598 Gablonzer Straße 203-12c
60388 Gänseweiherweg 179-11b
60322 Gärtnerweg 203-6b (33-A5)
60385 Gagernstraße 204-2d
60437 Galgenstraße 177-3a
60329 Gallusanlage 203-6c (33-C5)
60327 Gallusviertel 203-8a
60326 Galluswarte 203-8a
60486 Galvanistraße 203-4b
60320 Ganghoferstraße 177-12a
60388 Gangstraße 179-7b
60327 Garbenstraße 203-10b
– Gartenschneise 179-8d
60594/60596 Gartenstraße 203-9c
– Gasleitungsschneise 179-9c
60489 Gaugrafenstraße 202-2d
60438 Gauguinweg 177-2c
60316 Gaußstraße 204-4b
– Gebermühlwerft 204-8a
65929 Gebeschusstraße 201-8b
60435 Gebrüder-Hommel-Anlage 177-9d
60486 Gebrüder-Wright-Straße 203-4c
60435 Gederner Straße 178-7c
– Gehespitzer Schneise 229-4c
60385 Geibelstraße 204-5b
65931 Geierskopfweg 200-9d
60433 Geigerstraße 177-9c
60435 Geiselsteinweg 178-10b
60529 Geisenheimer Straße 202-10c
65933 Geißblattpfad 202-8b
65929 Geißspitzweg 201-5c
60388 Gelastraße 178-12d
60313 Gelbehirschstraße (33-A3)
60599 Geleitsstraße 204-7d
60389 Gellertstraße 204-1b
60435 Gelnhäuser Straße 178-7c
60599 Gemündener Straße 204-10b
60437 Genfer Straße 151-11d
60437 Georg-Allgaier-Straße 151-11c
60437 Georg-Büchner-Straße 151-12c
65934 Georg-Heck-Weg 202-8a
60487 Georg-Speyer-Straße 203-2a
60599 Georg-Treser-Straße 204-8d
60325 Georg-Voigt-Straße 203-5a
60439 Georg-Wolff-Straße 177-5c
– Gepiden-Forum 201-5b
60433 Geranienweg (3) 178-4c
60528 Gerauer Straße 203-11c + 229-2a
60599 Gerbermühle 204-8b
60594 Gerbermühlstraße 204-7b (33-D1)
60438 Gerhard-Domagk-Straße (15) 177-1c
60439 Gerhart-Hauptmann-Ring 176-6d
60313 Gerichtsstraße 204-4a (33-A2)
65929 Gerlachstraße 201-9a
60385 Germaniaplatz 204-1d
60385/60389 Germaniastraße 204-1d
60439 Gerningstraße 177-8a
60529 Gerolsteiner Straße 202-10d
65929 Gersthofer Straße 201-8d
60528 Gerstweg 229-2b
60322 Gervinusstraße 203-3d
60488 Geschwister-Scholl-Straße 176-12c
60437 Gickelgasse 151-10d
60435 Gießener Straße 178-7a
60488 Gießfeldstraße 203-1a
60388 Gilbrechtstraße (6) 179-7a
60431 Ginnheimer Hohl 177-11a
60431 Ginnheimer Kirchplatz 177-11a
60487/60431 Ginnheimer Landstraße 203-1d
60431 Ginnheimer Mühlgasse 177-11a
60431 Ginnheimer Stadtweg 177-11d
60487 Ginnheimer Straße 203-1d
60431 Ginnheimer Waldgasse 177-11a
60433 Ginsterweg 178-4c
– GiP-Gewerbepark 204-6b
60489 Gladenbacher Weg 202-6a
60437 Gladiolenstraße 151-9c
60599 Glaserstraße 204-9c
60489 Glashüttener Straße 202-3c
60439 Glaskopfweg 177-4c
60318 Glauburgplatz 204-1c
60318 Glauburgstraße 204-1c
60318 Gleimstraße 204-1b
60433 Glockenblumenweg 178-4c
60437 Glockengasse (3) 151-9d
60437 Glogauer Straße 151-12c
60318 Gluckstraße 204-1c
60437 Görlitzer Straße (4) 151-9c
60386 Görresstraße 204-3b
60313/60311 Goetheplatz 203-6d (33-B4)
– Goetheschneise 230-1c
60313 Goethestraße 203-6d (33-B5)
60386 Goetzstraße 205-2c
60528 Goldammerstraße 229-2a
60599 Goldbergweg 204-11b
65931 Goldgewann 227-1a
60439 Goldgrubenstraße 177-4c
60311 Goldhutgäßchen (33-C3)
60435 Goldpeppingstraße 178-7d
65929 Goldregenstraße 201-8a
– Goldsteinpark 228-3a
– Goldsteinschneise 228-4b
60528/60529 Goldsteinstraße 228-3a
– Golfschneise 229-1d
60528 Golfstraße 228-3d
60326 Golup-Lebedenko-Platz 203-7d
60489 Gontardstraße 202-3a
60437 Gonzenheimer Straße 177-3b
65929 Gotenstraße 201-5b
60431 Gottfried-Keller-Straße 177-8d
60488 Graebestraße 177-7c
60599 Gräfendeichstraße 204-9c
60438 Gräfin-Dönhoff-Straße 177-1d
60486/60487 Gräfstraße 203-5a
60388 Gräsigter Weg 179-8a
60311 Graf-de-Thoranc-Passage (33-B4)
60433 Grafenstraße 177-9c
60489 Graf-Vollrath-Weg 202-2d
60438 Graf-v.-Stauffenberg-Allee 176-3b
65929 Grasmückenweg 201-8a
– Grastränkschneise 230-2c
65929 Grauer Stein 201-5d
63263 Gravenbruchring 230-5c
60435 Gravensteiner Platz (1) 178-7b
60599 Grazer Weg 204-9d
60314 Gref-Völsing-Straße 204-5d
60486 Greifstraße 203-2c
65931 Greifswalder Weg (6) 200-12b
60487 Grempstraße 203-1d
– Grenzschneise 227-6a
60435 Gretapfelstraße (4) 178-7d
60598 Grethenweg 204-10a
60327 Griesheimer Fußweg 202-12b
65933 Griesheimer Stadtweg 202-12a
65933 Griesheimer Ufer 202-12a
– Griesheimer Weg 202-5d
60529 Griesiger Weg 201-12a
60320 Grillparzerstraße 177-12a
– Grill'scher Weg 202-5c
– Grillweg 228-1b
65931 Grimoldweg 227-1a
60433 Grommetstraße 177-9c
60385 Gronauer Straße 204-2c
60388 Gronauer Weidweg 179-5c
60313 Große Bockenheimer Straße 203-6d (33-B5)
60313 Große Eschenheimer Straße 203-6d (33-B4)
60311 Große Fischerstraße 204-4c (33-C3)
60313 Große Friedberger Straße 204-4a (33-A3)
60311 Große Gallusstraße 203-6d (33-B5)
60488 Große Nelkenstraße 203-1a
60598 Großer Hasenpfad 204-10a
60311 Großer Hirschgraben 203-6d (33-B4)
60594 Große Rittergasse 204-7b (33-D2)
60599 Großer Ruppenackerweg 204-11a
60486 Große Seestraße 203-1d
60385 Große Spillingsgasse 204-2b
60435 Grotefendstraße 178-10a
60437 Grubweg 151-10d
60386 Gründenseestraße 205-5a
– Grüneburgpark 203-2d
60322/60323 Grüneburgweg 203-2d
– Grüner Weg 152-10b
60316 Grüne Straße 204-4d (33-B1)
65934 Grüne Weide 202-4d
65934 Grüne Winkel 202-7b
60437 Grundweg 152-10c
60489 Grundwiesenstraße 202-3d
60599 Gruneliusstraße 204-9c
60314 Grusonstraße 204-5c
60431 Guaitastraße 177-11c
60327 Günderrodestraße 203-8a
60437 Günter-Vogt-Ring 151-9c
60487 Günther-Groenhoff-Straße 203-2a
60316/60389 Günthersburgallee 204-1d
– Günthersburgpark 204-2a
60528 Güntherstraße 229-2a
60488 Guerickestraße 176-11d
60327 Güterplatz 203-8b
60325 Guiollettstraße 203-6c (33-B6)
60435 Gummersbergstraße 178-10a
60435 Gundelandstraße 178-7b
60528 Gundhofstraße 229-2a
60386 Gustav-Behringer-Straße 204-3a
60320 Gustav-Freytag-Straße 177-12a
60437 Gustav-Mahler-Straße 151-12b
65931 Gustavsallee 201-10d
60326 Gustavsburgplatz 203-7c
60326 Gustavsburgstraße 203-7c
60327 Gutenbergstraße 203-8a
60327 Gutleuthofweg 203-8c
60329/60327 Gutleutstraße 202-12b + 203-9a (33-D6)
60594 Gutzkowstraße 204-7c (33-D3)
60388 Gwinnerstraße 178-12d

60528 **H**aardtwaldplatz 203-10d
60528 Haardtwaldstraße 203-10d
60439 Habelstraße 177-8a
– Habichtsschneise 229-5d
60437 Habichtsweg 151-10c
60385 Habsburgerallee 204-5a
65936 Hachenburger Straße 202-1c
65936 Hadamarer Straße 201-3d
60439 Hadrianstraße 177-7d
60431 Haeberlinstraße 177-8d
60318 Händelstraße 204-1a
60529 Hänggasse (4) 202-10d
60386 Haenischstraße 204-3b
60487 Häuser Gasse 203-1d
65933 Haeussermannstraße 202-11b
60311 Hafenallee 205-4c
60314 Hafenmühlenweg 204-6c
60327 Hafenstraße 203-8b
60311 Hafentreppe (2) 205-4d
– Hafentunnel 203-8b
– Haferäckerschneise 204-11c
65933 Hafnerstraße (3) 202-12a
60433 Hagebuttenweg 177-6b
60314 Hagenstraße 204-5c
65931 Hahnbergweg 200-9d
60388 Hahnenkammstraße 179-10b
60528 Hahnstraße 203-10c
65936 Haigerer Straße 202-1d
– Hainbuchenschneise 227-9a
60529 Hainbuchenstraße 202-10d
– Hainerbrückweg 230-4b
60311 Hainer Hof (33-B3)
– Hainerweg 230-1d
60599 Hainer Weg 204-7d
60388 Haingasse 179-7b
60488 Haingrabenstraße 176-9d
60437 Haintalstraße 178-1a
65931 Hakengasse (5) 227-1b
60389 Hallgartenstraße 204-1b
60327 Halmstraße 203-8c
60486 Hamburger Allee 203-5a
60322 Hammanstraße 203-3d
60439 Hammarskjöldring 176-6d
60313 Hammelsgasse 204-4a (33-A3)
60388 Hammersbacher Weg (7) 179-7b
60314/60386 Hanauer Landstraße 204-4d (33-B1)
– Hanauer Werft 205-4a
60438 Hannah-Arendt-Straße 177-1d
60322/60323/60320 Hansaallee 177-12c
60438 Hans-Bethe-Straße 177-1c
65929 Hans-Böckler-Straße 201-5c
60320 Hans-Burggraf-Anlage 177-12a
60487 Hans-Eick-Weg 203-1d
60599 Hansenweg 204-8d
60313 Hans-Fleisch-Platz (33-A3)
60438 Hans-Herkommer-Ring 176-3d
65934 Hans-Kobald-Weg (1) 202-8a
60438 Hans-Leistikow-Straße 176-3b
65929 Hans-Loskant-Weg (11) 201-6c
60529 Hans-Pfitzner-Straße 202-11c
60438 Hans-Poelzig-Straße 176-3d
60487 Hans-Sachs-Straße 203-2c
60318 Hansteinstraße 204-1c
60596 Hans-Thoma-Straße 203-9b (33-D4)
60327 Hardenbergstraße 203-8b
60437 Harheimer Stadtweg 178-1b
60437 Harheimer Weg 177-3a
60386 Harkortstraße 204-3b
60326 Harry-Fuld-Straße 203-7d
60529 Harthweg 202-11d + 228-2b
60389 Hartmann-Ibach-Straße 204-1b
65933 Hartmannsweilerstraße 202-11b
60389 Hartmannweg 178-11a
65933 Haselnußpfad 202-8b
60311 Hasengasse 204-4c (33-B3)
– Hasenpfad 152-5d
60599 Hasselhorstweg 204-10d
60326 Hattersheimer Straße 203-7b
60489 Hattsteiner Straße 202-3b
60388 Hauer-Mauer-Weg 179-7c
– Hauptweg 152-4c
– Hauptweg auf dem Satz 152-8b
60488 Hausener Brückweg 203-1a
60488 Hausener Obergasse 202-3b
60489 Hausener Weg 202-3b
60318 Hebelstraße 204-4a
60437 Heckenrosenweg 151-11c
60529 Heckerstraße 202-10d
60594/60596 Hedderichstraße 203-9d
60439 Heddernheimer Kirchstraße 177-8a
60439 Heddernheimer Landstraße 177-4d
60439 Heddernheimer Steg 177-7b
60487 Hedwig-Dransfeld-Straße 203-2c
60488 Heerstraße 176-11b
60529 Hegarstraße 202-10d
60316 Hegelstraße 204-4b (33-A1)
60385 Heidelbachstraße 204-2d
60327 Heidelberger Straße 203-8d
– Heidenstockschneise 230-5b
60316 Heideplatz 204-1d
60316/60385 Heidestraße 204-1d
60439 Heidetränkstraße 177-4c
60599 Heigenbrücker Weg 204-10b
60327 Heilbronner Straße 203-8d
– Heiligenstock (Nieder-Erlenbach) 152-10b
60389 Heiligenstock (Seckbach) 178-8b
60389 Heiligenstockweg 178-8b
60435/60389 Heiligenstockweg 178-5a
60313 Heiligkreuzgasse 204-4a (33-A2)
60439 Heilmannstraße 177-7a
60388 Heilsberger Straße 179-7a
60596 Heimatring 203-12a
– Heimat-Siedlung 203-12b
65929 Heimchenweg 201-8a
60322 Heinestraße 203-3d
65936 Heinrich-Baldes-Straße (16) 201-6d
60437 Heinrich-Becker-Straße 151-9d
60437 Heinrich-Berbalk-Straße 151-12c
60388 Heinrich-Bingemer-Weg 179-7d
60433 Heinrich-Bleicher-Straße 177-9d
65933 Heinrich-Hardt-Straße 202-8b
60486 Heinrich-Hertz-Straße 203-4a
60528 Heinrich-Hoffmann-Straße 203-11a
65936 Heinrich-Hopf-Straße 202-2a
60388 Heinrich-Kegelmann-Weg 179-10a
– Heinrich-Kraft-Park 179-11c
60437 Heinrich-Lanz-Allee 151-11a
60599 Heinrich-Limpert-Weg 204-10b
60488 Heinrich-Lübke-Straße 176-12a
60433 Heinrich-Plett-Straße 178-4a
60433 Heinrich-Rößler-Straße 177-12a
60528 Heinrich-Seliger-Straße 229-1b
65934 Heinrich-Stahl-Straße 202-7c
60327 Heinrichstraße 203-8a
60488 Heinrich-Tessenow-Weg 176-12a
– Heinrich-von-Stephan-Siedlung 177-12a
60435 Heinrich-Wilhelm-Römer-Anlage 178-7c
60388 Heinrich-Zinß-Weg 179-10b
60389 Heinz-Herbert-Karry-Straße 178-11d
60314 Heinz-Raspe-Platz 204-5d
60431 Heinzstraße 177-11c
60594 Heisterstraße 204-7b (33-D2)
60437 Heldenbergener Straße 177-3a
60438 Helene-Adler-Weg (6) 177-1c
60438 Helene-Lange-Straße 177-1b
– Hellerhof Siedlung 203-7a
60327 Hellerhofstraße 203-8a
60385 Helmholtzstraße 204-5a
60326 Helmut-Coing-Weg 203-3c
60326 Helmut-Walcha-Straße 203-7d
60327 Hemmerichsweg 203-5c
60439 Henegasse 176-6b
60438 Henning-v.-Tresckow-Straße (9) 176-3b
– Henri-Dunant-Siedlung 201-3d
60529 Henriette-Fürth-Straße 202-11c
60320 Henry-Budge-Straße 177-12c
60314 Henschelstraße 204-5c
60528 Henselstraße 229-2a
60316 Herbartstraße 204-4b
60528 Herbert-Boehm-Straße 229-2a
65931 Herbert-von-Meister-Straße 227-1a
65929 Herbesthaler Straße 201-6c
60439 Herborner Straße 177-8a
60435 Herchenhainer Weg 178-7a
60316 Herderstraße 204-4b
65931 Hermann-Brill-Straße 227-1a
65931 Hermann-Küster-Straße 200-12d
60438 Hermann-Mäckler-Ring 177-1c
60437 Hermannspforte 178-1a
60318 Hermannstraße 204-1c
65929 Hermann-Waibel-Allee 201-8a
60486 Hermann-Wendel-Straße 203-5c
60316 Hermesweg 204-4b (33-A2)
60435 Herrenapfelstraße 178-8c
60385 Herrenwäldchen 178-12c + 204-3a
60528 Herriotstraße 229-1a
60599 Herrnstraße 204-9c
60487 Hersfelder Straße 203-1d
60431 Herweghstraße 177-8d
60326 Herxheimer Straße 203-7c
60439 Herzbergstraße 177-4c
60528 Herzogstraße 229-2a
65931 Hesselbergweg 201-7c
– Hessen-Center 179-10d
60487 Hessenplatz 203-1d
60388 Hessenweg 179-7d
60439 Hessestraße 177-5c
65929 Heugasse 201-5c
60599 Heuschneise 230-5a
65934 Heusingerstraße 202-7b
60433 Heussenstammstraße 177-9d
65931 Heussleinstraße 201-10c
60431 Heylstraße 177-8d
65929 Hibiskusstraße (3) 201-8a
65931 Hildburghäuser Weg (5) 200-12b
60599 Hildegard-Schaeder-Straße (10) 204-12a
60439 Hildegard-von-Bingen-Weg 177-5a
65929 Hilligengasse 201-9c
– Hinkelsteinschneise 227-6a
60311 Hinter dem Lämmchen (1) (33-B3)
60388 Hinter dem Sausee 178-12c
60433 Hinter den Eichbäumen 177-5d
60388 Hinter den Obergärten 179-8a
60433 Hinter den Ulmen 177-8b
60388 Hinter der Burg (8) 179-7b
60439 Hinter der Krebsmühle 176-3c
60311 Hinter der Schönen Aussicht (33-C3)
60389 Hintergasse 178-12a
60435 Hinterm Bachberg 178-7a
60437 Hinterm Hain 152-8c
60599 Hirschhornstraße 204-8d
60327 Hirtenstraße 203-10b
60435 Hirzenhainer Straße (6) 178-7c
60437 Hochfeldstraße 152-10d
65929 Hochmuhl 201-8d
60435 Hochschildstraße 178-10b
60389 Hochstädter Straße 178-12c
60313 Hochstraße 203-6b (33-A5)
65929 Höchster Bahnstraße 201-8b
65931 Hoechster Farbenstraße 201-8c + 201-10c
65931 Hoechster-Farben-Straße 227-1a
65929 Höchster Markt (8) 201-9c
65929 Höchster Schloßplatz (12) 201-9c
– Höchster Stadtpark 201-6d
60529 Höchster Weg 201-9c
60431 Höhenblick 177-8d
60385 Höhenstraße 204-1d
60316 Hölderlinstraße 204-4d (33-A1)
60431 Höllbergstraße 177-8d
– Höllenweg 228-2d
65929 Hörselbergstraße 201-5d
60437 Hof 152-7d
60320 Hofeckweg (4) 178-10c
60599 Hoffeldstraße 204-9c
60389 Hofgartenweg 178-12a
60389/60435 Hofhausstraße 178-8c
65931 Hofheimer Straße 200-8d
60437 Hof Kastanienhöhe 152-2c
60311 Hofstraße 203-9b (33-C5)
60437 Hohe Brück 152-8c
65931 Hohe Kanzel 200-9d
60439 Hohemarkstraße 177-4c
60327 Hohenstaufenstraße 203-8b
60487 Hohensteiner Straße 203-1c
60435 Hoherodskopfstraße 178-7a
60437 Hohe Stätte 152-8c
60388 Hohe Straße 179-8a
– Holbeinsteg 203-9b (33-D5)
60596 Holbeinstraße 203-9b (33-D5)
60439 Hollerkopfstraße 177-4c
60433 Holunderweg 177-6c
60311 Holzgraben 203-6d (33-B4)
60322 Holzhausenstraße 203-3d
60528 Holzhecke 203-11d
65934 Holzlachstraße 201-9d
– Holzweg (Nieder-Erlenbach) 152-7d
– Holzweg (Nieder-Eschenbach) 151-9b
60489 Holzweg (Rödelheim) 202-3a
60437 Homburger Hohl 152-3a
60383/60435/60433/60437 Homburger Landstraße 151-8b
60486 Homburger Straße 203-5a
65929 Homolkaweg 201-8b
– Honsellbrücke 204-8a
60314 Honsellstraße 204-5c
65931 Horles 227-1b
60326 Hornauer Straße 203-7a
60313 Horst-Lippmann-Platz 203-6d (33-B5)
60314 Horst-Schulmann-Straße (1) 204-4d (33-C1)
65929 Hortensienring 201-7b
65929 Hospitalstraße 201-9a
65929 Hostatostraße 201-8d
60314 Howaldtstraße 204-5c
60439 H.-P.-Müller-Platz 177-5c
60388 Hubertusgasse (4) 179-7b
– Hügelschneise 204-12a
60435/60433/60431 Hügelstraße 177-11b
60599 Hühnerweg 204-7d
60486 Hülya-Platz (2) 203-1d
60386 Hünfelder Straße 179-11c
60326 Hufnagelstraße 203-7b
63263 Hugenottenallee 230-4c
60549 Hugo-Eckener-Ring 228-7a
60386 Hugo-Junkers-Straße 205-1d
65931 Hugo-Kallenbach-Straße 201-10c
60437 Hugo-Sinzheimer-Straße 177-3a
60529 Hugo-Wolf-Straße 202-11c
60437 Hullach 151-10d

60318 Humboldtstraße 204-4a
60318 Humbrachtstraße 204-1a
60596 Humperdinckstraße 203-12c
60320 Humserstraße 177-12d
60389 Hungener Straße 204-1b
65929 Hunsrückstraße 201-8a
60435 Huswertstraße 178-7a
65931 Huthmacherstraße 227-1b
– Huthpark 178-11b
60386 Hydronstraße 205-2a
60322 Hynspergstraße 203-3b

65929 Ibellstraße 201-5c
65929 Idarwaldstraße 201-8a
60326 Idsteiner Straße 203-7a
– Ignaz-Bubis-Brücke 204-7b (33-C2)
60385 Ilbenstädter Straße (3) 204-2b
60433 Ilkenhansstraße 177-9c
65933 Iltispfad 202-8a
60599 Im Bärengarten 204-8b
60388 Im Bleichgarten (1) 179-7b
60388 Im Brandsee 179-11a
60431 Im Braungeröll 177-11a
60437 Im Brombeerfeld 151-10d
65933 Im Bruch 202-9a
60439 Im Burgfeld 177-7d
60388 Im Dinkelfeld 179-8a
60388 Im Dörner 179-8a
60599 Im Eichlehen 204-9d
60488 Im Eichwäldchen 176-12d
60388 Im Enkheimer Weimerhaus 179-10a
60437 Im Feldchen 152-8c
60437 Im Fuchsloch 152-8a
60489 Im Füldchen 202-3d
60326 Im Galluspark 203-7d
60433 Im Geeren 177-6c
60435 Im Geiersrain (4) 178-4b
65934 Im Grund 202-7c
60437 Im Hain 151-11c
60439 Im Heidenfeld 177-7d
60389 Im Heimgarten 178-11d
60529 Im Heisenrath 202-11d
60388 Im Hermeshain 179-7d
60433 Im Hilgenfeld 177-6b
60529 Im Hirschländchen 202-11d
65931 Im Hofheimer Grund 226-3d
60437 Im Kalk 178-1d
60386 Im Kammerdorf (2) 205-2c
65931 Imkerweg 227-1d
60388 Im Kirschenstück (14) 179-8a
60437 Im Kirschenwäldchen 177-2a
60439 Im Klausenstück 177-1d
60435 Im Klingenfeld 178-4a
60438 Im Kreuzegut 177-1d
60528 Im Mainfeld 203-10d
60433 Im Mellsig 177-5d
60431 Immermannstraße 177-12c
65936 Im Mittleren Sand 202-4c
60433 Im Nardholz 177-6c
60437 Im Niederfeld 178-1a
60385 Im Prüfling 204-2a
60388 Im Rosenträger 179-7a
60322 Im Sachsenlager 203-6b
60437 Im Sauern (4) 152-8d
65934 Im Sechholder 202-7a
60388 Im Sperber 179-7b
60389 Im Staffel 178-11b
60435 Im Steinbügel 178-4c
60388 Im Steinchen 179-7d
60437 Im Storchenhain 177-3a
60599 Im Teller 204-12b
65936 Im Tiefen Weg 201-3d
60388 Im Triborn 179-8a
60389 Im Trieb 178-12a
60311 Im Trierischen Hof 204-4c (33-B3)
60322 Im Trutz Frankfurt 203-6b
60433 Im Uhrig 177-5d
60488 Im Vogelsgesang 177-10c
60488 Im Waldfeld 176-12d
65929 Im Weidensee 201-8c
60439 Im Weimel 177-7c
60388 Im Wickengarten 179-8c
60435 Im Wiesengarten 178-4b
60437 Im Wiesengrund 151-10c
60388 Im Winkel 179-10b
60433 Im Wörth 177-8b
65934 Im Ziegelfeld 201-9d
60320 Inckusstraße 177-12d
60437 In den Biegen 178-1b
60435 In den Gräben 178-4a
60488 In den Grummetwiesen 177-10a
60437 In den Schafgärten 178-1b
60437 In den Seewiesen 177-2a
60439 In den Stegwiesen 177-5c
60389 In den Teichen 178-12a
60488 In den Waldgärten 176-12d
60389 In den Zeuläckern 178-12c
60489 In der Au 202-5b
60599 In der Beginenklause 204-9c
60388 In der Erle 179-11a
60437 In der Fuchskaut (2) 152-10d
60437 In der Kätcheslach 177-2a
60489 In der Kron 202-2d
65934 In der Krümm 201-9d
60439/60488 In der Römerstadt 177-7c
60437 In der Rosengewann 152-10b
60435 In der Roterde 178-4b
60388 In der Sauren Wiese 178-12b
65933 In der Schildwacht 202-8c
60437 In der Wink 151-10d
– Industriegebiet Oberhafen 204-6b
– Industriepark Griesheim 202-10b
– Industriepark Höchst 201-11a + 227-2b
60529 Ingelheimer Straße 202-10c
60316 Ingolstädter Straße 204-5a
60385 Inheidener Straße 204-2d
60489 Inselgäßchen 202-3d
65929 Inselsbergstraße 201-5c
60487 Insterburger Straße 203-1c
60314 Intzestraße 204-6a
60386 Iselinstraße 204-3d
60528 Isenburger Schneise 229-2b
60388 Isenburgstraße 179-7b

– Jacobiweg 230-1a
60433 Jacob-Schiff-Straße 177-9c
60385 Jacobystraße 204-5b
65933 Jägerallee 202-8a
– Jagdhüttenschneise 227-3d
60318 Jahnstraße 203-6b
60316 Jakob-Carl-Junior-Straße (1) 204-5a
60320 Jakob-Heller-Straße 177-12d
60314 Jakob-Latscha-Straße 204-5d
60320 Jakob-Leisler-Straße 203-3a
60437 Jakob-Quirin-Weg 178-1a
60386 Jakobsbrunnenstraße 205-2c
60433 Jasminweg 178-4c
60435 Jaspertstraße 178-7d
60488 Jean-Albert-Schwarz-Straße 177-10a
60549 Jean-Gardner-Barren-Straße 228-8b
60388 Jean-Kempf-Weg 179-10d
60435 Jean-Monnet-Straße 177-9d
60320 Jean-Paul-Straße 177-12a
60311 Jean-Weipert-Str. (1) 205-4d
65931 Jenaer Weg 200-12b
60314 Jenny-Apolant-Weg 204-7b (33-C1)
60320 Joachim-Becher-Straße 177-12c + 203-3a
60488 Johanna-Kirchner-Straße 176-12c
60599 Johanna-Melber-Weg 204-7d
60483 Johanna-Spyri-Weg 177-1a
60386 Johanna-Tesch-Platz 204-3c
60438 Johann-Beyer-Weg 177-1a
65929 Johannesallee 201-8b
60528 Johannes-Lamp-Straße (1) 229-1b
60438 Johann-Georg-Elser-Straße 177-1c
60437 Johann-Georg-Fahr-Aanlage 151-11a
60486 Johann-Halske-Allee 203-4a
60385 Johanniskirchplatz (5) 204-2b
65936 Johann-Klohmann-Straße (18) 201-6d
60528 Johann-Klotz-Straße 229-2a
65931 Johann-Sittig-Straße 227-1a
60388 Johann-Usener-Straße 179-8c
60486 Jordanstraße 203-5a
60326 Josbacher Straße 203-7a
60437 Josef-Bautz-Straße 151-10d
65934 Josef-Benner-Weg 202-7b
65929 Josef-Dey-Weg 201-6c
60437 Josef-Eicher-Straße 151-11a
65929 Josef-Fenzl-Straße 201-6c
60489 Josef-May-Straße 202-3d
60488 Josef-Wirmer-Straße 176-12c
60433 Josephskirchstraße 177-8b
60438 Joseph-v.-Fraunhofer-Straße (17) 177-1c
60385 Juchostraße 204-5b
60325 Jügelstraße 203-5a
60329 Jürgen-Ponto-Platz 203-6c (33-C5)
60528 Jugenheimer Straße 203-10d
60433 Julius-Brecht-Straße 177-6b
60316 Julius-Heymann-Straße 204-4b (33-A2)
65936 Julius-Leber-Weg 202-1c
60487 Juliusstraße 203-2c
60311 Junghofstraße 203-6c (33-B5)
65933 Jungmannstraße 202-12a
60486 Jungstraße 203-5a
60322 Justinianstraße 203-3d
65929 Justinuskirchstraße 201-9c
65929 Justinusplatz 201-9c

– Kätcheslachpark 177-1a
60438 Kätcheslachweg 177-1a
60486 Käthchen-Paulus-Straße 202-6d
60438 Käthe-Kruse-Straße 177-1d
65934 Kahnplatz 202-7a
– Kaiserbahnweg 202-8a
60313 Kaiserhofstraße 203-6d (33-B5)
60433 Kaiserkronenweg (2) 178-4c
60314 Kaiserleibrücke 204-6d
60437 Kaiserpappeln 151-9d + 152-7c
– Kaiserplattschneise 228-12a
60311 Kaiserplatz 203-6d (33-B5)
60320 Kaiser-Sigmund-Straße 177-12d
60311/60329 Kaiserstraße 203-9a (33-C6)
– Kaisertannenweg 230-2a
60438 Kalbach-Riedberg 151-10b + 177-1b
60437 Kalbacher Hauptstraße 151-10d
60437 Kalbacher Niddapfad 177-2b
60437 Kalbacher Stadtpfad 151-10d
60313 Kalbächer Gasse (33-B4)
60489 Kalkentalstraße 202-3c
60320 Kallestraße 203-3a
60528 Kalmitstraße 203-10d
60439 Kaltmühle 177-5a
60439 Kaltmühlstraße 177-5c
65929 Kamelienstraße (5) 201-8a
60326 Kameruner Rosengärtchen 203-7a
60528 Kandelstraße 203-11c
60311 Kannengießergasse 204-4c (33-B3)
60435 Kantapfelstraße 178-7b
60316 Kantstraße 204-4b
60437 Kapersburgstraße 152-8c
60549 Kapitän-Lehmann-Kreisel 228-7b
60549 Kapitän-Lehmann-Straße 228-8a
65936 Kappusstraße 202-4a
60385 Karbener Straße 204-2b
60385 Karl-Albert-Straße 204-2d
60437 Karl-Bieber-Höhe 151-9d
65929 Karl-Blum-Allee 201-6c
60385 Karl-Flesch-Straße 204-2d
60594 Karl-Gerold-Platz 204-7c (33-D3)
60439 Karl-Kautsky-Weg 177-4c
– Karl-Kirchner-Siedlung 178-7b
60488 Karl-Klee-Weg 176-12a
65929 Karl-König-Weg 201-8a
60431 Karl-Kotzenberg-Straße 177-11c
60435 Karl-Lachmann-Straße 178-10a
60386 Karl-Marx-Straße 204-3b
60439 Karl-Perotte-Platz 177-5c
60388 Karl-Pfeuffer-Straße 179-10b
60437 Karl-Ritscher-Anlage 151-11c
60598 Karlsbader Straße 203-12d
60320 Karl-Scheele-Straße 203-3a
65929 Karl-Schüler-Weg (3) 201-5c
60329 Karlsruher Straße 203-9a (33-D6)
– Karlsruher Werft 204-8b
60320 Karl-Stieler-Straße 177-12c
60329 Karlstraße 203-9a (33-C6)
60435 Karl-von-Drais-Straße 177-9d
60388 Karl-Wessendorft-Straße 179-8a
60311 Karmelitergasse 203-6d (33-C4)
60327 Karpfenweg 203-8d
60486 Kasernenstraße 203-1d
65929 Kasinostraße 201-9a
60486 Kasseler Straße 203-4b
60322 Kastanienallee 203-3d
– Kastanienschneise 228-4d
65933 Kastanienstraße 202-9c
60439 Kastellstraße 177-8a
65936 Katharina-Petri-Straße 201-6c
60438 Katharina-Staritz-Straße (11) 177-1a
60486 Katharinenkreisel 203-4a
60313 Katharinenpforte (33-B4)
60437 Kattergasse 151-9a
65933 Kattowitzer Straße 202-8a
60313 Katzenpforte 204-4a (33-A4)
65931 Katzenstirn 200-9d
60529 Kauber Weg (1) 202-10c
60486 Kaufunger Straße 203-1d
60594/60596 Kaulbachstraße 204-7c
60438 Kautenhof 177-2a
65931 Kegelbahn 200-9d
65934 Kehreinstraße 202-7c
– Keimwiesenschneise 227-3d
60326 Kelkheimer Straße 203-7a
60439 Kellerbornstraße 177-4c
65931 Kellerskopfweg 201-7c
60528 Kelsterbacher Straße 203-10d
– Kelsterbacher Weg 227-9a
60529 Kelsterbacher Weg (Schwanheim) 201-12d + 227-3a
60437 Keltenstraße 178-1b
60596/60598 Kennedyallee 203-11d + 229-2b
60318 Keplerstraße 204-1c
– Kesselbruchschneise 230-5b
60314 Kesselstädter Straße 204-5c
60431 Keßlerstraße 177-8d
60385 Kettelerallee 204-2d
60325 Kettenhofweg 203-5b (33-A6)
65933 Kiebitzpfad 202-8a
65933 Kiefernstraße 202-9c
– Kiesschneise 228-3d
60486 Kiesstraße 203-5a
60386 Kilianstädter Straße 179-11c
60385 Kinkelstraße 204-5b
60599 Kinzigstraße (4) 204-8d
– Kirchalenschneise 179-11b
60439 Kirchgartenstraße 176-6b
60389 Kirchgasse 178-9d
60433 Kirchhainer Straße 177-9a
60437 Kirchhofsweg 177-3a
60311 Kirchnerstraße 203-6d (33-B4)
60528 Kirchpfad 203-10d
60487 Kirchplatz 203-1d
– Kirchschneise 227-9a
60489 Kirschbaumweg 202-2d
60386 Kirschenallee 204-3d
60435 Kirschwaldstraße 177-12b
60313 Klapperfeldstraße 204-4c (33-B2)
60594 Klappergasse 204-7a (33-D2)
60433 Klarastraße 177-9c
60433 Klauerstraße 177-9a
60320 Klaus-Groth-Straße 177-12a
60313 Klaus-Mann-Platz (33-A3)
60322 Kleebergstraße 203-3b
60489 Kleemannstraße 202-6b
60386 Kleestraße 205-2c
60313 Kleine Bockenheimer Straße (33-B5)
60594 Kleine Brückenstraße 204-7a (33-D3)
60313 Kleine Friedberger Straße (33-A3)
60313 Kleine Hochstraße 203-6d (33-B5)
60431 Kleine Höllbergstraße 177-8d
60488 Kleine Nelkenstraße 203-1a
60311 Kleiner Hirschgraben (33-B4)
60594 Kleine Rittergasse 204-7a
60599 Kleiner Ruppenackerweg 204-11a
60599 Kleiner Seehof 204-8c
60439 Kleine Schüttgrabenstraße (2) 176-6b
60486 Kleine Seestraße 203-1d
60385 Kleine Spillingsgasse 204-2b
60323 Kleine Wiesenau (1) 203-6a
60431 Kleinschmidtstraße 177-8d
60318 Kleiststraße 204-1b
– Klepperschneise 204-11d + 230-2b
60322 Klettenbergstraße 203-3d
60326 Kleyerstraße 202-9d
60320 Klimsch-Anlage 177-12a
60599 Klingenberger Straße (7) 204-7d
60388/60389 Klingenweg 178-9d
60311 Klingerstraße 204-4c (33-B2)
60318 Klitscherstraße (1) 204-4a
65931 Klosterhofstraße 200-9c
60325 Klüberstraße 203-6c (33-B6)
65929 Kneiselsmühle 201-4d
60528 Kniebisstraße 203-11c
60487 Knöterichweg 203-1d
60326 Knorrstraße 203-7b
60433 Kobbachstraße 177-5d
60327 Koblenzer Straße 203-8a
60599 Kochstraße 204-8d
60327 Kölner Straße 203-8a
– Kölner Werft 204-5d
60487 Königsberger Straße 203-1c
60598 Königsbrunnenweg 229-3b
60528 Königslacher Straße 229-2a
65929 Königsteiner Straße 201-5d
60316 Königswarterstraße 204-4b (33-A1)
– Königswiesenpfad 229-3b
60437 Köpperner Straße (2) 177-3a
60433 Körberstraße 177-9c
60322 Körnerstraße 203-3d
60385 Kohlbrandstraße 178-11d
60486 Kohlrauschweg 202-6b
60488 Kolbenbergstraße 176-9d
65931 Kolberger Weg 200-12a
60488 Kollwitzstraße 176-12c
65934 Kolpingstraße 202-7c
60528 Komturstraße 203-11a
60313 Konrad-Adenauer-Straße 204-4a (33-A3)
60487 Konrad-Broßwitz-Straße 203-1d
60437 Konrad-Duden-Weg 151-12c
65929 Konrad-Glatt-Straße 201-9a
60435 Konrad-Hoenen-Weg 178-7d
65936 Konrad-Meyer-Weg 202-1c
60438 Konrad-Zuse-Straße 177-1d
60313 Konstablerwache-Passage (33-B3)
60439 Konstantinstraße 177-7b
60386 Konstanzer Straße 205-2c
60327 Kopenhagener Straße (1) 203-5c
65929 Kopernikusstraße 201-8b
60437 Korffstraße 178-1a
60311 Kornmarkt 203-6d (33-B4)
60318 Koselstraße 204-1c
60326 Kostheimer Straße 203-7b
60488 Kracauerstraße 177-10a
60435 Krälingweg 178-7b
65929 Kranengasse 201-9c
65931 Kranentrank 200-9d
60598 Kranichsteiner Straße 204-7c
60439 Kransberger Weg 177-7a
60311 Kranweg (3) 205-4d
60439 Krautgartenweg 177-4a
60318 Kreutzerstraße 204-1a
60388 Kreuzbergstraße 179-11a
60439 Kreuzerhohl 177-4a
60486 Kreuznacher Straße 203-4b
60435 Kreuzstraße 178-7a
60326 Kriegkstraße 203-7b
60326 Krifteler Straße 203-7b
60313 Krögerstraße 204-4a (33-A4)
60323 Kronberger Straße 203-6a
65929 Kronengasse (5) 201-9c
60326 Kronthaler Straße 203-7a
65931 Krümmling 227-1b
60311 Kruggasse (33-B3)
60388 Krummauer Straße 179-10b
– Krumme Loogschneise 230-6c
65934 Krumme Weiden 202-7b
60388 Kruppstraße 179-10a
65931 Küferstraße 201-10c + 227-1a
60320 Kühhornshofweg 177-12d
– Kuhpfadschneise 229-8b
60486 Kuhwaldstraße 203-4b
60435 Kullmannstraße 178-10b
60439 Kupferhammer 177-5c
60486 Kurfürstenplatz 203-4b
60486 Kurfürstenstraße 203-4b
60431 Kurhessenstraße 177-11b
65929/65936 Kurmainzer Straße 201-6c
60437 Kurmarkstraße 152-8c
65934 Kurt-Blaum-Straße 202-7b
60311/60313 Kurt-Schumacher-Straße 204-4c (33-C3)
60489 Kurzgasse 202-3d
60435 Kurzröderstraße 178-10a
– Kutscherweg 229-2b

60386 Lachnerstraße 205-5a
60433 Lachweg 177-5d
60433 Ladenburgstraße 177-12a
60599 Länderweg 204-7b (33-D1)
– Lärchenschneise 227-9b
– Lärchenschneise (Niederrad) 229-5a
65933 Lärchenstraße 202-8c
60437 Lagwiesenweg 151-12b
– Lahmeyerbrücke 205-1c
60386 Lahmeyerstraße 204-3b
60326 Lahnstraße 203-7c
60598 Lamboystraße 203-12b
65934 Landauer Straße 202-7c
60388 Landgraben 179-7a
– Landgrabenweg 179-4c
60486 Landgrafenstraße 203-5a
60431 Landgraf-Philipp-Straße 177-8b
60431 Landgraf-Wilhelm-Straße 177-8d
60320 Landvogtstraße 177-12d
– Langebaumschneise 227-9b
60437 Lange Meile 151-10d
60326 Langenhainer Straße 203-7a
60386 Langenselbolder Straße 205-1b
60489 Langer Weg 202-3c
60311 Lange Straße 204-4d (33-C2)
60433 Langheckenweg 177-9c
65929 Langobardenweg 201-5b
– Langschneise 227-3c
60488 Langweidenstraße 203-1a
60386 Lappengasse 205-2c
60386 Lassallestraße 204-3b
60594 Laubestraße 204-7a (33-D3)
60314 Launhardtstraße 204-5d
60594 Launitzstraße 204-7a (33-D3)
60388 Laurentiusstraße 179-7d
60437 Lausitzstraße 152-8c
60386 Lauterbacher Straße 205-1a
60433 Lavendelweg (4) 178-4c
60438 Leberecht-Migge-Anlage 176-3d
60322 Leerbachstraße 203-3d (33-A5)
65929 Legienstraße 201-5c
65931 Lehmkautstraße 227-1b
60489 Lehrbergerstraße 202-6a
60314 Leibbrandstraße 204-6a
60316 Leibnizstraße 204-1d
60318 Leimenrode (3) 203-6b
60386 Leinpfad (Fechenheim) 205-4b
60529 Leinpfad (Schwanheim) 201-9c
60386 Leinwebergasse 205-2d
60486 Leipziger Straße 203-2c
60318 Lenaustraße 204-1c
65931 Lenzenbergstraße 200-9d
60386 Leo-Gans-Straße 205-2c
60486 Leonardo-da-Vinci-Allee 202-6d
60936 Leonhard-Heißwolf-Straße 202-2c
60389 Leonhardsgasse 178-12a
60311 Leonhardskirchhof (33-C4)
– Leonhardstor (33-C4)
– Leonhardswerft 203-9b (33-C4)
60388 Leopold-Ehrmann-Straße (11) 179-8a
60437 Leo-Tolstoj-Straße 151-9c
65933 Lepsiusstraße 202-11b
65936 Lerchenhof 202-4b
60598 Lerchesbergring 203-12d
– Lerchesbergweg 229-3b
60322 Lersnerstraße 203-3d
60325 Lessingstraße 203-6c (33-A6)
60599 Lettigkautweg 204-8c
60598 Letzter Hasenpfad 204-10a
60388 Leuchte 179-10b
– Leunabrücke 201-11b
65929 Leunastraße 201-8d
60529 Leunastraße (Schwanheim) 201-12d
60437 Leutholdstraße 177-3a
65929 Leverkuser Straße 201-8d
60327 Lia-Wöhr-Platz 203-8b
60529 Libellenweg 202-12c
60389 Licher Straße 204-1b
60433 Lichtenbergstraße 177-9d
60318 Lichtensteinstraße 204-1c
– Lichtetalschneise 228-1c
60313 Liebfrauenberg (33-B4)
60313 Liebfrauenstraße 203-6d (33-B4)
60323 Liebigstraße 203-3c
65929 Liebknechtstraße 201-8b
65929 Liederbacher Straße 201-5c
– Liefersteinschneise 229-4c
60598 Liegnitzer Straße 203-12d
60313 Liesel-Christ-Anlage 203-6b (33-A5)
60433 Ligusterweg 177-6d
60320 Liliencronstraße 177-12c
60487 Lilienthalallee 203-2a
60385 Lili-Schönemann-Steige 204-5b
60439 Limescorso 177-7b
60311 Limpurgergasse 203-6d (33-C4)
60486 Lindberghplatz 203-4c
60433 Lindenau 177-8b
65933 Lindenhag 202-8b
60388 Lindenhof (Bergen-Enkheim) 179-6c
60437 Lindenhof (Harheim) 152-10d
60431 Lindenring 177-8b
65936 Lindenscheidstraße 201-6b
60325 Lindenstraße 203-5b
60314 Lindleystraße 204-5d
65933 Linkstraße 202-11b
60385 Linnéstraße 204-2c
60486 Lise-Meitner-Straße 203-4b
60327 Lissabonner Straße (3) 203-8a
– Listweg 202-5c
60489 Lixfelder Weg 202-5b
60437 Lochmühlstraße 152-8c
60594 Löherstraße (33-C3)
60386 Löhnunggasse 205-2c
– Lönsschneise 228-1b
60322 Loënstraße 204-1a
60529 Lönsweg 228-1b
60487 Lötzener Straße 203-1c
60385 Löwengasse 204-2c
60489 Lohoffstraße 202-3c
60389 Lohrgasse 178-12a
– Lohrpark 178-9c
60594 Lokalbahnhof 204-7b (33-D2)
60327 Londoner Straße (6) 203-8a
65929 Loreleistraße 201-8b
60326 Lorsbacher Straße 203-7a
60489 Lorscher Straße 202-2b
60318 Lortzingstraße 204-1c
65934 Lotzstraße 202-7c
– Louisaschneise 229-2b
60439 Louis-Pasteur-Straße 177-4b
60433 Lucaestraße 177-9c
65929 Luciusstraße (13) 201-8d
60438 Lucy-Hillebrand-Straße 177-1c
60487 Ludolfusstraße 203-2c
60388 Ludwig-Emmel-Weg 179-8a
60327/60325 Ludwig-Erhard-Anlage 203-5c
60438 Ludwig-Fulda-Weg 177-1c
60488 Ludwig-Gehm-Weg 176-12a
65929 Ludwig-Hensler-Straße 201-5c
65929 Ludwig-Jost-Allee 201-6c
60388 Ludwig-Klemann-Weg 179-7b
60488/60489/60487/60486 Ludwig-Landmann-Straße 176-12a
60437 Ludwig-Quidde-Straße 151-9c
60596 Ludwig-Rehn-Straße 203-9c
60439 Ludwig-Reinheimer-Straße 177-4d
60433 Ludwig-Richter-Straße 177-8b
60437 Ludwig-Ruppel-Straße 177-2b
65931 Ludwigsburger Weg (4) 200-9d
65929 Ludwig-Scriba-Straße 201-9a
65929 Ludwigshafener Straße 201-8d
– Ludwigshafener Werft 204-6c
60327 Ludwigstraße 203-5d
60431 Ludwig-Tieck-Straße 177-8d
60598 Ludwig-Zamenhof-Weg (12) 204-10a
60323 Lübecker Straße 203-3c
60313 Luginsland (33-B5)
60437 Luisenhof 152-9c
60316 Luisenplatz 204-1d
60316 Luisenstraße 204-4b
60433 Lupinenweg 177-6d
60439 Lurgiallee 177-4b
65934 Luthmerstraße 202-7a
60385 Luxemburgerallee 204-5b
60433 Luzernenweg 177-6b
60528 Lyoner Straße 203-10c

60486 Maastrichter Ring 203-7a
60327 Madrider Straße (4) 203-8a
– Märchen-Siedlung 201-10a
60437 Märker Straße 152-8c
60438 Magda-Spiegel-Weg (8) 177-1a
65929 Magnolienstraße 201-8a
60431 Mahräckerstraße 177-11c
60598 Mailänder Straße 204-10a
65929 Mainberg 201-9c
60528 Mainfeldstraße 203-10c
60311 Mainkai 203-9b + 204-4c (33-C4)
– Mainkurschneise 179-11c
60385 Mainkurstraße 204-2c
60329 Mainluststraße 203-9a (33-C5)
– Main-Neckar-Brücke 203-8d
60311 Mainstraße 204-4c (33-C2)
– Maintaler Grenzschneise 179-12a
– Mainuferpark 203-9b (33-D5)
60599 Mainwasenweg 204-8a
– Mainzer Bahnweg 227-6a
60325/60326/60327/60329/65933/65934 Mainzer Landstraße 201-9d (33-B6)
– Mainzer Werft 204-8b
60320 Malapertstraße 178-10c
60320 Malßstraße 177-12c
60433 Malvenweg (1) 178-4a
60326 Mammolshainer Straße 202-9b
60529 Manderscheider Straße 202-10d
60329/60327 Mannheimer Straße 203-8d
– Mannheimer Werft 204-6c
60486 Manskopfstraße 203-4d
60389/60435/60320 Marbachweg 177-12d
60487 Marburger Straße 203-2c
65933 Marderweg 202-8d
60489 Margaretenstraße 202-3c
60488 Margarete-Schütte-Lihotzky-Anlage 176-12c
60438 Margarete-Steiff-Straße (3) 177-1d
60433 Margarete-Weber-Anlage 177-6c
60433 Margeritenweg 178-4c
60435 Marianne-Beuchert-Platz 178-10b
60599 Mariannenstraße 204-7d
– Marie-Bittorf-Anlage 177-12b
60439 Marie-Curie-Straße 177-4a
60439 Marie-Luise-Kaschnitz-Straße 176-6b
65936 Marienberger Straße 201-6b
60528 Marienburgstraße 203-11a
60329 Marienstraße 203-6c (33-B5)
60439 Mark-Aurel-Straße 177-8a
60487 Markgrafenstraße 203-2c
65929 Markomannenweg 201-5b
60311 Markt (33-B3)
60388 Marktstraße 179-7b
60489 Marquardstraße 202-3c
60318 Marschnerstraße (2) 204-1c
60386 Martin-Böff-Gasse (6) 205-5b
60314 Martin-Elsasser-Weg (33-B1)
60529 Martin-Henrich-Anlage 202-10d
– Martin-Luther-King-Park 177-4c
60316 Martin-Luther-Platz 204-1d
60316/60389 Martin-Luther-Straße 204-1d
60594 Martin-May-Straße 204-7a (33-D2)
60438 Martin-Niemöller-Straße 177-1a
60529 Martinskirchstraße 202-10d
60529 Martinsweg 202-10a
60385 Martin-Weber-Platz 204-2d
60320 Martorffstraße 178-10a
60438 Mart-Stam-Straße 176-3d
60326 Marxheimer Platz 202-9d
60326 Marxheimer Straße 202-9d
60437 Maßbornstraße 178-1b
60437 Maßbornstraße (4) 152-10d
60437 Massenheimer Straße (1) 177-3a
65933 Maßholderpfad 202-8b
60599 Mathildenplatz 204-9c
60599 Mathildenstraße 204-9c
60438 Matisseweg 177-2c
60435 Matternstraße 178-7c
60316 Matthias-Beltz-Platz (3) 204-1d
60431 Matthias-Claudius-Straße 177-8d
65929 Mattiakerweg 201-5d
60316 Mauerweg 204-4a
60314 Maulbeerstraße 204-5c
– Maunzenweiherschneise 204-11d
60529 Mauritiusstraße 202-10d
60599 Max-Beckmann-Straße 204-10d
60320 Max-Bock-Straße 177-12b
60438 Max-Born-Straße 177-1d
60385 Max-Bromme-Steig 204-2d
60386 Max-Eyth-Straße 205-2c
65929 Max-Hartig-Weg (1) 201-5c
60386 Max-Hirsch-Straße 204-3c
60437 Max-Holder-Straße 151-11c
60323 Max-Horkheimer-Straße 203-3a
60385 Maximilianstraße 204-2d
60439 Max-Kirschner-Weg 177-4d
60435 Max-Leichter-Weg 178-7c
60437 Max-Planck-Straße 151-9c
60486 Max-Pruss-Straße 202-6c

– Seibelweg 230-1d
60439 Seibertsgasse 176-6b
65929 Seidelbaststraße 201-8a
65929 Seilerbahn (1) 201-9c
60313 Seilerstraße 204-4b (33-A2)
60431 Selma-Lagerlöf-Straße 177-11b
– Selzerbrunnenweg 202-5c
60325 Senckenberganlage 203-5d
60435 Senefelderweg 178-7c
60437 Seulberger Straße 177-3a
60316 Seumestraße 204-4b
60439 Severusstraße 177-8a
60549 Sheelar Circle Drive 254-2a
60388 Siboldgasse (3) 179-7b
60388 Siebenbürgenstraße 179-7d
60388 Siedlerstraße 179-10b
– Siedlung Friedenau 201-7c
– Siedlung Lerchesberg 230-1a
– Siedlung Praunheim 176-12a
– Siedlung Römerstadt 177-7d
– Siedlung Taunusblick 200-9c
– Siedlung Westhausen 176-12c
65936 Siegener Straße 202-1c
60594 Siemensstraße 204-7b (33-D2)
65929 Sieringstraße 201-5d
60323 Siesmayerstraße 203-2d
60435 Sigmund-Freud-Straße 177-9d
60320 Silberbornstraße 177-12d
60529 Silcherstraße 228-2a
65929 Silostraße 201-7d
60323 Simon-Bolivar-Anlage 203-3c
60435 Simon-Ochs-Straße 178-10b
60385 Simsonstraße 204-5b
– Sinaipark 177-12b
65931 Sindlinger Bahnstraße 201-10a
– Sindlinger Mainbrücke 227-1d
60326 Sindlinger Straße 203-7b
60439 Sinner Weg 177-4d
60323 Siolistraße 203-3a
65929 Sirenenstraße 201-9a
60438 Skylineblick 177-1d
60326 Sodener Straße 203-7c
60322 Sömmerringstraße 203-3d
– Solmspark 202-6a
60486 Solmsstraße 203-4a
– Sommerhoffpark 203-8c
60437 Sondershäuser Hof 152-8b
60326 Sondershausenstraße 202-9d
60314 Sonnemannstraße 204-4d (33-C1)
60437 Sonnenhof (Nieder-Erlenbach) 152-9c
65936 Sonnenhof (Sossenheim) 202-2c
60433 Sonnentaustraße 177-6b
60529 Sonnenweg 202-11d
60386 Sonnraer Straße 205-1a
65929 Soonwaldstraße 201-5d
60487 Sophienstraße 203-1d
60388 Sophie-Rosenthal-Straße (13) 179-8a
60431 Sophie-von-La-Roche-Weg 177-11d
60437 Sorbenstraße 152-8a
65936 Sossenheimer Kirchberg (3) 202-4a
65936 Sossenheimer Mühlgasse (4) 202-4a
65936 Sossenheimer Riedstraße 202-4a
65929/65936 Sossenheimer Weg 201-5d
60594 Souchaystraße 204-7a (33-D3)
60599 Spatzengasse 204-8d
60599 Speckgäßchen (3) 204-8d
60599 Speckgasse 204-8d
60599 Speckweg 204-8b
60327 Speicherstraße 203-9c (33-D6)
60388 Speierlingweg 179-8c
60320 Spenerstraße 177-12c
– Sperbergschneise 229-4b
60437 Sperberweg 151-10d
60385 Spessartstraße 204-2c
60327 Speyerer Straße 203-8a
65934 Spielmannstraße 202-7c
– Spielparkweg 179-11c
60439 Spielsgasse 176-6b
– Spitzbubenweg 227-3b
60437 Spitzenstraße 178-1a
60439 Spitzgartenweg (5) 177-1d
60318 Spohrstraße 204-1a
– Springschneise 229-5d
– Stadtwaldhaus 229-6a
60596 Städelstraße 203-9b (33-D4)
60318 Stalburgstraße 204-1c
65929 Starenweg 201-8a
60388 Stargarder Straße 179-7d
60386 Starkenburger Straße 205-5c
60323 Staufenstraße 203-6a (33-A6)
60431 Stefan-Zweig-Straße 177-11d
65929 Stegerwaldstraße 201-5c
60594 Stegstraße 204-7a (33-D3)
60388 Stegweidhof 179-5d
– Steigweg 230-4a
60386 Steinäckerstraße 205-5b
60386 Steinauer Straße 179-10d
60488 Steinbacher Hohl 176-9c
– Steinbruchweg 179-10d
– Steingrundschneise 229-7a
60528 Steingrundweg 229-2a
60599 Steinhausenstraße 204-7d
60435 Steinkleestraße 178-7c
65931 Steinkopfweg 200-9c
60596 Steinlestraße 203-9c (33-D5)
65931 Steinmetzstraße 227-1a
60437 Steinritzstraße 152-10d
65931 Steinrutsch 200-12b
60439 Steinstraße (Heddernheim) 177-4a
60437 Steinstraße (Nieder-Erlenbach) 152-5c
60313 Steinweg 203-6d (33-B4)
– Steinweg (Sachsenhausen) 230-2c
60488 Stephan-Heise-Straße 202-3a
60313 Stephanstraße 204-4a (33-A3)
60326 Stephensonstraße 203-7b
60435 Sterlepperstraße 178-10b
60318 Sternstraße 204-4a
60322 Stettenstraße 203-3b
60388 Stettiner Straße 179-7d
60326 Steuernagelstraße 203-7c
60489 Stichelstraße 202-3d
65934 Stichgärtenstraße 202-7c
60327 Stichlingstraße (3) 203-8d
65929 Stieglitzenweg 201-8a
60488 Stierstädter Straße 176-9c
60313 Stiftstraße 203-6b (33-A4)
60438 Stiftung-Wasenhaus-Weg 177-1a
60385 Stockheimer Straße 204-2d
60327 Stockholmer Straße (2) 203-5c
– Stöppelschneise 228-1a
– Stoltzeschneise 229-3c
60311 Stolzestraße 204-4c (33-B2)
65929 Storchgasse 201-9c
60399 Strahlenberger Weg 204-7b
60322 Stralsunder Straße 203-3a
60529 Straßburger Straße 228-2b
– Straßburger Werft 204-8b
60486 Straße der Nationen 203-4c
65931 Straße zur Internationalen Schule 200-12d
60596 Straßheimstraße 203-9c
– Streichkernweg 179-10d
60596/60598 Stresemannallee 203-12c
65933 Stroofstraße 202-10b
60489 Strubbergstraße 202-5b
60489 Stützeläckerweg 202-2b
65929 Stupanusstraße 201-9a
60327 Stuttgarter Straße 203-9a (33-D6)
60431 Sudermannstraße 177-11d
60437 Sudetenstraße 152-8a
60549 Südpassage (2) 228-7b
60326 Sulzbacher Straße 203-7b

60439 **T**acitusstraße 177-7b
60433 Tagetesweg 178-4c
65933 Taläckerstraße 202-11b
– Talschneise 228-4a
60437 Talstraße 151-10d
60388 Tannenhof 179-6a
60529 Tannenkopfweg 202-12c
60529 Tannenwaldstraße 202-10d
60437 Tannenweg 151-9a
65933 Tarnowitzer Straße 202-8a
60388 Taschnerstraße 179-10a
– Taubenlachschneise 254-4b
– Taubenlachschneise (Schwanheim) 228-2d
60313 Taubenstraße (33-A4)
60435 Taufsteinweg (5) 178-7c
60329/60325 Taunusanlage 203-6c (33-B5)
65934 Taunusblick 202-4d
60329 Taunusstraße 203-9a (33-C6)
60310 Taunustor 203-6c (33-C5)
60310 Taunusturm (33-B5)
60549 Taxistraße 228-7c
60594 Teichstraße (33-D2)
60486 Tel-Aviv-Platz 203-7a
60323 Telemannstraße 203-6a
60599 Teller-Siedlung 204-12b
60599 Tellerweg 204-12b
60437 Tempelgasse (1) 178-1b
60437 Tempelhof 152-11c
60598 Teplitz-Schönauer-Straße 203-12d
65929 Teutonenweg 201-5b
60326 Tevesstraße 203-7c
60594/60596 Textorstraße 203-9d
60549 Thea-Rasche-Straße 228-8a
– Theatertunnel (33-C5)
60316 Theobald-Christ-Straße 204-4d (33-B1)
60435 Theobald-Ziegler-Straße 178-7c
60488 Theodor-Fischer-Weg 176-12a
60386 Theodor-Haubach-Weg 204-3c
60486 Theodor-Heuss-Allee 203-4d
60439 Theodor-Neubürger-Straße (1) 177-4b
60596 Theodor-Stern-Kai 203-11b
60431 Theodor-Storm-Straße 177-8d
60437 Theodor-Thomas-Straße 151-12c
[illegible] Theodor-W.-Adorno-Platz 203-5a
65934 Therese-Herger-Anlage 202-8a
60433 Thielenstraße 177-8b
65929 Thiotmannstraße 201-9a
60316 Thomasiusstraße 204-4b (33-A1)
60439 Thomas-Mann-Straße 176-6d
65936 Thomestraße 202-4a
60596 Thorwaldsenplatz 203-9d
60596 Thorwaldsenstraße 203-9d
60385 Throner Straße 204-2a
60489 Thudichumstraße 202-3c
60386 Thünenstraße 204-3d
60316 Thüringer Straße 204-4b (33-A1)
60439 Tiberiusstraße 177-7b
65934 Tillystraße 201-9d
60487 Tilsiter Straße 203-1a
– Tiroler Schneise 229-5b
60596 Tiroler Straße 203-12b
60596 Tischbeinstraße 203-9d
60439 Tituscorso (2) 177-7b
60439 Titusstraße 177-7b
60311 Töngesgasse 204-4c (33-B3)
60596 Töplitzstraße 203-9c
65936 Toni-Sender-Straße 202-1c
60486 Tornowstraße 203-4c
– Tränkweg (Sachsenhausen) 230-1b
60529 Tränkweg (Schwanheim) 202-12c
60439 Trajanstraße 177-4d
60487 Trakehner Straße 203-1c
– Trankschneise 229-1c
60528 Treburer Straße 203-11c
60439 Treisberger Straße 177-7a
– Trichterfeldschneise 228-4d
60388 Triebstraße 179-7d
60528 Trifelsstraße 203-10d
60528 Triftstraße 203-11c
60489 Trümpertstraße 202-3d
60598 Tucholskystraße 204-10a
60437 Tulpenweg 151-9c
– Tunnelweg 227-6b
60598 Turiner Straße 204-10c
60385 Turmstraße 204-2a
– Turnerschneise 228-1d

60437 **Ü**ber den Gartenwiesen 151-10d
60437 Über der Heiern (1) 152-10d
60386 Überlinger Weg 205-2c
– Uerdinger Werft 204-5d
60314 Uhlandstraße 204-4d (33-B1)
60314 Uhlfelderstraße 205-4a
60325 Ulmenstraße 203-6c (33-B6)
60433 Ulrichstraße 177-9a
60596 Unter den Akazien 203-12a
60596 Unter den Birken 203-12a
60596 Unter den Buchen 203-12a
60596 Unter den Eichen 203-12a
60596 Unter den Eschen 203-12a
60596 Unter den Kastanien 203-12a
60596 Unter den Linden 203-12a
60596 Unter den Platanen 203-12a
60329 Unter der Friedensbrücke 203-9c (33-D6)
60437 Unterer Burggasse (7) 152-8d
60316 Unterer Atzemer 204-5a
60437 Unterer Kalbacher Weg 177-2b
60437 Unterer Kirchwiesenweg 151-9d
60311 Unterer Molenpark 205-4c
65933 Untere Rützelstraße (2) 202-12a
60323 Unterlindau 203-3c
– Untermainbrücke 203-9b (33-C4)
60311/60329 Untermainkai 203-9a (33-D5)
60549 Unterschweinstiege 228-5c
– Unterschweinstiegschneise 228-5c
60599 Unterster Zwerchweg 204-10b
– Unterwaldschneise 179-10d
60318 Unterweg 204-4a
60437 Urnbergweg 178-1d
60437 Urseler Weg 151-8d
60486 Ursinusstraße 202-6c
60388 Usastraße 179-7a
60389 Usinger Straße 204-2a
60438 Utrilloweg 177-2c

60438 **V**alentin-Schmetzer-Weg (23) 177-1a
60389 Valentin-Senger-Straße 178-11c
60486 Varrentrappstraße 203-5c
60386 Vatterstraße 204-3b
60389 Vereinsstraße 204-2a
60433 Victor-Gollancz-Weg 177-9a
60388 Victor-Slotosch-Straße 179-10a
60435 Viehtrieb 178-7a
– Viehweg 178-8a
60529 Vierhäusergasse (5) 202-10d
– Vierherrnsteinschneise 228-9b
60386/60388 Vilbeler Landstraße 178-9b
60313 Vilbeler Straße 204-4a (33-A3)
60322 Voelckerstraße 203-3b
60529 Völklinger Weg 202-10c
60316 Vogelsbergstraße 204-1d
– Vogelschneise 229-4b
60528 Vogelstraße 229-2a
– Vogelwartenweg 179-10d
60596 Vogelweidstraße 203-9c
60529 Vogesenstraße 202-10c
60322 Vogtstraße 203-3d
60386 Volgersbrunnenweg 204-3d
60388 Volkshausstraße 179-10b
– Volkspark Niddatal 177-10a
60528 Volpenhennstraße (2) 229-1b
60486 Voltastraße 203-4a
60388 Voltenseestraße 179-10a
60388 Voltenseeweg 179-10a
– Von-Bernus-Park 203-1d
– Von-Bethmann-Park 204-4a (33-A2)
65934 Vorm Wald 202-5c

60433 **W**acholderweg 177-6d
65929 Wachtelweg 201-8a
[illegible] Wächtersbacher Straße 206-1a
65929 Wagengasse 201-5c
60596 Waidmannstraße 203-12a
60385 Waitzstraße 204-5b
– Waldauschneise 228-3c
60433 Waldecker Straße 177-9d
60326 Waldemser Straße 203-7b
60528 Waldfriedstraße 229-1b
65933 Waldmeisterpfad 202-8b
60316/60314 Waldschmidtstraße 204-4b (33-A1)
65933 Waldschulstraße 202-5d
– Waldspielpark Goetheturm 204-11d
– Waldspielpark Louisa 203-12c
– Waldspielpark Scheerwald 204-12c
– Waldspielpark Schwanheim 228-1b
– Waldspielpark Tannenwald 229-6d
60528 Waldstraße 229-2a
60326 Wallauer Straße 202-9b
60598 Walldorfer Straße 204-10a
60389 Wallfahrtsweg 178-9d
60594 Wallstraße 204-7a (33-D3)
60433 Walnußweg 177-6c
60439 Walter-Abschlag-Weg 177-4d
60438 Walter-Gropius-Straße 176-3d
60435 Walter-Hesselbach-Straße 178-10b
– Walter-Kolb-Siedlung 178-10b
60594 Walter-Kolb-Straße 204-7a (33-D3)
60320 Walter-Leiske-Straße 177-12a
60439 Walter-Möller-Platz (1) 177-7b
– Walter-Schwagenscheidt-Platz 177-7a
60311 Walter-Spiller-Brücke 205-4c
60320 Walter-vom-Rath-Straße 203-3a
60438 Walther-Nernst-Straße (18) 177-1c
60594 Walther-von-Cronberg-Platz 204-7b (33-C2)
– Waltraud-Müller-Alizadeh-Spielplatz 204-9c
60320 Wanebachstraße 177-12d
– Wanzenschneise 227-3c
60327 Warschauer Straße (7) 203-8a
65929 Wartburgstraße 201-5c
– Wartschneise 229-3b
– Wartweg 228-2d
65929 Wasgaustraße 201-5d
60599 Wasserhofstraße 204-9a
60389 Wasserleitungsweg 178-11c
– Wasserpark 178-10d
– Wasserturmweg 179-11c
60394 Wasserweg 204-7b (33-D2)
– Wasserwegschneise 228-7a
60318 Weberstraße 204-1c
65929 Weckerlinstraße 201-9a
60311 Weckmarkt 204-4c (33-C3)
65929 Wed 201-9c
60435 Wegscheidestraße 178-7d
60389 Wehrheimer Straße 204-2a
60489 Wehrhofstraße 202-3d
60599 Wehrstraße 204-9a
65936 Weidenauer Straße 202-1d
60385/60389 Weidenbornstraße 204-2a
60314 Weiherstraße (33-B1)
60326 Weilbacher Straße 202-9d
60435 Weilbrunnstraße 178-7b
60326 Weilburger Straße 203-7d
60437 Weimarer Straße 151-12b
65931 Weinbergstraße 227-1b
60435 Weinstraße 178-7a
60314 Weisbachstraße 204-5d
60314 Weismüllerstraße 204-6b
– Weißackerscheise 230-4c
60311 Weißadlergasse (33-B4)
60433 Weißdornweg 177-6c
60311 Weißfrauenstraße 203-6d (33-C4)
60439 Weißkirchener Weg 176-6b
– Weißtannenweg 229-2b
65929 Weizengasse 201-5c
60599 Wellengasse 204-9c
– Welscher Weg 229-3a
65931 Welschgrabenstraße 200-12a
60598 Wendelsplatz 204-7c
60599 Wendelsweg 204-7d
60439 Wenzelweg 177-8a
60327 Werftstraße 203-8d (33-D6)
– Werksbrücke West 227-1b
65934 Werner-Bockelmann-Straße 202-7b
65934 Werner-Haustein-Straße 202-7c
60486 Werrastraße 203-4b
60599 Wertheimer Straße 204-10b
– Wertheimer Werft 205-4a
– Weseler Werft 204-7b (33-C1)
60329 Weserstraße 203-6c (33-B6)
65931 Westenbergerstraße 227-1a
60323 Westend-Nord 203-3a
60325 Westendplatz 203-5d (33-B6)
60325 Westendstraße 203-5b
60325 Westend-Süd 203-6c (33-B6)
60489/65936 Westerbachstraße 202-1c
65936 Westerwaldstraße 201-6b
– Westhafen 203-8d
60327 Westhafenbrücke (1) 203-9c
60327 Westhafenplatz 203-9c
65931 West-Höchster-Straße 200-12b
60388 Westpreußenstraße 179-10b
60488 Westring 202-3a
60389 Wetteraustraße 204-2a
60435 Wetzlarer Straße 178-10b
60389 Wichernstraße (6) 178-12a
60433 Wickenweg 177-6d
60326 Wickerer Straße 202-9b
60486 Wicker-Frosch-Straße 203-4d
60318 Wielandstraße 204-1c
60599 Wiener Pfad 204-9a
60599 Wiener Straße 204-9c
[illegible] Wiesbadener Straße 202-6d
60323 Wiesenau 203-3c
65936 Wiesenfeldstraße 202-4a
– Wiesenhaagweg 202-5c
– Wiesenhüttenhof 177-6b
60329 Wiesenhüttenplatz (33-D6)
60329 Wiesenhüttenstraße 203-9a (33-D6)
60385 Wiesenstraße 204-2c
60431 Wildenbruchstraße 177-12a
65933 Wildentenstraße 202-8c
60599 Wildgäßchen 204-8d
60487 Wildunger Straße 203-5a
65936 Wilhelm-Beckel-Straße (15) 201-6d
60599 Wilhelm-Beer-Weg 204-11c
60431 Wilhelm-Busch-Straße 177-12a
60431 Wilhelm-Epstein-Straße 177-11c
65936 Wilhelm-Fay-Straße 202-1d
60437 Wilhelm-Flögel-Ring 151-9c
65931 Wilhelm-Grandhomme-Straße (2) 201-10c
60437 Wilhelm-Gutbrod-Straße 151-10b
60325 Wilhelm-Hauff-Straße 203-5d
60486 Wilhelmine-Reichard-Weg 202-6d
60529 Wilhelm-Kobelt-Straße 228-2a
65934 Wilhelm-Koppel-Weg 202-8a
60329 Wilhelm-Leuschner-Straße 203-9a (33-D6)
60388 Wilhelm-Meiß-Straße 179-10b
65929 Wilhelm-Roser-Weg 201-8b
60386 Wilhelmsbader Weg 179-11d
60327 Wilhelm-Schickard-Straße (1) 203-8b
65934 Wilhelm-Schmelz-Weg 202-8a
65933 Wilhelmshavener Straße 202-9a
60389 Wilhelmshöher Straße 178-11d
60388 Wilhelmstal 179-4c
60594 Willemerstraße 204-7a (33-D2)
60528 Willemineallee 229-1b
60431 Willibrachtstraße 177-8b
60386 Willmannstraße 205-2c
60488 Willy-Berking-Straße 176-12a
60311 Willy-Brandt-Platz 203-9b (33-C5)
60314 Wim-Duisenberg-Platz 204-5d
60314 Windeckstraße 204-4d (33-B1)
60329 Windmühlstraße 203-9a (33-C5)
65929 Windthorststraße 201-6c
60316 Wingertstraße 204-4b
60437 Winkelgasse 178-1b
60320 Winterbachstraße 177-12d
60489 Winterstraße 202-3c
60388 Winzersteige 179-7d
60437 Wirschelweg 151-10d
60323 Wismarer Straße 203-3a
60316/60385 Wittelsbacherallee 204-5a (33-A1)
60323 Wöhlerstraße 203-6a (33-A6)
60389 Wöllstädter Straße 204-2b
60439 Wörbachstraße 177-8a
60326 Wörsdorfer Straße 203-7a
60433 Wohngemeinschaft Bonameser Straße 177-5b
60433 Wolfhagener Straße 177-9d
60489 Wolf-Heidenheim-Straße 202-2d
60322 Wolfsgangstraße 203-3c
60437 Wolfsohl (2) 151-11c
– Wolfskautweg 204-12c
– Wolfsweg 204-12c
60431 Woogstraße 177-11a
60598 Wormser Straße 203-12b
60385 Würzburger Straße 204-5a
– Würzburger Werft 205-4a
60487 Wurmbachstraße 203-2c
60327 Wurzelstraße 203-8c

60437 **X**aver-Fendt-Straße 151-11c

60327 **Z**anderstraße (2) 203-8d
65929 Zaubernußallee (1) 201-8a
65929 Zaubernußplatz 201-8a
60433 Zaunstraße 177-8b
60433 Zehnmorgenstraße 177-8b
60529 Zehntgasse 202-10d
65931 Zehnthofgasse (4) 227-1b
60313 Zeil 203-6d + 204-4d (33-A2)
60439 Zeilweg 177-4d
60598 Zeisigweg 229-3b
60318 Zeißelstraße 204-1c
60529 Zelterstraße 228-2a
60389 Zentgrafenstraße 178-12a
60489 Zentmarkweg 202-2d
60325/60487 Zeppelinallee 203-2c
60389 Zeuläckerstraße 178-12c
60311 Ziegelgasse 204-4c (33-B3)
60598 Ziegelhüttenplatz 204-10a
60598 Ziegelhüttenweg 203-12b + 229-3b
60433 Ziegenhainer Straße 177-9c
60488 Zillestraße 176-12d
60325 Zimmerweg 203-6c (33-B6)
65936 Zinzendorfweg 201-6b
60316 Zobelstraße 204-4d (33-B1)
60316 Zoo Frankfurt 204-5a (33-A1)
60435 Zorbachstraße 178-7c
65929 Zuckschwerdtstraße 201-9a
60437 Züricher Straße 151-11b
60594 Zum Apothekerhof 204-7b (33-D1)
60437 Zum Bergwerk 151-10d
60594 Zum Brommenhof 204-7b (33-D1)
60529 Zum Eiskeller 228-2b
60437 Zum Erlengrund 152-11a
60437 Zum Eschbachsteg 151-9d
60594 Zum Gipelhof 204-8a (33-D1)
60599 Zum Goetheturm 204-11c
60594 Zum Gottschalkhof 204-8a
60529 Zum Heidebuckel 228-2b
60320 Zum-Jungen-Straße 178-10c
60594 Zum Laurenburger Hof 204-7b (33-D1)
65933 Zum Linnegraben 202-8b
60438 Zum Margarethenzehnten 177-1d
60311 Zum Pfarrturm 204-4c (33-C3)
60486 Zum Rebstockbad 202-6d
60437 Zum Schäferköppel 152-8c
60594 Zum Schlegelhof 204-8a
60437 Zum Schlinkenborn 151-10d
60549 Zum Staudenweiher 227-11b
60438 Zum Stulen 177-1d
60438 Zum Taubenzehnten 177-1a
60437 Zur Charlottenburg (8) 152-8d
60529 Zur Frankenfurt 202-11d
65931 Zur Friedenseiche 227-1a
60438 Zur Kalbacher Höhe 177-1d
60437 Zur Obermühle 152-8c
60437 Zur Untermühle 178-1b
60529 Zur Waldau 228-3a
60313 Zwingergasse (33-A4)
60594 Zwischenstraße 204-7d (33-D2)

Freigericht

PLZ 63579

Adolf-Amberg-Straße 211-3d
Ahornweg (Bernbach) 185-9d
Albstädter Straße 185-11c
Aloys-Korn-Straße 185-11c
Alte Bahnhofstraße (11) 185-11c
Alte Burgstraße (Somborn) 185-10d
Alte Hauptstraße (Somborn) 185-11c
Altenmittlauer Straße (Bernbach) 185-11a
Alter Weg 186-10d
Altvaterstraße (Bernbach) 185-9c
Altvaterstraße (Somborn) 185-11a
Alzenauer Straße (Neuses) 211-3c
Am alten Friedhof (9) 185-11c
Am Backhaus (3) 185-12b
Am Berg 186-10b
Am Brückebach 185-10d
Am Dorfplatz (Horbach) (6) 186-10d
Am Dreschplatz (Horbach) 186-10b
Am Felsenkeller 185-12b
Am Helgenhäuschen 185-12a
Am Helgenhof 185-12b
Am Horbacher Stutz 211-3b
Am Hüttenrain 185-12c
Am Jägersgraben (5) 186-10b
Am Josefsbrunnen 185-10d
Am Kirchplatz 185-12a
Am Landersgraben 185-9c
Am Lindenberg 185-9b
Am Neuseser Weinberg (Neuses) 211-3a
Am Nordhang (Horbach) 186-10d
Am Rain 185-10d
Am Sandberg (Horbach) 186-10c
Am Silberberg 211-3a
Am Sportfeld 185-11a
Am Südhang (Horbach) 186-10a
Am Trieb (Altenmittlau) 185-12d
Am Vorspessart (Neuses) 211-3d
Am Waldrain (Horbach) 186-10c
Am Weidenborn 185-10b
Am Weiherborn 211-3a
Am Weinberg (Horbach) 186-10c
Am Weißen Stein 185-10d
Am Wiebelsberg (Horbach) 186-10c
Am Wingert (Neuses) 211-3a
An den Teichen (Bernbach) 185-9b
An der Brücke (Horbach) 186-10d
An der Freigerichthalle 185-12a
An der Johanneskirche (10) 185-11a
An der Kirche (Bernbach) (2) 185-9d
An der Naßmühle 186-10c
An der Schmiede (Bernbach) 185-9d
Annastraße 185-11a
Apfelweg (1) 186-10c
Aue 185-11a
Auf dem Rodfeld 211-3b
Auf dem Weidenstrauch 185-10d
Auf dem Weidweg 185-9c
Auf dem Wernhaupt 185-10a
Auf den Herrenwiesen 185-9b
Auf der Höhe (Neuses) 211-3c
Auf der Spielwiese (2) 211-3c
Auf der Wehrwiede 185-7d
Aussiedlerhof 185-10a
Austraße 185-12b

Bachstraße 186-10c
Bahndamm 185-10b
Bahnhofstraße (Neuses) 211-3c
Barbarossastraße (Somborn) 185-10d
Bartholomäusstraße (4) 185-9d
Baumweg 186-10b
Benderwiese (Somborn) 185-10d
Bergstraße 211-3c
Bernbacher Straße 185-12b
Birkenhainer Straße (Bernbach) 185-9c
Bleichstraße 185-11c
Blocksberg (1) 211-3c
Bonifatiusstraße 185-11a
Bornäckerhof 186-7c
Bornstraße 186-10b
Borsigstraße 185-10b
Brentanostraße (Bernbach) 185-9d
Brucknerstraße 185-9c
Brückenstraße (Somborn) 185-10d
Brücknergasse (4) 185-12b
Brüder-Grimm-Straße (7) 185-10d
Brunnenstraße 185-11c
Buchbergstraße 185-10b
Burgstraße (Altenmittlau) 185-12b
Burgstraße (Horbach) 186-10d

Christiane-Bräunlich-Straße 185-10d

Dangelweg 185-11c
Die Hofäcker 185-9b
Dieselstraße 185-10b
Dilgertstraße 185-10d
Dr.-Haußner-Weg (8) 211-2a
Dr.-Schmitt-Straße (Bernbach) 185-9d
Dorfstraße (Horbach) 186-10d

Edith-Stein-Straße (Bernbach) 185-9d
Eifelweg 185-11a
Elisabethenstraße (5) 185-11c
Elisenstraße (Altenmittlau) 185-12d
Erlenweg 185-11c
Eselsweg 211-3b
Ewaldstraße 185-12c

Fabrikstraße 211-3c
Feldstraße (Neuses) 211-3d
Finkenweg 211-2b
Fleischrinderhof 184-12d
Flurstraße 185-10d
Franz-Schilling-Straße 211-3a
Freigerichter Straße (Somborn) 185-10d
Friedhofstraße (Horbach) 185-9b
Friedrichstraße (Neuses) 211-3c

Gartenstraße (Horbach) 186-10c
Geiselbacher Straße 186-10d
Geißmühle 185-8b
Gelnhäuser Straße 185-11a
Georgstraße 185-11c
Goethestraße (Somborn) 185-11d
Goldgasse 186-10d
Gondsrother Straße 185-7d
Gründige Bäume 185-9d
Grundschulstraße (8) 185-10d

Hahnenkammstraße 185-11c
Hanauer Landstraße 211-3a
Hanauer Straße 185-7d

Haselweg (Horbach) (2) 186-10d
Hauptstraße (Altenmittlau) 185-12b
Heckenweg 185-10d
Heinestraße (Somborn) 211-2a
Helgenhof 185-12a
Helgenweg 185-11c
Herderstraße 211-2a
Hirtenweg 186-10c
Höhenstraße (Horbach) 186-10c
Hof Birkelbach 185-8d
Hofgartenstraße (Somborn) 185-11c
Hof Trages 210-3d
Hohe Straße 185-11a
Homeisterstraße 185-10b
Horbacher Straße 185-9d
Hüttelngesäß 211-12b
Hufeisenstraße 185-9d

Im Alten Hof 211-3c
Im Blumengarten (Altenmittlau) 185-12a
Im Hahmefang 186-10b
In der Burg (Bernbach) 185-9b
Industriestraße 185-12a

Jagdhaus 210-3d
Jahnstraße (Bernbach) 185-9d
Jakobstraße 185-10d
John-F.-Kennedy-Straße 185-9c
Josefstraße (Somborn) 185-10b

Kalkbergstraße 185-12b
Kantor-Jörg-Straße 185-9d
Kapellenstraße (Neuses) 211-3c
Karlstraße (Somborn) 185-11c
Kegelbahnstraße 185-12a
Kettelerstraße (Neuses) 211-3b
Kiefernweg (Horbach) 186-10d
Kieselweg (Bernbach) 185-9d
Kirchstraße (Horbach) 186-10d
Kirschhohl 211-3c
Kleinbahnstraße 185-9a
Kleiner Weinberg 185-12b
Kolpingstraße (Altenmittlau) 185-12a
Konrad-Adenauer-Ring 185-11d
Konrad-Trageser-Straße 185-12a
Konstantin-Kempf-Straße 185-9d
Kopernikusstraße (Altenmittlau) 185-12c
Krautgartenstraße (Neuses) 211-3c
Kurt-Schumacher-Straße 185-11a

Lambertusweg 185-10d
Landsklingel (Neuses) 211-3b
Leonard-Heid-Straße (6) 185-11c
Lessingstraße 211-2a
Lindenstraße 185-9b

Mariengrotte (Altenmittlau) 185-12c
Marienstraße (Somborn) 185-11a
Markusstraße 185-12a
Max-Planck-Straße 185-11c
Michelbacher Straße 185-11c
Mittelstraße (Somborn) 185-10b
Mittlerer Weinberg 185-12b
Mozartstraße (Altenmittlau) 185-12a
Mühlstraße 186-10c
Mühlweg (Neuses) 211-3a

Nelkenweg 185-8c
Neuer Weg (7) 186-10d
Neue Straße 211-3a

Oberer Weinberg 185-12b
Odenwaldstraße 211-3d

Parkstraße 186-10d
Pestalozzistraße 185-11c
Pfarrgässchen (3) 211-3c
Pfarrweg 185-9d
Philipp-Reis-Straße (Somborn) 185-11c
Probst-Josef-Streb-Weg 185-11c

Querstraße 185-10d

Raiffeisenstraße 185-10b
Rathausstraße (Somborn) 185-11a
Regenbogenstraße (Bernbach) (5) 185-9d
Reichsgartenstraße 185-9b
Reiterhof 185-8d
Rhönblick (Bernbach) 185-9b
Rhönstraße (Somborn) 185-11a
Robert-Koch-Straße 185-11c
Rodenbacher Straße (4) 185-10c
Rodfeldblick (Neuses) 211-3b
Ronneburgblick 185-11a
Rosenstraße 185-7d

Sandelmühle 211-2b
Sandweg (Altenmittlau) 185-12d
St.-Antonius-Weg (3) 185-9d
St.-Florian-Weg 185-9d
St.-Hubertus-Weg 185-9d
St.-Michael-Straße 185-9d
St.-Quentin-Fallavier-Platz 185-12b
St.-Quentin-Fallavier-Straße 185-12a
St.-Vincenz-Straße 211-3c
Savignystraße 185-10d
Schafgartenstraße 185-11c
Schillerstraße 185-11c
Schubertstraße 185-11a
Schützenweg 185-11d
Schulstraße (Neuses) 211-3c
Schutzengelstraße (2) 185-12b
Silbergasse (Horbach) (3) 186-10d
Somborner Straße 185-11b
Sonnenweg (Bernbach) (1) 185-9b
Spessartblick 186-10c
Spessartring (Somborn) 185-11a
Spessartstraße (Bernbach) 185-9b
Stauferstraße (Somborn) 185-10d
Steinäcker 211-3c
Steinweg (1) 185-12d

Tannäcker 185-9d
Tannenweg (Altenmittlau) 185-12d
Taunusstraße 185-11a
Theodor-Heuss-Straße 185-11a
Trenngasse 185-11c
Tulpenweg 185-8c

Unter Mühle 185-7d

Vincenzstraße (Somborn) 185-11c
Vogelsbergblick (Somborn) 185-11a
Vogelsbergstraße (Neuses) 211-3d
Vor der Oberwiese 185-10d

Wachthütte 211-3a
Wahlberg 185-11a
Waldblick (Neuses) 211-3d
Waldstraße (Somborn) 185-10d
Wasserschröppe (1) 185-10b
Weg zur Grotte 186-10d
Wehrweide 185-10b
Weidweg 185-12a
Wendelinusstraße 211-3c
Wiesenweg 185-12b
Wilhelm-Busch-Straße 185-10d
Wilhelmshöhe 185-11c
Wilhelmstraße 211-3c
Wilhelmstraße (Neuses) 211-3c
Wilhelm-Winter-Straße 186-10d
Wingertstraße 186-10c

Zangenborn 185-11c
Ziegelstraße 185-10b
Zu den Mühlen 185-12d
Zum Bildstock (3) 185-10d
Zum Erlengrund 185-12d
Zum Schottengrund 185-10d
Zur Bohnenmühle (5) 185-12b
Zur dicken Tanne (2) 185-10d
Zur Kleinbahn (Horbach) 186-10c
Zur Kreuzhohle 185-10d
Zur Marienruhe 185-10d
Zur Mühlwiese 185-10b
Zur Rohrwiese 185-9c

Frei-Laubersheim
PLZ 55546

Am Bahnhof 346-6c
Am Kapellbrunnen (7) 346-5d
Am Ravengiersberg (5) 346-5d
Am Reichskeller (6) 346-5d
Amselweg 346-5d
An der B420 346-5b
An der Linde 346-5b
An der Stiegel 346-5d

Backhauspforte 346-5d
Bahnstraße 346-5d

Franz-von-Sickingen-Straße (4) 346-5b
Fronpforte 346-5d

Hof bei der Römerstraße 346-3c
Hüttenstraße 346-5d

Im Brühl 346-5d
Im Plan (8) 346-5d

Jahnstraße 346-5d
Johannisgarten 346-5b
Johannishof 346-5a

Kirchenpforte 346-5b

Lerchenweg 346-5d
Lindenhof 346-5b

Nachtigallenweg 346-5d

Philipp-Wehr-Straße 346-5b

Rathausgasse (2) 346-5b
Rathausstraße 346-5d
Rheingrafenhof 346-5b
Rheingrafenstraße 346-5b
Röhrenbrunnen (3) 346-5d
Römerstraße 346-5b

Sandhof 346-5c
Schlittweg 346-6c
Schulstraße 346-5d

Ullrich-von Hutten-Straße (1) 346-5b

Vogelgesang 346-5d

Wambertusplatz 346-5d
Wambertusstraße 346-5d

Friedberg (Hessen)
PLZ 61169

Adolf-Reichwein-Weg 105-1a
Äppelwoiweg 104-3d
Agustinergasse (34-A2)
Albert-Schweitzer-Straße (3) 105-12b
Allensteiner Straße 104-3c
Allmendstraße 104-3c
Alte Bahnhofsstraße 105-1b (34-B1)
Alte Bergwerkstraße 87-12b
Alte Burgstraße 104-3c
Altkönigstraße 105-4a
Am alten Jugendzentrum (8) (34-B2)
Am Burgberg 87-10d (34-B1)
Am Dachspfad 105-1d
Am Edelspfad 105-1d
Am Hang 105-6b
Am Heckborn 104-3d
Am Herrengarten 105-2d
Am Hollerberg (1) 87-12a
Am Kindergarten 105-2d
Am Kirschenberg 104-2d
Am Königsstuhl (2) 106-4b
Am Leihgraben 104-3c
Am Nauheimer Weg (2) 87-10c
Am Park 106-1a
Am Pfaffenbrunnen 86-12d
Am Pfarrgarten (1) 105-9d
Am Rain 105-6d
Am Ringgraben 87-11c (34-B1)
Am Runden Garten 105-2d
Am Schlag (6) 105-2c
Am Schramm 105-2d
Am Schwimmbad 104-2d
Am Seebach 105-1c
Am Sodenweg 87-10b
Am Söderpfad 87-12a
Am Steinernen Kreuz 105-1a
Am Straßbach 105-4c
Am Südbahnhof 105-12b
Am Tauben Rain 105-1c
Am Vogelrain 105-12b
Am Wartfeld 105-5a
Am Weidchen 104-2d
An den 24 Hallen 87-10d (34-B1)
An den Weilerwiesen 86-12c
An den Wendelgärten (1) 104-3a
An der alten Gärtnerei (5) 87-10d
An der Jungertshohl 105-9d + 106-7c
An der Seewiese 105-1a
An der Wetter 87-12b
Anna-Kloos-Straße 87-10c
Anton-Heinstadt-Weg (10) 105-4a
Antonie-Maurer-Straße (6) 105-5b
Apfelgasse 87-12a
Apothekergasse (3) (34-A2)
Assenheimer Straße 105-6b
Attichrain 105-5b
Auf dem Biek 87-12a
Auf dem See 105-1a
Auf der Weck 106-1a
Auguste-Mönch-Straße (5) 105-5b

Bachgasse 104-2d
Bachseifenweg 105-6b
Badgasse 105-1b (34-A2)
Bahnhaus 105-12a
Bahnhofspassage 105-1d (34-B3)
Barbarastraße 105-2a (34-B1)
Bauernheimer Weg 106-4a
Beienheimer Höhe 87-9d
Beienheimer Straße 106-1a
Bella-Winkhaus-Straße (7) 105-5b
Benrathweg 105-1c
Berliner Straße 104-3c
Bertolt-Brecht-Straße 105-12b
Beunestraße 104-3c
Biegenweg 105-12b
Bilsteinstraße 106-1b
Birkenstraße 105-1c
Bishop's-Stortfort-Promenade 105-1a
Bismarckstraße 105-1b (34-A2)
Blumengarten 87-12b
Borngasse 104-3c
Breslauer Straße 105-2c
Bruchenbrückener Straße 105-9d
Brückengasse 105-12b
Brüder-Grimm-Weg 87-12a
Brunnenweg (34-A1)
Buchenstraße 105-1c
Büchnerweg 105-1c
Bügelstraße 105-2d
Bünauring 105-5b
Burgfeldstraße 87-10c
Burgsiedlung 87-10d

Carl-Barnas-Straße (4) 105-5b
Carl-Geibel-Straße 105-5a
Carl-Pfeffer-Straße 87-12b
Crössmannstraße 105-1c

Danziger Straße 105-1d
Diebsweg 104-9b
Dieffenbachstraße 105-1c
Dienheimer Pfad 105-2c
Dieselstraße 87-10d
Dr.-Fritz-Usinger-Platz (1) (34-B1)
Dorheimer Bergwerk 88-10b
Dorheimer Straße 105-2d
Dorn-Assenheimer-Straße 106-1a

Eichelsgartenstraße 104-3c
Eichenstraße (9) 87-12a
Elachstraße (1) 105-2d
Elvis-Presley-Platz (34-A2)
Engelsgasse 105-1b (34-A2)
Erasmus-Alber-Straße 105-9d
Erbsengasse (4) 87-12b
Erich-Milius-Weg 105-1a
Erich-Stümpfig-Platz (3) 105-5b
Ernst-Eduard-Hirsch-Straße 87-10c
Europaplatz (34-A3)

Färbergasse (34-A2)
Fauerbacher Straße 105-2a (34-B2)
Fauerbacher Wegfeld 105-2b
Feldbergstraße 105-1c
Fichtenstraße 105-1c
Florstädter Straße 105-6b
Forsthausstraße 105-6b
Foucarstraße (15) 105-4b
Frankfurter Straße 105-4a
Freseniusstraße 105-4d
Friedberger Straße 104-3c
Friedensstraße 105-4b
Friedhofsweg (2) 104-3c
Friedrich-Ebert-Straße 105-2c (34-B3)
Friedrichstraße (10) 87-12a
Fritz-Bebber-Weg (11) 105-4a
Fritz-Erler-Straße 105-12b
Fritz-Reuter-Straße 105-2c

Gärtnerweg 105-1b (34-A1)
Galgenkopfstraße 104-2c
Gartenfeldstraße 105-1c
Gartenstraße 104-3c
Gebrüder-Lang-Straße 105-2a (34-B2)
Georg-August-Zinn-Straße 87-10c
Georg-Bauschmann-Straße 87-12b
Germania-Brunnen 87-11b
Gewerbegebiet Süd 105-4d
Gießener Straße 87-10d (34-A1)
Ginsterweg 105-1c
Görbelheimer Grund 105-8b
Görbelheimer Hohl 105-5a
Görbelheimer Mühle 105-9a
Görbelheimer Weg 105-8b
Görbeth Hohl 105-5b
Goetheplatz (34-A3)
Grabenstraße 104-3c
Große Köhlergasse 105-1b (34-B2)
Grüner Weg 105-4a
Gutenbergstraße 105-1c

Haagstraße 105-1b (34-A2)
Haalweg 106-4a
Haasweg 105-1c
Hahlstraße 105-9d
Haingraben 105-1d (34-B3)
Haingrabenstraße 105-9d
Hanauer Straße 105-1b (34-B2)
Hans-Böckler-Straße 105-12b
Hasenbergweg 106-7c
Hauptstraße 105-5b
Heinrich-Busold-Straße 105-1a
Heinrich-Buxbaum-Straße 87-10c
Heinrich-Ehrmann-Straße 87-10c
Heinrich-Heine-Straße 105-12b
Heinrich-Lübke-Straße 105-2d
Heinz-Herbert-Karry-Straße (3) 87-10c
Herbert-Rüfer-Weg (1) 87-10c
Hermann-J.-Bach-Weg 105-1a
Hinter der Eller 106-1a
Hintergasse 104-2d
Hinter'm Alten Ort (1) 105-6b
Hirtengasse 105-6b
Hirtenpfad 105-2a
Höhenstraße 105-6b
Hoherodskopfstraße 106-1b
Hohe Straße 88-11c + 106-2a
Hohlweg Wehrheimer 104-6b
Hollerfeldchenstraße 104-2d
Holzpförtchen 105-1d (34-A3)
Homburger Straße 105-4a
Hospitalgasse 105-1b (34-A2)

Ilbenstädter Hohl 105-12b
Im Anger 87-12b
Im Junggarten 106-1a
Im Krämer 105-4b
Im Mühlfeld 105-5b
Im Rosental 105-1b (34-B1)
Im Wingert (13) 105-4b
In der Au 87-12b
In der Burg (34-A1)
In der Höll (7) 105-2c
In der Mark 87-12b

Jahnstraße 105-1d
Jakobusplatz 104-3c
Johann-Peter-Schäfer-Straße 105-1c
Judengasse (2) (34-A2)
Judenplacken 105-1b (34-A1)

Kaiserstraße 105-1d (34-A3)
Kammerfeld 87-12c + 105-3a
Kapellenstraße 104-3a
Karl-Damm-Straße 105-1d
Karl-Raute-Weg (12) 105-4a
Karlsbader Straße 105-4b
Karlshof 106-4b
Karl-Trapp-Straße 105-2c
Karl-Ulrich-Straße 87-12b
Kastanienstraße 87-12b
Katharina-Schackey-Straße 87-10c
Kettelerstraße 105-1d
Kiebitzweg (4) 105-12a
Kiefernweg 105-1c
Kirchgasse 105-5b
Kirschengasse 87-12a
Klausenstraße 105-12b
Kleiberweg (7) 105-12a
Kleine Klostergasse (34-B2)
Kleine Köhlergasse (34-B2)
Königsberger Straße 105-4b
Konrad-Adenauer-Platz (34-B2)
Kransberger Straße 105-1a
Kreuzgasse 87-12b
Kuhweidweg 87-12b

Lachenweg 104-9b
Lachenweg (Ossenheim) 105-6b
Landhaus Reuß 104-2a
Leonhardstraße 105-1d
Lerchenweg (5) 105-12a
Licher Hohl 87-9d
Liebfrauenring 87-12b
Lillienstraße 104-3a
Lindenstraße 105-1c
Löwenhof 104-4d
Ludwigstraße 105-1d (34-B2)
Lutheranlage 105-1d (34-A3)

Mainzer-Tor-Anlage 105-1c (34-A3)
Mainzer-Tor-Weg 105-1d
Marburger Hohl 104-9a
Margeritenstraße 104-3a
Maria-Montessori-Weg 105-4a
Marienstraße 104-3c
Marktplatz (3) 87-12b
Markwiesenweg 105-6b
Marne-Villiers-sur-Promenade 105-1d (34-A3)
Mauergasse (34-B2)
Meisenweg (6) 105-12a
Mielestraße 105-4d
Mittelstraße 105-2a (34-B2)
Mörler Straße 105-1a (34-A1)
Mühlweg 105-2a (34-B1)
Museumsgasse (7) (34-B2)

Narzissenstraße 104-3a
Nauheimer Straße 104-3c
Nebenstraße 106-1a
Nelkenstraße 104-3c
Neue Straße 105-2c
Neuhausgasse 105-1b (34-A2)
Neutorgasse 105-1b (34-A2)
Nieder-Wöllstädter-Straße 105-6b

Obere Liebfrauenstraße 105-2a (34-B2)
Obergasse 105-9d
Ober-Wöllstädter-Straße 104-3c
Ockstädter Straße 105-1c (34-A3)
Ossenheimer Straße 106-1a
Ottostraße 87-10d

Pappelweg 105-6b
Pfarrgasse 104-2d
Pfingstbrunnenstraße 104-2d
Pfingstweide 105-4d
Platz der Deutschen Einheit (34-A3)
Promenadenweg 87-10d

Querstraße (5) 105-2c

Rabenweg 105-6b
Raiffeisenstraße 105-5a
Reinhold-Höres-Straße 106-1a
Richard-Musch-Straße 105-6b
Riedstraße 87-10c
Riedweg 87-10c
Ringstraße 105-12b
Ringweg 106-1a
Ritterstraße 104-3c
Rödernstraße 105-6b
Römerstraße 105-9d
Römerweg 105-4d
Rosbacher Straße 104-2d
Rosenstraße 104-3c
Rothweg 105-4a
Rulestraße 105-1c

Saalburgweg 105-1c
Saarstraße 105-1d (34-B3)
Salzgrafenstraße 87-12b
Sandgassen 105-1b (34-A1)
Sandgrubenweg 105-4c
Sandkautenweg 106-4a
Sauerbornshohl 87-11c
Schirngasse (5) (34-A2)
Schlaudersweg 105-8d
Schlesische Straße 104-3c
Schloß 87-12a
Schloßstraße 104-3c
Schmidtstraße 105-2a (34-B2)
Schnurgasse 105-1b (34-A2)
Schöne Aussicht 105-12b
Schreberweg (2) 87-12b
Schützenrain 105-1d (34-A3)
Schulstraße 105-1b (34-B2)
Schulweg (6) 87-12b
Schulze-Delitzsch-Weg (16) 105-4a
Schwalheimer Straße 87-12a
Scribastraße (14) 105-4b
Seestadtler Weg (34-A3)
Solmser Weg 105-2d
Städterstraße 105-2c
Städter Weg 87-10c
Stahlstraße 105-4b
Steinbrücker Weg 105-5c
Steinhäußerstraße 105-4b
Steinkaute 105-5b
Steinkopfstraße 105-1c
Steinschneise 103-6b
Stettiner Weg 105-2c
Stiegelgasse 105-12b
Stohrstraße 105-1c
Straßheimer Straße 104-6b
Sudetenstraße 104-3c
Südstraße 104-3c
Sülzbergstraße 105-2c
Susanne-Edelhäuser-Weg (9) 105-4a

Tannenweg 105-1c
Taubenrainweg 105-4a
Taufsteinstraße 106-1b
Taunusstraße 105-1c
Tepler Straße 105-4b
Theodor-Heuss-Straße 105-2c
Tulpenstraße 104-3a

Über dem Wehrbach 105-2d
Uhlandstraße 105-12b
Ulmenweg 104-2c
Untere Liebfrauenstraße 105-2a (34-B1)
Usagasse 105-1b (34-A2)
Usavorstadt 87-10d (34-B1)
Usinger Straße 104-2c

Verbindungsgasse (4) (34-A2)
Vilbeler Straße 105-12b
Vogelsbergstraße 106-1a
Von-Franckenstein-Straße 104-3c
Vorstadt zum Garten 87-10d + 105-1b (34-A1)

Waldstraße 104-2d
Wassergasse 105-5b
Weedgasse 105-1b (34-A2)
Wegwarte (8) 87-12b
Wehrheimer Weg 104-3c
Weideweg 105-2a
Weidigweg 105-1c
Weiherstraße 105-1b (34-A1)
Weinbergstraße 87-12b
Wetteraustraße 87-12c
Wettergasse 105-9d
Wetzlarer Straße 104-1b
Wiesenstraße 104-3c
Wilhelm-Leuschner-Straße 105-2c (34-B3)
Windhof 105-8b
Windsheimer Schneise 103-6d
Wingertstraße 105-12b
Wintersteinstraße 105-1c
Wolfengasse (6) (34-A2)
Wolfgang-Schmid-Platz (34-A3)

Ziegenberger Weg (4) 105-1a
Zilleweg 105-12b
Zum Germaniabrunnen 87-12a
Zum Hahnengrund 105-12b
Zum Roten Berg 88-10a
Zum Sportplatz (2) 105-2d
Zum Steg (2) 105-9d
Zur Bleiche (5) 87-12b
Zur Hainerde 88-10a
Zur Kirche (7) 87-12b
Zur Lohmühle 105-6b
Zur Zuckerfabrik (8) 105-2c

Friedrichsdorf
PLZ 61381

Adalbert-Stifter-Straße 127-9d
Agricolaweg (5) 127-8c
Albert-Schweitzer-Straße 127-5b
Alemannenweg 127-11a
Alkönigstraße 127-9d
Alt Burgholzhausen 127-9b
Alte Grenzstraße 127-7b
Alt Seulberg 127-11a
Am alten Rathaus (4) 127-9d
Am Burggraben 127-9b
Am Eschenhorst 127-5c
Am Farnbach 127-2c
Am Felsenkeller 127-7d
Am Heegwald (2) 127-5b
Am Houiller Platz (3) 127-8c
Am Kirschberg (1) 127-5b
Am Köhlerberg 127-2c
Ammernweg 127-5a
Am Placken 127-11c
Am Rehlingsbach 127-7a
Am Ringelsberg 127-9b
Am Römerhof 127-8d
Am Salzpfad 127-9b
Am Sauerborn (10) 127-9d
Am Schäferborn 127-8d
Amselweg 127-5a
Am Sportfeld 127-10d
Am Viadukt 127-8c
Am Vogelhain 127-2c
Am Vogelschutz 127-7b
Am Wetenplatz 127-9d
Am Wolfsloch 127-5a
Am Zollstock 127-8c
An den 30 Morgen 127-7a
An den Röthen 127-11a
An der Bleiche 127-7b
An der Bornmühle (11) 127-9d
An der Schnepfenburg 127-7b
An der Steinkaut (3) 127-5b
Anemonenweg 127-8c
Antoniusweg 127-9d
Asternweg 127-8c
Auf dem Eigen 127-5b
Auf der Eichwiese 127-2c
Augustusplatz 127-8c
August-Winter-Straße 127-2d
Aussiedlerhof 127-5c
Austraße 127-5b

Bachstraße 127-5a
Bahnhof Saalburg 126-2a
Bahnstraße 127-7d
Batzenbaumweg 127-7a
Benzstraße 127-12b
Bergweg 127-5b
Berliner Straße 127-11a
Bimssteinweg 127-1d
Birkenweg 127-11c
Bleichstraße 127-11c
Blütenweg 127-4d
Bornfeldstraße 127-5a
Bornstraße 127-11c
Bottigstraße 127-11c
Brauhannsweg 127-5b
Breite Schneise 127-8a
Brendelstraße 127-11a
Breslauer Ring 127-10b
Brückenweg 127-5a
Buchenweg (8) 127-11c
Burgstraße 127-9b

Chattenweg 127-11a
Cheshamer Straße 127-8c

Dahlienweg 127-8d
Danziger Straße 127-10b
Dieselstraße 127-12b
Dillinger Straße 127-7a
Dr.-Friedrich-Neiß-Straße 127-7b
Dr.-Fuchs-Straße 127-7d
Dreieichstraße 127-5a
Dürerweg 127-2d

Edouard-Desor-Straße 127-8d
Eichäckerstraße 127-7a
Eichenweg 127-11c
Elbestraße 127-5a
Emil-Sioli-Weg 127-4b
Entenpfuhlschneise 127-8b
Eppsteiner Straße 127-11a
Erlenweg 127-11c
Eschenweg (9) 127-11c

Färberstraße 127-8a
Fahrbornweg 127-7d
Falkensteiner Straße (1) 127-11a
Falkenweg 127-5a
Feldbergstraße 127-7a
Fichtenweg (6) 127-11c
Forellenweg 127-5a
Frankenweg 127-11a
Frankfurter Hohl 127-11c
Freimundsmühle 127-9a
Friedberger Straße 127-5a
Friedrich-Ebert-Siedlung 127-7b
Friedrich-Ludwig-Jahn-Straße 127-7b
Friedrichstraße 127-5b
Fritz-Levermann-Platz 127-5a
Fuchspfad 127-7a

Gärtnerweg 127-5a
Gartenstraße 127-11c
Geranienweg 127-8d
Gewerbegebiet Mitte 127-8b
Gickelsburgweg 127-7a
Gladiolenweg 127-8c
Gonzenheimer Landstraße 127-11a
Grabenstraße 127-11c
Grüner Weg 127-4d
Grüne Schneise 127-5d
Guldenpfad 127-9d
Gutsweg 127-1d

Hadrianstraße 127-8c
Haingasse 127-9d
Haingrabenstraße 127-9d
Hanauer Straße (5) 127-9d
Hans-Berger-Weg 127-4b
Hardtwaldallee 127-10d
Hasenpfad (9) 127-11a
Heinrich-Jacobi-Weg (7) 127-11a
Hermann-Löns-Weg 127-5a
Herrenhofstraße (4) 127-11c
Herrnackerstraße 127-2d
Herrngartenstraße 127-9d
Herzbergstraße 127-12b
Hesselbergstraße 127-7b
Hintergärtenweg 127-9d
Hintergasse (6) 127-9d
Hirtenweg (4) 127-8c
Höhenstraße 127-7d
Hoher Weg 127-7b
Holzhausenstraße 127-9b
Homburger Landstraße 127-7d
Hugenottenstraße 127-7d
Hunburgstraße 127-11c

Im Apfelgrund 127-9d
Im Dammwald 127-10b
Im Hahlgarten 127-5b
Im Hahnereck 127-2d
Im Neuen Feld 127-1c
Im Pfarrgarten 127-2d
In den Dorngärten 127-11c
In der Lach 127-8c
Industriestraße 127-7d
Institut Garnier 127-8a
Irisweg 127-8d

Jasminweg 127-8c
Junkernfeldstraße 127-7d

Kamillenweg 127-8d
Kapersburgsiedlung 127-2c
Kapersburgstraße 127-2c
Kastanienweg 127-2d
Kiefernweg (5) 127-11c
Kiehlstraße 127-5b
Kleegartenstraße 127-2d
Königsteiner Straße 127-9c
Köpperner Grenzweg 127-5d
Köpperner Straße 127-5c
Kolberger Straße 127-7d
Kornblumenweg 127-8d
Krokusweg 127-8c
Küferweg 127-5b
Kurhessenstraße (9) 127-9d

Lärchenweg (10) 127-10d
Landgrafenplatz 127-7d
Landgrafenstraße 127-10d
Landgraf-Friedrich-Straße 127-7d
Landhausweg 127-1d
Landwehrstraße 127-10b
Leinenmühle 127-12b
Lilienweg 127-8c
Limesstraße 127-5a
Lindenstraße 127-7d
Lochmühlenweg 126-3d
Lohgrundweg 127-11a
Ludwig-Meyer-Straße 127-2d

Madame-Blanc-Straße 127-8a
Mainzer Straße 127-9d
Marc-Aurel-Ring 127-11a
Martha-von-Puttkamer-Straße (11) 127-8c
Max-Planck-Straße 127-8b
Meisenweg (4) 127-5a
Merianweg 127-2d
Merkurweg (10) 127-11a
Merowingerweg (6) 127-11a
Morrstraße 127-11c
Mühlstraße 127-5a
Mühlweg 127-12b

Nadelmühle 127-12d
Narzissenweg 127-8c
Nelkenweg 127-8d
Neydhartinger Straße (3) 127-11c

Oberberg 127-9d
Oberbornstraße 127-11c
Ober-Erlenbacher Straße 127-9d
Obere Römerhofstraße 127-8c
Oderstraße 127-5a
Ostpreußenstraße 127-10b
Otto-Hahn-Straße 127-2d

Peter-Geibel-Straße 127-9d
Petterweiler Holzweg 127-5c
Petterweiler Straße 127-9d
Petunienweg 127-8d
Pfingstbornstraße (2) 127-11c
Pfingstweidstraße 127-5a
Philipp-Reis-Passage 127-8c
Philipp-Reis-Straße 127-8c
Philosophenweg 127-5b
Plantation 127-7b
Pommernstraße 127-11a
Prof.-Wagner-Straße 127-7d

Quellenweg 127-5a

Ratsweg 127-5b
Rehkopfweg 127-7d
Rhönstraße 127-9d
Ringstraße 127-7d
Rodheimer Straße 127-9d
Römerstraße 127-11c
Rohrwiesenstraße (2) 127-8c
Rosbacher Straße 127-2d
Rosenweg 127-8c
Rudolf-Braas-Straße 127-2d

Saalburgstraße 127-7a
Sandelmühlweg 127-4d
Schäferstraße 127-11c
Schlagäckerstraße (1) 127-9b
Schlappermühle 127-12d
Schlesierstraße 127-10b
Schöne Aussicht 127-7b
Schüllermühle 127-6c
Schützenstraße 127-7b
Schulstraße 127-5b
Spessartring 127-9d
Spießfeldstraße 127-5d
Stettiner Ring 127-10b
Stolberger Straße 127-11a
Studentenweg 127-5d
Sudetenstraße 127-11c

Talmühle 127-9b
Talstraße 127-7b
Tannenmühlenweg 127-5b
Tannenmühlschneise 127-5d
Tannenweg 127-11c
Taunusstraße 127-4c
Teichmühle 127-5b
Teichmühlenweg 127-5b
Tettauer-Straße 127-8a
Theodor-Heuss-Weg 127-5d
Thomasweg 126-4d
Töpferstraße 127-11c
Trajansweg 127-11a
Triebfeldstraße (8) 127-11a
Triebweg 127-8b
Tullinger Höhenweg 127-8c
Tulpenweg 127-8d
Turmschneise 127-8a

Ulmenweg 127-11c

Veilchenweg 127-8c
Vilbeler Straße 127-11d
Völlerweg 127-9d
Vogelsbergstraße 127-9d
Vor der Höhe 127-9d

Wagnerstraße 127-5b
Waldring 127-2c
Walter-Ziess-Ring 127-8a
Webergasse (7) 127-9d
Wehrheimer Weg 127-7a
Weidenweg (7) 127-11c
Weinstraße 127-6d
Wiener Straße 127-5c
Wiesenweg 127-2c
Wilhelm-Reuter Weg (2) 127-9b
Wilhelmstraße 127-7d
Wimsbacher Straße 127-11c
Wingertstraße 127-5b

Zeil 127-9d
Zum Köpperner Tal 127-1d
Zum Vorderwald 127-5b

Friesenheim
PLZ 55278

Albanusgasse (2) 326-11b
Auf der Neuweide (4) 326-12a

Backhausgasse (1) 326-11b
Bechtolsheimer Weg 326-11b

Gaustraße 326-9c

Hauptstraße 326-11b
Hinter der Schule 326-12a

Krämergasse (3) 326-11b

Mühlstraße 326-8d
Mühlweg 326-11b

Neugasse 326-11b

Ober dem Ort 326-11b
Obere Neugasse 326-11b

Sonnenweg 326-11b

Tränkgasse 326-8d

Weinbergstraße 326-11b

Fürfeld
PLZ 55546

Am Bärenplatz 346-11a
Am Bösen Morgen 346-11c
Am Falltor 346-11b
Am Pfarrgarten (6) 346-11a
Am Pfortengarten 346-11a
Am Sportplatz 346-11a

Bahnhofstraße 346-11a
Bangert (4) 346-11a
Baugebiet „Vor dem Falltor“ 346-11b
Bennstraße 346-11a
Berliner Straße (2) 346-11a
Brachstedter Ring 346-11b

Eichelberger Weg 346-11a
Erlenweg 346-11a

Finkenweg 346-11a
Franz-Josef-Brunck-Straße (8) 346-11a

Gartenstraße 346-11a

Hermann-Löns-Straße 346-11a
Hinter der Turnhalle 346-11a
Hochstätter Straße 346-10b

Ibener Straße 346-11b
In den Gärten (1) 346-11a
In den Weiden (7) 346-11a

Jakob-Ackermann-Straße (3) 346-11a

Kreuznacher Straße 346-11a
Krouzstraße 346-11a

Mittlere Bennstraße 346-11a

Neu-Bamberger Straße 346-11a
Neugasse 346-11a

Palmberg (5) 346-11a
Pestalozzistraße 346-11a
Pfalzblick 346-11a
Pfarrer-Gönner-Straße 346-11a

Rathausstraße 346-11a
Ringstraße 346-11a

Schöne Aussicht 346-11b
Schulstraße 346-11c
Steigerweg 346-11a

Thalermühle 346-12a

Weihergartenstraße 346-11a

Gabsheim
PLZ 55288

Am Eichbaum 325-10d
Am Geißberg (4) 325-10d
Am Goldbach 325-10d
Am Rosengarten 325-10c
Auf dem Horn 325-10b

Bacchusweg (3) 325-10c

Dornfelderweg (1) 325-10c

Graugasse 325-10d

Hadergasse 325-10d
Hauptstraße 325-10c

Kirchberg 325-10d
Kirchgasse 325-10d

Lochgasse (5) 325-10d

Mainzer Weg 325-10b

Nonnengasse 325-10d

Ortegastraße (2) 325-10c

Sackgasse 325-10d
Silvanerstraße 325-10c
Spiesheimer Weg 325-10c
Spitalgasse 325-10d
Storchengasse (6) 325-10d

Ulmenstraße 325-10d
Unterpforte 325-10d

Weihergasse 325-10d

Zum Vogelsang (7) 325-10d

Gau-Algesheim
PLZ 55435

Albert-Einstein-Straße 270-3c
Alleestraße 270-5b
Am Binger Pfad 270-4b
Am Breiten Weg 270-8b
Am Goldberg 270-9a
Am Heutor (3) 270-5b
Am Welzbach 270-8b
An der Layenmühle 270-8b
Antoniusgässchen (5) 270-5b
Appenheimer Straße 270-5d
Auf dem Flachsmarkt (7) 270-5b
Auf der Bleiche (15) 270-5b

Badstube 270-5d
Bahnhofstraße 270-5b
Beethovenstraße 270-3c
Bergstraße 270-6c
Berliner Straße 270-6c
Binger Straße 270-2d
Bleichgäßchen (12) 270-5b

Caprino-Veronese-Straße 270-5d
Christian-Erbach-Straße 270-5d

Dr.-Avenarius-Herborn-Straße 270-5b

Eleonorenstraße 270-5b
Erich-Klausener-Straße 270-5b
Ernst-Ludwig-Straße 270-5d

Flösserstraße (11) 270-5d
Franz-Schubert-Straße (23) 270-2d
Froschau (17) 270-5d

Gartenfeldstraße (1) 270-5b
Goethestraße 270-6a
Grabenstraße 270-5b
Gutenbergstraße 270-3c

Herrbornstraße 270-5b
Hofgut Waldeck 270-6d
Hospitalstraße 270-5d

Im Bangert 270-6c
Im Blätterweg 270-5d
Im Brühl 270-8b
Im Hasensprung 270-6c
Im Herzenacker 270-6c
Im Hippel 270-8b
Im Honiggarten 270-5b
Im Steinert 270-5c
Im Weiher 270-5b
Im Winkel (8) 270-5b
In der Sandkaut 270-5c
In der Stolzwiese 270-8b
Ingelheimer Straße 270-5b

Jahnstraße 270-5d
Johann-Jakop-Hauer-Straße 270-5d

Kaiser-Karl-Straße 270-8b
Karl-Domdey-Straße 270-6a
Kegelplatz (9) 270-5b
Kegelstraße (13) 270-5b
Kirchstraße 270-5d
Kleine Flösserstraße (14) 270-5d
Kleine Herrbornstraße (20) 270-5b
Kloppgasse 270-5d
Koserstraße (6) 270-5b
Kreuzhof (19) 270-5d
Kreuzweg 270-6c
Kuhlweg 270-11b

Langgasse 270-5b
Layenmühle 270-8b
Lise-Meitner-Straße 270-3c

Mainzer Straße 270-5b
Marie-Curie-Straße 270-3c
Marktplatz (10) 270-5d
Max-Planck-Straße 270-3c
Mozartstraße 270-2d
Mühlbornstraße 270-5d

Neudietendorfer Straße (21) 270-6a
Neugasse 270-5d

Obere Bein 270-5b
Ockenheimer Straße 270-5c
Otto-Hahn-Straße 270-3c

Peter-Bischof-Straße 270-5d
Pfarrer-Rudolf-Straße 270-5d
Philippsberg (4) 270-5b

Querbein 270-5b

Raiffeisenstraße 270-5d
Rheinstraße 270-5b
Richard-Wagner-Straße 270-5b
Robert-Koch-Straße 270-3c

Salzgasse 270-5b
Saulieustraße 270-5d
Schillerstraße 270-5b
Schlossgasse (18) 270-5d
Schulstraße 270-5d
Stotternheimer Straße (22) 270-5b

Teichgasse (2) 270-5b

Untere Bein 270-5b

Wallstraße 270-5b
Weihergarten 270-5b
Weingasse 270-5d
Wolfsecke (16) 270-5d
Woogstraße 270-5d
Wüstenrotstraße 270-5d

Zum Stolzenberg 270-5d

Gau-Bickelheim
PLZ 55599

Abel-Thivant-Straße 322-8d
Adenauer Ring 322-8c
Am Heimersrech 322-8d
Am Römer 322-8d
Aussiedlerhof Krollmann 322-8c

Badenheimer Weg 322-8d
Bahnhofstraße 322-8d
Breitgasse 322-9c
Brühlgasse 322-8d
Bürgermeister-Lenz-Straße 322-8d
Burggasse 322-8d

Effenmühle 322-8a
Flonheimer Weg 322-8d
Frankenweg 322-11b

Gewerbegebiet Ost 322-9c
Graben 322-8d
Grabenlos 322-8d

Hinkelsgasse (9) 322-9c
Hintere Mauergasse (4) 322-8d
Hintere Schmalzgasse (3) 322-8d
Hofstatt 322-9c

Im Kleingedank 322-9c
In der Wolfskaute (12) 322-11b

Jakobshof 322-9c
Johannisweg 322-9a

Käfergasse 322-9c
Kettelerstraße (1) 322-8d
Kimmelgasse (6) 322-8d
Kirchweg 322-11b
Kolpingstraße 322-8d
Kreuzgasse 322-8d

Ludwig-Jahn-Straße 322-8d

Max-Planck-Straße 322-8c
Mittlere Mauergasse (5) 322-8d
Mühlweg 322-9c

Obere Pforte 322-8d

Palmberg 322-8d
Pestalozzistraße 322-8d

Robert-Koch-Straße 322-8d

St. Martinsweg 322-8d
St.-Stefansweg 322-11b
Schmalzgasse 322-8d
Schmiedgasse (11) 322-9c
Schulgäßchen (7) 322-8d
Schulrat-Spang-Straße 322-8d
Schweinemarkt (8) 322-9c
Sprendlinger Straße 322-8d

Untergasse (2) 322-8d

Vordere Mauergasse (10) 322-9c

Wallertheimer Straße 322-9c
Wiesbachstraße 322-8d
Wöllsteiner Straße 322-11a

Zur Effenmühle 322-8d

Gau-Bischofsheim
PLZ 55296

Am Dalberger 301-4a
Am Kellersberg 301-1d
Am Küchelberg 301-4a
Am Küchelberg (9) 301-4c
Am Rothfloss 301-4a
Am Sahler 301-1c
Am Schwarzfelder Weg 301-4c
Am Weingarten 300-6b
An der Mahlsteig 301-4a
An der Weid (12) 301-4a
Aussiedlerhof 301-4b

Backesgässchen (8) 301-1c
Backesgasse 301-1c
Bahnhofstraße 301-1c
Bergstraße 300-3d
Brühlstraße 301-1c
Burgunderweg (1) 301-4a

Gartenstraße 301-4a
Gaubergblick (10) 301-4a
Gaustraße 300-3d

Harxheimer Straße 301-4a

Im Pflänzer 301-4c
Im Wingert 301-4a
In den Borngärten 300-3d
In den Harxheimer Wiesen 301-4c
In der Neuwiese 301-1c

Kirchgässchen (6) 301-1c
Kirchstraße 301-1c
Kreuzwingert 301-4a
Krummgewann (11) 301-4a

Langstraße 300-3d
Liernais-Anlage 301-1c
Lörzweiler Straße 301-4a

Mittelstraße (5) 301-1c
Mommenheimer Weg 301-4b

Neustraße 301-4a
Nußbaumweg (7) 301-1c

Pfarrstraße 300-3d
Portugieser Weg (4) 301-4a

Rieslingweg (2) 301-4a
Rüsterstraße 301-1c
Ruländer Weg 301-4a

Schulstraße 301-4a
Silvanerweg 301-4a
Steigstraße 300-3d

Traminer Weg (3) 301-4a

Unterer Küchelberg 301-4c
Unterhofstraße 301-1c

Weinbergstraße 301-1c

Gau-Odernheim
PLZ 55239

Adremastraße 351-8c
Albiger Straße 351-8c
Alzeyer Nebenstraße 351-11b
Alzeyer Straße 351-11c
Am Alten Kirchhof (3) 351-8d
Am Bahnhof 351-8c
Am Grünen Weg 351-11d
Am Kloster 351-8d
Am Storchenacker 351-8d
Anna-Seghers-Straße 351-8c

Badgasse 351-11b
Bahnstraße 351-8c
Bergstraße (1) 351-11d
Biebelnheimer Straße 351-11c
Brunnenstraße 351-8d
Burggasse 351-8d

Carl-Zuckmayer-Straße 351-8c

Diesterwegstraße (16) 351-11b
Donnersbergstraße 351-11a

Erhard-Falkner-Straße 351-8c

Felsenkeller 351-11d
Freiherr-vom-Stein-Straße 351-11a
Friedensweg (15) 351-11b
Friedrich-Ebert-Straße 351-11b
Fröbelstraße 351-11b

Geschwister-Krauss-Straße (1) 351-11a
Gewerbegebiet „Auf dem Brühl“ 351-12a
Goethestraße 351-11a
Grabenstraße 351-11b
Gustav-Heinemann-Straße 351-11b

Hansengasse 351-11b
Haus Weinheimer 351-5c
Heinrich-Gredy-Straße 351-8c
Heinrich-Mildenberger-Straße (18) 351-11b
Hintere Kahlenfels (9) 351-8d
Humboldtstraße 351-11a

Im Angel 351-11c
Im Felsenkeller 351-12c
Im Römer 351-8d
Im Weedengarten 351-12a
In der Kahlenfels (10) 351-11b
In der Vorstadt 351-8c

Kantstraße 351-11a
Kegelbahnstraße 351-8d
Kerschensteinerstraße (17) 351-11b
Kirchgasse 351-11b
Kirchplatz 351-11b
Kleegasse (6) 351-8d
Kleine Humboldtstraße (2) 351-11b
Klostermühle 351-8d
Klosterweg 351-8d
Königsmühle 351-11b

Mainzer Straße 351-8c
Mainzer Weg 351-10d
Mehlstraße 351-11b
Mühlstraße 351-11b
Müller-Thurgau-Weg (13) 351-11b

Nach dem Alten Schloß (5) 351-8d
Nach dem Eigen 351-8c
Nach der Königsmühle 351-11b
Neustraße 351-8d

Obermarkt (7) 351-8d
Oppenheimer Straße 351-11b

Pestalozzistraße 351-11a
Petersbergstraße 351-8d
Portugieser Weg (14) 351-11b
Poststraße 351-8c
Probsteigasse (11) 351-11b
Pulnoystraße 351-11b

Raiffeisenstraße 351-8c
Rieslingstraße 351-11b
Römerstraße 351-11c
Rossmarkt (12) 351-8d

Sackgasse 351-11b
Schillerstraße 351-8c
Schlittweg 352-7c
Schulstraße 351-11d
Seeburger Straße 351-11b
Selzstraße 351-11c
Selztalhof 351-8d
Silvanerstraße 351-11b
Spitalstraße 351-8d
Stefan-George-Straße 351-8c

Theodor-Heuss-Straße 351-11b
Turmgasse 351-8d

Untermarkt (8) 351-8d

Wallgasse 351-11b
Wormser Straße 351-11b

Zehnthofstraße (4) 351-8d

Gau-Weinheim
PLZ 55578

Am Böllberg 323-4c
Am Falltor 323-4c
Am Kaltenborn 323-4c
Am Kisselberg 323-7b
Am Sportplatz 323-7b

Geiselbach
PLZ 63826

Geisenheim
PLZ 65366

Gelnhausen
PLZ 63571

Goldbach
PLZ 63773

Grävenwiesbach
PLZ 61279

Griesheim
PLZ 64347

Grolsheim
PLZ 55459

Groß-Bieberau
PLZ 64401

Groß-Gerau
PLZ 64521

Anna-Seghers-Straße 304-5c
Annastraße 304-2b
Auf dem Deich 304-4c
Auf dem Höllberg 278-12c
Auf der Kalbsbeune (1) 278-12d
Auf Esch III 304-5c
August-Bebel-Straße 304-2b

Bachgasse 304-4c
Bachgrundschneise 279-7c
Bahnhofstraße 304-11d
Bahnhofsweg 304-12c
Balthasar-Ritz-Straße (12) 304-2c
Berkacher Weg 304-4d
Berliner Straße 304-2b
Bernhard-Lüdecke-Straße 304-5b
Birkenweg 304-4d
Bleichstraße 330-2b
Breitenbruchhöfe 278-11c
Breitenbruchschneise 278-8d
Breitenbrücher Weg 278-11a
Breslauer Straße 278-12c
Brignoler Straße 304-5a
Bruchstraße 304-8b
Brückenstraße 304-8b
Brüsseler Ring 304-5c
Brunecker Straße 304-5b
Buchenweg 304-4d
Büttelborner Straße 304-8b

Carl-von-Ossietzky-Ring 304-2c
Clara-Zetkin-Straße (2) 304-2b
Claudiusstraße 304-2c

Danziger Straße 278-12c
Darmstädter Straße 304-2d
Donaustraße 304-11d
Dornberger Pforte (1) 304-5b
Dornheimer Straße 304-8b
Dornheimer Weg 304-4c
Dreihäusergasse (3) 304-4c

Edith-Stein-Weg 304-5c
Eduard-Anthes-Straße 304-5c
Elbestraße 303-9b
Elisabethenstraße 304-5b
Elisabeth-Langgässer-Straße 304-5c
Elisabeth-Selbert-Straße (3) 304-5c
Emil-von-Behring-Straße 304-2d
Erlenhof 304-1a
Eschplatz 304-5c
Europaplatz (23) 304-2d
Europaring 304-5c

Fabrikstraße 304-2a
Falltorhaus 279-7d
Feldbergstraße (1) 304-2b
Feldschneise 278-8c
Feldstraße 304-4c
Feuerlöschweg (6) 304-4c
Fichtenweg 304-4c
Forststraße 304-11c
Frankfurter Straße 304-2d
Frankfurter Straße (Groß-Gerau-Nord) 278-12c
Friedrich-Ebert-Anlage 304-2a
Friedrich-Ebert-Straße 304-11c
Friedrich-Engels-Straße 304-5b
Friedrichstraße 304-2d

Gabelsbergerstraße 304-2c
Gartenstraße 304-2c
Geinsheimer Straße 303-9b
Genfer Straße 304-5c
Georg-Büchner-Straße 330-2b
Georgenstraße 304-2b
Georgstraße 304-11c
Gerauerlach 303-8d
Gerhart-Hauptmann-Straße 304-12c
Gernsheimer Landstraße 330-2b
Gernsheimer Straße 304-5d
Geschwister-Scholl-Straße (22) 304-3c
Ginsterackerschneise 279-5c
Goethestraße 304-2d
Große Kreisgasse 304-11d
Groß-Gerauer Straße 304-8b
Grüner Weg 304-3a
Gustav-Heinemann-Straße 304-2d
Gustav-Stresemann-Straße (9) 304-2c

Hadrianstraße 304-8a
Häusergasse 303-6d
Hanfgraben 304-4c
Hannah-Arendt-Straße (8) 304-5c
Hans-Böckler-Straße 278-10d
Hartmannslochschneise 278-8c
Hauptstraße 304-5d
Hedwig-Dohm-Straße (6) 304-5c
Heggrundschneise 279-4c
Heimstättenstraße 278-12c
Heimstraße 304-2d
Heinrich-Heine-Straße 330-2b
Heißfeldstraße 304-11d
Helene-Stöcker-Straße (4) 304-5c
Helene-Weber-Straße (5) 304-5c
Hellwiesschneise 279-10c
Helvetiastraße 304-6a
Helwigstraße 304-2b
Henry-Dunant-Straße 304-5a
Herdweg 304-8b
Hermann-Löns-Straße 304-3c
Herzwiesenschneise 279-6a
Hinter dem Hof 304-4c
Hintergasse 304-4c
Hirsländer Weg 304-1a
Hirtenhäuserschneise 279-4d
Hölderlinstraße 330-2b
Höllberghöfe 278-12d
Höllwiestanne (3) 278-12d
H.S.-Richardson-Straße 278-12c
Hügelschneise 279-9a

Im Ankenrod 278-12c
Im Antsee 278-12c
Im Aulengraben 304-8b
Im Eck 304-8b
Im Eichbusch 278-12a
Im Friedrichsee 278-12c
Im Häuserfeld 303-6d
Im Lerchelsböhl 278-11d
Im Mannsee 278-12a
Im Mühlfeld 278-12b
Im Neugrund 278-12c
Im Rheinfeld 303-9b
Im Sauergrund 278-12d
Im Schießgarten 330-2b
Im Schild (2) 278-12d
In der Berlich 304-8b

Jahnstraße 304-2d
Jakob-Hess-Straße 304-6c
Jakob-Nold-Straße 304-3a
Jakob-Urban-Straße 304-2b
Jean-Bareth-Straße 304-5b
Johann-Peter-Hehl-Straße (1) 304-4c
Josef-Seliger-Straße 304-2d
Justus-Liebig-Straße 304-3a

Käthe-Kollwitz-Straße (1) 304-8b
Karlsbader Straße 304-12c
Karlshof 330-1a
Karlstraße 304-2b
Karolingerstraße 304-11d
Kastanienweg (7) 304-4d
Kehresackerschneise 279-5a
Kirchgartenstraße 304-2a
Kirchgasse 304-11d
Kirchstraße 304-2b
Kirschallee 303-9b
Kleine Kreisgasse 304-11d
Klein-Gerauer Straße 304-3c
Kleiststraße 330-2b
Klötzenhornschneise 279-4a
Klostergäßchen (8) 304-2d
Kollenbruchweg 304-2c
Krämerspfad-Schneise 278-12a
Kreuzweg 304-4c

Lärchenweg 304-4d
Lahnstraße 304-11d
Landwiesenweg 303-12a
Lange Hecke 304-4c
Lange Mittelschneise 279-7a
Lange Schneise 278-9d
Lessingstraße 330-3a
Lichtseebergschneise 279-4c
Lily-Braun-Straße (6) 304-5c
Lindenhof 330-1a
Lindenstraße 303-9b
Loogschneise 278-9c
Ludwig-Kayser-Straße 304-2a
Ludwigstraße 304-3c
Luisenstraße 304-2d
Luxemburger Straße 304-5c

Mainstraße 304-2d
Mainzer Landstraße 304-11b
Mainzer Straße 304-2a
Mainzer Wegschneise 279-10a
Margarethenstraße 304-2b
Mittelstraße 304-3c
Mönchbruchpfad 278-9b
Mörfelder Straße 278-12a
Moselstraße 304-11d
Mühlbachstraße 304-8b
Mühlstraße 304-2b
Mühlweg 330-2b
Münchener Straße 278-11b

Nauheimer Weg 304-2a
Neckarring 304-11b
Neustraße 304-4c
Neuweg 304-6a
Niederwaldhof 278-11b
Niersteiner Straße 304-11c
Nordendstraße 278-11d + 304-2b
Nordring 278-11c

Odenwaldstraße 304-5b
Oderstraße 304-11d
Oppenheimer Straße 304-2a
Oppenheimer Weg 330-1a
Otto-Wels-Straße (19) 304-2d

Pappelweg 304-4d
Paracelsusweg 304-5a
Parfinkehorstschneise 278-8b
Paul-Ehrlich-Straße (15) 304-5b
Pestalozziweg (11) 304-2c
Peter-Traiser-Straße 304-6d
Pfortefeldstraße 304-4c
Philipp-Lämmermann-Straße 304-6c
Prager Straße 304-5c
Procter & Gamble-Straße 278-12d

Rathausplatz 304-11d
Rathausstraße 304-8b
Reichenberger Straße 278-12c
Rennbrücke 304-4b
Rennbrückenstraße (5) 304-4c
Renzentalschneise 279-7c
Rheinblick 329-3a
Rheinfelder Hof 304-7a
Rheinstraße 330-2a
Ricarda-Huch-Straße (2) 304-8b
Riedhäuserhof 329-3b + 330-1a
Riedhof 304-11a
Riesengäßchen (6) 304-2b
Robert-Koch-Straße (16) 304-5b
Rudolf-Virchow-Straße (14) 304-5b

Saalburgstraße 278-11d
Saalestraße 304-11d
Sackgasse 304-5d
Sanddeich 304-4c

St.-Florian-Straße 278-11d
Sauergrundschneise 279-4c
Schäffnersbruchschneise 278-8b
Schillerstraße 304-2c
Schlesische Straße 304-5b
Schöneckenstraße (5) 304-2b
Schöne Eichschneise 278-8d
Schützenstraße 304-2a
Schulstraße 304-2d
Sonnenhof 304-11c
Steigbergschneise 279-5b
Steinerne Straße 304-1c
Steinstraße 304-2b
Stockschneise 278-6c
Stollgasse (18) 304-2d
Straßburger Weg 304-5b
Sudetenstraße 304-2b
Szamotuly-Straße (2) 304-5c

Tannenweg (8) 304-4c
Taunusstraße 304-11c
Theodor-Heuss-Straße 304-2d
Tielter Straße 304-5a
Trajanstraße 304-8a

Union-Brauerei-Straße 304-6a
Untergasse 304-4c

Vor der Lache 303-8d

Walburgastraße (3) 304-2b
Waldstraße 304-2b
Wallerstädter Straße 304-8a
Walther-Rathenau-Straße 304-2c
Wasenweg 304-7c
Wasserweg 304-3a
Weidenweg 304 4c
Weiherstraße 304-8b
Weingartenstraße 304-3c
Weserstraße 304-11d
Westendstraße (10) 304-2c
Wiener Straße 304-5c
Wiesengrund 278-11c
Wiesenhof (Wallerstädten) 329-3a
Wiesenstraße 304-5d
Wilhelm-Altheim-Straße (13) 304-2d
Wilhelm-Hammann-Straße (1) 304-5c
Wilhelm-Leuschner-Straße 304-12c + 330-3a
Wilhelm-Seipp-Straße 304-5b
Woogsdammweg 278-9d

Zamenhofstraße 304-3a
Zehntengasse (4) 304-4c
Zur Knopsmühle 278-12c
Zur Nachtweide 303-6d

Großkrotzenburg
PLZ 63538

Albert-Einstein-Straße 235-1d
Albert-Schweitzer-Straße 235-1b
An der Hexeneiche 235-2c
Anne-Frank-Platz 209-10c
Auf den Trieb 235-1b
Auf die Haingärten 209-10d
Augustastraße 235-1a

Bahnhofstraße 235-1a
Beethovenstraße 234-3b
Berliner Straße 209-10c
Borngasse (5) 235-1a
Breite Straße (4) 235-1a
Breslauer Straße 209-10c
Brüder-Grimm-Straße 235-1b

Dammsweg (6) 209-10c
Danziger Straße 209-10c

Egerländerstraße 235-1a
Eichelacker 209-10c
Eichendorffstraße (1) 235-1b
Enge Gasse 235-1a

Fährstraße 234-3b
Feldlache (13) 209-10c
Freigerichtstraße 209-10d
Friedrichstraße 235-1a

Gewerbegebiet West 208-12c
Glatzer Straße 209-10d
Goethestraße 235-1b
Gutenbergallee 235-1b

Händelstraße 234-3b
Haingasse (3) 235-1a
Hanauer Landstraße 208-12c
Haydnstraße 234-3b
Heinestraße 235-1b
Hölderlinstraße 235-1b
Humboldtstraße 235-1b

Im Buchengewann 209-10c
Im Flachsgewann (12) 209-10c
Im Speckenfeld (9) 209-10c
Im Taubentanz (7) 209-10c

Joseph-Berberich-Straße 235-1d
Justus-Liebig-Straße 235-1b

Kahler Straße 235-1a
Karlsbader Straße 209-10d
Kirchstraße 235-1a
Königsberger Straße 209-10c
Kopernikusstraße 235-1b
Kreuzburgstraße 209-10c

Lange Straße 235-1a
Liebfrauenstraße 235-1a
Limesbrücke 208-11a
Lindenstraße 235-1a

Louisenstraße 235-1a
Ludwig-Uhland-Straße 235-1b

Mainstraße 235-1a
Marienburger Straße 209-10d
Max-Planck-Straße 235-1b
Melmensee 208-12d
Mozartstraße 234-3b
Mühlbachstraße 235-1b

Naßmühle 235-5a
Nebenstraße 235-1a
Niederwaldstraße 209-10d

Oberhaagstraße 235-1a
Oberwaldstraße 235-2c
Ostendstraße 235-2a
Otto-Hahn-Straße 235-2a

Pestalozzistraße 235-1d
Philipp-Reis-Straße 235-1b
Philipp-Reis-Weg 235-1b
Posener Straße 209-10c
Promenadenweg 235-1a

Raiffeisenstraße 208-12d
Rhönstraße 209-10c
Robert-Koch-Straße 235-1b
Robert-Koch-Weg 235-1b
Römerstraße 235-1a
Rotes Erdgewann (14) 209-10c
Rue d'Acheres 209-10d

Sackgasse 235-1a
Schillerstraße 235-1b
Schleusengehöft 234-3a
Schleusenweg 234-3a
Schmaler Weg 234-3a
Schubertstraße 234-3b
See Freigericht West 209-11c
Spessartstraße 235-1a
Spitzwiese (10) 209-10c
Steingasse (2) 235-1a
Stettiner Straße 209-10c

Taunusstraße 208-12c
Tilsiterstraße 209-10c
Torsbyvägen 235-1b
Tränkgasse 235-1a

Unterhaagstraße 235-1a

Von-Behring-Straße 235-1b
Von-Behring-Weg 235-1b

Wahlersee (11) 209-10c
Waitzweg 235-1b
Westendstraße 234-3b
Wilhelmstraße 234-3b

Zum Glockenzehnten 208-12d

Großostheim
PLZ 63762

Adalbert-Stifter-Straße 314-2b
Alte Häge 287-12b
Alter Graben 314-7c
Alter Stadtweg 314-5c
Am Bach (3) 314-5c
Am Bahndamm (1) 314-3a
Am Bahnhof 314-3a
Am Bergweg 314-5c
Am Brunnenberg (6) 314-10a
Am Eckpfad 314-5c
Am Fliegerhorst 287-12b
Am Floß 314-3d
Am Gänsberg 314-4d
Am Graben 314-5a
Am Hohen Stein 314-5b
Am Kirchberg 314-3c
Am Kreisgraben 314-5c
Am Mischborn 314-10a
Am Mühlberg 314-5c
Am Petersbildstock (12) 314-5a
Am Ried 314-7b
Am Röhrig 314-7b
Am Schützberg 314-7c
Amselweg 314-6b
Am Sportplatz (1) 314-7c
Am Stumpfen Turm 314-3c
Am Südhang (7) 314-10a
Am Trieb 288-10c
Am Wildgraben 314-3c
An der Dorfmauer (17) 314-5c
An der Dreschhalle 314-2d
An der Kandelskehre 314-10a
An der Kuhpforte (8) 314-5c
Anne-Frank-Straße 287-12d
Anton-Bieber-Weg (14) 314-5c
Aschaffenburger Straße 314-3a
Auf der Stichel 314-5a

Babenhäuser Straße 288-11a
Bachgaustraße 314-2d
Bachstelzengasse (15) 314-5a
Bachstraße 314-3c
Backhausstraße (3) 314-7c
Bahnhofstraße 314-3a
Bahnpfad (7) 314-5c
Bahnweg 314-5c
Balduinistraße 314-7d
Ballmann 314-6c
Barbaraweg 314-6a
Bartholomäusweg 314-2b
Bauhofstraße 288-11d
Bayernstraße (9) 314-3a
Beinegasse 314-3c
Bergstraße 314-7d
Bernhauer Straße 314-5c
Bettgesgraben 314-5c
Biebigheimer Straße 314-7b

Birkenhain (10) 314-3c
Birkenstraße 288-10c
Blütenstraße 314-3d
Böhmerwaldstraße 314-5d
Borngasse (16) 314-5c
Bornthalstraße 313-3b
Breite Straße 314-3c
Breitfeldstraße 314-4b
Breslauer Straße (2) 288-10c
Brunostraße 314-3d

Carbon-Blanc-Straße (5) 314-2b
Christian-Steiner-Straße 314-3a

Danziger Straße 287-12d
Dellweg 314-3b
Dieselstraße 314-3a
Dietrich-Bonhoeffer-Straße (1) 288-10c
Döpfnerstraße 314-3d
Dorfmauerweg 314-5c
Dresdner Straße 288-10c
Drosselweg 314-3d

Ebenung 314-3a
Edith-Stein-Straße (6) 288-10c
Eginhardstraße 314-3a
Eichelsbacher Gäßchen (14) 314-3c
Eichendorffstraße 314-2b
Eierweg 315-4a
Eifelstraße 314-5b
Erste Tannen 314-7d
Erthalstraße (6) 314-3a

Fabrikstraße 314-5a
Fauthstraße (17) 314-3c
Feldstraße 314-7d
Finkenweg 314 6b
Frankenstraße 314-3a
Franz-Kleespies-Straße 314-6b
Frauenberg 314-6a
Freizeitpark Sonneck 288-9a
Friedenstraße 314-3c
Friedhofstraße 314-10a
Fröbelstraße 314-3a
Frühlingstraße 314-3d

Gartenstraße 314-5a
Geschwister-Scholl-Straße (7) 288-10c
Gestüt Wolfsangel 315-4c
Gewerbegebiet Aschaffenburger Straße 314-3a
Gewerbegebiet Nord 288-11d
Gewerbegebiet Ringheim 287-12b + 288-10a
Gewerbegebiet Stadtsee 314-3a
Gewerbegebiet Süd 288-11d + 314-2b
Gewerbegebiet Wenigumstadt 314-7b
Gewerbegebiet West 288-11d + 314-2b
Goethestraße 314-2b
Grabenstraße 314-3c
Großostheimer Straße 314-5a
Grottenweg 314-6c
Gundastraße 314-5b

Haarstallweg 314-9a
Haarstraße 314-3c
Hagebornstraße 314-7c
Hainbergweg 315-7a
Hamoirstraße 314-7d
Harzstraße 314-5b
Hauptstraße 314-7c
Havelweg 287-12d
Hegelstraße 314-2b
Heindelspfad 314-7d
Heinrichshof 315-4a
Hermann-Löns-Straße (4) 314-2b
Hessenstraße 314-3a
Hinter der Kirche (4) 314-5c
Hinter der Wern 314-3c
Hinterm Hag 314-7c
Hinterm Haus (2) 314-5c
Hinterm Waldcasino 287-12b
Hochzeitsstraße 314-5c
Holzloch 314-11d
Hunsrückstraße 314-5b

Im Eck (5) 314-5c
Im Grubenstück 314-5c
Im Tannengrund 314-5d
In den Kreuzgärten (5) 314-7d
In den Schwarzen Gärten 314-7d
In der Abtei (1) 314-5a
In der Au 314-5a
Industriehandelspark Nord 288-11d
Industriehandelspark Süd 314-3a

Jahnstraße 314-3c
Jakobsberg (4) 314-7c
Johannisburgstraße 314-5a
Johann-Klug-Straße 287-12d
Johann-Schübler-Straße (19) 314-6a
Josef-Honecker-Straße 287-12d
Josef-Koch-Straße 287-12d

Kalbsgasse 314-3c
Kantstraße 314-2b
Kanzleistraße 314-3c
Kapellenstraße 314-6a
Kappesgasse 314-7c
Karchstraße 314-3c
Katharinenweg (18) 314-6a
Katzenlauf 314-6a
Katzenmarkt 314-3c
Kauschrübenstraße 314-3c
Kettelerstraße 314-3d
Kirchgasse 314-5c
Kirchrainstraße 314-6a
Kitzelgasse 314-3c
Königsberger Straße 287-12d
Kolpingstraße 314-3b
Kornstraße 314-3c
Kreuzhohle 314-6a
Krummgasse 314-5c

Kunostraße 314-5b
Kurmainzer Ring 314-3a

Legesweg 288-10a
Lehmgrubenweg 314-2b
Leipziger Straße 288-10c
Lerchenweg 314-3c
Lessingstraße 314-2b
Lierenweg 288-12c
Linus Pauling Straße 288-11d
Ludwiggasse (12) 314-3c

Mährenstraße 314-3a
Marienstraße 314-3c
Marktgasse (15) 314-3c
Marktplatz 314-3c
Marsstraße 288-10c
Martin-Luther-Straße (2) 314-2b
Maßpforte 314-6a
Meergrubenstraße 314-3a
Melberstraße 288-10a
Memelweg 287-12d
Merowingerstraße 314-7c
Miesbach 315-4a
Mittelweg 287-12d
Mömlinger Straße 314-5c
Mosbacher Straße 314-7c
Mühlrain 314-7c
Mühlstraße 314-3c
Mühltor 314-2d
Münzgasse 314-3c

Neißeweg (4) 287-12d
Neubaustraße 314-2d
Niedernberger Straße 314-3d
Nikolaus-Boll-Straße 288-10c
Nöthiggasse (13) 314-3c
Nordring 287-12b

Obere Straße 314-7c
Oberes Wehr 314-5c
Odenwaldstraße 314-5a
Odertalstraße 314-5d
Oderweg 287-12d
Odigallweg 288-12c
Ostendstraße 314-3a
Ostring 288-10a
Ottilienweg 314-7d

Pestalozzistraße 314-3c
Pfälzer Straße (8) 314-3a
Pfaffenberg 314-7d
Pfarrgasse 314-3c
Pflaumbachstraße 314-5c
Pflaumheimer Höfe 314-9d
Pflaumheimer Straße 314-5b
Pius-Straße (5) 288-10c
Plattenweg 314-7a

Raiffeisenstraße 314-3a
Rathausstraße 314-5a
Rehmsweg 315-1a
Rhönstraße 314-5b
Riegelstraße 314-5b
Rilkestraße (3) 314-2b
Ringheimer Mühle 314-1d
Ringheimer Mühlstraße 314-2d
Ringheimer Straße 314-5a
Ringstraße 314-7c
Roseggerstraße 314-2b
Rosenbergweg 314-8c
Rosenstraße 314-7d
Rudelzauer Straße 314-5c

Sachsenweg 314-3b
Sandweg 314-7c
St.-Anna-Weg 314-5c
St.-Georg-Weg 314-5c
St.-Luzia-Weg 314-5c
Saulxuresstraße 314-7d
Schaafheimer Straße 314-2d
Schäfergasse (9) 314-5a
Schafsweide 287-12b
Scharfeck 314-7c
Schillerstraße 314-2b
Schlesierstraße 288-10c
Schmalzgrube 314-3c
Schmiedsgang (2) 314-7c
Schneiderstraße (10) 314-5c
Schönbornstraße (7) 314-3a
Schornberg 314-10a
Schrautenbachweg (7) 314-7c
Schuckstraße 314-5a
Schulgasse (6) 314-5c
Schwarzwaldstraße 314-5d
Schwesterngasse (11) 314-5a
Sebastianistraße 314-7d
Seitz 315-4a
Siedlerweg 288-11b
Sonnenstraße 288-10c
Spessartstraße 314-5b
Sprenkelhohle 314-6d
Stadtseestraße 314-3a
Steigerwaldstraße (13) 314-5d
Steinhauserhohle 314-6d
Steinmetzstraße 314-5c
Stettiner Straße 287-12d
Stockstädter Straße 288-11d
Sudetenstraße 314-3a
Südring 288-10c

Tauchseeweg 288-11c
Taunusstraße 314-5b
Thüringerstraße 314-3b
Tilman-Riemenschneider-Straße 314-2b
Turmgäßchen (16) 314-3c
Turmstraße 314-3c

Uhlandstraße 314-2b
Untere Mühle 314-3d
Untere Pforte (6) 314-7c
Unterer Hag 314-7d
Unterer Stadtweg 314-3b

Unterer Stockstädter Weg 288-12a
Untere Stockstädter Straße 288-12c
Untere Straße 314-7c

Valentin-Hock-Straße 287-12d
Venusstraße (3) 288-10c
Vogelsbergstraße 314-5b

Wäldchesweg 288-10c + 314-1a
Waldstraße 314-7c
Wallonenstraße 314-7d
Wallstädter Weg 314-3d
Wartburghof 314-4b
Wartturmweg 314-4b
Webergasse (11) 314-3c
Weidigstraße 314-5c
Weinbergweg 314-6a
Weingut Höflich 314-6c
Weintal 314-9d
Welzbachring 314-5c
Wendelinshof 314-9d
Wendelinusweg 314-6b
Wendelin-Veit-Straße 314-3a
Wenigumstädter Straße 314-8a
Wernstraße 314-3c
Westendstraße 314-2d
Westring 287-12d
Wetstraße 314-3c
Wiesenstraße 314-7d
Wißlerstraße 314-3a

Zahnstraße 314-5a
Zelterhof 314-9d
Zieger 314-6d + 315-4b
Zieglershohle 314-3c
Zum Hönig 314-3d
Zum Rittelberg 314-7c
Zur Kirschenhohle 314-7d
Zur Welzbachhalle 314-2d

Groß-Umstadt
PLZ 64823

Adalbert-Stifter-Straße (3) 312-10b
Adenauerring 312-10c
Albert-Einstein-Straße 337-3d
Alte Frankfurter Straße 339-11d
Alte Straße 338-11a
Altheimer Straße 312-7c
Am Brüchelsteg 338-1b
Am Burggraben 338-1d
Am Buschel 338-3a
Am Darmstädter Schloß (9) 338-1d
Am Dorfbrunnen (3) 338-9c
Am Eichbaum 311-12d
Am Farmerhaus 338-2c
Am Frauengraben 337-2b
Am Fuchsbau 311-12c
Am Geiersberg 338-2a
Am Gewerbepark 338-1a
Am Haag 339-3c
Am Hainrich 338-2c
Am Heimgesberg 312-5d
Am Herrnberg 338-1b
Am Hitzigenrot 338-2a
Am Hunnebornskopf 339-10a
Am Knoß (6) 338-2c
Am Köpfchen 312-11b
Am Martinsrain 312-8c
Am Oh'lschen Berg (5) 338-1b
Amorbachhof 312-4c
Am Rebstock 338-2a
Am Roten Rain 339-3c
Am Salzwingert 312-8c
Am Schafrain 339-2d
Am Scharfeck 311-12c
Am Schöllkopf 337-9b + 338-7a
Am Schwarzen Berg 338-1d
Am Seidenberg 312-8c
Amselweg (8) 312-10a
Am Sportplatz (1) 312-10a
Am Stadtgraben 338-1d
Am Steinborn 338-1d
Am Stuckertsgarten 312-11b
Am Turnplatz 338-12b
Am Viehtrieb 338-11d
Am Wasserwerk 338-2c
Am Wehr 312-10c
Am Weiher (4) 312-11b
Am Wingertsberg 338-9d
An der Bleiche (4) 338-2a
An der Sandkaute 338-1b
An der Steinmauer 311-12b
An der Wehrkirche (1) 312-11b
Anne-Frank-Straße 338-1c
Appelseckschneise 311-5d
Auf dem Berg 337-2a
Auf der Beine 338-3a
Auf der Gasse 364-2a
Auf der Hölle 338-2b
August-Bebel-Platz (2) 338-9c
Aussiger Straße 312-8b

Bachgasse 312-11b
Bachgasse (3) 312-11b
Bachtorstraße 338-1d
Backhausgasse (17) 338-1d
Bahnhaus Eichengraben 338-7a
Bahnhofstraße 312-8c
Beethovenweg 312-8c
Bei den Stockwiesen 338-11c
Bei den Wehrwiesen 338-10b
Beinehof 338-3a
Berghof 338-2b
Bergweg 338-9d
Berliner Straße 312-8b
Beunestraße 337-2a
Birkenhof 312-4d
Birkenweg 312-10a
Blumenweg 338-9c
Bodenäcker 338-11c

Böhmer Straße 311-12d
Börncheshof 338-3b
Brandenburger Straße 312-8b
Brauerstraße (1) 338-9c
Breite Gasse 338-1b
Breslauer Straße 312-10c
Breubergstraße 339-3c
Bruchweg 338-1b
Brunnengasse (14) 338-1d
Brunnenschneise 311-11a
Buchenweg 338-9d
Buckelgarten 364-2a
Buschweg 337-2b

Carlo-Mierendorff-Straße 338-1c
Christoph-Vogel-Straße (16) 338-1c
Claudiusweg 312-10a
Curtigasse 338-1d

Dammweg 312-10b
Danziger Straße 312-10c
Die Ettern 364-2a
Dörrwiesenweg 312-8c
Dr.-Föppl-Straße 338-4a
Dorfstraße 312-10a
Dreieichweg 312-10a
Dresdener Straße 312-10c
Drosselweg 337-2b

Egerländer Straße 311-12b
Eichendorffweg 338-1c
Eidmannshof 338-7b
Eilingsgasse 312-10a
Einsiedelpfad 311-11d
Eisenacher Straße 312-10a
Elterhof 312-9d
Elterweg 312-12a
Ententgasse 338-1d
Erich-Ollenhauer-Straße (7) 337-2b
Erlenhof 339-7d
Erlenschneise 311-11d
Erlenweg 338-9c
Ernst-Reuter-Straße 337-2a
Erzberger Straße 338-9d
Eselsmühle 338-1b
Eulheckerhof 313-7c

Farmerhaus 338-2c
Fasanenring 337-2b
Fasanenschneise 311-7b
Feldstraße 312-8b
Felsweg 338-1b
Finkenweg 312-10a
Fischergasse 338-9c
Fitzweg 338-1d
Fliederweg 338-3a
Forsthausstraße 338-9d
Frankensteiner Äckerschneise 311-7c
Frankenstraße 338-1c
Franz-Gruber-Straße 338-1a
Frau Nauses 364-3a
Freiherr-vom-Stein-Straße 338-1b
Friedensstraße 337-2b
Friedhofstraße 338-9c
Friedrich-Ebert-Straße 312-8b
Frießenbeuneweg 338-1c
Fritz-Vogel-Weg 312-10c
Fuchsweg 339-3c

Gartenstraße 338-9c
Gartenweg 312-10a
Gebrüder-Grimm-Straße 338-1a
Georg-August-Zinn-Straße 337-3b
Georg-Eidmann-Weg 311-12d
Gewerbestraße 311-12b
Ginsterweg 338-2b
Glockengasse 337-2a
Glockenwiesenweg 312-10c
Goethestraße 338-1c
Grabenstraße 364-2a
Grafenstraße 337-2a
Groß-Umstädter Straße 337-2b
Grünheckerhof 313-10a
Güterstraße (21) 338-1c
Gutenbergstraße 312-10a

Habitzheimer Ruh 338-1c
Habitzheimer Straße 338-4a
Häuserhof 313-10b
Hanauer Gasse (8) 338-1d
Hanna-Kirchner-Straße (15) 338-1c
Hans-Böckler-Straße 338-4a
Hans-Kudlich-Straße 312-10a
Hardberghof 338-5d
Hauptmannweg 338-1a
Hauptstraße 312-10a
Haxenmühle 338-4d
Heinrich-Bechstein-Straße (25) 338-4a
Heinrich-Heine-Straße 338-1a
Heinrich-Möser-Straße 312-11b
Heinrich-Ritzel-Straße 312-8b
Heinrichstraße (1) 337-2a
Hermannshof 310-12d
Herrnwald 364-2a
Herrnwiesenweg 338-4b
Heubacher Weg 338-4b
Hinter dem Hag (1) 312-5d
Hinter dem Junkerhaus 312-11b
Hinter der Burkhardsmühle 338-1b
Hinter der Schnell (19) 338-1d
Hinter der Ziegelhütte 312-10d + 338-1b
Hintergasse 338-1d
Hirschbergstraße 339-2d
Hochstädter Weg 312-11a
Höchster Straße 338-4d
Höchster Straße (Dorndiel) 339-1d
Hof an der Semme 337-6c
Hoffeldweg 312-10a
Hofrat-Steiner-Weg (2) 338-1b
Hof zu Neuhofen 313-7c
Hohe Straße 311-7b + 338-2d
Holunderweg 338-3b
Hügelstraße 337-2a

Iglauer Straße 311-12b
Im Brenzengarten (3) 337-2b
Im Darmbruch 338-9c
Im Eck 338-9c
Im Einsiedel 311-11c + 337-2a
Im Gehren 339-3c
Im Grenzig 338-9d
Im Grund 337-2b
Im Hopfengarten (3) 338-2a
Im Kirchwinkel (6) 312-10a
Im Kühlen Grund 338-4b
Im Oberen Rech 338-2c
Im Ockert 338-9c
Im Pfarrhof (10) 338-1d
Im Rech 338-1d
Im Steingerück 338-1b
Im Stiel 312-10a
In der Fahrt (11) 338-1d
In der Schliem 338-8c
In der Strieth 310-12d

Jahnstraße 312-8c
Jakob-Müller-Straße 312-8c
Johannes-Lampe-Straße 338-1c
Jürgen-Schumann-Straße 312-9a

Kärcherweg 311-5c
Kantstraße 338-1a
Kappesgärtenweg 338-1b
Kapuzinerschneise 311-7a
Karl-Ritzert-Straße 338-1b
Karlsbader Straße 311-12d
Karlstraße 338-1c
Karl-Ulrich-Straße 337-2b
Karolingerstraße 338-1b
Kastanienweg 312-8c
Katzenschneise 311-7b
Kiliansweg 338-4b
Kirchberger Straße 338-1a
Kirchstraße 364-2a
Kleestädter Straße 312-8c
Knöllenmühle 338-2a
Knorrwegschneise 311-11b
Kocheberg 338-9c
Königsberger Straße 312-10a
Krankenhausstraße 338-2c
Kühler Bornweg 338-4b
Kürteswiesenschneise 311-5d
Kurt-Schumacher-Ring 337-2a

Lachenseeschneise 311-8a
Landrat-Pfeifer-Straße 312-8b
Landwehr 338-1c
Langheinzenmühle 338-7b
Langstädter Straße 312-5d
Lautenlachschneise 311-8d
Lerchenstraße 337-2b
Lessingstraße 312-10b
Lichtenbergerstraße (2) 337-2a
Lindenhof 312-4d
Lindenweg (4) 312-10a
Lise-Meitner-Straße 338-1a
Ludwigstraße 312-11b
Lützelforstmühle 311-9b
Luise-Büchner-Straße 338-1c
Lutz-Krauß-Straße 338-1c

Marie-Curie-Straße 337-3b
Markt 338-1d
Max-Eyth-Weg 337-3b
Mittelforsthof 311-12b
Mittelstraße 312-8b
Mömlinger Straße 339-3c
Mörsweg 338-1d
Mozartweg 312-8c
Mühlhohl 337-2c
Mühlstraße 338-1c

Neuberg 338-2c
Neubergshof 313-7d
Neuer Weg 311-10c
Neulandhof 338-5b

Oberdorf 338-3a
Obere Marktstraße (13) 338-1d
Oberendstraße 337-2b
Obergasse 338-1c
Oberhof 338-3d
Oberster Berg 338-9d
Obertorstraße 312-8b
Odenwaldstraße 364-2a
Ohlbacher Hof 312-11d + 338-3a
Ohlbachweg 338-3a
Ortsstraße 339-2d
Ostring 339-3c
Otto-Frank-Straße 338-1b
Otto-Hahn-Straße 337-3b
Otto Sturmfels Straße 338-1d
Otzbergstraße 337-2c

Palme-und Walter-Weg (26) 338-1c
Pappelweg 312-10a
Pestalozzistraße 338-1c
Pfälzer Gasse (12) 338-1d
Pfaffenheckenhof 339-10b
Pfaffenzipfenschneise 311-4d
Pfarrstraße 339-3c
Pferdsbachstraße 338-9c
Pilgerpfad 338-1b
Plattenweg 312-11a
Pommernstraße 312-10c
Prof.-Völzing-Ring 338-1b

Quellhof 312-9c

Radheimer Straße 339-2d
Raibacher Tal 338-1b
Rathausgasse (2) 312-11b
Realschulstraße 338-1c
Rebenstraße 337-2b
Richer Straße 338-1b
Richer Straße (Richen) 312-10d
Riegelgartenweg (22) 338-1d

Rieslingweg 312-10a
Ringstraße 312-8c
Robert-Bosch-Straße 338-1a
Rodensteiner Straße (7) 338-1d
Rödelshäuschen 339-4a
Römerhof 311-6d
Römerhofstraße 312-10a
Röntgenstraße 338-2c
Rohrwiesenweg 338-11c + 364-2a
Rosa-Heinz-Weg 338-1d
Rosenhöhe (Kleestadt) 312-9a
Rosenhöhe (Klein Umstadt) 312-11b

Sachsenstraße 311-12d
Sackgasse 312-8b
Sälzerweg 312-9a
Saint-Péray-Straße (20) 338-1c
Salzberg 338-9d
Salzlackschneise 311-11b
Sandheckenweg 338-1d
Santo-Tirso-Ring 338-1a
Schäfergasse 312-9a
Scheuerweg 338-1d
Schillerstraße 312-8c
Schliemhöfe 338-8b
Schlierbacher Straße 312-8b
Schmiedestraße (5) 312-10a
Schnellengasse (23) 338-1d
Schubertweg 312-10a
Schulstraße 338-1c
Schwanengasse (18) 338-1d
Schwerspatweg 312-12a
Seegrabenweg 338-1c
Seewiese 339-3c
Seidenirrhof 337-6a
Semder Straße 311-12b
Semder Weg 311-5d + 337-3d
Siemensstraße 338-1a
Sonnenhof 312-9c
Sonnenweg 339-10a
Sophie-Scholl-Straße 338-1c
Spitzengasse 312-8b
Spremberger Straße 338-1c
Steinschönauer Straße 338-1c
Steinweg 338-9d
Stettiner Straße 312-10c
Stockwiesenschneise 311-8d
Sudetenstraße 312-8b

Tambourgasse 312-8b
Tannenhof 312-4c
Tannenweg (7) 312-10a
Taubenweg 337-2b
Teichgasse 312-5d
Theodor-Heuss-Straße (6) 337-2b
Thüringer Straße 311-12d
Traubenweg (1) 338-1b
Tulpenweg (5) 337-2b
Turmgasse 312-8b

Uhlandstraße (2) 312-10a
Unterdorf 338-2b
Untere Marktstraße 338-1d
Untergasse 312-8b
Unterm Rain 364-2a
Untermühle 311-11c

Verbindungsweg 312-8b

Wacholderweg 338-3a
Wächterbachhof 338-6a
Wächtersbachstraße 338-1d
Waldstraße 338-9d
Wallstraße 338-1d
Walter-Rathenau-Platz (5) 338-9d
Walter-Trautmann-Weg 311-12d
Warthhof 337-6b
Warthweg 338-4a
Wasserfall (4) 338-9d
Weberhof 337-3d
Weidweg 312-8c
Weinbergstraße 312-11a
Weinstraße 339-5b
Weißdornweg 338-3a
Wellhornhof 312-9b
Werner-Heisenberg-Straße 338-1c
Westring 312-10a
Wiesenschneise 311-6b
Wiesenstraße (24) 338-4a
Wilhelm-Leuschner-Straße 338-8d
Wilhelm-Liebknecht-Straße 338-4b
Wilhelm-Voltz-Weg 311-12d
Willy-Brandt-Anlage 312-10c + 338-1a
Windfangstraße 312-11b
Wingertsweg 312-11c + 338-2a
Winkelfeldhof 311-12d
Winkelfeldschneise 311-8d
Winkelgasse (4) 337-2b

Zehntscheuerweg 338-1d
Ziegelwaldweg 312-11c + 338-1b
Zimmerstraße 338-1d
Zollstockweg 312-8b
Zu Breitwiesen 312-7a
Zum Wiesental 339-10a

Großwallstadt
PLZ 63868

Alte Straße 342-1a
Am Alten Brunnen 342-1a
Am hohen Ufer 316-10b
Am Kehlpfad 342-1a
Am Kreuzpfad 316-10c
Am Krontal 316-10c
Am Neubergsweg 315-12d
Am Schießhaus (12) 342-1a
Ankergasse 316-10c

Bayernstraße 342-1a
Birkenstraße 316-10c

Bruder-Gregor-Weg (13) 316-10c
Brunhildstraße 316-10c
Buchenstraße 342-1a
Burgunderstraße 316-10c

Dahlienstraße (4) 316-10a
Don-Bosco-Straße 316-10c

Einsteinstraße 315-12d
Engelgasse 316-10c

Fliederstraße (6) 316-10c
Flurbereinigungsweg 315-12a
Frankenstraße 342-1a
Friedenstraße 316-10c
Friedhofstraße 316-10c
Frühlingstraße 316-10c

Gartenstraße 316-10c
Goethestraße 316-10a
Großostheimer Straße 315-12d
Grundtalring 341-3b

Hagenstraße (8) 316-10d
Haggraben 316-10c
Hintergasse 342-1a
Hinterm Turm 316-10c

Industriering 315-12d

Jahnstraße 342-1a
Jomm-Ranches Reitanlage 315-9d

Kantstraße 316-10a
Kehlgrabenstraße (11) 342-1a
Kettelerstraße 316-10c
Kirchgasse 316-10c
Kolpingstraße 316-10c
Krimhildstraße 316-10c
Krokusstraße (3) 316-10a

Lessingstraße 316-10a
Lilienstraße (2) 316-10a
Lindenstraße 316-10a
Lützeltalerstraße 315-12d

Mainstraße 342-1b
Marienplatz 342-1a
Marienstraße 342-1a
Mömlinger Straße 315-12d
Mozartring 316-10a

Nelkenstraße (1) 316-10a
Neubaugasse 316-10c
Nibelungenstraße 316-10d
Niedernberger Straße 316-10a
Nordring 316-10c

Obere Fährgasse 342-1a
Obernburger Straße 342-1a
Odenwaldstraße 342-1a

Paradiesäcker 315-12b
Pfarrer-Hennig-Straße 316-10c
Pfarrer-Ott-Straße 316-10c

Quellenstraße 315-12b

Reichardshäuserhof (9) 316-10d
Rosenstraße (5) 316-10c

Schillerring 316-10a
Schlesierstraße (10) 342-1a
Schloßstraße 316-10c
Schmalzgasse 316-10c
Schulstraße 316-10c
Seeblick 315-12b
Siegfriedstraße 316-10b
Spessartstraße 342-1a
Sportplatzstraße 315-12d
Sudetenstraße 342-1a

Turmstraße 316-10c

Wagnerstraße 316-10a
Wallstraße 316-10d
Weichgasse 316-10c
Westring 316-10c

Zum Friedhof (7) 316-10c

Groß-Zimmern
PLZ 64846

Ahornweg 336-3d
Akazienweg (2) 336-3d
Albert-Kuntz-Straße 310-11d
Albert-Schweitzer-Straße 336-2a
Alte Gartenstraße 310-11d
Am Bellenbaum 336-2d
Am Brückelchen 336-3a
Am Festplatz 336-2a
Am Gänsepfad 336-2c
Am Katzengraben 336-3a
Am Roten Morgen 336-2c
Am Schulacker (15) 336-2d
An der Gersprenz 336-2b
An der Obermühle (17) 336-2b
An der Untermühle (3) 336-2b
An der Ziegelei 336-1d
Andreasgasse (10) 336-2b
Angelgartenstraße 336-1b
Angelstraße 336-2b
Auf dem Berg 336-3c
Auf dem Haag 336-3b
Aussiedlerhof Pullmann 336-1c

Bachgasse (9) 336-2b
Bahnhofstraße 336-2a
Bahnstraße 310-11c
Baumschulenweg 310-11d
Beckerwegschneise 309-8c

Beethovenstraße 336-2a
Beinestraße 336-2b
Berliner Straße 336-1b
Bertha-von-Suttner-Straße 310-11d
Biergasse 336-2b
Birkenhof 310-12c
Birkersackerschneise 310-7c
Blumenstraße 336-3b
Breitwiesenbrücke 336-6a
Breslauer Straße 336-1b
Brünnchenweg 336-3c
Brunnerstraße 336-2b
Brunnersweg 309-11b
Buchenweg 336-3d
Burgstraße 336-3c

Chemnitzer Straße 310-10d

Danzinger Straße 336-1b
Darmstädter Straße 336-1b
Dieburger Straße 336-2b
Dieburger und Groß-Zimmerer Schneise 309-8b
Dietrich-Bonhoeffer-Straße (2) 310-11d
Dresdener Straße 336-1b
Dunkle Schneise 309-8c

Enggasse 336-2b
Erich-Kästner-Straße 310-11d
Erzbergerstraße 336-2d

Fliederweg 310-11c
Frankfurter Straße 310-10d
Friedensstraße 336-2b
Friedhofstraße 336-2d
Friedrich-Ebert-Straße 336-2c

Gabelsbergerstraße (16) 336-2c
Gartenstraße 336-3b
Gehrenweg 336-2c
Geißberg 336-3d
Georg-Dascher-Straße 336-2d
Georgenhäuser Weg 336-2c
Goethestraße 336-2c
Güterstraße 336-2a
Gutenbergstraße 310-11c

Hänishof 310-12c
Hans-Geiß-Weg 336-2b
Heinrich-Brücher-Straße 336-2a
Hinter dem Schlädchen 336-1b
Hirschbachweg 336-2d
Hörnertweg 310-11d
Hundertmorgenschneise 309-7c
Huneckeweg (14) 336-2d

Im Boden 336-2d
Im Rauhen See 336-2a
In der Pfütze (3) 336-3a

Jahnstraße 336-2b
Jakobsbornschneise 309-11b
Johannes-Held-Straße 336-1b
Johannes-Ohl-Straße 336-2a
Justus-Liebig-Straße 310-11c

Karl-Marx-Straße 336-2c
Kerbgasse (6) 336-2b
Kettelerstraße 336-2a
Kirchplatz 336-3c
Kirchstraße 336-2b
Klein-Zimmerner Straße 336-2b
Kollswiesenschneise 309-11a
Koppsgasse (8) 336-2b
Korellweg 336-2d
Kraußegasse (11) 336-2b
Kreuzhohl (1) 336-3d
Kreuzstraße 336-2b
Kummelswiesenschneise 309-12d
Kurze Straße (4) 336-2b

Langeschneise 309-7c
Laubweg 310-10a
Lebrechtstraße 310-11d
Leipziger Straße 310-10d
Lindenweg 336-3d
Lochgartenstraße 336-3c
Ludwigstraße 336-2a

Magdeburger Straße (1) 310-10d
Marktstraße 336-3a
Maximilian-Kolbe-Straße 310-11d
Max-Planck-Straße 310-11c
Meier-Spier-Straße (1) 310-11d
Memelstraße 336-2a
Messeler Weg 309-8a
Moretschneise 309-11a

Nathan-Mathes-Weg 310-10d
Nelly-Sachs-Straße 310-11d
Nordring 310-11c

Ober-Ramstädter Weg 336-2c
Odenwaldring 336-2a
Opelgasse (12) 336-2b
Otzbergring 336-2d

Pappelweg 310-11c
Petersgasse 336-2b
Pfarrgasse (5) 336-2b
Ponthierryplatz 336-2a

Rabenlachschneise 309-12c
Rathausplatz 336-2b
Rathenaustraße 336-2c
Reinheimer Straße 336-2b
Rittersestraße 336-2a
Robert-Koch-Straße 310-11c
Röhnring 336-3b
Röntgenstraße 310-10d
Rosenweg 310-11c
Rudolf-Diesel-Straße 310-10d

Gründau
PLZ 63584

Gückingen
PLZ 65558

Guldental
PLZ 55452

Gumbsheim
PLZ 55597

Guntersblum
PLZ 67583

Gutenberg
PLZ 55595

Hackenheim
PLZ 55546

Hadamar
PLZ 65589

Am Offheimer Weg 57-4b
Am Rennberg (5) 39-5b
Am Schulgraben 40-4d
Am Schwanenberg 39-7d
Am Steinkreuz 39-10d
Am Weidenbusch (3) 40-7c
Am Weinswieschen 39-10c
Am Weyerer Weg 39-6c
An der Bildeiche 57-1a
An der Glasfachschule (9) 57-1b
An der Höhle 57-1c
An der Hundsanger Straße 38-12b
An der Kimmelwiese 39-11a
An der Marienstraße (1) 40-4d
An der Neuwiese 57-1c
Antoniushof 57-4a
Antoniusstraße (1) 39-5b
Auf dem Herzenberg (8) 39-11a
Auf dem Kalk 39-4d
Auf den Elben 39-4b
Auf den Sechsmorgen 40-10a
Auf der Grenz 57-1c
Auf der Heide 38-8b
Auf der Lück 57-1c
Aumühle 39-2c

Backhausberg (2) 39-4c
Bäckergäßchen 39-4c
Bahnhofstraße (Niederzeuzheim) 39-4d
Bahnhofstraße (Oberzeuzheim) 39-5a
Bergstraße 39-5b
Bernardusweg 39-10b
Birkenallee 39-5b
Birkenhof (Niederhadamar) 57-4b
Birkenhof (Niederzeuheim) 39-8a
Birkenweg 57-1a
Bleichstraße 39-5b
Bornfelsgasse 39-4c
Borngasse 39-10b
Borngasse (Oberweyer) 40-7c
Borngraben 39-7a
Bornstraße 40-4a
Bornwiese 57-1a
Breslauer Straße 39-11a
Brückenberg 39-4d
Brückengasse 39-10b
Brückenmühle 39-4d
Brückenvorstadt (3) 39-10b
Buchenweg 57-1a

Carl-Faust-Straße 39-10c
Carl-Faxel-Straße 57-1a
Christian-Egenolf-Straße 39-10d

Dehrner Hof 57-4b
Donaustraße 39-5b
Dorfbachstraße 57-1a
Dreimannsgasse (Niederzeuzheim) 39-4c
Dreimannsgasse (Oberzeuzheim) (9) 39-5d

Egermannstraße 39-11a
Eichenweg 57-1a
Elbhof 39-7b
Ernst-Moritz-Engert-Straße 39-11a

Faulbacher Straße 39-11a
Feldstraße 39-11b
Ferdinand-Dirichs-Straße 39-4c
Fichtenweg 39-10c
Flurstraße 57-1c
Franz-Alfred-Muth-Straße 57-1a
Franz-Gensler-Straße 39-11a
Franziskanerplatz (6) 39-10d
Freiherr-vom-Stein-Straße 39-10c
Friedensstraße 39-5d
Friedhofstraße 40-4b
Friedhofsweg (Niederhadamar) 57-1c
Friedhofsweg (Oberzeuzheim) (7) 39-5b
Fürst-Alexander-Straße (7) 39-10d

Galgenbergweg 39-11a
Gartenstraße (Niederhadamar) 57-1a
Gartenstraße (Niederweyer) 39-12b
Gartenstraße (Niederzeuzheim) 39-4d
Gartenstraße (Oberweyer) 40-7c
Gartenstraße (Oberzeuzheim) 39-5b
Gartenstraße (Steinbach) 40-4d
Gerlachstraße 39-11a
Grabenstraße (Niederzeuzheim) 39-4c
Grabenstraße (Oberzeuzheim) 39-5b
Große Wiese 39-4c
Grünborner Weg 57-1c
Grüner Weg 39-5b
Gymnasiumstraße 39-10d

Hadamarer Straße (Niederweyer) 39-12a
Hadamarer Straße (Steinbach) 40-4c
Haidaer Straße 39-11a
Haltschlagweg 39-11a
Hammelburg 39-10d
Hammelburger Hof 39-10a
Hammerweg 39-7d
Hauptstraße 39-11d
Haus am Elbbach 39-4b
Heerstraße 39-4a
Helenenhof 39-8c
Herzenbergweg 39-11a
Heuchelsgasse (8) 39-5d
Hexenschlucht 39-10c
Hinter dem Acker (2) 40-7c
Hinter der Kirche 39-4d
Hinter der Wacht (12) 57-1c
Hintergasse 57-1a
Höhenfelder Hof 39-11d
Hofacker 39-5d
Hofgut Schnepfenhausen 39-7c
Hof Kapellenblick 39-5d
Hofstraße (Faulbach) 39-11d
Hofstraße (Oberzeuzheim) (2) 39-5b
Hof Waldeck 39-6c
Hohe Anwand 40-4d

Hohlstraße (Niederhadamar) 57-1a
Hohlstraße (Niederzeuzheim) 39-4c
Hohlstraße (Steinbach) 40-4d
Hospitalstraße 39-10d
Hubertushof 39-8a
Hügelstraße 39-4c
Hundsanger Straße 39-10a

Im Boden 57-1c
Im Gehenk 40-10c
Im Pflasterstück 39-11a
Im Weidenbornerfeld 39-11c
In den Krautstücken 40-7c
In der Host 57-1a
In der Loh 39-4a
Industriestraße 39-7d

Jagdhaus Struth 38-6d
Jakobshof (Faulbach) 39-11b
Jakobshof (Oberzeuzheim) 39-6c
Johann-Hannapel-Straße (12) 57-1c
Johann-Ludwig-Straße (5) 39-10d
Johann-Neudecker-Straße 39-11a
Johann-Thüringer-Straße 39-11b
Judengäßchen (1) 39-10b

Kapellenstraße (Niederzeuzheim) 39-4a
Kapellenstraße (Steinbach) 40-4d
Kirchgasse 39-10b
Kirchgasse (Niederzeuzheim) 39-4c
Kirchstraße (Niederweyer) 39-12b
Kirchstraße (Oberweyer) 40-7c
Kirchstraße (Oberzeuzheim) 39-5b
Kirchstraße (Steinbach) 40-4d
Kolpingstraße (3) 39-5b
Konviktweg 39-10b
Krämergasse 39-10b
Krämergasse (Niederzeuzheim) 39-4c
Kreußlerstraße 57-1a
Kreuzweg 39-11a

Lärchenweg 57-1a
Langstraße 40-4b
Lindenhof 39-10a
Lindenweg 57-1a
Lochmühle 39-2c
Lorichstraße 39-11a

Mainzer Landstraße 57-1a
Mariahilf 39-1d
Maria-Mathi-Straße 39-10c
Marienhof 39-5a
Marienstraße 39-11a
Marienstraße (Steinbach) 40-4d
Martin-Volck-Straße 39-11b
Melanderplatz (2) 39-10b
Melanderstraße 57-1c
Mittelstraße (Niederzeuzheim) 39-4c
Mittelstraße (Oberzeuzheim) 39-5d
Mittelziegenfurther Mühle 39-4b
Mönchberg 39-10b
Mühlenhof 39-4b
Mühlenstraße 57-1c
Mühlenweg (Niederzeuzheim) 39-4c
Mühlenweg (Oberzeuzheim) 39-5a

Neue Anlage 57-1a
Neue Chaussee 39-10d
Neugasse 39-10b
Neumarkt 39-10b
Neumühle 57-1d
Neustraße 40-4b
Nonnengasse 39-11c
Nordstraße 39-5b

Oberdorfstraße (Niederweyer) 40-7c
Oberdorfstraße (Oberweyer) 39-12b
Obergasse 39-4c
Obertiefenbacher Straße 40-7d
Oberweyerer Straße (Niederweyer) 39-12b
Oberweyerer Straße (Steinbach) 40-7b
Oberwiese 39-5b
Oberziegenfurther Mühle 39-4b
Ortsstraße 39-12b
Ostpreußenstraße 39-11a
Oststraße 39-5b

Parkweg 39-10b
Pfarrstraße 40-7c
Pfarrweg 57-1a
Pfortenstraße 56-3b
Piratweg 39-10d
Plauderstraße 57-1a
Pletschmühle 38-9c

Reisstraße 56-3b
Ringstraße 56-3b
Rötherhof 39-8c

Sackgasse (Niederhadamar) (10) 57-1a
Sackgasse (Niederzeuzheim) (1) 39-4c
Salzbacher Hof 38-6b
Schäferstraße 40-7c
Schafstraße 39-11d
Schloßgasse 39-10d
Schloßplatz 39-10d
Schulgäßchen (11) 57-1a
Schulstraße 39-11a
Schulstraße (Niederzeuzheim) 39-4d
Schulstraße (Oberweyer) 40-7c
Siegener Straße 39-10b
Siegener Straße (Oberzeuzheim) 39-5b
Sieggartenstraße 40-4d
Sonnenhof 38-12b
Sonnenhof (Oberzeuzheim) 39-6c
Steinbacher Straße 40-7c
Steinbacher Weg 39-5d
Steinrütscher Weg 40-4d
Steinstraße 57-1a
Stemmlerstraße 40-7c
Struthof 38-6d
Stuthweg 57-1c

Sudetenstraße (Niederhadamar) 57-1c
Sudetenstraße (Niederzeuzheim) 39-4c
Sudetenstraße (Oberzeuzheim) 39-5b

Tannenhof 57-4b
Taunusstraße 39-4c

Uhlenstraße 39-12a
Ullrichstraße 40-4d
Unterdorfstraße 40-7c
Untere Bornwiese 39-4c
Untere Heerstraße 39-4d
Untergasse 39-4c
Untermarkt (4) 39-10b

Von-Braunsberg-Straße 56-3b

Waldstraße 56-3b
Waldstraße (Niederzeuzheim) 39-4c
Waldstraße (Oberzeuzheim) 39-5b
Waldstraße (Steinbach) 40-4d
Walkmühle 39-7d
Weiergärten 57-1c
Weiherpfader Weg 40-7a
Wendlinushof 57-4b
Wertsbacher Hof 39-4d
Westerwaldstraße (Niederzeuzheim) 39-4a
Westerwaldstraße (Oberzeuzheim) (4) 39-5b
Wiesenstraße (Oberweyer) 40-7c
Wiesenstraße (Oberzeuzheim) 39-5d

Zum Gänsacker (3) 39-7a
Zum Grillplatz 40-4b
Zum Heidenhäuschen (6) 39-5b
Zum Kissel 40-4d
Zum Wingertsberg 57-1a
Zur Gäns'wiese 39-11c

Hahnheim
PLZ 55278

Altstraße 326-2c
Am Angel 326-4b
Am Schneckenberg 326-4b
An der Pfingstweide 326-2c
An der Selz 326-2c

Backhausgasse 326-2c
Bahnhofstraße 326-5a
Bruchgasse 326-1d

Christianshof 326-5b

Dr.-Hoffmann-Straße 326-5a

Eberbacherhof 326-1d

Freier Platz 326-4b

Hintere Landstraße 326-2c

Im Hunnental 326-5a
Im Kleegarten 326-5a
In den Eichgärten 326-5a
In den Spitzenäckern 326-2c

Jahnstraße 326-5a

Kloster-Eberbach-Straße 326-5a

Mittelgasse (5) 326-5a

Neugasse 326-5a

Obere Hauptstraße 326-4b

Petersstraße 326-2c
Philipp-Schömbs-Straße 326-2c

Rieslingstraße 326-5a

Sackgasse (1) 326-5a
Schillerstraße 326-5a
Schloßgasse 326-4b
Schulgasse (4) 326-5a
Sonnenhof 326-4d

Tränkgasse (2) 326-2c

Undenheimer Weg 326-4b
Untere Hauptstraße (3) 326-2c

Wahlheimer Straße 326-1d

Zanggasse 326-2c
Zum Alten Bahnhof 326-5b
Zum Sportplatz 326-2d
Zum Wäschbach 326-4b

Hahnstätten
PLZ 65623

Aarstraße 93-11b
Ahornweg 93-11a
Akazienweg 93-11a
Am Alten Markt 93-8b
Am Flutgraben 93-8b
Am Goldborn 93-9a
Am Hang 93-8b
Amselweg 93-9c
Auf dem Pitzberg 93-8d
Auf der Dahl 93-9c
Auf der Höhe 93-8b
Austraße 93-8d

Bahnhofstraße 93-8b
Birkenweg 93-11a
Brückenstraße 93-8d

Buchenweg 93-11a
Burgschwalbacher Straße 93-11d

Dahlstraße 93-9c

Falkenwalder Straße 93-11a

Gartenstraße 93-9c
Gewerbestraße (3) 93-11d

Hohenfelsbachstraße 93-8c

Im Goldborn 93-9c
Im Hirschel 93-8c
In den Wingerten 93-8a
In der Basshell (3) 93-8d

Jahnstraße 93-8d

Kirchgasse 93-8d
Klapperfeldstraße 93-8b
Kösliner Straße 93-11a
Kolberger Straße 93-11a

Lilienweg 93-9a
Lindenweg 93-11a
Löhweg 93-9c

Marktplatz 93-8d
Marktstraße 93-8d
Mühlgasse (1) 93-8d

Netzbacher Straße 93-8d
Nußbergstraße 93-11b

Ober der Ölmühle 93-8b
Oberneisener Straße 93-8b

Pfeiffermühle 93-5d
Pitzgasse 93-8d

Regenwalder Straße 93-11a
Rheinstraße 93-11a
Ringstraße 93-9c
Rösslerstraße 93-8b

Schliem (2) 93-11c
Schloßstraße 93-8d
Schönborner Straße 93-8c
Schöne Aussicht 93-9a
Siedlerweg 93-11b
Silberfeldhof 93-7b
Stargarder Straße 93-11a
Stettiner Straße 93-11a

Talblick 93-8b
Tannenweg 93-11a
Tulpenweg 93-9a

Waldstraße 93-8d
Welschbachstraße (2) 93-8d
Wiesengrund 93-8b
Wiesenstraße 93-8b

Haibach
PLZ 63808

Adenauerring 290-6a
Ahornstraße 290-3c
Alois-Wenzel-Straße 290-6a
Am Dörngraben 290-6b
Am Findberg 290-6d
Am Hohen Stein 290-6a
Am Katzenbuckel 291-4a
Am Wingert 291-4b
Ankergasse 291-1c
Anton-Hubert-Straße 290-6a
Aschaffenburger Straße 290-6a
Auenweg 291-4a
Auf dem Berg 291-4a
Auf der Höhe 291-4a

Bachstraße 291-4a
Bayernstraße 290-6a
Beethovenstraße (14) 291-4c
Bergstraße (3) 290-6b
Bessenbacher Weg 290-2d
Birkenstraße 290-3c
Birkenwiese 291-4a
Blumenstraße 291-7d
Bornäcker 290-6b
Breitwiesenstraße 291-4c
Brückenstraße (13) 291-4c
Buchblick 291-4a
Buchenstraße 290-3d
Büchelbergstraße 290-3c
Burgstraße 290-6b

Christian-Kunkel-Straße 290-6b

Dalbergstraße (11) 291-4a
Dessauerstraße 290-6b
Dörnhof 290-5d
Dörrmorsbacher Straße 291-7d
Dr.-Hönlein-Straße 290-6a
Dorfstraße 291-4c
Dornhofstraße 290-6a
Dreispitzweg 291-1c

Ebenungstraße 290-6b
Eckenerstraße 290-6a
Eichelwiese 290-5b
Eichenstraße 290-3d
Erlenstraße 290-6b

Fabrikstraße 290-6a
Findbergstraße 290-6d
Fischergasse 290-6b
Frankenring 291-4a
Frankenstraße 290-6a
Franz-Öhrlein-Straße 290-6a
Franz-Völker-Weg 290-6a

Freiheitstraße 290-6b
Friedenstraße (1) 290-6b
Friedhofstraße 291-4a
Friedlandstraße 290-6b
Friedrich-Ebert-Straße 290-3c
Frühlingstraße 290-5b

Gabelsbergerstraße 290-6b
Gartenstraße 291-1c
Gemeindefeld 290-6a
Ginsterweg 290-6a
Goethestraße 290-6b
Grenzweg 290-6b
Großmannstraße 290-6b
Großstraße 290-6b
Grubenäcker 291-8c

Haibacher Schweiz 290-3d
Haidebachstraße 290-3d
Hasenbergstraße 291-4c
Hauptstraße 290-6b
Haydnstraße 290-6b
Heckenweg (1) 290-3c
Herrleinstraße 290-3c
Hirtenborn 290-3c
Hirtenweg 291-4c
Höhenweg 291-8c
Hohe Kreuzstraße 290-3c
Hohe-Warte-Weg 291-8c
Hundsäcker 291-1c

Im Gründchen (16) 290-6d
Industriestraße-Ost 290-6a
Industriestraße-West 290-5d

Jahnstraße 290-6b
Johann-Schneider-Straße 290-5b
Julius-Echter-Straße 291-4a

Kaiselsbergstraße 290-6d
Kapellenplatz 291-7d
Kettelerstrße (2) 290-6a
Kirchgasse 290-6b
Kirchstraße (1) 291-8c
Krautgärten 291-1c

Langenäcker 290-6d
Lange Straße 290-6b
Laurentiusweg (3) 291-8c
Lehmgrube (5) 290-6b
Letztgrund 291-4a
Lindenstraße 290-3d
Ludwig-Kurz-Straße 290-6a
Ludwigstraße 291-4a

Mainzer Straße 290-2d
Margarete-Kiesel-Straße (15) 291-4c
Marienstraße 290-3c
Merkelstraße 290-6b
Morsbachweg 290-6d
Mozartstraße (8) 291-4a
Müllerstraße (2) 290-6b
Münchstraße 290-6b

Neue Heimatstraße 290-6a

Ober den Gärten (2) 291-7d
Oskar-Stahl-Straße 290-6a

Paul-Gerhardt-Straße 290-6a

Rathausstraße 290-6b
Riemenschneiderstraße 291-4a
Ringstraße 291-7d
Ringwallstraße 290-3c
Ritterstraße (4) 290-6b
Rohrbachstraße 290-6b
Rosenstraße 290-3c
Rothstraße 291-4c
Rudolf-Harbig-Straße 290-6a

Sälleseite 291-1c
Schäferstraße 290-6d
Schillerstraße 291-4a
Schollstraße 290-6b
Schubertstraße 291-4a
Schulstraße 290-6b
Schwalbengrube 290-3d
Seitzenäcker (6) 291-4a
Sommerackerweg 290-6b
Sonnenstraße (9) 290-6b
Spessartblick 290-6a
Spessartstraße 291-4c
Sponackerweg 290-5b
Sportfeldstraße 290-3c

Ulmenstraße 290-3d

Waldhornstraße 290-6b
Waldstraße 291-8c
Wendelberg 290-5b
Wenzelgasse 290-3d
Westendstraße (10) 290-6d
Wiesenstraße 291-8c
Winzenhohler Straße 291-4a
Würzburger Straße 290-5b

Zeilbergstraße (12) 291-4a
Zu den Drei Kreuzen 290-3c
Zu den Honigäckern 290-6d
Zum Hasenstock (7) 290-6b
Zum Stadion 290-6b
Zur Holzwiese 290-3d

Hainburg
PLZ 63512

Adolph-Kolping-Straße 234-3c
Alberndorfer Straße 234-1b
Am Brünnchen 234-1c
Am Kiefernhain 234-1d
Am Langen Gewann 234-2c

Amselweg (7) 234-2d
Am Waldmorgen 234-2c
An der Hasenleuchte 234-2d
Angergasse 208-11c
Anne-Frank-Weg 234-2d
Aspenschneise 234-4c
Auf das Loh 234-1d
Auheimer Straße 234-1b
Aussiger Straße 234-1d

Bachgasse 208-11c
Bahnhofstraße 234-2a
Bahnholzweg 234-4a
Beethovenstraße 234-2c
Berliner Ring 234-2c
Bettenweg 234-3d
Birkenhof 235-4b
Birkenstraße 234-1d
Blumenstraße 234-6a
Böhnsgasse 234-2a
Breslauer Straße 234-1d
Brüder-Grimm-Straße 234-2a
Buchenstraße (6) 234-6b

Carl-Ulrich-Straße 234-2d

Daimlerstraße 234-6a
Danziger Straße 234-4b
Delpstraße 234-3d
Dieselstraße 234-6b
Dr.-Euteneuer-Straße 234-2c
Dresdener Straße 234-1d
Dürerstraße 234-3d

Edisonstraße 234-6a
Edith-Stein-Weg 234-2d
Egerländer Straße 234-1d
Eichendorffstraße 234-2c
Eichenstraße (5) 234-6b
Eisenbahnstraße 234-2a
Eleonorenstraße 234-2a
Elisabethenstraße 234-2a
Erfurter Straße (3) 234-1d
Ernst-Ludwig-Straße 234-2a
Erzbergerstraße 234-3d

Fahrstraße 234-6b
Fasanerie Arkaden 234-3c
Fasaneriestraße 234-6a
Feierabendweg 234-6a
Feldbergstraße 234-1b
Feldstraße 234-2a
Festplatz 234-2a
Fichtestraße 234-2c
Finkenweg (8) 234-2d
Flachsländerweg 234-6b
Friedensstraße 234-3d
Friedhofstraße 234-2a
Friedrich-Ebert-Straße 234-3c
Friedrichstraße 234-2a
Froschschneise 233-9d

Gablonzer Straße (5) 234-1d
Gartenstraße 234-1d
Gaswerkstraße 234-2a
Genossenschaftsstraße 234-1d
Geschwister-Scholl-Straße 234-3d
Görlitzer Straße 234-4b
Goethestraße 234-3c
Grundstraße 234-3c
Gutenbergstraße 234-6b

Hainstädter Straße 234-2c
Hauptstraße 208-11c
Heinestraße 234-2c
Herderstraße 234-3c
Hessenstraße 234-6b
Hof Mainau 235-4b
Huttengasse 234-2a

Im Löschem 234-2c
Im Lückfeld 234-2c
In den Mainauen 235-4b

Jahnstraße 234-3c
Josefstraße 234-2a

Kanalstraße 234-3d
Kantstraße 234-2c
Kapellenstraße 234-6a
Kappesweg 234-3c
Kastanienstraße (3) 234-6b
Kastellstraße 234-2c
Kennedystraße 234-6b
Kettelerstraße 234-6b
Kiesweg (7) 234-6b
Kirchgasse 234-3c
Kirchplatz 234-2a
Kirchstraße 234-3c
Kleine Maingasse 234-2a
Klingeschneise 233-9b
Königsberger Straße 234-1d
Konrad-Adenauer-Straße 234-2d
Kreuzschneise 234-7a
Krotzenburger Straße 234-3b
Kurt-Schumacher-Straße 234-2d

Lange Schneise 233-9b
Leinrittschneise 233-6b
Leipziger Straße 234-1d
Lessingstraße 234-1b
Liebfrausenheidestraße 234-2a
Liebigstraße 234-6b
Liegnitzer Straße (4) 234-1d
Lindenstraße 234-1d
Ludwig-Erhard-Straße 234-2d

Maingasse 234-3b
Marienstraße 234-2a
Martinstraße 234-2a
Matern-Miltz-Straße (10) 234-2c
Meisenweg (9) 234-2c
Mittelseestraße 234-2a
Mittelweg 234-3d

Mozartstraße 234-3c
Mühlgasse 208-11c
Mühlgrabenstraße 234-1b

Natostraße 235-1c
Neubaugebiet Löschem 234-2c

Oberförsterschneise 233-9b
Odenwaldstraße 234-1b
Offenbacher Landstraße 234-4a
Ostpreußenstraße (1) 234-6b
Ostring 234-3b

Paradiesgäßchen 234-2a
Peterswälder Straße 234-4b
Planetenweg 234-2b
Platz der Republik 234-3d
Platz von Vernouillet 234-2b
Pommernstraße 234-6b
Porschestraße 234-6a

Querstraße 234-2a

Rathausgasse 234-2a
Reichenberger Ring 234-2c
Retzer Straße 234-3c
Rhönstraße 234-1b
Römerstraße 234-3a
Röntgenstraße 234-6a

Sackgasse 234-3d
Satzschneise 234-4c
Schillerplatz 234-3a
Schillerstraße 234-2a
Schlesienstraße (2) 234-6b
Schleusenstraße 234-3c
Schmidtstraße (2) 234-2a
Schönfelder Straße 234-2a
Schubertstraße 234-2c
Schulstraße 234-2a
Siemensstraße 234-3c
Spessartstraße 234-3d
Stadtweg 235-4a
Stehweg 234-6c
Strebsgasse 234-2a
Sudetenstraße 234-6b
Südring 234-3c

Tannenhof 234-5a
Tannenstraße 234-1d
Taunusstraße 234-1b
Theodor-Heuss-Straße 234-2d
Triebweg 234-4b
Trumauer Straße 234-1b

Uferstraße 234-3a
Uhlandstraße 234-2c
Ulmenstraße (4) 234-6b

Waldhütte 234-5d
Waldstraße 234-2c
Wendelinusstraße 234-2c
Wiesenstraße 234-6a
Wilhelm-Leuschner-Straße 234-3c
Wilhelmstraße 234-2a
Wörrweg 234-6d

Ziegelstraße 234-1b
Zum Königssee 234-3c
Zum Wolfsloh 234-2d

Hambach
PLZ 65582

Ahornweg (3) 56-10a
Am Biengarten 56-10a
Anton-Hirschberger-Straße 56-10a

Bachstraße (1) 56-10b
Bergstraße 56-10a
Birkenweg 56-10a
Bornstraße 56-10b
Buchenstraße 56-10a

Dorfstraße 56-10b

Eichenweg (2) 56-10a

Gückinger Straße 56-10b

Hohlweg (5) 56-10b

Im Rehwinkel 56-7c

Koblenzer Straße 56-10b

Lindenweg (4) 56-10a

Waldstraße 56-10a

Hammersbach
PLZ 63546

Alte Eckartshäuser Straße (2) 133-10b
Altwiedermuser Weg 157-2a
Am Alten Friedhof 157-2a
Am Futteracker (1) 157-2a
Am Galgenberg 157-2c
Am Hochgericht (12) 157-2c
Am Katzengraben 157-2a
Am Krebsbach (5) 157-4b
Am Lachbach (1) 133-10b
Am Märzgraben 133-11c
Am Münchgarten 157-2a
Am Nussberg 157-2a
Am Pflanzenrain 157-2a
Am Rathaus 157-2c
Am Schulzehnten 133-11a
Am Seedamm 157-2a
Am Steinhaus 157-2a
Am Storchsborn 157-4b
Am Untertor (2) 157-4b
An der Heerbach 133-11a
An der Schafwiese 157-4b
Aussiedlerhof Am Geisberg 133-10d

Bergheim Ost 133-11a
Bergheim West 133-10b
Berliner Straße (10) 157-2c
Borngasse 157-2a
Brückenhof 157-1b
Büdinger Straße 157-4b
Burgstraße 157-4a

Castellstraße 157-4a

Erbsenstraße (3) 157-4a

Feldstraße 157-4a
Frankfurter Straße (11) 157-2c
Friedhofstraße (4) 157-2a

Gartenstraße 157-2a
Glockengasse (6) 157-2a
Goldbergstraße 157-1b

Hainstraße 157-4b
Hanauer Straße 157-1d
Hauptstraße 157-4a
Himbacher Weg (3) 133-10d
Hintergasse 157-2a
Hohe Straße 157-4b
Hüttengesäßer Straße 157-4b

Im Borngarten (9) 157-2a
Im Neuen Berg 157-1d
In der Ecke (8) 157-2a
In der Röthe 157-2c

Katzbach 157-2a
Kirchstraße 157-4b
Köbler Weg 157-1d

Langen-Bergheimer Straße 157-4b
Langgasse 157-2a
Limesstraße 157-4a
Lindenstraße 157-4a

Marienborner Weg (4) 133-10d
Marköbler Straße 157-2a
Martin-Luther-Platz 157-4b
Mittelstraße 133-11c
Mühlbachstraße (2) 157-2a

Nordstraße 157-4b

Obergasse (3) 157-2a
Obermühle 156-3d
Odenwaldstraße 133-10d

Rausche-Hain-Weg (4) 157-4a
Rhönstraße (1) 133-10d
Ringstraße 157-4b
Römerstraße 157-4a
Ronneburgstraße 157-4b
Roßdorfer Straße 157-4a
Rüdigheimer Straße 157-4c

Sackgasse (5) 157-2a
Schäfergasse (7) 157-2a
Spessartstraße 133-10d

Taunusstraße 133-10d

Unter den Weingärten 157-1d
Unterwald 157-5a
Urnenstraße 157-4a

Vogelsbergstraße 133-10d

Waldhof 157-1a
Waldstraße 157-1b
Wechmarer Ring 133-11c
Weiherhof 133-11c
Weinbergstraße 157-2a
Wiesenstraße 133-11c
Wingertstraße (1) 157-4a

Zum Braunen Berg 133-11a
Zum Haarstrauch 133-11a
Zur Dammbrücke 157-4b
Zur Elschwiese 157-2a

Hanau

63457 Adalbert-Eisenhut-Straße 208-11b
63457 Adalbert-Fischer-Straße 208-6b
63452 Adalbert-Stifter-Straße 181-12c
63457 Agnes-Pockels-Straße 208-3d
63452 Ahornweg 182-11c
63456 Ahrweg (12) 207-6c
63450 Akademiestraße 208-1c
63452 Akazienweg 182-11c
63456 Albanusstraße 207-9b
63456 Albert-Reuß-Straße (4) 207-3d
63454 Albert-Schweitzer-Straße (7) 181-2c
63456 Albrecht-Dürer-Straße 207-9b
63454 Alexanderstraße 207-2b
63450 Alfred-Delp-Straße 208-1d
63456 Alicestraße 207-6b
63456 Allerweg 207-6c
63457 Alois-Funk-Straße (33) 208-8d
63457 Alte Langgasse 208-8a
63454 Alte Rathausstraße 181-2d
63450 Alter Auheimer Weg 208-5a
63457 Alter Kahler Weg 208-9c
63452 Alter Rückinger Weg 181-12b
63457 Alter Wald 208-5b
63457 Alter Weg 208-8c
– Alter Weiskircher Weg 207-11d
63454 Altkönigstraße 181-2c
63456 Altmühlweg 207-6c
63450 Altstädter Markt 182-10c (34-A1)
63450 Altstraße 207-3b (34-A3)
63456 Alzenauer Straße 208-10b
63457 Am Ahlborn 208-8d
63456 Am Albanusweinberg (40) 207-9b
63457 Am Alten Bahnhof 208-7d
63454 Am Alten Limes (4) 181-3a
– Am Altenzentrum 183-11d
63456 Am Ameisenbrunnen 207-6c
63456 Am Anger (5) 208-7d
63450 Am Ballplatz (34-B3)
63457 Am Baumgarten 208-5c
63456 Am Bieberbrunnen 207-6c
63456 Am Bienigrain 207-6a
63456 Am Brückfeldgraben 207-6d
63452 Ameliastraße 181-12a
63456 Am Feuerwehrhaus (18) 208-7d
63456 Am Flachsacker (10) 208-7d
63450 Am Frankfurter Tor (34-A2)
63450 Am Freiheitsplatz 182-10c (34-A2)
63457 Am Graben 208-8a
63454 Am Hagen 181-2c
63456 Am Hainberg 207-9d
63454 Am Haubenflug 181-5a
63450 Am Hauptbahnhof 208-1d
63456 Am Helgenhaus 207-9c
63456 Am Hellenbach 207-9c
63457 Am Herlinsee 208-4b
63456 Am Herrenacker 208-7c
63450 Am Hexenpfad 207-3b (34-A3)
63457 Am Hexentänzchen 166-2c
63454 Am Hochgericht 181-11c
63454 Am Kirchberg 181-2d
63450 Am Kleinen Main 207-3b
63454 Am Köbeler Weg 181-3a
63452 Am Körnermagazin (6) 182-11c
63450 Am Krawallgraben 208-4a
63454 Am Läusegarten 181-5a
63456 Am Laubersberg 207-6c
63456 Am Lerchesberg 207-9a
63454 Am Lützelberg 181-2c
63456 Am Märkerrain 208-10b
63450 Am Mainkanal 207-3b
63456 Am Maintor (35) 208-7a
63450 Am Markt 208-1a (34-A2)
63456 Am Marstall (32) 207-9b
63456 Ammelbachweg (17) 207-9a
63456 Am Möckerrain 207-9d
63456 Am Neuen Weg 207-12b
63457 Am Neuwirtshaus 209-7a
63456 Am Pachtanger 208-7c
63450 Am Pedro-Jung-Park 207-3d
63456 Am Pfingstrain (13) 208-7c
63456 Am Rosengarten (4) 208-7d
63457 Am Schelmesgraben 208-11b
63456 Am Schießhag 207-9b
63454 Am Schwaberg 181-2c
63454 Amselstraße 181-10b
63454 Am Simmichborn (2) 181-2b
63456 Am Sonnenberg 207-6c
63457 Am Sportplatz (1) 208-6a
63454 Am Steinacker 207-2b
63450 Am Steinheimer Tor 207-3b (34-A3)
63454 Am Storchennest 181-5a
63454 Am Tiefen Weg 207-2b
63456 Am Tistra See 207-12b
63452 Am Tümpelgarten 182-10d
63457 Am Waldgraben (19) 208-8b
63454 Am Wasserloch (1) 181-2b
63456 Am Weihergraben 207-2b
63456 Am Wiesengrund 208-10b
63456 Am Wildbiotop 207-9d
63456 An den Günthergärten 207-6a
63456 An den Mainwiesen 208-7b
63452 An der Brückengrube 182-11a
63456 An der Fasanerie 207-12d
63454 An der Friedenskirche (5) 207-2d
63454 An der Goldgrube 181-2d
63454 An der Großen Hufe 181-12c
63454 An der Großen Wiese (6) 181-2d
63452 An der Kleinen Hufe 181-11d
63454 An der Lachebrücke 207-2b
63456 An der Mainbrücke (5) 207-6b
63450 An der Ochsenwiese 207-3d
63457 An der Paulskirche (27) 208-8a
63456 An der Preßmauer (33) 207-9b
63454 An der Pumpstation 207-3a
63450 An der Walkmühle (5) 182-10c
63456 An der Wasserbase 208-7c
63456 An der Wiesenhecke 207-9d
63456 Anemonenweg (16) 208-7c
63454 Ankergasse (7) 207-2d
63450 Annastraße 208-1c
63457 Annette-Kolb-Weg (10) 208-8b
63457 Annette-von-Droste-Hülshoff-Weg (9) 208-8b
63457 Anton-Dunkel-Straße 208-8d
63452 Antoniterstraße 182-10a
63457 Anton-Storch-Straße (2) 208-9d
63457 Argonner-Park-Allee 208-6a
63457 Argonnerweg 208-6a
63457 Aschaffenburger Straße 208-2c
63456 Asternweg 208-7c
63457 Atlas-Ago-Straße 208-6b
63454 Auf dem Emmerich 207-3a
63457 Auf dem Keipersnickel (39) 208-8d
63452 Auf dem Unterfeld 207-2b
63454 Auf den Römerkastellen (3) 181-3a
63454 Auf den Seiläckern 181-2b
63456 Auf den Sickenrain 207-6a
63450 Auf der Aue 207-3a
63452 Auf der Reitbahn (1) 182-11c
63456 Augustastraße (45) 207-6b
63457 August-Bebel-Straße 208-6a
63457 August-Bock-Straße (34) 208-8d
63456 August-Fecher-Straße 207-9a
63457 August-Gaul-Straße 208-9a
63457 August-Peukert-Platz (35) 208-8d
63452 August-Schärttner-Straße 182-10d
63454 August-Seibel-Straße (4) 207-2b
63452 August-Sunkel-Straße 182-11a
– Auheimer Brücke 208-7b
63450 Auheimer Straße 208-4b
63457 Auwanneweg 208-8a

63452 Bachstraße 181-12a
63450 Badergasse (34-B1)
63457 Bärenstraße 208-9a
63457 Bahnhofstraße 208-8a
63457 Bahnstraße 208-3d
63450 Bangertstraße (34-A1)
63450 Barbarossastraße 208-1d
63456 Baron-von-Weitershausen-Weg (44) 207-6b
63456 Basaltweg 207-6c
63454 Baumweg 181-11d
63452 Beethovenplatz 181-11b
63456 Begonienweg (17) 208-7c
63456 Behringsstraße 208-10b
63457 Benzstraße 208-4b
63456 Bergstraße 207-6c
63456 Berliner Straße 207-6a
63457 Bernhardstraße 208-8d
63457 Bertha-von-Suttner-Straße 208-5b
63457 Bertolt-Brecht-Weg 208-8b
63457 Bettina-von-Arnim-Ring 233-10b
63457 Biberweg 208-9a
63456 Bickenstraße (46) 207-9b
63454 Bienenstraße 207-2d
63456 Birken 207-8d
63450 Birkenhainer Straße 208-1d
– Birkenschlagschneise 207-11d + 233-2b
63457 Birkenweg 208-9b
63457 Bischof-Bolte-Straße 208-5c
63457 Blaumeisenweg 208-6c
63450 Bleichstraße (34-A2)
63456 Blücherstraße 208-7d
63454 Böhmerwaldstraße 181-2c
63456 Böse Fohle 208-10b
63457 Bogenstraße 208-3c
63457 Borngasse 208-8a
63456 Bornpfad (2) 208-7c
63456 Borsigstraße 208-7d
63450 Boschstraße 208-4b
63452 Brahmsweg 181-12a
63456 Brandenburgstraße 207-6b
63456 Brauhausstraße (29) 207-9b
63452 Breitscheidstraße 182-10d
63454 Bremer Straße 181-2d
63452 Breslauer Straße 182-10a
63457 Brown-Boveri-Straße 208-11b
63452 Bruchköbeler Landstraße 181-12b
– Bruchschneise 233-3a
63456 Bruchseite 207-12b
63457 Bruchwiesenweg 208-9a
63457 Brucknerstraße 181-11b
63457 Brückenstraße 208-8a
63456 Brüder-Bauer-Straße 208-10b
63450 Brüder-Grimm-Straße 208-1a (34-B3)
63457 Brüder-Kurzschenkel-Straße (36) 208-8d
63457 Brüningstraße 208-2c
63450 Buchbergstraße 208-1d
63452 Buchenweg 182-11c
63456 Buchheckenweg (18) 207-9a
63454 Büchertalstraße 181-2c
63450 Büchnerstraße 208-1c
63452 Büdesheimer Ring 181-9c
63452 Büdinger Straße 181-12b
63457 Bühlweg (18) 208-8b
63450 Bulaustraße 208-1b
– Bulauweg 183-7c
63457 Burgallee 181-11a
63456 Burggartenweg 207-9b
63456 Burggartsweidig 208-7a

63450 Calvinstraße (34-B3)
63450 Canthalstraße 207-3d
63457 Carl-Kronenberger-Straße (31) 208-8d
63452 Carl-Ohl-Straße 182-11a
63456 Carl-Zeiss-Straße 208-8c
63454 Castellstraße 207-2b
63456 Chamissoweg (10) 207-6c
63452 Chemnitzer Straße 182-11c
63457 Clara-Immerwahr-Straße 208-6b
63457 Clara-Schumann-Weg 233-10b
63454 Clausiusstraße (9) 207-2d
63450 Corniceliusstraße 182-10c
63452 Cranachstraße 182-11c
63457 Curt-Möbius-Straße (11) 182-10b
63457 Curt-von-Arnim-Straße 208-8b

– Dachsschneise 207-8c
63457 Dachsweg 208-9a
63456 Dahlienweg 208-7c
63450 Daimlerstraße 208-4b
63456 Dalbergstraße 207-9b
63450 Dammstraße 207-3d
63454 Danziger Straße 207-3a
63456 Darmstädter Straße 207-12a
63452 Dartforder Straße 182-10b
– Dechant-Th.-Weidner-Platz (34-A2)
63457 Depotstraße 208-11b
63450 Dettinger Straße 208-1d
63452 Diebacher Weg 182-10a
63457 Dieselstraße 208-7d
63456 Dietesheimer Straße (7) 207-6b
63456 Dietzenseestraße 207-6c
63452 Dörnigheimer Straße 181-12a
63452 Dr.-Appia-Straße 181-12c
63452 Dr.-Hermann-Krause-Straße 182-11c
63454 Dr.-Schwabe-Straße 181-11b
63457 Donaustraße 182-7d
63456 Doorner Straße 207-6a
63454 Dresdener Straße 207-2a
63454 Drosselstraße 181-7d
63450 Dunlopstraße 208-2c

63450 Eberhardstraße (34-B1)
63456 Ederweg 207-6c
63457 Edgar-Koberstein-Straße 208-6a
63457 Edisonstraße 208-4d
63450 Ehrichstraße 208-4a
63452 Eibenweg 182-10d
63457 Eichenallee 208-6a
63456 Eichendorffstraße 207-6c
63454 Eichhornstraße 181-10b
63456 Eifelweg 207-9a
63454 Einsteinstraße (8) 207-2b
63456 Eisenbahnstraße 208-7d
63452 Elbestraße 182-7d
63456 Elisabethenstraße (37) 207-9b
63456 Elisabeth-Langgässer-Straße 207-9a
63452 Elsa-Brändström-Straße 181-12b
63457 Else-Lasker-Schüler-Weg (7) 208-8b
63454 Emdener Weg 181-2b
63456 Emsweg 207-6c
63450 Engelhardstraße 208-1c
63456 Eppsteinstraße 207-6d
63454 Erbsenstraße 181-2d
63456 Erlenbachstraße (39) 207-9b
63452 Erlenweg 182-10d
63456 Ernst-Barlach-Straße (14) 208-7d
63457 Ernst-Barthel-Straße 208-5d
63457 Ernst-Busemann-Straße 208-6b
63456 Ernst-Leitz-Straße 208-7d
63457 Ernst-Reuter-Straße 208-9d
63456 Ernststraße 207-6d
63457 Ernst-Wagner-Straße 209-4a
63452 Erzbergerstraße 181-12b
63452 Eschenweg 182-11c
63450 Eugen-Kaiser-Straße 181-12d (34-A1)
63457 Ewald-von-Retze-Straße 208-6b

63450 Fahrstraße 208-1a (34-B2)
63454 Falkenring 181-7d
63452 Fallbachstraße 181-12b
63456 Fasaneriestraße 208-7c
63456 Feldbergstraße 207-6a
63456 Feldstraße 208-7c
63452 Feuerbachstraße 182-11a
63454 Fichtelgebirgsstraße 181-2c
63452 Fichtenweg (9) 182-11c
63454 Finkenweg 181-7d
63450 Fischerhüttenweg (34-A1)
63450 Fischerstraße 207-3b (34-A2)
63456 Fliederstraße 208-10a
63457 Fließender Sand 208-5b
63457 Flößerstraße 208-8a
63457 Forellenstraße 182-8c
63457 Forsthausstraße 208-6a
– Forstmeisterschneise 233-3a
– Forstmeisterschneise (Steinheim) 207-8a
63456 Francheviller Platz 207-6b
63452 Francoisallee (4) 182-11c
63454 Frankenwaldstraße 181-2c
63452 Frankenweg (3) 181-12a
63452/63454 Frankfurter Landstraße 181-12c
63457 Franz-Kafka-Weg 208-5d
63454 Franz-Ludwig-von-Cancrin-Weg 181-8d
63457 Französische Allee 208-1a (34-A3)
63454 Fraunhoferstraße 207-2a
63450 Freigerichtstraße 208-1d
63452 Friedberger Straße 182-10a
63454 Friedensstraße 181-11d
63454 Friedhofstraße 207-2b
63450 Friedrich-Ebert-Anlage 208-1c (34-B3)
63452 Friedrich-Engels-Straße 182-10a
63457 Friedrich-Fröbel-Straße 208-3c
63456 Friedrich-Naumann-Straße 207-6b
63452 Friedrich-Schnellbacher-Straße (3) 182-10d
63450 Friedrichstraße 208-1c
63456 Fritz-Erler-Straße 207-6d
63457 Fuchsweg (13) 208-9a
63457 Fürstenbergerstraße 208-9b
63456 Fuldaweg 207-6c

63452 Gabelsbergerstraße 182-10d
63450 Gärtnerstraße 207-3b (34-A3)
– Gailenbergschneise 207-8a
63456 Gailingsweg 207-5d
63457 Gallienstraße 208-1a (34-B3)
63456 Gartenstraße 207-6d
63454 Gaußstraße 207-2a
63450 Geibelstraße 181-12d (34-A1)
63456 Geleitstraße 208-7a
63456 Genossenschaftsstraße 208-10b
63456 Georg-Busch-Straße (38) 207-9b
63454 Georg-Wolff-Straße 207-2b
63454 Gerhart-Hauptmann-Straße 207-2b
63452 Gertrud-Steinhauser-Straße (2) 182-10d
63456 Ginsterweg 208-7c
63450 Glauburgstraße 208-1d
63457 Gleiwitzer Straße 208-9b
63450 Glockenstraße 207-3b (34-A2)
63452 Gluckstraße 181-12c
63457 Goethestraße 208-5d
63450 Goldene Aue 207-3b
63456 Goldfeldweg 207-9a
63452 Gottfried-Keller-Straße 181-12c
63454 Gräbenstraße 181-2d
63450 Graf-Philipp-Ludwig-Straße (3) (34-B1)
63457 Grashüpferweg 208-6a
63457 Greifenhagenstraße 208-9b
63450 Grimmelshausenstraße 208-1c
63452 Gronauer Straße 181-9d
63450 Große Dechaneistraße (34-A1)
63457 Grünaustraße 208-9b
63457 Grüner Weg 208-1a
63452 Grünewaldstraße 182-11c
63457 Grünspechtweg 208-5d
63456 Günderodestraße (9) 207-6c
63450 Güterbahnhofstraße 208-1d
63454 Guldenstraße 181-2d
63452 Gustav-Adolf-Straße 181-12d
63452 Gustav-Hoch-Straße 181-11b
63456 Gutenbergstraße 208-7d
63454 Gutzkowstraße 207-3a

63454 Habichtswaldstraße 181-2c
63456 Hadrianstraße 207-3c
63456 Häfnergasse (28) 207-9b
63452 Händelstraße 181-12c
63456 Häuser Weg 207-11a
63450 Hafenplatz 207-3d
63450 Hafenstraße 208-4a
63457 Hagenhausenweg (41) 208-8d
63457 Haggasse 208-8c
63450 Hahnenkammstraße 208-2c
63450 Hahnenstraße 207-3b (34-A3)
63457 Hainal 208-8c
63457 Hainbachstraße 208-8c
63456 Hainstädter Straße 208-7d
63454 Hamburger Allee 181-3c
63450 Hammerstraße 208-1a (34-A2)
63457 Hanauer Landstraße 208-5c
63450 Hanauer Vorstadt (34-A1)
63457 Hans-Huemer-Straße (9) 208-6b
63456 Hans-Sachs-Straße (30) 208-7a
63457 Hans-Verbeek-Straße (4) 208-6b
63456 Harmoniestraße 207-9b
63457 Harry-Kloepfer-Straße 208-3d
63457 Harzweg 208-8b
63450 Hasenpfad 208-1b
– Hasenschneise 207-5a
– Hauptschneise 233-3a
63457 Hauptstraße 208-8a
63452 Hausmannstraße 181-12c
– Hausschneise 233-3b
63452 Haydnstraße 181-11b
63454 Hebbelweg (2) 207-2b
63457 Heckenweg 208-8b
63457 Hedwig-Kohn-Straße 208-3d
63457 Heideäcker 208-5a
63457 Heidelerchenweg 208-5d
63457 Heidestraße 208-8b
63456 Heilig-Kreuz-Straße (23) 207-6d
63457 Heinrich-Böll-Weg (20) 208-8b
63450 Heinrich-Bott-Straße (34-B1)
63457 Heinrich-Heine-Weg 208-8b
63457 Heinrich-Roessler-Weg 208-3d
63457 Heinrich-Zille-Straße 208-9a
63457 Heldenbergener Straße 181-9d
63456 Hellenbachstraße (3) 208-7c
63456 Hellenfeld 207-8d
63457 Hellengrund 207-12a
– Hellentalbrücke 208-7a
63454 Helmholtzstraße 207-2a
63450 Heraeusstraße 208-1a
63454 Herderweg (11) 207-2a
63457 Hergerswiesenweg 208-8d
63456 Hermann-Ehlers-Straße 207-9a
63456 Hermann-Huffert-Straße (2) 207-6a
63456 Hermann-Löns-Straße 208-7d
63457 Hermann-Schlosser-Straße 208-6b
63457 Hermelinweg 208-9a
63450 Herrnstraße 207-3b (34-A2)
63457 Hertha-Sponer-Straße 208-3d
63454 Hertzstraße (7) 207-2b
63457 Hessen-Homburg-Platz 182-11a
63450 Heumarkt (34-A2)
63452 Hindemithstraße 181-12c
63454 Hinter dem Affenberg 155-11c
63454 Hinter dem Hain 181-2b
63454 Hinter dem Matten See 181-5b
63454 Hinter der Kirche 181-2d
63457 Hintergasse 208-8a
63450 Hirschstraße 208-1a (34-B2)
63456 Hirtengarten 208-7d
63457 Hochstädter Landstraße 181-11a
63450 Höhensonnestraße 208-1b
63454 Höhenstraße 181-2c
63454 Hölderlinweg (12) 207-2a
63454 Hohe-Lohe-Straße 181-2c
63454 Hohe-Meißner-Straße (8) 181-2c
63456 Holunderweg 208-7c
63456 Holzbrücker Weg 208-7c
63457 Hopfengartenstraße 208-8b
63454 Hopfenstraße 207-2b
63450 Hospitalstraße 181-12d (34-A1)
– Hüttersteige 183-11d + 209-2b
63457 Hugo-Weninger-Straße (26) 208-8a
63454 Humboldtweg 207-2a
63452 Humperdinckweg (2) 181-12a
63456 Hunsrückweg 207-9a
63456 Huttenstraße 207-6d

63456 Idastraße 207-6c
63457 Igelweg (12) 208-9a
63452 Ilgweg 181-12b
63456 Illerstraße 208-7a
63456 Illweg 207-9a
63457 Iltisweg (15) 208-9a
63456 Im Backes 208-7d
63450 Im Bangert 181-12d
63456 Im Biengarten 208-7c
63456 Im Grünchen (7) 208-7b
63457 Im Grund 208-7a
63457 Im Kautengewann 208-7b
63450 Im Kinzdorf 207-3d (34-A3)
63456 Im Mittelgewann (6) 208-7a
63456 Im Mühlfeld 208-7b

63454 Im Ranzeneck (5) 181-2d
63457 Im Rausch 208-5d
63456 Im Schäfergarten 208-7c
63450 Im Schloßhof (34-B1)
63450 Im Steinheimer Grund 207-3d
63457 Im Trappgarten 208-8b
63452 Im Venussee 181-12b
63456 Im Wachsgewann (9) 208-7d
63456 Im Zirkelsrad (1) 207-5b
63457 Indaginestraße (27) 207-8d
63457 In den Agonnenwiesen 208-5d
63457 In den Heimerswiesen 208-9c
63456 In den Krautgärten 208-7b
63457 In den Tannen 208-5d
63450 In den Türkischen Gärten 182-10c
63452 In der Fasanerie 181-11b
63457 In der Rahlanne (17) 208-8b
63454 In der Wasserfalle 181-1b
63450 Industrieweg 208-4b
63457 Ingeborg-Bachmann-Weg (2) 208-8b
63456 Ingelheimstraße (36) 207-9b
63456 Innweg 207-6c
63457 Irminratstraße (30) 208-8a
63456 Isarweg 207-6c
63456 Isenburgweg (19) 207-9a
– Itzigschneise 207-12c

63450 Jahnstraße 182-10c
63457 Jakob-Altmaier-Straße 208-9d
63454 Jakob-Rullmann-Straße 207-2b
63457 Jakobusstraße 208-8d
63456 Jasminweg 208-7c
63452 Johann-Carl-Koch-Straße 182-11a
63456 Johannes-Eppert-Weg 207-6a
63450 Johanneskirchgasse (2) (34-B1)
63450 Johanneskirchplatz (34-A1)
63456 Johannes-Machern-Straße 207-6c
63456 Johannes-Neeb-Straße 207-6a
63457 Johannes-Pfleger-Straße (8) 208-6b
63457 Johann-Kaiser-Ring 182-10b
63457 John-F.-Kennedy-Straße 208-9d
63457 Josef-Bautz-Straße 208-4c
63452 Josefstraße 181-12b
– Judenschneise 207-11d
63457 Jürgen-Sticher-Platz (42) 207-6d
63450 Julius-Leber-Straße (12) 208-1a

63457 Kaiserstraße 208-6a
63450 Kanaltorplatz 207-3b (34-A2)
63454 Kantstraße 207-2a
63456 Kapellenweg 207-9a
63456 Kardinal-Volk-Platz (41) 207-9b
63456 Karl-Arnold-Straße 208-10b
63450 Karl-Bierschenk-Straße (2) 208-1d
63456 Karl-Brodrück-Straße (8) 207-6b
63457 Karl-Kihn-Straße 208-11b
63456 Karl-Kirstein-Straße 207-6a
63452 Karl-Marx-Straße 182-10d
63452 Karl-Mattes-Straße (5) 182-11c
63450 Karl-Röttelberg-Straße (34-B3)
63454 Karlsbader Straße 207-2a
– Karlsschneise 207-5a
63456 Karlstraße 207-6c
63452 Karolinenstraße 181-12c
63454/63452 Kastanienallee 207-2b
63450 Katharina-Belgica-Straße 181-12d + 207-3b (34-A2)
63452 Kattenstraße 181-12c
63454 Kehler Straße (5) 207-2b
63456 Keltenweg (3) 207-3d
63457 Kemmerweg 208-8d
63454 Keplerstraße 207-2a
63454 Kesselstädter Leinpfad 207-2d
63454 Kesselstädter Straße (Hohe Tanne) 181-10b
63454 Kesselstädter Straße (Mittelbuchen) 181-2d
63457 Kettelerstraße 208-8b
63452 Kiefernweg 182-11c
63454 Kieler Weg 181-2d
63454 Kilianstädter Straße 181-2a
63457 Kinzigbogen 182-10b
63457 Kinzigheimer Weg 208-1c
63450 Kinzigstraße 182-10c
63454 Kirchhoffstraße 207-2c
63456 Kirchstraße 207-6b
63457 Kirschbaum-Allee 208-6a
63452 Klausenweg 181-12a
63452 Kleibömerstraße 182-10d
63450 Kleine Hainstraße (34-A1)
63454 Kleinfellerstraße 207-2b
63452 Kleiststraße 181-12c
63457 Klosterstraße (2) 208-6a
63456 Kneippweg 207-9d
63456 Knüllweg 207-6c
63450 Kölnische Straße (34-B2)
63454 Königsberger Straße 207-2a
63454 Köppelweg 207-3a
63452 Körnerstraße 181-12b
63457 Kolbershecke 208-8b
63456 Kolpingstraße 208-7b
63450 Konrad-Adenauer-Straße 207-3a
63456 Konrad-von-Daun-Straße 207-9b
63457 Kopernikusstraße 207-2a
63450 Krämerstraße 207-3b (34-A2)
63452 Krebsbachweg 181-12b
– Kreuzschneise 233-3a
63457 Kreuzweg 207-6d
63454 Kronprinzenstraße 207-2b
63457 Krotzenburger Straße 208-8c
63457 Krumme Gewann 208-8d
63452 Kurfürstenstraße 181-12d
63450 Kurt-Blaum-Platz (11) 208-1a
63454 Kurt-Schumacher-Platz 207-2a
63457 Kurt-Tucholsky-Weg (5) 208-8b

63456 Lachenhege 207-5b
63456 Lachenweg 207-6a
63456 Lämmerspieler Weg 207-8b
63452 Lärchenweg 182-11c
63456 Lahnstraße 207-6c
– Lamboy-Stadtteilpark 182-10d
63452 Lamboystraße 182-10b
63452 Landgrafenstraße 181-12c
63454 Landstraße 207-2c
63450 Landwehr 208-1d
63457 Lange Gewann 208-5c
63457 Langen Äcker 208-12a
63452 Langen-Bergheimer-Straße 181-12b
63457 Langstraße 207-3b (34-A2)
63450 Lautenschlägerstraße 208-1a (34-B3)
63452 Lehárstraße 181-12a
63457 Lehrhöfern Heide 208-5d
63457 Lehrhöfer Straße 208-5b
63454 Leibnizstraße 207-2a
63457 Leimenstraße 208-1a (34-B2)
63456 Leineweg (15) 207-6c
63457 Leinpfad 208-8a
– Leinrittschneise 207-11a
63450 Leipziger Straße 208-1a
63452 Lenbachstraße 182-11c
63456 Leopold-Imgram-Straße (25) 207-9b
63456 Lessingstraße (26) 207-9b
63454 Liebigstraße 207-2a
63457 Liesingstraße 208-9b
63456 Lilienstraße 208-10a
63450 Limesstraße 208-2c
63452 Linckestraße 181-12a
63450 Lindenstraße (34-A2)
63457 Lion-Feuchtwanger-Weg (4) 208-5d
63452 Lippestraße 182-7d
63457 Lise-Meitner-Straße 208-4d
63457 Löschgasse (29) 208-8b
63452 Lortzingstraße 181-12a
63450 Lothringer Straße 207-3b (34-A3)
63450 Louise-Schroeder-Straße (34-B1)
63456 Ludwig-Kloos-Straße 207-6d
63457 Luise-Hensel-Weg (11) 233-10b
63454 Lübecker Weg 181-2b
63457 Lülsdorfer Straße 208-6b
63454 Lützelbuchener Straße 181-2d
63457 Luise-Kiesselbach-Straße 182-7d
63457 Luisenstraße 208-8a

63457 Mäusensee (16) 208-8b
63457 Main-Radweg 208-11c
63450 Mainstraße 207-3d
63454 Maintaler Straße 181-11c
63456 Mainzer Straße 208-7c
63457 Marderweg (11) 208-9a
63457 Marie-Luise-Kaschnitz-Weg (1) 208-5d
63457 Marienhüttenstraße 208-8d
63450 Marienkirchgasse (5) (34-B1)
63457 Marienstraße 208-8d
63452 Marköbeler Straße 181-12b
63450 Marktstraße (34-B2)
63457 Marler Straße 208-6b
63457 Martin-Luther-Anlage (8) 207-3b
63452 Martin-Luther-King-Straße 182-7c
63454 Masurenweg 181-11c
63457 Mathilde-Hain-Straße (32) 208-8d
63450 Matthias-Daßbach-Straße 208-1b
63454 Max-Planck-Straße 207-2c
63452 Max-Reger-Straße 181-12c
63456 Maybachstraße 207-5d
63454 Meisenweg 181-10b
63456 Mellenseestraße 207-6c
63454 Memeler Weg 207-2a
63452 Mendelssohnstraße 181-11b
63452 Menzelstraße 182-11c
63450 Metzgerstraße (34-A1)
63456 Meyer-Gerngroß-Straße (47) 208-7a
63452 Milchweg 181-12d
63452 Millöckerweg (1) 181-12a
63450 Milseburgstraße 208-2c
63452 Mittelbuchener Straße 181-12b
63457 Mittelstraße 207-2d
63457 Mittlere Maingasse 208-8a
63452 Möhnestraße 182-11a
63456 Molitorstraße 207-6d
63457 Molkaustraße 208-6b
63457 Moselstraße 182-7c
63452 Mozartstraße 181-11b
63450 Mühlstraße 208-1a (34-B2)
63457 Mühltorweg 208-1a
63456 Mümlingweg (16) 207-9a
63454 Münzenbergstraße 181-2c
63450 Münzgasse (34-B1)

63456 Nähefahrtsweg 207-6d
63452 Nahestraße 182-8c
63454 Nauheimer Straße (12) 181-2c
63456 Neckarweg (20) 207-9a
63456 Nelkenweg (15) 208-7c
63457 Nelly-Sachs-Weg 208-8b
– Neue Schneise 207-11c
63454 Neue Straße 181-2d
63452 Neuhofstraße 208-2a
63454 Neurieder Straße (4) 207-2b
63456 Neutorstraße 207-9b
63457 Neuwirtshäuser Straße 208-9a
63457 Neuwirtshaus 209-4c
63457 Nicolaystraße (3) 208-2c
63452 Niddastraße 182-8c
63457 Norbert-Brock-Straße 208-6b
63457 Nordstraße 182-10c (34-B2)
63456 Novalisweg (11) 207-6c
63450 Nürnberger Straße 208-1a (34-B2)
63450 Nußallee 207-3b (34-A2)

63454 Oberdorfelder Straße 181-2a
63456 Obergasse 208-7d
63454 Obertorstraße 181-2d
63456 Odenwaldstraße 207-9a
63457 Oderstraße 181-9d
63456 Offenbacher Landstraße 207-2c
63456 Okerweg (14) 207-6c
63457 Ollenhauerstraße 208-9b
63454 Orber Straße (13) 181-2c
– Ortstangente 183-11d
63452 Ostheimer Straße 181-9d
63457 Otto-Grün-Straße 208-8d
63456 Otto-Hahn-Straße 207-5d
63457 Otto-Liebknecht-Straße (10) 208-6b
63450 Ottostraße 208-4b
63452 Otto-Wels-Straße 182-10c

63452 Pappelweg (8) 182-11c
63450 Paradiesgasse (34-B2)
– Parkpromenade 181-8c
63457 Parkstraße 208-6a
63457 Patershäuser Straße 208-8a
63452 Paul-Ehrlich-Straße 182-10b
63457 Paul-Gerhard-Straße 208-8a
63457 Paulsgasse 208-8a
63456 Peterstraße (1) 208-7d
63457 Pfaffenbrunnenstraße 207-5b
63454 Pfarrer-Hufnagel-Straße 207-2b
63457 Pfarrer-Sely-Straße 233-10d
63456 Pfarrer-Sturmfels-Weg (43) 207-6d
63457 Pfarrgasse (23) 208-8a
63457 Pfauenaugen weg 208-6a
63454 Pferdslache 181-11d + 207-2b
63457 Pforte (21) 208-8a
63457 Pfortenwingert (28) 208-8b
63456 Pfützenweg 207-9d
63452 Philipp-August-Schleißner-Weg 182-10d
63457 Philipp-Heck-Straße 208-11b
63450/63454 Philippsruher Allee 207-3c
63454 Phillipp-Reis-Straße 207-2a
63457 Pilgerstraße 208-8a
63454 Planstraße 181-2b
63452 Plantagenstraße 182-10d
63456 Platz des Friedens 207-9b
63454 Posener Straße 207-2a
63456 Poststraße 207-6d
63454 Potsdamer Straße 207-2a
63450 Predigergasse (34-B1)

63450 Quarzstraße 208-1d
63456 Quergartenweg 208-7c
63452 Querstraße 182-10c

63454 Raiffeisenstraße (9) 181-2d
63450 Ramsaystraße 181-12d (34-A1)
63450 Rappengasse (34-B2)
63456 Rathausstraße 208-7d
63456 Rathenaustraße 207-6d
63450 Rebengasse (4) (34-A1)
– Rehschneise 207-8c
63452 Reichenberger Straße 181-12b
63454 Reinhardskirchplatz (3) 207-2b
63456 Reitweg 208-7c
63456 Rektor-Gieles-Straße 208-7d
63452 Remdrandtstraße 182-11c
63454 Remisenweg 207-2b
63457 Renthswiese 208-8b
63454 Rheinauer Straße (3) 207-2b
63457 Rheinfeldenstraße 208-6b
63452 Rheinstraße 182-8c
63452 Rhönstraße 208-1a
63457 Ricarda-Huch-Weg 208-8b
63452 Richard-Küch-Straße 182-10b
63452 Richard-Wagner-Straße 181-11b
63454 Riedstraße (10) 181-2d
63454 Rilkeweg 207-2a
63452 Robert-Blum-Straße 182-10b
63457 Rochusplatz 208-8c
63457 Rochusstraße 208-8b
63457 Rodenbacher Chaussee 208-3d
63450 Rodenbacher Weg 208-1b
63457 Rodgaustraße 208-4d
63457 Röderseestraße 208-4b
63450 Röderstraße 208-1a
63450 Römerstraße 207-3b (34-A2)
63457 Röntgenstraße 207-2c
63450 Rohrstraße 208-1d
63450 Ronneburgstraße 208-2c
63450 Rosenstraße (34-B2)
63454 Roßdorfer Straße 181-2b
63457 Rothe Lache 208-5b
63452 Rubensstraße 182-11c
63457 Rudolf-Hagelstange-Weg (3) 208-5d
63457 Rudolf-Weber-Straße (40) 208-8d
63450/63452 Rückertstraße (34-A1)
63457 Rue de Conflans 208-9a
63452 Rüdigheimer Straße 181-12b
63450 Rühlstraße 182-10c
63457 Ruhrstraße 182-8c

63450 Saalburgstraße (1) 208-1d
63450 Saarstraße 208-4a
63457 Sackgasse (22) 208-8c
63454/63452 Salisweg 207-3a
63450 Salzstraße 208-1a (34-B2)
63457 Sandbiennenweg 208-6a
63456 Sanddornweg 208-7c
63450 Sandeldamm (34-B2)
63457 Sandgasse 208-8b
63456 Schachenwaldstraße 207-9a
63457 Schäfergasse (25) 208-8a
63457 Schäferheide 208-5b
63457 Schafbrückenweg 208-5d
63457 Schanzenstraße (3) 208-6a
63454 Schelmsstraße 181-2c
63450 Schilfweg 207-3d
63456 Schillerplatz 208-7d
63456 Schillerstraße 208-7d
63454 Schleiermacherweg (10) 207-2a
63450 Schlendergasse (1) (34-B1)
– Schloßgarten (34-B1)
– Schloss Philippsruhe 207-2d
63450 Schloßplatz (34-B1)
63456 Schloßstraße (34) 207-9b
– Schmale Schneise 207-12c + 233-3b
63457 Schmalwiesenweg 208-11b
63450 Schnurstraße 208-1a (34-B3)
63456 Schönbornstraße 207-9a
63456 Schönfelder Straße 208-7d
63454 Schopenhauerstraße (13) 207-2a
63452 Schubertstraße 181-11b
63450 Schützenstraße (34-B3)
63456 Schulstraße 208-7d
63454 Schwalbenstraße 181-10b
63454 Schwanengasse (6) 207-2d
63452 Schwarzenbergstraße 182-10b
63454 Schwarzwaldstraße 181-2c
63452 Schwedenstraße 181-12b
63454 Schweriner Straße 181-11c
63457 Schwester-Macra-Straße (37) 208-8d
63457 Sedansplatz 183-11d
63456 Seeweg 207-3c
63456 Seidelbastweg 207-9d
63456 Seipelsee 207-8c
63456 Seligenstädter Straße 208-7c
63454 Selma-Lagerlöf-Straße (1) 207-2b
63456 Senefelderstraße 207-5d
63452 Sickingenstraße 181-12c
63454 Siedlungsstraße 181-2c
63456 Siegweg 207-9a
63456 Siemensstraße 208-7d
63457 Simon-Knoch-Straße (38) 208-8d
63454 Sodener Straße 181-2c
63457 Sophie-Scholl-Platz 182-11a
– Spahnschneise 207-5a
63456 Speckweg 208-10a
63457 Speiselseer Schneise 207-11a
63457 Spessartstraße 208-8a
63457 Spitzenweg 208-8b
63457 Stefan-Zweig-Weg (8) 208-8b
63456 Steigerwaldweg (21) 207-9b
– Steinheimer Brücke 207-3d
63450 Steinheimer Straße 207-3b (34-A3)
63456 Steinheimer Vorstadt 207-9b
63450 Steinstraße 182-10c (34-B1)
63457 Steinwingertstraße 208-8c
63456 Sternaustraße (24) 207-6d
63450 Sternstraße (34-A2)
63454 Stettiner Straße 207-2a
63450 Stresemannstraße 208-1a (34-B3)
63456 Sudetendeutsche Straße 208-7c

63457 Talweg 208-10d
63452 Tannenweg (7) 182-11c
63457 Taubengasse (24) 208-8a
63457 Taubenkopf 208-6a
63457 Taunusstraße 208-8a
63452 Teichweg 181-12d
63452 Theodor-Fontane-Straße 181-12c
63457 Theodor-Heuss-Straße 208-9d
63457 Thomas-Dehler-Straße (1) 208-9d
63457 Thomas-Mann-Weg (6) 208-8b
63452 Thomas-Münzer-Straße (6) 182-10c
63456 Thüringer Straße 207-6d
63454 Tilsiter Straße 207-2a
63457 Treuener Straße 208-9b
63457 Treuenstraße 208-6b
63456 Tulpenstraße 208-10a

63456 Uferstraße 207-6b
63457 Uhlandstraße 208-8b
63452 Ulanenplatz 182-10b
63452 Ulmenweg 182-11c
63457 Ulrich-Hoffmann-Straße 208-6b
63450 Unterweg (46) 208-4a

63456 Valentin-Braun-Straße 207-6b
63456 Veilchenweg (12) 208-7c
63456 Viktoriastraße (22) 207-6d
63457 Vogelsangstraße 208-8c
63456 Vogelsbergstraße 207-9a
63456 Vogesenstraße 207-9a
63457 Voltastraße 208-4c
63457 Von-Brentano-Straße 208-9d
– Von-Diemar-Schneise 233-2b
63456 Von-Eiff-Straße 207-9b
63450 Vor dem Kanaltor (34-A2)
63452 Vor der Kinzigbrücke 181-12d
63456 Vor der Lache 208-10a
63457 Vor der Pulvermühle 208-6a
63457 Vosswaldestraße 208-9b

63454 Wachenbuchener Straße 181-4b
63457 Waldfriede 181-5b
63457 Waldstraße 208-8b
63450 Wallweg 208-1c (34-A3)
63457 Walter-Behning-Straße 208-6d
63450 Wartburgstraße 208-1d
63454 Wassergartenstraße 181-2d
63456 Weidengärten 208-7c
63454 Weidenweg (11) 181-2c
63454 Weimarer Straße 181-11c
63456 Weingartenstraße 207-6a
63456 Weiskircher Straße 208-10a
63456 Weißdornweg 208-7c
63454 Weißenburgstraße (1) 207-2b
63456 Weisserde 207-8d
63456 Wenckstraße (31) 207-9b
63450 Werftstraße 207-3a
63457 Werkstraße 208-6a
63457 Werner-Schwarz-Straße (7) 208-6b
63456 Werraweg (13) 207-6c
63452 Weserstraße 182-7d
63457 Wesselingstraße 208-3d
63450 Westbahnhofstraße 207-3b (34-A3)
63450 Westerburgstraße 207-3d
63454 Westerwaldstraße 181-2c
63456 Wetterauweg (6) 207-6a
63452 Wichernstraße 182-11c
63457 Wieselweg (14) 208-9a
63457 Wiesenstraße 208-8b
63457 Wildaustraße 208-9b
63456 Wildparkstraße 208-7c
63456 Wilhelminenstraße 207-6d
63456 Wilhelm-Leuschner-Straße (8) 208-7d
63456 Wilhelm-Paul-Straße 207-5b
63450 Wilhelm-Rohn-Straße 208-1b
63454 Wilhelmsbader Allee 181-8d
63454 Wilhelmsbader Hof 181-10b
63454 Wilhelmsbader Ring 181-7d
63457 Wilhelm-Schuler-Straße (6) 209-4a
63450 Wilhelmstraße 182-10c (34-B1)
63456 Wilhelm-Thoerle-Straße 207-9b
63454 Wilhelm-Ziegler-Straße (2) 207-2b
63454 Willstätter Straße (6) 207-2b
63450 Willy-Brandt-Straße 208-1a
63452 Windecker Straße (4) 181-9d
63456 Winkelweg (11) 208-10b
63454 Wöhlerstraße 207-2a
63456 Wörthstraße 208-7d
63457 Wörthwiese 208-8c
63457 Wolfgang-Kaserne 208-6d
63457 Wolfgangstraße 208-8a
63457 Wolfgang-Weigert-Straße (5) 208-6b
63456 Wolfsacker 208-10c
63457 Wolfstraße 208-9a

63454 Zeisigweg 181-7d
63456 Zeppelinstraße 207-9a
63457 Zitronenfalterweg 208-6c
63456 Zum Flurkreuz 208-7c
– Zum Forstamt 209-2b
63456 Zum Goldacker 208-10b
63456 Zum Maindamm 208-7c
63456 Zum Schöffenstuhl 208-10b
63457 Zum Torfbruch 208-11b
63457 Zum Waldstadion 209-3a
63456 Zum Weiher 207-6a
63456 Zur Bleiche 207-6b
63454 Zur Breulwiese 181-2d
63456 Zur Römerbrücke 207-3c
63454 Zwanzig Morgen 181-3a

Hargesheim

PLZ 55595

Alfred-Delp-Straße 319-2c
Am Bergwald 319-5a
Am Gräfenbach 319-1d
Am Sonnenberg 319-2c
Auf dem Hohberg 319-2c
Auf dem Rullstein 319-4b

Backesgasse (7) 319-2c
Baumdickermühle 319-4b
Beethovenstraße 319-1b
Bergweg 319-5a
Bienenweg 319-1b
Brunnenstraße 319-2c

Eichendorffweg (3) 319-2c

Goethestraße 319-1b
Gräfenbachblick 319-1b

Händelstraße 319-1b
Hermann-Löns-Weg (2) 319-2c
Herrnacker 319-2c
Hinter Fels 319-1b
Hunsrückstraße 319-1b

Im Wiesengrunde 319-2c
Im Winkel 319-2c
In der Oberwiese 319-1d

Kirchstraße 319-2a
Kreuznacher Hohl 319-2c
Kronenbergstraße 319-5a

Lerchenweg 319-2a
Lindenstraße 319-1d

Mozartstraße 319-1b

Niederwiese 319-2c

Oetzer Straße 319-2c
Ostpreußenstraße 319-2c

Petersgasse (4) 319-2c
Pommernstraße (5) 319-2c

Raiffeisenstraße 319-2c
Ringstraße 319-2c

Schillerstraße 319-1b
Schlesienstraße (6) 319-2c
Schöne Aussicht (1) 319-2a
Schubertstraße 319-1b
Schulstraße 319-1b
Schumannstraße 319-1b
Soonwaldblick 319-2c
Sudetenstraße 319-2a

Winzenheimer Straße 319-2a

Zum Hinkelstein 319-2c

Harxheim

PLZ 55296

Alte Mainzer Straße 301-4c
Alte Mommenheimer Straße 301-4c
Am Börnchen 300-6b
Am Rheinhessenblick 300-6d
Am Weinberg 300-6d
Aussiedlerhof 300-6b

Bahnhofstraße 300-6d
Bannweg 300-6c
Birkenstraße (1) 300-6d

Enggasse 300-6c

Friedenstraße 301-4c

Gaustraße 300-6d
Gerbstedter Straße 301-4c
Glockwieserhof 300-9a
Hof zum Rheinblick 300-6b

Im Spielberg 301-4c
Im Wickgarten 300-6d
In den Obenwiesen 301-4c
In den Rohrwiesen 301-4c
In den Zehn Morgen (2) 300-6d
In der Lieth 300-6d

Kegelbahn 300-6c

Lahnstraße 300-6d

Mahlsteig 300-6b
Mainstraße 300-6d
Mainzer Straße 300-6d
Messigny-et-Vantoux-Platz 300-6d
Moselstraße 300-6d

Nahestraße 300-6d
Neckarstraße 300-6d

Obergasse 300-6c
Oderstraße 300-6d

Rheinstraße 300-6d
Rindssteig 300-6d

Über Rück 300-6d
Untergasse 300-6c

Weserstraße 300-6d

Zur Mahlsteig 301-4c

Hasselroth

PLZ 63594

Albert-Einstein-Straße 184-6c
Altenmittlauer Weg 185-5d
Altgasse 185-4c
Am Mühlwald 185-1d
Am Steinacker 185-4c
An der Maishecke 184-6b
Auf dem Meerrain 184-6d
Auf den Schafellern (1) 184-6d
Aussiedlerhof Fischer 185-6a
Aussiedlerhof Spielmann 185-6a

Bahnhofstraße (Neuenhaßlau) 184-6d
Bahnhofstraße (Niedermittlau) 185-1d
Berliner Straße 185-2c
Birkigstraße 185-4c
Bötzweg 185-7d
Bogenstraße 184-6d
Bornwiesenweg 184-6d
Brunnenstraße 185-4c
Buchbergstraße 184-9b

Erlenstraße 184-6d

Feldstraße 185-5b
Feldweg 185-4c
Fichtenstraße 185-1d
Frankfurter Straße 185-7c
Freigerichter Straße 185-7d
Freigerichtstraße 184-6d
Friedhofstraße 185-5b
Friedrichstraße 185-7c

Gondsrother Straße (Neuenhaßlau) 184-9b
Gondsrother Straße (Niedermittlau) 185-5c
Gutenbergstraße 184-6c

Hänfigstraße 184-9b
Hahnenkammstraße 185-7d
Hailerer Straße 185-5b
Hanauer Landstraße 185-4c
Hanauer Weg 185-7c
Hasselbachstraße 184-6d
Hauptstraße (Gondsroth) 185-7a
Hauptstraße (Neuenhaßlau) 184-6d
Hauptstraße (Niedermittlau) 185-5b
Hebbrunnenstraße 185-5b
Heegstraße (Gondsroth) 185-7c
Heegstraße (Neuenhaßlau) 185-4c
Heegstraße (Niedermittlau) 185-5b
Heinrich-Hofmann-Straße 185-2c
Hopfengartenstraße 185-5b

Im Erlich 184-6d
Im Rosengarten 184-9b
Im Schlag 185-7c
In den Stümpfen 184-9b
In der Reußwigsecke 184-9b
Industriestraße 184-6d

Jägerbuschstraße 185-5b
Jahnstraße 184-9b

Karlstraße 184-6d
Keglerweg 184-9b
Kinzigstraße 184-6d
Kirchgasse 185-4c

Kleinbahnweg 184-6d
Kreuzgartenstraße 184-9b

Lahnstraße 184-6d
Lapshof 185-4c
Laubersbachstraße 184-9b
Lindenstraße (Neuenhaßlau) 185-4c
Lindenstraße (Niedermittlau) 185-2c

Mainstraße 184-6d
Marienstraße 184-9b
Max-Planck-Straße 184-6c
Meerholzer Straße 185-5b
Mittelstraße 185-4c
Mühlbachstraße 185-4c
Mühlhof 185-7d

Nebenstraße 185-7d
Neugasse 185-5b
Neumühle 185-4b
Nickelstraße 185-5b

Odenwaldstraße 185-5a
Odenwegstraße 185-5a
Otto-Hahn-Straße 184-6c

Pfeiffersahl 185-7a
Postweg 185-5d

Rheinstraße 184-6d
Rhönweg 185-5d
Richard-J.-Ruff-Straße 185-7c
Ringstraße 184-9b
Rohrstraße 184-6d

Sandstraße 184-9b
Sandweg 185-2c
Schützenweg 185-7c
Schulstraße (Gondsroth) 185-7d
Schulstraße (Neuenhaßlau) 184-6d
Schulstraße (Niedermittlau) 185-5b
Schulweg 185-5a
Senefelderstraße 184-6c
Siedlungsstraße 185-1d
Simmigstraße 184-9b
Somborner Straße (1) 185-7d
Spessartstraße (Gondsroth) 185-7d
Spessartstraße (Neuenhaßlau) 185-4c
Steinweg 185-4c
Stichelstraße 185-5b
Struthweg 185-5b
Sudetenstraße 185-5b

Tannenstraße 185-4c
Taunusstraße (Gondsroth) 185-7d
Taunusstraße (Niedermittlau) 185-5a

Ulmenstraße 184-6d
Unterer Steinbach 185-7d

Viktoriaweg 184-9b
Vogelsbergstraße (Gondsroth) 185-7d
Vogelsbergstraße (Niedermittlau) 185-5a
Vor dem Lerchenberg 184-6b

Waldstraße (Neuenhaßlau) 184-9b
Waldstraße (Niedermittlau) 185-2c
Weiherweg 184-5d
Weißackerstraße 185-4c
Wiesenheegstraße 185-5b
Wiesenstraße 185-4c
Wilhelmstraße 185-4c
Wingertstraße 184-9b

Hattersheim am Main
PLZ 65795

Ahornstraße 226-9a
Akazienstraße 226-9a
Albanstraße 226-5b
Alberichweg 226-10d
Albert-Schweitzer-Straße 226-9a
Alte Mainstraße (6) 226-9b
Altkönigstraße (5) 226-9b
Altmünsterstraße 226-5b
Am Balzerskreuz (9) 226-10b
Am Eisernen Steg 226-3c
Am Goldbach 226-6a
Am Graspfad 226-6a
Am Kirchgarten (8) 226-2d
Am Markt 226-2d
Am Rotenhof 226-3c
Am Schieferstein 226-3c
Am See 226-8d
Amselweg 226-6d
Am Wäldchen 226-9b
Am weißen Stein 226-11a
Am Welschgraben 226-3d
An der Fähre 226-9b
An der Lache (8) 226-10b
An der Taunuseisenbahn 226-6a
An der Urbansmühle 226-6a
An der Zuckerfabrik (21) 226-6a
Anemonenweg (9) 226-6d
Ankerstraße 226-11c
Annabergstraße 226-8c
Annemarie-Jacob-Straße (15) 226-5b
Anton-Flettner-Straße 226-10b
Arndtweg (6) 226-6c
Arnimweg 226-9a
Arnsburgstraße (3) 226-3c
Asternweg 226-6c
Astrid-Lindgren-Straße 226-3a
Auf der Roos 226-3d

Backesstraße 226-11a
Bad Sodener Straße 226-3c
Bahnhofsplatz 226-6a
Bahnhofstraße 226-10b
Baumschulstraße 226-11a
Beethovenstraße 226-6d
Berghof 226-5c
Bergstraße 226-2d
Bertha-von-Suttner-Weg (10) 226-3c
Birkenhof 226-5a
Birkenstraße 226-9a
Birsteinstraße (2) 226-9b
Bleichstraße 226-10b
Bonnemühlenweg 227-7a
Brentanostraße 226-10b
Breslauer Straße 226-6a
Brigitplatz (13) 226-5b
Brückenstraße 226-3c
Brunnenstraße 226-6b
Buchenstraße 226-9a
Burgleweg 227-4c

Claudiusweg 226-5a

Dammweg 226-11c
Danastraße (12) 226-5b
Danziger Straße 226-3d
Diedenbergener Straße 226-9a
Dohlenweg 226-9b
Domherrnstraße 226-9a
Dompfaffweg 226-9b
Dornröschenweg 226-9a
Drosselbartweg 226-9a
Drosselweg 226-9b
Dürerstraße 226-5a

Eddersheimer Straße (1) 226-6a
Egerstraße 226-3c
Eichendorffring 226-5a
Eichenstraße 226-9a
Ellenbogenstraße (15) 226-9b
Elsa-Brändström-Straße 226-3c
Elsternpfad 226-6b
Engelthalstraße 226-3c
Eppsteiner Straße 226-2d
Erbsengasse 226-2d
Erlenstraße 226-9a
Erlesring 226-9a
Eschenbachstraße 226-6a
Eschenstraße 226-6c

Falkensteinstraße 226-3c
Fasanenweg 226-11b
Feldbergstraße 226-6d
Festplatzstraße 226-9b
Finkenweg (11) 226-9b
Fischergasse 226-11a
Fliederweg 226-3c
Flörsheimer Straße 226-10d
Fontaneweg (5) 226-6c
Frankenstraße 226-10b
Frankfurter Straße 226-3c
Freiäckerweg 226-10d
Friedensstraße 226-3c
Friedrich-Ebert-Straße 226-3c
Frisierstraße (2) 226-11a
Fröbelweg 226-9b
Fuchstanzstraße 226-2d

Gabriele-Münter-Straße (17) 226-5a
Gartenstraße 226-9b
Geibelweg 226-6c
Gernotweg 226-10d
Gewerbegebiet Eddersheim 226-10d
Gewerbegebiet Nord 226-2c
Gewerbegebiet Okriftel 226-9c
Gewerbegebiet Ost I 226-3d
Gewerbegebiet Ost II 226-3d
Gewerbegebiet Süd 226-6a
Gewerbegebiet Südwest 226-5b
Giselherstraße 226-10d
Glockwiesenweg 226-6a
Görlitzer Straße (6) 226-3d
Goethestraße 226-5b
Gotenstraße 226-10b
Grabenstraße 226-5b
Grimmweg 226-9a
Grüner Weg 226-3c
Gundhofstraße 226-10d
Gunterring 226-10b

Habichtspfad 226-6b
Händelstraße 226-6d
Hahnenpfad 226-5c
Haidebirnbaumweg 226-6c
Hangeswiesenweg 226-6d
Hans-Riggenbach-Straße 226-3c
Hasenpfad 226-10b
Hauffweg (3) 226-9a
Hauptmannweg (2) 226-6c
Hauptstraße 226-5b
Hebbelweg 226-6c
Heddingheimer Straße 226-2c
Hegelweg (7) 226-9a
Heinestraße 226-10b
Herderstraße 226-5b
Hessendamm 226-3c
Hochheimer Straße 226-10d
Höchster Straße (5) 226-3c
Hölderlinring 226-5a
Hofheimer Straße 226-2d
Hopfengarten 226-11a
Hülshoffweg (4) 226-9a
Hugo-Hoffmann-Ring 226-6a
Hugo-von-Eltz-Straße 226-10b

Ida-Kerkovius-Platz (14) 226-5b
Im Boden 226-5b
Im Gotthelf 226-10d
Im Heideck 226-2d
Im Höhlchen 226-3c
Im Holzkreuz 226-5b
Im Kirchengewann 226-5b
Im Lerchenfeld 226-6a
Im Mühlenviertel 226-6a
Im Nassauer Hof (20) 226-2d
Im Nex 226-3c
Im Wiesfeld 226-6a
In den Wiesen 226-6b
Isenburgstraße (3) 226-9b

Jahnallee 226-9b
Jörgenpfad 226-5c
Johann-Sebastian-Bach-Straße (14) 226-9a

Kantweg 226-9a
Kapellenstraße 226-11a
Karl-Eckel-Weg 226-2d
Karl-Staib-Straße 226-6d
Kastanienstraße 226-6c
Kastengrund 226-4d
Kelsterbacher Straße 226-11a
Keltenstraße 226-10b
Kirchgrabenstraße 226-9b
Kirchplatz 226-9b
Klarabergstraße 226-8d
Kleine Feldstraße 226-9b
Kleine Kreuzstraße (5) 226-11a
Kleine Straße (4) 226-11a
Kleiststraße 226-2d
Königsberger Straße (4) 226-3d
Kornmarkt (1) 226-11a
Kraftwerkstraße 226-11a
Kreuzstraße 226-11a
Kriemhildring 226-10b
Krifteler Straße 226-3a
Kronstraße (6) 226-11a
Kuckuckspfad 226-6b
Kürenbergstraße 226-6a

Lachweg 226-5d
Ladislaus-Winterstein-Ring 226-2d
Landwehrstraße 226-5b
Landwehrweg 226-6c
Langenhainer Weg 226-2d
Langgasse 226-9b
Leonhardstraße 226-5b
Lessingring 226-2d
Liederbacher Straße 226-3c
Lindenhof 226-5c
Lindenstraße 226-5b
Linsenberger Straße 226-6c
Lönsstraße 226-10b
Lorsbacher Straße 226-2b

Maingäßchen (7) 226-11a
Mainstraße 226-6c
Main-Taunus-Ring 226-3c
Mainzer Landstraße 226-5b
Marianne-von-Werefkin-Straße (18) 226-5a
Martin-Luther-Straße 226-9a
Marxheimer Straße 226-9a
Meisenweg (10) 226-9a
Merowingerstraße 226-9b
Mönchhofstraße 226-11a
Mörikestraße 226-10b
Morungenstraße 226-6a
Mosonmagyaróvár Platz (9) 226-3c
Mozartstraße 226-6d
Mühlgrabenweg 226-6d

Nahering 226-9c
Nassauer Straße 226-3c
Neckarstraße 226-11a
Nelkenweg 226-6c
Neue Heimat 226-10b
Neugasse 226-9a
Neustraße 226-11a
Nibelungenstraße 226-10b
Niedeckestraße 226-5a
Nieder Straße 226-3c
Novalisweg 226-9a

Offenheimer Straße (17) 226-9b
Okrifteler Ring 226-8d
Oto-und-Quant-Straße 226-6c
Ottilie-Roederstein-Platz (19) 226-5a

Padewin 227-4c
Parkstraße 226-10b
Paul-Tiede-Straße (22) 226-6a
Pestalozzistraße 226-9b
Pfuhlweg 226-8d
Plattenpfad 227-4c
Platz der Deutschen Einheit 226-6a
Posten-19-Weg 226-8c
Pregelstraße 226-3c
Privalstraße 226-6c
Privatstraße (1) 226-9b
Propsteistraße 226-11a

Rapunzelweg 226-9a
Rathausstraße 226-6a
Raunheimer Straße 226-11c
Reitschulweg 226-8b
Rheinstraße 226-8d
Ritterstraße 226-11a
Römerstraße 226-10b
Ronneburgstraße (4) 226-9b
Roseggerweg 226-2d
Rosengarten 226-3c
Rosenpark 226-3c
Rossertstraße 226-6c
Rossertweg 226-6c
Rotenhofstraße 226-3c
Rotkäppchenweg 226-8b
Rückertweg 226-6c
Rüsselsheimer Straße 226-11c

Saalburgstraße (16) 226-6d
Sackgasse 226-11a
Sandstraße 226-9c
Sandweg 226-8d
Santa-Catarina-Allee (16) 226-5b
Sarceller Straße 226-2d
Sarottistraße (2) 226-3d
Schillerring 226-2d
Schlockerhof 226-2d
Schneewittchenweg 226-9a
Schokoladenring 226-6a
Schützenstraße 226-3d
Schulstraße 226-5b
Schwalbacher Straße 226-3a
Schwarzbachweg 226-3c
Schwarzer Weg 226-6a
Schwimmbadweg 226-2d
Seegrabenweg 226-5d
Siebenmorgenweg 226-10c
Siegfriedring 226-10b
Siemensstraße 226-8d
Sindlinger Straße 226-9b
Sironastraße 226-5b
Sonnenhof 227-4c
Sossenheimer Straße 226-2d
Speierlingallee 226-7b
Spielplatzweg 226-3d
Spindelstraße 226-6b
Starenweg 226-9a
Staufenstraße 226-2d
Stefanstraße 226-5b
Steinweg 226-9a
Sterntalerweg 226-8b
Stettiner Straße 226-9c
Stifterstraße 226-10b
Stormweg 226-6c
Südring 226-6a

Taunusstraße 226-9a
Teplitzer Straße 226-3d
Tierheimweg 226-4b
Tucholskyweg (1) 226-6c
Tulpenweg (8) 226-6c

Uhlandweg 226-5a
Ulmenstraße 226-6c
Untergärtenweg (7) 226-3c
Untertorstraße 226-6a

Vogelweidestraße 226-6a
Volkerstraße 226-10b
Voltastraße 226-6a

Wasserwerkchaussee 226-6c
Wehrstraße 226-9b
Weidenstraße 226-9a
Weidrichstraße 226-11c
Weilbacher Straße 226-10a
Weingartenstraße 226-5b
Weißer Steinweg 226-8c
Wickerer Weg 226-2d
Wiesbadener Straße 226-9a
Wiesenweg 226-11a
Wolfsweg 226-8b

Zanggasse (3) 226-11a
Zaunkönigweg (12) 226-9a
Zeilsheimer Straße 226-3c
Zeisigweg (13) 226-9a
Zum Pumpwerk (23) 226-6a

Hausen
PLZ 63840

Adolf-Mayer-Straße 343-1a
Alte Hauptstraße 343-1c
Am Fuchsloch 342-3d
Am Hofacker 343-1c
Am Hüttenberg 342-3d
Am Knückel 343-1c
Am Wingert 343-1b

Backhaus platz 343-1a
Bergstraße 343-1c
Blumenstraße 343-1c
Brunnengasse (1) 343-1a

Dr.-Josef-Rachor-Straße 343-1c
Dornauer Weg 342-3b

Eichelsbacher Weg 343-1c
Erich-Wolf-Straße 343-1a
Eselspfad 343-1c

Fridolin-Geißler-Straße 343-1c
Frühlingstraße 342-3d

Gartenstraße 342-3d
Gräbchen 342-3b

Harzgraben 343-1a
Hauptstraße 342-6b

Industriestraße 343-1d

Kirchenweg 342-3d

Leidersbacher Weg 343-1a
Lohweg 343-1a

Marienstraße 343-1c

Ostringstraße 343-1a

Quellenstraße 343-1b

Raiffeisenstraße 343-1c

St.-Michael-Straße 343-1a
Schulweg 343-1a
Siemensstraße 343-1b
Sonnenstraße 342-3d
Steinäckerweg 342-3d
Steinhohle 343-1c
Sulzbacher Weg 343-1a

Heidenrod
PLZ 65321

Ackenbacher Weg 140-5c
Äppelallee 165-3b
Algenrother Straße 164-6b
Alte Ecke 166-10a
Alte Eichenstraße (1) 164-5b
Am Atzmann 191-2c
Am Backhaus (5) 166-6a
Am Brandweiher (1) 166-5b
Am Dietrichstein 165-1c
Am Dorfgemeinschaftshaus (3) 191-2c
Am Fußpfad 191-2b
Am Gemeindezentrum (3) 166-6a
Am Grauen Kopf 165-4b
Am Grubenweg 165-8a
Am Haidekopf 166-5b
Am Hang 191-4d
Am Hirtenhaus 166-5b
Am Kirchberg 140-11b
Am Kohlgarten 166-1d
Am Markt 166-5b
Am Meilinger Weg 164-2d
Am Mühlweg 140-11b
Am Pfarrgarten 165-4c
Amselweg 191-2c
Am Sonnenberg 166-11b
Am Sonnenhang 140-5a
Am Sportplatz 164-3a
Am Staudig 164-3a
Am Tripp 166-2c
Am Wäldchen 164-3a
An dem Hof 191-2b
An der Bäderstraße 166-9b
An der Ganswiese 165-4a
An der Kirche (2) 166-6a
An der Steige (1) 140-11b
An der Wispertalstraße 192-2b
Angschieder Weg 165-11a
Asternweg 140-5a
Auf dem Damm 140-5c
Auf dem Flürchen (2) 165-4c
Auf der Schanz 164-6d

Backhausstraße 164-2d
Bäderstraße 140-10c + 166-1a
Bäderstraße (Kemel) 166-5b
Beethovenstraße 140-11b
Bergstraße 166-11b
Berndrother Straße 140-4b
Bierweg 166-5b
Birkenhof 166-6d
Birkenweg 166-11c
Borngasse 164-3a
Brehmenstraße 164-2b
Breslauer Straße 140-4b
Brühlstraße 164-3a
Brunnenplatz 165-4c
Brunnenweg 166-5b
Buchenweg 166-11b
Burgring 191-5c
Burgweg 164-3b

Cäcilienweg 166-10b

Dahlienweg 140-5a
Daimlerstraße (1) 166-10a
Dammstraße 140-4d
Dickschieder Weg 191-4d
Die Haide 166-5b
Diethardter Weg (2) 164-5b
Dr.-Karl-Hermann-May-Straße 166-5b
Domäne 166-6a
Drosselweg 191-2c
Dudenstraße (2) 166-10a

Egenrother Weg 165-3a
Eisighofer Weg 140-5a
Ellenbogengasse (8) 164-3b
Erich-Weiß-Straße 165-8c
Erlenhof 166-2a
Espenschieder Weg 191-2c

Falkenhof 191-5b
Falkenweg 166-10a
Fasanenweg 166-10a
Feldbergstraße (6) 166-6c
Feldstraße 140-11a
Fichtenstraße 165-3b
Finkenweg 166-10b
Fliederweg 140-5a
Forststraße 166-5b
Franz-Liszt-Straße (2) 140-11b
Freiherr-vom-Stein-Straße 140-5a
Friedhofsweg 140-5a
Friedrichstraße (1) 164-3a
Friedrichsweg 164-3a

Gartenstraße 140-11b
Gewerbegebiet „Die Heide" 166-5b
Goldgasse 166-6a
Grabenstraße 140-4d
Greulingsmühle 191-5b
Gronauer Weg 140-4d
Grubacker Weg 164-3a
Gutenbergstraße 166-10a

Hahnweg 166-10a
Haidering 166-2d
Hainstraße 166-11b
Heideweg 164-3b
Herzbachstraße 165-11a
Hinter den Schäfersgärten 166-2c
Hintergasse (5) 164-3a
Hochstraße 164-3a
Hof Neumühle 141-4c
Hof Schönberg 165-6d
Hohlweg 164-3a
Holzhäuser Weg 140-4d
Hüttenbachstraße 140-4d
Hundsgasse 140-4d
Hunsrückstraße 165-3c

Im Aspen 140-4b
Im Bangert 140-4d
Im Brühl 140-5c
Im Gartenfeld 166-6a
Im Grund 164-6d
Im Hopfengarten 166-5b
Im Kirschgarten 165-11a
Im Morsbachtal 164-5b
Im Pflanzengarten (1) 140-5c
In den Krautäckern 165-8d
In den Springer Gärten 166-7a
In der Hohl 164-5b

Jacob-Jacobi-Straße 165-8b
Jakob-Friedrich-Weg (1) 165-8d

Kapellenstraße 191-5c
Karlsbader-Straße 165-8c
Karlstraße (2) 140-5c
Kastanienweg 140-5c
Kastellstraße 140-5c
Kemeler Weg 166-7a
Kirchlai 164-3a
Kirchstraße 165-8c
Krailing 140-4d

Lärchenweg 165-3b
Landhaus am Dornbach 192-1b
Langschieder Weg 166-1d
Laufenstraße (3) 140-5c
Lilienweg 140-5a
Limesstraße 140-11b
Lindenallee 191-2b
Lindenstraße (5) 140-5c
Lückstraße 164-3b

Mainstraße 168-5c
Mehrbachstraße 165-11a
Mettseiferweg 166-10a
Mittelstraße (4) 164-3a
Mozartstraße 140-11b
Mühlhecke 140-5c
Mühlstraße 165-8a

Napoleonstraße 140-11c
Nassauer Straße 164-6d
Naurother Weg 165-9b
Neustraße 166-6a
Nikolaus-August-Otto-Straße (3) 165-8d

Odilienstraße 166-10a

Parkstraße 165-8c
Pfarrgasse (6) 164-3a
Postgasse (2) 165-8d

Quellenstraße 166-4b

Raiffeisenstraße 140-5c
Rathausstraße 140-5c
Reckenrother Weg 140-5a
Reitallee 140-4d
Remmbachstraße 140-4d
Rheingauer Weg 166-6a
Rheinstraße 164-2b
Richard-Wagner-Straße (3) 140-11b
Riesenmühle 191-3d
Ritterstraße 164-3b
Römerberg 140-11a
Rosenstraße 165-11a
Rudolf-Dietz-Straße 140-4d

Schäfers Resch 166-6a
Schellhornsmühle 140-5b
Schlehenweg 166-11c
Schloßgasse 166-11a
Schloßplatz (1) 191-5c
Schloßweg (9) 164-3b
Schmiedeberg 165-4c
Schmiedweg 140-5c
Schönauer Straße 165-8a
Schönberger Weg 165-3d
Schöne Aussicht 140-4d
Schubertstraße (5) 140-11b
Schulstraße 140-11b
Schwalbacher Straße 166-6a
Schwalbenweg (1) 191-2a
Schwaller Straße (2) 164-3a
Siedlungsstraße 165-4c
Siegerhof 140-10b
Sperlingsweg (2) 191-2c
Springener Straße 166-5d
Stegerweg 140-11a
Stiftstraße (7) 164-3a
Strüthbachweg 166-7a
Strupselweg 166-4c
Sudetenstraße 165-8b

Talblick 191-2a
Talstraße 140-11a
Tannenhof 166-11b
Tannenweg 165-3b
Taunuskaserne 166-6c
Taunusstraße 166-6a
Teichweg 140-8a
Tulpenweg 140-5a
Turmstraße (1) 165-11a

Veilchenweg 140-5a
Vor den Erlen 165-4c

Waldhof 165-11a
Waldstraße 140-11b
Weiherstraße (4) 140-5c
Wendelborggasse 164-3d
Wiesbadener Straße 140-5c
Wiesenstraße 165-3b
Wilhelmstraße (3) 164-3a
Wispertalstraße 191-4d
Wöllbachweg 140-5a

Zu den Bergwiesen (8) 166-6c
Zum Damm (6) 140-5c
Zum Dornbachtal 166-10a
Zum Hohen Rain (4) 140-11b
Zum kleinen Atzmann 191-2c
Zum langen Garten (1) 165-4c
Zum Wiesental 166-7a
Zum Wispertal 191-2a
Zur Bergwiese (7) 166-6c

Zur Bleiche (4) 166-6a
Zur Höhe 165-8c
Zur Hohen Heck (9) 166-6c
Zur Lehmkraut (10) 166-6c

Heidesheim am Rhein
PLZ 55262

Am Bachacker 246-7b
Am Blauen See 246-6a
Am Damm 246-4c
Am Finther Weg 246-12a
Am Goldenen Lamm (12) 246-7d
Am Judenfriedhof 246-8a
Am Kapellchen 246-7c
Am Lerchensand 246-7c
Am Pfingstborn 246-10b
Am Rehkampf 246-8c
Am Sandhof 246-8a
An der alten Gärtnerei (15) 246-7b
An der Sandbach 246-8a
Aussiedlerhof 246-5c
Auxonner Straße 245-6b + 246-4a

Bahnhofstraße 246-7d
Bergstraße 246-7d
Berndesallee 246-7c
Binger Straße 246-7c
Birkenweg 246-8a
Bleichstraße 246-8a
Bruderweg 246-8c
Buchenweg (6) 246-8a
Budenheimer Weg 246-8b
Burgstraße 246-7d
Burg Windeck 246-7b

Claushof 246-8d
Clemensstraße 246-8c

Dimbergstraße 246-7d

Egstedter Straße 246-8b
Eichendorffstraße 246-8a
Eichenweg 246-8a
Eleonorenstraße (11) 246-7d
Eltviller Aue 246-2d
Eltviller Straße 246-4c
Erbacher Straße 246-4c
Erlenweg 246-8a
Ernst-Krebs-Straße 246-8a
Ernst-Ludwig-Straße 246-7d
Eulenmühle 246-8d

Fabrikstraße 246-8a
Fingerkrautweg 246-6c
Frauenlobstraße (5) 246-7d
Friedensstraße 246-7d

Gärtnerstraße 246-8c
Gartenstraße 246-8a
General-Clay-Straße 246-9a
Goethestraße 246-7d
Grabenstraße 246-7d

Hammelstraße (4) 246-7b
Heidenfahrt 245-6d
Heidenfahrtstraße 246-7b
Heiligenweg 246-6d
Herbachstraße 246-8c
Honigstraße 246-7d

Im Dechand 246-7c
Im Georgenflur 246-8a
Im Kleinen Mittelfeld 246-7a
Im mittleren Heuweg 246-9c
Im Reil 246-4c
Im Schäfersborn (4) 246-8b
Im Suder (1) 246-7c
Im Winkel 246-7d
In der Bitz 246-8c

Josef-Kehrein-Straße (10) 246-7d

Kirchenweg 246-4c
Klausmühle 246-8b
Kleine Taunusstraße (7) 246-8a
Kohlenschneise 246-6d
Kreuzstraße 246-8c

Ladestraße 246-7b
Lahnstraße 246-8a
Lennebergstraße (2) 246-6c

Mainzer Landstraße 246-8b
Mainzer Straße 246-8a
Max-Holländer-Platz (14) 246-7d
Moselstraße 246-7b
Mühlstraße 246-7b

Nahestraße 246-7c
Neue Dimbergstraße (9) 246-7d
Neue Kirchstraße 246-8a
Neue Straße 246-8a
Neumühle 246-8d
Nonnenaue 246-5a
Nonnenauweg 246-8a

Oberdorfstraße 246-7d
Obere Kreuzstraße 246-8c

Pfarrstraße (8) 246-7d
Prof.-Karl-Bohland-Straße (5) 246-8b

Rektor-Sturm-Straße 246-7d
Rheinbein 246-4c
Rheinstraße 246-7d
Römerstraße 246-7d

Saifer Straße 246-7c
Sandhof 246-8a
Sandkiefernweg 246-6c
Sandmühle 246-8b
Sandmühlenweg 246-8c
Schäferstraße 246-7d
Schießstraße 246-7d
Schillerstraße 246-8c
Schloßmühle 246-7d
Schönborner Hof (16) 246-8c
Schulstraße (3) 246-7d
Sierstorpffstraße 246-8a
Silbergrasweg (2) 246-6c
Steinfelsweg 246-7d

Taunusstraße 246-8a
Turnerstraße 246-7d

Uferstraße 246-7d
Uhlerborn 246-6c
Unteraue 246-4a

Wackernheimer Straße 246-10b
Wackernheimer Weg (13) 246-7d
Waldsheimer Straße 246-4c
Waldstraße 246-8a
Walterslebener Straße 246-6c
Weihersmühle 246-10b
Wendelin-Burkhard-Straße (1) 246-6c
Westendstraße (2) 246-7d
Wolfsmilchweg (3) 246-6c

Zweigstraße 246-7d

Heistenbach
PLZ 65558

Altendiezer Straße 74-4b
Alte Poststraße 74-1b
An der Ley 74-1c
An der Poststraße (2) 74-1d
Angelstraße 74-1d
Auf der Steinkaut 74-1d

Berghof 74-1d
Bergstraße 74-1d

Eppenröder Straße 74-1d

Heistenbacher Weg 74-2c

Im Entenpfuhl 74-1b
Im Hofgraben (1) 74-1b

Jahnstraße 74-1d

Karlstraße 74-1d

Luisenstraße 74-1d

Rosenstraße 74-1d

St.-Peter-Straße 74-1d
Schönblick 74-1c
Schöne Aussicht 74-1d
Schulstraße 74-1d

Unterdorfstraße 74-1d

Waldeck 74-1c
Waldstraße 74-1d
Weinbergstraße 74-1d
Wiesenstraße 74-1d

Zur Erlenwies 74-1d

Hergenfeld
PLZ 55452

Ahornweg 292-4b
Am Eichenweg 292-4b

Buchenweg 292-4b

Hinter Zeinen (1) 292-4b

Kirchstraße 292-4d

Raiffeisenstraße 292-4b

Schönblick 292-4d
Schulstraße 292-4b
Sohlwieserhof 292-4b
Soonwaldstraße 292-4b

Wallhäuser Weg 292-4b
Weinbergstraße (2) 292-4d

Zum Sportfeld 292-4b

Heusenstamm
PLZ 63150

Ahornweg 231-9c
Albert-Einstein-Straße (15) 231-9b
Alfred-Delp-Straße 231-9a
Alter Gravenbrucher Weg 231-9a
Am Apfelbaum 231-9b
Am Dreieck (1) 232-9d
Am Eichwald 232-9a
Am Frankfurter Weg 231-6d
Am Goldberg 232-4d
Am Hirschgraben 232-9d
Am Kreuzacker 232-9d
Am Krummen Graben 232-7a
Am Lindenbaum 231-6d
Am Pfarrgärtchen 232-7a
Am Sandhugel 231-9d
Am Zwerggewann 232-8a
An den Fuchslöchern 231-9b
An den Herrnäckern 232-7b
An der Düne 231-9c
Anton-Hermann-Straße 232-4d
Auweraestraße (6) 232-4d

Bahnhofplatz (1) 232-4c
Bahnhofstraße (23) 232-4c
Balthasar-Neumann-Straße 232-4d
Beethovenstraße 231-9b
Berliner Straße 231-9a
Bindingweg 232-9d
Birkenhof 232-12a
Birkenweg 232-9a
Bleichstraße 232-4c
Borngasse (2) 232-4c
Borsigstraße 231-9b
Breslauer Straße 231-9a
Buchrainschneise 232-11a
Bürgermeister-Kämmerer-Straße 232-4c

Carl-Friedrich-Goerdeler-Straße (17) 231-9b

Dieselstraße 232-7c
Dietrich-Bonhoeffer-Straße 231-9c
Dietzenbacher Straße 231-8b

Eckgasse (3) 232-4c
Edith-Stein-Straße (20) 231-9a
Eibenweg 231-9d
Eisenbahnstraße 232-4c
Ernst-Leitz-Straße 231-9d
Eschenweg 231-9c

Feldbergstraße 231-9c
Feldschneise 232-8c
Feldstraße 232-7a
Fichtestraße 231-9b
Finkenstraße 231-6c
Forstallee 231-6d
Forststraße 232-4c
Frankfurter Straße 231-6d
Franz-Rau-Straße 232-7a
Friedenstraße 231-9b
Friedhofstraße 232-9d
Friedhofsweg 232-4d
Friedrich-Baur-Straße 231-6d
Friedrich-Ebert-Straße 232-7a
Fuchsschneise 232-4b

Gartenstraße 232-9d
Gartenweg 231-6c
Geschwister-Scholl-Straße (16) 231-9a
Ginsterweg 232-5c
Goethestraße 231-9b
Graf-von-Stauffenberg-Straße (21) 231-9c
Gravenbrucher Weg 231-9a
Gregor-Mendel-Straße 231-9b
Grenzschneise 231-9d
Grenzschneise (Rembrücken) 232-11b
Gustav-Adolf-Straße 231-9a

Hainerweg 231-9c
Hainhäuser Straße 232-9d
Hans-Hemberger-Straße 232-7a
Hasenpfad 232-9b
Hauptstraße 232-12b
Hegelstraße 231-6d
Heinrich-Schneider-Straße (10) 231-9b
Heinrich-von-Stephan-Straße 231-9d
Herderstraße 231-9b
Herrnstraße (4) 232-4c
Heusenstammer Schneise 232-11d
Heusenstammer Straße 232-9c
Heusenstammer Weg 231-8d
Hohebergstraße 231-9c
Hubertusanlage 232-9c
Humboldtstraße 231-9b

Im Biebergrund 232-4c
Im Birkeneck 231-9d
Im Buchwald 231-9c
Im Herrngarten 232-4c
Im hohen Gewann (19) 232-7a
Im Hohlen Baum 232-9d
Im Rehwinkel 232-9d
Im Sommerfeld 232-7a
Im Sporken (18) 232-7a
Im Vogelseen 232-9d
Im Wiesenring 232-7a
Industriestraße 231-9d
Isenburger Straße 231-6c

Jahnstraße 232-4c

Kantstraße 231-9b
Karlsbader Straße 231-6c
Kettelerstraße 231-9b
Kirchstraße 232-4c
Klosterwaldschneise 231-12b
Königsberger Straße 231-9a
Kolpingstraße 231-9b
Konrad-Adenauer-Straße 231-9a
Kurt-Schumacher-Straße (11) 231-9a

Lärchenweg 232-9c
Landgrebeweg (8) 232-5c
Langeschneise 231-12a
Leibnizstraße 231-9a
Leimkautschneise 232-11a
Leipziger Ring 231-9a
Lerchenstraße 231-6c
Lessingstraße 232-7a
Levi-Strauss-Allee 232-8a
Lochwiesenstraße (9) 232-7a
Ludwig-Erhard-Straße (13) 231-9a
Ludwigstraße 232-4c

Marienstraße 231-9b
Marienweg 232-9d
Martin-Luther-Straße 231-9a
Martinseeschneise 232-11d
Martinsee-Straße 232-8a
Max-Planck-Straße 231-9b
Mittelschneise 258-1b
Mittelweg 232-7a
Mozartstraße 232-7a

Neuer Weg 232-4c
Nieder-Röder-Weg 232-4d

Obertshäuser Straße 232-9a
Odenwaldstraße 231-9c
Offenbacher Straße 231-6d
Ostendstraße 232-4d
Ostpreußenstraße 231-6c
Otto-Hahn-Straße 231-9d
Ottostraße 232-7c

Patershäuser Hof 232-10c
Patershäuser Straße 232-4c
Patershäuser Weg 232-10c
Paulstraße 232-7a
Pfortenstraße 232-4c
Philipp-Reis-Straße 231-9b

Rathenaustraße 232-7a
Rembrücker Straße 232-4d
Richard-Wimmer-Straße 232-7a
Ringstraße 231-6d
Rodfeldschneise 232-12c
Rudolf-Braas-Straße 232-7b

Schefflerstraße 232-4d
Schillerstraße 232-7a
Schlesierweg 231-6c
Schlossgrabenstraße 232-4c
Schlossstraße 232-4a
Schönbornstraße 232-7a
Schopenhauerstraße 231-9b
Schubertstraße 231-9b
Schulstraße 232-4c
Schweitzerstraße 231-9b
Sebastian-von-Heusenstamm-Straße 231-9a
Seligenstädter Grund 232-7b
Siedlungsstraße 232-4c
Sporkenschneise 231-12b
Sprendlinger Weg 231-11b
Stegwiese 232-9d
Stettiner Straße 231-9a
Sudetenstraße 231-6c

Tannenweg 232-9a
Taunusring 231-9c
Theodor-Heuss-Straße 231-9a
Thurn-und-Taxis-Straße 231-9d
Torfbruchschneise 232-4b

Viehtrieb 232-12a

Waldstraße 232-9d
Weiskircher Weg 232-4d
Werner-von-Siemens-Straße 232-7c
Wernher-von-Braun-Straße 231-9b
Wiesenbornweg 232-4c
Wiesenweg 232-9a
Wildhoferstraße 231-6c
Wilhelm-Röntgen-Straße (14) 231-9b

Zeisigweg 231-6c

Hillesheim
PLZ 67586

Am Röhrenbrunnen (6) 352-12c
An der Jungwiese 352-11d

Bahnhofstraße 352-12c
Brühlstraße 352-11d
Brunnengasse 352-11d

Dolgesheimer Straße 352-12a
Dorn-Dürkheimer-Straße 352-12c

Eimsheimer Weg 352-12a

Gau-Odernheimer Weg 352-11b
Gaustraße 352-9c

Im Edelhof (2) 352-12c
In den Burggärten 352-11d

Kellerweg 352-12a
Kirchstraße (4) 352-12c
Kleine Untergasse (5) 352-12c

Obergasse (1) 352-12c

Plattstraße 352-12c

Schulgasse (3) 352-12c
Sonnheiler Weg 352-8c

Untergasse 352-12c

Wintersheimer Straße 352-12c

Hochheim am Main
PLZ 65239

Adolfstraße 250-5a
Aichgasse (5) 250-4d
Akazienring 224-12c
Albert-Schweitzer Straße 250-1d
Alfred-Delp-Straße 250-2c
Alleestraße 250-4b
Alte Dorfgasse 224-12b
Alte Malzfabrik 250-5c
Altenauerstraße 250-5a
Altkönigstraße 250-5b
Am Alten Hof 224-12b
Am Bittelborn 250-1d
Am Daubhaus 250-4d
Am Dornburg 224-12c
Am Gänsborn 250-1d
Am Helgenhaus 224-9d
Amselweg 225-10a
Am Silbersee 224-11c
Am Steeg 250-4b
Am Weiher 250-1d
Am Weinberg 224-12b
An der alten Dreispitz 225-10a
An der Kirche 224-12b
Anton-Günter-Straße 250-5c
Auf der Schanze 250-1d
Auf der Schlicht 250-5c

Bahnhofstraße 250-5c
Bauerngasse (6) 250-5c
Beinweg 250-4d
Berliner Platz 250-5c
Bilhildisstraße 250-5a
Birkenhof 250-2b
Bischof-Ketteler-Straße 250-5c
Blumengasse (1) 250-4b
Böhmerwaldstraße 250-5a
Bonifatiusstraße 250-4b
Breslauer Ring 250-2c
Burgeffstraße 250-4d

Claßmannstraße 250-4b

Danziger Allee 250-1d
Delkenheimer Straße 250-5a
Diedenberger Weg 224-12b
Dietrich-Hummel-Park 250-4b
Dr.-Ruben-Rausing-Straße 250-5b
Donauschwabenstraße 250-5a
Dorotheenhof 250-1d
Dresdner Ring 250-1d

Edelstraße 250-5a
Eichendorffstraße 250-5d
Elisabethenstraße 250-5a
Elisabethenstraße (Massenheim) 224-9d
Eltviller Straße 250-5b
Eppsteinstraße 250-5a

Falkenberg 250-6d
Fasanenweg 225-10a
Feldbergstraße 250-5b
Finkenstraße 224-12b
Flörsheimer Straße 250-5d
Frankfurter Straße 250-5c
Freiherr-vom-Stein-Ring 250-5b
Friedensstraße 224-12b
Friedrich-Ebert-Straße 250-5a
Fuldaweg 250-8a

Gansweg 250-5d
Gartenstraße 224-12b
Geheimrat-Hummel-Platz (7) 250-4d
Geisenheimer Straße 250-5b
Georg-Elser-Straße (1) 250-2c
Geschwister-Scholl-Straße 250-2c
Görlitzer Straße 250-4a
Goethestraße 250-5d

Hainweg 250-7b
Hajo-Rüter-Straße 250-3c
Hans-Böckler-Straße 250-5a
Hauptstraße 224-12b
Herderstraße 250-5d
Herrenbachpfad 250-4d
Hinter der Hochstätte 250-4b
Hintergasse 250-5c
Hof Weißenstein 250-2c
Holger-Crafoord-Straße 250-5b

Im Eigen 250-2c
Im Stein 225-10a
In der Bein 250-5c
In der Weid 250-1d

Jahnstraße 250-5a
J.-B.-Siegfried-Straße 250-5a
Johanna-Kirchner-Straße 250-2c
Johanneshof 250-2b

Kauthstraße 250-4b
Kehlweg 250-1d
Kirchstraße 250-5c
Kleiststraße 250-5d
Königsberger Ring 250-4b
Kolbenpfad (8) 250-4d
Kolpingstraße 250-4b

Lahnstraße 250-8a
Langenhainer Weg (1) 224-9d
Langgewanner Weg 250-4a
Laternengasse (3) 250-4d
Le Pontet-Platz (9) 250-5a
Lerchenweg 225-10a
Lessingstraße 250-5b
Lindenhof 250-2b
Liselotte-Hermann-Weg 250-2c
Ludwig-Beck-Ring 250-1d

Maindamm 250-7b
Mainweg 250-8a
Mainzer Straße 250-4d
Margarethenstraße 250-5a
Marzelstraße 250-4b
Massenheimer Landstraße 250-2c
Massenheimer Straße 250-5a
Möhlerstraße 250-5a
Moselstraße 250-8a

Naheweg 250-8a
Neckarstraße 250-7b
Neubergweg 250-5c
Neudorfgasse 250-4d
Neugasse 224-12b
Niddastraße (2) 250-8a
Nordenstädter Straße 250-2c

Oberfeldhof 224-9b
Ostpreußenstraße 250-1c
Oststadt 250-5b
Otto-Schwabe-Straße 250-2c

Pfarrgasse 224-12b
Plan 250-5a
Pommernweg 250-4b

Rathausstraße 250-4d
Rauenthaler Straße 250-5a
Rheingaubogen 250-2d
Rheinstraße 250-8a
Rosengasse (2) 250-5a
Rüdesheimer Straße 250-5b

Saarstraße 250-8a
Sandstraße 250-4d
Sandweg 250-8a
Schillerstraße 250-5d
Schlesierweg 250-4b
Schloßgasse 224-12b
Schwedenstraße 250-5d
Segerstraße 251-7a
Sponheimstraße 250-5a
Steingasse 250-5c
Steingrabenstraße 224-12b
Steinweg 250-5c
Sterngasse (4) 250-4d
Stettiner Straße 250-4b
Sudetenstraße 250-1c
Südanbindung 250-4d

Taunusstraße 250-5a
Tiefer Weg 250-4d

Uhlandstraße 250-5d
Ulmenstraße 250-5a
Untergasse 224-12b

Wallauer Straße 224-9d
Warteweg 250-1d
Weiherstraße 250-5a
Weilbacher Weg (2) 224-12b
Weilerweg 250-5d
Weinbergstraße 250-5c
Werlesstraße 250-4b
Werrastraße (1) 250-8a
Weserstraße 250-8a
Weststadt 250-4b
Wickerbachmühle 224-12a
Wickerer Straße 224-12b
Wiesbadener Straße 250-4b
Wiesenweg 250-6c
Wieserruh 250-6c
Wilhelmstraße 250-5a
Windthorststraße 250-5b
Wintergasse 250-4d
Wisperweg (3) 250-8a
Wörthstraße 250-5a

Zipserstraße 250-5a
Zum Weidbachtal 250-1d

Hochstätten
PLZ 55585

Auhof 345-11c

Höchst i. Odw.
PLZ 64739

Albert-Einstein-Straße 365-5c
Allmenweg 364-11a
Am Besenberg 364-9c
Am Blitzberg 364-7d
Am Borberg 365-5d
Am Dachsrain 364-10b
Am Damm 365-4d
Am Galgenberg 365-7b
Am Hain 364-9c
Am Hang 365-8a
Am Kirchpfad 364-11c
Am Koppelwald 364-7d
Am Linsengraben 364-12a
Am Neuen Berg 365-7c
Am Roten Rain 365-4a
Am Runden Stein 364-11a
Am Sandberg 364-9c
Am Schorschberg 365-4d
Am See 365-5c
Amselweg 364-7d
Am Steinberg 364-7d
Am Südhang 365-4b
Am Taubenbrunnen 365-4d
Am Teich 364-7d
Am Wäldchesberg 364-7d
Am Wald 364-7b
Am Wasserfall (1) 365-4b
Am Weinberg 365-4d
Am Wingertsrain 364-7d
Am Zentwald 365-8a
An der Hasselbach 364-7d
An der Kleinen Weide (6) 365-8a
An der Lauerwiese (3) 364-8c
An der Strieth 364-7d
An der Ziegelhütte 364-10b
Annelsbacher Tal 364-11d
Apotheker-Haas-Weg (5) 365-8a
Aschaffenburger Straße 365-5c

Bachgasse 365-4d
Bahnhofstraße 365-7b
Beethovenstraße 365-8c
Berbigstraße 365-5a
Bergblick 365-4d
Bergstraße 365-4a
Bergweg 365-4d
Bismarckstraße 365-7d
Böltener Straße 365-7b
Borngartenweg (2) 364-7d

Breslauer Straße 365-5a
Breubergstraße 365-5c
Brückenstraße 365-4a
Brunnenstraße 364-7d
Bürgergraben 365-8a
Bürgermeister-Wolf-Straße 365-5c

Centallmenweg 365-8a

Dachsrainweg 364-7d
Darmstädter Straße 364-7c
Dr.-Kornmesser-Straße 365-8a
Dusenbach 365-5d
Dusenbacher Straße 365-8a

Eckgasse 365-7b
Eichestraße 365-4d
Elisabethenstraße (7) 365-8a
Emylisweg 364-7d
Erbacher Straße 365-8a

Fichtenstraße 365-4a
Finkenweg 365-4a
Forststraße 365-8c
Frankfurter Straße 365-4d
Friedhofstraße 365-7b
Friedrich-Ebert-Straße 365-5c
Friedrich-Veith-Straße 365-8a

Goethestraße 365-5c
Groß-Umstädter-Straße 365-4d
Grüner Weg 364-8c

Hainweg 364-9c
Hassenröther Straße 364-11c
Helmut-Erb-Straße 364-7b
Hermann-Kahn-Weg (3) 365-4d
Himmelsleiter (4) 365-5a
Hochstraße 365-4a
Höllerbacher Straße 364-10d
Hohebergweg 365-8a
Hohe Landstraße 364-10d
Hohe Straße 364-8c
Hohlweg 364-7d
Hügelstraße 364-7d

Im Eck 364-9c
Im Failing 364-9c
Im Wäldchen 364-10d
Im Wolfsgrund 365-10d
In den Pfarrwiesen 365-5c
In den Schafhecken 365-4d
In den Seewiesen (2) 365-4d
In der Aue 365-5c
Industriestraße 365-5c

Jahnstraße 365-4d

Kastellstraße 365-5d
Kellereistraße 365-7b
Kinziger Straße 364-11c
Kirchberg 365-4d
Kirchweg 364-7d
Kleingärtenweg 365-8a
Königsberger Straße 365-5a

Lärchenweg 364-9c
Lutzmühle 365-10d

Mainstraße 365-5d
Montmelianer Platz 365-7b
Mühlgraben 365-8a
Mümlingstraße 365-5c

Neckarstraße 365-8c
Nickelsweg 365-8a
Nonnenweg 365-4d

Oberhöchster Straße 365-7d
Ober-Klinger-Straße 364-7d
Oberlehrer-Wolf-Straße 365-7b
Obrunnweg 365-8a
Otto-Hahn-Straße 365-5c
Otzbergstraße 364-7d

Pechofen 365-1c
Pestalozzistraße 365-7d
Pfirschbacher Straße 364-9c
Philipp-Dörr-Straße (1) 364-7b

Rehwiesenstraße 364-8d
Rimhorner Straße 365-8a
Ringstraße 364-7d
Römerstraße 365-8b
Römische Villa Haselburg 364-11c
Rollgasse 365-7b
Rondellstraße 365-4a
Rosenweg 364-7d

Sandbacher Straße 365-5c
Sandbergstraße 364-7b
Schafheckenweg 365-4b
Schillerstraße 365-4d
Schwanenstraße 365-7b
Schwimmbadstraße 365-4b
Siedlungsweg 365-4a
Siegfriedstraße 365-8c
Sonnenberg 364-11a
Spessartstraße 365-8a
Steinmetzstraße 365-8a
Stockwiesenstraße 364-11a
Straße am Berg 364-7b
Sudetenstraße 365-4b

Talblick 364-7d
Talstraße 365-4a
Taunusstraße 365-4b

Uferstraße 365-5c

Waldstraße 365-8a
Weiherstraße 364-7d
Weilertsweg 365-8c
Wernher-von-Braun-Straße 365-5c

Wilhelminenstraße 365-7b

Ziegelhüttenweg 365-4d
Zu den Birken 364-7d
Zum Gerstenfeld 364-12a
Zum Hartberg 364-12a
Zum Herrgottsbrunnen 364-7d
Zur Friedenslinde (4) 364-7d
Zur Haselburg 364-11c

Hösbach
PLZ 63768

Adalbertstraße 264-9b
Afferbachstraße 264-6c
Ahornweg 239-11c
Akazienweg 265-11a
Albert-Schweitzer-Straße (1) 264-9a
Alter Kirchweg 239-10a
Am Bahnhof 265-7d
Am Bildstock 291-2a
Am Birkes 265-7d
Am Boppengraben 265-1b
Am Büchelsberg 264-3d
Am Gretchesgarten (4) 239-11a
Am Großschnabel 239-10b
Am Hauenboden 264-6d
Am Heigenberg 239-10c + 265-1a
Am Hirtenberg 264-2b
Am Hügel 291-2c
Am Hüttenberg (2) 265-7a
Am Klosterberg 239-11a
Am Kreuz (5) 264-9d
Am Marktplatz (7) 264-9b
Am Mühlrain (3) 239-10c
Am Rondell 265-8c
Am Rosenrain 265-7a
Amselweg 264-9c
Am Steinbuckel 265-7a
Am Steinig (5) 239-11c
Am Wingert 264-6c
Am Zollstock 239-10b
An der Maas 264-6d
An der Molkenwiese 239-11c
Ankerstraße 264-9a
Antoniusstraße 239-11c
Arndtstraße 265-7d
Aschaffenburger Straße 265-7b
Aschaffsteg 265-8d
Auf dem Berg 291-2c

Bachgasse 238-12b
Bahnstraße 264-9d
Baugebiet „Obere Beine" 265-10b
Baugebiet „Unterm Hofacker" 239-10a
Beethovenstraße 264-6c
Behringstraße 264-9a
Beim Schaffeld 239-11a
Beineweg 265-7d
Benzstraße 265-4c
Bergstraße 265-11c
Birkenweg 239-11a
Blütenweg 239-11a
Blumenweg 265-8c
Bornwiesenstraße 239-10c
Boschstraße 265-4c
Brahmsstraße 264-6c
Breite-Wiesen-Straße 264-9a
Breitfeld (9) 239-10a
Brentanostraße 265-7d
Breslauer Straße 265-7d
Breunsberger Straße 264-2d
Brückenstraße 264-9b
Brühlweg 264-9b
Brunnenstraße 264-9b
Buchenackerstraße 264-3a
Buchenweg 239-10d
Burgerstraße 264-9a
Burgweg 239-11a
Buschstraße 264-9a

Chamissostraße 265-7d

Daimlerstraße 265-4c
Danziger Straße 265-7d
Dohlenweg (1) 239-10a
Dr.-Albert-Frank-Straße (3) 265-10b
Dorfstraße 264-3a
Dornheckenweg 239-11a
Drosselweg 239-10a

Eichbildstraße 238-12b
Eichenberger Straße 239-11a
Eichendorffstraße 265-7d
Eichenweg 239-10d
Einsteinstraße 264-9a
Ellerstraße 265-7d
Erbsenwinkelstraße 265-7a
Erlenbacher Straße 239-10a
Ernst-Pfahler-Straße 239-11a

Falkenweg 264-9c
Fasanenweg 238-12b
Feldkahler Straße 239-10b
Fichtenweg (6) 239-11c
Finkenweg 264-9c
Flemingstraße 264-9a
Fliederweg 238-12b
Frankenstraße 265-7a
Franz-Göhler-Straße 264-9b
Franz-Heeg-Straße 264-9b
Franziskusstraße 265-11c
Franz-Völker-Straße 265-8c
Friedhofstraße 264-3a
Frohnradstraße 265-4c
Frühlingstraße 264-9d

Gartenstraße 239-11c
Georg-Blaß-Straße 239-11a
Gräfenbergstraße 239-11c
Grauellern (10) 239-10a

Grünewaldstraße 265-7d
Grüne Wiesenstraße 239-10a
Grüntalstraße 264-9a

Händelstraße 264-9a
Haibacher Straße (Hösbach-Bahnhof) 265-11a
Haibacher Straße (Schmerlenbach) 265-11c
Haibacher Straße (Winzenhohl) 291-2c
Hallengäßchen 264-9b
Hammerbergstraße 265-8c
Hangstraße 265-11c
Haslauer Straße 264-9b
Hauffstraße 265-7d
Hauptstraße 264-9a
Haydnstraße 264-9a
Hirtenstraße 264-9b
Hochstraße (7) 239-11a
Hofackerstraße 239-10a
Hofberg 239-11a
Hohlweg 239-10a

Im Hagen 265-11a
Industriestraße 265-7b
Inselweg (2) 239-10c

Jahnstraße 264-6d

Kahlgrundstraße 264-3a
Kaltenbergstraße 265-7c
Kardinal-Döpfner-Straße 265-10b
Karl-Junker-Straße (8) 265-7a
Karl-Seitz-Straße 264-2b
Kastanienweg 239-10d
Kauppenweg (6) 264-9d
Kettelerstraße 265-7d
Kilianstraße 265-11c
Kirchenstraße 264-9b
Klingerweg 264-9c
Kneippstraße 264-9c
Körnerstraße 265-7d
Kolpingstraße 264-9c

Lerchenweg 264-9c
Liebigstraße 264-9a
Lilienstraße 264-3a
Lindenstraße (4) 264-9d
Lutherstraße 264-9c

Marienstraße 265-10b
Max-Planck-Straße 264-9a
Maxweg 265-7a
Mörikestraße 265-7d
Mozartstraße 264-9a
Mühlstraße 264-9c
Münchhof 264-3b

Nonnenbachweg 265-11a

Ober dem Fuchs 264-9c
Ost-West-Straße 264-9d
Otto-Hahn-Straße 264-9a

Rainstraße 264-9a
Rathausstraße 264-9b
Rat-Scholz-Straße 264-9a
Reiteräcker (11) 239-10a
Rentingweg 264-6d
Ringstraße 239-11a
Robert-Koch-Straße 264-9a
Rödenwiese (8) 239-11b
Röntgenstraße 264-9a
Rohrbergweg 239-11a
Rosenstraße 264-2b
Rottenberger Straße 239-10a
Rudolf-Diesel-Straße 265-7a

Sailaufer Straße 239-11c
Sandbuckelweg (1) 265-11c
Sandgrubenstraße 265-7c
St.-Agatha-Straße 265-10d
St.-Barbara-Straße 264-3a
St.-Benedikt-Straße 265-7d
St.-Bruno-Straße 265-7d
St.-Brunowerk-Siedlung 265-10b
St.-Burkard-Straße 265-11c
St.-Michael-Straße (3) 265-7c
Sauhohle 264-9d
Schäfersweg 238-12b
Schargasse 264-9b
Scheiblerstraße 264-9b
Scherengrund 239-10a
Schimborner Straße 238-12b
Schlegelstraße 265-7d
Schloßwiese (1) 264-3a
Schmerlenbacher Straße 265-10c
Schöllkrippener Straße 264-9b
Schubertstraße 264-6c
Schützenweg 265-7a
Schulstraße 239-11a
Schwalbenweg 239-10a
Seegartenstraße 264-9b
Seewiesenstraße 239-10a
Seibelstraße 265-7d
Seusstraße 264-9b
Siemensstraße 265-4c
Spessartstraße 264-9b
Starweg 238-12b
Stauffenbergstraße 264-6d
Steingasse 239-10d
Sternbergstraße 264-3a
Strütweg 239-10d

Talstraße 264-9b
Tannenweg 239-11c
Tulpenstraße 264-3a
Turnstraße 264-9b

Uferstraße 264-9c
Uhlandstraße 265-7d
Ulmenstraße 239-10b
Ulrich-Bergmann-Straße (1) 265-8c

Viktor-Maier-Straße (2) 265-10b
Von-Arnim-Straße 265-7d
Von-Dalberg-Straße 265-10b
Von-Rodenhausen-Straße 265-10b
Vorgangstraße 264-9a

Waldfriedenstraße 264-9d
Waldlehrpfad 264-12b
Weinbergstraße (9) 239-10d
Weißenbergerstraße 264-9a
Wenighösbacher Straße 264-6d
Wickgasse 264-2b
Wiesenweg 239-11a
Winkelstraße 264-6d
Wolfslaufstraße 264-6d

Zeppelinstraße 265-4d
Ziegeleistraße 264-6d
Ziegelhüttenstraße 264-9d

Hofheim am Taunus
PLZ 65719

Adalbert-Stifter-Straße 225-3b (34-A3)
Adolf-Kolping-Straße 200-7c
Adolf-Mohr-Anlage 199-12d (34-B2)
Ahornstraße 225-6a
Akazienweg (5) 225-5b
Albertsweg 199-9c
Alemannenweg 199-12d (34-A3)
Alte Bleiche 199-12d (34-A2)
Alteburgweg 199-5a
Altenhainer Straße 200-10a (34-B1)
Altkönigstraße 199-12b (34-A1)
Alt Langenhain 199-7a
Alt Lorsbach 199-5b
Alt Wildsachsen 198-2d
Am Alten Birnbaum 199-9d
Am Ambetbrunnen (9) (34-B2)
Am Bahnhof 199-5b
Am Bangert (3) 198-5a
Am Berg (2) 198-5a
Am Bittelgut 198-6a
Am Born 198-5b
Am Bräunling 225-5d
Am Dachsgraben 199-7b
Am Domherrnwald 199-4c
Am Ehrenmal 199-12b (34-B1)
Am Forsthaus 199-12c
Am Hang 199-5b
Am Hasenberg 199-5b
Am Heiligenstock 225-3d
Am Helgenstock 224-5d
Am Hochfeld 199-12d (34-B3)
Am Hollerbach 198-5d
Am Hübner 199-7a
Am Hühnerberg 224-6a
Am Jagdhaus 199-7a
Am Kasernbach 199-7c
Am Kellersberg 199-7a
Am Kiefernhain (6) 199-7b
Am Kleeplacken 224-6a
Am Kleinen Feld 199-5c
Am Klingenborn 199-12b (34-A1)
Am Kreishaus 226-1a
Am Linsenberg 225-3c
Am Lorsbacher Kopf 199-5b
Am Lotzenwald 198-5b
Ammernweg 199-7b
Am Nachtschatten 224-6c
Am Naturfreundehaus (5) 198-5d
Am Obertor (34-B1)
Am Peterswald 225-3a
Am Pfingstbrunnen 225-3c
Am Ranzenbrunnen 225-3c
Am Rheingauer Weg 224-5d
Am Röckerkopf 199-5a
Am Rosenberg 225-3a
Amselweg 225-3c
Am Seyenbach 198-5b
Am Sonnenhang 225-5d
Am Stegskreuz 200-10a
Am Steinberg 200-7c
Am Tiefen Graben 225-5b
Am Untertor 199-12d (34-B2)
Am Wandersmann 224-6c
Am Weinberg 225-5d
Am Wickerbach 224-6a
An den Erzgruben 198-5b
An der Kleewiese 198-5d
An der Münchhecke 198-5b
An der Obermühle (34-A2)
An der Tann 199-7b
Arndtstraße 199-12c
Auerhahnweg 199-7d
Auf der Sandkaul 200-7b
Augustenweg (12) 199-7a
Auringer Weg 198-5a
Auwald 199-7b

Bachgasse (2) 224-6a
Bachstelzenweg 199-7b
Bärengasse 200-10c (34-B2)
Bahnholz 199-10c
Bahnstraße 225-3c
Baustraße 225-5d
Bergweg 199-5b
Berliner Straße 225-3b
Bienerstraße 200-10a (34-B1)
Birkenweg 225-3c
Bleichstraße 224-6a
Bleidenstädter Äcker 224-5d
Bornplatz (34-B2)
Bornstraße 199-5b
Brandenburger Weg 225-3d
Breckenheimer Straße 199-12c
Breckenheimer weg 225-1b
Bremthaler Weg 198-5b
Breslauer Weg 225-3b
Brückenstraße 199-5b
Brühlstraße 200-10c (34-B2)

Brunnenweg (4) 199-7a
Buchengasse (3) 225-3c
Burggrabengäßchen (3) (34-A2)
Burggrabenstraße 199-12d (34-B2)
Burgstraße 199-12d (34-B2)
Burkhardsmühle 199-12a
Burlachinstraße 200-10a
Bussardweg 225-5c

Casteller Straße 225-5c
Chattenstraße 225-3b
Cheruskerstraße 225-3b
Chinonplatz 200-10c (34-B2)
Cimbernstraße 199-12d + 225-3b (34-B3)
Cohausenstraße 199-12d (34-A2)

Dachsweg 225-5b
Dahlienweg 225-5a
Danziger Weg 225-3b
Delkenheimer Straße 225-6a
Diedenberger Straße 224-6a
Dr.-Heimen-Weg 199-12a
Dr.-Rohmer-Weg 199-12b
Dompfaffweg 199-7b
Dresdener Weg 225-3d
Drosselweg 225-3a

Eddersheimer Straße 225-3c
Eichbaumweg 225-5a
Eichendorffstraße 225-3a
Eichstraße 225-3c
Eifelstraße 225-3c
Elisabethenstraße 200-10c (34-B2)
Elsternweg 199-8a
Eltviller Straße 224-5b
Enge Straße (8) 199-7a
Eppsteiner Straße 199-4c
Erbacher Straße 224-5b
Erfurter Straße 225-3b
Erlenweg 225-3c
Eschborner Weg 200-10c
Eschenweg (8) 225-5b

Falkensteiner Weg 199-12b
Falkenweg 199-8a
Fasanenweg (11) 225-5c
Feldbergstraße 199-12b (34-A1)
Feldstraße 200-10a (34-B1)
Fernblick (2) 199-4d
Fichtestraße 200-10a
Finkenweg 225-3c
Fischbacher Weg 200-10a (34-B1)
Fliederweg (1) 225-5a
Flörsheimer Straße 225-6a
Floßwaldstraße 199-12d (34-A2)
Föhrenweg (6) 225-5b
Frankenstraße 225-3b (34-A3)
Frankental 199-3c
Frankfurter Straße 225-3d
Freiligrathstraße 199-12d (34-A3)
Friedenstraße 199-12b (34-A1)
Friedhofstraße 225-5d
Friedrich-Ebert-Straße 224-5d
Fuchsweg 225-5d

Gartenfeldstraße 199-7b
Gartenstraße 200-10c
Geisenheimer Weg 224-5b
Gerberplatz (34-B2)
Gerberstraße 199-5b
Germanenstraße 225-3b (34-A3)
Gewerbegebiet Diedenbergen 225-5c
Gewerbegebiet Nord 200-10b
Gewerbegebiet Wallau-Ost 224-6b
Gimpelweg 199-8a
Ginsterweg 225-5a
Gleiwitzer Straße 225-3b
Goethestraße 199-5a
Goldbachweg 199-5d
Goldgrabenstraße 225-2d
Gotenstraße 225-3b (34-A3)
Grabenstraße 198-5b
Gräsiger Weg 224-5d
Große Bleiche 225-5d
Grüne Straße 225-5d
Gundelhard 199-3c
Gundelhardstraße 199-5b

Habelstraße 225-3b (34-B3)
Habichtweg 225-5c
Hainerweg 199-5c
Hammermühle 199-9c
Haneckstraße 199-12d + 225-3b (34-A3)
Hans-Böckler-Straße 224-6a
Haselweg (4) 225-5b
Hasengasse 225-5d
Hattersheimer Straße 200-10c (34-B2)
Hauckeberg (34-A2)
Hauptstraße 199-12d (34-A2)
Heideweg 225-5a
Heinrichsweg 199-12a
Heinrich-Weiß-Straße 225-6a
Herderstraße 225-3a
Hermann-Friesen-Straße 200-10a
Hermann-Löns-Straße 199-12c
Hermann-Stein-Straße (4) 225-3c
Herrnpfad 224-6a
Herrngarten 224-6a
Herrnhäuserstraße 224-6c
Herzog-Adolph-Straße (7) (34-A2)
Hessenstraße 224-3d
Hintergasse 225-5d
Hirtenpfad 225-5b
Hochheimer Weg 225-5c
Höchster Straße 200-10a
Höhenstraße (2) 225-3c
Hölderlinstraße 199-12d
Hof Hausen vor der Sonne 200-4d
Hofheimer Straße 199-5b
Hofraite (1) 198-5b
Hohlgraben 224-6a
Hollerbachtal 198-5b

Hollerbachweg 198-5b
Holunderweg (2) 225-5a
Homburger Straße 200-10c
Hornauer Weg 199-12b
Hubertuspfad 199-12a
Hundshager Weg 199-12b
Hunsrückstraße 225-3c

Igelstraße 224-6a
Ilmensandmühle 199-9c
Iltisweg 225-5d
Im Angel (34-B2)
Im Bauerloch 200-7a
Im Birkenfeld 199-7c
Im Brand 199-7d
Im Jungehag 198-5b
Im Klingen 199-12b (34-A1)
Im Langgewann 200-7c
Im Lorsbachtal 199-2a
Im Obergarten 200-10a (34-B1)
Im Untergarten (34-B1)
Im Zwengel 225-5d
In den Jägergärten 200-7c
In den Krautgärten (2) 199-5b
In den Nassen 200-10b
In den Weingärten 225-3c
In der Baumschule 225-5a
In der Dreispitz 200-7d
In der Hohl 198-5b
In der Spilsit 199-7b
In der Witz 199-12d (34-A2)

Jahnstraße 199-5d
Johannes-Gutenberg-Straße 224-6b
Johanneshof 200-7d
Johannisberger Straße 224-5b
Johann-Philipp-Schleicher-Straße 224-6a
Junghainzehecken 198-5b

Kantstraße 200-10a
Kapellenstraße 199-12a (34-A1)
Karl-Mohr-Straße 226-1a
Karthäuser Straße (11) 199-7a
Kassernstraße (Marxheim) 225-3c
Kastanienstraße (9) 225-5b
Katharina-Kemmler-Straße 200-10b
Katzenlückstraße 199-4d
Kauzweg 199-8c
Kelkheimer Straße 199-12b (34-A1)
Keltenstraße 225-3b
Keltereiplatz (34-B2)
Kiebitzweg 225-5c
Kiedricher Straße 224-5b
Kirchspiel 224-6c
Kirchstraße 199-5a
Kirschgartenstraße 199-12d (34-B2)
Klarastraße 225-3c
Kleine Bleiche 225-5d
Kleine Stephanstraße (1) (34-B1)
Kleine Zeil (34-B1)
Kleiststraße 199-12d (34-A3)
Königsberger Weg 225-3b
Königsteiner Straße 199-12b
Königsteiner Weg 199-12b
Kohlgrubenstraße 199-7a
Kornblumenweg 199-4c
Krebsgasse 199-12d (34-A2)
Krebsmühle 199-8b
Kreuzgartenstraße 225-3c
Kreuzweg 199-12b
Krifteler Straße 200-10c
Kronberger Straße 199-12b
Kronthaler Weg 199-12b
Kurhausstraße 199-12a

Ländchesweg 225-5c
Langenhainer Straße 224-6a
Langewehrweg 200-7c
Langgasse 199-12d (34-B2)
Leipziger Straße 225-3b
Lerchenweg 225-3a
Lessingstraße 225-3c
Liebfrauenstraße 225-5b
Liederbacher Weg 200-10c
Lieserweg 199-9b
Limesstraße 199-7b
Lindenhof 200-7b
Lindenhof (Wildsachsen) 198-5d
Lindenstraße 199-12b (34-B1)
Lorcher Straße 224-5b
Lorsbacher Straße 199-9c
Lorsbacher Weg 199-6a
Ludwig-Meidner-Platz (8) (34-B2)
Luisenweg 199-7b

Mainau 199-12b
Mainzer Straße 225-3c
Mammolsheimer Weg 199-12b
Marbodstraße 225-3c
Margueritenweg 199-7b
Marienstraße 199-12b (34-B1)
Martin-Luther-Straße (10) 199-7a
Martin-Wohmann-Straße 200-10a
Marxheimer Straße 225-5d
Mauergasse 199-12d (34-B1)
Max-Planck-Straße 224-6b
Medenbacher Weg 198-5a
Meisenweg 225-3a
Memelstraße 225-3d
Mittelstraße 225-3c
Mörikestraße 199-12d (34-A3)
Mühlenweg 225-3b
Mühlgasse 224-6c
Münsterer Straße 199-5b

Nachtigallenweg 225-3a
Nassaustraße 224-3d
Nebengasse 225-5d
Nelkenweg 225-5a
Neueburgstraße 199-2c
Neugasse 200-10c (34-B1)
Neunhainer Weg 199-12b (34-B1)
Niederhofheimer Straße 200-10a

Hohenstein
PLZ 65329

Holzheim
PLZ 65558

Horrweiler
PLZ 55457

Hüffelsheim
PLZ 55595

Hünfelden
PLZ 65597

Hünstetten
PLZ 65510

Hüttenberg
PLZ 35625

Hundsangen
PLZ 56414

Hungen
PLZ 35410

Idstein
PLZ 65510

Aussiedlerhöfe (Walsdorf) 121-4c
Aussiedlerhöfe (Wörsdorf) 121-10c

Bad Homburg Straße 145-4c
Bad Sodener Straße (71) 145-4c
Bahnhofsstraße 144-6b
Behrbachstraße 144-5a
Bergstraße 121-4b
Berliner Straße 144-6a
Bermbacher Weg 145-4a
Bettina-von-Arnim-Weg (A) 144-6b
Biengasse (4) 146-4a
Birkenweg (56) 144-6d
Black-und-Decker-Straße 144-6c
Blindegasse 120-12a
Borngartenweg 144-11c
Borngasse 145-4a
Bornwiese (6) 120-12a
Bottmühle 144-5a
Brandgasse 120-12a
Brauereiweg (42) 144-6b
Breslauer Straße 144-6d
Bruderbergstraße 121-4b
Brückenbacher Weg 120-12a
Brunnenstraße 144-5a
Buchenweg 144-6d
Buchwiese 144-9c
Burchter Straße 145-1c
Bussardweg 34 145-4b

Carl-Jakob-Frankenbeg-Straße (3) 145-1d
Charlotte-Rosenthal-Straße 145-4b
Chemnitzer Weg 120-12a
Christoph-Labhart-Weg 144-3c
Cunoweg 144-9a

Dammmühlenweg 144-3d
Danziger Straße 144-6d
Dasbacher Weg 145-4a
Deningerstraße 144-3c
Diehlstraße (64) 144-6d
Dietrich-Bonhoeffer-Straße (5) 145-1c
Dornröschenweg (20) 145-4a
Dresdener Straße 120-9c
Drosselweg 145-4b

Eckenstraße (5) 146-4a
Egerlandstraße 144-6d
Ehrenbacher Weg 144-11c
Eichendorffstraße 144-6b
Eichenweg (57) 144-6d
Eisenacher Straße (1) 120-9c
Elisabeth-Schwarzhaupt-Straße (26) 145-4b
Elisabeth-Selbert-Straße (27) 145-4b
Engenhahner Pfad 144-12b
Enzianweg (19) 120-12c
Eppsteiner Weg (75) 145-4c
Erfurter Straße (4) 120-9c
Erlenweg (59) 144-9b
Erlespfad 120-9c
Ernst-Töpfer-Straße (40) 144-6b
Eschenhahner Weg (2) 144-7d
Escher Straße 145-1c
Espenweg (60) 144-9b

Fackenhöfer Weg 120-9c
Färberbachweg (3) 121-4b
Falkenweg (35) 145-4b
Feldbergblick (12) 120-12a
Feldbergstraße 146-3d
Feldstraße 146-4a
Felix-Lahnstein-Straße (47) 145-4a
Ferdinand-Abt-Straße 144-6b
Fichtenweg 144-6d
Finkenweg 145-4b
Forstweg 144-7d
Franz-Kade-Weg (13) 120-12a
Franz-Vietor-Straße (41) 144-6b
Frickhöfferstraße 144-6d
Friedensstraße 144-6b
Friedrich-Ebert-Straße 144-6d
Fröhlenberg 145-4a
Fünfkirchener Straße (5) 120-12a
Fürst-August-Straße 144-6b
Fürstenweg 145-2d
Fürstin-Henriette-Dorothea-Weg 144-3d

Gartenfeldstraße 121-4a
Gartenstraße 146-4a
Georgbrunnenstraße (3) 146-4a
Gerberweg 144-3d
Gerichtsstraße 144-6b
Geschwister-Scholl-Straße 145-4b
Gickelsberg 146-2b
Glaskopfweg (19) 145-4b
Görsrother Weg 144-5a
Goethestraße 120-12a
Graf-Gerlach-Straße 144-6b
Graf-von-Stauffenberg-Straße (8) 145-1c
Gräfin-Anna-Straße 169-8d
Großer Feldbergweg 145-4a
Großer Feldbergweg (15) 145-1d
Grunerstraße 144-6d
Gustav-Justi-Straße (9) 145-1d

Habichtweg (32) 145-4b
Hahnweg 120-12a
Hainstraße 121-4b
Hans-Nitsche-Straße 144-3d
Haubental 120-11c
Hauptstraße 120-12a
Hayn-Weg (C) 144-3d
Heckenmühle 144-3b
Hedwig-Dohm-Weg (D) 144-3d
Heftricher Straße 145-4a
Heidestück 144-6c
Heinrich-Heine-Straße (24) 145-4b
Helene-Lange-Weg (B) 144-3d
Henri-Dunand-Allee 145-7a
Henriettenthaler Hof 120-9a
Henriettenthaler Straße 120-9c
Hermann-Löns-Straße 144-6a
Hermannsweg 144-7b
Hertastraße 144-6c
Himmelsbornweg 145-4a
Himmelsgasse (45) 145-4a
Hinter den Gärten (10) 120-12a
Hintergasse (2) 146-4a
Hirtenstein 146-4c
Hirtesenmühle 121-8d
Höhenpfad (17) 145-4a
Höhenstraße 121-4d
Höhenweg 145-4a
Höllgraben 144-9b
Hof Gassenbach 144-6d
Hofheimer Straße (74) 145-7a
Hof Hubertus 144-11c
Hohe Straße 120-9d
Hollerstraße 120-12a
Holunderweg 144-6d

Idsteiner Straße 121-7a
Im Altenhof 144-3d
Im Anwender 146-2b
Im Exboden 145-6b
Im Forst (6) 145-1c
Im Füllenschlag 145-4b
Im Güldenstück (39) 144-6b
Im Hahnstück 144-3d
Im Hain 146-4a
Im Hasselrain (1) 146-4a
Im Hinterlenzen 145-1d
Im Hopfenstück 144-6b
Im Hostert 121-4c
Im Kirchfeld (1) 144-5a
Im Kirschgarten 146-4a
Im Kleinen Feldchen 144-7d
Im Rauental 144-6d
Im Ruppert 146-2b
Im Schindgraben (15) 120-12a
Im Vorderlenzen 145-1c
Im Wiesental 146-1c
In den Dörrwiesen 145-12a
In der Eisenbach 144-9b
In der Lederwiese 146-3d
In der Ritzbach 144-6d
In der Schafsbach 146-3d
In der Steinwiese 146-3a
Itzbachweg 120-12c

Jahnstraße 120-12a
Jeckelsgraben (2) 145-1c
Jenaer Straße 120-9c
Johann-Andreas-Rizhaub-Weg (10) 145-1d
Johann-Georg-Hagelgans-Weg 145-1d
Johann-Walter-Weg 144-3d
Junkerstraße 121-4c

Kaffeegasse (54) 145-4a
Kalmenhof 145-4a
Karlsbader Straße 144-6d
Karoline-Groh-Weg 120-12c
Kastanienweg 144-9b
Kelkheimer Straße (77) 145-7a
Kesselbacher Weg 144-5a
Kettungsstraße 146-3a
Kiefernweg 144-9b
Kilbachweg 146-4a
Kirchstraße 145-8c
Kirchweg 144-5c
Kirmsseweg 144-6d
Kleiberweg (36) 145-4b
Klostergasse 121-4b
Knappe Gasse (1) 121-4b
König-Adolf-Platz (46) 145-4a
Königsberger Straße (55) 144-6d
Königsteiner Straße 145-4c
Konrad-Adenauer-Straße 145-4b
Kranichweg 145-4b
Kreuzahlen (48) 145-4a
Kreuzsogasse 145-4a
Kröfteler Straße 146-4a
Kronberger Straße 145-4c
Kuckuckweg 145-4b

Lärchenweg 144-9b
Lanaer Straße 145-1c
Langgasse 146-4a
Lautzstraße 144-6b
Leipziger Straße 120-12a
Lenzenpfad (1) 145-1c
Limburger Straße 144-3b
Limeshof 144-11c
Limesstraße 145-11a
Lindenweg (58) 144-6d
Löhergasse (49) 145-4a
Löherplatz (63) 145-4a
Loni-Franz-Weg (30) 145-4b
Ludwigstraße 144-3d
Luxemburger Allee 144-3c

Magdeburgstraße 144-6b
Malbachweg 144-7c
Marktplatz 145-4a
Marrgrabenstraße 121-4a
Martin-Luther-Straße (50) 145-4a
Maximilianstraße 144-6a
Mehlbaumweg 144-7d
Meilbachstraße 146-2d
Meisenweg (33) 145-4b
Mollweg 120-12c
Morchermühle 121-5c

Nassauer Straße 144-6c
Nassau Viertel 144-3c
Nebengasse (20) 120-12a
Neugasse 146-4a
Niederemser Straße 146-3a
Niedernhausener Weg (76) 145-7a
Nikolaus-von-der-Flue-Straße (9) 120-12a
Nollenweg 146-3a

Obere Beltz 144-5d
Oberemser Straße 146-3c
Obergasse 145-4a
Oberseelbacher Straße 145-11a
Oberurseler Weg (72) 145-4c
Oranienstraße 144-6c
Ortsstraße 145-12a
Oskar-Müller-Straße 120-12a

Panoramaweg 144-11c
Pauline-Herber-Weg (E) 144-3d
Pfahlgraben 144-10b
Pfahlgrabenstraße 144-11c
Pflasterwiese 121-4c
Platanenweg 144-9b

Quellenweg (7) 120-12a
Querstraße 121-4b

Raiffeisenstraße 146-4a
Rathausstraße 144-11c
Reichenberger Straße 120-12a
Richard-Klinger-Straße 144-9c
Ringgasse 120-12a
Robert-Koch-Straße 144-9b
Rodergasse 144-6b
Roderweg 146-3d
Rodigstraße 146-3a
Röderweg 146-4a
Rosenweg 120-12c
Rossertweg 145-4a
Rostocker Straße (2) 120-9c
Rotkäppchenweg (12) 145-4a
Rudolf-Dietz-Straße (38) 144-6b
Rudolfstraße 144-3c
Rückerspfad (11) 120-12a

Saalburgweg (13) 145-4a
Saarbrücker Platz 144-3d
Saarbrücker Weg 144-3d
Sackgasse 120-12a
Schäfergasse 145-4a
Schanze 145-2c
Scheidgraben 120-12a
Schillerstraße 144-6b
Schloßborner Weg 146-6b
Schloßgasse (44) 145-4a
Schmitter Weg (70) 145-4c
Schneewittchenweg (21) 145-4b
Schöne Aussicht 145-4a
Schützenhausstraße 145-4a
Schulgasse (43) 145-4a
Schulweg 146-4a
Schulze-Delitzsch-Straße (52) 144-6b
Schwalbacher Straße 144-11c
Sebastian-Stoskopff-Weg (4) 145-1d
Seelbacher Straße 145-4a
Siebenmorgenweg 120-12a
Siedlung Landauer (11) 145-4a
Sperberweg (31) 145-4b
Steinchenstraße 146-2d
Steinkaut 145-4a
Stettiner Straße 144-6b
Stolzwiese 144-6a
Südtangente 145-7a

Talstraße 144-5a
Tannenweg 144-6d
Taubenberg 145-4c
Taunusstraße 121-4d
Taunus-Viertel 145-4c
Telco-Kreisel 144-3c
Tennweg 146-1c
Theodor-Fliedner-Straße 145-1c
Thomas-Mann-Straße (23) 145-4b
Tulpenweg 120-12c

Uglitscher Straße 145-4b
Ulmenweg (62) 144-9b
Unter der Hambach 146-3d
Untere Beltz 144-5d
Untergasse 121-4b
Usinger Weg 144-3d

Veilchenweg (18) 120-12c
Veitenmühlberg 144-6b
Veitenmühlweg 144-6b
Vlijmener Straße 145-1c

Wagenerstraße 144-6b
Waldstraße 145-12a
Walkmühle 121-4b
Wallbacher Straße 120-11b
Wallrabensteiner Straße 121-4a
Walramstraße 144-3c
Walsdorfer Straße 120-12a
Wassergasse (21) 120-12a
Weidestraße 121-4d
Weiherwiese 145-4a
Weilburger Weg 144-3d
Weimarer Straße (3) 120-9c
Welderstraße 144-6a
Wiesbadener Straße 144-6b
Wiesenweg 146-4c
Willy-Scherer-Platz 120-12a
Willy-Schreier-Straße (28) 145-4b
Wochenendhäuser 170-2a

Zaunkönigweg (37) 145-4b
Ziemerweg 144-3d
Zinsgrabenweg 145-4a
Zissenbach 144-3d
Zuckerberg 145-4a
Zugmantelstraße 144-7d
Zum Heidekopf (18) 145-4a
Zur Feldheck 144-5c
Zwijnderechter Straße (7) 145-1c

Ingelheim am Rhein
PLZ 55218

Ahornweg 244-12c
Albert-de-Roock-Straße 245-11d
Albert-Schweitzer-Straße 271-1b
Albertstraße 271-1a
Albrecht-Dürer-Straße 270-3b
Alemannenstraße 271-5a
Altegasse 271-4b
Alter Sand 245-8a
Altes Wasserhaus 244-11d
Am Anbau 244-11b
Am Emmerling Park 245-11d
Am Flutgraben 244-12a
Am Gänsberg 245-10d
Am Grauen Stein 245-12c
Am Großmarkt 245-10d
Am Kloster 244-11d
Am Landgraben 270-2b
Am Langenberg 245-11c
Am Lenneberg 244-12b
Am Mühlborn 271-1d
Am Pfalzmäuerchen 245-11c
Am Plenzer (18) 271-1d
Am Rabenkopf 246-10a
Am Römergrab 271-1d
Am Rüsterbaum 245-11d
Am Sandhöbel 271-2a
Amselweg (26) 245-11c
Am Strandbad 244-11b
Am Winzerkeller (30) 271-2a
Am Zuckerlottchen 271-8b
An den Gärten 244-11c
An den Wiesen 244-12b
An der Burgkirche 271-2c
An der Griesmühle 271-1b
An der Selzer Mühle 271-8d
Auf dem Graben 245-11d
Aufhofstraße 271-5a
Autunstraße 271-2a

Backesgasse 271-9a
Backhausstraße (1) 244-9c
Badweg 245-11b
Bahnhofstraße 271-1b
Beethovenstraße 244-9c
Belzerstraße 245-11c
Bergstraße 271-2a
Berliner Straße 270-3b
Biberacher Straße 271-1a
Binger Straße 270-3a
Birkenstraße 244-12d
Bleichstraße 244-12a
Boehringer-Ingelheim 245-10c
Boehringerstraße 271-1b
Bolandenstraße 271-2c
Brahmsstraße 244-9d
Breitbachstraße 271-1d
Breslauer Straße 270-3b
Brückweg 245-8c
Brüder-Grimm-Straße 244-12a
Brunnenpfad (7) 245-11d
Buchenhain (2) 244-9c
Bürgermeister-Bauer-Straße 271-5a
Burgunderstraße 271-5a
Burgweg 271-5a

Carolinenstraße 271-2b
Commerzienrat-Boehringer-Anlage 245-11c

Dammstraße 244-9c
Danziger Straße 270-3c
Die Bein 271-1d
Dietrich-Bonhoeffer-Straße (1) 270-3b
Dörleweg 271-9c
Dresdener Straße 270-3b
Drosselweg 271-1b

Edelgasse 271-4b
Eisenacher Straße 270-3d
Elisabethenstraße 271-1a
Eltviller Straße 244-12a
Engeltal (21) 271-5a
Erbacher Straße 244-12a
Erfurter Straße 270-3b
Erthaler Straße 271-9a
Erzbergerstraße 271-2a
Eschlochweg 271-5c
Eulenmühle 271-8b

Falkenstraße (28) 271-1b
Feierabendweg 245-11c
Fichtenweg 244-12d
Finkenschlag (27) 245-11c
Finthener Straße (8) 245-11d
François-Lachenal-Platz (9) 271-2b
Frankenstraße 271-5a
Franz-Kitzinger-Straße 244-12b
Freier Platz 271-9c
Friedensallee 271-2c
Friedrich-Ebert-Straße 271-1b
Friedrichstraße 244-9c
Friedrich-von-Bodelschwingh-Straße 270-3b

Gärtnerstraße 271-1d
Gartenfeldstraße 271-1b
Gau-Algesheimer Straße 270-6b
Gehauweg 271-2c
Geisenheimer Straße 244-9c
Georg-Rückert-Straße 271-2a
Georg-Scheuing-Straße 271-2a
Gertrudenstraße 245-11d
Gestüt Westerhaus 271-7d
Goethestraße 271-2a
Gotenstraße 271-5a
Grabengasse (15) 271-5a
Griesmühle 271-1b
Grüner Weg (11) 271-2a
Grundstraße 271-2c
Guldengasse (1) 271-9c

Häuserweg 271-9a
Hallgartener Straße 244-12a
Hamburger Straße 245-10c
Hammergasse 271-1d
Hans-Fluck-Straße 271-1b
Hans-Holbein-Straße 270-3a
Hattenheimer Straße 244-9c
Hauffstraße 244-9c
Hausgartenstraße 245-11d
Haxthäuser Hof 272-4b
Heerweg 271-9a
Heidesheimer Straße 245-11d
Heidesheimer Weg 245-12c
Heimesgasse 271-5a
Heinrichstraße 245-11b
Heinrich-Wieland-Straße 244-12b
Helenenstraße 271-1a
Hermann-Berndes-Straße 271-1d
Hermann-Bopp-Straße 244-12b
Hermannshof 271-4c
Hermannstraße 244-12a
Hesselweg 271-5b
Hesselweg (24) 271-4a
Hinter der Langen Mauer (31) 245-11c
Hinter der Ohrenbrücke 271-4b
Hinterhofen 271-5a
Hochstraße 244-9c
Hofgut Dreilinden 272-1d
Hofgut Westerhaus 271-8c
Hornweg 271-2c
Hugo-Lörsch-Straße 271-2a

Ilsestraße (3) 271-1a
Im Bienengarten 245-11d
Im Blumengarten 245-10b
Im Brühl 271-1d
Im Herstel 245-11b
Im Kannengießer 245-11d
Im Königsgarten (29) 245-11c
Im Malzhof (10) 271-2b
Im Mittelwald 271-7b
Im Mühlengarten (22) 271-1d
Im Rheinweg 271-4b
Im Ritterschloß 271-1d
Im Saal 245-11d
In den Frenzen 244-9d
In den Hundert Morgen 270-3b
In der Bitz 271-9c
In der Dörrwies 271-1b
In der Rheingewann 244-8d
Industriegebiet Schaafau 245-10b

Jahnstraße 244-9c
Jenaer Straße 270-3d
Johannes-Calvin-Straße 270-3b
Johann-Hinrich-Wichern-Straße 270-3b
Jungfernpfad 271-5a
Justus-von-Liebig-Straße 271-1b

Kämmerweg 271-4a
Kapellenstraße 244-11d
Karlstraße (2) 245-11d
Karolingerstraße (4) 245-11d
Kastanienweg 244-12c
Keltenweg 271-1b
Kiedricher Straße 244-12a
Kiefernstraße 244-12d
Kirchstraße 244-9c
Klappenwehr 245-7b
Königsberger Straße 270-3a
Kohgasse 245-11c
Konrad-Adenauer-Straße 245-10b
Kreuzbergstraße 271-2a
Kreuzhof (3) 244-9c
Kreuzstraße 271-9c
Kuhweg 245-11d
Kurpfalzstraße 271-2a
Kurzer Weg 271-2a

Lärchenweg 244-12d
Langer Hornweg 271-2d
Layenmühle 271-5c
Leberts Au 245-5d
Lehfeldstraße 245-11d
Leingrubstraße 245-12c
Leinpfad 244-12b
Leipziger Straße 270-3b
Lotharstraße 245-11d
Ludwig-Langstädter-Straße (32) 245-11c
Ludwig-Richter-Straße 270-3b
Ludwigstraße 244-9c

Magdeburger Straße 270-3a
Mainzer Straße 245-12c + 271-2b
Mainzer Weg 271-3c
Marktplatz 271-2c
Martin-Luther-Straße 270-3b
Matthias-Grünewald-Straße 270-3a
Maximinstraße (2) 271-9c
Max-Planck-Straße 245-10d
Merowingerstraße 245-11d
Mittelheimer Straße 244-9c
Mittelweg 245-7d
Mozartstraße 244-12b
Mühlstraße 271-1b
Multatulistraße 245-12c

Nahering 244-12c
Natalie-von-Harder-Straße 245-11d
Neisser Straße 270-3a
Neuer Markt 271-1b
Neumühle 245-10a
Neustraße 244-9c
Neutrift 271-2b
Neuweg 271-5a
Neuwiesenweg 271-9c

Obentrautstraße 271-8b
Oberböhl 245-11d
Obere Froschau (15) 271-2c
Obere Gärtnerstraße 271-2c
Obere Muhl 270-3b
Oberer Schenkgarten 271-4b
Oberer Schlauderackerweg 245-12c
Oberer Zwerchweg 271-2c
Obere Sohlstraße 271-2a
Obere Stiftstraße 245-11d
Obergasse 271-2b
Oberhofstraße 271-9c
Ober-Olmer-Straße 272-1a
Ölgasse 271-2b
Oestricher Straße 244-12a
Ohrenbrücke 271-4b
Ost-West-Umfahrnung 245-11b
Otto-Hahn-Straße 244-9d

Paul-Clemen-Straße 271-1b
Platanenweg 270-3b
Pöllweg 271-3a
Posener Straße 270-3b
Präsident-Mohr-Straße 271-2c
Prinzenstraße 271-2b

Quellenweg 271-9c

Raiffeisenstraße 271-1d
Rathausgäßchen (1) 245-11d
Rathenaustraße (12) 271-2a
Rembrandtstraße (2) 270-3b
Rheinstraße 244-9c
Rheinweg 271-5c
Rinderbachstraße 271-2c
Ringgasse 271-2c
Römerstraße 271-1b
Rosenstraße 271-9c
Rostocker Straße 270-3a
Rotweinstraße 271-2c
Rüdesheimer Straße 244-12a
Rundes Eck 245-11d

Saalbaustraße 271-9c
Salierstraße 245-11d
Sandstraße 271-1a
St.-Kilian-Straße 245-11c
San-Pietro-Straße 271-2a
Schifferstraße 244-12a
Schillerstraße 271-2c
Schloßbergstraße 271-8d
Schmittgasse 271-2b
Schubertstraße 244-9c
Schützenpfad 271-1d
Schulstraße (12) 271-2c
Schwabenheimer Straße 271-9c
Sebastian-Münster-Straße (3) 245-11d
Selzmühle 271-9c
Selztalstraße 271-1b
Sichelpfad 245-11c
Silzweg 245-12a
Spielpark „Blumengarten" 245-11a
Sporkenheimer Straße 244-12c
Starenweg 245-11c
Stauferring 245-11d
Steckweg 245-9a
Steig 245-12d
Steingasse 245-11d
Sternbornstraße 245-11d
Stettiner Straße 270-3d
Stevenagestraße 271-2c
Stiegelgasse 271-5a
Stresemannstraße 271-1b
Synagogenplatz (19) 271-5a

Talstraße 244-9c
Tannenweg 244-12d
Tassilostraße 271-9c
Taunusstraße 271-2c
Theodor-Fliedner-Straße 270-3b
Tiefenweg 245-12d
Tilsiter Straße 270-3b
Tulpenweg 244-11d
Turnerstraße 271-2b
Turnierstraße 245-11d

Ulmenstraße 244-12c
Ulrichstraße (11) 271-2b
Unterböhl 245-11d
Untere Froschau (16) 271-2c
Untere Muhl 244-12d
Unterer Schenkgarten 271-4b
Unterer Zwerchweg 271-1d
Untere Sohlstraße 271-1b
Untere Stiftstraße 245-11d

Veit-Stoß-Straße 270-3b
Vorderböhl 245-11d
Vordere Flecht 271-2a
Vorderer Böhl 245-11a
Vorm Hammergässer Tor (23) 271-1d

Wackernheimer Straße 245-12c
Waldeck 270-6b
Waldeckstraße 271-4b
Waldstraße 244-12d
Wallbrunnstraße 271-9c
Weimarer Straße 270-3c
Weinheimer Weg 244-12b
Welfenstraße 245-11d
Westerhausstraße 271-4b
Wiesenstraße 244-12a
Wilhelm-Leuschner-Straße 271-2a
Wilhelm-von-Erlanger-Straße 245-11c
Winkeler Straße 244-9c

Zanggasse (5) 245-11d
Zuckerberg (6) 245-11d
Zur Eulenmühle 271-8b
Zur Pfingstwiese 244-11c

Johannesberg
PLZ 63867

Adam-Fell-Straße 263-3a
Altstadt 263-3a
Am Großen Acker 237-12d
Am Hang 237-10b
Am Honigacker 237-12d
Am Kapellchen (1) 263-3b
Am Klinger 263-5a
Am Oberwald (3) 263-3a
Am Sportplatz 263-5b
Am Steig 237-12c
Am Wingert 237-10b
An der Hardt 237-12d
Aschaffenburger Straße 263-3c

Bergstraße 237-12c
Birkenstraße 264-1a
Bornfeld 263-5a
Bornwiesenstraße (2) 263-3a
Breunsberger Straße 263-3b
Buchackerstraße 238-10d

Denkmalstraße (4) 263-3a
Dorfstraße 263-3a

Erlenweg 238-10d

Feldweg 263-5a
Frankenstraße 238-10d
+ 264-1b
Friedenstraße 263-3b
Frommersgrund (6) 263-3b

Gartenstraße 263-3c
Gelnhäuser Straße 237-12d
Goethestraße 237-12d

Hainfeldweg 263-3c
Hartenberg (1) 237-10b
Hauptstraße 263-3a
Heidstraße 263-3a
Heppenberg 263-2c
Hörsteiner Straße 237-10b

Im Gründchen 237-12d
Im Grund 263-5c

Johannesstraße 263-2b

Kahlgrundstraße 238-10d
Kapellenstraße 238-10d
Kettelerstraße 263-2b
Kilianstraße (5) 263-3a
Kirchenweg 263-5a
Kleefleckenstraße 263-3a
Kolpingstraße 237-10b
Kressenberg 237-10b

Lindenstraße 238-10d
Ludwigstraße 263-3a

Marienstraße 263-3a
Mittelstraße 263-3c
Mühlbergstraße 263-3a

Nebenstraße 263-3a

Oberafferbacher Straße 263-3a
Oberfeldweg 263-1d

Ringstraße 263-3a
Rückersbacher Straße 263-2b

Sattelhecke 263-2d
Schillerstraße 237-12d
Schluchtblick 237-10b
Schulstraße 263-2b
Seestraße 263-2d
Seles Dreispitze 263-3a
Sonnenbergstraße 237-10b
Spessartstraße 237-12d
Steckfeldweg 263-5a
Steinacker 263-5a
Steinbacher Straße 263-2c
Sternberg 237-10d
Sudetenlandstraße 237-12d

Tannenstraße 264-1a

Uhlandstraße 237-12d
Ulmenstraße 238-11c
Untere Sattelhecke 263-2c
Unterklinger 263-5a

Waldstraße 263-3a
Waldweg 237-11a
Wiesengrundweg 263-5c
Wiesenrainweg 263-5c

Jugenheim in Rheinhessen
PLZ 55270

Am Kandelbaum 297-8b
Angergasse 297-9a
Auf dem Wallgraben 297-9c
Auf der Benn 297-9a

Bachweg 297-8c
Bahnhofstraße 297-9c
Burgunderstraße 297-9c

Edelsberg 297-9a

Gartenstraße 297-9a
Gewerbegebiet Wiesenweg 297-9b
Gossbach (7) 297-9a

Hauptstraße 297-8b
Haus Jugenheim 297-9c
Hintergasse 297-9a
Holzweg 297-8c

Im Lauenstein 297-8d
Im Wiesenweg 297-9b

Jahnstraße 297-9a

Kirchgasse 297-9a
Krainergasse (5) 297-9a

Lohweg 297-9c

Mainzer Straße 297-9a
Mittelweg 297-8c
Mühlgasse (3) 297-9a

Neuweg 297-8b

Oberhöffener Straße 297-9b

Raiffeisenstraße (9) 297-9a
Rieslingstraße 297-9a
Ruländerstraße (8) 297-9c

St.-Georgen-Weg 297-9c
Schanzenkorb (6) 297-9a
Schulstraße 297-9a
Silvanerstraße 297-9c

Waldweg 297-8c
Weedgasse (4) 297-9a

Zimmermannsallee 297-8d
Zum Goldberg (1) 297-9a
Zum Wald 297-8d
Zum Weingarten (2) 297-9a

Kahl am Main
PLZ 63796

Ahornweg 235-5c
Akazienweg 235-5c
Alter Graben 235-5b
Am Binnsack 235-3c
Am Christensee 235-2d
Am Glockenzehnt 235-5b
Am Goldberg 235-2d
Am Ochsensee 235-2d
Am Sportfeld 235-2c
An den Franzosenäckern (3) 235-5a
An der Nachtweide 235-6a
An der Stockwiese (3) 235-3c
Anton-Schnack-Straße 235-3c
Aschaffenburger Straße 235-5b
Auestraße 235-4d

Backgasse (5) 235-2d
Bahnhofsplatz 235-2a
Bahnhofstraße 235-2d
Bayernstraße 235-2c
Beethovenplatz 235-5b
Bergwerkstraße 235-5c
Berliner Platz (6) 235-2b
Berliner Straße 235-2b
Birkenanger 209-11d
Birkenhainstraße 235-5c
Bonhoefferstraße 235-5a
Breslauer Straße 235-2b
Brombeerweg (12) 235-5c
Bruchgraben 235-5b
Bruchwaldstraße 235-5d
Brückenweg 235-5b
Brühler Straße 235-5c
Buchenhag 209-11d
Buchenweg 235-5c
Bürgermeister-Will-Weg 209-11c
Burgweg 235-5a

Danziger Straße 235-2b
Delpstraße 235-5a
Dresdener Straße 235-2b
Düsseldorfer Straße 235-5c

Eichenweg 235-5c
Erfurter Straße 235-2b
Erlenweg 235-5c

Ferienpark „Schloß Emmerichshofen“
209-11a
Festhallenstraße 235-5b
Forststraße 235-2a
Freigerichter Straße 235-2b
Friedenstraße 235-5b
Friedhofstraße 235-5d

Gabelsberger Straße 235-5b
Galgenrain 235-2d
Gewerbegebiet Mainfeld 235-4b
Gewerbegebiet Nord 235-2a
Gewerbegebiet Ost 235-3a
Gewerbegebiet West 235-2c
Goethestraße 235-5b
Graslitzer Straße 235-2b
Grube-Friedrich-Straße 235-5a
Grubenstraße 235-5a

Hägweg 235-5d
Hahnenkammstraße 235-2d
Hanauer Landstraße 235-2a
Haselnussweg (9) 235-5c
Hauptstraße 235-5b
Heidtanne (4) 235-2d
Hörsteiner Weg 235-5b
Holunderweg (10) 235-5c

Im Bruckfeld 235-5a
Im Mainfeld (8) 235-5a
In den Erlichgärten 235-5a
In den Vierzehnmorgen 235-2d
Industriestraße 235-2d
Jahnstraße 235-5b

Kahlwiesenstraße 235-2d
Karlsbader Straße (5) 235-2b
Kiefernhügel 209-11c
Kiefernweg 235-5c
Kieselkaut (1) 235-3c
Kirchgasse 235-5b
Kirchweg 235-5d
Kirchwegtannen (13) 235-5d
Kölner Straße 235-5c
Königsberger Straße 235-2a
Krotzenburger Straße 235-2c

Lange Hecke 235-3a
Langgasse 235-5b
Leinritt 235-4d
Leipziger Straße 235-2b
Lerchenrain 235-5a
Lindenhain 209-11b
Lindenhof 209-11b
Lindenweg 235-5c
Lohmühle 235-5a

Magdeburger Straße 235-2b
Mainstraße 235-5a
Mainuferweg 235-4d
Max-Planck-Straße 235-5c
Mittelstraße 235-5a
Mozartstraße 235-6a
Mühlenstraße 235-5a

Naßmühlweg 235-5a
Nautica 209-11a
Nikolaus-Wahl-Straße (2) 235-3c

Ober der Sandmühle 235-3c
Obere Fallermühle 235-5b
Obere Insel 235-3c
Odenwaldstraße (1) 235-2c
Ostlandstraße 235-5a
Ostring 235-5d

Paradies 209-11d
Pfarrer-Lippert-Platz (6) 235-5b
Portenstraße 235-2d
Poststraße 235-2c
Potsdamer Straße 235-2b
Prischoßstraße 235-6a

Querstraße 235-2d

Richard-Wagner-Straße 235-5d
Rohrgraben 235-5b

Sälzerweg 235-5d
Sandlache 235-5b
Sandmühle 235-3c
Sandmühlweg 235-2d
Sandweg 235-2c
Schäferei-Mühle 235-5a
Schäfereiwiesenweg 235-5a
Schifflache 235-3a
Schillerstraße 235-5b
Schlehenweg (11) 235-5c
Schloß Emmerichshofen 209-11b
Schubertstraße 235-5d
Schwanenufer 209-11d
Schweriner Straße 235-2b
Seespitz 209-11d
Seestraße 235-2d
Seligenstädter Weg 235-5c
Selig-Pfad (2) 235-2c
Spessartstraße (7) 235-2d
Stettiner Straße 235-2b

Tanneck 209-11b
Taunusstraße 235-2c
Theodor-Simoneit-Straße 235-3a
Theresienstraße 235-5b
Torgasse 235-5b

Ulmenweg 235-5c
Umgehungsstraße 235-2c
Untere Fallermühle 235-5a

Villefontainer Platz 235-5b
Vita-Parcours 235-3a

Waldstraße 235-5b
Wallweg 209-11c
Wasserloser Weg 235-6a
Weingartenstraße 235-5a
Westendstraße 235-2c
Westring 235-5c
Wiesenweg 235-5b
Wilhelm-Groenemayer-Straße 235-4d

Zechenstraße 235-5b
Zum Kapellchen (7) 235-5a
Zur Sandmühle 235-3c

Kaltenholzhausen
PLZ 65558

Am Borngarten 94-10b
An der Ringstraße (1) 94-10b

Burgschwalbacher Straße 94-10b

Gartenstraße 94-7d

Im Brückgraben 94-7d
Im großen Acker 94-10b

Jahnstraße 94-11a

Kirberger Straße 94-7d
Kirchgasse 94-7d

Netzgraben 94-10b

Ringstraße 94-7d

Schulstraße 94-10b

Talblick 94-10b
Tannenweg 94-10b

Waldstraße 94-10b

Karben
PLZ 61184

Ahornweg 153-2d
Albert-Schweitzer-Straße (13) 153-2d
Altebergweg 129-7d
Alte Haingasse 128-11b
Alte Heerstraße 128-11d
Alte Römerstraße 154-1d
Alte Römerstraße (Okarben) 129-7b
Alte Straße 153-1c
Altkönigstraße 129-11d
Am-Alten-Sportplatz 128-11b
Am Breul 153-2c
Am Dicken Turm (3) 128-11d
Am Fliederbusch (9) 153-2b
Am Großen Stein 153-6a
Am Hain 153-6d
Am Hang 153-1b
Am Hellenberg 153-5b
Am Heroldsrain 129-10c
Am Hochholz 129-9d
Am Kirchfeld 153-1c
Am Kirschenberg 153-2b
Am Lindenbaum (17) 153-5b
Am Ludwigsbrunnen 129-11d
Am Mühlweg 153-9a
Am Park 153-2b
Am Petershof 129-10b
Am Römerkastell 129-10b
Am Rollgraben 130-7c
Am Sand 153-2d
Am Schloß 152-3d
Am Spitzacker 129-10c
Am Straßberg 129-7d
Am Tiefen Born 129-7d
Amtskellerstraße (2) 128-11d
Am Warthweg 129-10c
Am Weißen Stein 129-11d
Am Wiesenrain 153-5b
An der Hochburg 153-9a
An der Landwehr 152-1b
An der Treppe (18) 153-5b
Arnsburger Straße 128-12c
Assenheimer Straße 129-11d
Auf dem Berg (6) 153-6d
Auf den Ellern (19) 153-5b
Auf der Warte 153-2a
August-Bebel-Straße 153-2b
Aussiedlerhöfe 153-6b

Bäckergasse (12) 153-6d
Bahnhofstraße 153-1a
Bahnstraße 129-10b
Berenger Straße 128-11b
Bergstraße 153-6a
Berliner Straße 129-9c
Bindweidgraben 129-9b
Bindweidring (6) 129-9b
Birkenweg 153-2d
Bismarckstraße 153-6c
Bogenstraße (3) 129-7d
Bornmühle 153-6c
Bornweg 129-10b
Bornwiesenweg 153-6c
Brauweg 128-11d
Breslauer Straße (1) 129-7d
Brückmannscher Hof (4) 153-2b
Brunnenstraße 153-1b
Buchenweg 153-2d
Büdesheimer Straße 153-5b
Burg-Gräfenröder-Straße 153-2b
Burgstraße (3) 129-9b

Chattenweg 128-12c
Christinenstraße 153-2d

Danziger Straße 128-11d
Deutschherrenweg 152-3d
Die Fuchslöcher 152-3a
Die Mauergärten 128-11d
Dieselstraße 153-2c
Dögelmühle 129-11c
Dorfelder Straße 153-6d
Dornbachweg 153-6d
Dortelweiler Straße 153-5b

Egerländer Straße (11) 153-2d
Egerstraße 128-12a
Eichendorffstraße 128-12c
Einsiedelweg 129-9b
Elisabethenstraße 153-2d
Ellernstraße 153-5b
Erich-Kästner-Straße 153-2d
Erlenweg 153-2d
Ernst-Reuter-Straße 129-9b

Falkensteinstraße 128-11d
Falkenweg 129-7d
Fasanenhof 129-11c
Feldbergstraße 153-9a
Feldcheshohl 153-6a
Feldstraße 129-10b
Feldweidweg (16) 153-6d
Flurstraße 129-7d
Forsthausstraße 130-7c
Frankenweg 128-11d
Frankfurter Straße 153-1c
Freiherr-vom-Stein-Straße (6) 153-2b
Freihofstraße (5) 129-9b
Friedberger Straße 129-10c
Friedberger Weg 129-7d
Friedensstraße 129-10b
Friedhofsweg 129-7d
Fritz-Ebert-Straße 153-2b
Fuhrweg 153-6d
Fuldaer Weg (7) 128-11d

Gartenstraße 153-2d
Geleitsweg 152-3c
Georg-Büchner-Straße 153-6d
Geringsweg 153-1b
Gewerbegebiet Okarben-Süd 129-10a
Goerdelerstraße 153-6d
Goethestraße 153-2d
Grenzhöfe 152-3c
Grenzweg (Burg-Gräfenrode) 129-9d
Grenzweg (Klein-Karben) 153-6a
Gronauer Straße 153-5b
Gronauer Weg 153-9a
Großgasse 129-10b
Günter-Reutzel-Weg 153-5b
Gutenbergstraße 128-12c

Hainbuchenstraße 129-11d
Haingasse 153-6d
Haingraben 153-2b
Hanauer Straße 153-2d
Hauptstraße 129-10b
Heidegasse 153-2b
Heilighäuser Ring 129-10b
Heinrich-Steih-Straße (14) 153-6d
Heinrich-Walter-Ruh' 154-1c
Heinrich-Walter-Straße (17) 153-6d
Heitzhöfer Straße 128-12c
Heldenberger Straße 153-2b
Herbert-Wamser-Weg 129-11b
Herrnwiesenweg 128-11a
Hessenring 153-2a
Hintergasse (1) 129-9b
Hirschbacherstraße (7) 129-9d
Hochholzweg 130-10a
Hochstraße 129-9d
Höfer Weg 128-11d
Höhenweg 153-6a
Holtzmannstraße (6) 128-11d
Holunderweg 129-11d
Homburger Straße 153-2c
Hügelstraße 153-5b

Ilbenstädter Straße 130-7a
Im Niederfeld 129-10b
Im Pfädchen 153-6d
Im Rosengarten (4) 128-12c
Im Sauerborn 153-1a
In den Obergärten 128-11d
Industriestraße 153-2c

Jahnstraße 153-6c
Justus-Liebig-Straße 153-2d

Kaicher Waldweg 154-1c
Kaicher Weg 129-9d
Kantstraße 129-7d
Karbener Weg 153-2d
Karl-Liebknecht-Straße 153-6a
Karlsbader Straße 128-12c
Kastanienweg 153-6a
Kendelgasse (9) 153-6d
Kiefernweg 153-2d
Kirchgasse 153-5b
Kleingasse 129-10b
Klein Karbener Straße 153-6c
Klingelwiesenweg 129-11a
Königsberger Straße 129-7d
Krnover Platz 153-1b
Kurt-Schumacher-Straße (5) 153-6c

Lärchenweg 153-5b
Lea-Weinberg-Straße 153-6d
Lessingstraße 128-12a
Limesstraße (1) 129-11d
Lindenplatz (10) 153-6d
Lindenstraße 129-11d
Lindenweg 153-2d
Lindenweg (14) 153-2d
Löwengasse (5) 153-2b
Lohgasse 153-6a
Lorscher Weg 128-11d
Ludwigstraße 129-11d
Luisenstraße 153-5b
Luisenthaler Straße 153-1b

Marienbader Straße 129-10b
Marienhof 130-10d
Marienstraße (15) 153-5b
Marktplatz 153-5b
Martin-Luther-Straße 153-2b
Martinskirchgasse (1) 128-11d
Max-Planck-Straße 153-2c
Mittelgasse (11) 153-6d
Mittelweg (5) 129-10b
Mühlgasse 129-11c

Naumburger Weg 153-6d
Neugasse 129-7d
Neumühle 128-12d
Niddastraße 129-10b
Nieder-Wöllstädter Straße (2)
129-9b
Nordweg 129-7d

Ober-Erlenbacher Straße 152-2d
Obergasse 153-6d
Oberpetterweiler Weg 128-11d
Oberpforte (3) 153-6d
Odenwaldstraße 153-1b
Östliche Ringstraße 129-11d
Ortsguldenwaldweg 154-1c

Pappelweg 153-6a
Paradiesweg 153-1d
Parkstraße 153-2a
Pestalozzistraße 153-2b
Peter-Geibel-Straße 153-2d
Petterweiler Straße 128-12d
Petterweiler Weg (8) 153-2b
Pfadfinderweg 128-12a
Pfaffenlochweg 153-3d
Pfarrer-Flick-Straße 128-11d
Pfarrgasse (8) 153-6d
Philipp-Reis-Straße 153-2b
Platanenweg 153-5b

Quellenstraße 129-11d
Querstraße (10) 153-2d

Raiffeisenstraße (12) 153-2d
Ramonville-Straße 153-2a
Rathausplatz 153-2a
Rathausstraße 153-5b
Rathenaustraße (10) 128-11d
Reichenberger Straße (2) 129-7d
Rendeler Straße 153-2d
Riedmühle 128-12b
Riedmühlstraße 128-11b
Rittergasse (16) 153-5b
Robert-Blum-Anlage 128-11b
Robert-Blum-Straße 128-11d
Robert-Bosch-Straße 153-1d
Robert-Koch-Straße 153-2d
Rodheimer Straße 128-11b
Rodheimer Weg 129-7c
Röder Weg 129-11d
Röhnstraße 153-1a
Römergasse 129-7d

Saalburgstraße 129-7d
Sackgasse (13) 153-6d
Sandkaute (2) 153-6d
St.-Egrève-Straße 153-2a
Sauerbornstraße 128-11d
Scharmühle 153-9c
Scheidweg (1) 153-6d
Schillerstraße 153-2d
Schlinkenweg 128-11d
Schloßstraße 128-11d
Schöne Aussicht 129-7d
Schulstraße 153-2d
Schultheisenwiese 154-7d
Schwengelgasse 128-11d
Seifweg 153-3b
Selzerbachweg 153-2d
Selzerbrunnen 129-10d
Siedlerstraße 129-10b
Siedlung Eckartsgraben 152-2b
Silberwiesenweg 128-12d
Sohlweg 129-9d
Solmser Weg 128-11d
Sonnenblick (15) 153-6d
Spessartstraße 153-2d
Stauffenbergstraße 153-6c
Steingasse (5) 128-11d
Stettiner Straße 128-12c
Strackgasse 130-7a
Streitweg 130-10a
Stresemannstraße (9) 128-11d
Sudetenstraße 128-12c

Tannenweg 153-3c
Taunusblick 153-6c
Taunusbrunnen 153-1b
Taunusstraße 153-1a
Theodor-Heuss-Straße 153-6c
Tränkgasse (4) 129-10b
Tulpenweg (8) 128-11d

Über dem Fuhrweg 153-6d
Uhlandstraße 153-2d
Ulmenweg 153-5b
Untere Baumwiese 153-2a
Untergasse 129-10d

Valence-en-Brie-Platz (7) 153-6d
Vilbeler Straße 128-11d
Vogelsbergstraße 153-1a

Wächtergasse (2) 129-11d
Waldhohlweg 153-2b
Waldstraße (4) 153-6d
Walter-Rohmeis-Straße 128-11b
Wasserweg 153-6a
Weedgraben (4) 129-9b
Weingartenstraße 153-2b
Weißenburgstraße 129-9b
Westerwaldstraße 153-1a
Westliche Ringstraße 129-11d
Wetterauer Straße 130-7a
Wiesenbrunnen 128-12a
Wiesenstraße 129-10b
Wilhelm-Busch-Straße 153-2c
Wilhelmstraße (3) 153-2b
Wingertweg (7) 153-2b

Ysenburger Straße 128-11d

Zingelweg 129-10b
Zum Schelmenrod (18) 153-6d

Karlstein am Main
PLZ 63791

Ahornweg 236-10b
Alemannenring 235-9d
Alfons-Schneider-Straße 235-9c
Alpenstraße (3) 235-9a
Alte Gasse 235-8c
Alte Straße 236-10c
Alzenauer Straße 235-9a
Am Friedhof 236-10c
Am Haggraben 236-10d
Am Humelsee 236-7c
Am Kieswerk 235-9b
Am Kimmelsteich 235-8a
Am Leinritt 235-9c
Am Oberborn 235-9c

Am Schafrain 235-8d
Am Sportplatz 236-10c
Am Stadtweg 235-8c
Am Wiesenpfad 235-8d
Am Wörth 235-8c
An den Hirtenäckern 235-7d
An der Kipp 235-5c
An der Waldschule 235-8b
Auenstraße 236-10a
Auwanne 236-10a
Azaleenweg 236-10b

Bachstraße 235-9c
Bahnhofstraße 236-7c
Bahnposten 235-9b
Barbarossapfad 235-8b
Bayernstraße 235-8b
Beethovenstraße 235-9c
Bergwerkstraße 235-8a
Berliner Straße 235-8d
Birkenstraße 235-9d
Brentanostraße 235-8b
Breslauer Straße 235-8d
Bruchhäuser Weg 235-9c
Brückenstraße 236-10c
Brunnenstraße (3) 236-10c
Buchenstraße (2) 236-10d

Danziger Straße 235-8d
Dettinger Hütte 236-12a
Dettinger Straße 235-9c
Dürerstraße 235-12b
Düsseldorfer Straße (3) 235-5c

Egerlandstraße 236-10d
Eichendorffstraße 235-9d
Eichenweg 236-10b
Eifelstraße 235-9a
Erlenstraße 235-9d
Eschenweg 236-10b

Feldstraße 235-12b
Fichtenstraße 236-10b
Fliederweg 236-10b
Florian-Geyer-Straße (8) 235-8d
Frankenstraße 236-10c
Freigerichtstraße 235-9a
Friedensstraße 236-10a
Friedhofstraße 235-8d

Gewerbegebiet „An den Hirtenäckern" 235-7d
Goethestraße 235-12b
Graslitzer Straße (9) 235-9d
Grönemeyerstraße (4) 235-4d
Grubenweg 235-5c

Händelstraße 235-12b
Haggasse 236-10a
Hahnenkammstraße 236-10a
Hanauer Landstraße 235-12b
Hauptstraße 235-8d
Haydnstraße 235-9d
Hörsteiner Straße 236-10a
Hörsteiner Weg 235-9c
Holzweg 236-10c
Hugo-Dümler-Straße 235-9d

Im Bornfeld 236-10c
Im Sandfeld 236-10b
In den Baumstücken 236-10c
Innovations-Park Karlstein (IPK) 235-7d

Jahnstraße 235-8d
Julius-Kleemann-Straße 236-10a

Kahler Stadtweg 235-7c
Kahler Straße 235-9c
Kapellengasse (4) 235-8d
Kardinal-Döpfner-Straße (6) 235-9c
Karlsbader Straße 235-8d
Karlsplatz 236-10a
Karolingerring 235-9c
Kettelerstraße (2) 235-5c
Kilianusbrücke 235-12d
Kirchgasse (6) 236-10a
Kirchweg 235-5d
Klostergasse 235-8d
Kölner Straße 235-4d
Königsberger Straße 235-8d
Krefelder Straße (1) 235-4d
Kurmainzer Straße 236-10a

Lachenwörthsweg 235-7a
Lerchenbergstraße 235-8d
Lessingstraße 235-12b
Limesweg 235-8d
Lindigstraße 236-10a
Linke-Maingasse 236-10c
Luitpoldstraße 236-10a

Mainflinger Straße 236-10c
Mainplatz 236-10a
Mittelberg 235-7d
Mittelstraße 235-8d
Mittelweg 235-7d
Mozartstraße 235-9c
Mühlweg 235-8b
Münchener Straße 235-8d

Neue Hörsteiner Straße 236-10c

Obergartenweg (7) 235-9c
Odenwaldstraße (2) 235-8b
Otto-Hahn-Straße 235-5c

Parkstraße (5) 236-10a
Posener Straße (1) 235-8d

Querstraße 235-9c

Rechte Maingasse 235-12b
Rhönstraße 235-9d
Richard-Wagner-Straße 235-9c
Römerstraße 236-10b

St.-Kilians-Platz 235-8d
Schiffweg 236-10b
Schillerstraße 235-12b
Schlesierstraße 236-10d
Schleusenweg 235-8d
Schubertstraße 235-12b
Schulstraße 235-9d
Seegraben 235-5c
Seestraße 235-8b
Seligenstädter Straße 235-7d
Spessartstraße 235-8d
Stifterstraße 235-9d
Sudetenstraße (1) 236-10d

Tannenstraße 236-10d
Taunusstraße 235-12b
Teichweg 236-10a
Trierer Straße 235-5c

Uhlandstraße 235-9d
Ulmenstraße 235-8b
Untergartenweg 235-8d

Vinzenz-Rüfner-Straße (4) 236-10a

Waldstraße 235-9a
Walinesheimer Straße 235-5c
Wasserloser Weg (5) 235-9c
Weingartenstraße 235-9c
Welzheimer Straße 235-12b
Wendelinusstraße 235-9a
Wiesenweg 235-9c
Wingertstraße (7) 236-7c
Würzburger Straße 235-8d

Zeche Gustav 235-4d

Katzenelnbogen
PLZ 56368

Aarstraße 116-4a
Am Hohlweg 116-1c
Am Reitpfad 116-4c
Am Schulzentrum 116-4a
An der Hundemühle (2) 116-4c
Auf der Wahnsbach 116-1c

Bahnhofstraße 116-4a
Barbara Weg (3) 116-4a
Bastianstraße 116-4c
Borngasse 116-4a
Burgstraße 116-4a

Einrichstraße 116-4c
Eisensteinfeld 116-4a

Feldstraße 116-4a
Friedensstraße 116-4a

Glückauf 116-4a
Grubenweg (4) 116-4c
Gut Margaretenhof 116-4b

Hessenstraße 116-3c
Hibernia 92-12c
Hockenberg 116-1c
Hofstraße 116-4a
Hohlweg 116-4a

Im Gänsberg 116-4a
Im Herrngarten 116-4a
Im Kienborn 116-4a
In der Weiherwiese 116-4a
Itzhäusermühle 116-4c

Kirchweg 116-1c

Mühlgasse 116-4c

Neumühle 116-4c

Obertalstraße 116-4a

Parkstraße 116-4c

Römerberg (1) 116-4a

Stiftstraße 116-4a

Untertalstraße 116-4a

Kaub
PLZ 56349

Adolfstraße 188-11a
Asbach 188-9c
Auf der Mauer 188-11a

Bäckersgäßchen (9) 188-11a
Bahnstraße 188-11a
Blücherbach (3) 188-10b
Blücherstraße 188-11a
Blumenstraße (6) 188-11a

Gartenstraße 188-10b

Hochstraße 188-11a

Karolinenstraße (8) 188-11a
Kauber Platte 188-9c
Kirchplatz 188-11a
Kreuzweg (1) 188-10b

Loreley-Burgen-Straße 188-8c
Loreleystraße 188-12b
Luisenstraße (10) 188-11a

Manneweg 188-10b
Marktstraße (4) 188-11a
Metzgergasse 188-11a

Poststraße (2) 188-10b

Rheinuferstraße 188-10b

Schloßweg (5) 188-11a
Schulstraße 188-10b

Wilhelmstraße (7) 188-11a

Zollstraße 188-11a

Kefenrod
PLZ 63699

Auf den Ellern 112-3b

Bergstraße (3) 113-3a
Bruchweg 113-3a

Frankfurter Straße (2) 113-3a

Höhenstraße 113-3a

In den Ellern 112-3b

Kirschbaumstraße 113-3a

Obergasse 113-3a

Schlagmühle 113-1a

Talstraße 113-3a

Wiesenweg 113-3a

Kelkheim (Taunus)
PLZ 65779

Adalbert-Stifter-Straße 174-7c
Adam-Opel-Straße 200-5a
Adolfshöhe (1) 174-7d
Albert-Lortzing-Straße (9) 200-1d
Allensteiner Straße (2) 200-1b
Alte Königsteiner Straße 200-1d
Altenburger Weg (5) 200-1b
Altenhainer Straße 173-9c
Alter Weg (1) 173-4a
Alte Schulstraße 174-10c
Altkönigstraße 174-10c
Am Ackerbusch 173-4a
Am Alten Born (3) 173-8d
Am Alten Rathaus 173-1d
Am Berg 173-12d
Am Buchwald 173-4a
Am Feldbergblick 200-1a
Am Flachsland 173-12b
Am Fliedergarten 200-1c
Am Forum (9) 173-12d
Am Groborn 173-4a
Am Grünen Baum 173-8b
Am Haferpfad 173-12a
Am Helleberg 173-4b
Am Hirtengraben 173-8d
Am Hohenstein 173-12a
Am Hühnerberg 173-12a
Am Kirchplatz 200-1d
Am Krummorgen 174-10a
Am Liehberg 172-3d
Am Mannstein 173-11b
Am Marktplatz 174-10c
Am Ochsenborn 173-4a
Am Pfarreck 200-1c
Am Reis 173-9d
Am Reitplatz 200-1c
Am Rosengarten 200-1c
Am Rosenwald 173-1d
Am Schieferberg 200-1b
Amselweg 174-7d
Am Sonnenhang 173-1d
Am Sonnenhof 200-5c
Am Sportplatz 173-2c
Am Steinbruch 173-1c
Am Tulpengarten 200-1c
Am Waldeck 199-3b
Am Weiherhaag 173-4a
Am Wolfes 173-1d
Am Wolfsgraben 173-11b
Am Zeilsheimer Weg 200-5a
An den Römergärten 173-12d
An der Dornheck 173-9c
An der Viez 200-1d
An der Winkelheck 173-4a
An der Ziegelei 173-8a
Andreas-Faust-Straße 173-8d
Atriumweg (4) 173-12d
Atzelbergweg 173-1c
Auf der Herrnmauer 173-9d

Bahnstraße 174-10c
Beethovenstraße 200-1d
Behringstraße 173-8a
Benzstraße 200-4b
Bergstraße 173-11b
Berliner Ring 174-10c
Bettina-von-Arnim-Straße 173-9d
Beuthener Straße 200-1b
Birkenstraße 173-9a
Birnheck 173-1d
Borngasse 200-1d
Brentanostraße 173-9d
Breslauer Straße 200-1b
Brühlweg 173-8d
Brüningstraße 173-8a
Brunhildenweg 174-10a
Brunnenstraße 173-8d
Buchenweg (2) 173-9a
Burgweg 173-11b

Carl-Orff-Straße 200-1d
Charlottenweg 174-10a
Constantinweg (8) 173-12d

Danziger Straße 200-1b
Der alte Bachweg 200-2c
Dieselstraße 200-4b
Dingesweg 174-10a
Dr.-Egenolf-Straße 173-12d
Drosselweg 174-10b

Egerländer Straße 173-11b
Ehlhaltener Straße 172-6b
Ehlhaltener Weg 173-1a
Eibenweg 173-6c
Eichenstraße 173-9a
Eichkopfstraße 173-1d
Eifelstraße 173-9c
Enggasse (1) 173-8b
Eppenhainer Straße 173-4a
Eppsteiner Straße 173-8c
Ernst-Moritz-Arndt-Straße 200-1c
Eschenweg 173-6c

Falkensteiner Straße 173-12d
Fasanenstraße 174-7c
Feldbergstraße 174-10a
Fichtenweg 173-6c
Fife-Straße 200-4b
Finkenweg 174-7d
Fischbacher Kirchgasse (5) 173-8d
Fischbacher Straße 173-12b
Flörsheimer Straße 200-1d
Frankenallee 200-1a
Frankfurter Straße 174-10c
Franz-Schubert-Straße 200-1d
Freiherr-vom-Stein-Straße 200-1c
Friedrichstraße 174-10c

Gärtnerweg 173-1d
Gagernring 173-12b
Gartenstraße 173-8d
Gartenstraße (3) 173-8d
Gewerbegebiet Hühnerberg 173-12a
Gimbacher Tann 173-12d
Gimbacher Weg 173-12c
Gleiwitzer Straße (4) 200-1b
Glogauer Straße 200-1b
Görlitzer Straße 200-1b
Grabengasse (4) 173-8d
Großer Haingraben 174-10c
Grüner Weg 173-8d
Gundelhardtstraße 199-3b
Gundelhardtweg 199-3b
Gustav-Adolf-Straße 174-10c

Haingraben 173-8d
Haingrabenweg 174-7c
Hainkopfstraße 173-4a
Hainpfad 200-1a
Hallwielweg 200-1d
Hattergraben 174-11a
Hattersheimer Straße 200-1d
Hauptstraße 174-10c
Heinrich-von-Kleist-Straße 174-7c
Herlenstückshaag 173-1c
Hermann-Löns-Weg 174-7c
Hirschberger Straße 200-1a
Hochstraße 174-10c
Höchster Straße 200-1a
Höhenstraße 200-1a
Hölderlinstraße 173-9d
Hof Gimbach 173-12c
Hofheimer Straße 200-1d
Hohlweg 173-1d
Hornauer Straße 174-7c
Hügelstraße 199-3b
Hunsrückstraße 173-12a

Im Birkenfeld 173-4c
Im Förstergrund 173-12d
Im Hain (5) 173-12d
Im Herlenstück 173-1c
Im Herrnwald 200-1a
Im Kleinen Grund 173-1d
Im Schmidtstück 173-2c
Im Schulzehnten 173-8c
Im Stückes 174-10a
Im Unterdorf 173-8b
Im Vogelshaag (1) 173-1d
In den Bleichwiesen 174-10a
In den Erlen 173-2c
In den Krautgärten 200-2c
In den Padenwiesen 200-2c
In den Wickgärten 173-4a
In der Eulsheck 173-8d
In der Heufahrt (2) 173-4b
Industriestraße 200-1d
Insterburger Straße 200-1b

Jahnstraße 200-1c
Johann-Strauß-Straße 200-1a
Joseph-Haydn-Straße (8) 200-1d

Kapellenbergstraße (6) 200-1d
Karolingerstraße 174-10c
Kastanienweg (1) 173-9a
Kelkheimer Straße 173-8d
Kiefernstraße 173-6c
Klosterberg 174-10c
Köhlerweg 173-1d
Königsberger Straße 173-8d
Königsteiner Straße 174-7d
Königsteiner Weg 200-2a
Kramerweg 172-3b
Krifteler Straße (7) 200-1d
Kronberger Straße 200-1b
Kuckucksweg 174-7c
Küstriner Straße (1) 200-1b

Lärchenstraße 173-9a
Langstraße 173-8b
Leipziger Straße 173-11b
Lerchenweg 174-7d
Lessingstraße 173-9d
Liebespfad 173-6a
Liederbachstraße 174-10c
Liegnitzer Straße 200-1b
Lindenweg 173-9a
Lise-Meitner-Straße 200-5a
Liviushof (6) 173-12d
Lorsbacher Straße 200-1a
Ludwig-Schäfer-Weg 173-1c
Luisenstraße 173-12b

Mainblick 174-10d
Margarete-von-Wrangell-Straße 200-5a
Marienburger Straße (3) 200-1b
Marion-Hunten-Weg (5) 173-4a
Max-Planck-Straße 200-4b
Meisenweg 174-7c
Memelstraße 173-8d
Merowinger weg 174-10c
Mittelweg 174-10c
Mörikestraße 173-12b
Mozartstraße 200-1d
Mühlstraße 174-10c
Mühlwiese 200-1d
Münichwieser Straße 173-11b
Münsterer Straße 200-1a

Nach dem Busch 174-11c
Nachtigallenweg 174-7c
Neue Heimat 200-1a
Niederhofheimer Straße 200-1b
Nonnbornstraße 200-1d

Ober den Birken 173-4b
Odenwaldstraße 173-12a
Offterdingenstraße 174-7c

Pappelweg 173-9a
Paradiesweg 173-8d
Parkanlage Mühlgrund 174-10a
Parkstraße 200-1a
Patrizierhof (7) 173-12d
Paul-Ehrlich-Straße 200-5a
Pestalozzistraße 174-10c
Philipp-Kremer-Straße 173-12d
Promenade 173-1d

Rathausplatz 173-8d
Rettershof 173-6a
Rhönstraße 173-9c
Richard-Wagner-Straße 200-1d
Robert-Koch-Straße 173-1d
Roseggerstraße 173-9d
Rosenweg 173-1d
Rossertrundweg 173-4d
Rossertstraße 173-4c
Rotebergstraße 174-7c
Roteldsweg 173-12a
Rotlintallee (2) 174-10a
Ruppertshainer Straße 173-8b

Sackgasse (2) 173-4a
Sandweg 173-12d
St.-Florian-Platz (3) 174-10c
St.-Matthäus-Straße 173-1d
Schloßborner Straße 172-3d
Schneidhainer Straße 173-12d
Schöne Aussicht 173-8d
Schulweg 173-4a
Schwarzwaldstraße 173-9c
Sellnbach 200-1b
Senatorenweg 173-12d
Sendelbacher Weg 200-1d
Siemensstraße 200-5a
Sodener Straße 173-8d
Spessartstraße 173-12a
Staufenstraße 173-11b
Stettiner Straße 200-1b

Tannenstraße 173-6c
Taunusblick 173-8d
Taunushöhe 199-3b
Taunusstraße 173-12a
Theodor-Storm-Straße 174-7c
Theresenstraße 174-10a
Tilsiter Straße 200-1b

Uhlandstraße 173-9d
Unter den Birken 199-3b
Unter den Eichen 199-3b
Unter den Kastanien 199-3b
Unter den Kiefern 199-3b
Unter den Nußbäumen 173-12d

Victoriaweg 173-2a
Vockenhäuser Weg (4) 173-4a
Von-Reinach-Straße 173-11b

Waldplateau 200-1c
Waldstraße 200-1c
Waldwiese 199-3b
Weberstraße 174-10c
Wehrweg 174-10a
Weilbacher Straße 200-4b
Wiesenstraße 173-4b
Wilhelm-Dichmann-Straße 174-10c
Wilhelmstraße 174-10c
Winkelgasse (2) 173-8b
Wirtsstraße (3) 173-4a

Zeilsheimer Straße 200-1d
Zeilsheimer Weg 200-5a
Zum Bach 200-1a
Zum Gimbacher Hof 173-11b

Kelsterbach
PLZ 65451

Acht-Uhr-Weg (15) 227-5a
Ahornstraße (35) 227-8b
Akazienstraße 227-8a
Albert-Schweitzer-Straße 227-5c
Alte Heegwaldschneise 226-12d
Alter Höchster Weg 227-2c
Alter Mörfelder Weg 227-8b
Altkönigstraße 227-5a
Am Aspenhaag 227-8b
Am Bahndamm 227-5c
Am Dornbusch (5) 227-2c
Am Glanzstoffwerk 227-4d
Am Graf-de-Chardonnet-Platz 227-4d
Am Grünen Weg 227-8b
Am Hasenpfad 227-7b
Am Hinkelstein 227-6a
Am Jägerpfad 227-7a
Am Main 227-7a
Am Mittelfeld 227-5d
Amselpfad 227-5b
Am Staudenwald 227-7a
Am Südpark 227-8a
Am Weiher 227-7b
An der Friedrichshöhe (13) 227-5a
An der Kesselschmiede 227-5d
An der Niederhölle 227-7a
An der Schwedenschanze (6) 227-5b
An der Siedlung 227-8a
Anemonenweg (21) 227-5d
Aspenhagschneise 227-7c
Asternstraße 227-5d
Astheimer Weg (24) 227-5c
Aussiger Straße 227-5b
Azaleenweg (46) 227-5d

Bahnstraße 227-5c
Baugéstraße 227-5d
Bergstraße 227-5a
Berliner Straße 227-7b
Birkenweg (34) 227-8b
Brandenburger Weg 227-7b
Bresstraße 227-5d
Burgstraße 227-2c

Dachsgraben 227-7b
Dahlienstraße 227-5d
Dessauer Weg 227-7b
Dr.-Hans-Jordan-Straße (25) 227-8a
Dr.-Max-Fremery-Straße 227-4d
Donaustraße 226-11b
Dreieichstraße 227-8a

Eddersheimerweg 226-11b
Egerstraße 227-5b
Eichenstraße 227-8b
Elbestraße 227-5c
Elsterberger Weg (49) 227-5d
Erbsengasse 227-5a
Erich-Mühsam-Straße (31) 227-8a
Erlenweg 227-8b

Fasanenweg 227-8d
Feldbergstraße 227-5b
Feldstraße 227-2c
Feuerreiterweg (50) 227-5d
Fichtenweg (28) 227-5d
Fingerhutweg (40) 227-5b
Fliederweg (41) 227-5b
Frankfurter Straße 227-5c
Friedensstraße 227-5c
Friedhofstraße 227-2c
Friedhofweg (1) 227-2c
Friedrich-Ebert-Straße 227-5c
Frodshamstraße (52) 227-5d
Fuchsenweg (37) 227-5d
Fuchssteig 227-7d

Gabelsbergerstraße (22) 227-5c
Gablonzer Weg (9) 227-5b
Gänseblümchenweg (38) 227-5b
Gartenstraße 227-5c
Gelbe Grundschneise 226-12b
Geranienweg (45) 227-5d
Gerauer Straße 227-5c
Gerberaweg (39) 227-5b
Gernsheimer Weg (26) 227-8a
Gewerbegebiet Süd 227-8d
Gewerbegebiet West 227-4d
Ginsterweg (27) 227-8b
Gladiolenweg (20) 227-5d
Goethestraße 227-5a
Gottfried-Keller-Straße 227-8a
Grenzweg 227-7c
Grüner Weg 227-8b
Gundwaldstraße 227-8a

Haidenrainweg 227-2a
Heegwaldstraße 227-8a
Helfmannstraße 227-5c
Herderweg (23) 227-5c
Hirschgraben 227-7a
Hochstraße 227-5a
Höchster Straße (2) 227-2c
Höhenstraße 227-5b
Höllenstraße 227-5a
Hohemarkstraße 227-5b
Hortensienweg (43) 227-5d
Humboldtstraße (14) 227-5c
Hundert-Morgen-Straße 227-8a

Im Taubengrund 227-8d
Isarstraße 226-11b

Jahnstraße 227-5a

Kantstraße 227-5c
Karlsbader Straße (7) 227-5b
Kastanienweg 227-8b
Kattowitzer Straße (51) 227-5d

Kiefernweg (30) 227-5d
Kirschenallee 227-5a
Klarabergschneise 226-12b
Kleiner Kornweg 227-5c
Kleine Taunusstraße (4) 227-2c
Klingenbacher Weg (48) 227-5d
Kochstraße (10) 227-5a
Kolpingstraße 227-5c
Komotauer Weg (8) 227-5b
Kuhweg 227-5b
Kurze Straße 227-5c

Länger Weg 227-5d
Lärchenstraße (29) 227-5d
Langer Kornweg 227-7b
Lange Straße 227-5a
Lavendelweg 227-5d
Leinpfad 227-4d
Lenaustraße 227-8a
Lessingstraße 227-8a
Lilienstraße 227-5c
Lindenallee 227-5d
Lönsstraße (32) 227-8a

Mainblick 227-4d
Mainschneise 227-7c
Mainstraße 227-2c
Mainzer Straße 227-5a
Malvenweg (42) 227-5d
Marktstraße 227-5a
Martin-Luther-Straße 227-5c
Mauerstraße 227-2c
Mittelstraße 227-2c
Mönchbruchstraße 227-8a
Mörfelder Straße 227-5c
Moselstraße 227-5c

Narzissenweg (18) 227-5c
Nelkenstraße 227-5c
Neukelsterbacher Straße 227-2c
Nieder Straße 227-2c
Nordendstraße 227-2c

Okrifteler Straße 227-7c
Oleanderweg (36) 227-5d
Orchideenstraße 227-5d
Otto-Esser-Straße 227-4d

Petunienweg (44) 227-5d
Pfarrgasse 227-5a
Platanenweg (33) 227-8a
Potsdamer Weg 227-7b
Prof.-Staudinger-Straße 226-9d

Querspange-Kelsterbach 227-6c
Querweg 227-8a

Reichenberger Straße 227-5b
Riedwiesenweg 227-2d
Ringelblumenweg (47) 227-5d
Ringstraße 227-5c
Ritterspornstraße 227-5d
Römerschneise 227-6a
Rosenstraße 227-5c
Rossertstraße 227-5b
Rudolf-Breitscheid-Straße 227-8a
Rüsselsheimer Straße 226-9d

Saalburgstraße 227-5a
Sandhügelschneise 227-10c
Sandhügelplatz (16) 227-5c
Sandkautweg 227-2a
Schillerstraße 227-5a
Schlichter Weg 227-8b
Schloßweg 227-5a
Schöne Aussicht 227-5a
Schulstraße 227-5a
Schwanheimer Straße 227-2c
Sindlinger Straße (3) 227-2c
Sonnenblumenweg 227-5d
Spreestraße 226-11d
Staudenring 227-7b
Staudenweg 227-8a
Staufenstraße 227-5a
Stegstraße 227-5a
Steinmauerweg 227-2c
Sudetenring 227-5b
Südliche Ringstraße 227-8b
Südpark 227-8c

Tannenstraße 227-8a
Taubengrundschneise 227-7d
Taunusstraße 227-2c
Treburer Straße 227-5c
Tulpenweg (17) 227-5d

Uhlandstraße 227-8a
Ulmenstraße 227-8b
Untergasse 227-5a

Veilchenweg (19) 227-5d

Waldstraße 227-5c
Walldorfer Straße 227-5c
Wasserlochschneise 227-7d
Wasserlochweg 226-12d
Weidenweg 227-2c
Weingärtenstraße 227-5c
Wiechertstraße 227-8a
Windmühlweg (12) 227-5a

Zedernweg 227-8b
Ziegelhüttenweg (11) 227-5a
Zum Sportfeld 227-5b

Kiedrich
PLZ 65399

Am Backes (2) 219-9c
Am Hahnwald 219-8b
Am Sportfeld 219-11b
An der Klostermühle 220-10d
Ankermühle 220-10a
Asternweg (12) 219-12b
Aulgasse 219-12a

Bangertspfad 219-12a
Barbelermühle 219-9a
Bassenheimer Weg 219-9c
Bettelpfad 219-8d
Bingerpfortenstraße 219-12a
Borksgäßchen (1) 219-9c

Dahlienweg (14) 219-12b
Diebsweg 219-8d
Draiser Weg 219-12b

Egertsmühle 219-5d
Eltviller Straße 219-12b
Erbacher Weg 219-12a

Fliederweg 219-12a
Fritz-Erler-Straße 219-12a

Gräfenbergstraße (3) 219-9c

Hahnwaldweg 219-8d
Halbritterstraße 219-12a
Hautvillers-Platz 219-12a
Heiligenpfad (5) 219-12b
Helmrichsmühle 220-10c
Hinter den Zäunen 219-12b
Hirtenacker (9) 219-12a
Hochfeld 219-12a

Im Bangert (16) 219-12a
In der Sandgrub 219-12d

Kammerstraße (4) 219-9c
Kleiner Bleichenbergsweg (6) 219-8d
Klosterbergweg 219-12a
Klostermühle 220-10d
Kolpingring 219-12b

Lettchkaut 219-12a

Maria-Hilf-Straße 219-9c
Marktstraße 219-12b
Mühlberg 219-12b
Mühlweg 219-9d

Nelkenweg (13) 219-12b
Neue Heimat 219-12a
Nussbaumstraße 219-12a

Oberer Bleichenbergsweg 219-9c
Oberer Schoss 219-12a
Oberstraße 219-12a

Pfarrer-Zaun-Weg (10) 219-12a
Pflichtweg 219-12b

Quellenhof 219-8b

Rehmsmühle 220-10a
Rheinblick 219-11b
Rheinhöhenweg 193-11d
Rieslingstraße 219-12b
Rosenstraße 219-12a
Rossel 219-9c

Scharfensteiner Straße 219-9c
Schloss Groenesteyn 219-9c
Schulstraße 219-12a
Sonnenlandstraße 219-12a
Suttonstraße 219-9c

Talstraße 219-9c
Tränkweg 219-9c
Trift 219-9a
Tulpenweg (8) 219-12b

Unterer Bergweg 219-9c
Unterer Bleichenbergsweg 219-9c
Unterer Schoss 219-12a

Veilchenweg (11) 219-12b

Waldmühle 219-5d
Waldpfortenstraße 219-9c
Waldstraße 219-9a
Weihermühle 219-8b
Weinbergblick (15) 219-12b
Wiesbornweg 219-9c

Zäunstraße (7) 219-12a

Kleinkahl
PLZ 63828

Am Wingert 213-9d

Borngasse 213-9d

Großlaudenbacher Straße 213-9d

Kleinlaudenbacher Straße 213-9d

Kleinostheim
PLZ 63801

Adalbert-Stifter-Straße 262-5c
Ahornweg 262-4b
Albert-Schweitzer-Straße 262-8b
Alfred-Delp-Straße 262-8d
Alte Poststraße 262-8b
An der Hellbühlbrücke (12) 262-9c
An der Pfingstweide 262-1a
An der Tuchbleiche (9) 262-8d
Ankergasse 262-8c
Anne-Frank-Straße 262-8d
Aschaffenburger Straße 262-8d
Auf der Hohstatt 262-8a
Augsburger Straße (7) 262-5a
Auhof 262-4d

Babette-Hauf-Straße 262-8b
Bachrain 262-8a
Bahnhofstraße 262-8d
Barbarastraße 262-9a
Bassenser Straße 262-8b
Bayernstraße 262-8a
Behringstraße (5) 262-8b
Bergstraße 262-8b
Berliner Straße 262-5a
Bertha-von-Suttner-Straße (11) 262-8d
Birkenseeweg 262-4b
Birkenweg 262-1a
Bodelschwinghstraße 262-8a
Borgmannstraße 262-8d
Bremer Straße 262-5a
Brentanostraße 262-5c
Breslauer Straße (14) 262-5a
Bruchtannenstraße 262-5a
Bruchweg 262-5c

Carl-Goerdeler-Straße 262-8d
Carl-Orff-Straße 262-8d

Daimlerstraße 262-1b
Danziger Straße (12) 262-5a
Darmstädter Straße 262-2c
Dreizehnmorgenweg 262-4b
Düsseldorfer Straße 262-5a

Edith-Stein-Straße (7) 262-8d
Essener Straße (15) 262-5a

Fischergasse (2) 262-8a
Frankenstraße 262-5d
Frankfurter Straße 262-4b
Freiburger Straße (6) 262-5a
Freizeit- und Erholungszentrum „Dreizehnmorgen" 262-4b
Friedenstraße 262-5c
Friedhofstraße 262-8a
Friedrich-Ebert-Straße 262-8d

Gartenstraße 262-8b
Gerhart-Hauptmann-Straße (1) 262-5c
Gewerbegebiet Mitte 262-5a
Gewerbegebiet Ost 262-8d
Gewerbegebiet Süd 262-8d
Goetheplatz 262-8a
Goethestraße 262-8a
Grabenstraße 262-8a
Graf-von-Stauffenberg-Straße (10) 262-8d

Haaggasse 262-8a
Hambergerstraße 262-1b
Hamburger Straße (17) 262-5a
Hanauer Straße 262-4b
Haus Wasserfall 262-9c
Heidelberger Straße (4) 262-5a
Heinrich-Eckstein-Straße 262-8d
Heinrich-Geißler-Straße (13) 262-9a
Heißerackerhof 236-11d
Hellbühlring 262-9a
Hellbühlstraße 262-8b
Hirschpfad 262-9a
Hochstraße 262-9a
Hörsteiner Straße 262-2d
Hofer Weg (16) 262-5a
Hubertusstraße 262-9a
Hungerweg 262-9a

Im Kleinen Sand 262-5c
Im Reisenberg 262-9a
Im Rothen 262-9a
Im Wingert 262-8b
In der Heubrach 262-5c
In der Pletsche 262-8d
Industriegebiet Nord 262-1a
Industriestraße 262-5c

Jahnstraße 262-5c
Johann-Leonhard-Straße 262-8b
Josef-Hepp-Straße 262-8b
Julius-Echter-Straße 262-5d

Käthe-Kollwitz-Straße (8) 262-8d
Kardinal-Bertram-Straße 262-8a
Kardinal-Faulhaber-Straße 262-5c
Karlsbader Straße 262-5b
Karlsruher Straße (3) 262-5a
Kettelerstraße 262-8a
Kieler Straße 262-5a
Kirchplatz 262-8b
Kirchstraße 262-8a
Koblenzer Straße (2) 262-5a
Kölner Straße 262-5a
Königsberger Straße 262-5a
Kolpingstraße 262-8a

Lachweg 262-4d
Leipziger Straße (13) 262-5a
Lindengasse 262-8a
Lindigstraße 262-1c
Ludwigstraße 262-5d
Luitpoldstraße 262-5d

Mainblick 262-8a
Mainparkstraße 262-11b
Mainstraße 262-8d
Mainzer Straße (11) 262-5a
Mannheimer Straße (5) 262-5a
Maria-Probst-Straße 262-8d
Marienstraße 262-8a
Maximilianstraße 262-5d
Mühlstraße 262-8a
Münchner Straße 262-5a

Neue Straße 262-8a
Nürnberger Straße (8) 262-5a

Offenbacher Straße (10) 262-5a

Pestalozzistraße 262-8b

Regensburger Straße 262-5a
Reinhard-Heraeus-Ring 262-1c
Reitergasse 262-8d
Rennstraße 262-9c
Robert-Koch-Straße (4) 262-8b
Röntgenweg (3) 262-8b
Rückersbacher Schlucht 262-2d
Ruprechtstraße 262-5c

Saaläckerstraße 262-8d
Saarbrücker Straße (1) 262-5a
St.-Bruno-Straße 262-5c
Scheblerstraße 262-5d
Schillerstraße 262-8a
Schlettstraße 262-8a
Schluchthof 262-2d
Schulstraße 262-8b
Schwanengasse 262-8c
Spessarthof 262-5b
Spessartstraße 262-5c
Steinbachstraße 262-8d
Stockstädter Straße 262-11b
Strietwaldstraße 262-9a
Stuttgarter Straße 262-5a

Talstraße 262-8b
Thenstraße 262-5c

Waldrain 262-6c
Wiesbadener Straße 262-2c
Wiesenstraße 262-8b
Wilhelm-Leuschner-Straße (6) 262-8d
Windthorststraße 262-8a
Würzburger Straße (9) 262-5a

Ziegelstraße 262-8b
Zum Steinbachtal 262-9a

Kleinwallstadt
PLZ 63839

Albrecht-Dürer-Straße 342-1d
Am Fesenbuckel 342-6b
Am Hauptner 342-6b
Am Heidenstock 342-1d
Am Hinterfeld 342-1d
Am Holzbuckel 342-6b
Am Kappesgarten (1) 342-6b
Am Leinritt 316-10d
Am Obstkeller 342-1d
Am Ölberg 342-6b
Am Ratsbrunnen (3) 342-6b
Am Roten Kreuz (13) 342-1d
Am Rücker Berg (4) 342-6d
Am St.-Pierre-Platz 342-1d
Amselweg 342-1d
Am Steinig 342-6b
Am Talgraben 342-6b
Amtsgasse 342-1b
An den Obstwiesen 342-2c
An der Lederfabrik 342-1b
An der Ortsmauer 342-1b
Ankergasse 342-1b
Ansbacher Straße (18) 342-2c
Arndtstraße 342-1d
Aussiedlerhof 342-5b

Bahnhofstraße 342-1b
Bahnweg 342-1b
Bamberger Straße (15) 342-1d
Baugebiet Südliche Hofstetter Straße 342-4b
Bayernstraße 342-2a
Beethovenstraße (8) 342-1d
Bergstraße 316-11c
Berliner Ring 342-2c
Blütenweg (1) 316-11c
Blumenstraße 342-2a
Böhmesweg 316-10d
Breslauer Straße 342-2c
Brunnenstraße 316-10d + 342-1b

Cornelius-Schmitt-Straße 342-1d

Daimlerring 342-5c
Dammsweg 342-2a
Danziger Straße 342-2c
Denninger Straße 342-6b
Dieselstraße 342-5d
Diezelstraße 342-1d

Eichelsbacher Straße 342-6b
Elsenfelder Straße 342-5d
Erlenweg 342-6b

Fährstraße 342-1b
Finkenweg 342-1d
Flurstraße 342-1b
Frankenstraße 342-2a
Friedenstraße 316-10d
Friedhofstraße 342-2c
Frühlingstraße 342-1b

Gartenstraße 316-10d
Goethestraße 342-1d

Händelstraße 342-1d
Haugegasse 342-1b
Hauptstraße 342-1b
Haydnstraße 342-1d
Heinestraße 342-2c
Hochstraße 342-6a
Hofstetter Straße 342-1b

Im Winkel (5) 342-1b
Industriegebiet Dommerich 342-5a
Industriestraße 342-5b

Jahnstraße 342-1d
Jahnweg (11) 342-1d
Johannes-Brahms-Straße 342-1d
Johann-Sebastian-Bach-Straße 342-1d

Karlstraße 316-10d
Kilianstraße 342-1d
Kirchgasse 342-1b
Klingerstraße (2) 342-1b
Köhlersweg 342-6b
Königsberger Straße (7) 342-2c
Kulmbacher Straße (16) 342-1d

Langer Wingertsweg (2) 342-6a
Lehenweg 342-6b
Lehmgrubenstraße 342-2a
Lindenweg 316-10d

Mainstraße 342-1d
Marktstraße 342-1b
Mathias-Grünewald-Straße 342-1d
Meisenweg 342-1d
Miltenberger Straße 342-1d
Mittlere Torstraße 342-1b
Mozartstraße (9) 342-1d

Neubergstraße 342-6a
Nordring 316-10d

Obere Straße 342-1b
Oberhauser Weg 342-2a
Odenwaldstraße 342-2a
Ostendstraße 342-2a
Ostring 342-4b

Peter-Dölger-Straße (10) 342-1d
Pfarrer-Söller-Platz (12) 342-2c
Plattenbergstraße 342-1b

Raiffeisenstraße 342-6a
Rathausgasse 342-1b
Riemenschneiderstraße 342-1d
Ringstraße 342-1b
Römer (14) 342-1b
Rohestraße 342-1d
Rosenweg 316-10d
Rücker Weg 342-2c

Schillerstraße 342-1d
Schlesierstraße (3) 342-1b
Schleusenstraße 342-1d
Schloßstraße 342-1b
Schweizerhof 316-8c
Sickenthalstraße 342-6b
Siemensstraße 342-5d
Spessartstraße 342-1b
Stettiner Straße 342-2c
Sudetenstraße (4) 342-2a
Sulzbacher Straße 316-10d

Talstraße 342-6a
Thalbeine 342-2a

Uhlandstraße (6) 342-1d
Untere Beine 316-10d
Untere Gasse 342-1b
Unterfeldstraße 316-10d

Veit-Stoß-Straße 342-1d
Vockestraße 342-2a
Von-Ingelheimer-Straße 342-2c

Wallstraße 342-1d
Weibersweg 342-1b
Wendelinusweg 342-2a
Wiesenstraße 316-10d
Wingertstraße 342-1b
Würzburger Straße (17) 342-2c

Ziegelweg 342-1b

Klein-Winternheim
PLZ 55270

Ahornstraße 274-7c
Akazienstraße 274-7c
Am Bohrgrund 274-7c
Am Pfaffenstein 274-7a
Am Rosengarten 273-12b
Am Wäldchen 274-7c
Am Wasserhaus 274-7c
Am Weinkastell 274-7a
Am Weltersborn 273-12b
Am Wingert 274-7c
An der Backhauswiese (4) 273-12b
An der Bordwiese 273-12b
An der Sternwarte 274-7a
An der Waid 273-9d
Auf dem Langloos 274-7a
Auf dem Tunnel 274-7a

Backhausstraße (1) 273-9d
Bäckersgartenweg 274-10a
Bahnhofstraße 273-12b
Bandweidenweg 273-9d
Birkenstraße 274-7c
Bürgermeister-Junkers-Straße 273-12b
Bürgermeister-Schreiber-Straße (1) 274-7a

Frankenweg 274-7a
Friedensstraße 273-9d

Gartenstraße 274-10a
Gewerbegebiet Am Berg III 274-4c

Hauptstraße 273-9d
Haus Schreiber 274-7a
Hechtsheimer Berg 274-7c

Im Breitenstein 273-12b
Im Nieder-Olmer-Pfad 273-12b
Im Obstgarten 273-9d
Im Quellborn 274-7c

Karthause 274-7c
Kastanienstraße 274-7a
Klosterstraße (2) 273-9d
Konsul-Vejento-Straße 273-12b
Kreuzstraße 274-7c

Langensteiner Weg 274-7d
Lindenstraße 274-7c

Mainzer Weg 274-7c

Pariser Straße 274-7c
Pfarrer-Falk-Straße 273-12b

Raiffeisenstraße 273-9d
Ringstraße 273-12b

Steinritsch (3) 274-7c
Stielgasse 274-7c
Sträßer Weg 274-7d

Ulmenstraße 274-7c

Waldstraße 273-9d
Wassergasse 273-9d
Wingertsweg 274-10a

Klingenberg am Main
PLZ 63911

Albertwerkesiedlung 368-11a
Alemannenstraße 368-11c
Alexander-Wiegand-Weg 368-11a
Altenbrunn 368-12a
Am Bahndamm 368-11c
Am Hang 368-11d
Am Leisbaum 368-11b
Ankergasse 368-11c
Armsünderweg 368-12a

Bahnhofstraße 368-11a
Baumgartenweg 368-11c
Bergwerkstraße 368-11b
Brückenstraße 368-11b
Burgweg 368-11b

Clingenburgstraße 368-11b

Dr.-Edmund-Abb-Straße 368-11c

Ernst-Albert-Straße 368-11c

Farrenpfad 368-11c
Flurweg 368-8c
Flußweg 368-11c
Furtwänglerweg 368-11c

Gänserain 368-11c
Glashausweg (2) 368-11b
Grabengasse 368-11c
Große Gasse 368-11c

Hauptstraße (3) 368-11b
Heinrich-Uehlein-Straße (1) 368-11c
Hofackerstraße 368-11b
Hofstraße (5) 368-11b
Hohbergstraße 368-8d

Im Steinig 368-12a
In der Altstadt (4) 368-11b
In der Schlucht 368-11b

Jahnstraße 368-11a
Johannesweg 368-11d

Kastellstraße 368-10b
Ketteler Straße 368-10d
Kirchenstraße 368-11b
Kleine Gasse 368-11c
Kolpingstraße 368-11c

Leinrittweg 368-8c
Limesstraße 368-11c
Lindenstraße 368-11b
Ludwigstraße 368-8c
Lüssrain 368-11c

Magdalenengasse (2) 368-11c
Mainstraße (7) 368-11b
Mittlerer Weg 368-11d

Odenwaldweg 368-11c

Pfarrer-Heckelmann-Straße (3) 368-11c
Pfarrer-Johann-Straße 368-11c

Raiffeisenstraße 368-11c
Rathausstraße 368-11b
Ringwall 368-10b
Römerstraße 368-11c
Rosengarten 368-11b
Roßgrabenweg 368-10b

Schenkenstraße 368-11d
Schulstraße 368-11c
Schwimmbadstraße 368-11c
Sonnenweg 368-11b

Trennfurter Straße 368-11a

Unterlandstraße 368-11d

Vital-Daelen-Straße 368-11a
Von-Mairhofen-Straße (1) 368-11b

Weingartenstraße 368-11b
Wiesgrabenweg 368-11a
Wilhelmstraße 368-11b
Winzerfestplatz (6) 368-11b

Zur Einladung 368-11a

Köngernheim
PLZ 55278

Königstein im Taunus
PLZ 61462

Kriftel
PLZ 65830

Krombach
PLZ 63829

Kronberg im Taunus
PLZ 61476

Niederhöchstädter Straße 175-2b
Nonnenpfad 175-1a

Obere Eichen 174-3b
Obere Höllgasse 175-1a
Oberer Aufstieg 148-12a
Oberer Lindenstruthweg 175-2a
Oberer Thalerfeldweg 175-1c
Oberhöchstädter Straße 175-1d
Oberurseler Straße 175-2b
Opelzoo 174-3a

Parkstraße 149-10d
Pfarrer-Müller-Weg (3) 175-2b
Pferdstraße (7) 175-1c
Philipp-Frank-Weg 175-1d
Philosophenweg 174-3b
Porto-Recanati-Platz (2) 175-2b
Privatstraße 175-5a

Rentbachweg 174-3b
Ricarda-Huch-Straße 175-1b
Ringstraße 175-2a
Römerberg 175-1a
Rosenhof 149-10d
Rothenhang 148-12d
Rumpfstraße 175-1d

Saalburgstraße 149-11d
Schafhof 175-4b
Scheibenbuschweg 174-3b
Schillerstraße 175-1b
Schirnbornweg 148-12d
Schirnstraße (8) 175-1a
Schloss Friedrichshof 149-10c
Schloßstraße 175-1a
Schmiedeberger Straße 175-4b
Schnigelbergweg 174-3d
Schönberger Straße 175-2a
Schöne Aussicht 175-3a
Schreyerstraße 175-1c
Schülerwiesen 149-10c
Schwalbacher Straße 175-4b
Schwalbenweg 175-2b
Schwarzer Weg 175-1b
Schwarzer Weg (Schönberg) 148-12b
Sodener Straße 175-2d
Steinbacher Straße 175-3a
Steinstraße 175-1a
Stiftstraße 175-1b
Stoltzestraße 175-2c
Stuhlbergstraße 175-2b
Sudetenring 149-12d

Talstraße 175-1a
Talweg 174-3d
Tannenweg 149-11c
Tanzhausstraße 175-1a
Taunusstraße 148-12d
Triftweg 175-2a
Tulpenweg 175-2a

Ulmenweg 149-11c
Untere Höllgasse (1) 175-1a
Unterer Thalerfeldweg 175-1c
Unterhangweg 148-9c

Valentin-Pfad 149-10a
Viktoriapark 175-1a
Viktoriastraße 148-12d
Villa Mumm 148-12c
Vogelgesanggasse (3) 175-1a

Waldstraße 149-11c
Walter-Schwagenscheidt-Straße (12) 175-1d
Wendelinsweg 175-2a
Westerbachstraße 175-1d
Wiesenau 175-1b
Wiesenweg 149-11d
Wilhelm-Bonn-Straße 175-1c

Zeilstraße 175-1b
Ziegelhütte 175-3a
Zwingerweg 175-1c

Langen (Hessen)
PLZ 63225

Adolf-Kolping-Straße 255-9c
Ahornstraße 255-11b
Albert-Magnus-Platz 255-12a
Alicestraße 255-9c
Alter Weg 256-10c
Am Belzborn 255-12d
Am Bergfried 282-1a
Am DFS-Campus 255-8a
Am Hainer Wald 256-10b
Am Neuen Wald 256-10c
Ampèrestraße 255-8c
Am Schleifweg 256-10c
Amselweg 255-10d
Am Sonnenhang 256-10c
Am Weidenbusch (12) 255-12d
Am Weißen Stein (1) 255-8d
An der Koberstadt 256-10c
An der Pforte 255-12b
An der Rechten Wiese 255-11d
An der Steinkaute 256-10c
An der Steinritz 256-10c
An der Winkelwiese (2) 255-9b
Anemonenweg 255-11a
Annastraße 255-9c
Anne-Frank-Straße (4) 255-9d
Aschaffenburger Straße 255-7d
August-Bebel-Straße 255-12b

Bachgasse (6) 255-12b
Bachgrundschneise 254-3b
Bahnhofsanlage 255-11b
Bahnstraße 255-11b
Beethovenstraße 255-11a
Berliner Allee 255-11a
Birkenstraße 255-11b
Bleichstraße (13) 255-12a
Blumenstraße 255-12a
Bogenschneise 282-1a
Bornbruchschneise 255-11c
Borngasse (7) 255-12b
Brahmsstraße 255-11a
Brandschneise 282-1d
Breitseeschneise 255-5a
Breslauer Straße 255-11c
Bruchgasse 256-10a
Brüder-Grimm-Straße 255-11b
Brunnenschneise 254-6d
Bürgerstraße 255-11b
Carl-Schuhmann-Ring 255-12d
Carl-Schurz-Straße 255-8a
Carl-Ulrich-Straße 255-11b

Dammweg 282-2c
Danziger Straße 255-11c
Darmstädter Straße 255-12d + 281-3b
Dieburger Straße 255-12b
Dieselstraße 255-8c
Dietrich-Bonhoeffer-Straße (3) 255-9d
Dinkelthauer Weg (11) 255-12d
Dorotheenstraße 255-12a
Dreieichring 256-10c
Dresdener Straße 255-11a
Dürerstraße 255-8a

Egelsbacher Pfad 282-2a
Egelswoogschneise 282-1a
Einzelheckschneise 255-1a
Elbestraße 255-9c
Elisabethenstraße 255-12a
Elisabeth-Selbert-Allee 255-9c
Elsa-Brändström-Straße 255-9d
Erfurter Straße 255-11a
Erholungsgebiet Mühltal 256-10b

Fabrikstraße 255-12b
Fahrgasse 255-12b
Falltorhausschneise 282-4b
Falltorschneise 255-4a
Farnweg 255-11a
Farzenbornwiesenschneise 282-5c
Fasanenweg 255-11c
Feldbergstraße 255-9c
Feldstraße 255-12b
Finkenschneise 255-5c
Finkenweg 255-10d
Flachsbachstraße 255-12d
Flatowstraße 255-12d
Florian-Geyer-Straße 255-11d
Forstring 255-11a
Frankfurter Straße 255-9d
Friedensstraße 255-11b
Friedhofstraße 255-12d
Friedrich-Ebert-Straße 255-11b
Friedrich-Ludwig-Jahn-Platz (10) 255-12a
Friedrichstraße 255-8d

Gabelsbergerstraße 255-12b
Gartenstraße 255-11b
Geißbergstraße 256-10a
Georg-August-Zinn-Straße (1) 255-9b
Gerhart-Hauptmann-Straße 255-11b
Gewerbegebiet Neurott 255-5d
Glockengasse (5) 255-12b
Goethestraße 255-11d
Grünewaldstraße (4) 255-8a
Gutenbergstraße 255-11b
Gutwiesenschneise 254-3c

Händelstraße 255-11c
Hagebuttenweg 255-11a
Hans-Kreiling-Allee 255-9c
Haydnstraße 255-11d
Hegweg 255-12b
Heinestraße 255-11b
Heinrich-Hertz-Straße 255-8b
Heinrichstraße 255-12a
Helga-Haase-Ring 281-3b
Hermann-Bahner-Straße 255-8a
Hermann-Weingärtner-Ring 281-3b
Höllschneise 282-1b
Hügelstraße 256-10a
Humperdinckstraße 255-11a

Im Birkenwäldchen 255-11b
Im Buchenhain 255-10b
Im Ginsterbusch 255-10b
Im Hasenwinkel 255-10b
Im Singes 255-12d
Im Wiesengrund 255-11d
In den Tannen 255-11d

Jahnstraße 255-12a
Jakobsweg 255-9a
Joseph-von-Eichendorff-Straße 255-11d
Jungfernlachschneise 282-5b

Kalbschneise 255-11c
Kaplaneigasse 255-12b
Karl-Nahrgang-Straße 255-9d
Karlstraße 255-12b
Keimstraße 255-12b
Keßlerplatz 255-11b
Kirchgasse (4) 256-10a
Kirchschneise 255-1a
Kleinseeschneise 254-6a + 255-1c
Knippelswiesenschneise 282-1d
Koberstädter Falltorhaus 282-5b
Koberstädter Hütte 282-2a
Königsberger Straße 255-11c
Kollwitzstraße (1) 255-8a
Konrad-Adenauer-Straße 256-10c
Konrad-Frey-Ring 281-3b
Kuhlachschneise 282-5c
Kurt-Schumacher-Straße 256-10c

Lange Feldschneise 255-7c
Langestraße 255-12a
Leerweg 255-5c
Leimenlachschneise 282-4b
Leipziger Straße 255-11a
Lerchgasse 255-12d
Lessingstraße 255-11d
Leukertsweg 255-12c
Liebermannstraße (2) 255-8a
Liebigstraße 255-8d
Lindenschneise 256-11d + 282-2a
Lochschneise 255-4b
Lohschneise 255-11d
Long-Eaton-Platz 255-8d
Lorscher Straße 255-12d
Lortzingstraße 255-11a
Luderschneise 255-4a
Luisenstraße 255-11b
Lutherplatz 255-12b
Lutherstraße 255-12b
Luxhohlschneise 254-9d + 255-7b

Magdeburger Straße 255-11a
Mainstraße 255-12b
Margarethenstraße 255-9a
Marienstraße 255-11b
Meisenweg 255-10b
Mendelssohnstraße 255-11b
Merzenmühle 256-10b
Messeler Weg 282-1b
Mierendorffstraße 255-11b
Miriamweg 255-11a
Mitteldicker Allee 255-4c
Mitteldicker Schneise 254-3b
Mittelweg 255-12a
Mörfelder Landstraße 255-10b
Monzastraße 255-8d
Moselstraße 255-8d
Mozartweg 255-11a
Mühlstraße 255-12b

Nassoviastraße 255-11b
Neckarstraße 255-12c
Nördliche Ringstraße 255-8d
Nordendstraße 255-12a
Nordumgehung 255-8c

Oberer Steinberg 256-10c
Obergasse 255-12b
Odenwaldstraße 255-11b
Östliche Ringstraße 256-10a
Offenthaler Schneise 282-5d
Offenthaler Viehtrieb 282-6a
Ohmstraße 255-8a
Otto-Hahn-Straße 255-8a
Olympischer Weg 281-3b

Paul-Ehrlich-Straße 255-5c
Pestalozzistraße 255-9d
Peter-Müller-Straße 255-12a
Pfaffenrod-Kopp-Schneise 256-11c
Pittlerstraße 255-8a
Platanenweg 255-8c
Potsdamer Straße 255-11a

Raiffeisenstraße 255-8b
Reichenberger Straße 255-11c
Rheinstraße 255-12b
Riedstraße 255-12c
Robert-Bosch-Straße 255-8a
Robert-Koch-Straße 255-11a
Röntgenstraße 256-7a
Romorantin-Anlage 255-12a
Rosa-Reichert-Ring 255-12d
Rotkehlchenweg 255-10b
Rudolf-Breitscheid-Straße 255-11b
Rundseeschneise 254-3c

Sandweg 255-11b
Schafgasse 255-12b
Scheffelweg 255-12a
Schillerstraße 255-12a
Schloss Wolfsgarten 255-10d
Schnaingartenstraße 255-12b
Schubertstraße 255-12b
Schulgässchen (8) 255-12b
Schumannstraße 255-11a
Schweriner Straße 255-11a
Sehretstraße 255-12d
Siebente-Stein-Schneise 255-7a
Siemensstraße 255-8c
Sofienstraße 255-12a
Sonnengässchen (3) 255-12b
Sophie-Scholl-Straße 255-9c
Speierhügelschneise 282-1b
Spitzwegstraße (3) 255-8a
Steingrundschneise 254-9b + 255-4c
Steinkautschneise 282-4b
Steinweg 256-10c
Sterzbachstraße 255-12b
Stettiner Straße 255-11c
Steubenstraße 255-8a
Straße der Deutschen Einheit 255-9c
Stresemannring 255-12b
Südliche Ringstraße 255-11b

Tarsusplatz 255-12a
Taunusstraße 255-12a
Teichschneise 282-5a
Teichstraße 256-10a
Theodor-Heuss-Straße 256-10c
Thomas-Mann-Weg 255-12c
Thomas-Müntzer-Straße 255-11b
Triftstraße 255-8c
Turmgasse 256-10a

Uhlandstraße 255-11b
Unter den Eichen 255-11a
Unterer Steinberg 256-10c

Verdistraße 255-11a
Vierhäusergasse (9) 255-12b
Voltastraße 255-8a
Vor der Höhe 255-12d

Wagnerstraße 255-11d
Walderholungspark Langenfeld 255-7d
Wallstraße 255-12b
Walter-Rietig-Straße 255-11d
Walther-Rathenau-Straße 255-12a
Wassergasse 255-12b
Weißdornweg 255-10b
Weitseeschneise 255-1d
Wernerplatz 255-11b
Weserstraße 255-8d
Westendstraße 255-8d
Wiesenstraße 255-12a
Wiesgässchen 255-12a
Wildscheuerschneise 254-6c
Wilhelm-Burk-Straße 255-11b
Wilhelm-Busch-Straße 255-11b
Wilhelmstraße 255-12d
Wilhelm-Umbach-Straße 256-10c
Wilhelm-Leuschner-Platz 255-12b
Wingertstraße 255-12b
Winkelwiesenschneise 255-9a
Wohnstadt Oberlinden 255-10b
Wolfsgartenschneise 254-3b
Wolfsgartenstraße 255-12a
Wolfsgrubenschneise 255-7c
Woogstraße 255-12b
Wormser Weg 255-9a

Zimmerstraße 255-12c
Zinkeysenstraße 255-9c

Langenlonsheim
PLZ 55450

Am alten Mühlengraben 294-8c
Am Bohnenteich (3) 294-5d
Am Damm 294-6c
Ameisengasse (12) 294-5d
Am Goldberg 294-5b
An den Nahewiesen 294-5d
An den Weingärten 294-5b
An der Altnah 294-6c
An der Pforte 294-8b
An der Ruh (2) 294-5d

Beethovenstraße 294-8b
Bergbornstraße 294-5b
Böhler Weg 294-5d
Brahmsstraße 294-8d

Cramerstraße 294-5d

Danziger Straße (19) 294-8d
Deichhof 294-12b

Emil-Begerow-Straße 294-6a
Ernst-Ludwig-Straße 294-5d

Forsthaus Langenlonsheim 294-4a
Freiherr-vom-Stein-Straße 294-8d
Frickegäßchen (11) 294-8b
Friedhofstraße 294-8b

Gartenstraße 294-5d
Gebgernstraße 294-5b
Gensinger Straße 294-8b
Goethestraße 294-8d
Grolsheimer Straße 294-5d
Guldenbachstraße 294-8d
Gutenbergstraße (6) 294-5d

Händelstraße 294-8d
Hasengasse (8) 294-8b
Heddesheimer Straße 294-8a
Heumarkt (10) 294-8b
Hintergasse (7) 294-5d
Hofstatt 294-8b
Holländergasse (13) 294-5d
Hollergasse (5) 294-5d

Im Böhel 294-5d
Im Hoppegarten (4) 294-5d
Im Klopp 294-5d
Im Vogelsang 294-5b

Johann-Sebastian-Bach-Straße (16) 294-8d

Kirchgasse (14) 294-8b
Klonigerspark 294-8d

Lauerweg 294-5b
Lessingstraße 294-8d
Löhrstraße 294-5d

Mainzer Straße 294-8d
Mozartstraße 294-8b

Naheweinstraße 294-8d

Obere Grabenstraße 294-5d
Ostpreußenstraße 294-8d

Pestalozzistraße 294-5d
Pommernstraße 294-8d
Poststraße 294-5d

Ratzengasse 294-8b
Reielgasse 294-8b
Richard-Wagner-Straße (17) 294-8d
Richgartstraße 294-8b
Robert-Stolz-Straße 294-8d
Rothenbergerstraße 294-5c

Saarstraße 294-8b
Schillerstraße 294-8d
Schlesische Straße (18) 294-8d
Schmittstraße 294-5d
Schubertstraße 294-8b
Schützenstraße 294-8b
Schulstraße (9) 294-8b
Sonnenbornstraße (1) 294-5d
Stettiner Straße 294-8d

Untere Grabenstraße 294-8b

Waldstraße 294-5d
Wallstraße (15) 294-8b
Weidenstraße 294-5d

Langenselbold
PLZ 63505

Ahornstraße 183-3b
Akazienstraße 183-3b
Albrechtstraße 183-3d
Am Borngraben 157-12c
Am Brühl 184-1c
Am Buchberg 184-8c
Am Bundesbahnhof 184-5c
Am Erlenbruch (1) 184-5c
Am Felsenkeller 184-4a
Am Häusergraben 183-3d
Am Heiligen Stock 183-3b
Am Kinzigsee (7) 184-4a
Am Knuß 184-1b
Am Nesselbusch 183-3c
Am Pappelried (1) 184-4b
Am Seegraben 184-4d
Amselgasse 183-6b
Am Steinborn 184-1c
Am Weiher 184-7b
Am Wiesenweg 158-10d
An der Alten Straße 183-3d
An der Lattkaute 157-12b
An der Mühlwiese 183-3b
Anne-Frank-Weg (10) 183-2b
Astrid-Lindgren-Straße 183-3b
Aueblick 184-2a
Auebrücke 184-2d
Auf der Sieb 184-1d
Augustastraße 184-1b

Bahnstraße 184-1c
Baugebiet Niedertal 183-3a
Baumwieserhof 158-8a
Beethovenring 184-1c
Bendergasse 184-1a
Bergstraße 184-1c
Berliner Straße 184-2c
Bettina-von-Arnim-Straße (12) 183-3b
Birkenhof 183-2b
Birkenstraße 183-3d
Birkenweiherstraße 184-5c
Bogenstraße 184-1c
Borngasse 184-1b
Braugasse 184-1c
Bremesgasse 184-1c
Bruderdiebacherhof 157-9c
Brühlweg 184-1a
Brunnenhof 158-10b
Buchbergblick 184-1b
Buchenweg (2) 183-3b
Burgmühle 184-1a

Carl-Friedrich-Benz-Straße 183-3c
Clara-Schumann-Straße 183-3b
Clemens-Brentano-Straße (9) 183-2b

Eichenweg (1) 183-3b
Elise-Meitner-Straße 183-3a
Emmy-Noether-Straße 183-3a
Erlenweg 183-3b
Eschenstraße 183-3b

Feldbergring 183-3b
Feldstraße 183-6b
Felgenstraße 184-1c
Fichtenweg 183-3b
Finkengasse 183-3d
Freizeit- und Erholungszentrum Kinzigsee 183-6b
Friedrichstraße 184-1a
Friedrich-von-Schiller-Straße 183-3a

Gänsgasse 184-1b
Gärtnerweg 183-6b
Gartenstraße 184-1c
Geisfurtmühle 158-8d
Gelnhäuser Straße 184-1c
Gewerbegebiet Am Bahnhof 184-4d
Gewerbegebiet „Am Nesselbusch" 183-3c
Gewerbegebiet „Jahnstraße" 184-4b
Gewerbegebiet „Kinzig" 184-7a
Gründaugasse 184-1b
Gründauhof 158-10b

Häuserbrücke 183-3d
Hanauer Straße 183-6b
Hasselbachstraße 184-5c
Hinserdorfstraße 184-1a
Hintergasse 184-1b
Hof Hermannsberg 158-10a
Hüttengesäßer Straße 158-10c + 184-1a

Im Brauhausgarten 184-1c
Im Ellenbügel 184-1d
Im Stockborn 183-3d
In den Hohlgärten 184-1c
Industriestraße 184-4d

Jägergasse 184-1c
Jahnstraße 184-4b
Johannesstraße 184-1d
Johann-Sebastian-Bach-Straße 183-3d
Johann-Strauss-Allee 183-3d
Johann-Wolfgang-von-Goethe-Straße (8) 183-3a
Joseph-Haydn-Straße 183-3b
Karlstraße 184-1c
Kastanienstraße 183-3b
Kinzigseestraße 184-4a
Kinzigstraße 184-1d
Kleinsiedlung (6) 184-1a
Klosterbergstraße (4) 184-1c
Kohlhof 158-8c
Konrad-Zuse-Ring 183-3a
Kreuze 184-1c
Kronenstraße (3) 184-4a
Kurzgasse (5) 184-1c

Lachebrücke 184-4b
Leipziger Straße 184-1b
Lindenhof 158-8d
Lindenplatz 184-1a
Linneshof 183-3a

Marie-Curie-Straße (7) 183-3a
Marktplatz 184-1a
Mondelanger Straße 184-2c
Mozartring 183-3d
Mühlgasse 184-1a

Neubachhof 158-11a
Neugasse 184-1c
Niedergründauer Straße 184-1a
Niedertalstraße 184-1a
Nordstraße 184-1a

Oberdorfstraße 184-1b
Obermühle 158-10d
Obermühlenweg 184-1b
Obsthof Am Mühlberg 158-11a
Odenwaldstraße 184-2a

Philipp-Reis-Ring 183-3a
Platanenstraße 183-3b
Platz am Brühl 184-1a

Querstraße 184-1a

Rathausplatz 184-1c
Ravolzhäuser Straße 183-3d
Rhönstraße 184-1b
Riedmühle 183-6b
Ringstraße 183-3d
Robert-Bosch-Straße 183-3c
Robert-Koch-Straße 183-3a
Rödelberghof 157-12d
Rödelbergstraße 184-1a
Ronneburgblick 184-1b
Rosenstraße 184-1c
Rote Hohl 183-3d
Rothenberger Straße 184-2c
Rühlbrücke 184-4a
Ruhlweg 183-6b

Sackgasse 184-1c
Schäfergasse 184-1b
Schafhof 183-6a
Schießhütte 184-1b
Schloßpark 184-1c
Schloßstraße 184-4a
Schulgasse 184-1c
Schwimmbadstraße 184-4a
Seegasse 184-1c
Siedlerstraße 184-1d
Simpelvelder Straße 184-2c
Spessartstraße 184-1d
Steinauer Straße 184-2c
Steinweg 184-1c

Tannenhof 158-8c
Theodor-Fontane-Passage (11) 183-3b

Uferstraße 184-1c
Ulmenstraße 183-3b
Untergasse 184-1a

Vogelsbergstraße 184-1d

Wächtersbacher Straße 184-2c
Waldhof 158-11a
Waldstraße 184-1a
Wassergasse 183-3d
Weihertsbrücke 184-2c
Weinbergring 184-1b
Wetteraustraße 183-3b
Wiesgasse 184-1a
Wilhelmstraße 184-4a
Wingertstraße 184-1b

Ziegelstraße 184-1a

Langgöns
PLZ 35428

Alte Gasse 48-10c
Alte Kirchgönser Straße 49-2d
Altmarkstraße 47-12d
Altvaterplatz 49-3b
Am Baumstück (5) 66-5d
Am Berg (4) 48-10c
Am Biehl 48-6a
Am Dornstrauch (7) 66-5c
Am Fauerbacher Rain 49-3b
Am Fliederbusch (5) 49-3b
Am Hang 66-5d
Am Kesselberg 48-3b
Am Köppel 47-12d
Am Kohlacker 48-3a
Am Lindenbaum (8) 49-2b
Am Mandlerwasen 49-2a
Am Stater 48-6d
Am Tiefen Graben 48-6d
Am Wingert 49-3a
An der Alten Bach 49-2b
An der Pfarrwiese 49-2a
An der Waldscheuer 48-8c
Anne-Frank-Straße 49-3c

Asterweg 49-3b
Auf dem Hüttenberg 49-4c
Auf der Beun 48-3a
Auf der Rute 66-5d
Auhof 48-6d
Aulbachstraße 47-12d
Auweg 48-6d

Bachgartenstraße 48-8c
Backhausstraße 48-3b
Bahnstraße 48-8c
Banngartenweg 48-8c
Bennergasse 48-6b
Bergstraße 48-6d
Bergweg 66-5d
Biengartenweg 65-3b
Birkenhof 47-12c
Blankweg 48-3a
Blauäckerweg 48-6d
Bomberger Weg 47-12b
Brückenstraße 48-8c
Brühlgasse 48-8d
Brunnenweg 48-3b
Burgstraße 48-6a
Bussardweg 66-5c
Butzbacher Straße 48-6d

Cleeberger Straße 66-5b

Dachsgang 65-3b
Dahlienweg (7) 49-3b
Denkmalweg (1) 47-12d
Dietrich-Bonhoeffer-Weg 49-3d
Dorfstraße 48-3a
Drongasse (2) 48-6d
Drosselpfad 49-3b

Egerländer Straße 48-8a
Erbsengasse 48-3b
Erlenhof 48-2b
Eselspfad 66-5c
Espaer Straße 48-10c
Eulenring 49-3a

Falkenweg (6) 66-5d
Falltorstraße 48-6d
Fasanenweg 49-3a
Finkenweg 49-3b
Forsthausstraße 48-10c
Friedenstraße 48-8d
Friedhofsweg 49-2b

Gartenstraße 48-6b
Gaulbach 48-10c
Gaulskopf 66-5c
Geschwister-Scholl-Straße 49-3d
Ginsterweg 66-5c
Grasgarten 48-8c
Grundbergweg 47-12b

Habichtweg 66-5c
Hafergarten 48-6d
Haselweg (4) 66-5d
Haubsweg 48-6d
Hauptstraße 48-8c
Herrenweg 66-5c
Höhenstraße 66-5d
Hof Jagdhaus 66-1c
Hofstatt 48-8c
Hohl 48-3b
Hüttenbach (3) 48-6b

Im Grund 66-5b
In den Gensäckern 48-8a
In den Riebäckern 48-9a

Junggartenstraße 47-12d

Kalkweg 48-10c
Kaninchenweg (5) 65-3b
Karlsbader Straße 49-4c
Kegelbahn 48-8a
Keilerweg 65-3b
Kellersmühle 48-9a
Kirchgasse 48-3b
Kirchgönser Weg 49-4c
Kirchstraße (1) 48-6d
Kirschweg 66-8a
Kleebachstraße 48-3b
Kleebrunnenstraße 66-5d
Kleehofstraße 66-5d
Kleeweg 66-5c
Köhlerweg (2) 66-5b
Krähenweg 65-3b
Kreisstraße 48-3a
Kreuzstraße 48-6d

Langerler Hof 48-2d
Langgönser Straße 48-6b
Lilienstraße 49-3b
Lilienweg (6) 49-3b
Lindenstraße 48-3a
Lohweg 66-5c
Lützelwiesen 49-2b

Mandlerweg 49-2a
Marienbergstraße 48-8a
Martin-Niemöller-Weg 49-3d
Meisenring 49-3b
Mittelweg 48-8d
Mohnweg 66-5c
Mühlenweg 48-6d

Nelkenstraße 49-3b
Niederkleener Straße 48-8d

Obere Mühle 48-6d
Obere Pforte 48-10c
Obergasse 49-2b
Oberkleener Straße 47-12b
Öbersbach 48-8c
Oesgrundring 66-5d

Paul-Schneider-Straße 48-3a
Perchstetten 49-2a
Pestalozzistraße 48-6a
Pfingstweide 48-8d
Platz Clouange 49-3a
Poststraße 49-2a

Raiffeisenstraße 49-2a
Rehschneise 65-3b
Ringstraße 47-12d
Rosenweg 66-5c
Rothof 48-2b
Rottweg 49-3a

Sackgasse 48-8c
St.-Ulrich-Ring 49-3a
Schaafhausweg 47-12c
Schloßstraße 47-12d
Schmallhartstraße (1) 66-5b
Schneiderberg 48-6d
Schulstraße 48-3a
Schulweg 66-5c
Silberweg 66-5c
Solmser Straße 66-5c
Sonnenweg 66-8a
Sperberpfad (2) 47-12d
Sperberweg 66-5c
Steeggartenweg 48-10c
Steinbruchstraße 48-11b
Steinweg 66-5c
Strauchbachweg 48-3a
Strauchhof 48-2a
Strauchweg (8) 66-5c
Sudetenstraße 48-6d
Südring 49-2b

Talstraße 48-8c
Taunusstraße 47-12d
Tulpenweg 49-3a

Untere Pforte 48-10c

Veilchenweg 48-3b
Von-Galen-Weg 49-3d
Vor der Höhe (3) 66-5d

Wächterspfad 48-8c
Waldweg 66-5c
Weidenweg 66-5d
Weidigstraße 48-8c
Wickengartenstraße 48-3a
Wildhof 66-1a
Wilhelm-Leuschner-Straße 49-3d
Wilhelmstraße 48-3a

Ziechhausweg 47-12d
Zur Burg 48-6b

Laubenheim
PLZ 55452

Am Spitzen Morgen 294-2d
Am Steinkreuz 294-2d
Am Weltersberg 294-2b

Backhausgasse (4) 294-2b
Birkenweg 294-2d

Grabenstraße 294-2b

Hohlstraße 294-2b

Kirchgasse (3) 294-2b

Laubenheimer Mühle 268-11d

Naheblick 294-2d
Naheweinstraße 294-2b

Oberer Weidenpfad 294-2d

Rathausstraße 294-2b

Schulstraße 294-2b
Sonnenring (2) 294-2b

Weidenpfad 294-2d
Weiherweg (1) 294-2b
Weinbergstraße 294-2b

Laufach
PLZ 63846

Am Katzenrain 265-6d
Am Klingergraben (6) 265-6d
Aschaffenburger Straße 265-6d

Bayernstraße 265-6d
Beethovenstraße 265-6d
Berliner Straße (1) 265-6d
Bischlingstraße 265-6d
Brandenbergstraße (5) 265-6d

Danziger Straße (3) 265-6d

Geisenbergstraße (4) 265-6d

Hessenstraße 265-6d

Kilian-Müller-Straße 265-6d
Königsberger Straße (2) 265-6d

Oskar-Franz-Straße 265-6d

Preußenweg 265-6d

Steigerer Weg 265-6d

Welzbachstraße 265-6d

Leidersbach
PLZ 63849

Altenburgstraße 316-6d
Am Berg 317-9b
Am Eichwäldchen 317-8c
Am Gartenberg 317-4c
Am Gartenweg 317-7b
Am Geisberg 317-8c
Am Hang 317-8a
Am Klingengraben 317-7b
Am Krummerich 317-8c
Am Maigraben 317-11b
Am Mühlfeld 316-6d
Am Reußengraben (2) 317-11b

Bayernstraße 317-11b
Bergstraße 317-7b
Birkenweg (1) 317-11b
Blumenstraße 317-11d
Brunnengasse 317-11d
Buchenweg 317-8a

Ebersbacher Straße 316-6a
Eichenweg 317-8a

Floßgasse 316-6d
Frankenstraße 317-11b
Freiherr-von-Ketteler-Straße 317-8a
Friedhofsweg 317-7a
Frühlingstraße 317-11d
Fuhrweg 317-11d

Geheimrat-Fries-Straße 317-7b
Goethestraße 317-8a
Gottlieb-Bögner-Straße 317-11b

Hainchensmühle 317-8b
Hauptstraße 317-4c
Hausener Weg 317-7a
Heidberg 317-9b

Im Gründchen 317-9b

Jägersweg 317-9b
Kapellenstraße 317-11b
Kapellenweg 316-6a
Kiefernweg 317-8a
Kirchweg 317-11d
Kleine Hecke 317-4c
Klosterberg 316-6a
Kolpingstraße 317-7b
Krebsmühle 317-8a

Marienplatz 317-7a
Mühlweg 317-11b

Pfarrer-Fäth-Straße 316-6d
Pfarrer-Kleespies-Straße (3) 317-11d
Plantagenweg 317-8a

Quellenweg 343-2b

Ringstraße 317-8c
Roßbacher Straße 317-11c

Schillerstraße 317-8a
Schlaghecke 316-6d
Schöntalweg 316-6d
Schützenstraße 317-7b
Schulstraße 316-6b
Siedlungsstraße 316-6a
Sommerstraße 317-11b
Spessartstraße 317-11d
Staudenhöfe 317-5c
Staudenweg 317-8a
Strippenweg 317-11d
Sudetenstraße 317-11b

Talblick 317-8a
Tannenweg 317-8a
Thüringer Straße 317-11b

Ungeheuersmühle 316-6c

Volksbrunner Straße 317-9d

Wäldchenweg 317-12b
Waldweg 317-8a
Weinbergstraße 316-6a
Wiesenstraße 317-8c
Wingertweg 317-7a

Lich
PLZ 35423

Alter Rathausplatz 51-3d
Am Alten Hof (3) 52-5b
Am Geiersberg 53-1a
Am Hofgut 52-1b
Am Weiher 52-1b
An der Bahn 52-3b
An der Unterpforte 51-4b
Arnsburger Straße 51-5a
Auf der Bleiche 52-5b

Berger Mühle 51-3d
Bessinger Straße 53-1a
Bettenhäuser Straße 52-1b
Birkenstraße 52-1b
Birklarer Weg 52-3b
Bleichstraße 51-4b
Blumenstraße 53-1a
Brandgasse (2) 52-5b
Brauhausgasse 52-3b
Brückgasse 51-6b
Brühgasse 52-3b
Buchegasse 52-3b
Burgweg 51-5a
Butzbacher Straße 51-5a

Die Winke 52-5b

Erbsengasse 52-3b

Freier Platz 52-1b
Friedensstraße 51-3d

Gambacher Weg 51-4b
Gartenstraße 51-3d
Geisbergschneise 53-1b
Glatthaferweg 52-5b
Großgasse 52-1c

Hessengasse 51-3d
Hinter der Kirche 52-1c
Holzheimer Weg 51-4b
Honzgasse 52-3b
Hundsgasse 52-1b
Hungener Pforte 52-3b
Hungener Weg 52-5b

Im Himmerich (3) 53-1a
Im Kirchboden 51-3d
Im Löchel 51-5c
Im Wiesgarten 51-5a
In den Röderwiesen 53-1a

Johannishof 52-3c

Kirchberg 52-1c
Kirchstraße 51-4b
Klausenberg 51-3d + 52-1c
Klosterweg 51-3d

Langer Zug 51-2c
Licher Pforte 52-3b
Lindenstraße 52-1b
Lugge (4) 52-3b

Meridianschneise 53-1b
Mittelstraße 52-1b
Münzenberger Straße 51-5a
Muschenheimer Straße 52-1b
Muschenheimer Weg 52-5a

Neue Licher Pforte 52-1b
Neumühle 51-6b
Nonnenröther Weg 53-1a

Obergasse 52-5b
Oberstraße 52-3b

Pfarrgarten 51-3d

Reichgasse 52-3b
Römerstraße 51-5a

Schindangerschneise 53-1b
Schneppenhain 52-3b
Schneppenrainweg (4) 52-5b
Schulgasse 52-5b
Schulschwan 52-3b
Schulstraße 51-3d
Schwan 52-3b
Siebenhäusergasse (1) 52-5b
Steinstraße 51-5a
Sudetenlandstraße 51-4b

Tannenweg 51-3d

Untergasse 52-5b

Weidegasse 52-3b
Wiesenstraße 51-5a
Wiesenweg 52-5b
Wingertweg 52-1b

Zum Stock 51-4a
Zum Wirrgarten 51-5a

Liederbach am Taunus
PLZ 65835

Ahornweg (6) 200-3c
Akazienweg 200-3c
Altkönigstraße 200-2d
Alt Niederhofheim 200-2d
Alt Oberliederbach 200-6a
Am Bach 200-6a
Am Bahnhof 200-5b
Am Barthelsbaum (18) 200-3c
Am Born 200-6a
Am Feldrain 200-6b
Am Kalkofen 200-6b
Am Kühlen Grund 200-2b
Am Naßgewann 200-6d
Am Neuen Berg 174-11d + 200-3a
Am Nussbaum 200-2d
Am Park 200-6b
Am Saalbusch 200-5d
Am Saatweg (5) 200-3c
Amselweg (3) 200-2d
Am Wehr 200-6b
Am Wiesengrund (11) 200-2d
An den Hofgärten 200-6b
An der Linde 200-6a
An der Pech 200-2b
An der Untermühle 200-6b
Auf dem Pflänzer 200-2d

Bahnstraße 200-6a
Barthelsbaumplatz (17) 200-3c
Bergstraße 200-2b
Birkenweg 200-2b
Bonifatiusstraße 200-3c
Brunnenstraße 200-2b

Die Braubach 200-2d
Die Ritterwiesen 200-2d
Drosselweg (2) 200-2d

Eichkopfallee 200-2d
Eppsteiner Weg 200-6a
Erlenweg 200-3a

Fasanenweg 200-6b
Feldbergstraße 200-3c
Feldstraße 200-2d
Finkenweg (1) 200-2b
Frankfurter Allee 200-3c
Frauenwaldstraße (16) 200-3d
Fuldaer Weg 200-3d

Gartenstraße 200-2b
Georgenhof 200-6d

Haingraben 200-2d
Heidehof 200-2b
Heidestraße 200-3a
Hinter der Mühle (20) 200-2d
Höchster Straße 200-2d
Höhenweg 200-3a
Hofheimer Weg 200-5d

Im Brühl 200-3c
Im Kohlruß 200-3c
Im Kornfeld 200-3c
Im Maisfeld 200-3c
Im Steingarten (12) 200-6a
Im Stelzengarten (10) 200-2d
Im Wingert 200-3c
In den Eichen 200-6a
In den Weingärten (8) 200-3c
Industriestraße 200-5b

Kastanienweg 200-3c
Kirchweg 200-6a
Königsteiner Weg (7) 200-2d

Mainzer Weg 200-3c
Marktplatz (15) 200-3c
Mühnweg 200-3a
Münsterer Weg (13) 200-6a

Pfaffenwiese 200-2d
Platanenweg 200-3a

Rossertstraße 200-5b

Saldusstraße (19) 200-3d
Sandweg 200-6a
Schulstraße 200-6a
Schwedenstraße 200-6a
Sindlinger Weg 200-6b
Sodener Straße (9) 200-3c
Staufenstraße 200-2d
Sulzbacher Straße 200-6a

Taunusblick 200-2b
Taunusstraße 200-2d

Ulmenweg (4) 200-3a

Verwoodstraße 200-3c
Villebon-Platz 200-3c

Wachenheimer Straße 200-2d

Zeilsheimer Weg (14) 200-6b
Zum Morgengraben 200-3c

Limburg a. d. Lahn

65549 Adelheidstraße 75-2a
65553 Adolf-Reichwein-Straße 58-7c
65549 Adolfstraße 75-2a
65555 Ahlbacher Weg 57-5d
65551 Ahornweg 76-2d
65549 Akazienweg 57-11d
65551 Albanusstraße 76-5b
65549 Albert-Schweitzer-Straße 75-5b
65555 Albert-Weil-Straße 57-8b
65549 Albrechtstraße 75-2a
65556 Alleestraße 57-10c
65556 Allensteiner Straße 57-10a
– Alte Lahnbrücke 57-11d (35-B2)
65549 Alter Hof 75-6a
65550 Alte Straße 76-4c
65551 Am Alten Sportplatz (1) 76-5b
65552 Am Bahndamm 58-10d
65556 Am Bahnhof 57-10b
65552 Am Baumgarten 76-2a
65549 Am Biengarten 57-12c (35-B1)
65553 Am Bildstock 57-12b
65549 Am Eckert 57-12b
65549 Am Feldbergblick (1) 58-1a
65549 Am Fleckenberg 57-8c
65555 Am Hallenbad 57-5d
65549 Am Hammerberg 75-3c
65552 Am Hang 76-1b
65549 Am Haustein 75-3a
65549 Am Heiligenstock 57-12d
65549 Am Huttig 75-2b
65551 Am Katzenborn 76-5b
65549 Am Katzenturm (35-A2)
65550 Am Kirberger Weg (1) 76-4c
65556 Am Kirchhof 57-10b
65549 Am Kissel 75-2d
65556 Am Klärwerk 57-10d
65549 Am Löffelberg 75-2d
65549 Am Meilenstein 75-3c
65550 Ammernweg 76-4d
65551 Am Oberfeld 76-2c
65549 Am Philippsdamm 57-11c (35-A1)
65549 Am Renngraben 57-11c (35-A2)
65549 Am Rosenhang 57-11d
65551 Am Scheid 76-3c
65550 Am Scheidgraben (3) 76-4a
65549 Am Schlag 57-11b
65549 Amselweg 57-11b
65554 Am Sportplatz (Ahlbach) 58-1a
65553 Am Sportplatz (Dietkirchen) 57-12b
65552 Am Sportzentrum 58-10d
65554 Am Spritzenhaus (2) 57-3b
65549 Am Steiger (35-B2)
65553 Am Steingraben 57-12b
65552 Amsterdamer Straße 76-1c
65550 Am Wall 76-4c
65550 Am Weiher 75-6b
65551 Am Wingert 76-5b
65549 Am Zehntenstein 75-2a (35-A2)
65554 Am Zollhaus 58-1a
65551 An den Krautgärten 76-2c
65549 An der Lahnkampfbahn 57-11d (35-A1)
65549 An der Landstraße 75-6c
65555 An der Meil 57-9a
65555 An der Schanze 57-9a
65549 Andreasstraße 75-2a
65555 Anna-Ohl-Straße 57-9a
65551 Anna-Roos-Straße 76-2c
65549 Annastraße 75-2a
65552 Antoniushof 76-1a
65552 Antoniusstraße (Eschhofen) 58-10d
65551 Antoniusstraße (Lindenholzhausen) 76-5a
65554 Arnsdorfer Hof 58-1b
65549 Aßmannstraße 57-12c
65551 Auenweg 76-2d
65555 Auf Bach 57-5d
65549 Auf dem Aurain 57-12d
65552 Auf dem Bräunchesstein 76-1b
65549 Auf dem Guckucksberg 75-3c
65551 Auf dem Krind 76-2d
65549 Auf dem Schafsberg 75-2a
65549 Auf dem Trieschen 57-12c
65556 Auf dem weißen Stein 57-10a
65550 Auf der Bätz 75-6d
65549 Auf der Eich 57-12c
65552 Auf der Geiselhöhl 76-1b
65554 Auf der Hehl 58-1a
65553 Auf der Heide 57-9c
65549 Auf der Unterheide 75-1d
65549 Auf der Weide 75-6b
65549 Austraße 57-11c (35-A2)

65555 Bachwiese 57-5d
65555 Backhausstraße 57-5d
65549 Bahnhofsplatz (35-A3)
65549 Bahnhofstraße (35-B3)
65552 Bahnhofstraße (Eschhofen) 58-10d
65551 Bahnhofstraße (Lindenholzhausen) 76-5b
65552 Bahnhofsweg 58-10d
65549 Barfüßerstraße (35-B2)
65554 Bartholomäusstraße 58-1a
65549 Beethovenstraße 57-11c
65549 Beethovenstraße (Offheim) 57-8b
65549 Behringstraße 75-5b
65554 Berghof 40-10c
65549 Bergstraße (3) (35-B2)
65554 Bergstraße (Ahlbach) 57-3b
65555 Bergstraße (Offheim) 57-8b
65556 Bergstraße (Staffel) 57-10a
65549 Berliner Straße 75-5b
65556 Berliner Straße (Staffel) 57-10a
65552 Berner Straße 76-1c
65549 Birkenallee 57-11b
65551 Birkenhof 76-3b
65556 Birkensteig 57-10b
65550 Birkenstraße 76-4a
65556 Birnbaumweg 57-10b
65549 Bischof-Blum-Straße 57-11a
65551 Bischof-Hilfrich-Straße 76-2c
65549 Bischofsplatz (35-B2)
65549 Blücherstraße 57-11d (35-A1)
65555 Blücherstraße (Offheim) 57-8b
65549 Blumenröder Straße 75-2b (35-B3)
65549 Bodelschwinghstraße (5) 75-5d
65549 Böhmergasse (35-B2)
65556 Borngartenweg 57-10a
65555 Borngasse 57-5d
65549 Bornweg (9) (35-B2)
65555 Breites Driesch 75-6c
65549 Breslauer Straße 75-3c
65556 Breslauer Straße (Staffel) 57-10a
65549 Brückengasse (7) (35-A1)
65553 Brühlweg 58-10a
65549 Brünner Straße 75-5b
65552 Brüsseler Straße 76-1c
65553 Brunnenstraße (Dietkirchen) 58-7c
65551 Brunnenstraße (Lindenholzhausen) 76-5d
65555 Brunnenstraße (Offheim) 57-8b
65556 Buchenweg 57-10b
65549 Buderusstraße 57-11a
65556 Buderusstraße (Staffel) 57-10a
65556 Budweiser Straße (1) 57-10a
65553 Burghof 57-9d
65552 Burgstraße 58-10c

65549 Cahenslystraße 75-2b (35-B3)
65552 Clemens-Bruckner-Straße 76-2c

65549 Danziger Straße 75-3c
65556 Danziger Straße (Staffel) 57-10a
65554 Dehrner Straße 57-3b
65553 Dehrner Weg (Dietkirchen) 58-7c
65555 Dehrner Weg (Offheim) 57-5d
65549 Die Langen Treppen (6) (35-B2)
65549 Dieselstraße 57-11a
65551 Dietkircher Straße (Eschhofen) 76-2a
65555 Dietkircher Straße (Offheim) 57-5d
65549 Dietkircher Weg 57-11d (35-B1)
65549 Diezer Straße 75-1d
65556 Diezer Straße (Staffel) 56-12d
65556 Dillbachhof 56-12b
65549 Dippelstraße 75-2d
65549 Dr.-Wolff-Straße 75-2b (35-A2)

65550 Dompfaffweg 76-4d
65549 Domplatz 75-2b (35-B2)
65549 Domstraße 75-2b (35-B2)
65549 Dresdener Straße 75-3c
65556 Dresdener Straße (Staffel) 57-10a

65550 Ebereschenweg 76-4c
65550 Edelhof 76-7b
65549 Eduard-Horn-Park 75-3c
65549 Egenolfstraße 75-2d
65555 Egenolfstraße (Offheim) 57-5d
65556 Egerländer Straße 57-10a
65549 Eichendorffstraße 75-3c
65550 Eichenstraße 76-4c
65549 Eifelstraße 75-5b
65549 Eisenbahnstraße 75-2b (35-B3)
65555 Elbestraße 57-5d
65551 Elisabethenhof 76-3d
65549 Elsa-Brändström-Straße (6) 75-5d
65555 Elzer Straße (Offheim) 57-8a
65556 Elzer Straße (Staffel) 57-7d
65553 Elzer Weg 58-7c
65552 Emsbachstraße 58-10d
65550 Enger Weg 75-6d
65551 Engstraße 76-5b
65549 Erfurter Straße 75-5b
65550 Erlenweg 76-4c
65549 Eschhöfer Weg 75-2b (35-B3)
65549 Europaplatz (35-A3)

65549 Faberstraße 57-12b
65554 Fahlerstraße (Ahlbach) 57-3b
65553 Fahlerstraße (Dietkirchen) 58-10a
65551 Fahnenstraße 76-5b
65549 Fahrgasse (35-B2)
65553 Falkenstraße 58-7c
65551 Fallbornstraße 76-5b
65555 Falterstraße 57-5d
65556 Fasanenhof 57-10c
65553 Fasanenstraße 58-7c
65549 Feldbergstraße 75-5b
65553 Feldbergstraße (Dietkirchen) 58-10a
65550 Feldbergstraße (Linter) 76-4c
65555 Feldbergstraße (Offheim) 57-8d
65556 Feldstraße 57-10b
65549 Felizitas-Massenkeil-Straße 57-12c
65549 Ferdinand-Dirichs-Straße 75-2a
65549 Fischmarkt (4) (35-B2)
65555 Fleckenweg 57-8a
65549 Fleischgasse 75-2b (35-B2)
65549 Fliederweg 57-11b
65555 Forststraße 57-8a
65549 Frankenstraße 75-2b (35-A2)
65549 Frankfurter Straße 75-2b
65551 Frankfurter Straße (Lindenholzhausen) 76-5a
65553 Franz-Leuninger-Straße (4) 57-9d
65549 Franz-Schubert-Straße 57-11c
65549 Frauenwiesweg 57-11d
65553 Fredrick-Reilly-Straße (3) 57-12b
65549 Freiherr-vom-Stein-Platz 75-2a
65549 Freizeit- und Erholungspark Eppenau 75-6b
65554 Friedhofstraße (Ahlbach) 57-3b
65552 Friedhofstraße (Eschhofen) 76-1a
65550 Friedhofstraße (Linter) 76-4c
65556 Friedhofstraße (Staffel) 57-10b
65549 Friedhofsweg 75-2a
65555 Friedlandstraße 57-8b
65549 Friedrich-Ebert-Straße 75-5b
65556 Friedrich-Ebert-Straße (Staffel) 57-10a
65549 Friedrich-Händel-Straße 57-10d
65549 Fröbelstraße 75-5d

65556 Gablonzer Straße (2) 57-10a
65549 Galmerstraße 75-2d
65549 Gartenstraße 75-2b (35-B3)
65552 Gartenstraße (Eschhofen) 58-10d
65551 Gartenstraße (Lindenholzhausen) 76-5a
65549 Gartenstraße (Linter) 75-6d
65556 Gartenstraße (Staffel) 57-10a
65553 Gartenweg 58-10a
65549 Geisberg 58-7c
65552 Geisenweg (1) 58-10c
65552 Georg-Brötz-Straße 76-1b
65549 Gerhart-Hauptmann-Straße 75-5b
65549 Gerlachstraße 75-2d
65553 Geschwister-Scholl-Straße 58-7c
– Gewerbegebiet „Im Kraicher Ahl“ 57-8d
65549 Glashüttenweg 57-11c
65549 Goethestraße 75-2d
65555 Goethestraße (Offheim) 57-8b
65552 Goldmorgenstraße 76-1b
65553 Gondorfer Straße (3) 57-12b
65549 Grabenstraße 75-2b (35-A2)
65550 Grabenstraße (Linter) 75-6d
65549 Graupfortstraße 75-2b (35-B3)
65549 Großbachstraße 75-2c
65549 Große Domtreppe (2) (35-B2)
65550 Großer Ring 76-4c
65549 Grüner Weg 75-6a
65550 Grüner Weg (Linter) 76-4c
65551 Grundweg 76-2d
65549 Güterplatz 75-2d
65549 Gutenbergring 75-5d

65550 Habichtstraße 76-4d
65552 Hagemannstraße 58-10d
65549 Hahlgartenweg 75-2a (35-A3)
65552 Haideweg 76-1b
65556 Haiger Straße 57-10b
65556 Hans-Wolf-Straße 57-10c
65549 Hartsteinstraße 57-12c
65550 Heidestraße 76-4c
65549 Heimstättenweg 57-11d
65549 Heinestraße 75-6a
65549 Heinrich-Fendel-Straße 57-12c
65549 Heinrich-von-Kleist-Straße 75-6a

65549 Herderstraße 75-6a
65549 Hermann-Löns-Straße 57-11d (35-B1)
65549 Herrenberg 58-10a
65549 Hintergasse (Dietkirchen) 58-7c
65555 Hintergasse (Offheim) 57-5c
65554 Hinterstraße 57-3b
65551 Hinter Theishaus 76-2d
65549 Hochstraße 75-2d
65555 Hochstraße (Offheim) 57-8b
65556 Hochstraße (Staffel) 57-10a
65549 Höhenstraße 57-12d
65549 Hölderlinstraße 75-6a
65555 Hoenbergstraße 57-9c
65554 Hof Marienthal 57-3b
65554 Hof Niederfeld 57-3c
65549 Hohe Wehling 75-6c
65549 Hohlstraße 58-10a
65549 Holzheimer Straße 75-5b
65549 Hospitalstraße 75-2b (35-A3)
65549 Hubert-Hilf-Straße 75-2d
65555 Hubertushof 57-6a
65549 Hubertusstraße 57-12c
65553 Hubertusstraße (Dietkirchen) 58-7c
65549 Hunsrückstraße (3) 75-5b

65554 Im Ackerborn 57-3b
65549 Im Ansper 57-11d
65549 Im Dachsstück 57-8d
65552 Im Doll 76-1a
65550 Im Eichengrund (1) 75-6b
65549 Im Elbboden 57-11a
65549 Im Feldchen 75-2d
65549 Im Finken 57-11a
65555 Im großen Feld 57-9a
65549 Im Großen Rohr 75 5a
65551 Im Kleinfeld 76-5b
65555 Im Kompf 57-5d
65555 Im Krippchen 57-8b
65552 Im Langen Rain 58-10d
65549 Im Rosengarten 57-12c
65549 Im Sand 75-6c
65549 Im Schlenkert 75-2b (35-B3)
65556 Im Staffeler Wald 56-11a
65550 Im Triebgewann 76-4c
65550 Im Untersten Grund 75-6b
65553 In den Bergen 58-10c
65549 In den Elf Morgen 75-5b
65549 In den Fritzenstücker 57-12b
65549 In den Klostergärten 75-3c
65550 In den Waldwiesen (2) 75-6b
65552 In den Weingärten 58-10d
65552 In der Au 58-10c
65549 In der Bitz 57-11d
65549 In der Eppenau 75-6b
65549 In der Erbach (10) (35-B2)
65549 In der Schwarzerde 57-11b
65552 In der Seit 76-2a
– Industriegebiet Dietkircher Höhe 57-9c
65549 Industriestraße 75-2c
65555 Industriestraße (Offheim) 57-8d
65549 Inselweg 57-11d + 75-3a
65549 Isenburgstraße (35-A2)

65549 Jahnstraße 75-5a
65554 Jahnstraße (Ahlbach) 57-3d
65552 Jahnstraße (Eschhofen) 58-10d
65550 Jahnstraße (Linter) 76-4c
65555 Jahnstraße (Offheim) 57-8b
65549 Jakob-Höhler-Straße 57-12c
65552 Jakob-Knab-Straße (1) 76-1b
65551 Jakobusstraße 76-2d
65549 Johann-Boppe-Straße 75-2d
65549 Johannes-Mechtel Straße 75-2a (35-A2)
65549 Josef-Ludwig-Straße 75-2a (35-A2)
65549 Josef-Mehlhaus-Straße 57-12c
65549 Josefstraße 75-2a
65555 Josefstraße (Offheim) 57-5d
65549 Joseph-Haydn-Straße 57-11c
65549 Joseph-Heppel-Straße 75-1b
65549 Joseph-Oberst-Straße 57-11b
65549 Joseph-Schneider-Straße 75-2a (35-A3)
65552 Joseph-Schubler-Straße 76-1b
65555 Justus-Staudt-Straße 57-8d

65555 Kapellenstraße 57-8b
65549 Karlsbader Straße 75-5b
65556 Karlsbader Straße (Staffel) 57-10a
65551 Kastanienweg 76-2d
65549 Kauterstraße 57-12c
65551 Kirchfelder Straße 76-5b
65549 Kirchgasse (35-B2)
65553 Kirchgasse (Dietkirchen) (1) 58-7c
65550 Kirchplatz 76-4c
65554 Kirchstraße (Ahlbach) 57-3b
65552 Kirchstraße (Eschhofen) 58-10d
65551 Kirchstraße (Lindenholzhausen) 76-5b
65556 Kirschenberg 57-10b
65551 Klausenhof 76-3b
65549 Kleine Domtreppe (1) (35-B2)
65550 Kleiner Ring 76-4c
65549 Kleine Rütsche (35-B2)
65549 Kleine Seilerbahn 57-11d (35-B2)
65549 Kleine Wallstraße (35-B3)
65554 Klosterstraße 57-3b
65549 Kneippstraße 75-5d
65553 Koberner Straße 57-12b
65556 Koblenzer Straße 57-10a
65549 Königsberger Straße 75-3c
65556 Königsberger Straße (Staffel) 57-10a
65549 Kolpingstraße (35-B2)
65552 Konrad-Adenauer-Straße (3) 76-1b

65549 Konrad-Kurzbold-Straße 57-11d (35-B2)
65552 Kopenhagener Straße 76-1c
65549 Kornmarkt (11) (35-A1)
65549 Kraicherhohl 57-11b
65555 Kranichfelder Hof 57-5a
65549 Krüsmannstraße 57-12c
65553 Kurtrierer Straße 58-7c
65552 Kurtrierische Straße 76-1b
65550 Kurt-Schumacher-Ring 76-4c
65556 Kurt-Schumacher-Straße 57-10c
65553 Kurt-van-der-Burg-Brücke 58-10a

65553 Lahnstraße (Dietkirchen) 58-10a
65552 Lahnstraße (Eschhofen) 58-10d
65556 Lahnstraße (Staffel) 57-10c
65556 Lahnuferstraße 57-10d
65552 Lahnuferweg 58-10c
65549 Lahnweg 75-3a
65549 Laibachstraße 57-12c
65556 Landweg 57-10c
65552 Langenauer Straße 76-1b
65555 Langfraustraße 57-8b
65552 Langgasse (Eschhofen) 58-10d
65550 Langgasse (Linter) 75-6d
65554 Langstraße (Ahlbach) 57-3b
65555 Langstraße (Offheim) 57-5d
65549 Leipziger Straße 75-5b
65556 Leipziger Straße (Staffel) 57-10a
65549 Leo-Sternberg-Straße 57-11b
65550 Lerchenweg 76-4d
65549 Lessingstraße 75-6a
65556 Liegnitzer Straße 57-10a
65553 Limburger Straße (Dietkirchen) 57-12b
65552 Limburger Straße (Eschhofen) 58-10c
65555 Limburger Straße (Offheim) 57-8b
65556 Limburger Weg 57-10d
65555 Lindenhof 57-8d
65551 Lindenmühle 76-3c
65553 Lindenstraße (Dietkirchen) 57-12b
65551 Lindenstraße (Lindenholzhausen) 76-2d
65550 Lindenstraße (Linter) 76-4a
65555 Lindenstraße (Offheim) 57-8b
65549 Lindenweg (1) 57-11d
65549 Löhrgasse (8) (35-B2)
65552 Londoner Straße 76-1a
65553 Lubentiusstraße 57-12b
65549 Ludwig-Corden-Straße 75-2a (35-A2)
65552 Ludwig-Schramm-Straße 76-1b
65549 Ludwigstraße 58-7c

65549 Mährisch-Neustädter Straße 75-5b
65552 Mailstädter Straße 58-10c
65549 Mainstraße 75-1d
65556 Mainstraße (Staffel) 57-10d
65552 Mainzer Straße (Eschhofen) 76-1b
65550 Mainzer Straße (Linter) 75-6b
65551 Margaretenhof 76-3d
65551 Maria-Hilf-Straße (Lindenholzhausen) 76-2c
65549 Marienbader Ring 75-5b
65552 Marienhof (Eschhofen) 76-1a
65551 Marienhof (Lindenholzhausen) 76-3d
65555 Marienhof (Offheim) 57-5b
65552 Marienstätter Straße 76-1b
65553 Martha-Hammerschlag-Straße (2) 57-9c
65550 Meisenweg 76-4d
65551 Mensfelder Straße 76-5c
65549 Mittelstraße 75-6d
65549 Moritz-Hilf-Straße 75-2d
65549 Moselstraße 75-1b
65555 Moselstraße (Offheim) 57-5d
65556 Moselstraße (Staffel) 57-10d
65549 Mozartstraße 75-2a
65551 Mozartstraße (Lindenholzhausen) 76-2d
65555 Mozartstraße (Offheim) 57-8b
65552 Mühlbachweg 58-10b
65549 Mühlberg (35-B2)
65552 Mühlener Straße 58-10d
65555 Mühlweg 57-5c
65555 Müschener Straße (1) 57-8b
65549 Mundipharmastraße 57-12a

65549 Nassauer Straße 75-3c
65550 Nauheimer Weg 76-4c
65552 Neuer Weg 58-10d
65549 Neumarkt 75-2b (35-B3)
65555 Niederhadamarer Weg 57-5a
65556 Niederstaffeler Straße 57-10c
65549 Nonnenmauer (35-B2)

65556 Ober der Roten Erde 56-12b
65549 Obere Seilerbahn (2) 57-12d
65555 Obergasse 57-5d
65554 Oberortstraße 57-3b
65554 Oberweyerer Straße 58-1a
65549 Odenwaldstraße 75-5b
65556 Oderstraße (Staffel) 57-10d
65549 Offheimer Weg (Brückenvorstadt) 57-11b
65553 Offheimer Weg (Dietkirchen) 58-7c
65550 Olympiastraße 76-4c
65556 Oranienstеiner Straße 57-10c
65549 Oraniensteiner Weg 75-1b
65549 Otto-Hahn-Straße 75-5d
65549 Ottostraße 57-11a
65553 Oudenburger Ring 58-7a

65552 Pariser Straße 76-1c
65549 Parkstraße 75-2a (35-A3)
65553 Paul-Eufinger-Platz (2) 58-7c
65549 Pfarrweg (35-B2)

65553 Pfauenstraße 58-7c
65549 Philipp-Reis-Straße 75-5d
65549 Philipp-Weinholt-Weg 57-11b
65556 Pilsener Straße (3) 57-10a
65549 Plötze 75-2b (35-B2)
65553 Poststraße 58-10a
65555 Postweg 57-5d
65551 Prälat-Stein-Straße 76-2d

65549 Raiffeisenstraße 75-5b
65553 Rathausstraße 58-7c
65550 Rebhuhnweg 76-4d
65553 Reckenforst 58-7c
65556 Reichenberger Straße 57-10a
65550 Reinhardtshof 76-7b
65549 Rheinstraße 75-1d
65553 Rheinstraße (Dietkirchen) 58-10a
65552 Rheinstraße (Eschhofen) 58-10d
65555 Rheinstraße (Offheim) 57-5d
65556 Rheinstraße (Staffel) 57-10d + 75-1b
65549 Rhönstraße 75-5b
65554 Ringstraße (Ahlbach) 58-1a
65556 Ringstraße (Staffel) 57-10a
65552 Rintstraße 76-1b
65549 Robert-Bosch-Straße 57-11a
65549 Robert-Koch-Straße 75-5d
65549 Römer 75-2b (35-B2)
65553 Römer (Dietkirchen) (6) 58-7c
65549 Röntgenstraße 75-5b
65553 Rötherstraße 58-7c
65549 Rohrweg 75-2a (35-A3)
65549 Rosengasse (35-B2)
65556 Rosenstraße 57-10b
65550 Rosenweg 76-4c
65549 Roßmarkt 75-2b (35-B2)
65552 Rudi-Wagner-Straße 76-1b
65550 Rudolf-Dietz-Straße 76-4c
65549 Rudolf-Schuy-Straße 75-1d
65551 Rübsanger Straße 76-2d
65549 Rütsche (5) (35-B2)
65551 Rupertstraße 76-5b

65549 Saarlandstraße 75-2a (35-A2)
65549 Sackgasse (35-B2)
65551 Sackstraße 76-5b
65549 Salzgasse 75-2b (35-B2)
65549 Sandweg 75-2d
65555 St.-Rochus-Straße 57-8b
65555 St.-Servatius-Straße 57-8b
65549 Sauerlandstraße 75-5b
65549 Schaumburger Straße 75-2c
65555 Schaumburger Straße (Offheim) 57-8a
65549 Schiede 75-2b (35-A2)
65549 Schießgraben (35-B2)
65549 Schillerstraße 75-3c
65554 Schillerstraße (Ahlbach) 58-1a
65556 Schirlinger Feld 75-1a
65553 Schlesierstraße 58-7c
65549 Schleusendamm 57-11d (35-A1)
65549 Schleusenweg 57-11d (35-B1)
65549 Schlittstraße 75-2a
65555 Schöne Aussicht 57-5c
65553 Schornstraße 57-9d
65551 Schubertstraße 76-2d
65556 Schulplatz 57-10c
65554 Schulstraße (Ahlbach) 58-1a
65552 Schulstraße (Eschhofen) 58-10d
65551 Schulstraße (Lindenholzhausen) 76-5b
65556 Schulstraße (Staffel) 57-10a
65549 Schwarzwaldstraße (2) 75-5b
65552 Schwester-Waltrudis-Straße (2) 76-1b
65549 Seilerbahn 57-11d (35-B1)
65553 Senefelderstraße 57-9c
65555 Servatiushof 57-5b
65549 Siemensstraße 57-11a
65550 Sonnenweg 76-4c
65550 Sperberweg 76-4d
65549 Spessartstraße (4) 75-5b
65552 Sportplatzstraße 58-10d
– Stadtpark Blumenrod 75-6a
65555 Staffeler Weg 57-8a
65549 Ste.-Foy-Straße 57-11c (35-A2)
65556 Steinstraße 57-10a
65549 Stephanshügel 75-2c
65551 Stiegelstraße 76-5a
65550 Stieglitzstraße 76-4d
65549 Stiftstraße 75-2c
65555 Sudetenstraße (Offheim) 57-8b
65556 Sudetenstraße (Staffel) 57-10a

65549 Tal Josaphat 75-3a
65550 Tannenstraße 76-4a
65553 Taubenstraße 58-7c
65549 Taunusstraße 75-2b (35-B3)
65553 Taunusstraße (Dietkirchen) 58-10a
65552 Taunusstraße (Eschhofen) 58-10d
65550 Taunusstraße (Linter) 76-4c
65555 Taunusstraße (Offheim) 57-8b
65556 Texelhof 56-12d
65549 Theodor-Bogner-Straße 57-11b
65552 Theodor-Heuss-Straße (4) 76-1b
65549 Thüringer Straße 75-5b
65549 Tilemannstraße 75-2a
65550 Töpfer Erde 76-4c
65552 Turnplatzweg 58-10d

65549 Uhlandstraße 75-3c
65553 Untergasse (Dietkirchen) 58-7c
65555 Untergasse (Offheim) 57-5d
65554 Urselthaler Hof 57-3c
65554 Urselthaler Weg 57-3b

65551 Vehlener Straße 76-5b
65552 Vinzenz-Pallotti-Straße 76-1c
65549 Vogelsbergstraße (1) 75-5b
65554 Vorderstraße 57-3b

65550 Wachtelweg 76-4d
65549 Walderdorffstraße 75-2a (35-A2)
65551 Waldhof 76-3d
65550 Waldstraße (Linter) 75-6b
65555 Waldstraße (Offheim) 57-5c
65549 Wallstraße 75-2b (35-B3)
65549 Wasserhausweg 57-11d (35-A1)
65556 Wehlingstraße 57-10c
65555 Wehrstraße 57-5d
65549 Weidenweg 57-11c
65555 Weidestraße 57-5d
65549 Weiersteinstraße 75-2b (35-A3)
65556 Weiherhof 75-1a
65553 Weiherwiesenweg 58-7c
65551 Wendelinusstraße 76-5b
65549 Werner-Senger-Straße 75-2b (35-A2)
65549 Weserstraße 75-2c
65556 Weserstraße (Staffel) 57-10d
65549 Westerwaldstraße 57-11a
65553 Westerwaldstraße (Dietkirchen) 58-10a
65555 Westerwaldstraße (Offheim) 57-8b
65549 Wichernweg 75-2d
65552 Wiener Straße 76-1a
65549 Wiesbadener Straße 75-3c
65549 Wiesenstraße 75-2d
65552 Wiesenstraße (Eschhofen) 58-10c
65550 Wiesenstraße (Linter) 76-4c
65555 Wiesenstraße (Offheim) 57-5d
65549 Wiesletstraße 75-2c
65553 Wilhelm-Breithecker-Straße (5) 57-9d
65549 Wilhelm-Krücke-Straße 57-11b
65552 Willy-Brandt-Straße (5) 76-1b
65549 Willy-Lehnes-Weg (2) 76-4d
65549 Wohngebiet Blumenrod IV. Bauabschnitt 75-6a

65549 Zeppelinstraße 75-5b
65554 Ziegelstraße 57-3b
65552 Zum Eschilishov 58-10d
65551 Zum Sauerborn 76-5b
65552 Zum Schwengelsberg 58-10b

Limeshain
PLZ 63694

Altenstädter Weg 133-4d
Am Barbarossabrunnen 132-9a
Am braunen Berg 133-8b
Am Buschberg 133-8b
Am Försterahl 133-7a
Am Georgenwald 133-8a
Am Kirschberg 133-7b
Am Limes (1) 132-9a
Am Lindheimer Weg 133-4b
Amselweg 133-7b
Am Steinacker (2) 133-7a
Am Steinchen 133-8a
Am Zentrum 133-7b
Am Ziegelberg (2) 133-5a
An der dicken Eiche 132-9b
An der Feuerwache 133-7b
An der Pfingstweide 133-5b

Bachstraße 132-9b
Beethovenstraße 132-9d
Bergstraße 133-7b
Blumenstraße 133-5a

Calbacher Straße 133-5c
Carlstraße 132-9b

Dolmenring 132-9d
Drosselweg 133-7b
Drususring 132-9d
Düdelsheimer Weg 133-8b

Erbsengasse 133-8a

Fasanenweg 133-7b
Feldstraße 133-4d
Finkenweg 133 7b
Försterweg 133-8a
Friedensstraße 133-8a
Friedhofstraße 133-5a
Friedhofsweg 133-8a
Friedrich-Ebert-Straße 133-5a
Friedrichstraße 132-9b

Gartenstraße (3) 132-9b
Glauburgstraße 133-5a

Händelstraße 132-9b
Haincher Straße 132-9b
Haincher Weg 133-7a
Hanauer Straße 133-4d
Hauptstraße 132-9a
Haydnstraße 132-9b
Heegwaldring 133-4a
Himbacher Straße 132-9b
Hintergasse 133-5c
Hochstraße 133-5a
Hofgartenstraße 132-9a
Horbachstraße 133-5a

Im Pfeifersaal 133-8a
Im Vogelsang 133-7b
In den Krautgärten 133-4b
Industriestraße 133-4d

Kiefernweg 133-8a
Klostergasse 133-4d
Kurt-Moosdorf-Straße 132-9b
Kurt-Schumacher-Straße 133-4d

Lange Straße 132-9b
Lerchenweg 133-7b
Limesstraße 132-9a

Lindheimer Straße 133-4b
Lisztstraße 132-9b

Marienstraße 132-9b
Meisenring 133-7b
Mozartstraße (5) 133-7a

Neuer Weg 133-8a
Neuhausstraße 133-7b

Obergasse 133-5c
Ostheimer Straße 132-9d

Pfeiffergasse 133-8a

Riegelsgasse 133-4b
Ronneburgstraße 133-8a

Schulstraße 132-9b
Schwalbenweg 133-7b
Schweizer Straße 133-7a
Starenweg 133-7b
Steingasse 132-9b

Talweg 132-9b
Tannenweg 133-8a
Taunusstraße 133-7b

Vetterweg 133-8a

Waldstraße 132-9a
Weingartenstraße 132-9b
Werkstraße 133-4d
Wernher-von-Braun-Straße 133-7a
Wiesenstraße 133-4b
Wilhelmstraße (4) 132-9b
Wingertshecke 133-5a

Zum Wiesengrund 133-4d

Linsengericht
PLZ 63589

Adigstraße 186-6c
Adlerpfad 187-1d
Alte Hohle 187-4a
Altenhaßlauer Straße (Geislitz) 186-3d
Alter Wanderweg (Eidengesäß) 187-2c
Am alten Hofgut (Altenhaßlau) 160-12c
Am alten Rathaus (Geislitz) 187-4a
Am Berg (Lützelhausen) 186-5c
Am Bornrain 186-8b
Am Dörrbangert 187-2a
Am Dorfbrunnen (Geislitz) (1) 187-4a
Am Eselspfad 186-3a
Am Frauenberg (5) 187-2a
Am Gänsborn 187-2a
Am Gründberg 186-5c
Am Kauterrain (4) 187-4a
Am Kelterrain 187-2a
Am Klößengraben 186-5c
Am Neuen Feld 187-4a
Am Park (Eidengesäß) 187-1b
Am Pfandhof 187-4a
Am Ring (Geislitz) 187-4a
Am Rosengarten 187-2a
Am Schaftrieb 186-3a
Am Schandelbach (4) 160-12c
Amselweg 187-2a
Am Sonnenberg (Geislitz) 187-4b
Am Sportfeld 186-3a
Am Steines (Altenhaßlau) 186-3a
Am Storksberg 186-3b
Am sumpfigen Wege (4) 186-5d
Amtshofstraße (2) 160-12c
Am Vogelsang 187-4a
Am Wald (Eidengesäß) 187-2d
An der Dorfwiese (2) 187-1b
An der Flurstadt 187-2a
An der Neuwiese 187-2c
An der Stückhohl 160-12d
An der Wann 160-12d
Apfelweg (Geislitz) 187-4a
Atrium 186-8b
Aueweg 186-6c
Auf der Hofreite (Lützelhausen) 186-5c
Auf der Lehmkaute 187-4a
Augustastraße 160-12c

Bachweg (Altenhaßlau) 160-12c
Backhausstraße (4) 187-2c
Bauhofstraße (Altenhaßlau) 160-12a (34-B3)
Baumschulenstraße 160-11b
Bergstraße (Altenhaßlau) 186-3a
Birkenhainer Straße 186-9c
Birkenstraße (Großenhausen) (2) 186-8b
Blitzweg (Lützelhausen) 186-5c
Blütengarten (Geislitz) 187-4a
Blumenau 187-4a
Blumenauweg 187-1b
Blumenweg 186-3a
Bogenstraße (Altenhaßlau) 160-12c
Bornweg 187-2c
Breitenborner Weg (Eidengesäß) 187-2c
Brentanostraße 186-3a
Breslauer Straße 160-12c
Brückenstraße 160-12c
Brunnenstraße (Geislitz) 187-4a

Charles-Robin-Weg (1) 160-12c

Denkmalstraße 187-4a
Dettersweg 187-2c
Dorfstraße (Eidengesäß) 187-2c
Dreschhalle (Großenhausen) 186-5d

Eckertsstraße 187-4a
Eichermühle 186-3d
Eichwaldstraße 186-8b
Eidengesäßer Straße (Altenhaßlau) 160-12d

Elf Morgen 160-12c
Erlenmühle (Nixmühle) 187-1a
Erlenstraße 186-5c

Fasanenweg 186-3b
Feldstraße (Altenhaßlau) 160-12a (34-B3)
Feldweg 160-12a (34-B3)
Fernblick (Eidengesäß) 187-1b
Festplatz (Altenhaßlau) 160-12d
Fichtenstraße (5) 186-5c
Finkenweg 187-2a
Fliederweg (Eidengesäß) (1) 187-1b
Florianstraße (Altenhaßlau) 160-12c
Forststraße 187-4b
Friedhofstraße 187-2a
Friedrich-Wilhelm-Raiffeisen-Straße 160-12c

Gärtnerstraße 160-12c
Gartenstraße (Großenhausen) 186-5d
Geisberg 187-1d
Geisbergstraße 187-1d
Geislitzer Straße (Eidengesäß) 187-1d
Gelnhäuser Straße (Großenhausen) 160-12a (34-B3)
Gewerbepark Birkenhain 186-4c
Goethestraße 186-3a
Großenhäuser Straße 187-4a
Grüner Weg (Lützelhausen) 186-5c

Haselastraße (Altenhaßlau) 160-12c
Hasenweg 187-2b
Hasselbachweg 187-2c
Hasselhofstraße 160-12c
Hauptstraße (Altenhaßlau) 160-11d + 186-2b
Heinrich-Kreß-Straße (7) 186-3a
Hessenweg (Eidengesäß) 187-1d
Hinterm Born 187-4a
Höchster Straße 187-1b
Höhenweg (Lützelhausen) (1) 186-5c
Hofstraße 160-12c
Horbacher Straße 186-8b
Hubertus 187-8b
Hufeisenhof 187-7c

Im Bangertsfeld 187-1b
Im Bienengarten 160-12d
Im Brunnengässchen (Eidengesäß) 187-2c
Im Gründchen 186-5c
Im Hirtengarten 186-5c
Im Kalk 187-1c
Im Klinger 186-8b
Im Langgarten 186-9a
Im Mühlgarten 186-9a
Im Niederfeld 160-11d
Im Oberdorf (Lützelhausen) (2) 186-5c
Im Riesenacker 187-2a
Im Tannengrund 186-5c
Im Unterdorf (Lützelhausen) 186-5c
Im Vorderdorf (Großenhausen) 186-9a
Im Weidengrund 187-1b
Im Weisgrund 187-4a
In der Ecke (Großenhausen) 186-8b

Jahnstraße 186-5a
Jean-Bohlender-Straße (6) 187-1b

Kapellenweg 186-8b
Karl-Glöckner-Straße 187-1d
Karlstraße 160-12c
Kastanienstraße (3) 186-8b
Kirchstraße 187-2c
Kirchweg 186-5d
Kleinbahnweg 160-12a (34-B3)
Königsberger Straße 160-12a
Krumme Hohle 186-9a
Krummwiese 187-1c

Länderweg 160-11d
Lagerhausstraße (Altenhaßlau) 160-11b (34-A3)
Leimertshohle (Geislitz) 187-4a
Lerchenweg 187-2a
Lindenplatz 160-12c
Lützelhäuser Straße 186-5d

Matthias-Claudius-Weg (6) 186-3b
Meisenweg 187-2b
Metzgerstraße 160-12c
Mittelstraße (Altenhaßlau) 186-3a
Mühlenstraße 186-3a
Mühlweg 187-1b

Neue Straße (Geislitz) 187-4a
Nordstraße 186-6c

Oberstraße 160-12c
Odenwaldstraße 160-11d

Parkstraße 186-9d
Platanenweg (Lützelhausen) 186-5c
Poststraße (Altenhaßlau) 186-6c
Privatweg 187-2c

Raiffeisenstraße 186-5c
Reeseweg 160-12d
Regenbogenstraße (Lützelhausen) 186-5c
Rhönstraße 186-5c
Ringstraße (Eidengesäß) 187-1b
Rohrstraße 186-6c
Rosenstraße (Altenhaßlau) 160-12c

Sandhohle 160-12d
Sandstraße 160-12c
Sandweg (Großenhausen) 186-6c
Schächtelburg 186-8b
Schafhofstraße 160-12c
Schandelaue 160-12c
Schillerstraße 186-3b
Schleifmühle 186-3b
Schlosserweg 160-12a
Schützenstraße 187-4a
Schulstraße (Eidengesäß) 187-1d
Schwarzer Weg 160-12d
Siedlungstraße 187-1b
Sommerberg (Geislitz) 187-4a
Sonnenweg (7) 187-1b
Spessartstraße (Lützelhausen) 186-5c
Stadtweg 160-12a (34-B3)
Steinbruchsweg 187-2a
Steinesweg (Großenhausen) 186-5d
Steinige Dalle 186-4d
Steinweg (Eidengesäß) (3) 187-1b
Sternengasse (Geislitz) 187-1c
Strumpelburg 160-12d
Sudetenring (5) 160-12c

Talstraße (Eidengesäß) 187-2c
Tannenstraße 186-8b
Taunusstraße 186-4d

Über den Häusern 186-5c
Uferweg 186-9a
Uhlandstraße 186-3b
Ulmenstraße (1) 186-8b
Urgasse 187-2c

Vogelsbergstraße 160-11d
Von-Carlshausen-Allee 186-3a
Vor der Au 160-12a
Vorm Wildhaus (3) 160-12c

Wagnergasse (3) 187-4a
Waldblick (Eidengesäß) 187-1d
Waldstraße (Geislitz) 187-4a
Waldweg 187-2b
Wanderweg (Geislitz) 186-6d
Wasserwerkstraße 187-4a
Wasserwerkweg 187-2c
Weinbergweg 186-9c
Wiesenrain (2) 187-4a
Wiesenstraße (Großenhausen) 186-8b
Wiesenweg 187-2a
Wildhausstraße 160-12c
Wilhelmstraße 160-12c
Wingertshecke (6) 186-3d
Wingertsweg (Eidengesäß) 187-2a

Zeilstraße 187-2c
Ziegelweg 186-3a
Zimmerplatzstraße 186-8b
Zum Feld (Geislitz) 187-4a
Zum Haidküppel (Großenhausen) 186-9a
Zum Löschteich (Eidengesäß) 187-2c
Zum Wäldchen (Lützelhausen) 186-4d

Lipporn
PLZ 56357

Brunnenweg 164-10a

Gartenweg 164-10a

Hauptstraße 164-10a

Im Brühl 164-10a

Kirchweg 164-10a

Langsodel 164-10a

Schulstraße 164-10a

Werkerbachstraße 164-10a

Lörzweiler
PLZ 55296

Ahornstraße 301-8a
Am Birnbaum 301-8a
Am Flügelsbach 301-7b
Am Kreuz 301-8b
Am Pfaffenbrunnen 301-8a
Am Schloss 301-5c
An den Tierhäuptern 301-8b
An den Weiden 301-8a
An der Au 301-8b
An der Röst 301-8a
Apfelgasse 301-8a
Aussiedlerhof 301-8a

Bahnhofstraße 301-8a
Birkenstraße 301-8a
Burgunderweg 301-7b

Dahlienweg (8) 301-5d
Dornfelderweg (15) 301-7b

Enggasse 301-8a
Epoisses Straße 301-5d

Faberweg (12) 301-7b
Fieser Stiel 301-5c
Fliederweg (3) 301-5d

Greiffenklaugasse (9) 301-8b

Hohbergstraße 301-5d

In den Dorfwiesen 301-8a
In den Neunmorgen (1) 301-8b

Kernerweg (11) 301-7b
Königstuhlstraße 301-8a
Krokusweg (6) 301-5d

Lindenstraße 301-7b
Mainzer Straße 301-7b
Mommenheimer Straße 301-7d
Morioweg 301-7b

Nackenheimer Straße 301-8b
Nelkenweg (7) 301-5d
Niersteiner Straße 301-8a

Oppenheimer Straße 301-8a

Pappelstraße 301-8a
Portugieserweg (14) 301-7b

Raiffeisenstraße 301-5c
Rheinstraße 301-8a
Rieslingweg 301-7b
Rosenweg (2) 301-5d
Ruländerweg (10) 301-7b

Schlossstraße 301-8a
Silvanerweg 301-7b

Traminerweg (13) 301-7b
Tulpenweg (4) 301-5d

Veilchenweg (5) 301-5d

Weinbergstraße 301-8a

Lohrheim
PLZ 65558

Am steinernen Haus (1) 93-4b
Am Zehnthaus (3) 93-5a
An der Mehrzweckhalle 93-4b
Auf der Bleiche 93-4d

Bachstraße 93-4d
Bartelstraße 93-4b

Friedhofstraße 93-5a

Gartenstraße 93-4d

Hahnstätter Straße 93-5a
Holzweg 93-4d

Im Buchgarten (2) 93-4b
Im Steingarten 93-5a

Niederneisener Straße 93-4b

Rheingauer Straße 93-4d
Rinkerstraße 93-4b

Schaumburger Straße 93-4d
Schulstraße 93-4b

Lonsheim
PLZ 55237

Am Kirchgarten 349-12a

Bermersheimer Straße 349-12a
Bölweg 349-12a
Bornheimer Straße 349-11b
Burgunderstraße 349-12a

Ellerngasse 349-11b
Erbes-Büdesheimer-Straße 349-11b

Friedrichstraße 349-11b

Hexelgasse (2) 349-11b

Im Kappeseck 349-11d

Johann-Stork-Straße 349-11b

Kandelgasse 349-11b
Kirchgasse 349-12a

Mandelbergstraße (4) 349-12a

Neugasse 349-12a

Obergasse 349-12a

Schlossgasse (3) 349-11b
Schönbergstraße (1) 349-11b

Untergasse 349-11b

Weihergasse 349-11b
Wiesenweg 349-11b

Lorch
PLZ 65391

Alfred-Delp-Straße 215-5c
Alte Burg 190-1a
Am Ranselberg 215-5c
Am Rebenhang 214-6c
Am Stein 189-6b
An der Klosterstraße (2) 190-1c
Apothekengasse (6) 215-7c
Auf der Schaufel 189-9a

Bächergrund 215-11c
Bienbachweg 189-6b
Binger Weg 215-7c
Bleichstraße 214-9b
Bodenthal 241-3d
Borngasse (2) 190-6a
Brunnengasse (7) 215-7c
Brunnenstraße 189-3d
Burg-Fürsteneck-Straße 215-7a
Dietrich-Bonhoeffer-Straße 215-5c
Drosselgasse (2) 215-7a

Eichenweg 190-6a
Ellenbogengasse (5) 190-6a

Forsthaus Werkerbrunnen 190-5c
Friedhofsweg 190-6a
Frohnhofgasse 215-7c

Gartenfeldstraße 190-6c
Gartenstraße 189-9a
Gewerbegebiet Wispertal 215-7b
Große Au 215-7a

Hansenberger Weg (4) 190-6c
Hauptstraße 190-6a
Haus Rheinberg 190-10c
Heiles´en Werth 214-5b
Hermannschell 189-6b
Hilchenstraße 215-5c
Hinter der Pfort 190-6a
Hinterstraße 190-4a
Hirschbergruhe 189-9b
Hubertushof 214-3b
Hüttenmühle 215-7a

Im Hofacker 189-9a
Im Südhang 189-6b

Jahnstraße 214-9b

Kamillengasse (5) 215-7c
Kapellenberg 214-6c
Kapellengasse (10) 215-7c
Katzengraben 215-7c
Kauber Straße 214-5d
Kirchgasse (4) 215-7c
Kirchspiel 214-9d
Kirchstraße 189-9a
Kirchweg 190-6a
Kleiner Hahn 214-3d
Kleine Sandgasse (13) 215-7a
Klostergasse (8) 215-7c
Klosterstraße 190-1c
Kolpingstraße 215-7a
Kronengasse (9) 215-7c

Langgasse 215-7c
Laukenmühle 190-9a
Laukenmühler Weg 190-6a
Legerpad (1) 189-8b
Ligugé Straße 215-7a
Lindengasse 215-7a
Lorcher Straße 214-6c

Markt 215-7c
Marktgasse 215-7c
Moßergäßchen (12) 215-7a
Mühlengasse (3) 215-7c

Nastätter Weg 189-6c

Oberfleckenstraße 214-6c
Oberstraße 189-9a
Oberweg 215-7c
Otto-Kern-Straße 190-6a

Pathfesterhof 190-8b
Pfaffental 215-9a
Platter Weg 190-6a

Rheinallee 214-6c
Rheingasse (11) 215-7c
Rheingauer Berghof 189-8d
Rheingaustraße 189-6b
Rheinhöhenblick 189-9a
Rheinstraße 215-7c
Rheinuferstraße 215-7c
Rittergasse 214-9d
Römerberg 215-7c
Römergasse 215-7c
Rosengartenstraße 190-1c
Rosengasse 215-7c

Sandgasse (1) 215-7a
St.-Benoit-Straße 215-7a
Sauerbornsweg 190-5d
Schaar 215-7c
Schauerweg 215-7a
Schulweg 190-6c
Schwalbacher Straße 215-7a
Steingasse 215-7c

Talweg 214-6c
Taunusstraße 189-9a

Unterstraße 189-9a

Vorderstraße (1) 190-4a

Waldfriede 189-9d
Weiselberg 215-7a
Weiseler Weg 189-5d
Welteroder Weg (3) 190-6a
Werkersmühle 190-4a
Westendstraße 189-8b
Wigwam 189-6b
Wilhelmstraße (1) 190-6a
Wispergrund 215-7a
Wisperstraße 215-7c
Wispertalstraße 215-6d

Zum Sauerborn 189-6b

Ludwigshöhe
PLZ 55278

Am Graben 354-1b
Am Honigberg 354-1d

Bleichstraße (3) 354-1b
Deichstraße 354-1d

Ernst-Ludwig-Straße 354-1b

Gartenstraße 354-1b

In den Pflänzern 354-1b

Kirchstraße 354-1a

Mainzer Straße 354-1b
Mittelstraße (1) 354-1b

Rudelsheimer Straße 354-1b

Südstraße 354-1d

Unterstraße (2) 354-1b

Wormser Straße 354-1d

Lützelbach
PLZ 64750

Alter Neustädter Weg 367-8c
Am Berg 366-12a
Am Graben 367-8c
Am Hofgarten 366-7c
Am Hühnerberg 366-10a
Am Rain 367-8d
An der Weitenstraße 366-11c
Angelhof 367-8b
Angelhofstraße 367-8d

Bachgasse 367-11a
Bachstraße 366-11b
Baierberg 367-8c
Beckshöhe 367-8d
Bergstraße 366-11b
Blütenstraße 367-8d
Bogenstraße 366-12a
Breitenbrunner Straße 366-11b
Breubergstraße 366-10a
Brunnenstraße 366-11b

Eckertshofstraße (2) 367-11a
Eisenbacher Straße 366-9c
Elsa-Brändström-Straße 366-11b
Enge Gasse 367-11a
Erlenweg 367-11a

Finkenweg 366-9c
Forsthausstraße 366-10a
Friedhofstraße 366-11b
Friedrich-Seeger-Straße 367-11a
Frühlingstraße 367-8c
Furthstraße 365-9d

Gartenstraße 367-8c
Goethestraße 366-8d
Goldbachstraße 366-10a

Haagstraße 366-12a
Haingraben 366-11b
Haingründer Straße 366-12a
Hardtstraße 366-8d
Hauptstraße 367-8d
Hochstraße 366-9c

Im Katzengraben 366-7c
Im Sachsenhausen 366-10a
In den Gärten 366-7c

Jahnstraße 366-12a
Jocksberg 367-8d
Johann-Saul-Straße 367-11a

Karl-Brunnengräber-Straße 367-8c
Kirchstraße 366-10a
Kirschberg 367-10b
Kirschgraben 367-11a
Klingenstraße 366-12a
Kreuzstraße 366-9c

Lessingstraße 366-11b

Maihohl 367-8d
Mainstraße 366-9c
Maintalblick 367-8d
Mühleiche 367-11a
Mühlhäuser Straße 366-10a
Mümlingstraße 366-8d

Nelkenstraße 366-12a
Neustädter Straße 366-8d
Neustädter Weg 366-11c

Obernburger Straße 366-9c
Obrunnstraße 366-10a
Odenwaldstraße 367-11a

Pestalozzistraße 367-8c
Philipsgasse 366-10a
Pretlackstraße 365-9d

Raibacher Straße 366-9c
Rathausstraße 366-10a
Rhönstraße 367-11a
Rodensteinstraße 365-9d
Rosenstraße 366-12a

Schillerstraße 366-8d
Schulstraße 366-11b
Seckmauerer Straße 366-11b
Siedlung 367-11a
Sonnenhof 367-8d
Spessartstraße 366-12a
Steffersberg (1) 367-11a
Steinbachweg 367-8d

Trieb 367-11a
Tulpenstraße 366-12a
Waldhausstraße 367-11a
Waldstraße 366-8d
Weinbergstraße 366-8d
Wiebelsbacher Straße 367-8c
Wiesenweg 367-11a
Wolfstraße 366-8d

Zu den Nußbaumäckern (1) 366-9c
Zum Damm 366-10a
Zum Schlangengraben 366-8d

Mainaschaff
PLZ 63814

Adalbert-Stifter-Straße 262-12c
Adlerweg (30) 288-3b
Aftholderweg 263-10c
Akazienweg 262-12d
Albert-Einstein-Straße 262-12c
Albert-Schweitzer-Platz (2) 262-12c
Albrecht-Dürer-Straße 262-12d
Am Bitzenloh 289-1a
Am Dreispitz 289-1a
Am Glockenturm 262-12a
Am Heidenstock (41) 262-12d
Ammerweg (29) 288-3b
Am Roten Heiligen 289-1a
Amselweg 288-3b
Am Sportplatz 262-12d
Am Stadtweg (45) 263-10d
Am Westend 262-12c
An der Schanze 289-1b
An der Senne 262-12c
Ankergasse 288-3b
Ankerplatz (32) 288-3b
Aschaffstraße 263-10d

Bachstelzenweg (27) 288-3b
Bahnhofstraße 288-3b
Baumläuferweg (22) 288-3b
Behringstraße 262-11d
Bergstraße 262-12c
Betzenbühl 263-10d
Bismarckstraße 262-12d
Brentanostraße 262-12d
Buchfinkenweg (28) 288-3b
Bussardweg 288-3b

Carl-Bosch-Straße 262-12c

Dahlienweg 263-10c
Danziger Straße (40) 262-12c
Dohlenweg (19) 288-3b
Dompfaffenweg (20) 288-3b
Dorngrasmückenweg (21) 288-3b
Drosselweg (14) 288-3b

Eger Straße (39) 262-12c
Eichelhäherweg (15) 288-3b
Eichendorffstraße 262-12c
Eifelstraße 289-1a
Elsterweg (13) 262-12d
Eulenweg (9) 262-12d

Falkenweg (10) 288-3a
Fasanenweg (11) 262-12d
Faulmannstraße 262-12d
Finkenweg (12) 288-3b
Fliederweg 263-10c
Frankenstraße 262-12c
Friedenstraße 262-12d
Friedhofstraße 262-12d
Friedrich-Ebert-Straße 289-1a
Fritz-Haber-Straße 262-12c
Froschgraben 288-3b
Frühlingsweg 288-3b

Gabelsbergerstraße 262-12d
Gartenstraße 288-3b
Gebrüder-Grimm-Straße 288-3b
Ginsterweg 263-10c
Glogauer Straße (38) 262-12c
Goethestraße 262-12d
Graslitzer Straße (37) 262-12c
Grünewaldstraße 262-12d
Gustav-Hertz-Straße (1) 262-12c
Gutenbergstraße 262-12d

Habichtweg (5) 262-12c
Hänflingweg (6) 262-12c
Hanauer Landstraße 263-10c
Hauptstraße 288-3b
Hermann-Hesse-Straße (3) 262-12c
Hermann-Müller-Straße 262-12d
Hofgartenstraße 288-3b
Holzweg 262-12b
Humboldtstraße 262-12c

Im Hofgewann 263-10c
Im Steinerts 262-12b
Im Trauenloh 262-12a
Im Weichental 262-12d
In den Wickengärten 288-3b
Industriestraße 262-12c

Jahnstraße 288-3b
Johann-Dahlem-Straße 262-12a

Karlsbader Straße (36) 262-12c
Kiebitzweg (7) 262-12c
Kleine Schulgasse (31) 288-3b
Königsberger Straße 262-12c
Kolpingstraße 262-12d
Konrad-Bloch-Straße (4) 262-12c
Krähenweg 288-3a
Kranichweg 262-12d
Kreuzäcker-Ring 263-10d
Kuckuckweg 262-12c
Kurzes Gewann 263-10c

Lerchenweg 288-3a
Lilienweg 263-10c

Mainparkstraße 262-11d
Mainwanderweg 262-11d
Malkotscher Straße 289-1a
Max-Born-Straße 262-12c
Meisenweg (18) 288-3a
Mendelstraße 262-12c
Milanstraße 262-12c
Mittelweg 262-11d
Mittlere Maingasse 288-3b
Mörikestraße 262-12d
Möwenweg (17) 288-3a
Mozartstraße 289-1a

Nachtigallenweg (16) 288-3a
Nelkenweg 263-10c
Nelly-Sachs-Straße 288-3a
Neubaustraße 288-3b
Neuwiese 263-10d

Obere Maingasse 288-3b
Odenwaldstraße 289-1a
Ostendstraße 288-3b
Otto-Hahn-Straße 288-3a

Paul-Ehrlich-Straße 288-3a
Pfarrer-Josef-Otter-Straße (44) 289-1a
Pieperweg (23) 288-3a
Pirolweg 288-3a
Planckstraße 262-12c
Posener Straße (35) 262-12c
Preußenweg 289-1a

Radstraße 262-12d
Raiffeisenstraße (43) 262-12d
Rhönstraße 289-1a
Richard-Kuhn-Straße 262-12c
Robert-Koch-Straße 262-12c
Rohrsängerweg 288-3a
Rosenstraße 263-10c
Rotkehlchenweg (26) 288-3a

Salbeiweg 289-1a
Sandweg 262-12c
St.-Bruno-Straße 262-12d
Sauerbruchstraße 262-12c
Schneidweg (42) 262-12d
Schulstraße 288-3b
Schwanengasse 288-3b
Schwarzwaldstraße 289-1a
Seestraße 262-12c
Spechtweg (25) 288-3a
Sperberweg (24) 288-3a
Spessartstraße 289-1a
Starenweg (8) 262-12c
Stettiner Straße (34) 262-12c
Stockstadter Straße 288-3a

Taunusstraße 289-1a
Tilsiter Straße 262-12c
Tulpenweg 289-1a

Untere Maingasse 288-3b

Westerwaldstraße 289-1a
Wiesenstraße 288-3b

Mainhausen
PLZ 63533

Ahornstraße (9) 261-3c
Akazienweg (7) 261-3a
Albert-Schweitzer-Straße (1) 235-12c
Am Bahnhof 260-6b
Am Gellmannsrödchen (4) 261-4b
Am Mühlbach 261-2c
Am See 261-1d
Am Sportplatz 261-3a
Am Zellerbruch 261-4b
Aussigerstraße 261-4d

Babenhäuser Straße 261-7c
Bahnhofstraße 261-4a
Bensbruchstraße 261-5c
Berliner Straße 261-4c
Birkenstraße 261-3a
Blumenweg (13) 261-4d
Breslauer Straße 261-4c
Brüder-Grimm-Straße 261-3b
Buchenlohweg 261-5c
Buchenstraße (8) 261-3a

Chemnitzer Straße 261-4c

Danziger Straße 261-4a
Dieselstraße 261-3b

Eger Straße 261-4a
Eichenstraße 261-3a
Eifelstraße 261-5c
Erzberger Straße 261-4b

Fahrradweg 261-1d
Falkenauerstraße 261-4a
Feldchengasse (9) 261-4b
Feldstraße 235-12d
Fischerweg 261-7c
Fliederweg (10) 261-4d
Forsthausstraße 261-4d
Forstmeisterschneise 262-7c
Forstwald 260-6b
Freiheitsstraße (5) 261-3b
Friedensstraße 261-4d
Friedhofstraße 261-3b
Friedrich-Ebert-Straße 261-3a

Gartenstraße 261-3a
Geschwister-Scholl-Straße 235-12d
Gingkoring (10) 261-3a
Goethestraße 261-3a
Götzenweg 235-12d
Grenzschneise 261-7c
Grenzweg 261-3a
Grimmstraße 261-4d
Grundstraße 261-4b

Haagstraße 235-12d
Häuserfeldschneise 261-8b
Häuserschloß 261-6c
Hammerstraße 261-4b
Harreshäuser Straße 261-4d
Hauptstraße 261-3b
Heimatstraße 261-3a
Heinrich-Heine-Straße 261-4b
Hellmesbruch (3) 261-4b
Hermannstraße 261-3b
Hirtengasse 261-4b
Hügelstraße (7) 261-4b
Humboldtstraße 261-3b

Industriestraße 261-1d

Jahnstraße 261-2c

Käthchen-Paulus-Straße (6) 261-4b
Kaiserstraße 261-7d
Kantstraße (2) 235-12d
Karl-Liebknecht-Straße 261-3b
Keilmannplatz 261-4d
Keilmannstraße 261-4d
Kettelerstraße (4) 261-3a
Kilianusstraße 261-3b
Kirchgasse 235-12d
Kirchwaldstraße 261-1d
Klein-Welzheimer-Straße 235-12c
Konrad-Adenauer-Straße 261-3a

Lahnstraße (2) 261-4b
Lehmkautenweg 261-4c
Lehrnschneise 261-9c
Lessingstraße 261-3b
Leuschnerplatz 261-3b
Ludwigstraße 261-3a

Magdruh 261-3a
Mainflinger Straße 261-4b
Mainring 261-4b
Mainuferweg 261-3b
Mainweg 261-3d
Martinstraße 261-3a
Mozartstraße 261-3a
Mühlwiesenweg 261-4b

Neckarstraße 261-4b
Neue Straße 262-7c
Niedergärtenstraße 261-4b
Nord-West-Ring-Straße 261-5a

Obergärtenstraße 261-5a
Obergasse 261-4b
Odenwaldstraße 261-3c
Ostring 261-5a

Pfortenstraße 261-4b
Platanenstraße (6) 261-3a
Pölser Straße 261-3a
Pulverstrandschneise 261-6c

Querstraße 235-12d

Rathausstraße 261-4d
Rathenaustraße (8) 261-4b
Rheinstraße 261-1d
Rhönstraße 261-5c
Ringstraße 261-4b
Röderbaumschneise 261-12b
Röderfeldschneise 262-10a
Röhrigstraße 261-4b
Römerstraße 261-3a
Rosenweg (12) 261-4d
Ruhrstraße 261-1d

Sandgasse 261-4d
Schaafheimer Schneise 261-8d
Schillerstraße 261-3b
Schmalwiesenweg 261-4b
Schulstraße 261-4b
Schumacherstraße 261-3a
Seestraße 261-3b
Seligenstädter Straße 235-12d
Spessartstraße (3) 235-12d
Stadtweg 235-12c
Stauffenbergstraße 235-12c
Steinweg 261-4d
Stockstädter Straße 261-5c
Stockstädter Weg 261-5c

Taunusstraße 261-5a
Teerweg 261-5d
Theodor-Heuss-Straße 261-3a
Tulpenweg (11) 261-4d

Waldstraße 261-4a
Wendelinusstraße 261-4d
Wiesenstraße 261-4b
Wingertspfad 261-4b
Wingertstraße 261-4d
Wupperstraße (1) 261-1d

Zellhäuser Straße 261-3c
Zellweg 261-4a
Zellwiesenweg (5) 261-4b

Maintal
PLZ 63477

Adalbert-Stifter-Straße 180-7d
Ahornweg 180-9c
Albert-Schweitzer-Straße 180-12c
Allensteiner Straße 180-10a
Alt Bischofsheim 180-7c
Alte Dorfstraße 180-7c
Alter Kesselstädter Weg 206-3b
Altkönigstraße 180-8d
Alt Wachenbuchen 180-6b
Am Berghof 180-6d
Am Bootshafen 206-2b
Am Bornberg 180-7c
Am Distelberg (1) 180-8d
Am Felsenkeller 180-8b
Am Frauenstück (11) 180-7d
Am Hanauer Weg 181-4a
Am Hochstädter Rain 180-6d
Am Kirchberg (8) 180-8d
Am Kleeberg 180-8d
Am Klingenborn 180-6b
Am Kochberg 180-8c
Am Kreuzstein 180-10c
Am Langen See 180-10a
Am Obertor (1) 180-7c
Am Pfarrhof 180-8d
Am Rathaus (15) 180-8d
Am Röderberg 180-8d
Am Sandkopf 206-3b
Amselweg 180-7a
Am Selzenborn 180-8c
Am Spitzen Sand 207-1a
Am Tiefen See (6) 180-10a
Am Tränkgarten 180-7a
Am Wartbaum 180-10a
Am Weides 180-9a
Am Wellenpfad 180-7c
Am Windecker Weg 181-4a
An der Bleiche 180-9c
An der Hartig 180-8a
An der Landwehr 180-11d
An der Leuchte 180-7c
An der Pforte 180-7c
Ascher Straße 206-2b
Auf der Burg 207-1b
August-Bebel-Straße 180-11d
Aussiedlerhof 180-6c

Bachstraße 180-6b
Backesweg 206-2b
Bahnhofstraße (Dörnigheim) 180-11d
Bahnhofstraße (Hochstadt) 180-8d
Beethovenstraße 180-11d
Berger Straße 180-7a
Berliner Straße 180-12c
Bernauer Straße 180-9a
Birkenweg (4) 180-12d
Bischofsheimer Straße 180-7d
Bleichstraße 181-4c
Blutapfelweg 180-9a
Bogenstraße (9) 180-8d
Bonhoefferstraße 180-11d
Borngasse 180-7c
Boskopweg 180-9a
Braubachstraße 180-11d
Breitscheidstraße 180-11d
Breslauer Straße 180-11d
Breulgasse 180-7c
Brucknerstraße 180-6d
Brüder-Grimm-Straße 180-12c
Brunnenstraße 180-8d
Bruno-Dreßler-Straße 180-10c
Buchenheege 180-12b
Buchenstraße 180-12d
Büchertalstraße 180-6d
Bücherweg 180-8b
Burgernickelstraße 180-11d
Burgstraße 181-4a

Carl-Zeiss-Straße 207-1b

Daimlerstraße 180-12c
Danziger Straße 206-3b
Dieselstraße 180-12a
Dietesheimer Straße 206-3a
Dörningheimer Weg 180-7d
Dorfelder Straße 180-6b
Dresdner Straße 180-9a
Drosselweg 180-7a
Dürerstraße 206-2b

Edisonstraße 180-11b
Edmund-Seng-Straße 180-11a
Eduard-Mörike-Straße 180-7d
Egerstraße 206-2b
Eichendorffstraße 180-12d
Eichenheege 180-12c
Eichwaldstraße 206-3a
Eifelstraße 180-12c
Elbestraße 180-12c
Emanuel-Geibel-Straße 181-4a
Erbsenstraße (3) 181-4a
Erfurter Straße (5) 180-10a
Eschenweg 181-10c + 207-1a
Espenpfad 207-1a
Esztergomstraße 180-11b
Eugen-Kaiser-Ring 179-9d

Fahrgasse 180-8d
Fechenheimer Weg 179-12b + 180-7c
Feldbergring 180-6b
Feldstraße 180-6b
Finkenweg 180-7a
Fischergasse 206-3a
Florscheidstraße 180-11d
Floßgrabenstraße (14) 180-8d
Forststraße 180-8d
Frankenstraße 180-6d
Frankfurter Landstraße 179-12c
Frankfurter Straße 206-3a
Friedensstraße 180-11d
Friedhofstraße 179-9d
Friedrich-Ebert-Straße 206-3b
Friedrichstraße 206-2b

Gänsseestraße 179-9d
Gartenstraße 180-7c
Geibelseck (2) 181-4a
Gerhart-Hauptmann-Straße (3) 180-7d
Gewerbegebiet Mitte 180-11b
Gewerbegebiet Ost 207-1a
Gewerbegebiet West 179-12b
Görlitzer Straße 180-9a
Goethestraße 180-10b
Gravensteiner Straße 180-9a
Griesterweg 179-12b
Grohschlag Hohl 180-8d
Grüner Weg 180-12c
Guldnergasse 180-8b
Gute Luise Weg 180-9a
Gutenbergstraße 180-10a

Hahnenkammstraße 180-6d
Haingrabenstraße 180-7c
Hainstraße 180-6b
Hanauer Landstraße 180-6d
Hanauer Straße 180-9c
Hasengasse 206-3a
Hasenpfad (7) 180-10a
Hauptstraße 180-8d
Haydnstraße 180-12c
Heinrich-Heine-Weg 180-7d
Heinrich-Sorg-Straße (10) 180-7d
Henschelstraße 180-12b
Herderstraße 180-11d
Hermann-Löns-Straße 180-12d
Herrnstraße 181-4a
Hessenring 180-6b
Hindemithstraße 180-6d
Hinter den gärten 180-6b
Hinter den Hohl 180-6b
Hinter der Waag 180-11d
Hintergasse 206-3a
Hintertor 180-6d
Hochstädter Landstraße 181-10a
Hochstädter Straße 180-7c
Hochstraße 180-10a
Höhenweg 180-6d
Hofgerichtsstraße 180-8d
Honeywellstraße 207-1a

Im Anspann 180-11c
Im Brand 180-8d
Im Linnen 180-11c
Im Mainfeld (8) 180-10a
In der Heidt (2) 180-8d
In der Kirschschal 180-10c
In der Mainaue 206-2b
In der Weidbach 180-8b
Industriestraße 207-1a

Jägerstraße 180-8d
Jahnstraße 180-7c
Jakob-Lebel-Weg 180-9a
Johannesweg 206-3b

Käthe-Kollwitz-Straße 180-11d
Kalkhausstraße 180-9c
Kantstraße 206-3a
Karl-Leis-Straße 206-3a
Karlstraße 206-3a
Kateriniweg (15) 180-12a
Kesselstädter Straße 206-3b
Kilianstädter Straße 181-4a
Kinzigweg 180-12c
Kirchgasse 206-3a
Kirchhofstraße 181-4a
Kleine Hainstraße 180-6b
Klingstraße 180-11b
Klosterhofstraße 180-8d
Kochberg 180-8c
Königsberger Straße 180-12d
Kolpingstraße (5) 180-12c
Konrad-Höhl-Straße 180-9a
Kreuzbergstraße 180-6d
Kreuzgartenstraße 206-3a

Lahnstraße 180-12c
Langwiese 180-7a
Ledergasse 180-7a
Leinpfad 206-2a
Leipziger Straße (1) 206-2b
Lessingstraße 180-11d
Leuschnerstraße 180-11d
Liebigstraße 180-10a
Limesstraße 180-11d
Lindenstraße 179-9d
Löwenseestraße 180-10a
Lohrbergstraße 180-11d
Lortzingstraße 180-6d
Ludwig-Thoma-Straße 206-3a
Ludwig-Uhland-Straße 180-7d
Luisantring 180-8c
Lutherstraße 180-8d

Mainkurstraße 180-10a
Mainstraße 206-3a
Marie-Curie-Ring 207-1a
Masurenstraße 180-9a
Maulbeerweg 180-9c
Max-Planck-Straße 180-11b
Mittelbucher Straße 181-4a
Moosburger Weg (14) 180-11b
Moselstraße 180-12c
Mozartstraße 206-2b
Mühltorring 180-6b

Neckarstraße (8) 180-12c
Neue Bleiche 180-9c
Niddastraße 180-12c
Niederfeldstraße 180-11b
Niedergasse 180-7c
Nordstraße 206-3a

Obergasse 180-7c
Odenwaldstraße 180-12c
Oderstraße 180-12c
Ohmstraße 180-11b
Otto-Hahn-Straße 207-1a

Paul-Gerhardt-Straße (7) 206-3b
Philipp-Reis-Straße 180-11b
Philipp-Weber-Straße 180-8c
Philipp-Ziegler-Straße 180-9a
Plättenweide 180-7c

Querspange 180-11c
Querstraße 181-4c

Raiffeisenstraße (4) 180-6b
Rathenaustraße 180-11d
Raymond-Poirier-Platz 180-9a
Reichenberger Straße 180-9c
Renettenpfad (17) 180-9a
Rheinstraße 180-12c
Rhönstraße 179-12b
Rickerstraße (3) 180-12c
Riederwaldstraße 180-8d
Riedseestraße (9) 180-10a
Riedstraße 180-7c
Ringmauerstraße (1) 180-6b
Ringstraße Nord 180-8d
Ringstraße Süd 180-8d
Ritterstraße (13) 180-8d
Robert-Bosch-Straße 207-1a
Robert-Koch-Straße 206-3a
Römerstraße 180-8d
Rohrbachstraße (10) 180-8d
Ronneburgstraße 180-6b
Rosenstraße 180-8d
Rostocker Straße (4) 180-7c
Rübenberg 181-4a
Rüsterstraße (3) 180-8d
Rumpenheimer Weg 180-7c

Saalburgstraße (6) 180-6d
Saalestraße (9) 180-12c
Sandgasse 180-8d
Schäfergasse 180-7c
Schillerstraße 180-7d
Schlehdornweg 180-9c
Schlesische Straße 180-7c
Schöne Aussicht (11) 206-3b
Schubertstraße 180-11d
Schützenstraße (11) 180-8d
Schulstraße 180-6d
Schulweg 181-4a
Schwanengasse 206-3a
Schwarzwaldstraße 180-9c
Senefeldstraße 180-10b
Siemensallee 180-12c
Speierlingweg (16) 180-9a
Spessartstraße 179-12b
Stettiner Straße (2) 206-2b
Stoltzestraße 180-7d
Stresemannstraße 180-11d
Stumpfgrabenstraße 180-7a
Sudetenstraße 180-10a
Südring 206-2b
Südumgehung 180-8c

Tannenstraße 180-12d
Taubenstraße 180-9c
Taufsteinstraße (5) 180-6d
Taunusstraße 179-12b
Thingstraße 180-11b
Thomas-Mann-Straße 180-10b
Thüringer Straße 206-2b
Tilsiter Straße 180-10a
Trinkbrunnenstraße (12) 180-8d

Uferstraße 206-3a
Ulmenstraße 179-9d
Untergasse 206-3a

Vilbeler Hohl 180-7a
Vilbeler Straße 180-11d
Vogelsbergstraße 180-9a
Vogelwaidstraße (7) 180-9c
Voltastraße 180-11b
Von-Miller-Straße 180-10c

Wachenbucher Straße 180-9c
Waldstraße 179-9c
Wallgraben (6) 180-8d
Weidenseestraße 180-10a
Weidenweg 180-12d
Weiherstraße 180-8d
Weinbergstraße 180-8a
Westendstraße 180-11c
Westerwaldstraße 180-12c
Wichernstraße 180-12c
Wiesenstraße 181-4a
Wilhelm-Mankel-Straße (18) 180-9a
Wilhelm-Roentgen-Straße 207-1a
Wilhelmsbader Straße 206-3b
Wilhelmstraße (6) 206-3a
Wingertstraße 206-3a

Zeppelinstraße 206-3a
Zimmerseestraße 180-7c
Zum Großschlag (4) 180-8d
Zwerggasse (2) 180-7c
Zwingerstraße 180-7c

Mainz

55122 Abraham-Lincoln-Straße 248-8b
55131 Abtsgasse 249-7d
55127 Achardstraße 274-4a
55124 Achatiusweg 247-8b
55116 Acker 248-9d (36-C4)
55129 Ackergasse (3) 275-4a
55128 Ackermannweg 248-10b
55122 Adam-Allendorf-Weg 248-4c
55118 Adam-Karrillon-Straße 248-6c (36-B5)
55129 Adam-Opel-Straße 274-5d
55124 Adam-Riese-Straße (5) 247-6d
55131 Adam-Stegerwald-Straße 249-10b
55131 Adelungstraße 248-12d
55118 Adenauer-Ufer 248-6b
55126 Adlergasse 247-10b
55122 Adolf-Ernst-Schuth-Straße 248-4b
55128 Adolf-Gerhard-Straße 274-2b
55116 Adolf-Kolping-Straße (36-B4)
55122 Aenne-Ludwig-Straße 248-4b
55122 Agnes-Karll-Straße 248-4c
55126 Agnes-Miegel-Straße (2) 247-10b
55131 Agrippastraße 248-9d (36-D4)
55129 Ahornstraße 274-3d
55131 Akademieweg 274-3b
55120 Akazienweg 248-4a
55116 Albanstraße 249-7c (36-D3)
55128 Albanusstraße 248-11d
55122 Albert-Einstein-Straße 248-8c
55120 Albert-Knoll-Straße 248-1d
55128 Albert-Schweitzer-Straße 248-11a
55128 Albert-Stohr-Straße 248-11d
55116 Albinistraße (36-A4)
55128 Albrecht-Dürer-Straße 248-11c
55130 Alexander-Diehl-Straße 249-10d
55130 Alexander-Fleming-Straße 275-6a
55122 Alfred-Delp-Straße 248-4c
55129 Alfred-Döblin-Straße 274-6b
55128 Alfred-Mumbächer-Straße 248-12c
55124 Alfred-Nobel-Straße 247-8b
55116 Alicenplatz 248-9a (36-C5)
55118 Alicenstraße 248-9a (36-B5)
55126 Alte Finther Straße 247-8d
55128 Alte Gärtnerei 274-2a
55126 Alte Heidesheimer Straße 247-10a
55129 Alte Mainzer Straße 275-4a
55120 Alte Markthalle (11) 248-1c
55116 Altenauergasse (36-B3)
55126 Alter Karchweg 247-10a
– Alter Sandkauter Weg 273-3a
55122 Alteruhweg 248-8b
55116 Alte Universitätsstraße (36-C3)
55128 Alte Ziegelei 274-3a
55127 Altkönigstraße 274-4d
55128 Altmünsterstraße 248-11a
55131 Am 87er Denkmal 249-7c (36-D3)
55122 Am Alten Flugplatz 248-4c
55116 Am Alten Kaufhaus (11) (36-B3)
55120 Am Alten Kerbeplatz 248-1d
55131 Am Alten Schulgarten 249-10b
55127 Am Alten Sportplatz 247-11d
55130 Am Alten Spritzenhaus (1) 275-5b
55130 Am Alten Wasserwerk 275-1d
55127 Am Alten Weg 274-4b
55127 Am Bangert 273-2b
55120 Am Blauel 248-1c
55130 Am Bornberg 275-5b
55127 Am Borner Weg 273-3a
55124 Am Bornwald 248-4c
55116 Am Brand 249-7a (36-C3)
55127 Ambrosius-Klein-Straße (2) 274-4a
55131 Am Dalheimer Kloster 248-12a
55130 Am Damsberg 275-5d
55126 Am Draisberg 247-11c
55130 Am Edelmann 275-5d
55128 Ameisenweg 274-2a
55126 Am Eiskeller 247-7d
55126 Am Elmerberg 247-10d
55128 Am Eselsweg 248-12c
55120 Am Fahrengrund 248-1c
55127 Am Feldwingert 274-4c
55126 Am Finther Wald 246-12c + 272-3b
55127 Am Finther Weg 273-2b
55120 Am Floßhafen 248-2d
55130 Am Flutgraben 275-6a
55124 Am Forsthaus 247-6d
55131 Am Fort Elisabeth 248-9d
55122 Am Fort Gonsenheim 248-8a
55122 Am Fort Hauptstein 248-9a (36-B6)
55131 Am Fort Heilig Kreuz 249-10a
55131 Am Fort Josef 248-9c (36-D5)
55131 Am Fort Mariaborn (3) 248-12b
55129 Am Fort Muhl 300-5a
55130 Am Fort Weisenau 249-11a
55131 Am Fort Zahlbach (1) 248-12a
55131 Am Frankenhag 249-7c
55131 Am Gautor 248-9d (36-D4)
55126 Am Geiersköpfel 247-5c
55120 Am Geifen 248-1c
55124 Am Geisköpfel 247-6d
55120 Am Getreidespeicher 248-3c
55122 Am Gonsenheimer Spieß 248-8a
55124 Am Grasweg 247-9d
55130 Am Großberg 275-1d
55124 Am Großen Sand 248-4c
55124 Am Haag 248-7a
55127 Am Haidenkeller 274-4b
55126 Am Hang 247-8c
55129 Am Hechenberg 275-1c
55128 Am Heckerpfad 248-11c + 274-1b
55128 Am Heckerpfad (12) 248-11c
55122 Am Heiligenhaus 248-7b
55124 Am Hemel 248-7a
55126 Am Hessendenkmal 247-8a
55129 Am Heuergrund 275-4c
55120 Am Hipperich 247-3d
55130 Am Huhlchen 275-1d
55116 Am Jesuitenbogen (8) (36-C3)
55122 Am Judensand 248-5c
55122 Am Jugendwerk 248-8a
55130 Am Jungstück 275-5d
55129 Am Kartäuserhof 275-4a
55126 Am Keltenlager 247-8c
55129 Am Kesseltal 300-3a
55126 Am Kirchborn 247-10b
55120 Am Kleinen Sand 248-4b
55131 Am Klostergarten 249-10a
55129 Am Kochspfädchen 275-4c
55126 Am Königsborn 247-7d
55116 Am Kronberger Hof (36-B4)
55122 Am Kuckucksschlag 248-5d
55129 Am Kühborn 275-1d
55124 Am Leichborn 248-7a
55130 Am Leitgraben 275-6a
55120 Am Lemmchen 248-1c
55131 Am Linsenberg 248-9c (36-C6)
55122 Am Lungenberg 248-5a

55120 Am Mahnes 248-1c
55127 Am Mainzer Weg 273-3a
55128 Am Marienpfad 248-11d
55131 Am Michelsberg 249-10b
55126 Am Mittelweg 247-11a
55122 Am Molkenborn 248-8a
55129 Am Muckenberg 275-4b
55128 Am Mühlbach 248-11d
55129 Am Mühldreieck 274-6b
55122 Am Müllerwäldchen 248-4d
55120 Am Müllerwald 248-1d
55129 Am Oberen Born (11) 275-4a
55120 Am Obstgarten 248-4a
55126 Am Obstmarkt 247-11c
55128 Am Olmer Weg 274-1c
55128 Am Ostergraben 248-10b
55124 Am Palmen 247-8b
55120 Am Polygon 248-4a
55131 Am Pulverturm 248-9d (36-D4)
55116 Am Rathaus 249-7a (36-C3)
55126 Am Reitplatz 247-10b
55131 Am Rodelberg 248-12d
55131 Am Römerlager 248-9c (36-D5)
55127 Am Römerquell 273-2b
55120 Am Rondell 248-2d
55131 Am Rosengarten 249-10a
55130 Am Rübenacker 275-2a
55124 Am Sägewerk 247-9d
55122 Am Sandbruch 248-4d
55129 Am Schinnergraben 275-1c
55128 Am Schleifweg 274-2c
55116 Am Schottenhof 248-9d (36-D4)
55120 Am Schützenweg 248-5a
55120 Am Schwarzen Weg 247-3d
55120 Am Schwermer 248-1c
55126 Amselweg 247-10b
55127 Am Sonnigen Hang 274-4b
55124 Am Sportfeld 247-6c
55130 Am Steinbruch 275-2b
55131 Am Stiftswingert 249-10a
55120 Am Stollhenn 248-1c
55127 Am Stumpf 247-11d
55120 Am Suderbrunnen 248-1c
55127 Am Südhang 273-2b
55122 Am Taubertsberg 248-8b
55122 Am Taunusblick 248-8a
55120 Am Tiergarten 248-1c
55127 Am Turngarten (2) 273-2b
55130 Am Viktorstift 249-11a
55127 Am Wachswald 273-2b
55120 Am Waldfriedhof 247-3c
55126 Am Warberg 247-8c
55120 Am Wasserwerk 248-4a
55129 Am Weidezehnten 274-6d
55126 Am Weisel 247-7d
55120 Am Wenzen 248-1c
55128 Am Wildgraben 248-12a
55131 Am Winterhafen 249-7d (36-D2)
55118 Am Zollhafen 248-6b
55120 Am Zoll- und Binnenhafen 248-3c
55127 An den 18 Morgen (3) 273-2b
55120 An den Dünen 248-1d
55129 An den Frankengräbern 275-1d
55124 An den Fuchslöchern 247-9a
55120 An den Grachten 248-3c
55122 An den Kiefern 248-4d
55126 An den Lehmgruben 247-11b
55129 An den Mühlwegen 274-6b
55127 An den Platzäckern 273-2b
55122 An den Reben 248-7a
55131 An den Römersteinen 248-11b
55129 An den Sandkauten 275-1a
55127 An den Weiden 273-2b
55131 An der Achatiuskirche 248-11b
55122 An der Allee 248-7b
55124 An der Alten Reithalle 247-6d
55131 An der Bastion Johannes 248-9d
55122 An der Bruchspitze 248-4d
55120 An der Brunnenstube 248-4b
55122 An der Dreispitz 248-8c
55124 An der Fahrt 247-9d
55131 An der Favorite 249-10b
55124 An der Feilkirsch 247-8b
55122 An der Finnensiedlung 248-4b
55131 An der Goldgrube 248-12b
55116 An der Hafenbahn 248-3c
55120 An der Hasenquelle 247-3d
55130 An der Hayl 275-5b
55130 An der Hechtsheimer Höhe 275-1d
55120 An der Kaiserbrücke 248-2d
55131 An der Karlsschanze 249-10b
55130 An der Kirche 249-11c
55128 An der Kirchenpforte 248-11a
55127 An der Kirschhecke 274-4d
55129 An der Kleinhohl 275-4c
55130 An der Klosterheck 275-5d
55124 An der Krimm 248-4c
55129 An der Lehmkaute 300-5b
55127 An der Markthalle 273-2b
55116 An der Nikolausschanze 249-7d (36-D2)
55122 An der Nonnenwiese 248-7b
55124 An der Oberbrücke 247-9b
55128 An der Oberpforte 248-11c
55124 An der Ochsenwiese 247-9d
55131 An der Philippsschanze 248-9c
55120 An der Plantage 248-4a
55124 An der Prall 247-6c
55128 An der Riegelspforte 248-11d
55122 An der Sandflora 248-4d
55128 An der Schanze 248-11b
55120 An der Schlehenhecke 248-1c
55126 An der Steige 247-11a
55130 An der Turnhalle 249-11c
55128 An der Wassergalerie 248-11b
55128 An der Wied 248-11c
55129 An der Wiese 300-3c
55120 An der Wieslücke 248-1a
55124 An der Wildbachbrücke (1) 247-8b
55129 Anemonenweg 300-3c
55122 Angelrechweg 248-7b
55131 Annabergstraße 248-12a
55129 Anna-Stenner-Straße 275-4a
55124 Annastraße 247-9b
55131 Annemarie-Renger-Straße 249-10d
55122 Anni-Eisler-Lehmann-Straße 248-5d (36-A6)
55122 An Schneiders Mühle 248-4d
55128 Anselm-Franz-von-Bentzel-Weg 248-8c
55128 Anzengasse 248-11a
55124 Arndtstraße 247-9a
55118 Aspeltstraße (36-B6)
55126 Asternweg 247-11b
55130 Astheimer Weg 275-6b
55129 Athener Allee 274-9a
55126 Aubachstraße 247-11a
55120 Auenstraße 248-2a
55131 Auf dem Albansberg 249-10a
55127 Auf dem Driesch (1) 247-11d
55129 Auf dem Hewwel 275-1d
55120 Auf dem Krahl 247-3d
55130 Auf dem Stielchen 249-11d
55131 Auf der Bastei (36-C5)
55130 Auf der Burg 275-5b
55120 Auf der Langen Lein 248-1c
55127 Auf der Schwalbenhohl (8) 247-11d
55131 Auf der Steig 249-10a
55129 Auf der Weide 275-6a
55130 August-Herber-Straße 249-11c
55129 August-Horch-Straße 274-6a
55116 Augustinergäßchen (29) (36-C3)
55116 Augustinerreul (30) (36-C3)
55116 Augustinerstraße 249-7c (36-C3)
55131 Augustusplatz 248-9c (36-D5)
55131 Augustusstraße 248-9a (36-C5)

55129 **B**acchusstraße 275-1d
55129 Bachstraße 275-4a
55128 Backhaushohl 248-11b
55120 Backmuhlstraße 248-1d
55116 Badergasse (36-C3)
55128 Bäckergasse (3) 248-11c
55122 Baentschstraße 248-9a (36-B6)
55118 Bahnhofplatz 248-9a (36-B5)
55118 Bahnhofstraße 248-9a (36-B5)
55128 Bahnstraße 248-11b
55129 Bahnweg 275-1c
55116 Ballplatz 248-9d (36-C4)
55129 Balthasar-Becker-Weg (7) 300-3c
55116 Balthasar-Maler-Gasse (36-B4)
55118 Barbarossaring 248-5b
55118 Barbarossastraße (5) 248-5d
55129 Barcelona-Allee 274-9a
55131 Bastion Martin 248-9d (36-D4)
55131 Bastion Philipp 248-9d (36-D4)
55116 Bauerngasse (36-B3)
55116 Bauhofstraße 248-6d (36-A4)
55129 Baumschule Am Speß 274-9b
55130 Bauschheimer Weg 275-3d
55128 Bebelstraße 248-11d
– Bechbornschneise 247-6a
55130 Beethovenstraße 275-6a
– Bellerweg 273-1a
55122 Benjamin-Franklin-Straße 248-8b (36-B6)
55130 Berghofstraße (2) 275-5b
55129 Bergstraße 275-4a
55128 Bergweg 274-1a
55131 Berliner Straße 248-12d
55120 Bernhard-Winter-Straße 248-1d
55128 Bert-Brecht-Straße 248-11c
55130 Bettelpfad 249-10d
55116 Betzelsstraße 248-9b (36-C4)
55131 Beuthener Straße 248-12a
55126 Bierothstraße 247-11a
55116 Bilhildisstraße 248-9b (36-C5)
55131 Billrothweg 248-9c (36-D6)
55116/55122/55113 Binger Straße 248-9a (36-C6)
55129 Birkenstraße 274-3d
55116 Birnbaumsgasse (6) (36-B3)
55130 Bischheimer Weg 275-4c
55116 Bischofsplatz 248-9b (36-C4)
55118 Bismarckplatz 248-5b
55120 Bleichgarten (7) 248-1d
55130 Bleichstraße 275-2a
55130 Blussusstraße 249-11c
55116 Bockshöfchen (25) (36-C3)
55131 Bodelschwinghstraße 249-10c
55129 Bodenheimer Straße 275-1d
– Bogenschneise 247-5b
55118 Bonifaziusplatz 248-9a (36-B5)
55118 Bonifaziusstraße (36-B5)
55118 Boppstraße 248-6c (36-A6)
– Borner Grund 274-2d
55126 Borngasse 247-7d
– Botanischer Garten 248-8c
55127 Brahmsweg 273-6c
55120 Braunwiesstraße (2) 248-1b
55116 Breidenbacherstraße 248-9d (36-C4)
55124 Breite Straße 247-9b
55116 Breslauer Straße 247-8c
55128 Bretzenheimer Straße 248-12a
55131 Bretzenheimer Weg 249-10c
55128 Brezelweg (8) 248-11d
55127 Brucknerstraße 273-6a
55116 Brückenplatz 249-7a (36-B3)
55130 Brunnenstraße 275-2a
55128 Buchenweg 274-1d
55124 Budenheimer Straße 247-9b
55127 Büchnerallee 273-5b
55129 Büdinger Straße 274-3d
55122 Bürgermeister-Alexander-Straße (6) 248-4c
55129 Bürgermeister-Heinrich-Dreibus-Straße 274-6b
55129 Bürgermeister-Keim-Straße (10) 275-4a
55129 Bürgermeister-Schmitt-Straße 275-4a
55130 Burgstraße 249-11c
55130 Burgunderweg 275-6a
55124 Butterbergreul (4) 247-9b

55122 **C**anisiusstraße 248-4c
55131 Carl-Benz-Straße 248-12d
55130 Carl-Diem-Straße 275-6a
55122 Carl-Goerdeler-Straße 248-4d
55124 Carlo-Mierendorff-Straße 247-6c
55127 Carl-Orff-Straße 247-12c
55129 Carl-von-Linde-Straße 274-6b
55129 Carl-Zeiss-Straße 274-5b
55127 Carl-Zuckmayer-Straße 247-11d
55129 Catharina-Lothary-Straße 275-2c
55129 Chana-Kahn-Straße 275-1b
55130 Chattenstraße 249-11c + 275-2a
55127 Chausseehaus 274-5a
55127 Christian-Haas-Weg 273-5b
55128 Christian-Lechleitner-Straße (1) 248-11c
55130 Christianstraße 249-11c
55116 Christofsgäßchen (5) (36-B3)
55116 Christofsstraße (4) (36-B3)
55129 Clemens-Brentano-Straße 274-6b
55118 Colmarstraße 248-6c (36-A6)
55128 Colonel-Kleinmann-Weg 248-8c
55118 Corneliusstraße 248-5b
55127 Cranachweg 273-5b
55129 Curiestraße 274-3d
55127 Curt-Goetz-Straße 273-3a
55131 Czernyweg 248-9c (36-D6)

55116 **D**agobertstraße 249-7c (36-D2)
55116 Dagoberttor (36-D2)
55126 Dahlienweg 247-11a
55129 Dalbergstraße 300-5b
55128 Dalheimer Straße 248-11c
55128 Dalheimer Weg 248-10a
55130 Dammweg 275-3c
55131 Dampfbahnweg 274-3a
55127 Daniel-Brendel-Straße 273-2b
55128 Dantestraße 248-11c
55129 Dekan-Laist-Straße 274-6a
55120 De-la-Roche-Anlage 248-1c
– Der Bornweg 247-7a
– Der Mühlweg 247-7c
55130 Deutschhausgasse (3) 275-5b
55116 Deutschhausplatz 248-6d (36-B4)
– Diebsstraße 274-5a
55128 Dieter-Schro-Weg (2) 248-11c
55116 Diether-von-Isenburg-Straße (36-A4)
55131 Dietrich-Bonhoeffer-Straße 249-10d
55128 Dietrich-Gresemund-Weg 248-8d
55120 Dietzestraße 248-1d
55122 Dijonstraße 248-7d
55124 Dionysiusstraße 247-8b
55122 Dr.-Erich-Jung-Straße 248-4d
55120 Dr.-Falk-Weg 248-1c
55130 Dr.-Friedrich-Kirchhoff-Straße 249-11c
55122 Dr.-Heinrich-Rosenhaupt-Straße 248-8b (36-B6)
55129 Dr.-Karl-Schramm-Straße 274-6d
55122 Dr.-Martin-Luther-King-Weg 248-8b
55128 Dombaumeister-Schneider-Straße 248-11c
55128 Domherrngasse (4) 248-11c
55116 Dominikanerstraße (36-C4)
55126 Domitianstraße 247-7d
55116 Domstraße 249-7a (36-C3)
55129 Donnersbergstraße 275-1c
55130 Dora-Scherf-Straße 275-2a
55127 Dorfstraße (6) 273-2b
55129 Dornsheimer Weg 274-6d
55129 Draisberghof 247-12b
55128 Draiser Straße 248-11c
55128 Draiser Weg 248-10c
55128 Drechslerweg 274-2c
55127 Dreißig-Morgen-Weg 247-12c
55129 Dresdener Straße 300-2d
55122 Drosselweg 248-5d
55131 Drususstraße 248-9d (36-D5)
55131 Drususwall 248-9d
55128 Duesbergweg 248-7d
55131 Dumontstraße 249-10c

55131 **E**bersheimer Weg 249-10a
– Ebersheimer Weg (Marienborn) 274-5b
55129 Eckgasse 275-4a
55122 Eduard-David-Straße 248-5c
55122 Eduard-Frank-Straße 248-8b (36-C6)
55129 Effenspitze 300-2d
55131 Ehrhardstraße 249-10c
55128 Eibenweg 274-2c
55131 Eichelsteinstraße 249-10a
55122 Eichendorffstraße 248-8c
55128 Eichenweg 274-1d
55129 Eindhoven-Allee 274-8b
55129 Eisenacher Straße (4) 300-2d
55116 Eisgrubweg 248-9d (36-D4)
55122 Elbestraße 248-4c
55124 Eleonorenstraße 247-9b
55130 Elisabethenstraße 275-2a
55129 Elisabeth-Langgässer-Straße (2) 275-4a
55126 Elisabeth-Schwarzhaupt Straße 247-10b
55124 Ellenbogenstraße (3) 247-9b
55129 Elly-Beinhorn-Straße 249-10c + 275-1a
55124 Elsa-Brändstöm-Straße 247-6d
55128 Elsterweg 274-2a
55118 Emausweg 248-6a
55131 Emil-Kraus-Weg 248-9c (36-D5)
55116 Emmeransstraße 248-9b (36-C4)
55116 Emmerich-Josef-Straße 248-9d (36-C4)
55120 Emrichruhstraße 248-1c
55129 Emy-Roeder-Straße 274-3b
55130 Engelgasse (2) 249-11d
55124 Engelstraße 247-9b
55130 Enggäßchen 275-5b
55129 Enggasse 300-5b
– Engler-Weg 248-11a
55116 Eppichmauergasse (36-C4)
55124 Erfurter Straße 248-4c
55127 Erich-Dombrowski-Straße 273-6b
55130 Erich-Koch-Höhenweg 275-8a
55130 Erich-Ollenhauer-Straße (7) 249-11c
55129 Erlenweg 274-3d
55124 Ernst-Abbe-Straße 247-9a
55116 Ernst-Ludwig-Platz 248-6d (36-A4)
55116 Ernst-Ludwig-Straße (36-A4)
55131 Ernst-Neeb-Straße 249-10a
55130 Ernst-Reuter-Straße 275-3c
55118 Erthalstraße (36-B5)
55120 Erzbergerstraße 248-4a
55128 Eschenweg 274-1b
55128 Essenheimer Straße 248-11c
55128 Eugen-Salomon-Straße 248-10a
55131 Eupener Straße 248-8d
55124 Europaplatz 248-10a

55129 **F**aberrebenweg 275-4b
55128 Färberweg 274-2c
55116 Färchergäßchen (38) (36-D2)
55129 Falkensteinerstraße 275-1c
55126 Fanny-de-la-Roche-Weg (1) 247-11b
55122 Faserschirmweg (10) 248-4d
55120 Fatzerbrünnchen 247-3d
55128 Faulhaberstraße 248-11d
55122 Federgrasweg (8) 248-4d
55124 Feilkirschshöhe 247-8b
55118 Feldbergplatz 248-6b
55118 Feldbergstraße 248-6a
– Feldbergtor 248-6b
55129 Feldgartenstraße 300-2c
55120 Feldherrenstraße (19) 248-1d
55127 Ferdinand-Secker-Straße (3) 274-4b
55131 Fichteplatz 248-9d
55122 Finkenstraße 248-8b
55124 Finther Landstraße 247-8d
– Finther Pfad 248-10b
55116 Fischergasse (16) (36-C3)
– Fischtor 249-7a (36-C2)
55116 Fischtorplatz 249-7a (36-C3)
55116 Fischtorstraße (36-C3)
55116 Flachsmarkt 248-9b (36-B4)
55116 Flachsmarktstraße 248-6d (36-B4)
– Flakweg 275-5a
55129 Fliederweg 275-1c
55131 Fliednerstraße 249-10c
55129 Florenz-Allee 274-9c
55126 Florian-Geyer-Straße 247-11a
55120 Floßstraße 248-2c
55126 Flugplatzstraße 246-12d
55127 Fontanestraße 273-5b
55120 Forellenstraße (10) 248-1c
55118 Forsterstraße 248-6c
55127 Forsthausstraße 273-2b
55126 Frankenstraße 247-11a
55129 Frankenwaldstraße 275-1d
55127 Franz-Anton-Hermann-Straße (5) 274-4b
55122 Franz-August-Becker-Straße 248-4d
55131 Franziska-Kessel-Straße (1) 274-3b
55116 Franziskanerstraße (36-C4)
55127 Franz-Karin-Ecker-Straße (4) 274-4a
55118 Franz-Liszt-Straße (2) 248-6a
55122 Franz-Werfel-Straße 248-8a
55120 Franz-Winkeler-Straße 248-1d
55118 Frauenlobplatz 248-6c (36-A5)
55118 Frauenlobstraße 248-9a (36-B5)
– Frauenlobtor 248-6b
55131 Freiherr-vom-Stein-Straße 248-12a
55131 Freiligrathstraße 248-12b
55124 Friedensstraße 247-6d
55127 Friedhofstraße 273-2b
55124 Friedrich-Ebert-Platz 247-6d
55131 Friedrich-Ebert-Siedlung 248-12b
55130 Friedrich-Ebert-Straße 249-11c
55129 Friedrich-Koenig-Straße 274-6b
55131 Friedrich-Naumann-Straße 249-10d
55131 Friedrich-Schneider-Straße 249-10a
55124 Friedrichsstraße 247-8b
55122 Fritz-Bockius-Straße 248-8b
55129 Fritz-Erler-Straße (5) 300-2d
55129 Fritz-Fuchs-Weg (6) 300-3c
55122 Fritz-Kohl-Straße 248-5d (36-B6)
55122 Fritz-Ohlhof-Straße 248-8b
55128 Fritz-Straßmann-Weg 248-8c
55129 Froschmarkt 275-4a
55130 Früchtstraße 249-11c
55129 Frühlingsstraße 275-4a
55116 Fürstenbergerhofstraße (27) (36-D3)
55116 Fuststraße 248-9b (36-C4)

55118 **G**abelsbergerstraße 248-6c (36-A5)
55130 Gabriele-Faust-Straße 275-1b
55128 Gänsmarkt 248-11c
55116 Gärtnergasse 248-9b (36-B5)
55129 Galileo-Galilei-Straße 274-6a
55116 Gallusgasse 249-7a (36-C3)
55118 Gartenfeldplatz 248-6c (36-A5)
55118 Gartenfeldstraße 248-6c (36-B5)
55127 Gartenstraße (7) 274-4b
55120 Gaßnerallee 222-10d
55120 Gastellstraße 248-1d
55116 Gaustraße 248-9d (36-D4)
– Gaustraße (Hechtsheim) 274-9b
– Geierskopfelweg 247-7b
55127 Gemeindehohl 273-3a
55129 Generaloberst-Beck-Straße 274-3b
55129 Genfer Allee 274-9c
55126 Gensfleischstraße 247-10b
55129 Georg-Büchner-Straße 274-3d
55122 George-Washington-Straße 248-8b (36-C6)
55129 Georg-Fahrbach-Straße 274-3b
55128 Georg-Fröhder-Straße 248-11c
55120 Georg-Hamm-Straße 248-2b
55116 Georg-Moller-Platz (36-C4)
55129 Georg-Schrank-Straße 274-6d
55129 Geraer Straße 300-2d
55124 Gerhart-Hauptmann-Straße 247-9b
55131 Germanikusstraße 248-9c (36-D5)
55116 Geschwister-Heinefetter-Platz (36-C4)
55131 Geschwister-Scholl-Straße 248-12b
– Gewerbegebiet Ingelheimer Aue 248-2a
– Gewerbegebiet Kisselberg 248-7c
55130 Gewerbestraße 275-6d
55130 Ginsheimer Straße 275-3c
55122 Gleisbergweg 248-7b
55131 Gleiwitzer Straße 248-12b
55128 Glühwürmchenweg 274-2a
55131 Görresstraße 249-10b
55131 Görzstraße 248-9c
55118 Goetheplatz 248-6c (36-A6)
55118 Goethestraße 248-6c
55130/55131 Göttelmannstraße 249-10b
55124 Goetzstraße 247-9b
55126 Goldammerweg 247-10b
55116 Goldenbrunnengasse (36-D4)
55116 Goldenluftgasse (36-D4)
55126 Goldregenstraße 247-8c
55122 Gonsbachblick 248-4b
55122 Gonsbachgärten 248-5c
55124 Gonsbachstraße 247-9b
55122 Gonsenheimer Höhe 248-4d
55126 Gonsenheimer Straße 247-11a
55122 Goßlerweg 248-9a (36-C6)
55127 Gottfried-Schwalbach-Straße 274-4b
55131 Gottlieb-Daimler-Straße 248-12d
55116 Graben (40) (36-D3)
55124 Grabenstraße 247-9b
55124 Graf-Stauffenberg-Straße 247-6d
55129 Grauelstraße 275-4a
55116 Grebenstraße 249-7a (36-C3)
55116 Greiffenklaustraße (36-A4)
55130 Grenzweg 249-11c
55128 Grillenweg 274-2a
55116 Große Bleiche 248-9b (36-C4)
55116 Große Langgasse 248-9b (36-C4)
55116 Große Weißgasse 248-9d (36-D4)
55130 Groß-Gerauer-Straße 275-6b
55129 Großgewann 300-2c
55129 Grünberger Straße 300-2d
55127 Grünewaldstraße 273-2d
55128 Gürtlerstraße 274-2c
55127 Gustav-Mahler-Straße 273-6a
55130 Gustavsburger Weg 275-6b
55116 Gutenbergplatz (36-C3)
55124 Gutenbergstraße 247-9b
55130 Gutshof Laubenheimer Höhe 275-5a
55116 Gymnasiumstraße (36-C4)

55120 **H**äfnerstraße (4) 248-1d
55124 Händelstraße 247-6c
55116 Hänleingäßchen (36) (36-D2)
55118 Hafenstraße 248-6b
55128 Hahn-Meitner-Weg 248-10b
55128 Haifa-Allee 274-1d
55131 Hallstein-Walter-Straße 249-10d
55129 Hammermühle im Attigbusch 274-9d
55128 Hanns-Dieter-Hüsch-Weg 248-11a
55128 Hans-Böckler-Straße 274-2a
55122 Hans-Klenk-Straße 248-4b
55129 Hans-Stenner-Straße 274-6d
55130 Hans-Zöller-Straße 275-5d
– Hartenbergpark 248-5a
55122 Hartmühlenweg 248-5a
55129 Harxheimer Weg 300-5b
55122 Hattenbergstraße 248-5b
55120 Hauptstraße 248-1a
55126 Hauweg 247-10a
55130 Haydnstraße 275-6c
55127 Hebbelstraße 273-5d
55120 Heckerstraße (13) 248-1d
55122 Hegelstraße 248-7d
55116 Heidelbergerfaßgasse 248-9b (36-B5)
55124 Heidesheimer Straße 247-5c
55128 Heilig-Geist-Gewann 274-2d
55116 Heiliggrabgasse 249-7a (36-C3)
55130 Heiligkreuzweg 275-1b
55120 Heimstraße 248-1d
55120 Heinrich-Freber-Straße 248-1d
55118 Heinrich-Heine-Straße 248-6c
55130 Heinrich-Schrohe-Straße 275-2a
55130 Heinrich-von-Brentano-Straße 249-10d
55131 Heinrich-von-Gagern-Straße 249-10d
55129 Heinrich-von-Meißen-Straße 274-6b
55124 Heinrich-von-Stephan-Straße 247-6d
55122 Heinrich-Wothe-Straße 248-5c
55129 Heinz-Lemb-Weg 274-6d
55131 Helmholtzweg 248-9c (36-D5)
55116 Helmut-Kohl-Platz (36-A4)
55126 Henri-Dunant-Straße 247-10b
55130 Henry-Moisand-Straße 275-3c
55124 Herderplatz 247-6c
55116 Heringsbrunnengasse (28) (36-C3)
55124 Hermann-Ehlers-Straße 247-9b
55127 Hermann-Hesse-Straße 273-5d
55126 Hermann-Löns-Straße 247-10b
– Hermann-Löns-Weg 247-7a
55122 Herrnweg 248-7a
55127 Hesslerweg 273-2b
55129 Heuerstraße 274-6d
55116 Heugasse 249-7a (36-C3)
55131 Hildegardstraße 248-11b
55128 Hildegard-von-Bingen-Straße 248-11a
55116 Himmelgasse (36-C3)
55127 Hindemithstraße 273-6c
55118 Hindenburgplatz 248-6d (36-A5)
55118 Hindenburgstraße 248-6c (36-A6)
– Hinkelsteinerpfad 274-2b
55128 Hinkelsteinerstraße 248-11d
55127 Hinter dem Chausseehaus 274-5c
55129 Hinter den Schulen 275-4a
55127 Hinter den Wiesen 274-4b
55129 Hinter der Hecke 300-5b
55128 Hinter der Kapelle 248-11d + 274-2a
55129 Hinter der Kirche 300-2c
55129 Hinter der Töngeshalle 300-2c
55116 Hintere Bleiche 248-9b (36-B5)
55116 Hintere Christofsgasse 249-7a (36-B3)
55116 Hintere Flachsmarktstraße (2) (36-B4)
55129 Hinterer Heuergrund 274-6d
55130 Hinterer Talstraße 275-5d
55129 Hinterm Rech 275-1d
55131 Hochgesandstraße (36-D5)
55128 Hochstraße 248-11d
55116 Höfchen (36-C3)
55130 Höhenweg 275-2a
55131 Hölderlinstraße 248-12b
55130 Hof Jungenfeld (1) 249-11c
55130 Hofwiesenweg 275-6c
55118 Hohenstaufenstraße 248-5b
55130 Hohlstraße 249-11c
55129 Holdergasse (6) 275-4a
55116 Hollagäßchen (36-C3)
55116 Holsteinstraße (4) 248-5b
55128 Holthausenstraße 248-11c
55129 Holunderweg 274-1d
55116 Holzhofstraße 249-7c (36-D3)
55116 Holzstraße 249-7c (36-D3)
55116 Hopfengarten (39) (36-D3)
55130 Hopfengartenstraße 249-11c
55120 Hügelgasse 248-1d
– Hügelschneise 247-6a
55122 Hugo-Eckener-Straße 248-4d
55131 Hultschiner Straße 248-12a
55128 Hummelweg 274-2a
55129 Hunsrückstraße 275-1a
55126 Hutenstraße 247-10b
55129 Huxelrebenweg 275-1d

55122 **I**da-von-Hahn-Straße 248-8a
55116 Ignazgäßchen (36-D3)
55118 Illstraße 248-6a
55127 Im Borner Grund 274-4b
55130 Im Brühl 275-6a
55130 Im Dorfgraben 275-5b
55129 Im Euler 274-3d
55120 Im Gewerbegebiet 248-4b
55130 Im Güterbahnhof 275-3a
55130 Im Johannesberg 275-5d
55130 Im Langwingert 275-5d
55130 Im Leimen 249-11c
55124 Immelmannstraße 247-6d
55128 Immenhof 274-2a
– Im Mittlerer Heuweg 247-7a
55122 Im Münchfeld 248-7d
55124 Im Niedergarten 248-7a
55127 Im Schleichengarten (6) 274-4b
55130 Im Stoßacker 275-5d
55128 Im Tiefental 274-1a
55129 Im Töngeshof 300-2d
55127 Im Winkel (1) 274-4b
55129 Im Zuckergarten 275-4c
55129 Ina-Seidel-Straße 275-4c
55128 In den Gärten 248-11b
55129 In den Kläuern 300-5b
55127 In den Neun Morgen (9) 274-4b
55127 In den Obstanlagen 273-3a
55129 In den Teilern 300-5b
55130 In den Weinbergen 275-8b
55120 In der Anlage 248-1d
55120 In der Dalheimer Wiese 248-1a
55128 In der Klauer 248-11c
55129 In der Mainzer Pforte 274-6b
55122 In der Meielache 248-7b
55120 In der Plies 248-1c
55128 In der Reil (6) 248-11d
55129 In der Töngeswiese 300-3c
55120 Industriestraße 248-1a
55120 Ingelheimstraße 248-2a
55116 Inge-Reiz-Straße 248-3c
55116 Inselstraße (36-C4)
55124 Isaac-Fulda-Allee 248-7c

55122 **J**acob-Goedecker-Straße 248-4d
55122 Jacob-Nickolaus-Weg 248-4c
55120 Jägergasse (1) 248-1b
55120 Jägerhofstraße 248-1b
55131 Jägerstraße 248-12d
55124 Jahnstraße 247-6c
55130 Jakob-Anstatt-Straße 275-1b
55118 Jakob-Dieterich-Straße 248-6c (36-A6)
55130 Jakob-Laubach-Straße 275-1d
55128 Jakob-Leischner-Straße 248-11c
55116 Jakobsbergstraße 249-7c (36-D3)
55130 Jakob-Sieben-Straße 249-11a
55122 Jakob-Steffan-Straße 248-8a
55128 Jakob-Welder-Weg 248-8c
55131 Jeanbon-St.-Andre-Straße 248-9c (36-D6)

55126 Jean-Pierre-Jungels-Straße 247-10d
55129 Jenaer Straße 300-2d
55131 Jochen-Klepper-Straße 248-12a
55116 Jockel-Fuchs-Platz 249-7a (36-B3)
55129 Johann-Ambros-Becker-Weg 300-5b
55127 Johann-Angele-Straße (8) 274-4b
55129 Johannes-Kepler-Straße 274-3d
55129 Johannes-Lüft-Straße 274-6b
55128 Johannes-von-Müller-Weg 248-8d
55128 Johann-Friedrich-von-Pfeiffer-Weg 248-8c
55116 Johannisstraße (36-C3)
55128 Johann-Joachim-Becher-Weg 248-8c
55122 Johann-Maria-Kertell-Platz 248-9a (36-B6)
55122 John-F.-Kennedy-Straße 248-8b
55118 Josefsstraße 248-6c (36-A6)
55128 Josef-Traxel-Weg (14) 248-11d
55126 Jungenfeldstraße 247-11a
55126 Jupiterweg 247-8c
55129 Justus-Liebig-Straße 274-3d

55128 **K**äferweg 274-2a
55116 Kästrich 248-9d (36-C5)
55128 Käthe-Kollwitz-Straße 248-11b
55127 Kafkaweg 273-5d
– Kaiserbrücke 248-3c
55116 Kaiser-Friedrich-Straße (36-A4)
55118 Kaiser-Karl-Ring 248-5b
55116 Kaiserstraße 248-9b (36-B5)
– Kaisertor 248-6d
55118 Kaiser-Wilhelm-Ring 248-6c (36-A6)
55126 Kakteenweg 247-8d
55130 Kalkofenweg 275-3c
55129 Kanalstraße 275-4c
55128 Kaninchenpfad 248-11d
55130 Kannengasse (3) 249-11d
55122 Kantstraße 248-8a
55124 Kapellenstraße 247-6c
55116 Kappelhof (32) (36-C3)
55116 Kappelhofgasse 249-7c (36-C3)
55116 Kapuzinerstraße 249-7c (36-D3)
55116 Kardinal-Volk-Platz (20) (36-B4)
55127 Kardinal-von-Galen-Straße 274-4a
55122 Karlsbader Straße 248-4d
55120 Karlsstraße 248-1c
55130 Karl-Trau-Straße (5) 249-11c
55131 Karl-Weiser-Straße 249-10b
55128 Karl-Zörgiebel-Straße 274-2a
55116 Karmeliterplatz (36-B3)
55116 Karmeliterstraße (36-B3)
55129 Karolinenhof im Sommerflor 300-2c
55130 Karolingerstraße 275-6a
55116 Kartäuserreul (34) (36-D3)
55116 Kartäuserstraße 249-7c (36-D3)
55131 Kartaus 249-10b
55128 Kastanienweg 274-1d
55129 Katharina-Friedrich-Straße 300-5a
55128 Katharina-Pfahler-Straße 248-11c
55124 Katharinenstraße 247-9a
55116 Kathinka-Zitz-Weg (24) (36-C3)
55126 Katzenberg 247-11a
55124 Kehlweg 247-8b
55128 Keilmannstraße 248-11a
55130 Keltenstraße 275-2a
55129 Kelterweg 275-1d
55129 Kernerweg 275-1d
55122 Kerschensteinerstraße 248-8a
55126 Kettelerstraße 247-10b
55131 Kettler-Siedlung 249-10d
55130 Kiefernweg 275-6a
55130 Kilianshof in der Striet 275-6d
55131 Kilianweg 248-9c (36-D6)
55124 Kirchgäßchen (2) 247-9b
55126 Kirchgasse 247-10b
55124 Kirchstraße 247-6c
55127 Kirschblütenweg 247-12c
55116 Kirschgarten 249-7c (36-C3)
55131 Kirsteinstraße 248-8d
55116 Klarastraße 248-9b (36-B4)
55129 Klauerstraße 275-4a
55120 Kleine Bogenstraße (20) 248-1d
55130 Kleine Fruchtstraße (4) 249-11c
55116 Kleine Langgasse (36-C4)
55116 Kleine Quintinsgasse (10) (36-B3)
55129 Kleiner Bergweg 275-4d
55131 Kleiner Landwehrweg 248-12a
55116 Kleine Schöfferstraße (12) (36-C3)
55120 Kleine Schönbergstraße (14) 248-1d
55130 Kleine Wassergasse 249-11c
55116 Kleine Weißgasse 248-9d (36-D4)
55131 Kleine Windmühlenstraße 248-9d (36-D3)
55120 Klein Ingelheimstraße 248-2b
55127 Klein-Winternheimer-Straße 274-4b
55129 Klein-Winternheimer Weg 274-6d
55120 Kleiststraße 248-1d
55118 Klemensstraße (36-A6)
55124 Klosterstraße 247-9a
55124 Koblenzer Straße 248-7c
55127 König-Konrad-Straße 273-3a
55129 Königsberger Straße 300-2d
55131 Königshütter Straße 248-12a
55120 Köppelstraße 248-1d
55120 Körnerstraße 248-1d
55116 Kötherhofstraße (36-C4)
55129 Konrad-Adenauer-Straße 300-2d
55124 Konrad-Kraus-Straße 247-6c
55126 Konstantinweg 247-8a
55129 Koppernweg 275-4d
55116 Korbgäßchen (13) (36-C3)
55116 Korbgasse 249-7a (36-C3)
55129 Kornblumenweg 300-3c
55120 Kraftwerkallee 248-2a
55128 Krähenweg 248-11d
55131 Kraeplinweg 248-9c
55130 Kretzerweg 275-6c
55131 Kreuzschanze 249-10a
55120 Kreuzstraße 248-1c
55118 Kreyßigstraße 248-5b
55124 Kriegersmühle 247-9c
55126 Krokusweg 247-11a
55126 Kronenstraße 247-10d
55128 Küferweg 274-2c
55131 Külbstraße 249-10a
55124 Kugelfangschneise 247-6d
55116 Kupferbergterrasse 248-9b (36-C5)
55118 Kurfürstenstraße 248-6c (36-B5)
55126 Kurmainzstraße 247-11c
55124 Kurt-Schumacher-Straße 247-6d

55118 **L**ahnstraße 248-6a
55126 Lambertstraße 247-10d
55131 Landwehrweg 248-12a
55131 Langenbeckstraße 248-9c (36-D6)
– Langensumpfweg 247-5d
55130 Langentalstraße 249-11d
55118 Langer Hunikelweg 248-6c (36-A5)
55130 Langgasse 249-11c
55128 Lantelweg 248-11b
55128 Lanzelhohl 248-11b
55129 Lassallestraße 275-4a
55129 Laubenheimer Pfad 275-4b
55130 Laubenheimer Straße 275-2a
55129 Laurentiusstraße 300-5b
55116 Lauterenstraße 249-7a (36-C3)
56126 Laycnhöfer Chaussee 247-10c
55126 Layenhofstraße 247-10b
55118 Leibnizstraße 248-6c (36-A6)
– Leichbornweg 248-7a
55116 Leichhof 249-7a (36-C3)
55116 Leichhofstraße (18) (36-C3)
55127 Lenauweg 273-5d
55120 Lengesstraße (9) 248-1c
55124 Lennebergplatz 247-6c
55124 Lennebergstraße 247-9a
55118 Lennigstraße (36-A6)
55116 Leo-Trepp-Platz 248-6d (36-A4)
55127 Lerchenbergstraße (7) 273-2b
55127 Lerchenweg 273-6a
55118 Lessingplatz 248-6c (36-A6)
55118 Lessingstraße 248-6c (36-A6)
55128 Letzenbachweg (5) 248-11d
55128 Libellenweg 274-1b
55127 Liebermannstraße 273-5b
55116 Liebfrauenplatz 249-7a (36-C3)
55116 Liebfrauenstraße (36-C3)
55120 Liebigstraße 248-2c
55131 Liegnitzer Straße (2) 248-12a
55131 Lilienthalstraße 248-12d
55126 Lilienweg 247-11b
55122 Lina-Bucksath-Straße 248-8a
55120 Lindengasse 248-1d
55129 Lindenplatz 275-4a
55131 Lindenschmitstraße 248-9c (36-D6)
55130 Lindenstraße 249-11c
– Linné-Weg 248-8d
55129 Lion-Feuchtwanger-Straße 274-6b
55129 Lise-Meitner-Straße 274-6a
55116 Löhrstraße 249-7a (36-B3)
55130 Lönsstraße 275-6a
55116 Löwenhofstraße 248-9b (36-B4)
55130 Longchampplatz 275-5b
55120 Loni-Simon-Weg 248-1c
55131 Lorenz-Diehl-Straße 249-10d
55129 Lorenz-Schneider-Straße 300-5a
55129 Lorscher Straße 275-4a
55127 Lortzingstraße 273-6c
55116 Lotharstraße 248-9b (36-B4)
55128 Lucy-Hillebrand-Straße 248-10b
55131 Ludwig-Bamberger-Straße 249-10c
55129 Ludwig-Erhard-Straße 274-5b
55129 Ludwig-Jahn-Straße 274-3d
55130 Ludwig-Marx-Straße 275-5d
55128 Ludwig-Nauth-Straße 248-11c
55128 Ludwig-Richter-Straße (13) 248-11c
55122 Ludwigsburger Straße 248-5c
55126 Ludwig-Schwamb-Straße 247-10b
55116 Ludwigsstraße 248-9b (36-C4)
55129 Ludwig-Strecker-Straße 274-6d
55124 Luisenstraße 247-8b

55126 **M**aiglöckchenweg 247-11a
55116 Mailandsgasse 249-7a (36-C3)
55118 Mainstraße 248-6a
55120 Mainzer Landstraße 247-3a
55124 Mainzer Straße 248-7a
55116 Malakoff-Terrasse (36-C2)
55124 Maler-Becker-Straße 247-6d
55120 Maletenstraße 248-1d
55124 Manfred-von-Richthofen-Straße 247-6d
55127 Marc-Chagall-Straße 273-2b
55116 Margaretengasse (36-B4)
55129 Margraf-Fischer-Siedlung 274-3b
55122 Maria-Sybilla-Merian-Straße 248-4a
55116 Maria-Ward-Straße (36-C4)
55128 Marie-Juchacz-Straße 274-2b
55127 Marienborner Bergweg 273-6b
55128 Marienborner Straße 274-2c
55128 Mariengäßchen (10) 248-11d
55130 Marienhofstraße 275-5b
55124 Marienstraße 247-9a
55116 Markt 249-7a (36-C3)
55130 Marktplatz 275-5b
55122 Marseillestraße 248-4d
55129 Martin-Josef-Straße 275-4a
55128 Martin-Kirchner-Straße 248-11c
55131 Martin-Luther-Straße 249-10a
55116 Martinsstraße 248-9d (36-D4)
55129 Mathias-Kerz-Straße 275-4b
55116 Mathildenstraße 248-9d (36-C4)
55129 Maurergasse (4) 275-4a
55116 Mauritzenplatz (22) (36-C3)
55129 Max-Born-Straße 275-4a
55130 Max-Hufschmidt-Straße 275-1b
55124 Max-Planck-Straße 247-9a
55120 Meixlerstraße 248-1d
55127 Menzelstraße 273-5b
55127 Mercatorstraße 274-4b
55128 Mercedesstraße 274-1d
55126 Merkurweg 247-8c
55128 Michael-Müller-Ring 248-11b
55129 Michelsgasse (8) 275-4a
55128 Milchpfad 248-12a
55129 Militärstraße 275-4c
55130 Mittelgasse 249-11d
55129 Mittelstraße 275-4a
– Mittelweg (Finthen) 247-11b
– Mittelweg (Gonsenheim) 247-12a
55129 Mittelweg (Hechtsheim) 275-1a
55120 Mittelweg (Mainz-Neustadt) 248-2d
55116 Mitternacht (36-B4)
55116 Mitternachtsgasse (36-B3)
55116 Mittlere Bleiche (36-B5)
55130 Mittlere Talstraße 275-5d
55130 Möhnstraße 275-5b
55122 Möldersstraße 248-4d
55120 Mönchgasse (3) 248-1d
55130 Mönchstraße 249-11d
55122 Mörikestraße 248-8c
55120 Mohrgasse 248-1d
55118 Moltkestraße 248-5b
– Mombacher Kreisel 248-1a
55122 Mombacher Straße 248-5d (36-A6)
55129 Mommenheimer Straße 300-5a
55130 Moritzstraße 249-11d
55129 Morschstraße 275-4c
55118 Moselstraße 248-5b
55118 Mozartstraße 248-5b
55120 Mühlenstraße 248-2a
55129 Mühlgasse 275-4a
55126 Mühltalstraße 247-11a
55128 Mühlweg (Bretzenheim) 248-12a
– Mühlweg (Gonsenheim) 247-5d
55129 Müller-Thurgau-Straße 275-1d
55116 Münsterplatz 248-9b (36-C5)
55116 Münsterstraße 248-9a (36-C5)

55124 **N**achtigallenweg 247-9a
55130 Nackenheimer Straße 275-6c
55118 Nackstraße 248-6c (36-A6)
55118 Nahestraße 248-6a
55116 Nasengäßchen (19) (36-C3)
55131 Naunynweg 248-9c (36-D5)
55118 Neckarstraße 248-6a
55130 Neideckerstraße 249-11c
55131 Neißestraße 248-12b
55126 Nelkenweg 247-11a
55129 Nelly-Sachs-Straße 274-6d
55120 Nerobergstraße 248-1c
55124 Nerotalstraße 247-6d
55120 Nestlestraße 248-1d
55116 Neubrunnenplatz 248-9b (36-B4)
55116 Neubrunnenstraße 248-9b (36-B5)
55129 Neue Mainzer Straße 274-3d
55129 Neue Rheingaustraße 275-1c
55127 Neuer Sandkauter Weg 273-3a
55116 Neue Universitätsstraße (36-C5)
55129 Neugasse 300-5b
55131 Neumannstraße 249-10a
55122 Neumühle 248-7b
55116 Neutorstraße 249-7c (36-D3)
55130 Neuweg 275-6a
55129 Nieder-Olmer-Straße 300-5a
55130 Niersteiner Straße 275-6c
55131 Niklas-Vogt-Straße 249-10b
55131 Nikolaus-Becker-Straße 248-12b
55129 Nikolaus-Kopernikus-Straße 274-6a
55129 Nikolaus-Otto-Straße 274-6a
55120 Nikolausstraße (8) 248-1c
55129 Nikolaus-Worf-Weg (0) 300-0c
55127 Nino-Erné-Straße 273-8b
55129 Nordhäuser Straße (3) 300-2d
55131 Nordstraße 248-12d

55120 **O**bere Austraße 248-2d
55120 Obere Bogenstraße 248-1d
55120 Obere Kreuzstraße 248-4a
55130 Oberer Bodenheimer Weg 275-5d
55130 Oberer Dorfgraben 275-5d
55131 Oberer Laubenheimer Weg 249-10a
55128 Oberer Mühlrech 248-11d
55131 Obere Zahlbacher Straße 248-12a
55127 Ober-Olmer-Straße 273-2b
55129 Odenwaldstraße 275-1d
55131 Oderstraße 248-12a
55131 Oechsnerstraße 249-10a
55116 Ölgasse (36-C4)
55124 Ölwiesenstraße 248-7a
55128 Olmer Gäßchen (9) 248-11d
55131 Oppelner Straße 248-12a
55130 Oppenheimer Straße 275-5b
– Oranienschneise 247-6a
55124 Oranienstraße 247-6d
55126 Orchideenweg 247-8d
55116 Osteiner Hof (36-C4)
55118 Osteinstraße 248-6c (36-B5)
55116 Ottiliengasse (36-B4)
55130 Otto-Brunfels-Schneise 249-11a
55129 Otto-Hahn-Straße 300-2d
55127 Otto-Schott-Straße 273-6b
55130 Otto-Wels-Straße 275-2a
55127 **P**alestrinaweg 273-6c
55124 Palmenstraße 247-9b
– Palmenweg 247-8d
55118 Pankratiusstraße 248-5d (36-A6)
55120 Pappelstraße (15) 248-1d
55116 Parcusstraße 248-9a (36-C5)
55131 Pariser Straße 248-9d
55130 Parkstraße 275-5d
55122 Parsevalstraße 248-4d
55122 Paul-Denis-Straße 248-5d
55131 Paul-Ehrlich-Weg 248-9c (36-D6)
55130 Paul-Gerhardt-Weg 275-2b
55120 Pestalozziplatz 248-1c
55120 Pestalozzistraße 248-1d
55116 Peter-Altmeier-Allee 249-4c (36-A3)
55118 Peter-Cornelius-Platz 248-6c (36-A6)
55129 Peter-Hofmann-Straße 300-5a
55128 Peter-Meisenberger-Weg (11) 248-11d
55116 Petersplatz 248-6d (36-B4)
55116 Petersstraße 248-9b (36-B4)
55129 Peter-Weyer-Straße 274-3d
55131 Pettenkoferweg 248-9c (36-D6)
55127 Pfädchengasse (5) 273-2b
55129 Pfälzer-Wald-Straße 275-1d
55116 Pfaffengasse 248-9d (36-C4)
55116 Pfandhausstraße (36-B4)
55126 Pfarrer-Autsch-Straße 247-10b
55120 Pfarrer-Bechtolsheimer-Weg 247-3d
55131 Pfarrer-Becker-Steig (4) 248-12a
55129 Pfarrer-Bensheimer-Straße (1) 300-2c
55127 Pfarrer-Bergmann-Straße (1) 274-4b
55122 Pfarrer-Brantzen-Straße 248-4c
55127 Pfarrer-Dorn-Straße 274-4b
55130 Pfarrer-Goedecker-Straße 275-2d
55124 Pfarrer-Grimm-Straße 247-9b
55129 Pfarrer-Nagel-Weg 275-4a
55129 Pfarrer-Seeger-Straße 300-5a
55128 Pfarrer-Stockheimer-Straße 248-11b
55128 Pfarrer-Veller-Straße 248-11d
55130 Pfarrgasse 275-5b
55124 Pfarrstraße 247-9b
55118 Pfitznerstraße 248-6a
55126 Philipp-Jakob-Hach-Weg 247-11b
55129 Philipp-Reis-Straße 274-3d
55116 Philipp-von-Zabern-Platz (36-B4)
55122 Philipp-Wasserburg-Straße 248-7a
55129 Platanenstraße 274-3d
55116 Platz der Mainzer (36-A4)
55131 Plesser Straße 248-12a
55126 Pliniusweg 247-8a
55131 Poppelreuterstraße 249-10a
55130 Portlandstraße 249-11c
55126 Poststraße 247-11c
55128 Probststraße 248-11a
55131 Professorin-Dagmar-Eißner-Weg (5) 248-12b
55129 Prof.-Kunkel-Straße (9) 275-4a
55126 Prunkgasse 247-11a
55116 Pumpengäßchen (3) (36-B4)

55128 **Q**uellenweg 248-11b
55120 Quellwiesstraße 248-1d
55116 Quintinsstraße 249-7a (36-B3)

55124 **R**aiffeisenstraße 248-7a
55118 Raimundistraße 248-6d (36-A5)
– Raimunditor 249-4c (36-A3)
55116 Rathausbrücke (36-C3)
55128 Rathausstraße 248-11d
55131 Rathenaustraße 248-12a
55118 Raupelsweg 248-6a
55116 Rebstockplatz (36-C3)
55127 Regerstraße 273-6a
55116 Reichklarastraße 248-9b (36-B4)
55127 Reinhard-Scheuerle-Weg (1) 273-5b
55124 Reinhold-Schneider-Straße 247-9a
55131 Reisingerweg 248-9c (36-D6)
55129 Reiterweg (2) 300-2d
55124 Rektor-Forestier-Straße 248-4c
55122 Rektor-Plum-Weg 248-8a
55126 Rektor-Preller-Straße 247-10b
55127 Rembrandtstraße 273-5b
55116 Rentengasse (36-C3)
55127 Reulchen 274-4b
55118 Rhabanusstraße 248-6c (36-B5)
55116/55118/55120 Rheinallee 248-1b
– Rheinbrücke Schierstein 221-12d
55127 Rheingaublick 247-12c
55122 Rheingauer Straße 248-4d
55122 Rheingauwall 248-5b
55129 Rheinhessenstraße 274-6b
55116 Rheinstraße 249-7a (36-B3)
55130 Rheintalstraße 275-6a
55129 Rhönstraße 275-1a
55122 Ricarda-Huch-Straße 248-8a
55122 Richard-Schirrmann-Straße 248-7b
55118 Richard-Wagner-Straße 248-5b
55129 Riedstraße 275-1d
55130 Riedweg 275-6a
55129 Rieslingstraße 275-1d
55127 Rilkeallee 273-5d
55129 Ringstraße 275-4a
55131 Ritterstraße 249-10a
55129 Robert-Bosch-Straße 274-6c
55129 Robert-Koch-Straße 274-6c
55130 Robert-Schumann-Straße 275-6a
55116 Rochusstraße 249-7c (36-C3)
55126 Rodeneck-Platz 247-11a
55129 Rödelstück 275-1c
55130 Römerberg 249-11d + 275-2b
55116 Römerpassage (36-B4)
55129 Römerstraße 300-5a
55131 Römerwall 248-9a (36-C6)
55128 Röntgenstraße 248-11c
55126 Rötherweg 247-10b
55127 Rolf-Balsam-Straße (10) 274-4b
55116 Romano-Guardini-Platz 248-9b (36-C4)
55130 Rosenweg 275-5d
55126 Rosmerthastraße 247-8c
55116 Rotekopfgasse (15) (36-B2)
55128 Roter Weg 274-2b
– Rotes Tor 249-4c (36-B3)
55130 Rothweg 275-5d
55126 Rotkehlchenweg 247-10b
55116 Rotterdamer Platz 248-3c
55127 Rubensallee 273-5b
55131 Rudolf-Diesel-Straße 248-12d
55130 Rüsselsheimer Allee 275-6a
55127 Ruhestraße 274-4b
55129 Ruländerstraße 275-1d

55122 **S**aalestraße 248-4c
55122/55124 Saarstraße 247-12a
55120 Sackgäßchen (5) 248-1d
55131 Salvatorstraße 249-10a (36-D3)
55124 Sandmühlweg 247-5d
55124 Sandmüllerweg 247-8b
55120 Sandweg 248-1d
55122 Sandwellchenweg (9) 248-4d
55128 St.-Georg-Straße 248-11b
55128 St.-Sebastian-Straße 248-11b
55128 Sattlerweg 274-2a
55126 Sauerbruchstraße 247-7d
55120 Sauerwiese 248-1b
55129 Schäfergäßchen 275-4c
55131 Schaftriebweg 248-12a
55116 Scharfensteinergäßchen (37) (36-D2)
55116 Scharngasse (21) (36-C3)
55120 Scharnhorststraße 248-1c
55118 Scheffelstraße (36-A6)
55129 Scheurebenweg 275-4b
55116 Schießgartenstraße 248-6d (36-B4)
55130 Schifferstraße 249-11c
55116 Schillerplatz 248-9b (36-C4)
55116 Schillerstraße 248-9b (36-C4)
55131 Schillstraße 248-12a
– Schleifweg 247-8d
55131 Schlesische Straße 248-12a
55116 Schlossergasse (33) (36-C3)
– Schloßtor 249-4c (36-A3)
55128 Schmetterlingweg 274-2a
55124 Schmiedegasse 247-9b
55131 Schneckenburger Straße 248-9d (36-D5)
– Schnieriemengewannweg 275-7c
55116 Schöfferstraße 249-7a (36-C3)
55120 Schönbergstraße 248-1d
55116 Schönbornstraße 249-7c (36-C3)
55122 Schopenhauerweg 248-8a
55118 Schottstraße (36-B5)
55130 Schubertstraße 275-6c
55128 Schülerpfad 248-12c
55124 Schulgäßchen 247-9b
55129 Schulrat-Spang-Straße 300-2d
55124 Schulstraße 247-9b
55131 Schulze-Delitzsch-Straße 249-10a
55116 Schusterstraße 248-9b (36-B3)
55129 Schwarzwaldstraße 275-1d
55131 Schweidnitzer Straße 248-12a
55129 Schwester-Hedwig-Janson-Weg 300-5b
55118 Sebastian-Bach-Straße (1) 248-6a
55116 Seilergasse (14) (36-C3)
55127 Seminarstraße 273-2b
55131 Semmelweisweg 248-9c (36-D5)
55129 Senefelderstraße 300-2d
55116 Seppel-Glückert-Passage (9) (36-C4)
55126 Sertoriusring 247-8a
55120 Siedlerstraße 248-4a
55116 Siedlung Römerquelle 247-8a
55131 Siemensstraße 249-10c
55127 Silcherweg 273-6a
55129 Silvanerstraße 275-1d
55128 Skagerrakstraße 248-11a
55127 Smetanaweg 273-6a
55118 Sömmerringplatz 248-6a
55118 Sömmerringstraße 248-6a
55129 Sörgenlocher Hohl 300-5a
55129 Sommerflor 300-2c
55116 Sonnengäßchen (7) (36-C4)
55129 Soonwaldstraße 275-1c
55122 Sophie-Cahn-Straße 248-8b
55127 Sophie-Christ-Straße 273-6d
55122 Sophie-Grosch-Straße (7) 248-4c
55130 Speßweg 275-5d
55116 Spitalgasse (36-C3)
– Spitzweg 246-9d
55127 Spitzwegstraße 273-2d
55128 Sprinterpfad 248-11d
55116 Spritzengasse (36-C4)
55116 Stadionerhofstraße (36-B4)
55116 Stadthausstraße 248-9b (36-B4)
– Stadtpark 249-10b
– Staffelweg 247-10c
55131 Stahlbergstraße 248-12a
55122 Starenweg 248-5d
55128 Staudinger Weg 248-8c
55116 Stefansberg 248-9d (36-D4)
55116 Stefansplatz (36-D4)
55116 Stefansstraße 248-9d (36-D4)
55122 Stefan-Zweig-Straße 248-8c
55128 Steinbiedengasse 248-11c
55116 Steingasse 248-9b (36-B4)
55116 Stephanienhof (26) (36-C3)
55131 Stephan-Karl-Michel-Straße 249-11a
55130 Sterngasse 249-11d
55126 Steubenstraße 247-10b
55116 Stiftsstraße 248-6d (36-B4)
55124 Stolze-Schrey-Straße 247-6d
55116 Stresemann-Ufer 249-7a (36-C2)
55129 Strickergasse 275-4a
55120 Strunkgasse (12) 248-1d
55120 Suderstraße 248-4a
55130 Südoststraße 275-2a
55128 Südring 274-2b
55129 Südstraße 275-4a
55116 Synagogenplatz (36-A5)
55129 Synagogenstraße 275-4a

55129 **T**alstraße 275-4a
55129 Tannenweg 274-6b
55130 Tanzplatz 249-11d
55118 Taunusstraße 248-6b
55128 Teichstraße (7) 248-11d
55116 Templergasse (35) (36-C2)
55116 Templerstraße 249-7c (36-C2)
55116 Terrassenstraße 248-9b (36-C5)
55129 Teufelskaute 275-1c
– Theodor-Heuss-Brücke 249-4c (36-B3)
55126 Theodor-Heuss-Straße 247-10d
55124 Theodor-Körner-Straße 247-9a
55127 Theodor-Storm-Weg 273-5b
55127 Theo-Riedel-Weg 273-5b
55131 Theresianumweg 249-10d
55131 Thomannstraße 249-10a
55129 Thomas-Dehler-Straße 300-2d
55122 Thomas-Jefferson-Straße 248-8b (36-B6)
55122 Thomas-Mann-Straße 248-8c
55126 Thüringer Straße 247-8c
55128 Tiefentaler Weg (Bretzenheim) 248-11c
– Tiefentaler Weg (Drais) 273-3a
– Tiefenweg 247-7b
55127 Tizianweg 273-5b
55129 Töngesstraße 300-2d
55130 Töpferweg 275-2a
55131 Trajanstraße 248-9d (36-D5)
55129 Traminerstraße 275-1d
55120 Traubengasse (16) 248-1d
55130 Treppengasse 249-11a
55116 Tritonplatz (36-C4)
55120 Trommlerstraße (21) 248-1d
55130 Tuchbleiche 275-6a
55127 Tucholskyweg 273-5d
55129 Tulpenweg 274-3d
55120 Turmstraße 248-1d
55120 Turnerstraße 248-1c
55128 Turnvater-Jahn-Straße 248-11c

55122 **U**detstraße 248-4d
55116 Uferstraße 249-7a (36-C3)
55118 Uhlandstraße 248-6c (36-A6)
55126 Uhlerbornstraße 247-10b
55126 Ulmenstraße 247-7d
55128 Ulrichstraße 248-11c
55116 Umbach 248-9b (36-B4)
55127 Universitätsstraße 273-3a
55130 Unterdorfstraße (6) 249-11c
55120 Untere Bogenstraße (18) 248-1d
55120 Untere Ingelheimstraße 248-2a
55131 Unterer Michelsbergweg 249-10b
55128 Unterer Mühlrech 248-11d
55131 Untere Zahlbacher Straße 248-12a
55128 Uwe-Beyer-Straße 248-11c

55118 **V**alenciaplatz 248-5b
55127 Van-Gogh-Straße 273-5b
55126 Veilchenweg 247-11a
55126 Veitsstraße (3) 247-11a
55116 Victor-Hugo-Ufer 249-7d (36-D2)
55124 Viermorgenweg 247-8b
55124 Vierzehn-Nothelfer-Straße 247-6c
55130 Viktoriastraße 249-11c
55129 Vogelsbergstraße 275-1a
55124 Vogelsgesangweg 247-8b
– Volkspark 249-10b
55116 Vordere Präsenzgasse (17) (36-C4)
55129 Vorderer Heuergrund 274-6d
55116 Vordere Synagogenstraße (1) (36-B4)
55130 Vordere Talstraße 275-5b
55128 Vor der Frecht 274-2a
55129 Vor der Heuerpforte 274-6b

55124 **W**aldstraße 247-6d
55126 Waldthausenstraße 247-7d
55118 Wallaustraße 248-6a
55122 Wallstraße 248-5d (36-B6)
55116 Walpodenstraße 248-9b (36-C5)
55130 Walter-Bohman-Straße (8) 275-2b
55130 Wassergasse 249-11d
55122 Watfordstraße 248-7b
55130 Weberstraße 275-1b
55127 Wedekindstraße 273-5d
55129 Weedengasse 300-5b
55131 Weichselstraße 248-12a
55129 Weidezehnten 274-6d
55131 Weidmannstraße 249-10b
55120 Weidstraße (17) 248-1d
55122 Weifert-Janz-Straße 248-5c
55116 Weihergarten (36-C3)
55116 Weihergartenstraße (23) (36-C4)
55120 Weiherstraße 248-1c
55129 Weinbergstraße 300-5b
55128 Weingartenstraße 248-11d
55130 Weinstraße 275-6a
55116 Weintorstraße 249-7c (36-C3)
– Weisenauer Brücke 275-3a
55131 Weisenauer Straße 249-7d
55129 Weisenauer Weg 275-1d
55116 Weißliliengasse 248-9b (36-C4)
55116 Welschnonnengasse 248-9b (36-C4)
55131 Welschplatz 249-10a
55131 Welschstraße 249-10a
55124 Wendelinusheim 247-5b
– Wendelinusweg 247-5b
55118 Werderstraße 248-5b

55129 Wernher-von-Braun-Straße 274-6b
55122 Werrastraße 248-4c
55122 Weserstraße 248-4c
55128 Wespenweg 274-2c
55130 Westendstraße 249-11c
55120 Westring 248-4a
55129 Weststraße 274-3d
55129 Wetteraustraße 275-1a
55131 Wichernstraße 249-10a
55127 Wiesengasse (4) 273-2b
55127 Wiesenstraße 274-4b
55118 Wiesenweg (36-A6)
55129 Wildrosenweg 300-3c
55126 Wilhelm-Busch-Straße 247-10b
55122 Wilhelm-Christ-Straße 248-5c
55129 Wilhelm-Holzamer-Straße (1) 275-4a
55131 Wilhelmiterstraße 249-7c
55130 Wilhelm-Leuschner-Straße (4) 275-6a
55129 Wilhelm-Maybach-Straße 274-6a
55128 Wilhelm-Quetsch-Straße 274-1b
55124 Wilhelm-Raabe-Straße 247-6d
55128 Wilhelm-Schrohe-Straße 248-11a
55128 Wilhelmsstraße 248-11c
55130 Wilhelm-Theodor-Römheld-Straße 249-10d
55116 Willigisplatz (36-D4)
55116 Willigisstraße 248-9d (36-C4)
55128 Willi-Wolf-Straße 248-11c
55122 Willy-Brandt-Platz 248-4c
55131 Windmühlenstraße 248-12b (36-D4)
55131 Windthorststraße 249-10d
55129 Wingertsweg 275-4b
55120 Winkelgäßchen (6) 248-1d
55129 Winkelgasse 275-4a
55129 Wirtschaftspark Mainz Rhein/Main 274-9a
55128 Wittichweg 248-8c
55120 Wöhlerstraße 248-2c
55116 Wolfsgäßchen (31) (36-C3)
55130 Wormser Straße 249-11a
55118 Woynastraße (3) 248-5b

55131 Xaveriusweg 248-8d

55129 Zagrebplatz 275-4a
– Zahlbach 248-11b
55131 Zahlbacher Steig 248-12a
55116 Zanggasse 248-9b (36-B5)
55128 Zaybachstraße 248-11c
55127 ZDF-Straße 273-6b
55128 Zedernweg 274-2c
55126 Zeisigweg 247-10b
55131 Zeppelinstraße 248-12d
55116 Zeughausgasse 248-9b (36-B3)
55120 Zeystraße 248-1d
55128 Ziegeleipfad 274-3a
55129 Zimmermannsgasse (5) 275-4a
55131 Zitadelle 249-7c (36-D3)
55131 Zitadellenweg 249-7c (36-D3)
55130 Zollgasse 249-11d
55129 Zornheimer Straße 300-5a
55130 Zukunftstraße 275-6c
55127 Zum Knechelsberg 274-4b
55127 Zum Schiersteiner Grund 247-12c
55129 Zum Schollberg 300-2d
55129 Zur Elektrisch (7) 275-4a
55129 Zur Laubenheimer Höhe 275-4b
55124 Zur Oberlache 247-9d
55124 Zwanzig-Morgen-Weg 247-12b
55120 Zwerchallee 248-2c
55120 Zwerchgasse (22) 248-1d

Mandel
PLZ 55595

Alte Rathausstraße (2) 318-5a
Am Brückeichen 318-5b
Am Heiligen Häuschen (5) 318-5a
Am Palmenstein 318-5a
Am Ziegelberg 318-1d
An der Quelle (1) 318-5a
Auf der Beinde (7) 318-5a
Auf der Grub 318-5b

Betweg 318-4b
Blumengasse (4) 318-5a

Hirtenpfad 318-5a
Hof Eckes 318-2c

Im Rosengarten 318-5a
In der Neuwies 318-5b

Keltenstraße 318-5b
Kreuznacher Straße 318-4b

Neunmorgen (6) 318-5a
Norheimerweg 318-5b

Römerstraße 318-5a
Roxheimer Straße 318-5a

Schloß Mandel 318-5a
Schloßstraße 318-5a
Sponheimer Straße (3) 318-5a

Weinsheimer Straße 318-5a

Zum Schloßberg 318-5a
Zur alten Trift 318-5a

Manubach
PLZ 55413

Am Turm (1) 214-10d
Auf der Schadenbach 214-10b
Im Möchwingert 214-10b
In der Grube 214-10b
In der Zech 214-10b

Merenberg
PLZ 35799

Annenhof 41-3b

Hasselbacher Straße 41-3b

Messel
PLZ 64409

Adelungstraße 283-10c
Adolf-Spiegel-Straße 282-12d
Albert-Schweitzer-Straße 283-10c
Am Bahnhof 309-1a
Am Brühl 283-10a
Am Mörsbach 283-10a
Amselweg 283-10c
Am Sportplatz 282-12b
Am Steinernen Kreuz 282-12b
Am Wildpark 309-1c
Aspenweg 283-10c
Auf dem Wentzenrod 283-10c

Bahnhofstraße 282-12b
Beckerwegschneise 309-7a
Berliner Straße 283-10c
Bickelswiesenschneise 282-6d
Birkenweg 283-10c
Bornweg 282-12b
Bruchgasse 283-10a

Darmstädter Straße 282-12d
Der neue Weg 282-9d
Dieburger Weg 283-10a
Dieselstraße 283-10a
Dornbuschschneise 309-4c
Dreimärkerschneise und Große Zimmrer Grenzschneise 309-4c
Drosselweg 283-10c

Eisenbornschneise 283-11d
Enger Weg 282-9d
Erlenbachschneise 309-4d

Fabrikstraße 309-1c
Feldbergstraße (2) 283-10a
Finkenweg 283-10c
Forsthausstraße 282-12b
Forstmeisterschneise 282-9b
Friedrich-Ebert-Straße 282-12b
Fußpfadschneise 283-11c

Gartenstraße 283-10c
Georgenhäuser Straße 309-1a
Germannstraße 283-10a
Grenztalschneise 283-11c
Grenzweg 283-11b
Gustavsweg 309-1c

Hanauer Straße 283-10a
Hauptschneise 309-8a
Holzhäusergasse 283-10a
Hügelschneise 283-11a
Hügelstraße 283-10c
Hundertmorgenschneise 309-7b

Im Kleefeld 283-10c

Kapuzinerkopfschneise 309-4b
Kieskautschneise 283-8c
Kohlweg 283-10a

Langgasse 283-10a
Lautemannshügelschneise 283-7d
Lerchenweg 283-10c
Lindenweg 283-10c

Marie-Volk-Straße 283-10c
Markstraße 309-1c
Meisenweg 283-10c
Melibocusschneise 283-11a
Messeler Grenzschneise 283-4c

Neubornschneise 309-7b
Neugasse 282-12b
Neuschneise 283-11c

Parkstraße 282-12b

Rathausplatz (3) 283-10a
Rathausring 283-10a
Rhönweg 283-10c
Riedelweg 283-10a
Ringstraße 282-12d
Roßdörfer Straße 282-12b

Sackgasse 282-12b
Sandkautschneise 283-11a
Schachenweg 282-12b
Schwalbenweg 283-10c
Schwarzlachschneise 309-4a
Seegartenstraße 283-10a
Spachbrücker und Klein Zimmerner Grenzschneise 309-1c
Spessartring 283-10a
Steinackerweg 282-9d
Streitlachschneise 283-7d
Stücksbühlschneise 283-11c
Sudetenstraße 283-10a

Taunusring 283-10a

Umgehungsstraße 282-12b
Urberacher weg 283-7c

Vor der Höhe 282-12d

Waizenbornschneise 283-11a
Waldstraße 282-12d
Wihelm-Leuschner-Straße (1) 282-12b
Wilhelm-Graf-Straße 283-10c
Willy-Mößle-Straße 283-10c

Zeilharder Grenzschneise 283-10d
Zeilharder Straße 309-1a
Zimmerner Straße 309-1a

Modautal
PLZ 64397

Am Dornhaag 360-12d
Am Kirchberg 360-12d
Am Pfaffenberg 361-11d
Am Rämsterberg 360-11d
Am Sportplatz (Asbach) 361-11c
Am Steinhügel 361-11d
Asbacher Weg 361-10c
Asmückweg (1) 361-11c
Auf der Schafweide 361-10d

Bachstraße 361-11c
Brückenstraße 361-11c

Die kleinen Äcker 360-11d
Die Sauwühle 361-11d

Ernsthofener Straße 361-11c

Forststraße 361-11c

Hahnwiesenweg 361-11c
Herrngartenstraße 360-12d
Höhenstraße 361-11c
Hohe Straße 361-10d
Hüttenäcker 360-11c

Im Eichwäldchen 360-12d

Kohlstraße 361-11c
Krautäcker 360-11c

Rodauer Straße 361-11d

Sandstraße 361-11c
Schließmannstraße 361-11c
Schulstraße 361-11c
Stutzenberg 360-12c

Zum Vogelschutz 361-11d

Mömbris
PLZ 63776

Akazienweg 238-5a
Alzenauer Straße 211-12d
Am Bauersberg 238-1c
Am Fellchen 238-5a
Am Grund 238-4a
Am Hahnenkammwerk (1) 211-12a
Am Hang 238-6c
Am Heidberg 238-5d
Am Heiligenwald 212-11a
Am Herrenberg 238-1a
Am Hohen Busch 238-4a
Am Kirchacker 238-1d
Am Kirchberg 237-12a
Am Kreuz 238-4a
Am Kreuzberg 211-12d
Am Markt 238-4b
Am Mühlberg 237-12a
Am Sandberg 237-11b
Am Schustersfeld 238-5a
Amselweg 239-4c
Am Steigleiter 237-8a
Am Steinbach 212-11a
Am Steinchen 212-10c
Am Tannenberg 238-1a
Am Wäldchen 238-10b
Am Wasen 237-6b
Am Welschenfeld 237-6b
An der Heeg 238-1d
Auf der Höhe 238-6c
Auf der Insel 238-1c
Auf der Selle 238-4d
Auf der Wohnstadt 211-12a
Augustinusstraße 237-5d
Aulbachstraße 237-7d

Bahnhofstraße 238-1d
Bauersberger Hohle 237-3d
Baumackerweg 238-8d
Bayernstraße 238-10b
Beinegrund 237-12a
Bergweg 238-6d
Birkenhain 238-7d
Böhmerlandstraße 238-6d
Borngasse 211-12d
Bräunweg (1) 239-4c
Breslauer Straße 238-4a
Brücker Weg 237-3b
Brunnenweg 212-11a
Buchenhain 238-10b

Dammweg 212-11c
Danziger Straße 238-4a
Daunertweg 211-12d
Daxberger Straße 238-8d
Dellersweg (1) 238-1a
Dörnsteinbacher Straße 212-10c
Dorfplatz 237-8a
Dürrwiesenweg 237-6b

Eichengrundweg (2) 238-6d
Eichenhain 238-10b
Eichwaldstraße 237-5d
Erlenweg 238-5a
Fabrikstraße 211-12d
Finkenweg 239-4c
Flederichsmühle 239-4c
Folzbachstraße 238-8b
Forstgraben 238-4a
Frankenstraße 238-4a
Frauenwiesenweg 238-7d
Friedenstraße 237-12a
Friedhofstraße 238-1c
Friedrichstraße 238-1d
Fronhofen 238-1c
Frühlingstraße 238-6d

Gartenstraße 238-8b
Geiersrainweg 238-5a
Geisenhöfer Straße 238-6d
Gewerbegebiet Hutzelgrund 237-9c
Gewerbegebiet Pfarräcker 238-4c
Gickeltanz 238-4c
Glasbergstraße 238-7d
Glashof 238-7d
Glockfeldstraße 212-10c
Granit 237-2b
Große Wiese 237-5d
Grottenweg 238-5a
Gunzenbacher Weg (1) 237-12a

Haagstraße 237-7b
Handwerkerring 237-9a
Hanfwiesenstraße 238-4b
Hans-Karl-Straße 238-8b
Hauensteinstraße 238-5a
Hauhofer Straße 238-6c
Hauptstraße 238-4a
Heckenweg 211-12c
Heidestraße 212-11b
Heiliger-Geist-Weg 212-11a
Heimbacher Hof 237-9b + 238-7a
Heimbacher Mühle 238-7a
Hemsbacher Straße 211-12c
Hirschgraben 212-10c
Hörsteiner Straße 237-5d
Hofackerstraße 237-5d
Hohe Mark 211-12c
Hohlweg 238-8b
Hüttenberger Straße 238-4b

Im Breitfeld 238-1d
Im Gründchen 238-8a
Im Hofacker 237-9a
Im Hutzelgrund 237-9a
Im Kalkofen 238-8b
Im Markthof 238-4b
Im Naßacker 211-12d
Im Wingert 211-12d
In den Breiten Wiesen 237-8c

Jahnstraße 238-10b
Jakobusweg 238-8b
Johannesberger Straße 238-4d
Johann-Fath-Straße 237-8c

Kahlgrundstraße 238-8a
Kahlmühlweg 211-12d
Kaiserstraße 238-1d
Kaltenberg 238-9b
Kapellenweg 238-8b
Karlesberg 238-1c
Kettelerstraße 238-4d
Kiesgraben 212-11a
Kilianstraße 237-8b
Kirchstraße 238-4b
Kirchwieschen 238-8b
Kleewiesenstraße 238-4d
Klinger 238-4c
Klingerstraße 238-4c
Klosterweg 238-8b
Königsberger Straße 238-4a
Königshofener Straße (3) 238-6c
Kohlbergweg 211-12d
Kolpingstraße 237-8b
Kreuzgasse 237-3b
Krohbergweg 238-4b
Krombacher Straße 238-6d

Leipziger Straße 238-4b
Lilienstraße (1) 238-7d
Lindenweg 238-5a

Märzwiesenweg (2) 238-7c
Marienstraße 238-9a
Mittelwaldstraße 212-11c
Mühlgasse 238-4b
Mühlweg 238-1a

Niedersteinbacher Straße 212-11c

Obere Kirchgasse 238-6d

Pfarrer-Franz-Straße 237-8b
Pfarrer-Johannes-Schmutzer-Straße 212-10c
Pfarrer-Wörner-Straße 238-1c
Pfarrgraben 238-4d
Pfarrwiesenweg 238-9a

Rappacher Weg 237-6b + 238-4a
Rauhwiesenweg 211-12d
Reichenbachermühle 237-9c
Ring 238-4b
Rosenhain 238-7d
Rote Hohle 238-4b
Rothenberger Straße 211-12d
Ruine Womburg 238-1c

Sachsenhäuser Straße 237-8c
Sandwiesenstraße 238-8b
St. Brunosiedlung 238-5d
St.-Georg-Straße 237-8b
St.-Michael-Straße 237-5d
Schießmauer 238-4a
Schimborner Straße 238-4b
Schlehbuschweg 212-11a
Schlossergasse (1) 212-11a
Schmidlehen 237-12a
Schmiedsgasse 238-5a
Schönbornstraße 238-7d
Schulstraße 211-12d
Schutzweg 237-5d
Sonnenstraße 212-11a
Spessartstraße 212-11a
Steingasse 238-1a
Steinhohle 238-4a
Streitacker 237-2c
Strötzbacher Weg 211-12d

Untere Ebenung 238-8b
Untere Kirchgasse 238-6d
Unterer Rappacher Weg 238-4a

Vikarstraße 238-7d
Vogteiweg 238-6d
Vorbeckstraße 238-6d

Waldweg 212-11a
Wallonenstraße 237-6b
Wendelinusstraße 211-12d
Wiesenweg 238-10b
Wohnstätter Weg 211-12a
Womburgstraße 238-1c

Zeilweg 239-4c
Zur Aue 238-8b
Zur Eiche 238-8b
Zur Feldwiese 238-9a
Zur Heckenrose 238-8b
Zur Jägerwiese 238-9a
Zur Silberweide 238-8b

Mömlingen
PLZ 63853

Alte Schulstraße 340-6b
Am Amorbach 340-9a
Am Ellbogen 340-6b
Am Holzberg 340-6c
Am Kellerstutz 340-6d
Am Schlaggraben 340-9a
Am Schwarzen Stock 340-5b
Am Ziegelrain 340-6d

Bachetsstraße 340-6b
Bachgaustraße 340-3c
Bachstraße 340-5b
Bahnhofstraße 340-6d
Bergstraße 340-6c
Blumenstraße 340-6c
Brunnenmühle (14) 340-9a
Bunte Au 340-8c

Danziger Straße 340-6d

Egerländer Straße (12) 340-6d
Eichwaldstraße 340-6c
Eifelstraße 340-6a
Eugen-Ostheimer-Straße 340-6a

Finkengasse (5) 340-6b
Frankenstraße 340-9b
Frühlingstraße 340-6d

Gartenstraße 340-6a
Gehrenstraße 340-6d
Gewerbegebiet „Am Schlaggraben" 340-8b
Goethestraße 340-6c
Grabenstraße 340-6a
Großostheimer Straße 340-3c

Hans-Memling-Straße 340-6c
Harzstraße 340-6a
Hauptstraße 340-6a
Hinter den Ampeläckern (7) 340-6a
Hollerstraße (1) 340-6a
Hubertusstraße (13) 340-6c
Hunsrückstraße 340-3c

Im Paradies 340-6a
In der Schelmengewann 340-5b

Jahnstraße 340-6d

Keilstraße 340-6a
Kettelerstraße 340-6c
Kilianistraße 340-6c
Kirchgasse 340-6b
Kirchrainstraße 340-6b
Kleine Kirchgasse (6) 340-6b
Kleine Schulstraße (4) 340-6b
Königsberger Straße 340-6d
Königswaldstraße 340-6d
Kühtrieb 340-6c
Kühzellstraße (3) 340-6b

Langgasse 340-6a
Lessingstraße 340-6a

Marienstraße 340-6c
Memeler-Straße 340-9b
Mittelstraße 340-6c
Molkereistraße 340-6d
Mümlingtalstraße 340-9b

Neuer Weg 340-3c
Neue Schulstraße 340-6b
Nußbaumstraße 340-6b

Obere Kirchrainstraße 340-6b
Oberer Kellerstutz 340-6d
Obernburger Straße 340-6d
Odenwaldstraße 340-6c

Pflaumheimer Gäßchen 340-6a
Reitanlage Hasenberg 340-5b
Rhönstraße 340-6a
Rosengartenstraße (10) 340-6d

Schafgasse 340-6b
Schießhausstraße 340-6b
Schillerstraße 340-6a
Schlesierstraße 340-9b
Schwarzwaldstraße 340-6a
Sommerwiese (11) 340-6d
Spessartstraße 340-6a
Sportplatzstraße 340-6a
Stiegelgasse 340-6d
Sudetenstraße 340-9a

Taunusstraße 340-6a
Tilsiter Straße 340-9b
Tränkestraße (9) 340-6a

Uhlandstraße (8) 340-6a
Umstädter Straße 340-5b
Untere Kirchrainstraße 340-6d
Unterm Hungerrain 340-5d

Wallauer Mühle 340-9b
Weinbergstraße 340-3c
Wendelinusstraße 340-9a
Westerwaldring 340-3c
Wiesgartenstraße (2) 340-6a

Mönchberg
PLZ 63933

Ahornweg 369-11b
Alte Eschauer Straße 369-9b
Am Hohen Bild 369-9d
Am Obstkeller (9) 369-9d
An der Ortsmauer 369-9d
Aschaffenburger Straße 369-9a

Bayernstraße 369-9b
Bildweg 369-11a
Bodenwiese 369-9d
Braunwarthsmühle 369-5d

Campingstraße 369-9d

Erdenwiese 369-9b
Eschauer Weg 369-9b

Friedenstraße 369-9b
Friedhofstraße 369-11a
Frühlingstraße 369-9b

Gartenstraße (8) 369-9d

Hagring 369-9d
Hauptstraße 369-9d
Heiliger-Boden-Weg 369-6d

Im Eilthal (7) 369-9d
Im Grund (1) 369-9d
Im Rad 369-9b
In der Ecke 369-9b
In der Hohl 369-9d

Judenpfad 369-9d

Kapellenweg 369-11b
Keimersweg 369-9b
Klingenberger Weg 369-9c

Langgasse 369-9d

Mechenharder Weg 369-9c
Mozartstraße 369-9b
Mühlweg 369-9b

Nelkenweg 369-9d
Nördlicher Ringweg 369-11a

Obere Straße 369-11b

Prozeltener Weg 369-11b

Reistenhausener Straße 369-9d
Röllbacher Straße 369-11a
Rosenstraße 369-9b

Schießgraben (6) 369-9d
Schindheckenweg 369-9b
Schmachtenberger Straße 369-11a
Schneckenweg 369-9d
Schulstraße 369-9b
Siedlerhof 1 369-5d
Siedlerhof 2 369-5d
Siedlerhof 3 369-5c
Siedlerhof 4 369-5c
Siedlerhof 5 369-8a
Siedlerhof 6 369-4d
Siedlerhof 7 369-7b
Spessartstraße 369-11b
Streiter Weg 369-11a

Triebweg 369-9d
Tulpenstraße 369-9b

Ulmenweg 369-11b
Untere Dorfstraße 369-9d

Wendelinusstraße 369-9d
Wendelinusstraße (10) 369-9c
Wolzmühle 369-6c

Mörfelden-Walldorf
PLZ 64546

Achtstaudenschneise 252-12d
Aillaudstraße 254-7d
Albert-Einstein-Straße 254-4d
Albert-Schweitzer-Straße (9) 254-4d

Molsberg
PLZ 56414

Mommenheim
PLZ 55278

Mudershausen
PLZ 65623

Mühlheim am Main
PLZ 63165

Mühltal
PLZ 64367

Münster
PLZ 64839

Münster-Sarmsheim
PLZ 55424

Münzenberg
PLZ 35516

Hauptstraße 50-9c
Hermann-Löns-Straße 50-9d
Hintergasse 50-9d
Hochstraße 50-9c
Holunderweg 50-9d
Holzheimer Straße 50-9c

Im Eiloh 51-8d
Im Kleinen Steinfeld 51-12a
Im Stielfeld 50-9c
In den Hirschgärten 51-11d

Jahnstraße 50-9d

Kastanienplatz 51-11b
Kettermühlenstraße 51-8d
Kirchgasse 50-9d
Kneibengraben 50-6b
Kneibenweg 50-9d
Kuno-von-Hagen-Straße 51-8d

Lerchenstraße 51-7b
Lessingstraße (3) 50-9d
Licher Straße 51-7c
Limesstraße (1) 51-9d
Lindenstraße 50-9d

Marktplatz 51-11b
Meisenstraße 51-7b
Mittelstraße 50-9c
Mozartstraße 50-9d
Mühlgasse 51-9b

Nelkenweg 50-9d
Neuer Weg 51-11b

Obergasse 50-9c
Ober Hörgerner Mühle 51-7d
Ober-Hörgerner-Straße 50-9d
Oberwaldsweg (4) 51-12c
Oberweg 50-7b

Pfarrgasse (2) 51-11b
Pfortenweg 51-11b

Raiffeisenstraße 51-12a
Ricarda-Huch-Straße 50-9d
Richard-Wagner-Straße 50-9d
Ringstraße 50-12a
Römerstraße 51-9b
Rosenweg 50-9d

Schillerstraße 50-9d
Schubertstraße (2) 50-9d
Schulstraße 50-9d
Spitalstraße 51-11b
Steinbergstraße 51-12a
Steinweg 51-11b
Sudetenstraße (4) 50-12a

Talstraße 50-9c
Tannenweg 50-9b
Taunusstraße (5) 50-12a
Tränkgasse 51-11b
Trais-Münzenberger-Straße 51-11b
Tulpenweg 50-9d

Unter der Burg (3) 51-11b
Untergasse 50-9c
Unterweg 50-7d

Waldstraße 50-9c
Waschmühle 50-11b
Weinstraße 51-9d
Wetterstraße 51-9c
Wiesenstraße 50-12b
Wingertstraße 51-9d
Wohnbacher Straße 51-12a

Nackenheim
PLZ 55299

Adam-Winkler-Straße 302-4a
Albisheimstraße 301-3d
Alemannenstraße (15) 302-4a
Am Bodenheimer Weg 302-1c
Am Flößchen (1) 302-1c
Am Lehrbrünnchen 302-4a
Am Schöffer (13) 302-4a
Am Sprunk 302-4a
Am Teuerborn 301-6b
Am Weiersborn (12) 302-4b
Am Weiher 302-1a
Am Wiesendeich 302-1a
An der Lehnsweide 302-1a
An der Turnhalle (5) 302-1d
Aussiedlerhöfe „Am Teuerborn" 301-6b
Aussiedlerhof 301-5d
Aussiedlerhof Marienhof 302-1c
Autalstraße 302-1c

Bahnhofstraße 302-1d
Bellenäcker 302-1c
Birkenweg 302-1d
Bischofsheimer Weg 301-6a
Buchenweg 302-1d

Carl-Gunderloch-Platz 302-1d
Carl-Zuckmayer-Platz (7) 302-1d
Carl-Zuckmayer-Straße (9) 302-1d
Christine-Darmstadt-Straße (14) 302-4a

Eselspfad 302-1c

Fenchelbergweg 302-4d
Fichtenweg 302-1d
Fischergasse (10) 302-1d
Fliederweg 302-1c
Flutgasse 302-1d
Frankenstraße 302-4a
Franz-von-Sickingen-Straße (18) 302-1a

Gartenfeldstraße 302-1d
Georg-Forster-Straße (16) 302-1a
Grasweg 301-6a

Hängstäcker Weg 301-9a
Haus Kisselwörth 302-4d
Heideweg 302-1d
Henry-Dunant-Straße (4) 302-1c
Holunderweg 302-1c

Im Brühl 302-1d
Im Gehren 302-1d
Im Winkel 302-1d
In den Haferwiesen 302-1c
In der Bornwiese 301-3d
In der Schanz 302-1c

Jahnstraße (11) 302-1d

Kahlenberger Weg 302-4c
Karl-Abt-Straße 302-1d
Karl-Arand-Straße 302-1a
Kastanienweg 302-1a
Keltenstraße 302-4a
Kirchbergweg (6) 302-1d
Königsberger Straße 302-4a
Kuppelweg 302-1d
Kurfürst-Erthal-Straße 302-1a
Kurmainzstraße 302-1c

Langgasse 302-1d
Lindenweg 302-1c
Lörzweiler Straße 301-6b

Mahlweg 302-1d
Mainzer Straße 301-3b
Mittelweg 302-1c
Mittelweise (17) 302-1a
Mühlweg 302-4c

Nagelwiesenweg (3) 302-1c
Neugasse 302-1d

Otto-Hinsberg-Straße 302-1c

Pappelweg 302-1d
Pfarrer-Denner-Straße 302-4a
Pfarrer-Staiger-Straße (19) 302-1a
Platanenweg 302-1a
Prof.-Dr.-Pier-Straße 302-4b

Rheinhöhenweg 301-3d + 302-4b
Rheinstraße 302-1b
Römerstraße 302-4a
Rosengasse (8) 302-1d
Rudelheckweg 302-1c
Runtrudstraße 301-3d

Salmenpfad 302-4b
St.-Gereon-Straße 301-3b
St.-Stephan-Straße 301-3d
Schifferweg 302-1d
Schillerstraße 302-1c
Schützhüttenweg 302-4c
Schulgäßchen 302-4b
Sunsweiler Straße 301-3d
Sunsweiler Weg (2) 302-1c

Tannenweg 302-1b
Teudaldstraße 301-3d
Tierhäupterweg 301-6c

Weidenweg 302-1b
Weinbergstraße 302-4a
Wormser Straße 302-1d

Nastätten
PLZ 56355

Schwallermühle 164-1b

Nauheim
PLZ 64569

Adam-Opel-Straße 277-9d
Adolf-Kolping-Straße (19) 278-4d
Adolf-Menzel-Weg 278-4c
Ahornweg 278-7a
Albert-Einstein-Straße (13) 278-4c
Alte Mainzer Straße 277-9b
Am Atzelhorst (30) 278-4d
Am Bahnhof (5) 278-7c
Am Grenzweg 278-4c
Am Hegbachsee 278-8a
Am Riel 278-4d
Am Schafsteg 278-7a
Am Sportfeld 277-9b
Am Waldwiesengraben 278-4d
Am Weiher 278-10a
Am Wolfsberg 278-4d
An den Akazien 277-9b
An der Mühlhecke 278-7c
Auf der Schanze (9) 278-7c
August-Bebel-Straße 278-7c

Bachgasse 278-7c
Bahnhofstraße 277-12b
Beethovenstraße 277-9d
Berliner Platz 278-7b
Berzallee 278-7a
Birkenstraße 278-7a
Bleichstraße 278-7a
Bleschschneise 278-5c
Borner Straße (21) 278-7b
Brandseeschneise 278-3c
Buchenschneise 278-5b

Carlo-Mierendorff-Straße 278-7c
Charvieux-Chavagneux-Platz (20) 278-7b

Dresdner Straße 278-10a

Eibenweg 278-7a
Elbestraße 277-9d
Emil-von-Behring-Straße (17) 278-7a
Entenstraße 278-4d
Erlenweg 278-7a
Europastraße 278-7b

Feldstraße 277-9d
Forsthausweg (29) 278-4d
Friedensplatz (18) 278-7a
Friedhofsweg 278-4c
Friedrich-Ebert-Platz 278-7c

Gänseweide 278-4d
Garnschneise 278-5c
Gartenstraße (4) 278-7c
Georg-Diehl-Straße 278-7a
Goethestraße 278-7a
Gottfried-Daimler-Straße (2) 277-9d
Graslitzer Straße 277-9b
Große Hundsschneise 278-2d
Groß-Gerauer-Straße 278-7c
Groß-Gerauer-Weg 278-7c
Grüner Weg 278-7d
Gustav-Stresemann-Straße (25) 278-7b

Häusereckschneise 278-3d
Heinrich-Heine-Straße 278-4c
Heinrich-Kaul-Platz 278-7c
Heinrich-Zille-Straße 278-7a
Hermann-Löns-Straße 278-7b
Hintergasse 278-7c
Hirtenhäuserschneise 279-1d
Hügelstraße 277-9d

Im Fischersee 278-4d
Im Gehren 278-7a
Im Neurod 278-4d
Im Rod 278-7c
Im Staudenfeld 278-4d
Im Teich 278-4d
Im Waldfeld (27) 278-7b
In den Niederwiesenäckern (10) 278-7c
Industriestraße 277-9b

Jahnstraße 278-7a
Johann-Heinrich-Pestalozzi-Weg (23) 278-7b
Justus-Liebig-Straße 278-4c

Käthe-Kollwitz-Straße 278-4c
Kiefernweg 278-7a
Kirchpfad (6) 278-7c
Kirchstraße 278-7c
Klangweg 278-5c
Kleine Hundsschneise 278-5a
Königstädter Straße 278-7a
Konrad-Adenauer-Allee 278-7b
Kranichstraße 278-4d
Kronseeschneise 278-3c
Kurt-Schumacher-Straße (22) 278-7b

Lärchenweg 278-7a

Mainstraße 277-9d
Mainzer Landstraße 277-9d
Marie-Curie-Straße (15) 278-7a
Marie-Jany-Weg 278-7b
Max-Liebermann-Straße (1) 278-7a
Max-Planck-Straße (12) 278-4c
Mönchbruchpfad 278-6b
Mönchbruchweg (28) 278-4d
Mörfelder Weg 278-7b
Moselstraße 277-9d
Mozartplatz 277-9d
Mozartstraße 277-9d
Mühlstraße 278-7c

Nachtweide 278-5c
Nauheimer Straße 279-4a
Neckarstraße 277-9d

Odenwaldstraße 278-7c
Otto-Hahn-Straße (11) 278-4c

Pfarrgasse (3) 278-7c

Regionalparkweg 278-5c
Reiherstraße 278-4d
Rheinstraße 277-9d
Robert-Bosch-Straße (1) 277-9d
Robert-Koch-Straße (16) 278-4d
Roseneck 278-8a
Rudolf-Diesel-Straße 277-9d
Rudolf-Virchow-Straße (14) 278-4d
Rüsselsheimer Straße 278-4c

Sandbergstraße 278-7a
Schillerplatz 277-9b
Schillerstraße 277-9d
Schleifweg 277-9d
Schnepfenschneise 278-5b
Schönbacher Straße 277-9b
Schubertweg 277-9b
Schulstraße 278-7c
Schwanenstraße 278-4d
Seeweg 278-8a
Steinstraße 277-9d
Stockheimer Hof 278-10c
Stockheimer Weg 278-10a
Storchenstraße 278-4d
Straßburger Platz 278-7b

Talmeswiesenschneise 278-6a
Tannackerschneise 278-3b
Tannenstraße 278-7a
Taunusstraße 277-9b
Theodor-Heuß-Straße 278-7b
Thomas-Mann-Straße 278-4c

Ulmenstraße 278-7a
Unter der Muschel 277-9b
Unteres Treburer Forsthaus 278-5b

Vorderstraße (8) 278-7c

Waldfriede 278-4c
Waldstraße 278-7c
Waldweg 278-7a
Walter-Rathenau-Straße (26) 278-7b
Weingartenstraße 278-7a
Wenzel-Jaksch-Straße (24) 278-7b
Wilhelm-Leibl-Straße 278-7a
Wilhelm-Leuschner-Straße 278-7c
Wilhelm-Liebknecht-Straße (7) 278-7c

Zimmermannschneise 278-5c

Netzbach
PLZ 65623

Gartenstraße (1) 94-4c

Hahnstätter Straße 93-6d
Heckenweg (2) 94-4c
Heringer Straße 94-4c
Hessenstraße 93-9b
Hohlstraße 94-4c

Karlshof 93-9b

Mühlgasse 94-4c

Oberdorfstraße 94-4c

Schieben Acker 94-4c
Schulstraße 93-6d

Talblick 93-6d

Unterdorfstraße 94-4c

Neu-Anspach
PLZ 61267

Adam-Hall-Straße 101-7d
Adolf-Best-Weg (33) 101-10b
Adolf-Reichwein-Straße 101-10a
Ahornweg 101-10c
Alter Anspacher Weg 101-7c
Altkönigstraße 101-10c
Am Bächweg 101-7b
Am Belzbecker 100-12d
Am Dorfbrunnen 100-6d
Am Dornstück 101-10c
Am Geiersberg 100-6d
Am Hainfeld (2) 100-12a
Am Hasenberg 100-9d
Am Inchenberg 101-10b
Am Kellerborn 101-7b
Am Mühlgraben (4) 101-8a
Am Sportfeld 100-9b
Am Steinchen 125-1a
Am Usweg (5) 101-8a
Am Zäunefeld 101-8a
An der Dörrwiese 100-9b
An der Eisenbahn 101-7c
An der Erzkaut 100-12d
An der Fahrt 101-7a
An der Karlsbrücke 126-11a
An der Lehmkaut 101-7b
An der Milchhalle (6) 101-8a
An der Seibelhohl 100-9b
An der Speichwiese (52) 125-1a
Auf dem Burgflecken 101-7d
Auf dem Pfarrdriesch 101-10c
Auf dem Tripp 100-9b
Auf der Erlenwiese 100-9d
Auf der Grub 100-12a
Auf der Heide 100-9d
Auf der Hirschhöhe 100-12a
Auf der Hochwiese 100-9d

Backhausgasse 101-10c
Bahnhofstraße 101-10c
Beethovenstraße 101-10a
Bergweg 100-12a
Berliner Straße 101-10c
Billgasse (48) 101-10c
Birkenhof 125-1c
Birkenweg 101-10a
Brahmsstraße (29) 101-10a
Breitestraße 101-10c
Breslauer Straße 101-7c
Brombacher Weg 100-12a
Buchenweg 101-10c
Büchnerweg 101-7c

Daimler Straße 101-7d
Dietrich-Bonhoeffer-Weg (13) 101-10a
Droste-Hülshoff-Weg 101-7c
Dürerstraße 101-10a

Eckgasse (49) 101-10c
Egerländer Straße (2) 101-7c
Eichendorffweg (6) 101-7c
Eichenweg 101-10c
Eisenbachweg 100-9d
Emil-Becker-Weg (37) 101-10b
Emil-Müller-Weg (34) 101-10b
Eppsteiner Weg (12) 101-7c
Erfurter Straße 100-12d
Erlenhof 125-4a
Eschbacher Straße 101-7b

Fanny-Hensel-Weg (27) 100-12b
Feldbergstraße 125-1a
Fliederweg (7) 100-9d
Fontaneweg 101-7c
Freiherr-vom-Stein-Straße (44) 100-12d
Friedhofsweg 125-1a
Friedirch-Ebert-Straße 101-10c
Friedrich-Ludwig-Jahn-Straße 124-3b

Gärtnereiweg (32) 101-10b
Gartenstraße 100-12a
Georg-August-Zinn-Weg (21) 101-10a
Gerhart-Hauptmann-Weg 101-7c
Geschwister-Scholl-Weg (24) 101-10a
Gewerbegebiet „Am Burgweg" 101-7d
Gewerbegebiet „Feldchen" 101-7a
Goldammerweg 100-9d
Graf-Stauffenberg-Straße 101-10a
Graf-von-Galen-Weg (31) 101-10b
Graf-von-Moltke-Weg (14) 101-10a
Grünewaldweg 101-10a
Grundgasse 101-7a
Gustav-Heinemann-Straße 101-10a

Händelstraße 101-10a
Häuser Weg 101-10c
Hans-Böckler-Straße 101-10a
Hattsteiner Weg (15) 101-10b
Hauptstraße 100-6d
Hausener Weg 101-7b
Heinrich-Böll-Weg 101-7c
Heinrich-Heine-Straße 100-12d
Heinrich-Nöll-Straße 101-10b
Heinrich-Schneider-Weg (36) 101-10b
Heisterbacher Hof 101-11a
Heisterbachstraße 101-7b
Herzbergstraße (45) 101-10d
Hessenring (42) 100-12d
Hinter dem Hainzaun (1) 100-12a
Hinter dem Weiher 100-9d
Höhenstraße 100-12a
Hohlweg 100-12d
Holbeinstraße 101-10a
Holunderweg (8) 100-9d
Hubertushof 125-1c
Hunoldstaler Weg 100-12d

Im Bruchrain 125-1a
Im Girn 101-7c
Im Rödchen 100-6d
Im Spieß 100-9d
Im Wiesengrund 101-8c
In der Burg (2) 101-8a
In der Rödersbach 100-6d

Jagdhaus Ruppel 100-8d
Johanneswiesenweg 100-12d
Josephine-Lang-Weg 100-12b
Julius-Leber-Weg (25) 101-10a

Käthe-Kollwitz-Weg (26) 100-12b
Karl-Arnold-Weg 101-7c
Karlsbader Straße 101-10d
Kirchberg 101-8a
Kirchgasse 101-10c
Kleine Backhausgasse (50) 101-10c
Kleine Pfarrgasse (51) 101-10c
Kleine Struth 100-9d
Kleistweg 101-7c
Konrad-Adenauer-Straße 100-12b
Kransberger Straße 101-7b
Kreuzwiesen 100-9d
Krokusweg (9) 100-12b
Kurtierer Weg (19) 101-10a
Kurt-Schumacher-Straße 101-10c

Lärchenstraße 101-10b
Landhaus Stabelstein 101-10b
Langgasse 101-10c
Langwiesenweg 100-9c
Laubweg 125-2c
Lavendelweg 101-7b
Leipziger Straße 100-12d
Ligusterweg 100-9d
Lindenhof 101-11b
Lindenweg 101-10c
Lortzingstraße (28) 101-10a
Louise-Schröder-Weg (5) 101-7c
Luditzer Straße 101-7b
Ludwig-Beck-Weg 101-10b
Lupinenweg 100-12b

Marktplatz 101-10a
Martin-Niemöller-Weg (20) 101-10a
Merzhäuser Weg 100-9c
Metzgerpfad 125-4c
Michelbacher Straße 101-7b
Mierendorffweg (23) 101-10a
Mildred-Scheel-Straße (4) 101-7c
Mozartstraße 101-10a
Mühlstraße 101-8a

Nach der Hardt 100-12d
Nach der Struth 100-12a
Nassauer Ring (43) 100-12d
Nassau-Oranier-Weg (18) 101-10b
Neue Pforte 100-12d
Neugasse 101-8a

Obernhainer Weg 101-8a
Opelhof 124-6b
Ostpreußenstraße 101-5c
Otto-Reitz-Weg (35) 101-10b

Paul-Lincke-Weg (38) 101-10a
Pestalozziweg (40) 101-10c
Pfarrgasse 101-10c
Philipp-Reis-Straße 101-7c
Primelweg 100-12b

Raiffeisenstraße 101-10c
Rathausgasse (47) 101-10c
Raymond-Jacquet-Weg (22) 101-10a
Reifenberger Weg (16) 101-10b
Reuterweg 100-9b
Richard-Wagner-Straße (30) 101-10a
Rilkeweg 101-7c
Ringstraße 100-12a
Robert-Bosch-Straße 101-7d
Rod am Berger Straße 100-12b
Römischer Grenzwall 125-7c
Rosenweg 101-10d
Rudolf-Diesel-Straße 101-7c
Rudolf-Selzer-Straße 101-7c
Rue-St.-Florent-sur-Cher 101-7c

Saalburgstraße 101-10c
Saalburgstrasse (53) 125-1a
St.-Marien-Weg (46) 101-10d
Schäfergasse (1) 101-8a
Scheibelingsweg 100-12a
Schlehenweg 100-9d
Schlesier Straße 101-7b
Schmittener Straße 100-12d
Schönwälder Straße (1) 101-7c
Schubertstraße 101-10c
Schultheißhof 101-11c
Schumannstraße (39) 101-10a
Siemensstraße 101-7a
Silberdistelweg (10) 100-9d
Sonnenhof 101-5c
Stabelsteiner Weg 101-10b
Stahlnhainer Mühlen 125-4c
Steinhof 100-9b
Stockgrund 100-9d
Stockheimer Weg (17) 101-10b
Störkelstraße (41) 101-10c
Sudetenstraße (3) 101-7c

Talmühle 125-4a
Tannenhof 125-1d
Tannenweg 101-10b
Taunusstraße 101-10c
Thalgauer Straße 101-10a
Theodor-Haubach-Weg 101-10b
Theodor-Heuss-Straße 101-10a
Trieschweg 100-9b
Trollblumenweg (11) 100-9d

Ulmenweg 101-10c
Ulrich-von-Hassel-Weg 101-10a
Unterste Eisengasse 101-7c
Ursgrund 124-6b
Usastraße 101-10c
Usinger Straße 101-7d

Waldhof 101-5d
Weiherstraße (3) 101-8a
Weilstraße 124-3b
Wernborner Straße 101-7b
Wiesenau 101-10a
Wilhelm-Leuschner-Straße 101-10a
Wolfsgasse 100-6d

Zu den Gärten 101-8a
Zum Kirchborn 101-5c
Zum Wenzenholz 101-7d
Zur Wacht 125-1a
zu Stahlnhainer Mühlen 125-1d

Neu-Bamberg
PLZ 55546

Alzeyer Straße 346-9b
Am Alten Bahndamm 346-6d
Am Burggraben 346-6d
Am Scheep 346-6d
Amtsgasse 346-6d
An der Junkermühle (6) 347-4a
An der Weidenmühle 346-9b

Burgweg 347-4c

Fliederweg (2) 346-6d

Gartenstraße (5) 346-6d

Haarbergweg 347-4a
Hirtengasse 346-6d

In der Lohe 347-4c

Junkermühle 347-4c
Junkerweg 347-4c

Kandelpforte (7) 346-6d
Kreuznacher Straße 346-6d
Kurmainzer Straße 346-6d

Mühlgasse 346-6d

Niedergarten 346-9b

Obere Beind 346-6d

Promenadenweg (4) 347-4a

Raugrafenstraße (3) 347-4a
Rheinhessenstraße 346-6d
Rosenweg (1) 346-6b

Schloßgasse 346-6d

Wasserpforte 347-4c
Weidenmühle 346-9b
Wöllsteiner Straße 347-4c

Neuberg
PLZ 63543

Albert-Schweitzer-Straße 157-10d
Am Gänsberg (4) 157-11c
Am Haselweiher 183-2a
Am Möllerborn 157-10a
An den Römertürmen (11) 157-10b
An der Ziegelei 183-2a
Apfelallee 157-10d

Neu-Isenburg
PLZ 63263

Nidda
PLZ 63667

Niddatal
PLZ 61194

Bahnhofstraße 106-7d
Barbaragasse (5) 130-1c
Beim Oberkloster 130-4a
Berghof 130-3d
Bergstraße (4) 130-1c
Berliner Straße 106-10d
Biengartenweg 106-10b
Bönstädter Straße 106-10b
Bogenstraße 130-8d
Borngasse (2) 130-1c
Breitewegsgärten 129-3d
Breslauer Straße 130-4a
Bruchenbrücker Straße 106-10a
Brückenstraße 106-10b
Brunnengasse (19) 106-10b
Brunnenstraße 130-8d
Buchenweg (12) 106-10d
Burg-Gräfenröder-Straße 130-1c

Chausseehaus 129-3b

Diebseiche Weg 130-8d
Dorn-Assenheimer-Straße 106-7d
Dortelweiler Ring (6) 129-3d
Dresdener Straße 130-8d

Eckgasse 106-10b
Eichendorffweg (8) 106-10d
Eichenweg 106-10d
Enggasse (1) 130-9c
Erbstädter Straße 130-3b
Erlenhof 106-11c
Eulenhof 130-9a

Feldbergstraße 130-4a
Florstädter Weg 130-3a
Freigericht 130-11b
Freigerichtstraße 130-8b
Freiherr-vom-Stein-Straße 106-10b
Friedberger Straße 129-3d + 130-1c
Friedensstraße 130-3a
Friedhofsweg 130-1c
Froschgasse (1) 130-1c

Gartenstraße 130-1c
Georg-Büchner-Straße (1) 106-10b
Geschwister-Scholl-Straße 106-10b
Gollbergstraße 106-7d
Grasweg 106-10b
Gronauer Straße 129-3d
Gutenbergstraße 130-3a

Hainmühle Straße 130-9c
Hainwaldstraße 130-9c
Hanauer Straße 131-2a
Hanauer Straße (Ilbenstadt) 130-1c
Hans-Böckler-Straße 130-4a
Hauptstraße 106-10b
Heinrich-Heine-Straße 106-10a
Helgengasse (3) 130-3a
Hermannseck (8) 130-3b
Hintergasse 106-10b
Hochstraße 130-9a
Höhenstraße 106-10b
Hölderlinweg (7) 106-10d
Hofgasse (4) 130-3b
Hohlweg 106-10a
Hügelstraße 130-1c

Ilbenstädter Straße 130-8d
Im Grund 130-9c
Im Kloster 130-1c
Im Tirol (3) 130-1c
In den Helgengarten 130-3a
In den Litzelgärten (13) 106-10d
In den Wiesgärten (5) 130-3b

Jahnstraße 106-10b
Johann-Schmidt-Straße 130-3a

Kaicher Eck (6) 130-3a
Kaicher Straße 130-3a
Karbener Straße 129-3d
Kastanienallee 106-7d
Ketteler Straße 130-4a
Kirchgasse 130-1c
Kleinstraße 130-3a
Köppemer Straße 129-3d
Kurt-Schumacher-Straße 130-3a

Langgartenstraße 106-10b
Lessingweg (6) 106-10d
Liebigstraße 106-10b
Lindenweg (11) 106-10d
Litzelgäßchen (3) 106-10b
Lögesmühle 130-9c

Marie-Curie-Straße 130-4a
Metzgergasse (18) 106-10b
Mittelstraße 106-10b
Mühlenstraße 106-10b
Mühlgasse 130-1c
Mühlweg 106-10b

Naumburger Straße (3) 130-9c
Niddastraße 130-3a
Nieder-Wöllstädter-Straße 106-10d
Nonnenhof 130-1d

Obergasse (4) 130-8d

Panoramaweg 130-9c
Parkstraße 106-11a
Pestalozzistraße (17) 106-11a
Petterweiler Straße 129-3d
Phillip-Gönner-Straße (6) 130-8d

Querstraße 130-1c

Raiffeisenstraße 130-3c
Rendeler Straße 129-3d
Reutenweg 131-1b
Rhönstraße 106-10d
Ricarda-Huch-Weg (5) 106-10a
Ringstraße 130-4a
Rodheimer Straße 129-3d
Rosbacher Straße 129-3d

Schäfergasse (21) 106-10b
Schießrain 130-3a
Schillerweg (9) 106-10c
Schlesienring 106-7d
Schloßgasse 130-1c
Schöne Aussicht 106-10d
Schönecker Straße (7) 129-3d
Schulstraße 130-1c
Silzweg 106-10b
Solmser Straße 106-11a
Sonnenweg 130-9c
Spessartring 130-1c
Steinerne Pforte 130-8d
Steingasse 130-1c
Steinkautenweg 106-11c
Steinweg 106-10d
Sternbacher Straße 130-3a
Sudetenstraße 106-10d
Südstraße (5) 130-8d

Talstraße 106-10b
Tannenweg 106-10d
Taunusstraße (15) 106-10d
Tepler Straße 130-4a
Theodor-Flieder-Straße 106-10b
Theodor-Fontane-Straße 106-10a
Thomas-Mann-Straße (2) 106-10b

Viehweg 130-3a
Vilbeler Straße (8) 129-6b
Vogelsbergstraße 130-4a

Waldstraße 130-9c
Wallgasse (4) 106-10b
Waschgasse (14) 106-10b
Weidenhaag 130-3b
Weiherstraße 130-8d
Weingartenstraße (2) 130-8d
Wetterstraße 106-10b
Wiesenstraße 106-10b
Wingertstraße 106-10a
Wingertweg 106-10a
Winnerhöfe 131-2c
Wintersteinstraße 106-10a
Wirtsgasse 106-10b

Zuseweg (10) 106-10d

Nidderau
PLZ 61130

Albert-Schweitzer-Straße 131-10c
Alexandra-Harder-Straße 155-4a
Alte Ziegelei 155-6a
Am Bergwerk 155-6a
Am blauen Stein 131-4b
Am Burghof (5) 131-9c
Am Hainberg 131-4c
Am Hang 155-6b
Am Hüpper 155-4b
Am Jungfernborn 155-6b
Am Kindergarten (2) 131-10c
Am Kirchplatz (7) 155-5a
Am kleinen Bahnhof (3) 155-4b
Am Lindenbaum 155-1b
Am Nidderfeld 155-4b
Am Pfaffenstein 155-6a
Am Pfarrgarten 155-1d
Amselweg 155-6d
Am Sirzbach (14) 155-4b
Am Sportfeld 155-4b
Am Städter Berg 155-6a
Am Steinweg 155-1d
Am Taunusblick (15) 155-5c
Am Weinberg (4) 155-3d
Am Ziegelweiher 155-6a
An dem Burgstück 155-5a
An der Bleiche 155-4b
An der Gänseweide (14) 155-1d
An der Landwehr 155-1d
An der Naßburg 131-10d
Arkadenhof 155-2c
Augustusstraße 155-1c

Bad Deutsch Altenburg Weg (3) 131-4a
Bahnhofstraße 155-1a
Baugebiet „Ziegelei" 155-6a
Beethovenallee 155-1c
Berggasse (4) 155-1a
Berghof 131-7b
Berliner Straße 131-4a
Beune 155-3d
Birkenhof 154-3d
Birkenhof (Erbstadt) 131-4b
Birkenweg 155-5c
Birnbaumhof 131-4a
Bleichstraße 131-9d
Bönstädter Straße 131-4a
Bogenstraße 131-4a
Bonifatiushof 154-3a
Bornweg 131-4c
Bornwiesenweg 155-4b
Brahmsstraße 155-1c
Brentanostraße 155-1a
Breslauer Straße 131-4a
Breugelgasse 131-9c
Breulweg 155-1b
Bruchwiesenweg (10) 131-9c
Brucknerstraße 155-1c
Brunnenstraße (11) 155-5a
Bücher Weg 155-4b
Büdesheimer Straße 155-1c
Büdinger Straße 131-10c
Bürgerstraße 155-5a
Burggasse 155-1b
Castellring 155-1c
Chemnitzer Straße 155-5b

Daimlerstraße 131-10c
Danziger Straße 131-4a
Dr.-Carl-Henß-Straße 155-2d
Domitianstraße 155-1a
Dreieichenhof 155-3b
Dresdener Ring 155-5b
Drosselweg 155-6b

Eicher Straße 155-5a
Eicher Tor 155-3d
Eichwaldstraße 132-7c
Eisenacher Straße 155-5b
Eisenbahnstraße 155-6a
Emil-Nolde-Straße 155-1c
Erbsengasse (8) 131-4c
Erbstädter Grund 130-3d
Erbstädter Straße 131-10c
Erfurter Straße 155-5b
Erlenhof 154-3b
Erlenhof (Erbstadt) 131-4c
Erlenweg 155-5a
Eugen-Kaiser-Straße 155-4b

Fasanenhof 131-4b
Fasanenweg 155-6b
Feldbergstraße 131-9a
Feldstraße 131-4c
Finkenweg 155-6d
Forsthausstraße (3) 131-9a
Freiligrathring 155-5a
Friedberger Straße 155-1a
Friedensstraße (13) 155-5a
Friedhofstraße 131-9b
Friedrich-Ebert-Straße 155-5a
Fritz-von-Leonhardi-Straße 155-1a

Gabriele-Münter-Straße 155-1c
Gärtnerplatz 155-6b
Gartenstraße 155-1a
Gerlinde-Beck-Straße 155-1c
Glockenstraße 155-5a
Görlitzer Straße (2) 131-4a
Goethestraße 155-5a
Graf-Ulrich-Straße (2) 155-2d
Große Gasse 131-9b
Grüner Weg 155-1a
Gute Gasse (6) 155-5a

Hadrianstraße 155-1c
Händelstraße (9) 155-1d
Hainmühle 130-9d
Hainstraße 131-9a
Hanauer Straße 155-6b
Hauptstraße 131-4a
Haydnstraße 155-1c
Heckenwingert 155-3c
Heldenberger Straße 155-5a
Heldenberger Weg 155-3d
Hindemithstraße (10) 155-1d
Hinter dem Turm 155-6b
Hirtengasse 131-9d
Hochstraße 131-9b
Höchster Straße 131-9b
Höhenhof 155-3c
Höhenstraße 155-5a
Hof Buchwald 155-2b
Hofhausstraße 155-4b
Homburger Straße 155-1a
Hospitalstraße (5) 155-5a
Hügelstraße 155-1b
Hüttenweg 131-9d

Im Feldchen 155-4b
Im Grund 155-5a
Im Hofgarten (7) 131-9d
Im Münchsgraben 155-1d
Im Städter Grund (3) 155-6a
Im Wiesengrund (9) 131-9d
Im Winkel (6) 131-4c
In den Berggärten (1) 131-9b
In den Borngärten 155-3d
In den Nidderauen (13) 155-1d
In den Pfortenwiesen 155-3c
In der Aue (6) 131-9c
In der Ecke (5) 131-4c
In der Marlache 155-4b
In der Mühlweide 155-3d
In der Seife 155-6b
In der Wolfskaute 155-3d

Jahnstraße 155-6a
Jakob-Dahl-Straße (1) 155-2d
Jenaer Straße 155-5b
Jenny-Rothschild-Straße 155-1b
Johannesweg 155-1a
Johann-Peter-Bach-Straße 155-2d

Käthe-Kollwitz-Ring 155-1c
Kaicher Weg 131-4c
Kanalstraße 155-5a
Karbener Straße 155-1a
Karlsbader Straße 131-4a
Karlstraße 155-6b
Kastanienweg 131-9a
Katharinenhof 155-5c
Kellerberg 131-10d
Kilianstädter Straße 155-4d
Kirchgasse 155-6b
Kleine Gasse 131-9d
Königsberger Straße 131-4a
Konrad-Adenauer-Allee 155-1a
Kurt-Schumacher-Straße (4) 131-9c

Lehnhof (9) 155-5a
Leipziger Straße (1) 131-4a
Leopold-Wertheimer-Straße (8) 155-1d
Lerchenweg 155-6b
Liebigstraße 131-10d
Limesstraße 155-3d
Lindenplatz 131-9c
Lindenstraße 155-5a
Linsengasse (7) 131-4c
Ludwighof 131-4a

Margarete-von Isenburg-Straße (16) 155-1c
Marienbader Straße 131-4a
Marienhof 155-5c
Marköbeler Straße 155-6b
Marktplatz 155-5a
Max-Ernst-Straße (17) 155-4a
Max-Liebermann-Straße (19) 155-4a
Max-Pechstein-Straße (21) 155-4a
Meisenweg 155-6d
Mittelstraße (3) 155-1a
Mozartstraße 155-1c
Mühlbachstraße (8) 131-9d
Mühlbergstraße 155-2d
Mühlstraße 155-1a

Naumburger Straße (12) 155-5a
Neubaugebiet „Mühlweide" 155-3c
Neugasse 155-6a
Niddertalstraße 131-9d
Nidderwiesenweg 155-4b

Oberburg-Bergweg (7) 155-1a
Oberdorfweg 131-9b
Obergasse 131-9a
Odenwaldstraße (17) 155-5d
Ostheimer Straße 155-5a

Paul-Klee-Straße (20) 155-4a
Pestalozzistraße 155-5a
Pfaffenhofstraße (4) 131-4c
Pfarrgasse 155-1a
Pfingstbornweg 155-1a
Pfingstweidenhof 156-1c
Pflücksburger Hof (10) 155-5a
Philipp-Reis-Straße 131-10c
Platanenhof 131-10d

Quellenweg (1) 155-6b
Querstraße 155-6a

Raiffeisenstraße 131-10d
Rathenauring 155-4b
Rhönstraße 155-5c
Ringstraße 155-6c
Robert-Bosch-Straße 131-10d
Römerstraße 131-10c
Rommelhäuser Straße 155-3d
Rosenstraße (2) 131-9b
Roßdorfer Straße 155-5d
Rostocker Straße 155-5b
Rudolf-Walther-Platz (19) 155-5a

Saalburgstraße 155-1a
Scheidemannstraße 155-5b
Schillerring 155-5a
Schinnergasse 155-3d
Schlitzerhof (4) 155-4b
Schloßbergstraße 155-5a
Schloß Naumburg 130-9d
Schubertstraße 155-1c
Schützengasse (2) 155-6b
Schulstraße 131-9b
Sepp-Herberger Straße 155-3d
Siemensstraße 131-10c
Sonnenhof 155-3d
Spessartstraße 155-6a
Stettiner Straße 131-4a
Stifterstraße 155-1b
Straubelgasse (6) 155-1a
Synagogenstraße (8) 155-5a

Talhof 155-4d
Taunusstraße 155-6a
Theodor-Heuss-Straße (16) 155-5c

Über der Hohl 155-5b
Uferstraße 155-4b
Untergasse (5) 155-1a

Verbindungsweg 155-1b
Vogelsbergstraße 155-5c
Vor den Gärten (12) 155-4b
Vorderstraße 155-6b

Wagnerstraße 155-1c
Waldstraße 131-4c
Wallerweg 155-5b
Wartbaumstraße 155-5c
Wehrstraße 131-9c
Weiherstraße 155-6a
Weimarer Straße 155-5b
Weingartenstraße 131-9c
Westendstraße 131-9a
Wetterauer Straße 131-4c
Wiegenstraße 155-6b
Wiesenstraße 155-1b
Wilhelm-Leibl-Straße (18) 155-4a
Wilhelm-Leuschner-Straße (18) 155-5c
Windecker Straße 155-1a
Wingertstraße 155-1b
Winner Straße 131-4a
Winner Weg 131-4b
Wohngebiet „Allee Nord" 155-1c
Wohngebiet „Rathaus" 155-2c
Wonnecker Straße 155-6a

Zeisigweg 155-6b
Ziegelstraße 155-6a
Zimmerplatz 155-3d
Zum Büdesheimer Pfad 155-4b
Zum Grenzstein (15) 155-1d
Zum Junkernwald 131-9d
Zum Rübenberg (11) 155-1d

Niederdorfelden
PLZ 61138

Ahornweg (1) 153-12b
Altenburgring 153-12b
Altkönigstraße 153-12d
Am Fuchstanz (2) 153-12b
Am Röderweg 154-10c
An den Hohlgärten (5) 154-10c
An der Gänsweide 154-10c
An der Nachtweide 154-10d
An der Rosenhelle 153-12d
An der Ruhbank 154-10c
An der Zeilweide 153-12d
Auf dem Hainspiel 154-10c

Bahnhofstraße (4) 154-10a
Berger Straße 153-12d
Berliner Straße 154-10a
Birkenweg 153-12b
Bischofsheimer Straße 154-10c
Brüder-Grimm-Straße 154-10c
Buchenweg 153-12b
Burgstraße 154-10a

Die Kappesgärten 154-10c
Die Landwehr 154-10c
Die Premenäcker 154-10c

Erlenweg 153-12b

Feldbergstraße (3) 153-12d

Gartenweg 154-10c
Gronauer Straße 153-12b

Hainstraße 154-10a
Hanauer Straße 154-10a
Herzbergstraße 153-12d
Hinter dem Hain 153-12b

Im Bachgange 154-10c
Im kleinen Feld 154-10c
Im Wasserfalle (7) 154-10d

Junkergasse 154-10a
Junkerhof 154-10a

Kirchgasse 154-10a
Kleine Haingasse 154-10a

Lärchenweg 153-12b
Lindenplatz 153-12b
Luisenhof 154-11c

Mühlgasse 154-10a

Oberdorfelder Straße 154-10a

Pfortenstraße 154-10a

Saalburgstraße 153-12d
Saint-Sever-Straße (6) 154-10d
Schäfergasse 154-10a
Siedlerstraße 154-10c

Taunusstraße 153-12b

Ulmenweg 153-12b

Vettergasse 154-10a

Wächterspfad 154-10a

Niedererbach
PLZ 56412

Am Asberg 56-4a
Am Handsgraben (3) 56-4b
Am Löhn 56-1c
Auf dem Hahn 56-4a

Bahnhofstraße 56-4a
Bergstraße 56-1c
Bornstraße 56-4a
Brückenstraße (2) 56-4a

Eisenbahnstraße 56-4a

Hofackerstraße 56-4a
Hof Kirchstück 56-4c

Im Pitzling 56-4a
Im Sand 56-4a

Mittelstraße 56-4a

Obererbacher Straße 56-1c

Steinstraße 56-4a

Waldstraße 56-4a

Niederhausen
PLZ 55585

Am Stausee 344-5b
Aussiedlung Lorenz 344-5b

Badestube 344-5b

Falterweg 344-5b

Hintergasse 344-5b
Hüffelsheimer Straße 344-5b

Im Langenberg 344-5b
Im Pitzling 56-4a
In der Rosenheck 344-5b
Kirchgasse 344-5b

Lembergblick 344-5b

Raiffeisenstraße 344-5b

Schulstraße 344-5b
Stauwehrbrücke 344-5b

Trombachblick 344-5b

Weinbergblick 344-5b
Winzerstraße 344-5b

Niederheimbach
PLZ 55413

Anweg 215-10a

Burg Hohneck 215-10a

Ernst-Heilmann-Straße 215-10a

Farm 241-1c
Finkenhof 240-3d

Heimbachtalstraße 214-12d
Hinterbach 215-10a

Im Füllkeller (1) 215-10d

Karrenweg 214-12d

Löwenheller Weg 215-10c

Märchenhainstraße 215-10c

Rheinstraße 215-10a

Schulstraße 215-10a
Soonecker Straße 215-10d

Waldweg 215-10d

Nieder-Hilbersheim
PLZ 55437

Am Appenheimer Pfad (1) 297-1c
Am Herzenacker (2) 297-1c
Am Schlag (3) 297-1c
Am Sonnenhang 296-3d
Am Wald 297-1c

Backhausstraße 297-1c

Cracegasse (4) 297-1c

Friedhofstraße 297-1c
Froschgasse (5) 297-1c

Gartenstraße 297-4a
Gewerbestraße 296-6b

Haspelgasse 297-1c
Hauptstraße 296-6b
Hinter der Kirche (6) 297-1c

In den Frohngärten 297-1c

Kapellenstraße 297-1c
Keltenweg (8) 297-4a
Kreisstraße 297-1c

Raumühle 297-4a
Römerweg (7) 296-6b

Welzbachstraße 297-4a
Wolfskehlsmühle 297-1b

Niedernberg
PLZ 63843

Allensteiner Straße (19) 315-6a
Alpenstraße 315-3c
Am Bildstock 315-1d
Am Friedhof 315-3c
Am Knückel 315-5a
Amselweg (2) 315-3c
Am Sportfeld 315-6c
Am Wasserturm 315-6a
Am Wingert 315-6a
Asternweg 315-5b

Bauhofstraße (6) 315-3a
Bayernstraße 315-3c
Benzstraße 315-5b
Bettlerweg 315-6c
Bietstraße 315-3c
Bildstockpfad (24) 315-3c
Blütenstraße 315-6a
Blumenstraße 315-6a
Böhmerwaldring (9) 315-3c
Borsigstraße (20) 315-5b
Boschstraße 315-2d
Breslauer Straße 315-2d

Danziger Straße 315-5b
Depotweg 315-5b
Diemarusstraße 315-6c
Dieselstraße 315-2d
Dorfplatz 315-6a
Drosselweg (4) 315-3c

Eifelstraße 315-3c
Erzgebirgstraße 315-3c

Fachrainstraße 315-6a
Fährgasse 315-3d
Finkenweg (3) 315-3c

Fliederweg 315-5b
Frankenstraße (12) 315-3c
Friedenstraße 315-6a

Gartenhausgelände Nord 315-3c
Gartenstraße 315-3c
Gewerbegebiet Nordring/Boschstraße 315-2d
Gewerbegebiet Rüttelweg 315-5a
Gewerbegebiet Stix 315-2c
Grimmstraße 315-6a
Großostheimer Straße 315-5b
Großwallstädter Straße 315-6a

Hansaring 315-5b
Hardtstraße 315-3c
Harzstraße (10) 315-3c
Hauptstraße 315-6a
Heckenweg 315-3c
Heiligenweg 315-4d
Hessenstraße (11) 315-3c
Hintermauer 315-6a
Hirtengasse 315-3d
Hochgasse (13) 315-3d
Hof Hein 315-1d
Hunsrückstraße 315-3c

Ilbenstraße 315-6b

Jahnstraße 315-6a

Karlsbader Straße (15) 315-3c
Kirchenpfad (18) 315-3c
Kirchgasse 315-6b
Königsberger Straße 315-5b
Kolpingstraße 315-6a
Kruppstraße 315-2d

Leerweg 315-6c
Lerchenweg 315-3c
Liebigstraße 315-2d
Limesweg 315-6a
Lindenhof 315-8a
Lindenstraße 315-6a

Maffeistraße (21) 315-5b
Marienbader Straße (16) 315-6a
Marienhof 315-4b
Max-Planck-Straße 315-2d
Memeler Straße (22) 315-2d
Michael-Groß-Straße 315-6a

Nelkenweg 315-5b
Nordring 315-5b

Pfarrer-Seubert-Straße 315-6a

Quergasse 315-6b

Räubersweg 315-5d
Raiffeisenstraße 315-6a
Rathausgasse 315-6a
Reisstraße 315-2d
Rhönstraße 315-3c
Ringstraße 315-5b
Robert-Koch-Straße 315-3c
Römerstraße 315-3c
Rosenstraße 315-5b
Rüttelweg 315-5b
Rundweg 315-7d

Sachsenring (14) 315-3c
Santesstraße 315-6a
Schachtelgasse (25) 315-3c
Schleusensteg 289-11d
Schmalzgasse 315-6a
Schulstraße 315-6a
Schwalbenweg (5) 315-3c
Schwanengasse 315-6b
Schwarzwaldstraße 315-3c
Siemensstraße 315-2d
Spessartstraße 315-3c
Spielweg 315-3c
Stadtweg 315-3a
Steigerwaldstraße (8) 315-3c
Stettiner Straße (23) 315-2d
Stückerweg 289-11d
Sudetenstraße 315-3c
Südring 315-6a

Tafelweg 315-6a
Taunusstraße 315-3c
Tilsiter Straße (17) 315-6a
Tulpenweg 315-5b
Turmgasse 315-3d

Vogelsbergstraße (7) 315-3c

Waldhof 315-7b
Waldweg 315-6c

Zeisigweg (1) 315-3c

Niederneisen
PLZ 65629

Aarstraße 75-11c
Albert-Schweitzer-Straße 93-2a
Am Hasselbach 93-2a
Am Wingertsberg (2) 75-11d
Auf der Eich 93-2b
Auf der Wacht 93-2a

Bachstraße 93-2a
Bahnhofsweg 75-11c

Engelsgraben 93-2c

Freiherr-vom-Stein-Straße 75-11c

Gartenstraße 93-2a
Grundweg 93-1b

Hohenfeld 75-8d

Im Brauner 93-1b
Im Brühl (1) 75-11c
Im Hopfengarten 93-2a

Jahnstraße 93-2a

Krichweg 75-11c

Lohrheimer Straße 93-2a

Mensfelder Straße 75-11d
Mühlgasse (3) 93-2a

Rathausstraße 93-2a

Schillerstraße 75-11c
Schönborner Straße 93-1b
Schulstraße 93-2a

Unterdorfstraße 93-2a

Volkersbergstraße 93-2b

Wiesenstraße 93-2a
Wiesenweg 93-2a

Niedernhausen
PLZ 65527

Ahornstraße 171-6c
Akazienweg 172-4a
Albert-Schweitzer-Straße 171-5a
Altenburger Straße 145-11d
Althofstraße (3) 172-4a
Am Alten Rathaus 172-4a
Am Apfelgärtchen 172-4a
Am Berg 145-11c
Am Börnchen 172-4b
Am Buchwaldskopf 171-6a
Am Dachsbau 171-6a
Am Deußtal 171-8b
Am Felsenkeller 171-6d
Am Flachsbach 171-1d
Am Frauwald 170-2d
Am Fuchsbau 171-6a
Am Hahnwald 171-9a
Am Heideborn 171-1d
Am Lindenkopf 172-1c
Ampferweg (7) 171-6d
Am Rabenwald 171-9d
Am Reitplatz 171-9a
Am Sägewerk 171-5d
Am Schäfersberg 171-6d
Am Schillertempel 171-9a
Amselweg 170-5b
Am Spielplatz (1) 171-1b
Am Sportplatz 170-6a
Am Tanzplatz 171-5d
Am Wasserturm (12) 171-5d
An der alten Jugendherberge 171-9b
An der Baumschule 171-6a
An der Eiche 172-4a
An der Heide 171-1d
An der Queckenmühle 171-5b
Asternweg 171-6d
Austraße 171-6c

Basaltweg (5) 171-6d
Bergstraße 171-6c
Bertholt-Brecht-Straße 171-5d
Birkenweg 170-5c
Bohnheck 172-1c
Borngasse 171-6c
Breslauer Straße 171-9a
Brückengartenweg 171-1b
Brückenstraße 171-1b
Brunnenstraße 171-5d

Daisbachstraße 171-1a
Danziger Straße 171-9a
Distelweg 171-9b
Dr.-Jakob-Wittemann-Straße 172-1c
Drosselweg 170-5a
Dürerstraße 171-6c

Eichenweg 170-5c
Eisenstraße 171-2c
Elsternweg 172-4a
Engenhahner Straße 171-1c
Erlenweg 171-6a
Eschenhahner Weg 170-2d
Eschenweg 172-4a

Fahrtmühle 171-2c
Falkenweg 170-5a
Fasanenweg 172-1c
Feldbergblick 171-9a
Feldbergstraße 171-6d
Feldstraße 171-5d
Fichtenstraße 171-6a
Finkenweg 172-4a
Flachsweg 171-6d
Fliederweg 145-11c
Forsthausstraße 170-3c
Forsthaus Vom Hügel 170-3d
Frankenweg 171-6b
Frankfurter Straße 171-6c
Freiherr-vom-Stein-Straße 171-6c
Friedensstraße 171-1b
Friesenweg (3) 171-6b
Fritz-Gontermann-Straße 171-5d

Gartenfeldstraße 170-2d
Germanenweg 171-6d
Gewerbegebiet „Frankfurter Straße" 171-9d + 172-7c
Gewerbegebiet „Hartmannstraße" 171-2c
Gewerbegebiet „Lochmühle" 171-2c
Gewerbegebiet „Queckenmühle" 171-5b
Ginsterweg 171-6c
Goethestraße 171-9a
Gotenweg 171-6d
Granitweg 171-6d
Guldenmühle 172-7c

Hahnfeldstraße 171-1b
Hahnweg (3) 171-1b
Hans-Darr-Straße 170-2d
Hartemußweg 172-4a
Hartmannstraße 171-2c
Hauptstraße 145-11c
Heftricher Weg 172-4b
Heinrich-Heine-Straße 171-5d
Hellenbergweg 171-9c
Herderstraße 171-5b
Herrenweg 170-5c
Herrnackerweg 171-6d
Herteberg 171-6c
Herzstruth 171-8b
Hochstraße (14) 171-5d
Hofstraße (8) 171-6c
Hohe-Kanzel-Straße 171-1b
Holbeinstraße 171-8b
Holunderweg 172-4a
Hügelstraße 172-4a

Idsteiner Straße 171-5b
Ilfelder platz 171-6c
Ilfelder Platz (10) 171-6c
Im Alten Rod 171-5b
Im Grund 170-3c
Im Hainfeld 172-1c
Im Herrngarten 172-1d
Imkerweg 171-6b
Im Langenfeld 172-4a
Im Merzgrund 145-11c
Im Scheidfeld 170-3c
Im Steinfeld 171-9a
Im Zinnstück 171-5d
In den Birkenwiesen (15) 171-5d
In der Bitterwies 171-1a
In der Farnwiese 171-5b
In der Lei 170-5b
In der Tripp 170-2d

Jahnstraße 172-1c
Junkerswiese 171-1b

Kapellenstraße 172-4a
Karl-Dönges-Straße 171-1b
Kastanienweg 172-4a
Kettelerstraße 171-6d
Kiefernweg 172-4a
Kirchweg 170-2d
Klettenweg (12) 172-4c
Königsberger Straße 171-9a
Königsteiner Straße 172-4a
Kranichweg 170-5a
Kreuzweg 171-6c
Krötenweg 145-11d
Kuhhohl 171-5c
Kutscherweg 171-5d

Lärchenweg 172-4a
Langgraben (1) 172-1c
Lenzenbergstraße 171-1a
Lenzenmühle 171-1c
Lenzhahner Weg 171-6a
Limburger Straße 172-4a
Lindenstraße 171-6a
Lochmühle 171-2c
Lucas-Cranach-Straße 171-5d

Martinstraße 171-6c
Meisenweg 170-5c
Mohnweg 171-6d
Mühlweg 171-5d

Nachtigallenweg 170-5c
Nassauer Straße 171-6c
Nesselweg 171-6d
Neugasse 171-1b
Neuhofer Straße 170-2d
Neumühle 171-6c
Niederjosbacher Straße 172-4a
Niederseelbacher Straße 171-5b

Oberjosbacher Straße 171-9b
Obernhäuser Weg 171-6a
Oberseelbacher Straße 171-1b
Oberstraße 171-1d
Oranienstraße 171-6c

Panoramastraße 171-5d
Pfarrer-Anton-Thies-Platz 172-4b
Pfarrstraße 171-1b
Pirolweg 170-5c
Platter 171-9a
Platter Straße 171-9a
Pulvermühle 171-9a

Quarzweg 171-6d
Quellenweg 171-6a

Rabenmühle 171-9b
Rathausstraße (13) 171-5d
Rautenweg 171-6d
Rembrandtstraße 171-5d
Rossertblick 171-9a
Rotdornweg (2) 171-6a

Sachsenweg (4) 171-6d
St.-Michaels-Weg 171-5d
Schieferweg (6) 171-6d
Schillerstraße 171-5b
Schlesierweg 171-9a
Schlottersborn 145-11d
Schmelzerborn (9) 171-6c
Schöne Aussicht 171-9a
Schulberg (2) 171-1b
Schulstraße 171-6a
Schwalbenweg 170-5c
Seelbacher Grund 171-1c
Seelbacher Weg 170-4d
Sperberweg 145-11d
Stichtmannstraße (4) 171-1d
Stockmühle 171-2d
Stockwiese 171-2c
Sudetenstraße 171-9a

Talstraße 170-3c
Tannenweg 170-5a
Taubenweg 172-4a
Taunusstraße 171-6c
Theißtal 171-8b
Trompeterstraße 170-5b
Tulpenweg 171-1b

Uhlandstraße 171-5b
Ulmenstraße 171-6a
Untergasse 172-4a

Wacholderweg (2) 172-4b
Waldhof 145-10c
Waldstraße 171-5b
Weidenstraße 172-1c
Weißdornweg 171-6a
Wiesbadener Straße 171-9a
Wiesenstraße 172-4a
Wilrijkplatz 171-6c

Zedernweg 145-11c
Zeisigweg 170-4d
Zum grauen Stein 171-9d
Zum Hammergrund 171-6d
Zum Hohlen Stein 145-11c
Zur Fahrtmühle 171-1d
Zur Steinritz 171-6d

Nieder-Olm
PLZ 55268

Alfred-Delp-Straße 299-9a
Alte Landstraße 299-6a
Am Bauernberg 299-6b
Am Ebersheimer Berg 300-4a
Am Engelborn 299-6a
Am Eselsborn 299-6b
Am Gierer 299-4b
Am Hahnenbusch 299-5a
Am Heiligen Häuschen 299-3d
Am Laushans 299-6d
Am Neuberg 299-4b
Am Rebstock 299-9b
Am Schäferbrunnen 299-2c
Am Sonnenhof 299-9b
Am Wasserwerk 299-6b
Am Woog 299-6a
An den Ulmen 299-6c
An der Hubertusmühle 299-3c
An der Saulheimer Pforte (19) 299-6a
An der Steinkaut 299-9a
An der Wingertsmühle 299-6b
Andreas-Holzamer-Ring 299-6b
Andreashof 299-9a
Anna-Seghers-Weg (22) 299-6d
Anne-Frank-Straße 299-9a
Anton-Weisrock-Weg (3) 299-6b
Auf der Gans 299-6b

Backhausstraße 299-6a
Bahnhofstraße 299-6a
Bergsträßer Weg 299-9d
Berliner Straße 299-6d
Bertold-Brecht-Ring
Birkenweg 299-6c
Bleichstraße 299-6a
Bremserweg (14) 299-6d
Breslauer Straße 299-6d
Bürgermeister-Jakob-Sieben-Straße 299-6b
Burgstraße 299-6a
Bussolengo-Platz 299-6a

Carl-Friedrich-Goerdeler-Straße (7) 299-6c
Carlo-Mierendorff-Straße (10) 299-9a

Dautenbornstraße 299-9d
Dietrich-Bonhoeffer-Straße 299-9a
Domherrnstraße 299-6a

Ebersheimer Straße 299-6b
Enggasse 299-6a
Erich-Klausener-Straße 299-9a
Ernst-Ludwig-Straße 299-6a
Eulenmühle 299-8b

Friedhofsweg 299-6a
Fuststraße 299-3c

Gärtnergasse 299-6c
Geißfußweg (17) 299-6d
Georg-Thaulke-Allee 299-6a
Geschwister-Scholl-Straße 299-9a
Goldbergstraße 299-9c
Gutenbergstraße 299-3c
Günter-Grass-Weg (21) 299-6d

Heiligenhäuschen 299-6a
Heinrichstraße 299-6c
Herbstweg (20) 299-9b
Hermann-Löns-Straße 299-6a
Heschstraße 299-6c
Hinter der Hecke 299-6d
Höhenweg 299-9b
Hubertusweg (1) 299-3c

Im Kalkofen 299-9a
Im Wiesbein (11) 299-9a
In den 14 Morgen 299-6c
In der Tiefgewann (2) 299-3d
Ingelheimer Straße 299-2c

Jahnstraße 299-3c
Johann-Plattner-Straße 299-6d

Karl-Sieben-Straße 299-6c
Kelterstraße 299-6d
Kindergasse 299-6a
Kirchgasse 299-6a
Kleine Untergasse 299-6a
Kleine Wassergasse (6) 299-6a
Königsberger Straße 299-6d
Kreuzhof 299-9c
Kreuzstraße 299-6a
Kuher Weg 299-6d

L'Alcudia-Platz 299-6d
Langgewann
Laurenzihof 299-1d
Leherweg 299-6a
Lieserhof 299-4b
Lieserweg 299-5a
Lindenhof 299-9c
Lindenstraße 299-6c
Ludwig-Eckes-Allee 299-6c
Ludwig-Schwamb-Straße (8) 299-9a

Maler-Metten-Weg 299-5d
Maria-Montessori-Straße 299-5d
Michael-Eifinger-Straße 299-6d
Mittelgasse (5) 299-6a
Mühlstraße 299-3c
Mühlweg 299-3d

Numeisterstraße 299-3c

Öchsleweg 299-6d
Oppenheimer Straße 299-9a

Pariser Straße 299-5d
Peter-Cornelius-Straße 299-6c
Peter-Dietrich-Ring 299-6d
Pfarrgasse 299-6a
Phillip-Faust-Straße 299-6c
Platanenstraße 299-6c
Prof.-Müller-Olm-Straße (13) 299-6d

Rebblütenweg 299-6d
Reichelsheimer Straße 299-2c
Rektor-Roth-Straße 299-3c
Rheinhessenblick (18) 299-6z
Rudi-Klos-Allee 299-6b

St. Georgshof 299-9a
Scheckelweg (1604382) 299-6d
Schöfferstraße 299-3c
Sörgenlocher Weg (1) 299-9d
Stadecker Weg 299-5c

Teufelspfad 299-6b
Tresterweg (16) 299-6d

Uhlandstraße 299-6c
Untere Goldbergstraße 299-9d
Untergasse 299-6a
Urbanushof 299-9a
Urbanusstraße 299-9d

Von-Stauffenberg-Straße (9) 299-9a
Vorderer Zornheimer Weg (15) 299-6d

Wallstraße 299-6a
Wassergasse 299-6a
Weinbergring 299-6d
Weinbergstraße 299-9b
Wilhelm-Holzamer-Weg 299-6c
Wilhelm-Leuschner-Straße 299-9a
Wingertsmühle 299-6b

Zornheimer Straße 299-6c
Zum Loh (4) 299-6b
Zum Sommer-Winter-Hohl 299-6b
Zum Wiesengrund 299-3c
Zur Traubenmühle 299-6d

Nierstein
PLZ 55283

Abtsgasse 302-10c
Albert-Schweitzer-Straße 328-1c
Alte Mainzer Straße 327-1c
Am Brückchen 328-4a
Am Brünnchen 327-2d
Am Fahrt 328-1d
Am Hummertal 328-1c
Am langen Rech 328-1d
Am Paterberg 328-1d
Am Sportplatz (1) 327-3c
Am Tafelstein 327-2d
An der Bergkirche 302-10c
An der Bleiche 328-1b
Anna-Seghers-Straße 327-3d
Auflangenstraße 328-1a

Bachgasse 328-1a
Backhausstraße 327-5b
Bahnpfad 328-1a
Beethovenring 328-1c
Berliner Straße 328-1c
Bildstockshohl 328-1a
Bildstockstraße 328-1a
Bleichweg 328-1a
Bordhof 302-10c
Boschstraße 327-3d
Breitgasse 302-10c
Burgunderstraße 327-3d
Burgweg 327-2d

Corneliusstraße 328-1c

Dammgasse 328-1a
Daubhausstraße 328-1c
Dengeleck 328-1a
Diebsweg 301-12b
Dietrich-Bonhoeffer-Straße (15) 327-3d

Elisabethenstraße 328-1b
Ernst-Ludwig-Straße 328-1a
Ernst-Wernher-Straße 328-1a

Fabrikpfad 328-1a
Fäulingsbrunnen (9) 328-1a
Fäulingstraße 327-3b
Flügelgasse 328-1a
Freyburger Allee 327-3d
Fronhof 328-1a
Froschmühle 327-3c
Froschmühlweg (3) 327-3c

Gartengasse 328-1a
Geismarer Hof 327-3b
Gemeindepark 328-1a
Georg-Schneider-Straße 327-3d
Georgstraße 328-1a
Glockengasse 328-1a
Goethestraße 328-1a
Große Fischergasse 328-1a
Gutenbergstraße 327-3d

Häfnergasse 328-1a
Hauptstraße 327-2d
Haus Müller 327-3c
Haus Ullrich 327-6a
Hesseneckstraße (4) 327-6a
Heugasse 328-1d
Hinter Saal 327-3b
Hinter Sundheim 328-1a
Hoffmann-von-Fallersleben-Straße (14) 327-3d

Im Bacchuswinkel 327-3d
Im Leimen 327-2c
Im Pfaffengarten (2) 327-3c
In den Weingärten (8) 328-1a

Jahnstraße 327-3c

Karolingerstraße 302-10c
Karpfengasse 328-1a
Keltergasse 328-1a
Kernerweg (12) 327-3a
Kiliansweg 302-10c
Kirchstraße 327-5b
Kleine Fischergasse 328-1a
Kolpingstraße 328-1c
Kreuzgasse (1) 302-10c

Laidlebstraße 327-5b
Langgasse 328-1a
Leipziger Straße 327-3d
Leonorenstraße (5) 328-1a
Liebigweg 327-6a
Lilienstraße 327-3b

Magdeburger Straße 327-3b
Mainstraße 328-1a
Mainzer Straße 302-10c + 328-1b
Marktplatz 328-1a
Mittelgasse (4) 328-1a
Mozartstraße 328-1c
Mühlgasse 328-1a
Müller-Thurgau-Weg 327-3d

Nahestraße (7) 328-1a
Neckarstraße (6) 328-1a
Neubaugasse 302-10c
Neubergstraße 327-6a
Neue Schmiedgasse 328-1a
Neunmorgenstraße 328-1c

Oberdorfstraße 327-3b
Obere Auflangenstraße 327-3b
Obere Pforte (11) 327-3b
Oberster Weg 327-3c
Ostergärten 327-3d

Paterweg 328-1b
Paul-Hexemer-Straße 327-3d
Pestalozziplatz 328-1a
Pestalozzistraße 327-6b
Potsdamer Straße 328-1c

Raiffeisenring 327-6a
Raiffeisenstraße 327-6a
Rehbachstraße (13) 327-3d
Rheinallee 328-1b
Rheinstraße 328-1a
Rheinufer 302-10d + 328-1b
Riedhof 327-3d
Riedstraße 327-3c
Rieslingring 327-3d
Ringstraße 328-1c
Rosenstraße 327-3d
Roßbergstraße 327-3d

Saalpförtchen 302-10c
Saarstraße 328-1a
Scheurebenweg (17) 327-3d
Schiffergasse 302-10c
Schillerstraße 328-1a
Schloßstraße 327-3c
Schmiedgasse 328-1a
Schnappenbergerweg 327-3c
Schulstraße 328-1a
Silvanerweg 327-3d
Spiegelbergstraße 327-3d

Tempelhof 328-1a
Tiefer Weg (3) 328-1a
Traminerweg (16) 327-3d

Uttrichstraße 328-1a

Vogelsang (2) 328-1a

Wilhelmstraße 328-1a
Winzerstraße 327-3b
Wörrstädter Straße 328-1c
Woogstraße 327-2d

Zimmergasse (10) 327-3b

Norheim
PLZ 55585

Adalgerstraße 345-1c
Am Götzenfels 345-1a
Am Kreuz (4) 345-1c
Am Oberbrunnen 344-3d
Am Rosenpfad 345-1c
Am Roten Kreuz 345-1a
An der Kauleck 345-1a
An der Weidenmühle 345-1d
Attigweg (5) 345-1c
Auf dem Mühlental 345-1c

Bachweg 345-1c
Backesgasse (10) 345-1c
Badeweg 345-1c
Bahnstraße 345-1c
Brunnenhof 345-1a
Bürgermeister-Kirsch-Anlage 345-1d
Burgenstraße 345-1a

Felderstraße 345-1c
Felsenblick (2) 345-1c

Hellenweg (6) 345-1c
Hinter Rotenfels 345-1b
Hüffelsheimer Straße 345-1a

Im Effengarten 345-1c
Im Leiterich 345-1c

Jakob-Hessel-Straße 345-1c

Kirchstraße (9) 345-1c
Kreuznacher Straße 345-1a
Kronenhof 345-1a

Lembergblick (1) 345-1a

Mühlenstraße 345-1c

Nahestraße 345-1c
Niederhäuser Straße 344-3c

Pfalzblick (3) 345-1c

Reil (8) 345-1c
Reiterweg 345-1a
Rheingrafenstraße 345-1a
Römerfeld 345-1c
Rotenfelser Straße 345-1c

St.-Martinstraße 345-1c
Schäferhof (7) 345-1c
Schulstraße 345-1c
Seeboldstraße 345-1c

Tannayerstraße 345-1a

Zum Hasselberg 345-1c

Oberdiebach
PLZ 55413

Am Hof 214-12b
Am Kräuterberg 214-11b

Feldweg 214-12a
Fürstenbergstraße 214-11b

Im Potzweiler 214-11b
Im Wiesenviertel 214-11d

Kirchstraße 214-11d
Kreuzbachstraße 214-9d

Mainzer Straße 214-9c

Niehuisweg 214-11b

Petersackerhof 214-12b

Rheinblickstraße 214-12b
Rheingoldstraße 214-11d
Rheinhöhenstraße 214-8c
Rosenstraße 214-11b

Schulstraße 214-9d
Spitalweg 214-11b

Obererbach
(bei Montabaur)
PLZ 56414

Auf der Nöll 38-10c

Florheckstraße 38-10c

Herspenweg (1) 38-10c

Im Herspenstück 38-10c
Im Schliefeld 38-10c

Schieferweg 38-10c
Schliefelder Weg 38-10c

Oberhausen an der Nahe
PLZ 55585

Am Kohlacker (3) 344-7a
Auf dem Stiel 344-7a

Bahnhofstraße 344-4c

Hallgartener Straße 344-7b

Im Gundert 344-7a

Kirchgasse 344-7a

Luitpoldbrücke 344-7b

Naheweinstraße 344-7a

Obere Kirchgasse (2) 344-7a

Pfalzstraße 344-7a

Untere Kirchgasse (1) 344-7a

Oberheimbach
PLZ 55413

Am Sonnenhang 240-2b

Gambachstraße 240-3a

Hauptstraße 240-2b
Hintergasse 240-3a

Im Peisel 240-2b
In der Raupenhell 240-3a

Kirchstraße 240-3a
Kohlgasse 240-2b
Kreuzmühle 240-2b

Magarethenhof 240-2b

Schießgraben 240-3a
Schweizertal 240-3a
Sonnenhof 240-2b

Ober-Hilbersheim
PLZ 55437

Am Hummelberg 296-9b
Am Pfingstborn 296-6d

Binger Straße 296-6c
Bonavigo-Straße 296-6c
Brunnengasse (2) 296-6d

Edelgasse (6) 296-6c

Fred-Bieser-Straße (1) 296-6d
Friedhofsweg 296-6c

Hans-Jörg-Kellermann-Straße 296-6c
Hauptstraße 296-6c

Im Kleegarten 296-6d
Im Schleifweg 296-6c

Jahnstraße 296-6d

Kandelgasse (5) 296-6c
Kegelbahnstraße 296-9a
Kirchgasse 296-6c

Mönchpforte 296-6d

Neubaugebiet „Am Schleifweg" 296-6c
Neubaugebiet „Nieder-Hilbersheimer-straße" 296-6c
Neuwiese 296-9b
Nieder-Hilbersheimer Straße 296-6d

Obergasse 296-6c

Schmittpforte 296-9b
Schönbornsmühle 296-6d
Sprendlinger Straße 296-8b
Stiftstraße (4) 296-6c

Valentin-Brand-Straße 296-6d

Wassergasse (3) 296-6c

Ober-Mörlen
PLZ 61239

Adam-Geck-Straße 86-4c
Adlerweg 85-7a
Albert-Kollinger-Straße (13) 86-4c
Alter Hag 85-12d
Am Eichberg 86-8a
Am Erzborn 85-6c
Am Fuchsacker 85-7b
Am Goldloch 85-6d
Am Grenzweg 85-6c
Am Heiligenberg 85-4c
Am Kastell 85-8a
Am Kirschenberg 85-6c
Am Mühlrain 86-4b
Am Pfahlgraben 85-8a
Am Pfingstborn 85-4d
Am Schloßberg 85-4c
Am Speieracker 85-7b
An den Steinwiesen 85-9a
An der Gärtnerei (15) 86-4c
An der Haareweed 85-8a
An der Hüftersheimer Mühle 85-6d
An der Lohmühle 86-4a
An der Pfingstweide (14) 86-4c
Ankergasse (6) 86-4d
Anne-Frank-Weg 86-4d
Auf den Pfarrwiesen 86-5a
Auf der Gickelsburg 85-7b
Auf der Holzwiese (7) 86-5c
Auf der Hub 85-6d

Belsgasse 86-4d
Blumenstraße (2) 85-4d
Borngasse 86-4d
Boschstraße 86-7a
Bottenberg 85-9c
Bussardweg 85-4c

Daimlerstraße 86-7b
Dieselstraße 86-7a
Dr.-Werner-Stoll-Straße 86-4d

Egerländer Straße (12) 86-4c
Elisabethenstraße 86-4d
Eulenweg 85-4c

Falkenweg (4) 85-4d
Fauerbacher Straße 85-4d
Frankenstraße 86-4c
Frankfurter Straße 86-4d
Friedberger Straße 86-4d
Friedrichstraße 86-4b
Fritz-Bell-Straße (9) 86-4d

Gartenstraße 86-4b
Ginsterweg 85-6c
Goethestraße 86-4c

Habichtsweg 85-7a
Hagebuttenweg (15) 85-6c
Haingraben 86-4d
Hasselheck 86-7d
Hasselhecker Straße 86-4c
Hauptstraße 85-7b
Heinrich-Gebhard-Straße 85-7b
Hinter dem Schafhof 85-4d
Hinter den Zäunen 85-7b
Hinter der Wickengasse 85-4d
Hintergasse (3) 86-4b
Hölderlinstraße 86-4c
Hüftersheimer Mühle 85-6d
Hüftersheimer Straße 86-4c
Hühnerpfad 103-1b

Im Hafergarten 85-9a
Im Kirchfeld 86-5a
Im Laukus 85-5c
Im Lettig (7) 85-7b
Im Vogeltal 85-7d
In der Boll 85-4c

Jahnstraße 86-4b
Johannisbergstraße (8) 86-5c

Käspfad 85-10d
Käuzchenweg (11) 85-4d
Karlstraße 86-4c
Kehlweg 86-1d
Kirchhofshohl 85-4c
Kirchplatz (4) 86-4b
Kirchweg 85-7b
Klingelwiesen 85-12b
Köhlergasse (3) 85-4d
Königstraße 86-4b
Kremermühle 86-5a

Lekkerkerkplatz 86-4c
Lessingstraße 86-4c
Limesstraße 86-4c
Ludwigstraße 86-4b

Maximilian-Kolbe-Weg (11) 86-4d
Merlinweg (10) 85-4c
Milanweg (5) 85-7b
Mörler Weg 85-5c
Mühlenweg 85-7b
Mühlgasse 86-4b

Nauheimer Straße 86-4d
Nauheimer Weg 85-7b
Neuer Weg (4) 85-5c
Neugasse 86-4b
Nieder-Mörler-Straße 86-4b

Ostheimer Weg (1) 85-5c

Pestalozzistraße 86-4d
Pfarrgasse 86-4b

Richard-von-Passavant-Straße (9) 85-7b
Römerhöfe 68-11c
Römerstraße 86-4c

Sandgasse 86-4b
Schillerstraße 86-4c
Schlehenweg (16) 85-6c
Schlosspark 86-4b
Schloßstraße 85-4c
Schloß Ziegenberg 85-4c
Schulstraße 86-4b
Schustergasse (1) 86-4b
Selma-Wiesner-Weg (12) 85-7b
Siemensstraße 86-7a
Sperberweg (6) 85-7b

Tannenhof 86-10a
Taunusstraße 86-4c

Uhlandstraße 86-4c
Usagasse 86-4b
Usinger Straße 86-4c
Usinger Straße (Langenhain-Ziegenberg) 85-7a

Waldstraße 86-4d
Weihenweg 85-4c
Weinstraße 86-4c
Weißdornweg (17) 85-9a
Wickengasse 85-4d
Wiesenweg 86-4c
Wilhelm-Busch-Weg 86-4d
Wilhelm-Leuschner-Weg (10) 86-4d
Winterstein 103-3a
Wintersteinstraße 86-7d

Ziegenberger Weg (8) 85-7b
Zur Gickelsburg 85-7b
Zur Schießhütte 86-4c
Zwetschengasse 86-4b

Obernburg am Main
PLZ 63785

Äppelwoiplatz (16) 341-9d
Am Graben 341-12a
Am Grünbrunnen 341-10d
Am Harzofen 341-10d
Am Haselbusch 341-11a
Am Hochgericht (23) 341-12a
Am Kummenthalgraben (21) 341-8d
Am Lauterbach 341-11a
Am Mühlrain 341-11b
Am Osthang 341-10d
Am Stiftshof (8) 341-9d
Am Südhang 341-10b
Am Tiefental 341-9b
An der Mainbrücke 341-9d
An der Wehrinsel 341-11d
Apfelstraße 341-11a
Auf der Au 341-11a
August-Schnatz-Straße 341-12c

Bachstraße 341-11a
Badgasse 341-9d
Bayernstraße 341-12a
Beethovenstraße (1) 341-11a
Bergstraße 341-9d
Berliner Straße 341-12a
Berufsschulstraße 341-9b
Birkenweg 341-8c
Bischoff-Neumann-Straße 341-11b
Blumenstraße 341-11b
Brennerweg 341-12a
Bruckenstraße 341-11a
Brunnenstraße (3) 341-9d
Buchenweg 341-8c
Burenstraße (13) 341-9d
Burgunderstraße 341-12a

Carl-Platz-Straße 341-9b
Carl-Zeiss-Straße 341-11b

Daimlerstraße 341-12c
Deckelmannstraße 341-12b
Dekaneistraße 341-9b
Dieselstraße 341-11b
Dr.-Kittel-Weg 341-11b
Dr.-Vits-Straße 341-12a
Dr.-Zöller-Straße 341-9d

Eichendorffstraße 341-9c
Eichenweg 341-11a
Eisenbacher Straße 341-11a
Elisenweg 341-11a
Erlenweg 341-8d
Erlesstraße 341-10b
Etzelweg 341-11c

Ferienstraße 341-10b
Feuergasse (5) 341-11a
Finkenweg 341-12a
Frankenstraße 341-12a
Franz-Schubert-Straße (2) 341-11a
Friedrichstraße 341-10b
Froschgasse (6) 341-11a
Frühlingstraße (5) 341-9d

Gartenstraße 341-11a
Goethestraße 341-9c

Hans-Sachs-Weg 341-12a
Hardtring 341-7d
Hardtschänke 341-7d
Heinrich-Wörn-Straße (1) 341-9b
Hermann-Löns-Straße 341-10d
Hessenstraße 341-12a
Höllenstutz 341-9b
Hubert-Nees-Straße 341-9b

Im Sand 341-9b
Im Weidig 341-11a

Jahnstraße 341-9b
Johannes Obernburger Straße (2) 341-9b
Johann-Knecht-Straße 341-11b
Julius-Echter-Straße (22) 341-11b
Juliusstraße (6) 341-9d

Kaisergasse 341-9d
Kanalstraße 341-11a
Kapellengasse 341-9d
Kardinal-Döpfner-Straße 341-9c
Kastanienweg 341-8c
Kastellstraße 341-9d
Katharinenstraße 341-12b
Katzental 341-9d
Kirchstraße 341-10b
Kobengasse (17) 341-9d
Kolpingstraße 341-12b
Kreßstraße (4) 341-9d
Kurzer Berg 341-11a

Lauterhof 341-8a
Lauterhofstraße 341-11a
Lindenstraße 341-9d
Ludwigstraße 341-11a
Luitpoldweg 341-11a

Mainbrücke 341-12b
Mainstraße (10) 341-9d
Marienweg 341-11b
Martin-Luther-Straße 341-12a
Maximilianstraße 341-11a
Miltenberger Straße 341-12a
Mirabellenstraße 341-7d
Mittlerer Höhenweg 341-9d
Mömlingtalring 341-11a
Mozartstraße 341-11a
Mühlstraße 341-10b

Naturparkstraße 341-7d
Neustädterhof 340-9d
Nibelungenstraße 341-11a

Obere Gasse 341-9d
Obere Löser 341-11a
Oberer Neuer Weg 341-9c
Obere Wallstraße 341-9d
Odenwaldstraße 341-10d
Ottostraße 341-11b

Paul-Keller-Straße (20) 341-12a
Pfaffengasse (7) 341-9d
Pfalzstraße 341-11b
Pflaumheimer Weg 341-9b
Pilgerspfad 341-12c
Prälat-Benkert-Platz (18) 341-9d

Quellenweg (3) 341-10b

Raiffeisenstraße 341-11a
Rat-Knecht-Straße 341-11a
Richard-Wagner-Straße 341-11a
Römergäßchen (19) 342-7c
Römerstraße 341-12b
Rosenstraße 341-11a
Rote-Busch-Straße 341-8c
Runde-Turm-Straße 341-9d
Rupprechtweg 341-11a

Salztrögweg 341-9c
Schillerstraße (9) 341-9d
Schlesierstraße 341-9b
Schmiedgasse (11) 341-9d
Schulstraße (4) 341-10b
Schustergasse (14) 341-9d
Schwabenstraße 341-9c
Schwalbenstraße 341-8c
Siegfriedstraße 341-11b
Siemensstraße 341-11d
Sonnenstraße 341-11b
Spessartstraße 341-11a
Sudetenstraße 341-9b

Untere Gasse (12) 341-9d
Untere Wallstraße 341-9d

Waldhaus Obernburg 367-5a
Waldhausweg 341-12c
Walter-Reis-Straße 341-11b
Wasserhausstraße 341-10b
Wendelinusplatz 341-9d
Wiesentalstraße 341-10b
Wilhelm-Hefner-Straße 342-7a
Winkelhof (15) 341-9d

Ziegelhüttenweg 341-12b

Oberneisen
PLZ 65558

Aarstraße 93-2d

Bahnhofstraße 93-5b
Bornstraße 93-6a

Dorfplatz 93-6a

Feldstraße 93-6a

Grebenstraße 93-6a

Hauptstraße 93-3c
Herbachmühle 93-2d
Herbachstraße 93-2d
Hof Seiters 93-6c

Im Bangert (1) 93-6a
Industriestraße 93-6a

Kaltenbachstraße 93-6a
Kirchberg 93-3c

Mühlstraße 93-6a

Schöne Aussicht 93-6a

Wiesenstraße 93-3c
Wirtmühle 93-6a

Ober-Olm
PLZ 55270

Aicherweg 273-8b
Albert-Schweitzer-Straße 273-12a
Alte Pfarrgasse 273-11b
Am Becherweg 273-12a
Am Beinestein 273-8d
Ameisengasse (7) 273-11b
Am Rabenkopf 273-9c
Am Ramon-Champ-Platz (16) 273-9c
Am Sportplatz 273-11b
Am Wald 273-8a
Am Wasserhaus 273-12a
An der Buchenhecke (1) 273-8d
An der schwarzen Hecke 273-9c
An der Steig 273-9c
An der Wiesenmühle 299-3c
Auf dem Höchsten 273-8d
Auf der Bitz 273-11b

Bachgrabenstraße (9) 273-11b
Backhausgasse 273-11b
Bahnhofstraße 273-11b
Becherweg 273-12a
Becker/Willms 273-8d
Beelitzweg 273-12d
Bergerweg 273-4c
Birkenhofschneise 273-4a
Birkenweg (2) 273-8d
Bitzer Pfad (6) 273-11b
Breiter Weg 273-4b

Dachsschneise 273-4b
Diebsweg 299-2a
Dietrich-Bonhoeffer-Weg (15) 273-9c
Draiserstraße 273-8d

Erlenhof 273-8c
Essenheimer Straße 273-8c

Feldstraße 273-8d
Freiherr-vom-Stein-Straße 273-12a
Friedrich-Kaiser-Straße 273-8d
Fuchsschneise 273-5c

Goethestraße 273-12a
Goldschmittstraße 273-11b
Grabenstraße 273-11b
Große Rondellschneise 273-1d
Gutenbergstraße 273-9c

Hartwiesenweg 299-2b
Heidesheimer Weg 273-1c

Im Uhrgang 273-12a
In der Hohl 273-12a
Jägerpfad 273-8d

Kaiserstraße 273-12d
Kantstraße (17) 273-9c
Kapellenstraße 273-11b
Kappelschneise 273-4a
Kastanienweg 273-8d
Kieselgewann 273-8d
Kirchgasse 273-11b
Kleiststraße 273-9c
Koppelgasse 273-11b
Krainergasse (12) 273-11b
Kreuzweg 299-2a

Lannerstraße 273-11b
Lessingstraße 273-9c

Mainzer Weg 273-8d
Mittelgasse 273-11b
Mittelschneise 273-4c
Mühlweg 273-11b

Neuweg 273-11b
Niedergartenstraße 273-11b
Nieder-Olmer-Straße (14) 273-12a
Niederwingertgasse (11) 273-11b
Nikolaus-Becker-Straße 273-9c

Obere Bitzerstraße 273-11b
Obere Mahlgasse 273-11b
Obergasse 273-11b
Ober-Olmer-Weg 273-8b
Oppenheimer Weg 274-10c
Oskar-Hübl-Straße (4) 273-11b

Pfannenstiel 273-9c
Pfarrer-May-Straße (3) 273-11b
Pfarrer-Thiebaut-Straße (5) 273-11b
Pfarrgasse 273-11b
Privatweg 273-4c

Robert-Koch-Straße 273-9c

Sackgäßchen (13) 273-11b
Schillerstraße 273-9c
Schmiedgasse (8) 273-11b
Schulstraße 273-8d
Staarbergerhof 273-11a

Tränkgasse 273-11b

Ulmenring 273-8d
Ulzheimer Straße 273-11b
Ulzheimer Weg 273-12a
Untere Bitzerstraße 273-11b
Untere Mahlgasse 273-11b
Untergasse 273-11b

Wassergasse 273-12a
Weiherschneise 273-5c
Wiesenmühle 299-3c
Wiesenschneise 273-5c
Wollstädter 273-8b

Zehnthofstraße (10) 273-11b

Ober-Ramstadt
PLZ 64372

Ackermannsgasse (3) 335-10c
Adam-Rückert-Straße 334-12d
Adlergasse 335-10c
Albert-Schweitzer-Straße 361-7b
Alefeldstraße 335-10c
Alicestraße 335-10c
Alte Bogenschneise 334-7b
Alter Darmstädter Weg 334-12b
Am Ballenrain 360-6d
Am Berg 361-4d
Am Birngarten 361-4d
Am Dörne 334-12b
Am Dornrain 360-9b
Am Eiche-Wäldchen (2) 335-7c
Am Friedhof 360-9d
Am Hohen Rain 334-12d
Am Hüttenberg (1) 361-8a
Am Kirchberg (1) 360-9b
Am Kreuzer 360-9b
Am Küchler 335-10c
Am Lohberg 360-9b
Ammerbachstraße 335-10c
Am Mühlberg 360-6d
Am Neuwiesenberg 360-9d
Am Pfarrweiher 335-10d
Am Schloßberg 360-6d

Am Schwärzefloß 361-1a
Am Schwimmbad (10) 361-1a
Am Vogelherd 361-1a
Am Wingertsberg 360-6d
An der Aue 360-9b
An der Etzwiese 360-9d
An der Leinenkaute 360-12b
An der Linde 334-12b
An der Modau 360-9b
An der Sporthalle 335-10d
An der Weed 361-6c
Annastraße 334-12d

Bachgasse (6) 361-1a
Bahnhofstraße 334-12b
Baustraße 335-10c
Bergstraße (4) 335-10c
Berliner Straße 335-10a
Bernhardsackerschneise 334-9b
Bodenäckerweg 360-3a
Breitensteinweg 360-3b
Breslauer Straße 335-7c
Brückengasse 361-1a
Brunnenstraße 361-4d
Buchenhof 335-8d
Büchestraße 334-12d

Cappelweg 334-8b
Carlo-Mierendorff-Straße 335-10c
Carl-Schneider-Straße 361-8a
Clara-Schumann-Straße 361-6a
Claude-Monet-Weg 335-10a
Cogoletostraße 360-3b

Daimlerstraße 361-1b
Daniel-Bonin-Straße (2) 361-8a
Danziger Straße 335-10a
Darmstädter Straße 335-10c + 361-1a
Derfelder Schneise 335-7a
Dieburger Straße 334-9a
Dieselstraße 361-2a
Dilshöfer Weg 361-3c
Dilshofen 335-12c
Dönhoffweg 360-3b
Dr.-Horst-Schmidt-Straße 361-7b
Dr.-Robert-Murjahn-Straße 334-12b
Dorschenrechweg 335-10a
Dresdener Straße 335-10a

Eichestraße 335-7c
Eisenweg 334-5b
Eiserne Handschneise 334-5d
Eisstraße 334-12d
Entengasse (5) 335-10c
Erfurter Straße 335-10a
Ernst-Ludwig-Straße 335-10c

Falconstraße 335-10a
Feldstraße 360-12b
Finkenweg 361-5c
Flurstraße 361-4d
Forsthaus Eiserne Hand 334-8b
Frankenhäuser Straße 360-9d
Frankenhauserweg 360-3b
Freiherr-vom-Stein-Straße 360-3b
Frida-Kahlo-Weg (5) 335-10b
Friedhofstraße 335-10c
Friedrichstraße 335-10d
Fröbelweg 335-10c

Gartenstraße 361-5c
Georg-Büchner-Straße 334-12d
Georg-Sachse-Straße 334-12d
Georg-Schröbel-Weg 334-12b
Goethestraße 361-1a
Grabengasse 335-10d + 361-1a
Gräfenbergweg 334-12b
Grafengasse 335-10c
Gräfenhof 334-12a
Grenzweg 334-5b
Großer Galgenbergweg 361-1b

Hahner Straße 361-1a
Hahner Weg 361-5c
Hammergasse 335-10c
Hammermühle 335-10c
Hans-Martins-Wiesen-Schneise 334-9d
Hanumschneise 334-8b
Hasenfalltorschneise 334-6d
Helgertsmühle 361-1a
Heyerstraße 361-1a
Hintergasse 361-6c
Hinterm Hammer 335-10c
Hochstraße 361-3c
Hofgasse 361-6c
Hohe Schneise 335-7c
Hohe Straße 335-10b
Hohe Straße (Modau) 360-8b
Hohlgasse 335-10c
Holzpfad (1) 335-10c
Horeth 360-6d
Hügelstraße 335-10c
Hundertwasserallee 335-10a

Im Gründchen 361-5c
Im Höhlchen 361-6c
Im Kirschengarten 361-5c
Im Schafrain 360-6d
Im Seesengrund 335-7c
Im Steinig 361-2d
Im Wiesengrund 360-12b
In den Mühlwiesen 360-6d
In den Teichgärten (9) 361-1a
In der Pfingstweide 334-9d
In der Stetbach 334-12d
Industriestraße 334-12b

Jägergasse 360-6d
Jahnstraße 361-1a
Jenaer Straße 335-10a
Justus-von-Liebig-Straße 360-3b

Kirchstraße 360-9b
Kleine Bruchschneise 334-5b
Kleiner Galgenbergweg 335-10d
Königsberger Straße 335-10a
Kollwitzweg 360-3b
Kreuzstraße 360-3c
Kreuzstraßenweg 360-3c
Kühweg 361-8a

Langbeuneweg 335-10c
Lappenschneise 334-5d
Leipziger Straße 335-10a
Leuschnerstraße 334-12d
Lichtenbergstraße 361-1a
Lindenhof 335-11b
Lindenstraße 361-7c
Ludwigstempel 334-6c

Magdeburger Straße 335-10a
Mannesmannstraße 361-1b
Margarete-Steiff-Weg (1) 334-12d
Michaelshof 360-3a
Mittlerer Pürschweg 334-5c
Mühlstraße 334-12d

Neue Siedlung 335-10c
Neugasse 335-10c
Neutscher Weg 360-12b
Neuweg 335-10a
Nieder-Modauer-Straße 361-7b
Nieder-Modauer-Weg 361-1a
Nieder-Ramstädter Straße 334-12c

Oberer Schachenmühlenweg 334-12d
Ober-Modauer-Straße 360-9b
Ober-Ramstädter Straße 334-7d
Ober-Ramstädter-Straße (1) 334-11d
Odenwaldstraße 360-9b
Otto-Weber-Anlage (8) 335-10c
Otzbergstraße 361-3c

Pablo-Picasso-Weg 335-10a
Paul-Klee-Straße (4) 335-10a
Petrus-Waldus-Straße 361-3c
Potsdamer Straße 335-7c
Prälat-Diehl-Straße 335-10c
Pragelatostraße (Rohrbach) 361-8a
Pragelatostraße (Wembach) 361-5d

Reichenberger Straße 335-7c
Reinheimer Straße 361-2d
Reitschneise 334-9a
Ringstraße 360-12b
Rinkenbuschschneise 334-9a
Rodauer Straße 361-5c
Röhrstraße 361-1b
Rohrbacher Straße 361-1a
Roßdorfer Pfad 335-10b
Rostocker Straße 335-10a

Saint-André-Straße 334-12d
St.-Pankratius-Weg 360-9d
Schachenmühle 334-11c
Schafgrabengasse 335-10c
Schießbergstraße 335-10c
Schillerstraße 334-12d
Schloßmühle 361-4a
Schloßstraße 361-6a
Schulstraße 335-10c
Siebenhäusergasse (2) 335-10c
Siedlungsweg 335-10c
Sonnenhof 334-12b
Sonngasse (7) 335-10c
Stadtweg 334-12a
Steinackerstraße 335-7c
Steinbruchweg 334-12b
Steinrehweg 335-10c
Stettiner Straße 335-10a

Teichweg 361-6a
Tilsiter Straße (1) 335-10a
Traisaer Weg 334-5d

Unterer Schachenmühlenweg 334-12c

Waldenserhof 361-8a
Waldenserstraße (1) 361-3c
Waldfriede 361-10a
Waldhof 360-3a
Waldmühle 334-11d
Waldmühlenweg 334-12c
Waldstraße 361-8a
Walmersbergweg 361-4d
Weberstraße 334-12d
Weimarer Straße 335-7c
Wiesenstraße 361-7b
Wiesenweg 360-9b
Willy-Potratz-Weg (6) 335-7d
Wittenberger Straße 335-10a

Ziegeleiweg 361-6a
Zum Hohen Stein 361-6c

Obertshausen
PLZ 63179

Aachener Straße 207-10c
Adelbert-Stifter-Straße 233-1d
Adenauerstraße 207-10c
Ahornstraße 206-12d
Albert-Einstein-Straße 232-6a
Albert-Schweitzer-Straße 233-1b
Albrecht-Dürer-Straße 232-6b
Alexanderstraße 232-3d
Amselweg (5) 232-2d
Anton-Bruckner-Straße 232-5b
Arndtstraße 207-10c
August-Bebel-Straße 232-3d
Austraße 207-10c

Bachstraße 233-1b
Badstraße 233-4a
Bahnhofstraße 232-3d
Bauerbachstraße 233-1c
Beethovenstraße 232-5b
Berliner Straße 232-6a
Bernardstraße 207-10c
Bertha-von-Suttner-Straße 207-10c
Bieberer Straße 232-5b
Birkenwaldstraße 233-1c
Birkenweg 232-5b
Blumenweg 232-3b
Bodelschwinghstraße 233-1d
Böhmerwaldstraße 232-6c
Brahmsstraße 232-6a
Breslauer Straße 232-3d
Bruchschneise 233-2c
Brückenstraße 207-10c
Brüder-Grimm-Straße 232-3d
Brühlstraße 232-3d
Brunnenstraße 232-6b
Buchenweg 232-5b
Bürgermeister-Kämmerer-Straße 233-4a
Bürgermeister-Mahr-Straße 233-1b
Burgstraße 232-6b

Carl-Maria-von-Weber-Straße 232-5b

Danziger Straße 232-3d
Darmstädter Straße 233-1b
Dieburger Straße 233-1b
Dr.-Bruder-Straße 232-3d
Donauschwabenstraße 233-1c
Dreieichstraße 232-3b
Dresdener Straße 207-10c

Egerländer Platz 232-3b
Eichendorffstraße 233-1a
Eichenweg 232-5b
Erzberger Straße 232-3c
Erzgebirgsstraße 232-6c

Falkenstraße 233-1c
Faulhorn Schneise 207-11a
Feldbergstraße 232-6c
Feldstraße 207-10d
Fichtenstraße 232-3b
Finkenstraße 233-1d
Flurstraße 233-1c
Forststraße 233-1a
Frankfurterschneise 233-5b
Frankfurter Straße 232-3b
Franz-Liszt-Straße 232-6a
Freiherr-vom-Stein-Straße 232-3b
Freiligrathstraße 207-10c
Friedensstraße 233-1a
Friedhofstraße 232-6b
Friedrich-Ebert-Straße 207-10c
Friedrichstraße 232-3c
Fröbelstraße 233-1a
Fünfhäusergasse 232-3d

Gartenstraße 232-6b
Geleitstraße 232-3c
Georg-Kerschensteiner-Straße 232-3d
Gewerbegebiet Ost 207-10d + 233-1b
Gewerbegebiet Süd 232-6b
Gewerbegebiet West 232-5b
Goethestraße 232-3c
Golfstraße 233-1a
Grabenstraße 232-6b
Gräfenwaldstraße 233-1d
Grenzstraße 232-3c
Gumbertseestraße 207-10c
Gutenbergstraße 233-1c

Händelplatz 232-5b
Hanauer Straße (3) 232-3d
Hans-Böckler-Straße 232-3b
Harresweg 232-3d
Hausener Straße 232-3d
Hausplatz-Schneise 233-3c
Haydnstraße 232-6a
Heinrich-von-Stephan-Straße (3) 233-1a
Herbäcker 232-5d
Herderstraße 233-1a
Herrnstraße 233-1b
Heusenstammer Straße 232-6a
Hochbeune 232-8b
Hochstraße 232-3d

Im Hain 232-6b
Im Hasenwinkel 232-3d
Im Niederfeld 232-3c
Im Oberwald 232-3c
Im Schirmerfeld 232-6a
Im Themes (5) 233-1c
Im Trinkborn (10) 232-6b
In den Gärten (1) 233-1a
Industriestraße 232-6b

Jahnstraße 233-1a
Jakob-Wolf-Straße 233-1b
Johann-Sebastian-Bach-Straße 232-3c
Johann-Strauß-Straße 232-3c
Judenpfad Schneise 207-10d

Kantstraße 233-1a
Kapellenstraße 207-10c
Karl-Mayer-Straße 232-3d
Karlsbader Straße 207-10c
Karlsplatz 232-6b
Karlstraße 233-1a
Kettelerstraße 233-1a
Kirchstraße 232-3d
Kölner Straße 207-10c
Königsberger Straße 232-3d
Kolpingstraße 232-3c
Kurt-Schumacher-Straße (2) 233-1a

Laakirchener Straße 232-3c
Lämmerspieler Straße 207-10c
Laubenstraße 207-10c
Lehárstraße 233-1a
Leipziger Straße 232-3b
Lessingstraße 232-3d
Liebknechtstraße 233-1a
Lindacher Straße 232-3c
Lindenstraße 232-3b
Lohweg (6) 232-5b
Lortzingstraße 232-5b
Ludwigstraße 232-3c
Luisenstraße 233-1a

Maingaustraße 232-3d
Malteserstraße 232-6a
Marienstraße 232-6a
Marktplatz 232-3d
Martin-Luther-Straße 233-1d
Max-Planck-Straße 232-3d
Mozartstraße 232-5b
Mühlfeldstraße 207-10c
Mühlheimer Straße 232-3c
Mühlstraße 233-1b
Münchener Straße 232-3d

Neckarstraße 233-1c
Neue Schneise 207-10b

Oberweiser Straße (4) 232-3c
Odenwaldstraße 232-6c
Offenbacher Straße 232-3d
Ostendstraße 232-3d
Otto-Hahn-Straße 232-6b
Otto-Wels-Straße 232-3d

Pater-Delp-Straße 233-1d
Pestalozzistraße 233-1c
Peter-Anton-Straße 233-1c
Petersweg 233-4a
Pfarrer-Schwahn-Straße 233-1a
Platanenstraße 232-3b
Pommernstraße 207-10c

Querstraße 232-3c

Raiffeisenstraße 233-1b
Rathenaustraße 232-6a
Rembrücker Weg 232-9a
Rhönstraße 233-1a
Richard-Wagner-Straße 233-1c
Riesengebirgsstraße (9) 232-6c
Ringstraße 232-6b
Robert-Koch-Straße 233-1c
Robert-Schumann-Straße 232-6a
Robert-Stolz-Straße 233-1c
Rodaustraße 233-1b
Rosenstraße 232-3b
Rot-Kreuz-Straße (8) 232-6a
Ruppenholzweg 232-6a

Sachsenhäuser Straße 207-10d
Samerwiesen 233-1d
Sandweg 233-1c
Schillerstraße 233-1a
Schlesierstraße 232-6c
Schönbornstraße 232-3d
Schubertstraße 233-1a
Schulstraße 232-6a
Schwarzbachstraße 207-10a
Seligenstädter Straße 233-1c
Seligenstädter Weg 232-8b
Sonnentauplatz 232-6b
Spessartstraße 232-6a
Spielmannsschneise 207-10b
Starkenburgring (4) 233-1b
Steinheimer Straße 207-10c
Steinkautenweg 207-10d
Stettiner Straße 232-3b
Straße Im Loh 232-5b
Stresemannstraße 232-3d
Sudetenstraße 233-1c

Tannenstraße 206-12d
Taunusstraße 207-10c
Tempelhofer Straße 232-3b
Theodor-Heuss-Straße 232-3c
Theodor-Körner-Straße 232-6a
Tulpenstraße 232-3b

Ulrichschneise 232-3b

Vogelsbergstraße 232-6a
Von-Behring-Straße (6) 233-1c
Von-Stauffenberg-Straße 232-6a
Vor den Mayen 232-6c

Waldstraße 232-5b
Westendstraße 232-5b
Westerwaldstraße 232-6a
Wiesenhof 233-1d
Wiesenstraße 232-6b
Wilhelm-Leuschner-Straße 232-3c
Wilhelmstraße 232-3d
Windthorststraße 207-10c

Oberursel (Taunus)
PLZ 61440

Ackergasse (16) 150-7d
Adenauerallee 150-8c
Adlerstraße 150-4a
Ahornschneise 149-5a
Ahornweg 149-6d
Akazienstraße 176-1b
Alberusstraße 150-8c
Alexander-Hess-Straße 150-7d
Alfred-Delp-Straße 150-8d
Alfred-Lechler-Straße 149-5c
Alois-Henninger-Straße 176-2c
Altenhöfer Weg 149-9b
Alter Leipziger Platz 150-4d
Alter Weg 150-1c
Altkönigblick 176-2c
Altkönigstraße 149-5d + 150-7c
Am Alten Bach 150-1c
Am Alten Hof (8) 149-3d
Am Ameisenberg 176-2a
Am Gasgang 176-3a
Am Hang 150-10b
Am Heiligen Rain 150-10c
Am Mergelgarten 150-1c
Am Mühlgraben 150-2c
Am Müllerweg 150-11b
Am Rahmtor 150-7d
Am Schmidtstock 176-2c
Amselweg 150-4a
Am Urseler Weg (4) 150-4b
Am Waldrand 149-3d
Am Wernerskreuz 150-10a
Am Wetebrunnen 176-1b
An den Drei Hasen 150-8d
An den Kieskauten 150-4b
An den Pappeln 176-1b
An den Steckengärten 150-1d
An der Billwiese 150-7b
An der Bleiche 176-2b
An der Brennersmühle 150-10b
An der Burg 150-7d
An der Friedenslinde 150-12a
An der Glöcknerwiese (7) 149-6d
An der Heide 150-10a
An der Herrenmühle 150-7d
An der Kreuzwiese 176-2b
An der Untermühle 176-2b
An der Waldlust 149-5d
An der Wiesenmühle 176-2a
Auf der Entenweide 176-2c
Auf der Platte 149-6b
Aumühle 150-10b
Aumühlenstraße 150-10b
Aussiedlerhof (Stierstadt) 176-1d
Austraße 150-7d

Bahnweg 176-2a
Beethovenstraße 150-7b
Bergweg 149-6b
Berliner Straße 150-7b
Bertha-von-Suttner-Straße 150-8b
Bindingshütte 149-1c
Birkenstraße 150-10d + 176-1b
Bischof-Brand-Straße 176-2b
Bleibiskopfstraße 150-8a
Bleichstraße 150-7d
Bommersheimer Straße 150-11b
Borkenberg 149-9b + 150-7a
Borngäßchen 150-1c
Breslauer Straße 176-2b
Bruchwiesenstraße 150-8d
Brückenstraße (2) 150-1d
Brüder-Grimm-Straße 149-9b
Brüder-Winter-Straße 150-7c
Buchenweg 149-6b
Burgstraße 150-9c
Bussardweg 149-6b

Camp-King-Allee 149-6d
Clara-Schumann-Straße 150-7a

Dalbisbergstraße 150-8c
Damaschkestraße 150-11a
Danziger Straße 176-2a
Dietrich-Bonhoeffer-Straße 150-8d
Dillstraße 150-4c
Dr.-Werner-Hilpert-Siedlung 149-6d
Dornbachstraße 149-6d
Dornholzhäuser Straße 150-1d
Drosselweg 150-4a

Ebertstraße 150-7b
Eckardtstraße 150-7d
Edelflußstraße 176-1b
Edith-Stein-Weg 149-6b
Eibenweg 150-10d
Eichendorffstraße 149-9b
Eichenstraße 150-10d
Eichenwäldchenweg 149-6d
Elisabethenschneise 149-3b
Else-Kröner-Straße 150-7a
Elsterweg 150-4a
Elvis-Presley-Weg 149-6d
Epinayplatz 150-7d
Eppsteiner Straße 150-7d
Erbsengasse 176-2a
Erdenkautenweg 150-1a
Erich-Ollenhauer-Straße 150-7b
Erlenbachweg 150-4c
Erlengasse 176-2b
Ernst-Lüttich-Straße 150-8c
Eschbachweg 149-6d
Eschenweg 149-6d

Fabrikweg 149-6d
Fahrgasse 176-1b
Falkenweg 150-4a
Fasanenweg 176-1b
Feinbergweg (2) 149-6c
Feldbergstraße 150-7d
Feldstraße 150-1c
Fichtenstraße 149-6b
Finkenweg 150-4a
Fischbachstraße 149-6d
Fischersmühle 149-3d
Flurstraße 176-2d
Förster-Eigenbrodt-Weg 149-5a
Folkbertusstraße 150-11a
Forellengut 149-3a
Forsthausweg 149-6a
Frankfurter Landstraße 150-11a
Franz-Dietz-Straße 150-11d
Franziska-Schild-Weg 150-8c
Freiheit 150-10b
Freiherr-vom-Stein-Straße 149-6d
Freiligrathstraße 150-7d
Friedensstraße 150-7b
Friedländerstraße 149-5c
Friedrich-Kaiserin-Weg 149-4d
Friedrich-Ludwig-Jahn-Straße 176-2b
Friedrichstraße 150-1d
Frohsinnweg 150-4c
Fuchstanzstraße 150-10c
Füllerstraße 150-7d
Furtweg 150-1c

Gablonzer Straße 150-11a
Gartenstraße 176-1b
Gattenhöfer Weg 150-11a
George-C.-Marshall-Ring (4) 149-6c
Georg-Hieronymi-Straße 150-8a
Gerhart-Hauptmann-Anlage 150-7a
Gerhart-Hauptmann-Straße 149-9b
Geschwister-Scholl-Platz 150-11a
Geschwister-Scholl-Straße 150-11a
Glauburgweg (22) 150-8d
Görlitzer Straße 176-2c
Goethestraße 150-8c
Goldackerweg 150-8d
Goldgrubenstraße (7) 149-3d
Gotische Straße 150-1d
Grabenstraße 176-2b
Graf-von-Stauffenberg-Straße 150-8d
Grenzstraße 149-6b
Grenzweg 149-6d
Groenhoffstraße 150-7d
Grünwiesenweg 150-4b

Haardweg 149-3d
Häuserweg 150-4b
Hammergarten 150-11c
Hans-Mess-Straße 150-4b
Hans-Rother-Steg 149-6c
Hans-Thoma-Straße 150-8c
Hardertsmühle 149-3d
Hasengarten 150-1d
Hauffstraße 150-11a
Hauptstraße 150-1c
Hauptweg 149-5a
Haus Heliand 149-3d
Heckenweg 149-6d
Hegarstraße 150-7b
Heinestraße (12) 150-7d
Heinrich-Geibel-Platz (2) 176-2a
Heinrich-Kappus-Weg 149-6b
Henchenstraße 150-7d
Henricusstraße 150-10b
Herderstraße 149-9b
Herzbergstraße 150-8a
Herzog-Adolf-Straße 150-7c
Hinter der Krebsmühle 176-3c
Hintergasse 176-1b
Hiroshimastraße 176-5a
Hölschersmühle 149-3c
Hohemarkstraße 149-5a
Hohemarkweg 149-12a
Hollerberg 150-7d
Holzweg 150-7d
Holzwegpassage 150-7d
Homburger Landstraße 150-11a
Hospitalstraße 150-7d
Hügelgräberweg (6) 149-6b
Hügelstraße 176-2d
Hühnerbergweg 149-6b

Im Breul 150-8d
Im Diezen 150-7b
Im Gartenfeld 150-1c
Im Heidegraben 150-4c
Im Himmrich 150-8d
Im Hopfengarten 150-8d
Im Kirschenfeld 150-10d
Im Ölgarten 150-11b
Im Portugall (10) 150-7b
Im Rosengärtchen 149-6c
Im Rothkopf 149-6c
Im Setzling 150-11a
Im Steinfeld 176-1b
Im Stockborn 150-11a
Im Taunusgarten 150-7b
Im Wall (27) 150-11b
Im Weidenhag 150-9c
Im Wingert 150-10b
In den Schwarzwiesen 150-11c
In der Steingasse 150-8d
Industriestraße 150-4b

Jaminspfad (18) 150-7d
Jean-Sauer-Weg 149-6a

Kalbacher Straße 150-9c
Kammerpfad 176-2c
Kanonenstraße 148-3c
Kantstraße 149-9b
Kapellenstraße 176-1b
Kapersburgstraße 150-8c
Karl-Hermann-Flach-Straße 150-8d
Karlsbader Straße 176-2a
Karl-von-Frisch-Weg (1) 149-6c
Kastanienweg 149-9b
Kiefernweg 150-10d
Kiesweg 176-1b
Kinzigstraße 149-6d
Kirchstraße 150-1d
Kleine Schmieh 150-10b
Kleiststraße 149-9b
Köhlerweg 150-10a
Königsberger Straße 176-2c
Königsteiner Pfad 149-12c
Königsteiner Straße 149-11b + 150-7c
König-Wilhelms-Weg 149-3b
Körnerstraße (19) 150-7d
Kohlenweg 149-8b
Kolbenbergweg (8) 150-7a
Kolberger Straße 150-11d + 176-2b
Kolpingstraße 150-7d
Korfplatz (17) 150-7d
Korfstraße 150-7d
Krautweg 150-1d
Krebsmühle 176-3c
Krebsmühlenweg 176-3c
Kreuzallee 150-1a
Kreuzbergstraße 150-8d
Kronberger Straße 150-10b
Kuckucksweg (5) 150-4a

Küstriner Straße 150-10b
Kumeliusstraße 150-8c
Kupferhammerweg 149-6c
Kurmainzer Straße 176-5a
Kurze Steig 150-10b

Lärchenweg 149-6b
Lahnstraße 150-7a
Landwehr 150-1c
Lange Straße 150-8d
Langwiesenweg 150-8b
Lenaustraße 150-11a
Lessingstraße 150-8c
Lia-Wöhr-Weg 176-2b
Liebfrauenstraße 150-8c
Liebigstraße 150-8c
Limesstraße (9) 149-6b
Lina-Himmelhuber-Straße 149-6c
Lindenbergweg 149-6b
Lindenstraße 150-7d
Lise-Meitner-Straße 150-8a
Lorsbachstraße 149-6d
Ludwig-Erhard-Straße 150-11c

Maasgrundweg 149-9d
Mainstraße 150-7a
Mariannenweg 150-2c
Marienbader Straße 150-10b
Marienstraße (13) 150-7d
Marktplatz (14) 150-7d
Marxstraße 150-7a
Mauerfeldstraße 176-3a
Mauerweg 176-2b
Maximilian-Kolbe-Straße 150-8d
Meiersberg 149-9b
Meisenweg 150-4a
Memeler Straße 150-11d
Messko-Platz 150-8b
Mittelstedter Straße 150-1d
Mittelweg 150-7a
Mollerbachstraße 150-8d
Moselstraße 150-7a
Mozartstraße 150-7b
Mühlenweg 149-3d
Münzenburgstraße 150-8d
Mutter-Theresa-Straße 150-11b

Nassauer Straße 150-8c
Neubronnerstraße (6) 149-6d
Neugasse 176-1b
Neuhausstraße 149-6c
Neumannsmühle 150-1c
Neurothstraße 150-8c
Neutorallee 150-7d
Niddastraße 150-4c
Niederstedter Straße 150-1d
Niederurseler Straße 176-2d
Nordumfahrung 149-6a

Ober den Birken 149-6c
Obere Bremengärten (25) 150-9c
Obere Hainstraße 150-7d
Oberer Maßbornweg 148-3d
Obere Zeil 150-8d
Obergasse 150-7c
Oberhöchstadter Straße 150-10a
Oberstedter Straße 150-7b
Oberurseler Straße 150-11c
Oberurseler Weg 149-2d
Odenwaldstraße 150-11b

Panoramaweg 149-5a
Peter-Meister-Weg (24) 150-9c
Pfaffenweg 150-10d
Pfarrackerweg 150-8d
Pfarrer-Alois-Reichwein-Weg (1) 176-2b
Pfarrstraße (1) 150-1d
Pfeiffstraße 150-11a
Pfingsbornstraße 176-1b
Pfingstweidstraße 150-8c
Philipp-Reis-Straße 150-7b
Platanenstraße 176-1b
Platz der Deutschen Einheit 150-8c
Platz des 17. Juni 150-8c
Porsche Platz 150-8b
Portstraße 150-7d

Querstraße 176-2b

Radweg 150-7d
Rathausplatz (20) 150-7d
Reifenberger Straße 150-10c
Reutchen Schneise 149-2d
Revierförsterei Oberursel 149-8b
Rheinstraße 150-7a
Rhönstraße 150-8d
Richard-Wagner-Straße 150-7b
Richard-Werner-Weg 150-10a
Robert-Kempner-Ring (3) 149-6c
Rodelbahn 149-3d
Römerstraße 176-1b
Rossertstraße 150-8c
Roßkopfweg 150-8c
Rotbornstraße 149-9b
Ruppertshainer-Straße 150-10c

Saalburgstraße 150-1d
Sandweg 150-7a
St.-Georgshof 150-9d
St.-Hedwigs-Weg 149-6d
St.-Johannes-Weg (9) 149-9b
St.-Sebastian-Straße 176-1b
St.-Ursula-Gasse 150-7d
Schellbachstraße 150-4c
Schillerstraße 150-7a
Schlenkergasse (15) 150-7d
Schlesierstraße 150-10b
Schmiedstraße (3) 150-1d
Schulstraße 150-7d
Schulzengasse 176-2a
Schwarzer Weg 149-5b
Seedammweg 176-1b
Siedlungslehrhof Hohemark 149-6a
Siemensstraße 150-7a
Sierstadter Straße 176-2a
Silcherstraße (11) 150-7b
Spessartstraße 150-11b
Starenweg 150-4a
Steinbacher Straße 176-1d
Steinmühlenweg 150-7a
Steinstraße 150-10c
Stettiner Straße 176-2c
Strackgasse 150-7d
Sudetenstraße 176-2b

Tabaksmühle 150-11c
Tabaksmühlenweg 150-11c
Tannenweg 149-6b
Taunusblick 176-2c
Taunusstraße 150-10c
Theodor-Heuss-Straße 149-9b
Thomas-Cook-Platz 150-11c
Tillmannsweg 148-2b
Tilsiter Straße 150-11d
Troppauer Straße 150-10b

Uhlandstraße 150-11a
Ulmenstraße 150-10d
Untere Bremengärten (26) 150-9c
Untere Hainstraße 150-7d
Untergasse 176-1b
Untermühle 176-2b
Urselbachstraße 176-2b
Ursemer Straße 150-10d
Usastraße 150-4c
Usinger Straße 150-1d

Vierhäusergasse 176-2b
Viermärkerweg 149-6b
Vogelsbergstraße 150-11b
Vorstadt 150-7d

Wacholderweg 149-6b
Waldstraße 150-1a
Wallstraße 150-8d
Weidengasse (22) 150-7d
Weilstraße 150-7a
Weinbergstraße 150-1d
Weinbergweg 150-2c
Weingärtenstraße 150-10a
Weingärtenumgehung 150-10c
Weinstraße 151-10a
Weißkirchener Straße 176-2a
Wiederholtstraße (21) 150-7d
Wiesenaustraße 150-11a
Wiesenstraße 176-2b
Willy-Brandt-Straße 150-8b
Willy-Seck-Straße 150-7a
Wintersteinstraße 150-8c

Zedernweg 150-10d
Zeisigweg 150-4a
Zelterstraße 150-7d
Zeppelinstraße 150-8c
Zimmersmühle 150-11c
Zimmersmühlenweg 150-11c
Zu den Ringwällen 149-6b
Zu den Schreiergärten (10) 150-1c
Zum Flemig 150-8a
Zum Gleichen 150-1c
Zum Hainmüller 150-1c

Oberwesel
PLZ 55430

Alte Mainzer Straße 188-7c

Bacharacher Straße 188-10c
Birkenweg (3) 188-10c
Brunnenweg (4) 188-10c

Engelsburg 188-10d

Ockenheim
PLZ 55437

Ackergasse 269-9d
Alleestraße 269-9a
Altscheuer 269-9a
Am Bahnhof 269-6c
Am Petersbaum 269-9a
Am St. Jakobsberg 269-12b
Am Sportfeld 269-9a
Am Zollstock 269-9c

Bahnhofstraße 269-9a
Bahnweg 269-9a
Bergstraße 269-9d
Binger Weg 269-9a
Birkenweg 269-9a
Bleiche 269-9d
Burgstraße 269-9d

Christophorusweg 269-9c

Feldstraße 269-9c
Frankenstraße 269-9a
Friedlandstraße 269-9c

Gartenstraße 269-9c
Gaulsheimer Straße 269-9a
Gehauweg 269-9d
Gewerbegebiet I 269-8b
Gewerbegebiet II 269-8b
Grabenstraße 269-9b

Hattemerstraße (3) 269-9d
Helferichstraße (4) 269-9d
Helmerichstraße 269-9d
Hindenburgplatz 269-9a
Hinter den Hecken 269-9c
Hockenmühlweg 269-9c

Im Damm 269-12b

Jakobsberg 270-10a

Kempter Weg 269-9a
Kirchgasse (1) 269-9a
Kloster Jakobsberg 270-10a

Mainzer Straße 269-9c
Michelstraße 269-9d

Neustraße 269-9c

Palmenflecken 269-9c
Poveglianostraße 269-9a

Rheinstraße 269-9a
Rosenweg 269-9a

Salzgasse (2) 269-9d
Schulstraße 269-9b
Sporkenheimer Weg 269-9a
Steinkautweg 270-7c

Taunusstraße 269-9a

Wiesenstraße 269-9a

Oestrich-Winkel
PLZ 65375

Achim-von-Arnim-Straße 244-7b
Adalbert-Stifter-Straße 244-7b
Adam-von-Itzstein-Straße 244-3b
Adolf-Kolping-Straße 244-6b
Ägidiusstraße 244-5d
Albansgasse 244-8a
Alfred-Herber-Straße (11) 244-6c
Am Deutelsberg 218-12d
Am Doosberg 244-6d
Am Ehrenmal (11) 218-12d
Am Elsterbach 244-8c
Am Geiersberg 244-3b
Am Hendelberg 218-9c
Am Kirchenacker 244-3b
Am Kreuz (6) 218-12d
Am Lindenplatz 244-8c
Am Pfaffenberg 244-6b
Am Roseneck (1) 218-12d
Am Rosengarten 244-6d
Am Soder 218-11c
Am Weiherhaus 244-8b
Am Weingarten (2) 218-12d
Am Welscheck 245-4a
Am Wiesenberg 218-12d
Am Würzgarten 218-9d
An der Basilika 244-8b
An der Eisenkaut 218-12c
An der Hochstätt 244-3b
Andreas-Joseph-Hofmann-Straße 244-8a
Ankermühle 244-7a
Ansbachweg 243-3d
Anton-Dietrich-Straße (5) 218-12d
Arndtstraße 244-8c

Bachweg 244-8a
Backesweg (4) 218-12d
Backhausgasse 244-8a
Bartholomästraße 244-7d
Beinerstraße 244-6d
Bergstraße (5) 244-8a
Bienenbergweg 244-5d
Birkenstraße 244-5c
Bischof-Dirichs-Straße 244-8a
Bornstraße 244-6d
Brandpfad 244-6c
Breslauer Straße (10) 244-3b
Brunnenstraße 218-12d
Buchenweg 218-9d
Burgstraße 244-6d

Clemens-Brentano-Straße 244-7b

Dillmannstraße 244-6a
Dr.-Rody-Straße 244-6c
Domherrnstraße 244-6c

Eberbacher Straße 244-3b
Edelmannweg 244-5d
Eichendorffstraße 244-6c
Eisenbahnstraße 244-6b
Elisabeth-Selbert-Straße (15) 244-7b
Elisabethweg 244-6d
Engerweg 244-5d
Europaallee 244-6d

Feldstraße 244-6d
Fichtenstraße (8) 244-8a
Finkenweg 218-9d
Fischergasse 244-8b
Fliederstraße (3) 244-8a
Fontanestraße (6) 244-8a
Freiheitsstraße 244-6c
Friedensplatz 244-6d
Friedhofstraße 244-6c
Friedrich-Ebert-Straße (4) 244-8a

Gänsbaumstraße 244-5d
Gänsgasse 244-8a
Gärtnerstraße (12) 244-6b
Gartenfeldstraße 244-5d
Gartenstraße 244-6d
Goethestraße 244-8c
Gottestal 244-6a
Graugasse 244-8a
Greiffenclaustraße 244-7b
Grenzstraße 244-6c
Günderodestraße 244-7b
Gutenbergstraße 244-5c

Hallgartener Platz 244-3b
Hallgartener Straße 244-6b
Hattenheimer Straße 244-3b
Hauptstraße 244-8c
Heinrich-Heine-Straße 244-8a
Hermannstraße 244-8b
Hohe Straße 217-9b + 218-7a

Im Flachsgarten (7) 218-12d
Im Flecken 244-8a
Im Kreuzgarten 244-8b
Immanuel-Kant-Straße (16) 244-7b
Im Mühlacker 244-7b
Im Proffen 244-8a
In der Scharbel 244-5d

Jagdhaus Philippsburg 218-11d
Jahnstraße 244-6c
Jakobstraße 244-8c
Jesuitenstraße 244-8c
Johannisberger Straße 244-8a
Josefstraße 244-6c
Jungferweg 218-9d

Kapellenstraße 244-8a
Kapperweg 244-7d
Kemmenau 244-6c
Kerbeplatz 244-8b
Kirchnebenstraße (7) 244-8a
Kirchstraße 244-5c
Korns Mühle 244-1b
Kranenstraße (1) 244-6d
Kremersmühle 244-2d
Kühnsmühle 244-2c

Langenhoffstraße 244-6a
Langflecht 244-6b
Lenchenstraße 244-6b
Lindenstraße 244-6d
Lohmühle 244-2d

Märzackerweg 244-7b
Mainzer Straße 244-3b
Marienstraße (3) 218-12d
Markt (5) 244-6d
Marktgäßchen (2) 244-6d
Marktstraße (6) 244-6d
Mühlstraße 244-6a
Mühlweg 244-6a

Neue Heimat 244-8b
Neustraße 244-5d
Niederwaldstraße 244-3b
Nikolausstraße 244-5d

Oberbergweg 244-5d
Obere Bein 244-6b
Obere Schwemmbach 244-5c
Oestricher Weg 244-3b

Paul-Gerhardt-Weg 244-6a
Peter-Spahn-Straße 244-8a
Peterstraße 244-6c
Pfarrgasse 244-3b
Pfingstmühle 244-2a
Pforzheimer Mühle 244-7d

Rabanusstraße 244-8a
Raiffeisenstraße 244-3b
Rathausplatz (9) 244-5d
Rathausstraße 244-8b
Rebenweg 244-5c
Rebhangstraße 244-3b
Reifsteckengasse 244-8c
Rheinallee 244-6d
Rheingaustraße 244-8b
Rheingaustraße (Oestrich) 244-6d
Rheinhell 244-6b
Rheinhöhenweg 218-7b
Rheinstraße (4) 244-6d
Rheinweg 244-8b
Riesengasse 218-12d
Rieslingstraße 244-5d
Römerstraße 244-6a
Roppelsgasse (10) 244-8b
Rosenstraße (1) 244-8a
Rosentalstraße 218-12d
Rothmühlstraße 218-12d
Rudolf-Koepp-Straße 244-6b

St.-Martin-Straße 244-6c
Schillerstraße 244-4d
Schloss Reichardshausen 245-4a
Schloss Vollrads 244-4b
Schmalgasse 244-6c
Schnitterweg 244-5c
Schöne Aussicht 218-9c
Schrötergasse (9) 244-3b
Schützenweg (8) 244-3b
Schulstraße 244-6c
Schwarzgasse 244-8b
Solderstraße (14) 244-6d
Spitzackerweg 244-6a
Sportplatzweg 244-6d
Sterzelpfad 244-3b
Straße der Republik 244-6c
Sudetenstraße 244-8a

Tannenweg 218-9d
Taunusstraße 218-12c
Theodor-Heuss-Straße 244-7b
Tiefengasse 244-6b
Tokajer Straße 244-5c
Tulpenstraße 244-8a

Unkenbaumweg 218-9d
Unter Bein 245-4c
Untere Roppelsgasse 244-8b
Untere Schwemmbach 244-8b
Urbanstraße 244-5d

Vollradser Allee 244-5a
Vom-Stein-Straße (2) 244-8a

Wachendorffstraße (7) 244-6d
Waldstraße 244-6b
Weinheimer Straße 244-8b
Weißgasse 244-8a
Weißmühle 244-7d
Westendstraße 244-6c
Winzerstraße (13) 244-6b
Wochenendgebiet Ochsenwiese 218-9d

Zange 218-8b
Zangerstraße 218-12d
Zehnthofstraße (3) 244-6d

Offenbach am Main

63073 Adam-Marsch-Straße 206-10a
63075 Adolf-Kolping-Platz 205-3d
63071 Ahornstraße 205-9c
63075 Alfred-Delp-Straße (9) 205-6b
63065 Aliceplatz 205-8a
63075 Alicestraße 205-6c
63075 Almeiweg 205-2b
63073 Alt-Bieber 206-10c
– Alte Babenhäuser Straße 231-8a
– Alter Heusenstammer Weg 231-3a
63075 Altkönigstraße 205-6c
63075 Am Anger 206-4d
63073 Am Aussichtsturm 206-10a
63075 Am Entensee 205-3c
63073 Am Erlensteg 232-1c
63065 Am Gänsberg 245-10d
63067 Am Grenzgraben 205-7a
63073 Am Heiligenstock 206-10a
63073 Am Hinterberg 206-10c
63073 Am Hirtenschild 205-12d
63073 Am Kandel 206-11c
63075 Am Klingenrain 206-4a
63075 Am Maingarten 205-2d
63073 Am Michelsee 206-11c
63073 Am Mühlwehr 206-10c
63075 Am Park (5) 206-4d
63065 Am Pfortengraben 206-1a
63073 Am Rebstock 206-10c
63075 Am Rosenbusch (1) 206-4d
63073 Am Schießberg 206-10b
63075 Am Schneckenberg 205-9b
63067 Amsterdamer Straße 204-9b
63073 Am Stützel 206-11c
63073 Am Waldeck 205-12d
63071 Am Waldpark 205-12b
63075 Am Waldrand (12) 206-7b
63069 Am Waldschwimmbad 231-1b
63075 Am Wiesengrund 206-4c
63075 An den Linden 206-4d
63075 An der Roten Warte 206-4a
63065 Andréstraße 205-7a
63075 Anhalter Straße 205-3d
63071 Annastraße 205-9c
63075 Anneliese-Heikaus-Straße 205-6b
63069 Anton-Bruckner-Straße 231-1b
63063 Anzengruberstraße 206-10c
63075 Arendsstraße 205-6a
63069 Arndtstraße 205-11a
63075 Arnoldstraße 205-6a
– Arthur-von-Weinberg-Steg (1) 205-2d
63065 Arthur-Zitscher-Straße 205-8b
63073 Aschaffenburger Straße 206-10a
63071 Aschaffweg 231-3a
63067 Auf der Reisweise 205-7a
63069 Auf der Rosenhöhe 231-1b
63067 August-Bebel-Ring 205-7a
63067 August-Hecht-Straße 205-7a
– August-Reiß-Schneise 231-1a
63073 Auheimer Straße 206-10b
63069 Aulmannstraße 205-10a
63065 Austraße 205-8b
63065 Änne-Salzmann-Platz (4) 206-4d

– Babenhäuser Schneise 231-7b
63071 Bachstraße 205-8d
63069 Backstraße 205-10c
63067 Bahnhofstraße 205-7b
63069 Beethovenstraße 205-10b
63071 Benzstraße 205-9c
63073 Bergstraße 206-10c
63065/63067 Berliner Straße 205-7a
63067 Bernardstraße 205-7a
63065 Bert-Brecht-Straße 205-10c
63073 Bertha-v.-Suttner-Straße 206-10a
– Bestewiesenschneise 231-7d
63069 Bethnal-Green-Straße 205-10d
63065 Bettinastraße 205-7a
– Bieberer Feldschneise 232-1d
63065/63071 Bieberer Straße 205-8a
– Bieberer Waldschneise 231-3c
– Bieberer Wiesenschneise 231-3a
63075 Biebernseeweg 206-1c
63071 Bierbrauerweg 205-9d
63075 Bildstockstraße 205-6c
63071/63069 Birkenlohrstraße 205-11a
63075 Birnenweg 205-3b
63075 Bischofsheimer Weg 206-1c
63065/63067 Bismarckstraße 205-7d
63065 Bleichstraße 205-8a
63071 Blücherstraße 205-8d
63069 Blumenstraße 205-10c
– Bockschneise 231-4a
63069 Böhmerwaldweg 231-2c
63067 Bornheimer Weg 204-6d
63071 Boschweg 205-9d
63069 Brahmsstraße 205-10b
63075 Brandenburger Straße 205-3c
63069 Brandsbornstraße 205-10b
– Braunseeschneise 232-1d
63073 Bregenzer Straße 206-10a
63075 Breite Straße 206-1a
63073 Bremer Straße 206-10c
63075 Brielsweg 206-4c
63069 Brinkstraße 205-11a
63075 Brockmannstraße 205-9a
– Bruchschneise 232-4b
63073 Brückenstraße 206-10c
63069 Brüder-Grimm-Straße 205-11a
63067 Brüsseler Platz (1) 204-9b
63071 Brunnenweg 231-3a
63073 Buchenweg 206-11c
63071 Buchhügelallee 205-11b
63069 Buchrainweg 205-10c
63067 Budapester Straße 204-9b
63069 Buddenstraße 205-11a
63075 Bürgeler Straße 205-3d
63075 Bürgerplatz (8) 205-6a
63075 Bürgerstraße 205-6a
– Büsingpark 205-7b

63073 Carl-Legien-Straße 206-11d + 232-3a
63069 Carl-Maria-von-Weber-Straße 205-10b
– Carl-Ulrich-Brücke 205-4d
63069 Carl-von-Ossietzky-Weg 205-10c
63069 Christian-Pleß-Straße 205-8c
63075 Clara-Grein-Straße 206-1a
63075 Cronbergerstraße 205-6c

63071 Dag-Hammarskjöld-Platz 231-2b
63075 Dahlienweg (4) 206-4d
63071 Daimlerstraße 205-9d
63075 Danziger Straße (2) 205-6d
63069 Darmstädter Straße 205-7d
63069 Dicksruhe 205-10a
63069 Dickstraße 205-10b
63069 Dielmannstraße 205-10c
63071 Dieselstraße 205-9d
63073 Dietesheimer Straße 206-10c
63075 Dietrich-Bonhoeffer-Straße 205-6b
– Dietzenbacher Schneise 231-8a
63069 Dietzenbacher Straße 231-2a
63075 Dörnigheimer Straße 205-3b
63065 Dr.-Georg-Volk-Weg 206-4d
63065 Dr.-Karl-Reiß-Weg 206-4d
63069 Dr.-Köhler-Straße (3) 205-10b
63069 Dr.-Rebentisch-Straße (2) 205-10b
63065 Dr.-Rosa-Goldschmidt-Straße 206-4d
63067 Domstraße 205-7b
63071 Donauweg 205-12c
63075 Dornbergerstraße 206-1a
63071 Dornbuschstraße 205-11b
63065 D'Orville-Park 205-8a
63065 Dreieichring 205-7c
63069 Dreiherrnsteinweg 231-2b

63069 Eberhard-von-Rochow-Straße 205-11c
63069 Ebsenweg 231-1a
63075 Edel-Gasch-Straße 205-6b
63075 Edelsheimerstraße 205-3b
63075 Edith-Stein-Straße 206-1c
63075 Eduard-Oehler-Straße 205-6d
63075 Efeuweg (15) 206-7b
63069 Egerländer Straße 205-11c
63071 Eginhardstraße 205-9c
63075 Eibenweg 206-7b
63069 Eichwaldweg 231-2a
63069 Eifelweg 231-2a
63071 Eigenheimstraße 205-9c
63071 Elbestraße 205-12c
63071 Elisabethenstraße 205-11b
63067 Ellenbogengasse 205-7b
63075 Elsa-Brändström-Straße 206-1c
63071 Elsawaweg 205-12c + 231-3a
63075 Else-Sterne-Roth-Straße (5) 206-1c
63073 Emdener Straße 232-1b
63071 Emmastraße 205-9c
63075 Engelsgäßchen 205-6a
63075 Enkheimer Straße 205-3b
63075 Eppsteiner Straße 205-6c
63071 Erfaweg 205-12c + 231-3a
63073 Erich-Ollenhauer-Straße 205-12d
63071 Erlenbruchstraße 205-11b
– Erlenstegschneise 231-6b
63069 Ermlandweg 231-2a
63071 Ernst-Griesheimer-Platz 205-11b
63069 Eschstraße 205-10d
63069 Eupener Straße 205-11a
63069 Europaplatz 205-10d

63067 Fachackerweg 204-9b
– Fachweg 179-12c
63075 Falltorstraße 205-6a
63075 Fechenheimer Straße 205-3b
63069 Feldbergweg 231-2a
63071 Feldstraße 205-8c
63069 Felix-Mendelssohn-Straße 205-10d
63073 Ferdinand-Porsche-Straße 232-3a
63063 Feuerwehrplatz 206-10d
63071 Fichtestraße 205-12a
63069 Finkenstraße 205-10b
63075 Fischergasse 206-1a
63073 Flurstraße 205-12d
63071 Flutstraße 205-8d
– Forstmeisterschneise 231-2a
63075 Frankenstraße 205-6b
63065/63067 Frankfurter Straße 205-7c
– Frankfurter Straße (Wildhof) 231-6a
63069 Franz-Liszt-Straße 205-10b
63075 Frauhohlwiesenweg 205-6d
63071 Freiherr-vom-Stein-Straße 205-8d
63071 Freiligrathstraße 231-3a
– Freizeitgelände Schneckenberg 205-9b
63071 Friedensstraße 205-8c
63065 Friedhofstraße 205-8b
63069 Friedrichsring 205-11a
63065 Friedrichstraße 205-8a

63075 Friesenstraße (6) 205-6b
63073 Fritz-Erler-Straße 206-10c
63071 Fritz-Remy-Straße 205-11d
63069 Frühlingsaustraße 205-10b
63075 Fuchsbau (7) 205-3d
– Fuchsschneise 231-3b
63071 Fuldaweg 205-11d

63069 Gabelsbergerstraße 205-11a
– Gambachschneise 231-8a
63071 Gartenfeldstraße 205-8d
63071 Gartenstraße 205-8d
63071 Gaußstraße 205-12b
63069 Geishornstraße 205-10b
– Geisschneise 231-4a
63067 Geleitsstraße 205-7d
63075 Geleitsweg 205-6d
63069 Georg-Büchner-Weg 205-10c
63069 Georg-Oswald-May-Weg 205-10a
63065 Gerberstraße 205-8b
63075 Gerhard-Becker-Straße 205-3c
63071 Gerhart-Hauptmann-Straße 231-3a
63073 Germaniastraße 206-10d
63071 Gersprenzweg 205-12c
63071 Geschwister-Scholl-Straße 205-11b
63075 Gießener Weg (1) 205-6b
63075 Ginsterweg (10) 206-7b
63071 Goerdelerstraße 205-8d
63067 Goetheplatz 205-7b
63067 Goethering 205-4c
63067 Goethestraße 205-7a
63073 Goldbergstraße 206-11c
63075 Gottfried-Schaider-Straße 205-6a
63071 Grabenstraße 205-8d
63069 Gravenbruchweg 231-2a
63073 Grazer Straße 206-10a
63065 Grenzweg 205-2b
63075 Gretel-Maraldo-Straße 205-6b
63065 Große Marktstraße 205-7b
63065 Großer Biergrund 205-8a
63065 Groß-Hasenbach-Straße 205-8a
63069 Gustav-Adolf-Straße 205-11a
63073 Gustav-Stresemann-Straße (3) 205-12d
63069 Gutenbergstraße 205-11a

63069 Habichtswaldweg 231-2b
63069 Händelplatz 205-10d
63067 Hafeninsel 205-4c
63067 Hafenplatz 205-4d
63071 Hainbachweg 205-11d
63071 Hainerweg 205-11b
63073 Hainstädter Straße 206-10b
63073 Hamburger Straße 206-10c
63075 Hanauer Straße 205-6d
63075 Hans-Böckler-Siedlung 205-3d
63073 Harrasweg 206-10c
63071 Hartmannstraße 205-11d
63069 Hauffstraße 205-11a
63069 Haydnstraße 205-10b
63065 Hebestraße 205-8d
63075 Heckenpfad (14) 206-7b
63071 Heinrich-Heine-Straße 205-11b
63073 Heinrich-Krumm-Straße 232-2b
63069 Helene-Mayer-Straße 205-7c
63073 Herderstraße 206-10c
63069 Hergenröderstraße 205-10c
63069 Hergenröderweg 204-12d
63069 Hermann-Löns-Straße 205-11a
63065 Hermann-Steinhäuser-Straße 205-8b
63069 Hermannstraße 205-7d
63067 Herrnrainweg 204-9a
63065 Herrnstraße 205-8a
63071 Hertzweg 205-9d
63071 Herzogstraße (6) 205-8d
63075 Hesselbuschstraße 205-6c
63071 Hessenring 205-11b
63075 Hessenstraße 205-6a
– Heusenstammer Feldschneise 232-4b
– Heusenstammer Schneise 230-3d
63071 Heusenstammer Weg 205-12b
63069 Hinterwaldweg 231-1b
63075 Hochstädter Straße 205-3b
63073 Hochstraße 206-10c
63071 Hölderlinstraße 205-12a
63075 Hofstraße 205-3b
63069 Hohe Straße 205-10b
63075 Holzwiesenweg (2) 206-11c
63067 Hospitalstraße 205-7d
63069 Hugo-Eberhardt-Weg 205-10d
63069 Hugo-Wolf-Straße 205-10d
63071/63069 Humboldtstraße 205-11a
63069 Humperdinckstraße 205-10d
63069 Hunsrückweg 231-2c

63073 Im Birkengrund 206-10c
63075 Im Eschig 206-4c
63065 Im Flieder (5) 206-4d
63073 Im Frankfurter Grund 206-10c
63075 Im Gartenfeld 206-4a
63073 Im Gartenrain 206-1c
63075 Im Großen Ahl 205-9b
63065 Im Grünen Grund 206-7b
63075 Im Hain (8) 205-3d
63075 Im Mittelfeld 206-1c
63075 In den Bruchgärten (5) 206-10d
63073 In den Lindengärten (2) 206-10c
63065 In den Obstgärten 205-3b
63075 In den Tannen 206-1d
63073 In der Heumache 232-1b
63073 In der Kalkwiese 205-9a
63075 In der Tränk 205-3b
– Indianerpfad 231-3a
63073 Innsbrucker Straße 206-10a
63069 Isenburgring 205-7d

63073 Jacob-Mönch-Straße 232-3a
63069 Jacques-Offenbach-Straße 205-11c
63075 Jahnstraße 205-6a
63067 Johannes-Morhart-Straße 205-4d
63069 Johann-Strauß-Weg 205-10d
63069 John-F.-Kennedy-Promenade 205-10d
63071 Jossaweg 205-12c
– Judenbuschschneise 230-6b
63073 Julie-Heraeus-Straße 206-10a
63071 Julius-Leber-Straße 205-12a

63063 Käsmühle 206-8c
63071 Kahlweg 205-12c
63067 Kaiserleipromenade 204-9a
63067 Kaiserleistraße 204-9b
63065 Kaiserstraße 205-4d
– Kalte-Klinge-Schneise 231-1c
63067 Kantstraße 205-7a
63069 Karl-Ferdinand-Becker-Weg 205-11c
63075 Karl-Herdt-Weg 205-6d
63075 Karl-Nahrgang-Weg 206-1c
63065 Karlstraße 205-8a
63075 Karolingerstraße 205-6a
63065 Kasernenstraße 205-8d
63075 Kastanienallee 206-7b
63075 Kastanienstraße (2) 206-4d
63069 Kaufungerwaldweg 231-2a
63075 Kékuléstraße 205-6d
63075 Kettelerstraße 205-6c
– Kiefer-Neuheeg-Schneise 231-7d
63071 Kinzigweg 205-12c
63065 Kirchgasse 205-8a
– Kirschenpfad 231-7d
63073 Kleewasem 206-11c
63065 Kleine Bleiche 205-8c
63075 Kleines Gäßchen 205-3b
– Klingenstraße 206-4a
63067 Klingsporstraße 205-7a
63073 Klopstockstraße 206-10c
63067 Körnerstraße 205-7c
63073 Konrad-Adenauer-Straße 205-12d
63071 Kopernikusstraße 205-12a
63075 Kornkammer (9) 205-3d
63065 Krafftstraße 205-8b
63069 Kreuzfeldweg 231-2b
63075 Kreuzstraße 205-6a
63067 Krimmerstraße 205-7b
63075 Krokusweg (6) 206-4d
63073 Krotzenburger Straße 206-10a
63075 Kurfüstenstraße 205-6a
63075 Kurhessenplatz 205-3b
63075 Kurhessenstraße 205-3d
63073 Kurt-Schumacher-Straße 205-12d
63069 Kurt-Tucholsky-Straße 205-10d
63065 Kurze Straße 205-8d

63075 Lachwiesen 205-3d
63071/63075 Lämmerspieler Weg 205-9c
– Lärchenallee 231-5c
63075 Lärchenpfad 206-4d
– Lärchenschneise 231-1c
63073 Lahnstraße 232-1b
63075 Lammertstraße 205-3c
63071 Landgrafenring 205-8d
63071 Landgrafenstraße 205-8d
63075 Landgraf-Friedrich-Straße 205-3b
– Landschneise 231-3c
– Langschneise 230-3d
63075 Langstraße 205-6a
63075 Larochestraße 205-6c
63075 Laskastraße 205-9b
63075 Lausitzer Straße 205-3c
63069 Lauterbornweg 231-1b
63069 Lautzenhardtweg 231-2b
63075 Lehenstraße (1) 205-10b
63075 Lehrstraße 205-6a
63071 Leibnizstraße 205-9c
– Leimenkautschneise 231-3b
63075 Lena-Heim-Straße (11) 205-6b
– Leonhard-Eißnert-Park 205-9d
63071 Leopold-Bode-Straße (7) 205-8d
63073 Lessingstraße 206-10a
63071 Lichtenplattenweg 205-8d
63073 Liebigstraße 205-7d
63073 Lilienthalstraße 206-10c
– Lilipark 205-8a
63067 Lilistraße 205-4c
63075 Limburger Weg (4) 205-6b
63071 Lindenstraße 205-8c
63065 Linsenberg 205-7b
63073 Linzer Straße 206-10a
63067 Löwenstraße 205-7a
63071 Lohrweg 205-12d
63075 Lohwald Siedlung 206-7a
63065 Lohweg 206-4b
63069 Lortzingstraße 205-10b
63067 Ludwigstraße 205-4c
63073 Lübecker Straße 206-10d
63067 Lützowstraße 205-7d
63067 Luisenstraße 205-7b
63075 Lupinenweg (11) 206-7b

– Mäuslachschneise 231-3d
63075 Maingaustraße 205-6b
63075 Mainkurstraße 205-3b
63069 Mainländerstraße 205-10a
63065/63075 Mainstraße 205-4d
63075 Mainzer Ring 205-6c
63075 Malvenweg (17) 206-4d
63069 Manchotstraße 205-10a
63075 Marburger Weg (2) 205-6b
63069 Marienstraße 205-7d
63065 Marktplatz 205-8a
63071 Markusplatz 205-12a
63073 Markwaldstraße 232-2a
63075 Marstallstraße (2) 206-1a
63065 Martin-Luther-Park 205-8c

63069 Masurenweg 205-11d
63065 Mathildenplatz 205-8b
63065 Mathildenstraße 205-8b
63073 Matthias-Erzberger-Straße 205-12d
63073 Mauerfeldstraße 206-10c
63075 Maximilian-Kolbe-Straße 205-6b
63069 Max-Reger-Straße 205-10d
63067 Max-Willner-Platz 205-7a
63071 Maybachstraße 205-9d
63075 Mecklenburger Straße 205-3c
63075 Memeler Straße (1) 205-6d
63069 Merianstraße 205-10c
63075 Merowingerstraße 205-6b
– Mittelschneise (Lauterborn) 230-3c
– Mittelschneise (Tempelsee) 231-3d
63065 Mittelseestraße 205-8a
63065 Mittelweg 205-2b
63069 Mödlingstraße 205-10d
63069 Mozartweg 205-10d
63071 Mühlbachweg 205-11d
63075 Mühlheimer Straße 206-4c
– Müllerweg 231-5a
63071 Mümlingweg 205-12c
63075 Münzenbergerstraße 205-6d

63073 Nahestraße 206-10d
63069 Nasses Dreieck 231-2b
63071 Neckarstraße 205-11d
63075 Nelkenweg (7) 206-7b
– Neuer Weg 231-1c
63071 Neue Schneise 231-3a
63075 Neugasse 205-3b
63069 Neusalzer Straße 231-2b
63071 Niddaweg 205-12c
63075 Niedergasse 205-6a
63067 Nordring 204-6d

63071 Obere Grenzstraße 205-9c
63067 Oberer Molenpark 205-4d
63075 Oberfeldstraße 205-6a
63073 Oberhofstraße 206-10c
63073 Obermühle 232-1a
63073 Obermühlstraße 206-10c
63067 Oberräder Weg 204-9b
63069 Odenwaldring 205-10b
63065 Offenbacher Straße 205-6c
63075 Oleanderweg (16) 206-4d
63071 Oppelner Straße 205-12a
63073 Ostendplatz 206-10c
63073 Ostpreußenstraße 231-2a
– Ostschneise 231-4b
63069 Oswald-von-Nell-Breuning-Straße (4) 231-1b
63073 Ottersfuhrstraße 206-11c
63065 Ottilia-Carolina-Moufang-Straße 206-4d
63073 Otto-Scheugenpflug-Straße 232-2b

63067 Parkstraße 205-7c
63065 Pater-Förg-Weg (2) 206-4d
63073 Paul-Löbe-Straße (4) 205-12d
– Pechhütte 231-2c
– Pechschneise 231-1d
63075 Pfaffenpfad 205-6b
63075 Pfaffenweg 205-3d
63073 Pfarrgasse 206-10c
– Pfuhlkautenweg 206-1d
63073 Philipp-Reis-Straße 206-10c
63073 Philipp-Ullrich-Straße 206-10a
63067 Pirazzistraße 205-7a
63073 Poststraße (1) 206-10a
63075 Primelweg (13) 206-7b
63075 Prinz-Georg-Straße (4) 205-3b
63071 Puteauxpromenade 205-9c

63065 Querstraße 205-8b

63071 Radfeldstraße 205-9c
63073 Rathausgasse 206-10c
63067 Rathenaustraße 205-7d
– Rehschneise 231-4b
63069 Reichertweg 205-11c
63069 Reinhardswaldweg 231-2a
– Rembrücker Wegschneise 232-5a
63071 Rheinstraße 205-11d
63071 Rhönstraße 205-12a
63069 Richard-Wagner-Straße 205-10b
63075 Riethgasse (7) 205-6c
63069 Robert-Koch-Straße 205-7d
63071 Rodauweg 205-12c
63067 Rödernstraße 205-7b
63075 Rohrmühlstraße 205-6c
63075 Rohrstraße 206-1c
63071 Rondellweg 205-12a
63073 Roseggerstraße 206-10a
63069 Rosenaustraße 205-10b
63073 Rostocker Straße 232-1b
63075 Rotdornweg 206-4c
63071 Rowentastraße 205-11d
63073 Rubensstraße 206-10c
63075 Rügener Straße 205-3c
63075 Rumpenheimer Schloßgasse (3) 206-1a
63075 Rumpenheimer Straße 205-6a

63071 Saaleweg 205-12c
63075 Sachsenstraße 205-3c
63069 Saligstraße 205-11a
63073 Salzburger Straße 206-10a
63069 Samlandweg 231-2b
63069 St.-Gilles-Straße 231-1b
63069 Schäferbornweg 231-2d
63069 Schäferstraße 205-8c
63075 Scharfensteinerstraße 205-3b
63071 Scheffelplatz 205-12a
63071 Scheffelstraße 205-12a
63075 Schifferstraße 205-6a
63067 Schillerplatz 205-7d
63073 Schillerstraße 206-10d

63067 Schillstraße 205-7c
63069 Schlesierstraße 231-2a
63075 Schloßgartenstraße 206-1a
63065 Schloßgrabengasse 205-8a
63073 Schloßmühlstraße 206-10c
– Schlosspark 206-1a
63065 Schloßstraße 205-8a
63075 Schmiedegasse (1) 206-1a
63075 Schöffenstraße 205-6a
63075 Schönbornstraße 205-6a
63065 Schöne Aussicht 205-8a
63069 Schopenhauerstraße 205-11a
63069 Schreberstraße 205-11c
63069 Schubertstraße 205-10b
63071 Schuckertweg 205-9c
63069 Schumannstraße 231-1a
63073 Schutzbaumstraße 206-11c
63069 Schwarzwaldweg 231-2a
63075 Seegewannweg 205-3a
63075 Seestraße 205-3c
63075 Seeweg 205-3b
63073 Seligenstädter Straße 206-10c
63069 Senefelderstraße 205-11a
63069 Sibeliusstraße 205-10d
63073 Siebeneichen 232-1b
63069 Siegfried-Guggenheim-Weg 205-11c
63071 Siemensstraße 205-9c
63071 Sigmund-Merbach-Platz 205-11b
63071 Sinnweg 205-12d
63075 Sonnenpfad (3) 206-4d
63075 Spatzennest (6) 205-3d
63071 Spessartring 205-11b
63065 Speyerstraße 205-7b
63071 Spießstraße 205-11b
63069 Sprendlinger Landstraße 230-3d
– Sprendlinger Weg 231-1c
– Stadion Bieberer Berg 205-12b
63069 Starkenburgring 205-7d
63075 Staudenstraße 205-3c
63075 Staufenstraße 205-6a
63071 Stauffenbergstraße 205-8d
63075 Steinheimer Straße 205-6c
63073 Steinweg 206-11d
63075 Sternstraße 205-6a
63075 Stiftstraße 205-6a
63073 Stoltzestraße 206-10d + 232-1b
63075 Strackgasse 205-6a
63067 Strahlenbergerstraße 204-9a
63069 Sudetenstraße 205-11d + 231-2b
63071 Sulzbachweg 231-3a

63071 Tambourweg 205-12b
63071 Tauberweg 205-12c + 231-3b
63069 Taunusring 205-10a
63065 Taunusstraße 205-4d
63071 Tempelseestraße 205-8d
63069 Tennisstraße 205-10b
63075 Thüringer Straße 205-3c
63073 Trappbörnchen 206-11c
63067 Tulpenhofstraße 205-7b
63075 Tulpenweg (8) 206-7b

63073 Uhlandstraße 206-10c
63075 Ulmenstraße 206-4c
– Ulrichschneise 232-2a
63075/63071 Untere Grenzstraße 205-9a
63075 Untergasse 206-1a

63071 Valentin-Unkelbach-Weg 205-11b
63075 Veilchenweg (9) 206-7b
– Viehweidschneise 232-2a
63073 Vilbeler Straße 206-10a
63069 Vogelsbergweg 231-2c
63075 Von-Behring-Straße 205-6c
63073 Von-Brentano-Straße 205-12d
63069 Von-Gluck-Straße 205-10d
63069 Vorderwaldweg 231-2a

63075 Waitzenäckerstraße 205-3b
63069 Waldenburger Weg 231-2b
– Waldhofschneise 232-2a
63073 Waldhofstraße 232-2a
– Waldpark 205-9d
63065/63071 Waldstraße 205-8c
– Waldzoo 231-2b
63073 Walpertswiesenweg 206-11c
63067 Warschauer Straße (2) 204-9b
63069 Weidigweg 231-1b
63069 Weikertsblochstraße 205-10b
63075 Weilburger Weg (3) 205-6b
63073 Weinbergstraße 206-10a
63075 Weißdornpfad 206-7b
63075 Welfenstraße (5) 205-6a
63073 Wenkenwiesenweg (1) 206-11c
63071 Werraweg 205-12c
63071 Weserstraße 205-12c
63069 Westerwaldweg 231-2c
63071 Wiener Ring 205-12b
63071 Wiesenstraße 205-8d
63063 Wikingerstraße 206-10c
– Wildbrandschneise 230-3b
63069 Wildhof 231-5d
63075 Wilhelm-Busch-Straße 206-4a
63071 Wilhelm-Leuschner-Straße 205-11b
63071 Wilhelm-Schramm-Straße 205-12c + 231-3a
63065 Wilhelmsplatz 205-8a
63065/63071 Wilhelmstraße 205-8c
63069 Wilhelm-Weber-Weg 205-11c
63067 Willemerstraße 205-7a
63073 Willi-Bauer-Straße 206-10b
63063 Wingertstraße 206-10c
63075 Wintergasse 205-6a
63067 Wolframstraße 205-7a
63073 Wolfsheckenweg 205-12b
63073 Würzburger Straße 206-10d

63073 Yorckstraße 206-10d

63065 Ziegelstraße 205-8a
63075 Zum Mühler 206-1c
63069 Zwingerweg 231-2b

Oppenheim
PLZ 55276

Adnetstraße 328-8b
Am Daubhaus 328-5d
Am Eichgraben (14) 328-8b
Am Felsenberg 328-5a
Am Goldgraben 328-5d
Am Gutleuthaus 328-8a
Am Krämereck (16) 328-8b
Am Markt (5) 328-5c
Amselweg 328-5c
Am Stadtbad 328-5d
Am Stadtgraben 328-5c
Amtsgerichtsplatz (3) 328-5c
An den langen Äckern (17) 328-8b
An der Bleiche 328-5c
An der Festwiese 328-5b
An der Fischerbrücke (9) 328-5c
An der Maulbeerhecke (18) 328-8b
An der Rohrlache (15) 328-8b
Anna-Seghers-Straße 328-5d
Auf der Morgenweide 328-5d
Auf der Saar 328-8a

Backgasse 328-5c
Bädergasse 328-5c
Bahnhofstraße 328-5a
Baumschulenweg 328-8b
Burgstraße 328-5c

Carl-Koch-Straße 328-8a
Carl-Wernher-Straße 328-5c

Dalbergstraße 328-5c
Dammstraße 328-5a
Dyckerhoffstraße 328-5d

Emondstraße 328-5a
Engelbertstraße 328-8a
Ernst-Delorme-Straße 328-8a
Ernst-Jungkenn-Straße 328-8b

Fährstraße 328-5a
Fischergasse 328-5a
Friedrich-Ebert-Straße 328-8a
Fritz-Rüffer-Straße 328-8b

Gänsauweg 328-5d
Gartenstraße 328-8a
Gaustraße 328-4d
Gewerbegebiet Kette-Saar 328-8a
Givry-Allee 328-8b
Große-Zeppelin-Allee 328-8b

Hafenstraße 328-5a
Hasenbrunnengasse 328-5c
Herrnweiherweg 328-5c
Hohl 328-5a

Im Grohfuß 328-8a
Im Herrnweiher 328-5c
Im Kläuerchen 328-5c
In den Weingärten 328-5c
In der Kette 328-8a

Jahnstraße 328-5a
Jakob-Steffan-Platz 328-5c
Johanna-Senfter-Straße 328-8a
Johann-Benz-Straße 328-5d
Josef-Völker-Straße 328-8b

Katharinenblick 328-8a
Katharinenstraße 328-5c
Kautzbrunnenweg 328-5a
Kirchstraße 328-5c
Klostergasse 328-5c
Köbelstraße 328-5c
Konrad-Adenauer-Straße (12) 328-8b
Krämerstraße 328-5c

Mainzer Straße 328-5c
Martin-Luther-Ring 328-8b
Memellandstraße (8) 328-5c
Merianstraße (6) 328-5c

Paul-Laufenberg-Straße 328-5c
Paul-Wallot-Platz 328-5c
Pfarrer-Blümler-Straße 328-8b
Pfaugasse 328-5c
Pilgersberg 328-5c
Postplatz 328-5c

Rathofstraße 328-5c
Rheinstraße 328-5a
Rheintorgasse 328-5c
Rittergasse (2) 328-5c
Rohrgasse 328-5c

Sackgasse 328-5c
Sant'-Ambrogio-Ring 328-8a
Schlachthausgasse (7) 328-5c
Schloßgasse 328-5c
Schulstraße 328-5c
Sparrhofgasse (1) 328-5c
Spitalgasse 328-5c
Steckengasse 328-5c
Steinweg 328-5a

Treibergasse 328-5c
Turmstraße 328-5a

Vorstädter Straße 328-5a

Welschdorfgasse (4) 328-5c
Werderstraße (11) 328-8b
Willy-Brandt-Straße (13) 328-8b
Wormser Straße 328-8a

Zuckerberg 328-5c

Ortenberg
PLZ 63683

Am Bahndamm 110-4a
Am Berg 110-1a
Am dürren Berg 110-1d
Am Hofacker 110-4b
Am Kalkofen 110-4b
Am Kloster 91-12c
Am Scheuerberg 110-1d
Am Weidboden 110-4b
Auf dem Boden 109-3b

Bahnhofstraße 110-4b
Bettenstraße 110-4b
Beuneweg 110-4b
Bleichenbacher Straße 110-1a
Bleichstraße 110-4b
Borngasse 109-2b
Breslauer Straße 91-11d
Buchenweg 110-1d

Danziger Straße 91-11d

Egerlandstraße 110-4b
Eichenweg 110-1d
Erbsengasse 110-4b
Eubertsweg 110-4b

Forsthausstraße 110-1d

Glauburgstraße 110-4a

Hauptstraße 110-1a

Im Schafgarten 110-4b

Jahnstraße 91-11d

Klosterstraße 91-12d + 109-3b
Konradsdorf 91-12c
Konradsdorfer Straße 91-11d
Kurze Gasse 109-2b

Lindenweg 110-1d
Lutherhof 110-4a

Millionenweg 109-3b
Mittelgasse 110-4b

Neue Hanauer Straße 110-4b
Nidderstraße 109-2b

Pfarrgasse 110-4b
Pfarrstraße 91-11d
Plattenstraße 110-4b

Rathausgasse 110-4b
Ringstraße 91-11d

Schulstraße 91-11d
Selterser Hohl 110-1c
Steinbergstraße 110-4b
Stockheimer Straße 109-2b

Tannenweg 110-1d
Tunnelstraße 91-11d

Waldstraße 110-1d
Wasenstraße 110-4b

Ziegelhüttenweg 110-4b

Otzberg
PLZ 64853

Am Alten Rathaus (2) 363-3b
Am Beunefeld 363-5b
Am Bienengarten 363-3b
Am Bohrberg 337-12c
Am Bollplatz 363-3b
Am Burgmannenhaus 363-3b
Am Feldrand 337-9d
Am Goldberg 363-5a
Am Hang 364-1c
Am Hergert (4) 337-8d
Am Hirtenberg (2) 364-5b
Am Hollergraben 363-2d
Am Krautacker 363-3d
Am Mühlbach (4) 337-8a
Am Oberen Bucketal 337-11b
Am Ohmbruch 337-7b
Am Pfarrweiher 363-3d
Am Roten Rain 364-1a
Am Sandacker 364-5d
Am Schafbuckel 337-11b
Am See 363-2b
Amselweg 363-3d
Am Sportplatz 337-12a
Am Wolfenberg 337-12a
An den Bruchwiesen (1) 364-5a
An der Beune 337-7b
Aspenhof 363-3d
Auf dem Rain 363-2d
Auf den Frohnäckern (4) 337-7b
Auf der Dreispitz (5) 337-8d
Auf der Platte 337-7b

Bachstraße 363-5b
Bahnhaus Eichgraben 338-7c
Bahnhaus Wendelsberg 337-11b
Bahnhofstraße 337-12a
Bergweg 364-5b
Bernhardsrain 364-1c
Birkenweg (1) 337-12a

Bismarckstraße 337-12a
Borngasse 337-12a
Brensbacher Straße 363-5b
Brunnengasse (1) 363-3b
Bubeneck 363-5a
Bundenmühle 337-11d
Burggrabenstraße 337-7b
Burgweg (3) 363-3b

Dieburger Straße 337-4a
Die Halde 363-2b
Dorfmühle 337-8a

Falltorgasse 337-8a
Fasanenhof (Habitzheim) 336-9d
Fasanenhof (Lengfeld) 337-12d
Feldstraße 363-3d
Ferienheimstraße 363-3d
Floriansweg 337-8a
Fohlenhof 338-10a
Forsthausstraße 338-10c
Freier Platz 337-8a
Friedhofstraße (5) 363-3b
Fritzehof 336-6d
Frühlingsau 337-8a

Gartenstraße (4) 363-3b
Goethestraße 337-7b
Grabenstraße 337-12b
Große-Umstädter-Straße 363-3b

Habitzheimer Straße 337-9c
Hasselgasse 337-12a
Hauptstraße 338-10c
Heierngasse 337-12a
Heimstättenstraße 337-12a
Heinrichstraße 363-5b
Heringer Straße 363-2b
Heuweg 337-8a
Heydenmühle 337-11c
Hindenburgstraße 337-12a
Hinter der Kirche 363-2d
Hinter der Schießmauer 364-1a
Hintergasse 337-12a
Hochstraße 364-1c
Höchster Straße 364-5a
Hofgarten 363-5d
Holderbusch-Hof 337-4c
Hubertusstraße 363-5b
Hügelstraße 337-12a

Im Brühel 337-12a
Im Eck 363-5b
Im Finkenhäuschen 363-3b
Im Heidenstengel 364-1c
Im Rosengarten 364-1c
Im Sand 363-5b
Im Wiesengrund 363-3d
In der Hohl 337-11b

Jahnstraße 337-7b
Jakobstraße 363-5b

Karl-Ernst-Knodt-Straße 363-5b
Kirchstraße (2) 363-5b
Klinger Weg 337-8a
Klosterstraße 363-2d
Kohlbacher Hof 363-7d
Kohlbacherstraße (1) 363-5b
Kreuzstraße 363-4d
Krötengasse 337-7b
Krumme Straße 363-2b
Kühnlehof 363-2c

Langgasse 337-8a
Lencloitreplatz 337-12a
Lengfelder Straße 363-2d
Lerchenhof 337-10a
Liebfrauenweg 363-5b
Lindenhof (Lindenhof) 337-2c
Lindenhof (Ober-Klingen) 363-5d
Lindenstraße 363-2b

Malheckenweg 363-5b
Mauerstraße 363-3b
Mühlstraße 363-5a
Müllergasse (2) 337-12a

Nalsbachring 338-10c
Neckarstraße 363-5c
Neuweg 337-12a
Neuwiesenhof 337-11b

Obergasse 363-3b
Oberrasener Weg (3) 337-8b
Odenwaldstraße 363-3b + 364-1a
Ohmhof 337-10d
Ohmweg 337-7c
Ostpreußenstraße 337-5c
Otzbergstraße 337-12c

Pfarrhausstraße 337-12a
Pommernstraße (1) 337-8a

Raiffeisenstraße 337-12c
Rathausgasse 337-12a
Reinhard-Müller-Ring (6) 337-9c
Reinheimer Straße 337-11b
Ringstraße 337-8a
Rodensteiner Weg 364-1c
Rüsselsheimer Hof 338-10a

Sackgasse (7) 363-3b
Schafgrund 363-5a
Schillerstraße 337-7b
Schlesierstraße 337-8a
Schloßgasse 337-8a
Schloß-Nauses 364-6c
Schmelzmühle 363-6c
Schützenstraße 363-2d
Schulstraße 337-8a
Sebastian-Schwarz-Straße 337-12a
Seeger Hof 363-2d
Semder Straße 337-7b
Siebenbürgener Straße (2) 337-8b
Sonnenhof 337-7c
Steingärten 363-2b
Steinhauersweg (3) 337-12a
Storchenhof 337-10b
Sudetenstraße 337-5c

Talstraße 363-3b
Tannenbergweg 364-5a
Tannenhof 336-6d
Tannenmühle 336-9b
Teichweg 363-5b

Unterm Dorf 363-2b

Volkshausstraße (3) 363-5b

Waldeck 364-1a
Waldstraße 363-3d
Wersauer Straße 363-5b
Wiesenstraße 363-5b
Wilhelm-Leuschner-Straße 363-2c
Wilhelmstraße 363-2d

Zinselsgasse 363-3b
Zu den Steinäckern (3) 364-5b
Zu den Steinbrüchen 338-10c
Zum Bergfried (6) 363-3b
Zum Borngraben 337-12a
Zum Schießstand 364-5a
Zum Wendelsberg 337-11b
Zum Wiesengrund 337-11a
Zur Dorfmühle 337-8a

Partenheim
PLZ 55288

Albert-Schweitzer-Straße (4) 297-12a
Am Rebenhügel (3) 297-12a
Am Schwarzen Mannsgraben (12) 297-11b
Am Sonnenhang 297-9c
Am Sportplatz 297-11b
Am Weiher 297-11b
An der Mauer 297-11b
An der Weed (7) 297-11b

Bacchusweg (2) 297-11b
Bahnhofstraße 297-12a
Berliner Straße (5) 297-12a

Freiherr-von-Wallbrunn-Straße 297-11b

Gaßpforte (10) 297-11b

Heerstraße 297-11a
Hintergasse 297-11b

Lohweg (1) 297-11b

Mittelgasse 297-12a

Obere Zwerchgasse 297-11b
Osterbornweg (11) 297-12a

Pfarrgasse 297-11b

Raiffeisenstraße 297-11b

St.-Georgen-Straße 297-11b
Saulheimer Straße 297-12a
Schloßgasse (9) 297-11b
Schmiedgasse (8) 297-11b
Schulstraße 297-11b
Stiegelpfad 297-11b

Talweg 297-12a

Untere Zwerchgasse (6) 297-12a

Von-Wambold-Straße 297-11b
Vordergasse 297-11b

Wörrstädter Weg 297-11b

Pfaffen-Schwabenheim
PLZ 55546

Alzeyer Straße 321-5c
Am Mühlteich 321-5c
Augustinerstraße 321-5c
Aussiedlerhof Müller 321-4d

Badenheimer Straße 321-5c
Binger Straße 321-5a
Bosenheimer Straße 321-5c
Brühlstraße 321-5d

Gewerbestraße 321-4d

Heckengasse (1) 321-5c
Hintergasse (4) 321-5d
Hubertusstraße 321-5c

Im Kloster 321-5d
Im Weihergarten 321-5c

Klostergasse 321-5d
Kreuznacher Straße 321-4d

Mittelgasse (2) 321-5c
Mühlengasse (3) 321-5c

Raiffeisenstraße 321-5c
Rathausstraße 321-5d

Schleifmühle 321-4d
Schulstraße 321-5d
Sprendlinger Straße 321-5c

Untere Gewerbestraße 321-4d
Vordere Gewerbestraße 321-4d

Wiesenstraße 321-5d
Winzerstraße 321-5c
Wöllsteiner Straße 321-5c

Pfungstadt
PLZ 64319

Adam-Schwinn-Straße 358-6c
Adolf-Damaschke-Straße 358-6c
Adolf-Kolping-Straße 358-6c
Adolf-Reichwein-Straße (12) 358-6c
Ahornweg 358-1c
Akazienweg 358-5b
Alsbacher Straße 358-8b
Am Alten Neckarufer 357-3d
Am Alten Pfarrhof 357-6b
Am Breitwieser Weg 358-8c
Am Eichbaum 357-9d
Am Falltor 357-9d
Am Fuchsbau 358-9b
Am Heiligenhaus 357-9b
Am Herrenhof 358-4a
Am Hintergraben 358-8b
Am Jugenheimer Weg 358-12a
Am Neuen Gernsheimer Weg 358-8a
Am Römer 357-6b
Am Schelmsberg 358-4a
Am Schlag 358-4a
Amselweg 357-9d
Am Sportplatz 357-9a
Am Waldrand 358-9b
An der Gehrengasse 357-9a
An der Kieskaute 358-6a
An der Modau 357-9c
An der neuen Bergstraße 359-4d
An der Pfeffermühle 358-5c
An der Römerstraße 358-8b
An der Schmeihmühle (9) 358-5c
An der Tuchbleiche 358-1c
Anglerweg 357-6d
Auerbacher Straße 358-8b
Auf dem Kapellberg (2) 357-9a
Auf des Papstes Weinberg 358-11a

Bachgasse 358-5d
Bachschneise 358-2a
Bäumenschneise 332-11c
Bahnhofstraße 358-5b
Baldaufschneise 332-11c + 358-2a
Baumgartenstraße 358-8b
Bergstraße 358-5d
Berliner Straße 358-6a
Bickenbacher Weg (17) 358-8b
Birkenweg 358-1c
Blattschneise 332-12b
Borngartenstraße 357-3d
Borngasse 358-5d
Bornmühle 358-6b
Brandschneise 359-10b
Breitwieser Weg 358-8a
Breslauer Straße 358-4a
Brunnenstraße 358-5d
Buckelschneise 332-11b
Büchnerweg 358-6a
Bürgermeister-Lang-Straße 358-5d
Büttelsgasse (6) 358-5d

Carl-Benz-Straße 358-3c
Carl-Legien-Straße 358-6c
Carlo-Mierendorff-Anlage 358-5d
Christian-Götz-Straße 358-9a
Christian-Meid-Straße 358-2d
Christian-Stock-Straße 358-6c
City-Passage 358-5d
Claudiusstraße 357-9a
Crumstädter Straße 357-3d

Darmstädter Straße 357-6b + 358-1c
Die kleine Beune 357-6b
Dr.-Horst-Schmidt-Straße 358-8d
Dr.-Richard-Drescher-Straße 357-6b
Donaustraße 358-5a
Draudtschneise 358-3a
Dürerstraße 357-9a

Eberstädter Straße 358-5d
Egerländer Straße 358-2d
Eicher Hauptstraße 357-6d
Eicher Straße 357-9b
Elbestraße 358-9a
Elisabethenstraße 358-5b
Ernst-Glock-Straße 358-5b
Eschollbrücker Schneise 358-1c
Eschollbrücker Straße 358-4a
Eschollkopfschneise 358-9b

Fabrikstraße 358-5d
Feldbergstraße 358-5b
Feldchesgasse 358-5c
Feldschneise 358-2a
Feldstraße 358-5a
Fichtenweg 358-1c
Figline-Valdarno-Ring 358-5a
Finkenweg (16) 358-8b
Fleischmühle 358-6a
Fliederweg 358-4a
Floriansweg (3) 357-6d
Forststraße 359-7c
Frankensteiner Schneise 359-7b
Frankensteiner Straße 358-8b
Frankfurter Straße 358-5a
Freiherr-vom-Stein-Straße 357-6b
Freiligrathstraße 358-9a
Freitagsgasse 357-6b
Freyschneise 358-2d
Friedenspark 358-6c
Friedensplatz 358-5a
Friedhofstraße 358-1c

Galgenmühle 358-6b
Gambrinusstraße 358-8b
Gardignan Straße 358-5a
Gartenstraße 357-9a
Georg-Raab-Straße 358-6a
Gerhart-Hauptmann-Straße 358-9a
Gernsheimer Straße 357-9a
Geschwister-Crößmann-Weg (4) 357-9c
Geschwister-Scholl-Straße (14) 358-6c
Goddelauer Weg 358-1d
Goethestraße 358-6c
Gottlieb-Daimler-Straße 358-3c
Grenzallee 359-4c
Grüner Weg 358-6c
Grünigsgasse 358-5d
Gutenbergstraße 358-3d

Hahner Straße 358-5c
Hahnmühle 357-9d + 358-7c
Hahnmühlenweg 358-7a
Hahnpfadschneise 358-12d
Hahnweg 358-2a
Hans-Böckler-Straße 358-5a
Happelgasse 358-5d
Hebbelstraße 357-9a
Heinrich-Heine-Straße 358-9a
Heinschneise 358-6d
Herderstraße 358-6c
Heviz Straße 358-5a
Hillebergstraße 358-5c
Hillgasse 358-5d
Hinter der Kapelle 357-9b
Hintergasse 357-3d
Hirtenstraße 357-9a
Hügelschneise 359-7c
Hügelstraße (2) 358-6a
Hundschneise 332-12a

Im Bangert 358-8b
Im Götzhain (1) 357-9a
Im Hain 357-9a
Im Hasenpfad (15) 358-6d
Im Johannesgarten 357-6d
Im Karlsgarten (2) 357-6d
Im Krappfeld 358-5a
Im Schöffenstuhl 358-6a
Im Suden 357-9b
Im Waldfrieden 358-1c
Im Wiesengrund 357-9c
Im Wingertsfeld 358-4a
Im Wirthumsgarten 357-9a
In den Eichen (1) 357-6d
In den Gebäckern (1) 358-2d
In der Gänseweide 358-1c
In der Weed 358-1c
Industriestraße 357-3d

Jahnstraße 358-4a
Johannes-Wetzel-Straße 358-5b
Josephschneise 359-10b
Justus-Liebig-Straße (18) 358-8b
Justusstraße 358-5b

Kalkhofschneise 358-9b
Kantstraße 358-6a
Kaplaneigasse 358-5d
Karl-Hechler-Weg (10) 358-6c
Karl-Marx-Straße 358-5d
Karlsbader Straße (3) 357-9b
Kastanienweg 358-5b
Kiefernweg 358-6a
Kirchschneise 332-11c
Kirchstraße 358-5d
Kirchweg 357-9a
Kleine Gasse 357-9a
Klingsackerschneise 358-2d
Klingsacker Straße 358-2d
Königsberger Straße 358-2d

Leibnizstraße 358-5a
Lessingstraße 357-9a
Lindenstraße 358-5b
Ludwig-Clemenz-Straße 358-5a
Ludwig-Gandenberger-Platz (7) 358-5d
Ludwig-Gandenberger-Weg (8) 358-5d

Mainstraße 358-5a
Malcher Grenzweg 359-8c
Malcher Häuschen 358-6d
Malcher Wegschneise 359-7a
Marktpassage (4) 358-5d
Max-Planck-Straße (5) 357-9b
Melibokusstraße 358-5d
Mittelgasse 358-5d
Moorhaus 358-11d
Moselstraße 358-9a
Mozartstraße 358-9a
Mühlbergstraße 358-5b
Mühlschneise 358-6d
Mühlstraße 358-5d
Müller-Guttenbrunn-Straße 358-9a

Nahestraße 358-9a
Nebengasse 357-6b
Neckarstraße 358-5a
Neue Bergstraße 359-10c
Neumühle 358-8a
Niedergasse 358-5c
Nonnenweg 332-11b
Numrichstraße 357-6b

Obergasse 357-9c
Odenwaldstraße 358-9a
Oderstraße 358-9b
Öhlbergschneise 359-7c
Ostendstraße 358-2d

Parkstraße 357-9a
Pestalozzistraße 358-5b
Pfarrgasse 358-5d
Pfungstädter Hausschneise 358-2a
Pfungstädter Straße 357-6b
Pfungstädter Weg 332-10b
Place de Gradignan (5) 358-5d

Querstraße 359-4d

Raiffeisenstraße 358-6c
Reißschneise 359-10a
Reißstraße 359-4d
Retfordplatz (19) 358-5d
Retford Straße 358-5c
Rheinstraße 357-9b + 358-7a
Riedstraße 357-6d
Ringstraße 358-5a
Robert-Bosch-Straße 358-3c
Rolandshöhe 358-8d
Rolandshöhstraße 358-8b
Rollweg 358-7c
Rosenweg 357-9b
Rothschneise 358-2a
Rudolf-Diesel-Straße 358-3c
Rügnerstraße 358-5d

Saarstraße 358-9a
Sackgasse (3) 358-5b
Salzlackschneise 359-10a
Sandschneise 358-1c
Sandschollenschneise 358-2b
Sandstraße 358-5c
Sauweidweg 357-9d
Schillerstraße 358-8b
Schmeihmühle 358-5c
Schmiedgasse 358-5d
Schulstraße 357-9a
Seeheimer Straße 358-5d
Seilerstraße 358-5a
Sport- und Freizeitzentrum Nord 358-3c
Sport- und Freizeitzentrum Süd 358-8d
Stettiner Straße 358-5b
Stumpfschneise 332-11a
Sudetenstraße 358-5a
Südring 358-9a

Tannenweg 358-1c
Taunusstraße 358-5b
Theodor-Haubach-Straße (11) 358-6c
Theodor-Heuss-Straße 358-6c
Tierpark 358-6a
Tilsiter Straße 358-2d
Tulpenweg 357-6b

Uhlandstraße 358-6c
Ulmenweg 358-4a

Von-Ketteler-Straße 358-6c
Von-Stauffenberg-Straße (13) 358-6c

Waldschneise 332-11c
Waldstraße 358-5b
Werner-von-Siemens-Straße 358-3a
Weserstraße 358-9a
Wiedertäufer Schneise 359-10a
Wiesenstraße 357-6d
Wildbrandschneise 358-3a
Wilhelm-Leuschner-Straße 358-5d
Wilhelm-Weingärtner-Straße 357-9a
Wormser Straße 358-5c

Zelterstraße 358-6a
Zieglerstraße 358-5a
Zinsgutstraße 358-2d
Zu den Klosterwiesen 357-6b
Zu den Sportplätzen 358-5b
Zugmantelschneise 332-10b
Zwingenberger Straße 358-8b

Pleitersheim
PLZ 55576

Am Kreuznacher Weg 321-8c
Am Steinernen Kreuz 321-8c
Auf der Hall (3) 321-8c

Badenheimer Weg 321-8d
Birkenweg (1) 321-8c
Brunnengasse 321-8d

Friedhofstraße 321-8a

Hauptstraße 321-8c

Kirchgasse (2) 321-8c

Ringstraße 321-8c

Weihergasse 321-8d

Pohlheim
PLZ 35415

Alter Langgönser Weg 50-2b
Am Dorfgemeinschaftshaus (2) 50-3c
Am Kirchgarten 50-3c
Am Kirschenwald 50-3a
Am Rieden 50-2b

Baumgartenweg 50-3c
Bettenberg 50-3a
Beune 50-3c
Bimkheimer Hof 50-2a
Butzbacher Straße 50-2d

Eichstraße 50-2d
Erbsengasse 50-3c

Gambacher Weg 50-6a
Gartenstraße 50-2d
Gombertsgasse (1) 50-3c

Haingraben 50-3c
Hauptstraße 50-3c
Hof Klotz 50-6b
Holzheimer Hof 50-2a

Im Noll 50-3c
In den Weingärten 50-2d
In der Wann 50-2d

Karlsbader Straße 50-3a
Kellereigasse 50-3c

Langstraße 50-3c
Lehmkauter Weg 50-3c
Liebfrauengasse 50-3c

Mariannenhof 50-6b
Mittelstraße 50-2d

Riedenweg 50-2b

Schälgärten 50-3a

Turngasse 50-3c

Waldhof 50-2a
Weihersgärten 50-3c
Wiesstraße 50-3c

Zum Hasenberg 50-3a
Zur Langwiese 50-2b

Ranstadt
PLZ 63691

Altenburgring 90-9a
Alter Bahnhof 91-7a
Am Berg (5) 90-8b
Am Hollerfeld 90-9a
Am Kleinenberg 91-8b
Am Konschloh 91-7c
Am Mühlberg 91-8c
Am Roten Graben 91-10a
Am Schießrain 91-10b
Amselweg 90-8a
Am Wehr 90-9a
Am Wehrturm 90-8b
Am Weinberg 90-8a
Am Wiesengrund 91-7d
Am Wildfang 90-8a
Angerstraße 91-7c

Bahnhofstraße 91-10a
Bangert (4) 91-7d
Beim Golschlu 90-9d
Bellmuther Straße 91-7d
Berghof 91-8c
Bergstraße 91-10a
Beundestraße 90-12c
Birkenweg 90-8a
Bleichstraße 90-12c
Blofelder Straße 90-8b
Blumenstraße 90-8b
Borngasse 90-8b
Bornrain 90-8b
Braugasse (7) 90-9a
Breulstraße 90-12c
Brunnenweg (1) 91-7c
Bucheneichweg 90-8c
Buchenweg 90-8a
Buchfinkenweg 90-8a

Christian-Eckhardt-Straße 90-9a

Dauernheimer Straße 91-7c
Dreimannsgasse (6) 90-9a

Eichenweg (3) 90-8a

Fasanenweg 90-8b
Feldbergblick 90-12b
Feldstraße 90-12c
Finkenweg (6) 91-10b
Frankfurter Straße 91-6d
Friedberger Straße 90-12c
Friedhofstraße 91-9a

Gartenstraße 91-7c
Große Erbsengasse 90-9a

Hangstraße 90-8b
Hasenbeunde 90-12c
Hasenpfad 90-8b
Hassia-Höhe 91-10a
Hauptstraße 91-7c
Heegweg 91-7c
Heinich-Jung-Straße 91-7c
Heinrichspforte (4) 90-8b
Hintergasse 91-7d
Höhenweg 91-7c
Hof Dauernheim 90-6b
Hof Steinkaute 91-8d
Hohlweg 90-8c

Im Gerstengrund 90-12b
Im Kornfeld 90-12b
Im Maisfeld 90-12b
Im Steingarten 91-7c
In den Bädergärten 90-9a
Industriestraße 91-10a

Kapellenstraße 91-8b
Karl-Klein-Ring 91-10a
Karlshof 91-10b
Katzenauer Straße 91-7c
Kirchbergstraße 90-8b
Kirchweg 90-12c
Kleine Erbsengasse 90-9c
Kreuzpforte 90-9a
Kurze Gasse 90-9a

Laisbachstraße 91-7d
Langgasse 90-9a
Lauenburgstraße 90-12c

Lerchenweg (2) 90-8b
Leustädter Straße 90-12c
Liebfrauenstraße 90-12c
Lindenweg 90-8a

Mockstädter Straße 91-7c
Mühlbachstraße 90-9a

Niddaer Landstraße 90-9a
Niddastraße 90-12c
Niedergärten 90-8d
Nornbodenweg 90-8b

Obere Sackgasse (3) 91-7d
Obergasse 90-12c
Oberriedstraße 91-7d

Parkstraße 90-12c
Pfaffenlochweg 90-8c
Pfortgartenstraße (5) 91-7c

Rabenbergstraße 91-7a
Raiffeisenstraße 90-12c
Rathausstraße (1) 90-12c
Ringstraße 91-7c

Schleifelder Weg 90-9a
Schmerbacher Weg 91-7d
Schulstraße 90-12c
Stadener Straße 90-8b
Stickesgasse 91-9a
Stolbergstraße 91-7d
Sudetenstraße 91-10a

Tannenhof 91-8c
Tannenweg 90-8a
Taunusstraße 91-7c

Untere Sackgasse (2) 91-7d
Untergasse 90-12c

Vogelsbergstraße 91-7a

Waldstraße 90-12c
Waldweg 90-8a
Waschbodenstraße 91-7c
Weidgasse 90-9c
Wernershof 90-12a
Westring 90-8b
Wetterauer Straße 91-7c
Wildwechsel (1) 90-8a
Wolfershäuser Weg 91-5b

Ziegelhüttenweg (2) 90-12c
Zum Alten Bahnhof 91-7a
Zur Eisenkaute 90-12d
Zur Hardthöhe 91-7d

Raunheim
PLZ 65479

Achtstaudenschneise 252-5b
Adalbert-Stifter-Straße 252-4d
Ahornweg 252-7a
Akazienweg 252-7a
Albert-Schweitzer-Straße 252-4c
Alexander-von-Humboldt-Straße 252-4b
Am Börnchen (3) 252-4c
Am Prime-Parc 252-4b
Am Ried 252-4c
Am Römergraben 252-4c
Am Schifferstück 251-9b
Amselweg (4) 252-4c
Am Stadtzentrum 251-6d
Am Waldblick 252-4d
An der Bahn 252-4c
An der Lache 251-9b
Anton-Flettner-Straße 251-6c
Aschaffenburger Straße 252-4d
Asternweg (10) 251-9b
Auf dem Weiherchen (2) 252-7a
August-Bebel-Straße 252-4a
Aussiger Straße 251-6d

Bahnhofstraße 252-4a
Birkenschneise 252-4d
Bleichstraße 252-4a
Breslauer Straße 252-4c
Buchenweg 252-7a
Büchnerplatz 252-4d

Carl-von-Ossietzky-Straße 252-4b
Carl-Zuckmayer-Weg 252-4d
Christoph-Kolumbus-Straße 252-4b

Dr.-Hermann-Ehlers-Straße 252-4b
Dr.-Kurt-Schumacher-Straße 252-4a
Dr.-Rein-Platz 252-4c

Egerländer Straße 251-6b
Eichendorffstraße 252-4d
Eichenweg 252-7a
Elbestraße 251-6d
Elisabethenstraße 252-4c
Erlenweg 252-7a
Ernst-Reuter-Straße 252-4b
Ernst-Wichert-Straße 252-4d

Finkenweg (5) 252-7a
Fischergasse 252-4a
Flörsheimer Straße 251-6c
Flörsheimer Waldweg 252-4b
Forsthaus Mönchwald 252-2c
Forsthausstraße 252-4c
Frankfurter Straße 252-4a
Friedrich-Ebert-Platz 252-4d
Friedrich-Ebert-Straße 252-4c

Gebrüder-Grimm-Straße 252-4d
Gerberstraße 252-4c
Gerhart-Hauptmann-Straße 252-4d
Goethestraße 252-4c
Gottfried-Keller Straße 252-4d

Häfnerschneise 253-1a
Hafenstraße 251-6d
Hans-Sachs-Straße 252-4d
Hartmannsbornschneise 252-5d
Haßlocher Straße 252-4c
Haßlocher Weg 252-7b
Hebbelplatz 252-4d
Heinrich-Heine-Straße 252-4d
Heinrichstraße 252-4a
Hermann-Hesse-Straße 252-4d
Hermann-Löns-Straße 252-4c
Hermannstraße 252-4a
Hohehügelschneise 252-2d
Holzweg 252-2d

Im Langgewann 251-9b
In den Beunen 252-4a
In den Binsenbüschen (1) 251-9b
In den Birken 252-4d
Industriestraße 252-1d

Jakobstraße 252-4c

Karl-Liebknecht-Straße 252-4a
Karlsbader Straße 251-6b
Karlstraße 252-4c
Kastanienweg (8) 252-7a
Katarinenstraße 252-4c
Kelsterbacher Straße 252-4a
Kiefernweg 252-7a
Kirschbaumweg (9) 252-7a
Klopstockstraße 252-4d
Königsberger Straße 251-6b
Korbmacherstraße 252-4c
Kornblumenweg (11) 251-9b
Küferstraße 252-4c

Lahnstraße 251-6d
Lange Feidschneise 252-2d
Langseeweg 252-10b
Lappenschneise 252-7b
Leinpfad 252-1d
Lessingstraße 252-4d
Le-Teil-Straße 251-9b
Liebfrauenstraße 251-6b
Limesstraße 252-4c
Ludwig-Buxbaum-Allee 252-4c
Ludwigstraße 252-4a
Luftschneise 252-5c
Magellan-Allee 252-4b
Mainstraße 252-4a
Mainzer Straße 251-9a
Marco-Polo-Straße 252-4b
Margeritenweg (12) 251-9b
Mathildenstraße 252-4a
Mönchhof 226-11c
Mönchhofschneise 252-2d
Mörikestraße (14) 252-4d
Moselstraße 251-6d

Nahestraße 251-6d
Neckarstraße 251-6d
Niddastraße 252-4c

Odenwaldstraße 252-4a
Oderstraße 251-6d

Pfarrer-Heyer-Weg (7) 252-7a

Rabenweg (6) 252-7a
Raunheimer Grenzschneise 252-6c
Reichenberger Straße 251-6d
Ringstraße 251-6d
Robert-Koch-Straße 252-4c
Römerstraße 252-4c
Rudolf-Ihm-Straße 252-4b

Sandhügelschneise 252-3d
Schillerstraße 252-4c
Schlesierstraße 252-4a
Schleusenstraße 251-6b
Schneise Nr. 4 252-8a
Schneise Nr. 6 252-5d
Schnelser Weg 251-6c
Schulstraße 252-4a
Schultannenschneise 252-6a
Schwarzer Weg 252-4b
Starkenburger Straße 252-4a
Stockstraße 252-5a
Stresemannplatz 252-4a
Sudetenstraße 252-4c

Tannackerschneise 252-6a
Taubengrundschneise 253-1c
Taunusstraße 252-4a
Tejostraße 252-2a
Theodor-Storm-Straße 252-4b
Thomas-Mann-Straße 252-4a
Trofarellostraße 252-7a
Tulpenweg (13) 251-9b

Uhlandstraße 252-4d

Waldstraße 252-4a
Walther-Rathenau-Platz 252-4a
Wasserlochschneise 253-1c
Weinbergstraße 252-4a
Weserstraße 251-6d
Wilhelm-Busch-Straße 252-4d
Wilhelminenstraße 252-4a
Wilhelm-Leuschner-Straße 252-4a
Wilhelm-Raabe-Straße 252-4d

Ziegelhüttenweg 251-6b
Zum Neuen Hof 252-4c
Zwiebelstückschneise 252-6a

Reckenroth
PLZ 56370

Auf der Höhe 140-3a

Erbsengasse 140-3a

Gartenfeldstraße 140-3a

Hauptstraße 140-3a

Kirchweg 140-3c
Klosterweg 140-3c

Rheinstraße 140-3c

Sandersmühle 140-6b
Schöne Aussicht (1) 140-3a
Schulberg 140-3d
Steinweg 140-3c

Reichelsheim (Wetterau)
PLZ 61203

Ahornstraße 89-7d
Alte Gasse 106-3a
Am Bahndamm 88-8a
Am Feuergraben 89-7d
Am Haingraben 89-7d
Am Hans-Geis-Küppel (2) 89-7d
Am Sportplatz 88-9c
Am Viehtrieb 89-7b
Am Wasserfall (4) 88-8a
Am Weedgraben 90-7b
Am Zimmerplatz 89-7d
An der Beunde 106-3a
Assenheimer Straße 106-3a
Auf der Beune 89-4c

Bachgasse 89-7d
Bad Nauheimer Straße 89-7d
Bahnhofstraße 88-8c
Bahnstraße (9) 89-7d
Barbarastraße 88-9c
Bauernheimer Weg (5) 88-8c
Beienheimer Straße (4) 88-9c
Bergstraße 88-9c
Berliner Straße 88-8a
Bingenheimer Straße 89-7d
Birkenstraße 88-8c
Birkenweg 89-7d
Borngasse 89-9a
Brunnenweg 88-8a
Buchenstraße 106-3a

Dorheimer Straße 88-7d
Dorn-Assenheimer-Straße 88-9c

Echzeller Weg 88-8a
Eichelbergweg 90-7a
Eichenstraße 89-7d
Elsterhof 106-2d
Enggasse (7) 89-7d
Erbesgasse 88-8a
Erlenweg (6) 106-3a

Fachwerkstraße (3) 89-7d
Falkenstraße (2) 88-9a
Fasanenweg (1) 90-7a
Feldstraße 106-3a
Florstädter Straße 89-10b
Flugplatz Reichelsheim-Wetterau 107-1b
Forsthausstraße 90-7a
Frankfurter Straße 88-8c
Friedberger Straße 90-7a
Friedensstraße 89-7d
Friedhofsweg (5) 89-7d

Gäßchen (3) 90-7a
Gartenfeldstraße 88-8c
Gartenstraße 89-7a
Geibelstraße 89-7b
Geschwister-Scholl-Ring 88-8a
Gettenauer Straße 89-4d
Goethestraße 89-7b

Haingrabenweg 88-12c
Hainpfad (3) 88-8a
Hainweg 88-9a
Haspelgasse 89-7d
Hauptstraße 89-7a
Heinestraße 89-7b
Heuchelheimer Weg 88-9a
Hinter den Gärten 88-8a
Hintergasse 89-7b
Hubertusweg 90-7c

Im alten Dorf 89-7d
Im Kirchgrund (1) 89-7a
Im Mühlahl 89-8a
In den Spitzgärten (1) 88-8a

Kastanienweg 88-9a
Kirchgasse 89-7d
Kirchplatz (1) 106-3a
Kirchstraße 90-7a
Kleiststraße 89-7b
Kurt-Schumacher-Straße 88-9c

Langeweidstraße 106-3a
Leidhecker Weg 106-3a
Lessingstraße 89-7b
Ligusterweg 106-3a
Lindengasse 106-3a
Lindenstraße (4) 90-7a
Lindenweg 89-7d
Lustgartenstraße 88-9a
Melbacher Straße 88-7b
Mittelgasse 88-9a
Mittelweg (3) 106-3a

Nebengasse (1) 88-9a
Nelkenweg (4) 106-3a
Neue Straße 90-7a
Neugasse 89-10b
Niddaer Straße 90-7b

Obere Freiheit 88-9c
Obere Haingasse 89-7d
Obergasse 106-3a

Parkstraße 88-8c
Pfählergasse 88-8a
Platanenweg (10) 89-7d

Reichelsheimer Straße 88-9c
Riedstraße 89-7b
Riedweg 88-8a
Ringstraße 89-7d
Römerberg (8) 89-7d
Rosenstraße 106-3a
Rossgasse 89-10b
Rotdornweg (11) 89-7d

Sandgasse (6) 89-7d
Schillerstraße (1) 89-7b
Schöne Aussicht 90-7a
Schützenweg (2) 90-7a
Schulstraße 88-9c
Schwarzdornallee 106-3a
Schweizergasse (4) 89-7d
Siedlerstraße 106-2d
Sommerbachstraße 88-9a
Sonnenweg (5) 106-3a
Sudetenring 88-8a
Sudetenstraße 89-7d

Tannenweg 89-7d
Taunusblick 90-7a
Taunusstraße (3) 88-9c
Tulpenweg (2) 106-3a
Turmgasse 89-7d

Ulmenstraße 89-7b
Untere Haingasse 89-7d
Untergasse 106-3a

Vogelsbergstraße 90-7a

Waldstraße 90-7a
Weckesheimer Straße 88-8c
Weedweg 90-7a
Weidstraße 89-7b
Weiherstraße 88-9c
Weingartenstraße 106-3a
Wetteraustraße 106-3a
Wiesbrück 88-9a
Wiesengasse 88-9a
Wiesenstraße 89-7b
Willy-Nohl-Straße 89-8c
Wölfersheimer Straße 88-6a

Zur Kirche (2) 88-8a

Reinheim
PLZ 64354

Ackerauer Weg 362-3c
Adelungstraße 336-8c
Albert-Schweitzer-Straße 335-9c
Albrechtstraße 362-3b
Alfred-Delp-Straße 336-11a
Alter Brensbacher Weg 362-3d
Alter Weg 362-3a
Am Bettenberg 336-12d
Am Biet 336-11d
Am Bremelsberg 336-11b
Am Dieburger Berg 335-9b
Am Eberling 335-9b
Am Erlenberg 335-9c
Am Friedrich-Ebert-Platz 336-7a
Am Gockert 336-7a
Am Hang 335-9b
Am Hirschbach (6) 335-9d
Am Hofacker 362-3c
Am Kandelborn 362-2a
Am Mühlbach 335-9d
Am Mühlberg 336-11c
Am Museum 336-11d
Am Pfarrberg 336-8c
Am Pfarrgarten 362-3b
Am Schlehenrech 362-3a
Am Scholzenberg 335-9d
Am Schützenrain 336-12d + 362-3b
Am Schwimmbad 336-11b
Am Seegärtchen (4) 336-7c
Am Sportplatz 336-7a
Am Südhang (3) 335-9b
Am Wembach 336-12c
Am Wiesengrund (1) 336-8b
Am Wingert 362-3a
An der Bereiters Mühle 336-7b
An der Lettkaute 336-11c
An der Stadtmauer 336-11d
Anne-Frank-Straße 336-11a
Auf dem Mühlberg 336-11c
Auf der Bruchhohl 336-8c
Auf der Roten Erde 335-9b
Auf der Steinmauer 336-8d
August-Bebel-Straße 336-8c
Außerhalb 362-3a

Bachgasse (2) 336-8c
Bahnhofstraße 336-11d
Bergstraße 336-11d
Berliner Straße 362-3c
Bert-Brecht-Straße 336-8d
Birkenweg 336-11d
Blumenstraße 336-11d
Bonhoefferstraße (1) 336-11a
Brensbacher Straße 362-3a
Breslauer Straße 362-2a
Breubergstraße 362-3a
Brüder-Grimm-Straße 362-3b
Brunnenstraße 336-12c
Buchenweg (4) 336-11c
Burgfriedstraße (6) 336-11d

Carlo-Mierendorff-Straße 335-9b
Cestasplatz (5) 336-11d
Claudiusstraße 362-3a

Danziger Straße 362-2c
Darmstädter Straße 336-11b
Dieburger Straße 336-8c
Dilsbachhof 335-12b
Dilsbachstraße 336-8c
Dilshofer Straße 335-9d
Dörnbachstraße 336-7c

Eckweg 362-2a
Edith-Stein-Straße 336-11a
Egerländer Straße 336-11b
Eichendorffstraße 362-3a
Eichweg 336-11c
Erbacher Straße 336-8c
Erlenweg 336-11c
Ernst-Reuter-Straße 336-11a

Fasanenweg (2) 335-9b
Feldstraße 336-8b
Fichtenweg 336-11c
Fontanestraße 336-8d
Forstbergstraße 362-3a
Freiherr-vom-Stein-Straße 336-11b
Friedhofstraße 336-8c
Friedrich-Ebert-Straße 336-8c
Friedrichstraße 336-11d
Fritz-Erler-Straße 336-7a
Fürstenwalder Straße 336-8b

Gartenstraße 336-7a
Gehrenhof 337-10a
Georg-August-Zinn-Straße 336-11a
Georg-Büchner-Straße 336-8d
Georgenhäuser Straße 335-9d
Georgenstraße 336-11d
Gerhard-Hauptmann-Straße 336-8d
Geschwister-Scholl-Straße 336-11a
Glöcknergasse (4) 362-2b
Goethestraße 336-11c
Goldgrundring 335-9a
Grabenstraße 336-11d
Grenzweg 335-9b
Groß-Bieberauer Straße 362-3a
Groß-Zimmerner Straße 336-7a
Gundernhäuser Straße 335-9b

Habitzheimer Straße 336-8d
Hahner Straße 362-2a
Hauptstraße 335-9d
Hebbelstraße 362-3c
Heimstättenstraße 362-2a
Heinemannstraße 335-9b
Heinestraße 362-3a
Heinrich-Heine-Straße 336-8d
Heinrichstraße 336-11d
Henri-Dunant-Straße (3) 336-11b
Hermannstraße 335-9d
Hinter der Kirche 362-2b
Hinter der Mühle 362-2a
Hinter der Stadt 336-11d
Hirschbachstraße 336-7a
Hochstraße 336-7a
Höhenweg 336-8c
Hofgasse (6) 362-3a
Hof Illbach 361-3b + 362-1a
Hofstraße 336-8c
Hohe Straße 362-4a
Hügelstraße 336-7a
Hundertmorgen 362-6d

Im Eichgrund 336-11b
Im Flürchen 335-9c
Im Flutgraben 336-12c
Im Muttergarten 335-9d
Im Trappengrund 336-11c
In den Krautgärten 336-8c
In den Orscheläckern 336-8b
In den Rödern 335-9a

Jahnstraße 336-11d
Jakob-Hotz-Straße 335-9b

Käthe-Kollwitz-Straße 336-11a
Kantstraße 336-8d
Kaplaneigasse 336-11d
Karl-Marx-Straße 362-3a
Karlstraße 336-11d
Kirchstraße 336-11d
Kleiststraße 336-11d
Königsberger Straße 362-2a
Konrad-Adenauer-Straße 336-11b
Kreuzstraße 336-8c

Landrat-Gruber-Straße 335-9b
Landrat-Pfeifer-Straße 335-9b
Lengfelder Straße 336-12d
Lengfelder Weg 336-12d
Lessingstraße 336-8c
Libellenweg (5) 335-9d
Lichtenbergstraße 362-2b
Liebigstraße (7) 362-3c
Lindenweg 336-11c
Ludwigstraße 336-11d

Magdeburger Straße 362-2a
Marienstraße 336-7a
Martin-Niemöller-Straße 336-7b
Maulbeerstraße 335-9a
Maximilian-Kolbe-Straße 336-11a
Messeler Straße 336-7a
Mühlstraße 336-8c
Münzenberger Straße 336-11c

Neue Straße 362-3a
Neugasse 335-9d
Niedergasse 336-12c
Nikoleyweg 362-2a

Obere Straße 362-3a
Ober-Ramstädter Straße 335-9c
Ober-Ramstädter Weg 362-2a
Odenwaldring 362-2a
Ollenhauer Straße 336-7c
Otzbergstraße 336-11d

Pestalozzistraße (3) 336-8c
Pfarrweg 362-3a
Pöllnitzstraße (7) 336-11d
Poststraße 362-3a

Querspange 336-11a

Rhönstraße 335-9b
Ringstraße 336-7a
Roßbergring 335-9c
Roßdörfer Straße 335-9b

Schäferweg 336-12a
Schillerstraße 336-11d
Schubertstraße 336-11c
Schuchardstraße 336-11c
Schulstraße 335-9d
Scribastraße 336-11b
Seegasse 362-2b
Seestraße 336-8c
Siedlerweg 336-7a
Sonnenhof 362-2c
Spachbrücker Straße 336-7a
Spessartstraße 335-9b
Steinstraße 336-8b
Stettiner Straße 362-2a
Sudetenstraße 336-12c

Tannenweg 336-11d
Taubenstraße 335-9a
Taunusstraße (1) 335-9b
Teichscheuer 336-9a
Teichstraße 336-8b
Teichweg 336-12c
Theodor-Heuss-Straße (2) 336-11a
Tilsiter Straße 362-2a

Ueberauer Straße 336-11d
Uhlandstraße 335-9b
Ulmenweg 336-11c

Waldstraße 362-2a
Wallgasse (3) 336-11d
Walter-Kolb-Straße 335-9b
Westring 336-11c
Wielandstraße 362-3c
Wiesenstraße 335-9c
Wilhelm-Leuschner-Straße 336-12c + 362-3a
Wilhelmstraße 336-11c
Willy-Brandt-Straße 336-11a
Wingertstraße 336-11d

Zeilharder Straße 335-9d
Ziegelbusch 362-2a
Zum Roßberg 335-9b
Zum Stausee 335-9c
Zum Stetteritz 336-7a

Riedstadt
PLZ 64560

Ackerbergstraße (6) 330-12d
Ahornweg (3) 357-1c
Akazienstraße 330-12c
Albert-Einstein-Straße 330-5d
Albert-Schweitzer-Straße 330-6a
Alte Länderstraße 330-12a
Altrheinweg 330-11a
Am alten Bahnhof 330-9b
Am alten Grenzstein 330-11b
Am alten Ortsdamm (12) 329-6c
Am Dammacker 330-11d
Am Erlenwiesenweg 330-6d
Am Gartenweg 330-9b
Am Großen Stück (7) 329-6c
Am Hanfgraben 330-9c
Am Hohen Weg (10) 330-12d
Am Kirchweg 357-1c
Am Lachengraben 330-6b
Am Leeheimer Weg 330-12a
Am Lohrrain 356-6b
Am Melkpfad (3) 330-11a
Am Mittelweg (8) 330-12d
Am Neuen Sportplatz 356-3d
Am Roseneck 356-3d
Am Sandweg 357-1c
Am Schwarzbach 356-2b
Am Wallerstädter Weg 329-6b
An der Gänseweide (15) 330-9b
An der Riedbahn 330-11b
An der Sporthalle 329-6d
Anne-Frank-Weg (8) 330-6d
Asternweg 357-4a
Auestraße 330-7d
Auf den vier Morgen (4) 329-6b
Auf der Mittagsweide 329-5d
Auf der Weide 330-9d
August-Bebel-Straße 330-11a
Augustinusstraße 357-1c
Aussiger Straße 330-6c

Backhausstraße 329-6b
Badenser Weg 330-12a
Bahnhaus Außerhalb 331-4c
Bahnhofsallee 330-12a
Bahnhofsplatz 330-6c

Bahnhofstraße 330-12a
Bahnhofsweg (13) 330-9b
Bahnstraße 330-11a
Beethovenstraße 330-11a
Bensheimerhof 329-9a
Bensheimerweg 329-6d
Bergfeldstraße 329-6b
Bergstraße 329-6a
Berliner Straße 330-11a
Bertha-von-Suttner-Straße 330-5d
Bettina-von-Arnim-Straße (16) 330-10a
Birkenhof (Crumstadt) 357-7b
Birkenhof (Erfelden) 330-7d
Birkenhof (Wolfskehlen) 330-9d
Birkenweg 329-6c
Blütenweg 330-12a
Böllenwiese 329-9d
Bogenschneise 355-1a
Bootshaus 330-11c
Brandenburger Straße (5) 330-11a
Brentanoweg (2) 330-12b
Breslauer Straße (3) 330-6c
Brienner Straße 330-6a
Bruchackerhof 357-7b
Bruchmühle 357-8c
Brückwiesenweg (4) 330-6b
Brunnenhof 331-10a
Brunnenstraße 356-3d
Buchenweg (2) 357-1c
Büchenlachschneise 354-3b
Büchnerstraße 330-12a
Burghof 331-8c

Cambener Weg (9) 329-6c
Carlo-Schmidt-Straße 330-12b
Carl-Ulrich-Straße 330-6c
Christine-Brückner-Weg (6) 330-6b
Clara-Schumunn-Straße 330-8c
Clara-Zetkin-Straße (17) 330-8c

Dahlienweg 357-4a
Dammstraße (9) 330-11a
Daniel-Melchior-Platz (15) 330-10a
Danziger Straße 329-6a
Darmstädter Straße 357-4a
Dietrich-Bonhoeffer-Straße (7) 357-1c
Dornheimer Straße 330-1c
Dresdener Straße 330-6c
Drosselweg (3) 329-6a
Dürerstraße 330-11a

Eberbacher Straße (6) 329-6c
Ederstraße 330-12d
Edith-Stein-Straße (12) 330-8c
Egerstraße 330-12d
Eichenweg 329-6c
Eifelstraße 329-6a
Eisenacher Straße 329-6c
Elbestraße 330-6c
Elisabeth-Langgässer-Weg 330-7d
Elisabeth-von-Thüringen-Straße (4) 357-1c
Elsa-Brändström-Weg (1) 330-6a
Emil-von-Behring-Straße (5) 330-6d
Erfeldener Straße 355-1b
Erfelder Straße 329-6b
Erfurter Straße 329-6c
Erholungsgebiet Riedsee 329-5b
Erlenhof 331-7d
Ernst-Ludwig-Straße 330-6d
Ernst-Reuter-Straße 330-11a
Espenstraße 330-6d

Falkenweg 329-6a
Farrnsplattschneise 355-1a
Feldbergstraße (2) 330-7d
Feldschneise 329-10d + 355-1a
Feldstraße 329-6a
Fichtenweg 329-6d
Fischergasse 330-10b
Fliederweg 357-4a
Floßgasse 330-6d
Forstweg 357-1c
Frankenweg 330-12a
Frankfurter Straße 330-11a
Franziskusweg 357-1c
Freiherr-vom-Stein-Straße 330-12a
Friedrich-Ebert-Straße 356-3d
Friedrich-Hartung-Straße 330-12b
Friedrichstraße 330-12a
Fuldastraße 330-9a

Gartenstraße 330-6c
Geinsheimer Straße 329-6a
Genossenschaftsstraße 330-6c
Georg-Büchner-Platz (1) 330-12a
Georg-Sand-Weg (7) 330-6b
Gerhardt-Hauptmann-Straße 330-6d
Gernsheimer Straße 330-6d
Gewerbegebiet Goddelau Süd-West 330-11b
Ginsterweg 357-4a
Glockengasse 329-6d
Goddelauer Straße 330-11a
Goethestraße 330-12a
Golf-Park Hof Hayna 330-4b
Griesheimer Straße 331-4c
Große Sackgasse 329-6b
Groß-Gerauer Straße 330-6a
Gustav-Heinemann-Straße (5) 329-6c
Gutenbergstraße 329-6c

Hahnensandschneise 329-10c
Hainerpfad 329-6d
Hauptstraße 329-6b
Haydnstraße 330-11a
Heinrich-Heine-Straße 330-6d
Heinrich-Hertz-Straße 330-5d
Heinrich-Orth-Straße 357-4a
Heinrich-Reichard-Straße 330-8c
Heinrichstraße 330-12a
Henesgraben 330-12c
Hermann-Löns-Straße 329-6c

Herrmann-Hesse-Straße 330-6b
Herrngartenweg (15) 329-6c
Herzgraben 330-12c
Hessenring 330-12a
Hildegard-von-Bingen-Straße 330-8c
Hinter den Gärten 329-6a
Hintergasse 330-9c
Hochstadtweg 330-6d
Hofheimer Weg 356-3d
Hof Wasserbiblos 357-5d
Hollagasse 330-6d
Holunderweg 356-6b
Hospitalstraße 330-12b
Hügelstraße 330-9c
Hüttenböhlweg (7) 330-12d
Hundgasse 330-10b
Hunsrückstraße 329-6a

Im Amselweg 356-3d
Im Eichholz 331-7c
Im Entenbad 330-11d
Im Feldwingert 330-11c
Im Finkenweg (4) 356-3d
Im Forst 330-5d
Im Höferfeld 330-12c
Im Kleinen Feldchen (14) 330-9b
Im Lehrbruch 357-1c
Im Lerchenweg (5) 356-3d
Im Meerchen 330-6a
Im Rheinfeld 330-10b
Im Taubenweg 356-3d
Im Watt 330-11a
In der Flora 330-6a
In der Hochstadt 330-6d
In der Horst 356-3d
In der Langgewann 356-6b
Industriestraße 357-1d

Jahnstraße 330-10b
Jakobusweg 357-1c
Jasminweg 356-6b

Käthe-Kollwitz-Straße (11) 330-8c
Kaiser-Konrad-Platz 329-6c
Kammerhöfe 329-4d
Kammerhofweg 329-6c
Kantstraße 330-12a
Karlsbader Straße 356-6b
Kasseler Straße 330-12c
Katharina-von-Bora-Straße (5) 357-1c
Kiefernweg (10) 329-6c
Kiesstraße 357-4a
Kinderschulgasse 329-6b
Kinzigstraße 330-6c
Kirchplatz (9) 330-6d
Kirchstraße 329-6d
Kirchweg 330-7d
Klappergasse 329-6d
Kleine Sackgasse (16) 329-6b
Kleinstraße 330-6d
Knoblochsaue 355-1a
Königsberger Straße 330-6c
Konrad-Adenauer-Straße 330-12b
Konrad-Zuse-Straße 330-6c
Krönckesweg (8) 330-11a
Krokusweg 356-6b
Kühkopf 330-10d
Kühkopfbrücke 330-10b
Kühkopfstraße 330-11a
Kurt-Schumacher-Straße (4) 330-11a

Lagerstraße 356-6b
Lahnstraße 330-9a
Landskronstraße 329-6c
Langgrabenstraße 356-6b
Leeheimer Straße 330-7d
Leipziger Straße 330-6a
Lessingstraße 330-12a
Liebigstraße 330-12b
Lilienweg 356-6b
Lindenhof 331-7c
Lindenhof (Goddelau) 330-8d
Lindenweg (1) 357-1c
Lise-Meitner-Straße 330-5d
Lorscher Straße (11) 329-6c
Ludwigstraße 330-9c
Lutherstraße 330-12d

Magdeburger Straße 330-6c
Mainstraße 329-6c
Mainzer Straße 329-6a
Malvenweg 357-4a
Maria-Montessori-Straße (18) 330-8c
Marie-Curie-Straße 330-6c
Marienbader Straße 330-11a
Marktplatz 330-6d
Marktstraße 330-6d
Martin-Buber-Straße (8) 357-1c
Martin-Luther-Straße 357-1c
Martinstraße 330-6d
Maternusstraße 357-1c
Max-Planck-Straße 330-6b
Meisenweg 329-6a
Mittelstraße 357-4a
Modaustraße 356-3d
Moselstraße 330-12d
Motormühle 331-4b
Mozartstraße 330-11a

Nachtweide (13) 329-6c
Nahestraße 330-12d
Neckarstraße 356-3d
Nehringweg (6) 330-11a
Nelkenweg 357-4a
Nelly-Sachs-Straße (13) 330-11a
Neubaugebiet „Am gemeinen Löhchen" 330-8c
Neue Straße 357-1c
Neugartenstraße 356-3d
Neugasse 330-7d
Nibelungenstraße 356-6b
Niersteiner Straße 330-9c

Nordendstraße 329-6a
Nußallee 330-11a

Odenwaldstraße 330-11a
Oderstraße 330-9b
Oleanderweg 357-4a
Oppenheimer Straße 330-6c
Orchideenweg 357-4a
Ostring 329-6d

Pestalozzistraße 330-12a
Peterhof 331-4c
Pfälzer Hof 330-8c
Pfälzer Weg 330-12c
Pferchschneise 355-1a
Philippsanlage 330-12b
Philipp-Schäfer-Straße 330-8c
Plattenhof 329-7c
Plattenschneise 329-10c
Poppenheimer Straße 357-4a
Poststraße 330-12a
Pumpwerk Kammerhof 329-4c

Raiffeisenstraße 330-6d
Rainhof 331-10a
Rathausplatz 357-4a
Rathausstraße 357-4c
Rheinallee 330-7d
Rheinstraße 356-6b
Rheinstraße (Erfelden) 330-11a
Rheinstrichschneise 354-3b
Rhönhof 330-12d
Rhönring 330-12c
Rhönstraße 329-6a
Richthofenplatz 330-11a
Riedhäuserhofstraße 329-6b
Riedseestraße 329-6a
Riedseeweg 329-5b
Riedstraße 330-7d
Ringstraße 330-6c
Robert-Koch-Weg (2) 330-6a
Robert-Stolz-Straße 329-6d
Römerstraße 330-11d
Rosa-Luxemburg-Straße (14) 330-8c
Rosenhof 330-12c
Rosenweg 329-6a
Rüsselsheimer Straße 330-12a

Saalburgstraße 330-12a
Saarstraße 330-9a
Sachsenstraße 330-11a
Sackgasse (10) 330-6c
Salierstraße 329-6c
Sandarmschneise 328-12b
Sandstraße 357-4a
St.-Alban-Weg (8) 329-6c
Scheidgrabenweg 330-9d
Scheidweg (9) 330-12d
Schillerstraße 330-12a
Schlesierstraße 329-6a
Schlüchternschneise 328-12b
Schopenhauer Straße 330-12b
Schützenhof 330-1c
Schulstraße 329-6d
Schusterwörthstraße 329-6c
Schwalbenweg (3) 329-6a
Schwedenschneise 329-10d
Schwedenstraße (1) 330-7d
Semchesweg 329-8c
Sonnenhof 329-4d
Sortinoplatz (4) 330-12b
Spessartstraße 329-6a
Stahlbaustraße 330-11d
Starkenburger Straße 330-12b
Stettiner Straße 330-6a
Stifterstraße 330-12b
Stockstädter Straße 330-11d + 356-2b
Sudetenstraße (11) 330-6c
Südliche Ringstraße 330-12c

Tannenhof 330-9d
Tannenweg 329-6c
Taunusstraße 329-6a
Taurogger Platz (5) 330-12b
Theodor-Heuss-Straße (3) 330-12b
Thomas-Mann-Straße 330-11a
Tullaweg (7) 330-11a
Tulpenweg 329-6a

Ulmenweg 357-1c

Veilchenweg 357-4a
Verlängerter Hanfgraben 330-9a
Vogelsberger Straße 330-12a
Volkspark 330-12b
Vorm Erle 330-6d

Wacholderweg 356-6b
Waldstraße 329-6c
Walther-Rathenau-Straße 357-1c
Weidackerweg (14) 329-6c
Weidenhof 331-10c + 357-1a
Weidstraße 330-12b
Weidweg 330-12b
Weilerhöfer Weg 330-6b
Weilerhof 331-1a
Weimarer Ring 330-6a
Weingartenstraße 330-6c
Werrastraße 330-9a
Weserstraße 330-12d
Westring 329-6a
Wichernstraße (6) 357-1c
Wiesbadener Straße 329-6a
Wiesenhöfe 329-2c
Wiesenschneise 329-10d
Wiesenweg 330-9c
Wilhelm-Leuschner-Straße 330-7d
Wilhelmstraße 330-9c
Willy-Brandt-Straße 330-12b
Wingertstraße (10) 330-11a
Wolfskehler Straße 330-10b

Zeisigweg (1) 329-6a
Ziegeleistraße 330-11c
Zum Hegwald 357-1c
Zum Kisselwörth 330-11a
Zum Pfarrgarten (12) 330-6d
Zum Wiesengrund 356-3d

Rockenberg
PLZ 35519

Alexander-Weitzel-Straße 68-6b
Am Dreschplatz 68-3d
Am Graben 69-7a
Am grauen Stein 69-4c
Am Kirschenberg 69-4a
Am Mäuerchen 69-4a
Am Roseneck (5) 69-7a
Am Sandberg 68-9b
Am Schildsberg (6) 69-7a
Am Wingert 69-7a
Arnsburger Straße 69-4a
Auf dem Berg 69-4a
Auf der Klingenburg 68-3d

Bad Nauheimer Straße 69-4a
Bahnhofstraße 68-9b
Bardostraße 69-7a
Bei der Gottesleiter 69-1c
Bergstraße 68-6b
Birkenweg (2) 69-4c
Brechhausstraße (2) 68-6b
Breslauer Straße 68-3d
Brüder-Grimm-Straße (8) 69-4c
Buchenweg (1) 69-4c

Edmunda-Dietz-Straße (8) 69-4a
Elisabethenstraße 69-7a
Erlenweg 69-4c

Fliederweg 69-4c
Franz-Adam-Landvogt-Straße (7) 69-4a
Franz-Wilhelm-Beck-Straße 69-4a
Freier Platz 68-6b
Friedensstraße 69-7a
Friedrich-von-Bausznern-Straße (9) 69-4a

Gambacher Weg 68-3d
Gartenstraße 69-7a
Georg-Büchner-Straße (7) 69-4c
Gewerbegebiet Am Sandberg 68-9b
Gewerbegebiet Siemensstraße 68-6b
Griedeler Straße 68-3c

Hasselgasse 69-7a
Hauptstraße 69-7a
Heinrich-Heine-Straße (10) 69-4d
Hellenstraße 68-3d
Höhenweg 69-7a
Holunderweg 69-4d
Honiggasse 69-7a

Im Berggarten 69-4a
Im kleinen Feld 68-3d
Im Mönchgarten (3) 68-6b
Im Wäldchen 69-7a

Judenpfad 69-5a
Junkernstraße 68-6b

Kapellenweg 68-6b
Karlsbader Straße 68-3d
Kettelerstraße 69-4c
Kirchgasse (5) 68-6b
Klappermühle 69-4a
Klostergasse 68-6b
Königsberger Straße 68-3d

Lattwiesenweg 68-9a

Marienschloß 68-3d
Mittelstraße (3) 69-4c
Mühlgasse 68-6b
Münzenberger Pfad 68-6b
Münzenberger Straße 68-6b

Nieder-Weiseler Weg 68-6a
Nonnenmühle 69-7c
Nordendstraße 69-7a

Obergasse 68-6b

Pfarrgasse (4) 68-6b

Raiffeisenstraße 69-4c
Ricarda-Huch-Straße 69-4c
Rödenweg 69-4a
Rosenstraße 69-4c

Sandweg 68-3d
St.-Annabergstraße 69-7a
Scheidegasse 68-6b
Schillerstraße 69-4c
Schlehenweg (11) 69-7a
Schlossstraße 68-3d
Schützenstein 69-4a
Schulstraße (6) 68-6b
Siemensstraße 68-6b
Södeler Straße 69-7a
Steinfurther Straße 69-7a
Steinweg 69-4a
Sudetenstraße 69-7a

Tannenbergstraße 69-4c
Taunusstraße 68-6a

Untergasse 68-6b

Weinbergstraße 69-7a
Wiesenstraße (4) 69-7a
Wiesental 69-7a

Wilhelm-Busch-Straße (9) 69-4c
Wohnbacher Weg 69-4a

Ziegelgasse 68-6b

Rodenbach
PLZ 63517

Adolf-Reichwein-Straße 183-12c
Ahornweg 183-12a
Akazienweg 183-12c
Albert-Einstein-Straße (9) 183-12d
Albert-Schweitzer-Straße (6) 183-12b
Aloys-Ruppel-Straße 184-11c
Alzenauer Straße 183-12b
Am alten Sportplatz 210-2b
Am Aueweg 183-9d
Am Berggarten 184-11c
Am Dorf 184-11c
Am Ebelhof 183-11b
Am Eichenhain 183-11b
Am Erlenstrauch 210-1a
Am Kaiserfeld 183-11a
Am Kirchpfad 184-11d
Am Kunznickelpfad 210-2a
Am roten Sohl 210-1b
Amselweg 184-11c
Am Tannacker 184-10d
Am Wehrturm (2) 183-12b
Auf dem Hundsrück 210-1c
Auf der Beune (2) 184-11c
Auf der Bleiche (5) 183-12b
Auf der Hainbuche 210-2a
August-Bebel-Straße 183-12d
Auheimer Straße 183-12c
Aulastraße 183-12a
Aussiedlerhof 183-8d

Bachgrabenweg 183-12a
Bachstraße (4) 183-12b
Bahnhaus 184-7a
Bahnhofstraße 183-12a
Barbarossastraße 210-2a
Beethovenstraße 183-12d
Bergstraße 184-11c
Berliner Straße 183-9c
Birkenstraße 183-11b
Bogenstraße 184-11c
Bornstraße 184-11c
Brunnenstraße 184-11c
Buchbergstraße 183-12d
Buchenweg (8) 183-12d
Bulaustraße 183-12a

Die Weht (1) 183-12b
Dornheckenweg 183-12a
Drosselweg 184-11c

Eichenweg 183-12c
Erfurter Straße 183-9d
Erlenbuschweg 183-11b
Eschenstraße 183-12d

Fasanenweg 184-11d
Feldbergstraße 183-11b
Finkenweg 184-11c
Forststraße 183-12a
Frankfurter Straße 183-11b
Friedrichstraße 183-12a
Fuldaer Straße 183-12b

Gartenstraße 183-12c
Gelnhäuser Straße 183-12a
Glockenblumenweg (12) 183-12d
Goethestraße (10) 183-12d

Hainbornstraße 183-11b
Hainmühle 184-10b
Hainstraße 183-12a
Hanauer Landstraße 183-11b
Hanauer Straße 184-11c
Hauptstraße 183-12a
Heinrich-Heine-Straße 183-12d

Im Heegholz 184-10d
Im Kleegarten (6) 184-11c
Im Lochseif 184-10d
Im Preulgärten 183-12b
Im Sälig 184-11c
Im Weidenfeld 184-11c
Im Winkeltal 184-11d
In den Krehlwiesen 184-11d
In den Steinäckern 184-10c
In der Gartel 183-12c
Industriestraße 183-11b

Jahnstraße 183-12a

Kastanienstraße 183-12d
Kinzigstraße 183-9c
Kirchstraße 183-12a
Kleine Straße (1) 184-11c
Kornblumenweg (14) 183-12d
Kunznickelstraße (3) 184-11c

Ladenstraße 183-12d
Landwehrstraße 183-11b
Landwehrweg 183-12c
Leipziger Straße 183-9c
Lerchenweg 184-11b
Limesstraße 183-12a
Lindenstraße 183-12c

Margeritenweg (13) 183-12d
Meisenweg 184-11d
Mittelstraße 183-12a
Mozartstraße 183-12d
Mühlstraße (3) 183-12b

Neustraße 183-12a
Nordring 183-12d

Oberrodenbacher Straße 183-12b
Odenwaldstraße 183-12a
Otto-Hahn-Straße 183-12d

Paul-Hindemith-Straße (11) 183-12d
Platanenring 183-12b

Rathausweg (7) 183-12d
Rhönstraße 184-11c
Riedstraße 183-12a
Ringstraße 183-12b
Robert-Koch-Straße 183-12d
Ronneburgstraße 183-12a
Rosenstraße 184-11c
Rückinger Straße 183-12a

Sandweg 183-12a
Schillerstraße 183-12d
Schulweg 183-12d
Somborner Straße 184-11c
Spessartstraße 210-2b
Steinheimer Straße 183-12c
Südring 183-12d

Talstraße 184-11c
Taunusstraße 184-11c

Ulmenstraße 183-12c
Unter der Hütte 210-1c

Vogelsbergstraße 183-11b
Vor der Oberpforte 183-12b
Vorm Hain 183-8d
Vorm Stichel 183-12b

Waldstraße 184-11c
Wehtstraße (4) 184-11c
Weldertsweg 184-10c
Wiesenstraße 184-11c
Wingertstraße 184-11c
Wochenendhausgebiet Kunznickel 210-2a
Wolfgangstraße 183-12a
Würzburger Straße 183-12b

Rodgau
PLZ 63110

Adalbert-Stifter-Straße 259-8b
Adolph-Menzel-Weg 259-2b
Ahornweg 259-7d
Aigesweg 233-7b
Akazienweg (8) 233-8b
Albert-Rißberger-Straße 233-8d
Albert-Schweitzer-Straße 259-2c
Albrecht-Dürer-Ring 259-2b
Alfred-Delp-Straße 233-11a
Allensteiner Straße 259-1d
Alois-Lemke-Straße (21) 233-8d
Alte Frankfurter Straße 258-6d
Altenburger Straße 259-5a
Alter Weg 259-1b
Am Alten Sägewerk 259-8b
Am Bruchgraben 259-5a
Am Feldkreuz 233-10b
Am Flachsberg 259-8c
Am Forschheimer See 258-9d
Am Hörnersgraben 259-7a
Am Kreuzberg 258-12a
Am Lachgangsgraben 259-2b
Am Lettberg 259-5d
Am Mollischgraben 233-11b
Am Mühlfeldchen 258-12a
Am Opel-Prüffeld 259-8a
Am Rollwald 258-12a
Am Rückersgraben 259-5d
Am Schulwäldchen 258-9d
Amselweg (3) 233-10b
Am Spießloch 259-2d
Am Sportfeld 233-11a
Am Sportplatz 233-8c
Am Wasserturm 233-11c
Am Wasserwerk 258-3b
Am Wiesengrund 258-9b
An der Luthereiche (1) 259-5d
Anhalter Straße 233-8b
Anne-Frank-Straße (4) 259-1b
Ansfeldschneise 258-5d
Auestraße 259-8a
Auf dem Berg 259-1a
Auf dem Brühl 233-10b
August-Bebel-Straße 259-1b
August-Neuhäusel-Straße 233-10b
August-Schärttner-Weg (1) 233-8a
Aussiger Straße (9) 259-2c

Babenhäuser Straße 259-2c
Babenhäuser Weg 259-11a
Bachgasse 259-7d
Bachstraße 259-8b
Bahnhofstraße 233-8a
Beethovenstraße (2) 259-8b
Behringstraße 259-10b
Benzstraße 259-10a
Berliner Straße 259-1d
Binger Weg 259-5c
Birkenhof 233-5a
Birkenweg 258-12d
Birkenweg (Weiskirchen) (7) 233-8b
Bleichstraße 259-5d
Blumenau 259-6c
Blumenstraße 259-2c
Bonner Weg 259-5c
Borngasse 259-2a
Borsigstraße 259-10a
Boschstraße 233-8b
Brandenburger Straße (9) 233-8b
Breidertschneise 284-6b
Breitwiesenring 259-7d
Breslauer Straße 259-7b
Breubergstraße 259-7c

Rödermark
PLZ 63322

Otto-Lilienthal-Straße 257-12d
Otzbergstraße 284-2d

Paul-Ehrlich-Straße 284-1d
Pestalozzistraße 283-6b
Pfaffeneichenweg (3) 258-11c
Pfarrgasse 284-2a
Philipp-Reis-Straße 284-1a
Pilsener Straße 284-3c
Pirolpfad (7) 283-3c
Potsdamer Straße 284-3c

Raffaelstraße 284-6a
Raiffeisenstraße (10) 284-2d
Rathausplatz 284-2a
Rathausstraße 284-2a
Rathenaustraße 284-2d
Ratsgasse (11) 283-3d
Reiherweg 283-3c
Rembrandtstraße 284-6a
Rennschneise 283-6d
Rheinstraße 284-2b
Rhönstraße 284-2d
Ricarda-Huch-Straße 258-10d
Riemenschneiderstraße (20) 284-6a
Rilkestraße 284-2a
Ringstraße 284-2a
Robert-Bloch-Straße 283-3d
Rodaustraße 283-3a
Rödermarkring 284-1d
Römerstraße 283-6b
Röntgenstraße 284-2b
Rößdörfer Schneise 283-6d
Rosselschneise 284-8a
Rostocker Straße 284-3c
Rothwiesenschneise 284-5c
Rubensstraße 284-6a
Rudolf-Diesel-Straße 257-12d
Ruhackerschneise 284-5c
Ruhrweg 283-3a
Rutschbachschneise 283-4d
Ruwerweg (1) 283-3d

Saalfeldener Straße 284-3c
Saarweg 283-3c
Schillerstraße 283-3b
Schillerwäldchenpfad (17) 284-6a
Schmillenbruchschneise 284-4d
Schömbsstraße 283-3d
Schwalbenstraße 283-3c
Schwarzackerschneise 283-4c
Schwarzbachstraße 283-3d
Schweriner Straße 284-6a
Seilerwiesenschneise 283-2c
Seligenstädter Straße 284-2b
Senefelderstraße 284-2c
Seppl-Herberger-Weg (13) 258-11c
Siedlerstraße 283-3a
Siegweg 283-3c
Siemensstraße 257-12d
Somborer Straße 284-2d
Sperberweg 283-3a
Spessartring 284-1a
Spitzwegstraße 284-3c
Stauffenbergstraße 284-2b
Steinweg 258-10a
Stettiner Straße 284-1a
Storchenweg (6) 283-3c
Stralsunder Straße (13) 284-3c
Stresemannstraße (14) 284-1a

Talstraße 258-7d
Tannenweg 258-7b
Taunusstraße 284-2b
Theodor-Körner-Straße (2) 258-11c
Theodor-Storm-Straße 258-10d
Thomashüttenschneise 283-2c
Thomas-Mann-Straße 258-11c
Thomastraße 284-3c
Tilsiter Straße 284-3c
Tizianstraße 284-6a
Töpferstraße 283-3d
Traminer Straße 283-3d
Trinkbrunnenstraße 284-2a
Tulpenstraße 284-5b
Turmschneise 258-7c
Turngartenstraße 284-1a

Ulmenstraße 258-7b
Urberacher Straße 258-10a

Van-Gogh-Straße 284-6a
Veilchenweg (7) 284-5b
Viehweidstraße 258-11c

Wacholderweg (16) 284-2d
Wagnerstraße 284-1c
Waldstraße 284-2d
Weiherstraße 258-10a
Weimarer Straße 284-3c
Weserstraße 283-3c
Westendstraße 258-10a
Wiesenschneise 284-6a
Wiesenschneise (Urberach) 283-6d
Wiesenstraße 284-1c
Wilhelm-Leuschner-Straße 284-2d
Wingertsstraße 258-7d
Wismarer Straße 284-3c
Wittenberger Straße 284-3c

Zum Herrenacker 258-11c
Zum Steckengarten 258-11c
Zwickauer Straße (6) 284-3c

Röllbach
PLZ 63934

Am Ammelgraben 369-11d
Am Opersgraben 369-12c
Amselweg 369-12c
An der Steige 369-11d
Hardt 369-11c

Im Steinig 369-11d
In den Vierteln 369-11d
In der Beune 369-11d

Jahnstraße 369-11d

Limesweg 369-11d

Meisenring 369-12c
Mönchberger Straße 369-12c

Obere Bergstraße 369-11d

Schmachtenberger Straße 369-11d

Untere Bergstraße 369-11d

Ronneburg
PLZ 63549

Ahornstraße 158-4c
Altwiedermuser Straße 158-4c
Am Eisick 158-2c
Am Festplatz 158-4d
Am Helgenhaus (9) 158-4b
Am Langgraben 158-1b
Am Märzfeld 158-1b
Am Schmiedeberg 158-4c
Am Weißen Berg 158-2c

Bahnhofstraße 158-4c
Baumwieserhofweg 158-4d
Bergstraße 158-2c
Beundehöfer Straße 158-1d
Birkenhof 158-4c
Birkenstraße 158-4a
Bogenstraße (4) 158-4d
Buchenhof 157-9b
Buchenweg 158-4b
Büdinger Straße 158-4a
Burg Ronneburg 134-11c + 158-2a
Burgstraße (5) 158-4c

Diebacher Straße 158-1b

Eckenbachhof 157-9d
Erlenweg 158-4a

Fallbachstraße 158-4d
Fallbachweg 158-2c
Feldstraße 158-4c
Feldweg zur Zeltwiese 158-2a
Friedhofsweg 158-1b

Gartenstraße 158-4d
Goethestraße 158-1b

Häuserwaldstraße 158-1b
Hanauer Straße 158-2a
Herrenhuter Straße (8) 158-4b
Hof Waldeck 134-10d

Im Hartengrund 158-4c
In den Kirchgärten (2) 158-4c

Jagdhaus 134-10c

Kastanienweg 158-4a
Kirchstraße 158-4c
Kornbergstraße 158-4d
Kreuzstraße (3) 158-4c
Kühkaufe 157-6d

Lärchenstraße 158-4b
Langstraße 158-7a
Lehnwiese 158-2a
Lindenstraße 158-4d

Marienstraße 158-4c
Mozartstraße 158-1b

Neue Straße 158-1b
Nordstraße 158-2c

Odenwaldstraße 158-2c

Pappelweg 158-4d
Philippstraße 158-1b
Platanenweg (6) 158-4b

Raiffeisenstraße 158-4c
Rhönstraße 158-2c
Ringstraße 158-4c
Ronneburger Hof 158-2a
Ronneburgerstraße 158-2a
Rosenstraße (1) 158-1b

Schillerstraße (2) 158-1b
Schubertstraße 158-2c
Schulstraße 158-4c
Schulweg 158-4c
Schumannstraße 158-1b
Spessartstraße 158-2c

Tannenweg 158-4c
Taubersbachstraße 158-4d
Taunusstraße 158-4c

Ulmenweg (1) 158-4d
Umgehungsstraße 158-1b

Waldstraße 158-4c
Weiherweg 158-4c
Weißeberg 158-2d
Wiesenhof 158-7a
Wiesenweg 158-4d
Wingertstraße 158-2c

Zinzendorfstraße (7) 158-4b
Zufahrt zum JZR 158-2a

Rosbach vor der Höhe
PLZ 61191

Adolf-Reichwein-Straße 104-7d
Ahornplatz 104-11a
Ahornring 104-11a
Alte Gasse 128-7b
Altkönigstraße (9) 104-10a
Am Errlich 104-11a
Am Heegstock (3) 128-5c
Am Hühnerpfad 128-5c
Am Kirschenberg 104-7c
Am Pfingstborn 104-7c
Am Rosbach 104-11a
Am Salzberg 104-10c
Am Schwimmbad (4) 128-4d
Am Teich 104-7c
Amtsgasse (11) 128-5c
Am Untertor (5) 104-7d
Am Weiher 128-5c
An der Mergel 128-4c
An der Steinmauer (2) 104-11a

Bäckergasse 104-11a
Bahnhofstraße 104-7d
Baidergasse (3) 104-7c
Baugebiet Feldpreul 104-10b
Beethovenstraße (16) 128-7b
Bei den Pflänzenländern 104-10b
Beinhardshof 103-12d + 127-3b
Beinhardsweg 128-4d
Bergstraße 104-7c
Birkenweg (6) 104-10a
Bleichstraße 104-7c
Borngasse (6) 128-5c
Bornweg 104-7d
Brahmsweg (21) 128-7b
Breslauer Straße 128-7b
Brüder-Grimm-Straße 104-10a
Brunnenmühle 104-9d
Brunnenstraße 104-11b
Buchenweg 104-10a
Burggasse (8) 128-5c
Butzbacher Pfad 104-7d

Chemnitzer Straße 128-7b

Daimlerstraße 104-10b
Danziger Straße 128-7b
Dickmühle 127-6c
Die Obergärten 104-11a
Die Sang 104-10c
Dieselstraße 104-10b

Erbsengasse (1) 104-11a
Errlichspfad 104-11a

Feldbergstraße 128-4d
Feldpreul 104-10b
Feldweg 104-10b
Fichtweg 103-9a
Fliederweg 104-11a
Frankenstraße 104-11a
Freidensstraße (8) 104-7d
Friedberger Straße 104-7d
Friedrich-Ebert-Straße 104-10a
Fuhrstraße 104-7d

Gartenstraße 128-4d
Gerhart-Hauptmann-Straße 104-11b
Göllingsweg 104-10a
Goethestraße 128-7b
Grabengasse 128-5c
Grüner Weg 104-7c
Gutenbergstraße 128-5c

Hainerweg 104-10a
Haingraben 104-11a
Harbmühle 128-2a
Hauptstraße 128-4d
Helgebornstraße 128-7b
Hessenring 104-11b
Hintergasse 104-7d
Hintergasse (2) 104-7d
Hölderlinweg (23) 128-7b
Hohlweg 128-8a
Holzhäuser Straße 128-7b
Homburger Straße 104-10c
Hopfengartenstraße 104-7d
Humboldtstraße (22) 128-7b

Im Burggarten 104-11b
Im Kleinfeldchen 104-11b
Im Mühlgarten 104-7c
Im Seelhof 128-4d
In den Biengärten 104-7d
In den Junkergärten 104-10b
In den Steckengärten (1) 128-5c
In der Laubach 104-11a
In der Nonn 104-7d
In der Obstwiese 128-4d
Industriestraße 128-4d

Jahnstraße 104-10a
Junkergasse 128-8a

Kantstraße (19) 128-7b
Kapersburgstraße 104-7c
Karlsbader Straße 128-7b
Katharinengasse (5) 128-5c
Katharinenweg (24) 128-7b
Kirchgasse 128-5c
Kirchstraße 104-7c
Klappergasse 128-5c
Kleegarten 128-4d
Königsberger Straße (14) 128-7b
Königstraße 128-5c
Körnerstraße 128-7b
Konrad-Adenauer-Straße 104-10a
Kreuzweg 128-4a
Kurt-Schumacher-Straße 104-7c
Leergasse 128-5c
Liebigstraße (18) 128-7b
Lilienweg 104-11a
Limesstraße 104-7c
Lindenstraße (7) 104-10a

Mainzer Straße 128-4d
Marienbader Straße (13) 128-7b
Mauergasse (10) 128-5c
Metzgergasse 128-5c
Mittelgasse (4) 104-7d
Mozartweg (20) 128-7b
Mühlweg 128-4d

Narzissenweg 104-11a
Nebenstraße 104-11a
Neue Leicher Straße 128-6d
Neuer Weg 104-7d
Neue Straße 128-7b
Nieder-Rosbacher Straße 104-7d
Nieder-Wöllstädter Straße 128-5c

Ober-Erlenbacher Weg 128-7b
Ober-Wöllstädter Straße 104-11b
Ober-Wöllstädter Weg 104-11b
Ottostraße 104-10b

Pappelweg 128-4d
Parkstraße 128-4d
Petterweiler Straße 128-8a
Pfarrgasse 128-5c
Pfortgasse 128-8a
Preulgasse 104-10b

Quellenweg 104-7c
Querstraße 104-7c

Raiffeisenstraße 104-10c
Richard-Wagner-Straße (17) 128-7b
Riedstraße 128-7b
Ringstraße 128-5c
Robert-Bosch-Straße 104-10a
Rodheimer Straße 104-11b
Römerstraße 128-4d
Rosbacher Brunnen 104-8d
Rosbacher Straße 128-5c
Rosenkranzheckenbrücke 104-7a
Rosenstraße 104-11a

Saalburgstraße 104-10a
Salhofstraße 128-5c
Schillerstraße 128-7b
Schlitterweg 104-7a
Schützenrain 104-7d
Schulstraße 104-11a
Seemühle 128-3a
Seeweg 128-5c
Siemensstraße 104-10b
Speierlingsweg 104-11a
Spessartstraße 104-7d
Sportallee 128-8a
Steigerweg 104-7c
Steinstraße 104-7c
Straßheimer Weg 104-7b
Stürzelheimer Straße 128-7b
Sudetenstraße 104-7d

Tannenmühle 127-6c
Taunusblick 104-11a
Taunusstraße 104-7d
Theodor-Heuss-Straße 104-10a
Thurngasse 128-5c

Uhlandstraße 128-7b

Wässerigter Weg 128-4d
Waldschlößchen 104-7c
Waldstraße 128-4d
Wehrgraben (1) 104-7c
Wehrheimer Pfad 104-7c
Weidenweg 104-10b
Weiherwiesen 104-10b
Weinstraße 127-6a
Wethgasse (7) 128-5c
Wetteraustraße (2) 128-5c
Wiesenstraße (15) 128-7b
Wingertsweg 104-7c
Wintersteinstraße 104-7c
Wirrweg 128-4d

Ziegelofenpfad (12) 128-5c
Zum Wirtheimer Grund (25) 128-4d

Roßdorf
PLZ 64380

Alte Bachgasse 335-4d
Alte Bahnhofstraße 335-4b
Alte Dieburger Straße 335-1d
Alter Darmstädter Weg 335-2d
Alter Stadtweg 335-4a
Am Alten Steinbruch (11) 335-4a
Am Bessunger Forsthaus 334-3d
Am Birkehe 335-4b
Am Hang 335-4a
Am Hasenböhl 334-3d
Am Heiligen Born (8) 335-5a
Am Heilmannsrain 335-4d
Am Hühnerbusch 335-4a
Am Mönchsteg 335-3c
Am Mühlbach (8) 335-2d
Am Mummelsrain 335-4a
Am Riedsbach 335-4b
Am Rödersberg 335-4a
Am Ruthsenbach 334-3d
Am Schäferberg (4) 335-4b
Am Schatzborn (12) 334-6b
Am Schwalbenrain 335-6b
Amselpfad 335-6b
Am Sportplatz 335-4d
Am Steinigen Berg 335-4b
Am Tannenbaum 335-6a
Am Weihersbrunnen (7) 335-5a
Am Wingert (2) 335-6b
An der Fuchsenhütte 335-4a
An der Goldkaute (6) 335-5a
An der Rodelbahn 335-3d
An der Weißmühle 335-2d
Arheilger Weg 335-4a
Atzenheimweg (7) 335-2d
Auf dem Hohlrech 335-1c
Auf dem Wingert 335-4a
Auf der Schmelz 335-4d

Bachgasse 335-3c
Backofenhügelschneise 309-10c
Bahnhofstraße 335-3d
Bergweg 335-4b
Bernhardsackerschneise 334-6a
Beunegasse 335-4b
Birkenhof 335-3b
Blütenweg 335-4c
Breidenbach 335-6b
Bruchstraße (3) 335-3c
Bruchwiesenstraße 335-3c
Bruchwiesenweg 335-4b
Brückengäßchen 335-3a
Brunnersweg 308-12a + 335-1c
Burgweg 335-4c

Claudiusweg 335-4c

Darmstädter Straße 335-4a
Dieburger Straße 335-4b
Die Landstraße 334-6b
Drosselweg 335-4b

Egerländer Straße 335-1d
Eichendorffstraße (1) 335-3b
Einspacher Hof 335-8a
Elisabeth-Selbert-Straße 335-2d
Enggasse 335-3a
Erbacher Straße 335-4d
Erbesbachweg (9) 335-5a
Ernst-Ludwig-Straße 335-4b
Eschhofschneise 308-12a

Fasanenhof 335-5b
Fasanenweg 335-6b
Finkenweg 335-4a
Frieda-Nadig-Straße 335-2d
Friedhofstraße 335-3b

Gabelsbergerstraße 335-3a
Gartengasse 335-4d
Gartengebiet „Am Riedsrain“ 335-4d
Gartengebiet „Am Steinbruch“ 335-6b
Gartengebiet „Die Hintergärten“ 335-3a
Gartengebiet „Im Hartmannsee“ 334-6b
Gartengebiet „In der Kehl“ 334-6d
Gartengebiet „Unter dem Dorf“ 335-5a
Gartengebiet „Die Hintergärten“ 335-3a
Georg-Büchner-Straße 335-4a
Georg-Löffler-Weg (1) 335-4b
Gertrudenschneise 334-3b
Gewerbegebiet Roßdorf-West 335-1c
Göhringswiesenschneise 308-12d
Goethestraße 335-3c
Gretchen-Schautz-Straße (4) 335-2c
Grolmanweg (6) 335-2d
Große Hauptschneise 335-1a
Groß-Zimmerner-Straße 335-3b
Grüner Weg 335-4b
Grünzerne Riedsbachaue 335-5a
Gundernhäuser Grenzschneise 309-11d

Habichtsweg 335-4b
Hanstein 335-6a
Hasenböhlweg 334-3a
Heinrich-Heine-Straße 335-4a
Heinrich-von-Kleist-Straße 335-4a
Helene-Weber-Straße 335-2d
Helene-Wessel-Straße (9) 335-2d
Herrnwiesenschneise 309-10a
Hintergasse 335-4d
Hirschschneise 334-6d
Hirtengasse (2) 335-3c
Holzgasse 335-4b
Holzweg 335-2c
Hügelstraße 335-4b
Hundertmorgenschneise 334-3b
Hundsmühle 335-3b
Hundsrückstraße 335-4c

Im Bernhardsgarten 335-5a
Im Feldchen 335-3b
Im Hinterfeld (12) 335-2d
Im Mittelbruch 335-3c
Im Mummler 335-4a
Im Neumorgen (10) 335-2b
In den Leppsteinswiesen 334-3d
In den Mummelswiesen 335-4b
In der Hintergärten 335-3a
Industriestraße 334-3d

Jahnstraße 335-4c

Karl-Marx-Straße 335-4b
Karl-Roth-Schneise 309-10a
Karlshof 335-6c
Karlstraße (2) 335-4b
Kiesgasse 335-4d
Kirchgasse 335-4d
Kirchplatz 335-3c
Kirchwiesenstraße 335-3c
Kleine-Hohl (3) 335-2d
Krugsmühle 335-5a
Kubigschneise 334-3a
Kubigweg 335-1c

Lärchenkopfschneise 308-12b
Lederhosenpfad 335-2b
Lerchenweg 335-1d
Lessingstraße 335-4a
Lettweg 335-3d
Lindenhof 335-5b
Lindenstraße 335-3d
Löwengasse 335-4d

Margaretenbergschneise 308-12c
Martin-Luther-Platz 335-4d
Messeler Weg 335-1d
Möhrlingswiesenschneise 334-3b
Mozartstraße 335-3c
Mühlstraße 335-3b
Müllerstraße 335-4b

Neugasse 335-4d
Neumühle 335-5b
Nordhäuser Straße 335-3a

Obere Müllerstraße 335-4b
Ober-Ramstädter-Weg 335-4d
Odenwaldring 335-1d
Otzbergstraße 335-6b

Peschka 335-6b
Püschschneise 334-6a

Rathausstraße 335-3a
Rehbergweg 335-4c
Riedgasse 335-4d
Ringstraße 335-4a
Robert-Koch-Straße 335-3d
Rödehof 335-2b
Röhlingstraße (1) 335-3d
Römerhof 335-7b
Rosenhof 335-6a
Rosenstraße 335-3d
Roßberghof 335-5d
Roßbergweg 335-5c
Roßdörfer Straße (1) 335-3c
Roßdorfer Grenzschneise 308-9d
Rückertweg 335-4c

Sachsenweg 335-5a
Sackgasse 335-4d
Schillerstraße 335-4a
Schrautenbachweg (5) 335-2d
Schreinergasse 335-4d
Schulgasse 335-4d
Schulstraße 335-3a
Schustergasse (10) 335-4d
Schwalbenweg 335-4b
Schwanengasse 335-4b
Schwarzeseeschneise 308-12d
Schwedischrainschneise 309-10d
Siedlung Bessunger Forsthaus 334-3c
Sonnenhof 309-11d
Spachbrücker Holzweg 335-3c
Spessartring 335-4a
Spessartstraße 335-6b
Steinackerstraße 335-1c
Steingasse 335-4d
Stetteritzring 335-3d
Stumpf 334-6b

Tannenhof 335-7b
Taubenweg 335-4b
Taunusstraße 335-4a
Teichschneise 334-6a
Thüringer Straße (5) 335-5a
Traisaer Weg 335-4c

Ufergasse 335-4d
Ulmenweg (2) 335-2d

Viehtrieb 309-11d
Viehweg 335-3a
Vösendorfring 335-5a

Wagnerstraße (3) 335-4b
Waldstraße 335-4c
Weißmühle 335-2d
Wiesenweg 334-6c + 335-5a
Wilhelm-Leuschner-Straße 335-4d
Wingertstraße 335-4a
Wingertsweg 335-3d

Zimmer Weg 335-6a
Zur Altstruth (11) 335-2d

Roth
PLZ 55442

Althausweg (3) 266-9b
Am alten Friedhof 266-9b
Am Römer 266-9b
Am Sternel 266-9b
Am Warmsrother Weg (1) 266-9b
Auf dem Geißhübel 266-9b

Genheimer Weg 266-9b

In der Trift 266-9b

Nonnenwies 266-9b

Reinacker 266-9b

St.Nicolas-Straße (2) 266-9b

Roxheim
PLZ 55595

Am Birnbaum (2) 319-1c
Am Gräfenbach 319-1b
Am Kreuz 319-1c
Am Mohnfeld 319-1c

Bergstraße 318-3b
Birkenbergstraße 318-3d

Drosselweg 318-3d

Finkenweg 318-3d

Hauptstraße 318-3b
Hinter Zäunen 319-1c
Hirtenstraße 319-1c

In den Zwölf Morgen 319-1c
In der Hohl (1) 319-1c
In der Langgewann (3) 319-1c
In der Lehmkaul 319-1a
In der Rödel 319-1a
In der Roßbach 318-3d
In der Trift 319-1a

Kreuznacher Weg 319-1c

Lerchenweg 318-3d
Leutegasse 319-1a

Mandeler Weg 318-3d
Milchgasse 319-1a
Mühlenpfad 318-3b

Neugartenstraße 319-1a

Obere Kirchgasse 319-1a
Obere Mühle Beyer 318-3a

Rollarsmühle 318-3a
Rüdesheimer Straße 319-4a

Schaußmühle 318-2b
Schulstraße 318-3d
Sponheimer Straße 318-3d

Untere Kirchgasse 319-1a

Zum Wißberg 319-1c

Rüdesheim
PLZ 55593

Alemannenstraße (1) 319-4d
Alfred-Nobel-Straße 319-4c
Am Schlittweg 318-6d
Am Sportplatz 319-4c
Am Wiesenberg (6) 319-4d
Aussiedlerhof B. Baeder 319-4d
Aussiedlerhof G. Bäder 319-4d

Bahnstraße 319-7a
Bodelschwinghstraße (4) 319-7b
Burgunderstraße 318-6d

Dr.-Hermann-Jöckel-Straße 319-7a

Ellerbachstraße 319-7a

Frankenstraße 319-4d
Freiherr-vom-Stein-Straße 319-4c
Friedrich-Ebert-Straße 319-4c
Friedrich-Hunzinger-Straße (2) 319-7a

Gartenstraße 319-7b
Gutleuthof 319-5c

Hargesheimer Landstraße 319-5c
Hüffelsheimer Straße 319-7b

Im Wiesengrunde 319-7a
In der Krümme 319-7b
Industriestraße 319-4d

Jahnstraße 319-4c

Keltenstraße 319-4c
Kirchstraße 319-7a
Kolpingstraße 319-4c
Kurt-Schumacher-Straße 319-7a

Leopold-Orth-Straße 319-4c
Lohrstraße 319-7b
Ludwig-Erhard-Straße 319-4c

Mandeler Straße 318-6d
Max-Planck-Straße 319-4c
Mühlenstraße 319-7a

Nahestraße 318-9b

Pommernstraße (3) 319-7b

Rieslingstraße 318-6d
Römerstraße 319-4d
Roxheimer Straße 319-4c

St.-Martin-Straße 318-9b
Schäferstraße 319-7a
Schillerstraße 319-7a
Schulstraße 319-4c
Schwedenstraße 319-4c
Silvanerstraße 318-6d
Soonstraße 319-4c

Vor der Lohr 319-7b

Weinsheimer Weg (5) 318-9b

Zum Hargesheimer Pfad 319-4c
Zum Kesselberg 319-7a
Zum Rosengarten 318-6d

Rüdesheim am Rhein
PLZ 65385

Abtei St. Hildegard 243-7c
Adolf-Kohl-Platz (8) (35-A2)
Adolf-Kolping-Straße 243-10d (35-B2)
Albertistraße 243-10d
Am Adlerturm (7) (35-A2)
Am Alten Bahnhof (7) 242-10a
Am Eibinger Markt (35-B1)
Am Eibinger Tor 243-10c (35-B2)
Am Engergraben 243-10a (35-A2)
Am Feldtor 242-12d
Am Fichtenkopf 242-8b
Am Forsthaus 216-5d
Am Großen Tor (4) 242-10a
Am Hildegardisquell (1) (35-B1)
Am Niederwald 242-11b
Am Rathaus (1) 242-7c
Am Rech 243-7d
Am Römerhang 243-10a (35-B2)
Am Rottland 242-12d
Amselstraße (35-A3)
Am Sportplatz (7) 216-8a
Am Tal 216-5c
An der Ringmauer (2) (35-A2)
An der Schule 242-8d
An der Turnhalle (11) 243-10b
An der Weißburg 243-10d
Angerstraße 243-7d
Auf dem Ebental 242-6c
Auf der Lach 243-10d
Auf der Röder 242-8c
Auf der Wolfsheck 216-5d
Augustinsweg (2) 242-7c
Aulhauser Straße 242-7d

Backhausweg (Eibingen) 243-10a (35-B1)
Backhausweg (Presberg) (8) 216-8b
Badweg 242-7a
Bahnhofstraße 242-10a
Bergstraße (35-A3)
Berliner Straße 243-10b
Binger Allee 242-11a
Birkenweg 243-7a
Bischofsberger Weg 242-12c
Bleichstraße 243-10c (35-B3)
Blumenstraße 216-8a
Böhlerstraße 243-10b
Böhlerweg 243-10b
Bohrenweg 242-10a
Borngasse (3) 216-5d
Breslauer Straße 243-10a (35-B2)
Burgstraße 242-12d
Burgunderweg 242-7c
Burgundstraße 243-10a (35-B2)

Campingweg 243-11c
Christophelstraße 243-10c (35-A3)

Dechaneystraße 243-10b
Dr.-Georg-Brömser-Straße 243-10a (35-A2)
Dreikönigstraße (5) 242-7c
Drosselgasse 243-10c (35-A3)

Ebentaler Weg 243-7b
Ebental-Sticherfeld 242-9b
Eibinger Oberstraße 243-10a (35-B1)
Eibinger Straße 243-10c (35-B2)
Eremitage 242-11c
Europadreieck 243-11c
Europastraße 243-10d

Feldstraße 216-8b
Ferdinand-Heyl-Straße (35-B2)
Flechter Weg 243-10b
Forsthaus Aulhausen 242-9a
Forsthaus Grohloch 216-8d
Forsthaus Kammerforst 242-2c
Frankenthalstraße 242-10a
Friedhofsweg 243-11a
Friedrichstraße 243-10c (35-B3)
Fritz-Ebert-Straße 243-10a (35-B2)
Fuchsengasse (35-B1)
Fürstbischof-Rudolf-Straße 243-10b

Gartenstraße 216-8b
Geisenheimer Straße 243-10c (35-B3)
Gerichtsstraße 243-10c (35-B2)
Germaniastraße (3) (35-A2)
Grabenstraße 243-10c (35-B3)
Grohlochstraße 216-8b
Große Allee 242-11b

Häuserweg 243-10a (35-B1)
Hahnengasse 243-10c (35-A3)
Hangelocher Weg 243-7d
Hauptstraße 242-8c
Hauswieser Weg 216-5d
Haus Zuflucht 216-7b
Heimbürger Allee 216-5d
Heinrich-Unruh-Weg 243-7b
Hetzweg 242-10b
Hildegardisstraße 243-10d
Hindenburgallee 242-12d (35-A3)
Hirtengasse (9) 216-8b
Höllenbergstraße 242-7c
Hof Ebental (Reiterhof) 242-6d
Hollerweg (5) 216-8a
Hüttentaler Hof 216-5d
Hugo-Asbach-Straße 243-10a (35-B2)

Im Floß (10) 243-10b
Im Hahn 216-5d
Im Jungenhaag 243-7a
Im Klosterkiesel 243-10a (35-B2)
Im Laubfrosch (35-B2)
Im Magdalenenkreuz 243-10b
Im Pfaffert 242-7d
Im Pfeilersbaum 243-10b
Im Rechacker 243-10b
Im Wiesengarten 216-5d
In der Trift 243-7a
Ingelheimer Straße 243-10b

Jahnstraße (8) 243-10b
Jakobstraße 243-10c (35-B2)
Johannisberger Straße 243-10b

Kaiserstraße 243-10a (35-B2)
Kammerforster Straße 242-5a
Kapellenweg 242-7c
Kastanienallee 243-10d
Katharinenstraße 243-10c (35-B2)
Kaufmannsweg 216-10c
Kellerstraße (4) (35-A2)
Kerzerweg 216-5c
Kiefernweg (1) 243-7b
Kieseler Weg 243-10a (35-B2)
Kirchstraße 243-10c (35-A3)
Kleine Grabenstraße (35-A3)
Kleine Niederstraße (35-A3)
Kleine Rheingasse (9) 242-7c
Klosterweg 243-10a (35-A2)
Klunkhardshof (5) (35-A2)
Königsberger Straße 243-7d
Krachbeinweg 242-12c
Kreuzbergweg 242-12b
Krummstraße (35-A3)
Küferweg (9) 243-10b

Lärchenweg (4) 243-7b
Landhaus Kenner (Obstgut König) 242-7b
Langstraße 243-10c (35-B2)
Laurentistraße 216-5d
Leydecker Weg 243-7d
Limbacher Weg (7) 243-7b
Lindenplatz (1) 242-8d
Löhrstraße 243-10c (35-A3)
Lorcher Straße 242-7c
Ludwig-Glaser-Straße 242-8b
Ludwig-Schneider-Straße 243-10a (35-B1)

Marienthaler Straße 243-10a (35-B2)
Markt (35-A3)
Marktstraße 243-10c (35-A3)
Martinstraße 243-10b
Mittlere Platzer Weg 242-11d
Mühlberg 242-8a
Müller-Thurgau-Weg (6) 243-7d

Neugasse (3) 242-7c
Neustraße 243-10b
Neuweg 243-7b
Niederstraße (35-A3)
Niederwaldstraße 242-10a
Nothgottes 243-4c
Nothgottesstraße 243-7d
Nothgottesweg 215-12a

Obere Bergweg 242-12d
Obere Flechteweg 243-7d
Oberstraße 242-12d (35-A3)
Obstgut Heim 242-7b

Panoramaweg (Assmannshausen) 242-7d
Panoramaweg (Aulhausen) 242-8a
Panoramaweg (Rüdesheim am Rhein) 242-12d (35-A3)
Petershof 242-9b
Peterstraße 243-10c (35-B3)
Pfarrer-Knotek-Weg (4) 216-8a
Pohlweg (2) 216-5d
Poststraße (8) 242-10a

Ralf-Reichenbach-Straße 243-10c (35-A2)
Rathausstraße 216-8b
Rebenhaus 242-12c
Rheinallee 242-7c
Rheinberger Hof 216-4b
Rheinblick (Assmannshausen) 242-10a
Rheinblick (Eibingen) 243-7c
Rheinblickweg 242-12b (35-A1)
Rheingasse (6) 242-7c
Rheingauer Alp 216-7b
Rheingaustraße 216-5d
Rheinhöhenweg 242-5a
Rheinstraße 243-10c (35-A3)
Rheintalblick 243-7b
Rheinuferstraße 242-7c
Rieslingweg 243-7d
Rittersaal 242-10d
Rochusstraße 243-10b
Röderweg 242-8d
Rosenstraße (35-A3)
Rückerweg 243-10b
Rüdesheimer Straße 216-8b
Rüdesheimer Weg 242-8d

Sandallee 242-11a
St.-Urban-Straße 243-10b
Schafhof 242-5d
Scheidweg 243-7b
Schifferstraße (6) (35-A2)
Schloßstraße 242-8c
Schmidtstraße 243-10c (35-B3)
Schmiedstraße (10) 216-8b
Schneperflur 242-7b
Schöne Aussicht 242-8c
Schulstraße 216-8a
Siebenbürgenstraße 243-7b
Silvanerweg 243-7d
Sonnenbergweg 242-12c
Sonnenweg (Assmannshausen) 242-7c
Sonnenweg (Presberg) 216-8a
Staatsweingut 242-7d
Steilweg 242-7c
Steingasse 242-12d (35-A3)
Straße der Patengemeinde Oingt (6) 216-8b
Sudetenstraße 243-7b

Talweg 216-5c
Tannenweg (3) 243-7b
Tassilo-Tröscher-Straße 216-5c
Taunusstraße 243-10b
Tempelweg 242-11b
Theodor-Heuss-Straße 243-10b
Trift 243-7a
Unterer Kleeberger Weg 243-7c
Unterer Platzer Weg 242-11d
Unterstraße 216-8b

Vincenzstraße 242-8b

Waldstraße 242-7d
Weberstraße (35-B2)
Wiesbadener Straße 243-10d
Wiesenpfad 243-10b
Wildpfad 216-8b
Wilhelmstraße 243-10c (35-B2)
Windecker Weg (5) 243-7b
Winzerweg 243-10b
Wisperweg (1) 216-5d

Zahnradbahnweg (35-A2)
Zetastraße 216-8a
Zum Ebental (2) 243-7b
Zum Niederwald-Denkmal 242-12b (35-A1)
Zur Kullmannsgrube 216-5d

Rümmelsheim
PLZ 55452

Alter Hof (2) 267-12b
Am Weiler Pfad (9) 267-9d

Bacchusweg 267-12b
Backhausstraße 267-12b
Binger Straße 267-12b
Bürgermeister-Wolf-Straße 267-12b
Burgblick 268-10a
Burg Layen 268-10a
Burg-Layer-Straße 267-12b

Flurstraße 267-12b

Hauptstraße 267-12b
Hohlstraße 267-12b

Im Bumert 267-12a

Jakop-Diel-Straße 267-12b

Kirchackerstraße (3) 267-12b

Lindenstraße (4) 267-12b

Nahestraße 267-12b
Naheweinstraße 267-12d

Oberstraße 267-12b

Pfarrer-Gergen-Straße 267-12b

Rheinblick (8) 267-12b
Rieslingweg (6) 267-12b

Schloßbergstraße 267-12b
Schulstraße 267-12b
Schwester-Anna-Straße (1) 267-12b
Silvanerweg (7) 267-12b

Trollbachstraße 267-12b

Waldalgesheimer Straße 267-9d
Waldlaubersheimer Straße 267-12b
Weihergartenstraße (5) 267-12b

Zum Sportplatz 267-12b
Zur Hölle 267-12b

Rüsselsheim am Main
PLZ 65428

Aachener Straße 251-9a
Achtstaudenschneise 252-9c
Adam-Foßhag-Straße 277-6b
Adam-Opel-Straße 251-11b
Adolf-Korell-Straße (1) 277-3d
Adolf-von-Menzel-Straße 251-12b
Ahornallee 251-9c
Akazienstraße 251-12a
Albert-Schweitzer-Straße 251-11b
Albrecht-Dürer-Straße 251-9d
Alemannenstraße 276-6a
Alexander-Fleming-Ring 277-3b
Allgäuer Straße (14) 276-6b
Alpenstraße 276-6b
Alsbacher Weg 278-1d
Alte Frankfurter Straße 278-2a
Alte Friedhofstraße 252-10c
Alte Kirchstraße 251-8d
Alte Poststraße 251-8c
Alter Mainzer Weg 277-1c
Alte Waldschneise 278-2c
Alzeyer Straße 251-10c
Am Alten Dornicher Weg 277-6a
Am Alten Raunheimer Weg 252-10a
Am Birkenwäldchen 276-6a
Am Borngraben 252-10c
Am Brückweg 251-11b
Am Burggraben (4) 252-10c
Am Ehlenberg 251-10d
Am Eichbaum (18) 276-6a
Am Floßgraben 277-3d
Am Flurgraben 276-6a
Am Gemeindehaus (5) 251-8c
Am Hasslocher Fußpfad (13) 278-1a
Am Keesgraben (5) 276-6a
Am Keglerheim 277-2a
Am Kirchpfad (1) 252-10a
Am Kleinen Blauersee 278-1a
Am Königstädter Hügel 278-1c
Am Landgraben 277-6b
Am Maindamm 251-7d
Am Mühlenweg (5) 252-10a
Amorbacher Straße 278-1d
Am Ostpark 251-12a
Am Rabenstein (6) 276-6a
Am Römergrab 251-7d
Am Sandhügel (2) 276-6a
Amselstraße 252-7c
Am Sommerdamm 251-8b
Am Steinernen Kreuz (22) 278-4c
Am Steinmarkt 276-3d
Am Treff 251-11b
Am Waldschwimmbad 252-7c
Am Weiher 276-6b
Am Weinfaß 276-6c
Am Windberg 252-10a
Am Zwerchgarten (16) 278-1c
An den alten Weingärten (6) 252-10a
An den Fichten 251-8b
An den Weiden 251-9b
An der Berggewann 251-10d
An der Brückelwiese (17) 276-6c
An der Festung 251-8d
An der Feuerwache 251-11a
An der Friedrichstanne 278-4c
An der Lache 251-11b
An der Schaafhansenwiese (4) 277-3d
An der Schauburg (7) 251-8c
An der Wehrlache 277-3d
An der Wied (3) 252-10c
Annabergstraße 276-6b
Anne-Frank-Straße (10) 278-1c
Apfelbachstraße 278-1c
Aschaffenburger Straße 252-6d
Astheimer Schneise 278-2a
Astheimer Straße 277-6b
Auerbacher Straße 278-4a
Auf dem Steinweg 251-7d
August-Bebel-Straße 251-11c
Außerhalb An der Opelbrücke 251-8b
Aussiger Straße 251-9a

Backesgasse 276-6c
Badener Straße 276-6a
Bahnhofsplatz (3) 251-8c
Bahnhofstraße 251-8c
Balkanstraße 276-6b
Baumstraße 276-6a
Bauschheimer Straße 251-10d
Beethovenstraße 251-12a
Bensheimer Straße 277-3d
Bergenschneise 252-8c
Berliner Platz 251-8b
Berliner Straße 251-8b
Bernhard-Adelung-Straße 251-11c
Bernhardstraße 251-7d
Birkenseeschneise 253-7a
Birkenstraße 251-9c
Bischofsheimer Grenzweg 252-6b
Bischofsheimer Straße 251-10c
Bismarckplatz 278-4a
Blumenweg 276-6b
Bodenheimer Straße 251-10c
Böcklinstraße 252-10a
Böhmerwaldstraße (9) 276-3d
Böllenseeplatz 251-10d
Böllensee-Siedlung 251-10d
Bonner Straße 251-9a
Brandenburger Straße 251-12d
Breitenbruchschneise 252-12a
Breite Seeschneise 278-1b
Breslauer Straße 251-8d
Brüsseler Straße 276-6b
Brunnenstraße 276-6a
Buchenstraße 251-9c
Buchtränkschneise 253-5b
Burggrafenlacher Weg 251-11a
Burgundenring 276-6a

Carlo-Mierendorff-Straße 251-11c
Carl-Orff-Ring (10) 251-11b
Carl-Zeiss-Straße 251-11b
Chattenring 276-3d

Dachnauweg 252-12a
Dammgasse 251-8c
Danziger Straße 251-9c
Darmstädter Straße 251-11a
Dicker Busch I 251-12d
Dicker Busch II 277-3b
Die Flachslöcher (18) 278-1a
Diffinégäßchen 251-8c
Dr.-Fritz-Opel-Platz 251-12a
Dr.-Ludwig-Opel-Straße 251-12a
Dolomitenstraße (13) 276-6b
Donaustraße 251-11a
Dreieichweg 277-3d
Dresdener Damm 251-8d
Dürrbruchschneise 253-8b
Düsseldorfer Straße 251-9a

Edith-Stein-Straße (11) 278-1c
Efeuweg 251-9c
Eichengrund 251-9c
Eichenrainweg 252-8c
Eifelstraße 278-4b
Eisenstraße 277-2b
Elbestraße 251-11a
Elisabethenstraße 251-11a
Elsa-Brändström-Allee 278-1c
Elsässer Straße 276-6a
Emil-Fuchs-Platz 251-11a
Emil-von-Behring-Straße 251-11d
Engelhardtstraße 251-7d
Entenpfad 278-1c
Erbacher Straße 278-4b
Erfurter Straße 251-9a
Erlenweg 251-9c
Ernst-Abbé-Straße 251-12c
Ernst-Barlach-Straße 251-12b
Ernst-Ludwig-Straße 251-7d
Ernst-Reuter-Straße 251-11c
Essener Straße 251-8b
Europaplatz 251-8c
Europaring 251-12c
Evreuxring 251-12c

Falltorschneise 252-8d
Falltorweg 277-6b
Fasanenstraße 252-7c
Faulbruchstraße 251-7d
Feldbergstraße 277-6b
Ferdinand-Stuttmann-Straße 251-11a
Feuerbachstraße 251-12b
Finkenstraße 251-9b
Fliederweg 251-9c
Flörsheimer Weg 252-10a
Forsthausstraße 278-4a
Forststraße 252-10d
Frankenweg 276-3d
Frankfurter Straße 251-8c
Franz-Ludwig-Göbel-Weg 277-3d
Franz-Marc-Straße 251-12b
Freiherr-vom-Stein-Straße 278-4a
Freiligrathstraße 251-8d
Friedensplatz 251-8c
Friedensstraße 251-11a
Friedhofstraße 251-9c
Friedrich-Ebert-Siedlung 251-11c
Friedrich-Ebert-Straße 251-11a
Friedrich-Engels-Straße 251-11d
Friedrich-Lutzmann-Ring 251-11a
Friedrichstraße 251-8c
Fröbelstraße 251-11c
Frohbornweg (16) 276-6b
Froschgasse 277-6b
Fuchsackerschneise 278-4b
Fürther Straße 278-4b

Gabelsberger Platz 251-11b
Genfer Straße 276-6b
Georg-Bärsch-Straße 278-4a
Georg-Brüssel-Straße 252-10a
Georg-Friedmann-Straße (5) 278-1c
Georg-Jung-Straße 251-12c
Georg-Kolbe-Straße 251-12b
Georg-Neumann-Straße (7) 278-1c
Georg-Ohm-Weg 277-3b
Georg-Opel-Straße 251-12a
Georg-Treber-Straße 251-8b
Georg-Walter-Straße (12) 278-1c
Gerstenfeldstraße (2) 252-10c
Geschwister-Scholl-Straße (8) 277-3d
Gewerbegebiet „Im Hasengrund“ 277-2b
Gewerbepark Blauer See 278-1a
Gießener Straße 251-8b
Ginsheimer Straße 251-10d
Ginsterweg 251-9c
Godesberger Straße 251-9a
Goethestraße 251-8d
Göttinger Straße 251-9a
Gorch-Fock-Straße 251-11b
Grabenstraße 251-8c
Grenzweg 252-11a
Grohhausschneise 253-3c
Groß-Gerauer-Straße 251-11c
Grundweg 251-11a
Gundbachstraße 278-1c
Gutenbergstraße 251-11b

Hamburger Straße 251-8d
Hans-Böckler-Straße 252-10b
Hanserseeschneise 252-8d
Hans-Sachs-Straße 251-11a
Hans-Thoma-Straße 251-12b
Hartmannsbornschneise 252-9c
Haßlocher Straße 251-11a
Haßloch Nord 251-12b
Hauptmann-Scheuermann-Weg 251-8c
Hauptstraße 252-10c
Heegteilstraße 252-10d
Heinrich-Heine-Straße 251-12a
Heinrich-Lersch-Straße 251-11a
Heinrichstraße 251-7d
Heinrich-Walter-Straße (6) 277-3d
Helmholtzweg 251-12d
Heppenheimer Straße 278-1d
Hermann-Löns-Straße 251-12a
Hessenring 277-3b
Hinter den Erlen (1) 276-6a
Hintergasse 278-4a
Hinterm Brückelchen (17) 278-1c
Hochheimer Straße 251-10d
Höfgenschneise 252-11a
Höngenstraße 277-6b
Hof Schönau 277-5a
Hohewartschneise 252-9a
Holbeinstraße 251-12b
Honiggäßchen 252-10c
Hübelschneisenweg 277-3d
Hügelschneise 252-8c
Hügelstraße 251-8c
Hugo-Junkers-Straße 251-12c
Hunsrückstraße 278-4a
Hyundai-Platz 277-3b

Igelweg 251-11d
Im Apfelgarten 252-10c
Im Dorfband 276-6c
Im Eichsfeld (8) 251-11a
Im Geiersbühl 251-8c
Im Grohfeld 252-10b
Im Großen Ramsee 251-11a
Im Grundsee 276-6b
Im Hasengrund 277-2b
Im Haßlocher Tann 252-11a
Im Kirchsee 277-3a
Im Klauer 252-10c
Im Kleinen Ramsee 251-8c
Im Langsee 251-9d
Im Reis 278-4a
Im Robiger 252-7c
Im Steinigrod 278-1c
In den Bachgärten 277-6b
In den Keltersweiden 278-1c
In der Röth 251-10d
Industriestraße 277-1c

Jägerschneise 252-11a
Jahnstraße 251-7d

Jakob-Sittmann-Straße 251-7d
Johannes-Brahms-Straße (10) 251-8d
Johann-Philip-Mohr-Weg 278-1c
Johann-Sebastian-Bach-Straße 251-8d
Joseph-Beuys-Weg 252-10a
Joseph-Haydn-Straße 251-11b
Jugenheimer Weg 278-1d

Käthe-Kollwitz-Straße 251-12b
Karl-Benz-Straße 251-12a
Karl-Marx-Straße 251-11d
Karlsbader Straße 251-9a
Karlstraße 251-7d
Karl-Ulrich-Straße 251-11d
Karolingerring 276-3d
Kastanienstraße 251-12a
Kecskemet Allee 277-3d
Keplerring 277-3b
Kiefernweg 251-9c
Kirchgarten 276-6a
Kleeweg 276-6b
Kleine Gasse (20) 278-4a
Kleine-Tränkschneise 252-11c
Kobaltstraße 277-3a
Kölner Straße 251-9a
Königsberger Straße 251-8b
Königstädter Straße 251-8d
Königstädter Waldhaus 277-5d
Kohlbruchschneise 252-12c
Kohlseestraße 278-4a
Konrad-Adenauer-Ring 277-3d
Korngartenweg 277-6b
Kranichstraße 251-9d
Kürbisstraße 251-8c
Küstriner Straße 251-9c
Kupferstraße 277-2b
Kurt-Schumacher-Ring 277-1b

Lahnstraße 251-11a
Lassalleplatz 251-8c
Laubenheimer Straße 251-10c
Lauseeschneise 253-2d
Lenbachstraße 251-12b
Lengfeldstraße 276-6b
Lerchenweg 251-9d
Liebigstraße 251-12d
Liebknechtstraße 251-11d
Lindenallee 251-9c
Lindenfelser Straße 278-4b
Lindenhügelschneise 252-8b
Lindenseestraße 277-3d
Lise-Meitner-Straße 277-3b
Löwenplatz 251-8c
Löwenstraße 251-8c
Loogweg 252-8c
Lothringer Straße 276-6a
Lucas-Cranach-Straße 251-12b
Ludwig-Dörfler-Allee 251-8a
Ludwig-Einsiedel-Straße 278-4a
Ludwig-Ramge-Straße (2) 277-3d
Ludwigstraße 251-8c
Lübecker Straße 251-8d
Luxemburger Straße 276-6a

Mainstraße 251-8c
Mainzer Straße 251-7d
Manganstraße 277-3a
Marburger Straße 251-9a
Marie-Curie-Straße 277-3b
Marktplatz 251-8c
Marktstraße 251-8c
Masurenweg 251-12d
Matthias-Grünewald-Straße 251-9d
Max-Beckmann-Weg 252-10a
Max-von-Laue-Straße 251-12c
Mecklenburger Straße 251-12d
Meisenstraße 252-7c
Melanija Anlage (11) 251-8d
Melibokusweg 277-6b
Memelstraße 251-11b
Merianweg 252-10a
Merowingerring 276-6a
Michelstädter Straße 278-4b
Mittelschneise 252-6b
Mittlere-Ramsee-Straße 251-11b
Mönchbruchallee 253-10a
Mönchbruchstraße 252-10d
Mörfelder Straße 252-10b
Moritz-von-Schwind-Straße 251-9d
Moselstraße 251-11a
Mozartplatz 251-12a
Mühlbachstraße 251-7d

Nackenheimer Straße 251-10c
Nahestraße 251-11a
Nauheimer Straße 278-4a
Neben dem Entenpfad (15) 278-1d
Neckarstraße 251-11a
Neuwegschneise 253-1c
Nibelungenstraße 276-6b
Niddastraße 251-11b
Niersteiner Straße 251-10c

Oberes Forsthaus 252-11a
Obergasse 277-6b
Ochsengasse (2) 251-8c
Ochsenlagerschneise 253-2c
Odenwaldstraße 278-4a
Opelplatz 251-8d
Oppenheimer Straße 251-10d
Ostpreußenstraße 251-12b

Pappelstraße 251-9a
Paula-Modersohn-Becker-Anlage 252-10a
Paul-Ehrlich-Straße 251-12c
Paul-Hessemer-Straße 251-10c
Pechhüttenschneise 252-11b
Pestalozzistraße 251-11c
Pfälzerstraße 276-6a
Pfarrgasse (6) 251-8c
Pferchenschneise 252-6a
Philipp-Schäfer-Weg 278-4a
Philipp-Völker-Straße (14) 278-1a
Platanenstraße 251-9c
Pommernstraße 252-10c

Rathausstraße 277-3d
Raunheimer Bruchweg 252-9b
Raunheimer Straße 252-10b
Raunheimer Weg 252-10a
Rehpfad 251-12c
Reinhard-Strecker-Straße 251-11d
Rembrandtstraße 252-10a
Rheingauer Straße 276-6c
Rheinstraße 251-11a
Rhönring (23) 278-4a
Richard-Wagner-Straße 251-11b
Richtergasse 277-6b
Riedstraße 277-6d
Riesengebirgsstraße (8) 276-3d
Robert-Bosch-Straße 251-12c
Robert-Bunsen-Straße 251-12c + 277-3b
Robert-Koch-Straße 251-11d
Robert-Schumann-Straße 251-12a
Rosenhof 276-6b
Rosenweg 251-9c
Rossertweg 277-6b
Rotensteinstraße 276-6c
Rothensteinweg 276-6c
Rubensstraße 252-10a
Rudolf-Diesel-Straße 251-12a
Rudolf-Glauber-Weg 277-3b
Rüsselsheimer Grenzschneise 253-4c
Rüsselsheimer Straße 252-10a
Rugbyring 251-11a

Saarstraße 251-11a
Sachsenweg 252-10a
Sackgasse 252-10c
Salzburger Straße (12) 276-6b
Salzlachschneise 252-11d + 278-2b
Sandgasse 278-4a
St.-Alban-Straße 251-10d
Sauerbruchstraße 251-12c
Schäfergasse (1) 251-8c
Scheibenseeschneise 252-7d
Schillerstraße 251-8b
Schlangenlochweg 252-12c
Schlesienstraße 251-12b
Schneise Nr. 2 252-8a
Schneise Nr. 3 252-8a
Schnepfenschneise 278-4c
Schönauer Hof 277-5a
Schönauerhofstraße 251-11c
Schreberstraße 251-11d
Schulstraße 251-8c
Schwalbenstraße 252-7c
Schwarzwaldstraße 278-4a
Schwedenstraße 251-7d
Sebastian-Kneipp-Weg 251-12d
Seckendorffplatz 251-8b
Seeheimer Weg 278-1d
Seilfurter Straße 251-10d
Semmelweisweg 251-12d
Silberstraße 277-3a
Sonnenhof 276-5d
Sophienpassage (4) 251-11a
Spessartring 278-4a
Spießtränkschneise 252-11b
Spitzwegstraße 251-12b
Spreewaldstraße (10) 276-3d
Stahlstraße 277-2b
Staudenweg 277-3d
Stauffenbergstraße (9) 278-1c
Stegschneise 252-6b
Steinpfortweg 276-6c
Steinschneise 252-9b
Steinstraße 251-8d
Stettiner Straße 251-8d
Stockstraße 278-1c
Straßburger Straße 276-6a
Stresemannanlage 251-8b
Sudetenstraße (11) 276-6b

Tannackerschneise 278-2a
Tannackerweg (19) 278-1a
Tannenstraße 251-9c
Taubenstraße 251-9d
Taunusstraße 251-8c
Teufelseestraße 251-12c
Theodor-Körner-Straße 251-7d
Thomas-Mann-Straße 251-11b
Thorwaldsenstraße 251-12b
Thüringer Straße 251-12b
Tiroler Straße 276-6b
Treburer Straße 251-10d

Uhlandstraße 251-8d
Ulmenstraße 251-12a
Uranstraße 277-2b
Uthmannstraße 251-12a

Varkausstraße 251-12b
Virchowstraße 251-12d
Vogelsbergstraße 278-4b
Vogesenstraße 276-6b
Vollbrechtstraße 251-7d
Vor den Ringsböllen (4) 276-6a
Vor der Niederpfort 276-6c

Waldgartenstraße 277-6b
Waldhof 277-4c
Waldschlößchen 277-8b
Waldstraße 251-8c
Waldweg 251-9a
Walter-Flex-Straße 251-11b
Walter-Rathenau-Straße 277-6d
Walter-Rietig-Straße 251-11c
Wartburgweg 252-10a
Weinbergstraße 251-8d
Weinheimer Straße 278-4b
Weisenauer Straße 251-7d
Werner-von-Siemens-Straße 251-12a
Weserstraße 251-11a
Westernwaldstraße 278-4a
Westfalenring 276-6a
Wiener Straße 251-11c
Wiesenstraße 252-10c
Wiesenweg 278-4b
Wikingerstraße 276-3d
Wildhubenweg 278-1c
Wilhelminenstraße 251-8c
Wilhelm-Leuschner-Straße 251-11c
Wilhelm-Röntgen-Straße 251-11d
Wilhelmstraße 251-7d
Wilhelm-Sturmfels-Straße 251-10d
Wingertsweg (21) 277-6b
Wolfinger Straße 276-6c
Wormser Straße 251-10c
Württemberger Straße (7) 276-6a

Zamenhofstraße 251-11c
Zaunweg 252-8c
Zeppelinstraße 251-11c
Zum Büttelacker 278-1c
Zur Jakobsruhe (3) 276-6a
Zwingenberger Weg 278-4a

Runkel
PLZ 65594

Ahlbacher Weg 58-4a
Ahornweg 59-7b
Akazienhof 58-1c
Alte Mühle 58-9c
Alter Postweg 58-11d
Alte Runkeler Straße 59-3b
Am Backhaus (1) 59-2a
Am Bangert 59-7d
Am Born (Ennerich) 58-12c
Am Born (Steeden) 58-8b
Am Brennofen (6) 58-4d
Am Dallenberg 59-7c
Am Dehrner Hafen 58-4d
Am Fahler 42-10d
Am Gänsepfad 59-2a
Am gebrannten Stein (5) 58-4d
Am Gesetz 59-7b
Am Grünen Hang 58-4a
Am Habichtsfang 58-9d
Am Hadamarer Berg 58-4c
Am Halbstein 59-4b
Am Haus der Vereine 59-7b
Am Heidchen 58-12a
Am Heiligenhaus 58-5d
Am Kapellchen (2) 59-9b
Am Katzenstein 59-7c
Am Kissel 59-7d
Am Kunzeberg 59-9d
Am Leinpfad 58-7a
Am Löwen 58-5d
Am Ohlenberg 58-6c
Am Reisterberg 58-4a
Am Rotweinberg 58-9d
Am Schimmergarten (1) 58-4a
Am Schlösschen 58-11d
Am Schlossersgraben 58-11d
Am Schützenhaus 58-11d
Amselweg 58-9a
Am Sonnenhang 58-4c
Am Spielplatz 59-7c
Am Sportplatz 59-7d
Am Steinernen Haus 59-9b
Am Wäldchen 58-12a
Am Wieschen 58-4a
An der Linde (1) 59-9d
An der Steinkaut 59-9d
An der Zeigelei 58-4d
Auf dem Graben 59-4a
Auf dem Kassel 58-2a
Auf dem Klapperfeld 59-7d
Auf dem Kreiser 59-7d
Auf dem langen Wasem 58-1d
Auf dem Mühlwehr 58-4d
Auf dem Wolfram 59-7d
Auf der Hohl 58-5d
Auf der Platt 58-5d
Auf der Rahmschauer 58-9a
Auf der Schlicht 59-9d
August-Gerhard-Straße 59-7d
Aumühle 58-11c
Austraße 58-4d

Bachstraße (Dehrn) 58-4d
Bachstraße (Steeden) 58-5d
Backhausstraße 42-10d
Bahnhofstraße 59-7d
Beethovenstraße 58-12c
Bergstraße 59-2a
Beselicher Weg 59-2a
Birkenstraße 42-10d
Blankenstraße 58-4c
Borngasse (Dehrn) 58-4c
Borngasse (Runkel) 59-7d
Brückeberg 59-7d
Brückenstraße (Dehrn) 58-4d
Brückenstraße (Eschenau) 59-2a
Brunnenstraße 42-10d
Brunnenstraße (Dehrn) 58-4b
Buchenhain 42-10c
Buchenweg 59-7b
Burgfriedenstraße 58-7a
Burgstraße 59-7c

Doktorsberg 59-7d

Ellersweiherweg 59-10a
Emsstraße 58-11d
Eschenauer Straße 59-4a
Eschenhöfe 59-2a

Fahlerstraße 58-4c
Falkenbacher Straße 60-2a
Falkenweg 58-9d
Fliederweg 42-10d
Friedhofsweg 58-4d
Fronstraße 58-4d

Gartenstraße (Dehrn) (2) 58-4d
Gartenstraße (Wirbelau) 42-10d
Gaudernbacher Weg 42-10b
Gewerbegebiet Großmannswiese 58-11c
Grabenstraße 59-4b
Graf-Dietrich-Straße (5) 59-7d
Gretenburgsiedlung 59-8d
Großmannswiese 58-11d

Hammerstraße 58-11b
Hardthof 59-10a
Hauptstraße 42-10d
Heerstraße 58-9d
Hintergasse 58-4c
Hinterstraße 42-10d
Hochstraße 58-4a
Höhlenweg 58-6c
Hofener Straße 59-2c
Hof Freiblick 59-11a
Hof Gretenburg 59-8c
Hof Lahnblick 59-8c
Hof Weisenborn 58-12b
Hof Wernersruh 58-12d
Hohlstraße 58-12c
Horstertstraße 42-10d
Hühnerrain 59-4b

Im Grabenstück 42-10d
Im Grund 58-11d
Im Hahngarten 59-7c
Im Langgarten 59-7c
Im Lindenweg (3) 58-4c
Im Mühlengrund 58-4d
Im Valler 58-9d
Im Weiher 58-4b
In den Amtsgärten (2) 59-7d
In den Langen Gärten 58-4d
In der Spaich 59-7d
Industriestraße 58-12a

Jakob-Hart-Straße (4) 59-7d
Johannishof 58-2c
Josef-Egenolf-Straße 58-4c

Kappesborder Berg 59-10b
Kasseler Hof 58-2a
Kastanienweg 59-7d
Kerkerbach 58-12a
Kerkerbachtalstraße 59-4b
Kirchgasse (Dehrn) 58-4c
Kirchgasse (Hofen) 59-4b
Kirchweg 42-11c
Kleinfeld 59-9d
Krammsmühle 59-8d

Lahngasse 59-7c
Lahnstraße 58-4d
Langenbergstraße 58-6c
Langgasse 59-9d
Leinpfad 59-7d
Leinpfad (Steeden) 58-5d
Lerchenhof 59-4a
Lerchenweg 58-9a
Limburger Straße 58-11c
Lindenholzhausener Straße 58-11d
Lindenstraße 42-10d
Linnebachstraße (3) 59-9b
Linsenberg 59-7c

Marienhof 58-2c
Mittelgasse 59-9d
Mittelstraße (Dehrn) 58-4b
Mittelstraße (Runkel) 59-7d
Mozartstraße 58-11d
Mühlenstraße 59-9d
Mühlenweg 58-4d
Müllerweg 59-2a

Neue Mühle 58-8d
Neue Straße 59-4b
Niederbrecher Weg 59-7c
Niederholzstraße 58-4b
Niedertiefenbacher Weg 58-4d

Oberhofermühle 59-4b
Oberstraße 59-7a
Obertorstraße 59-7c

Pontohof 59-9d

Quellenweg 59-10b

Rathausstraße 59-4b
Rheinbergstraße 58-9a
Römerstraße 58-4c
Rolsbachstraße 58-4b
Roseneck 58-12c
Rosengartenstraße 58-9c
Runkeler Straße 59-9d
Rußwerthstraße 58-4d

Schadecker Straße 59-7d
Schanzlerhof 59-8c
Schloßplatz 59-7c
Schloßstraße (Dehrn) 58-4c
Schloßstraße (Runkel) 59-7c
Schubertstraße 58-12c
Schulstraße (Dehrn) 58-4c
Schulstraße (Steeden) 58-9a
Schupbacher Straße 59-2a
Sonnenhof (Hofen) 59-4a
Sonnenhof (Kissel) 58-12d
Sperberweg 58-9d
Sportplatzstraße 59-9d
Steedener Hauptstraße 58-8b
Steedener Weg 58-4d
Steingasse 58-4d
Sudetenstraße 59-10b

Tannenweg 42-10c
Taunusstraße 58-11d
Über der Mauer 59-4b
Ulmenweg 59-7d
Unterau 58-11d
Unter der Kapelle (1) 58-5d
Unterdorfstraße 59-4b
Unterhofmühle 59-4d

Vorderstraße 42-10d

Waldstraße 59-4b
Wehrleystraße 59-11a
Weilburger Straße 59-7d
Weinbergstraße 59-2a
Weingartenstraße 59-9d
Westerwaldstraße 59-10b
Wiesenstraße 59-4b
Wilhelmstraße (4) 58-4c

Zingelgasse (1) 59-7c
Zum Greifenstein (6) 59-10b
Zur Bleiche 59-7c
Zur grünen Au 59-4d
Zur Rosenau 59-4b
Zu Wenigvillmar 59-7d

Sailauf
PLZ 63877

Alter Kirchweg 239-9d
Alte Ziegelei 239-9a
Am Geisenberg 265-5b
Am Langen Stück 265-3c
An der Lenne (1) 265-3c
Aschaffenburger Straße 265-5d

Bergmannsmühle 265-3c
Bergstraße 239-9d
Bergweg 265-5b
Bergwiese 239-9d
Birkenhof 265-5d
Birkenstraße 265-6a
Brauereistraße (2) 265-3c
Breitewiesenstraße 265-6a
Brückenstraße 265-6a
Brunnenstraße (1) 239-9b

Eichbachgasse 239-9d
Eichenweg 265-6a
Engländerstraße 265-3b
Erlenbornstraße 265-5b
Erlenstraße 265-5b

Felgenstraße 265-3d
Forsthausweg 265-3d
Frühlingstraße 265-3b
Fuchsemühle 265-5b

Gartenstraße 265-5b
Georg-Wendlandt-Weg 265-8b
Gewerbepark Weyberhöfe 265-8a
Gräfenbergstraße 265-2d
Grüntalstraße 265-3a

Hartbergring 265-3a
Hauptstraße 239-9a
Henkelborn (2) 239-9d
Hirtenstraße 239-9d
Höhweg 265-6a

Im Winkel (6) 265-3c

Kirchberg (3) 265-3c
Kirchenfeldweg 265-6a
Kurfürst-Eppstein-Ring 265-8a
Kurfürst-Homburg-Straße (3) 265-8a

Lindenweg 265-6a

Mühlhof (4) 265-3a

Odenwaldstraße 265-3d

Pfarrer-Ruf-Straße 265-3c
Pfarrwiese 265-3c

Raiffeisenstraße 239-9d
Rathausstraße 265-3c
Rhönstraße 265-3d
Rottenberger Straße 265-3a

Sämenhof 265-2b
Schlüsselstraße (3) 239-9d
Schönbornstraße 265-3b
Schulgarten (4) 239-9d
Schwerspatgrube Marga 239-12a
Schwester-Cantina-Weg 265-3c
Sickenbergerstraße (1) 265-8a
Sodenackerstraße 265-6a
Spessartstraße 265-3d
Steingasse 265-3c
Sudetenstraße 265-3b

Theodor-Bergmann-Straße (2) 265-8b

Von-Cancrin-Straße 265-8a
Vordere Röthe 239-9d

Waldgartenstraße 239-9b
Waldstraße (5) 265-3a
Weg am Bocksgraben 265-3c
Weg am langen Stück 265-6a
Wendelinusstraße 239-9c
Wüstenmühle 239-12a

Zum Bischling 265-3c
Zum Buscheck 265-3b
Zum Grund 239-9c
Zur Lauterhecke 265-3d

Sankt Johann
PLZ 55578

Alter Rathausplatz (1) 322-2b
Auf dem Ewiger 322-2d
Auf dem Schleich 322-2b

Bäckerweg 322-2b

Danziger Straße 322-2b
Dürkheimer Hof 296-12c + 322-3a

Falkenhof 322-2b
Friedhofstraße 322-2b

Gartenstraße 322-2d

Hindenburgstraße 322-2b

Im Kirschgarten 322-2d

Kirchplatz 322-2d
Kreuzweg 322-2b

Marktstraße 322-2b

Neugasse (2) 322-2b

Obergasse 322-2d

Ringstraße 322-2b

Schulstraße 322-2b
Stettiner Straße 322-2b

Untergasse 322-2d

Weedegasse 322-2b
Wißberg 322-6c

Zeppelinstraße 322-2d

Sankt Katharinen
PLZ 55595

Am roten Berg 318-2a
Am Wäldchen 318-2a

Flurstraße 318-1b

Halle Frey 292-10d

Im Hopfengarten 318-1b
Im Winkel (2) 318-2a

Keltenstraße 318-2a
Klosterstraße 318-2a

Mühlenstraße 318-2a

Sonnenblumenweg (1) 318-1b

Wochenendhaus Burger 292-11c

Sauerthal
PLZ 65391

Burgenstraße 189-10a
Burgstraße 189-10b

Hauptstraße 189-11c
Hof Oders 189-11d
Hof Sauerberg 189-10a

Tiefenbachstraße 189-11a

Saulheim
PLZ 55291

Ahornweg 324-3c
Akazienweg (15) 324-3c
Albert-Einstein-Straße 324-3a
Albert-Schweitzer-Straße (13) 324-3c
Alte Bahnhofstraße 298-12d
Am Alten Sportplatz (19) 324-3b
Am Eisenborn 298-12d
Am Goldberg 324-3b
Am Hudelnberg (22) 298-12c
Am Kapellenberg 324-3b
Am Ostring 298-12d
Am Weidenberg 324-2d
Am Westring 298-12c
An der Dörrwiese 298-12d
An der Kirchenmühle (16) 324-2d
An der Sandgrube (10) 298-12d
An der Sankt-Veitsmühle 324-2d
An der Schleifmühle 324-2d
An der Zisterne 298-12c
Auf dem Gewölbe 298-12d
Auf dem Römer 298-12d
Auf der Burgwiese 324-3c

Bacchusring 324-3a
Bachgasse 298-12d
Bahnhofstraße 298-12d
Beethovenstraße 324-3a
Beire-le-Chatel-Straße (4) 324-3a
Birkenhof 324-2c
Birkenweg (14) 324-3c
Borngasse 298-12c
Burgunderstraße 324-3a

Chausseehaus 299-10c

Erlenweg 324-3c
Ernst-Ludwig-Straße 324-3b

Feldgasse 324-3c
Fichtenweg 324-3a
Fliederweg 324-3c
Friedhofstraße 324-3c

Gartenfeldstraße (17) 324-2d
Georgenhof 324-2c
Glockengasse (6) 298-12d
Goethestraße 324-3b

Hasselgasse 324-3c
Heileckergasse 298-12d
Heinrich-Schuck-Straße (24) 298-12c
Heppmühlstraße 324-2d
Herrenhausstraße 324-2d
Hintergasse 298-12d
Höllerweg 299-7a
Hohenberg 299-8c
Holderstrauch 324-3a
Huntstraße 324-3c
Husarenhof 298-12b
Huxelweg 324-3a

Im Flachsgarten (1) 298-12c
Im Gartenfeld (18) 324-2d
Im Grasweg 299-10c
Im Heileck (7) 298-12d
Im Johannisgarten 324-2d
Im Vogelsang 298-12d
Im Vorderen Pfeiler (23) 298-12c
In den Bienengärten 324-2d
In der Siedlung 324-3b

Jahnstraße 324-3b
Jakob-Decker-Straße (20) 298-12c
Johann-Saaler-Straße 298-12c
Justus-von-Liebig-Straße 324-3c

Kaiserstraße 324-3d
Kanzlerweg 324-3a
Kellereistraße 298-12d
Kiefernweg 324-3a
Kirschpfad 299-7a
Kisselgasse (9) 298-12d
Kleine Ostergasse (8) 298-12d

Lindenstraße 324-3a

Mainzer Straße 298-12d
Max-Planck-Straße 324-3c
Mühlweg 324-2d
Muskatellerweg 324-3a

Neukirchner Straße 298-12c
Neupforte 298-12c
Nieder-Saulheimer-Straße 324-3c

Ober-Saulheimer-Straße 324-3a
Oppenheimer Weg 325-1a
Ostergasse 298-12d
Otto-Hahn-Straße 324-3c

Pappelweg 324-3c
Pater-Markert-Weg (3) 298-12c
Pertelgasse 298-12c
Pfarrgasse 298-12d
Pfeilergäßchen (2) 298-12c
Platanenstraße 324-3c
Prof.-Neeb-Straße 324-3b

Raiffeisenplatz 298-12d
Rathausplatz 324-3c
Rektor-Köhler-Straße 298-12c
Richard-Wagner-Straße 324-3a
Rieslingweg 324-3a
Ritter-Hundt-Straße 324-2d
Robert-Koch-Straße (11) 324-3c
Römerhof 324-5a
Röntgenstraße (12) 324-3c
Rollander Hof 299-10a
Ruländerweg 324-3a

Saarstraße 324-3b
Sackgasse 324-2d
Schiessers Garten (21) 298-12c
Schillerstraße 324-3b
Schlesische Straße 324-3b
Schloßgäßchen (5) 298-12d
Schützenstraße 324-2d
Schulweg 324-3b
Siebenbürger Ring 324-2d
Spitalgasse 298-12d
Stielpfad 298-12d

Talweg 324-3a
Tannenweg 324-3a
Thomasmühle (Dickenmühle) 299-10a
Traminerweg 324-3a

Ulmenstraße 324-3c
Untere Mühle 299-7d
Untergasse 324-2d

Wahligerweg 299-7b
Weberhof 324-2d
Weedengasse 298-12d
Wiesengasse 298-12d
Wörrstadter Straße 324-5b

Schaafheim
PLZ 64850

Adelungstraße (22) 313-2c
Alte Schulgasse 313-2d
Am Alten Sportplatz 313-12b
Am Eichwald 313-2c
Am Falltor 312-6b
Am Fasanenpfad 313-2c
Am Hebach 313-8d
Am Kohlhaufen 313-2a
Am Kreuzberg (2) 312-6b
Am Länderweg 312-6b
Am Mühlberg 313-9d
Am Pfingstbrunnen 313-8d
Am Sägewerk 313-2b
Am Sonnenhang 313-8d
Am Unteren Pfad 313-4a
An der Dorfmauer 313-12a
An der Ziegelei 313-3a
Arnoldschneise 313-1b
Aschaffenburger Weg 313-3a
Aueweg 313-3a
Auhof 313-3a

Babenhäuser Straße 287-10d
Bachgasse 313-2d
Bachgasse (8) 313-2d
Bachgaustraße 313-9d
Backhausgäßchen (21) 313-2d
Bangertsgasse 313-2d
Berggasse (24) 313-2d
Berliner Straße 313-9d
Beunegasse 313-2c
Binsenhof 313-11c
Birkenhof 313-3a
Birkenschneise 313-1a
Birkenweg 313-12b
Blumenstraße 313-2b
Bogenschneise 287-10d
Bornhof 313-11a
Boschstraße 287-11c
Brandenburger Straße 313-2a
Breitwiesergäßchen (5) 313-2d
Breuberger Straße 312-6b
Brückenbachstraße 313-9d
Brunnengasse (2) 313-9d
Bürgelweg 313-2c
Burggartenstraße 313-2b
Buschstraße 313-2a

Conrad-Rechrich-Straße 313-12a

Daimlerstraße 287-11c
Darmstädter Straße 287-11c
Dieburger Straße 287-11c
Dieselstraße 287-11c

Eichendorffstraße 313-2a
Eichenweg 313-3a
Erbacher Straße 287-11c
Ernst-Ludwig-Straße (7) 313-2c

Fabrikstraße 313-2c
Feldschneise 287-11a
Feldstraße 313-2a
Fichtenschneise 287-10c
Finkenweg 313-2b
Forstgartenschneise 313-1b
Frankenweg 313-2c
Frankfurter Straße 287-11c
Freiherr-von-Linden-Straße 313-12a
Freundlichgasse (9) 313-2d
Friedensstraße 313-2a
Friedhofstraße 313-12a
Friedrich-Ebert-Straße 313-2d
Friedrichstraße 313-2b
Frontalhof 313-2d
Fuchsschneise 286-9c

Gänsgäßchen (17) 313-2d
Galgentanneschneise 287-8c
Gartenstraße 313-12b
Geisbergstraße 313-12a
Gewerbegebiet „Aueweg Nord" 313-3a
Gießener Straße 287-11d
Grabenstraße 313-12b
Grenzweg 287-10a
Grenzweg (Radheim) 313-12a
Grenzweg (Schlierbach) 313-1c
Grimmstraße (2) 313-2b
Große Hohl 313-11d
Großostheimer Straße 313-2b

Haagsgraben 313-2d
Harreshausener Buschschneise 287-8c
Hauptmannstraße 313-2a
Hauptstraße 313-8d
Haus im Keller 313-11b
Hebachhof 313-8d
Heidelberger Straße 287-11c
Heimatring 313-2a
Heinrichstraße 313-2a
Herderstraße 313-2b
Herrngartenweg 313-2b
Hintergasse 313-9d
Hinterm Haag 313-9d
Hofgasse 313-9d
Hohe Straße 312-5b
Hügelschneise 287-10d
Hüttenschneise 287-10b

Im Heiligen Born 313-9c
Im Herrngarten 313-2b
Im Kappespfad 313-2b
Im Kreis 313-2d
Im Rittersloch 287-11c
In den Biebesgärten (1) 312-6b
In den Rohrwiesen 313-12a
In der Dornhecke 312-6b
In der Hohl (25) 313-2d
Industriering 287-11c
Irselhof 313-8a

Jagdschneise 287-10a
Jahnstraße 313-12b
Johannisstraße 313-2b
Johanniterstraße 313-9d

Kantstraße 313-2b
Karlstraße 313-2b
Karl-Ulrich-Straße 313-2b
Katzengasse (10) 313-2d
Kiefernweg 313-12b
Kiesweg 313-8d
Kirchgasse (1) 313-9d
Kleestädter Straße 312-6a
Klein-Umstädter Straße 313-11b
Kleiststraße 313-2b
Kohlhaufenweg 287-10d + 313-1b
Krönigshohl 313-12d
Kuhgasse (23) 313-2d

Lacheschneise 313-1b
Langbuchenschneise 313-1b
Langeschneise 287-10b
Langeseeschneise 313-1a
Langstädter Pfad 313-1d
Langstädter Straße 313-2a
Langstädter Weg 313-1a
Laurentiusstraße 313-12a
Lenkeweg 313-2c
Lindenfeld 313-12b + 314-10a
Lindenstraße 313-2c
Lönsstraße 313-2b
Loosäckerschneise 287-8c
Lutherstraße (19) 313-2d

Mainzer Straße 287-11d
Martinstraße (3) 313-12a
Meyergäßchen (13) 313-2d
Miltenberger Straße 287-11d
Mittelschneise 287-10b
Molkereigäßchen (26) 313-2d
Mosbacher Straße 313-5a
Mozartstraße 313-2c
Mühlbachweg 313-9d
Mühlgasse 313-2d
Mühlweg 312-6b
Müllerweg 313-2b

Nagelschmiedsgäßchen (6) 313-2d
Nelkenstraße 313-9d
Neue Straße 312-6b

Obergasse 313-9d
Odenwaldstraße 313-2c
Offenbacher Straße 287-11d
Ostheimer Straße 287-8b
Otzbergstraße 312-6b

Prof.-Geißler-Straße 313-2a

Quellenstraße 313-12b

Radheimer Straße 313-12a
Raibacher Weg 312-6b
Rathausgasse (11) 313-2d
Revierförsterschneise 286-12a
Rhönstraße 313-12b
Richeleuer Allee 313-2a
Riedelbergstraße 312-6b
Ringstraße 313-12a
Röderseeschneise 287-9c
Röhrigweg 313-1a
Rosenstraße 313-9d

Sandkautenschneise 286-12a
Schaafheimer Straße 312-6b
Schäfergasse (14) 313-2d
Schießgärtenweg 312-6b
Schilfrain (4) 313-12b
Schindkautenschneise 287-10b
Schlesienstraße 313-2a
Schlierbacher Schneise 312-3d
Schlierbacher Weg 313-2c
Schlossbegberghof 313-3c
Schlossergäßchen (20) 313-2d
Schloßgraben 313-2d
Schubertstraße 313-2b
Schulstraße 312-6b
Schwabenholzweg 287-10c
Schwarzwasserschneise 287-9c
Siemensstraße 313-9d
Sonnenhof 313-8b
Spessartstraße 313-12b
Spitzengasse (12) 313-2d
Sporthallenstraße 313-2a
Steinkautschneise 312-3d
Steinweg 313-8d
Sterbachstraße 313-12b
Stockstädter Weg 287-11d
Straßenmühle 312-3d
Stutzhof 313-3b

Talhof 313-8a
Tannenhof 313-8a
Tannenweg 313-12b
Taunusstraße 313-2a
Thomasbornschneise 313-1c
Thomasbornweg 313-1d
Tulpenstraße 313-9d
Turmgasse 313-2d

Untergasse 313-9d
Untermühle 312-6b

Wacholderschneise 313-1a
Wagnergäßchen (16) 313-2d
Waldhof 313-8a
Waldstraße 313-2c
Wallstraße (15) 313-2d
Weedstraße (18) 313-2d
Weidenseehof 313-7b
Weinbergstraße 313-2d
Wenigumstädter Straße 313-12b
Westring 312-6b
Wiesbadener Straße 287-11d
Wiesenstraße 313-12b
Wilhelm-Leuschner-Straße 313-2d
Wilhelmstraße 313-2a
Willenbucher Schneise 313-1d
Würzburger Straße 287-11c

Zimmergäßchen 313-2d
Zwergweg 313-12b
Zwingergasse (4) 313-2b

Schiesheim
PLZ 65623

Aarstraße 117-2c
Am Stollenbach 117-2b
Am Wacholderberg 117-2c

Bergstraße 117-2c

Lindenstraße 117-2c

Sommerauweg 117-2b

Tannenstraße 117-2c

Waldweg 117-2c

Schlangenbad
PLZ 65388

Adelheidtal 193-12b
Ägidiusstraße (1) 192-7b
Ahornweg 194-4c
Alte Garten 194-4c
Alte Gasse (1) 193-8b
Alter Pfarrweg (3) 194-10b
Alter Weg 193-9a
Alte Schmiede (3) 193-10c
Am alten Steinbruch (7) 193-8b
Am Born (8) 194-11a
Am Brandweiher (2) 194-11a
Am Bruch (7) 194-11a
Am Drieschgarten (4) 193-10c
Am Eckernberg 192-4d
Am Fischbacher Weg 193-8b
Am Forsthaus 194-11a
Am Galgenkopf (5) 193-8b
Am Geiersberg 194-4a
Am Hirschgarten 193-9a
Am hohen Wald 194-11a
Am Hohlbusch 194-4c
Am Kippel (1) 192-11b
Am Klauergraben 193-8b
Am Köhlerberg (1) 194-11a
Am Langenmorgen 194-11c
Am Rain 192-4c
Am Rötchen 193-6d
Am Rotenberg 193-9a
Am Schneeberg 192-11b
Amselweg 193-10c
Am Sonnenberg 192-7b
Am Sportfeld (11) 194-11c
Am Steinchen 193-6d
Am Teehaus (5) 194-11b
Am Tempelhain 194-11a
Am Tiergarten 193-8b
Am Unterfeld 194-11c
Am Weihersgarten 192-12d
Am Wolfsborn 193-8b
An der Grauen Hecke 193-6d
An der Lochmühle 194-10d
An der Schloßremise (3) 194-11a
An der Wassergall 193-8a
Atzelberg 194-11c
Auf dem Berg 194-4c
Auf dem Weikershain (6) 193-8a
Auf den Bremestücken 193-8b
Auf der Hubbert (8) 193-8b
Auf der Hut 194-4a

Backhausstraße 193-8b
Badweg 194-10c + 220-1a
Badweg (Bärstadt) 193-9d
Bäderstraße 193-5b
Bärstadter Straße 193-6d
Bangertstraße 192-11b
Baumschulenweg (1) 193-10c
Birkenweg 193-10c
Blütenweg (3) 193-9a
Borngasse 193-8b
Bornwiesweg 194-11a
Buchenweg 194-4c

Dillenbergweg 194-11a
Dotzheimer Weg 194-11b
Dreiruthenweg 194-11b

Eibenweg 194-4a
Eichenweg 194-4c
Ellenbogenweg (2) 192-11b
Erbacher Forsthaus 192-7c
Erlenhag 194-11c
Eschenweg (1) 194-4a

Feldstraße (3) 192-11b
Fichtenweg 193-8b
Finkenstraße 193-10b
Fischbacher Straße 193-10a
Floriansweg 192-7b

Gebückweg (6) 193-10d
Georgenborner Weg (2) 194-10b
Georgsweg 194-11a
Gerstenweg (9) 194-11c
Gladbacher Straße 192-12d
Glückspfad (2) 193-10c
Goldhähnchenweg (4) 193-6d
Gustav-Hacker-Weg 193-9a

Hauptstraße 193-8b
Heideweg 192-7b
Hessenallee 193-9d
Hexentanzplatz 194-10a
Hof Mappen 218-2c
Hohenbuchau-Ring (4) 194-11b
Hohe Straße 193-8a
Hohlstraße 194-7c
Holzweg 192-4c
Hubertusstraße 193-10d
Im alten Roth 194-4a
Im Bornzaun 194-4c
Im Fahler 193-10c
Im Herborn 194-4c
Im Söderfeld 192-11b
Im Wiesengrund 194-10b
Im Winkfeld 194-4c
In der Schlad 194-4c

Kaiserberg (1) 194-10b
Karlsbader Weg 194-11a
Kemeler Weg 193-8b
Kernweg 192-11b
Kiefernweg (2) 194-4a
Kirchenpfad 194-11c
Kletterbaumweg (10) 194-11c
Kornweg 194-11a
Krauskopfallee 194-11a

Landgrafenplatz (5) 194-7c
Lindenweg 194-4a
Lochmühle 194-10d
Lohberg 194-11c
Lorcher Straße 192-8d

Mainstraße 194-11a
Marktstraße 192-4d
Marxhütte 194-10d
Matzenmühle 191-6c
Mühlenhof 194-10d
Mühlstraße 194-7d
Müllerpfad (2) 193-8b

Nassauer Allee 193-9d
Nelkenstraße 193-8b
Neustraße 193-10d
Nikolausstraße 192-11b
Nonnenwaldweg 194-11c

Obere Trift 194-11a
Obergasse 194-4c
Omsstraße 193-9d

Pfälzer Weg 192-7b
Philipp-Schäfer-Straße 193-10d
Platter Straße 193-8b
Poststraße (5) 193-10c

Quellenstraße 192-7b
Querstraße 194-10b

Rathausstraße 193-8b
Rauenthaler Straße 193-10d
Rechtenbachweg (6) 194-11d
Rheingaublick 194-10c
Rheingauer Straße 194-7c
Rosenstraße 193-8b
Rudolf-Diez-Straße (4) 193-9a
Rüdesheimer Straße 193-10c

Schanze 194-4b
Schanzenberg 194-4c
Schieferstraße 193-9a
Schlangenbader Weg 193-9a
Schloßallee 194-11a
Schöne Aussicht 193-8b
Schützenstraße 193-8b
Schulstraße 193-8b
Schwalbacher Straße 193-6b + 194-4a
Seifenstraße 192-7b
Sonnenstraße 193-10c
Sperberweg (3) 193-6d
Süße Back (4) 194-10b

Talstraße 192-11b
Tannenweg 192-8d
Taunusstraße 193-10d
Taunus-Wunderland 194-4b
Triefenbergweg 194-11c
Tulpenstraße 193-9a

Über den Auen 194-4a
Über den Wiesen 194-4a
Untere Trift 194-11c

Vordelbacher Straße 193-10c

Waldstraße 193-10d
Wallufstraße 193-8b
Wambacher Mühle 194-7a
Wambacher Straße 193-9a
Wehrstraße 194-10b
Weiherallee 194-11b
Wiesbadener Hütte 194-4a
Wiesbadener Straße 194-7d
Wilhelmstraße 192-11b
Wisperstraße 192-11b

Zur Dreispitz 193-8b
Zur Schanze 194-4b

Schloßböckelheim
PLZ 55596

Amselweg 344-1a

Hahner Hof 344-1a

Rother Hof 344-1a

Schloßhof 344-1c

Schmitten
PLZ 61389

Alter Königsteiner Weg 147-3b
Altkönigstraße 123-12d
Am Arnsgraben 123-6d
Am Bienengarten (1) 100-10b
Am Bornfeld 124-7a
Am Eichwaldsfeld 124-4d
Am Ginsterberg 100-10b
Am Hasenborn 124-4b
Am Hopfengarten 99-12b
Am Hühnerberg (6) 123-12c
Am Königsteinchen 100-10b
Am Kohlberg 123-6d
Am Lanzenboden 124-8c
Am Nesselberg (2) 100-11a
Am Neurod 123-12d
Am Pfaffenroth 124-7a
Am Pferdskopf 99-12b
Am Straßberg 100-11c
Am Tanzplatz 124-7a
Am Taubenrain (1) 124-1d
Am Weißen Berg 124-8d
Am Wiesensteg 124-4c
Am Windhain 123-5c
An der Weilquelle 123-12c
An der Weth (1) 99-12d
Anspacher Straße 100-10b
Anspacher Weg 124-2c
Arnoldshainer Weg 123-12a
Auf der Mauer 124-1c

Bassenheimer Straße (1) 123-8a
Beidteweg 123-5c
Berghof 100-11c
Birkenweg 123-11b
Blumenstraße (2) 124-1d
Borngasse 123-12c
Bornwiesenweg 124-7a
Brombacher Hütte 124-1a
Brombacher Straße 124-1c
Brunhildensteg 123-12a
Brunhildestraße 123-12c
Brunnenstraße 123-8a
Buchenbuschweg 124-1d
Buchenstraße 123-12c
Buchenstumpf (2) 123-6b
Bürgermeister-Pouzaud-Straße (4) 124-4c
Burgweg 123-12a

Camberger Straße 123-8a

Dillenbergstraße 124-10a
Dillenbergweg 124-10b
Dorfweiler Straße 123-6b

Eichenweg 124-1d
Eichfeldstraße 123-12a
Eichwaldstraße 123-12c
Eichwaldweg 124-5a
Emser Straße 123-11b
Erlenweg 124-1d

Falkensteiner Weg 100-11c
Feldbergblick 123-5c
Feldbergsiedlung 124-10c
Feldbergstraße 123-12c
Feldbergweg 123-9b
Feldwies 100-11a
Fichtenweg (3) 123-11d
Forsthausstraße 124-7a
Freseniusstraße 123-6b
Friedhofsweg 123-12a
Fuchstanzstraße 123-12d
Fuchstanzweg 148-1a

Galgenfeld 124-10a
Gartenstraße 124-7a
Goethestraße 123-6d
Graben 123-12a
Grabenwiesenweg 124-7b
Großer Feldberg 148-1b

Haidgesweg 123-12c
Hans-Meissner-Straße 123-12a
Hardtweg (3) 124-1d
Hattsteiner Straße 124-7a
Hauptstraße 123-12c
Hegewiese 124-11a
Heidetränkweg 123-12d
Hermannsweg 123-6d
Hochstraße 123-12a
Höhenstraße 123-5c
Hollerecke 100-11c
Hühnerstraße 123-11d
Hunoldstaler Straße 99-12a

Im Boden 100-11c
Im Eichenborn 123-6b
Im Eichholz 124-1c
Im Gelände 124-4c
Im Gründchen 100-10b
Im Grund 99-12b
Im Kirchfeld 123-8a
Im Salzgrund (4) 123-12d
Im Stockgrund 100-11c
Im Wiesengrund 124-1c
In der Leistenbach 123-3a

Jägerweg 124-1d
Johannishöhe 123-12c

Kanonenstraße 124-7b
Kapellenbergstraße 123-12b
Kellerbornsweg 124-10a
Kirchgasse 124-7a
Königsteiner Straße 123-12a
Köppchenweg (5) 123-11d
Kreuzweg 123-5c
Krimmelbergweg 124-7d
Krötenweg 124-10b

Lärchenweg 124-1b
Lauterbachstraße 124-4d
Leistenbachstraße 123-6b
Leiweg 99-12b
Limesstraße 123-12d

Merzhausener Straße 100-11c
Mittelweg (3) 123-6d

Mülleräcker 123-6b
Müllerweg 123-8b

Neugasse 123-12a
Niedbachstraße 123-8b

Oberdorfstraße 124-7b
Oberer Mühlberg 124-1c
Obermühle 100-10b
Oberndorfweg 124-7b

Panoramaweg 100-11a
Pappelallee (7) 123-11d
Parkstraße 123-6b
Pfarrgasse 123-12a
Philosophenweg 123-6d
Privatweg 123-11b

Quellbachweg (1) 123-11b

Rathausplatz 124-7a
Rauheckweg 124-7b
Reifenberger Weg 124-7a
Rennstraße 123-11d
Ringstraße 124-1c
Römerberg 124-7a
Römerstraße 124-1c

Sängelberg-Rundweg 123-9d
Sängelbergweg (1) 124-10a
Sandplacken 124-11b
Sangfeldstraße 123-12d
Schellenbergstraße 124-4c
Schillerstraße 123-6d
Schlesier Straße 123-6d
Schloßstraße 123-12a
Schmittener Straße 123-11b
Schmittgrundweg 123-12a
Schmittgrundweg (2) 123-11b
Schöne Aussicht 124-7a
Schubertstraße 123-6b
Schulstraße 123-12a
Seelenberger Straße 123-6d
Siegfriedsiedlung 124-10a
Siegfriedstraße 123-12a
Sonnenweg 123-12c
Steinweg 124-1d
Stichelwiese 124-7a
Struthweg 124-1d
Sudetenstraße 123-6b

Talgrundweg 123-9d
Talweg 124-10a
Tannenwaldstraße 124-10c
Taunusstraße 124-4c
Teufelslai 123-8b
Thüringer Straße (1) 123-6b
Treisberger Weg 100-10d
Triebweg 124-1c

Unkensteiner Weg 124-7b
Untergasse 123-12a
Untermühle 100-10a
Usinger Straße 100-11c

Von-Eichendorff-Straße 123-11b
Vorstadt 123-12a

Waldstraße 123-12b
Wasserweg 123-12d
Weihergrundstraße 124-1d
Weilbergstraße 147-3b
Weilroder Straße 124-1b
Wenzelstraße 123-6b
Wiegerstraße 123-6d
Wiesenau 100-7d
Wildbachstraße 100-10d

Zassenrainweg 123-12c
Zum Feldberg 123-6d
Zum Johannisstein 123-12c
Zum Weißen Stein 123-6d

Schöffengrund
PLZ 35641

Alte Straße 46-4a
Am Berg (1) 47-4b
Am Brunnen 46-4d
Am Eselsweg (9) 46-2a
Am Grund 47-4a
Am Hang (1) 46-8b
Am Heidenstock 47-4b
Am Kirschbaum 47-1a
Am Klingelborn (6) 46-3d
Am Rosengarten 46-2a
Amselweg 46-4a
Am Sohlbaum 46-2a
Am Sportplatz 46-3b
Am Steinbruch 46-8a
Am Stockborn (2) 47-4b
Amtsstraße 46-2b
Am Weingarten 46-8b
Am Wetzbach 46-3d
An der Lehmkaut 46-2a
Auf der Hohl 46-4a

Berghof 46-4b
Bergstraße 46-3b
Berliner Straße 46-3b
Bodenweg 46-8b
Bohnengarten 46-2a
Bonbadener Straße 46-1b

Elerigsgasse (2) 46-3b
Erbsengasse 46-8b

Falltorstraße 46-8b
Friedenstraße 46-3d

Gartenstraße 46-3d
Geißener Straße 46-8b
Goethestraße 46-3b
Grüner Weg 46-3b
Grundstraße 46-8b

Hauptstraße 46-2a
Heinrichshof 46-8d
Hessenhof 46-8c
Hindertal 46-8b
Hof Prinz 47-4a
Hof Sallenberger/Hölss 46-3c
Hofstatt (2) 46-4c
Hof Szislo 46-8b
Hohe Straße 47-4a

Im Biegen (1) 46-3b
In den Gärten 46-2b
In der Aulwies 46-2b
In der Fröschbach 47-4a
In der Pitz (3) 46-4d
In der Weid 46-4a
Industriestraße (1) 46-4a
Inselstraße (5) 46-3d

Karlstraße 47-4b
Keltenring 46-2a
Kirchberg 47-4b
Kleine Gasse 46-2a
Krautgärten (8) 46-2a
Kreuzweg 47-4c
Kröffelbacher Berg (3) 46-8b

Lindenbachstraße 46-3b
Lindenhof 46-8d
Ludwigstraße 46-3d
Luisenstraße 46-4d

Markweg 46-8b
Martinshof 46-3c

Napoleonstock 47-4b
Neuer Weg 46-4a
Neukirchener Straße 46-2a
Niederwetzer Straße 47-4a
Nußbachstraße 46-8a

Oberdorfstraße 46-8b
Obere Weingartenstraße 46-4a
Oberlandstraße 46-3d
Oberwetzer Ring 47-4a

Parkstraße 47-4a
Petersberg (3) 46-3d
Pfaffengarten 46-2b
Pfarrgarten 46-8b
Pfingstweide (2) 46-8b

Quembachallee 46-4a

Rheinfelser Straße 47-4a

Schießberg (4) 46-3d
Schützenstraße 46-3d
Seestraße 46-8b
Siebendeller Ring 46-2a
Silcherstraße 46-3d
Steinkaut 46-2a
Steinstraße 46-2b
Steuterweg 46-2b

Talhof 46-6b
Talstraße 46-3b
Taubenberg 46-3b
Taunusblick 46-4a
Taunusstraße 46-3d

Unter den Fichten 46-4a
Unter den Tannen 46-4c
Untere Weingartenstraße 46-4a
Usinger Straße 46-8b

Vorm Stiegel 47-4a

Waldstraße 46-3d
Wetzbachstraße 46-3d
Wetzlarer Straße 46-3b

Zum Köhlerberg 47-4b
Zum Steumel 46-8a
Zum Stoppelberg 47-4b
Zum Waldgraben 46-4c
Zur Bernstatt 46-4d

Schöllkrippen
PLZ 63825

Ahornweg 213-11b
Alter Weinberg 213-11b
Am Bahnhof 213-11d
Am Gewann 239-2b
Am Höllenbach (4) 213-12c
Am Kerbergraben 213-7a
Am Sackhaus (6) 213-11d
Am Schießrain 213-11c
Am Sportgelände (6) 213-12c
Am Weizenbach 213-7d
An der Hohle 213-11d
An der Seitzenbergstraße (8) 213-11c
Aschaffenburger Straße 239-2b

Bachweg (7) 213-11d
Bayernstraße 213-7a
Berghof 239-2a
Bingärtenstraße 213-11d
Birkenweg 239-2b
Blindergrund 213-7b
Buchenweg (9) 213-11a
Burgweg 213-11d

Deipertsäcker 213-11c
Dietrich-Bonhoeffer-Straße 213-11a

Eichenweg 213-11b

Finkenweg 213-7a
Flurstraße 213-7a
Forstmühle 213-12a
Frankenstraße 213-7a
Frühlingsweg (1) 213-11d

Gartenweg 213-11d
Gaßenmühle 213-11d
Geubelsäcker 213-11b
Goethestraße 213-11b
Graufeldstraße 213-12c

Häfner-Ohnhaus-Straße (5) 213-12c
Hauptstraße 213-7d
Heideweg 239-2b
Höhenstraße 213-7d
Hofgut Reuschberg 213-12b
Hof Schabernack 239-3b
Hohlweg 239-3a
Holzgasse 213-12c

Im Bangert 213-11d
Im Höhlchen 213-8c
Im Langenborn 239-2a
In den Buchenäckern (1) 213-7d
In der Au 239-2b

Josefshof 239-3b

Kalmusstraße 213-11d
Katharinenstraße 239-2b
Keilrainstraße 213-11b
Kestäcker 213-11a
Kirchpfad 213-11a
Kirchstraße 213-11a
Klingerstraße 213-12c
Krombacher Straße 213-11c

Langenborner Hof 239-2a
Laudenbacher Straße 213-11d
Liesgrundstraße 213-11d
Lindenstraße 213-11d

Marienstraße 213-7d
Marktplatz 213-11d
Markusstraße 213-12c
Meisenweg 213-7a
Mühlweg 239-2b

Ober dem Mühlgraben 213-11b
Obere Au 239-3a
Obere Schulstraße (2) 213-12c
Odenwaldstraße 213-11a

Raingartenstraße 213-7a
Reuschbergstraße 213-11d
Rhönstraße 213-11a
Rohrgrundhof 213-10b
Rohrgrundweg 213-11a
Rosenstraße 239-2b
Ruhbornstraße 213-7a

Saxelberg 239-2c
Scheuerbornstraße 213-11d
Schloßfeldstraße 213-12c
Schönebergstraße 213-7a
Schwarzwaldstraße 213-11a
Seitzenbergstraße 213-11d
Spessartstraße 213-4c
Steinstraße 213-11a
Strohmühle 213-12a

Tannenäcker 213-11a
Taunusstraße 213-11a

Untere Schulstraße (3) 213-12c

Vormwalder Straße 239-2b

Waagstraße 213-11d
Westernstraße 213-11b

Schönborn
PLZ 56370

Akazienweg 92-8a
Am Rain 92-8c
Apfelhof Bärbach 92-4d

Birkenweg 92-8c
Bornweg 92-8c

Diezer Straße 92-8c

Gartenweg 92-8c

Hahnstätter Straße 92-8c
Hauptstraße 92-8c
Hintergasse (1) 92-8c

Kirchberg 92-7d
Kirchstraße 92-7d
Kreuzstraße 92-7d

Lohrheimer Eck 92-8c

Ringstraße 92-7d
Rintstraße 92-9a

Schauferts-Hof 92-10a
Schaufertsstraße 92-7d
Schaumburger Straße 92-8c
Schönborner Mühle 92-7a
Schöne Aussicht 92-7d
Soderhof 92-7b

Talstraße 92-8c

Wasenbach 92-8a
Weiherstraße 92-8c
Wiesengrund (2) 92-8c
Wiesenstraße 92-8c

Schöneberg
PLZ 55444

Am Berg 266-10c
Am Sauerplacken (5) 292-1a
An der Bleiche (1) 266-10c
Aubachblick (6) 292-1a
Auf der Heide 266-10c

Brunnengasse 292-1a

Gartenstraße 266-10c

Hauptstraße 292-1a
Himmelssteige (4) 292-1a

Neupfälzer Straße 292-1a

Oberstraße 266-10c

Schloßstraße 292-1a
Soonwaldstraße 292-1a
Stromberger Straße 266-10d

Zur Faustheck (3) 292-1a

Schöneck
PLZ 61137

Alte Dorfstraße 154-11a
Am Bahnhof (6) 154-6c
Am Brühl 154-9c
Am Buchwald 154-2b
Am Erlenbach (1) 154-5b
Am Hang (7) 154-6d
Am Hasenpfad (14) 154-6c
Am Kühwald 154-9c
Am Naßling 154-5d
Am Neuberg (19) 154-9c
Am Rennweg 154-2c
Am Roten Berg 154-8a
Amselweg 154-11a
Am Stärkel 155-10a
Am Talacker 154-8a
Am Zahl 154-11d
An der Turnhalle 154-8a
Anne-Frank-Straße (31) 154-12b

Bahnhofstraße 154-6c
Baumweg 154-9d
Beethovenstraße (26) 154-12b
Bergstraße 154-6c
Berliner Straße 154-9d
Bernauer Chaussee 154-5a
Birkenweg 154-11a
Bleichstraße 154-12d
Brandenburger Straße 154-6c
Bremer Straße 154-12a
Breslauer Straße 154-12a
Brucknerweg (23) 154-12b
Brückgasse 154-5d
Brunnengasse (20) 154-9d
Brunnenhof 154-11d
Buchenweg (6) 154-11a
Büdesheimer Straße 154-9c
Burghohl 154-5b

Dachsweg (13) 154-6c
Danziger Straße (27) 154-12b
Dietrich-Bonhoeffer-Straße (29) 154-12b
Dittersdorfer Straße (7) 154-11a
Dresdener Straße 154-12a

Edith-Stein-Weg (30) 154-12b
Egerländer Straße (8) 154-11a
Erfurter Straße 154-12a
Erich-Ollenhauer-Straße 154-9d
Eschenweg (2) 154-11a
Eugen-Kaiser-Straße 154-9c
Eulenring (15) 154-6c

Falltorstraße 154-10b
Fasanenstraße 154-6c
Feldbergstraße 154-11a
Feldstraße 154-9c
Finkenweg 154-11a
Fixengasse 154-9d
Frankfurter Straße 154-12a
Frauengartenring 154-9d
Friedhofstraße 154-9d
Friedhofstraße (22) 155-7c
Friedrichstraße 154-5d
Friesenweg 154-8a
Fröbelstraße 154-11c
Froschbachstraße 154-5d
Fuchsweg (12) 154-6c

Gartenstraße 154-11a
Gerngraben (13) 154-9c
Gewerbegebiet Gelber Berg 155-7d
Gewerbegebiet Kilianstädten Nord 155-7a
Glockenstraße 154-9d

Händelweg (24) 154-12b
Haidegasse (8) 154-9d
Hainstraße 154-9d
Hamburger Straße 154-9d
Hanauer Pfad 154-6c
Hanauer Straße 154-9d
Heiligenstraße (17) 154-12b
Heinrich-Schaub-Weg (5) 154-5d
Heinz-Herbert-Karry-Straße 154-9c
Herrnhofstraße 154-9d
Hessenstraße 154-11a
Hinter den Zäunen 154-5d
Hochstädter Straße 154-11a
Höhenstraße 154-9c
Hohe Straße 155-10c
Hüttenberg 154-9d

Im Alten Hof 154-11a
Im Gründchen 154-11a
Im Kirchgarten 154-6c
Im Kutscherhof (8) 154-5d
Im Paradiesgarten (10) 154-5d
Im Rapphuhnsgarten 154-11c
Im Weimer (4) 154-11a
In der Orangerie (9) 154-5d

Johannisberg (3) 154-5d
Johann-Sebastian-Bach-Straße (25) 154-12b
John-F.-Kennedy-Straße 155-7c

Käthe-Kollwitz-Ring (32) 154-12b
Karlsbader Straße (14) 154-12a
Kieler Straße 154-12b
Kilianstädter Straße 154-8b
Kinzigstraße 154-11a
Kirchbergstraße 155-7c
Kirchgasse 154-5d
Kirchplatz 154-9d
Kleine Hainstraße (5) 154-9d
Kleine Wingertstraße (3) 154-9d
Königsberger Straße 154-12b
Kolpingstraße 154-12b
Konrad-Zuse-Ring 155-7c
Kranzbergring 154-9d
Kurt-Schumacher-Straße 155-7c

Leipziger Straße 154-9c
Lerchenweg 154-11a
Lessingstraße 154-9c
Lindenweg (5) 154-11a
Ludwig-Erhard-Straße (10) 154-9d

Marie-von-Oriola-Straße 154-5d
Martin-Luther-Ring 154-12b
Minetsgasse 154-5d
Mozartstraße 154-12b
Mühlbergweg 154-6c
Mühle Philippi 154-6c
Mühlstraße 154-5d

Nachtweide 154-6c
Neuer Weg 155-10a
Neugasse 154-12b
Nidderauer Straße 154-11a
Nidderbrücke 154-5d
Niddertalring 154-11a
Niederbergring 154-9c
Nördliche Hauptstraße 154-5d

Obergasse (7) 154-9d
Odenwaldstraße 154-11a
Otto-Hahn-Straße 155-7c

Pestalozzistraße 154-12b
Pfarrgasse (6) 154-9d
Phillip-Reis-Straße 155-7c
Platz der Republik 154-9d
Pommernstraße 154-6d

Raiffeisenstraße 154-9d
Rangenbergweg (1) 154-11a
Raufenbergerstraße (12) 154-9c
Rendeler Pfad 154-8a
Rendeler Straße 154-5c
Rhönstraße 154-11a
Richard-Wagner-Straße (15) 154-12b
Riedstraße 154-5b
Ringstraße 154-8a
Röternstraße 154-9c
Rosenstraße 154-6c
Roter Weg 154-9c
Rue d'Anould 154-5d

Sandweg 155-10a
Schäferküppel 180-3a
Schererstraße (4) 154-9c
Schlesierstraße 154-6c
Schloßstraße 154-5d
Schmiedgasse (2) 154-5d
Schöne Aussicht 154-8b
Schubertstraße (16) 154-12b
Schulstraße 154-5d
Sonnensteig (2) 154-9c
Spechtstraße (11) 154-6c
Spessartstraße 154-11a
Stahlbachstraße 154-5b
Stettiner Straße (28) 154-12b
Stresemannstraße (11) 155-10a
Sudetenstraße 154-6c
Südliche Hauptstraße 154-5d

Talstraße 154-9c
Taunusblick 154-11a
Taunusstraße 154-9c
Theodor-Heuss-Straße (21) 155-7c
Trübauer Straße 154-6c
Tulpenstraße (4) 154-6c

Uferstraße 154-8d
Untergasse 154-9d

Verlängerte Hochstädter Straße 154-11c
Vilbeler Straße 154-8a
Vogelsbergstraße 154-11a

Wachenbucher Straße 154-12b
Waldstraße 154-9c
Wasserweg 154-12b
Wedgasse (9) 154-9d
Weidenweg 154-11a
Weiherstraße 154-9d
Weimarer Straße 154-12a
Weinbergstraße 154-9c
Wiesenau 154-5d
Wilhelm-Leuschner-Weg (18) 155-7c
Windecker Pfad 154-6c
Windecker Straße 155-7c
Wingertstraße 154-9d
Wolfbornstraße (1) 154-9c

Schornsheim
PLZ 55288

Am Mönchpfad 325-4d
Am Ritterberg 325-4d

Bauchgasse 325-7b
Bebelstraße (2) 325-7b
Birkenhof 325-8c

Dr.-Adenauer-Ring 325-7b

Friedrich-Ebert-Straße 325-7b

Gartenstraße 325-7b
Goethestraße 325-7a

Hasengasse 325-7b
Heyerhof 325-4d
Heyerstraße 325-4d
Höfchen (5) 325-8a
Höllenwegstraße 325-7b
Hölzer Straße (3) 325-7b
Hof Ritterberg 325-7a
Humboldtstraße 325-7b

Jahnstraße 325-7b

Karl-Marx-Straße 325-7b
Kirchstraße 325-7b
Klostergasse 325-7b

Leuschnerstraße (1) 325-7b
Lindenhof 325-7a

Mühlerstraße 325-8a

Pfaffenwaldstraße 325-7b
Pfaffenwiesenweg 325-4d

Raiffeisenstraße 325-7b

Sandweg 325-7b
Schillerstraße 325-7b
Schulstraße 325-7b
Spiesheimer Hohl 325-7b
Steingasse (4) 325-7b
Steinweg 325-7b

Weiherstraße 325-4d
Wörrstadter Straße 325-7a

Zum Dockenborn 325-7b

Schwabenheim an der Selz
PLZ 55270

Am Elsheimer Tor (4) 272-10c
Am Kindergarten 271-12d
Am Sonnenberg 272-10c
Am Sportfeld 271-12d
An den Steinwällen 272-10c
An der Sandkaut 271-12d

Bacchushof 298-1a
Bacchusweg (1) 272-10c
Bachstraße 271-12d
Backhausstraße 271-12d
Bubenheimer Straße 271-12d

Chanbolle-Musigny-Straße 271-12d

Danziger Straße 271-12d

Elsheimer Straße 272-10c

Faltenstraße 271-12d
Friedensstraße 271-12d

Gärtnerstraße 271-12d
Goethestraße (3) 271-12d
Grabenstraße 271-12d
Grundstraße 271-12d

Ingelheimer Straße 271-12b

Jahnstraße 271-12d

Käferstraße 272-10a

Mainzer Straße 271-12b
Marktplatz 271-12b
Minerbe-Straße (6) 272-10c
Mittelweg 272-10c
Mühlstraße 271-12d

Neubaugebiet „Hochgewann II" 298-1a

Pestalozzistraße 271-12d
Pfaffenhofer Straße 271-12d

Raiffeisenstraße 271-12d
Rieslingweg (5) 271-12d
Rosenstraße 271-12d

Schillerstraße 271-12d
Schubertstraße 271-12d
Schulstraße 272-10a
Selztalstraße 271-12d
Silvanerweg (2) 272-10c

Wackernheimer Straße 271-12b
Weyerstraße 271-12d

Zur Probstei 271-12d

Schwalbach am Taunus
PLZ 65824

Adlerstraße 175-11b
Adolf-Damaschke-Straße 175-8a
Altkönigstraße 175-8d
Am Brater 175-8c
Am Erlenborn 175-11b
Am Flachsacker 175-11b
Am Kronberger Hang 175-5c
Am Park 175-8d
Am Sandring 175-11b
Am Schollengarten 175-8d
Amselweg 175-12a
Am Sportplatz 175-7d
Am Sulzbacher Pfad 175-11a
Am Taunusblick 175-8b
Am Weißen Stein 201-3b
An der Mühl 175-8d
Avrillestraße 175-8c

Badener Straße 175-7b
Bahnstraße 175-8d
Berliner Straße 175-8a
Bockenheimer Straße 175-8d
Borngasse 175-8c
Brandenburger Straße 175-4d
Bremer Straße 175-4d
Breslauer Straße 175-8c
Burgstraße 175-8d

Danziger Straße 175-4d

Elly-Beinhorn-Straße 175-12d
Eschborner Straße 175-8d
Europaring 175-11a

Fasanenweg 175-11b
Feldbergstraße 175-8d
Feldstraße 175-8c
Finkenweg 175-11b
Frankenstraße 175-7b
Frankfurter Straße 175-8d
Friedrich-Ebert-Straße 175-8c
Friedrich-Stoltze-Straße 175-8a
Fuchstanzstraße 175-8b

Gärtnerweg 175-8c
Gartenstraße 175-8c
Gewerbegebiet Nord 175-5c
Gewerbegebiet West 175-11a
Ginnheimer Straße 175-8d
Grabenstraße 175-8d
Graf-Zeppelin-Straße 201-3b
Grüneburgweg 175-8d

Hainstraße 175-8d
Hardtbergstraße 175-8c
Hauptstraße 175-8d
Hausener Weg 175-9c
Hessenstraße 175-7b
Höchster Straße 175-8d
Höhenstraße 175-8c
Hofheimer Straße 175-11a

Insterburger Straße 175-8c

Jahnstraße 175-8c
Julius-Brecht-Straße 175-8c

Käthe-Paulus-Straße 201-3b
Karlsbader Straße 175-8c
Kirchgasse 175-8d
Kronberger Straße 175-8b
Kronthaler Weg 175-8b

Lauenburger Straße 175-8c
Lerchenstraße 175-12a
Limesspange 175-8a

Mammolshainer Weg 175-8c
Marktplatz 175-8a
Mecklenburger Straße 175-7b
Meisenstraße 175-8d

Neustraße 175-11a
Niebergallweg 175-8a
Niederdorfstraße 175-8c
Niederhöchstädter Pfad 175-8d
Niederräder Straße 175-8d
Nordstraße 175-8d

Ober der Röth 175-8c
Odenwaldstraße 175-8b
Olkuszstraße 175-11a
Ostpreußenstraße 175-7b
Ostring 175-4d

Pfingstbrunnenstraße 175-8c
Pommernstraße 175-7b

Rheinlandstraße 175-7b
Rhönstraße 175-8b
Ringstraße 175-8d
Rödelheimer Straße 175-8d
Rudolf-Dietz-Weg 175-8a

Sachsenhausener Straße 175-9c
Sachsenstraße 175-4d
Salzbornstraße 175-8c
Sauererlenstraße 175-11a
Schlesienstraße 175-7a
Schneidemühler Straße 175-8c
Schönberger Weg 175-8b
Schützenstraße 175-11a
Schulstraße 175-11a
Schwalbenstraße 175-11b
Schwanheimer Straße 175-8d
Sodener Straße 175-8c
Sossenheimer Weg 175-11b
Spechtstraße 175-11b
Spessartstraße 175-8b
Staufenstraße 175-8d
Steinweg 175-8b
Sulzbacher Straße 175-11a

Taunusstraße 175-8c
Thüringer Straße 175-7b

Volkspark (Europapark) 175-7b

Waldstraße 175-8c
Westring 175-7b
Wiesenweg 175-8d
Wilhelm-Leuschner-Straße 175-7b
Württemberger Straße 175-7b

Yarmstraße 175-11a

Schweppenhausen
PLZ 55444

Am Blauen Berg 266-12c
Am Kleinenberg 266-12d
Aumühle 266-12a

Bahnhofstraße 266-12d
Bergstraße 266-12d
Binger Weg 266-12d

Deyertstraße 266-12b

Friedhofsweg 292-3b

Gaustraße 266-12d
Genheimer Straße 266-12d
Guldenbachstraße 266-12d

Hardtstraße 266-12d
Heimbornstraße 266-12d

In der Ley 266-12b

Kesselgasse 266-12d

Lindenstraße 266-12d

Mühlengasse 266-12d

Naheweinstraße 292-3b
Neuwieserweg 266-12c

Papiermühle 292-3a

Renzenbergstraße 266-12c

Schloßstraße 266-12d
Schulstraße 266-12d
Schwabenstraße 266-12d

Waldstraße (1) 266-12c
Winklersmühle 292-3b

Seeheim-Jugenheim
PLZ 64342

Am Alten Berg 359-8c
Am Dollacker 359-8c
Am Grundweg 359-10d
Am Herrnacker (3) 359-8c
Am Rödergraben 359-10d
Auf der Letteilung 359-10c
Aussiger Straße (15) 359-10d

Berliner Straße 359-10c
Bleichweg 359-8d
Bogenschneise 359-10b
Breslauer Straße 359-10d

Danziger Straße 359-10c
Dieburger Straße 359-8c
Donnersbergstraße (16) 359-11c
Dornbachschneise 359-8a

Egerländer Straße 359-10d
Eichendorffplatz 359-10d

Frankensteiner Straße 359-8c
Frankensteiner Weg 359-11d
Friedrich-Ebert-Straße 359-10c

Hainbucheneck (4) 359-8c
Heinz-Lindner-Weg (5) 359-8c
Heinz-Lindner-Straße 359-8a

Im Grund 359-8c
Im Güldenen Wingert 359-11c
Im Junkern (2) 359-8a
Im Metzger 359-8c
Im Mundklingen 359-11a
Im Sanktwendel 359-11c
Im Schecken 359-11c
Im Steinwingert 359-8c
Im Waldwinkel 359-10c
Im Weihereck 359-10c
Im Weingarten 359-8c

Jahnstraße 359-11c
Jungenberg 359-11a

Karlsbader Straße 359-10d
Kiefernweg 359-10d
Königsberger Straße 359-10c

Lange Schneise 359-11d

Malcher Schloßweg 359-8d
Marienburger Straße 359-10c

Odenwaldstraße 359-10d

Reichenberger Straße (14) 359-10d
Ringstraße 359-8c
Röderhof 359-10b
Silcherweg 359-10d
Sonneneck (1) 359-8a
Spessartstraße 359-11c
Steige 359-8c
Stettiner Straße 359-10d

Taunusstraße 359-11c
Tilsiter Straße 359-10c

Uhlandstraße 359-10d

Viehrechsweg 359-8d

Wilhelm-Leuschner-Straße 359-11c
Wilhelmstraße 359-11c

Seligenstadt
PLZ 63500

Abt-Peter-Straße 234-12b (35-A2)
Amalienstraße 235-7a
Am Bachgewann 261-1b
Am Bahndamm 234-9d (35-A1)
Am Bildstock (3) 235-11d
Am Breitenbach 235-10c
Am Eichwald 234-9c
Am Fürgebrüchsweg 234-12d
Am Hasenpfad 234-9b
Am Keltergraben 234-11c
Am Klinggraben 234-7a
Am Leimenweg 234-7a
Am Pfadfinderhaus 234-8b
Am Reitpfad 234-7b
Am Riegelsbach 235-10a (35-B3)
Am Sandborn 234-7c
Am Schneckenberg 235-11b
Am Schwimmbad 235-10c
Amselweg 234-12a
Am Silzenweg (14) 234-12a
Am Steinheimer Turm (8) (35-B1)
Am Wasserturm (11) 234-12b
Am Zippenweg 234-8a
An der Lache 234-7d
An der Pfingstweide (8) 234-9c
Anne-Frank-Straße 234-8a
Aschaffenburger Straße 235-10a (35-B2)

Babenhäuser Straße 234-12b (35-A2)
Babenhäuser Weg 260-3a
Bachgasse 235-10a (35-B2)
Bachpfad (2) 235-11a
Bahnhofstraße 234-12b (35-A2)
Beethovenweg (3) 234-8a
Berliner Straße 234-9b
Bonhoefferstraße 234-8a
Borngasse (6) 234-8a
Bornschneise 261-2a
Breitenbachweg 260-3b
Brentanostraße 235-10c (35-B3)
Breslauer Straße (4) 234-9b
Brüder-Grimm-Straße 235-10a
Buchenschneise 260-5a

Dachsbauschneise 260-1a
Dachsschneise 261-2b
Dammstraße 234-9d (35-A2)
Danziger Straße 234-9b
Diebweg 234-11b
Dieselstraße 235-11a
Dohneweg 260-3a
Dr.-Ernst-Brau-Straße (12) 234-7d
Dr.-Herm.-Neubauer-Ring (17) 234-12c
Dr.-Otto-Müller-Straße (35-B2)
Dr.-Ruth-Pfau-Straße 234-12a
Don-Bosco-Straße 234-7b
Dudenhöfer Straße 234-12c
Dudenhöfer Wegschneise 260-5c

Egerländer Straße 234-9d (35-A1)
Eichendorffstraße 235-10c (35-B3)
Eichwald 234-9c
Einhardstraße 234-12b (35-A2)
Eisenbahnstraße 234-12b (35-A2)
Elisabethenstraße 234-7b
Elisabeth-Selbert-Straße 234-12a
Ellenseestraße 234-9d (35-A1)
Emmastraße 234-12b (35-A2)
Erich-Kästner-Straße 234-8a
Erlengrundschneise 260-6a

Fährgasse 235-11b
Fasaneriestraße (1) 234-7b
Feldstraße 234-7b
Ferdinand-Porsche-Straße 234-9c
Fichtenschneise 261-2b
Finckennickelschneise 260-8b
Finkenweg 234-12a
Flurstraße 235-11d
Flutgrabenweg 234-8a
Fontanestraße 235-10c
Forsthausstraße 234-7b
Frankenstraße 235-11a
Frankfurter Straße 234-8d
Franz-Böres-Straße 235-10a (35-B3)
Freiherr-vom-Stein-Ring 234-7b
Freihofplatz (35-B2)
Freihofplatz (7) (35-B1)
Freihofstraße 235-10a (35-B2)
Friedensstraße 234-7b
Friedhofstraße 234-7b
Friedrich-Ebert-Straße 234-9a
Fritz-Reuter-Straße 235-10c (35-B3)
Froschschneise 234-7c
Fußwasser 234-12a

Gartenstraße 234-8a
Gerberstraße 235-7c (35-B2)
Gewerbegebiet Am Reitpfad 234-7a
Gewerbegebiet Am Sandborn 234-7d
Gewerbegebiet Nordring I 234-9a
Gewerbegebiet Nordring II 234-9a
Gewerbegebiet Stehnweg 234-8b
Giselastraße 234-12d (35-A3)
Goethestraße 235-11a
Goldbergschneise 261-2b
Goldbergweg 260-2b
Grabenstraße 234-9d (35-A1)
Große Fischergasse 235-7c (35-B1)
Große Maingasse 235-10a (35-B2)
Große Salzgasse (35-B2)
Großwelzheimer Straße (1) 235-11b

Händelstraße 234-9c
Häuschenschneise 260-8b
Hainstädter Weg 234-7b
Hanauer Landstraße 234-7b
Hanauer Straße 260-5d
Hans-Gerstner-Straße (13) 234-8a
Hans-Memling-Straße 234-12b (35-A3)
Hauptstraße 235-11a
Haydnstraße 234-12a
Heinestraße 235-10c
Henri-Dunant-Straße 234-12a
Hermann-Ehlers-Straße (8) 234-8a
Hölderlinstraße (6) 235-10a
Hörsteiner Weg 235-10b
Hohe Anwand 235-12a
Hohestandschneise 260-1d
Horneichschneise 234-10a
Hospitalstraße (4) (35-B1)

Im Backesfeld 234-8a
Im Erlig 234-7b
Im Gieren 235-11c
Im Grauborn 234-9c
Im Griesgrund 234-11c
Im Grundgewann 235-11a
Im kleinen Feld 235-11b
Im Klosterbrühl (35-B3)
In den Spitzäckern 234-9c
In der Schildhecke (11) 234-7d

Jahnstraße 234-9d (35-A1)
Jakobstraße 234-12b (35-A2)
Jean-Hofmann-Straße 234-12d
Johanneswiesen 235-10c
Jügesheimer Weg 234-7b

Kaiser-Karl-Straße 234-12b (35-A2)
Kapellenstraße 234-9d (35-A1)
Karlsbader Straße (2) 234-9b
Karoline-Herschel-Straße 234-7b
Kellereigasse (35-B2)
Keplerstraße 234-8a
Kettelerstraße 235-11a
Kieselheckeschneise 234-10c
Kiesstraße 234-12b (35-A2)
Kirchstraße 235-11b
Kleine Fischergasse (5) (35-B1)
Kleine Maingasse (35-B2)
Kleine Rathausgasse (6) (35-B1)
Kleine Salzgasse (35-B1)
Klein-Welzheimer Straße 235-10a
Kleiststraße 235-10c (35-B3)
Königsberger Straße 234-9d (35-A1)
Kolpingstraße 234-9d (35-A1)
Kopernikusstraße 234-8a
Kortenbacher Weg 234-11b
Kuhschneise 234-10a
Kurze Schneise 261-2c

Lämmerseeschneise 260-1d
Landwehrschneise 234-10c
Lange Schneise 234-10a
Leipziger Straße 234-9b
Lerchenweg (10) 234-12a
Lessingstraße (7) 235-10c
Liebigstraße 235-10d
Lindenstraße 234-9d (35-A1)
Luise-Büchner-Straße 234-12a
Luisenstraße 234-8a

Madame-Cherier-Straße 234-12a
Mainflinger Straße 235-11b
Mainring 235-10b
Margarethenstraße (4) 234-7b
Marie-Curie-Straße 234-9a
Marienstraße 234-7b
Marktplatz 234-12b (35-B2)
Martinsgasse (9) 234-7b
Matthias-Grünewald-Straße 234-12b (35-A3)
Mauergasse 234-12b (35-A2)
Maximilian-Fratscher-Straße (19) 234-12c
Max-Planck-Straße 234-7d
Meisenweg 234-12a
Merianstraße 234-12d (35-A3)
Mittelbeune 234-12d
Mittelstraße (2) 234-7b
Mörikestraße 235-10c
Mohrmühlgasse (3) (35-B1)
Mozartweg 234-7d

Neben der Hohl 234-4d
Neubaugebiet „Schildhecke II" 234-7b
Nordring 234-9a

Obergasse 234-7b
Oberwaldschneise 233-12d
Odenwaldring 234-12a
Offenbacher Landstraße 234-7a

Palatiumstraße 235-10a (35-B2)
Peterstraße 235-10a (35-B2)
Pfarrer-Josef-Gremm-Straße 234-7d
Pfarrgasse (35-B2)
Pfortengasse (35-A1)
Philipp-Reis-Straße 234-9a
Prager Straße (3) 234-9b

Raabestraße 235-10a (35-B3)
Ratleikstraße 234-12d (35-A3)
Reichenberger Straße (1) 234-9b
Rektor-Weil-Straße 234-12b (35-A3)
Rentnerhütte 261-2c
Rhönring (12) 234-12a
Rilkestraße 235-10a (35-B3)
Robert-Bosch-Straße 234-9a
Rodgaustraße 234-12a
Rödchesweg 235-10c
Römerstraße 235-10a (35-B2)
Rosengasse (35-A1)

Sackgasse (35-A2)
Sandweg 235-11b
Saustallschneise 234-10c
Sausteigschneise 261-2c
Schachenseeschneise 260-5a
Schachenweg 260-3a
Schäferstraße 234-7b
Schafgasse (35-B1)
Schillerstraße 235-11c
Schleifbachweg 235-10b
Schlüsselgasse (1) (35-B1)
Schubertstraße 234-12a
Schulstraße 234-7b
Schumannstraße 234-9c
Schwalbenweg (9) 234-11b
Schwester-Romula-Straße (14) 234-8c
Seestraße 235-7a
Seligenstädter Straße 234-8a
Spechtsloch 234-7c
Spessartstraße 235-11a
Stadtgraben 234-12b (35-A2)
Stadtmühlgasse (2) (35-B1)
Stauferstraße 234-12b
Stehnweg 234-8b
Steinerstraße 235-10c
Steinheimer Straße 234-9d (35-B1)
Steinweg 234-9d (35-A1)
Stettiner Straße (5) 234-9b
Stifterstraße 235-10a
Stormstraße 235-10c
Sudetenstraße 235-11a
Südring 235-10c

Tannenschneise 260-9c
Taunusstraße 235-11b
Trieler Ring 234-9c

Uferweg 235-7a
Uhlandstraße 235-10a
Unterbeune 234-9b

Vautheigasse (35-B2)
von-Behring-Straße (35-A1)

Wacholderweg 261-2d
Wacholderweg (4) 235-12a
Waidweg 234-9d
Waldstraße 234-7b
Walinusstraße 235-11a
Wallstraße 234-9d (35-A1)
Wasserschneise 233-12b
Weidfeldschneise 261-2c
Weihergasse (5) 234-8a
Werniggraben 234-8c
Wessemer Straße 235-11b
Westring 234-12a
Wiesenweg (7) 234-8a
Wilhelm-Leuschner-Straße 234-9b
Willi-Brehm-Straße (18) 234-12c
Wingertsweg 235-7a
Wolfstraße 234-12b (35-A2)
Würzburger Straße 234-12b (35-A2)

Zellhäuser Straße 235-10a (35-B2)
Zeppelinstraße (7) 234-9a
Ziegelweg 235-11a
Zippenweg 234-8c
Zirrlache 260-3c

Selters (Taunus)
PLZ 65618

Adam-Gräf-Straße 96-1b
Adolfstraße 96-3a
Alois-Born-Straße 96-1b
Alte Kirchhofstraße 96-1b
Altes Jagdhaus 79-9c
Am Auborn 96-2a
Am Berg 79-4c
Am Brunnen (14) 96-2c
Am Buchenhang 78-6b
Am Gähling Stein 79-9a
Am Hölzersbach 78-6b
Am Hofacker 96-1b
Am Kirberg (5) 96-1b
Am Koberg 79-9c
Am Liebfrauenberg 79-9b
Am Lindenberg 79-5c
Am Mittelberg 96-1b
Am Mühlbach (8) 96-2a
Am Mühlberg 78-6d
Am Nußberg 96-1d
Am Scheid 79-4c
Am Schwimmbad 96-2a
Am Sportplatz (9) 96-2a
Am Steinfels 96-2b
Am Stotz 96-3a
Am Trieb 79-9c
Am Urseltersbrunnen (15) 96-2c
Am Vorstein 96-2c
Am Weidenbruch 78-11c
Am Weinberg 78-12d
Am Winterholz 96-2c
An den Banngärten 96-1b
An den Birken 96-1d
An den Linden (13) 96-2a
An der Heilquelle 96-2c
An der Heth 78-12c
An der Silbergrube 78-6d
Anna-Kirschbaum-Straße (2) 96-2a
Anton-Spangemacher-Straße 96-2a
Bachstraße 78-12c
Bahnhofstraße 96-2a
Bergstraße 78-12d
Bezirksstraße 78-6d
Birkenhof 78-9d
Borngasse (2) 78-12c
Bornwies (10) 96-2a
Brunnenstraße 96-1b
Burgstraße 78-6d

Camberger Straße 79-9c
Christian-Wiest-Straße 96-2a
Christophorusring 96-2a

Dauborner Straße 96-1a
Dungerstraße 78-6d

Eisenbacher Straße 96-1b
Elisabethenstraße 96-3a
Emsstraße 96-1b

Feldbergstraße 78-10d
Feldstraße 78-12c
Franz-Keul-Straße 96-2a
Freier Platz 79-9b

Gartenstraße 78-12c
Gemeindeweg 79-4c
Georgsgraben 78-12d
Grabenstraße 96-3a

Haintchener Straße 78-11c + 96-1b
Hauser Weg 96-3b
Haus Waldfrieden 96-3a
Helenenstraße 78-12c
Hermesbachstraße 96-1d
Hessenstraße (Haintchen) 79-9a
Hinterm Garten 79-9b
Hinterstraße 79-4c
Hochstraße 78-10d
Hof Brunhilde 79-9a
Hof Meistergraben 78-11b
Hof Waldeck 79-7a
Hof Wiesengrund 79-10b
Hof zu Hausen 97-1b
Hohlstraße 78-6d
Hohlweg 96-3a
Hubertushof 79-7d

Im Bodengarten (2) 79-9b
Im Münsterfeld 79-4a
Im Roth 78-6b
In der Flußet 96-2a
In der Spilset 96-3b
In der Stelzbach 96-3b
Irmenhof 78-12b

Jahnstraße 96-3a
Jakobshof 78-11c
Jean-Stoppel-Straße 96-2a
Junius-Kauffmann-Straße (3) 96-2a

Kegelbahnstraße 79-9b
Kirchbergstraße 78-10d
Kirchhofstraße 78-12c
Kirchhofsweg 79-9b
Kirchstraße 78-12c
Klausenhof 78-12b
Klausstraße 96-3a
Kleine Kirchstraße (1) 78-12c
Klosterstraße 96-1d
Klosterweg 96-4b
Kurtrierer Straße 96-2a

Langhecker Weg 79-4c
Laubusweg 79-9b
Lerchenweg 79-9b
Limburger Straße 96-1b

Malawistraße 79-9a
Mariannenhof 79-6c
Marienhof 78-12b
Markweg 79-9d
Mittelstraße 79-9b
Mühlstraße 96-3a
Mühlweg 78-6d
Münsterer Straße (6) 96-1b

Nahauser Weg 79-9b
Nassauer Straße 96-1b
Neustraße 78-6d

Obere Bachstraße 79-9d
Obere Wiesenau (12) 96-2a

Parkstraße 96-2a
Petershof 78-12a
Peterstraße (3) 78-12c
Petrimühle 78-6d
Pfingstweid 96-1b
Preußenstraße 96-1b

Ringstraße 79-9a

Sackgasse (4) 78-12c
St.-Nikolaus-Straße 79-9a
St.-Wendelinus-Straße 79-9a
Schöne Aussicht 78-6d
Schulstraße 79-9b
Schulweg 78-12c
Schwester-Blithmunda-Straße 96-3a
Selterser Straße 78-6d
Seltrisa Ring 96-1b
Siesmayerstraße (1) 96-2a
Sonnenberg 78-12c
Sonnenhof 78-6b
Sonnenstraße 79-4a
Sudetenstraße 79-9a

Tannenhof 78-9d
Taunusblick 78-12c
Taunusstraße 78-10d

Unter der Kirche (1) 79-9b
Untere Bachstraße 79-9a
Untere Wiesenau (11) 96-2a

Vorderstraße 78-6b

Waizgärtenstraße (4) 96-1b
Waldstraße 78-12d
Weidenhof 96-2a
Wiesenstraße 96-3a
Wilhelmstraße 78-12c
Wolfenhäuser Weg 79-9a

Zum Hirschgraben 96-2a
Zum Pfaffenacker 96-2a
Zum Wiesengrund 79-9a
Zur grünen Au (7) 96-2a

Selzen
PLZ 55278

Bahnhofstraße 326-2d
Baugebiet „Zum Alten Bahnhof" 326-2d
Baumgartenstraße 326-2d
Bergstraße 326-2d
Bürgermeister-Siegel-Straße (5) 326-6a

Domhofstraße 326-2d
Dorfgrabenstraße 326-3c

Eichgasse 326-5b

Frankenstraße 326-6a
Friedhofstraße 326-6a
Friedhofsweg (6) 326-6a

Gaustraße 326-2d
Goethestraße 326-2d

Hahnheimer Straße 326-5b
Hasengasse (4) 326-3c
Hinter der Kirche 326-6a
Hinter der Mühl (9) 326-6a
Hofrat-Kessel-Straße (1) 326-2d

Jahnstraße 326-2d

Käsgasse 326-2d
Kaiserstraße 326-3c
Kapellenstraße 326-2d
Keltenweg (7) 326-6a
Kirchstraße 326-3c
Kirschgartenstraße 326-2d
Kurt-Schumacher-Straße (2) 326-2d

Lattengasse 326-3c
Lehrer-Krafft-Straße 326-2d
Lehrer-Wagner-Straße 326-6a
Lindenschmitstraße 326-2d

Oppenheimer Straße 326-3c
Ostergasse 326-3c

Paulinenhof 326-2c

Römerweg (8) 326-6a

Schillerstraße 326-2d
Selztalhof 326-2c
Sigebaldstraße 326-2d

Tränkgasse 326-2d

Vor dem Sandgraben 326-2d

Weyerstraße (3) 326-2d

Siefersheim
PLZ 55599

Am Gänsborn 347-5d
Am Höllberg 347-5d
Am Ohligpfad 347-5d
Am Rödelstein 347-5d
Am St. Martinshof 347-5d
Am Wiesgarten 347-5d
An der weißen Mauer 347-8b

Backhausstraße (2) 347-5d
Borngasse (1) 347-5d
Brunnengasse 347-5d

Eckelsheimer Straße 347-5d

Friedhofstraße 347-5c

Gartenfeldstraße 347-5d
Gemeindestraße 347-5d
Gumbsheimer Weg 347-5d

Hintergasse 347-5d

In der Heidenhecke (6) 347-5d

Kirchgasse 347-5d

Mühlweg 347-5c

Pfarrgasse (4) 347-5d

Römerring 347-5c

Sandgasse 347-8b
Schusterstraße (3) 347-5d

Wasserhausstraße 347-5d
Wehrbörder 347-5d
Wöllsteiner Straße 347-5d
Wonsheimer Straße 347-5d

Zum Martinsberg (5) 347-5d

Sörgenloch
PLZ 55270

Am Kirschgarten (7) 299-12a
An der Oberhecke 299-12a
An der Oberweide 299-12c

Bäckergasse (2) 299-12a
Bleidelsheimer Weg 299-12a
Borngasse 299-12a

Darmstadtsmühle 299-11d
Dörrgasse 299-12a

Gutenbergstraße (3) 299-12a

Hitzgasse (4) 299-12a

Im Selztal 299-12c

Kirchgasse (1) 299-12a
Kirchplatz (5) 299-12a

Mainzer Straße 299-12a
Mühlweg 299-12a

Neustraße 299-12c
Nieder-Olmer Weg 299-12a

Oppenheimer Straße 299-12a

Place de Ludes (6) 299-12a

Schloßgasse 299-12a
Schornsheimer Weg 299-12c

Weinbergstraße 299-12a

Sommerkahl
PLZ 63825

Am Böhmerfeld 239-3c
Am Eichenberg 239-6a
Am Kirchberg 239-3d
An den Bergäckern (1) 239-3d

Bergstraße 239-3d

Ernstkirchener Straße 239-3c

Frankenstraße 239-2d

Geßnermühle 239-3d

Im Felgen 239-3c
Im Gründel 239-6a
Im Taubenfeld (1) 239-3c
In der Ecke 239-6b

Kestweg 239-6b

Mühlweg 239-6a

Ober dem Backes 239-6b

Schulstraße 239-3c
Schwedenstraße 239-6a
Spessartstraße 239-3d
Steingasse 239-6b

Waldstraße 239-6b
Wilhelminenstraße 239-6b

Sommerloch
PLZ 55595

Blenkwiese 292-10d
Brunnengasse (2) 292-10d

Friedhofstraße 292-10d

Hauptstraße 292-10b
Haus Schünemann 292-10c

Kirchgasse (1) 292-10b

Postfeld 292-10d

Rotheck 292-10d

St. Kathariner Weg (3) 292-10d
Schulstraße 292-10d

Weinbergstraße 292-10b

Zehnmorgen 292-10d
Zum Sportfeld 292-10b

Spiesheim
PLZ 55288

Am Zollstock 350-5a
Armsheimer Weg 350-2c

Berggäßchen 350-2d

Frankenhöhe 350-2d

Heuerstraße 350-2c
Hinter dem Rathaus 350-2d

Im Holzweg 350-5b

Keltenring 350-2d
Kirchstraße 350-2d
Küfergäßchen 350-2d

Lidingstraße 350-2c

Mittelstraße 350-2c

Neustraße 350-5b
Niederstraße 350-2d

Oberstraße 350-2c

Schmiedstraße 350-2c

Untergasse 350-5b

Sprendlingen
PLZ 55576

Am alten Sportplatz 322-1d
Am Bettenheimer Hof 321-3b
Am Dorfgraben 322-1c
Am Michel Mort 321-3c
Am Schwabenheimer Weg 321-3d
Amtsgasse 322-1c
Am Weiher 322-1c
Am Wiesbach 322-4a
An den Gärten 322-1c
An der Johannishecke 322-4a
An der Karlsmühle 322-1c
Anton-Bruckner-Straße 322-1d
Apothekergasse 322-1c

Bacchusweg 322-1a
Bachgasse 322-4a
Backhausgasse 322-1c
Badenheimer Straße 322-4a
Bahnhofstraße 321-3d
Baiergasse (5) 322-1c
Beethovenstraße 322-1d
Beingasse (12) 322-4a
Bleichstraße 322-4a
Bogengasse 322-4a
Breslauer Straße 322-1d
Brunnenstraße 322-4a
Burgunderweg 321-3b

Carl-Orff-Straße 322-1d
Christophgasse (9) 322-4a

Dammstraße 322-4a
Dornfelder Straße 322-1c

Elisabethenstraße 321-3d
Ernst-Ludwig-Straße 322-4a
Erzberger Straße 322-1c
Europastraße 321-3d

Feldgasse 322-1c
Freigasse 322-1c
Freiherr-vom-Stein-Straße 322-1c
Friedrich-Ebert-Straße 322-4a

Gartenstraße 322-4a
Gau-Bickelheimer Straße 322-4c
Gertrudenstraße 322-4a
Goethestraße 321-3d
Graf-von-Sponheim-Straße 321-3d

Hartweinsgasse (13) 322-4a
Haydnstraße 322-1d
Heinrich-Heine-Straße 321-3d
Hilbersheimer Straße 322-1d
Hofgasse 322-1c
Holbeiergasse (15) 322-4a
Hügelgasse (17) 322-1c

In der Dreispitz 322-1c
In der Ließ 321-3b

Jacobsgasse 322-1c
Jungferngasse (16) 322-1c

Käfergasse 322-4a
Kappelgasse (18) 322-1c
Karlstraße 322-1c
Kasernengasse (3) 322-1c
Kernerstraße 322-1a
Kirchgasse 322-1c
Klarastraße 322-1c
Krämergasse 322-1c
Kreuznacher Straße 321-3c
Kronau 322-1c
Kurt-Schumacher Straße 322-1d

Leipziger Straße 322-1d
Lettengasse 322-1c
Lorenzgasse (11) 322-4a

Marktplatz 322-1c
Martinsgasse (4) 322-1c
Megelsheimer Weg 322-1d
Michel-Mort-Straße 321-3d
Mozartstraße 322-1d
Mühlgasse 322-4a

Nelkenstraße 322-4a
Neugasse 322-1c

Ober-Hilbesheimer Straße 322-1d
Ölgasse 322-4a
Ortegaweg (20) 322-1c

Palmgasse (7) 322-1c
Petersgasse (14) 322-4a
Pfarrgasse (6) 322-1c
Pfeilgasse 322-4a

Rathenaustraße 322-4a
Richard-Wagner-Straße (19) 322-1d
Rieslingweg (21) 322-1c
Rosengasse (25) 322-4a

Sackgasse (2) 322-1c
Salzgasse 322-1d
St.-Johanner-Straße 322-1c
Schäfergasse (1) 322-1c
Schillerstraße 321-3d
Schimmertstraße 322-1c
Schloßgasse (8) 322-1c
Schmittstraße 322-1c
Schulstraße 322-4a
Silvanerweg (22) 322-1c
Steige 322-4a
Sterngasse (10) 322-1c
Stettiner Straße 322-1d
Synagogengasse (23) 322-4a

Theodor-Heuss-Straße 322-1d
Tulpenstraße 322-4a

Ulmengasse 322-4a

Wassergasse 322-1c
Weinheimer Weg 322-4a
Werner-Egk-Straße 322-1d
Weyergasse 322-1c

Zimmergasse (24) 322-4a
Zotzenheimer Straße 321-3b

Stadecken-Elsheim
PLZ 55271

Altdorf 298-6c
Altenborngasse 298-5b
Am Bitterborn 298-5b
Am Kirchenthing 298-5b
Am Kirschgarten 298-2a
Am Rebenhügel 298-2a
Amselweg 298-5b
An der Steig 298-2b
Anna-Seghers-Straße 298-2c
Auf der Langweid 298-5a
Auf der Sandkaut 298-5b
Auf der Schloßweide 298-2c
Auf der Silz 298-5b

Bacchusstraße 298-2a
Bahnhofstraße 298-5b
Birkenstraße 298-2c
Burggrabengasse (2) 298-5b
Burgunderstraße (5) 298-2c

Christian-Reichert-Straße 298-5d

Dechentsmühle 298-2a
Drosselweg 298-5b

Elftausend-Mägde-Mühle 298-1d

Fasanenstraße 298-5b
Finkenschlag 298-5b
Friedhofstraße 298-2a

Gartenstraße (2) 298-2c
Gewerbegebiet „An der Steig" 298-2b
Goethestraße 298-2c
Großgasse 298-6a

Heidesheimer Weg 298-2a
Heiligenecke (4) 298-2c
Hornmühle 298-2a

Im Selztal 298-5b
Im Weinklauer 298-2c
Ingelheimer Straße 298-1d

Katharinenstraße 298-2d
Kirchgasse (1) 298-5b
Kleingasse 298-5b
Kreuznacher Straße 298-5b

Langgasse 298-5b
Lerchensang 298-5b
Lindenstraße 298-2a

Mainzer Straße 298-2a
Mittelgasse (3) 298-2c
Mozartstraße 298-5a
Mühlstraße 298-2c

Neugasse 298-2c

Oppenheimer Straße 298-6a
Ortsringweg 298-2d

Pestalozzistraße 298-5b
Peterswiese 298-6b
Portstraße 298-5b

Raiffeisenstraße 298-2c
Rieslingstraße 298-2a
Rupt-sur-Moselle-Straße 298-2d

Sandstraße 298-5b
Saulheimer Pfad 298-6a
Schildweg 298-6c
Schillerstraße 298-2c
Schubertstraße 298-5a
Schulstraße 298-2c
Schwalbenruhstraße 298-6a
Sieben-Brücken-Weg 298-2c
Silvanerstraße 298-2a
Spielbergstraße 298-2c

Talstraße 298-2d

Vier-Weinlagen-Route 298-2d

Weinbergstraße 298-6a
Windhäuserhof 272-11d
Winzersteg 298-5b
Wolfshof 299-4a

Zehnthofstraße 298-2c
Zwerggasse (1) 298-2c

Steinbach (Taunus)
PLZ 61449

Ahornweg 176-5c
Altkönigstraße 176-4b
Am Alten See 176-4a
Am Gassengarten 176-4c
Am Rathaus 176-4b
Am Schießberg 176-4a
Am Sportplatz 176-4a
Am Steinbacher Wald 175-3a
An den Kindergärten 176-4d
An der Neuwiese 176-1c
Anlage Am Alten See 176-4a
Apfelweg 176-4c
Aussiedlerhof 175-6b
Austraße 176-4b

Bahnstraße 176-4b
Berlinerstraße 176-4b
Birkenweg 176-4d
Borngasse 176-4a
Bornhohl 176-4a

Daimlerstraße 176-5a
Diebsgrund 149-12c

Eichkopfstraße 176-4a
Eschborner Straße 176-4a

Feldbergstraße 176-1c
Fohlenhof 176-4d
Frankfurter Straße 176-4d
Freizeitanlage „In den Wingerten" 176-4d
Fuchstanzstraße 176-4b

Gartenstraße 176-4b
Gemaagass 176-4a

Hardtbergstraße 176-4a
Herzbergstraße 176-4b
Hessenring 176-4b
Hohemarkstraße (1) 176-4a
Hohenwaldstraße 176-4a
Im Taubenzehnten 176-4c

Im Wingertsgrund 176-5c
Industriestraße 176-5c

Kastanienstraße 176-4c
Kirchgasse 176-4a
Kirschenweg 176-4c
Königsteiner Straße 176-4a
Kronberger Straße 176-4a

Landschaftlicher Lehrpfad 176-1c

Marktplatz 176-4d
Mirabellenweg 176-4c

Niederhöchstädter Straße 176-4c

Obergasse 176-4a
Oberhöchstädter Straße 176-4a

Pijnackerplatz 176-4a
Praunheimer Weg 176-4c

Rombergstraße 176-4a
Rossertstraße 176-4a

Saalburgstraße 176-4a
St.-Avertin-Platz 176-4d
Schreiber 176-4a
Schwanengasse 176-4a
Siemensstraße 176-5a
Sodener Straße 176-4c
Staufenstraße 176-4a
Stettiner Straße 176-4d

Taunusstraße 176-4a
Thüringer-Anlage 176-4b
Unter der Weid (3) 176-4d
Untergasse 176-4a

Waldstraße 175-3d
Wiesenau (2) 176-4d
Wiesenstraße 176-4b
Wingertstraße 176-4b
Wingertstraße (1) 176-4b

Zwingerweg 176-4b

Stein-Bockenheim
PLZ 55599

Am Sonnenberg 347-11d

Bachgasse 347-11d
Böllerweg 347-11d
Breite Gasse 347-11d

Gartenstraße 347-11b

Hintergasse 347-11d
Hof Ibener Weg 347-11c

Kirchstraße 347-11d
Kreuzstraße 347-11b

Mörsfelder Straße 347-11c

Neugasse 347-11d

Poststraße 347-11d

Ringstraße 347-11b

Waldstraße 347-11d
Wendelsheimer Weg 347-11d
Wonsheimer Straße 347-11d

Stockstadt am Main
PLZ 63811

Adalbert-Stifter-Straße 288-2d
Adam-Stegerwald-Straße 288-2a
Ahornweg 288-2c
Akazienweg (6) 288-2c
Allgäuer Straße (17) 288-2d
Alpenstraße 288-6b
Alte Chaussee 262-11c
Alter Stadtweg 288-2b
Am Dreispitz 288-6a
Am Grenzweg 288-6c
Am Mühlbuckel 288-2a
Am Sandnickel 288-6a
Am Schadenbruch 288-3c
Amselweg 288-2d
An der Dohne 288-6a
An der Gersprenz 288-1b
Ankergasse 262-11d
Ansbacher Straße (5) 288-6a
Aschaffenburger Straße 288-3c
Auf dem Grund 288-2b
Augsburger Straße (4) 288-5b
Auhof 287-3b

Bachgaustraße 288-2d
Badener Straße (16) 288-2d
Bahnhofstraße 288-2b
Ballenbergring 288-5b
Bamberger Straße 288-2d
Bayernstraße 288-2d
Bayreuther Straße (3) 288-6a
Behringstraße 288-2d
Birkenweg (5) 288-2c
Bischbergstraße 288-3c
Böhmerwaldstraße 288-3c
Buchenrainsiedlung 288-2a
Buchenweg (4) 288-2c

Carl-Wirth-Straße 288-2b
Castellstraße 288-2b
Coburger Straße (1) 288-2d

Danziger Straße 288-2c
Darmstädter Straße 288-6b
Debors Mühle 288-2a
Dessauer Straße 288-2a
Dr.-Kauffmann-Straße 288-2c
Dr.-Patt-Straße 288-3c
Drosselweg 288-5b

Eibenstraße (11) 288-2d
Eifelstraße 288-2d
Erbigstraße 288-3c
Erlenstraße 288-5a
Eschenstraße 288-2c

Fahrgasse 288-2b
Feldbergstraße 288-3c
Feuerwehrstraße 288-2a
Fichtenstraße 288-2c
Fischergasse 262-11c
Fischerinsel 262-11c
Fliederweg (21) 288-2d
Föhrenweg 288-5b
Forststraße 288-2c
Frankenstraße 288-2c
Friedrich-Ebert-Straße 288-2a
Frühlingstraße 288-2b

Gabelsbergerstraße 288-2c
Galizienstraße 262-11d
Gartenstraße 288-2a
Geiersbergstraße 288-3c
Ginsterweg 288-5b
Godelsbergweg 288-3c
Goethestraße 288-2b
Grabenweg 288-2a
Großostheimer Straße 288-2b
Gutenbergstraße 288-2d

Hafenstraße 288-3d
Hahnenkammstraße 288-6b
Hans-Böckler-Straße 288-2a
Hauptstraße 262-11c
Heinrich-Heine-Straße (25) 288-5b
Hessenstraße 288-2d
Hinterm Grund 288-2c
Holunderweg 288-5b
Hübnerwaldstraße 288-5b
Hübnerwaldstraße (12) 288-2d
Hunsrückstraße 288-6a

Im Pfarrgarten (1) 262-11c
Industriestraße 288-3c

Jahnstraße 288-2a

Kastanienweg (9) 288-2c
Kettelerstraße 288-2a
Kiefernweg (3) 288-2c
Kreuzbergstraße 288-6a
Kulmbacher Straße (2) 288-2d

Lärchenweg (8) 288-2c
Landhäuser am Main 262-11c
Landshuter Straße 288-2d
Leidererstraße 288-3c
Ligusterweg 288-2d
Lindenstraße 288-2a

Maingasse 288-2b
Mauerheimstraße 262-11c
Memeler Straße 288-2d
Mühlstraße 288-2a
Münchener Straße 288-6a

Nachtigallenweg (24) 288-2d
Nelkenweg (20) 288-2d

Groß Risselstein 169-4d
Gudrunstraße 143-4d
Gutenbergstraße 170-4a

Hähnchesmühle 168-11c + 194-2a
Hagenstraße 143-4d
Hahner Weg 168-12a
Hambacher Weg 143-8a
Hammermühle 168-10d
Hattenheimer Straße (2) 194-2a
Hauptstraße 143-7b
Hebbelstraße 169-10a
Heideweg 170-7a
Heinrich-Hertz-Straße 170-4c
Helge-Schmidt-Platz (2) 169-2b
Hellebergstraße 194-2a
Hennethaler Weg 143-4d
Herblayer Straße (5) 168-12b
Herderstraße 169-7c
Hermann-Löns-Straße 169-10b
Hermann-Schauß-Straße (2) 168-12c
Hermannsweg 143-5a
Herzogsweg 194-5b
Herzogsweg 195-1a
Hintergasse 169-2b
Hirschgraben 169-10d
Hof am Weiher 169-8b
Hofackerstraße (3) 169-6b
Hof Altenfeld 168-8a
Hof Ardemar 169-3d
Hofgutstraße 169-8d
Hofhausstraße 169-7c
Hohlgartenweg 143-8a
Hohlweg 168-12a
Hubertusweg 194-2a

Ibellstraße 169-8d
Idsteiner Straße 170-1c
Im Bannzaum 143-11a
Im Biengarten 194-2c
Im Gartenfeld 168-5d
Im Gründchen 168-5d
Im Hängl 169-8b
Im Maisel 170-1c
Im Obergrund 169-10a
Im Sonnental 169-8b
Im Wolkenbruch 168-12c
In den Faltern 168-6d

Jägerstraße (9) 169-10b
Jahnstraße 169-10a

Kantstraße 168-9d
Karl-Meister-Straße 169-8d
Karlsbader Straße 169-9a
Kastellstraße 169-2b
Kathrainerstraße 169-8c
Kellerskopfstraße 168-12c
Keplerstraße 169-6b
Kesselbachstraße 169-10b
Kesselbachweg 195-2d
Kirchenstück 170-4a
Kirchstraße 168-12c
Kirschweidstraße 194-2a
Kleine Dresdener Straße 169-8c
Kleine Parkstraße 170-4a
Kleine Silberbachstraße (12) 169-9b
Kleiststraße 169-10c
Klingenthaler Straße 169-9a
Königsberger Straße 169-8c
Konrad-Adenauer-Straße 168-12d
Kopernikusstraße 169-6b
Kornblumenweg 169-6b
Kriemhildstraße 143-4d
Karl-Schumacher-Straße 168-12d
Kurt-Schumacher-Straße 194-3b

Lahnstraße 168-5c
Lerchenweg 194-3b
Lessingstraße 168-9d
Lilienstraße 169-6b
Limbachstraße 168-12c
Limburger Straße 169-3d
Limesweg 169-2b
Lindenbornstraße 169-3d
Lindenhof 168-5c
Lindenplatz 143-11a
Lindenstraße 168-12d
Loreleystraße 143-7b
Lortzingstraße 169-8c
Ludwig-Gerhardt-Straße 168-12c
Ludwig-Hanson-Straße 168-12c
Ludwig-Schauß-Straße 169-10a
Luisenstraße 168-12c

Mainzer Allee 169-8b
Marienbader Straße (9) 169-9a
Marktplatz 169-8b
Marktstraße 169-8b
Mittelgasse 169-2b
Mittelheimer Straße 194-2a
Mörikestraße 169-10a
Mozartstraße 169-8c
Mühlfeldstraße 169-7c
Mühlweg 169-10a
Müllerwies 170-4a

Nassauer Straße 169-3d
Nelkenstraße 169-6b
Neuer Weg 169-8a
Neuhofer Straße 169-2b
Neumühle 169-8a
Nibelungenstraße 143-4d

Ober dem Bienengarten 168-6b
Obere Danziger Straße 169-8c
Obere Waldstraße 169-9c
Obergasse 169-2b
Odenwaldstraße 168-12c
Oestricher Straße 194-2a
Orchideenstraße 169-6b
Otto-Nielk-Straße 168-12d

Panoramastraße 168-12c
Paracelsusstraße 169-3d
Parkstraße 170-4a
Pestalozzistraße 169-7a
Pfahlgrabenweg 169-2b
Pfarrstraße 168-12a
Pferdsweide 170-7a
Philipp-Reis-Straße 168-12b
Platter Straße 169-8b

Querstraße (5) 169-8b

Reichenberger Straße (8) 169-9a
Rembrandtstraße 169-10b
Rheingauer Straße 169-10d + 195-1b
Rheingoldstraße (1) 143-7b
Rheinhöhenweg 194-8c
Rhönstraße 194-3a
Rittelweg 169-1d
Robert-Koch-Straße 169-3d
Röderweg 168-12d
Römerstraße 169-2b
Rolandstraße 143-7b
Rosenweg 169-6b
Roßbachhöhe 194-2b
Roßbergstraße 168-12c
Rothe Hustert 194-2b
Rudolf-Dietz-Straße 168-12c

Saalburgstraße 169-2b
Saarstraße 168-5c
Sauerbruchstraße 169-3d
Schafhof 168-11d
Schanzenweg 194-2c
Scheidertalstraße 169-7c
Scheidertalstraße (Wingsbach) 168-6b
Schillerstraße 168-9d
Schloßgraben 169-8b
Schmidtstraße (1) 169-8b
Schmiedegasse 169-2b
Schönauer Straße (10) 169-9a
Schöne Aussicht 168-12c
Schubertstraße 169-8c
Schützenstraße 169-7c
Schulstraße 168-12c
Schumannstraße 169-8c
Schwalbenweg 194-3b
Schwarzwaldstraße 168-12c
Seelbacher Weg 170-4c
Seelbacher Weg (Wehen) 169-8b
Seifer Weg 169-2b
Siedlung Platte 170-7a
Siegfriedstraße 143-7b
Siemensstraße 170-4a
Silberbachstraße 169-9b
Sommerauweg 143-11a
Sonnenberger Straße 169-8b
Sperberweg 194-3b
Spessartstraße 194-3a
Steckenrother Weg 168-3d
Steinritzweg 170-4c
Stephanstraße 168-12c
Sternberger Weg (11) 169-9a
Stiftshof (1) 168-12a
Stiftsmühle 168-11d
Stiftstraße 168-12a
Strinzer Weg 143-4d

Talstraße 194-2c
Tannenweg 168-12d
Taunusstraße 168-12c
Teutonenweg 143-11b
Theodor-Heuss-Straße 168-12c
Trompeterstraße 170-11a
Tuchbleiche 194-2c
Tulpenweg 169-6b

Uhlandstraße 169-10a
Untere Danziger Straße 169-8c
Untergasse 169-2b
Utestraße 143-4d

Vogelweide (1) 194-2a
Vogtlandstraße 168-11b
Vor der Kirchforst 168-6d

Waldstraße 169-9c
Walkmühlstraße 169-9d
Wallufer Straße 194-2a
Walter-Petri-Ring 169-8c
Watzhahner Straße 168-12a
Wehener Straße 169-2b
Weiherstraße 169-8b
Westerwaldstraße 194-3a
Wiesbadener Straße 169-10a
Wiesbadener Weg 169-8d
Wiesenstraße 169-8a
Wilhelm-Jacoby-Straße (4) 168-12d
Wilhelm-Leuschner-Straße 169-7a
Wilhelmstraße 169-8b
Willi-Kugelstadt-Platz (3) 194-2a
Wingsbacher Weg 169-2b
Winkeler Straße 194-2a
Wünostraße 168-6b
Wünschendorfer Straße (7) 168-12b

Yeoviler Straße (6) 168-12b

Ziegelhüttenweg 170-4a
Zu den Quellen 170-4a
Zugmantelstraße 169-2b
Zum Römerturm 143-11d
Zum Schwimmbad 168-12b
Zur Kohlwiese 170-4c
Zur Schillereiche 143-11a
Zur Tongrube 170-4a

Traisen
PLZ 55595

Am Mühlberg 345-1a
Am Sonnenhang (3) 345-1b
Auf dem Nauberg (2) 319-10d
Auf dem Rotenfels 319-11c

Birkenhof 319-10c
Brunnenplatz 319-10d
Buchenländerhof 345-1a
Burgenblick 345-1a

Gartenstraße 319-10d

Hauptstraße 319-10c

Im Mühlental 345-1b
Im Schönblick 319-10d

Kirchstraße 319-10d
Krummgasse (1) 319-10c

Pfalzblick 345-1a

Rotenfels 319-11c
Rotenfelser Straße 319-10c

St.-Laurentius-Straße 345-1a
Schulstraße 319-10d
Sonnenhof 345-1a

Über den Dorfwiesen (4) 345-1b

Zu den Weinbergen 319-10d

Trebur
PLZ 65468

Adalhildisweg (14) 277-11c
Adam-Opel-Straße 276-12b
Adolf-Reichwein-Weg (12) 276-12b
Agnesweg (12) 277-11c
Ahornweg (4) 303-2a
Akazienweg (5) 303-2a
Albert-Schweitzer-Straße (2) 276-12a
Alt-Astheim 276-12a
Am Brückelchen 303-8c
Am Burggraben 303-1b
Am Fischerpfad 276-8b
Am Hallenbaum 303-10c
Am Hohen Weg 277-10d
Am Holzbrücker Weg 276-12b
Am Kleinen Rhein 302-2d
Am Mittelpfad 303-7c
Am Osterbruch 303-2a
Am Rabenstein 303-1b
Anne-Frank-Weg 277-11c
Annenhof 277-10d
Astheimer Straße 277-10c
Astheimer Unteraue 302-2d
Auenweg 302-3c
Auf dem Stettling 276-8b

Bachgassse 303-10c
Backhausgasse (14) 276-12d
Bannzäune 303-10a
Bauschheimer Straße 276-12a
Beckerweg 303-10a
Beethovenstraße 277-10d
Berisheimer Hof 276-9a
Berlenhof 303-4b
Berliner Straße 276-12a
Bernhard-Lichtenberg-Weg (10) 276-12b
Bertha-Von-Suttner-Weg 277-11c
Beßhelmer Gärten (3) 303-2a
Birkenhof 277-7d
Birkenstraße 277-11c
Bischhofsheimer Straße (7) 276-12a
Bleichstraße 276-12d
Borngasse 303-10c
Brückenweg 276-12c
Brügelfelder Hof 277-10b
Buchenstraße 303-2a
Burghof 302-5b

Carlo-Mierendorff-Straße 276-12b
Cerry-Eller-Weg 277-11c
Clara-Schumann-Weg (8) 277-10d

Dammstraße 303-1a
Danziger Straße 303-10c
Die Plätze 303-10c
Dietrich-Bonhoeffer-Weg (9) 276-12b
Donaustraße 303-1b

Egerländer Hof 276-9c
Egerstraße 303-10c
Eichenstraße 303-2a
Eichhof 303-7a
Elbestraße 277-10d
Erlenhof 303-3a
Erlenstraße 303-2a
Erlintstraße 303-10b

Falkensteiner Straße 303-10b
Feldbergstraße 303-1a
Feldstraße 302-9c
Fichtenstraße 303-2a
Fischergasse 303-1b
Frankfurter Straße 277-10a
Friedhofstraße 303-1b
Friedrich-Ebert-Straße 303-1b

Gärtnereiweg 276-12b
Gartenstraße 276-12c
Geschwister-Scholl-Straße (13) 276-12b
Ginsheimer Straße (8) 276-12b
Glockwiesen Hof 277-7c
Goethestraße 276-12a
Gottesthaler Straße 303-10b
Grenzhof 303-8a
Große Grabengasse 303-1b
Groß-Gerauer-Straße 303-2a
Gustavsburger Straße 276-12b
Gutenbergstraße 303-7c
Gut Hohenau 302-2c
Gut Oberau 302-2d

Hans-Böckler-Straße 276-12b
Hauptstraße 303-1a
Haydnstraße 277-10d
Hedwig-Hübsch-Weg 277-11c
Heinrich-Heine-Straße 303-7c
Herrngasse (2) 303-1b
Hessenauer Straße 303-7d
Hessenhof 277-10b
Hirtengasse 276-12c
Hochheimer Straße 276-12a
Hochwasserdamm 276-8c
Hochwasserschutzdamm 276-11b
Hof Dammerslache 303-4b
Hof Ehrbusch 302-3a
Hof Endlache 303-6a
Hof Niedergewann 303-5b
Hof Rheinblick (Astheim) 302-5b
Hof Rheinblick (Geinsheim) 328-3c
Hof Tannböhl 277-7b
Hof Wiesenbrücke 302-3d
Hohenau 302-2d
Hollergasse 303-1b
Holzlacher Hof 276-9d
Hundsgasse 303-10c

Im Grabenfeld 303-10c
Im Heckgrund 277-10d
Im Hollerbusch 276-12a
Isenburger Straße 303-10b

Jahnstraße 303-10a
Jakobsbergerau 276-11c
Jakobsberger Straße 303-10b
Johanna-Kirchner-Weg (11) 276-12b
Johannes-Schneider-Straße 303-10a
Julius-Leber-Straße 276-12b

Kantstraße 277-10d
Karl-Liebknecht-Straße 303-1b
Karlsbader Straße (6) 276-12a
Kegelgasse 303-10c
Kettelerstraße 276-12a
Kirchgasse 303-10c
Kleine Grabengasse 303-1b
Königsberger Straße (4) 276-12a
Königstädter Straße 276-12b
Kreuzgasse (1) 303-1b
Krummgasse 303-1b
Kümmelgase 303-1b

Lachenhof 277-7c
Lachenweg 303-10d
Lahnstraße 303-1b
Landgrafenstraße 303-10b
Leeheimer Straße 303-10c
Lessingstraße 276-12a
Liebfrauenstraße 303-1b
Lindenhof 276-9d
Lindenstraße 303-2a
Lorscher Straße 303-10b
Loubaweg (10) 277-11c
Lucy-Weinert-Straße 277-11c
Ludwigsaue 302-5c
Luise-Büchner-Weg (11) 277-10d

Mainstraße 303-1b
Mainzer Straße 276-9c
Mainzer Weg 276-8b
Maria-Montessori-Weg 277-10d
Marie-Curie-Straße 277-10d
Mersheimer Hof 277-7b
Mittelstraße 303-10c
Moselstraße 303-1b
Mozartstraße 277-10d
Muniswindweg (13) 277-11c

Nahestraße 303-1b
Nauheimer Straße 303-2a
Neckarstraße 277-10d
Neugasse 303-10c
Neuhof 303-4b
Niersteiner Straße 302-9a
Niersteiner Weg 302-12d
Nollböhlstraße 277-10d
Nordendstraße 303-7c

Oberau 302-2d
Obere Pforte 303-2a
Obergasse 303-10c
Odenwaldweg 276-12a
Oderstraße 277-11c
Oppenheimer Straße 302-12d

Pappelstraße 277-11c
Pfarrgasse 276-12b
Platanenstraße 303-2a
Poststraße 303-10c

Rheinstraße 302-8c
Ringstraße 303-10a
Römerhof 276-8b
Rosa-Luxemburg-Weg (6) 277-11c
Rosenhof 277-10b
Rosenhof (Astheim) 302-5b
Rüsselsheimer Straße 303-1b

Saalestraße 277-11c
Sackgasse 303-1b
St.-Ulrich-Straße 303-10b
Schiefe Gasse 303-10c
Schillerstraße 276-12a
Schlesierstraße (5) 276-12a
Schmittgasse 303-1b
Schubertstraße 277-10d
Schulstraße 303-10a
Schweriner Straße (1) 276-12a
Siedlung Oberach 303-3b
Sommerdamm 328-2c
Sonnenhof 302-11b
Spanieräcker 303-10a
Stettiner Straße (3) 276-12a
Sudetenstraße 303-10a

Tannenhof 277-11a
Tannenweg 303-2a
Taunusstraße 303-1b
Theobaldstraße 277-10c
Treburer Straße 303-10a
Treburer Unteraue 302-2d

Uferstraße 303-10c
Ulmenstraße 303-2a
Unterer Kornsand 302-11c
Untergasse 303-10a

Vordere Oderstraße 277-10d

Waldstraße 276-12a
Wallerstädter Straße 303-10b
Wehlerthof 302-12a
Weichselstraße (7) 277-11c
Weidenstraße 303-2a
Weserstraße 277-10d
Wiesenhof 328-3b
Wilhelm-Leuschner-Platz 303-1b

Zeppelinring 303-10a
Zwerggasse 276-12b

Trechtingshausen
PLZ 55413

Am Aderbach 241-8a
Am Morgenbach 241-6d
Am Turm 241-6a
Am Wasem (8) 241-6a
An der Ringmauer (1) 241-6a

Bahnhofstraße 241-6a
Burg Reichenstein 241-6c
Burg Rheinstein (Faitzberg) 241-9b
Burgweg 241-6a

Gerhardshof 241-8b
Glockengasse (7) 241-6a

Haus Böppchen 241-9d

Im Finkenschlag (9) 241-6a
Im Paradies 241-2c
Im Vogelsang 241-6a
Im Winkel (2) 241-6a

Kirchgasse (4) 241-6a

Mainzer Straße 241-2d

Neuweg 241-6a

Rathausstraße (3) 241-6a
Rheinblickstraße 241-2d
Rheinstraße 241-6a
Ringgasse 241-6a
Römerstraße 241-3c
Rosengasse (6) 241-6a

Salzgasse (5) 241-6a
Schweizerhaus (Faitzberger Hof) 241-9d
Sonnenstraße 241-6a
Sooneckstraße 241-6a

Waldweg 241-6a
Weinstraße 241-2d

Zollhof 241-9d
Zum Friedhof 241-6b

Udenheim
PLZ 55288

Alicestraße 325-1d
Am Dreschacker (10) 325-1d
Am Kreuz 325-1b
An der Herrenweide (8) 326-7d
An der Pfingstwiese (10) 326-7d

Backhausweg 325-1d
Bahnhofstraße 325-1a

Danziger Straße (2) 325-1d

Fauthhof 325-1d
Finanzgäßchen (4) 325-1d
Freiherr-von-Dachroth-Straße 325-1d

Goethestraße 325-1d

Hahnheimer Straße 325-1d

Im Brühl 325-1d
Im Trappenschuß (9) 326-7d
In der Güldengewann (7) 326-7d

Jahnstraße 325-1d

Kirchberghof 325-2c
Kirchstraße 325-1d
Klaragäßchen (3) 325-1d

Lettenpfad (9) 325-1b
Ludwigstraße 325-1c

Marktplatz 325-1d

Neubaugebiet „Am Kreuz" 325-1a

Osterstraße 325-1d

Raiffeisenstraße 325-1d
Rieslingweg (8) 325-1b
Rosengäßchen (5) 325-1d

Schillerstraße 325-2c
Schloßgäßchen 325-1d
Schloßstraße (1) 325-1d
Schulstraße 325-1d
Sonnengäßchen (6) 325-1d
Sonnenhof 325-1c

Wilhelmstraße 325-1d
Zum Klingelborn 326-7d

Uelversheim
PLZ 55278

Am Graben 353-4b
Am Jungfernborn 353-4b
Am Leitgraben 353-4a
Am Sasselbach 353-4b
Am Schmittrain 353-4b

Dienheimer Straße 353-1d
Dolgesheimer Straße 353-4a

Eimsheimer Straße 353-4b
Eisgasse 353-1d

Gärtnerweg 353-1d
Guntersblumer Straße 353-4b

Heerstraße 353-1c

Kellerweg 353-4b
Kirchstraße 353-4b
Kleine Kirchstraße 353-4b

Landswindastraße 353-4b
Leiningenstraße (4) 353-4b

Obergasse 353-4b
Oppenheimer Weg 353-1d
Ostergasse 353-1d

Peterstraße (1) 353-1d

Rathausplatz (2) 353-1d
Römerstraße 353-1d
Rotbeerweg 353-4b

St.-Martin-Straße 353-4b
St. Ritter 353-4a
Schlosspforte 353-4b
Schulstraße (3) 353-4b

Ulfridstraße 353-4a

Weinolsheimer Straße 353-1c

Zehntenstraße 353-1d

Undenheim
PLZ 55278

Alzeyer Straße 325-12b
Am Bahngarten 326-8c
Am Eisweiher 325-9d
Am Goldbach 325-9d
Am Köngernheimer Weg 326-8a
An der Molkerei 326-8c
An der Römervilla 326-8c
Auf der Kieskaut 325-9d

Bahnhofstraße 326-8c
Beethovenstraße 326-7d
Bergweg 326-7c
Blaisy-Bas-Straße 326-7d
Burgunderring 326-8c

Dr.-de-Millas-Straße 326-7c
Dr.-Dieter-Curschmann-Straße 326-8c
Dolce-Ring 326-7d
Dornfelderstraße 326-7d

Flachsgasse 326-7c
Frankenstraße 326-7c
Friedrich-Ebert-Straße 326-7c
Friesenheimer Weg 326-7c

Georg-Wiegand-Will-Platz (3) 326-7c
Goldmühle 325-9d
Gundelandstraße 326-7c

Hahnheimer Straße 326-7b
Hahnheimer Weg (1) 326-7c
Hermelsteinweg 326-7c
Hochstraße 326-7c

Kirchgäßchen 326-7c
Kirchstraße 325-9d
Kleine Oppenheimer Straße (4) 326-7c
Konrad-Adenauer-Straße 326-7d
Kurt-Schumacher-Straße 326-7d

Ludwigstraße 326-7c

Mozartstraße 326-7d
Mühlweg 325-9d

Nordelsheimer Weg 325-9d

Oppenheimer Weg 326-7c

Pommernmühlweg 326-7c
Portugieserweg (6) 326-8c

Raiffeisenstraße 326-7d
Raufenmühle 326-7d
Richard-Wagner-Straße 326-7d

Friedrich-Eckert-Platz 113-10b
Friedrich-Eckert-Straße 137-3d
Friedrich-Wilhelm-Straße 138-8a
Fünfkirchner Straße (13) 138-10b
Fürstenhofweg 113-5c
Fürther Straße (3) 138-12a

Gartenstraße 138-8a
Gelnhäuser Straße 138-10b
Gerhart-Hauptmann-Straße 139-7c
Gettenbacher Straße 138-7d
Gewerbegebiet Pflanzenländer 139-7c
Goethestraße 138-9d
Grimmstraße 139-7c

Hainhofweg 138-8a
Haitzer Straße 138-10b
Heegstraße 138-8c
Heinestraße 139-7c
Heinrich-Wagner-Weg 137-3b
Hellsteiner Straße 138-3c
Herbsteiner Weg (2) 138-5d
Hermann-Löns-Straße 139-7c
Herzgrabenstraße 138-7b
Hesseldorfer Mühle 138-2d
Hesseldorfer Straße 138-8b
Hessengasse 113-7d
Hilgeseichweg 138-7d
Hippegasse (1) 138-7b
Hirtengasse 113-7d
Höchster Weg 138-10a
Höhenstraße 138-3c
Hohe Wacht 138-8a
Hollerstrauchweg 137-3b
Hopfengarten 138-10b

Im Alten Garten 138-5b
Im Alten Weg 138-6a
Im Aßmusgarten 138-7d
Im Bauersfeld (1) 138-6d
Im Gängelchen 138-7d
Im Hebelsfeld 138-3c
Im Höfchen (3) 138-7b
Im Ziegelgarten 138-8c
In den Pflanzenländern 139-7c
In den Rödern 138-8a
In der Aue 138-6c
Industriestraße 138-11a

Kantstraße 139-7c
Kapellenweg 138-8a
Karl-Fröb-Straße 138-8a
Kautenweg 113-7d
Kefenroder Straße (1) 138-5d
Kinzigstraße 138-8c
Kirchgasse (9) 138-7b
Kleegartenstraße 138-5b
Kuhgasse 138-3c
Kulmbacher Straße 138-9c
Kutscherweg 137-3b

Längweg 113-4d
Langenselbolder Straße 138-10b
Langgasse 137-3b
Lauterbacher Straße 138-8b
Leipziger Straße 138-9d
Leisenwalder Straße 113-7d
Lessingstraße 139-7c
Lichteneichweg 138-8a
Lindenplatz 138-7b
Lohrer Straße 138-9c
Loosgasse 113-7d

Main-Kinzig-Straße 138-10b
Marienstraße 138-9d
Marktplatz (Leisenwald) 113-5c
Marktplatz (Wächtersbach) 138-7b
Martin-Luther-Straße 138-9d
Meilerstraße 138-5b
Messeplatz 138-10b
Mittbacher Hof 138-10a
Mittbachweg 138-10b
Mittelweg 138-8c
Mühlstraße 138-3c
Münchener Straße 138-12a

Nagelsgasse 113-7d
Neudorfer Straße 138-3c
Neue Straße 138-8c
Nüdlingerstraße 139-7c
Nürnberger Straße 138-11b

Obermühle 138-7b
Obertor (7) 138-7b
Ochsenberg (12) 138-7b
Ostpreußenstraße 138-10b

Pfarrgasse (11) 138-7b
Poststraße 138-8c

Quellenweg 138-6d

Reffestraße 113-5c
Regensburger Straße 138-9d
Rhönstraße 138-8a
Rinderbügener Straße 113-7b
Ringstraße 138-9b
Rosengasse (10) 138-7b
Roßlebener Straße 138-10b
Rotgartenstraße 139-7c
Rougeweg 113-7d

Salmünsterer Straße 138-9b
Sandweg 138-10b
Schillerstraße 139-7c
Schlesische Straße 138-10b
Schlierbacher Straße 138-8a
Schlossstraße (5) 138-7b
Schöne Aussicht 138-5c
Schützenweg 138-8a
Schwarzgasse (8) 138-7b
Schweinfurter Straße 138-8d
Siedlungsstraße 137-3d
Sonnenweg 113-7d
Sophie-Knoth-Straße 137-3b
Spessartstraße 138-8a
Spielberger Straße 137-3b
Steinackerweg 113-4d
Steinbergstraße 138-5b
Sterzbergstraße 138-2d
Streitberger Straße 113-5c
Struthstraße 139-7c
Sudetenstraße 138-10b

Tannenweg 138-5b
Taunusstraße 138-2d
Töpferstraße 137-3b
Triebstraße 138-2d
Turmstraße 138-6c

Udenhainer Straße 138-3c
Uhlandstraße 139-7c
Ulmer Weg (2) 138-11b
Untermühle 138-7b
Untertor (4) 138-7b

Vogelsbergstraße 138-8a

Waldensberger Straße 137-3a
Waldstraße 137-3d
Weidenhof 138-6c
Weidenstraße 138-6c
Weiherhof 113-11d
Weihermühle 113-11d
Weilerser Straße 138-5b
Wernerstraße 138-7d
Wiesenweg 138-5b
Wilhelm-Bettenhäuser-Weg 137-3d
Wirtheimer Straße 138-10b
Wittgenborner Straße 138-7a
Wolferborner Straße 113-4d
Wolfsgrabenstraße 138-10b
Würzburger Straße 138-11b

Ysenburger Straße 138-8c

Zum Weinberg 138-9b
Zur Wolferburg 138-8a

Waldalgesheim
PLZ 55425

Albert-Schweitzer-Straße (2) 267-8a
Am Bachbrunnen 267-7d
Am Buchenhag 267-1b
Am Hinkelstein 267-7d
Am Rothenberg 267-2c
Amselschlag 267-1d
Andreas-Bopp-Straße 267-5d

Backhausstraße (2) 267-7d
Banzweg 267-7d
Bergstraße 267-7c
Berliner Straße 267-5d
Binger Straße 267-7d
Birkenpfad 267-1b
Birkenweg 267-7d
Brunnenstraße 267-7d
Bürgermeister-Rothenbach-Straße 267-7d

Erbacher Weg 267-5c
Erlenstraße 267-8a
Ernst-Esch-Straße 267-5c

Finkenweg 267-1b
Flurstraße 267-5c
Frankenstraße 267-8a
Freiherr-vom-Stein-Straße (1) 267-8a
Friedrichstraße 267-5d
Fuchspfad 267-1b

Gartenstraße 267-5c
Genheimer Straße 267-8a
Goethestraße 267-5c
Grabenstraße 267-7d

Hasenlauf 241-11c
Hasselbachweg 267-1b
Haus Frankenheimer 267-2c
Heinrichstraße (7) 267-5d
Hochstraße 267-5d
Hollerstraße 267-5d

Im Bauwald 267-1d
Im Dachsbau 267-1b
Im Weidengarten 267-7c
Im Winkel (1) 267-7d
In der Toffel 267-5d

Jagdhaus Marbach 267-1d

Kirchstraße 267-5c
Kreuzstraße 267-5d
Kuckucksweg 241-10d
Kurpfalzring 267-8a

Mannesmannstraße 267-5d
Maulbeerweg 241-10d + 267-1a
Moselstraße 267-5d

Nahestraße (8) 267-5d
Naheweinstraße 267-7d
Neustraße 267-5d
Niedergasse 267-5d

Obere Amalienhöhe 267-5b
Oberstraße 267-5a

Pfarrer-Epper-Straße (6) 267-8a
Pfarrer-Prümers-Straße (5) 267-8a
Provinzialstraße 267-4d

Rattener Straße 267-8a
Rheinstraße 267-5d
Ringstraße 267-5d
Römerstraße 267-5c
Rümmelsheimer Straße 267-5d

Saarstraße 267-5d
St.-Barbara-Straße 267-5c
Schillerstraße 267-8a
Schulstraße 267-5c
Schwester-Elisabeth-Straße 267-5c
Spitalwiese 267-4d
Steinkopfweg 267-1d
Stichterstraße 267-5d

Untere Amalienhöhe 267-5b
Untere Hey (3) 267-4d

Waldstraße 267-1b
Wieselweg 267-2c
Willibaldstraße (4) 267-8a

Zum Bodmannstein 267-2c
Zum Horet 267-8a
Zum Kaltwassereichbaum 241-10d

Waldbrunn (Westerwald)
PLZ 65620

Bahnhofstraße 40-2a

Schlagmühle 40-3a

Waldstraße (Hintermeilingen) 40-2a

Waldems
PLZ 65529

Ahornstraße (3) 145-3a
Am alten Sportplatz 122-5a
Am Dorfgemeinschaftshaus (3) 122-6a
Am Gabler 121-12c
Am Gehren 122-8b
Am Hahnberg 121-11d
Am Hahndorn 121-11d
Am Hang 145-3a
Am Hayn (1) 122-6a
Am Hostert 122-4b
Am Hügel 123-7c
Am Kohlberg 121-12b
Am Mühlrain 122-9d
Am Plingen 122-8d
Am Rotfeld 122-1d
Am Steinmorgen 121-12c
Am Stockborn 145-3a
Am Tiefen Graben 145-2b
Am Trieb 122-6b
Am Wäldchen 122-8b
Am Weierberg 122-8c
Am Weißen Stein 121-12c
Am Zuckerberg (2) 122-4b
An den Gärten 145-3a
An der Kreuzheck (1) 121-12c
An der Kulturhalle 122-5a
An der Linde (1) 122-8d
Auf der Lai 122-9d
Auf der Lind 121-9c
Auf der Rütsch 145-3a
Auf der Schur 121-9c
Augasse 122-8d

Backespfad 122-4b
Bergstraße 121-12b
Berliner Straße 122-1d
Bielingweg 122-4b
Birkenstraße 145-3a
Bogenweg 122-4b
Borngasse (2) 121-9c
Bremenweg 122-6b
Buchenstraße (2) 145-3a

Camberger Straße 122-1d

Dombacher Weg (1) 122-1d

Eisenhammer 121-9d
Elisabethenstraße (5) 122-5a
Emsbachstraße 122-8d
Emstalstraße 121-9d
Escher Straße 122-4b
Eschtalstraße 121-9d

Feldbergstraße 122-8c
Feldstraße 145-3a
Fischbacher Weg 122-8b
Flachsgartenstraße 122-1d
Frankfurter Straße 121-9d

Gartenstraße 122-1d

Hauptstraße 121-11d
Herboldweg 123-7c
Hessenstraße 121-12c
Hintergasse (4) 122-4b
Höhenstraße 121-11d
Hofgasse 121-12a

Idsteiner Weg 145-3a
Im Anger 122-6b
Im Bornstück 122-6a
Im Diersbachtal 122-8d
Im Hahlgarten 122-3c
Im Rumpelstein 122-5a
In den Geyersgärten 122-9d
In der Kling 121-12c
In der Marschbach 121-12a
Industriestraße 122-2c

Kirchgasse 121-12a
Klaffenweg (4) 122-6b
Kleine Pfarrgasse (3) 122-4b
Langgasse 122-9b
Limburger Straße 121-9c
Lindenstraße (1) 121-9c

Mauloffer Weg (5) 122-6b
Mühlweg 122-9d
Müllerweg 122-5a

Nebenstraße 145-3a

Obergasse 122-6a
Oberndorfer Mühle 122-9a

Pfarrgasse 122-4b
Pfeifferspfad 122-1d
Postgasse 122-4b

Reichenbacher Weg 122-5a
Reinborn 122-8a
Reinborner Grund 122-8b
Reinborner Weg 122-8d
Riesenmühle 121-12b
Ringstraße 122-1d
Röderweg 122-9d

Schießhohl 122-1d
Schöne Aussicht 122-8d
Schönwaldstraße 122-8d
Schulbergstraße (2) 122-6a
Schulgasse 121-9c
Schwalbacher Straße 121-9c
Sonnenstraße 145-2b
Steinfischbacher Weg 122-6a

Tannenweg (3) 121-12b
Taunusblick 122-1d
Taunusstraße 121-12b
Tennweg 122-3c
Turnhallenweg 121-9d

Usinger Straße 122-4b

Vor der Burg 122-9a
Vordere Taunusstraße (4) 121-9d
Vordergasse 122-9d

Waldstraße 122-6a
Weg am Wald 123-7c
Weg am Wehrholz 123-7c
Wiesbadener Straße 122-8d
Wiesenstraße 121-9c
Wüstemser Weg 122-6b

Zum Häuserstein 122-4b

Waldlaubersheim
PLZ 55444

Ackvasmühle 293-2a
Ärmelgasse 267-11c
Am Domberg 267-11d
Am Sportplatz (6) 267-11c
An der Pforte 267-11a
Auf dem Stein 267-10d
Auf der Kirchwiese (7) 267-11d

Bachgasse 267-11c
Berliner Straße 267-11b
Beunde 267-11a
Binger Straße 267-11c
Binger Weg 267-11d
Brunnengasse (2) 267-11c

Danziger Straße 267-11d

Enggasse 267-11c

Feldborn 267-10d

Genheimer Straße 267-11a
Gewerbepark Waldlaubersheim 267-10d
Große Heide 267-10c

Heller Weg 267-11c
Hintergasse (4) 267-11c

Im Brühl 267-11a
Im Schloßgarten 267-11c
Im Schloßhof 267-11c
Im Winkel (1) 267-11c

Königsberger Straße 267-11b

Lindenhof 293-2b

Roßweg 267-11c
Rother Weg (8) 267-11a
Rümmelsheimer Weg 267-11d

Schmiedegasse (5) 267-11c
Schulstraße (3) 267-11c
Stettiner Straße 267-11d

Waldstraße 267-11c
Weincastell 267-11b
Windesheimer Straße 267-11c

Waldsolms
PLZ 35647

Alter Berg 64-6b
Am Berg 47-10d
Am Bierhaus 64-2b
Am Buchacker (1) 65-6d
Am Burghof 46-11c
Am Grünen Loch 64-9d
Am Hirschstein 46-7d
Am Mühlgraben 65-6d
Am Neuen Born 64-3d
Am Philippseck 65-6d
Am Rauen Hain 47-7d
Am Rimbach 65-9b
Am Rothenstein 64-3b
Am Schießberg 47-11a
Am Schulacker (5) 64-3d
Amselweg 65-1c
Am Steinköppel 64-9c
Am Stockacker 64-12a
Am Stocker 65-4a
Am Ziegenbirnbaum 64-3d
Attighof 65-1b
Aubachstraße 64-9c
Auf der Griedelbach (11) 65-1c
Auf der Hardt 65-9b
Auf der Schieferkaut (2) 64-2b
Auweg 64-6b

Backhausstraße (13) 64-3d
Bahnhofstraße 64-9c
Berghof 46-10b
Bergstraße 46-11d
Birkenweg 65-9b
Birkhof 47-11c
Bodenroder Weg 64-6b
Bornbachstraße (16) 64-3d
Borngartenstraße 64-3d
Bornstraße 64-9c
Bornwiesenweg 46-7c
Brandoberndorfer Straße 46-11d + 64-2b
Brunnenstraße 46-11d
Buchenweg 65-9b
Bühlgasse (6) 64-3d
Burgstraße 46-11c
Butzbacher Straße 65-6d

Cleeberger Straße 64-3d

Denkmalstraße 46-11c
Diebacher Weg 64-3c
Dorfgraben 64-3d
Drosselweg 65-1c

Eichhof 64-2b
Elsegarten 64-3d

Falkenweg 65-1c
Farbgasse (14) 64-3d
Feldbergblick 47-10c
Feldwiesenstraße 64-3d
Finkenweg 65-1c
Forsthaus Schwobach 64-5a
Forsthausstraße 64-3d
Frankfurter Straße 46-11d
Fürst-Wallrad Straße 64-9c

Gartenstraße 47-10d
Gaulenbergergasse (17) 64-3d
Geierswies 64-6b
Grävenwiesbacher Straße 64-9c
Griedelbacher Pfad 64-3d
Griedelbacher Straße 64-2b
Grüner Weg 64-3b

Hardthof 46-11d
Hasselborner Straße 64-3d
Heidestraße 47-10d
Hellweg 46-10b
Hessenstraße 45-12a
Hindenburgstraße 46-10a
Hinter der Zingel (2) 64-3d
Höhenstraße 64-9c
Höhenweg 47-10b
Horrido 64-6c

Im Birkenfeld 66-7a
Im Brühl 46-10b
Im Gründchen 46-7d
Im Grund 65-6d
Im Ried 64-3d
In den Gärten 46-7c
In der Dörrwies 65-6d

Kachelberg (8) 64-3d
Karlstraße 47-10d
Kirbachstraße 46-10a
Kirchgasse 47-10d
Kirchstraße (1) 46-11d
Klapperfeld 64-3d
Kraftsolmser Straße 46-11c
Kreuzweg (5) 46-10b
Kröffelbacher Straße 64-3c

Lauduner Weg 64-3d
Leingraben 46-7c
Lerchenweg 65-1c
Lindenhof 46-11d
Lindenplatz 64-3d
Lindenstraße 64-12a

Marienhof 64-12a
Meisenweg 65-1c
Mittelweg 64-3d
Mittlerer Grimms 64-3c
Möttauer Straße 46-10a
Morgenweg 64-3c

Neustadt 47-10d

Obere Au (2) 46-7c
Obere Aumühle 64-6b
Obere Falltorstraße (3) 64-3d
Oberer Grimms 64-3c
Obergasse 47-10d
Oberkleener Straße 47-10d
Oberquembacher Straße 46-11d
Oberseite 64-3d

Pfaffenmühlerweg (10) 64-3d
Pfarrgasse (7) 64-3d
Pfingstbornweg 64-3d

Rathausweg (4) 46-10b
Reitzenmühle 64-2b
Ringstraße 46-7d
Rukerusweg 46-11c
Schlehenweg 46-7d
Schmiedenhof 46-7c
Schnurgasse 64-3b
Schulstraße 64-3d
Schwobacher Hof 64-1d
Silbergasse 46-10b
Solmser Straße 46-7d
Sonnenberg 46-7d
Steinmühlenweg 64-3d
Steinpetersgartenweg (9) 64-3d
Steinstraße 46-11d

Talstraße 47-10d
Taunusblick 64-3b
Taunusstraße 47-10c
Tränkwasser (18) 64-3d
Trinkbornstraße 47-10d

Untere Au (1) 46-7c
Untere Falltorstraße (4) 64-3d
Unterer Grimms 64-3c
Untergasse 47-10d
Unterseite (15) 64-3d

Villenstraße 46-7c
Vor der Grimms (1) 64-3c

Waldstraße 64-12a
Wehrstraße 46-10b
Weinberghof 46-11a
Weingartenstraße 46-7d
Weiperfeldener Straße 64-2b
Wetzlarer Straße 47-10c
Wichtegasse (12) 64-3d
Wiesflecken 47-10d
Wochenendgebiet „Im Birkenfeld" 66-7a
Wölferstraße 46-10b

Ziegelhüttenweg 64-3c
Ziegelpfad (3) 46-10b
Zingelstraße 64-3d
Zum Backhaus (6) 46-10b
Zum Bahnhof 64-3d
Zum Gänsacker 64-3d
Zum Sportplatz 46-10b
Zum Tiefengraben 46-7c
Zwischen den Gräben 65-1c

Wallertheim
PLZ 55578

Agnesienstraße (3) 323-7c
Am Katzensteg 323-7d
Auf dem Bubengraben 323-10a
Auf der Benn 323-7c
Auf der Sandkaut (6) 323-10a

Bahnhofstraße 323-7c
Beethovenstraße 323-7d
Borntaler Weg 323-10a
Breslauer Straße 323-10b

Danziger Straße 323-7d

Erlenweg 323-7d
Ernst-Heinrich-Straße 323-10a

Froschgasse (4) 323-7d

Gau-Bickelheimer Weg (7) 323-10a
Gesellgengasse (5) 323-7c

Im Borntal 323-10a
Im Vogelsang 323-10a
Ingelheimer Weg 323-7d

Kettelerstraße 323-7c
Kirschgasse 323-7d

Lettenmühle 323-11a
Luftmühle 323-10b

Mainzer Straße 323-7d
Marktplatz 323-7c
Mausegasse 323-7c
Mozartstraße 323-7c
Mühlgasse 323-7d

Neustraße 323-7c

Obergasse 323-7c
Ostdeutsche Straße 323-10b

Pfaffen-Peter-Straße 323-7c

Richard-Wagner-Straße 323-7c

Schelmenzuggasse (2) 323-7c
Schenkelgasse (1) 323-7c
Schimsheimer Straße 323-7d
Schulstraße 323-7c
Steggasse 323-7d
Stettiner Straße 323-7d

Wassergasse 323-7d
Wißbergweg 323-10a

Wallhausen
PLZ 55595

Allee 292-7d
Am Gräfenbach (2) 292-7d
Am Rotenberg 292-8a
Am Zangenberg 292-7d
An der Ruh 292-8c
Auerweg 292-8c

Bahnhofstraße 292-8c
Beethovenweg 292-8c
Buchgasse 292-7d

Cremerstraße 292-8c

Edelgasse (6) 292-7d

Grabenstraße 292-7b
Gutenberger Straße 292-8d

Harthöhe 292-8c
Hauptstraße 292-8c
Hinter Eichbaum 292-7d
Hinter Zeine (1) 292-8a

In der Au 292-8d

Kirchgasse 292-7d
Kleinkehrbacher Weg 292-7d

Laurentiushof 292-8c
Laurentiusstraße (5) 292-7d

Mozartstraße 292-8c
Mühlenstraße 292-7b

Paierweg 292-7d

Rotheck 292-10b

Schafwinkel (7) 292-7d
Schloßstraße 292-7d
Schmiedgasse (3) 292-7d
Schulstraße 292-7d
Sommerlocher Straße 292-7d
Soonwaldblick 292-7d
Steingasse (4) 292-7d

Traubenstraße 292-7d

Vogelsang 292-7d

Waldstraße 292-7c
Weinbergsblick 292-7d
Windesheimer Straße 292-7b

Zangenberger Weg 292-7d
Zur schönen Aussicht (8) 292-7d

Walluf
PLZ 65396

Adelheidstraße 221-10a
Am Bock 221-10c
Am Eichelgarten (22) 221-7c
Am Klingenweg 221-7c
Arnetsmühle 220-12b
Asternweg 221-10a
Auf der Hub 220-12a

Bachweg (1) 220-12b
Bahnhofstraße 221-10a
Bergbildstock (4) 220-12b
Birkenweg 220-12a
Brückenstraße 221-10c
Buchenweg 220-12a

Egerstraße 220-12b
Eichenweg 220-12a
Eilweg 220-12a
Eltviller Weg 220-12b
Enzianweg 221-7c
Erikaweg 221-10a

Fischergasse (17) 221-10c
Fliederstraße 221-10a

Gartenfeldstraße 220-12b

Haselnußgasse (13) 221-10c
Hauptstraße 221-10c
Heinrich-Mauerer-Weg 220-12a
Hintergasse (16) 221-10c
Hohlweg 221-7c

Im Gottesacker (5) 220-12b
Im Grohenstück 221-7c
Im Jungenstück (7) 221-10a
Im Kressboden (1) 221-7c
Im Oberberg (3) 221-10a
Im Sand 220-9d
Im Schimberg (6) 220-12b
In der Rehbach 221-7c
Irisweg 221-7c

Jakob-Fechtig-Weg 220-12a
Johannisbrunnenstraße 221-10a
Johannisfeld 221-10b

Kapellenstraße 221-10a
Kastanienweg (4) 220-12a
Kirchgasse 221-10c
Krokusweg 221-10a
Kurt-van-Hees-Straße 221-10a

Lärchenweg (6) 220-12a
La Londe-Platz (18) 221-10c
Leinpfad 221-10c
Liebaustraße 220-12a
Lilienweg 221-10a
Luxemburgstraße (3) 220-12b

Marktstraße 220-12a
Mohnweg 221-10a
Mühlgraben (14) 221-10c
Mühlstraße 220-9c

Narzissenweg (2) 221-10a
Nelkenstraße 221-10a
Neustraße 221-10a
Nussberg 220-9b

Obere Martinsthaler Straße 221-7c
Oberwallufer Schlag 220-9c
Odenwaldstraße (11) 221-10a

Paradiesstraße 220-12b
Petersweg (12) 221-10c
Pflänzerweg 221-10a

Rheinallee 221-10c
Rheinstraße (20) 221-10c
Rhönstraße 221-10a
Riesengebirgsstraße 221-10a
Rosenstraße 221-7c

Sandweg 220-12b
St.-Elisabethenstraße 220-12a
Schachtweg 220-9c
Schmiedegässchen (15) 221-10c
Schöne Aussicht 221-10a
Schulberg 220-12b
Schulstraße 220-9c
Schwanengässchen (19) 221-10c
Sonnenblumenweg 221-10a
Spessartstraße 221-10a
Steingartenweg (9) 221-10a
Steingasse (2) 220-12a
Steinheimerstraße 220-12a
Steinritzweg 221-10a

Tannenweg (5) 220-12a
Taunusstraße 221-10a
Tulpenweg 221-10a

Untere Martinsthaler Straße 221-7c

Veilchenweg 221-10a
Vitusberg 220-12a

Waldhäuschen 220-9a
Waldhütte 220-9b
Walkenbergweg (8) 221-10a
Walluftalbrücke 220-8d
Waltaffa-Weg (21) 221-10a
Werftstraße 221-10a
Westerwaldstraße (10) 221-10a
Wüstenei 235-9d

Warmsroth
PLZ 55442

Am Pfingstborn (1) 266-6a

Bergstraße 266-6a
Bornberg 266-6a

Daxweiler Weg 266-5b

Gartenstraße 266-6a

Hasenheide 266-6a
Hochwaldstraße 266-3c

Ringstraße 266-6a

Soonwaldblick 266-6a

Wald-Erbacher-Straße 266-6c

Wasenbach
PLZ 56370

Habenscheid 92-1c

Wehrheim
PLZ 61273

Allensteiner Straße (16) 102-10b
Alter Anspacher Weg 125-2d
Alte Schulgasse (4) 102-7c
Altkönigstraße 125-2d
Am alten Sportplatz 102-7c
Am Bahnhof 102-10a
Am Bürgerhaus 102-7c
Am Dreschplatz 102-7c
Am Feldrain 84-12c
Am Hasenpfad 102-10a
Am Hebestumpf 102-7c
Am Hohen Rain 102-6a
Am Holzbach 84-12d
Am Joseph 102-10c
Am Kappengraben 102-7c
Am Kirchberg (6) 102-3c
Am Krautgarten 102-7c
Am Löschteich 125-2d
Am Mühlberg 102-10a
Am Oberloh 101-9b
Am Pfarrhaus (9) 102-7c
Am Rathaus (7) 102-7c
Am Ried 102-7c
Am Schützenhaus 103-1c
Amselstraße 102-3d
Am Wallgraben (10) 102-7c
Am weißen Stein 84-12c
Am Wiesbach (1) 102-3c
An den Linden 125-3c
An der Herrenwiese 102-3c
An der Hohl 102-7d
An der Jägerwiese (4) 125-3c
An der Lehmkaut 102-7c
An der Sperlingswiese 102-3b
An der Weed 102-7c
Anne-Frank-Straße 102-10a
Anspacher Straße 101-12b
Auf dem Stichel 125-2d
Auf der Feldwiese 84-12d
Auf der Mauer 102-7d
Aussiger Straße 102-10a

Bachweg (8) 102-6a
Bahnhofstraße 102-10a
Banggartenweg 125-3c
Beckertstraße 84-12d + 102-3b
Bendermühle 125-3c
Bergstraße 102-3d
Berta-von-Suttner-Straße 102-7a
Bierhausweg 102-7c
Birkenweg 102-3d
Bleichstraße 102-7c
Borngasse 102-3c
Breslauer Straße 102-7d
Bruchwiesenweg 125-2d
Brückenmühle 102-10c
Buchenweg 102-3d
Bürgermeister-Erker-Straße 102-6a

Danziger Straße 102-7d
Dietrich-Bonhoeffer-Weg (24) 102-10a
Dorfborngasse (8) 102-7c

Egerlandstraße 102-10b
Enggasse 102-3c
Erich-Kästner-Straße 102-10a
Ernst-Diehl-Weg (6) 125-2d

Fasanenstraße 102-3d
Feldbergblick 125-2d
Feldbergstraße 125-2d
Feldstraße 101-9d
Finkenstraße 102-3d
Forsthausstraße 102-3c
Franzensbader Straße (23) 102-10b
Freizeitpark Lochmühle 126-1b
Friedrich-Ebert-Straße 102-6a
Fuchstanzstraße 125-6a

Gartenstraße 102-7d
Gebüder-Keller-Weg 125-2d
Gerhart-Hauptmann-Straße 102-10a
Geschwister-Scholl-Straße 101-12b
Gewerbegebiet Wehrheim Nord 102-7a
Gewerbegebiet Wehrheim Süd 102-10c
Goethestraße 102-10a
Goldaper Weg (13) 102-10b
Grabengasse (6) 102-7c
Große Lache 102-10a
Grüneburgstraße (10) 102-3c
Grüneburgstraße (7) 102-3c

Hainerweg 102-3b
Hangweg (1) 125-2d
Hardtwaldstraße (2) 102-3c
Hauptstraße 102-7c
Heinrich-von-Kleist-Straße (22) 102-10a
Heinrich-Wilhelm-Baum-Weg 125-2d
Herzbergstraße 125-6a
Hilde-Coppi-Straße 102-10a
Hildegard-von-Bingen-Straße 102-7a
Hirtenhof 125-2d
Höhenstraße 102-3c
Hölderlinweg (14) 102-10a
Hof Am weißen Stein 102-5b
Hof Köppelwiese 125-3a
Hof Löweneck 101-8d
Hof Mühlgrund 102-10c
Hohlweg 125-2d
Hunsrückstraße 102-10a

Im Ärmchen 102-7c
Im Banngarten 84-12c
Im Baumstück (2) 125-2d
Im Erlenbruch 125-3c
Im Grund 125-3c
Im Mühlengrund (3) 125-3c
Im Stichel 125-2d
In der Au 102-7c
In der Mark 102-10d
Industriestraße 102-10c
Isarstraße 101-9d

Jahnstraße 102-10a
Johann-Erdmann-Weg (5) 125-2d
Johann-Gutenberg-Straße 102-7a
Jugendzeltplatz 102-2c
Justus-Liebig-Straße 102-7a

Kapersburgstraße 102-3c
Karlsbader Straße (18) 102-10a
Kastellstraße 102-10a
Klingelsmühle 125-3a
Kloster Thron 126-1b
Königsberger Straße 102-10b
Köpperner Straße 102-10a
Konrad-Adenauer-Straße 102-6a
Kransberger Straße 102-3c
Kreuzgasse (1) 84-12d

Lahnstraße 101-9b
Langwiesenhof 101-9c
Langwiesenweg 101-9d
Lerchenstraße 102-3d
Limesstraße 126-2a
Lindenstraße 102-3c
Lise-Meitner-Straße 102-7c

Marienbader Straße 102-10b
Marktplatz (19) 102-7c
Martin-Niemöller-Straße 101-12b
Moselstraße 101-9d
Mühlbachstraße 125-3c
Mühlenweg 125-3c
Musikantenweg 102-7c

Naturkornhof 102-7d
Nauheimer Straße (5) 102-3c
Niddastraße (3) 101-9d

Obere Schulstraße 125-3c
Obergasse 84-12d
Obernhainer Weg 102-10c
Odenwaldstraße (21) 102-10a
Oranienhof 101-9d
Oranienstraße 102-7c
Oskar-Schindler-Straße 102-10a

Paul-Ehrlich-Weg 102-7c
Pfaffenwiesbacher Straße 102-7d
Pfarrmühle 101-12d
Pfingstbornstraße 102-3d
Philipp-Reis-Straße 102-7a
Preulstraße 102-7c

Reichenberger Straße (17) 102-10b
Rheinstraße 102-7c
Rhönstraße 102-10a
Ringstraße 102-3d
Rodheimer Straße 102-7d
Römerstraße 102-3c
Rosenhof 101-12d
Roßkopfstraße 125-6a
Rudolf-Diesel-Straße 102-7a
Rudolf-Hell-Straße 102-7a

Saarstraße (4) 101-9d
Sandplackenstraße 125-6a
St.-Michaelsweg (5) 102-7c
Schießgraben 102-7d
Schießmauer 102-7c
Schillerstraße (4) 102-3c
Schöne Aussicht 125-2d
Schulstraße 102-10a
Sennestraße (1) 101-9d
Spessartstraße 102-10a
Steile Straße 84-12d
Steinkopfstraße 102-3c
Steinweg 102-3d
Stellweg 125-3c
Stettiner Weg (11) 102-7d

Talstraße 102-3d
Tannenweg (3) 102-3d
Taunus-Lehrpfad 125-6a
Taunusstraße 84-12d
Throner Weg 125-3c
Tilsiter Weg (15) 102-10b
Töpferstraße 102-7c
Triebberger Straße 102-3d

Usinger Straße 101-9b

Vogelsangstraße 102-7c

Waldenburger Straße (12) 102-7d
Wehrheimer Mitte (20) 102-7c
Wehrheimer Straße 102-5b
Weilstraße 101-9d
Weserstraße (2) 101-9d
Westerfelder Straße 125-3a
Westerwaldstraße 102-10a
Wiesenau 102-7c
Wiesenhof 101-11b
Wiesenstraße 102-6a
Wilhelmshof 101-9d
Wingertstraße 102-3c
Wintersteinstraße 102-3c

Zum Ried 102-7c
Zum Stadttor 102-7c
Zum Wehrholz (9) 102-6a
Zur Bendermühle 125-3c
Zur Burg 102-7c
Zur Klingelsmühle 125-3c
Zur Thalmühle 125-2d
Zwerchweg 102-3b

Weidenbach
PLZ 56355

Am Beißberg 164-5c

Brunnenstraße 164-8a

Hauptstraße 164-8a

Klosterweg 164-8a

Oberm Dorf (1) 164-8a

Waldfrieden 164-8a
Waldstraße 164-8a

Weilburg
PLZ 35781

Adelheidstraße 43-1a (35-B2)
Adolfstraße 42-3b (35-A1)
Ahäuser Weg 43-1c (35-B3)
Albert-Schweitzer-Straße 42-6a
Allendorfer Straße 41-3d
Altgasse 43-5d
Am Ahornstich (7) 43-5b
Ambacher Weg 43-5d
Am Bootshaus (35-B2)
Am Eichenweg (9) 43-5b
Am Eisenstein 42-6c
Am Erlenweg 43-5b
Am Flutgraben 42-6c
Am Himmelsbirnbaum 44-2c
Am Hofacker 43-5b
Am Kapitänswäldchen 43-1d
Am Kirmesplatz 42-3b (35-A1)
Am Lindenweg 43-5b
Am Schwimmbad 44-2d
Amselweg 43-5d
Am Sieggraben 43-1c
Am Steilhang 41-9b
Am Steinacker 41-6d
Am Steinbühl 42-3c
Am Steinköppel (1) 42-7a
Am Tunnel 42-5d
Am Windhof 43-1b
Am Wingertsberg 41-9b
An der Backstania 42-3b
Auf dem Dill 43-1c
Auf dem Kalk 43-8b
Auf dem Langenstrich 41-6d
Auf dem Rotlauf 41-9b
Auf den Hohen Gräben 42-3b (35-A1)
Auf der Lützelbach 43-1a (35-B1)
Auf der Platte 43-5a
August-Bebel-Straße 42-6a

Bachstraße (1) 42-5b
Backesweg 42-5d
Bahnhofstraße 43-1c (35-B2)
Bangertstraße 42-1c
Beethovenstraße 43-4a
Bei der Lieben Frau 43-5a
Berggasse 43-5d
Berghof 43-5c
Berliner Straße 43-1d
Bismarckstraße 43-1c (35-B3)
Bodelschwinghstraße 42-3b
Bogengasse 42-3d (35-A3)
Bombastushof 41-8d
Bornberg 43-5d
Bornkaut 43-5d
Bornwiese 44-5a
Braunfelser Weg 43-1c
Breitheckerweg 42-6c
Brückenstraße 41-9b

Danziger Straße (5) 43-4b
Dürerstraße 42-5b

Eichendorffweg 43-4a
Erbsengasse (2) 42-5d
Erbstollen 43-4a
Ernst-Dienstbach-Steg (35-A2)

Falkenhof 41-6c
Fallerwasen 42-6a
Feldbergstraße 43-4b
Feuerbachweg 43-4a
Finkenweg 42-7a
Flumsberg (35-B2)
Forellenweg 42-5b
Frankfurter Straße 42-3d (35-B3)
Freystädter Straße 43-1c
Friedrich-Brinkmann-Straße 42-3b (35-A1)
Friedrich-Ebert-Straße 43-4b
Friedrichstraße 42-5d

Gartenfeldstraße 41-9b
Gartenstraße 44-5b
Gaudernbacher Straße 41-6b
Goethestraße 43-1c (35-B3)
Grube Allerheiligen 43-2c
Grube Erhaltung 42-6a

Hainallee 42-3d (35-A2)
Hasselstraße 42-1c
Hauptstraße 43-5d
Heckholzhäuser Weg 41-9a
Heidehof 43-2d
Heideweg 43-6a
Hermann-Mehl-Straße 42-6c
Hermann-Stoll-Straße (2) 41-9b
Hinter dem Rathaus (35-A2)
Hirschhäuser Straße 44-2d
Hochstraße 42-3a
Höhlersbach 41-6d
Höllgraben 42-6a
Hof Pfannenstiel 43-3b
Hof Ruppertstal 43-5b
Hof Taunusblick 41-3c
Hof Tiergarten 43-3d + 44-1c
Hof Waldeck 41-9a
Hohe Straße 42-6c
Hohlstraße 42-5d
Hohlweg 42-1c
Hubertusweg 42-7a
Hüttenmühle 41-8b

Im Bangert 42-3d (35-A3)
Im Burgfeld 43-5b
Im Geyer 43-4a
Im Hohlen Garten (10) 43-6c
Im Kohlgarten 43-5d
Im Lindenstrauch 43-1d
Im Nieder-Wehen 43-5b
Im Strüthchen 42-3c
Industriestraße 42-3a

Jagdschloß Windhof 43-1d
Jakob-Mankel-Straße 42-3b (35-A1)
Johann-Ernst-Straße 43-1d
Jonasengäßchen (3) (35-A3)

Käsmark-Platz (6) 43-4b
Käsmarkstraße 43-4b
Kampweg 42-3a
Kapellenweg 41-9b
Karlsberg 43-1c (35-B3)
Kirchweg 42-3b (35-A1)
Kirrberg 42-6a
Kirschhöfer Weg 42-6d
Kleiststraße 43-1c
Knappschaftsweg (35-B2)
König-Konrad-Platz (35-A3)
Königsberger Straße 43-1d
Kohlberger Hof 41-3c
Konrad-Adenauer-Straße 42-3b (35-A1)
Kruppstraße 43-1a (35-B1)
Kubacher Weg 43-5a
Kurt-Schumacher-Straße 42-6a

Lahnstraße 42-5b
Laimbacher Weg 44-1b
Landtor (35-A3)
Lange Straße 42-3a
Langgasse 42-3d (35-A2)
Lessingstraße 43-1c
Lilienstraße 42-4a
Limburger Straße 42-3a (35-A1)
Lindengasse 43-5d
Lindenhof (Bermbach) 44-2d
Lindenhof (Hasselbach) 41-3d
Löhnberger Weg 43-1c (35-B2)
Lönsstraße 42-5b
Lortzingstraße 43-1a (35-B2)
Luxemburger Straße 43-1d

Marktplatz (35-A2)
Marktstraße (35-A2)
Mauerstraße 42-3d (35-A2)
Mittelgasse 43-5d
Mittlere Friedenbach 43-5a
Mozartstraße 42-3b (35-B1)
Mühlberg 43-1c (35-B3)
Mühlberg (4) (35-B3)

Nassaustraße 43-1d
Nelkenstraße 42-4a
Neuer Weg 42-5d
Neugasse 42-3d (35-A2)
Niedergasse 42-3d (35-A2)

Obere Reuschenbach 43-4b
Obergasse 41-9b
Oberlahnbrücke (35-B3)
Odersbacher Weg 42-3d (35-A2)
Ostpreußenstraße (2) 43-4b

Pankgrafenplatz (35-A3)
Paulinenhof 42-10d
Pestalozzistraße 42-3b
Pfarrgasse 42-3d (35-A2)
Pommernstraße (4) 43-4b
Postplatz (35-A2)
Postweg 44-1a
Privasstraße 43-1d

Rathenaustraße 43-1d
Reuschenbachweg 43-4a
Riehlstraße 43-1c (35-B3)
Ritsche (35-A2)
Rosenstraße 42-4a
Roßsteinstraße 42-5d
Rothweilstraße 43-1d
Rudolf-Dietz-Straße 43-1c
Ruhrersgäßchen (1) 42-5d
Runkeler Straße 42-5b
Ruppertstal 43-5d

Saazerhof 43-2a
Sadelhof 43-3c
Salheck 43-5b
Scheuernberger Hof 42-8a
Schillerstraße 42-5b
Schlesierstraße (3) 43-4b
Schloßplatz (35-A2)
Schloßstraße (35-A2)
Schmittbachweg 43-1c (35-B3)
Schöne Aussicht 42-7a
Schulbergstraße (3) 42-5d
Schulgasse (2) (35-A2)
Schwanengasse (1) (35-A2)
Spielmannstraße 42-3d (35-A2)
Stadtweg 42-5d
Steinbruch Hermes 41-6d
Steinerne Brücke (35-A2)
Steinhof 42-6a
Stettiner Straße 43-1d
Stresemannstraße 43-1d
Sudetenring 43-5d
Sudetenstraße 43-4b

Talstraße 43-5d
Taunusstraße 43-4b
Theodor-Heuss-Straße 42-6a
Tiergartenstraße 44-1a
Tortonastraße 43-1d
Trompeterstraße 42-1c
Turmgasse (35-A3)

Über dem Hainberg (35-A2)
Untergasse 42-5d
Untertaunusstraße 42-6c

Viehweg 43-5b
Von-Dungern-Straße 43-1c
Von-Sckell-Platz (1) 43-1c

Waldblick 42-10d
Waldhof (Odersbach) 42-6a
Walterhof 43-2a
Weilbergstraße 43-5d
Weilburger Straße 42-5b
Weilstraße 43-4c
Westpreußenstraße (11) 43-4b
Weychardtweg 42-3b (35-A1)
Wilhelm-Picker-Straße 42-5d
Wilhelmstraße 43-1c (35-B2)
Willy-Brandt-Straße 42-3c
Wilmersau 42-8b
Wingertstraße 42-5d

Zevenaarstraße 43-1d
Zu den Tannen 42-7a
Zum Auberg 42-7a
Zum Birkenkopf 43-6c
Zum Grauenstein 44-5b
Zum Hasenforst 41-3d
Zum Hohen Stein 42-1c
Zum Kissel 42-5b
Zum Köppel 43-5b
Zum Steinbühl 42-6a
Zum Steinernen Kreuz (8) 43-5b
Zum Vogelsang 43-5c
Zum Wasen 42-1c
Zum Wingert 43-5d
Zur Quelle 41-6d

Weiler bei Bingen
PLZ 55413

Alte Römerstraße 268-4c
Altmauerweg 267-6b
Am Geisert 268-4a
Am Heerberg 268-4a

Weilmünster
PLZ 35789

Weilrod
PLZ 61276

Weinbach
PLZ 35796

Mauerstraße 61-2a
Mittelstraße 42-12b
Mozartstraße 43-9d
Mühlwiese 43-8c

Obergasse 61-7b
Oberstraße 61-8b

Pfarrstraße 61-7b
Pfortengasse 61-2a

Riemenstädter Weg 43-8c
Ringstraße 42-12d

Schulstraße 61-2a
Sonnenweg 42-12d
Steinbruchweg 61-5c
Sudetenstraße 61-8a

Taunusstraße 42-12d

Untere Mühle 43-11c
Unterstraße 61-8b

Waldstraße 42-12b
Wegscheide 43-9d
Weidgraben 61-7b
Weiherstraße 61-2a
Weilburger Straße 43-11c
Weilstraße 43-8c
Weinbacher Straße 43-11a
Welschbach 61-8b
Westerwaldstraße (1) 42-12b
Wingertstraße 42-12b

Zäunweg 61-2a
Zipsmühle 42-12c
Zu den Birken 42-12b
Zu den Tannen 61-8b
Zum Berg 61-4d
Zum Birkenköpfchen (3) 60-6b
Zum Grund 61-8b
Zum Lindig 61-8a
Zur hohen Straße 60-3d

Weinolsheim
PLZ 55278

Alte Mainzer Straße 352-3b
Am Zuckerberg 352-3d
An der Wormser Straße (5) 352-3d

Brochonstraße 352-3d
Brühlpforte 352-3d

Dalheimer Straße 352-3b

Eimsheimer Weg 352-3d
Eselspfad 352-1b

Frankenstraße 352-3b
Friesenheimer Straße 352-3b

Gaustraße 352-3d

Hellborner Weg 352-3d

Kirchgasse (4) 352-3d

Lettengasse 352-3d

Mainzer Weg 352-3b
Mühlweg 352-3b

Obergasse 352-3d
Ostergasse (3) 352-3d

Raiffeisenstraße (1) 352-3b

Sackgasse (2) 352-3d

Uelversheimer Straße 352-3d

Weißmühle 352-1b

Weinsheim
PLZ 55595

Akazienweg 318-7d
Am Fossgraben 318-8a
Am Hasselbach 318-8b
Am Palmenstein 318-8c
Am Römerberg 318-8a
Am Rotenberg (6) 318-7d
Auf dem Hörnchen 318-7b

Backesgasse (2) 318-7d
Bahnhofstraße 318-8a
Bergstraße 318-7d

Ellerbachstraße 318-7b

Fritz-Bohr-Straße 318-8a
Fronenberg 318-7d

Gruschelheck 318-7b

Hüffelsheimer Straße 318-8c
Hundsgasse 318-7d

Im Winkel 318-8a
In der Kripp (7) 318-8a
In der Lay 318-7b

Jakobsberg (5) 318-7d

Kaffeegasse (1) 318-8c
Kapuskirch 318-8b
Kirchblick (4) 318-8c
Kirchgasse 318-7d
Kleinbahnstraße 318-7b
Kreuznacher Straße 318-8c

Mühle Ackva 318-7c

Raiffeisenstraße 318-8a

Saarbrücker Straße 318-7d
Schießgraben (3) 318-8c
Schollănderhof 318-10d + 344-1b
Schollănder Weg 318-7d
Schulstraße 318-8c
Sponheimer Straße 318-7b

Weidengarten 318-7d
Weinbergsblick 318-7d

Zum Rosengarten 318-8a

Weisel
PLZ 56348

Achter Weg 188-6b
Altpforter Straße 189-4a
Am Kräfter Weg 189-1c
Am Sportplatz 188-3d
Am Weiher 189-1c

Birkenweg 189-1c
Bischofsweg 189-1c
Blücherstraße 188-6b
Bornicher Straße 188-3d
Brückenstraße 188-6b
Brühlhof 188-3d
Buchenau 189-2a

Ellenbogenstraße (1) 189-1c

Frankreicher Straße (3) 189-1c
Freiherr-vom-Stein-Straße 188-6b

Gartenfeldstraße 189-1c
Glück-Auf-Straße 189-1c

Hintergasse (2) 188-3d
Honiggasse 189-1c

Jagdhaus 189-2c
Jahnstraße 188-3d

Kirchgasse 188-3d
Klappergasse 188-3d
Kreuzhöherhof 189-2c

Lindenweg 189-1c
Loreley-Burgen-Straße 188-6d
Loreleystraße 188-6b

Magdalenenhof 188-6a

Neubaugebiet „Am Birkenweg" 188-3d
Neubaugebiet „Achter Weg" 188-6b
Neupforter Straße 189-1c
Neustraße 189-1c

Rheinstraße 188-3d

Schulstraße 188-6b

Taunusstraße 188-6b

Weiterstadt
PLZ 64331

Adalbert-Stifter-Straße 306-8a
Ahornweg 306-8b
Albert-Schweitzer-Straße 306-8a
Albrecht-Dürer-Straße 280-10c
Alicenweg (10) 306-4b
Altschlagschneise 280-8b
Am Alten Wasserwerk (4) 280-10d
Am Arheilger Weg 306-1c
Am Aulenberg 306-4c
Am Blindgraben 306-8b
Am Bruch 306-4b
Am Dornbusch 306-9c
Am Flachsgraben 306-1b
Am Flurgraben 306-4a
Am Hegwald 306-4b
Am Helgengraben 305-3d
Am Kirchpfad 306-4a
Am Kirchweg 306-1b
Am Krötenberg 306-5d
Am Mühlbach (3) 280-12c
Am Ohlenbach 306-2b
Am Pilgergraben 305-6b
Am Rotböll 280-12d
Amselweg 306-12a
Am Sportplatz 306-3a
Am Steg 280-10d
Am Stein 305-6b
Am Vogelgraben (5) 306-2b
An der Obermühle (2) 280-12c
Annastraße 306-5d
Anne-Frank-Straße (8) 306-4b
Arheilger Straße 306-5c
Arheilger Weg 306-5d
Arheilger Weg (Braunshardt) 306-1d
Arheilger Weg (Gräfenhausen) 306-2b
Astrid-Lindgren-Straße (9) 306-4b
Auf dem Hinterstein 305-3d
Außenring 305-6b
Aussiedlerhof Hamm 280-8c
Aussiedlerhof Hoyer 280-8c
Aussiedlerhof Nungesser 280-12d
Aussiedlerhof Schnitzspan 280-7c

Bachgrund 280-11d
Bachstraße 280-10d
Bahnhofstraße 306-4b
Baumgartenstraße 306-5c
Beethovenstraße (11) 306-7b
Bellenweg 306-6c
Benzenwieseschneise 306-6b
Bergschneise 307-4a
Berliner Allee 306-1c
Berliner Straße 306-8a
Bettina-Von-Arnim-Straße 306-4b
Beuneweg 280-11d
Birkenhof 306-7a
Birkenweg 306-12a
Blindgrabenschneise 305-9b
Bolandweg (4) 280-12c
Bordwandweg 306-5d
Bornweg 280-6c
Brachackerschneise 305-9b
Brandschneise 306-10a
Braunshardter Hausschneise 306-7c
Braunshardter Weg 306-4c
Brückenstraße 280-10d
Brühl 280-11c
Brühlstraße 280-11d
Brunnenschneise 306-10a
Brunnenweg 306-8b
Buchenweg (20) 306-5d
Büttelborner Weg 306-4c

Carl-Ulrich-Straße 306-4d
Carl-Zeiss-Straße 306-8b
Clara-Schumann-Straße (11) 306-4b

Dammstraße 280-12c
Danziger Straße 306-4b
Darmstädter Landstraße 280-11d
Darmstädter Straße 306-5c
Dicke Baumschneise 307-7a
Dornhecke 306-4b
Dresdener Straße 306-1c
Drosselweg (3) 306-4d

Egerländer Straße 280-10d
Eibenweg 306-5d
Eichenweg 306-5d
Einsteinstraße 306-5c
Eisenacher Straße (1) 306-1c
Elizabethenweg (12) 306-4b
Erholungsgebiet Steinrodsee 280-8d
Erlenweg 306-8b
Ernst-Ludwig-Straße 306-4a
Erzhäuser Weg 280-12a
Eschenweg 306-5d

Falkenweg (1) 306-4d
Falltorschneise 306-10a
Falltorstraße 280-11d
Fasanenweg (2) 306-4d
Feldbergstraße 305-3d
Feldschneise (Gräfenhausen) 280-9a
Feldschneise (Riedbahn) 306-11d
Feldstraße 306-12a
Felsingstraße 305-3d
Fichtenweg 306-8b
Finkenweg 306-12a
Fleischmühle 280-11c
Forstmeisterschneise 306-6d
Forststraße 306-4a
Frankensteiner Schneise 306-6d
Frankensteiner Straße (15) 306-7b
Frankfurter Straße 280-11b
Franz-Seliger-Straße 306-8a
Freda-Wuesthoff-Straße 306-4b
Freiherr-vom-Stein-Straße 306-5c
Friedhofsweg 306-5c
Friedrich-Ebert-Straße 306-4d
Friedrich-Ludwig-Jahn-Straße 305-6b
Friedrich-Schäfer-Straße 306-9c

Gagernstraße (17) 306-5c
Gartenstraße 306-2b
Gehaborner Hof 306-10b
Gehaborner Straße 306-5c
Gehaborner Weg 306-11a
Geleitstraße 305-6a
Gemeine Seibertshecke 280-8d
Georg-Büchner-Straße 306-5d
Georgenstraße 305-6b
Georg-Storm-Straße 306-4d
Gerhart-Hauptmann-Straße 306-8a
Gewerbegebiet Rotböll 280-12d
Gewerbegebiet „Weiterstadt-West" 306-8b
Ginsterweg (21) 306-8b
Goethestraße 306-5c
Grabenstraße 306-1b
Gräfenhäuser Straße 280-10d
Gräfenhäuser Weg (Braunshardt) 305-3d
Gräfenhäuser Weg (Weiterstadt) 306-5c
Grafenstraße 306-4d
Griesheimer Straße 306-4d
Griesheimer Weg 306-10a
Groß-Gerauer-Straße 306-7b
Grüner Weg 306-12b
Grundweg 306-4a
Gutenbergstraße 306-9c

Händelstraße 306-4d
Hahlgartenstraße 306-4d
Hainweg 306-4a
Hannemannsgarten 280-7d
Hans-Böckler-Straße (16) 306-8a
Hardtweg 280-9c
Hasenschneise 306-10a
Hauptstraße 280-11d
Haydnstraße 306-4d
Heinrich-Heine-Straße 306-1b
Heinrich-Rühl-Straße 306-5c
Heinrichstraße 306-5c
Helenenhof 281-10c
Herdenweg 306-4b
Herrngartenweg 306-1c
Hinterweg 306-4b
Hirschschneise 306-10a
Hochtanner Brücke 306-8d
Hochtanner Weg 306-8a
Hölderlinstraße 306-1b
Hof Waldeck 306-7c

Im Bremee 306-4a
Im Geißler 306-7b
Im Großen Garten 306-1c
Im Laukesgarten 306-5d
Im Leimen 280-10d
Im Nordend 280-12c
Im Oberstein (1) 280-10d
Im Pettches Garten 305-3d
Im Rödling 306-8b
Im Seepfad 306-1c
Im Stiegelsgarten 306-4b
Im Viehweidgarten 306-5a
Im Wasen 306-2b
Im Wasserlauf 306-7c
Im Weißen Tal (10) 306-4d
Im Wieschen 306-1c
Im Wiesengrund 306-5a
Im Wingertsberg 306-4d
Im Winkel 306-4d
In der Hohen Tanne (3) 306-12a
In der Krümme 306-9b
In der Wolfskaute 280-10d
Industriegebiet Weiterstadt-Nord 306-9a
Industriegebiet Weiterstadt-Süd 306-9c
Industriestraße 306-9a
Irenenhof 306-7b

Käthe-Kollwotz-Straße 306-4b
Karolinenweg 306-4b
Kastanienweg 306-8b
Kiefernweg 306-8b
Kirchstraße (5) 306-4d
Kleines Feld (2) 280-10d
Klein-Gerauer-Weg 306-4c
Königsberger Weg (3) 306-1c
Kreisstraße 306-4b
Kreuzstraße 306-5c
Kurzer Weg (3) 280-10d

Lärchenweg 306-5d
Lagerstraße 306-9b
Lahnstraße 280-11d
Lange Schneise 280-7b
Laubenweg (6) 306-2b
Lauxbergstraße 306-4a
Leipziger Straße 306-4a
Lessingstraße 306-1b
Liebfrauenstraße 306-5c
Liebigstraße 306-5c
Lindenstraße 305-6b
Ludwigstraße 306-4a
Luise-Büchner-Straße 306-4b
Luisenstraße 305-6b
Lu-Röder-Straße (7) 305-3d

Magdeburger Straße (2) 306-1c
Mainstraße 305-6b
Mainzer Straße 306-7b
Margaretenhof 306-5a
Marie-Luise-Kaschnitz-Straße 306-4b
Marienhof 306-1d
Max-Planck-Straße 306-8a
Meisenweg (4) 306-4d
Melibokusstraße (14) 306-7b
Merckstraße 306-5c
Mittelschneise 280-5c
Mittelstraße 280-11d
Möllerwiesenbergschneise 280-4d
Mörfelder Straße 280-10d
Moselstraße 280-11c
Mozartstraße (13) 306-7b
Mühlbachstraße 280-10d
Mühlstraße 280-12c
Münchweg 306-3b

Nahestraße 280-11d
Neckarstraße 306-2b
Neustraße 306-1b
Niddastraße 306-2b
Niebergallstraße 306-1b
Niedergartenweg 306-2b
Niederwiesenstraße 280-11d

Oberdörfer Stadtweg 280-12c
Oberendweg 306-4a
Oberwiesenweg 280-12c
Obsthof 280-10c
Odenwaldstraße 306-8a
Orfelder Rod 306-7b
Ostendstraße 306-3a
Otto-Wels-Straße 306-5c

Pappelhof 306-4b
Pappelweg 280-10d
Parkstraße 305-3d
Pfarrgasse 280-11d
Platanenweg 306-5d
Postgasse (6) 306-4d
Postplatz 280-11d
Potsdamer Straße 306-1c
Prenzlauer Weg (4) 306-1d
Prinzgartenschneise 306-6d

Raiffeisenstraße 306-5c
Randweg 306-5d
Rappmühlstraße 305-3d
Rebstockhof 280-8c
Rheinstraße 306-8a
Riedbahnstraße 306-9c
Riedstraße 306-12a
Ringstraße 306-1b
Robert-Bosch-Straße 306-9a
Robert-Koch-Straße 306-9a
Rosenweg (7) 306-2b
Rudelschneise 307-4c
Rudolf-Diesel-Straße 306-8b
Rundseeschneise 280-8b

Sackgasse 280-11d
Salzlackschneise 306-10b
Sandbergweg 280-11b
Sandstraße 306-9c
Schillerstraße 306-5c
Schleifweg 306-4b
Schlimme-Graben-Schneise 305-6d
Schloßgartenstraße 306-1c
Schloßgasse 280-11d
Schneppenhäuser Straße 280-11c
Schöne Baumschneise 306-9b
Schottengasse 280-11d
Schubertstraße (12) 306-7b
Schützenstraße 280-10d
Schulstraße 306-1b
Sensfelder Hof 280-12b
Siedlung Ostende 306-5b
Sonnenhof 306-5a
Sophie-Scholl-Straße (7) 306-4b
Spessartstraße 306-5c
Spitalwiese 306-4c
Steinbrücker Hof 306-8a
Steinkreuzring 306-2b
Steinstraße 280-11d
Stockschneise 306-6b
Sudetenstraße 306-5c
Südring 306-4d

Tagwiese 306-3a
Tannenhof 306-7b
Tannenweg 306-4a
Taunusstraße 306-3a
Thomas-Mann-Straße (18) 306-8a
Triftweg 280-11b
Turmstraße 280-11d

Ulmenweg 306-5d

Viehweg 306-1d
Vierăckerweg 306-6b
Vier Morgen 305-6b
Vogelsbergring 306-2b
Vor den Löserbecken 305-9d + 306-7a
Vor der Grube 306-4d
Vorm Heiligen Kreuz (7) 306-4d
Vorm Niederend (8) 306-4d
Vorm Salzeck (9) 306-4d

Wächterseeschneise 280-5c
Waldstraße 306-9c
Weidenweg (19) 306-5d
Weidigweg (8) 305-3d
Weihergasse 280-11d
Weiherweg 306-4a
Weimarer Straße (5) 306-4a
Weingartenstraße 305-3d
Weiterstädter Straße 306-6b
Weiterstädter Weg 306-2b
Westendstraße 280-10d
Westring 280-11d + 306-2b
Wiesenhof 306-5a
Wiesenstraße 306-12a
Wilhelm-Leuschner-Platz 306-4d
Wingertstraße 280-12c
Wixhäuser Straße 280-11d
Wolfsgartenallee 281-10c

Zeppelinstraße 306-9a
Zum Storkebrünnchen 306-6b

Welgesheim
PLZ 55576

Am Kirchenpfad (5) 295-12a

Bacchusstraße 295-12a
Backhausgasse (8) 295-12a
Bahnhofstraße 295-11b
Barkheimer Weg (4) 295-12a
Bergstraße 295-12a

Ebrichgasse (1) 295-11b

Gaugasse 295-12a

Heerstraße 295-11b

Kirchstraße 295-11b
Kreuzstraße 295-12a

Leimengasse 295-12a

Mühlgasse 295-11b

Obergasse 295-11b

Sackgasse (3) 295-12a
Schlimmsweide (6) 295-11b
Schulstraße 295-12a
Silvanerstraße 295-12a

Volkhardweg (7) 295-11b
Vorderberger Weg 295-12a

Webergasse (2) 295-12a
Weedeplatz (9) 295-12a

Zotzenheimer Weg 295-12a

Welterod
PLZ 56357

Am Turnplatz 164-11d

Espenschieder Weg (1) 164-11d

Gartenstraße 164-11c

Hof Waldeck 190-3d

Im Wiesgarten 164-11c
In der Gewann 164-11c

Lipporner Straße 164-11c

Mühlbachstraße 164-11d

Rathausstraße 164-11c
Rheingaustraße 164-11d
Rödeler Weg 190-2b

Wiesenhof 164-11d

Wendelsheim
PLZ 55234

Wonsheimer Straße 348-10c

Westerngrund
PLZ 63825

Am Eichenberg 213-5c
Am Grohenstein 213-2a
Am Kirbig 213-2d
Am Knus 213-5d
Am Kreuz 213-8b
An der Grundmühle (2) 213-5a
Aussiedlerhof Ries 213-4b

Bayernstraße 213-2c
Bergstraße 213-8b
Birkenhainer Straße 213-2d
Birkenhof 213-5a
Borngasse 213-8b
Bornweg 213-5b
Brückenstraße 213-8b
Brunnenstraße 213-2b

Dörnsenbachstraße 213-5a
Dorfstraße 213-8b
Drehersberg 213-2c

Ellern 213-2c

Flurstraße 213-2c
Forsthausstraße 213-2d
Frankenstraße 213-5d

Gartenstraße 213-8b
Geisbergstraße 213-5b
Grohellern (1) 213-2d
Grundmühle 213-5a

Hauptstraße 213-5b
Hirtenweg 213-5b
Höfestraße 213-8b
Hofstädtener Straße 213-5a
Hombachstraße 213-2c
Huckelheimer Straße 213-2d
Hufeisenstraße 213-2a

Kahler Straße 213-5d
Kapellenstraße 213-2d
Kastanienring 213-8b
Kastanienstraße 213-8b
Kleine Wiese 213-2b
Klotzenmühle 213-8d
Kreuzziegelhütte 213-6d

Lindenhof 213-8a
Lindenstraße 213-5c

Marienstraße 213-8b
Mühlstraße 213-2b

Polsterhof 213-5c
Polsterhofstraße 213-5c

Querstraße 213-5b

Raiffeisenstraße 213-2a
Rennstraße 213-5c
Ringstraße 213-5b
Ruhbornstraße 213-2d

Schnapsranch 213-1d
Schulstraße 213-5d
Schulzengrundstraße 213-5b
Sonnenhof 213-4b
Spessartstraße 213-5d
Sportplatzstraße 213-5b
Steinweg 213-5d

Waldstraße 213-5d

Ziegelhütte 213-2d

Wiesbaden

65195 Aarstraße 196-10a (37-A6)
65193 Abeggstraße 196-11b
65189 Abraham-Lincoln-Park 222-6b
65189 Abraham-Lincoln-Straße 222-3d
65201 Abtsweinberg 221-8a
65193 Adalbert-Stifter-Straße 196-9c
65185 Adelheidstraße 222-1b (37-C5)
65183/65193 Adlerstraße 196-11c (37-A4)
55252 Admiral-Scheer-Straße 249-4d (36-A1)
65199 Adolfinenstraße (8) 221-3c
65185 Adolfsallee 222-2c (37-C3)
65193 Adolfsberg 196-11b
65207 Adolf-Schneider-Straße 197-4a
65203 Adolfsgäßchen 222-11c
65185 Adolfstraße 222-2a (37-C3)
65203 Adolf-Todt-Straße 222-11a
– Adolf-Weygandt-Hütte 196-4a

65203 Wilhelm-Kalle-Straße 222-11b
65207 Wilhelm-Kempf-Haus 171-11b
65203 Wilhelm-Kopp-Straße 222-11a
65199 Wilhelm-Leuschner-Straße 221-3a
65207 Wilhelm-Schliffer-Straße 171-11d
65185/65183 Wilhelmstraße 196-11d (37-A3)
55246 Wilhelmstraße (Kostheim) 249-8b
65207 Wilhelms-Treppchen (1) 197-5c
65203 Wilhelm-Tropp-Straße 222-11a
65197 Willi-Graf-Forum 195-12a
65199 Willi-Juppe-Straße 221-3c
65199 Willi-Werner-Straße 221-3c
65197 Willy-Borngässer-Straße (3) 195-12d
65197 Willy-Brandt-Allee 222-1c (37-D6)
65203 Wingertstraße 222-8c
65197 Winkeler Straße (37-C6)
65187 Wintermeyerstraße (2) 222-5b
55246 Winterstraße 249-8b
65207 Winzerstraße 198-11d
65201 Wisperweg 221-8d
65189 Wittelsbacherstraße 222-3c (37-D2)
65191 Wittenberger Straße 197-10b
65193 Wittgenweg 196-8d
65187 Wörther-See-Straße 222-4c
65185 Wörthstraße 222-2a (37-B4)
65193 Wolkenbruch 196-7d
65191 Württembergstraße 196-9d
65205 Würzburger Straße 224-8d
65201 Wupperstraße 221-8d

65195 Yorckstraße (37-B6)

65203 Zaberner Straße 222-7c
65189 Zähringerstraße 222-3c (37-D2)
65205 Zaunkönigweg (2) 224-4a
65201 Zehntenhofstraße 221-8d
55252 Zehnthofstraße 249-4d (36-A2)
65201 Zeilstraße 221-9c
65205 Zeisigweg 224-4a
55246 Zelterstraße 249-5a
65199 Ziegelhüttenstraße (4) 221-2d
65191 Zieglerstraße 197-10c
65195 Zietenring 196-10d (37-A6)
65185 Zimmermannstraße 222-2a (37-B5)
65199 Zugspitzstraße 195-12c
65205 Zum Friedhof 223-8d
65201 Zum Goethestein 221-4a
65205 Zum Golzenberg 223-3d
65201 Zum Grauen Stein 220-3d
65201 Zum Nürnberger Hof 221-4b
55246 Zur Weißerd 249-6c
65189 Zweibörnstraße 222-6b
65191 Zweigstraße 196-9d
65191 Zwergweg 223-1b
65205 Zwickauer Straße 224-4a
65199 Zwinglistraße 221-6b

Windesheim
PLZ 55452

An der Trift 292-6b
Auf dem Horn 293-4a

Bachgasse 293-4b
Bahnhofstraße 293-1c
Bergstraße 293-4c
Bruchgasse (2) 293-4b
Bürgermeister-Dielhenn-Straße (3) 293-4b
Burgunderweg 293-4d

Dornfelderweg (5) 293-4d

Ecker Schloß 292-6b

Feingasse (1) 293-4a
Frühlingswiese 292-3d

Gartenstraße 293-4a
Goldgrube 293-4b
Graußengarten 293-4a
Guldenbachstraße 293-4b

Hauptstraße 293-4b
Hinter der Kirche 293-4a

Im Elzerich 293-4a
Im Rosengarten 293-4a
Im Setzling 293-4b
Im Taubentrank 293-4a
In der Au 292-3d

Kirchgasse 293-4a
Kreuznacher Straße 293-4c

Lindenstraße 293-4a

Mönchwiese (6) 293-4a
Mühlenstraße 293-4a

Rathausplatz (4) 293-4b
Riemenschneiderstraße 293-4a
Rieslingweg 293-4d
Ringstraße 293-4b
Römerbergblick 293-4b

Schöne Aussicht 293-4a
Schulstraße 293-4a
Sylvanerweg 293-4d

Talstraße 293-4b

Waldhilbersheimer Straße 293-4b
Waldstraße 293-1c

Zum Schützenhaus 293-4b

Wintersheim
PLZ 67587

Am Hillesheimer Weg 353-10c

Eimsheimer Straße 353-10a

Fischerweg 353-11c
Frauenbrunnengasse 353-10a

Grabengasse 353-10c
Guntersblumer Weg 353-10b

Hauptstraße 353-10c

Kirchstraße 353-10c

Mainzer Straße 353-10b

Neugasse 353-10a

Schloßgrabenweg 353-10c
Schulgasse 353-10a
Seilenbachgasse (1) 353-10c

Wahlheimer Weg 353-11a
Weingartenstraße (2) 353-10a

Wölfersheim
PLZ 61200

Am Altenheim 70-11a
Am Bahnhof (4) 88-4b
Am Berg (1) 70-5a
Am Bornberg (5) 70-10b
Am Christhäuschen 70-11a
Am Gänsberg 70-10d
Am Greiling 70-10c
Am Haag 88-4a
Am Heiligenstock 70-11a
Am Pfarrgarten (17) 70-10c
Am Platz 71-7a
Am Sauerborn 71-8b
Am Schanzengraben 71-4b
Am Sportfeld 71-4b
Am Taubenloch 70-10c
Am Teich 71-4a
Am tiefen Graben (12) 70-10d
Am Zimmerplatz (2) 70-10b
An den Kappesgärten (6) 70-5b
An der Kirche 70-10c
Auf dem Hels 70-6d
Auf der Kaulbahn 70-6d
Auf der Keller 70-10a

Bäckergasse (1) 71-4a
Bahnhofstraße 70-10d
Beienheimer Straße 88-4a
Benzstraße 70-6d
Berggartenweg 70-5a
Bergheimer-Straße 70-5b
Bergstraße 70-10a
Berliner Straße 70-11a
Berstädter Straße 70-5b
Beundestraße 71-4c
Beuneweg 88-1b
Biedrichstraße 88-1b
Birkenhof 70-5d
Birkenstraße 70-5b
Bismarckstraße 71-4a
Blumenstraße 88-4b
Brauhofgasse (11) 70-10d
Brauhofplatz (10) 70-10d
Breslauer Straße 70-11c
Brückenäcker Straße 88-1a
Brückenstraße 71-4c
Brunnengasse (3) 70-5a
Buchenweg 70-10c
Büchner Weg (24) 88-1a
Büllersweg 88-4a
Burggasse (4) 71-4d
Burgstraße 70-10c
Butzbacher Straße 71-4a

Caspar-Bender-Weg 88-1a

Das Gäßchen (2) 88-1d
Der Viehtrieb 70-10c
Dichterweg (7) 70-5b
Dorheimer Straße 88-1a

Echzeller Weg 70-5b
Eckgasse 70-5b
Eichendorffstraße 70-5b
Erbsengasse 88-1d
Erlenweg 71-4a
Europastrasse 88-1b

Feldbergstraße 70-10c
Frankfurter Straße 70-10b
Friedberger Straße 88-4a
Friedensstraße 70-11a
Friedhofsweg 71-4b
Füllgesgärten (21) 88-1a
Füllgesweg 70-10c

Gartenstraße 88-4b
Geisenheimer Straße 70-11b
Georgenstraße 70-10c
Gewerbegebiet „An der Riedberger Chaussee“ 70-6d
Gewerbepark Seestraße Ost 70-10d
Gießener Straße 70-11a
Goethestraße 70-5b
Goldsteinstraße (19) 70-10c
Greilingsbaum 87-3b
Grenzweg 70-10d
Große Gasse 88-4b
Grubenstraße 70-11c
Grünberger Weg 88-1d

Haagstraße 70-11a
Haingraben 88-1d
Hainweg 70-10b
Hanauer Straße 70-10b
Hangweg 88-1c
Hauptstraße 70-10d
Hefragstraße 70-11c
Hellgärtenstraße 88-4a
Herrngasse (2) 71-4b
Hessenring 70-8c
Heyenheimer Weg 70-10d
Hintergasse 70-5b
Höhenweg 70-10c
Hohe Straße (Melbach) 88-4d
Hohe Straße (Römerstraße) 69-9b
Holdergärtenweg (5) 71-4b
Hollergasse (7) 70-10b
Hungener Straße 88-1d
Hungener Weg 88-1d

Im Dorheimer Grund 88-7a
Im Grund 70-11a
Im kleinen Feld (22) 88-1a
Im Leituch 70-11c
Im Mörsfeld 88-2d
Im Wiesengrund 70-5b
In den Kammerwiesen (5) 70-5b
In der Blitz (8) 70-5b
Industriestraße 70-6d
Isselsmorgen (25) 88-1a

Jahnstraße (4) 70-5b

Kammergartenstraße 70-5b
Kantstraße 70-5b
Kellergasse 71-4a
Kirchgasse 70-10b
Kirchplatz 70-10c
Kisslerweg 70-10d
Kölner Straße 70-10b
Kölner Weg (1) 70-10b
Königsberger Straße (14) 70-11c
Kohlhäuser Straße 71-4a
Kuhweg 70-5a

Landbotenweg 88-1a
Leipziger Straße (13) 70-11c
Lessingstraße 70-5b
Licher Straße 71-4a
Lindenstraße 70-5b
Ludwigstraße 71-4b

Mainzer Straße 70-10b
Malstätter Straße 88-4b
Markwaldweg (8) 71-4b
Melbacher Straße 88-1a
Merowingerweg (7) 71-4b
Mittelweg (18) 70-10c
Mittelwiesenweg 70-10c
Mozartstraße 70-5b
Münzenberger Straße 70-5a

Nauheimer Straße 88-1a
Neuer Platz 70-10b
Neue Straße 70-10d
Niddaer Straße 71-4b
Nordendstraße 70-10b

Obbornhofener Straße 70-2c
Obergasse 70-5a
Oberpforte 71-4a
Oppershofener Straße 69-12d
Ottostraße 70-6d

Pfortenäckerweg 70-5a
Poststraße 70-10b

Querstraße 70-10d

Raiffeisenring 70-10c
Rathausgasse (6) 70-10b
Rebenstück (15) 70-10d
Reiterweg 70-11b
Rhönstraße 70-8c
Rödgener Straße 88-1a
Römerstraße 69-12b

Sackgasse (2) 70-5a
Sandgasse 70-10d
Schilfweg 71-4a
Schillerstraße 70-5b
Schlittengasse (3) 71-4b
Schnurgasse (3) 88-4b
Schottener Straße (6) 71-4b
Schützenstraße 70-10d
Schulstraße 70-10b
Schwalheimer Straße 88-1a
Seestraße 70-10d + 88-1b
Södeler Straße 70-10c
Södeler Weg 70-10d
Sonnenstraße 88-4a
Steinäcker Weg 70-7c
Steinfurther Weg 88-1d
Steingasse 70-10b
Sternstraße 88-4b
Sudetenring 70-11c
Sudetenstraße 70-10d

Taunusstraße 70-10d
Trafostraße 70-11c

Untergasse 71-4a

Waldfriedhof „Sodeler Wald“ 69-12a
Waldstraße 70-10b
Waschgasse 71-4c
Wassergasse 70-10a
Weidenhof (9) 70-10d
Weidig Weg (23) 88-1a
Weinbergstraße 70-10d
Weingartenstraße 70-10c
Wellerweg 70-4b
Wetzlarer Straße 70-11a
Wiesenstraße 70-10d + 88-1b
Windmühlenstraße 70-10b
Windmühlenweg (3) 70-10b
Wingertstraße 70-10a
Wingertweg (4) 70-10b
Wintersteinstraße (20) 70-10c
Wohnbacher Straße 70-10b

Zu den Grasgärten (8) 70-10b
Zum Bahndamm 70-10d
Zum Dorfgemeinschaftshaus (1) 88-1d
Zum Friedhof 70-10d
Zum Herrengarten (16) 70-10c
Zum Mandelstück 88-4b
Zur Beunde 71-4c

Wöllstadt
PLZ 61206

Albert-Schweitzer-Straße (9) 129-5b
Am Atzelberg 129-2a
Am Kalkofen 129-2c
Am Römerhof 105-10b
Am Rosbach 105-10b
Am Schützenrain 105-10b
Am Weinbach (13) 129-5a
Auf der Kaut 129-2a
Auweg 129-2d

Bahnhofstraße 129-2c
Birkenweg 105-10d
Bruchenbrücker Weg 129-2d
Brunnengräberstraße 105-10a
Burggraben 129-5b
Burgunderweg 129-2a
Burgweg 129-5b

Der Ockstädter Weg 105-10a
Donaustraße 129-2a
Dornfelderweg 129-2a

Eisenbahnstraße 129-2c
Elbestraße 129-2a
Emsstraße 129-2b
Erlenweg 105-10d

Feldbergstraße 105-10d
Frankfurter Straße 129-5a
Friedberger Straße 129-2a
Friedhofsweg (3) 129-2b
Friedrich-Ebert-Straße 129-2b
Fülmsweg 129-2d

Gartenstraße 105-10b
Gartenweg 129-2d
Gewerbegebiet „Am Kalkofen“ 129-2c
Gießener Straße 105-10b
Goethestraße (5) 129-2d
Gondolfstraße 105-10b
Große Braugasse 129-2d
Große Burggasse 129-2d

Haingasse 129-2d
Haingraben 129-2d
Hainweg 105-10b
Hanauer Straße 105-10b
Heerstraße 128-3d
Hinter der Au 129-2d
Hof 129-4b
Homburger Straße 105-10a

Ilbenstädter Straße 129-2d
Illingweg 129-2b
Im Blumengarten (1) 105-10b
Im Bürgel 129-5a
Im Holzhain 105-10b
Im Lindenfeld (12) 129-2c
In den Weingärten 129-2a

Kapellenweg 105-10b
Karl-Götz-Straße 105-10b
Kernerweg 129-2b
Kirchgasse (2) 105-10b
Klappergasse 129-2d
Kleine Braugasse 129-2d
Kleine Burggasse 129-2d
Kudlich Siedlung 129-5a

Lahnstraße 129-2b
Lerchenhof 104-12d
Lerchenweg 105-10b
Limesweg 105-10b
Lindenhof 129-5a
Lindenstraße 129-2c
Lindenweg 129-2c

Mainstraße 129-2b
Marienstraße 105-10b
Martin-Luther-Straße (4) 129-2d
Mauergartenweg 129-2d
Mittelgasse 105-10b
Moselstraße 129-2b
Mühlweg 105-10d

Neckarstraße 129-2b
Neuer Trieb 129-2c
Neuer Weg 105-10b
Neuherberge 129-4b
Niddastraße 129-2b

Obergasse 105-10b
Oderstraße 129-2b

Paul-Hallmann-Straße 129-2d

Querstraße (6) 129-2d

Raiffeisenstraße (8) 129-5b
Rheinstraße 129-2a
Riedhohlweg (4) 105-10d
Rieslingweg 129-2a
Ringstraße 129-2c
Rodheimer Straße 129-4c
Rosbacher Straße 129-2c
Rosbacher Weg 105-10a
Rosenstraße 105-10d

Saarstraße 129-2b
Sauernweg 129-2d
Schillerstraße 129-2b
Schlagmühle 129-4b
Schleusenweg 129-2d
Schmalwiesenweg 129-2d
Schöne Aussicht 105-10b
Schulstraße (11) 129-2c
Schwalbenhof 104-12d
Silvanerweg 129-2a
Steingartenweg (3) 105-10b
Sudetenstraße 105-10d

Tannenweg 105-10d
Taunusring 105-10c
Taunusstraße 129-2a
Triftweg 129-5a

Unterggasse 105-10b
Usastraße 129-2b

Waldhof 129-5c
Waldweg (14) 129-5a
Wartweg 129-1d
Wechselweg 129-2d
Weserstraße 129-2b
Wetterstraße 129-2b
Wiesengasse (7) 129-2d
Wiesenweg 105-10b
Wilhelm-Bechtold-Straße 129-5a
Wingertstraße 129-2b
Wolfspfad (10) 129-5a

Wöllstein
PLZ 55597

Alemannenstraße 347-3c
Alzeyer Straße 347-2d
Am Hinkelstein 347-3a
Am Ölberg 347-2c
Anton-Brüll-Weg 347-2d
Armsheimer Straße (5) 347-3c
Auf der Kissel 347-5b
Auf der Klause 347-2d

Bacchusweg 347-2d
Bachgasse 347-2d
Bahnhofstraße 347-2d
Barsac-Allee 347-2d
Berliner Straße 347-3a
Brückenstraße 347-2b
Brühlstraße 347-2b
Burgunderweg 347-5b

Dekan-Horst-Straße (2) 347-2d

Eckelsheimer Straße 347-2d
Eleonorenstraße 347-2c
Ernst-Ludwig-Straße 347-2d

Ferdinand-Haas-Straße 347-2d
Flonheimer Straße 347-3c
Frankenstraße 347-3c
Freiherr-von-Langsdorff-Straße 347-2d

Gau-Bickelheimer-Straße 347-2c
Gerberstraße 347-2b
Gewerbegebiet Ost 322-10a
Gotenstraße 347-3c
Great-Barford-Straße 347-2d
Gumbsheimer Straße 347-2d

Haus Ellerbach 347-4a
Hochstraße 347-2d
Höllerstraße 347-2b

Im Brühl 347-2b
In der Krummgewann 321-12d
In der Rohrgewann 322-10c
Industriestraße 347-3c
Inselstraße 347-2b

Jakob-Werle-Straße 347-2d

Katzensteiger Mühle 347-4b
Keltenstraße 347-3c
Kiefernhof 347-2c
Kirchstraße 347-2d
Klausengarten 347-2c
Klosterweg 347-2c
Kreuznacher Straße 347-2b
Kreuzstraße 347-2d

Maria-Hilf-Straße 347-2d
Marktstraße 347-2b
Mittelmühle 347-5a
Moosgartenstraße 347-2d
Mühlenstraße 347-2c
Müller-Thurgau-Weg 347-6a

Neubaugebiet Flonheimer Weg II 347-3c

Oberschanze 347-2c
Ölmühle 347-4b
Ostdeutsche Straße 347-3c

Palmenstein 347-2c
Peter-Caesar-Allee 322-10a
Pfaffenpfad (1) 347-3c
Pfarrgasse 347-2b
Potsgasse 347-2d

Raiffeisenstraße 347-2d
Rathausgasse 347-2b
René-Minville-Straße 347-3c
Rheinhessenring 347-2d
Rieslingweg (3) 347-3c
Ringstraße 347-2d
Römerring 347-3c

Sackgasse (8) 347-2d
Scheerengasse 347-2b
Scheideweg 347-3a
Scheurebenweg (4) 347-5b
Schmalzgasse (7) 347-2d
Schulrat-Spang-Straße 347-2d
Siefersheimer Straße 347-5b
Silvanerweg 347-6a

Theodor-Heuss-Ring 347-3c

Uffhofener Straße (6) 347-3c
Unterschanze 347-2b

Villastraße 347-3a

Wallertheimer Straße 347-3c
Wassergasse 347-2d
Welterstal 347-2a
Wendelsheimer Straße 347-3c
Winkelgasse 347-2b

Ziegelhüttenstraße 347-2b
Zum Schlittweg 347-2b

Wörrstadt
PLZ 55286

Adam Elsheimer-Straße 324-7b
Ahornweg 324-8c
Albert-Schweitzer-Straße 324-4d
Altmünsterstraße (2) 324-7b
Am Capitol 324-8a
Am Kirschgarten 324-10a
Am Krag 324-7c
Am Neutor 324-7d
Am Pfädchen 324-8c
Am Rathaus (2) 323-12d
Am Schloß 324-10b
Am Schwimmbad 324-10a
Am Somborn 349-3b
Am Sulzheimer Pfad 324-7c
Am Zollstock 324-10b
An den Effen (5) 323-12c
An den Mühlen 323-12d
An der alten B40 (12) 324-8c
Armsheimer Weg 349-3a
Auf dem Keller (1) 323-12c
Auf dem Limes 324-7b
Augustusring 324-8a

Bahnhofstraße 324-7b
Baugebiet Römergrund 324-8a
Birkenring 324-8c
Bleichstraße 324-7b
Breitenweg 324-7b
Breslauer Straße 324-7d
Buchenstraße 324-8a

Carl-Benz-Straße 324-5c

Danziger Straße 324-7c
Dianaweg 324-5c
Dorfgraben 324-7d
Dresdener Straße 324-7d
Drollmühle 323-12b
Drususwall 324-5c

Eichenhof 324-10c
Eichenring 324-8a
Energie-Allee 324-8d
Erlengrund 324-8a

Friedhofsweg 323-12c
Friedrich-Ebert-Straße 324-7b
Fröbelweg 324-7c

Gabsheimer Weg 324-8c
Gärtnerstraße (1) 324-7b
Gartenstraße 323-12c
Gewerbepark an der A63 324-8c
Goethestraße 324-7b
Grohgesang (4) 324-7d
Große Albanusstraße (10) 324-7d
Grundweg 324-7b
Gutenbergstraße 324-4d

Hauptstraße 323-12c
Hermannseck (3) 324-7d
Hermannstraße 324-7b
Hinter dem Turm 324-8c
Hintergasse (4) 323-12d
Hochstadtstraße (7) 324-7d
Hölderlinweg (13) 324-7d
Holunderweg 324-8a
Hospitalmühle 324-4d
Humboldtstraße 324-7c

Im Neugarten 323-12d
Im Rehgarten 323-12d
In der Benn 323-12c

Jahnstraße 324-7d
Jakobusbrunnenstraße (5) 324-7d
Josefstraße (8) 324-7d
Julius-Cäsar-Straße 324-5c
Jupitersteige 324-8a

Kaiserstraße 324-10d
Kastanienring 324-8a
Kegelbahnstraße 323-12d
Keppentaler Weg 324-8c
Kleine Albanusstraße (9) 324-7d
Koelerstraße 324-7b
Königsberger Straße 324-7c
Kreuznacher Straße 324-7c

Leibnizstraße 324-7c
Leipziger Straße 324-7d

Printed in Poland
Drukarnia Dimograf Sp z o.o., ul. Legionów 83, PL-43-300 Bielsko-Biała

→ 2027

Kartographie: © MairDumont GmbH & Co. KG, Marco-Polo-Straße 1, D-73751 Ostfildern

Titelfoto: Frankfurter Skyline-Panorama bei Sonnenuntergang (AdobeStock/Igor)
Seite 1: Bild Nr. 1: Shutterstock/g-stockstudio
Bild Nr. 2: Shutterstock/Creative Travel Projects
Bild Nr. 3: Shutterstock/Soloviova Liudmyla
Bild Nr. 4: Shutterstock/Song_about_summer

Anzeigenvermarktung: MAIRDUMONT MEDIA
fon +49.711.4502.0
media@mairdumont.com · media.mairdumont.com